Accedi ai **servizi riservati**

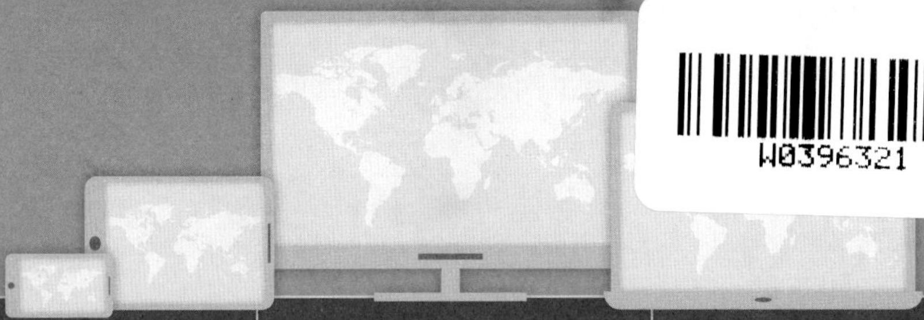

COLLEGATI AL SITO **EDISES.IT**

ACCEDI AL **MATERIALE DIDATTICO**

SEGUI LE **ISTRUZIONI**

Utilizza il codice personale contenuto nel riquadro per registrarti al sito **edises.it** e accedere a **servizi** e **contenuti riservati**.

Scopri il tuo **codice personale** grattando delicatamente la superficie

Il volume NON può essere venduto, né restituito, se il codice personale risulta visibile.
L'**accesso ai servizi riservati** ha la durata di **un anno** dall'attivazione del codice e viene garantito esclusivamente sulle edizioni in corso.

Per attivare i **servizi riservati**, collegati al sito **edises.it** e segui queste semplici istruzioni

Se sei registrato al sito

- clicca su *Accedi al materiale didattico*
- inserisci email e password
- inserisci le ultime 4 cifre del codice ISBN, riportato in basso a destra sul retro di copertina
- inserisci il tuo **codice personale** per essere reindirizzato automaticamente all'area riservata

Se non sei già registrato al sito

- clicca su *Accedi al materiale didattico*
- registrati al sito o autenticati tramite facebook
- attendi l'email di conferma per perfezionare la registrazione
- torna sul sito **edises.it** e segui la procedura già descritta per gli utenti registrati

EdiSES
Professioni & Concorsi

il **nuovo** concorso a cattedra

Matematica e Fisica nella scuola secondaria di primo grado

Manuale per la **preparazione** alle **prove scritte** e **orali**

Emiliano Barbuto

EdiSES
Professioni & Concorsi

Il nuovo Concorso a Cattedra – Matematica e Fisica nella scuola secondaria di primo grado – IV Edzione

9 8 7 6 5 4 3 2 1

2024 2023 2022 2021 2020

Le cifre sulla destra indicano il numero e l'anno dell'ultima ristampa effettuata

Autori:
Emiliano Barbuto
Daniela Decembrino (per le Unità di Apprendimento 1 e 2)

Progetto grafico: ProMedia Studio di A. Leano – Napoli
Fotocomposizione: doma book di Massimo Di Grazia
Grafica di copertina: curvilinee
Redazione: EdiSES – Napoli
Stampato presso Vulcanica S.r.l. – Nola (NA)
Per conto della EdiSES – Piazza Dante, 89 – Napoli

ISBN 978 88 9362 546 3 **www.edises.it**

Sommario

Parte Prima
La didattica disciplinare

Parte Seconda
Matematica

Parte Terza
Fisica

Parte Quarta
Esempi di Unità di Apprendimento

Finalità e struttura dell'opera

Il presente lavoro è concepito come supporto per quanti si accingono ad affrontare le prove del concorso a cattedra, rappresentando un valido strumento di ausilio per tutti coloro che intendono intraprendere la professione docente. La complessità della scuola moderna ha imposto non poche riflessioni nella stesura del volume, dalle quali è risultata un'opera che intende contribuire a formare un docente che:

- sia in possesso dei contenuti della disciplina ad un livello spesso superiore a quello che gli viene richiesto dalla didattica in classe;
- sia un professionista della comunicazione, un individuo che ha maturato capacità empatiche ed un abile gestore del contesto classe.

La "scuola dei programmi" prescrittivi ed obbligatori, da dover terminare entro la fine dell'anno scolastico, anche a rischio di lasciare indietro qualche alunno più bisognoso di supporto, ha gradualmente lasciato il posto alla "scuola della programmazione" che ha tentato di adeguare al contesto classe, attraverso un continuo lavoro di feedback, l'attività di insegnamento e gli obiettivi da conseguire. Negli ultimi due decenni, alla "scuola della programmazione" è subentrata la "scuola dell'autonomia e della personalizzazione".
In queste due espressioni è riassunto tutto il moderno approccio della didattica. L'autonomia scolastica, declinata in tutte le sue forme, permette a ciascuna scuola di creare un proprio curricolo da proporre alla sua utenza. Questo curricolo è il frutto dell'interazione della istituzione scolastica con il "territorio" e con tutti gli *stakeholder*, sicché ciascuna scuola diventa una cellula vitale nella realtà sociale ed economica del territorio.
Alle caratteristiche specifiche di ogni singola istituzione scolastica, si aggiungono gli stili cognitivi e le particolari inclinazioni di ogni singolo alunno. Ecco, quindi, che subentra la personalizzazione del percorso di apprendimento e la capacità del docente di adeguare la propria didattica non più al contesto classe, dove potrebbe essere recepita solo "in media" e non "singolarmente", ma piuttosto al singolo alunno, quale "realtà" cognitiva specifica e irripetibile.
Perché la personalizzazione dell'apprendimento abbia luogo, il docente deve avvalersi di un'approfondita conoscenza dei contenuti che vuole proporre. In questo modo, egli riesce a declinarli con proprietà ed incisività, mettendo in rilievo tutti gli aspetti critici. Analogamente, il docente deve essere in grado di operare con padronanza e sicurezza usando le nuove tecnologie. Sono queste ultime che possono mettere in rilievo gli stili cognitivi degli alunni, la loro propensione a comprendere attraverso canali di comunicazione multimodale,

usando – oltre al manuale – simulazioni, immagini in movimento, narrazioni sonore, diagrammi. È opinione comune che, in futuro, il testo perderà la propria funzione predominante di veicolo per la trasmissione della conoscenza e sarà affiancato (anche se non sostituito), con pari dignità, da altri strumenti (suoni, immagini, simulazioni) con i quali gli studenti di oggi familiarizzano già.
L'attenzione si sposta quindi dalla pratica di insegnamento del docente al processo di apprendimento dello studente. Questo vuol dire che la didattica trasmissiva, fatta di una mole interminabile di nozioni che allo studente rischiano di apparire vuote di significati, occorre sostituire una didattica improntata alla maturazione delle competenze negli alunni. Questi ultimi devono cogliere l'utilità di ciò che studiano e riuscire a richiamarne il significato in un contesto reale, così da applicare le conoscenze di cui sono entrati in possesso.
Inutile dire che la didattica delle discipline matematiche e scientifiche risente particolarmente di queste criticità e potrebbe beneficiare oltremodo di un approccio multimodale nella dinamica di insegnamento ed apprendimento. Tali discipline devono far maturare nello studente quelle competenze fondamentali affinché egli diventi cittadino partecipe e cosciente della società di domani. Pertanto il docente deve sapersi allontanare dalla cattedra ed avvicinarsi ai banchi, assumendo anche il ruolo di tutor, ossia di professionista della formazione, di persona che coglie i bisogni reali degli alunni e declina la propria disciplina in base a tali necessità.
In particolare, la matematica deve diventare la "matematica dell'utile", affinché chi si avvicina ad essa possa comprenderne l'importanza in contesti pratici e reali che certamente contribuiscono a renderla più affascinante agli occhi di chi la studia.
Le ultime indagini internazionali (OCSE-PISA, IEA-TIMMS) e le prove del servizio nazionale di valutazione a cura dell'INVALSI sono orientate proprio a mettere in evidenza questi aspetti della disciplina. Probabilmente gli scarsi risultati conseguiti dagli studenti italiani nelle precedenti indagini internazionali su tali materie hanno messo in evidenza la scarsa diffusione di tale approccio nella scuola italiana. Come controprova, l'evidente miglioramento dei risultati nell'ultima indagine OCSE-PISA, determinato in buona parte dal miglioramento dei risultati nelle regioni meridionali che in precedenza avevano segnato il passo, è frutto di una serie di interventi sistemici che il Ministero, gli enti di ricerca e le istituzioni scolastiche hanno posto in essere negli ultimi anni.

Il volume è strutturato in quattro parti. La **prima parte** tratta gli **aspetti ordinamentali** correlati all'insegnamento della Matematica, così come emergono dalle Indicazioni Nazionali anche nell'ambito delle prescrizioni europee e del sistema di rilevazione internazionale. Vengono inoltre presentate le **nuove tecnologie per la didattica** (software specifici per la matematica: geometria dinamica, calcolo simbolico). La **seconda parte**, dedicata alla **Matematica**, affronta i contenuti disciplinari con approcci formali e rigorosi, ma anche pratici e intuitivi, con l'obiettivo di venire incontro alle diverse esperienze formative e ai di-

versi percorsi di studio che una platea piuttosto disomogenea di candidati può trovarsi di fronte. La **terza parte**, dedicata alla **Fisica**, si occupa dei contenuti specifici della materia nel modo più completo possibile.
La **quarta parte** del testo è, infine, incentrata sulla **pratica dell'attività didattica** e contiene esempi di **Unità di Apprendimento** e di organizzazione di attività di classe utilizzabili come modello per una didattica metacognitiva e partecipativa.
Il testo è completato da un **software di simulazione** mediante cui effettuare infinite esercitazioni di verifica delle conoscenze acquisite e da ulteriori **servizi riservati** online. In particolare, sono offerti esempi di **Unità di Apprendimento** utilizzabili come modello per una didattica meta-cognitiva e partecipativa.

Ulteriori **materiali didattici** e **approfondimenti** sono disponibili nell'area riservata a cui si accede mediante la registrazione al sito *edises.it* secondo la procedura indicata nel frontespizio del volume.

Eventuali errata-corrige saranno pubblicati sul sito edises.it, nella scheda "Aggiornamenti" della pagina dedicata al volume.

Altri aggiornamenti sulle procedure concorsuali saranno disponibili sui nostri profili social.

Facebook.com/Concorso a cattedra e abilitazione all'insegnamento
blog.edises.it

Indice

Parte Prima
La didattica disciplinare

Capitolo 3 - Software didattici

Parte Seconda
Matematica

Capitolo 1 - Insiemi, relazioni, funzioni

Parte Terza
Fisica

Capitolo 5 - Statica

Capitolo 6 - Meccanica dei fluidi

Capitolo 7 - Termologia e Termodinamica

Parte Quarta
Esempi di Unità di Apprendimento

Parte Prima

La didattica della matematica

SOMMARIO

Capitolo 1
La matematica nel quadro normativo europeo

1.1 Le competenze chiave per l'apprendimento permanente

1.1.1 La strategia di Lisbona e l'apprendimento permanente

La Strategia di Lisbona è stata formulata nella riunione del Consiglio Europeo di Lisbona del 23 e 24 marzo 2000. Tale strategia, illustrata nella relazione finale della riunione, consisteva in una serie di obiettivi da perseguire in diversi campi (economico, sociale, culturale) per i paesi dell'Unione Europea (UE). L'idea è quella espressa nel punto 5 della relazione conclusiva, dove si parla di rendere l'economia europea come "l'economia basata sulla conoscenza più dinamica e competitiva al mondo". Nel successivo Consiglio Europeo di Stoccolma (2001) furono indicati obiettivi concreti da raggiungere in qualsiasi campo entro il 2010. In particolare, erano individuati anche obiettivi relativi al mondo dell'istruzione, ossia:

- aumentare l'efficacia e la qualità dell'istruzione e della formazione;
- aprire l'istruzione al maggior numero di cittadini (giovani e/o adulti);
- fare in modo che il mondo della formazione si apra alle realtà sociali, economiche e del mondo del lavoro.

Fin dalla prima formulazione di tali obiettivi, apparve chiaro che essi potevano essere conseguiti tramite un sistema di istruzione moderno e flessibile, capace di adattarsi ai continui cambiamenti che la tecnologia e la globalizzazione inducono nella società. Un sistema di istruzione con tali caratteristiche deve promuovere nei cittadini la nuova prospettiva dell'**apprendimento permanente**, detto anche "apprendimento lungo tutto l'arco della vita" (dall'inglese *lifelong learning*). In pratica, affianco ai processi **formali** di apprendimento, previsti in un contesto naturalmente deputato a tale scopo (la scuola o l'università), devono essere considerati i processi di apprendimento **non formale** ed **informale**. L'apprendimento non formale avviene in contesti organizzati, ma, a differenza di quello formale, non è finalizzato ad un riconoscimento "formale" dell'apprendimento (una certificazione); si tratta, quindi, di un processo voluto dal soggetto che lo ricerca consapevolmente, organizzando le proprie scelte sulla base di interessi personali (il frequentare un corso di danza o una scuola-calcio). L'apprendimento informale non è volutamente ricercato dal soggetto, ma avviene in modo fortuito e casuale, di solito in un contesto non organizzato, né tantomeno formale. In esso si possono includere

tutte le nozioni, le pratiche e le operazioni che si imparano per il fatto stesso di entrarvi in contatto, senza essere motivati da un reale proposito. In particolare, l'apprendimento informale non deve essere sottovalutato in quanto è il mezzo con il quale molti individui entrano a contatto per la prima volta con strumenti o concetti fondamentali. Si pensi al computer e ad Internet; quasi tutti gli studenti giungono ai primi giorni della scuola primaria, essendo già entrati in contatto con le nuove tecnologie presso le loro abitazioni. In tal caso la scuola non fa altro che formalizzare concetti che spesso lo studente ha già appreso in modo informale.
Per conseguire l'obiettivo dell'apprendimento permanente è necessario che il sistema di istruzione fornisca agli studenti delle **competenze** che permettano loro di formarsi costantemente, lungo tutto l'arco della vita. Pertanto l'obiettivo primario di un sistema di istruzione si sposta sull'identificazione delle competenze realmente fruibili nel mondo sociale ed economico e sulla codifica di metodologie didattiche che possano favorire la nascita e lo sviluppo delle competenze nei cittadini in formazione. Si noti che non a caso si parla di "nascita e sviluppo" e non di trasferimento delle competenze, in quanto queste ultime non sono nozioni che si possono trasmettere, ma sono atteggiamenti che si devono maturare.

1.1.2 Le competenze chiave per l'apprendimento permanente

Il concetto di competenza viene chiarito in un atto normativo che ha segnato l'evoluzione dei sistemi di istruzione degli stati membri dell'UE. Il 18 dicembre 2006 il Consiglio e il Parlamento Europeo approvarono congiuntamente una **Raccomandazione sulle competenze chiave** per **l'apprendimento permanente**. Tale documento costituisce una tappa fondamentale sulla via che conduce alle competenze ed una risposta al Consiglio Europeo del 23-24 marzo del 2000 e alla strategia di Lisbona: dall'obiettivo strategico di diventare l'economia basata sulla conoscenza più competitiva e più dinamica del mondo, scaturiva l'impegno nel campo della formazione di promuovere le nuove competenze di base da fornire lungo tutto l'arco della vita.
La Raccomandazione definiva un quadro di riferimento europeo per l'individuazione delle competenze chiave per l'apprendimento permanente, intese come *una combinazione di conoscenze, abilità e attitudini appropriate al contesto.* Di esse *tutti hanno bisogno per la realizzazione e lo sviluppo personale, la cittadinanza attiva, l'inclusione sociale e l'occupazione.*
L'elenco ufficiale delle competenze chiave comprendeva:

- comunicazione nella madre lingua;
- comunicazione nelle lingue straniere;
- competenza matematica, competenze di base in scienza e tecnologia;
- competenza digitale;
- imparare ad imparare;
- competenze sociali e civiche;

- spirito di iniziativa e imprenditorialità;
- consapevolezza ed espressione culturale.

La Raccomandazione del 18 dicembre 2006 (che invitava gli Stati membri a sviluppare l'offerta di competenze chiave per tutti nell'ambito delle loro strategie di apprendimento permanente) fin dalla sua adozione è stata un importante documento di riferimento per lo sviluppo di istruzione, formazione e apprendimento orientati alle competenze.
A distanza di 12 anni, le istituzioni europee hanno preso atto che le competenze oggi richieste sono cambiate: più posti di lavoro sono automatizzati, le tecnologie svolgono un ruolo maggiore in tutti gli ambiti del lavoro e della vita quotidiana e le competenze imprenditoriali, sociali e civiche diventano più importanti per assicurare resilienza e capacità di adattarsi ai cambiamenti. Sottolineando che investire nelle capacità e nelle competenze e in una concezione comune e aggiornata delle competenze chiave costituisce il primo passo per promuovere l'istruzione, la formazione e l'apprendimento non formale in Europa, il Consiglio dell'Unione europea ha proceduto alla revisione della Raccomandazione del 2006: ne è scaturita la **Raccomandazione del Consiglio UE del 22 maggio 2018** relativa alle competenze chiave per l'apprendimento permanente.
La Raccomandazione del 2018 definisce le competenze come una *combinazione di conoscenze, abilità e atteggiamenti*, in cui:

- la *conoscenza* si compone di fatti e cifre, concetti, idee e teorie che sono già stabiliti e che forniscono le basi per comprendere un certo settore o argomento;
- per *abilità* si intende sapere ed essere capaci di eseguire processi ed applicare le conoscenze esistenti al fine di ottenere risultati;
- gli *atteggiamenti* descrivono la disposizione e la mentalità per agire o reagire a idee, persone o situazioni.

Le **competenze chiave** sono quelle di cui tutti hanno bisogno per la realizzazione e lo sviluppo personali, l'occupabilità, l'inclusione sociale, uno stile di vita sostenibile, una vita fruttuosa in società pacifiche, una gestione della vita attenta alla salute e la cittadinanza attiva. Esse si sviluppano in una prospettiva di apprendimento permanente, dalla prima infanzia a tutta la vita adulta, mediante l'apprendimento formale, non formale e informale in tutti i contesti, compresi la famiglia, la scuola, il luogo di lavoro, il vicinato e altre comunità.
Il nuovo quadro di riferimento delinea **otto tipi di competenze chiave** ("tutte di pari importanza"):

- competenza alfabetica funzionale;
- competenza multilinguistica;
- competenza matematica e competenza in scienze, tecnologie e ingegneria;
- competenza digitale;
- competenza personale, sociale e capacità di imparare a imparare;
- competenza in materia di cittadinanza;

- competenza imprenditoriale;
- competenza in materia di consapevolezza ed espressione culturali.

Dare una definizione precisa ed univoca sulla natura e l'estensione di queste competenze non è semplice, considerato che non sono legate a specifiche discipline di studio o a particolari contenuti di conoscenza, ma certamente sono destinate ad essere utilizzate trasversalmente in una pluralità di ambiti del sapere e situazioni dal cittadino europeo. In particolare, le competenze chiave per l'apprendimento permanente da un lato riguardano gli ambiti di sapere presenti nei processi formativi come quelli *della competenza alfabetica funzionale* e *multilinguistica* (indispensabile per interagire con gli altri), della matematica (utile alla quantificazione e problematizzazione) e delle tecnologie digitali; dall'altro sollecitano lo sviluppo nella persona delle metacompetenze come *imparare ad imparare* e la *competenza imprenditoriale.*

1.1.3 La matematica nelle otto competenze chiave

Come si può intuire, il legame tra la disciplina della matematica ed il concetto di competenza viene tracciato soprattutto nella terza delle otto competenze chiave, denominata "*Competenza matematica e competenza in scienze, tecnologie e ingegneria*". Questa competenza è dunque articolata in due rami specifici, quello matematico e quello scientifico-tecnologico.
La **competenza matematica** è la capacità di sviluppare e applicare il pensiero e la comprensione matematici per risolvere una serie di problemi in situazioni quotidiane. Partendo da una solida padronanza della competenza aritmetico-matematica, l'accento è posto sugli aspetti del processo e dell'attività oltre che sulla conoscenza. La competenza matematica comporta, a differenti livelli, la capacità di usare modelli matematici di pensiero e di presentazione (formule, modelli, costrutti, grafici, diagrammi) e la disponibilità a farlo.
La **competenza in scienze** si riferisce alla capacità di spiegare il mondo che ci circonda usando l'insieme delle conoscenze e delle metodologie, comprese l'osservazione e la sperimentazione, per identificare le problematiche e trarre conclusioni che siano basate su fatti empirici, e alla disponibilità a farlo. Le competenze in tecnologie e ingegneria sono applicazioni di tali conoscenze e metodologie per dare risposta ai desideri o ai bisogni avvertiti dagli esseri umani. La competenza in scienze, tecnologie e ingegneria implica la comprensione dei cambiamenti determinati dall'attività umana e della responsabilità individuale del cittadino.
Come per le altre sette competenze, anche questa viene declinata in **Conoscenze, abilità e atteggiamenti essenziali**:

- per la Raccomandazione del 2018, la **conoscenza necessaria in campo matematico** comprende una solida conoscenza dei numeri, delle misure e delle strutture, delle operazioni fondamentali e delle presentazioni matematiche di base, la comprensione dei termini e dei concetti matematici e la consapevolezza dei quesiti cui la matematica può fornire una risposta;

- circa le **abilità**, la Raccomandazione auspica che le persone sappiano applicare i principi e i processi matematici di base nel contesto quotidiano nella sfera domestica e lavorativa (ad esempio in ambito finanziario) nonché seguire e vagliare concatenazioni di argomenti. Dovrebbero inoltre essere in grado di svolgere un ragionamento matematico, di comprendere le prove matematiche e di comunicare in linguaggio matematico, oltre a saper usare i sussidi appropriati, tra i quali i dati statistici e i grafici, nonché di comprendere gli aspetti matematici della digitalizzazione;
- un **atteggiamento** positivo in relazione alla matematica, infine, si basa sul rispetto della verità e sulla disponibilità a cercare le cause e a valutarne la validità

Per quanto invece concerne **scienze, tecnologie e ingegneria**:

- **la conoscenza essenziale** comprende i principi di base del mondo naturale, i concetti, le teorie, i principi e i metodi scientifici fondamentali, le tecnologie e i prodotti e processi tecnologici, nonché la comprensione dell'impatto delle scienze, delle tecnologie e dell'ingegneria, così come dell'attività umana in genere, sull'ambiente naturale. Queste competenze dovrebbero consentire alle persone di comprendere meglio i progressi, i limiti e i rischi delle teorie, applicazioni e tecnologie scientifiche nella società in senso lato (in relazione alla presa di decisione, ai valori, alle questioni morali, alla cultura ecc.);
- tra le **abilità** rientra la comprensione della scienza in quanto processo di investigazione mediante metodologie specifiche, tra cui osservazioni ed esperimenti controllati, la capacità di utilizzare il pensiero logico e razionale per verificare un'ipotesi, nonché la disponibilità a rinunciare alle proprie convinzioni se esse sono smentite da nuovi risultati empirici. Le abilità comprendono inoltre la capacità di utilizzare e maneggiare strumenti e macchinari tecnologici nonché dati scientifici per raggiungere un obiettivo o per formulare una decisione o conclusione sulla base di dati probanti. Le persone dovrebbero essere anche in grado di riconoscere gli aspetti essenziali dell'indagine scientifica ed essere capaci di comunicare le conclusioni e i ragionamenti afferenti;
- la Raccomandazione del 2018 sottolinea infine che questa competenza comprende un **atteggiamento** di valutazione critica e curiosità, l'interesse per le questioni etiche e l'attenzione sia alla sicurezza sia alla sostenibilità ambientale, in particolare per quanto concerne il progresso scientifico e tecnologico in relazione all'individuo, alla famiglia, alla comunità e alle questioni di dimensione globale.

1.2 Le Indicazioni per il curricolo del primo ciclo di istruzione

1.2.1 Gli aspetti innovativi delle Indicazioni per il curricolo

Le **Indicazioni nazionali** per la scuola dell'infanzia e per il primo ciclo, allegate al **D.Lgs. 19 febbraio 2004, n. 59**, a più riprese avevano mostrato la necessità

di essere riviste, anche alla luce delle osservazioni formulate dalla comunità scolastica. Per tale motivo, con **D.M. del 31 luglio 2007**, vengono pubblicate le **Indicazioni per il curricolo**, un documento che non solo delinea un quadro delle competenze da acquisire durante ed al termine del primo ciclo di istruzione, ma lancia anche un'importante sfida agli operatori del mondo della scuola. La sfida è riuscire non solo a trasmettere conoscenze e a far sviluppare le competenze negli alunni, ma anche a far maturare in loro un atteggiamento di apertura e di disponibilità continua all'apprendimento, in un universo dei saperi sempre più frammentato e dinamico. Lo spirito che animava le indicazioni 2007 è stato poi confermato nelle **nuove Indicazioni Nazionali 2012** D.M. 16 novembre 2012.
Il documento del 2007 ha anche un carattere sperimentale, in quanto viene richiesto alla comunità scolastica di fornire indicazioni su come migliorare in modo costante e per piccoli passi il sistema di istruzione. Anche in questo atteggiamento si coglie lo spirito della sfida che la strategia di Lisbona, espressamente citata nell'introduzione del documento, ha lanciato ai sistemi di istruzione dei paesi membri. Proprio come i suoi alunni, anche la scuola deve imparare ad imparare, in modo permanente.
Per comprendere gli aspetti specifici relativi alla matematica nelle indicazioni per il curricolo, è necessario comprendere come tale curricolo venga strutturato all'interno delle indicazioni (vedi Figura 2). Nella scuola dell'infanzia il curricolo dei fanciulli è organizzato in campi di esperienza. In questo livello di istruzione il sapere è ancora piuttosto basilare e generico, pertanto non è opportuna una suddivisione specifica in discipline. Tutte le esperienze svolte dai fanciulli nella scuola dell'infanzia hanno sfumature che le accomunano a diversi ambiti disciplinari; la scuola dell'infanzia si trasforma in un ambiente che favorisce l'apprendimento attraverso stimoli molteplici che possono essere ricondotti a cinque grandi aree di esperienza, denominate "Il sé e l'altro", "Il corpo e il movimento", "Linguaggi, creatività, espressione", "I discorsi e le parole", "La conoscenza del mondo". Questi campi di esperienza tracciano un percorso che porta il fanciullo dall'esplorazione della sua persona e del suo essere all'esplorazione e alla conoscenza basilare di ciò che lo circonda. Alla fine di questo percorso, che si conclude nel terzo anno della scuola dell'infanzia, il fanciullo ha conseguito dei **traguardi per lo sviluppo delle competenze**.
Nel primo ciclo di istruzione i saperi iniziano a settorializzarsi, in modo progressivo: la presenza del maestro unico, coadiuvato da altre figure specifiche di educatori nella scuola primaria, permette di riconoscere delle aree disciplinari nelle quali si collocano le discipline vere e proprie. Nella scuola secondaria di primo grado, la presenza di docenti abilitati nelle diverse classi di concorso consente una marcata suddivisione disciplinare dei saperi. In questo caso le discipline vengono associate a docenti distinti e quindi raggruppate in aree disciplinari.
Le aree disciplinari del primo ciclo sono:

> Area Linguistico-Artistico-Espressiva (in cui sono incluse le discipline Italiano, Lingue comunitarie, Musica, Arte e immagine, Corpo movimento sport);

- Area Storico-Geografica (in cui sono incluse le discipline Storia, Geografia);
- Area Matematico-Scientifico-Tecnologica (in cui sono incluse le discipline Matematica, Scienze naturali e sperimentali, Tecnologia).

Anche nel primo ciclo di istruzione vengono fissati dei traguardi per lo sviluppo delle competenze, alla fine del quinto anno della scuola primaria ed alla fine del terzo anno della scuola secondaria di primo grado. Tuttavia, questi traguardi vengono intervallati da **obiettivi di apprendimento**, fissati in corrispondenza del terzo e quinto anno della primaria e del terzo anno della secondaria di primo grado. Questi obiettivi sono ritenuti delle tappe strategiche per il raggiungimento dei traguardi posti al termine dei due ordini di scuola del primo ciclo.

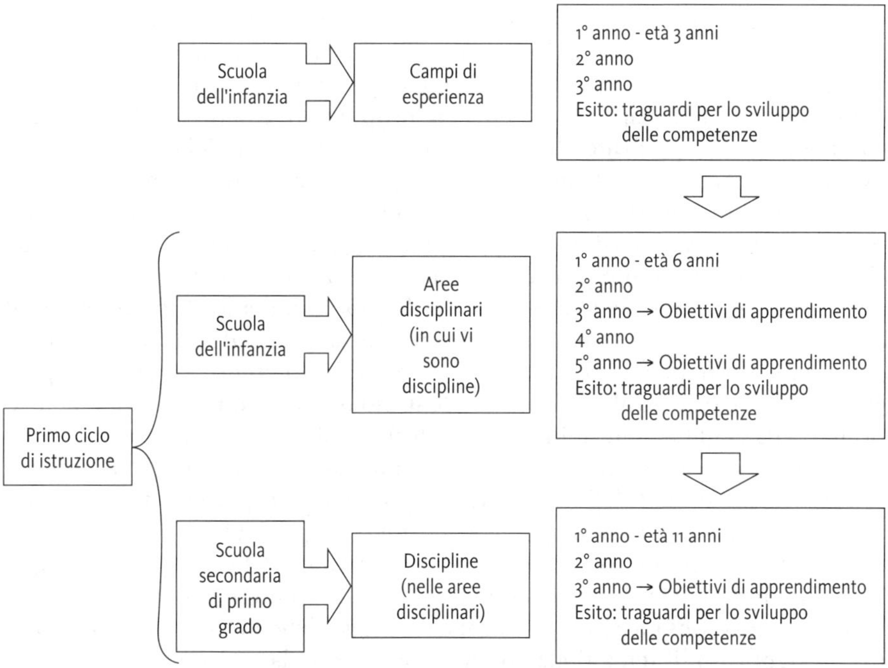

Figura 2

1.2.2 La matematica nelle Indicazioni per il curricolo 2007

Gli obiettivi di apprendimento e i traguardi per lo sviluppo delle competenze in matematica vengono suddivisi in **nuclei** che raggruppano i temi fondanti della disciplina e che vengono ripresi sia nelle indicazioni e nelle linee guida della scuola secondaria di secondo grado, sia nei framework internazionali per la rilevazione degli apprendimenti (vedi cap. 2). Nella scuola primaria i nuclei individuati sono tre: "Numeri", "Spazio e Figure" e "Relazioni, misure, dati e previsioni". L'ultimo di questi nuclei, nella scuola secondaria di primo grado, viene suddiviso in due nuclei distinti. Pertanto il curricolo di matematica alla fine del terzo anno della scuola secondaria di primo grado prevede la suddivisione nei quattro seguenti nuclei:

1. Numeri;
2. Spazio e figure;
3. Relazioni e funzioni;
4. Misure, dati e previsioni.

Di seguito si rivolge l'attenzione sugli obiettivi di apprendimento per i quattro nuclei al termine della scuola secondaria di primo grado.
Il nucleo **Numeri** comprende tutte le nozioni e le abilità algebriche e di calcolo. Si pone l'accento sulle varie rappresentazioni dei numeri ed anche sull'uso del foglio di calcolo elettronico. Appare chiaro l'obiettivo di fornire agli studenti anche il "senso del numero", ossia far maturare la loro abilità di compiere delle stime approssimative e plausibili di ordini di grandezza in contesti pratici. Particolare attenzione è posta anche sui numeri razionali, sui rapporti e sulle frazioni, sulla capacità di applicare proporzioni e percentuali e di essere consapevoli del significato di tali rappresentazioni numeriche. Viene messo in evidenza anche il fondamento pratico del minimo comune multiplo e del massimo comun divisore. Di solito, questi ultimi due concetti sono introdotti per permettere la risoluzione di espressioni algebriche con le frazioni. Tuttavia, questo aspetto non è prioritario nelle indicazioni. Difatti a tali concetti si preferisce associare il seguente obiettivo di apprendimento: "Comprendere il significato e l'utilità del multiplo comune più piccolo e del divisore comune più grande, in matematica e in diverse situazioni concrete". Pertanto, appare evidente che il calcolo algebrico fine a se stesso non è sicuramente un obiettivo primario da cogliere al termine del primo ciclo. Al posto degli oziosi ed inutili tecnicismi algebrici, si vuole porre l'attenzione sul significato dei numeri, sul "senso della quantità e della stima ragionevole" e sulla capacità di saper passare agevolmente fra i vari tipi di rappresentazione. In particolare, è utile menzionare anche il seguente obiettivo di apprendimento: "Utilizzare frazioni equivalenti e numeri decimali per denotare uno stesso numero razionale in diversi modi, essendo consapevoli di vantaggi e svantaggi delle diverse rappresentazioni". In ogni caso, il tema della consapevolezza e della padronanza degli strumenti matematici, per individuare quelli più appropriati alla risoluzione di un problema pratico, viene richiamato sovente negli obiettivi di apprendimento.
Per quanto possibile, qualsiasi operazione algebrica deve essere contestualizzata. Inoltre, gli studenti devono avere la padronanza dell'elevamento a potenza e devono entrare in contatto con il concetto di radice quadrata come operazione inversa. Ancora una volta l'accento è posto sulla stima; difatti si trovano espressamente elencati negli obiettivi di apprendimento i seguenti due punti: "Dare stime della radice quadrata utilizzando solo la moltiplicazione e sapere che non si può trovare una frazione o un numero decimale che elevato al quadrato dà 2, o altri numeri interi". In questi obiettivi emerge la premessa all'introduzione dei numeri reali, che verrà affrontata in modo sistematico nel secondo ciclo.

Una particolare rilevanza è assegnata anche al nucleo **Spazio e figure**. Viene espressamente richiamato l'uso di strumenti pratici come quelli più classici (riga, squadra, compasso) e quelli più moderni, tra cui i software di geometria dinamica. L'alunno deve concludere la scuola secondaria di primo grado sapendo rappresentare punti, segmenti e figure sul piano cartesiano e conoscendo le definizioni, le proprietà ed il calcolo delle aree e dei perimetri delle figure piane più comuni (triangoli, quadrilateri, poligoni regolari, cerchio). Il Teorema di Pitagora, con le sue innumerevoli applicazioni pratiche, è espressamente richiamato.
Inoltre, un ruolo centrale assume la capacità di scomporre e ricomporre in figure equivalenti le varie figure piane. Tale abilità viene concretamente associata alla capacità di risolvere situazioni problematiche insieme alla conoscenza delle principali proprietà delle figure. Il calcolo letterale ed algebrico trova un punto di contatto con la geometria nel momento in cui si chiede allo studente di saper rappresentare mediante espressioni simbolico-algebriche i perimetri e le aree delle figure piane. Questa richiesta, nell'ultimo anno della scuola secondaria di primo grado, viene estesa anche ai volumi ed alle superfici delle più comuni figure solide dello spazio. Particolare rilievo assume la capacità degli alunni di rappresentare e visualizzare oggetti nello spazio, così come quella di riportare, in una visione tridimensionale, oggetti rappresentati in un piano. Queste abilità sono effettivamente il preludio di molte attitudini visuo-spaziali che vengono spesso richieste e verificate in prove preselettive universitarie, concorsuali o aziendali. Lo studio del cerchio diventa un ulteriore spunto per riflettere sull'irrazionalità del numero π, un concetto che viene già introdotto mediante l'operazione di radice quadrata nel nucleo "numeri" e che viene ripreso nel prosieguo degli studi.

Il nucleo **Relazioni e funzioni** risulta cruciale non solo per le competenze matematiche, ma anche per le competenze in ambito scientifico e tecnologico che verranno richieste nella scuola secondaria di secondo grado. Ancora una volta viene posto l'accento sul significato delle formule più che sulla mera manipolazione algebrica. È necessario che lo studente colga il nesso tra la rappresentazione simbolica di una formula e la diretta o l'inversa proporzionalità. A tal proposito si riportano espressamente i seguenti asserti: "conoscere in particolare le funzioni del tipo $y = ax$, $y = a/x$, $y = ax^2$, $y = 2^n$ e i loro grafici; collegare le prime due al concetto di proporzionalità". In questo nucleo si collocano anche lo studio e la risoluzione delle equazioni di primo grado, soprattutto in situazioni problematiche.
L'ultimo fra i nuclei elencati è **Misure, dati e previsioni**. Esso contiene concetti legati soprattutto alla statistica ed alla "matematica del probabile". Anche in questo caso viene richiamato l'uso del foglio elettronico; vengono esplorati i concetti di distribuzione di frequenze, di media e di mediana; si introducono i concetti di evento aleatorio e di probabilità. Anche il calcolo di semplici probabilità viene contestualizzato.

Agli obiettivi di apprendimento da conseguire al termine del terzo anno della scuola secondaria, si affiancano i traguardi per lo sviluppo delle competenze al termine della scuola secondaria di primo grado.
Nella Figura 3 sono mostrate alcune delle abilità riportate nei traguardi per lo sviluppo delle competenze. Queste abilità sono state riorganizzate da un punto di vista logico-sequenziale, proprio per mettere in evidenza uno dei processi più generali ed efficaci che la matematica vuole suscitare e mettere in moto in chi ne affronta lo studio. Si tratta del processo di analisi dei dati e delle informazioni di una situazione problematica di partenza, della capacità di argomentare in modo coerente su tali informazioni, di utilizzarle con gli strumenti e i concetti appropriati per risolvere il problema e generalizzare la soluzione di quest'ultimo.

Valutare criticamente le informazioni disponibili, cercando di verificarne la validità con ragionamenti logici e strumenti matematici.

↓

Sostenere le proprie convinzioni con argomentazioni logiche e con informazioni di cui si è in possesso (precedentemente vagliate); rivedere le proprie convinzioni qualora emergano incongruenze o errori.

↓

Affrontare situazioni problematiche o descrivere situazioni reali traducendole in rappresentazioni simboliche o grafiche ed operando un efficace discernimento degli strumenti matematici che risultano più efficaci per la risoluzione e per la descrizione.

↓

Generalizzare problemi specifici ed estendere le soluzioni ad ambiti più generali, mostrando le prime capacità di formalizzazione.

Figura 3

1.2.3 Le Indicazioni per il curricolo 2012

A testimonianza del continuo fermento che caratterizza negli ultimi anni il sistema scolastico italiano, sono state elaborate nuove indicazioni per il curricolo che hanno sostituito quelle precedentemente in vigore. Il processo di revisione della bozza ha previsto un periodo di consultazione delle istituzioni scolastiche attraverso il sito web dell'Indire (www.indire.it). La fase di consul-

tazione si è conclusa il 7 luglio 2012 per permettere alla bozza di seguire l'iter che l'ha portata alla sua stesura definitiva. I campi di esperienza della scuola dell'infanzia hanno cambiato denominazione ed in parte anche contenuto. Per il primo ciclo non si fa più espressamente riferimento alle aree disciplinari, ma vengono chiamate in causa direttamente le discipline. L'organizzazione generale del curricolo ricalca ancora quella delle precedenti indicazioni, così come mostrata in Figura 2. Pertanto resta confermata la presenza di obiettivi di apprendimento collocati in posizione intermedia e finale rispetto ai diversi ordini di scuola e la presenza di traguardi per lo sviluppo delle competenze, collocati al termine della scuola dell'infanzia, della scuola primaria e della scuola secondaria di primo grado.
In relazione alla matematica, l'impianto logico dei traguardi posti alla fine della scuola secondaria di primo grado riprende, in linea di massima, quello del precedente documento, illustrato in Figura 3. Inoltre, nella scuola secondaria, sono ancora presenti i quattro nuclei fondanti con la sola differenza del quarto che diventa semplicemente "Dati e previsioni", in quanto si ritiene che il processo di "misura" sia trasversale e possa interessare in realtà tutti i nuclei, non solo quello di connotazione statistica. A tale proposito si pensi all'importante contributo che la misura e la commensurabilità apportano alla nascita dei numeri reali e si consideri quanto il processo di misura sia coinvolto nello studio delle figure geometriche.
Anche i contenuti restano quasi invariati, una delle poche novità riguarda il concetto trasversale di misura e prevede nel nucleo "numeri" una particolare attenzione alla capacità di esprimere le misure utilizzando la notazione esponenziale (le potenze del 10). Questa abilità permette anche allo studente di maturare il concetto di cifre significative.

1.3 Le competenze chiave di cittadinanza e l'asse matematico

1.3.1 Gli assi culturali e le competenze chiave per la cittadinanza

Le "competenze chiave" della Raccomandazione del 2006 sono state recepite da tutte le legislazioni scolastiche dei paesi membri. In Francia è stato introdotto il *socle commun* (lo zoccolo comune) mentre in Spagna si è parlato di *enseñanzas minimas* (insegnamenti minimi). In Italia il **D.M. n. 139 del 22 agosto 2007**, contestualmente alla codifica dell'obbligo scolastico come previsto dall'**art. 1 c. 622** della **L. 296/2006**, ha affrontato la questione delle competenze chiave, individuandole come competenze da acquisire entro il compimento del sedicesimo anno d'età, in coincidenza con l'assolvimento dell'obbligo di istruzione. Per uno studente che svolge un percorso di studi regolari e non è soggetto ad alcuna forma di abbandono o dispersione scolastica, la fine dell'obbligo coincide con il termine del primo biennio della scuola secondaria di secondo grado.

In Italia le competenze chiave per l'apprendimento permanente sono state declinate in quattro assi culturali ed otto competenze chiave di cittadinanza, secondo lo schema mostrato in Figura 4.
Si è visto come le competenze chiave per l'apprendimento permanente individuate dalla Raccomandazione del 2016, presentassero sia aspetti prettamente disciplinari, sia aspetti interdisciplinari. Quello che appare evidente nell'approccio italiano a questa problematica è il confinamento negli assi culturali degli aspetti disciplinari delle competenze chiave europee e la ricollocazione degli aspetti interdisciplinari nelle otto competenze chiave di cittadinanza.

UNIONE EUROPEA

Raccomandazione del 18/12/2006 (2006/962/CE)
Competenze chiave per l'apprendimento permanente

1. Comunicazione nella madrelingua.
2. Comunicazione nelle lingue straniere.
3. Competenza matematica e competenze di base in scienza e tecnologia.
4. Competenza digitale.
5. Imparare a imparare.
6. Competenze sociali e civiche.
7. Spirito di iniziativa e imprenditorialità.
8. Consapevolezza ed espressione culturale.

ITALIA

D.M. 139/2007 Allegato 1
Assi culturali

1. Asse dei linguaggi.
2. Asse matematico.
3. Asse scientifico-tecnologico.
4. Asse storico-sociale.

D.M. 139/2007 Allegato 2
Competenze chiave di cittadinanza

1. Imparare ad imparare.
2. Progettare.
3. Comunicare (comprendere e rappresentare).
4. Collaborare e partecipare.
5. Agire in modo autonomo e responsabile.
6. Risolvere problemi.
7. Individuare collegamenti e relazioni.
8. Acquisire e interpretare l'informazione.

Figura 4

Nel dettaglio, i quattro **assi culturali** dell'allegato 1 al D.M. 139/2007 hanno un "sapore" prettamente disciplinare, in quanto si suddividono in "asse dei linguaggi", "asse matematico", "asse scientifico-tecnologico" e "asse storico-sociale", ricalcando vagamente l'usuale suddivisione in discipline umanistiche

e scientifiche e assegnando due assi specifici a ciascuno di questi due settori.
L'aspetto interdisciplinare delle competenze chiave per l'apprendimento viene, invece, esposto nell'allegato 2 al D.M. 139/2007, dove sono elencate le otto **competenze chiave di cittadinanza**. Appare evidente che le otto competenze chiave possono trovare riscontro in qualsiasi disciplina tra quelle studiate nel primo biennio della scuola secondaria, in quanto esse enunciano azioni o attitudini generali. Alcune di esse riprendono in modo stringente le competenze europee (ad esempio, la competenza "imparare ad imparare"). Altre riprendono attitudini che favoriscono il pieno sviluppo della persona nella costruzione della propria identità e delle relazioni con gli altri soggetti e con la realtà sociale, culturale e naturale circostante (le competenze "progettare", "collaborare e partecipare", "agire in modo autonomo"). Infine, altre competenze ricalcano atteggiamenti tipici dell'universo scientifico e tecnologico ("risolvere problemi", "individuare collegamenti e relazioni", "acquisire ed interpretare informazioni") e, tuttavia, possono essere rilette anche in ambito umanistico.
La competenza "comunicare" ha un aspetto strettamente bidirezionale; viene suddivisa nella capacità di comprendere comunicazioni provenienti dall'esterno o dagli altri (la fase di input) e la capacità di rappresentare e comunicare informazioni agli altri, verso l'esterno (la fase di output).
Con il **D.M. 9/2010** viene adottato il **modello di certificazione** dell'obbligo scolastico, da compilare al compimento del sedicesimo anno di età. In questo modello si certifica il raggiungimento delle competenze chiave di cittadinanza, attribuendo un livello di conseguimento ai quattro assi culturali. Il livello di conseguimento può essere B=basilare, I=intermedio, A=avanzato. Si noti che il livello di conseguimento non viene attribuito direttamente alle otto competenze chiave. Questo probabilmente può rappresentare un limite, in quanto le otto competenze interdisciplinari italiane (che riflettono i caratteri interdisciplinari delle otto competenze europee) vengono inquadrate e valutate mediante degli assi culturali che in realtà nascondono le discipline. Pertanto è lecito chiedersi quanto effettivamente, in questo modo, si certifichino attitudini generali ed interdisciplinari. Inoltre, ci si chiede a che livello queste competenze siano raggiunte, se in ciascun asse risultano livelli di conseguimento differenti. Tuttavia, questa impostazione della certificazione è un riflesso dell'aspetto ordinamentale italiano nel quale, dalla scuola secondaria di primo grado in poi, i contenuti e le abilità sono spiccatamente suddivisi per discipline.

1.3.2 L'asse matematico

L'asse matematico dell'allegato 1 del D.M. 139/2007 riporta le competenze da conseguire alla fine dell'obbligo di istruzione, mediante lo studio della matematica. Ancora una volta si riprendono alcune idee fondamentali dell'approccio a questa disciplina che erano emerse un mese prima nelle indicazioni per il curricolo (D.M. del 31 luglio 2007).
Si vuole riportare un passaggio dell'allegato 1 che descrive pienamente il significato che assume nella moderna impostazione didattica la competenza

matematica. Essa “non si esaurisce nel sapere disciplinare e neppure riguarda soltanto gli ambiti operativi di riferimento”, piuttosto “consiste nell’abilità di individuare e applicare le procedure che consentono di esprimere e affrontare situazioni problematiche attraverso linguaggi formalizzati”. Pertanto si abbandona completamente l’idea che l’insegnamento sia la semplice trasmissione di concetti e saperi e che l’apprendimento sia l’assimilazione di questi ultimi e la loro riproduzione pedissequa.
Nell’asse matematico vengono individuate le seguenti quattro **competenze di base a conclusione dell’obbligo dell’istruzione**:

1. utilizzare le tecniche e le procedure del calcolo aritmetico ed algebrico, rappresentandole anche sotto forma grafica;
2. confrontare ed analizzare figure geometriche, individuando invarianti e relazioni;
3. individuare le strategie appropriate per la soluzione di problemi;
4. analizzare dati e interpretarli sviluppando deduzioni e ragionamenti sugli stessi anche con l’ausilio di rappresentazioni grafiche, usando consapevolmente gli strumenti di calcolo e le potenzialità offerte da applicazioni specifiche di tipo informatico.

Per ciascuna delle 4 competenze elencate vengono individuate:

> le **conoscenze** che attengono al **sapere**, ossia esprimono semplicemente i concetti e le nozioni fondamentali alla base della competenza;
> le **abilità** (o **capacità**) che attengono al **saper fare**, ossia alla capacità dell’alunno di operare ed applicare i concetti appresi.

Si noti come la prima e la terza competenza riprendano i concetti presenti nei nuclei “numeri” e “relazioni e funzioni” già individuati nelle indicazioni per il curricolo. Analogamente la seconda competenza si riferisce al nucleo “Spazio e figure”, mentre la quarta ricalca i contenuti del nucleo “Misure, dati e previsioni”.
Rispetto a quanto riportato nelle indicazioni per il curricolo, che fotografano le conoscenze al termine della scuola secondaria di primo grado, nell’asse matematico figurano nuove conoscenze e abilità che vanno acquisite e maturate nel corso del primo biennio della scuola secondaria di secondo grado.
Tra queste vi sono la capacità di risolvere sistemi di equazioni e disequazioni, così come la capacità di fondere le nozioni e le proprietà delle figure piane studiate nella geometria euclidea con gli strumenti analitici del piano cartesiano. Particolare attenzione viene dedicata anche allo studio delle trasformazioni geometriche ed all’individuazione di quelle grandezze che risultano invarianti per trasformazioni.
Un aspetto chiave è la capacità di padroneggiare tutte le rappresentazioni di una funzione (simbolica-algebrica, grafica e numerica-tabellare) e l’abilità nel passare da una rappresentazione all’altra. Inoltre si introduce lo studio dell’incertezza nei processi di misura, la stima dell’errore, i concetti di notazione scientifica e di approssimazione.

1.3.3 Il quadro delle competenze comuni a tutti i percorsi di istruzione

Le competenze di base a conclusione dell'obbligo sollevano una questione particolarmente sentita nel mondo dell'istruzione secondaria. Difatti le competenze sono comuni a qualsiasi percorso di istruzione secondaria, sia esso un percorso liceale, un percorso di istruzione tecnica o professionale oppure un percorso di istruzione e formazione professionale (IeFP) di competenza strettamente regionale. Con questa impostazione si sancisce che, al sedicesimo anno di età, qualsiasi studente raggiunge il proprio successo formativo se consegue le medesime abilità e conoscenze matematiche, a prescindere dal percorso di studi scelto. Questa impostazione trova riscontro anche nelle caratteristiche che vengono date alla prova di matematica del Servizio Nazionale di Valutazione (SNV) a cura dell'Invalsi, che viene proposta a tutti gli studenti in coincidenza con la fine del primo biennio del secondo ciclo.
Difatti agli studenti di qualsiasi percorso di istruzione secondaria di secondo grado viene somministrata la stessa prova di matematica.
Tuttavia, anche dai risultati delle prove del SNV e delle differenti Indagini Internazionali emerge una differenza di rendimento degli alunni nei diversi rami dell'istruzione secondaria. Questa differenza di rendimento è il riflesso di due fenomeni interconnessi:

- il ben noto fenomeno di dipendenza del profitto degli alunni dal bagaglio socio-culturale ed economico delle famiglie di provenienza;
- il correlato fenomeno di segregazione orizzontale degli alunni nei vari rami dell'istruzione secondaria, in base al loro retroterra culturale economico e sociale.

Il fenomeno della segregazione orizzontale e dell'incidenza del background culturale dello studente sul suo profitto scolastico è sicuramente allarmante e, per certi versi, triste. A causa di tale fenomeno, la scuola rischia di essere semplicemente un indicatore delle differenze sociali ed uno strumento che, invece di limare tali differenze, finisce col sancirle.
Tutte le ultime riforme del sistema di istruzione (Berlinguer, legge 10 febbraio 2000, n. 30; Moratti, legge 28 marzo 2003, n. 53; Renzi, legge 15 luglio 2015, n. 107 con i relativi decreti di attuazione) hanno fra i loro intenti quello di restituire pari dignità a tutti i percorsi di istruzione secondaria e di istruzione e formazione professionale. In quest'ottica va anche letta l'impostazione data al D.M. 139/2007 che ha previsto un quadro di competenze unico per tutti i percorsi di istruzione al termine dell'obbligo.

1.4 La certificazione delle competenze nel primo ciclo di istruzione: il Decreto 742 del 2017

Fra i decreti legislativi che la Legge n. 107 del 2015 (la Legge "Buona scuola") aveva previsto per portare a compimento il suo disegno di riforma del sistema scolastico, uno (il **Decreto Legislativo 62 del 13 aprile 2017**) aveva ad oggetto

la valutazione e certificazione delle competenze nel primo ciclo ed esami di Stato. Il decreto prevede (art. 1, comma 6) che, anche al fine di favorire l'orientamento per la prosecuzione degli studi, l'istituzione scolastica certifichi l'acquisizione delle competenze progressivamente acquisite. A tal fine, la certificazione "descrive lo sviluppo dei livelli delle competenze chiave e delle competenze di cittadinanza progressivamente acquisite dalle alunne e dagli alunni, anche sostenendo e orientando gli stessi verso la scuola del secondo ciclo" (art. 9). La certificazione è rilasciata al termine della scuola primaria e del primo ciclo di istruzione e i relativi modelli nazionali sono stati emanati con il **Decreto Ministeriale 742 del 10 ottobre 2017**.
Come sottolineano le Linee guida ministeriali del 9 gennaio 2018, la certificazione delle competenze, che accompagna il documento di valutazione degli apprendimenti e del comportamento degli alunni, rappresenta un atto educativo legato ad un processo di lunga durata e aggiunge informazioni utili in senso qualitativo in quanto descrive i risultati del processo formativo, quinquennale e triennale, anche in vista della ulteriore certificazione delle competenze al termine dell'obbligo di istruzione del secondo ciclo. Tale operazione, pertanto, piuttosto che come semplice trasposizione degli esiti degli apprendimenti disciplinari, va intesa come valutazione complessiva in ordine alla capacità degli allievi di utilizzare i saperi acquisiti per affrontare compiti e problemi, complessi e nuovi, reali o simulati. Ma formulazione di una certificazione di competenze fondata su evidenze, presuppone una progettazione curricolare e una pianificazione dell'offerta didattica e degli ambienti di apprendimento tali da mettere l'allievo in situazione e in azione per acquisire conoscenze e abilità attraverso l'esperienza, ma anche per riflettere metacognitivamente e sviluppare metodi per acquisire informazioni, trasformare la realtà, generalizzare quanto appreso.
Nel delineare lo scenario culturale e pedagogico sottostante tale valutazione e certificazione delle competenze, è evidente come queste ultime siano strettamente legate, da una parte, alle Indicazioni nazionali per il curricolo della scuola dell'infanzia e del primo ciclo di istruzione, emanate con DM 16/11/2012, n. 254 e dall'altra alle competenze chiave del 2006.
Per quanto concerne le Indicazioni, iI **curricolo** è infatti lo strumento principale di progettazione con cui le scuole possono rispondere alla domanda educativa degli alunni e delle loro famiglie. Sua caratteristica fondamentale la progettualità, ossia la capacità di individuare con chiarezza i fini complessi del percorso di apprendimento, ben delineati tra l'altro dal profilo di competenze attese al termine del primo ciclo, cercando di raggiungerli usando flessibilmente come mezzi le discipline, i traguardi per lo sviluppo delle competenze e gli obiettivi di apprendimento individuati nelle Indicazioni.
In tale ottica è pertanto opportuno definire e condividere, in verticale, sia i traguardi di competenze irrinunciabili alla fine della scuola primaria e alla fine della scuola secondaria di primo grado, sia i criteri e le modalità di valutazione delle competenze stesse.

Elemento qualificante delle vigenti Indicazioni è il **Profilo dello studente** che si articola esplicitamente nelle competenze che si auspica l'alunno abbia maturato al termine del primo ciclo di istruzione.
Dal momento che «il conseguimento delle competenze delineate nel profilo costituisce l'obiettivo generale del sistema educativo e formativo italiano» (p. 15), le medesime competenze sono presenti nel modello di certificazione da rilasciare al termine della scuola primaria e al termine del primo ciclo.
Un'attenta lettura del Profilo consente inoltre di ricondurre facilmente le competenze ivi descritte alle competenze chiave per l'apprendimento permanente individuate dalla Raccomandazione del Parlamento europeo e del Consiglio del 18 dicembre 2006. È infatti possibile trovare una corrispondenza tra ciascuna competenza chiave europea e uno o più enunciati del Profilo, che possono offrirne un'utile descrizione.
È non solo possibile ma, addirittura, utile inquadrare il profilo atteso e i Traguardi di sviluppo entro l'orizzonte di riferimento dato dalle competenze chiave europee, la padronanza delle quali alla fine si è chiamati a certificare.
Le competenze chiave rappresentano, del resto, anche un elemento di continuità, poiché anche il D.M. 139/2007 e i D.P.R. numeri 87, 88, 89 del 2010 di riordino del secondo ciclo le assumono come finalità formativa di riferimento, pur declinandole in dimensioni specifiche, facilmente riconducibili, comunque, alle competenze europee.

Competenze chiave europee	Competenze dal Profilo dello studente al termine del primo ciclo di istruzione	Livello
Comunicazione nella madrelingua o lingua di istruzione	Ha una padronanza della lingua italiana che gli consente di comprendere e produrre enunciati e testi di una certa complessità, di esprimere le proprie idee, di adottare un registro linguistico appropriato alle diverse situazioni.	
Comunicazione nelle lingue straniere	È in grado di esprimersi in lingua inglese a livello elementare (A2 del Quadro Comune Europeo di Riferimento) e, in una seconda lingua europea, di affrontare una comunicazione essenziale in semplici situazioni di vita quotidiana. Utilizza la lingua inglese anche con le tecnologie dell'informazione e della comunicazione.	
Competenza matematica e competenze di base in scienza e tecnologia	Utilizza le sue conoscenze matematiche e scientifico-tecnologiche per analizzare dati e fatti della realtà e per verificare l'attendibilità di analisi quantitative proposte da altri. Utilizza il pensiero logico-scientifico per affrontare problemi e situazioni sulla base di elementi certi. Ha consapevolezza dei limiti delle affermazioni che riguardano questioni complesse.	

segue

Competenze chiave europee	Competenze dal Profilo dello studente al termine del primo ciclo di istruzione	Livello
Competenze digitali	Utilizza con consapevolezza e responsabilità le tecnologie per ricercare, produrre ed elaborare dati e informazioni, per interagire con altre persone, come supporto alla creatività e alla soluzione di problemi.	
Imparare ad imparare	Possiede un patrimonio organico di conoscenze e nozioni di base ed è allo stesso tempo capace di ricercare e di organizzare nuove informazioni. Si impegna in nuovi apprendimenti in modo autonomo.	
Competenze sociali e civiche	Ha cura e rispetto di sé e degli altri come presupposto di uno stile di vita sano e corretto. È consapevole della necessità del rispetto di una convivenza civile, pacifica e solidale. Si impegna per portare a compimento il lavoro iniziato, da solo o insieme ad altri.	
Spirito di iniziativa (*Sense of initiative and entrepreneurship* nella Raccomandazione europea e del Consiglio del 18 dicembre 2006)	Ha spirito di iniziativa ed è capace di produrre idee e progetti creativi. Si assume le proprie responsabilità, chiede aiuto quando si trova in difficoltà e sa fornire aiuto a chi lo chiede. È disposto ad analizzare se stesso e a misurarsi con le novità e gli imprevisti.	
Consapevolezza ed espressione culturale	Riconosce ed apprezza le diverse identità, le tradizioni culturali e religiose, in un'ottica di dialogo e di rispetto reciproco. Si orienta nello spazio e nel tempo e interpreta i sistemi simbolici e culturali della società. In relazione alle proprie potenzialità e al proprio talento si esprime negli ambiti che gli sono più congeniali: motori, artistici e musicali.	

Figura 5 – La certificazione delle competenze al termine del primo ciclo di istruzione nel D.M. 742/2017

Capitolo 2
Rilevazione degli apprendimenti e didattica della matematica

2.1 Le rilevazioni Invalsi

2.1.1 L'Invalsi e la rilevazione degli apprendimenti nella scuola secondaria

Invalsi è la sigla con cui si indica l'Istituto nazionale per la valutazione del sistema educativo di istruzione e di formazione. L'Istituto è stato riordinato dalla L. 53/2003. Il successivo decreto attuativo (D.Lgs. 286/2004) ha previsto che il Ministro dell'Istruzione, dell'Università e della Ricerca, con direttiva, individui le priorità strategiche sulle quali l'Istituto debba svolgere la propria attività. Nelle direttive periodiche che riceve dal ministro dell'istruzione, l'Invalsi è incaricato di effettuare la rilevazione degli apprendimenti degli studenti. Quest'attività si articola su diverse azioni:

- **La rilevazione degli apprendimenti per la valutazione delle scuole, effettuata mediante il Servizio Nazionale di Valutazione (SNV)**. La rilevazione degli apprendimenti interessa le discipline di Italiano, Inglese (non nelle seconde classi della scuola primaria) e Matematica nelle seconde e quinte classi della scuola primaria, nelle classi terze della scuola secondaria di primo grado e nelle classi seconde e quinte della scuola secondaria di secondo grado.
- **La partecipazione dell'Italia alle indagini internazionali per la valutazione degli apprendimenti**. In particolare, l'Invalsi cura la partecipazione all'indagine OCSE-PISA e all'indagine IEA-TIMSS che riguardano anche l'apprendimento in matematica. Si parlerà di queste indagini nei paragrafi successivi.

In questo paragrafo si tratterà la rilevazione degli apprendimenti in matematica per le classi seconde della scuola secondaria di secondo grado.
La rilevazione degli apprendimenti in matematica e italiano è diventata obbligatoria per tutte le scuole dell'istruzione secondaria di secondo grado dall'anno scolastico 2010-2011; negli anni precedenti la rilevazione era effettuata a campione. Anche se la rilevazione attualmente è censitaria, va ricordato che, per l'elaborazione delle proprie statistiche, l'Invalsi legge esclusivamente i dati di un campione selezionato di scuole, nelle quali è presente un osservatore esterno durante la somministrazione dei test. Tuttavia, la rilevazione di portata generale permette la restituzione dei risultati delle prove a tutte le scuole, in forma privata. Alle scuole viene poi demandata la discussione e l'analisi dei risultati e la possibilità di renderli noti pubblicamente oppure di non rivelarli.

La prova di matematica verrà descritta nel prossimo paragrafo. Per quanto riguarda la prova di italiano, si sottolinea che, nel merito, si tratta di una prova di comprensione del testo e di conoscenza della grammatica; in essa non viene analizzata la conoscenza dei contenuti di letteratura. Questa è una differenza sostanziale con la prova di matematica che rileva anche la conoscenza dei contenuti di quattro nuclei tematici fondanti. Infine, le due prove sono accompagnate da un questionario studente che va a rilevare non tanto competenze specifiche, quanto aspetti più generali del contesto scolastico e familiare degli alunni da un punto di vista sociale, economico e culturale.

2.1.2 La prova di matematica

Il documento che maggiormente descrive struttura ed obiettivi della rilevazione degli apprendimenti in matematica è il **Quadro di Riferimento della prova di matematica**. In esso viene descritto il concetto di **competenza matematica**. Nel cap. 1 è stato già introdotto il concetto di competenza, così come descritto nella Raccomandazione del Parlamento Europeo e del Consiglio dell'Unione Europea del 18 dicembre 2006 (2006/962/CE). Nella raccomandazione, la competenza viene definita come la sintesi di **conoscenze** (ossia di contenuti, nozioni), di **abilità** (con le quali i contenuti vengono applicati consapevolmente) e di quelle attitudini, mediante le quali lo studente riesce a contestualizzare e a richiamare conoscenze e abilità acquisite.
Nel Quadro di Riferimento della prova di matematica dell'Invalsi le conoscenze e le abilità vengono piuttosto declinate in **contenuti**, ossia concetti che l'alunno deve possedere per affrontare i quesiti, e **processi**, vale a dire compiti o procedure che l'alunno deve attivare e svolgere per giungere alla risoluzione dei quesiti. In Figura 1 è mostrata la corrispondenza tra le competenze così

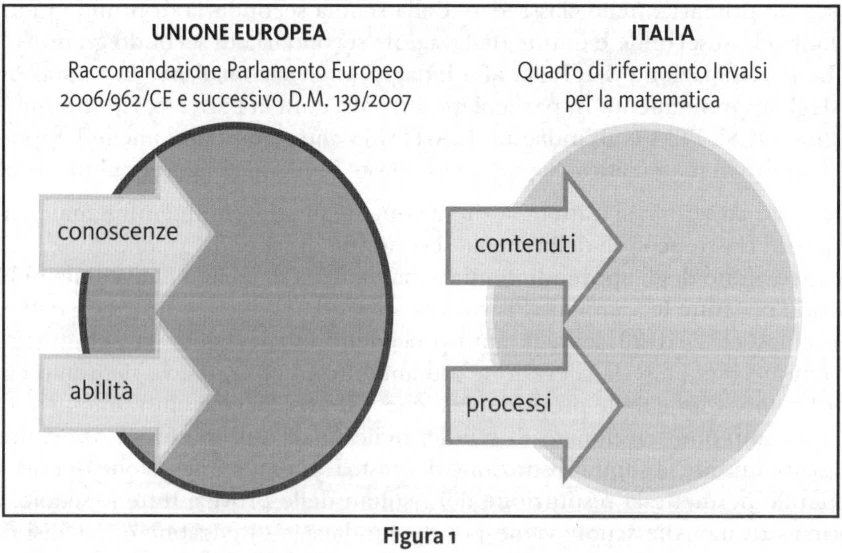

Figura 1

come descritte nella Raccomandazione del Parlamento Europeo e come proposte nel Quadro di Riferimento della prova di matematica dell'Invalsi.
I contenuti matematici oggetto di valutazione nella prova di matematica sono stati suddivisi in quattro ambiti che riflettono chiaramente le idee chiave dell'indagine OCSE-PISA e i domini di contenuto dell'indagine TIMSS.
È possibile quindi stabilire collegamenti tra il Quadro di Riferimento (QdR) INVALSI e i Framework di TIMSS e PISA che permettono di integrare le informazioni che le diverse indagini forniscono. Infatti il QdR INVALSI è fortemente legato alle Indicazioni nazionali e alle Linee Guida che contemplano sistematicamente una duplice visione della competenza matematica: da una parte gli aspetti di modellizzazione e le applicazioni per leggere, interpretare la realtà e risolvere problemi della vita concreta, così come nel PISA, dall'altra i contenuti articolati per ambiti, i costrutti caratteristici e gli aspetti relativi allo sviluppo dei curricoli, così come per il TIMSS. Sia le indagini internazionali sia le prove INVALSI si stanno orientando verso una somministrazione CBT (*Computer Based Test*).

2.1.3 I contenuti matematici: Indicazioni nazionali e Linee Guida

I contenuti sono articolati in ambiti, una scelta ormai condivisa a livello internazionale. Questi i quattro ambiti di valutazione individuati:

1. Numeri
2. Spazio e figure
3. Relazioni e funzioni
4. Dati e previsioni

È interessante osservare il sostanziale parallelismo fra le scelte operate dall'Italia a partire dai documenti programmatici e le scelte operate a livello internazionale (OCSE-PISA 2021 e TIMSS 2019).

Tabella 1 – Articolazione dei contenuti

SNV - INVALSI	PISA 2021	TIMSS 2019 grado 4	TIMSS 2019 grado 8
Numeri	Quantità	Numero	Numero
Spazio e figure	Spazio e forme	Figure geometriche e misure	Geometria
Dati e previsioni	Incertezza e dati	Rappresentazione dati	Dati e probabilità
Relazioni e funzioni	Cambiamento e relazioni		Algebra

Come evidenzia il QdR delle prove INVALSI di Matematica (agosto 2018), le Indicazioni nazionali di ogni grado scolare richiamano più volte, più o meno esplicitamente, il fatto che la Matematica, come disciplina, coinvolge due aspetti, strettamente collegati tra loro:

- uno rivolto alla modellizzazione e alle applicazioni per leggere, interpretare la realtà e risolvere problemi della vita di tutti i giorni;
- l'altro rivolto allo sviluppo interno, alla riflessione e alle speculazioni sugli stessi prodotti culturali dell'attività matematica.

Inoltre, nei vari gradi scolari compare il suggerimento di far riferimento a campi di esperienza degli studenti per dare significato agli oggetti matematici. Di tutto ciò è quindi necessario tenere conto nella didattica della Matematica e nella valutazione dei processi di insegnamento-apprendimento a ogni grado scolare.

Questo quadro di riferimento sostanzialmente unitario, all'interno del quale si esplicitano le indicazioni di legge per tutti i gradi scolastici, è alla base del disegno delle prove del sistema delle Rilevazioni Nazionali dell'INVALSI e ne costituisce il fondamento concettuale e operativo.

Le diverse indicazioni per i curricoli entrano, più o meno esplicitamente, nei dettagli dei contenuti irrinunciabili e delle competenze essenziali che gli studenti devono conseguire in Matematica al termine dei vari cicli scolastici. Talvolta le finalità dell'insegnamento-apprendimento della Matematica sono dichiarate esplicitamente per punti, in termini di obiettivi per l'apprendimento, di conoscenze e abilità o di traguardi per lo sviluppo delle competenze; altre volte, come nelle Indicazioni per i licei, sono presenti all'interno di un discorso narrativo, anche se articolato e puntuale.

Va sottolineato che il riferimento alle diverse indicazioni è inteso in senso globale: i diversi documenti alla base della predisposizione delle prove (Indicazioni nazionali per il primo ciclo, Indicazioni nazionali per il sistema dei Licei, Linee Guida per l'Istruzione Tecnica e Professionale) contengono tutti un forte ed esplicito riferimento (derivante dalla loro comune origine dagli Assi culturali per l'obbligo di istruzione) alla matematica come elemento fondamentale per le competenze di cittadinanza e per le competenze per la vita (*Life skills*). Ogni prova viene quindi costruita pensando non solo agli apprendimenti specifici di quel grado scolare, ma anche alle competenze generali e permanenti che lo studente, in quello specifico grado scolare, dovrebbe aver acquisito grazie a tutto il percorso precedente. Le prove possono quindi contenere domande che accertano il permanere di abilità o di conoscenze acquisite in gradi scolari precedenti, la cui padronanza è essenziale per l'esercizio di queste competenze.

Ciò che, però, caratterizza tutti i diversi gradi scolari, dalla scuola primaria alla scuola secondaria, anche se, ovviamente, con diversa enfasi e dettaglio, sono i seguenti punti:

- i quattro ambiti di contenuto (che solo nella scuola primaria sono tre, in quanto gli ambiti *Relazioni e funzioni* e *Dati e previsioni* concorrono a comporre l'unico ambito *Relazioni, dati e previsioni*), talvolta etichettati con differenti denominazioni, (per esempio l'ambito *Numeri* del primo ciclo diventa, nelle Linee guida e nelle Indicazioni per i licei, *Aritmetica e algebra*, così come *Spazio e figure* diventa *Geometria*), ma chiaramente individuabili come campi di contenuto specifici;

- la necessità di progettare percorsi che, nel conseguimento dei contenuti irrinunciabili, non perdano mai di vista lo sviluppo di competenze il cui raggiungimento è ineludibile per il possesso di quella cultura matematica che aiuti a partecipare in modo informato, consapevole e critico alle scelte sempre più delicate che la vita pubblica impone:
  - rappresentare oggetti matematici e relazioni fra essi, operare con queste rappresentazioni e passare dall'una all'altra ove opportuno;
  - argomentare utilizzando le conoscenze possedute in modo pertinente e coerente con la tesi da sostenere, prestando attenzione agli artifici retorici utili a avvalorare e spiegare le proprie argomentazioni;
  - porsi e risolvere problemi; utilizzare e costruire modelli descrittivi e predittivi in diversi contesti;
  - sviluppare un atteggiamento positivo verso la Matematica, imparando a vederla come prodotto culturale fortemente unitario e operativo;
- l'invito a realizzare attività di carattere laboratoriale, in particolare si precisa che è necessario che gli studenti imparino a utilizzare le tecnologie oggi disponibili al fine di costruire significati degli oggetti di studio mediante l'esplorazione di ambiti di contenuto in ambienti che consentano di operare con rappresentazioni diversificate e ricche degli oggetti matematici;
- l'opportunità di prestare maggiore attenzione alla semantica piuttosto che alla sintassi: la raccomandazione, esplicita nelle Indicazioni per i Licei, è "Ferma restando l'importanza dell'acquisizione delle tecniche, saranno evitate dispersioni in tecnicismi ripetitivi o casistiche sterili che non contribuiscono in modo significativo alla comprensione dei problemi. L'approfondimento degli aspetti tecnici sarà strettamente funzionale alla comprensione in profondità degli aspetti concettuali della disciplina";
- la necessità di coerenza e continuità nello sviluppo dei percorsi di insegnamento e apprendimento, indispensabile per il raggiungimento di vere e solide competenze e per poter affrontare le necessarie discontinuità che caratterizzano ogni percorso di apprendimento su lunghi periodi.

Oltre alla coerenza con le indicazioni curricolari le prove INVALSI presentano una forte continuità tra i diversi gradi scolari che si caratterizza per diverse specificità, fra cui ricordiamo:

- l'identità dei diversi ambiti (*Dati e Previsioni, Numeri, Relazioni e Funzioni, Spazio e Figure*);
- le tre dimensioni *Conoscere, Risolvere problemi, Argomentare* che contribuiscono a descrivere le competenze matematiche valutate mediante le prove INVALSI;
- la presenza di *Traguardi specifici* per lo sviluppo delle competenze, traguardi che si articolano per integrazione o riformulazione nel passaggio da un grado al successivo, prefigurando quindi uno sviluppo diacronico della competenza matematica caratterizzato da una forte continuità, nonostante le inevitabili differenze e specificità che contraddistinguono ogni percorso di apprendimento che si struttura su un lungo periodo temporale;

- la presenza di specifici contenuti matematici comuni e di competenze a essi legate. In particolare, senza la pretesa di essere esaustivi nell'elencazione, citiamo alcune conoscenze e abilità richieste per affrontare i quesiti proposti, che sono presenti nelle prove di tutti i gradi scolari: leggere dati rappresentati mediante tabelle e diagrammi (a barre, circolari, ideogrammi); ordinare numeri e operare con essi; utilizzare proprietà di figure geometriche; individuare e utilizzare rapporti di scala; utilizzare il linguaggio simbolico.

2.1.4 Caratteristiche generali delle prove: Traguardi e dimensioni

Come si diceva, la divisione dei contenuti matematici in ambiti è ormai condivisa a livello internazionale: ogni domanda è classificata in un determinato ambito, che è sempre da considerarsi solo come l'ambito prevalente (e non esclusivo) di riferimento.

Nella costruzione delle domande si tiene conto anche di una direzione trasversale ai contenuti, che si riferisce ai possibili processi messi in atto per rispondere alle domande e che è stata definita a partire dalle indicazioni curricolari e in particolar modo dai Traguardi per lo sviluppo delle competenze. È stato così individuato un possibile raggruppamento secondo tre dimensioni denominate: *Risolvere problemi, Argomentare, Conoscere*. Le tre dimensioni derivano inoltre da riflessioni su aspetti ed elementi salienti delle attività matematiche e su risultati della ricerca in didattica della matematica, nonché da una accurata analisi delle prove fino a ora somministrate e dei loro risultati.

Le prime due dimensioni (**Risoluzione di problemi** e **Argomentazione**) presentano forti elementi di contatto: dall'accertare la ragionevolezza di un'affermazione, al validarla con riferimento a una teoria; dal controllare la correttezza di un risultato, al giustificare la sua adeguatezza in relazione al problema affrontato. Il rapporto fra la risoluzione di problemi e l'argomentazione dipende dal fatto che la costruzione di un'argomentazione è in molti casi una attività di autentico *problem solving* e, d'altra parte, il *problem solving* richiede in genere attività di validazione intermedie e finali di tipo argomentativo. La centralità assunta dal *problem solving* e dall'argomentazione nella formazione e nella ricerca educativa in campo matematico è stata anche una conseguenza dello sviluppo di calcolatrici e computer che svolgono in modo assai efficace ed economico tutte le attività matematiche di tipo esecutivo e insieme evidenziano la necessità di sviluppare competenze di decisione, di scelta e di controllo, che rimangono prerogative umane.

Le due attività matematiche *Risolvere problemi* e *Argomentare* richiedono conoscenze (eccoci alla terza dimensione: **Conoscere**) su oggetti matematici tradizionalmente definiti come "concetti", segni e sistemi di segni, algoritmi e tecniche di trattamento oltre alla capacità di farne uso stabilendo connessioni fra essi. In questo senso possiamo parlare di competenze strumentali al *problem solving* e all'argomentazione che devono essere accertate proprio per questo carattere di strumentalità necessaria allo svolgimento di compiti più complessi.

Gli studi su che cosa significa e come si realizza la padronanza degli oggetti matematici nella ricerca in didattica della matematica si sono sviluppati in parallelo, e spesso in interazione, con le ricerche nelle scienze dell'educazione. A partire dall'analisi delle competenze necessarie per affrontare compiti professionali specifici, condotta negli anni '70, le competenze sono state progressivamente identificate come "unità" di conoscenze e capacità e intenzione di farne uso per affrontare compiti. Oggi riguardano anche i sistemi di formazione, inclusa la scuola, che sono investiti del compito di sviluppare e accertare, nel caso della scuola italiana di certificare, competenze e non solo conoscenze.

Tabella 2 – Traguardi e dimensioni

Traguardi per lo sviluppo delle competenze al termine della scuola primaria	Codifica	Dimensione
Si muove con sicurezza nel calcolo scritto e mentale con i numeri naturali e sa valutare l'opportunita di ricorrere a una calcolatrice.	T1	1
Riconosce e rappresenta forme del piano e dello spazio, relazioni e strutture che si trovano in natura o che sono state create dall'uomo.	T2	1
Descrive, denomina e classifica figure in base a caratteristiche geometriche, ne determina misure, progetta e costruisce modelli concreti di vario tipo.	T3	1
Utilizza strumenti per il disegno geometrico (riga, compasso, squadra) e i più comuni strumenti di misura (metro, goniometro...).	T4	1
Ricerca dati per ricavare informazioni e costruisce rappresentazioni (tabelle e grafici). Ricava informazioni anche da dati rappresentati in tabelle e grafici.	T5	2
Riconosce e quantifica, in casi semplici, situazioni di incertezza.	T6	2
Legge e comprende testi che coinvolgono aspetti logici e matematici.	T7	3
Riesce a risolvere facili problemi in tutti gli ambiti di contenuto, mantenendo il controllo sia sul processo risolutivo, sia sui risultati. Descrive il procedimento seguito e riconosce strategie di soluzione diverse dalla propria.	T8	2
Costruisce ragionamenti formulando ipotesi, sostenendo le proprie idee e confrontandosi con il punto di vista di altri.	T9	3
Riconosce e utilizza rappresentazioni diverse di oggetti matematici (numeri decimali, frazioni, percentuali, scale di riduzione, ...).	T10	1

Traguardi per lo sviluppo delle competenze al termine della scuola secondaria di primo grado	Codifica	Dimensione
Si muove con sicurezza nel calcolo anche con i numeri razionali, ne padroneggia le diverse rappresentazioni e stima la grandezza di un numero e il risultato di operazioni.	T1	1
Riconosce e denomina le forme del piano e dello spazio, le loro rappresentazioni e ne coglie le relazioni tra gli elementi.	T2	1
Analizza e interpreta rappresentazioni di dati per ricavarne misure di variabilità e prendere decisioni.	T3	2
Riconosce e risolve problemi in contesti diversi valutando le informazioni e la loro coerenza.	T4	2
Spiega il procedimento seguito, anche in forma scritta, mantenendo il controllo sia sul processo risolutivo, sia sui risultati.	T5	2
Confronta procedimenti diversi e produce formalizzazioni che gli consentono di passare da un problema specifico a una classe di problemi.	T6	2
Produce argomentazioni in base alle conoscenze teoriche acquisite (ad esempio sa utilizzare i concetti di proprieta caratterizzante e di definizione).	T7	3
Sostiene le proprie convinzioni, portando esempi e controesempi adeguati e utilizzando concatenazioni di affermazioni; accetta di cambiare opinione riconoscendo le conseguenze logiche di una argomentazione corretta.	T8	3
Utilizza e interpreta il linguaggio matematico (piano cartesiano, formule, equazioni, ecc.) e ne coglie il rapporto col linguaggio naturale.	T9	1
Nelle situazioni di incertezza (vita quotidiana, giochi, ecc.) si orienta con valutazioni di probabilità.	T10	2

Traguardi per lo sviluppo delle competenze al termine della scuola secondaria di secondo grado*	Codifica	Dimensione
Si muove con sicurezza nel calcolo numerico e simbolico; applica correttamente le proprieta delle operazioni con i numeri reali; realizza ordinamenti, calcola ordini di grandezza ed effettua stime numeriche e approssimazioni. Risolve equazioni e disequazioni.	T1	1
Riconosce e denomina le forme del piano e dello spazio, le loro rappresentazioni e ne coglie le relazioni tra gli elementi. Utilizza proprietà delle figure geometriche e teoremi per il calcolo di lunghezze, aree e volumi.	T2	1

segue

Traguardi per lo sviluppo delle competenze al termine della scuola secondaria di secondo grado*	Codifica	Dimensione
Rappresenta, elabora, analizza e interpreta dati, anche calcolando indici, per descrivere situazioni e individuare caratteristiche di un fenomeno o di una situazione, eventualmente anche allo scopo di produrre ipotesi e prendere decisioni.	T3	2
Riconosce e risolve problemi in contesti diversi valutando le informazioni possedute, le loro relazioni con ciò che si vuole determinare e la coerenza e plausibilità del procedimento risolutivo e dei risultati trovati.	T4	2
Spiega il procedimento seguito, anche in forma scritta, confronta procedimenti diversi e produce formalizzazioni che gli consentono di passare da un problema specifico a una classe di problemi.	T5	2
Riconosce, fra diverse argomentazioni, quelle che sono adeguate a sostenere una determinata tesi; produce esempi e controesempi utili a confermare o a confutare una determinata affermazione.	T6	3
Produce argomentazioni esplicitando la tesi, utilizzando conoscenze e forme argomentative pertinenti alla tesi oggetto di argomentazione.	T7	3
Comprende e utilizza diverse forme di rappresentazione, passando dall'una all'altra a seconda delle esigenze (grafica, numerica, simbolica, nella lingua naturale).	T8	1
Riconosce, tra diversi modelli matematici proposti, quelli piu adeguati a descrivere determinate situazioni oggetto di interesse.	T9	2
Utilizza semplici modelli matematici dati per descrivere situazioni e fenomeni reali.	T10	2
Dati una situazione o un fenomeno reali individua le variabili significative e costruisce un modello matematico adeguato a rappresentarli.	T11	2
Esprime valutazioni e stime di probabilità in situazioni caratterizzate da incertezza. Esprime stime di probabilità di eventi composti a partire dalla conoscenza delle probabilità di eventi elementari.	T12	2

* Per la scuola secondaria di secondo grado non sono previsti, dalla normativa vigente, Traguardi per lo sviluppo delle competenze. Il gruppo di lavoro INVALSI ha individuato una serie di Traguardi per lo sviluppo delle competenze in diretta continuità con i Traguardi della fine del primo ciclo.

2.1.5 Le tipologie delle domande

Nelle prove di matematica delle Rilevazioni Nazionali dell'INVALSI, ogni domanda è costruita con un preciso scopo che definisce in modo specifico,

anche in termini di conoscenze, che cosa si vuole principalmente valutare con quella domanda. Ogni domanda è inoltre esplicitamente collegata a un Traguardo di competenza.
Le prove di matematica sono costituite da quesiti di diverse categorie: a risposta chiusa, a risposta aperta univoca, a risposta aperta articolata, *cloze*, associazione. Queste categorie possono poi presentarsi, nel caso delle prove CBT, attraverso diverse forme di interazione con lo strumento di somministrazione.
La prima categoria consiste **in quesiti a scelta multipla** che presentano quattro opzioni di risposta (tre nel grado 2), una sola delle quali è corretta e quesiti a scelta multipla complessa che richiedono la determinazione del valore di verità di alcune proposizioni.
I quesiti a "**risposta aperta univoca**" sono domande che richiedono, per esempio, il risultato di un calcolo algebrico o numerico.
I quesiti a "**risposta aperta articolata**" possono richiedere semplici argomentazioni, giustificazioni, sequenze di calcoli. Per questi quesiti viene fornita una griglia di correzione articolata, costruita in base alle risposte ottenute nel pretest. La griglia di correzione prevede anche la categoria delle risposte accettabili: risposte che non sono propriamente corrette ma dalle quali si evince che lo studente ha risposto adeguatamente, considerando lo specifico scopo della domanda.
I quesiti di tipo "**cloze**" richiedono il completamento di frasi, calcoli o espressioni mediante l'utilizzo di elementi forniti nel testo.
I quesiti di tipo "**associazione**" richiedono di individuare la corrispondenza corretta fra elementi di due insiemi dati.
Non si dimentichi che stiamo parlando di **prove standardizzate**, uno strumento che risulta particolarmente utile a dare informazioni su alcune criticità del sistema nel suo complesso ma che è poco adatto a misurare il conseguimento di alcuni dei Traguardi per il raggiungimento delle competenze elencati nelle Indicazioni. Le prove standardizzate:
- non possono misurare né tantomeno valutare il conseguimento di traguardi caratterizzati da aspetti metacognitivi o non cognitivi;
- sono poco adatte a valutare pienamente il conseguimento di competenze nel: produrre congetture; sostenere argomentazioni e dimostrazioni complesse; porsi e risolvere problemi di una certa difficoltà e complessità;
- tendono a porre domande per le quali la correzione delle risposte è indipendente da chi la effettua e, per quanto possibile, tendono a eliminare ogni elemento di soggettività.

È utile mostrare un paio di quesiti proposti nella prova di matematica rivolta agli studenti della scuola secondaria di secondo grado negli anni più recenti. Gli esempi fanno riferimento a ciascuna delle tre dimensioni (*Conoscere, Risolvere problemi, Argomentare*). Ogni quesito viene inoltre presentato con una classificazione relativa alle sue caratteristiche (Ambito, Scopo della domanda, Traguardi per lo sviluppo delle competenze, Obiettivi di apprendimento delle Indicazioni nazionali e Linee Guida).

Esempio 1 – Conoscere

Alla dimensione **Conoscere** afferiscono prevalentemente quesiti relativi alla padronanza di concetti, metodi, algoritmi e procedimenti.

Domanda

Antonio e Bruno camminano contemporaneamente lungo la linea dei numeri.

Antonio (A) parte da 0 e procede verso destra di $\frac{1}{2}$ a ogni passo.

Bruno (B) parte da 3 e procede verso destra di $\frac{1}{4}$ a ogni passo.

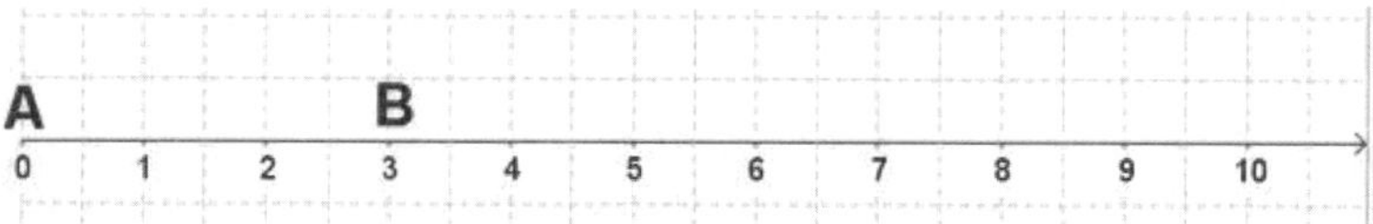

A quale numero corrisponde il punto in cui Antonio e Bruno si incontrano?

Per rispondere clicca su una delle alternative

A ❍ 2
B ❍ 3
C ❍ 6
D ❍ 8

Grado 8 – 2018 (CBT)

Formato: Scelta multipla

Risposta corretta: C

Ambito: Numeri

Scopo della domanda: Muoversi sulla retta numerica di quantità non intere.

Indicazioni Nazionali

Traguardo: Si muove con sicurezza nel calcolo anche con i numeri razionali, ne padroneggia le diverse rappresentazioni e stima la grandezza di un numero e il risultato di operazioni.

Obiettivi: *Rappresentare i numeri conosciuti sulla retta.*

Esempio 2 – Risolvere problemi

L'esempio scelto fa riferimento alla dimensione Risolvere problemi descritta nel QdR nei quattro ambiti (Numeri, Relazioni e funzioni, Spazio e figure, Dati e previsioni).

Domanda

Nella seguente figura le rette *r* ed *s* sono perpendicolari fra loro e l'arco ECB è una semicirconferenza di centro O. La lunghezza del segmento AB è di 20 cm e la lunghezza del segmento OB è di 12 cm.

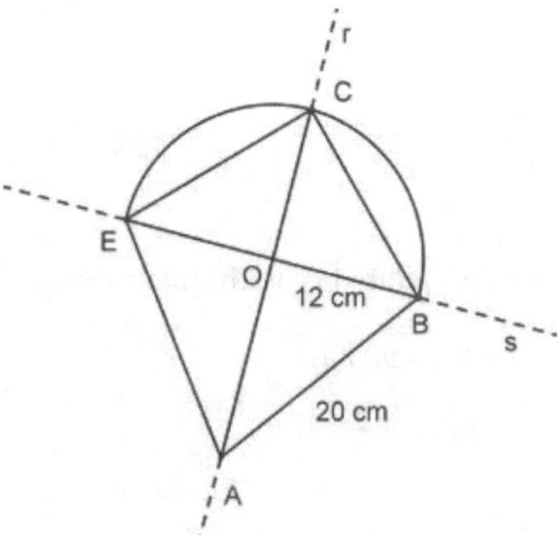

Qual è l'area del quadrilatero ABCE?

Per rispondere clicca su una delle alternative

A ❍ 320 cm^2
B ❍ 336 cm^2
C ❍ 480 cm^2
D ❍ 672 cm^2

Grado 8 – 2018 (CBT)

Formato: Scelta multipla

Risposta corretta: B

Ambito: Spazio e figure

Scopo della domanda: Risolvere un problema sfruttando le proprietà delle figure geometriche e il teorema di Pitagora.

Indicazioni Nazionali

Traguardo: Riconosce e risolve problemi in contesti diversi valutando le informazioni e la loro coerenza.

Obiettivi: *Risolvere problemi utilizzando le proprietà geometriche delle figure.*

Esempio 3 – Argomentare

L'esempio scelto fa riferimento alla dimensione *Argomentare* descritta nel QdR nei quattro ambiti (*Numeri, Relazioni e funzioni, Spazio e figure, Dati e previsioni*). Afferiscono a questa dimensione quesiti nei quali è richiesta la scelta o la produzione di una argomentazione, o il completamento di una dimostrazione.

Domanda

I seguenti grafici rappresentano i dati della raccolta differenziata dei rifiuti in una città italiana da gennaio 2014 ad aprile 2016.

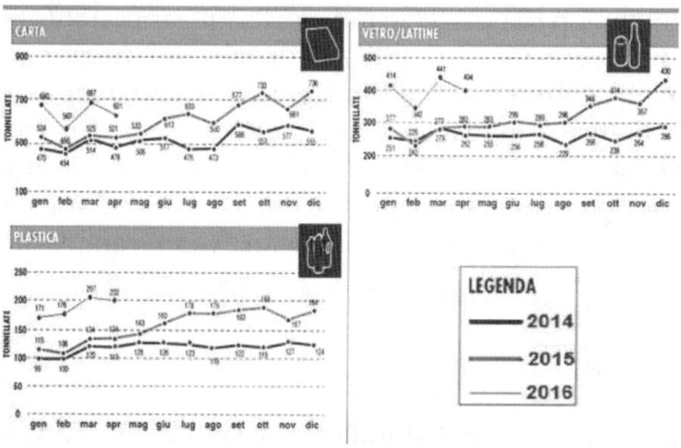

È possibile affermare che nel 2014 con la raccolta differenziata sono state raccolte meno tonnellate di plastica rispetto al 2015?
Nella tabella che segue indica la sola argomentazione che giustifica la risposta corretta.

Fai riferimento ai grafici sopra e clicca su una delle alternative.

Se vuoi cambiare la risposta che hai fornito, deseleziona la risposta data e poi seleziona quella che vuoi dare.

		Sì, è possibile affermarlo
❍	A	perché la linea del 2015 della plastica è sempre sopra quella del 2014
❍	B	perché la linea del 2015 della plastica è sempre crescente

		No, non è possibile affermarlo
❍	C	perché in alcuni mesi del 2014 si è raccolta più plastica rispetto a qualche mese del 2015
❍	D	perché la linea del 2014 della plastica è sempre crescente

Grado 8 – 2018 (CBT)

Formato: Scelta multipla

Risposta corretta: A

Ambito: Dati e previsioni

Scopo della domanda: Utilizzare la visione globale di un grafico per scegliere un'affermazione relativa all'andamento di serie storiche.

Indicazioni Nazionali

Traguardo: Produce argomentazioni in base alle conoscenze teoriche acquisite (ad esempio sa utilizzare i concetti di proprietà caratterizzante e di definizione).

2.2 L'indagine OCSE-PISA

2.2.1 Aspetti generali dell'indagine

Il PISA, *Programme for International Student Assessment*, è un'indagine internazionale promossa dall'OCSE (Organizzazione per la Cooperazione e lo Sviluppo Economico) che mira ad accertare con periodicità triennale le conoscenze, le abilità e in particolare le competenze dei quindicenni scolarizzati dei principali paesi industrializzati. L'età di quindici anni in numerosi paesi coincide con il termine dell'obbligo formativo, oppure è una età molto prossima a tale termine. Si noti che i paesi partecipanti al PISA possono tanto aderire all'OCSE, quanto non essere membri ufficiali di tale organizzazione, limitandosi semplicemente a prendere parte all'indagine. L'accertamento avviene per tre grandi ambiti: lettura (linguaggio), matematica e scienze (in alcuni paesi, anche *financial literacy*). L'Italia è tra i paesi partecipanti all'indagine internazionale. La partecipazione all'indagine avviene mediante un numero limitato di scuole campione. Inoltre, in ciascuna scuola viene campionato un numero limitato di studenti.

2.2.2 Competenze

Uno degli obiettivi principali dell'indagine OCSE-PISA è la valutazione delle competenze matematiche (*mathematical literacy*) degli studenti quindicenni dei paesi partecipanti all'indagine. Nel Quadro di riferimento la competenza matematica viene descritta con le seguenti parole: "La competenza matematica è la capacità dell'individuo di ragionare matematicamente e formulare, applicare ed interpretare la matematica in una varietà di contesti. Essa include concetti, procedure, fatti e strumenti matematici per descrivere, spiegare e prevedere fenomeni. La competenza aiuta gli individui a riconoscere il ruolo della matematica nel mondo e a formulare giudizi ben fondati come richiesto nel 21° secolo a un cittadino impegnato ed attivo".
In particolare, nella definizione di competenza, tre verbi mettono in evidenza dei **processi** che lo studente è invitato a porre in essere per risolvere problemi e diventare un cittadino attivo e protagonista della società. Questi tre verbi sono **formulare** (o impostare), **applicare** (o utilizzare) e **interpretare**.
Il **processo di formulazione** di un problema (o impostazione di un problema) nasconde una abilità cruciale che lo studente deve maturare. Si tratta della capacità di decodificare una situazione o un problema reale, comprendere la matematica che è utile alla sua risoluzione o interpretazione ed impostare in modo formale il problema in un ambito non più reale, ma strettamente matematico, identificando le varabili in gioco e gli strumenti adatti alla risoluzione. Quando il problema reale è stato trasferito nel mondo matematico, inizia il **processo di applicazione** (o utilizzazione) delle formule, dei concetti e delle procedure matematiche per raggiungere la soluzione matematica del problema.

Il **processo di interpretazione** dei risultati matematici ottenuti permette di ritrasferire nel mondo reale la soluzione del problema, stabilendo se il risultato matematico ottenuto è plausibile e quali significati esso assume.
Si può anche prevedere un ulteriore **processo di verifica** dei risultati, così come interpretati nel contesto reale, al fine di constatare che effettivamente il problema viene descritto e risolto correttamente.
L'intera procedura di applicazione delle competenze ad un problema matematico è descritta nel quadro di riferimento per la matematica secondo lo schema mostrato in figura.

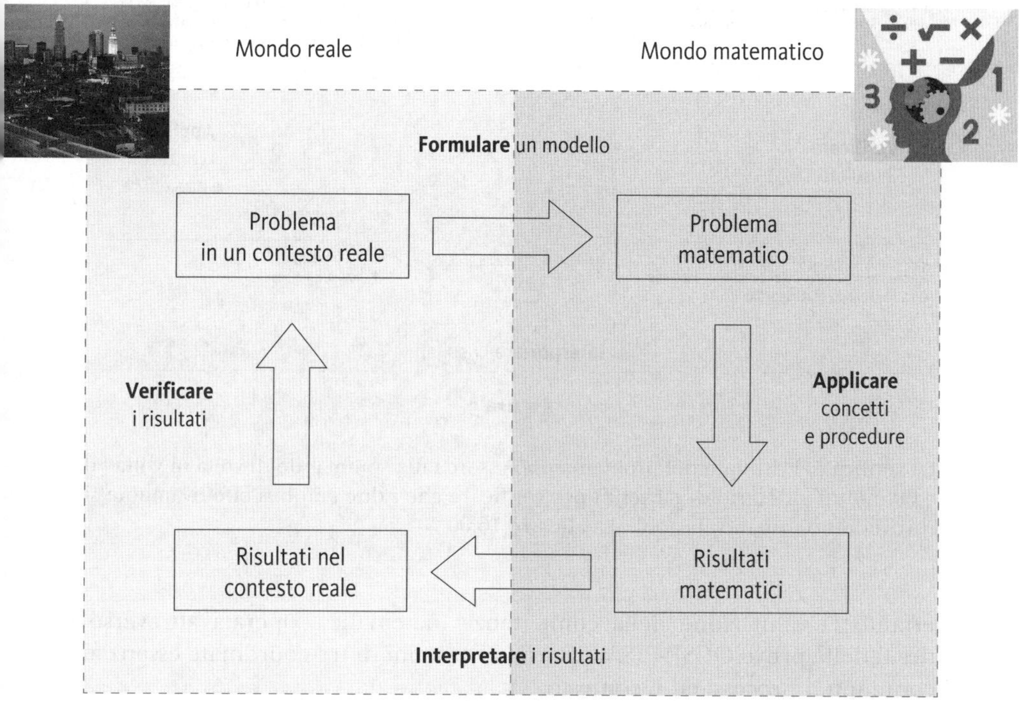

Figura 4

La valutazione delle competenze matematiche nell'indagine OCSE-PISA avviene mediante dei quesiti o problemi che vengono proposti agli studenti. In inglese si usa indicare tali quesiti con la parola *item*. In ciascun quesito lo studente deve sicuramente mettere in atto i processi appena descritti, ma per realizzare tali processi deve conoscere dei contenuti. Inoltre il quesito OCSE-PISA ha sempre una forte contestualizzazione, ossia presenta una situazione reale, tipica della vita comune. Un aspetto rilevante è anche la decodifica della situazione reale e la capacità dello studente di descriverla in termini matematici.

Esempio

Nella Figura 5 si mostra un esempio della procedura di applicazione delle competenze ad un problema pratico e contestualizzato. La procedura mostrata in Figura 5 riflette ovviamente quella mostrata in Figura 4.

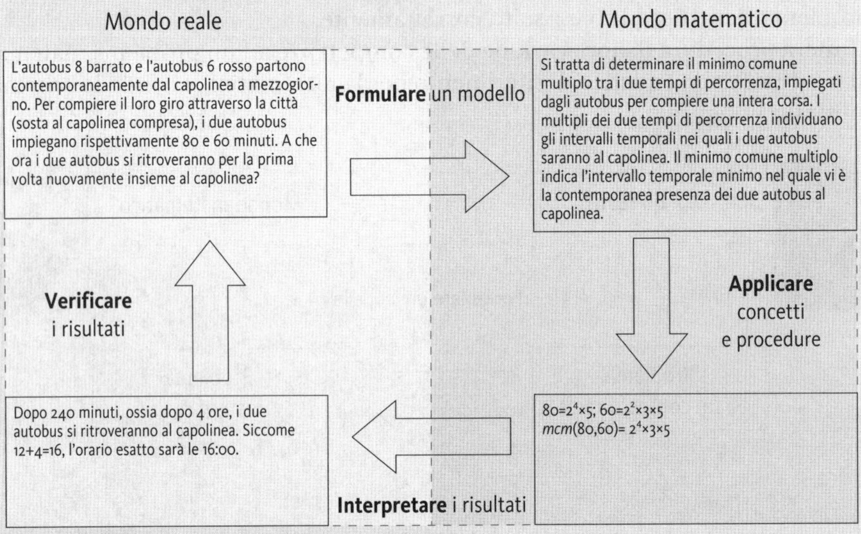

Figura 5

La verifica del risultato del problema può essere fatta sommando di volta in volta 80 e 60 minuti all'orario di partenza per verificare che i due autobus effettivamente si ritroveranno insieme al capolinea alle ore 16:00.

Pertanto la valutazione della competenza matematica, operata attraverso i quesiti delle prove OCSE-PISA, avviene in termini di tre coordinate essenziali: i contenuti, i processi ed il contesto.

- I **contenuti** sono concetti, procedure, asserti e strumenti matematici da utilizzare nella risoluzione del quesito;
- i **processi** sono le azioni di formulazione, applicazione ed interpretazione necessarie alla risoluzione del quesito; a questi si aggiungono alcune **capacità matematiche** soggiacenti i processi stessi;
- il **contesto** è l'ambientazione nella quale il quesito viene proposto, che deve essere osservata, valutata e decodificata.

Nel paragrafo seguente si investigano queste tre variabili fondamentali.

2.2.3 Contenuti, processi, capacità soggiacenti e contesto

I **contenuti** nel quadro di riferimento dell'indagine OCSE-PISA sono organizzati in quattro vasti ambiti, denominati:

- Cambiamento (variazione) e relazioni;
- Spazio e forma;
- Quantità;
- Incertezza e dati.

I quattro ambiti richiamano quelli visti nel quadro di riferimento delle prove Invalsi. I contenuti veri e propri, all'interno dei quattro ambiti, non differiscono in modo sostanziale da quelli del quadro Invalsi; pertanto, per semplicità e sintesi, non saranno riportati. In Figura 6 è mostrata la corrispondenza tra gli ambiti delle prove OCSE-PISA e quelli delle prove Invalsi.

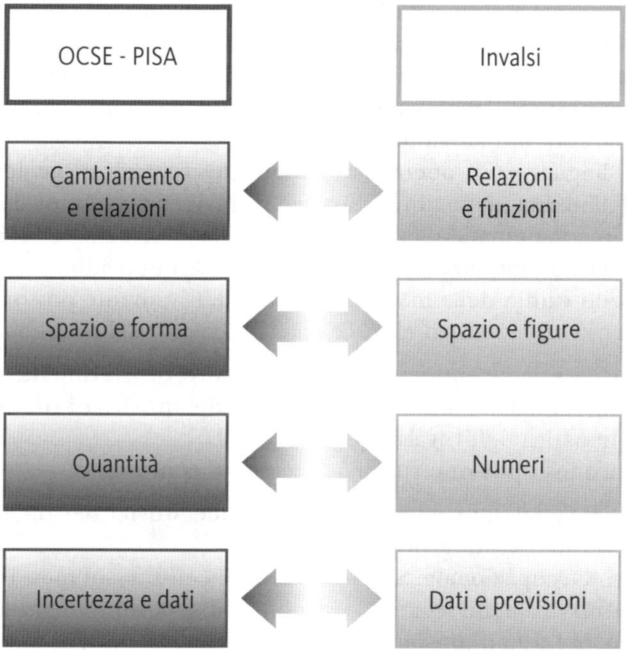

Figura 6

Nel paragrafo precedente sono stati presentati tre **processi** generali, posti in essere durante l'utilizzo delle competenze matematiche:

- Formulare le situazioni reali da un punto di vista matematico;
- Applicare concetti, procedure, strumenti e asserti matematici;
- Interpretare i risultati matematici e ricontestualizzarli.

Nel quadro di riferimento, ciascuno di questi processi generali viene ulteriormente specificato con un insieme di sotto-processi specifici, che possono essere ricondotti al processo generale.
Inoltre, nel quadro di riferimento, vengono individuate alcune **capacità matematiche** che soggiacciono a ciascuno dei tre processi fondamentali identificati.

- **Comunicare**: si tratta non solo della capacità di comprendere un problema, ma anche dell'abilità di formularlo correttamente ed in modo chiaro.
- **Matematizzare**: si tratta sia della capacità di trasformare un problema reale in un quesito matematico, sia della capacità di interpretare o valutare la soluzione matematica di un problema, riportandola nel problema originale collegato alla realtà.
- **Rappresentare**: consiste nell'abilità di interagire con un problema e presentare la sua risoluzione utilizzando grafici, tabelle, immagini, equazioni, formule, descrizioni testuali e oggetti concreti.
- **Ragionare ed argomentare**: è la capacità di produrre soluzioni di un problema, di argomentare sulle soluzioni e giustificare le proprie assunzioni, deducendo delle conseguenze logiche dalla soluzione.
- **Escogitare strategie per risolvere i problemi**: non si tratta della sola capacità di risolvere un problema, ma anche dell'abilità nell'implementarne la soluzione in un determinato contesto.
- **Utilizzare linguaggi ed operazioni simboliche formali e tecniche:** si tratta proprio dell'abilità nel seguire i passaggi formali che portano alla risoluzione del problema matematico. È il lato più tecnico e formale della risoluzione.
- **Usare gli strumenti matematici**: è l'abilità nell'individuare gli strumenti appresi nello studio della matematica che effettivamente possono condurre nel modo più efficiente ed efficace alla risoluzione del problema.

Queste capacità soggiacenti i processi del quadro di riferimento OCSE-PISA riprendono, con qualche differenza, i processi del quadro di riferimento della prova di matematica dell'Invalsi (vedi par. 2.1.4).
I problemi proposti possono riferirsi ai seguenti **contesti**:

- **Personale**. Relativo a problemi focalizzati sulle attività personali o familiari di un individuo o di un gruppo di pari.
- **Lavorativo/Occupazionale**. Sono problemi incentrati sul mondo del lavoro.
- **Sociale**. Sono problemi legati ad usi, abitudini e costumi della società.
- **Scientifico**. Si tratta di problemi legati ad applicazioni della matematica nel mondo della natura, della scienza e della tecnologia.

2.2.4 Analisi delle prove OCSE-PISA

Per comprendere ancora meglio come le prove OCSE-PISA investighino le competenze degli alunni, si presentano alcuni estratti di un fascicolo contenente i quesiti di matematica, somministrato agli studenti in una delle indagini concluse.
Innanzitutto, nelle prime pagine del fascicolo consegnato agli studenti vi è un formulario. Ad esempio, in Figura 7 viene mostrato un formulario presente all'inizio del fascicolo, in cui è riportato l'enunciato simbolico del teorema di Pitagora. Questo è un segno evidente di come l'indagine non si prefigga di investigare se gli studenti siano in possesso o meno dei contenuti (ad esempio, se conoscano l'enunciato del teorema di Pitagora); è altresì vero che non è

un obiettivo primario dell'indagine verificare le abilità di applicazione del teorema, in un modo formale e decontestualizzato (ad esempio se si riesce ad applicare il teorema di Pitagora ad un triangolo rettangolo di cui si conoscono due lati, per ricavare il terzo). L'obiettivo è quello di verificare la maturazione di una competenza, ossia di comprendere se in un contesto reale (un compito autentico) lo studente sia in grado di riconoscere che ha bisogno del teorema di Pitagora per risolvere la situazione problematica proposta e sia capace di contestualizzare le variabili in gioco per applicare il teorema stesso.

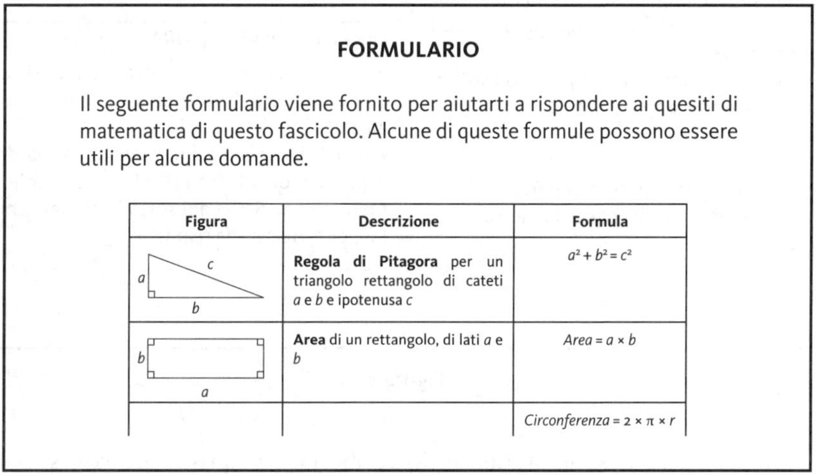
FORMULARIO

Il seguente formulario viene fornito per aiutarti a rispondere ai quesiti di matematica di questo fascicolo. Alcune di queste formule possono essere utili per alcune domande.

Figura	Descrizione	Formula
(triangolo: a, b, c)	**Regola di Pitagora** per un triangolo rettangolo di cateti a e b e ipotenusa c	$a^2 + b^2 = c^2$
(rettangolo: a, b)	**Area** di un rettangolo, di lati a e b	$Area = a \times b$
		$Circonferenza = 2 \times \pi \times r$

Figura 7

Un quesito del fascicolo è mostrato in Figura 8. Si notano alcune caratteristiche:

- Il problema è profondamente contestualizzato; esso viene presentato mediante una situazione reale (le impronte lasciate nella sabbia che caratterizzano un'andatura).
- Vi è una certa complessità di informazioni; è evidente che vi deve essere nello studente anche una capacità di comprensione dei messaggi testuali, delle immagini e del contesto che viene descritto. Quest'abilità è centrale almeno quanto lo svolgimento corretto del problema stesso.
- Lo studente deve essere in grado di comprendere quali siano i contenuti e le abilità che deve richiamare, in quanto nessuna nota introduttiva al quesito gli indica il particolare "argomento" affrontato dello stesso.

ANDATURA

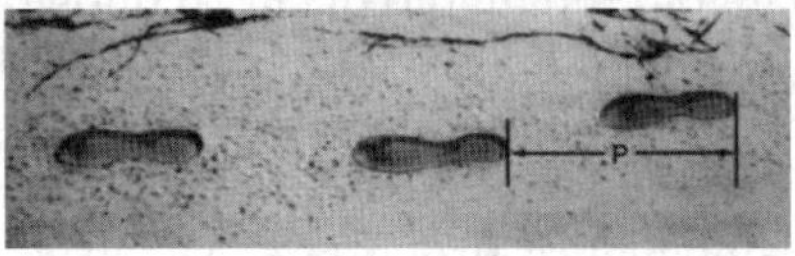

La figura mostra le orme di un uomo che cammina. La lunghezza *P* del passo è la distanza tra la parte posteriore di due orme consecutive.

Per gli uomini, la formula $\frac{n}{P} = 140$ fornisce una relazione approssimativa tra *n* e *P*, dove:

n = numero di passi al minuto,
P = lunghezza del passo in metri.

Domanda 41: ANDATURA

Se la formula si applica all'andatura di Enrico ed Enrico fa 70 passi al minuto, qual è la lunghezza del passo di Enrico? Scrivi qui sotto i passaggi che fai per arrivare alla risposta.

Domanda 42: ANDATURA

Bernardo sa che la lunghezza del suo passo è di 0,80 metri. La formula viene applicata all'andatura di Bernardo.
Calcola la velocità a cui cammina Bernardo esprimendola in metri al minuto e in chilometri all'ora. Scrivi qui sotto i passaggi che fai per arrivare alla risposta.

Figura 8

Per comprendere cosa lo studente dovrebbe fare per risolvere con successo un quesito, ci si può riferire alla Figura 9. Lo studente dovrebbe dapprima leggere attentamente il quesito e riuscire a "matematizzarlo", ossia a definire

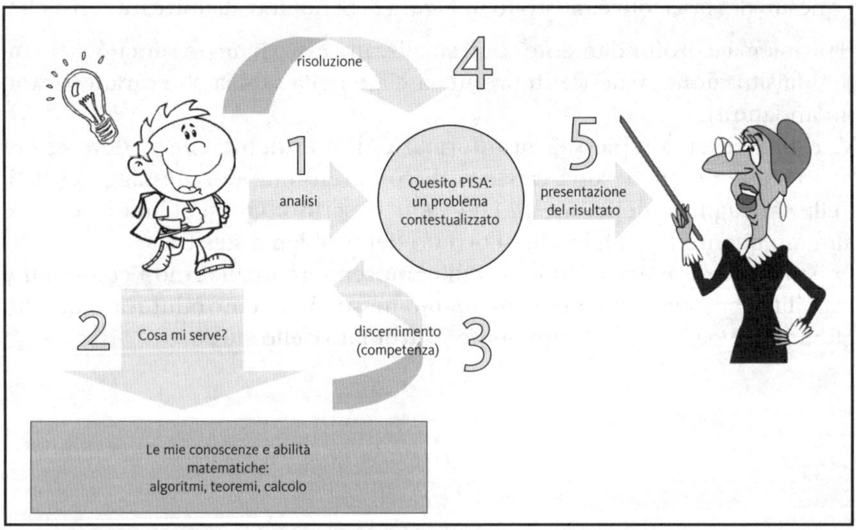

Figura 9

un problema matematico. Di seguito, dovrebbe ricercare quanto gli serve per risolvere il problema contestualizzato tra le sue conoscenze ed abilità. Operato il necessario discernimento, dovrebbe applicare quanto conosce per giungere alla risoluzione. Infine, dovrebbe interpretare il risultato.
Il processo mostrato in Figura 9, di fatto, riprende la procedura di utilizzo delle competenze, già mostrata in Figura 4.
Nel paragrafo seguente si vedrà come gli studenti italiani abbiano ottenuto risultati poco soddisfacenti nelle ultime prove OCSE-PISA. Una possibile (molto probabile) spiegazione del parziale insuccesso degli studenti italiani nell'indagine OCSE-PISA sta quindi nel comprendere quanto essi siano effettivamente avvezzi ad operare secondo quanto mostrato in Figura 9. L'impressione è che i nostri studenti siano abituati semplicemente ad applicare algoritmi e procedure che conoscono, senza operare quell'effettivo discernimento su cosa sia necessario applicare, in quanto spesso risolvono problemi già matematizzati, nei quali si individua senza eccessivo sforzo la strada risolutiva.

2.3 La didattica per competenze in matematica

In questo paragrafo si illustrano i risultati ottenuti dagli studenti italiani dell'indagine OCSE-PISA; s'indaga sulle cause di questi risultati deludenti e si propone una chiave di lettura.

2.3.1 I risultati della scuola italiana nelle prove OCSE-PISA

L'Italia ha più volte partecipato all'indagine OCSE-PISA con un campione statisticamente rappresentativo di scuole e di enti dell'istruzione e della formazione professionale (IeFP).
Le prove dell'indagine PISA contengono quesiti ai quali si assegnano punteggi a seconda del livello di esattezza della risposta fornito da ogni singolo alunno. Di seguito vengono calcolate medie e deviazioni standard di tali punteggi per singole regioni, per macro-aree e per paesi. Tali valori vengono quindi confrontati. I risultati dell'Italia in matematica e scienze nelle ultime indagini non sono stati particolarmente brillanti, ma hanno fatto rilevare comunque un sensibile miglioramento rispetto ai risultati precedenti.
In generale i risultati italiani si collocano sotto la media OCSE.

2.3.2 Le cause dei risultati poco soddisfacenti dell'Italia in matematica

I risultati deludenti dell'Italia hanno fatto interrogare un po' tutte le componenti del mondo scolastico ed universitario. Si è tentato di dare diversi tipi di lettura di questi risultati, partendo dal presupposto che i quindicenni italiani non sono di certo più lenti nella comprensione dei loro coetanei di altri paesi; piuttosto, i risultati di uno dei paesi più industrializzati del mondo (come l'Italia) dovrebbero essere migliori di quanto messo in evidenza dalle indagini, se

non altro per le potenzialità che una società ricca economicamente ed evoluta tecnologicamente può offrire ai suoi adolescenti, rispetto ad altre meno ricche e più indietro da un punto di vista tecnologico. I risultati dell'Italia, collocati sotto la media OCSE e comunque inferiori a quasi la metà dei paesi partecipanti all'indagine (quindi anche di quelli non appartenenti all'OCSE), non danno ragione di un paese che è all'avanguardia in diversi settori.
Parimenti, non si può pensare che i docenti siano i principali responsabili di tali risultati, in quanto classe lavorativa poco preparata, qualificata o motivata. Del resto, i docenti italiani hanno una preparazione di livello universitario che spesso è tecnicamente e formalmente superiore a quella dei docenti di altri paesi.
Per comprendere i risultati degli studenti italiani occorre scendere un po' più nel dettaglio dell'indagine e fare delle serie riflessioni sulle metodologie di insegnamento adottate in Italia e negli altri paesi. Usando parole molto semplici, ma concrete, occorre comprendere con quale modalità le prove OCSE-PISA pongano quesiti agli studenti italiani e quanto queste modalità di presentare un test siano comuni nella scuola italiana. Andando più nello specifico, occorre verificare quanto gli studenti italiani siano abituati a sostenere prove come quelle formulate nell'indagine OCSE-PISA e quanto siano, invece, istruiti a risolvere altre tipologie di prove. Tali fattori possono comportare un risultato scadente, semplicemente perché gli alunni sono poco esercitati a pensare secondo determinati schemi.
In generale le metodologie didattiche adottate in Italia tendono a trasmettere contenuti ed abilità agli studenti e a richiedere a questi ultimi la riproduzione di quanto trasmesso, spesso con pochi margini di originalità e con scarsa contestualizzazione in ambiti reali delle richieste fatte.
In pratica quello che viene potenziato e valutato di sovente nella scuola italiana è il processo di applicazione dei concetti e delle procedure che in Figura 10 viene indicato con la freccia verticale sulla destra. Si tende a proporre problemi già formalizzati in ambito matematico (privi di contestualizzazione) che vengono risolti quasi meccanicamente. Si tende a trascurare invece le due frecce orizzontali (sono tratteggiate in Figura 10) che rappresentano i processi capaci di trasferire dal mondo reale al mondo matematico i problemi e dal mondo matematico a quello reale la soluzione.
L'indagine OCSE-PISA tenta invece di rilevare le competenze matematiche (in inglese *mathematical literacy*) degli studenti le quali possono essere rilevate solo percorrendo l'intero ciclo di Figura 10, quindi anche le frecce orizzontali.
Pertanto, anche in base all'indagine dell'OCSE, l'obiettivo primario dell'insegnamento/apprendimento della matematica si sposta sull'identificazione delle competenze realmente fruibili nel mondo sociale, economico e naturale, nonché sulla codifica di metodologie didattiche che possano favorire la nascita e lo sviluppo delle competenze dei futuri cittadini. Si noti che non a caso si parla di "nascita e sviluppo" e non di "trasferimento" delle competenze. Difatti, mentre conoscenze ed abilità possono essere trasmesse, le competenze sono attitudini che si devono maturare.

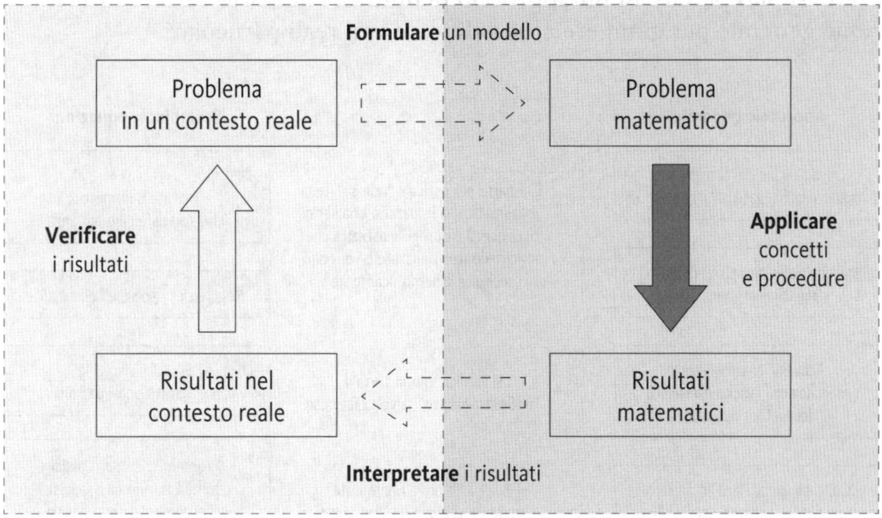

Figura 10

2.3.3 Approccio formale e teorico alla disciplina

In Italia l'approccio allo studio della matematica avviene sempre in modo formale e teorico; ciò accade in primo luogo per la tradizione culturale italiana, che ha sempre considerato lo studio teorico e letterario come più titolato e distinto, rispetto a quello pratico e scientifico. A tale proposito si rammenti la riforma gentiliana della scuola, nella quale il liceo classico permetteva l'accesso a qualsiasi corso di laurea universitario, mentre il liceo scientifico permetteva di accedere ai soli corsi di laurea scientifici. In quel contesto, tutti gli altri percorsi di scuola superiore erano dei binari morti sul piano del proseguimento degli studi. Con ripetute riforme si è data pari dignità agli studi umanistico-letterari e a quelli scientifico-tecnologici, garantendo studi qualificati e validi per l'assolvimento dell'obbligo di istruzione (art. 1, c. 622 della L. 296/2006 e D.M. 139/2007) anche nei percorsi di Istruzione e Formazione Professionale (IeFP). Nell'ambito della stessa istruzione scientifica e tecnologica, la cui applicazione pratica dovrebbe essere un asse portante dello sviluppo della società, si è dato sempre un grande rilievo agli aspetti teorici e formali, piuttosto che a quelli pratici e sperimentali; tale scelta è stata perpetrata sia per tradizione culturale, attribuendo maggiore dignità e valore allo studio concettuale ed astratto, ma anche per oggettive difficoltà nel poter svolgere, all'interno delle scuole, esaustive applicazioni pratiche (le istituzioni scolastiche sono state dotate di laboratori all'avanguardia solo negli ultimi decenni).
Per chiarire meglio quanto appena affermato, si preferisce mostrare un esempio. In Figura 11 è illustrato il classico approccio all'insegnamento della

matematica come ricondotto alla tradizione didattica italiana. Per definirlo in breve, si può parlare di un approccio deduttivo, che parte da una formalizzazione generale per giungere a decodificare casi reali particolari.

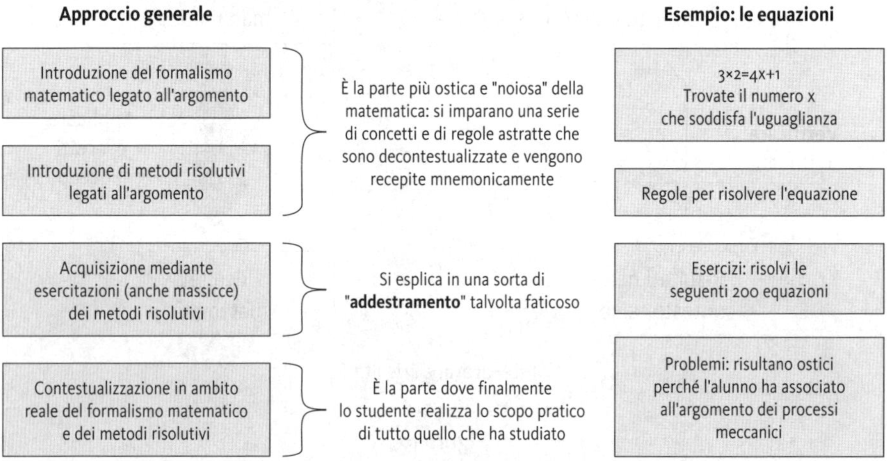

Figura 11

Lo studio di un argomento inizia sempre dalla sua presentazione formale (fase 1). In questa fase, in modo pressoché "asettico", si presentano nozioni teoriche e formalismi che saranno utili per le applicazioni pratiche. Si pensi ad esempio allo studio delle equazioni di primo grado. Tale studio parte sempre dall'introduzione del concetto di equazione, come espressione formale di una "uguaglianza tra due espressioni algebriche, in cui è presente una quantità incognita da dover determinare affinché l'uguaglianza stessa risulti vera". Si noti come già l'espressione usata per introdurre il concetto di equazione spaventi un lettore inesperto, per l'alto grado di astrazione che si è usato per definirla. In un secondo momento (fase 2) si introducono metodi per risolvere applicazioni pratiche legate all'argomento. In questo caso il termine "pratico" non deve trarre in inganno, in quanto non va inteso come "reale". La pratica non è null'altro che la modalità di applicazione di una procedura che resta pur sempre formale. Ritornando all'esempio dell'equazione, si chiederà all'alunno di risolvere praticamente il quesito $3x-1=2x+2$, determinando l'incognita x. Come si può osservare, vi è una richiesta pratica che non ha nulla di reale o contestualizzato. In tal modo è difficile che l'alunno colga il legame della matematica con la vita reale. Dopo questa introduzione dell'argomento da un punto di vista teorico e pratico, si passerà ad un massiccio "addestramento" degli alunni con quesiti pratici (fase 3): i testi adottati nelle scuole italiane sono pieni di pagine con centinaia di equazioni da risolvere, talvolta con livelli proibitivi di complicazione algebrica.

Nella quarta ed ultima fase, quando l'alunno ormai coglie lo studio della matematica come un qualcosa che in prevalenza è astratto, giunge la contestualizzazione in un ambito reale ed autentico di tutti i formalismi pratici e teorici appresi con sacrificio. Nel caso delle equazioni vengono, ad esempio, presentate delle situazioni problematiche. Queste devono essere affrontate individuando il valore incognito da determinare ed impostando l'equazione corretta che, una volta risolta con i metodi pratici, porterà alla soluzione del problema. A questo punto occorre distogliere l'alunno dai formalismi teorici e dai processi meccanici che hanno assunto per lui un ruolo centrale; l'attenzione dell'alunno deve essere rifocalizzata su approcci risolutivi che coinvolgono ragionamento, logica ed intuito. L'alunno è coinvolto in un nuovo sforzo col quale deve comprendere che sta affrontando il vero aspetto cruciale di ciò che è stato studiato.

Vi è inoltre da sottolineare che spesso questo iter formativo viene svolto mediante lezione frontale, nella quale il docente trasmette nozioni e istruisce gli alunni che svolgono un ruolo passivo e interagiscono poco tra loro e con il docente.

Si intuisce come un approccio di questo tipo possa essere sfavorevole nella preparazione di un alunno a sostenere le prove delle indagini internazionali (OCSE-PISA oppure IEA-TIMSS), ma anche le stesse prove Invalsi. Del resto, molti potrebbero obiettare che non necessariamente occorre piegarsi alla logica di un apprendimento così come messo in evidenza da tali indagini. Tuttavia, per un sistema di istruzione che colga le necessità di una società moderna, l'obiettivo cruciale consiste nel preparare i cittadini del domani. In pratica il sistema di istruzione è chiamato a sviluppare nei cittadini tutti i requisiti per partecipare attivamente alla vita sociale e civile del paese e contribuire alla sua crescita economica, con atteggiamenti votati ad un apprendimento costante e ad una crescita continua. In tal caso è fondamentale attuare una didattica che abbia nella maturazione delle competenze il suo fine principale. Le competenze garantiscono, nella moderna società che evolve con ritmi vertiginosi, l'unico atteggiamento strategicamente vincente: l'essere aperti alle novità e l'essere disposti a formarsi continuamente, trasferendo le proprie conoscenze con agilità da un contesto ad un altro. In particolare, per le discipline scientifiche tale atteggiamento è maggiormente necessario, in quanto le nuove tecnologie possono sostituire l'uomo nei compiti meccanici, svolgendo algoritmi e calcoli algebrici, lasciando all'uomo solo quelle funzioni per le quali sono necessari ragionamenti logici, una buona dose di intuito ed efficaci competenze. Ritornando all'esempio delle equazioni, si osservi quanto mostrato in Figura 12. Le prime tre fasi dell'insegnamento, quelle più formali, stancanti e laboriose, possono essere svolte in modo efficace da un computer. Attraverso opportune istruzioni (dichiarazione di variabili, codifica di algoritmi, applicazione degli algoritmi stessi) un computer può risolvere senza alcun ostacolo una equazione, in tempi brevi, qualsiasi sia il suo grado di complessità algebrica. Ormai software specializzati come Derive o Wiris (una versione gratuita è disponibile on-line al sito http://wiris.indire.it/wiris/it/) sono in grado di risolvere anche

algebricamente (e non solo numericamente) delle equazioni, mediante il calcolo simbolico. Si ritornerà su alcuni di questi software nel cap. 3.
L'unico aspetto sul quale il computer non potrà facilmente sostituire l'uomo, è proprio quello che viene messo in evidenza nella fase 4 del percorso formativo sulle equazioni (vedi Figura 12). Come potrà un computer decifrare il linguaggio naturale in tutte le sue sfumature lessicali e nelle infinite contestualizzazioni che la vita reale offre? Come potrà un computer codificare una situazione problematica in una espressione di linguaggio simbolico, come un'equazione?

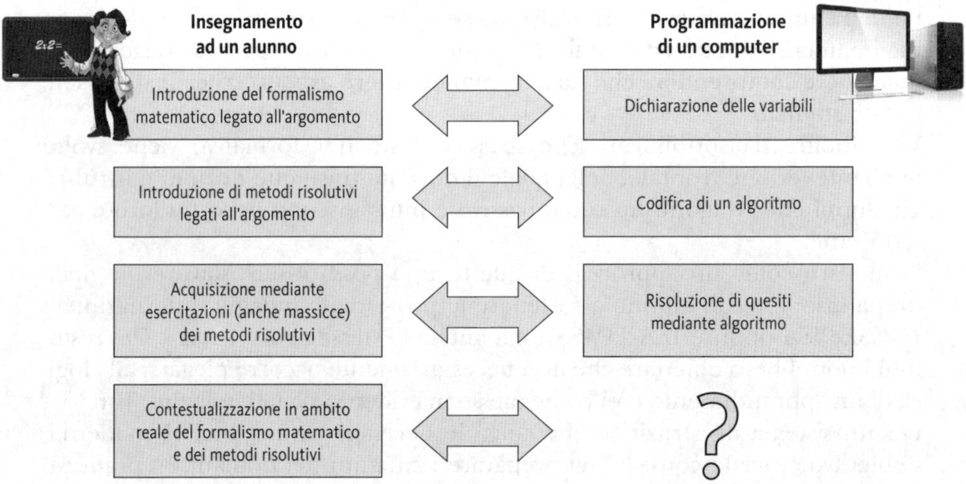

Figura 12

2.3.4 Approccio laboratoriale e contestualizzato alla disciplina

Occorre ora rispondere al seguente interrogativo: quale deve essere quindi l'approccio didattico per favorire nell'alunno la nascita di competenze? Per conseguire tale obiettivo occorre curare diversi aspetti concettuali e metodologici.
In Figura 13 è mostrato un approccio allo studio della matematica, rovesciato rispetto a quello descritto nel paragrafo precedente. Lo si può definire un approccio induttivo, che parte da un caso reale particolare, per giungere ad una formalizzazione universale del problema. In questo caso, si parte da un problema pratico (sufficientemente semplice) e si invitano gli alunni a ragionare ed a proporre soluzioni, anche intuitive. Perché la didattica risulti efficace, è necessario che il docente rinunci alla lezione frontale ed opti per una didattica laboratoriale, facendo lavorare in gruppo gli alunni sui quesiti proposti. È verosimile che gli alunni si avvicinino allo studio dell'argomento maggiormente motivati, in quanto stimolati dai risvolti pratici del loro studio (questa volta il termine "pratico" può essere inteso, a giusta ragione, come

sinonimo di "reale"). L'alunno scopre ed apprende dalla sua esperienza e dal confronto con gli altri: le sue conquiste gli restano impresse nella mente. Sull'altro fronte il docente supervisiona, indirizza ed osserva gli alunni al lavoro, traendo spunti interessanti per la loro valutazione. Nella fase successiva è opportuno complicare il quadro esperienziale con quesiti più ostici e meno intuitivi. A questo punto, il docente mostrerà il formalismo matematico necessario per risolvere il problema complicato. Questa volta il formalismo sarà avvertito dall'alunno come una necessità (e non come una inutile e pesante astrazione), se si vuole compiere quel salto di qualità che permette di risolvere questioni più complesse.

Un nuovo approccio

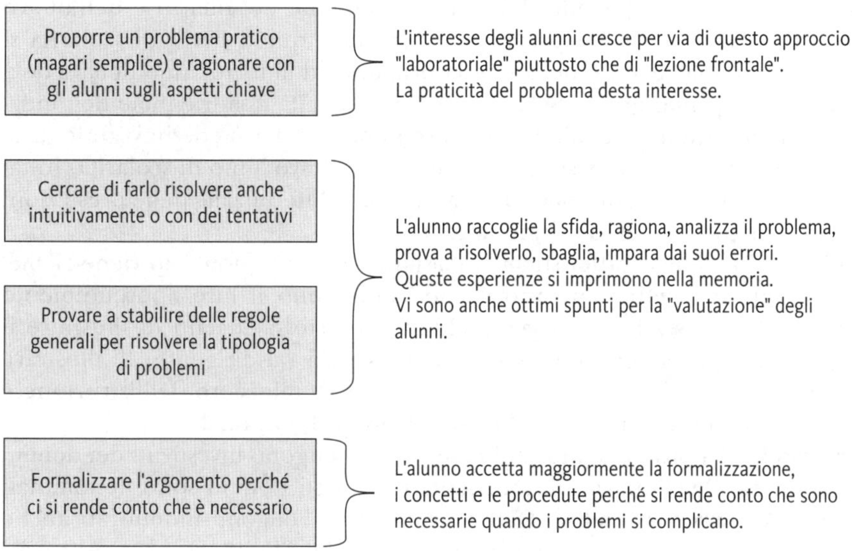

Figura 13

Si noti che quella appena presentata è una strategia didattica che ha le seguenti caratteristiche:

- favorisce un approccio corretto alla risoluzione delle prove Invalsi, OCSE-PISA e TIMSS;
- viene tipicamente adottata in tutti i contesti di ricerca scientifica: si impara a risolvere prima un problema semplice (o noto) per cercare di utilizzare questo approccio, un domani, con problemi irrisolti;
- viene attuata in tutti i contesti di vita reale per risolvere e "matematizzare" problemi comuni;
- non potrà essere facilmente implementata nei computer, in quanto questi ultimi sono adatti ad applicare procedure codificate dai programmatori, ma sono deficitari nell'analizzare problemi "nuovi" e ricavare regole.

2.4 L'indagine IEA-TIMSS

La IEA (*International Association for the Evaluation of Educational Assessment*) è un'associazione internazionale di enti di ricerca che si occupa di contribuire a migliorare i sistemi di istruzione nazionali. A tal fine la IEA mette a punto una serie di iniziative e di indagini periodiche con lo scopo di individuare punti critici e punti di forza e di mettere a confronto i sistemi di istruzione. Una delle indagini più note è PIRLS (*Progress in International Reading Literacy Study*) che si occupa di monitorare ogni 5 anni i progressi delle competenze in lettura degli studenti dei paesi che partecipano all'indagine. Una seconda indagine è TIMSS (*Trends in International Mathematics and Science Study*) che si occupa di monitorare le competenze in matematica e scienze. L'indagine ha luogo ogni 4 anni e ad essa partecipano delle classi campione del quarto e dell'ottavo anno di scolarità dei paesi partecipanti. In Italia questi livelli di scolarità si riferiscono al quarto anno della scuola primaria ed al terzo anno della scuola secondaria di primo grado. Si noti che la periodicità quadriennale dell'indagine permette quindi di valutare l'apprendimento dei medesimi studenti al quarto anno di scolarità e, successivamente, all'ottavo anno di scolarità. In tal modo risulta naturale effettuare una valutazione differenziale delle prestazioni e rilevare miglioramenti o peggioramenti.
L'indagine ha delle caratteristiche abbastanza generali; non solo viene richiesto agli alunni di effettuare prove che valuteranno il loro apprendimento in matematica e scienze, ma viene chiesto agli stessi docenti di illustrare il curricolo che propongono in classe ed alla scuola (al dirigente) di illustrare gli indirizzi formativi dell'istituto. Anche lo stesso ministero dell'istruzione è coinvolto, avendo il compito di illustrare i curricoli nazionali.
In relazione alla prova cognitiva di matematica vengono investigati dei **domini di contenuto**. Per l'ottavo anno di scolarità, questi domini sono denominati **Numeri**, **Algebra**, **Geometria**, **Dati e probabilità**. Vengono monitorati anche dei domini cognitivi (quelli che nell'indagine OCSE-PISA sono i processi). Questi domini sono **Conoscenza**, **Applicazione** e **Ragionamento**.

Capitolo 3
Software didattici

Nella sua carriera professionale, un docente avrà a che fare sicuramente con software multiuso (in inglese vengono definiti anche software *multi-purpose*). Tra questi software si ricordano quelli del pacchetto Office di Microsoft (o software equivalenti), in particolare:

- MS Word, il programma di videoscrittura;
- MS Excel, il foglio di calcolo elettronico;
- MS PowerPoint, il programma per preparare presentazioni multimediali.

A questi software con propositi piuttosto generali, occorre aggiungere i software di tipo prettamente didattico, come quelli per la creazione di *learning objects* della Lavagna Interattiva Multimediale (LIM). A tale proposito, ogni azienda produttrice di LIM ha elaborato un software di editing di contenuti didattici digitali che ricorda, in linea di massima, un programma di presentazione (come PowerPoint) che ha la particolarità di interfacciarsi al meglio con le funzionalità della LIM. Resta aperta una problematica importante in relazione a questi software. Ognuno di essi produce file in un formato proprietario dell'azienda produttrice, che non sempre viene letto dai software in dotazione alle altre LIM. Pertanto, ciò che viene prodotto per una LIM rischia di essere inutilizzabile su computer collegati ad altri modelli di LIM che usano altri software. Per ovviare a questo, alcuni di questi programmi permettono di esportare i file in formati molto diffusi come PDF, html, ppt o pptx (i formati delle presentazioni di PowerPoint).

A questi software, che possono risultare utili ad un docente di una disciplina qualsiasi e di un qualsiasi ordine di scuola, si aggiungono software specifici che possono facilitare la didattica di un docente di scienze matematiche e fisiche. In generale, un docente di scienze matematiche e fisiche può ritrovare utili dei software che svolgano i seguenti compiti:

- software per la visualizzazione e la sperimentazione dinamica della geometria;
- software per il calcolo simbolico;
- software per la risoluzione di sistemi lineari;
- software per la rappresentazione grafica delle funzioni.

In realtà, i software attuali, dedicati alla didattica della matematica, raccolgono diverse di queste funzionalità. Molto spesso, un software di geometria dinamica è in grado anche di rappresentare funzioni, oppure possiede funzionalità di tipo statistico; analogamente, un software di calcolo simbolico è in grado di risolvere sistemi lineari di equazioni. In tal senso, si può parlare di software multiuso nell'ambito della matematica stessa. Pertanto, si possono individuare due categorie generali di software:

- software di Geometria Dinamica oppure IGS (*Interactive Geometry Study*);
- software di Calcolo Simbolico oppure CAS (*Computer Algebra System*).

Queste due categorie di software verranno presentate nei prossimi paragrafi.

3.1 Software di Geometria Dinamica

3.1.1 Panoramica sui software di geometria dinamica

I **software di geometria dinamica**, indicati anche con l'acronimo inglese **IGS** (***Interactive Geometry Software***), permettono all'utente di creare costruzioni geometriche. Inoltre, essi permettono di modificare le costruzioni geometriche in modo interattivo con dei semplici comandi intuitivi impartiti con il mouse, verificando le ripercussioni delle modifiche in tempo reale. In realtà, molti software di geometria dinamica si sono arricchiti con il tempo di altre funzionalità nel campo della statistica e dell'analisi matematica, diventando dei veri e propri software per la produzione di *learning objects* anche molto articolati.

La panoramica dei software di geometria dinamica è piuttosto variegata. Ecco un elenco solo parziale:

- **Cabri** è un software di geometria dinamica che esiste in varie versioni (Cabri 3D, Cabri II plus e Cabri Jr.) prodotto dalla Cabrilog. Si può scaricare una versione di valutazione dal sito web http://www.cabri.com/ alla voce Downloads. Dopo un periodo di prova è necessario acquistare una licenza d'uso.
- **SketchPad** è un software prodotto dalla KeyCurriculum. Si può scaricare una versione di anteprima gratuita dal sito web http://www.keycurriculum.com/, selezionando la voce Products e quindi SketchPad. Per ricevere la versione è necessario fornire i propri dati personali. Per usare la versione con funzionalità completa è necessario acquistare una licenza d'uso.
- **Cinderella** è un software di geometria dinamica scaricabile dal sito http://www.cinderella.de/, giunto ormai alla versione 2.0. Alla voce Downloads è possibile scaricare una versione gratuita (*free version*) di Cinderella per la quale non sarà richiesta alcuna attivazione di licenza. Gli sviluppatori del software garantiscono che la versione gratuita sia sufficiente per sviluppare attività didattiche di livello scolastico. La versione a pagamento può essere acquistata allo stesso indirizzo e prevede funzionalità avanzate, utili per studi universitari o per pubblicazioni scientifiche.

Il software di geometria dinamica che gode attualmente di una enorme popolarità è **Geogebra**. Si tratta di un software completamente gratuito: non occorre acquistare alcuna licenza per ottenerne tutte le funzionalità. Tuttavia, non è questa l'unica motivazione del successo di questo software. Geogebra è un progetto tuttora "vivo", che gode del contributo di una vasta comunità di sviluppatori che provvedono a renderlo sempre più ricco, funzionale e documentato. Da poco tempo è stata rilasciata al versione 4.0 scaricabile dal sito http://www.geogebra.org/cms/. Geogebra è basato sul linguaggio di programmazione Java della Sun Microsystem. Pertanto, i *learning objects* creati con Geogebra possono interfacciarsi con il Web e funzionare con i più diffusi sistemi operativi. Per la sua vasta diffusione e per la possibilità di usarlo in modo libero, si è scelto Geogebra come software di geometria dinamica da presentare in dettaglio nei prossimi paragrafi.

3.1.2 Geogebra – funzionalità di carattere generale

La finestra di Geogebra 4.0 appare come quella mostrata in Figura 1. In alto si riconosce il **menu dei comandi** (con le voci **File**, **Modifica**, **Visualizza**, ...). Sotto questo menu, vi è la **barra degli strumenti**, caratterizzata da pulsanti con delle icone che ne permettono l'identificazione. Soffermando il puntatore del mouse per qualche istante su di un pulsante, si può visualizzare un **fumetto di suggerimento** che illustra le funzionalità del pulsante stesso. Da sinistra verso destra, si riconoscono i pulsanti **Muovi**, **Nuovo punto**, **Retta per due punti** e così via.
La vasta area centrale di lavoro è, per impostazione predefinita, suddivisa nella **Vista Algebra** sulla sinistra e nella **Vista Grafica** sulla destra. Nella Vista Algebra vengono visualizzati i nomi simbolici ed i valori assunti dagli oggetti creati; si può trattare di oggetti geometrici, di parametri, di funzioni, di liste di dati. Nella Vista Grafica vengono invece rappresentate graficamente le costruzioni geometriche realizzate, oppure i grafici delle funzioni o delle distribuzioni. In basso vi è una **barra di Inserimento**, nella quale si possono digitare dei comandi testuali. Difatti, è importante sottolineare che alla base del funzionamento di Geogebra vi è una vasta libreria di funzioni geometriche, statistiche, logiche e matematiche che possono essere richiamate digitandone la sintassi e i parametri nella barra di inserimento e premendo il tasto **Invio** sulla tastiera. L'interfaccia grafica, creata con il menu dei comandi e con la barra degli strumenti, permette di accedere alle funzioni di uso più comune della libreria, senza dover digitare il comando testuale nella barra di inserimento. All'estremità destra della barra di inserimento vi è un pulsante a forma di freccia che punta verso sinistra . Facendo clic su questo pulsante si apre sulla destra il riquadro **Guida Inserimento** che permette di visualizzare, mediante una struttura ad albero, tutte le funzioni di Geogebra. Selezionando con un clic una funzione e facendo clic sul pulsante **Incolla**, la funzione verrà digitata automaticamente all'interno della barra di inserimento. Premendo il pulsante **Mostra la Guida online** si visualizza la guida relativa alla funzione selezionata, al fine di identificare i parametri necessari al corretto funzionamento della funzione. Ripremendo il pulsante con la freccia che punta verso destra si può chiudere il riquadro **Guida Inserimento**.

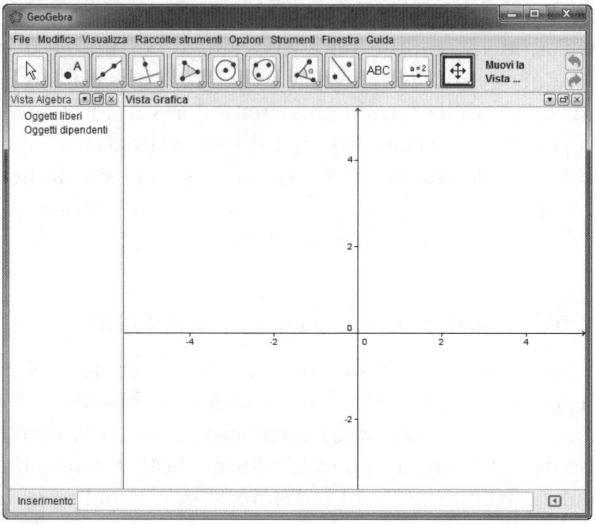

Figura 1

La finestra di Geogebra può ulteriormente cambiare struttura se si attiva il comando **Visualizza** nella barra dei menu. Nel menu che appare si possono aggiungere o rimuovere i segni di spunta alle voci **Vista Algebra** e **Vista Grafica** per visualizzare o nascondere ciascuna di queste viste. Nello stesso menu, facendo clic sulla voce **Vista Foglio di calcolo**, è possibile visualizzare un foglio di calcolo nella parte destra dell'area di lavoro. Inoltre, con un clic sulla voce **Protocollo di costruzione**, appare la finestra omonima che visualizza una griglia con la sintesi dei passi effettuati per realizzare la costruzione geometrica, permettendo di modificarne l'ordine ed il contenuto.
Nel menu **Visualizza** si può anche aggiungere o rimuovere il segno di spunta alla voce **Assi**. In questo modo si nascondono o si visualizzano gli assi cartesiani nella **Vista Grafica**. Analogamente, con un clic sulla voce **Griglia** si può nascondere o visualizzare la griglia (collegata agli assi cartesiani) nella **Vista Grafica**.
Il menu **File** permette di selezionare il comando **Salva con nome**. In questo modo si apre la finestra **Salva**, nella quale si possono selezionare le cartelle nell'area centrale o utilizzando il menu a discesa **Salva in**. In alternativa, si possono utilizzare i pulsanti nella parte sinistra della finestra. Selezionata la destinazione di salvataggio, è possibile digitare un nome per il file nella casella **Nome file** e confermare il salvataggio, facendo clic sul pulsante **Salva**.
Il menu **File** presenta anche la voce **Esporta**. Quest'ultima apre un sottomenu nel quale si può selezionare il comando **Vista Grafica come immagine**. In tal modo, si apre la finestra **Esporta come immagine**. Qui, si può selezionare un formato grafico nel menu a discesa **Formato**; sono disponibili i formati grafici più diffusi (ad esempio png) o altri formati con alta portabilità (come il formato PDF). Confermando sul pulsante **Salva** si apre una finestra che permette

di salvare in un formato grafico quanto è attualmente visualizzato nella **Vista Grafica** dell'area di lavoro. Analogamente, dal sottomenu **Esporta** si può selezionare il comando **Foglio di lavoro dinamico come pagina Web**. Si apre la finestra **Esporta foglio di lavoro dinamico**. In alto si può selezionare il pulsante **Esporta come pagina Web**. Si compilano i campi **Titolo** ed **Autore** e si introduce un testo descrittivo della costruzione dinamica nelle caselle **Testo sopra la costruzione** e **Testo sotto la costruzione**. Facendo clic sul pulsante **Esporta** si crea una pagina Web che, sfruttando le potenzialità di Java, permette di riprodurre tutti i passaggi della costruzione dinamica messa a punto con Geogebra. Questo file può essere caricato su di un sito Web e messo a disposizione di altri docenti o alunni che possono interagirvi con qualsiasi browser o sistema operativo stiano utilizzando.
Per una presentazione approfondita di tutti i comandi e le funzionalità di Geogebra è possibile riferirsi ai manuali, ai forum ed ai wiki accessibili dallo stesso sito Web del software. Nei prossimi paragrafi, l'obiettivo di questa trattazione sarà mostrare, attraverso alcuni esempi pratici, le molteplici funzionalità di questo software. Gli esempi pratici illustrati di seguito possono essere anche uno spunto interessante per una didattica di tipo laboratoriale.

3.1.3 Costruzione e verifica delle proprietà del baricentro di un triangolo

In questa esercitazione si vuole mostrare come costruire un triangolo, individuare il suo baricentro attraverso due mediane e verificare la proprietà del baricentro per la quale ciascuna mediana resta divisa da esso in due parti le cui lunghezze sono in rapporto 2 a 1.
Siccome si lavorerà con la geometria Euclidea, non si avrà bisogno degli assi cartesiani. Pertanto gli assi possono essere nascosti selezionando il menu **Visualizza** e quindi il comando **Assi**.
Nella barra degli strumenti si può fare clic sul pulsante **Nuovo punto**. Di seguito si fa un clic nella Vista Grafica per visualizzare in essa un punto che viene denotato automaticamente con la lettera A. Contemporaneamente si nota che nella Vista Algebra sulla sinistra viene indicato il punto A con la coppia di coordinate che lo identifica. Si fa un clic in altri due punti della vista grafica per creare i punti B e C. Questi verranno visualizzati nella Vista Grafica ed elencati con le loro coordinate nella Vista Algebra.
Di seguito occorre fare clic sul pulsante **Poligono** nella barra degli strumenti. A questo punto Geogebra è predisposto per la creazione di un poligono. In particolare, si possono utilizzare i punti A, B e C già creati, come vertici del poligono stesso. Facendo clic sul punto A nella vista grafica, poi sul punto B, poi sul punto C ed infine nuovamente sul punto A, si crea il poligono (in particolare il triangolo). Contestualmente, nella Vista Algebra vengono visualizzati nuovi oggetti. Ad esempio, sono visibili i lati del poligono indicati con le lettere *a*, *b* e *c*. Per ciascuno dei lati è mostrata la lunghezza. Inoltre il poligono creato

è indicato con "poli1". Vicino a tale voce è evidenziata l'area del poligono. Al termine di questa costruzione si dovrebbe ottenere quanto mostrato in Figura 2. In ogni caso, per il prosieguo della costruzione, non è strettamente necessario che le coordinate dei punti e le lunghezze dei lati siano uguali a quelle mostrate in Figura 2.

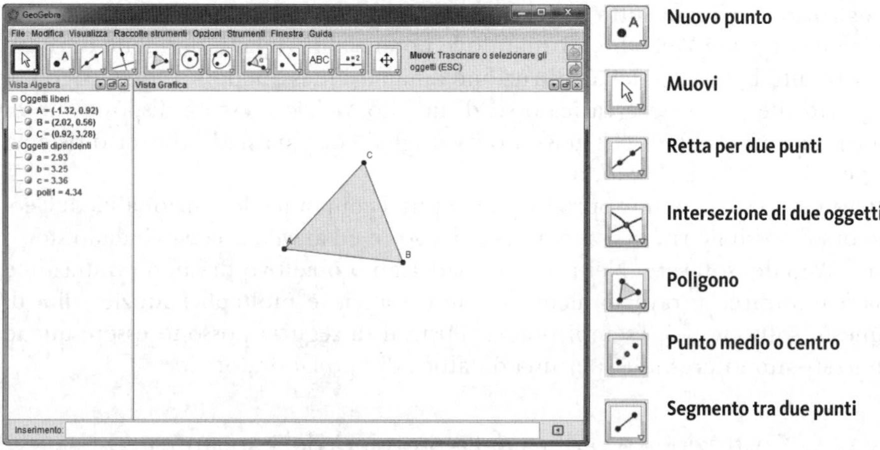

Figura 2

Si noti che sarebbe stato possibile creare direttamente il poligono senza determinare dapprima i punti. Per fare questo occorre selezionare direttamente il pulsante **Poligono** e cliccare nei punti dell'Area Grafica dove si vogliono collocare i vertici del poligono. Quando si vuole ultimare la costruzione è necessario fare un clic nuovamente sul primo dei vertici creati.

A questo punto è possibile già ottenere un primo risultato importante. I punti appena disegnati nella Vista Grafica sono "dinamici", ossia possono essere mossi con l'uso del puntatore. Per farlo, si può fare clic sul pulsante **Muovi** nella barra degli strumenti. Si provi ora a fare un clic con il tasto sinistro del mouse sul punto A nella vista grafica e a muovere il mouse tenendo premuto il tasto sinistro. Il punto A si muove con il puntatore del mouse. Contemporaneamente, anche i lati del triangolo mutano lunghezza ed orientamento. La lunghezza dei lati viene aggiornata in tempo reale nella Vista Algebra. Anche l'area del triangolo, indicata alla voce "poli1" viene aggiornata in tempo reale, mentre si muove il punto A. In modo analogo si possono muovere anche i punti B e C.

Si vogliono ora individuare i punti medi di due lati. Nella barra degli strumenti si può fare un clic sulla freccina che punta verso il basso del pulsante **Nuovo punto**. In tal modo si visualizza un menu con altri pulsanti. Dei menu analoghi sono visibili facendo clic sulle frecce che puntano verso il basso degli altri pulsanti. Nel menu del pulsante **Nuovo punto** occorre selezionare il pulsante **Punto medio o centro**. Si noti che, dopo averlo selezionato, la sua icona si sostituisce a quella del pulsante Nuovo punto, come icona rappresentativa del menu. Una volta selezionato il comando, occorre fare clic prima sul punto A e poi sul punto B. In tal modo viene creato un nuovo punto (indicato con D) che è il punto medio di tale lato. Con una procedura analoga si può creare il punto medio del lato BC, che verrà indicato con E. Si noti che i punti D ed E sono colorati diversamente rispetto ai punti A, B e C. Inoltre, essi sono elencati nella Vista Algebra tra gli oggetti dipendenti e non tra gli oggetti indipendenti. Questi punti non possono essere mossi liberamente come i punti A, B e C, ma la loro posizione dipende a sua volta dalla posizione che viene attribuita arbitrariamente ai punti A, B e C.

Ora si devono costruire due mediane, ciascuna delle quali è un segmento che ha come estremi un vertice ed il punto medio del lato ad esso opposto.

Dalla barra degli strumenti, occorre fare clic sulla freccia che punta verso il basso del pulsante **Retta per due punti**. Dal menu a discesa si può selezionare il pulsante **Segmento tra due punti**. Ora occorre fare clic sul vertice A e sul punto medio del lato opposto, ossia E. Viene visualizzato un segmento che collega i due punti: è la mediana AE. Nel riquadro Vista Algebra il nuovo segmento è indicato con *d* e viene riportata la sua lunghezza. In modo analogo si traccia il segmento che collega il vertice C al punto medio D. Quest'altra mediana è indicata in Vista Algebra con *e*.

Si vuole determinare il baricentro come punto di intersezione tra le due mediane appena tracciate. Dalla barra degli strumenti occorre cliccare sulla freccia che punta verso il basso del pulsante **Punto medio o centro**. Dal menu a discesa si può selezionare il pulsante **Intersezione di due oggetti**.

A questo punto si clicca sul segmento *d* e poi sul segmento *e* (si possono cliccare sia i segmenti nella Vista Grafica, sia le loro voci nell'elenco della Vista Algebra). In tal modo si determina il baricentro F del triangolo. Si nota che anche questo è un punto dipendente che non può essere mosso direttamente. Tuttavia è sempre possibile muovere uno dei vertici ed osservare come si muove la posizione del punto F.

Alla fine di questa costruzione la finestra di Geogebra dovrebbe apparire come in Figura 3.

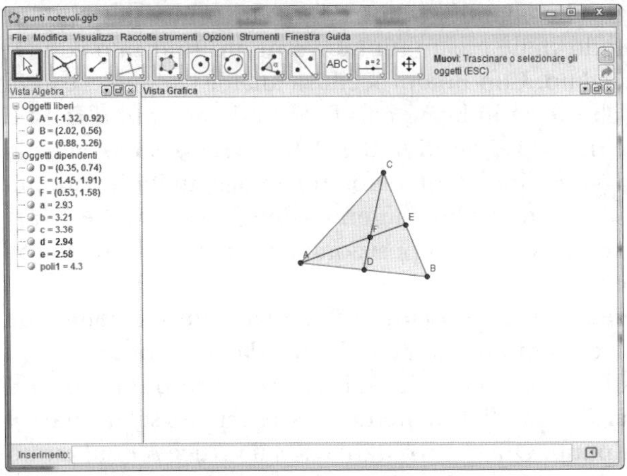

Angolo

Distanza o lunghezza

Figura 3

Il passaggio finale è la verifica che il baricentro divide ogni mediana in due segmenti che sono in proporzione tra loro come 2 sta a 1. In altre parole, si vuole verificare che il rapporto delle lunghezze dei due segmenti in cui viene divisa la mediana è pari a 2, se a numeratore si pone la lunghezza del segmento che ha come estremo il vertice e a denominatore si pone la lunghezza del segmento che ha per estremo il punto medio.
Mediante la freccia che punta verso il basso del pulsante **Angolo** si accede al menu per selezionare il pulsante **Distanza o lunghezza**. Ora, facendo clic sul punto A e poi sul punto F, viene visualizzata nella vista grafica la seguente etichetta $\overline{AF} = 2,26$, o una etichetta simile che mostri la lunghezza del segmento di estremi A e F. Si può selezionare il pulsante **Muovi**, cliccare sull'etichetta e trascinarla in un punto opportuno del grafico, tenendo premuto il pulsante sinistro del mouse. Si nota che, contestualmente alla creazione della distanza, viene indicato nella Vista Algebra un nuovo oggetto mediante la voce distanzaAF. In modo analogo, dopo aver selezionato il pulsante **Distanza o lunghezza**, si fa clic sul punto F e poi sul punto E per visualizzare l'etichetta $\overline{FE} = 1,13$. Anche in questo caso, nella Vista Algebra si nota un nuovo oggetto con la voce distanzaFE. Si osserva che una distanza è il doppio dell'altra. In ogni caso, nella casella **Inserimento** in basso si può creare un nuovo oggetto denominato "rapporto" che sia pari al rapporto delle due distanze. Per farlo, occorre digitare nella casella l'espressione:

rapporto = distanzaAF / distanzaFE

Premendo il tasto **Invio** sulla tastiera si crea l'oggetto che viene indicato nella Vista Algebra con la voce rapporto, che è pari a 2. Si nota effettivamente che il rapporto tra i due segmenti vale 2 e che quindi il baricentro gode della proprietà ricercata. A questo punto la finestra di Geogebra dovrebbe presentarsi come in Figura 4.

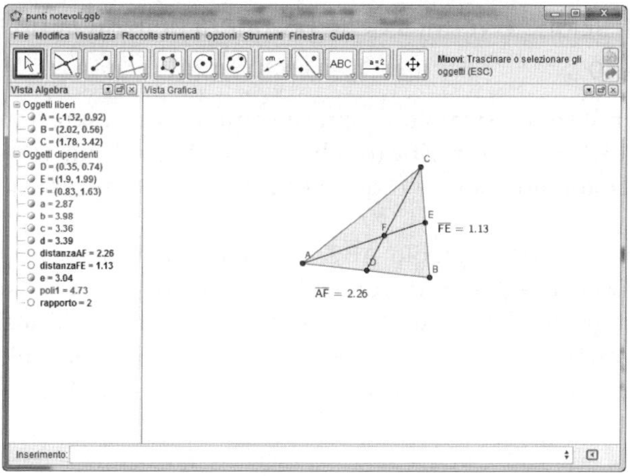

Figura 4

Ora si può verificare la validità *in generale* dell'asserto relativo al baricentro. Per farlo, si può trascinare il punto A e osservare che il triangolo cambia forma, le distanze $\overline{AF}$ e $\overline{FE}$ cambiano il loro valore, ma il rapporto resta sempre pari a 2. In modo analogo si può constatare l'asserto per le distanze $\overline{CF}$ e $\overline{FD}$.

Infine, si può visualizzare il protocollo di costruzione, facendo clic sul menu **Visualizza** e quindi su **Protocollo di costruzione**. Nella finestra **Protocollo di costruzione** si individua una tabella con 14 righe, ciascuna corrispondente ad un passo della costruzione (vedi Figura 5); cliccando sui pulsanti nella parte inferiore della finestra è possibile muoversi attraverso la costruzione e visualizzare contestualmente nella finestra grafica la costruzione passo per passo.

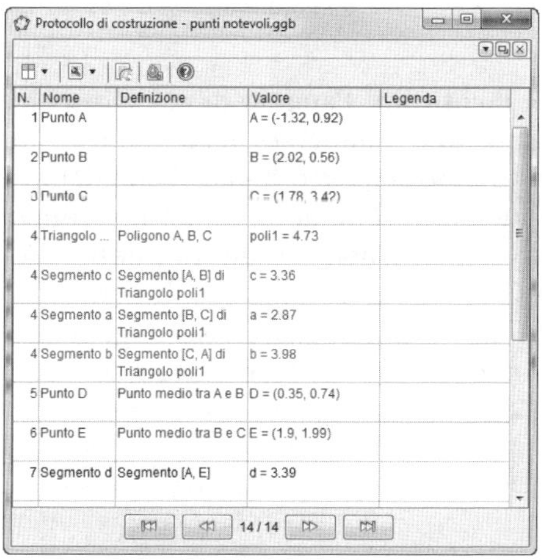
Protocollo di costruzione - punti notevoli.ggb

N.	Nome	Definizione	Valore	Legenda
1	Punto A		A = (-1.32, 0.92)	
2	Punto B		B = (2.02, 0.56)	
3	Punto C		C = (1.78, 3.42)	
4	Triangolo ...	Poligono A, B, C	poli1 = 4.73	
4	Segmento c	Segmento [A, B] di Triangolo poli1	c = 3.36	
4	Segmento a	Segmento [B, C] di Triangolo poli1	a = 2.87	
4	Segmento b	Segmento [C, A] di Triangolo poli1	b = 3.98	
5	Punto D	Punto medio tra A e B	D = (0.35, 0.74)	
6	Punto E	Punto medio tra B e C	E = (1.9, 1.99)	
7	Segmento d	Segmento [A, E]	d = 3.39	

14 / 14

Figura 5

3.1.4 Costruzione e verifica delle proprietà dell'ortocentro di un triangolo

In questa esercitazione si vuole mostrare come costruire un triangolo, individuare il suo ortocentro e verificare che esso cade su di un vertice quando il triangolo è rettangolo, mentre cade esternamente al triangolo quando questo è ottusangolo.
Per la costruzione del triangolo ABC si rimanda agli stessi passaggi eseguiti nell'esercitazione del paragrafo precedente. Questa volta si raccomanda di visualizzare la griglia della Vista Grafica mediante il menu **Visualizza**, usando il comando **Griglia**. In tal modo è possibile collocare i vertici del triangolo nei punti di intersezione della griglia così come è avvenuto in Figura 6.

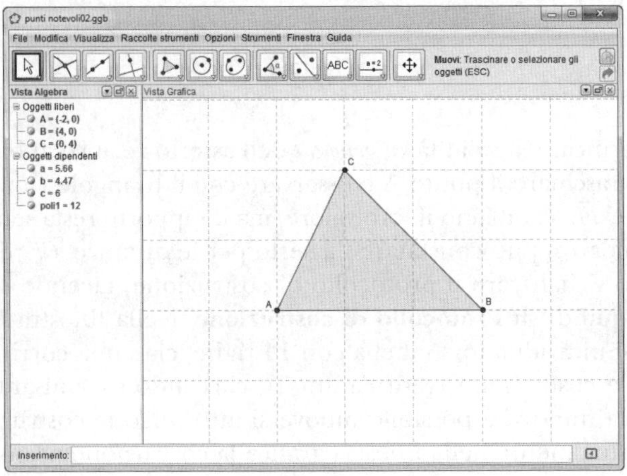

Figura 6

Si vuole ora definire e costruire l'angolo di cui si osserverà la variazione, per determinare se il triangolo è rettangolo, acutangolo o ottusangolo.
Si fa clic sul pulsante **Angolo**: a questo punto si può definire l'angolo cliccando su tre punti, prestando attenzione al fatto che il secondo punto sia il vertice dell'angolo. Pertanto si fa clic nell'ordine sui punti B, A e C. L'angolo viene mostrato nella Vista Grafica con il suo valore. Il nome dell'angolo è α; questo nome viene indicato con il valore nella Vista Algebra. A questo punto della costruzione, la finestra di Geogebra dovrebbe apparire come in Figura 7.

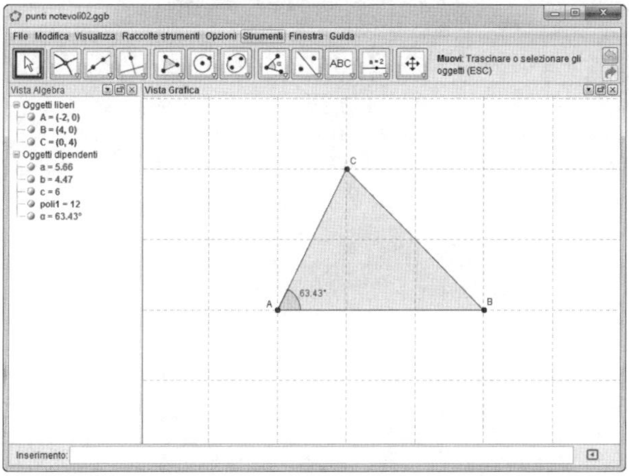

Retta perpendicolare

Figura 7

Si fa clic sul pulsante **Retta perpendicolare**. Con questo comando si può creare una retta che passi per un punto e sia perpendicolare ad un segmento o ad una retta assegnata. È necessario fare clic su di un punto e poi sul segmento perpendicolare alla retta che si vuole costruire. Pertanto, si può cliccare sul punto A e quindi sul segmento BC. Viene tracciata una retta sulla quale giace l'altezza relativa al lato BC. L'equazione della retta è riportata nella Vista Algebra; la retta è indicata con *d*. In modo analogo si può tracciare la retta passante per B e perpendicolare al lato AC che verrà indicata con *e*.
Si vuole ora individuare il punto di intersezione tra le due rette che risulta essere l'ortocentro. Nella barra degli strumenti si può fare un clic sulla freccina che punta verso il basso del pulsante **Nuovo punto**. Dal menu a discesa si può selezionare il pulsante **Intersezione di due oggetti**. Ora, cliccando prima sulla retta *d* e poi sulla retta *e*, si individua il punto D. A questo punto la costruzione dovrebbe risultare come in Figura 8.

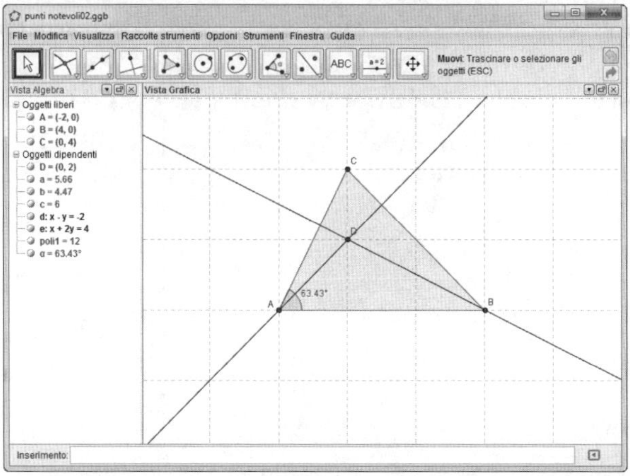

Figura 8

Ora si può provare a muovere il punto C verso sinistra selezionandolo con il comando **Muovi**. In particolare si può muovere C lungo la linea tratteggiata della griglia. Si nota che l'angolo α tende ad assumere il valore pari a 90°, mentre il punto D tende ad avvicinarsi al punto A. Quando $\alpha = 90°$ il punto D è sovrapposto ad A ed il triangolo è rettangolo (vedi Figura 9). Pertanto, si deduce che in un triangolo rettangolo l'ortocentro coincide con il vertice dell'angolo retto.

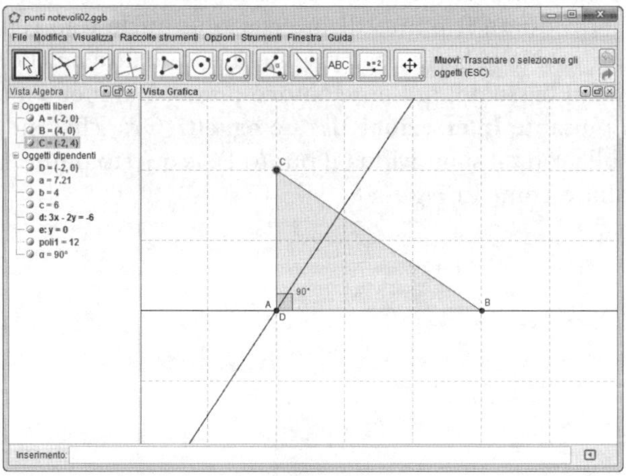

Figura 9

Si muove ulteriormente C verso sinistra: si nota che l'angolo α diventa superiore a 90° ed il triangolo diventa ottusangolo. In questo caso l'ortocentro D cade fuori dal triangolo ABC (vedi Figura 10).

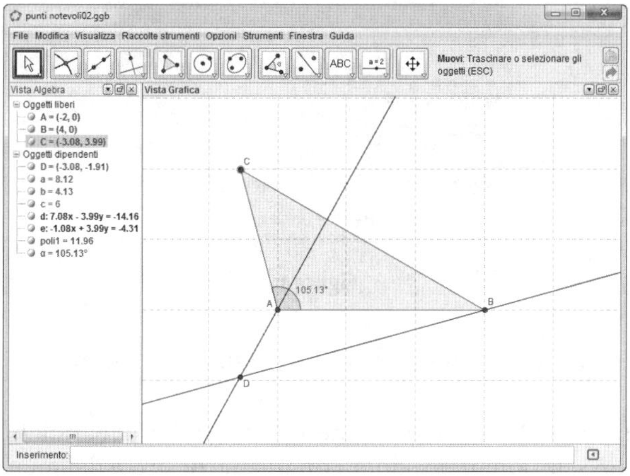

Figura 10

3.1.5 Costruzione di una parabola i cui parametri variano dinamicamente

In questa esercitazione si vuole costruire una parabola con equazione del tipo $y = ax^2 + bx + c$, visualizzandola nell'Area Grafica. I parametri a, b e c della parabola possono essere fatti variare mediante un apposito comando di Geogebra ed in tempo reale si può osservare come varia il grafico della parabola.
Prima di iniziare la costruzione, può essere utile visualizzare gli assi e la griglia se sono nascosti. Per farlo, occorre selezionare dal menu **Visualizza** i comandi **Assi** e **Griglia**.
Dapprima occorre definire tre oggetti di tipo *slider*, uno per ciascuno dei parametri a, b e c. Nella **barra di Inserimento** si può digitare l'espressione:

$$a = 1$$

Di seguito si può premere il tasto **Invio**. Si è creato uno slider che viene mostrato nella Vista Algebra con l'espressione $a = 1$. A sinistra dello slider si nota un pallino bianco; questo pallino rappresenta il fatto che lo slider non è visibile nella Vista Grafica. Facendo un clic sul pallino bianco, questo appare in rilievo (di colore grigio sfumato) e lo slider viene rappresentato nella Vista Grafica mediante un cursore nero (un pallino nero) che può scivolare lungo una breve linea nera orizzontale. Se si fa clic sul pallino nero, si tiene premuto e si trascina orizzontalmente il pallino, si noterà nella Vista Algebra che il valore di a cambia. Facendo un doppio clic sul pallino nero si apre la finestra **Slider** (Figura 11) che permette di modificare i parametri dello slider. In particolare nelle caselle **min** e **max** si può stabilire il valore minimo e il valore massimo che lo slider può assumere. La casella **Incremento** permette di stabilire di quanto varia il valore di a ad ogni minimo scorrimento del cursore lungo la linea orizzontale.

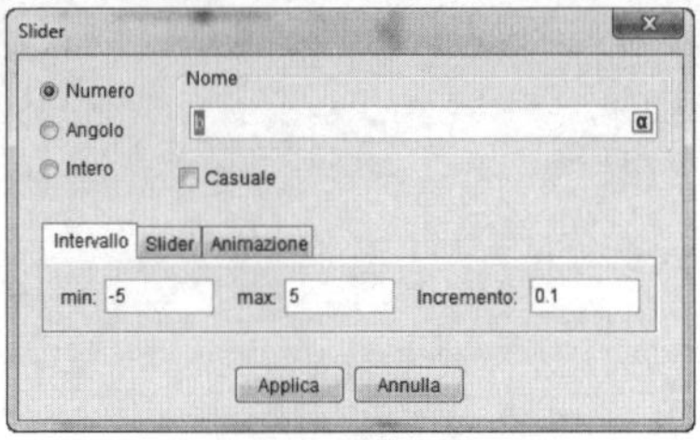

Figura 11

Con il pulsante **Applica** si chiude la finestra **Slider** e si confermano i parametri impostati.

Può essere utile visualizzare una etichetta sullo slider che indichi il suo nome. Per farlo, si può selezionare lo slider con un clic destro e dal menu contestuale si può selezionare **Mostra etichetta**. Sullo slider verrà mostrato il suo nome ed il suo valore.

È possibile far variare lo slider anche in modo più sensibile e accurato. Per farlo occorre selezionarlo con un clic sinistro. Di seguito si possono premere i tasti di direzione **Destra** e **Sinistra** sulla tastiera. Ogni pressione del tasto comporterà un aumento o una diminuzione di *a* pari all'incremento fissato nella finestra **Slider**.

In modo analogo si possono creare altri due parametri-slider, denominati *b* e *c*. Alla fine di questa costruzione, la finestra di Geogebra dovrebbe apparire come in Figura 12.

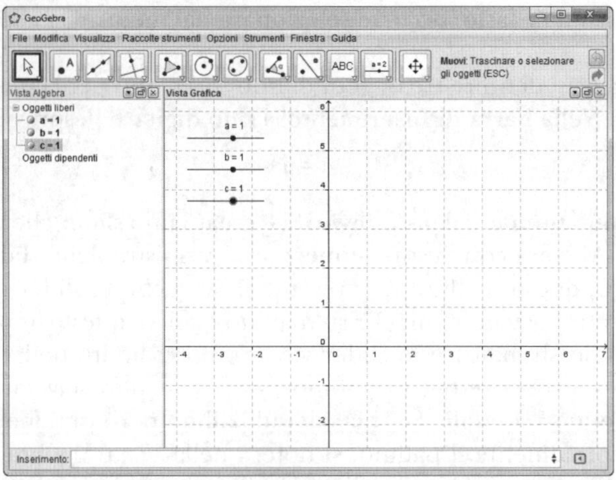

Figura 12

Ora, nella finestra inserimento si può digitare la seguente espressione:

f(x)=a*x^2+b*+c

Di seguito si può premere il tasto **Invio**. L'espressione appena digitata corrisponde ad una parabola con asse parallelo all'asse delle ordinate. Si noti che il simbolo * corrisponde al segno di moltiplicazione, mentre il simbolo ^2 corrisponde all'elevamento al quadrato. Si noti, inoltre, che nella parabola appena creata il coefficiente "a" corrisponde al valore dello slider "a"; analogamente succede per "b" e "c". Nella Vista Grafica viene visualizzata una parabola. L'equazione della parabola è riportata nella Vista Algebra. La curva della parabola è indicata con *d*.
Si prova ora a far variare il valore dei tre slider "a", "b" e "c" muovendo i cursori orizzontalmente; si nota che in tempo reale la curva si modifica in base ai valori attribuiti ai tre parametri.
Si vuole ora individuare il vertice della parabola. Dapprima si può calcolare l'ascissa del vertice, indicandola con una quantità v. Questa quantità può essere definita nella **barra di Inserimento** digitando la seguente espressione:

v=–b/(2*a)

La quantità v appare visualizzata con il proprio valore nella Vista Algebra.
Ora occorre creare il vertice, ossia il punto V. Si può digitare nella **barra di Inserimento** la seguente espressione:

V=(v,f(v))

Questa espressione definisce il punto V, mediante l'ascissa v e l'ordinata che è il valore assunto da f(x) nel punto x=v, ossia f(v).
Il vertice V viene visualizzato sulla curva della parabola nella Vista Grafica. Inoltre il vertice V, con le sue coordinate, viene mostrato nella Vista Algebra.
Al termine di questa costruzione, la finestra di Geogebra deve risultare come in Figura 13.

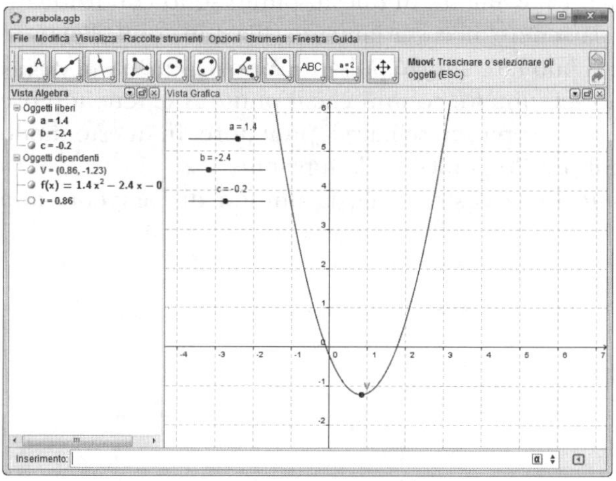

Figura 13

Sfruttando le proprietà dinamiche della costruzione appena effettuata, può essere formativo operare le seguenti verifiche.
Se il valore di *b* viene posto pari a 0, allora il vertice V della parabola si colloca sull'asse delle ordinate.
Se i valori di *b* e di *c* vengono posti pari a 0, allora il vertice V della parabola si colloca nell'origine del sistema di assi cartesiani.
Quando $a>0$, la concavità della parabola è rivolta verso l'alto, quando $a<0$, la concavità è rivolta verso il basso. Quando $a=0$ la curva diventa una retta.

3.1.6 Il significato geometrico della derivata di una funzione in un punto

In questa esercitazione si vuole costruire la retta tangente ad una funzione in un punto, mostrando che il suo coefficiente angolare corrisponde alla derivata della funzione nel punto in questione.
Prima di iniziare la costruzione, occorre visualizzare gli assi e la griglia se sono nascosti. Per farlo si possono selezionare dal menu **Visualizza** i comandi **Assi** e **Griglia**.
Si può digitare l'espressione di una funzione nella **barra di Inserimento**.

f(x)=(3*x^2)/(x^2+1)

Una volta premuto il tasto **Invio**, la funzione viene rappresentata nella Vista Grafica ed elencata nella Vista Algebra.
Si vuole definire un generico punto della funzione. Nella barra degli strumenti si può fare clic sul pulsante **Nuovo punto** e di seguito si può selezionare con un clic il grafico della funzione. Viene creato il punto A che appartiene alla funzione stessa. I movimenti di questo punto sono condizionati dal fatto che esso deve appartenere necessariamente alla funzione. Per verificare questa caratteristica, si può fare clic sul pulsante **Muovi** nella barra degli strumenti. Di seguito, si può selezionare con un clic il punto A e, tenendo premuto il tasto sinistro del mouse, si può trascinare il puntatore. In questo modo il punto A si muove lungo il profilo grafico della funzione.
A questo punto della costruzione, la finestra di Geogebra appare come in Figura 14.

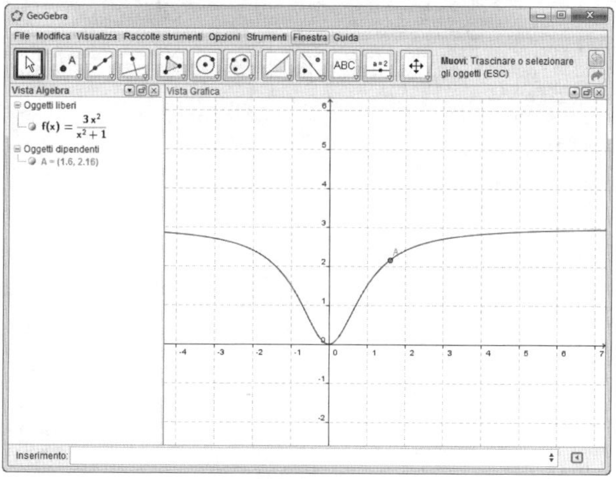

Figura 14

Si può ora calcolare il valore della derivata della funzione f(x) nel punto A di ascissa x(A). Questo valore viene posto pari alla quantità "m". Pertanto, si può digitare nella **barra di Inserimento** la seguente espressione, premendo di seguito il tasto **Invio**:

m = f′(x(A))

Si noti che con l'espressione x(A) si richiama il valore dell'ascissa del punto A. In modo analogo si può richiamare il valore dell'ordinata di A, mediante l'espressione y(A). Mediante l'espressione f'(x(A)) si calcola il valore della derivata, indicata con f', nel punto di ascissa x(A).
La nuova quantità viene visualizzata nella Vista Algebra. Il valore della derivata f'(x) nel punto A di ascissa x(A) viene indicata con m, in quanto essa rappresenta il coefficiente angolare della retta tangente alla funzione nel punto A.
Si vuole ora rappresentare la retta tangente alla funzione in A. Per farlo, si usa l'espressione del fascio di rette passanti per A e si digita nella **barra di Inserimento** l'espressione:

y – y(A) = m*(x – x(A))

Si noti che "m" è dato dalla derivata calcolata nell'ascissa di A.
La retta viene rappresentata nella Vista Grafica e viene indicata nella Vista Algebra. Si nota che la retta è passante per A, ma questo è atteso vista la definizione stessa della retta come una di quelle che appartiene al fascio di rette passante per A. Inoltre, la retta è tangente alla funzione. Questa caratteristica è determinata dal coefficiente angolare della retta, ma quest'ultimo è proprio il valore della derivata della funzione nel punto. La costruzione deve risultare come quella mostrata in Figura 15.

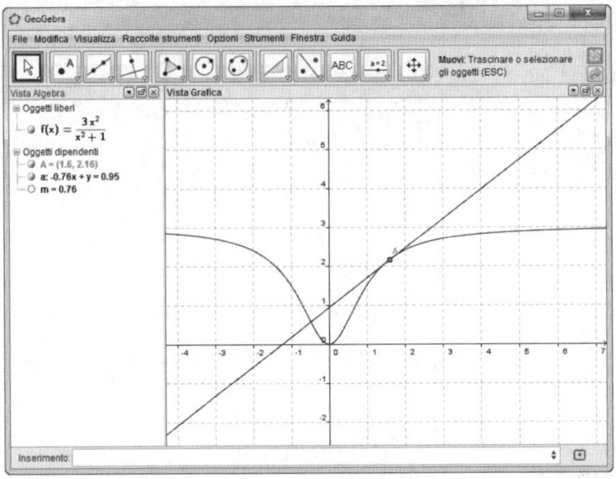

Figura 15

Ora si può selezionare nuovamente il pulsante **Muovi** nella barra degli strumenti e si può muovere il punto A. Muovendo il punto A, anche la retta si muove, ma resta sempre tangente alla funzione in A. Si è pertanto verificato che la derivata è sempre pari al coefficiente angolare della retta tangente alla funzione nel punto A.

Tenendo presente che il valore della derivata è sempre indicato da "m", si possono verificare anche altre caratteristiche muovendo il punto A. Quando la retta tangente è crescente, allora il valore della derivata della funzione nel punto A è positivo (m>0). Viceversa, quando la retta è decrescente, allora il valore della derivata della funzione nel punto A è negativo (m<0). Quando il punto viene collocato nell'origine, dove vi è un punto di minimo, allora la derivata è nulla (m=0).

3.2 I software di calcolo simbolico

3.2.1 Panoramica sui software di calcolo simbolico

I software di calcolo simbolico, indicati in inglese anche con l'acronimo CAS (*Computer Algebra System*), permettono all'utente di effettuare calcoli algebrici di tipo simbolico, mostrando i passaggi del calcolo, oppure pervenendo direttamente alla sua soluzione espressa simbolicamente. Le funzionalità dei software di calcolo simbolico non si fermano alla sola effettuazione di calcoli algebrici ed alla risoluzione di equazioni. Essi sono capaci di effettuare calcoli simbolici anche nell'ambito dell'analisi matematica, calcolando derivate, integrali, risolvendo equazioni differenziali, determinando sviluppi in serie di funzioni. Sono molto usati anche per il calcolo matriciale e per la risoluzione di sistemi di equazioni lineari.

La panoramica dei software di calcolo simbolico è molto vasta. Questi software trovano una vasta applicazione non solo nella didattica, ma anche nella ricerca. Tra i software più diffusi di calcolo simbolico vi sono:

> **Mathematica**. È probabilmente il software più diffuso e potente, giunto ormai alla versione 8 e molto utilizzato nell'ambito della ricerca teorica di matematica e di altre scienze naturali. È un software su licenza, prodotto dalla Wolfram Research (http://www.wolfram.com/). La casa produttrice mette a disposizione anche un portale (http://mathworld.wolfram.com/) che illustra in modo approfondito tutte le vaste aree di applicazione della matematica. Tra le risorse web di Wolfram Research vi è anche il portale http://www.wolframalpha.com/. Qui, in una casella di testo si può inserire un qualsiasi argomento oppure una qualsiasi espressione da calcolare. Si tratta quindi si una sorta di versione on-line del software di calcolo simbolico Mathematica, a cui si aggiunge un motore di ricerca interno delle risorse messe a disposizione da Wolfram Research.

> **Wiris** è un'azienda che produce software educativi per materie scientifiche. I prodotti software possono essere scaricati in versione demo dal sito Web http://www.wiris.com/ alla voce *Products.* I software devono poi essere attivati nella versione completa, acquistando una licenza. Tra i software disponibili ve n'è anche uno di calcolo simbolico, denominato Wiris CAS. Una versione on-line di questo software è messa a disposizione dall'Indire all'indirizzo http://wiris.indire.it/wiris/it/. Per il funzionamento on-line è necessaria l'installazione di Java.

> **Derive** è un software di calcolo simbolico molto usato nella didattica della scuola secondaria di secondo grado. È prodotto dalla Texas Instruments, che ne ha concluso lo sviluppo alla versione 6 (nel 2007), abbandonando questo software in favore del progetto **TI-Nspire**. Quest'ultimo è un software di tipo CAS che può girare sia su una calcolatrice palmare, sia su un comune computer desktop. Tuttora, la Texas Instruments supporta, quando è possibile, gli utenti di Derive, la cui pagina web di riferimento è http://education.ti.com/educationportal/sites/UK/productDetail/uk_derive6.html. Sebbene lo sviluppo del software sia terminato, il suo uso è ancora molto diffuso nelle scuole.

Maxima è un software di calcolo simbolico gratuito, scaricabile all'indirizzo http://maxima.sourceforge.net/. È un progetto ancora attivo e giunto ormai alla versione 5. Si tratta di un software votato soprattutto al calcolo, pertanto il suo nucleo delle funzioni viene fatto girare mediante linee di comando. Un'interfaccia di questo tipo può risultare ostica per gli utenti meno esperti e meno abituati ad interfaccia di tipo testuale. Per ovviare a questo disagio, è stato creato **wxMaxima** che permette di utilizzare le funzioni di calcolo simbolico di Maxima, mediante una interfaccia grafica dotata di menu di comandi e finestre grafiche. L'interfaccia grafica è ormai alla versione 12. Per restare coerenti con la scelta già fatta per i software di geometria dinamica analizzati nel paragrafo precedente, anche in questo caso si preferisce presentare nel dettaglio questo software gratuito. Tuttavia, si segnala al lettore che l'interfaccia di wxMaxima ed i suoi comandi testuali sono molto simili a quelli di Derive; pertanto, non risulterà difficile contestualizzare nel software Derive le esercitazioni proposte di seguito.

3.2.2 wxMaxima – funzionalità di carattere generale

La finestra di wxMaxima 12.0 appare come quella mostrata in Figura 16. In alto si riconosce il **menu dei comandi** (con le voci **File**, **Modifica**, **Cella**, ...). Sotto di esso vi è la **barra degli strumenti**, caratterizzata da pulsanti con delle icone che ne permettono l'identificazione. Soffermando il puntatore del mouse per qualche istante su di un pulsante, si può visualizzare un **fumetto di suggerimento** che illustra le funzionalità del pulsante. Da sinistra verso destra si riconoscono i pulsanti **Nuovo documento**, **Apri documento**, **Salva documento** e così via.

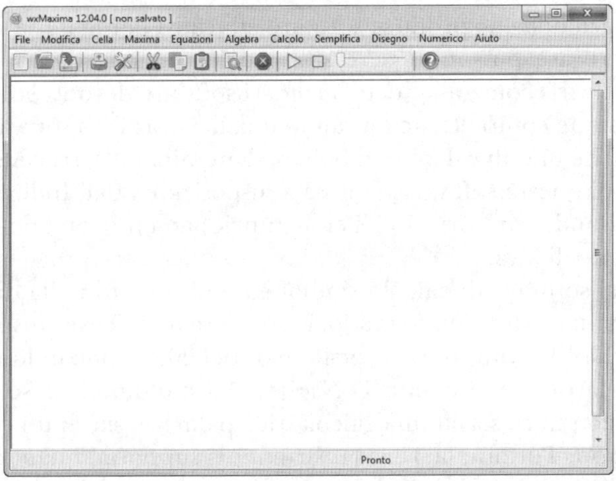

Figura 16

Sotto la barra degli strumenti vi è la vasta area centrale di lavoro. Quando la finestra di wxMaxima è attiva (in evidenza, sopra le altre finestre aperte), una qualsiasi digitazione di comandi fatta da tastiera viene automaticamente mostrata nell'area di lavoro.

Qualsiasi digitazione nell'area di lavoro viene inserita in uno spazio denominato **cella.** Quest'ultima viene indicata con una sorta di parentesi quadra sulla sinistra e può essere costituita dal solo input. In tal caso l'input è contrassegnato da una **etichetta** indicata dal simbolo –>. Viceversa, una cella può essere costituita da un **input** e da un **output**. L'input rappresenta il comando digitato dall'utente; l'output rappresenta il risultato prodotto da wxMaxima. L'input è contrassegnato da un'etichetta del tipo (%i) dove la "i" è seguita da un numero progressivo (ad esempio (%i1) oppure (%i2) e così via). Analogamente, l'output è contrassegnato da un'etichetta del tipo (%o), dove la "o" è seguita da un numero progressivo (ad esempio (%o1) oppure (%o2) e così via).

Per l'input e l'output della medesima cella il numero progressivo è lo stesso. Ad esempio, in Figura 17 la prima cella ha sia un input (%i1), sia un output (%o1), la seconda cella ha solo un input e così via.
Dopo aver digitato un comando di input, per eseguire il comando ed ottenere un output, basta premere la combinazione di tasti **Maiusc** + **Invio**.
Per salvare un file si può selezionare dal menu **File** il comando **Salva come**. Si aprirà la finestra **Salva come** che permetterà di scegliere una directory e di stabilire un nome per il file da salvare. Dal menu **File**, selezionando il comando **Esporta**, si aprirà l'omonima finestra che permetterà di salvare il contenuto dell'area di lavoro in formato html. In tal modo si possono caricare su Web le esercitazioni svolte con wxMaxima per metterle a disposizione di altri docenti ed alunni.

3.2.3 Calcoli algebrici

In questa esercitazione si mostrano alcune funzionalità dell'applicazione relative al calcolo algebrico. Innanzitutto, si nota che wxMaxima non ha problemi a calcolare e a rappresentare numeri costituiti da molte cifre.
Si provi a digitare la seguente espressione che costituisce il fattoriale di 69:

69!

Per avviare il calcolo basta premere la combinazione di tasti **Maiusc** + **Invio**. Sotto la digitazione comparirà il risultato del calcolo che è composto da 99 cifre; si tratta del numero massimo di cifre che wxMaxima è in grado di mostrare per un risultato (detto anche output).
A questo punto si nota che la cella si è allargata, il valore immesso è contraddistinto sulla sinistra dai caratteri (%i1). Questo simbolo sta ad indicare che si tratta del primo input (della prima immissione di dati dall'avvio del programma). Il risultato è contrassegnato sulla sinistra dai caratteri (%o1); questo simbolo indica che si tratta dell'output corrispondente al primo input. Le due linee, di input e di output, sono racchiuse in un'unica cella indicata sulla sinistra dalla parentesi quadra.
Per scomporre un numero, basta digitare il numero stesso. Per semplicità si può digitare nuovamente 69!. Di seguito dal menu **Semplifica** si può selezionare la voce **Scomponi in fattori**. Viene creata automaticamente una nuova cella nella quale in input è riportata l'espressione

factor(69!);

Quest'espressione rappresenta la funzione **factor** che fattorizza un numero che ha come parametro il numero 69!, posto tra parentesi tonde. Qualsiasi comando in wxMaxima deve essere concluso con il punto e virgola ;. Se, digitando un comando, si omette il punto e virgola, quando si preme la combinazione di tasti **Maiusc** + **Invio**, wxMaxima provvederà ad inserire automaticamente il punto e virgola.
Sotto l'input, nella stessa cella, è digitato l'output corrispondente.

Si vuole ora determinare il minimo comune multiplo di due numeri. Per farlo, dal menu **Calcolo** basta selezionare la voce **Minimo comune multiplo**. Si apre la finestra **mcm** nella quale si possono digitare due numeri in due distinte caselle di testo. Si noti che le etichette delle caselle di testo sono rispettivamente **Polinomiale 1** e **Polinomiale 2**, in quanto questo comando permette di calcolare anche il minimo comune multiplo di due polinomi.
Si provi a digitare nelle due caselle i valori 38 e 72 e si confermi con **OK**. Nell'area di lavoro compare un input come il seguente:

lcm(38, 72);

Questo input richiama la funzione **lcm** per il calcolo del minimo comune multiplo (*least common multiple*). Nella parentesi tonda vi sono i due argomenti della funzione (i due numeri), separati da una virgola. Nella parte inferiore della cella è riportato il risultato 1368.
Per calcolare il massimo comun divisore di due numeri, si può digitare direttamente nell'area di lavoro l'espressione:

gcd(38, 72);

e di seguito premere **Maiusc+Invio**. La funzione **gcd** (*greatest common divisor*) calcola il massimo comun divisore di due numeri, ma anche di due polinomi; nella parte inferiore della cella viene riportato il risultato.
In alternativa, il calcolo del massimo comun divisore si può effettuare mediante il comando **Massimo comun denominatore** dal menu **Calcolo**.
Dopo queste operazioni, la finestra di wxMaxima dovrebbe apparire come in Figura 17.

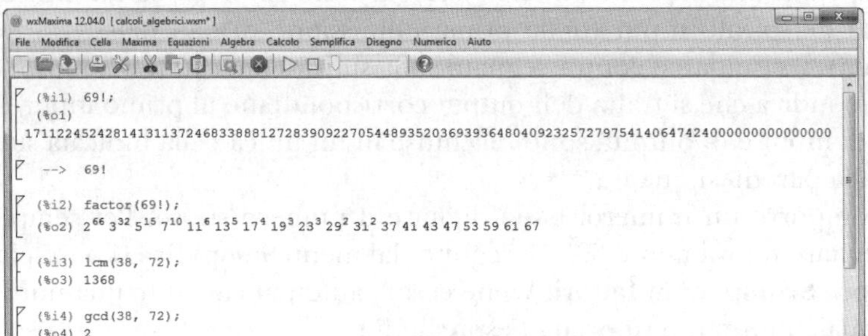

Figura 17

In wxMaxima è possibile utilizzare gli input o gli output digitati o ottenuti in precedenza, senza doverli digitare espressamente, ma semplicemente riferendosi ad essi mediante le loro etichette di input o di output. Ad esempio, gli ultimi due output, ossia il minimo comune multiplo ed il massimo comun divisore, sono indicati rispettivamente con %o3 e %o4 (vedi Figura 17).

Pertanto, nell'area di lavoro è possibile digitare direttamente la seguente espressione, se si desidera moltiplicare questi due valori:

%o3 * %o4

Di seguito occorre premere la combinazione di tasti **Maiusc** + **Invio** per ottenere il nuovo output. Si noti che il simbolo di moltiplicazione è rappresentato dall'asterisco *.

3.2.4 Calcolo letterale

In questa esercitazione si vogliono manipolare delle espressioni letterali. Si può iniziare a digitare un'espressione algebrica nell'area di lavoro, prestando attenzione al fatto che essa è digitata lungo una linea di comando che non prevede la presenza di frazioni sovrapposte. Le frazioni devono essere digitate in formato lineare. A tale scopo si devono usare in modo adeguato le parentesi. Ad esempio, si supponga di voler digitare l'espressione:

$$\frac{x}{2}\left(\frac{x+2}{3}\right)-x^2\left(x-\frac{1}{2}\right)+x^3$$

Allora occorrerà digitare nell'area di lavoro quanto segue:

(x/2)*((x+2)/3)–x^2*(x–1/2)+x^3

Ora, per semplificare questa espressione, dal menu **Semplifica** occorre selezionare **Semplifica l'espressione**.
Verrà creata una nuova cella che ha in input l'espressione:

ratsimp((x/2)*((x+2)/3)–x^2*(x–1/2)+x^3);

La funzione **ratsimp** (*rational simplification*) semplifica una funzione razionale che viene inserita come argomento tra parentesi. Il punto e virgola ; chiude ogni comando.
L'output viene invece mostrato mediante un'unica frazione sovrapposta.
Si può anche riscrivere l'output della cella precedente come due frazioni distinte. Per farlo, si può trascinare il puntatore sull'output della cella precedente; esso verrà evidenziato in grigio. In alternativa si può selezionare la sola etichetta dell'output. Di seguito, si può fare clic sul menu **Semplifica** e quindi su **Espandi l'espressione**. Verrà creata una nuova cella nella quale l'input è rappresentato dalla funzione **expand** e l'output è rappresentato da due frazioni distinte (vedi Figura 18).
In alternativa, per svolgere la stessa operazione, si può digitare l'espressione:

expand(%o1);

Questa espressione applica la funzione expand all'output della cella 1 che è proprio il risultato della semplificazione dell'espressione algebrica iniziale.

I comandi appena illustrati si possono utilizzare anche per le frazioni algebriche. Si provi a digitare la seguente espressione:

1/(x–1)–1/(x+1)

Questa espressione corrisponde alla seguente:

$$\frac{1}{x-1}-\frac{1}{x+1}$$

Analogamente a quanto visto in precedenza, per semplificare questa espressione, dal menu **Semplifica** occorre selezionare **Semplifica l'espressione**.

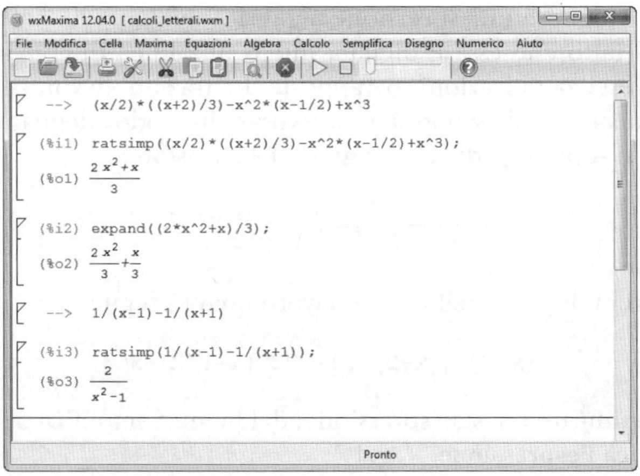

Figura 18

Si vuole ora mostrare la procedura per fattorizzare un polinomio. Per comodità, si può separare questo lavoro dal precedente. Pertanto si può salvare e chiudere il file appena realizzato ed aprire un nuovo file.
Si inizia a digitare la seguente espressione:

x^5–3*x^4–3*x^3+9*x^2–4*x+12

Dal menu **Semplifica** si seleziona il comando **Scomponi in fattori**. Si nota che il polinomio digitato permane nella cella di partenza che viene etichettata con il simbolo –>. In una nuova cella, collocata sotto quella di partenza, viene riportata nella riga di input la funzione **factor** che ha per argomento il polinomio; nella relativa cella di output vi è il risultato. Nel risultato si riconoscono dei binomi di grado 1 ed un solo binomio di grado 2, ossia (x^2+1), che è irriducibile nell'insieme dei numeri reali *R*.
Si vuole ora scomporre il polinomio iniziale nel campo dei numeri complessi *C*. Si può selezionare il polinomio presente nella cella etichettata con il simbolo –> trascinando con il mouse; in alternativa si può semplicemente collocare il punto di inserimento (il cursore) all'interno di questa cella. Di seguito, dal menu

Semplifica si seleziona il comando **Fattorizza in numeri complessi**. In una nuova cella, nella riga di input viene riportata la funzione **gfactor** che ha per argomento il polinomio; nella relativa riga di output vi è il risultato nella forma seguente:

(x–3)*(x–2)*(x+2)*(x–%i)*(x+%i)

Si noti che l'unità immaginaria *i* viene indicata con %i.
Si può riportare il polinomio nella forma iniziale trascinando il puntatore sull'output appena visualizzato (dovrebbe essere l'output denotato con l'etichetta (%o2)); in alternativa, può risultare più comodo selezionare la sola etichetta (%o2) alla sinistra dell'output. Operata la selezione, dal menu **Semplifica** si può fare clic sul comando **Espandi l'espressione**.
Viene visualizzata una nuova cella il cui input è dato dalla funzione expand((%o2)) e l'output è il polinomio espresso come somma algebrica di monomi (la forma inizialmente digitata).
Si può anche calcolare la divisione di due polinomi. Per farlo, dal menu **Calcolo** si può selezionare la voce **Dividi le polinomiali**. Si apre la finestra **Dividi** che contiene le due caselle di testo **Polinomiale 1** e **Polinomiale 2**, in cui inserire rispettivamente il polinomio dividendo e il polinomio divisore. Si provi ad inserire i due seguenti polinomi: x^4–x^2+x–1 e x+1. Confermando con **OK** si ottiene una nuova cella, il cui input è dato dalla funzione **divide** che è seguita da due argomenti (i due polinomi) separati da una virgola:

divide(x^4–x^2+x–1, x+1);

L'output è espresso nella seguente forma:

$$[x^3 - x^2 + 1, -2]$$

Il primo argomento dell'output $x^3 - x^2 + 1$ è il polinomio quoziente, mentre il secondo argomento -2 è il resto della divisione.
L'area di lavoro di wxMaxima, alla fine di queste operazioni, appare come mostrata in Figura 19.

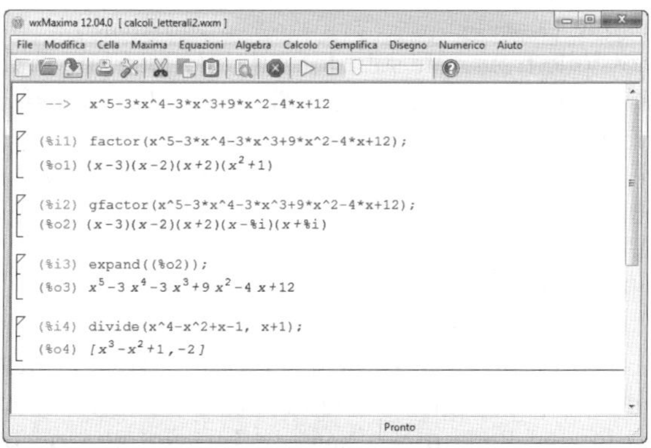

Figura 19

3.2.5 Risoluzione di equazioni e sistemi di equazioni

Per risolvere una equazione polinomiale, si può selezionare dal menu **Equazioni** la voce **Risolvi**. Si apre la finestra **Risolvi**. Nella casella di testo **Equazione(i)** occorre digitare l'equazione, mentre nella casella **Variabile(i)** occorre digitare la variabile rispetto alla quale si vuole risolvere l'equazione. Si provi a digitare nella casella superiore la seguente equazione x^2–x*(2*x+1)=x^3–3, lasciando inalterato il contenuto della casella inferiore che è già preimpostato con la variabile x. Confermando con **OK** si visualizza una nuova cella che ha nella riga di input la funzione **solve**:

solve([x^2–x*(2*x+1)=x^3–3], [x]);

Questa funzione richiede due argomenti che vengono racchiusi in una parentesi tonda. Ciascuno dei due argomenti, separati da una virgola, viene racchiuso a sua volta in una parentesi quadra. Il primo argomento rappresenta l'equazione, il secondo rappresenta la variabile.
Nella riga di output vi sono le soluzioni dell'equazione nel campo dei numeri complessi.

$$[x=-\sqrt{2}\,\%i-1, x=\sqrt{2}\,\%i-1, x=1]$$

Si noti che l'unità immaginaria viene rappresentata ancora con %i. Le tre soluzioni così rappresentate corrispondono in effetti a:

$$x=-\sqrt{2}\,i-1,\quad x=\sqrt{2}\,i-1,\quad x=1$$

È possibile risolvere anche un'equazione che contiene più variabili, rispetto ad una sola della variabili. Questa funzionalità può essere utilizzata anche per isolare una variabile in un'espressione algebrica. Dal menu **Equazioni** si clicca sulla voce **Risolvi**. Nella casella di testo **Equazione(i)** si digita a*(a–x)=a, mentre nella casella **Variabile(i)** si lascia come impostazione la variabile x. In questo modo la variabile x sarà espressa in funzione di a; in altre parole, l'equazione assegnata sarà risolta rispetto ad x. Al clic su **OK** nell'output di una nuova cella, viene riportata la soluzione [x=a–1].
Non è sempre possibile trovare le soluzioni di un'equazione in forma esatta. Ad esempio, si provi a selezionare dal menu **Equazioni** la voce **Risolvi** e a digitare nella casella di testo dell'equazione la seguente espressione sin(x)–2*x+1=0. Si tratta di un'equazione trascendente in x che contiene anche la funzione seno (sin). Facendo clic su **OK** si otterrà una nuova cella in cui l'output non è quello desiderato. In pratica, si isola x rispetto a tutti gli altri termini, portando a secondo membro anche sin(x).
Quando si incontra una difficoltà del genere, si può risolvere l'equazione numericamente. Dal menu **Equazioni** si seleziona **Trova la radice**. Nella finestra **Trova la radice** si può digitare l'equazione sin(x)–2*x+1=0 e confermare la variabile x. Nelle caselle **Intorno basso** e **Intorno alto** occorre digitare gli estremi dell'intorno nel quale verrà ricercata la soluzione dell'equazione. Ad

esempio, digitando –5 in **Intorno basso** e +5 in **Intorno alto** si cercheranno soluzioni nell'intorno]–5;+5[. Confermando con **OK**, si visualizza una cella in cui l'input è dato dalla funzione **find_root**:

find_root(sin(x)–2*x+1=0, x, –5, 5);

Gli argomenti della funzione sono l'equazione, la variabile, l'estremo inferiore e l'estremo superiore.
L'output della cella è costituito dalla soluzione trovata nell'intorno, espressa come numero decimale approssimato con 14 cifre, ossia 0.88786221157087.
Per risolvere un sistema di equazioni lineari, si può selezionare dal menu **Equazioni** la voce **Risolvi il sistema lineare**. Nella finestra che si apre occorre digitare il numero di equazioni del sistema (ad esempio 3) e confermare con **OK**. Nella finestra successiva occorre digitare le tre equazioni nelle prime tre caselle in alto. Ad esempio, si provi a digitare nella prima casella l'equazione 3*x–2*y+z=1, nella seconda l'equazione –x+y+2*z=0 e nella terza l'equazione x–3*y=2. Nella quarta ed ultima casella occorre elencare le variabili separate da una virgola x,y,z. Confermando con **OK** si visualizzerà una nuova cella in cui l'input è dato dalla funzione **linsolve** e il cui output mostra in modo esplicito il valore delle tre incognite.
Quando le equazioni di un sistema sono rappresentate da espressioni polinomiali, allora è possibile selezionare dal menu **Equazioni** la voce **Risolvi il sistema algebrico**. La procedura di inserimento dei dati è simile al caso precedente. Si indica il numero di equazioni (ad esempio 2) e si conferma con **OK**. Di seguito si inseriscono le due equazioni. Si provi a digitare le due seguenti equazioni: x^2–3*y^2=2 e x^2–4*y=1. Nell'ultima casella in basso si indicano le variabili separate da una virgola x,y e si conferma con **OK**.
Il sistema viene risolto usando la funzione **algsys**, usando eventualmente l'unità immaginaria %i. I calcoli svolti fino a questo punto sono illustrati in Figura 20.

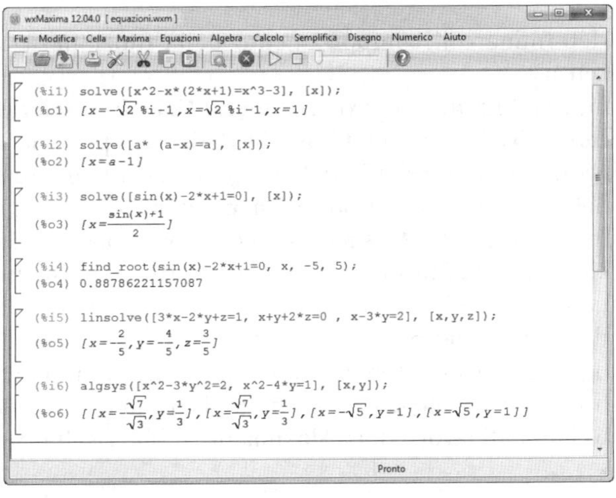

Figura 20

3.2.6 Calcoli di analisi matematica e rappresentazione delle funzioni

In questa esercitazione si svolge con wxMaxima lo studio completo di una funzione. A tale scopo si considera la funzione $f(x) = e^x(x-1)$.
Inizialmente, è possibile definire la funzione, assegnandole un nome che può essere proprio f(x). Per farlo, occorre digitare nell'area di lavoro la seguente espressione, confermando con **Maiusc+Invio**:

```
f(x):=exp(x)*(x–1);
```

Con l'operatore := si definisce una certa funzione. In tal caso f(x) è stata definita come exp(x)*(x–1), ossia proprio come la funzione $e^x(x-1)$.
La funzione è definita per qualsiasi numero reale.
Per determinare i punti in cui la funzione interseca l'asse delle ascisse, occorre risolvere la seguente equazione $e^x(x-1)$. Pertanto, si può digitare il seguente comando, confermando con **Maiusc** + **Invio**:

```
solve([f(x)=0],[x]);
```

Lo stesso comando si ottiene selezionando dal menu **Equazioni** la voce **Risolvi** e scrivendo nella casella dell'equazione l'espressione f(x)=0. Difatti, si noti che f(x) rappresenta proprio l'espressione della funzione oggetto di studio. Il risultato ottenuto è $x=1$.
Per determinare l'intersezione con l'asse delle ordinate, basta calcolare il valore della funzione nel punto di ascissa nulla $x=0$, ossia $f(0)$. Pertanto, in una riga di comando si può digitare semplicemente:

```
f(0);
```

Il valore ottenuto indica che la funzione interseca l'asse delle ordinate in $y=-1$.
Si vuole ora determinare il comportamento della funzione agli estremi del campo di esistenza.
Si calcola dapprima il limite $\lim_{x\to\infty} f(x)$. Dal menu **Calcolo** si seleziona il comando **Trova il limite**. Nella finestra **Limite** si digita semplicemente f(x) nella casella **Espressione**. Nella casella **Variabile** si conferma x, mentre si fa clic sul pulsante **Speciale** per aprire la finestra **Costante** per indicare il punto in cui si calcola il limite. Nella finestra **Costante** si seleziona la voce **Infinito** e si conferma con **OK**. Ritornati alla finestra **Limite**, si conferma nuovamente con **OK**.
Viene mostrata una cella che ha in input il comando limit(f(x), x, inf); ed ha in output il valore del limite ∞.
In modo analogo si calcola il valore del limite $\lim_{x\to\infty} f(x)$, avendo premura di selezionare nella finestra **Costante** la voce **–infinito**. Il risultato ottenuto è pari a 0.
A questo punto l'area di lavoro di wxMaxima dovrebbe risultare come in Figura 21.

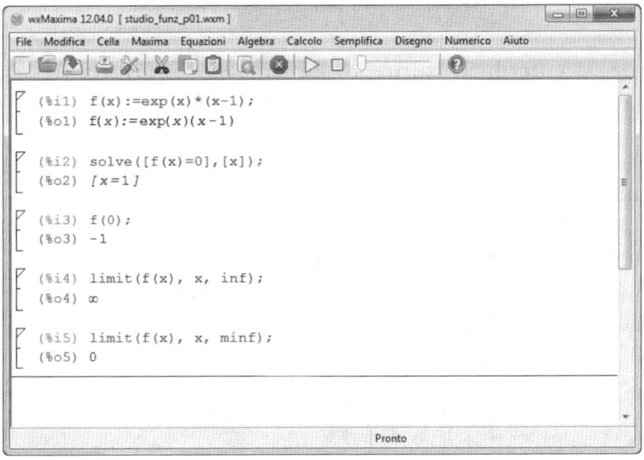

Figura 21

Per calcolare la derivata della funzione si può utilizzare il comando **diff** che necessita di tre argomenti, ossia la funzione, la variabile e l'ordine della derivata. Pertanto, si digita l'espressione:

diff(f(x),x,1);

In questo modo si calcola la derivata prima rispetto alla variabile x della funzione f(x). Si noti che la derivata di una funzione può essere calcolata anche selezionando dal menu **Calcolo** il comando **Differenzia**.

Si otterrà come output l'espressione (x–1)%e^{x}+%e^{x} che corrisponde alla funzione $(x-1)\,e^x+e^x$. Si noti come il numero di Nepero e sia indicato con %e.

Nella cella successiva si attribuisce un nome anche alla derivata appena ottenuta, ossia la si definisce come f_1(x). Per farlo si può digitare direttamente il comando:

f_1(x):= (x–1)*%e^x+%e^x;

Ora si possono calcolare i punti di massimo e minimo, ossia i punti in cui la derivata f_1(x) della funzione si annulla e la derivata seconda non è nulla. Dal menu **Equazioni** si seleziona **Risolvi**. Nella finestra si digita l'equazione f_1(x)=0, confermando la variabile x. Si conferma il comando con **OK**, ottenendo una cella il cui output è $x=0$. Pertanto $x=0$ è un punto che annulla la derivata prima. Per determinare se sia un punto di massimo o di minimo, occorre accertarsi che la derivata seconda non sia nulla in $x=0$.

Dapprima, si determina la derivata seconda mediante il comando:

diff(f(x),x,2);

Si ottiene come output (x–1)*%e^x+2*%e^x.

Poi si assegna un nome alla derivata seconda, ossia la si definisce come f_2(x), mediante il seguente comando:

f_2(x):= (x–1)*%e^x+2*%e^x;

A questo punto si calcola il valore della derivata seconda in $x = 0$ mediante l'espressione:

f_2(0);

Come output si ottiene 1 che è maggiore di 0. Siccome la derivata seconda in $x = 0$ è maggiore di 0, allora $x = 0$ è un punto di minimo.
A questo punto, gli ultimi comandi nella finestra di wxMaxima dovrebbero risultare come in Figura 22.

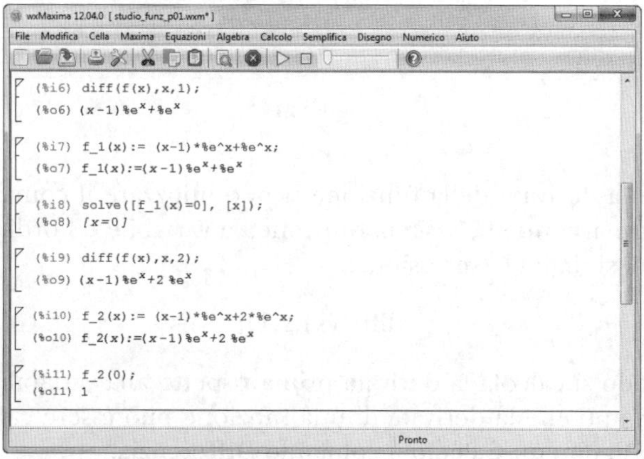

Figura 22

Si determinano eventuali flessi, ossia punti che annullano la derivata seconda, ma non annullano la derivata terza. Dal menu **Equazioni** si seleziona **Risolvi**. Nella finestra si digita l'equazione f_2(x)=0, confermando la variabile x. Si conferma il comando con **OK**, ottenendo una cella il cui output è $x = 1$. Pertanto $x = -1$ è un punto che annulla la derivata seconda. Per determinare se sia un punto di flesso, occorre accertarsi che la derivata terza non sia nulla in $x = 0$.
Dapprima si determina la derivata terza mediante il comando:

diff(f(x),x,3);

Si ottiene come output (x–1)*%e^x+3*%e^x.
Poi si assegna un nome alla derivata terza, ossia la si definisce come f_3(x), mediante il seguente comando:

f_3(x):= (x–1)*%e^x+3*%e^x;

A questo punto si calcola il valore della derivata terza in $x = -1$ mediante l'espressione:

f_3(–1);

Come output si ottiene $e^{-1} \neq 0$. Siccome la derivata terza in $x=-1$ è diversa da 0, allora $x=-1$ è un punto di flesso.
A questo punto gli ultimi comandi nella finestra di wxMaxima dovrebbero risultare come in Figura 23.

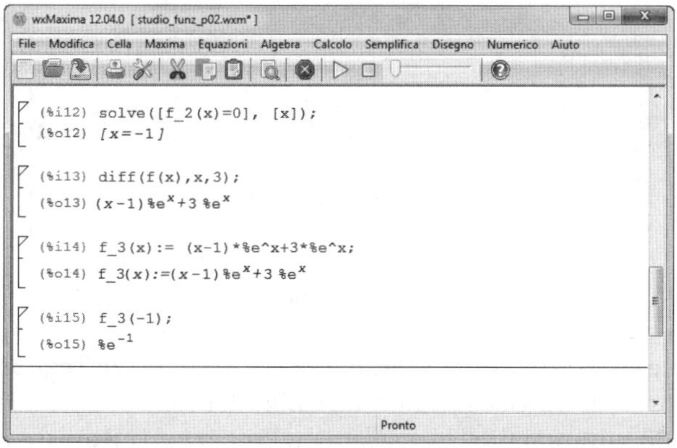

Figura 23

Per visualizzare il grafico della funzione, dal menu **Disegno** si può selezionare il comando **Grafico 2d**. Si apre la finestra **Grafico 2D**. Nella casella **Espressioni** si deve digitare l'espressione della funzione da disegnare. In questo caso si può semplicemente scrivere f(x). Le caselle relative alla variabile x permettono di definire l'intervallo entro il quale la funzione deve essere disegnata. Si possono lasciare i valori predefiniti pari a –5 e 5. Le caselle relative alla variabile y possono essere lasciate prive di input. In tal caso, il valore della y sarà adeguato ai valori assunti dalla f(x). In questo caso specifico, non è opportuno compiere questa scelta, in quanto la funzione esponenziale raggiunge valori alti che non permetterebbero la visualizzazione precisa dei punti di minimo e flesso nel grafico. Si possono compiere vari tentativi per ottenere un grafico leggibile e chiaro. In particolare, si può inserire –2 come valore minimo e 5 come valore massimo. Si conferma il comando con **OK**.
Nell'area di lavoro viene aperta una finestra che riporta il grafico della funzione. Con un clic destro sul grafico si accede al menu contestuale che permette si salvare il grafico come immagine. Sono disponibili i formati più diffusi (png, jpeg, bmp). In Figura 24 è mostrata la finestra di wxMaxima in cui è presente il grafico della funzione. Si nota che il comando per visualizzare il grafico è wxplot2d([f(x)], [x,–5,5], [y,–2,5])$.

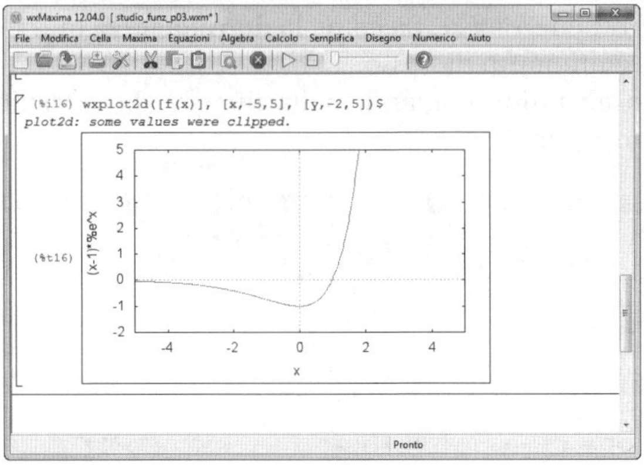

Figura 24

Infine, si vuole mostrare come wxMaxima sia in grado di realizzare grafici di funzioni 3d, ossia di funzioni di due variabili, del tipo $f(x, y)$.
Per farlo, si può salvare il file che si è appena realizzato ed aprire un nuovo file. Con il primo comando si definisce una funzione di due variabili.

f(x,y):=x^2+y^2;

Per visualizzare il grafico della funzione, dal menu **Disegno** si può selezionare il comando **Grafico 3d**. Si apre la finestra **Grafico 3D**; nella casella **Espressione** si deve digitare l'espressione della funzione da disegnare. In questo caso si può semplicemente scrivere f(x,y). Si conferma con **OK**.
Nell'area di lavoro si apre una finestra che riporta il grafico 3D della funzione; anche in questo caso è possibile salvare l'immagine con un clic destro.
In Figura 25 è mostrata la finestra di wxMaxima in cui è presente il grafico della funzione. Si nota che il comando per visualizzare il grafico è wxplot3d(f(x,y), [x,–5,5], [y,–5,5])$.

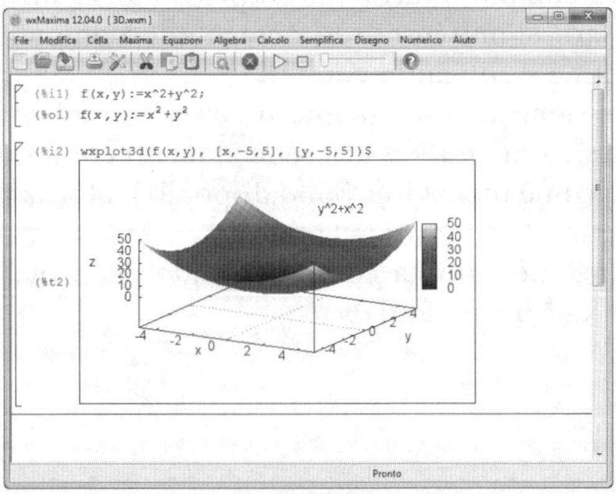

Figura 25

Parte Seconda

Matematica

SOMMARIO

Capitolo 1
Insiemi, relazioni, funzioni

1.1 Concetti fondamentali

I concetti di oggetto, insieme e proprietà costituiscono gli aspetti fondanti della teoria degli insiemi. Con il termine **oggetto** si indica qualsiasi elemento, mentre il termine **insieme** indica ogni raggruppamento, collezione, aggregato di elementi, indipendentemente dalla loro natura.
Un **diagramma di Eulero-Venn** (o semplicemente **diagramma di Venn**) è una rappresentazione grafica di un insieme che consiste nel racchiuderne gli elementi all'interno di una linea chiusa non intrecciata (Figura 1).

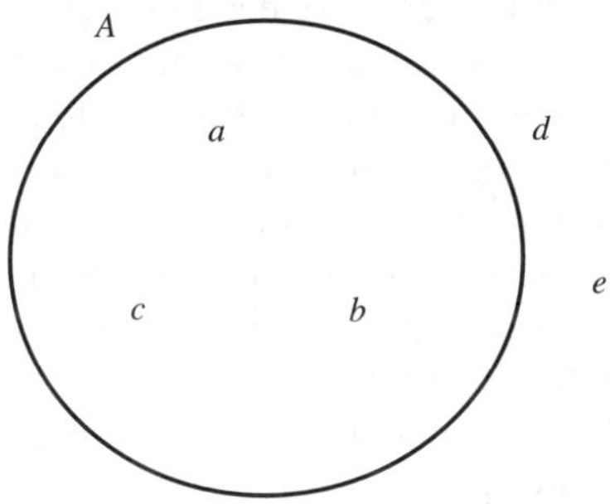

Figura 1 *L'insieme A*

In Figura 1 l'insieme A è composto dagli elementi indicati con a, b, c. Questo viene indicato nella rappresentazione tabulare con la notazione $A = \{a, b, c\}$. In riferimento ad un singolo elemento dell'insieme, la notazione $a \in A$ indica che l'elemento a "appartiene" all'insieme A. Per indicare che un elemento d non appartiene ad un insieme A si usa scrivere $d \notin A$.
La **proprietà** è un altro concetto innato ed indica una caratteristica che hanno tutti gli elementi appartenenti ad un insieme. Difatti una proprietà identifica un insieme, come nell'esempio seguente:

$$B = \{x : \text{“}x \text{ è un numero intero compreso tra 1 e 10”}\}$$

Il simbolo : significa "tale che". Pertanto, l'insieme B contiene quegli elementi x tali da avere la seguente proprietà: "x è un numero intero compreso tra 1 e 10", ossia B contiene i numeri interi compresi tra 1 e 10.
Più in generale si può disporre di un insieme S nel quale è possibile stabilire, per ciascuno dei suoi elementi, se possiede o meno una determinata proprietà P. In tal caso si dice che la proprietà P è **definita** nell'insieme S.

Quando una proprietà P ha come conseguenza una proprietà Q, ossia se un elemento di un insieme, possedendo la proprietà P, possiede anche la proprietà Q, allora si dice che P implica Q e si scrive:

$$P \Rightarrow Q$$

La precedente espressione si legge "Se P allora Q", oppure "P implica Q", oppure "P è una condizione sufficiente per Q" oppure "Q è una condizione necessaria per P". Con tali asserti si vuole stabilire che possedere la proprietà P è una condizione sufficiente per affermare che anche la proprietà Q è posseduta. Viceversa la proprietà Q non è sufficiente per stabilire che P è posseduta, ma è una condizione necessaria per possedere P, ossia è una condizione senza la quale non è possibile possedere P (si potrebbe dire intuitivamente che è preliminare a P). Alla luce di quanto affermato, si può stabilire che se la proprietà P implica Q, allora non è detto che Q implichi P.
Se due proprietà si implicano a vicenda si può scrivere:

$$P \Leftrightarrow Q$$

La precedente espressione si legge "P se e solo se Q". In tal caso P implica Q e Q implica P. Si può dire altresì che "P è equivalente a Q". In alternativa si può dire che "P è una condizione necessaria e sufficiente per Q".
Per descrivere le proprietà degli insiemi vengono spesso utilizzati i quantificatori. Il **quantificatore esistenziale** si denota con il simbolo $\exists$ e sta ad indicare l'esistenza di almeno un elemento (quindi anche più di uno) che gode di una determinata proprietà. Ad esempio $\exists x$ vuol dire "esiste almeno un elemento x".
Il **quantificatore universale** si denota con il simbolo $\forall$ e sta ad indicare che una proprietà è posseduta da ogni elemento considerato. Ad esempio $\forall x$ vuol dire "per ogni x" oppure "qualunque x".

1.2 Relazione di inclusione

Considerati due insiemi S e T, per dire che S è un **sottoinsieme** di T, ossia che S è **incluso** in T, si scrive $S \subseteq T$. Per definizione si ha:

$$S \subseteq T \Leftrightarrow \forall x \in S \Rightarrow x \in T$$

In pratica qualsiasi elemento appartenente a S è contenuto anche in T. Si può anche dire che la condizione di appartenere a S è sufficiente per appartenere anche a T, oppure che appartenere a T è condizione necessaria per appartenere anche a S.
La relazione di inclusione $\subseteq$ tiene aperta la possibilità che i due insiemi S e T siano identici, ossia $S = T$. In alternativa, la relazione di inclusione stretta $S \subset T$ implica che l'insieme S non può coincidere con T.
La proprietà di inclusione di un insieme S in un altro insieme T è data quindi dalla proprietà che viene espressa simbolicamente nel modo seguente:

$$\forall x \in S \Rightarrow x \in T$$

Per negare tale proprietà occorre scambiare il quantificatore universale al primo membro dell'implicazione con il quantificatore esistenziale e negare il secondo membro dell'implicazione, ossia:

$$\exists x \in S \Rightarrow x \in T$$

Quanto scritto rappresenta la relazione di non inclusione dell'insieme S nell'insieme T. Si noti che tale negazione comporta che almeno un elemento di S non sia contenuto in T; non necessariamente tutti gli elementi di S non devono essere contenuti in T.

1.3 Operazioni tra insiemi

Si considerano i due insiemi, mostrati in Figura 2, $A = \{a, b, c, d\}$ e $B = \{b, c, e\}$.

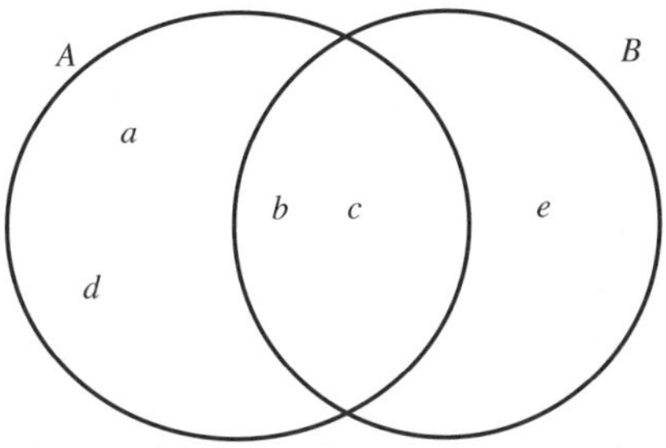

Figura 2 *Gli insiemi A e B*

L'**unione** tra i due insiemi è costituita da tutti gli elementi che si possono trovare in A, in B o in entrambi. L'unione viene indicata con $A \cup B$ e in tal caso è data da $A \cup B = \{ a, b, c, d, e\}$. Più in generale si ha:

$$A \cup B = \{x : x \in A \quad \text{oppure} \quad x \in B\} = \{x : x \in A / x \in B\}$$

Invece, l'**intersezione** tra due insiemi è composta solo da quegli elementi presenti in entrambi gli insiemi. Si indica l'intersezione con $A \cap B$. Nel caso specifico di Figura 2 si ha $A \cap B = \{b, c\}$. Più in generale si può scrivere:

$$A \cap B = \{x : x \in A \quad \text{e} \quad x \in B\} = \{x : x \in A \wedge x \in B\}$$

L'unione e l'intersezione degli insiemi A e B sono messe in evidenza nei diagrammi di Venn di Figura 3.

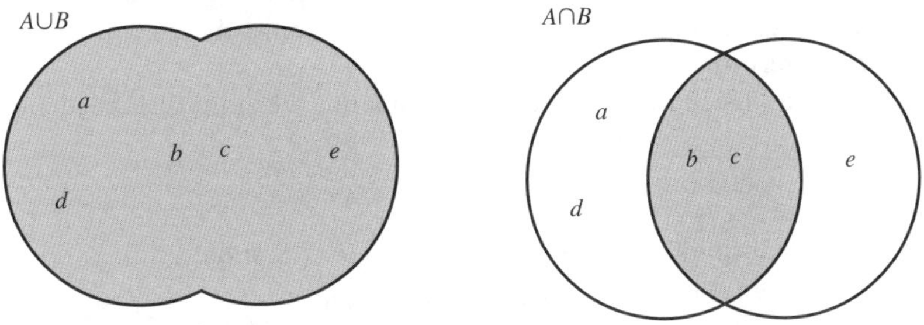

Figura 3 *Unione degli insiemi A e B e intersezione degli insiemi A e B*

La **differenza** tra A e B (indicata con $A - B$) è costituita da tutti gli elementi presenti in A a cui vengono sottratti quelli presenti anche in B. Nel caso in questione $A - B = \{a, d\}$. La differenza tra A e B è anche detta **complemento** di B rispetto ad A. Si ha inoltre $B - A = \{e\}$.
Più in generale si può scrivere:

$$A - B = \{x : x \in A \quad \text{e} \quad x \notin B\} = \{x : x \in A \wedge x \notin B\}$$

Le differenze $A - B$ e $B - A$ sono messe in evidenza nei diagrammi di Venn di Figura 4.

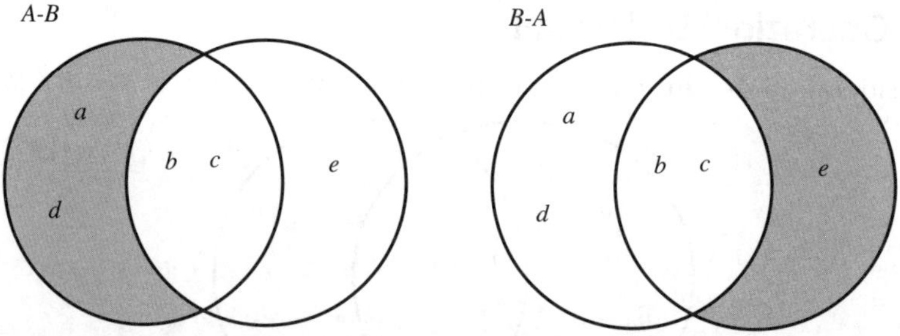

Figura 4 *Differenza tra gli insiemi A e B e differenza tra gli insiemi B e A*

L'insieme privo di elementi è detto **insieme vuoto** ed è indicato con il simbolo $\varnothing$. L'insieme vuoto è per definizione incluso in qualsiasi insieme A.

$$\forall A : \varnothing \subseteq A$$

Se due insiemi sono uguali, ossia contengono gli stessi elementi, allora la loro differenza è data dall'insieme vuoto.

$$A = B \Rightarrow A - B = \varnothing$$

Infine si sottolinea come dalla Figura 3 e dalla Figura 4 si deduce la seguente regola generale:

$$A \cup B = (A \cap B) \cup (A - B) \cup (B - A)$$

L'unione degli insiemi A e B è data dall'unione di tre insiemi: l'intersezione di A e B, il complemento di B rispetto ad A e il complemento di A rispetto a B. Difatti un elemento dell'insieme $A \cup B$ può appartenere o a entrambi gli insiemi (l'intersezione), o al solo insieme A (differenza $A - B$) oppure al solo insieme B (differenza $B - A$).
Considerati due insiemi A e B, si riportano alcune relazioni insiemistiche.

$$A \subseteq B \Leftrightarrow A \cup B = B$$

$$A \subseteq B \Leftrightarrow A \cap B = A$$

Inoltre, dati tre insiemi A, B e S, tali che $A \subseteq S$, $B \subseteq S$, si ha:

$$A \subseteq B \Leftrightarrow S - A \supseteq S - B$$

Le seguenti sono dette **regole di De Morgan**.

$$S-(A\cup B)=(S-A)\cap(S-B)$$
$$S-(A\cap B)=(S-A)\cup(S-B)$$

Esempi

1) Dati gli insiemi $A = \{1, 2, 3, 4, 5\}$ e $B = \{4, 5\}$, si determinano gli insiemi $A \cap B$, $A \cup B$, $A - B$ e $B - A$.
L'insieme intersezione è dato dagli elementi che appartengono a entrambi gli insiemi:

$$A \cap B = \{4, 5\}$$

Si noti come questo insieme coincide con l'insieme B. In effetti, B è un sottoinsieme di A.
L'insieme unione è dato dagli elementi che sono in A, in B oppure in entrambi.

$$A \cup B = \{1, 2, 3, 4, 5\}$$

Si noti come questo insieme coincide con l'insieme A.
L'insieme differenza $A - B$ è dato da:

$$A - B = \{1, 2, 3\}$$

L'insieme differenza $B - A$ coincide con l'insieme vuoto, in quanto da B vengono rimossi tutti gli elementi ad esso appartenenti:

$$B - A = \varnothing$$

2) Dati gli insiemi A e B tali che $B = \{1, 2, 3, 5, 6\}$, $A \cap B = \{1, 3, 5\}$ e $A \cup B = \{1, 2, 3, 4, 5, 6, 7\}$, si determinano gli insiemi A, $A - B$ e $B - A$.
L'insieme $B - A = B - (A \cap B)$, in quanto togliere dall'insieme B tutti gli elementi di A è equivalente a togliere i soli elementi che B ha in comune con A. Quindi:

$$B - A = \{2, 6\}.$$

Se dall'insieme $A \cup B$ si tolgono gli elementi di $A \cap B$ e di $B - A$, si ottengono i soli elementi dell'insieme $A - B$. Quindi:

$$A - B = \{4, 7\}$$

Infine $A = (A - B) \cup (A \cap B)$, ossia gli elementi di A sono quelli che appartengono solo ad A oppure ad A e B contemporaneamente. Quindi:

$$A = \{1, 3, 4, 5, 7\}$$

3) Dato il diagramma di Venn in figura, si determinano gli insiemi $A \cap B \cap C$, $A \cap C$, $(A \cap C) - (B \cap C)$, $B - C$.

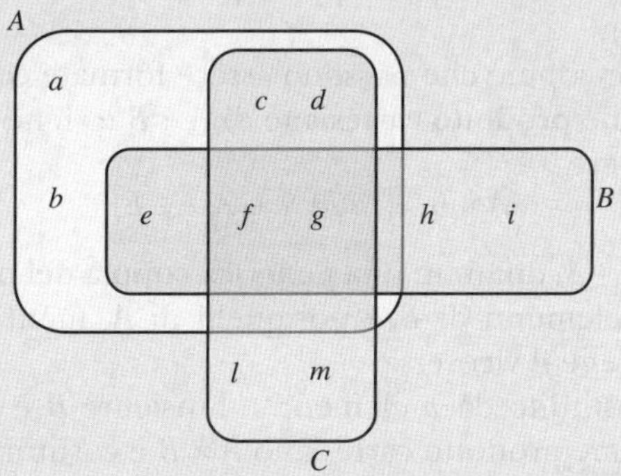

Osservato il diagramma, si ottiene:

$$A \cap B \cap C = \{f, g\}$$
$$A \cap C = \{c, d, f, g\}$$

Inoltre, siccome $B \cap C = \{f, g\}$, allora $(A \cap C) - (B \cap C) = \{c, d\}$.

$$B - C = \{e, h, i\}$$

1.4 Insieme delle parti

Considerato un insieme S, si indica con $\wp(S)$ l'insieme delle parti di S. Gli elementi dell'insieme delle parti sono tutti i sottoinsiemi A di S. Quindi si ha:

$$\wp(S) = \{A : A \subseteq S\}$$

Si noti che in $\wp(S)$ sono contenuti anche i sottoinsiemi **impropri** di S, ossia lo stesso insieme S e l'insieme vuoto $\varnothing$, contenuto in qualsiasi insieme.
Se l'insieme S è costituito da n elementi, allora il numero di sottoinsiemi di S che si possono considerare è pari a 2^n. Quindi si può affermare che l'insieme delle parti di S, ossia $\wp(S)$, è costituito da 2^n elementi.

Esempio
Dato l'insieme $S = \{a, b, c\}$, il suo insieme delle parti conterrà i tre insiemi con un singolo elemento $\{a\}$, $\{b\}$, $\{c\}$, i tre insiemi con coppie di elementi $\{a,b\}$, $\{a,c\}$, $\{b,c\}$, lo stesso insieme $S = \{a, b, c\}$ e l'insieme vuoto $\varnothing$.
Quindi:

$$\wp(S) = \{\varnothing, \{a\}, \{b\}, \{c\}, \{a,b\}, \{a,c\}, \{b,c\}, S\}$$

L'insieme di partenza S ha $n = 3$ elementi. Si noti che nell'insieme delle parti di S vi sono proprio $2^n = 2^3 = 8$ elementi.

1.5 Coppia ordinata e prodotto cartesiano

Si considerino due insiemi non vuoti A e B. Una **coppia ordinata** è composta da due componenti a e b, il primo appartenente all'insieme A ed il secondo appartenente all'insieme B, presi in questo preciso ordine. La coppia si indica con il simbolo (a, b).
L'insieme di tutte le coppie che possono essere formate con gli elementi di A e di B è detto insieme **prodotto cartesiano** di A e B e viene indicato con $A \times B$.
Quindi, si può scrivere:

$$A \times B = \{(a,b) : a \in A, b \in B\}$$

Si ha che $A \times B \neq B \times A$, difatti in una generica coppia del prodotto $B \times A$ sono presenti prima gli elementi di B e poi quelli di A, mentre nella coppia del prodotto $A \times B$ avviene il viceversa.
Se l'insieme A è costituito da n elementi e l'insieme B è costituito da m elementi, allora l'insieme prodotto cartesiano $A \times B$ è costituito da un numero di elementi pari a $n \times m$.

Inoltre, dato un insieme A, si può definire anche A^2, come prodotto $A \times A$. In generale si scrive anche:

$$\underbrace{A \times A \times \ldots \times A}_{n \text{ volte}} = A^n$$

L'uguaglianza di due coppie implica l'uguaglianza dei loro elementi in modo ordinato, ossia:

$$(a,b) = (c,d) \Leftrightarrow a = c \wedge b = d$$

Più in generale si possono definire terne ordinate (a, b, c), quadruple (a, b, c, d) ed ennuple $(x_1, x_2, \ldots, x_n)$.
Due ennuple sono uguali quando sono ordinatamente uguali i loro n elementi.

$$(x_1, x_2, \ldots, x_n) = (y_1, y_2, \ldots, y_n) \Leftrightarrow x_1 = y_1 \wedge x_2 = y_2 \wedge \ldots \wedge x_n = y_n$$

Esempio
Considerati gli insiemi:

$$A = \{x, y\} \qquad B = \{a, b, c\}$$

Il prodotto cartesiano di $A \times B$ ha come elementi tutte le coppie ordinate il cui primo elemento appartiene ad A e il secondo appartiene a B.

$$A \times B = \{(x,a), (x,b), (x,c), (y,a), (y,b), (y,c)\}$$

Si noti che il numero di elementi di $A \times B$ è pari a $2 \times 3 = 6$.

1.6 Relazione binaria

Si considerino due insiemi A e B. Si può pensare di stabilire una legge che associ a un generico elemento dell'insieme A, un elemento dell'insieme B, creando delle coppie ordinate. Sia G l'insieme di queste coppie ordinate $G \subseteq A \times B$.
La legge che stabilisce la modalità con cui gli elementi di A vengono associati a quelli di B è detta **relazione binaria** o **corrispondenza binaria** e viene indicata con la coppia $\mathfrak{R} = (A \times B, G)$. L'insieme G si dice anche **grafico** o **insieme rappresentativo** della relazione $\mathfrak{R}$. Se la relazione binaria associa all'elemento $a \in A$, l'elemento $b \in B$, allora si scrive $a \, \mathfrak{R} \, b$. Questa notazione sta ad indicare che a è messo in relazione con b da $\mathfrak{R}$, oppure che b è il corrispondente di a per mezzo di $\mathfrak{R}$.
La relazione $\mathfrak{R}$ è, in effetti, definita mediante un insieme di coppie, ossia di tutte le coppie di elementi di A, messi in relazione con elementi di B mediante la relazione $\mathfrak{R}$. Queste coppie sono contenute nell'insieme G.
Il **dominio** (**insieme di definizione**) della relazione $\mathfrak{R}$ è l'insieme degli elementi a di A per i quali esiste un elemento b di B, tale che la coppia $(a,b) \in G$.
Pertanto il dominio di $\mathfrak{R}$ è un sottoinsieme di A. Simbolicamente si scrive:

$$\text{Dominio di } \mathfrak{R} = \{a \in A : \exists b \in B : (a,b) \in G\}$$

Il **codominio** della relazione $\mathfrak{R}$ è l'insieme degli elementi b di B tali che esiste un elemento a di A tale che la coppia $(a,b) \in G$. Pertanto il codominio di $\mathfrak{R}$ è un sottoinsieme di B. Simbolicamente si scrive:

$$\text{Codominio di } \mathfrak{R} = \{b \in B : \exists a \in A : (a,b) \in G\}$$

Esempi

1) Considerati gli insiemi:

$$A = \{x, y\} \qquad B = \{a, b, c\}$$

Il prodotto cartesiano di $A \times B$ ha come elementi tutte le coppie ordinate il cui primo elemento appartiene ad A e il secondo appartiene a B.

$$A \times B = \{(x,a),(x,b),(x,c),(y,a),(y,b),(y,c)\}$$

Si può considerare una relazione $\Re$ che individua il seguente sottoinsieme G:

$$G = \{(x,a),(x,b),(y,b)\}$$

In pratica la relazione $\Re$ mette in relazione x con a ed anche con b e mette in relazione y con la sola b; quindi si può scrivere:

$$x\Re a, \; x\Re b, \; y\Re b$$

Si può considerare una rappresentazione grafica della relazione $\Re$, come mostrata in figura.

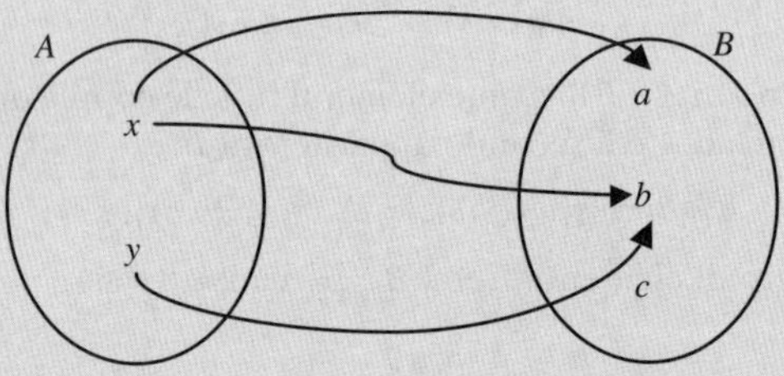

2) Considerati gli insiemi:

$$A = \{1,2,3,4\} \qquad B = \{1,2,3,4,5,6,7,8\}$$

Si può considerare una relazione $\Re$ che associa a un numero di A, il suo doppio, contenuto in B. $\Re$ individua il seguente sottoinsieme:

$$G = \{(1,2),(2,4),(3,6),(4,8)\}$$

Si può anche scrivere:

$$1\Re 2, \; 2\Re 4, \; 3\Re 6, \; 4\Re 8$$

La rappresentazione grafica della relazione $\Re$ è mostrata in figura.

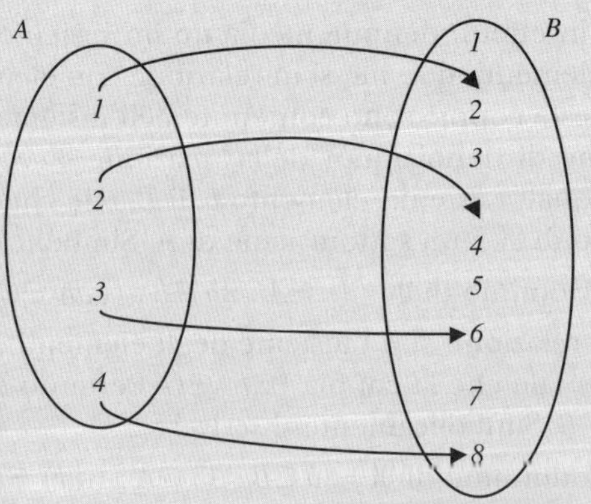

1.7 Relazioni di equivalenza

In generale, una relazione binaria mette in relazione elementi di insiemi distinti. È possibile comunque considerare una relazione che associ a un elemento di un insieme, un altro elemento dell'insieme stesso.
Particolari tipi di relazione che agiscono all'interno di un insieme sono le relazioni di equivalenza e le relazioni d'ordine.
Sia A un generico insieme e siano a, b e c tre elementi di A.
Una **relazione di equivalenza** $\Re$ ha le seguenti proprietà:

- ***Riflessiva*** – Ogni elemento a dell'insieme A è in relazione con se stesso; $\forall a \in A : a\Re a.$
- ***Simmetrica*** – Per qualsiasi elemento a che è in relazione con b ne deriva che b è in relazione con a;
$\forall a,b \in A : a\Re b \Rightarrow b\Re a.$
- ***Transitiva*** – Per tutti gli elementi a, b e c, tali che a è in relazione con b e b è in relazione con c ne deriva che a è in relazione con c;
$\forall a,b,c \in A : a\Re b \quad b\Re c \Rightarrow a\Re c.$

Quando due elementi di un insieme sono in relazione di equivalenza, essi si dicono **equivalenti**.

Esempio
Si consideri un insieme costituito da tutti gli alunni di una scuola. Ciascun alunno è collocato in una classe. Siano Antonio, Biagio e Carlo tre generici alunni. Si può considerare la relazione di equivalenza $\Re$ = "è nella stessa classe di".
Questa relazione di equivalenza nell'insieme degli alunni è riflessiva in quanto:
- Antonio *è nella stessa classe di* Antonio

Tale relazione è simmetrica:
- Se Antonio *è nella stessa classe di* Biagio, allora Biagio *è nella stessa classe di* Antonio.

Tale relazione è transitiva:
- Se Antonio *è nella stessa classe di* Biagio e Biagio *è nella stessa classe di* Carlo, allora Antonio *è nella stessa classe di* Carlo.

Considerata una relazione di equivalenza $\Re$ in un insieme di definizione A, si può definire il grafico G, per cui $\Re = (A \times A, G)$. Si definisce **classe di equivalenza** di X rispetto a $\Re$, l'insieme di quegli elementi appartenenti all'insieme A che sono equivalenti a x, ossia che sono in relazione con x.

$$[x]_{\Re} = \{y \in A : x\Re y\}$$

In pratica si individua una classe di equivalenza scegliendo un elemento x ed inserendo nella classe tutti gli elementi che sono equivalenti a x. Di seguito si riportano alcune proprietà delle classi di equivalenza:

1. L'elemento x appartiene alla propria classe di equivalenza $x \in [x]_{\Re}$.
2. Presa una coppia di elementi x e y di A, o le loro classi di equivalenza coincidono, oppure hanno intersezione pari al vuoto.
   $\forall x,y \in A \Rightarrow [x] = [y] / [x] \cap [y] = \emptyset$.
3. L'unione di tutte le classi di equivalenza dell'insieme A coincide con l'insieme A.

L'**insieme quoziente** di A rispetto alla relazione $\Re$ è l'insieme costituito da tutte le classi di equivalenza di A; esso si indica con $A/\Re$.

$$A/\Re = \{[x]_{\Re} : x \in A\}$$

1.8 Relazioni d'ordine largo

Sia A un generico insieme e siano a, b e c tre elementi di A.
Una **relazione d'ordine largo** $\Re$ ha le seguenti proprietà:

> ***Riflessiva*** – Ogni elemento a dell'insieme A è in relazione con se stesso; $a\Re a$.

> ***Antisimmetrica*** – Per qualsiasi elemento a che è in relazione con b tale che $a \neq b$ (a diverso da b), ne deriva che b non è in relazione con a;
Se $a\Re b (a \neq b)$, allora $b\not\Re a$.

> ***Transitiva*** – Per tutti gli elementi a, b e c, tali che a è in relazione con b e b è in relazione con c ne deriva che a è in relazione con c;
Se $a\Re b$ e $b\Re c$, allora $a\Re c$.

Esempio

Si consideri un insieme costituito da tutte le tessere di una biblioteca. Ciascuna tessera è caratterizzata da un numero identificativo diverso da tutti gli altri numeri, ossia da un identificativo univoco. Siano Antonio, Biagio e Carlo tre generici utenti tesserati della biblioteca. Si può considerare la relazione di ordine largo $\Re$ = "non ha un numero di tessera più alto di", la cui negazione è $\not\Re$ = "ha un numero di tessera più alto di".

Questa relazione di ordine largo nell'insieme dei tesserati è riflessiva in quanto:

– Antonio *non ha un numero di tessera più alto di* Antonio

Tale relazione è antisimmetrica:

– Se Antonio *non ha un numero di tessera più alto di* Biagio, allora Biagio *ha un numero di tessera più alto di* Antonio.

Tale relazione è transitiva:

– Se Antonio *non ha un numero di tessera più alto di* Biagio e Biagio *non ha un numero di tessera più alto di* Carlo, allora Antonio *non ha un numero di tessera più alto di* Carlo.

1.9 Relazioni d'ordine stretto

Una **relazione d'ordine stretto** $\mathfrak{R}$ ha le seguenti proprietà:

- ***Antiriflessiva*** – Ogni elemento a dell'insieme A non è in relazione con se stesso;
  $a \not\mathfrak{R} a$.

- ***Antisimmetrica*** – Per qualsiasi elemento a che è in relazione con b tale che $a \neq b$ (a diverso da b), ne deriva che b non è in relazione con a;
  se $a\mathfrak{R}b(a \neq b)$, allora $b \not\mathfrak{R} a$.

- ***Transitiva*** – Per tutti gli elementi a, b e c, tali che a è in relazione con b e b è in relazione con c ne deriva che a è in relazione con c;
  se $a\mathfrak{R}b$ e $b\mathfrak{R}c$, allora $a\mathfrak{R}c$.

Esempio

Si consideri un insieme costituito da tutti gli impiegati di un ufficio. Ciascun impiegato ha un certo grado di assenteismo. Siano Antonio, Biagio e Carlo tre generici impiegati. Si può considerare la relazione di ordine stretto $\mathfrak{R}$ = "è più assenteista di" la cui negazione è $\not\mathfrak{R}$ ="non è più assenteista di".

Questa relazione di ordine stretto nell'insieme degli impiegati è antiriflessiva in quanto:

– Antonio *non è più assenteista di* Antonio

Tale relazione è antisimmetrica:

– Se Antonio *è più assenteista di* Biagio, allora Biagio *non è più assenteista di* Antonio.

Tale relazione è transitiva:

– Se Antonio *è più assenteista di* Biagio e Biagio *è più assenteista di* Carlo, allora Antonio *è più assenteista di* Carlo.

Una **relazione d'ordine** viene detta d'ordine **totale** in un insieme A quando, comunque presi due elementi a e b dell'insieme, si ha che a è in relazione con b oppure b è in relazione con a.

Quando la relazione d'ordine in un insieme non è totale, allora viene detta **parziale**.

1.10 Funzioni

Si considerino due insiemi A e B tra i quali sussiste una relazione binaria. Sia G il sottoinsieme di $A \times B$ che individua la relazione. Tale relazione è indicata con la coppia $f = (A \times B, G)$.

Si dice che f è una **funzione** da A in B o anche **applicazione** di A in B se avviene che:

$$\forall a \in A \ \exists! b \in B : (a,b) \in G$$

In pratica, per ogni a di A esiste ed è unica la b di B tale che la coppia ordinata (a,b) appartiene a G.

Questa definizione implica alcune caratteristiche che si vogliono esplicitamente mettere in evidenza:

1. tutti gli elementi dell'insieme A devono essere associati a un elemento dell'insieme B;
2. tutti gli elementi dell'insieme A devono essere associati a un **solo** elemento dell'insieme B;
3. possono esserci elementi nell'insieme B che non sono stati associati a nessun elemento dell'insieme A;
4. possono esserci elementi nell'insieme B che sono stati associati a più elementi dell'insieme A.

In Figura 5 è mostrato graficamente un esempio di funzione tra due insiemi A e B: gli elementi di A hanno tutti un unico corrispondente nell'insieme B. Vi è un elemento dell'insieme B che può corrispondere a più elementi di A (è il caso dell'elemento w) e vi è un elemento di B che non corrisponde ad alcun elemento di A (l'elemento x).

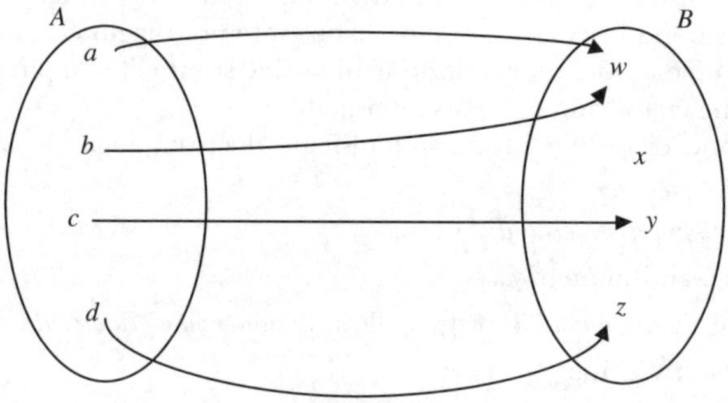

Figura 5

La funzione da A in B può essere indicata anche con la seguente notazione:

$$A \xrightarrow{f} B$$

$$a \in A \;\rightarrow\; b \in B$$

L'insieme A è detto **dominio** (o **insieme di definizione**) di f. L'insieme B è detto **insieme di arrivo**.

Se all'elemento a di A corrisponde l'elemento b di B, allora b è detto **immagine** di A tramite f. Per un sottoinsieme X di A, si definisce **immagine** di X tramite f, l'insieme:

$$f(X) = \{b \in B : \exists a \in X : f(a) = b\}$$

In particolare, quando X corrisponde all'insieme A, si ottiene l'insieme $f(A)$ che è detto **codominio** di f, oppure **immagine** di f. Il codominio di f è, in generale, un sottoinsieme di B.

Se b è un elemento di B tale che esiste un elemento a di A per il quale si ha $f(a) = b$, allora a è detta **anti-immagine** di b. Più in generale, se Y è un sottoinsieme di B, allora si può definire l'**anti-immagine** di Y tramite f nel modo seguente:

$$f^{-1}(Y) = \{a \in A : f(a) \in Y\}$$

Si considerino due insiemi A e B, composti rispettivamente da n e m elementi. Per calcolare il numero di possibili funzioni da A in B, si possono considerare gli elementi dell'insieme A. Preso in considerazione un primo elemento a_1 dell'insieme A, esso può essere associato ad uno degli m elementi dell'insieme B, pertanto si hanno m possibili modi di associare a_1. Anche il secondo elemento a_2 dell'insieme A può essere associato ad uno degli m elementi dell'insieme B; difatti un elemento di B può essere immagine di più elementi di A. In modo analogo si potranno associare tutti gli altri elementi di A. Il numero delle funzioni di A in B si ottiene moltiplicando il numero di modi di associare a_1 per il numero di modi di associare a_2 e così via. Siccome ciascuno degli n elementi di A può essere associato in m modi diversi, si otterrà un prodotto di n fattori, tutti pari a m, ossia:

$$\underbrace{m \cdot m \cdot m \cdot \ldots \cdot m \cdot m}_{n \text{ volte}} = m^n$$

1.11 Funzioni suriettive, iniettive e biiettive

Una funzione f da A a B si dice **suriettiva** quando ogni elemento di B è immagine di almeno un elemento di A. In tal caso viene modificata la caratteristica numero 3 del Paragrafo 1.10. Simbolicamente si scrive che f è suriettiva se e solo se $\forall b \in B\ \exists a \in A : f(a) = b$.
Pertanto il codominio di f corrisponde all'intero insieme B. In Figura 6 è mostrata graficamente una funzione suriettiva.

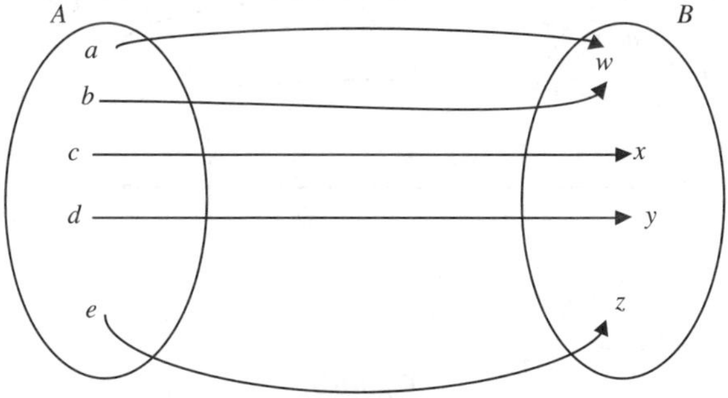

Figura 6

Negando la proprietà precedente, si può anche affermare che una funzione non è suriettiva se e solo se $\exists b \in B\ \forall a \in A : f(a) \neq b$, ossia esiste almeno un elemento di B che non è immagine di alcun elemento di A.
Una funzione f da A in B si dice **iniettiva** quando ogni elemento di B è immagine al più di un elemento di A. In tal caso quindi un elemento di B può essere immagine di uno o di nessun elemento di A. Pertanto viene a mancare la caratteristica numero 4 del Paragrafo 1.10. Simbolicamente si scrive che f è iniettiva se e solo se $\forall a_1, a_2 \in A : a_1 \neq a_2 \Rightarrow f(a_1) \neq f(a_2)$.
In Figura 7 è mostrata graficamente una funzione iniettiva. Si noti che ad elementi diversi di A corrispondono sempre elementi diversi di B; inoltre in B vi sono elementi che non sono immagine di nessun elemento di A.

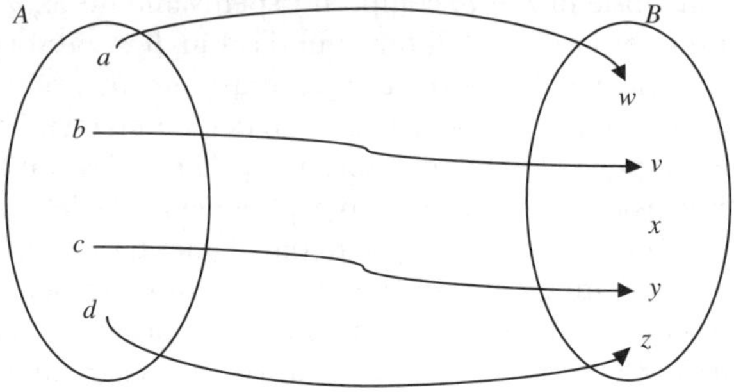

Figura 7

Viceversa, una funzione non è iniettiva se e solo se $\exists a_1, a_2 \in A : a_1 \neq a_2 \Rightarrow f(a_1) = f(a_2)$.
Infine, una funzione f da A a B si dice **biiettiva** quando è suriettiva e iniettiva, ossia quando ogni elemento di B è immagine di un solo elemento di A. Pertanto vengono a mancare le caratteristiche numero 3 e 4 del Paragrafo 1.10. Simbolicamente si scrive che f è biiettiva se e solo se $\forall b \in B\ \exists! a \in A : f(a) = b$.
In Figura 8 è mostrata graficamente una funzione biiettiva. Una funzione biiettiva è anche detta **funzione biunivoca** oppure **corrispondenza biunivoca**.

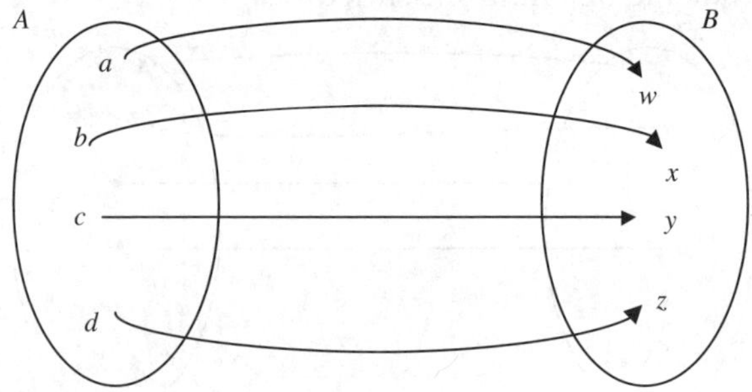

Figura 8

Si considerino due insiemi A e B, composti entrambi da n elementi distinti. Per calcolare il numero di possibili funzioni biiettive da A in B, si possono considerare gli elementi dell'insieme A. Preso in considerazione un primo elemento a_1 dell'insieme A, esso può essere associato ad uno degli n elementi dell'insieme B, pertanto si hanno n possibili modi di associare a_1. Fissata la prima associazione, vi saranno $n - 1$ modi distinti di associare il secondo elemento a_2 dell'insieme A ad uno degli $n - 1$ elementi rimasti liberi nell'insieme B. Stabilita tale associazione, vi saranno $n - 2$ modi di associare il terzo elemento a_3 dell'insieme A ad un elemento ancora libero di B. Continuando con le associazioni si giungerà all'n-esimo elemento di A, ossia a_n, che potrà essere associato in un unico modo, all'unico elemento ancora libero dell'insieme B. Il numero delle funzioni biiettive di A in B si ottiene moltiplicando il numero di modi di associare a_1 per il numero di modi di associare a_2 e così via, fino a giungere all'unico modo di associare a_n, ossia:

$$n \cdot (n-1) \cdot (n-2) \cdot \ldots \cdot 2 \cdot 1 = n!$$

Il prodotto ottenuto è pari al fattoriale di n, ossia $n!$

1.12 Funzioni composte

Si supponga di avere tre insiemi A, B, C e D, con $B \subseteq C$. Siano f e g due funzioni tra questi insiemi, tali che:

$$A \xrightarrow{f} B \qquad C \xrightarrow{g} D.$$

In particolare avviene che:

$$\begin{array}{ccc} A & \xrightarrow{f} & B \\ a \in A & \rightarrow & f(a) \in B \end{array}$$

Siccome $B \subseteq C$, allora $f(a) \in C$. Pertanto si può scrivere:

$$\begin{array}{ccc} C & \xrightarrow{g} & D \\ f(a) \in C & \rightarrow & g(f(a)) \in D \end{array}$$

Quindi si può considerare la **funzione composta** $g \circ f$ (si legge g composto f). Tale funzione si può anche chiamare **composizione** di g e f oppure **prodotto** di g e f.

$$\begin{array}{ccc} A & \xrightarrow{g \circ f} & D \\ a \in A & \rightarrow & g(f(a)) \in D \end{array}$$

1.13 Funzione inversa e identità

Quando una funzione f da A a B è biiettiva, è possibile considerare anche la **funzione inversa**, ossia una funzione indicata con f^{-1} da B ad A. Pertanto si scrive:

$$B \xrightarrow{f^{-1}} A$$

Questa funzione svolge l'operazione opposta rispetto a f. La funzione inversa di quella mostrata in Figura 8 è mostrata in Figura 9.

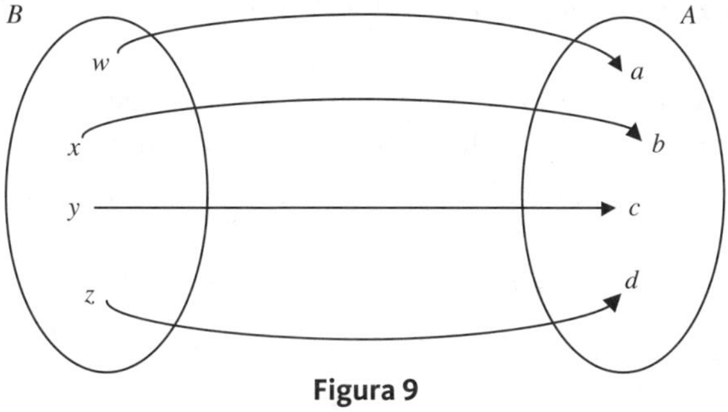

Figura 9

Si vuole ora analizzare la composizione $f^{-1} \circ f$. Si ha:

$$\begin{array}{ccccccc} A & \xrightarrow{f} & B & \quad & B & \xrightarrow{f^{-1}} & A \\ a \in A & \rightarrow & f(a) \in B & \quad & f(a) \in B & \rightarrow & a \in A \end{array}$$

Pertanto:

$$\begin{array}{ccc} A & \xrightarrow{f^{-1} \circ f} & A \\ a \in A & \rightarrow & a \in A \end{array}$$

La funzione composta $f^{-1} \circ f$ associa ad un elemento a di A, lo stesso elemento a di A. Questo tipo di funzione, che è biiettiva, si chiama **identità** di A, e si indica con Id_A. Quindi $f^{-1} \circ f = Id_A$.
Analogamente, considerato un generico insieme D, si può verificare che $f \circ f^{-1} = Id_D$, dove questa volta la funzione composta associa ad un elemento dell'insieme D, il medesimo elemento dell'insieme D.
Prendendo spunto dalla funzione inversa, si può definire ulteriormente una funzione biiettiva dicendo che una funzione f da A in B è biiettiva se e solo se $\exists! g : B \rightarrow A : g \circ f = Id_A \quad f \circ g = Id_B$. In pratica si lega la biunivocità di una funzione f all'esistenza dell'inversa.

1.14 Cardinalità di un insieme

1.14.1 Insiemi equipotenti e numeri cardinali

Si considerino due insiemi A e B, appartenenti ad un insieme di insiemi U. Si dice che l'insieme A è **equipotente** a B (oppure che A ha la stessa **cardinalità** di B) se esiste un'applicazione f biiettiva di A su B.

$$\begin{array}{ccc} A & \xrightarrow{f} & B \\ a & \rightarrow & b = f(a) \end{array}$$

Per sinteticità, A equipotente a B si scrive $A \cong B$.
L'**equipotenza** $\cong$ è una relazione di equivalenza; infatti gode delle tre seguenti proprietà:

- Riflessiva: $A \cong A$. Basta far corrispondere ad ogni elemento di A lo stesso elemento (ossia, basta considerare la funzione identità).
- Simmetrica: se $A \cong B$ allora $B \cong A$. Basta considerare l'inversa della f biiettiva di A su B.
- Transitiva: se $A \cong B$ e $B \cong C$ allora $A \cong C$. Basta considerare la composizione $g \circ f$ delle due funzioni biiettive f e g, che agiscono rispettivamente da A su B e da B su C.

Considerato quindi U come l'insieme degli insiemi che contiene A e B, si può considerare l'insieme quoziente $U/\cong$ che contiene tutte le classi di equivalenza definite in base alla relazione di equipotenza. La generica classe di equivalenza è detta **numero cardinale**. Sia A un insieme scelto come rappresentante di tutti gli insiemi equipotenti (che hanno la stessa cardinalità) appartenenti ad una stessa classe di equivalenza. La classe di equivalenza alla quale appartiene A, detta anche numero cardinale di A, viene indicata con $|A|$. Pertanto il simbolo $|A|$ rappresenta tutti gli insiemi equipotenti ad A, oppure tutti gli insiemi che hanno la stessa cardinalità di A.

In classe

In pratica si stanno definendo i numeri cardinali (o semplicemente i numeri naturali) come classe di equivalenza di tutti gli insiemi che hanno lo stesso numero di oggetti. Se un insieme A possiede 7 elementi, allora il suo numero cardinale è 7, ossia $|A| = 7$. In altre parole si può dire che la cardinalità dell'insieme A è pari a 7. L'insieme A è equivalente a tutti gli altri insiemi che hanno 7 elementi. Questo approccio riprende in modo formale la tecnica con la quale gli insegnanti introducono il concetto di numero nella scuola dell'infanzia o nella scuola primaria. Per introdurre il numero 7 si chiede all'alunno di disegnare 7 fiori (un insieme con 7 fiori), oppure 7 alberi (un insieme che contiene 7 alberi). In tal caso si vuole far comprendere che in ciascuno dei disegni si sono rappresentati 7 oggetti. Quindi entrambi i disegni, in modo *equivalente*, possono rappresentare il numero 7.

Si suppone che l'insieme U sia chiuso rispetto alle operazioni di unione, intersezione, inclusione e prodotto cartesiano. Vale a dire, si suppone che l'unione di due insiemi di U sia ancora un insieme di U, così come l'intersezione, l'inclusione e il prodotto cartesiano. Inoltre, si suppone che U contenga il vuoto $\varnothing$ e l'insieme $\{\varnothing\}$ (ossia l'insieme che contiene un elemento, il vuoto). Si pone il numero cardinale del vuoto pari a 0, ossia $|\varnothing| = 0$, mentre si pone il numero cardinale dell'insieme che contiene il singolo elemento rappresentato dal vuoto pari a 1, ossia $|\{\varnothing\}| = 1$.

1.14.2 Operazioni tra numeri cardinali

Si definisce quindi l'operazione di **addizione** tra cardinali. Siano A e B due insiemi disgiunti, ossia tali che $A \cap B = \varnothing$. In tal caso la somma dei loro cardinali è pari al cardinale dell'unione.

$$|A| + |B| = |A \cup B|$$

Mediante le proprietà degli insiemi è facile verificare che tale operazione è associativa, commutativa e possiede l'elemento neutro $|\varnothing| = 0$.
L'operazione di **moltiplicazione** tra cardinali viene definita mediante il prodotto cartesiano dei due insiemi.

$$|A| \cdot |B| = |A \times B|$$

Questa operazione è associativa, commutativa, distributiva rispetto all'addizione, ha un elemento assorbente $|\varnothing| = 0$ ed un elemento neutro $|\{\varnothing\}| = 1$.
Si può definire anche una **relazione d'ordine** tra cardinali. In particolare si stabilisce che un numero cardinale $|A|$ è minore o uguale di un altro numero cardinale $|B|$, se esiste una funzione iniettiva f_{in} dall'insieme A all'insieme B.
Ossia $|A| \leq |B|$ se esiste $A \xrightarrow{f_{in}} B$.
Questa relazione d'ordine è **totale**.
Considerato un insieme A, si può considerare l'**insieme delle parti** di A, ossia $\wp(A)$. Se l'insieme A possiede cardinalità pari ad $|A| = n$, allora $\wp(A)$, l'insieme delle parti di A, ha cardinalità $|\wp(A)| = 2^n$.
Da questo risultato discende che, considerato un insieme A con una certa cardinalità $|A|$, è possibile considerarne sempre un altro con cardinalità maggiore. A tale scopo, basta considerare l'insieme delle parti di A. In pratica si sta affermando che non esiste un numero cardinale massimo, in quanto se ne può considerare sempre uno maggiore.

1.14.3 Insiemi finiti e insiemi numerabili

Un insieme A si dice **finito** se esiste un $n \in N$ tale che, considerato l'insieme $B = \{1,2,\ldots,n\}$, si ha che $A \cong B$. In pratica un insieme finito A può essere messo in corrispondenza biunivoca con un insieme B dotato di un numero finito di elementi. L'insieme finito A ha ovviamente cardinalità pari a n. Difatti, siccome $|B| = n$ e siccome $A \cong B$, allora anche la cardinalità di A vale n, ossia $|A| = n$.
Si può quindi definire **infinito** un insieme che non è finito, ossia un insieme per il quale, qualsiasi sia $n \in N$, non esiste un insieme $B = \{1,2,\ldots,n\}$ che sia ad esso equipotente.
In realtà, seguendo quanto affermato da Dedekind, si può stabilire come **infinito** un insieme che può essere messo in corrispondenza biunivoca con una sua parte.

Oltre il formalismo

La definizione di Dedekind indica anche una proprietà ben specifica e poco intuitiva di un insieme infinito. Difatti si è portati intuitivamente a pensare che una parte di un insieme abbia un numero di elementi inferiore rispetto all'insieme stesso. In realtà questo succede chiaramente solo con insiemi finiti. Ad esempio, si consideri un insieme finito A ed una sua parte A_1. Tra di essi si può stabilire la più semplice corrispondenza biunivoca, facendo corrispondere ad un generico elemento di A lo stesso elemento che è presente in A_1. Ovviamente vi saranno elementi di A che non potranno essere messi in corrispondenza biunivoca con A_1, in quanto non sono stati inclusi in A_1. Pertanto un insieme finito non può essere messo in corrispondenza biunivoca con una sua parte. Si noti che il concetto di poter instaurare una corrispondenza biunivoca tra due insiemi, va oltre il concetto di "contare" gli elementi in esso presenti. Con la corrispondenza biunivoca non si fa altro che constatare che qualsiasi sia l'elemento preso in un insieme, ve ne è un altro associabile, con una determinata regola, nell'altro. Ovviamente quando il numero di oggetti presenti in un insieme è finito, viene molto più naturale "contare" gli oggetti; questo è ciò che si fa quando si mette l'insieme finito in corrispondenza biunivoca proprio con un insieme del tipo B = {1,2,...,n}. Tale modo è ottimale proprio per definire un insieme finito. Quando, però, il numero di oggetti presenti in un insieme diventa infinito, come nei numeri naturali, non ha più senso "contare" gli oggetti presenti nell'insieme, in quanto tale operazione non avrebbe mai termine. In tal caso lo strumento della corrispondenza biunivoca si rivela sorprendentemente utile e mette in evidenza caratteristiche molto particolari degli insiemi infiniti.

In base alla definizione di Dedekind l'insieme dei numeri naturali è infinito poiché può essere messo in corrispondenza biunivoca con una sua parte, ad esempio l'insieme dei numeri pari P. Basta considerare la seguente funzione biiettiva:

$$\begin{array}{ccc} N & \xrightarrow{f} & P \\ n & \rightarrow & 2n \end{array}$$

Pertanto l'insieme N è equipotente ad una sua parte, l'insieme P dei pari.
La cardinalità dell'insieme N viene indicata con il simbolo $\aleph_0$ (aleph-0); pertanto $|N| = \aleph_0$. Qualsiasi insieme equipotente a N ha la stessa cardinalità $\aleph_0$. Il numero cardinale $\aleph_0$ può quindi rappresentare la classe di equivalenza di tutti gli insiemi equipotenti a N.
Quando un insieme A può essere messo in corrispondenza biunivoca con i numeri naturali esso viene detto **numerabile**.

$$A \text{ numerabile} \Leftrightarrow \begin{array}{ccc} A & \xrightarrow{f} & N \\ a & \rightarrow & n = f(a) \end{array} \text{ con } f \text{ biunivoca}$$

Pertanto un insieme A è numerabile se è equipotente ai numeri naturali.
Si è soliti anche definire gli insiemi finiti o numerabili come insiemi **al più numerabili**.
Se un insieme non è finito e non sussiste una sua corrispondenza biunivoca con i naturali, allora tale insieme infinito è detto **non numerabile**.
Per dimostrare alcuni dei prossimi risultati è utile definire il concetto di **successione**, ossia di funzione f definita in N che assume valori in un insieme A.

$$\begin{array}{ccc} N & \xrightarrow{f} & A \\ n & \rightarrow & f(n) = x_n \end{array}$$

I termini di A associati da f ai numeri naturali n, sono indicati con x_n. Pertanto ad 1 sarà associato x_1, a 2 sarà associato x_2 e così via. I termini $x_1, x_2, \dots, x_n, \dots$, indicati anche con l'insieme $\{x_n\}_{n \in N}$, formano una successione di elementi di A. Se la f è biunivoca, allora l'insieme A è numerabile. Pertanto un insieme numerabile è tale da poter mettere tutti i suoi elementi in successione.
Ritornando al concetto di numerabilità, si è stabilito che un insieme infinito o è **numerabile** oppure è **non numerabile**. Si enunciano ora due asserti relativi ad insiemi infiniti.

1) Un insieme infinito contiene un sottoinsieme (una parte) numerabile.
2) Se un insieme infinito è numerabile, allora ogni suo sottoinsieme infinito (parte) è numerabile.

Si può dimostrare che l'asserto 1 è del tutto equivalente alla definizione fornita da Dedekind. Per dimostrare l'asserto 2 basta considerare un insieme numerabile A ed un suo sottoinsieme infinito E. Se A è numerabile, allora i suoi elementi possono essere ordinati in una successione $\{x_n\}_{n \in N}$. Tra di essi si sceglie l'elemento più piccolo x_k che appartiene ad E e lo si indica con e_1. Una volta escluso l'elemento x_k, tra tutti gli altri elementi di A rimasti si considera nuovamente il più piccolo e lo si indica con e_2. Si crea così una successione di elementi di E. Pertanto E è numerabile.

Oltre il formalismo

I due asserti appena presentati in termini operativi fanno pervenire ad un risultato importante. Un insieme numerabile è infinito e rappresenta, in un certo senso, il grado più piccolo di infinità possibile, sotto il quale non si può scendere. Ciò risulta evidente soprattutto dal fatto che in un insieme numerabile non si possono trovare insiemi infiniti non numerabili, bensì solo numerabili; mentre è vero che in un insieme infinito qualsiasi (quindi anche non numerabile) si possono considerare anche insiemi numerabili.

Stabiliti quindi i concetti di insieme infinito e di insieme numerabile, si può verificare se gli insiemi numerici introdotti in precedenza siano numerabili o non numerabili.

1.14.4 Insiemi numerici numerabili

Per l'insieme degli interi Z si può stabilire tra N e Z la seguente funzione biiettiva f:

$$N \xrightarrow{f} Z$$

$$n \rightarrow f(n) = \begin{cases} n/2 & \text{se } n \in P \\ -(n-1)/2 & \text{se } n \notin P \end{cases}$$

Pertanto la numerabilità di Z è archiviata facilmente.
L'insieme dei razionali Q presenta la proprietà di densità, ossia tra due numeri razionali ve ne sono infiniti altri. Pertanto, questo insieme sembrerebbe sfuggire all'ipotesi di numerabilità, almeno intuitivamente. Si pensi al fatto che tra gli stessi interi 0 e 1 sono in realtà presenti infiniti numeri razionali m/n, basta che sia $0 < m < n$. Ancora una volta, però, gli insiemi infiniti vanno contro ogni intuizione plausibile. Difatti l'insieme dei razionali risulta numerabile.
Per dimostrarlo si considera il seguente teorema.

Teorema 1

Sia $\{A_n\}_{n \in N}$ una successione di insiemi tutti numerabili. Se si considera l'unione A di tali insiemi $A = \bigcup_{n=1}^{\infty} A_n$, allora A è numerabile.

In pratica l'unione di insiemi numerabili è numerabile.

DIM

Per dimostrarlo si supponga di aver ordinato in successione gli elementi di ciascun insieme. Ad esempio per l'insieme A_k i suoi elementi ordinati in successione saranno $\{x_{k,n}\}_{n \in N}$. In questa notazione si noti che k è fissato dall'insieme A_k, mentre n "corre" su tutti i naturali.

Pertanto si avranno le seguenti successioni: $\{x_{1,n}\}_{n \in N}$, $\{x_{2,n}\}_{n \in N}$, ..., $\{x_{k,n}\}_{n \in N}$, ... Tali successioni possono essere messe in forma tabellare, ciascuna su di una riga di una tabella infinita (vedi Figura 10).

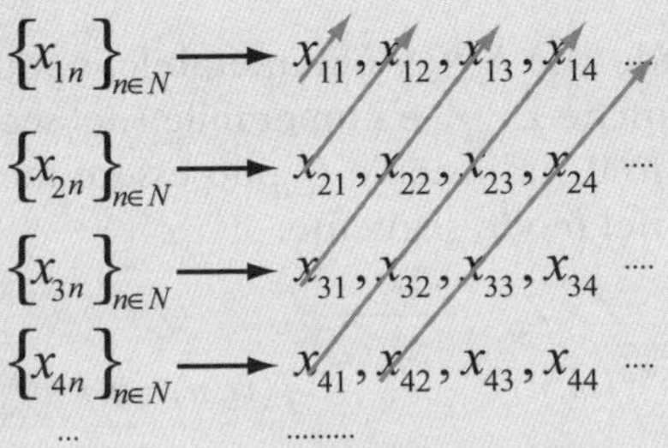

Figura 10

Seguendo le frecce mostrate in Figura 10, si possono ordinare gli elementi dell'unione degli insiemi numerabili in successione. Pertanto A è numerabile. **CVD**

Dal Teorema 1 discende che se tutti gli insiemi A_n sono al più numerabili (ossia finiti o numerabili), allora A è al più numerabile.

Si noti che questo risultato comporta la numerabilità di Z, poiché tale insieme può essere visto come l'unione di Z^+ numerabile, Z^- numerabile e dell'insieme costituito dal solo 0, ossia $\{0\}$ che è finito.

Si consideri ora il seguente teorema.

Teorema 2

Sia A un insieme numerabile e sia $B_n = \underbrace{A \times A \times \ldots \times A}_{n \text{ volte}}$. In pratica gli elementi di B_n sono delle ennuple di elementi di A. $(a_1, a_2, \ldots, a_n) \in B_n$, dove $a_i \in A$, $\forall i \mid 1 \leq i \leq n$.

In tal caso l'insieme B_n è numerabile.

DIM

La dimostrazione avviene per induzione. $B_1 = A$, pertanto B_1 è numerabile. Supponendo numerabile B_{n-1}, si dimostra che B_n è numerabile.

In effetti, il generico elemento di B_n può essere visto come una coppia costituita da un elemento $b \in B_{n-1}$ e da un elemento $a \in A$.

$$(b,a) \in B_{n-1} \times A = B_n$$

Siccome B_{n-1} è numerabile, allora gli elementi $b_i \in B_{n-1}$ possono essere ordinati in successione. Pertanto, $\forall b_i \in B_{n-1}$ si può considerare l'insieme C_i, costituito dalle coppie (b_i,a) con b_i fissato e $a \in A$. Tale insieme C_i è chiaramente in corrispondenza biunivoca con A. Pertanto il generico C_i è numerabile. Inoltre, gli insiemi C_i possono essere messi in successione, in quanto legati da corrispondenza biunivoca con gli elementi $b_i \in B_{n-1}$ che sono stati ordinati in successione. Pertanto, considerato $B_n = \bigcup_{i=1}^{\infty} C_i$, esso è numerabile per il Teorema 1, in quanto unione di una successione di insiemi numerabili. **CVD**

Dal Teorema 2 discende che $N \times N$ è numerabile, oppure che $Z \times Z$ è numerabile. In particolare anche $Z \times Z_0$ è numerabile (nel secondo insieme del prodotto è stato rimosso lo 0). L'insieme Q può essere messo in corrispondenza biunivoca con $Z \times Z_0$, nel modo seguente:

$$\begin{array}{ccc} Z \times Z_0 & \xrightarrow{f} & Q \\ (m,n) & \rightarrow & f(m,n) = m/n \end{array}$$

Pertanto Q è numerabile.
Il passaggio successivo consiste nel verificare che l'insieme dei numeri algebrici A è numerabile. Si rammenti che $A \supset Q$. Si dimostra il seguente teorema.

Teorema 3
L'insieme A dei numeri algebrici è numerabile.

DIM
Si noti che ciascun polinomio a coefficienti razionali può essere messo nella forma di un polinomio a coefficienti interi (mediante moltiplicazione per un opportuno fattore non nullo che è il minimo comune multiplo dei denominatori dei coefficienti). Pertanto non si perde di generalità se si considerano i soli polinomi a coefficienti interi. Un generico polinomio $p_n(x) = a_0 + a_1x + a_2x^2 + \ldots + a_nx^n$ può essere associato alla $(n+1)$-pla $(a_0, a_1, a_2, \ldots, a_n) \in Z^{n+1}$ e le sue radici (i numeri algebrici) sono un numero finito pari ad n (non tutte necessariamente distinte). Si può considerare l'insieme P^n di tutti i polinomi di grado n in corrispondenza biunivoca con l'insieme Z^{n+1}. Tale insieme è numerabile, pertanto anche P^n è numerabile e tutti i polinomi di grado n possono essere messi in successione $\{p_{n,i}\}_{i \in N}$. Per ciascun polinomio di grado n, si considera l'insieme finito delle sue n radici $r_{n,i}$. Anche questi insiemi possono essere messi in successione, proprio come i polinomi. Quindi l'unione $\bigcup_{i=1}^{\infty} r_{n,i}$ degli insiemi delle radici di tutti i polinomi di grado n è numerabile per via

del Teorema 1. Tale insieme può essere indicato con $R_n = \bigcup_{i=1}^{\infty} r_{n,i}$, ossia l'insieme di tutte le radici dei polinomi di grado n. Gli insiemi $R_1, R_2, \ldots, R_n, \ldots$ possono essere messi in successione. Pertanto la loro unione $\bigcup_{i=1}^{\infty} R_n$ è numerabile. L'unione delle radici di tutti i polinomi di differente grado costituisce proprio l'insieme dei numeri algebrici $A = \bigcup_{i=1}^{\infty} R_n$. Quindi l'insieme dei numeri algebrici è numerabile. **CVD**

Si è quindi stabilito che gli insiemi N, Z, Q ed A sono tutti equipotenti e contenuti nella classe di equivalenza $\aleph_0$. Inoltre si può dire che la loro cardinalità è la stessa e vale $\aleph_0$, quindi $|N| = |Z| = |Q| = |A| = \aleph_0$.

Oltre il formalismo

Quanto stabilito fino a questo punto, può essere sintetizzato in modo intuitivo con il seguente ragionamento. Gli insiemi N, Z, Q ed A contengono tutti un numero infinito di elementi (numeri). La loro "infinità" è dello stesso tipo ed è detta "numerabile". Continuando con parole un po' grossolane, ma che aiutano a comprendere intuitivamente il concetto, si può ammettere che nessuno di questi insiemi "è più infinito" degli altri. Verrebbe ora da chiedersi se esistono insiemi infiniti "più numerosi" di quelli appena studiati, oppure se questo "modello di infinità" è l'unico per ora conosciuto. Di seguito si va ad illustrare che la prima delle due ipotesi è quella corretta.

1.14.5 Insiemi numerici non numerabili

Il passaggio successivo consiste nel verificare se unendo i numeri algebrici a quelli trascendenti, si ottiene un insieme ancora numerabile. Tale insieme è appunto quello dei numeri reali. I numeri reali hanno la caratteristica della completezza rispetto agli insiemi numerici precedenti. La completezza comporta, in parole semplici, che una qualsiasi suddivisione dell'insieme dei reali ha un elemento di separazione che è reale. È proprio tale caratteristica che conferisce ai numeri reali una "infinità diversa" dagli insiemi precedenti. Pertanto i numeri reali hanno una infinità non numerabile.

Per dimostrare questa caratteristica, nel seguente teorema si adopera il "procedimento diagonale" di Cantor. Con tale procedimento si mostra che basta considerare il solo intervallo di numeri reali tra 0 (escluso) ed 1 (incluso) per individuare un insieme non numerabile. Si può indicare tale intervallo con]0,1].

Teorema 4
L'intervallo reale]0,1] non è numerabile.

DIM
Procedendo per assurdo, si suppone che i numeri reali tra 0 e 1 siano stati allineati in una successione ed espressi nella loro scrittura posizionale:

$$
\begin{aligned}
&0, a_{11} a_{12} \ldots a_{1n} \ldots \\
&0, a_{21} a_{22} \ldots a_{2n} \ldots \\
&\ldots \\
&0, a_{n1} a_{n2} \ldots a_{nn} \ldots \\
&\ldots
\end{aligned}
$$

Tenendo conto che un numero decimale può avere due scritture, ad esempio $0,1\overline{9} = 0,2$, si può supporre che nella successione precedente siano stati non conteggiati i numeri con il 9 periodico, in quanto già conteggiati nella loro forma non periodica. Si costruisce ora il seguente numero:

$$0, b_1 b_2 \ldots b_n \ldots$$

Le cifre del numero hanno i seguenti valori:

$$
b_1 = \begin{cases} a_{11} - 1 & \text{se } a_{11} \neq 0 \\ 1 & \text{se } a_{11} = 0 \end{cases}
$$

$$
b_2 = \begin{cases} a_{22} - 1 & \text{se } a_{22} \neq 0 \\ 1 & \text{se } a_{22} = 0 \end{cases}
$$

$$\ldots$$

$$
b_n = \begin{cases} a_{nn} - 1 & \text{se } a_{nn} \neq 0 \\ 1 & \text{se } a_{nn} = 0 \end{cases}
$$

$$\ldots$$

Per costruzione si ha che $9 \neq b_1 \neq a_{11}$, $9 \neq b_2 \neq a_{22}$, ..., $9 \neq b_n \neq a_{nn}$. Inoltre, per come è stato costruito, il numero $0,b_1 b_2 \ldots b_n \ldots$ ha le seguenti caratteristiche:

- appartiene all'intervallo]0,1];
- non è un numero con il 9 periodico;
- non è un numero della successione; difatti non è uguale al primo numero in quanto $b_1 \neq a_{11}$, non è uguale al secondo in quanto $b_2 \neq a_{22}$, non è uguale all'ennesimo numero in quanto $b_n \neq a_{nn}$ e così via.

Pertanto, ammettere che tutti i numeri reali compresi nell'intervallo]0,1] sono inclusi in una successione e sono numerabili, porta ad un assurdo, ossia all'evidenza di un nuovo numero non conteggiato tra i precedenti. Quindi l'intervallo reale $]0,1] \subset R$ non è numerabile. **CVD**

Si può mostrare che la cardinalità di R e del suo intervallo $]0,1]$ sono le stesse in modo geometrico. Dapprima si mostra che due intervalli qualsiasi di R possono essere messi in corrispondenza biunivoca, pertanto hanno la stessa cardinalità. Nella Figura 11 un generico intervallo reale chiuso $[a,b]$ (con gli estremi a e b che appartengono all'intervallo) è messo in corrispondenza biunivoca con un altro generico intervallo chiuso $[c,d]$. Al generico punto A del segmento che rappresenta $[a,b]$, corrisponde il punto B del segmento che rappresenta $[c,d]$.

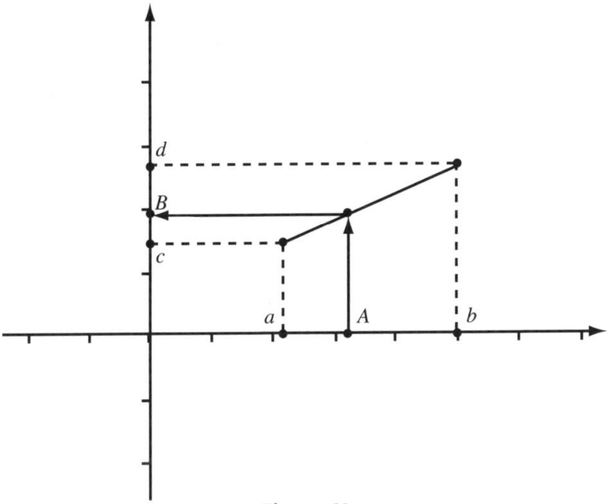

Figura 11

Pertanto, l'intervallo $]0,1]$ ha la stessa cardinalità di un qualsiasi altro intervallo di R del tipo $]a,b]$. Esso avrà la stessa cardinalità anche dell'intervallo aperto rappresentato dal segmento circolare AB (una semicirconferenza privata dei punti A e B), mostrato in Figura 12. Qui è mostrata anche la retta r che può essere messa in corrispondenza biunivoca con R.

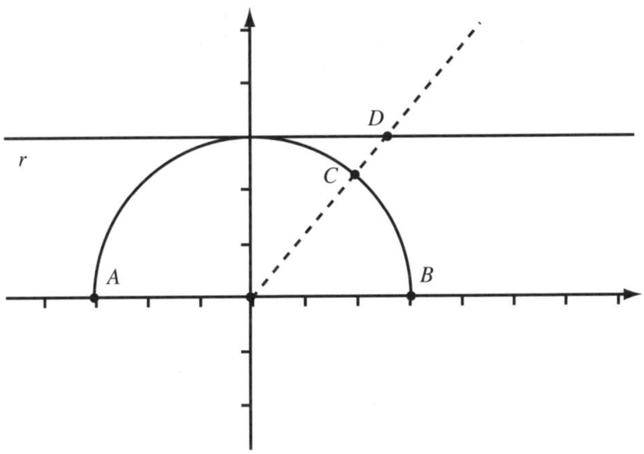

Figura 12

Tracciando dall'origine una semiretta che interseca il segmento circolare AB e la retta r si può ottenere la corrispondenza biunivoca tra qualsiasi punto del segmento AB (in Figura 12 il punto C) e qualsiasi punto della retta r (in Figura 12 il punto D).
Pertanto, l'aver messo in corrispondenza un generico segmento con una generica retta, indica che un generico intervallo aperto di R può essere messo in corrispondenza biunivoca con l'intero insieme R dei reali.
Quindi anche R non è numerabile e la sua cardinalità è detta **cardinalità del continuo**. Questa cardinalità è indicata con c. Pertanto, si può scrivere $|R| = c$.
Siccome R può essere messo in corrispondenza biunivoca con la retta, allora anche la retta ha la cardinalità del continuo.
I numeri complessi C sono invece costruiti partendo dal prodotto $R \times R$ e sono rappresentabili nel piano. Pertanto si può stabilire una connessione tra la cardinalità del piano e quella della retta, per mettere in relazione le cardinalità di C e R.
Di seguito si mostra come la cardinalità di C e R sia la stessa, mettendo in relazione un quadrato del piano ed un segmento pari al lato del quadrato. Per semplicità si pone il quadrato $ABCD$ in un piano cartesiano ponendo i due vertici opposti A e C nei punti di coordinate (0,0) e (1,1), come in Figura 13. Tale quadrato deve essere rapportato al lato del quadrato stesso, ossia AB.

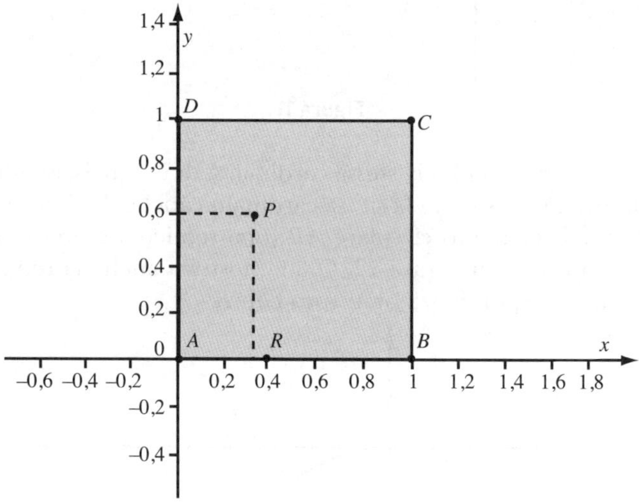

Figura 13

Si consideri un generico punto P del quadrato le cui coordinate x_P e y_P, essendo maggiori di 0 ma minori di 1, possono essere scritte come due numeri reali con notazione posizionale:

$$x_P = 0,a_1a_2\ldots a_n\ldots$$
$$y_P = 0,b_1b_2\ldots b_n\ldots$$

Si può, pertanto, considerare il punto R che ha le seguenti coordinate:

$$x_R = 0, a_1 b_1 a_2 b_2 \dots a_n b_n \dots$$
$$y_R = 0$$

Per costruzione questo punto R appartiene al segmento AB ed è in corrispondenza biunivoca con il punto P. Allo stesso modo si può operare con tutti i punti del quadrato. Pertanto il quadrato può essere messo in corrispondenza biunivoca con un intervallo di R (lato AB) e quindi è equipotente all'intervallo di R e allo stesso insieme R.
Con una strategia analoga a quella usata nel piano si può mettere in corrispondenza un quadrato (o una superficie limitata) con un altro quadrato. Infine, come mostrato in Figura 14, si può mettere in corrispondenza biunivoca una superficie curva limitata (analoga ad un quadrato) con un intero piano. In particolare la superficie della semisfera di centro O viene messa in relazione con il piano α, facendo partire una semiretta dal punto O che intersechi la superficie della semisfera in un punto A in Figura 14. Tale semiretta intersecherà anche il piano α in un altro punto B in Figura 14, che sarà il punto in corrispondenza biunivoca con A. Pertanto una superficie limitata è equipotente ad un piano e quindi all'insieme C.

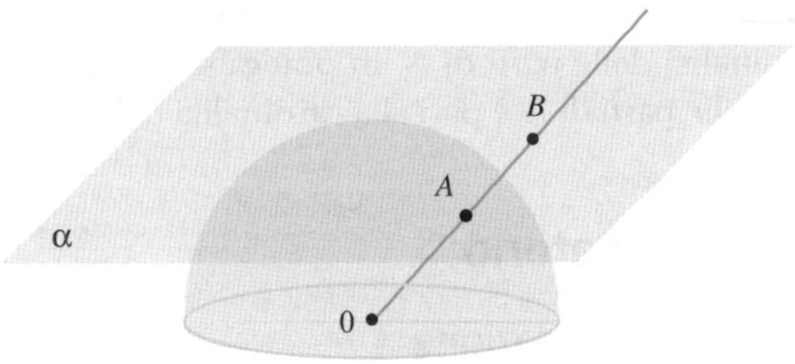

Figura 14

Quindi l'insieme dei numeri complessi ha la stessa cardinalità di R, ossia la cardinalità del continuo c.

1.14.6 L'ipotesi del continuo

Sono state individuate due cardinalità associate ad insiemi con infiniti elementi, ossia $\aleph_0$ (il numerabile) e c (il continuo), con $\aleph_0 < c$. Il matematico Cantor si pose il problema di indagare se ci fossero cardinalità intermedie tra $\aleph_0$ e c. Una tale affermazione non era deducibile da alcun assioma o teorema formulato nella teoria degli insiemi numerici. Non riuscendo a convalidare tale affermazione, Cantor ipotizzò che il continuo fosse la cardinalità "successiva" al numerabile. Assumendo l'ipotesi di Cantor, si può congetturare una successione di cardinalità infinite, proprio come la successione delle cardinalità finite individuate dai numeri naturali. In tale prospettiva, la cardinalità del continuo c può essere indicata proprio con $\aleph_1$, ossia come quella successiva ad $\aleph_0$ (il numerabile). Come appena specificato, quella formulata da Cantor

è una ipotesi (indimostrabile), nota come **ipotesi del continuo**. Tale ipotesi dà luogo alla **teoria cantoriana degli insiemi**.
La stessa ipotesi può però essere negata, in tal caso si può ipotizzare l'esistenza di cardinalità intermedie tra quella del numerabile e quella del continuo. Con tale ipotesi si dà luogo alla **teoria non cantoriana degli insiemi**.
Un'altra questione importante concerne la possibilità che esistano cardinalità superiori a c. Procedendo in modo intuitivo, si adopera quanto stabilito per gli insiemi finiti. Se A è un insieme finito di cardinalità $|A|$, si è stabilito che l'insieme delle parti di A, ossia $\wp(A)$, ha cardinalità pari a $2^{|A|}$.
In modo analogo si può pensare che se R ha cardinalità c, allora l'insieme delle parti di R ha cardinalità 2^c. Questo nuovo tipo di cardinalità viene posta uguale a f.
Quindi, se $|R| = c \Rightarrow |\wp(R)| = 2^c = f$.
Si può anche mostrare che il cardinale f è associato all'insieme delle applicazioni dall'intervallo reale [0,1] all'intervallo reale [0,1].
Come avvenuto per gli insiemi finiti, anche in questo caso si potrebbe procedere all'infinito, creando via via cardinalità sempre maggiori.
Infine si accenna ad una relazione dimostrabile che esiste tra la cardinalità numerabile e quella del continuo.
Se h è una qualsiasi cardinalità finita maggiore di 1, allora si ha che $h^{\aleph_0} = c$.
In particolare anche $2^{\aleph_0} = c$, ma per analogia con gli insiemi finiti si può pensare a $2^{\aleph_0}$ come alla cardinalità delle parti di N. In pratica si sta affermando che la cardinalità dell'insieme delle parti di N è pari alla cardinalità del continuo, $|\wp(N)| = |R|$.

1.15 Calcolo combinatorio

1.15.1 Principio di moltiplicazione

Si considerino k insiemi $A_1, A_2, \ldots, A_k$. Siano $n_1, n_2, \ldots, n_k$ gli elementi contenuti rispettivamente in ciascuno dei k insiemi. Il **principio di moltiplicazione** afferma che il numero delle possibili scelte eseguite prendendo un qualunque elemento da ciascuno dei k insiemi è dato dal prodotto degli elementi di tutti gli insiemi $n_1, n_2, \ldots, n_k$.

Esempi

1) Dati due insiemi, il primo con 3 elementi a,b,c ed il secondo con 2 elementi x ed y, il numero totale di coppie che si possono formare con i tre elementi del primo insieme ed i due del secondo è $3 \times 2 = 6$. Si elencano le coppie di seguito:

$$\begin{matrix} ax & bx & cx \\ ay & by & cy \end{matrix}$$

2) Si vogliono calcolare quante possibili targhe automobilistiche si possono creare con il sistema di targhe adottato in Italia. Le targhe automobilistiche italiane sono del tipo AA000AA, vale a dire, due lettere iniziali, tre cifre nella parte intermedia

e due lettere finali. Le lettere vanno prese dall'insieme delle 26 lettere dell'alfabeto internazionale da cui sono rimosse la O e la I che si potrebbero confondere rispettivamente con 0 e 1. Le cifre sono 10 (da 0 fino a 9). Pertanto per formare una targa si dovrà prendere un elemento da un insieme di 24 (la prima lettera), un altro elemento di nuovo dall'insieme di 24 (la seconda lettera), un elemento da un insieme di 10 (la prima delle tre cifre) e così via fino ad arrivare all'ultima lettera della targa. Si hanno 7 insiemi (che si ripetono) 4 dei quali formati da 24 elementi (le lettere) e 3 dei quali formati da 10 elementi (le cifre). Moltiplicando il numero di elementi dei 7 insiemi si ottiene il numero totale di targhe:

$$24 \times 24 \times 10 \times 10 \times 10 \times 24 \times 24 = 331.776.000$$

Per soddisfare un'ulteriore curiosità ci si potrebbe chiedere quanti anni possa durare un sistema di numerazione siffatto prima di esaurirsi. Considerando che nel 2004 sono stati immatricolati circa 2.200.000 veicoli, si può dividere il numero prima ottenuto per questo dato per ottenere una stima della durata in anni di questa numerazione.

$$\frac{331.776.000}{2.200.000} \approx 151 \, anni$$

1.15.2 Fattoriale di un numero

Il fattoriale di un numero intero n si indica con il simbolo $n!$ (enne fattoriale) e si calcola nel modo seguente:

$$n! = n \cdot (n-1) \cdot (n-2) \cdot \ldots \cdot 3 \cdot 2 \cdot 1$$

Equazione 1

Per esempio:

$$7! = 7 \times 6 \times 5 \times 4 \times 3 \times 2 \times 1 = 5040$$

Si nota in particolare che

$$2! = 2 \times 1 = 2$$

$$1! = 1$$

e per definizione

$$0! = 1$$

1.15.3 Disposizioni con ripetizione

Dati n elementi (oggetti), attraverso le **disposizioni con ripetizione**, si possono conteggiare tutti i gruppi (o le sequenze) che contengono k di questi elementi, anche ripetuti, considerando come diversi anche gruppi con gli stessi elementi disposti diversamente. Il conteggio delle disposizioni con ripetizione $D_{n,k}^{(r)}$ di n elementi a gruppi di k è dato dalla seguente relazione:

$$D_{n,k}^{(r)} = n^k$$

Equazione 2

Si noti che le disposizioni con ripetizione sono un caso particolare del principio di moltiplicazione, che si ottiene quando si considera k volte lo stesso insieme costituito da n elementi.

Esempi

1) Le disposizioni con ripetizione di tre elementi a, b e c (si è quindi nel caso in cui $n = 3$), in gruppi di 2 (caso in cui $k = 2$) sono $D_{n,k}^{(r)} = 3^2 = 9$ e si elencano di seguito:

$$\begin{array}{ccc} aa & ab & ac \\ bb & bc & cc \\ ba & ca & cb \end{array}$$

Si noti che, negli insiemi considerati, gli oggetti possono essere ripetuti.

2) Si consideri una tessera bancomat il cui codice segreto è formato da sei cifre che possono ripetersi. Si vuole calcolare quanti possibili codici segreti si possono costruire.

Il numero di elementi è pari a $n = 10$ (le dieci cifre da 0 a 9). Tali elementi sono raggruppati a gruppi di $k = 6$ per formare i codici da sei cifre. Si ha perciò:

$$n^k = 10^6 = 1.000.000 \text{ codici}$$

1.15.4 Disposizioni

Le **disposizioni** (dette anche **disposizioni semplici**) di n elementi a gruppi di k sono date da:

$$D_{n,k} = \frac{n!}{(n-k)!}$$

Equazione 3

Nelle disposizioni semplici sono considerati gruppi con gli stessi elementi disposti diversamente, ma <u>non</u> ci sono gruppi con elementi ripetuti.

Esempi

1) Nel caso di un insieme con tre elementi a, b e c (si è quindi nel caso in cui $n = 3$), da disporre in gruppi di 2 (caso in cui $k = 2$), si possono creare tutte le seguenti disposizioni:

$$\begin{array}{ccc} ab & ac & bc \\ ba & ca & cb \end{array}$$

Sono scomparse le disposizioni con ripetizione (*aa*, *bb* e *cc*), ma, ad esempio, sono ancora presenti la disposizione *ab* e la sua inversa *ba*.

Si nota che le disposizioni sono 6, tale numero si ottiene dalla formula:

$$D_{3,2} = \frac{3!}{(3-2)!} = \frac{3!}{1!} = \frac{3 \cdot 2 \cdot 1}{1} = 6$$

2) Si considerino tutte le bandiere composte da tre strisce orizzontali di colore sempre diverso. Ci si chiede quante bandiere si possono costruire avendo a disposizione 7 colori. I colori non possono ripetersi, inoltre è chiaro che cambiando il posto di due colori si otterrà una bandiera diversa. Pertanto, il posto del singolo colore influisce sul risultato; si devono quindi utilizzare le disposizioni semplici. In questo caso si hanno $n = 7$ oggetti (i 7 colori) in $k = 3$ posti (le tre strisce orizzontali). Si ha:

$$D_{7,3} = \frac{7!}{(7-3)!} = \frac{7!}{4!} = \frac{7 \cdot 6 \cdot 5 \cdot \cancel{4}!}{\cancel{4}!} = 7 \cdot 6 \cdot 5 = 210 \text{ bandiere}$$

Si noti che il calcolo appena compiuto è stato semplificato sviluppando 7! fino al 4! e semplificando questo termine con quello a denominatore.

1.15.5 Permutazioni

Le **permutazioni** sono le disposizioni nel caso in cui $k = n$:

$$P_n = D_{n,n} = \frac{n!}{(n-n)!} = \frac{n!}{0!} = n!$$

Equazione 4

Esempi

1) Le permutazioni di 5 elementi sono le disposizioni di questi 5 elementi, proprio in gruppi di 5. In particolare si ha $P_5 = 5! = 5 \cdot 4 \cdot 3 \cdot 2 \cdot 1 = 120$.
2) Un capufficio deve distribuire 4 compiti a quattro impiegati diversi. Quanti modi avrà per distribuire questi impegni? Si noti come questa volta $n = k = 4$. Si può pensare ai compiti come agli oggetti da disporre ($n = 4$) e agli impiegati come ai posti in cui disporre gli oggetti ($k = 4$).

Il risultato sarà $P_4 = 4! = 4 \cdot 3 \cdot 2 \cdot 1 = 24$.

1.15.6 Permutazioni con ripetizione

Si considerano ora le permutazioni di n oggetti dei quali p eguali tra loro, q eguali tra loro e così via.
In pratica si stanno considerando $p, q, \ldots \geq 1$ e $p + q + \cdots = n$.
In tal caso si può scrivere che le **permutazioni con ripetizione** sono:

$$P_n^{(p,q,\ldots)} = \frac{n!}{p! \cdot q! \cdot \ldots}$$

Equazione 5

Esempio

Si supponga di volere scrivere tutti gli anagrammi, anche privi di significato, del nome ANNA. In questo caso si hanno $n = 4$ oggetti (le quattro lettere) che però si ripetono. In particolare la lettera A è presente 2 volte (quindi p=2) ed anche la lettera N è presente 2 volte ($q = 2$).
Si può perciò scrivere:

$$P_n^{(2,2,...)} = \frac{4!}{2!\cdot 2!} = \frac{4\cdot 3\cdot 2\cdot 1}{2\cdot 1\cdot 2\cdot 1} = 2\cdot 3 = 6$$

Si elencano gli anagrammi di seguito:
1)AANN - 2)ANNA - 3)NNAA - 4)NAAN - 5)NANA – 6)ANAN.

1.15.7 Combinazioni

Considerati n elementi in gruppi di k, le loro **combinazioni** si scrivono come:

$$C_{n,k} = \frac{D_{n,k}}{P_k} = \frac{n!}{(n-k)!k!}$$

Equazione 6

Nelle combinazioni sono considerati gruppi dove <u>non</u> ci sono elementi ripetuti e <u>non</u> ci sono gruppi con gli stessi elementi disposti diversamente.

Esempi

1) Con tre elementi a, b e c (si è quindi nel caso in cui $n = 3$), da disporre in gruppi di 2 (caso in cui $k = 2$), si possono creare tutte le seguenti combinazioni:

$$ab \quad ac \quad bc$$

Sono scomparsi anche i gruppi con gli stessi elementi in ordine diverso, infatti *ba*, che ha gli stessi elementi di *ab*, non è conteggiato.
Calcolando il numero delle combinazioni con la formula presentata, si ottiene il valore 3.

$$C_{n,k} = \frac{n!}{(n-k)!k!} = \frac{3!}{(3-2)!2!} = \frac{3!}{1!\cdot 2!} = \frac{3\cdot 2\cdot 1}{1\cdot 2\cdot 1} = 3$$

2) Ci si chiede, estraendo tre carte da un mazzo di 40, quante possibili combinazioni di carte si possono ottenere. In questo caso la sequenza di estrazione delle carte non conta. Ci si deve soffermare solo su quale sia il gruppo di tre carte estratto. Gli oggetti sono $n = 40$ (le carte del mazzo), i gruppi di oggetti sono composti da $k = 3$ elementi (le tre carte estratte) per cui:

$$C_{n,k} = \frac{n!}{(n-k)!k!} = \frac{40!}{(40-3)!3!} = \frac{40\cdot 39\cdot 38\cdot \cancel{37}!}{\cancel{37}!\cdot 3!} = \frac{\cancel{40}^{20}\cdot \cancel{39}^{13}\cdot 38}{\cancel{3}\cdot \cancel{2}\cdot 1} = 9880$$

Si noti come il calcolo appena effettuato è stato semplificato sviluppando 40! fino al 37! e semplificando questo termine con quello a denominatore. Il numero totale delle combinazioni è 9880.

1.15.8 Combinazioni con ripetizione

Si è visto come nelle combinazioni non ci siano elementi ripetuti. Se si vogliono considerare le combinazioni di n elementi in gruppi di k, tenendo conto che tali elementi si possono ripetere, allora si utilizzano le **combinazioni con ripetizione**:

$$C_{n,k}^{(r)} = C_{n+k-1,k} = \frac{(n+k-1)!}{(n+k-1-k)!k!} = \frac{(n+k-1)!}{(n-1)!k!}$$

Equazione 7

Nelle combinazioni con ripetizione sono considerati gruppi dove ci sono elementi ripetuti e <u>non</u> ci sono gruppi con gli stessi elementi disposti diversamente.

Esempio

1) Se si hanno tre elementi *a*, *b* e *c* (si è quindi nel caso in cui $n = 3$), da disporre in gruppi di 2 (caso in cui $k = 2$), allora si possono creare tutte le seguenti combinazioni con ripetizione:

$$\begin{matrix} ab & ac & bc \\ aa & bb & cc \end{matrix}$$

Sono considerati anche i gruppi con elementi ripetuti, ad esempio *aa*, ma non ci sono gruppi con gli stessi elementi disposti in ordine diverso, infatti *ab* è presente, ma non è presente *ba*. Si hanno $C_{3,2}^{(r)} = C_{4,2} = \frac{4!}{(4-2)!\cdot 2!} = 6$ combinazioni con ripetizione.

1.15.9 Il coefficiente binomiale

Il termine che indica le combinazioni di n elementi a gruppi di k, è anche detto **coefficiente binomiale**. Tale denominazione proviene dal fatto che esso compare nella formula del **binomio di Newton**, utile per lo sviluppo di potenze di binomi. Questa caratteristica sarà introdotta a breve.

Il coefficiente binomiale di n su k è rappresentato con la seguente notazione:

$$\binom{n}{k}$$

Si ha pertanto:

$$\binom{n}{k} = C_{n,k} = \frac{n!}{(n-k)! \cdot k!}$$

Equazione 8

Si enunciano due proprietà dei coefficienti binomiali.

1) $\binom{n}{k} = \binom{n}{n-k}$

2) $\binom{n}{k} = \binom{n-1}{k} + \binom{n-1}{k-1}$ (*Relazione di Stiefel*)

1.15.10 Formula del binomio di Newton

Si consideri il prodotto dei seguenti n binomi:

$$(x+b_1)\cdot(x+b_2)\cdot(x+b_3)\cdot\ldots\cdot(x+b_{n-1})\cdot(x+b_n) =$$
$$= \left(x^2 + (b_1+b_2)x + b_1b_2\right)\cdot(x+b_3)\cdot\ldots\cdot(x+b_{n-1})\cdot(x+b_n) =$$
$$= \left(x^3 + (b_1+b_2+b_3)x^2 + (b_1b_2+b_1b_3+b_2b_3)x + b_1b_2b_3\right)\cdot\ldots\cdot\left(x+b_{n-1}\right)\cdot\left(x+b_n\right) = \ldots$$

Dopo aver svolto le moltiplicazioni tra tutti i termini del prodotto, si ottiene la seguente espressione:

$$x^n + (b_1+b_2+b_3+\ldots+b_n)x^{n-1} + (b_1b_2+b_1b_3+b_1b_4+\ldots+b_{n-1}b_n)x^{n-2} +$$
$$+(b_1b_2b_3+b_1b_2b_4+b_1b_2b_5+\ldots+b_{n-2}b_{n-1}b_n)x^{n-3} + \ldots + b_1b_2b_3\ldots b_n$$

Nel caso in cui si pone $b_1 = b_2 = b_3 = \ldots = b_n = b$, il prodotto iniziale diventa:

$$(x+b_1)\cdot(x+b_2)\cdot(x+b_3)\cdot\ldots\cdot(x+b_{n-1})\cdot(x+b_n) = (x+b)\cdot(x+b)\cdot(x+b)\cdot\ldots$$
$$\ldots\cdot(x+b)\cdot(x+b) = (x+b)^n$$

In tal caso il coefficiente $(b_1+b_2+b_3+\ldots+b_n)$ della potenza x^{n-1} diventa:

$$(b_1+b_2+b_3+\ldots+b_n) = (b+b+b+\ldots+b) = n\cdot b = \binom{n}{1}b$$

Il coefficiente $(b_1b_2+b_1b_3+b_1b_4+\ldots+b_{n-1}b_n)$ rappresenta invece tutte le coppie che si possono formare con gli n oggetti $b_1, b_2, b_3, \ldots, b_n$. Il numero totale di questi termini è pari quindi a $C_{n,2} = \binom{n}{2}$. Quindi:

$$(b_1b_2+b_1b_3+b_1b_4+\ldots+b_{n-1}b_n) = (b\cdot b+b\cdot b+b\cdot b+\ldots+b\cdot b) = \binom{n}{2}b\cdot b = \binom{n}{2}b^2$$

Analogamente si può scrivere:

$$(b_1b_2b_3 + b_1b_2b_4 + b_1b_2b_5 + \ldots + b_{n-2}b_{n-1}b_n) = \binom{n}{3}b^3$$

In modo analogo si possono riscrivere tutti gli altri coefficienti delle potenze di x. Pertanto si ottiene:

$$(x+b)^n = \binom{n}{0}x^n + \binom{n}{1}x^{n-1}b + \binom{n}{2}x^{n-2}b^2 + \binom{n}{3}x^{n-3}b^3 + \ldots + \binom{n}{n-1}x^2b^{n-1} + \binom{n}{n}b^n$$

Equazione 9

Questa è la **formula del binomio di Newton**, che può essere scritta anche in forma più sintetica, attraverso il simbolo di sommatoria:

$$(x+b)^n = \sum_{k=0}^{n}\binom{n}{k}x^{n-k}b^k$$

Equazione 10

1.15.11 Somma di coefficienti binomiali

La formula del binomio di Newton può essere riscritta per x=b=1. In tal caso si ottiene:

$$(1+1)^n = \sum_{k=0}^{n}\binom{n}{k}1^{n-k}1^k$$

da cui

$$2^n = \sum_{k=0}^{n}\binom{n}{k}$$

Equazione 11

Quindi si può affermare che la **somma dei coefficienti binomiali** dello sviluppo del binomio $(x+b)^n$ è pari alla n-esima potenza di 2.

1.15.12 Il triangolo di Tartaglia

Per determinare i coefficienti dei termini dello sviluppo del binomio di Newton si può ricorrere anche al Triangolo di Tartaglia. Lo schema in Figura 15 mostra lo sviluppo del triangolo di Tartaglia fino al binomio di potenza 8, ossia $(x+b)^8$.

Potenze	Coefficienti
0	1
1	1 1
2	1 2 1
3	1 3 3 1
4	1 4 6 4 1
5	1 5 10 10 5 1
6	1 6 15 20 15 6 1
7	1 7 21 35 35 21 7 1
8	1 8 28 56 70 56 28 8 1

Figura 15

Sul lato sinistro è riportata la potenza del binomio che si vuole considerare. Lungo la riga etichettata da ciascuna potenza sono collocati i coefficienti nel preciso ordine in cui essi compaiono nello sviluppo, ossia secondo le potenze decrescenti del primo termine del binomio e le potenze crescenti del secondo termine del binomio.

Sicché, ad esempio, volendo sviluppare il binomio $(x+b)^4$, bisognerà considerare i coefficienti collocati lungo la riga identificata dalla potenza pari a 4, ossia 1, 4, 6, 4, 1, ed attribuirli ai termini del binomio. Pertanto lo sviluppo sarà:

$$(x+b)^4 = 1\cdot x^4 + 4\cdot x^3 \cdot b + 6\cdot x^2 \cdot b^2 + 4\cdot x\cdot b^3 + 1\cdot b^4 = x^4 + 4x^3b + 6x^2b^2 + 4xb^3 + b^4$$

Costruire il triangolo di Tartaglia è molto semplice, in quanto ogni suo coefficiente va ricavato come la somma dei due coefficienti sovrastanti, che gli sono scritti al di sopra, nella riga precedente. In Figura 16 si riporta un esempio.

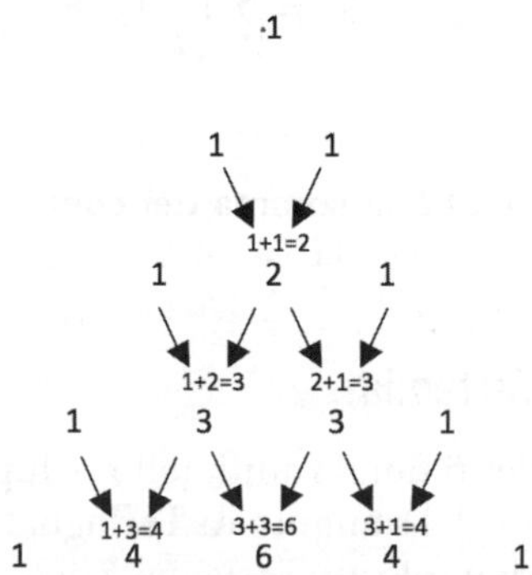

Figura 16

1.16 Il metodo assiomatico

1.16.1 Le teorie matematiche

In generale, le teorie matematiche creano modelli per descrivere fenomeni o oggetti rilevabili nella realtà. In una teoria si possono distinguere definizioni, concetti, teoremi, relazioni tra i diversi concetti della teoria e relazioni con altre teorie matematiche. Quando una teoria inizia a diventare complessa e ricca di concetti e teoremi, risulta necessario fare ordine e organizzare in modo coerente i suoi contenuti. Pertanto, occorre creare una gerarchia di ciò che si ritiene fondamentale e da cui si parte per sviluppare la teoria, e ciò che viene, invece, derivato dai costituenti fondamentali della teoria. Una tale operazione viene detta **assiomatizzazione** della teoria.
Di seguito si illustrano le modalità con le quali si organizzano dapprima le definizioni (e i concetti) di una teoria e quindi le regole per organizzare i teoremi stessi della teoria.

1.16.2 La definizione dei termini

Nell'ambito di una teoria si definiscono spesso dei **termini**. Perché una teoria sia chiara, questi termini hanno necessità di essere definiti da altri termini comprensibili. Ad esempio, nell'ambito della teoria della geometria euclidea, per definire un triangolo si potrebbe utilizzare l'espressione "*figura piana delimitata da una linea spezzata chiusa formata da tre segmenti*". Questa definizione lascia però aperte alcune domande. Sarebbe per esempio lecito chiedersi cosa significhi "*linea spezzata chiusa*". Quest'ultima potrebbe essere definita come "un insieme ordinato di segmenti, orientati e consecutivi e tali che il secondo estremo dell'ultimo segmento coincida con il primo estremo del primo segmento". Il problema di definire il triangolo è stato nuovamente spostato, perché ora appare necessario definire, ad esempio, la parola *segmento,* oltre che gli aggettivi *ordinato, orientato* e *consecutivo.* Si potrebbe procedere a ritroso, definendo sempre con nuove parole (in generale più semplici) dei termini chiamati in gioco per definizioni precedenti. Inoltre, nel procedere a ritroso, è importante che per definire un nuovo termine non si usino termini che è stato necessario definire in precedenza, altrimenti si creerebbe un circolo vizioso nell'insieme di definizioni. Ritornando all'esempio precedente, è necessario che nel definire a ritroso non si usino nuovamente i termini "triangolo" o "linea spezzata chiusa", come strumento per spiegare ciò che invece dovrebbe definire questi stessi termini. Qualcosa del genere potrebbe, ad esempio, accadere in un vocabolario che per definire il termine *retta* usa l'espressione *insieme allineato di punti* e per definire l'aggettivo *allineato* usa, in qualche modo, il concetto di retta.
Il processo di definizione si serve di diverse tipologie di definizioni:

- Si può definire un termine usando un termine prossimo e sottolineando la differenza con quest'ultimo. Ad esempio, si può definire il quadrato, dicendo che è un quadrilatero (termine prossimo) con quattro lati ed angoli uguali (differenza con il termine prossimo). È chiaro che a questo punto occorrerà definire un quadrilatero.

- Si può definire un nuovo nome, ossia un nuovo termine, attribuendolo ad un aggregato di termini già noti, per semplificare il richiamo a quel gruppo di termini. Ad esempio, si può definire "pi-greco" come "il quadrato del rapporto tra lato di un quadrato e il raggio del cerchio ad esso equivalente".
- Si può altresì definire un termine in modo negativo, ossia dicendo cosa esso non è.
- Infine, si può definire un termine per induzione da un altro.

È chiaro che l'esercizio di definire man mano termini in uno dei modi appena indicati deve necessariamente arrestarsi per evitare di regredire all'infinito. Pertanto, quando si ritiene di essere giunti a termini sufficientemente semplici e intuitivi, tale discorso si può arrestare. Questi termini sono detti **primitivi**; gli altri termini si diranno **derivati**. Tornando all'esempio della geometria euclidea, si potrebbero accettare come sostanzialmente intuitivi i termini "punto" e "retta".

1.16.3 Distinzione tra termine e concetto: teorie realistiche e teorie formali

Si noti che, fino a questo punto, si è parlato di "termini" piuttosto che di "concetti", sebbene alle parole *retta* e *punto* tutti gli individui leghino dei "concetti" in modo alquanto naturale e contestualizzato nella realtà. Il legame tra concetto e termine appare piuttosto scontato, soprattutto se si rammenta che una teoria ha inizialmente lo scopo di descrivere la realtà.
D'altro canto è vero che per una teoria giunge il momento della **formalizzazione**. In questa fase successiva si cerca di sganciare la teoria dalle limitazioni legate all'interpretazione della realtà e di preoccuparsi solo in seguito del significato "reale" che può avere la teoria. Questa distinzione rappresenta la differenza sostanziale tra una teoria definita come "realistica" ed una teoria definita come "formale".
In una **teoria realistica**, il "termine" è strettamente legato al contatto con la realtà e al concetto che esso rappresenta nella realtà quotidiana. Si può affermare che, sviluppando questa teoria anche in modo "matematicamente" rigoroso, si hanno sempre in mente concetti precisi, legati ai termini usati.
Alla teoria realistica si oppone un approccio distinto, costituito da una **teoria formale**. Secondo i fautori del metodo formale, l'approccio realistico è "ingenuo", in quanto si basa sul buon senso e sull'intuizione nel dedurre i risultati teorici. In una teoria formale, i termini sono semplicemente espressioni o parole, non strettamente legate ad un concetto reale. Pertanto i termini non sono ancora "interpretati". Solo quando la teoria sarà stata sviluppata in modo del tutto formale, ci si potrà occupare dell'interpretazione e del significato dei suoi termini.

Un ulteriore livello di formalizzazione è dato dai simboli; in tal caso si può anche parlare di **teoria formale simbolica**. Usando dei simboli al posto di termini, si cerca di sganciare in modo inequivoco gli oggetti della teoria dalla loro contestualizzazione reale. A tale proposito si pensi, appunto, a tutti i simboli che la matematica usa come proprio linguaggio.

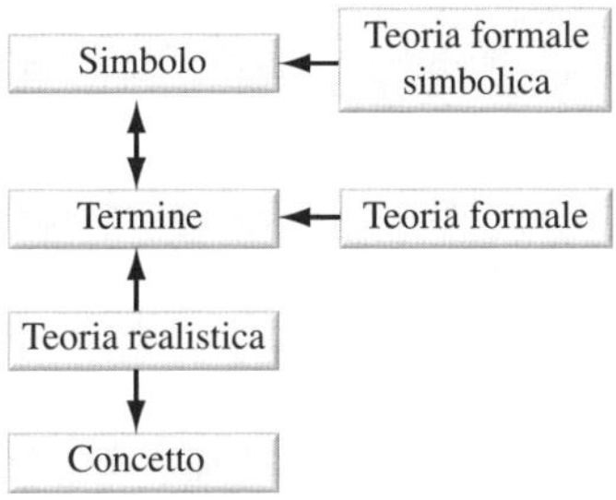

Figura 17

Come in una teoria formale si parla di termini primitivi e derivati, analogamente, in una teoria "ingenua" si può parlare di concetti primitivi e derivati.

Capitolo 2
Geometria euclidea, geometrie non euclidee e trigonometria

2.1 *Gli Elementi* di Euclide

2.1.1 La struttura degli *Elementi* di Euclide

Gli Elementi è un'opera scritta da Euclide (circa 300 a.C.), il grande matematico dell'antica Grecia. Tale opera è composta di 13 libri che trattano argomenti di geometria e di aritmetica, secondo la visione di queste discipline al tempo di Euclide, quando non vi era una distinzione settoriale tra di esse. Del resto lo stretto legame tra la geometria e l'aritmetica viene messo in evidenza nello studio della matematica fin dalla scuola primaria.
La Tabella 1 mostra le trattazioni affrontate in ciascun libro degli Elementi.

Tabella 1

Libri	Argomenti trattati
Dal primo al quarto	Geometria nel piano
Quinto	La proporzionalità
Sesto	Le similitudini nel piano
Dal settimo al nono	Aritmetica e teoria dei numeri interi e razionali
Decimo	Numeri irrazionali
Dall'undicesimo al tredicesimo	Geometria nello spazio

2.1.2 Definizioni, assiomi e postulati nel primo libro degli *Elementi*

Nel primo libro, Euclide affronta il problema di definire con rigore formale le nozioni che sono il fondamento della propria teoria. Da tali nozioni saranno dedotti tutti i risultati presenti nell'opera.
La parte iniziale del libro presenta tre categorie di nozioni fondamentali: le definizioni, gli assiomi e i postulati.

Nel dettaglio si hanno:

- 23 **definizioni** che presentano i termini utilizzati nella teoria; introducendo tali definizioni, Euclide si preoccupa di stabilire concretamente il significato di alcuni termini che ricorreranno frequentemente nelle sue dimostrazioni;
- 5 **assiomi** che sono principi su cui si basa la propria teoria; questi assiomi sono nozioni molto generali che possano essere alla base di qualsiasi teoria che vuole descrivere quantitativamente oggetti o fenomeni;
- 5 **postulati** che sono principi specifici su cui si basa la scienza della geometria; per tale motivo Euclide li tiene ben distinti dagli assiomi che sono di carattere generale.

Dopo queste nozioni preliminari, nel primo libro degli *Elementi* sono affrontate le dimostrazioni di 48 **proposizioni** (oggi nell'accezione comune tali dimostrazioni verrebbero definite come teoremi).

Approfondimento
Per i più curiosi, l'intero volume degli *Elementi* di Euclide è disponibile sul sito *www.liberliber.it* in formato pdf. Si tratta di una traduzione fatta dal matematico Niccolò Tartaglia. In verità, il brillante matematico italiano non si limitò solo a tradurre l'opera di Euclide, ma la commentò accuratamente.

L'analisi dell'opera di Euclide parte dalle definizioni. Di seguito sono riportate le definizioni iniziali del libro primo, affinché si possa riscontrare la semplicità e la basilarità delle nozioni che in esse vengono trattate.

- **Definizione 1**: *Il punto è quello che non ha parte.*
- **Definizione 2**: *La linea è una lunghezza senza larghezza.*
- **Definizione 3:** *Gli estremi di una linea sono due punti.*
- **Definizione 4**: *La linea retta è la più breve estensione da un punto ad un altro.*
- **Definizione 5**: *La superficie è quella che ha solamente lunghezza e larghezza.*
- **Definizione 6**: *Gli estremi di una superficie sono due linee.*
- **Definizione 7**: *La superficie piana è la più breve estensione da una linea a un'altra.*

Euclide procede in questo modo, definendo angoli, cerchi, i diversi tipi di triangolo, i diversi tipi di quadrilatero fino a giungere all'ultima definizione (la numero 23) relativa alle rette parallele.

Definizione 23: *Si dicono parallele delle rette appartenenti allo stesso piano che, venendo prolungate illimitatamente da entrambe le parti, non si incontrano fra loro da nessuna delle due parti.*

A questo punto occorre fare una precisazione sull'uso dei termini fatto da Euclide. La linea retta è in realtà un segmento. Difatti, nella terza e quarta definizione, Euclide parla di estremi di una retta e della sua estensione da un punto ad un altro. Questo trova giustificazione nella concezione cosmologica dell'antica Grecia che immaginava l'Universo come finito. Pertanto, sembrava

inopportuno coinvolgere nelle loro deduzioni scientifiche elementi che avessero estensione infinita. Viepiù che tali enti non erano riscontrabili nell'esperienza comune. Si noti che il considerare la linea retta come un ente finito implica nelle successive definizioni che anche la superficie piana debba essere intesa come finita. Tuttavia questa attenzione al non coinvolgere infinità nei propri ragionamenti, non viene sistematicamente rispettata da Euclide nell'intera opera degli *Elementi*. A breve si vedrà un esempio.
Dopo aver proposto le definizioni, Euclide riporta, nell'ordine, i postulati e gli assiomi. In questa trattazione si preferisce invertire tale ordine, per soffermarsi sui postulati che sono richieste specifiche di tipo geometrico. Gli assiomi sono "comuni sentenze", ossia asserti che l'esperienza comune identifica per veri. Hanno un carattere generale e formulano giudizi che possono ritenersi basilari per tutte le scienze.

> **Assioma 1**: *Due cose, che sono uguali alla medesima cosa, sono uguali tra loro.*
> **Assioma 2**: *Se a due cose vengono aggiunte cose uguali, si ottengono due cose nuovamente uguali.*
> **Assioma 3**: *Se a due cose vengono tolte parti uguali, le parti rimanenti saranno uguali tra loro.*
> **Assioma 4**: *Se due cose possono essere portate a sovrapporsi, e così facendo si nota che nessuna delle due eccede l'altra, allora le due cose sono uguali tra loro.*
> **Assioma 5**: *Il tutto è maggiore della sua parte.*

È evidente che si tratta di cinque asserti ragionevoli, che nessun individuo si sentirebbe di contraddire. Tuttavia, almeno il quarto assioma, se considerato nel dettaglio, non è banale. Difatti esso custodisce in sé l'idea del movimento e quindi di un fenomeno immerso nella realtà fisica che sembrerebbe esulare dalla trattazione teorica e generale che si vuole intraprendere.
I postulati sono degli asserti assunti per veri, poiché sulla loro evidenza tutti possono unanimemente concordare. Sotto questo punto di vista, i postulati non sono differenti dagli assiomi. Tuttavia essi si distinguono dai precedenti, in quanto non riguardano "cose" o "parti", come gli enti coinvolti negli assiomi, bensì coinvolgono relazioni tra gli enti delle 23 definizioni che Euclide ha proposto all'inizio dell'opera. Pertanto, i postulati appaiono come punti fermi nello sviluppo dei ragionamenti che porteranno alle dimostrazioni di tutti gli asserti dell'opera. Il negare i postulati comporterebbe la negazione di tutti i risultati che da essi derivano.
Nella traduzione degli *Elementi* di Euclide fatta dal matematico Tartaglia, è interessante sottolineare come questi asserisca che una scienza qualsiasi, che si prefigga di conseguire dei risultati, deve attribuirsi inizialmente delle asserzioni che assume per vere e che non ha necessità di dimostrare. Il voler dimostrare tali asserti comporterebbe la necessità di doverne assumere per veri altri senza alcuna dimostrazione. In tal modo si percorrerebbe un processo a ritroso che non avrebbe conclusione.

I cinque postulati di Euclide si possono così elencare:

- **Primo postulato**: *Da qualunque punto a qualsiasi punto si può condurre una linea retta.*
- **Secondo postulato**: *Una linea retta che ha un termine può essere prolungata all'infinito.*
- **Terzo postulato**: *Scegliendo un punto ed una distanza grande a piacere (il raggio) si può sempre costruire una circonferenza.*
- **Quarto postulato**: *Tutti gli angoli retti sono uguali fra loro.*
- **Quinto postulato**: *Se una linea retta interseca altre due linee rette e forma con esse da una parte del piano due angoli interni la cui somma è minore di due angoli retti, allora prolungando infinitamente le due rette da tale parte del piano, esse finiranno per incontrarsi in un punto.*

Il quinto postulato è illustrato in Figura 1. Esso potrebbe essere enunciato nel modo seguente.
Quinto postulato (forma alternativa): "Se le rette r e s, intersecandosi con la retta t, formano due angoli α e β la cui somma è minore di due angoli retti, allora prolungando le rette dalla parte di questi due angoli, esse finiscono per incontrarsi nel punto P''.

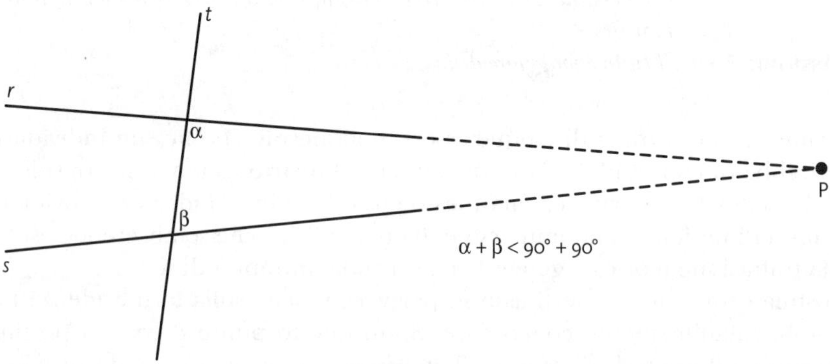

Figura 1

I più attenti avranno notato che Euclide nel proporre il secondo postulato risulta piuttosto ardimentoso, in quanto osa parlare di "prolungare una retta all'infinito". Tuttavia nel corso del tempo le maggiori critiche sono state mosse al quinto postulato.

2.1.3 Il quinto postulato di Euclide

Il quinto postulato presenta delle caratteristiche singolari rispetto agli altri quattro. Difatti si nota che:

1) Mentre i primi quattro postulati affermano cose intuitive ed hanno una forma relativamente semplice, il quinto postulato appare più articolato nella

sua esposizione. Sebbene il senso comune porti ad accettarlo, esso non è così evidente come i primi quattro, soprattutto perché coinvolge il concetto di prolungare indefinitamente due rette per osservare l'incidenza. Questo è in dissonanza con l'universo finito dei Greci.

2) Il quinto postulato ha la forma di una implicazione materiale tra due proposizioni (in Figura 2 è mostrata la sua formulazione alternativa). Esso sembra avere la struttura di un "teorema", nel quale da una certa ipotesi (Se una linea retta interseca altre due linee...) si deduce una tesi (allora prolungando infinitamente le due rette...).

se [le rette *r* e *s*, intersecandosi con la retta *t*, formano due angoli α e β la cui somma è minore di due angoli retti] .... allora ....► [prolungando le rette dalla parte di questi due angoli, esse finiscono per incontrarsi nel punto P.]

Figura 2

Pertanto, ci si chiede perché il quinto postulato debba essere assunto come tale (un postulato non dimostrabile), quando esso ha una forma (quella di un teorema) che ne lascerebbe presagire la dimostrabilità.

3) Osservando la struttura del primo libro degli *Elementi*, si nota che il quinto postulato, a differenza degli altri, viene coinvolto molto tardi nella dimostrazione delle 48 proposizioni presenti nel primo libro. In effetti viene da ipotizzare che lo stesso Euclide abbia cercato di ritardare il più possibile l'introduzione del quinto postulato. Nel paragrafo successivo si affronta nel dettaglio questo aspetto.

2.1.4 Il quinto postulato e la struttura del primo libro degli *Elementi*

Euclide dimostra i teoremi dall'1 al 28 del primo libro senza ricorrere al primo postulato. In particolare le seguenti proposizioni, tutte relative al parallelismo di rette (che è la tematica insita nel quinto postulato), vengono dimostrate senza ricorrere al quinto postulato.

Proposizione 16: *In ogni triangolo, se si prolunga uno dei lati, l'angolo esterno individuato da tale prolungamento è maggiore di ciascuno dei due angoli interni al triangolo ad esso non adiacenti.*

Proposizione 17: *Se in un triangolo si considera una qualsiasi coppia di angoli interni, allora la loro somma è minore di due angoli retti.*

Proposizione 27: *Se una retta, che interseca altre due rette, forma con esse degli angoli alterni interni o alterni esterni uguali tra loro, allora le due rette sono parallele.*

Proposizione 28: *Se una retta, che interseca altre due rette, forma angoli corrispondenti uguali tra loro, oppure forma angoli coniugati interni la cui somma è pari a due angoli retti, allora le rette intersecate sono parallele tra loro.*

Si noti che la proposizione 17 appare come l'inversa del quinto postulato. Difatti, facendo riferimento alla Figura 1 si può rileggere la proposizione 17 nel modo seguente: "Se le due rette *r* e *s* tagliate da una trasversale *t* si incontrano nel punto P, allora esse formano con quest'ultima un triangolo ed essendo α e β due angoli interni al triangolo, la loro somma è inferiore a due retti". In Figura 3 si mostrano le implicazioni logiche del quinto postulato e della proposizione 17 dalle quali appare evidente che l'uno è l'inverso dell'altro.

Quinto Postulato

se [le rette *r* e *s*, intersecandosi con la retta *t*, formano due angoli α e β la cui somma è minore di due angoli retti] allora → [prolungando le rette dalla parte di questi due angoli, esse finiscono per incontrarsi nel punto P]

Proposizione 17

[esse formano con quest'ultima un triangolo ed essendo α e β due angoli interni al triangolo, la loro somma è inferiore a due angoli retti] ← allora se [le due rette *r* e *s* tagliate da una trasversale *t* si incontrano nel punto P]

Figura 3

Si deve dunque ammettere che Euclide deve essersi trovato in una situazione quantomeno singolare. Difatti, se la proposizione inversa di un postulato (proposizione 17) può essere dimostrata, allora dovrebbe essere dimostrabile anche il postulato stesso.

Dalle proposizioni 16 e 17 Euclide dimostra facilmente le proposizioni 27 e 28 (le ultime ad essere dimostrate senza ricorrere al quinto postulato). Queste due proposizioni hanno una caratteristica in comune: entrambe partono da due condizioni che sono sufficienti per il parallelismo e quindi deducono il parallelismo.

La proposizione 29 è la prima ad essere dimostrata mediante il quinto postulato. Essa tratta una condizione necessaria per il parallelismo, ossia assume il parallelismo come ipotesi e ne deduce una proposizione.

Proposizione 29: *Se una retta interseca due rette parallele, allora forma con esse angoli alterni interni uguali tra loro, angoli corrispondenti uguali tra loro, oppure forma angoli coniugati interni la cui somma è pari a due angoli retti.*

Si nota che assumendo per vero il quinto postulato, si assume per vera anche la sua proposizione contronominale, ossia quella proposizione in cui ipotesi e tesi sono scambiate ed il verso dell'implicazione è invertito. Considerando la contronominale del quinto postulato, la dimostrazione della proposizione 29 è praticamente immediata. Questi passaggi logici sono illustrati in Figura 4.

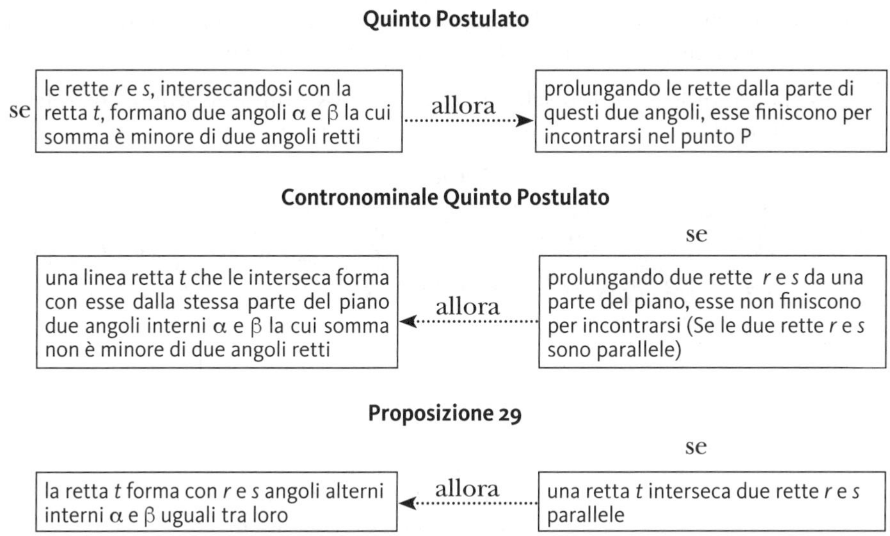

Figura 4

Dopo la 29, una ulteriore proposizione (la numero 31) è dimostrata senza l'ausilio del quinto postulato.

Proposizione 31: *Considerati una retta ed un punto esterno ad essa, è possibile condurre per il punto una retta parallela alla retta data.*

Si nota pertanto che l'esistenza di una parallela per un punto esterno ad una retta non dipende dall'introduzione del quinto postulato.

Tutte le altre proposizioni del primo libro sono dimostrate mediante il quinto postulato. Si riportano le più importanti.

Proposizione 30: *Se due rette sono parallele ad una stessa retta, allora le due rette sono parallele tra loro (proprietà transitiva del parallelismo).*

Proposizione 32: *In ogni triangolo, l'angolo esterno, determinato dal prolungamento di uno dei lati, è uguale alla somma dei due angoli interni ad esso non adiacenti. Inoltre la somma dei tre angoli interni del triangolo è uguale a due retti (teorema della somma degli angoli interni di un triangolo).*

Si noti che la proposizione 32 renderebbe superflue le proposizioni 16 e 17, in quanto fornisce rispetto ad esse informazioni più complete. Tuttavia Euclide preferisce separare questi risultati, anzi, li distanzia di numerose proposizioni nella sua trattazione.

Infine le proposizioni 47 e 48 dipendono dal quinto postulato.

Proposizione 47: *In un triangolo rettangolo l'area del quadrato costruito sull'ipotenusa è pari alla somma delle aree dei quadrati costruiti sui due cateti (è il famoso Teorema di Pitagora).*

Proposizione 48: *Se in un triangolo l'area del quadrato costruito sull'ipotenusa è pari alla somma delle aree dei quadrati costruiti sui due cateti, allora il triangolo è rettangolo (inverso del teorema di Pitagora).*

Si noti quindi che il teorema dell'angolo esterno, il teorema di Pitagora ed il suo inverso dipendono dall'assunzione del quinto postulato.

In Tabella 2 è mostrato uno schema delle proposizioni del primo libro degli *Elementi* dipendenti e indipendenti dal quinto postulato.

Tabella 2

Uso del quinto postulato	Proposizione	Note
No	Dalla 1 alla 15	
No	16 e 17	Trattano l'angolo esterno di un triangolo; la 17 rappresenta l'inverso del quinto postulato.
No	Dalla 18 alla 26	
No	27 e 28	Sono proposizioni in cui il parallelismo è una condizione sufficiente (dal parallelismo si deduce qualcosa).
Sì	29	In questa proposizione il parallelismo viene dedotto. Tranne lievi sfumature può essere intesa da un punto di vista logico come la contronominale del quinto postulato.
Sì	30	Proprietà transitiva del parallelismo.
No	31	Costruzione della parallela per un punto ad una retta data.
Sì	32	Somma degli angoli interni di un triangolo (include le proposizioni 16 e 17).
Sì	Dalla 33 alla 46	
Sì	47 e 48	Il teorema di Pitagora e il suo inverso.

Analizzando in modo approfondito il primo libro riguardo all'uso che in esso viene fatto del quinto postulato, si deducono le seguenti osservazioni:

- il quinto postulato viene adoperato il più tardi possibile (proposizione 29);
- esso viene usato per la prima volta per dimostrare una proposizione che in pratica ne ricalca la contronominale (proposizione 29);
- l'inverso del quinto postulato è un teorema (proposizione 17);
- Euclide sembra dividere i risultati che si possono ottenere senza il quinto postulato (proposizioni 16 e 17) da quelli che si ottengono mediante il suo uso, anche se comprensivi dei precedenti (proposizione 32).

Sembra quasi che Euclide abbia cercato di dimostrare risultati anche parziali senza il quinto postulato riservandosi nel frattempo la possibilità di dimostrarlo. Essendo falliti tutti i suoi tentativi di dimostrazione, pare che egli lo abbia definitivamente introdotto quando si vedeva impossibilitato a procedere nelle sue deduzioni.

Pertanto, se il quinto postulato stesso sembrava imbarazzare Euclide, sicuramente esso destò l'attenzione di numerosi studiosi nei secoli successivi. Le strade seguite per cercare una soluzione alla questione del quinto postulato furono essenzialmente due:

- La possibilità di introdurre un postulato equivalente al quinto, ma più semplice nella forma (una affermazione semplice che avesse la natura di un postulato più che di un teorema).
- La possibilità di dimostrare il quinto postulato (pertanto di riuscire lì dove Euclide aveva fallito), rivelando quindi la sua dipendenza dagli altri quattro postulati più semplici.

2.2 Trasformazioni affini tra piani e affinità nel piano

In questo paragrafo si presentano esempi concreti di trasformazioni affini ed affinità nel piano cartesiano.

2.2.1 Trasformazioni affini

Si considerino due piani π_1 e π_2 sui quali sono fissati due riferimenti xOy e XOY. I due piani π_1 e π_2 (visti come insieme di punti) rappresentano concretamente i due insiemi astratti X e X' tra i quali agisce la trasformazione affine. In ciascuno di questi piani vi è un riferimento (sistema di riferimento di assi cartesiani ortogonali). Sia P il punto del piano π_1. Nel riferimento di π_1, il punto P è rappresentato dalla coppia di coordinate $P = (x, y)$. Detto $P' = f(P)$ il trasformato di P mediante la trasformazione affine f, si ha che P' nel riferimento XOY del piano π_2 è rappresentato dalla coppia di coordinate $P' = (X, Y)$. Questa associazione è mostrata in Figura 5.

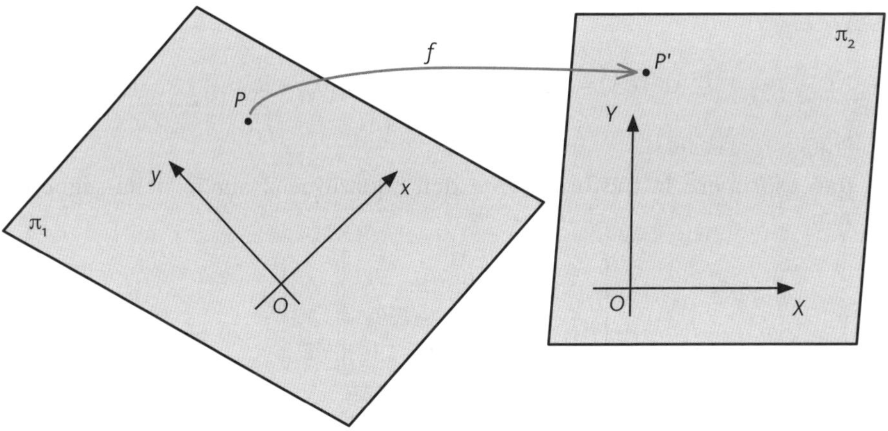

Figura 5

La trasformazione affine tra i due piani è rappresentata dal seguente sistema di equazioni.

$$\begin{cases} X = a_{11}x + a_{12}y + a_1 \\ Y = a_{21}x + a_{22}y + a_2 \end{cases}$$

Equazione 1

Essendo le due equazioni lineari, la trasformazione affine è anche detta **trasformazione lineare**. La trasformazione dell'Equazione 1 può essere espressa anche in forma matriciale:

$$\begin{bmatrix} X \\ Y \end{bmatrix} = \begin{bmatrix} a_{11} & a_{12} \\ a_{21} & a_{22} \end{bmatrix} \begin{bmatrix} x \\ y \end{bmatrix} + \begin{bmatrix} a_1 \\ a_2 \end{bmatrix}$$

Equazione 2

La forma matriciale può essere scritta anche nel modo seguente:

$$x' = Ax + a$$

dove si è posto:

$$x' = \begin{bmatrix} X \\ Y \end{bmatrix}, A = \begin{bmatrix} a_{11} & a_{12} \\ a_{21} & a_{22} \end{bmatrix}, x = \begin{bmatrix} x \\ y \end{bmatrix}, a = \begin{bmatrix} a_1 \\ a_2 \end{bmatrix}$$

La matrice A è detta **matrice della trasformazione**.
Per definire la trasformazione si fa spesso ricorso al determinante della matrice A:

$$\det(A) = \det \begin{bmatrix} a_{11} & a_{12} \\ a_{21} & a_{22} \end{bmatrix} = a_{11}a_{22} - a_{21}a_{12}$$

Si può esprimere la trasformazione dell'Equazione 2 anche nella seguente forma:

$$\begin{bmatrix} X \\ Y \\ 1 \end{bmatrix} = \begin{bmatrix} a_{11} & a_{12} & a_1 \\ a_{21} & a_{22} & a_2 \\ 0 & 0 & 1 \end{bmatrix} \begin{bmatrix} x \\ y \\ 1 \end{bmatrix}$$

Equazione 3

In classe

Un esempio pratico di trasformazione affine si può ottenere in classe con semplici strumenti. Basta ritagliare su di un cartoncino un triangolo ed applicarlo in una giornata luminosa ad una finestra dalla quale entrano raggi solari. Sul pavimento verrà osservata l'ombra del triangolo. Si è ottenuta una trasformazione affine dei punti del triangolo appartenenti al piano della finestra in punti di un altro triangolo (un'ombra) appartenenti al piano del pavimento (vedi Figura 6).

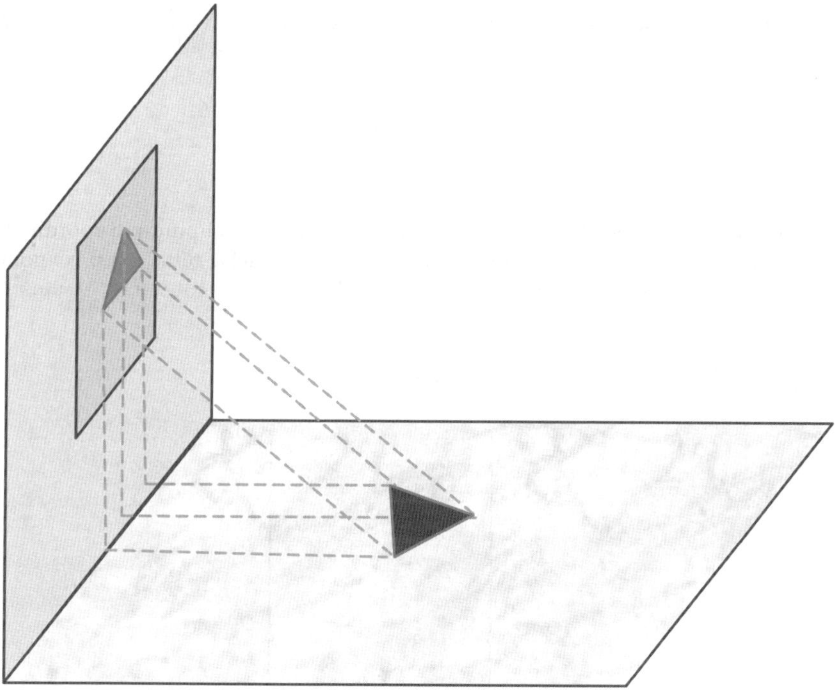

Figura 6

In particolare i due piani π_1 e π_2 ipotizzati in partenza possono coincidere in un unico piano π. In questo caso si ha una trasformazione affine del piano π in sé che a punti del piano associa punti dello stesso piano. Le coordinate del punto di partenza $P = (x,y)$ e quelle del punto trasformato $P' = (x',y')$ sono riferite allo stesso sistema di riferimento, quello del piano π.

Il seguente esempio mostra una particolare trasformazione affine del piano in sé nella quale $\det(A) = 0$. Una trasformazione di questo tipo non è una affinità (per la quale deve essere $\det(A) = 0$). Tuttavia una trasformazione affine trasforma sottospazi in sottospazi anche se in linea generale potrebbe non preservare le dimensioni dei sottospazi stessi. Difatti, si vedrà nell'esempio che tale trasformazione porta rette (sottospazi di dimensione 1) in punti (sottospazi di dimensione 0). Nel paragrafo successivo si mostrerà, invece, che una affinità trasforma rette in rette, preservando la dimensione.

Esempi

Si consideri la trasformazione affine:

$$\begin{cases} x' = x - 2 \\ y' = x - 3 \end{cases}$$

Si ha det(A)=0.

Per calcolare la trasformazione della retta $x = 3$ si sostituisce il valore 3 nella trasformazione, ottenendo:

$$\begin{cases} x' = 3 - 2 \\ y' = 3 - 3 \end{cases} \Rightarrow \begin{cases} x' = 1 \\ y' = 0 \end{cases}$$

Si deduce che tutti i punti della retta $x = 3$ vengono portati nel punto di coordinate (1,0). Analogamente si può verificare che tutti i punti della retta $x = 6$ vengono portati nel punto (4,3). Più in generale le rette del tipo $x = h$ sono trasformate nel punto di coordinate (h-2,h-3).

In Figura 7 si mostrano tali trasformazioni.

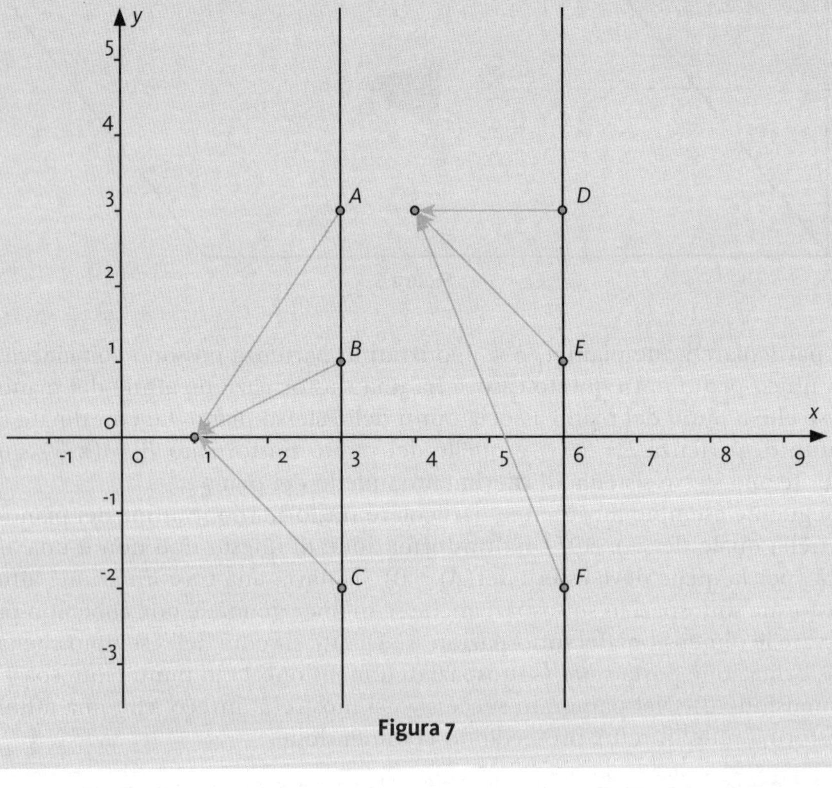

Figura 7

2.2.2 Affinità

Si consideri un piano π sul quale è fissato un riferimento xOy. Si vuole ora considerare una **affinità** f del piano π in sé, che associa ad un punto P rappresentato dalla coppia di coordinate $P = (x,y)$ un punto $P' = f(P)$ che nel riferimento xOy è rappresentato dalla coppia di coordinate $P' = (x',y')$.

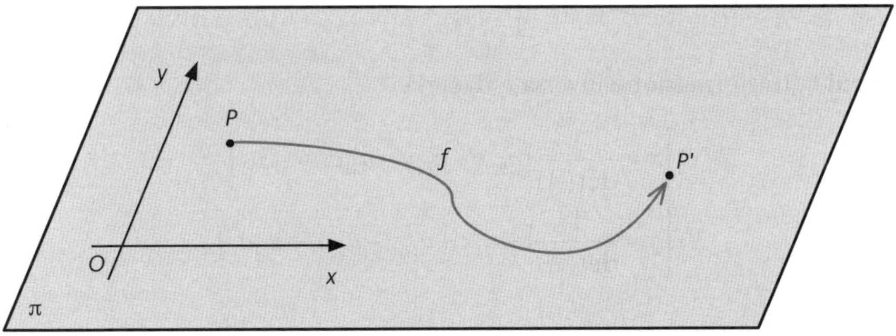

Figura 8

L'affinità assume la stessa espressione formale dell'Equazione 1 o dell'Equazione 2.

$$\begin{cases} x' = a_{11}x + a_{12}y + a_1 \\ y' = a_{21}x + a_{22}y + a_2 \end{cases}$$

Equazione 4

$$\begin{bmatrix} x' \\ y' \end{bmatrix} = \begin{bmatrix} a_{11} & a_{12} \\ a_{21} & a_{22} \end{bmatrix} \begin{bmatrix} x \\ y \end{bmatrix} + \begin{bmatrix} a_1 \\ a_2 \end{bmatrix}$$

Anche in questo caso si può scrivere sinteticamente:

$$x' = Ax + a$$

Per l'affinità deve avvenire che:

$$\det(A) \neq 0 \Rightarrow a_{11}a_{22} - a_{21}a_{12} \neq 0$$

Si noti che la condizione $\det(A)\neq 0$ implica che esiste la matrice inversa A^{-1}. La matrice inversa è data da:

$$A^{-1} = \frac{1}{\det(A)} \begin{bmatrix} a_{22} & -a_{12} \\ -a_{21} & a_{11} \end{bmatrix}$$

Inoltre si calcola:

$$a' = -\frac{1}{\det(A)}\begin{bmatrix} a_{22} & -a_{12} \\ -a_{21} & a_{11} \end{bmatrix}\begin{bmatrix} a_1 \\ a_2 \end{bmatrix} = -\frac{1}{\det(A)}\begin{bmatrix} a_{22}a_1 - a_{12}a_2 \\ -a_{21}a_1 + a_{11}a_2 \end{bmatrix} =$$

$$= \frac{1}{\det(A)}\begin{bmatrix} -a_{22}a_1 + a_{12}a_2 \\ a_{21}a_1 - a_{11}a_2 \end{bmatrix}$$

per cui la trasformazione inversa è data da:

$$\begin{cases} x = \dfrac{1}{\det(A)}\left[a_{22}x' - a_{12}y' - a_{22}a_1 + a_{12}a_2\right] \\ y = \dfrac{1}{\det(A)}\left[-a_{21}x' + a_{11}y' + a_{21}a_1 - a_{11}a_2\right] \end{cases}$$

Ponendo:

$$b_{11} = \frac{a_{22}}{\det(A)}, b_{12} = -\frac{a_{12}}{\det(A)}, b_1 = -\frac{a_{22}a_1 - a_{12}a_2}{\det(A)}$$

$$b_{21} = -\frac{a_{21}}{\det(A)}, b_{22} = \frac{a_{11}}{\det(A)}, b_2 = \frac{a_{21}a_1 - a_{11}a_2}{\det(A)}$$

La trasformazione inversa assume la forma:

$$\begin{cases} x = b_{11}x' + b_{12}y' + b_1 \\ y = b_{21}x' + b_{22}y' + b_2 \end{cases}$$

Equazione 5

Siccome $\det(A) \neq 0$, allora può essere $\det(A) > 0$ nel cui caso l'affinità si dice **diretta**. Questo tipo di affinità conserva il verso di percorrenza (orario o antiorario) di un poligono (o di una curva chiusa).
Se invece $\det(A) < 0$ l'affinità si dice **inversa**. Questo tipo di affinità inverte il verso di percorrenza (orario o antiorario) di un poligono (o di una curva chiusa).

2.2.3 Proprietà delle affinità

Si illustrano le proprietà delle affinità.
P1) Una affinità trasforma una retta in una retta.
Si consideri la retta r di equazione:

$$ax + by + c = 0$$

Equazione 6

Per ottenere la retta trasformata si sostituiscono le espressioni di x e y come riportate nell'Equazione 5.

$$a(b_{11}x'+b_{12}y'+b_1)+b(b_{21}x'+b_{22}y'+b_2)+c=0$$
$$ab_{11}x'+ab_{12}y'+ab_1+bb_{21}x'+bb_{22}y'+bb_2+c=0$$

Si ottiene l'equazione di una retta:

$$(ab_{11}+bb_{21})x'+(ab_{12}+bb_{22})y'+(ab_1+bb_2+c)=0$$

Equazione 7

P2) Una affinità trasforma una coppia di rette parallele in una coppia di rette ancora parallele.

Le equazioni di due rette parallele sono del tipo:

$$ax+by+c=0$$
$$a'x+b'y+c'=0$$

dove $\frac{a'}{a}=\frac{b'}{b}=k$

Dividendo l'equazione della seconda retta per k le due rette assumono la forma:

$$ax+by+c=0$$
$$ax+by+c''=0$$

dove $c''=c'/k$.

Confrontando l'Equazione 6 e l'Equazione 7 si nota che le due rette considerate verranno trasformate in rette espresse nel modo seguente:

$$(ab_{11}+bb_{21})x'+(ab_{12}+bb_{22})y'+(ab_1+bb_2+c)=0$$
$$(ab_{11}+bb_{21})x'+(ab_{12}+bb_{22})y'+(ab_1+bb_2+c'')=0$$

Queste due rette sono parallele, in quanto hanno i coefficienti delle coordinate x' uguali tra loro ed altrettanto dicasi per i coefficienti delle coordinate y'.

Quanto appena dimostrato permette di dedurre la seguente proprietà.

P3) Due rette incidenti vengono trasformate da una affinità ancora in due rette incidenti.

Tuttavia occorre precisare che gli angoli formati dalle rette incidenti possono variare. Difatti una affinità in generale non conserva gli angoli.

Infine si enuncia un'altra importante caratteristica delle affinità.

P4) Considerate due figure geometriche le cui aree valgono rispettivamente S e S', tali che $\frac{S}{S'}=k$, si ha che le due figure trasformate mediante una affinità hanno ancora un rapporto delle aree pari a k.

Il rapporto k è detto **rapporto di affinità.**
P5) Le affinità costituiscono un gruppo rispetto alla composizione.
Difatti la composizione di due affinità è ancora una affinità.
Se la prima affinità è rappresentata dalla relazione:

$$x' = Ax + a$$

e la seconda dalla relazione:

$$x'' = Cx' + c$$

Equazione 8

Sostituendo l'espressione del vettore x' nell'Equazione 8 si ottiene:

$$x'' = C \cdot Ax + C \cdot a + c$$

Si pone:

$$D = C \cdot A$$
$$d = C \cdot a + c$$

Equazione 9

Si noti che D è una matrice 2 × 2 in quanto prodotto di due matrici (C e A) che sono 2 × 2, mentre d è un vettore 2 × 1 in quanto prodotto di una matrice C che è 2 × 2 per un vettore a che è 2 × 1 a cui viene sommato un vettore c che è 2 × 1.
Dalle posizioni dell'Equazione 9 si ottiene una forma matriciale che è tipica di una trasformazione affine:

$$x'' = D \cdot x + d$$

Si noti inoltre che $\det(D) = \det(C \cdot A) = \det(C) \cdot \det(A) \neq 0$.
Si può inoltre dimostrare che la composizione di affinità gode della proprietà associativa.
Esiste l'elemento neutro della composizione che è l'affinità identica. Questa trasforma tutti i punti P negli stessi punti. La trasformazione identica è rappresentata da:

$$\begin{bmatrix} x' \\ y' \end{bmatrix} = \begin{bmatrix} 1 & 0 \\ 0 & 1 \end{bmatrix} \begin{bmatrix} x \\ y \end{bmatrix} + \begin{bmatrix} 0 \\ 0 \end{bmatrix}$$

Inoltre, per una generica affinità rappresentata dall'Equazione 4 si è già calcolata l'affinità inversa costituita dall'Equazione 5.
La composizione di affinità non è commutativa; pertanto il gruppo delle affinità non è commutativo.
Si considera un particolare esempio di affinità detta **dilatazione** (o **deformazione**). Le sue equazioni sono del tipo:

$$\begin{cases} x' = a_{11}x + a_1 \\ y' = a_{22}y + a_2 \end{cases}$$

Equazione 10

dove si pone $a_{11} \neq 0$, $a_{22} \neq 0$, $a_{11} \neq a_{22}$. Una trasformazione di questo tipo "deforma" le figure piane. In particolare per due segmenti (che potrebbero essere dei lati delle figure piane) le cui lunghezze sono in rapporto k, si verifica che i segmenti trasformati hanno lunghezze che non sono in rapporto k. Questo concetto viene espresso intuitivamente affermando che la figura piana ha cambiato la propria forma, ossia è stata deformata.

Esempi

Sia data la dilatazione:

$$\begin{cases} x' = 3x + 1 \\ y' = 2y - 1 \end{cases}$$

Si verifichi che la retta $y = x + 1$ è trasformata in una retta. Si consideri il triangolo rettangolo di vertici $A = (1,0)$, $B = (3,0)$ e $C = (1,2)$ e si determini il triangolo trasformato.
Si determina la trasformazione inversa:

$$\begin{cases} x = \dfrac{x'-1}{3} \\ y = \dfrac{y'+1}{2} \end{cases}$$

Queste coordinate vengono sostituite nella retta assegnata per determinare l'equazione della retta trasformata.

$$\frac{y'+1}{2} = \frac{x'-1}{3} + 1$$
$$3y' + 3 = 2x' - 2 + 6$$
$$2x' - 3y' + 1 = 0$$

Si determinano i trasformati A', B' e C' dei tre punti A, B e C.

$$A': \begin{cases} x' = 3 \cdot 1 + 1 \\ y' = 2 \cdot 0 - 1 \end{cases} \Rightarrow \begin{cases} x' = 4 \\ y' = -1 \end{cases}$$

$$B': \begin{cases} x' = 3 \cdot 3 + 1 \\ y' = 2 \cdot 0 - 1 \end{cases} \Rightarrow \begin{cases} x' = 10 \\ y' = -1 \end{cases}$$

$$C': \begin{cases} x' = 3 \cdot 1 + 1 \\ y' = 2 \cdot 2 - 1 \end{cases} \Rightarrow \begin{cases} x' = 4 \\ y' = 3 \end{cases}$$

In Figura 9 è mostrato il triangolo di partenza (rettangolo isoscele) e quello trasformato (che non è simile in quanto è solo rettangolo).

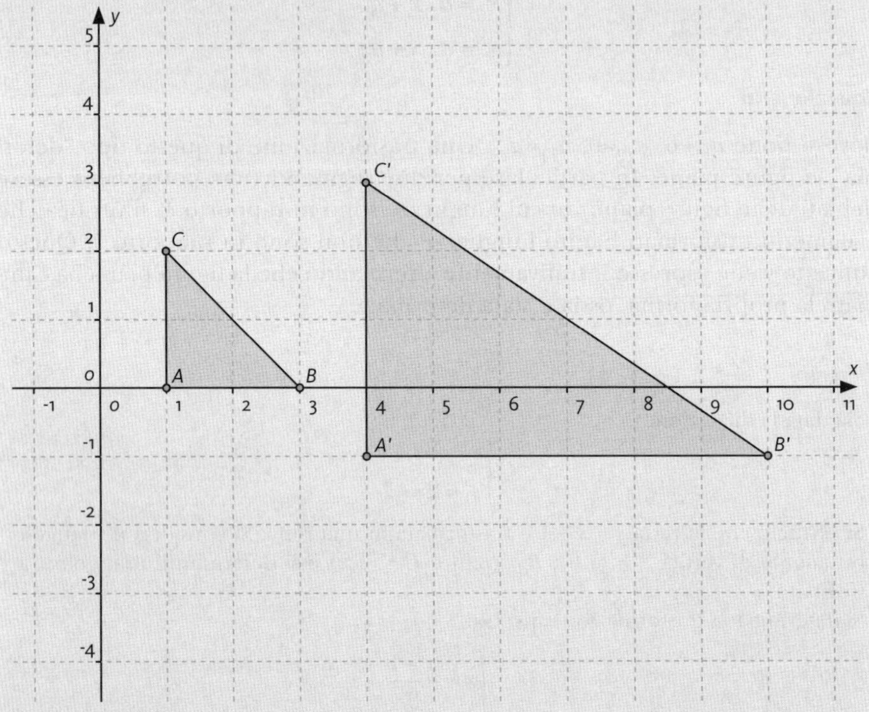

Figura 9

2.2.4 Punti uniti di una trasformazione

Si consideri una generica affinità.

$$\begin{cases} x' = a_{11}x + a_{12}y + a_1 \\ y' = a_{21}x + a_{22}y + a_2 \end{cases}$$

Si definisce **punto unito** dell'affinità un punto che viene associato a se stesso dall'affinità. In altre parole si dice che il punto non viene modificato dall'affinità. La condizione perché un punto $P=(x,y)$ sia unito è che il suo trasformato $P'=(x',y')$ sia uguale a P, ossia $(x,y)=(x',y')$, da cui discende che $x'=x$ e $y'=y$. Pertanto si ha:

$$\begin{cases} x = a_{11}x + a_{12}y + a_1 \\ y = a_{21}x + a_{22}y + a_2 \end{cases} \Rightarrow \begin{cases} a_{11}x - x + a_{12}y + a_1 = 0 \\ a_{21}x + a_{22}y - y + a_2 = 0 \end{cases}$$

da cui:

$$\begin{cases}(a_{11}-1)x + a_{12}y = -a_1 \\ a_{21}x + (a_{22}-1)y = -a_2\end{cases}$$

Equazione 11

Il sistema dell'Equazione 11 ha un'unica soluzione, ottenibile mediante la regola di Cramer, se avviene che:

$$\det(A') = \det\begin{bmatrix} a_{11}-1 & a_{12} \\ a_{21} & a_{22}-1 \end{bmatrix} \neq 0$$

In tal caso esiste un unico punto unito, detto C, e le sue coordinate sono date dalla soluzione del sistema:

$$x_C = \frac{\det\begin{bmatrix} -a_1 & a_{12} \\ -a_2 & a_{22}-1 \end{bmatrix}}{\det(A')}$$

$$y_C = \frac{\det\begin{bmatrix} a_{11}-1 & -a_1 \\ a_{21} & -a_2 \end{bmatrix}}{\det(A')}$$

Il punto unito C è detto **centro** dell'affinità.
Se avviene che:

$$\det(A') = \det\begin{bmatrix} a_{11}-1 & a_{12} \\ a_{21} & a_{22}-1 \end{bmatrix} = 0$$

Ed inoltre il rango della matrice completa vale 1, allora il sistema ha infinite soluzioni.
In tal caso una delle due equazioni dipende dall'altra e il sistema si riduce ad un'unica equazione che rappresenta una retta. Pertanto tutti i punti di questa retta sono punti uniti della trasformazione.
Si noti che quando una retta è tale che tutti i suoi punti sono uniti (non vengono mutati dalla trasformazione), allora la retta si dice **puntualmente unita**. Tale retta non cambia punto per punto.
Può accadere che i punti di una retta vengano trasformati in punti della stessa retta. In tal caso nel complesso l'intera retta viene trasformata in se stessa, anche se la posizione dei singoli punti varia. Questa retta viene detta **globalmente unita**.

Esempi

1) Si determinino i punti uniti della trasformazione affine:

$$\begin{cases} x' = x - y \\ y' = -x + 2y + 1 \end{cases}$$

Si impone che:

$$\begin{cases} x = x - y \\ y = -x + 2y + 1 \end{cases} \Rightarrow \begin{cases} y = 0 \\ 0 = -x + 1 \end{cases} \Rightarrow \begin{cases} y = 0 \\ x = 1 \end{cases}$$

Il punto unito (centro) ha coordinate C=(1,0) ed è mostrato in Figura 10. I punti A, B, D ed E sono mostrati in figura con i loro trasformati A', B', D' ed E'. Dei vettori indicano la trasformazione dei punti.

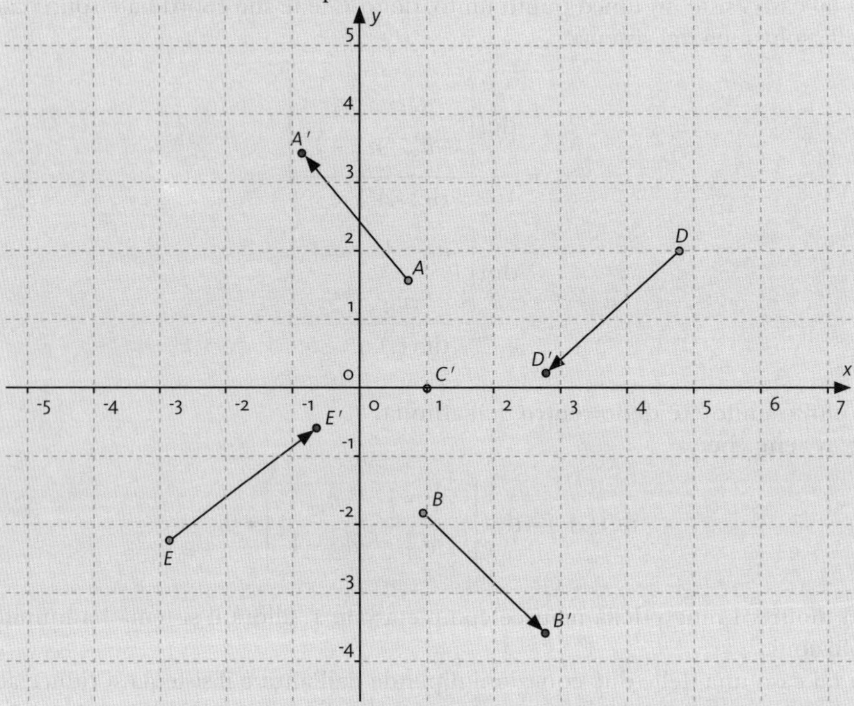

Figura 10

2) Si determinino i punti uniti della trasformazione affine:

$$\begin{cases} x' = 3x + 2y + 1 \\ y' = 2x + 3y + 1 \end{cases}$$

Si impone che:

$$\begin{cases} x = 3x + 2y + 1 \\ y = 2x + 3y + 1 \end{cases} \Rightarrow \begin{cases} 2x + 2y + 1 = 0 \\ 2x + 2y + 1 = 0 \end{cases}$$

Le due equazioni sono dipendenti. Si è nel caso in cui il rango della matrice incompleta e quello della matrice completa valgono entrambi 1. Pertanto, si sceglie una sola delle due equazioni che rappresenta la retta costituita da soli punti uniti (retta puntualmente unita).

$$2x + 2y + 1 = 0$$

In Figura 11 è mostrata la retta di punti uniti. I punti A, B e D vengono trasformati in A', B' e D'. Le loro trasformazioni sono indicate da tre vettori. Il punto C appartiene alla retta e coincide con il suo trasformato.

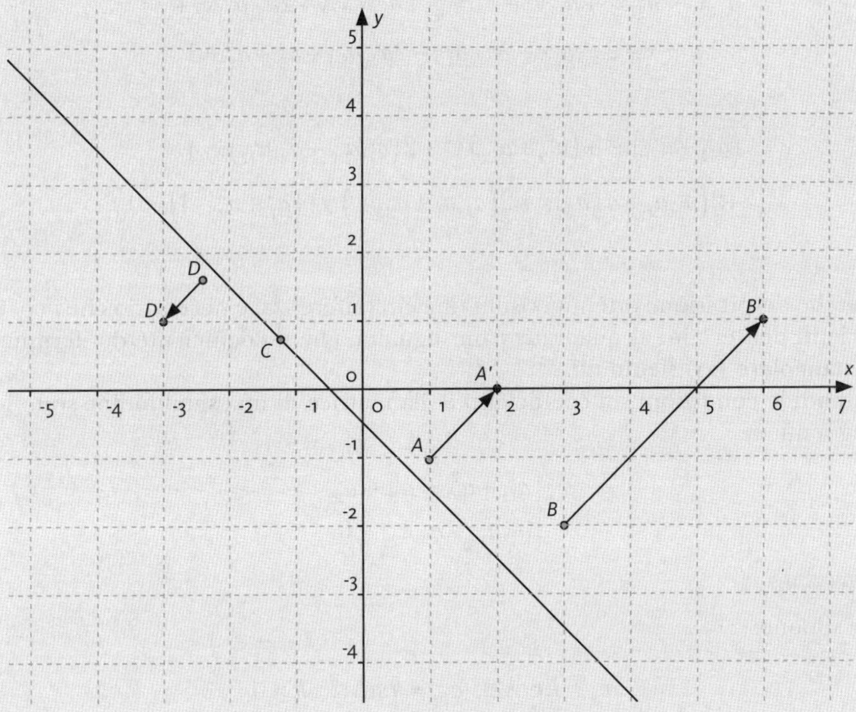

Figura 11

2.2.5 Le similitudini e il gruppo Euclideo

Le similitudini sono trasformazioni affini che hanno la caratteristica di trasformare una circonferenza in una circonferenza. Per ricavare le condizioni affinché l'affinità risulti una similitudine, si considera l'equazione della circonferenza nell'origine (trasformata), data da:

$$x'^2 + y'^2 + 1 = 0$$

Ci si chiede quale sia l'espressione algebrica da cui tale equazione proviene. Per farlo si sostituiscono x' e y' con le relazioni dell'Equazione 4.

$$\left(a_{11}x + a_{12}y + a_1\right)^2 + \left(a_{21}x + a_{22}y + a_2\right)^2 = 1$$

$$a_{11}^2x^2 + a_{12}^2y^2 + a_1^2 + 2a_{11}a_{12}xy + 2a_{11}a_1x + 2a_{12}a_1y +$$
$$+a_{21}^2x^2 + a_{22}^2y^2 + a_2^2 + 2a_{21}a_{22}xy + 2a_{21}a_2x + 2a_{22}a_2y = 1$$

$$a_{11}^2x^2 + a_{21}^2x^2 + a_{12}^2y^2 + a_{22}^2y^2 + 2a_{11}a_{12}xy + 2a_{21}a_{22}xy +$$
$$+2a_{11}a_1x + 2a_{21}a_2x + 2a_{12}a_1y + 2a_{22}a_2y + a_1^2 + a_2^2 = 1$$

$$\left(a_{11}^2 + a_{21}^2\right)x^2 + \left(a_{12}^2 + a_{22}^2\right)y^2 + 2\left(a_{11}a_{12} + a_{21}a_{22}\right)xy +$$
$$+2\left(a_{11}a_1 + a_{21}a_2\right)x + 2\left(a_{12}a_1 + a_{22}a_2\right)y + \left(a_1^2 + a_2^2 - 1\right) = 0$$

Perché l'espressione ottenuta risulti una circonferenza, è necessario che i coefficienti dei termini al quadrato siano uguali e che il coefficiente del termine rettangolare (xy) si annulli.
Quindi le condizioni sui coefficienti della matrice di una similitudine sono le seguenti:

$$\begin{cases} a_{11}^2 + a_{21}^2 = a_{12}^2 + a_{22}^2 \\ a_{11}a_{12} + a_{21}a_{22} = 0 \end{cases}$$

Equazione 12

Se si pone:

$$a_{11} = k\cos\alpha,\ a_{12} = k\sin\alpha,\ k > 0$$

Equazione 13

si ottiene:

$$\begin{cases} k^2\cos^2\alpha + k^2\sin^2\alpha = a_{12}^2 + a_{22}^2 \\ k\cos\alpha a_{12} + k\sin\alpha a_{22} = 0 \end{cases}$$

$$\begin{cases} k^2 = a_{12}^2 + a_{22}^2 \\ \cos\alpha a_{12} + \sin\alpha a_{22} = 0 \end{cases}$$

$$\begin{cases} k^2 = a_{12}^2 + a_{22}^2 \\ a_{12} = -\dfrac{\sin\alpha}{\cos\alpha} a_{22} \end{cases} \Rightarrow \begin{cases} k^2 = \dfrac{\sin^2\alpha}{\cos^2\alpha} a_{22}^2 + a_{22}^2 \\ a_{12} = -\dfrac{\sin\alpha}{\cos\alpha} a_{22} \end{cases} \Rightarrow k^2\cos^2\alpha = \sin^2\alpha a_{22}^2 + \cos^2\alpha a_{22}^2$$

$$\Rightarrow k^2\cos^2\alpha = a_{22}^2 \Rightarrow a_{22} = \pm k\cos\alpha$$

$$\Rightarrow a_{12} = -\frac{\sin\alpha}{\cos\alpha} a_{22} = -\frac{\sin\alpha}{\cos\alpha}(\pm k\cos\alpha) \Rightarrow a_{12} = \mp k\sin\alpha$$

Pertanto la generica similitudine deve essere rappresentata dalla trasformazione:

$$\begin{cases} x' = k\cos\alpha x \mp k\sin\alpha y + a_1 \\ y' = k\sin\alpha x \pm k\cos\alpha y + a_2 \end{cases} \Rightarrow \begin{cases} x' = k(\cos\alpha x \mp \sin\alpha y) + a_1 \\ y' = k(\sin\alpha x \pm \cos\alpha y) + a_2 \end{cases}$$

Equazione 14

con $k > 0$ che è detto **rapporto di similitudine**.
Si illustra ora una proprietà caratteristica delle similitudini che è equivalente a quella con la quale le similitudini sono state definite. Pertanto può essere considerata come una definizione alternativa di similitudine.
Dati due segmenti le cui lunghezze sono in rapporto *k*, una similitudine è una affinità che trasforma i due segmenti in due nuovi segmenti le cui lunghezze sono nuovamente in rapporto *k*. In pratica, una similitudine mantiene invariati i rapporti di lunghezze di segmenti corrispondenti.
Siano $A = (x_1, y_1)$, $B = (x_2, y_2)$ gli estremi di un segmento che vengono trasformati in $A' = (x'_1, y'_1)$, $B' = (x'_2, y'_2)$, estremi del secondo segmento.
Il quadrato della lunghezza del segmento trasformato è pari a:

$$\overline{A'B'}^2 = (x'_1 - x'_2)^2 + (y'_1 - y'_2)^2 =$$

$$= (k\cos\alpha x_1 \mp k\sin\alpha y_1 + a_1 - k\cos\alpha x_2 \pm k\sin\alpha y_2 - a_1)^2 +$$

$$+(k\sin\alpha x_1 \pm k\cos\alpha y_1 + a_2 - k\sin\alpha x_2 \mp k\cos\alpha y_2 - a_2)^2 =$$

$$= k^2(\cos\alpha x_1 \mp \sin\alpha y_1 - \cos\alpha x_2 \pm \sin\alpha y_2)^2 + k^2(\sin\alpha x_1 \pm \cos\alpha y_1 - \sin\alpha x_2 \mp \cos\alpha y_2)^2 =$$

$$= k^2(\cos\alpha(x_1 - x_2) \mp \sin\alpha(y_1 - y_2))^2 + k^2(\sin\alpha(x_1 - x_2) \pm \cos\alpha(y_1 - y_2))^2 =$$

$$= k^2\Big(\cos^2\alpha(x_1 - x_2)^2 + \sin^2\alpha(y_1 - y_2)^2 \mp 2\cos\alpha\sin\alpha(x_1 - x_2)(y_1 - y_2)$$

$$+\sin^2\alpha(x_1 - x_2)^2 + \cos^2\alpha(y_1 - y_2)^2 \pm 2\cos\alpha\sin\alpha(x_1 - x_2)(y_1 - y_2)\Big) =$$

$$= k^2\Big((x_1 - x_2)^2 + (y_1 - y_2)^2 \mp 2\cos\alpha\sin\alpha(x_1 - x_2)(y_1 - y_2) \pm 2\cos\alpha\sin\alpha(x_1 - x_2)(y_1 - y_2)\Big) =$$

$$= k^2\left((x_1 - x_2)^2 + (y_1 - y_2)^2\right) = k^2\overline{AB}^2$$

Quindi:

$$\overline{A'B'} = k\overline{AB}$$

Analogamente per un altro segmento avviene che:

$$\overline{C'D'} = k\overline{CD}$$

Quindi se il rapporto tra i due segmenti valeva:

$$\frac{\overline{AB}}{\overline{CD}} = \lambda$$

Quello tra i segmenti trasformati resta invariato:

$$\frac{\overline{A'B'}}{\overline{C'D'}} = \frac{k\overline{AB}}{k\overline{CD}} = \frac{\overline{AB}}{\overline{CD}} = \lambda$$

Si noti che la trasformazione dell'Equazione 10 (dilatazione) non è una similitudine, in quanto non soddisfa le condizioni dell'Equazione 12. Del resto l'esempio fornito mostra come i rapporti tra le lunghezze dei segmenti non siano rispettati.
Dall'Equazione 14 si nota che il rapporto di similitudine è legato al determinante della matrice della trasformazione:

$$\det(A) = \det\begin{bmatrix} k\cos\alpha & \mp k\sin\alpha \\ k\sin\alpha & \pm k\cos\alpha \end{bmatrix} = \pm k^2\cos^2\alpha \pm k^2\sin^2\alpha = \pm k^2$$

Pertanto si ha:

$$k^2 = \pm\det(A) \Rightarrow k = \sqrt{\pm\det(A)}$$

Se $\det(A) > 0$ la similitudine è **diretta**, viceversa la similitudine è **inversa**. Per questi tipi di similitudini valgono proprietà analoghe a quelle enunciate per le affinità.
Le similitudini nel piano formano un gruppo. Tale gruppo è detto **gruppo euclideo**. Inoltre le similitudini dirette formano un sottogruppo del gruppo euclideo.
Altre caratteristiche delle similitudini sono le seguenti:

- in una similitudine gli angoli che si corrispondono sono congruenti (le similitudini conservano le ampiezze degli angoli);
- in una similitudine rette perpendicolari vengono trasformate in rette perpendicolari.

Si noti che riprendendo le uguaglianze imposte nell'Equazione 13 si possono scrivere le similitudini dell'Equazione 14 nel modo seguente:

$$\begin{cases} x' = a_{11}x \mp a_{12}y + a_1 \\ y' = a_{12}x \pm a_{11}y + a_2 \end{cases}$$

Equazione 15

Esempi

Si consideri la similitudine:

$$\begin{cases} x' = 3x - 2y + 1 \\ y' = 2x + 3y \end{cases}$$

Si stabilisca se è una similitudine diretta o inversa e si calcoli il rapporto di similitudine.

Si calcolino i trasformati dei punti $A=(1,0)$ e $B=(2,1)$ e si verifichi se la lunghezza del segmento trasformato $A'B'$ è pari al prodotto del rapporto di similitudine per la lunghezza del segmento di partenza.

Si calcola il determinante della trasformazione:

$$\det(A) = \det\begin{bmatrix} 3 & -2 \\ 2 & 3 \end{bmatrix} = 9 + 4 = 13 > 0$$

Si tratta di una similitudine diretta il cui rapporto di similitudine vale $\sqrt{13}$.

Il segmento AB ha lunghezza pari a:

$$AB = \sqrt{(x_A - x_B)^2 + (y_A - y_B)^2} = \sqrt{(1-2)^2 + (0-1)^2} = \sqrt{1+1} = \sqrt{2}$$

I trasformati dei punti A e B sono:

$$A': \begin{cases} x' = 3\cdot 1 - 2\cdot 0 + 1 \\ y' = 2\cdot 1 + 3\cdot 0 \end{cases} \Rightarrow \begin{cases} x' = 4 \\ y' = 2 \end{cases} \Rightarrow A' = (4,2)$$

$$B': \begin{cases} x' = 3\cdot 2 - 2\cdot 1 + 1 \\ y' = 2\cdot 2 + 3\cdot 1 \end{cases} \Rightarrow \begin{cases} x' = 5 \\ y' = 7 \end{cases} \Rightarrow B' = (5,7)$$

Il segmento trasformato $A'B'$ ha lunghezza pari a:

$$A'B' = \sqrt{(x'_A - x'_B)^2 + (y'_A - y'_B)^2} = \sqrt{(4-5)^2 + (2-7)^2} = \sqrt{1+25} = \sqrt{26}$$

Pertanto il rapporto tra le due lunghezze è proprio pari al rapporto di similitudine:

$$\frac{A'B'}{AB} = \frac{\sqrt{26}}{\sqrt{2}} = \sqrt{13}$$

In Figura 12 è mostrato il segmento di partenza AB e il suo trasformato $A'B'$.

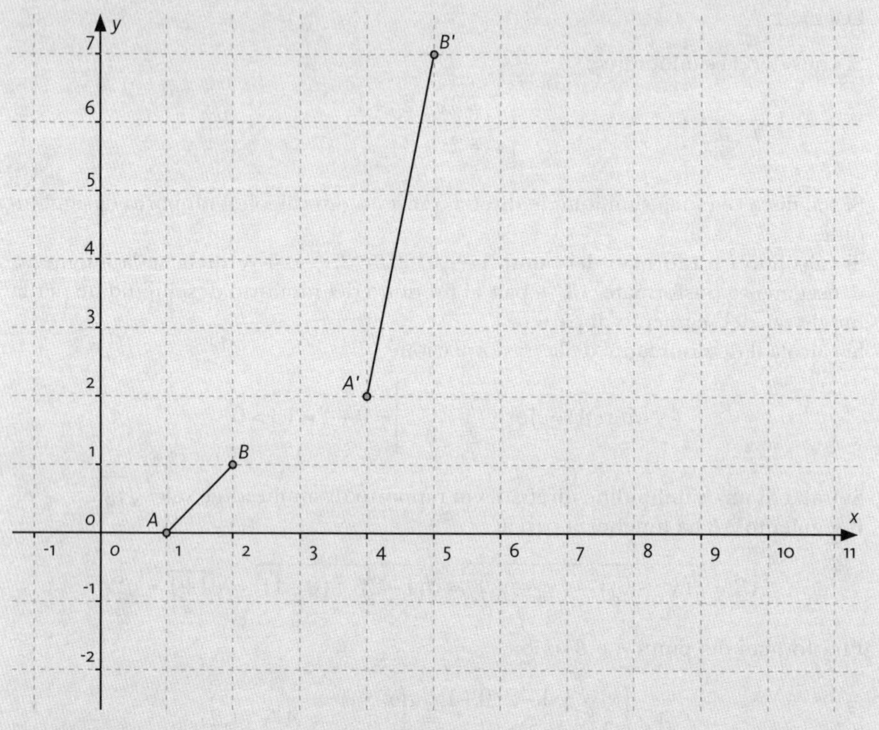

Figura 12

2.2.6 Particolari similitudini: omotetie

Se nell'Equazione 14 si pone $\alpha = 0$ (scegliendo il segno positivo nella seconda equazione) si ottiene una particolare similitudine (si suppone $k \neq 1$):

$$\begin{cases} x' = kx \\ y' = ky \end{cases}$$

Equazione 16

La trasformazione dell'Equazione 16 è detta **omotetia**.
Si noti che:

$$\det(A) = \det\begin{bmatrix} k & 0 \\ 0 & k \end{bmatrix} = k^2 > 0$$

Equazione 17

Pertanto l'omotetia è una similitudine diretta.
L'omotetia ha un centro, ossia un punto che viene associato a se stesso. In particolare si ha:

$$\begin{cases} x = kx + a_1 \\ y = ky + a_2 \end{cases} \Rightarrow \begin{cases} x - kx = a_1 \\ y - ky = a_2 \end{cases} \Rightarrow \begin{cases} (1-k)x = a_1 \\ (1-k)y = a_2 \end{cases}$$

Quindi le coordinate del centro dell'omotetia sono:

$$\begin{cases} x = \dfrac{a_1}{1-k} \\ y = \dfrac{a_2}{1-k} \end{cases}$$

Equazione 18

Se nell'Equazione 16 si pone $a_1 = a_2 = 0$, si ottiene una **omotetia** il cui centro è l'origine degli assi.

$$\begin{cases} x' = kx \\ y' = ky \end{cases}$$

Equazione 19

Il numero k è detto **rapporto dell'omotetia.**
Si consideri una retta r passante per il centro dell'omotetia, suddivisa da questo punto in due semirette s_1 e s_2.
Se $k > 0$ un punto appartenente a s_1 viene trasformato in un punto appartenente ancora a s_1; analogamente accade per i punti di s_2 (omotetia **diretta**).
Se $k < 0$ un punto appartenente a s_2 viene trasformato in un punto appartenente a s_1 e viceversa (omotetia **inversa**).
Se $|k| > 1$ l'omotetia è detta **ingrandimento**; un punto della retta r passante per l'origine viene trasformato in un punto con distanza maggiore dall'origine rispetto a quello di partenza.
Se $|k| < 1$ l'omotetia è detta **riduzione**; un punto della retta r passante per l'origine viene trasformato in un punto con distanza minore dall'origine rispetto a quello di partenza.
Concludendo, si può affermare che l'omotetia è una similitudine che ha la particolare caratteristica di trasformare i punti allineandoli lungo delle rette, passanti per un punto fisso.

Esempi

Considerata l'omotetia

$$\begin{cases} x' = 2x - 1 \\ y' = 2y + 1 \end{cases}$$

Si determini se si tratta di un ingrandimento o di una riduzione. Si determini, inoltre, il punto unito della trasformazione. Stabilita una retta qualsiasi passante per il punto unito si verifichi come agisce l'omotetia sulla retta.

L'omotetia considerata è un ingrandimento in quanto $k = 2 > 1$. Inoltre, siccome $k = 2 > 0$, l'omotetia è diretta.

Il punto unito viene determinato mediante l'Equazione 18:

$$C: \begin{cases} x = \dfrac{a_1}{1-k} = \dfrac{-1}{1-2} = 1 \\ y = \dfrac{a_2}{1-k} = \dfrac{+1}{1-2} = -1 \end{cases} \Rightarrow C = (1, -1)$$

Si scrive il fascio di rette passante per C:

$$(y - y_C) = m(x - x_C)$$
$$(y + 1) = m(x - 1)$$

Ponendo $m = 1$ si ottiene una generica retta passante per C:

$$(y + 1) = 1(x - 1)$$
$$y = x - 1 - 1$$
$$y = x - 2$$

Si ricava la trasformazione inversa:

$$\begin{cases} x = \dfrac{x'+1}{2} \\ y = \dfrac{y'-1}{2} \end{cases}$$

Si sostituiscono x e y nell'equazione della retta:

$$y = x - 2$$
$$\frac{y'-1}{2} = \frac{x'+1}{2} - 2$$
$$y' - 1 = x' + 1 - 4$$
$$y' = x' - 2$$

L'espressione algebrica della retta non cambia. Pertanto la retta viene trasformata in se stessa. Si noti che la retta non è costituita da punti uniti, in quanto i singoli punti della retta vengono trasformati. Essi però sono trasformati in altri punti della retta. Si tratta di una retta globalmente unita, ma non puntualmente unita.

In Figura 13 è mostrata la retta globalmente unita. I punti A e B appartengono alla retta e vengono trasformati nei punti A' e B' ancora appartenenti alla retta. Il punto C (centro dell'omotetia) è unito.

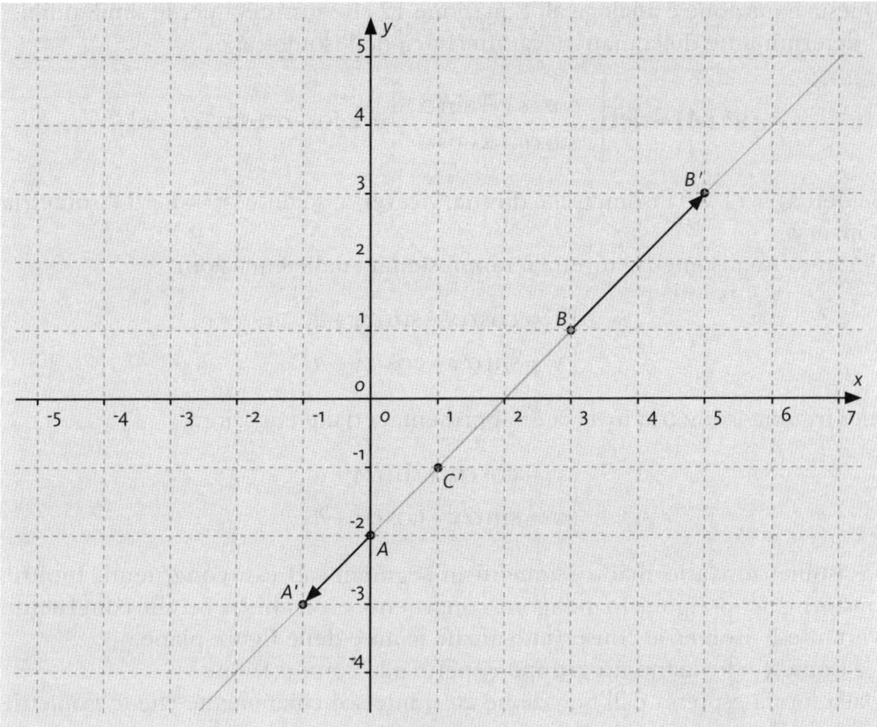

Figura 13

2.2.7 Isometrie

Se nell'Equazione 14 si pone $k = 1$ si ottiene una nuova categoria di trasformazioni, denominate **isometrie**:

$$\begin{cases} x' = \cos\alpha x \mp \sin\alpha y + a_1 \\ y' = \sin\alpha x \pm \cos\alpha y + a_2 \end{cases}$$

Equazione 20

Si noti che, data la forma più generale dell'affinità:

$$\begin{cases} x' = a_{11}x + a_{12}y + a_1 \\ y' = a_{21}x + a_{22}y + a_2 \end{cases}$$

si può verificare che la condizione per la quale un'affinità diventa una isometria è la seguente:

$$\begin{cases} a_{11}^2 + a_{21}^2 = a_{12}^2 + a_{22}^2 = 1 \\ a_{11}a_{12} + a_{21}a_{22} = 0 \end{cases}$$

Questa equazione è analoga all'Equazione 12 che sussisteva per le similitudini.
Il determinante della matrice caratteristica dell'isometria è:

$$\det(A) = \det\begin{bmatrix} \cos\alpha & \mp\sin\alpha \\ \sin\alpha & \pm\cos\alpha \end{bmatrix} = \pm\cos^2\alpha \pm \sin^2\alpha = \pm 1$$

Se $\det(A) = +1 > 0$ l'isometria è **diretta**, viceversa, se $\det(A) = -1 < 0$ l'isometria è **inversa**.
Pertanto una isometria diretta è rappresentata dalle equazioni:

$$\begin{cases} x' = \cos\alpha x - \sin\alpha y + a_1 \\ y' = \sin\alpha x + \cos\alpha y + a_2 \end{cases}$$

mentre una isometria inversa è rappresentata dalle equazioni:

$$\begin{cases} x' = \cos\alpha x + \sin\alpha y + a_1 \\ y' = \sin\alpha x - \cos\alpha y + a_2 \end{cases}$$

Le isometrie trasformano segmenti in segmenti ad essi congruenti. Inoltre, trasformano poligoni in poligoni congruenti e cerchi in cerchi congruenti. Pertanto le isometrie conservano anche le aree delle figure piane.
Le isometrie formano un gruppo rispetto alla composizione.
Dalla forma espressa dall'Equazione 20 si intuisce chiaramente che le isometrie contemplano rotazioni di un angolo α intorno ad un determinato punto e traslazioni espresse in generale mediante i termini a_1 ed a_2. In realtà le isometrie prevedono anche altre trasformazioni che vengono illustrate nei paragrafi successivi.

2.2.8 Isometrie dirette

Si considera la generica isometria diretta di equazioni:

$$\begin{cases} x' = \cos\alpha x - \sin\alpha y + a_1 \\ y' = \sin\alpha x + \cos\alpha y + a_2 \end{cases}$$

Equazione 21

Se $\alpha \neq 2 \cdot k \cdot \pi$, $k \in Z$, l'isometria ha un centro che è dato dalla soluzione del sistema:

$$\begin{cases} x = \cos\alpha x - \sin\alpha y + a_1 \\ y = \sin\alpha x + \cos\alpha y + a_2 \end{cases}$$

da cui:

$$\begin{cases} (\cos\alpha - 1)x - \sin\alpha y = -a_1 \\ \sin\alpha x + (\cos\alpha - 1)y = -a_2 \end{cases}$$

Equazione 22

Si ottiene:

$$\det(A') = (\cos\alpha - 1)^2 + \sin^2\alpha = \cos^2\alpha + 1 - 2\cos\alpha + \sin^2\alpha =$$
$$= 2 - 2\cos\alpha = 2(1-\cos\alpha) \neq 0 \quad \alpha \neq 2\cdot k\cdot\pi,\ k \in Z$$

da cui:

$$x = \frac{\det\begin{bmatrix} -a_1 & -\sin\alpha \\ -a_2 & (\cos\alpha - 1) \end{bmatrix}}{2(1-\cos\alpha)} = \frac{-a_1(\cos\alpha - 1) - a_2\sin\alpha}{2(1-\cos\alpha)} = \frac{a_1(1-\cos\alpha) - a_2\sin\alpha}{2(1-\cos\alpha)} =$$
$$= \frac{a_1}{2} - \frac{a_2\sin\alpha}{2(1-\cos\alpha)}$$

$$y = \frac{\det\begin{bmatrix} (\cos\alpha - 1) & -a_1 \\ \sin\alpha & -a_2 \end{bmatrix}}{2(1-\cos\alpha)} = \frac{-a_2(\cos\alpha - 1) + a_1\sin\alpha}{2(1-\cos\alpha)} = \frac{a_2(1-\cos\alpha) + a_1\sin\alpha}{2(1-\cos\alpha)} =$$
$$= \frac{a_2}{2} + \frac{a_1\sin\alpha}{2(1-\cos\alpha)}$$

Si ottengono le coordinate del punto unito:

$$x_C = \frac{a_1}{2} - \frac{a_2\sin\alpha}{2(1-\cos\alpha)}$$
$$y_C = \frac{a_2}{2} + \frac{a_1\sin\alpha}{2(1-\cos\alpha)}$$

Equazione 23

Queste coordinate soddisfano l'Equazione 22; pertanto si può scrivere:

$$\begin{cases} a_1 = -(\cos\alpha - 1)x_C + \sin\alpha y_C \\ a_2 = -\sin\alpha x_C - (\cos\alpha - 1)y_C \end{cases}$$

Sostituendo al posto di a_1 e a_2 nell'Equazione 21 si ottiene:

$$\begin{cases} x' = \cos\alpha x - \sin\alpha y - (\cos\alpha - 1)x_C + \sin\alpha y_C \\ y' = \sin\alpha x + \cos\alpha y - \sin\alpha x_C - (\cos\alpha - 1)y_C \end{cases}$$

da cui si può scrivere la generica rotazione di un angolo α intorno ad un punto C, espressa in funzione delle coordinate del punto C.

$$\begin{cases} x' = \cos\alpha(x - x_C) - \sin\alpha(y - y_C) + x_C \\ y' = \sin\alpha(x - x_C) + \cos\alpha(y - y_C) + y_C \end{cases}$$

Equazione 24

Si noti che ponendo:

$$a_{11} = \cos\alpha,\ a_{12} = \sin\alpha$$

si può scrivere l'isometria diretta dell'Equazione 21 nel modo seguente:

$$\begin{cases} x' = a_{11}x - a_{12}y + a_1 \\ y' = a_{12}x + a_{11}y + a_2 \end{cases}$$

Equazione 25

con la condizione che $a_{11}^2 + a_{12}^2 = 1$.
Analogamente si possono riscrivere l'Equazione 23 e l'Equazione 24.

$$x_C = \frac{a_1}{2} - \frac{a_2 a_{12}}{2(1 - a_{11})}$$

$$y_C = \frac{a_2}{2} + \frac{a_1 a_{12}}{2(1 - a_{11})}$$

Equazione 26

$$\begin{cases} x' = a_{11}(x - x_C) - a_{12}(y - y_C) + x_C \\ y' = a_{12}(x - x_C) + a_{11}(y - y_C) + y_C \end{cases}$$

Equazione 27

Esempi

1) Si determini il punto unito della isometria diretta:

$$\begin{cases} x' = \frac{\sqrt{3}}{2}x - \frac{1}{2}y - 1 \\ y' = \frac{1}{2}x + \frac{\sqrt{3}}{2}y - 2 \end{cases}$$

Applicando l'Equazione 26 si può scrivere:

$$x_C = \frac{a_1}{2} - \frac{a_2 a_{12}}{2(1 - a_{11})} = -\frac{1}{2} - \frac{(-2)\left(\frac{1}{2}\right)}{2\left(1 - \frac{\sqrt{3}}{2}\right)} = -\frac{1}{2} + \frac{1}{2\left(\frac{2 - \sqrt{3}}{2}\right)} =$$

$$= -\frac{1}{2} + \frac{1}{\left(2 - \sqrt{3}\right)} = \frac{-2 + \sqrt{3} + 2}{2\left(2 - \sqrt{3}\right)} = \frac{\sqrt{3}}{2\left(2 - \sqrt{3}\right)} =$$

$$\frac{\sqrt{3}}{2\left(2 - \sqrt{3}\right)} \cdot \frac{\left(2 + \sqrt{3}\right)}{\left(2 + \sqrt{3}\right)} = \frac{\sqrt{3}\left(2 + \sqrt{3}\right)}{2(4 - 3)} = \frac{\sqrt{3}\left(2 + \sqrt{3}\right)}{2} = \sqrt{3} + \frac{3}{2}$$

Analogamente si ottiene:

$$y_C = \frac{a_2}{2} + \frac{a_1 a_{12}}{2(1-a_{11})} = -\frac{2}{2} + \frac{(-1)\left(\frac{1}{2}\right)}{2\left(1-\frac{\sqrt{3}}{2}\right)} = -1 - \frac{\frac{1}{2}}{2\left(\frac{2-\sqrt{3}}{2}\right)} =$$

$$= -1 - \frac{1}{2\left(2-\sqrt{3}\right)} = \left(\frac{-4+2\sqrt{3}-1}{2\left(2-\sqrt{3}\right)}\right) = \frac{2\sqrt{3}-5}{2\left(2-\sqrt{3}\right)} =$$

$$= \frac{2\sqrt{3}-5}{2\left(2-\sqrt{3}\right)} \cdot \frac{\left(2+\sqrt{3}\right)}{\left(2+\sqrt{3}\right)} = \frac{4\sqrt{3}+6-10-5\sqrt{3}}{2(4-3)} = \frac{-4-\sqrt{3}}{2} = -2-\frac{\sqrt{3}}{2}$$

Pertanto il centro della rotazione vale $C = \left(\sqrt{3}+\frac{3}{2}, -2-\frac{\sqrt{3}}{2}\right)$.

Tenendo conto che $\cos\alpha = a_{11} = \frac{\sqrt{3}}{2} \Rightarrow \alpha = 30°$, si può intendere l'isometria assegnata come una rotazione di 30° intorno al punto *C*.
In Figura 14 è mostrato il centro *C* della rotazione e i trasformati *A'* e *B'* di alcuni punti *A* e *B*.

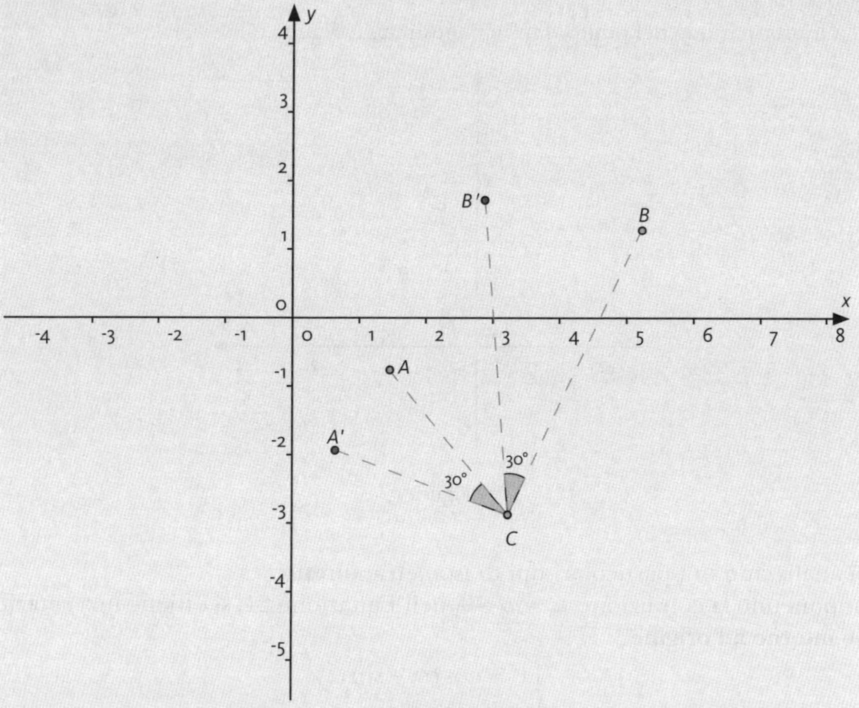

Figura 14

2) Si determini l'isometria che consiste in una rotazione di 60° intorno al punto di coordinate $C = (0,1)$. Si determini il trasformato del punto $A = (1,1)$.
Adoperando l'Equazione 24 si può scrivere:

$$\begin{cases} x' = \cos\alpha(x - x_C) - \sin\alpha(y - y_C) + x_C \\ y' = \sin\alpha(x - x_C) + \cos\alpha(y - y_C) + y_C \end{cases}$$

$$\begin{cases} x' = \cos 60°(x - 0) - \sin 60°(y - 1) + 0 \\ y' = \sin 60°(x - 0) + \cos 60°(y - 1) + 1 \end{cases}$$

$$\begin{cases} x' = \frac{1}{2}x - \frac{\sqrt{3}}{2}(y - 1) \\ y' = \frac{\sqrt{3}}{2}x + \frac{1}{2}(y - 1) + 1 \end{cases}$$

Il trasformato del punto $A = (1,1)$ ha coordinate:

$$\begin{cases} x' = \frac{1}{2}\cdot 1 - \frac{\sqrt{3}}{2}(1 - 1) \\ y' = \frac{\sqrt{3}}{2}\cdot 1 + \frac{1}{2}(1 - 1) + 1 \end{cases} \Rightarrow \begin{cases} x' = \frac{1}{2} \\ y' = \frac{\sqrt{3}}{2} + 1 \end{cases}$$

La trasformazione del punto A in A' è mostrata in Figura 15.

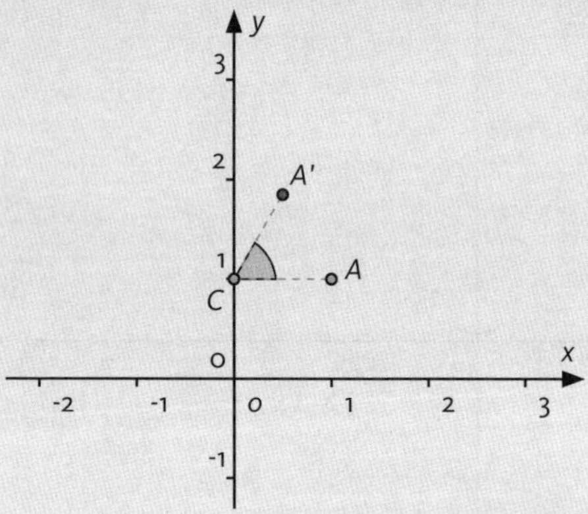

Figura 15

Si analizzano ora particolari tipi di isometrie dirette.
Imponendo la condizione $a_1 = a_2 = 0$ nell'Equazione 21, si ottiene una **rotazione intorno all'origine**:

$$\begin{cases} x' = \cos\alpha x - \sin\alpha y \\ y' = \sin\alpha x + \cos\alpha y \end{cases}$$

Questa rotazione ha un punto unito che risulta essere l'origine degli assi; per verificarlo basta imporre $a_1 = a_2 = 0$ nell'Equazione 23 o confrontare l'equazione appena ricavata con l'Equazione 24.
Imponendo la condizione $\alpha = 0$ nell'Equazione 21, si ottiene una **traslazione**:

$$\begin{cases} x' = x + a_1 \\ y' = y + a_2 \end{cases}$$

Si noti che una traslazione può essere vista anche come una particolare omotetia in cui $k = 1$ (vedi Equazione 16). La traslazione non presenta punti uniti.
Imponendo la condizione $\alpha = \pi$ nell'Equazione 21, si ottiene una **simmetria centrale**:

$$\begin{cases} x' = -x + a_1 \\ y' = -y + a_2 \end{cases}$$

Equazione 28

La simmetria centrale ha un punto unito detto **centro** della simmetria.

$$\begin{cases} x = -x + a_1 \\ y = -y + a_2 \end{cases} \Rightarrow \begin{cases} 2x = a_1 \\ 2y = a_2 \end{cases}$$

Pertanto le coordinate del centro di simmetria C sono:

$$\begin{cases} x_C = \dfrac{a_1}{2} \\ y_C = \dfrac{a_2}{2} \end{cases}$$

Equazione 29

Invertendo l'Equazione 29 si ottiene:

$$\begin{cases} a_1 = 2x_C \\ a_2 = 2y_C \end{cases}$$

Sostituendo nell'Equazione 28 si ottengono le trasformazioni di una simmetria centrale in funzione delle coordinate del centro C.

$$\begin{cases} x' = -x + 2x_C \\ y' = -y + 2y_C \end{cases}$$

Equazione 30

Se $a_1 = a_2 = 0$, allora $x_C = y_C = 0$ e si ha una simmetria centrale rispetto all'origine, in cui l'origine è il centro della simmetria.

Esempi

Si scrivano le equazioni della simmetria centrale di centro $C = (3,1)$ e si determini:

- il trasformato del segmento di estremi $A = (1,0)$ $B = (-2,3)$;
- il trasformato della retta r: $y = x - 2$
- il trasformato della retta s: $y = 2x + 3$

Usando l'Equazione 30 si scrive la simmetria centrale di centro C.

$$\begin{cases} x' = -x+6 \\ y' = -y+2 \end{cases}$$

Si determinano i trasformati degli estremi A e B.

$$A': \begin{cases} x' = -1+6 = 5 \\ y' = 0+2 = 2 \end{cases} \Rightarrow A' = (5,2)$$

$$B': \begin{cases} x' = +2+6 = 8 \\ y' = -3+2 = -1 \end{cases} \Rightarrow B' = (8,-1)$$

Il trasformato del segmento di estremi A e B è un segmento di estremi A' e B' (vedi Figura 16).

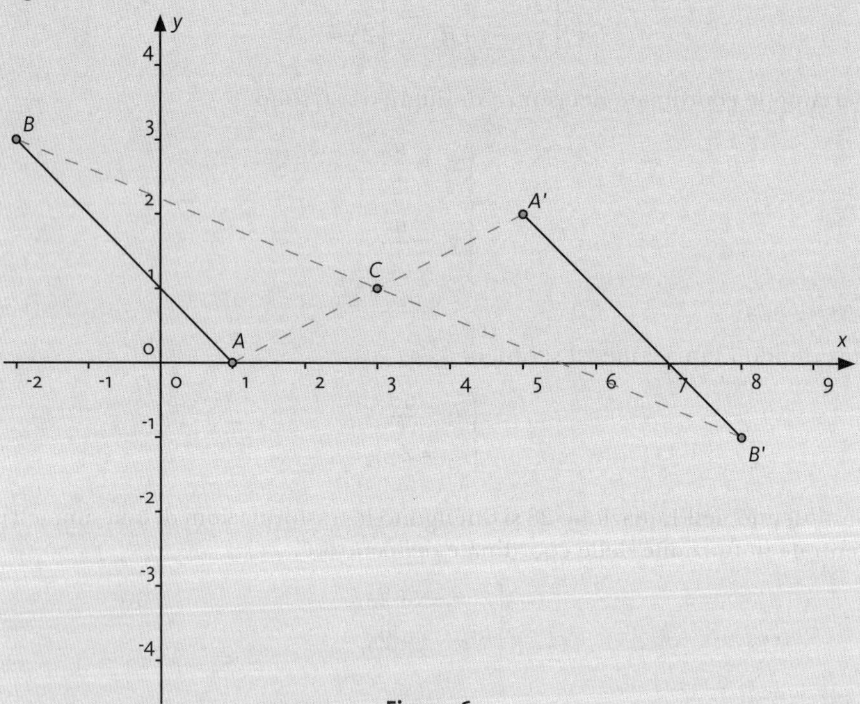

Figura 16

Si ricavano le equazioni inverse della simmetria centrale:

$$\begin{cases} x = -x'+6 \\ y = -y'+2 \end{cases}$$

Si sostituiscono nella retta *r*.

$$y = x - 2$$
$$-y'+2 = -x'+6-2$$
$$-y' = -x'+6-2-2$$
$$-y' = -x'+2$$
$$y' = x'-2$$

La retta viene trasformata in se stessa. Si tratta di una retta globalmente unita in quanto tutti i suoi punti vengono trasformati e solo il punto *C* (appartenente a tale retta) è unito. Si individua ora la trasformata della retta *s*.

$$y = 2x + 3$$
$$-y'+2 = 2(-x'+6)+3$$
$$-y' = -2x'+12+3-2$$
$$-y' = -2x'+13$$
$$y' = 2x'-13$$

In Figura 17 è mostrato il centro *C* la retta *r* e la retta *s* con la trasformata *s'*.

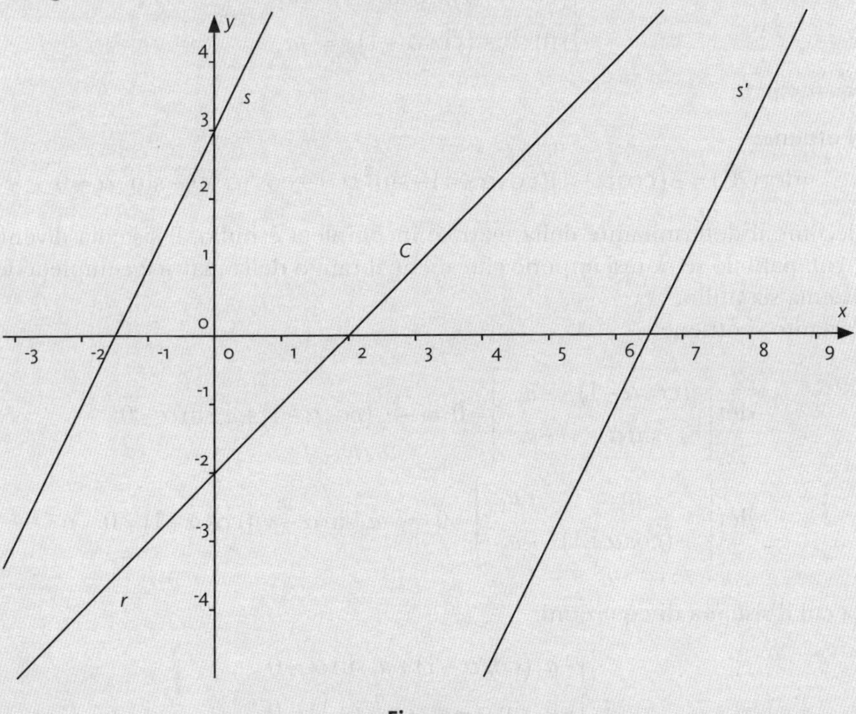

Figura 17

Infine, si possono constatare i seguenti asserti:
- Le isometrie dirette formano un gruppo (sottogruppo del gruppo delle similitudini e delle isometrie)
- Le traslazioni e le rotazioni rispetto allo stesso punto formano rispettivamente dei sottogruppi delle isometrie dirette.

2.2.9 Isometrie inverse

Si considera la generica isometria inversa di equazioni:

$$\begin{cases} x' = \cos\alpha x + \sin\alpha y + a_1 \\ y' = \sin\alpha x - \cos\alpha y + a_2 \end{cases}$$

Equazione 31

Per individuare eventuali punti uniti si risolve il sistema:

$$\begin{cases} x = \cos\alpha x + \sin\alpha y + a_1 \\ y = \sin\alpha x - \cos\alpha y + a_2 \end{cases}$$

da cui:

$$\begin{cases} (\cos\alpha - 1)x + \sin\alpha y = -a_1 \\ \sin\alpha x - (\cos\alpha + 1)y = -a_2 \end{cases}$$

Equazione 32

Si ottiene:

$$\det(A') = -(\cos\alpha - 1)(\cos\alpha + 1) - \sin^2\alpha = -\cos^2\alpha + 1 - \sin^2\alpha = 0$$

Siccome il determinante della matrice incompleta è nullo, il sistema diventa incompatibile se non si impone che anche il rango della matrice completa del sistema sia nullo.
Pertanto si ottiene:

$$\det\begin{bmatrix} (\cos\alpha - 1) & -a_1 \\ \sin\alpha & -a_2 \end{bmatrix} = 0 \Rightarrow -a_2(\cos\alpha - 1) + a_1 \sin\alpha = 0$$

$$\det\begin{bmatrix} \sin\alpha & -a_1 \\ -(\cos\alpha + 1) & -a_2 \end{bmatrix} = 0 \Rightarrow -a_2 \sin\alpha - a_1(\cos\alpha + 1) = 0$$

da cui il sistema di equazioni:

$$\begin{cases} -a_2(\cos\alpha - 1) + a_1 \sin\alpha = 0 \\ -a_2 \sin\alpha - a_1(\cos\alpha + 1) = 0 \end{cases}$$

Equazione 33

Il sistema dell'Equazione 33 è verificato se $\alpha = 0, a_1 = 0$ (i membri di sinistra si annullano entrambi).
In tal caso l'Equazione 31 diventa:

$$\begin{cases} x' = x \\ y' = -y + a_2 \end{cases}$$

Questa trasformazione rappresenta una **simmetria assiale rispetto ad una retta parallela all'asse x**.
Si ottiene l'equazione della retta, imponendo:

$$\begin{cases} x = x \\ y = -y + a_2 \end{cases} \Rightarrow y = \frac{a_2}{2}$$

Tutti i punti della retta $y = \frac{a_2}{2}$ sono uniti. Pertanto, assegnata la retta $y = c$, con $c = \frac{a_2}{2} \Rightarrow a_2 = 2c$, la simmetria assiale rispetto alla retta è:

$$\begin{cases} x' = x \\ y' = -y + 2c \end{cases}$$

Si noti che l'asse delle x ha equazione $y = 0$, pertanto **una simmetria assiale rispetto all'asse x** si scrive come:

$$\begin{cases} x' = x \\ y' = -y \end{cases}$$

Il sistema dell'Equazione 33 è verificato anche se $\alpha = \pi, a_2 = 0$ (i membri di sinistra si annullano entrambi).
In tal caso l'Equazione 31 diventa:

$$\begin{cases} x' = -x + a_1 \\ y' = y \end{cases}$$

Questa trasformazione rappresenta una **simmetria assiale rispetto ad una retta parallela all'asse *y***.
Si ottiene l'equazione della retta, imponendo:

$$\begin{cases} x = -x + a_1 \\ y = y \end{cases} \Rightarrow x = \frac{a_1}{2}$$

Tutti i punti della retta $x = \frac{a_1}{2}$ sono uniti. Pertanto, assegnata la retta $x = c$, con $c = \frac{a_1}{2} \Rightarrow a_1 = 2c$, la simmetria assiale rispetto alla retta è:

$$\begin{cases} x' = -x + 2c \\ y' = y \end{cases}$$

Si noti che l'asse delle y ha equazione $x = 0$, pertanto **una simmetria assiale rispetto all'asse *y*** si scrive come:

$$\begin{cases} x' = -x \\ y' = y \end{cases}$$

Si analizza ora il caso in cui $\alpha \neq 0 \vee \alpha \neq \pi$. In queste condizioni le due equazioni del sistema dell'Equazione 33 sono dipendenti. Ad esempio, si può ottenere la seconda, moltiplicando la prima per $(\cos\alpha + 1)$ e dividendo tutto per $\sin\alpha \neq 0$ (viste le ipotesi fatte sugli angoli).
Pertanto si considera la sola condizione proveniente dalla prima delle due equazioni del sistema dell'Equazione 33:

$$a_2(\cos\alpha - 1) = a_1 \sin\alpha$$

Equazione 34

Con tale condizione anche il rango della matrice completa è nullo. Pertanto, delle due equazioni del sistema dell'Equazione 32, si considera solo la prima:

$$(\cos\alpha - 1)x + \sin\alpha y + a_1 = 0$$

Questa equazione indica che infiniti punti sono uniti e sono i punti di una retta. Tale retta è detta **asse** della simmetria assiale.
È possibile verificare che se la retta viene espressa in forma implicita (del tipo $y = mx + q$) la simmetria assiale che ha per asse la retta è data dalla seguente trasformazione.

$$\begin{cases} x' = \dfrac{1-m^2}{1+m^2}x + \dfrac{2m}{1+m^2}y - \dfrac{2mq}{1+m^2} \\[2ex] y' = \dfrac{2m}{1+m^2}x - \dfrac{1-m^2}{1+m^2}y + \dfrac{2q}{1+m^2} \end{cases}$$

Equazione 35

Infine si sottolinea che ogni simmetria inversa può essere vista come la composizione di una isometria diretta e di una simmetria assiale.

Esempi

Data la retta $y = 3x + 1 = 0$ scrivere la simmetria assiale rispetto a tale retta e calcolare il trasformato del punto $P = (2,1)$.
La simmetria assiale viene determinata mediante l'Equazione 35.

$$\begin{cases} x' = \dfrac{1-9}{1+9}x + \dfrac{6}{1+9}y - \dfrac{6}{1+9} \\ y' = \dfrac{6}{1+9}x - \dfrac{1-9}{1+9}y + \dfrac{2}{1+9} \end{cases} \Rightarrow \begin{cases} x' = -\dfrac{8}{10}x + \dfrac{6}{10}y - \dfrac{6}{10} \\ y' = \dfrac{6}{10}x + \dfrac{8}{10}y + \dfrac{2}{10} \end{cases}$$

$$\begin{cases} x' = -\dfrac{4}{5}x + \dfrac{3}{5}y - \dfrac{3}{5} \\ y' = \dfrac{3}{5}x + \dfrac{4}{5}y + \dfrac{1}{5} \end{cases}$$

Inserendo le coordinate del punto nelle equazioni della trasformazione si ottiene il suo trasformato:

$$\begin{cases} x' = -\dfrac{4}{5}2 + \dfrac{3}{5}1 - \dfrac{3}{5} \\ y' = \dfrac{3}{5}2 + \dfrac{4}{5}1 + \dfrac{1}{5} \end{cases} \Rightarrow \begin{cases} x' = -\dfrac{8}{5} + \dfrac{3}{5} - \dfrac{3}{5} \\ y' = \dfrac{6}{5} + \dfrac{4}{5} + \dfrac{1}{5} \end{cases} \Rightarrow \begin{cases} x' = -\dfrac{8}{5} \\ y' = \dfrac{11}{5} \end{cases}$$

Il punto P, il suo trasformato P' e l'asse della simmetria sono mostrati in Figura 18.

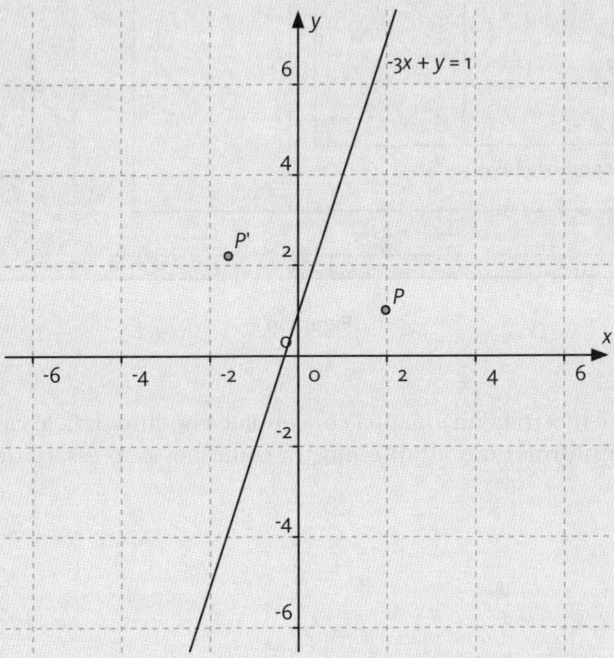

Figura 18

2.2.10 Riepilogo

In Figura 19 un diagramma di Venn mostra intuitivamente come si collocano da un punto di vista insiemistico le diverse trasformazioni affini.

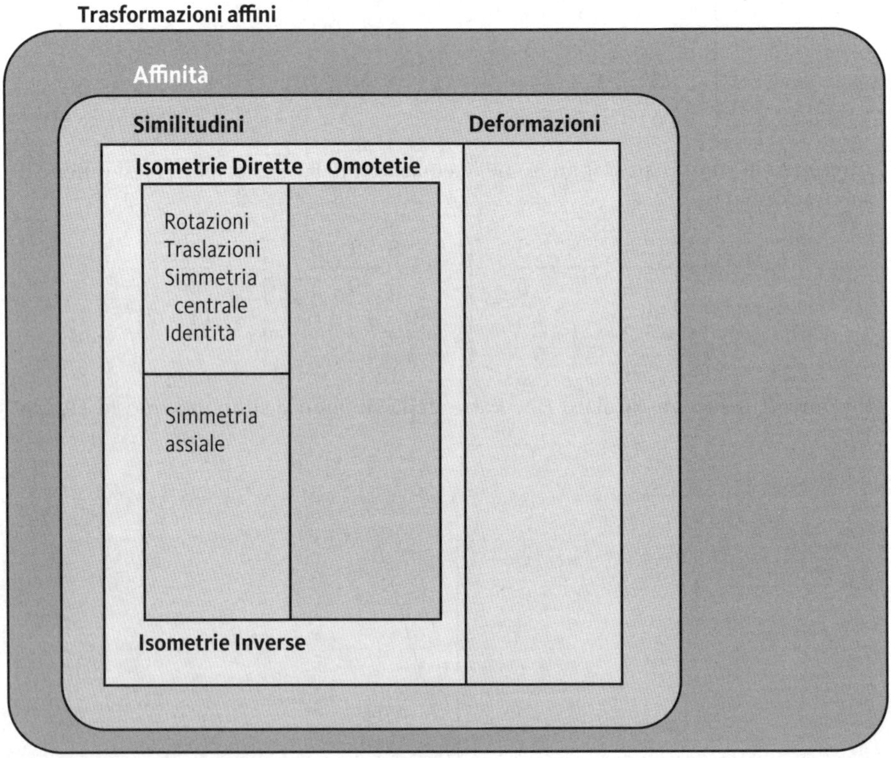

Figura 19

In Figura 20 è mostrata una mappa concettuale che sintetizza le caratteristiche delle varie trasformazioni affini e mostra come possono essere dedotte l'una dall'altra.

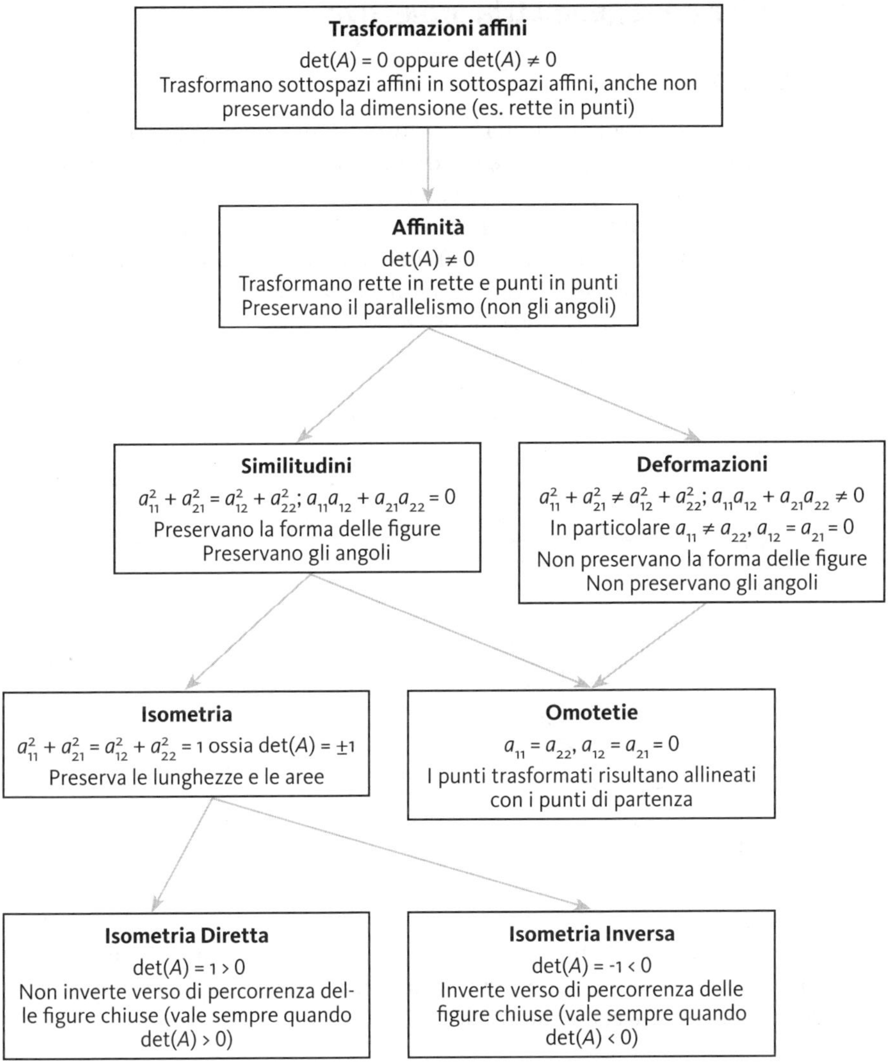
Trasformazioni affini
det(A) = 0 oppure det(A) ≠ 0
Trasformano sottospazi affini in sottospazi affini, anche non preservando la dimensione (es. rette in punti)
Affinità
det(A) ≠ 0
Trasformano rette in rette e punti in punti
Preservano il parallelismo (non gli angoli)
Similitudini
$a_{11}^2 + a_{21}^2 = a_{12}^2 + a_{22}^2$; $a_{11}a_{12} + a_{21}a_{22} = 0$
Preservano la forma delle figure
Preservano gli angoli
Deformazioni
$a_{11}^2 + a_{21}^2 \neq a_{12}^2 + a_{22}^2$; $a_{11}a_{12} + a_{21}a_{22} \neq 0$
In particolare $a_{11} \neq a_{22}$, $a_{12} = a_{21} = 0$
Non preservano la forma delle figure
Non preservano gli angoli
Isometria
$a_{11}^2 + a_{21}^2 = a_{12}^2 + a_{22}^2 = 1$ ossia det(A) = ±1
Preserva le lunghezze e le aree
Omotetie
$a_{11} = a_{22}$, $a_{12} = a_{21} = 0$
I punti trasformati risultano allineati con i punti di partenza
Isometria Diretta
det(A) = 1 > 0
Non inverte verso di percorrenza delle figure chiuse (vale sempre quando det(A) > 0)
Isometria Inversa
det(A) = -1 < 0
Inverte verso di percorrenza delle figure chiuse (vale sempre quando det(A) < 0)

Figura 20

2.3 L'idea della geometria proiettiva

2.3.1 La prospettiva

In questo paragrafo si vogliono trattare trasformazioni generali che sono in grado di trasformare rette parallele in rette incidenti. Queste trasformazioni sono legate al problema pratico della prospettiva. Per comprendere di cosa si stia parlando, è utile pensare al pavimento in Figura 21-a così come osservato dall'alto. Sul pavimento si riconoscono delle rette parallele che delimitano le mattonelle che costituiscono il pavimento stesso. Si immagini che tale pavimento sia molto esteso in modo che esso sembri perdersi all'orizzonte ad un individuo posto in piedi su di esso. È esperienza comune che la visione del pavimento, come percepita dall'occhio dell'individuo, sia quella mostrata in Figura 21-b. In questa visione le rette parallele che delimitano le mattonelle del pavimento appaiono convergere all'orizzonte.

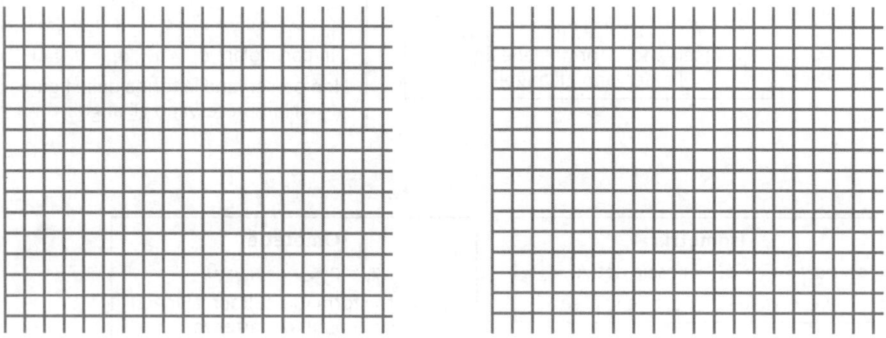

a b

Figura 21

Si può quindi affermare che nel passare da una visione come in Figura 21-a ad una come in Figura 21-b si può operare una trasformazione che muta rette parallele in rette incidenti. In questa parte iniziale del capitolo si studieranno trasformazioni con questa caratteristica.

2.3.2 La retta proiettiva

Nel piano R^2 si consideri la retta r di equazione $x = 1$ parallela all'asse delle y (Figura 22). Si consideri il fascio di rette passante per l'origine $O = (0,0)$. Le rette r' del fascio hanno equazione parametrica del tipo:

$$\begin{cases} x = t \\ y = a \cdot t \end{cases} \Rightarrow r' = (t, a \cdot t)$$

dove t è un parametro reale ($t \in R$).

Si indica con F l'insieme delle rette r' passanti per l'origine (il fascio di rette).

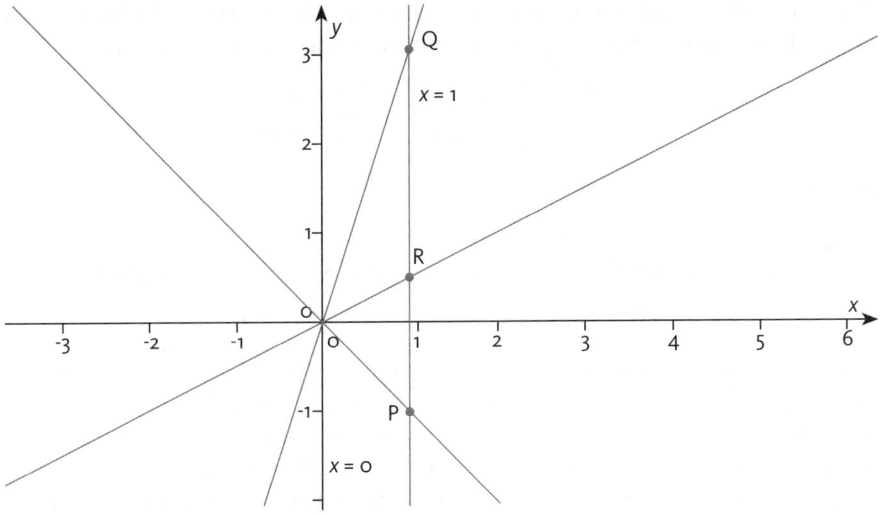

Figura 22

Ci si chiede se sia possibile stabilire una corrispondenza biunivoca tra i punti della retta r e le rette passanti per l'origine (il fascio F). L'associazione dei punti alle rette si deduce calcolando l'intersezione tra la retta generica e la retta $x = 1$:

$$\begin{cases} x = t \\ y = a \cdot t \\ x = 1 \end{cases} \Rightarrow \begin{cases} 1 = t \\ y = a \cdot t \\ x = 1 \end{cases} \Rightarrow \begin{cases} t = 1 \\ y = a \\ x = 1 \end{cases} \Rightarrow P = (1, a)$$

Quindi vale l'associazione f tra punti di r e rette di F:

$$\begin{array}{ccc} r & \xrightarrow{f} & F \\ P = (1, a) & \rightarrow & r' = (t, at) \end{array}$$

Una funzione f così definita non è però biiettiva in quanto in F vi è una retta che non è associata a nessun punto di r. Tale retta è proprio l'asse delle ordinate di equazione $x = 0$ (Figura 22). Del resto questo appare evidente in quanto l'asse delle ordinate e la retta $x = 1$ sono paralleli.

Si introduce quindi una nuova retta $\hat{r}$, detta **retta proiettiva**, che è "ampliata" rispetto a r con un nuovo punto. Questo punto è il punto di intersezione tra la retta $x = 0$ e la retta r. È chiaro che questo punto non può essere come quelli usuali del piano R^2 in quanto è il risultato di una intersezione tra due rette parallele. Per tale motivo è detto **punto improprio**.

Sostituendo r con $\hat{r}$, la funzione f diventa biiettiva. Pertanto si può considerare la sua inversa, tale che:

$$\begin{array}{ccc} F & \xrightarrow{f^{-1}} & \hat{r} \\ r' = (t, at) & \rightarrow & P = (1, a) \end{array}$$

Una osservazione importante consiste nel notare che le seguenti equazioni di retta in forma parametrica rappresentano in realtà la medesima retta:

$$\begin{cases} x = t \\ y = a \cdot t \end{cases}, \begin{cases} x = 2t \\ y = 2a \cdot t \end{cases}, \ldots, \begin{cases} x = nt \\ y = na \cdot t \end{cases}$$

Così come le seguenti coppie rappresentano la stessa retta.

$$r' = (t, at),\ r' = (2t, 2at), \ldots,\ r' = (nt, nat)$$

A tutte queste espressioni della medesima retta sono associati i seguenti punti:

$$P = (1, a),\ P = (2, 2a), \ldots,\ P = (n, na)$$

Pertanto, anche i punti identificati da queste coppie di coordinate sono in realtà rappresentazioni dello stesso punto. Quindi si può affermare che i punti sono distinti a meno di una costante di proporzionalità.
Resta ora da vedere come associare alla retta $x = 0$ il punto improprio. Si noti che per la retta $x = 0$ la componente x è nulla. Pertanto il sistema con cui calcolare l'intersezione diventa:

$$\begin{cases} x = 0 \\ y = a \cdot t \\ x = 1 \end{cases}$$

Tale sistema è incompatibile (non restituisce alcun punto di intersezione). In tal caso si stabilisce che il punto di intersezione improprio è dato da:

$$P = (0, a)$$

A tale punto resta associata la retta $x = 0$ del tipo $r' = (0, a \cdot t)$. Quindi per il punto improprio l'associazione è la seguente:

$$\begin{array}{ccc} F & \xrightarrow{r^{-1}} & \hat{r} \\ r' = (0, at) & \rightarrow & P = (0, a) \end{array}$$

Si noti che lo stesso punto improprio può essere rappresentato da $P = (0, a), P = (0, 2a), \ldots\ P = (0, na)$.

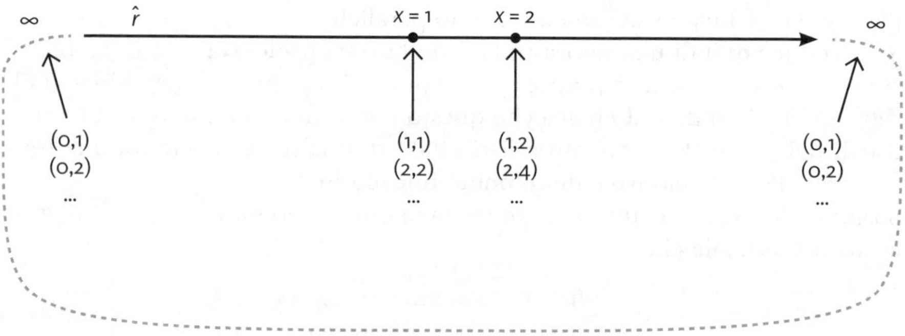

Figura 23

In Figura 23 è mostrata una rappresentazione grafica della retta proiettiva. Su di essa si riconoscono i comuni punti del tipo $x = a$ che si ritrovano sulla retta reale. Essi sono associati a punti del tipo $P = (1,a)$. Ad esempio, il punto $x = 3$ sulla retta reale è rappresentato dal punto (1,3) sulla retta proiettiva (ma anche dal punto (2,6) o dal punto (3,9) e così via). A questi punti si aggiunge il punto improprio $(0,a)$ che può essere visto come **punto all'infinito**, come qualcosa che identifichi la direzione della retta e "richiuda" la retta in una sorta di "circolarità". Questo discorso sarà più chiaro nel prossimo paragrafo. Per ora si noti che la retta proiettiva (un oggetto unidimensionale) è stata definita partendo dalle rette passanti per l'origine di un piano (un oggetto bidimensionale).

2.3.3 Il piano proiettivo

Si consideri lo spazio R^3 con un sistema di riferimento $Oxyz$. Si consideri il piano π di equazione $x = 1$, ossia il piano parallelo al piano yz contenente gli assi y e z (Figura 24).
Il generico punto del piano π di equazione $x = 1$ ha coordinate $P = (1,\alpha,\beta)$. Il vettore w determinato da P e dall'origine del sistema di riferimento O ha componenti:

$$w = \left(x_P - x_O, y_P - y_O, z_P - z_O\right) = \left(1-0, \alpha - 0, \beta - 0\right) = (1, \alpha, \beta)$$

Questo vettore indica la direzione della retta passante per O e P. Pertanto le equazioni parametriche della retta si possono scrivere come:

$$\begin{cases} x = x_0 + t \cdot w_x \\ y = y_0 + t \cdot w_y \\ z = z_0 + t \cdot w_z \end{cases} \Rightarrow \begin{cases} x = t \\ y = t \cdot \alpha \\ z = t \cdot \beta \end{cases} \Rightarrow r = \left(t, \alpha \cdot t, \beta \cdot t\right)$$

dove t è un parametro reale ($t \in R$).
Per ciascun punto P di π si considera la retta che lo congiunge all'origine O. L'insieme di tutte le rette passanti per O viene indicato con S (la stella di rette passanti per O).

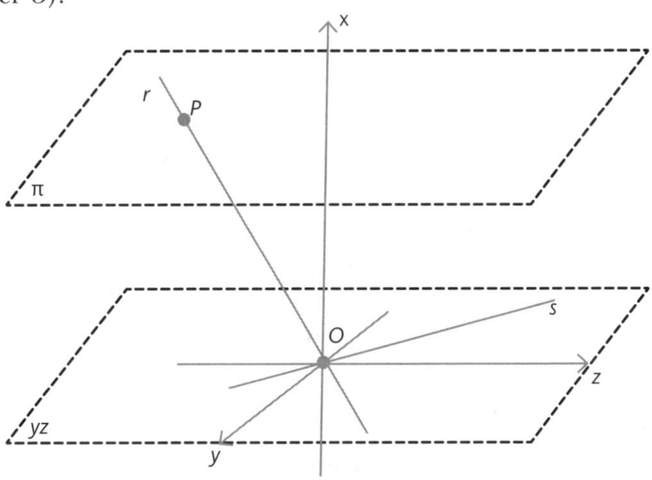

Figura 24

Ci si chiede se sia possibile stabilire una corrispondenza biunivoca tra i punti del piano π e le rette passanti per l'origine (la stella *S*). Per farlo si calcola l'intersezione tra la generica retta della stella *S* e il piano $x = 1$.

$$\begin{cases} x = t \\ y = \alpha \cdot t \\ z = \beta \cdot t \\ x = 1 \end{cases} \Rightarrow \begin{cases} 1 = t \\ y = \alpha \cdot t \\ z = \beta \cdot t \\ x = 1 \end{cases} \Rightarrow \begin{cases} t = 1 \\ y = \alpha \\ z = \beta \\ x = 1 \end{cases}$$

Pertanto le coordinate del punto di intersezione sono:

$$P = (1, \alpha, \beta)$$

Quindi vale la seguente associazione *f* tra punti di π e rette di *S*:

$$\begin{array}{ccc} \pi & \xrightarrow{f} & S \\ P = (1,\alpha,\beta) & \rightarrow & r = (t, \alpha t, \beta t) \end{array}$$

La funzione *f* non è biiettiva in quanto, in particolare, non è suriettiva. Difatti vi sono rette di *S* che non sono associate a nessun punto di π. Osservando la Figura 24 si nota che tutte le rette contenute nel piano *yz* (come gli stessi assi *y* e *z* o la retta *s*) non intersecano il piano π in nessun punto, pertanto non sono associate a nessun punto.
Si introduce quindi un nuovo piano $\hat{\pi}$, il **piano proiettivo**, che è ampliato rispetto a π con nuovi punti. Questi nuovi punti sono i punti di intersezione tra le rette del piano *yz* e il piano π. È chiaro che questi punti non possono essere come quelli conosciuti in R^3 in quanto sono il risultato di una intersezione tra una retta e un piano paralleli. Anche questi punti (come il punto del paragrafo precedente) sono detti **punti impropri**. Si passa alla definizione dei punti impropri seguendo una strada analoga a quella del paragrafo precedente.
Sostituendo π con $\hat{\pi}$, la funzione *f* diventa biiettiva. Pertanto si può considerare la sua inversa, tale che:

$$\begin{array}{ccc} S & \xrightarrow{f^{-1}} & \hat{\pi} \\ r = (t, \alpha t, \beta t) & \rightarrow & P = (1,\alpha,\beta) \end{array}$$

Resta ora da vedere come associare alle rette del piano *yz* i punti impropri. Si noti che se la retta è contenuta nel piano *yz*, allora la componente *x* del vettore è nulla. Pertanto il sistema con cui calcolare l'intersezione diventa:

$$\begin{cases} x = 0 \\ y = \alpha \cdot t \\ z = \beta \cdot t \\ x = 1 \end{cases}$$

Tale sistema è incompatibile (non restituisce alcun punto di intersezione). In tal caso si stabilisce che il punto di intersezione improprio è dato da:

$$P=(0,\alpha,\beta)$$

Ad esso resta associata la retta contenuta nel piano yz del tipo $r=(0,\alpha\cdot t,\beta\cdot t)$. Quindi per i punti impropri l'associazione è la seguente:

$$\begin{array}{ccc} S & \xrightarrow{f^{-1}} & \hat{\pi} \\ r=(0,\alpha t,\beta t) & \rightarrow & P=(0,\alpha,\beta) \end{array}$$

Si è compiuto un passaggio concettuale importante. Partendo dallo spazio R^3 e analizzando le intersezioni proprie ed improprie delle rette dello spazio passanti per l'origine con un piano, si è giunti a definire un piano ampliato $\hat{\pi}$ (di dimensione 2) dove sono presenti **punti propri**, secondo l'accezione usuale di punti di intersezione tra due rette, e **punti impropri** come "punti di intersezione tra rette parallele". Si noti l'analogia con la retta ampliata (di dimensione 1) definita partendo dal piano R^2.
La novità di questo piano proiettivo è evidente nella rappresentazione dei suoi punti. Essa presenta delle caratteristiche nuove rispetto alla rappresentazione di punti in R^2. Di alcune caratteristiche si è parlato nel paragrafo precedente. Ora si preferisce fare un elenco sistematico.

Osservazione 1
Sebbene il piano $\hat{\pi}$ abbia dimensione 2, i suoi punti sono indicati con tre coordinate. Si rammentino gli esempi $P=(1,\alpha,\beta)$ e $P=(0,\alpha,\beta)$. Le ultime due coordinate dei punti sono associate agli usuali concetti di coppia di coordinate in un piano cartesiano, almeno per i punti propri. La prima coordinata indica se si è in presenza di un punto proprio (valore 1) o di un punto improprio (valore 0).

Osservazione 2
Si rammenti che il punto di coordinate $P=(1,\alpha,\beta)$ è in realtà associato a (si potrebbe dire che rappresenta) una retta dello spazio euclideo passante per l'origine, del tipo $r=(t,\alpha t,\beta t)$ con t che può assumere qualsiasi valore reale (anche 1). Quindi il punto $P=(1,\alpha,\beta)$, il punto $P'=(2,2\alpha,2\beta)$ e il punto $P''=(3,3\alpha,3\beta)$, rappresentano tutti "la stessa retta" e possono essere intesi come "lo stesso punto". La terna di coordinate è definita a meno di una costante moltiplicativa. Pertanto, considerato un punto $P=(\gamma,\alpha',\beta')$, è sempre possibile portarlo in un punto equivalente dividendo tutte le coordinate per γ ed ottenendo il punto $P=(1,\alpha,\beta)$.
Quindi il punto $P=(1,3,2)$ e il punto $P=(2,6,4)=2(1,3,2)$ rappresentano lo stesso punto del piano R^2 ossia (3,2). Non vi è ambiguità, ad esempio, con il punto (6,4) che nel piano R^2 ha coordinate doppie rispetto al precedente, ma che è distinto da esso. Nella nuova terna di coordinate il punto (6,4) viene scritto come (1,6,4) oppure (2,12,8) o anche (3/2,9,6).

Osservazione 3

Il discorso fatto nell'osservazione 2 per i punti propri, vale anche per i punti impropri. Questi sono definiti a meno di un fattore moltiplicativo. Si noti che la prima coordinata, anche se divisa o moltiplicata per un numero reale, resta sempre nulla, ad indicare che il punto è improprio.

Osservazione 4

Il punto improprio rappresenta l'intersezione tra due sottospazi paralleli dello spazio affine (una retta del piano *yz* ed un piano parallelo ad *yz*). Ci si chiede quale sia il significato delle sue componenti visto che non lo si può far risalire a quello di coordinate di un punto di intersezione (come per i punti propri).
Si noti che un punto improprio $P = (0,\alpha,\beta)$ proviene da una retta del tipo:

$$\begin{cases} x = 0 \\ y = \alpha \cdot t \\ z = \beta \cdot t \end{cases}$$

Eliminando il parametro *t* si può scrivere:

$$\begin{cases} x = 0 \\ t = \dfrac{y}{\alpha} \\ z = \beta \cdot t \end{cases} \Rightarrow \begin{cases} x = 0 \\ t = \dfrac{y}{\alpha} \\ z = \dfrac{\beta}{\alpha} \cdot y \end{cases} \Rightarrow \begin{cases} x = 0 \\ z = \dfrac{\beta}{\alpha} \cdot y \end{cases}$$

Quindi si può pensare proprio alla retta del piano *yz* passante per l'origine, ossia $z = \frac{\beta}{\alpha} \cdot y$. Le coordinate $P = (0,\alpha,\beta) \Rightarrow P = \left(0,1,\frac{\beta}{\alpha}\right)$ sono legate al coefficiente angolare della retta (alla sua direzione). Pertanto i punti impropri rappresentano tutte le direzioni possibili del piano. Ora si può comprendere perché nel caso della retta proiettiva vi era un solo punto improprio. Difatti lungo una retta è definita una sola direzione (quella della retta stessa).

Osservazione 5

Il punto (0,0,0) non fa parte del piano ampliato, in quanto dovrebbe essere un punto improprio (la prima coordinata è nulla) e quindi dovrebbe indicare una direzione del piano, ma la direzione nulla non è definita.

Osservazione 6

Tutti i punti impropri possono essere pensati come appartenenti alla medesima retta, detta **retta impropria**. Questa retta impropria raccoglie, in effetti, le direzioni delle rette nel piano e, come i punti impropri, fa parte del nuovo piano proiettivo. Talvolta ci si riferisce alla retta impropria come alla **retta all'infinito** o **orizzonte**.

2.3.4 Coordinate omogenee nel piano proiettivo

Ora si può cogliere il significato dei punti del piano $\hat{\pi}$. Esso contiene i comuni punti propri del piano π e i punti impropri che rappresentano le direzioni possibili in un piano (i coefficienti angolari delle rette in un piano). Due rette del piano $\hat{\pi}$ possono avere l'usuale punto di intersezione se sono incidenti. Se esse sono parallele, allora hanno in comune la loro direzione. Tuttavia la direzione è, in un certo senso, un nuovo punto del piano (un punto improprio). Pertanto due rette parallele hanno in comune una direzione, ossia un punto improprio, ma se hanno in comune un punto improprio, allora vuol dire che si intersecano nel punto improprio. Quindi, due rette parallele nel piano ampliato si intersecano.

Si deduce, pertanto, che due rette qualsiasi (parallele o non) nel piano ampliato si intersecano. Si illustra l'espediente algebrico che permette di rendere vera tale affermazione nel piano proiettivo.

Nel piano R^2 la retta in forma implicita è rappresentata dall'equazione:

$$ax + by + c = 0$$

Equazione 36

Un punto che appartiene a questa retta ha coordinate del tipo:

$$P = \left(-\frac{b}{a}, 1 - \frac{c}{b}\right)$$

Equazione 37

Questo si può verificare facilmente sostituendo le coordinate nell'Equazione 36. Si introduce una terna di nuove coordinate, dette **coordinate omogenee** indicate con (x_0, x_1, x_2) e definite come:

$$x = \frac{x_1}{x_0},\ y = \frac{x_2}{x_0}$$

Equazione 38

Pertanto l'Equazione 36 diventa:

$$a\frac{x_1}{x_0} + b\frac{x_1}{x_0} + c = 0$$

ossia:

$$ax_1 + bx_2 + cx_0 = 0$$

Equazione 39

L'Equazione 39 è l'**equazione della retta in coordinate omogenee**. Si intuisce perché le coordinate (x_0,x_1,x_2) vengono dette omogenee. Ciò accade perché esse rendono omogenea (priva di termine noto) l'equazione della retta.
A tale retta appartiene un qualsiasi punto "proprio" che in coordinate omogenee si esprime come:

$$P=\left(1,-\frac{b}{a},1-\frac{c}{b}\right)$$

Equazione 40

Questo è in perfetta analogia con l'Equazione 37.
Alla retta dell'Equazione 39 appartiene anche il punto improprio dato da:

$$P=(0,-b,a)\text{ oppure }P=\left(0,1,-\frac{a}{b}\right)$$

Questo punto rappresenta proprio la direzione della retta (il suo coefficiente angolare $-a/b$).
Il piano proiettivo contiene la retta impropria. Le coordinate omogenee permettono di rappresentare la retta impropria in modo molto semplice mediante l'equazione:

$$x_0=0$$

Equazione 41

Si noti che l'Equazione 41 è soddisfatta da tutti i punti impropri del tipo $(0,-b,a)$.

Nota di approfondimento

Talvolta le coordinate omogenee vengono introdotte come (x_1,x_2,x_3), dove x_3 prende il posto di x_0 ed identifica punti propri ed impropri. In tal caso si pone:

$$x=\frac{x_1}{x_3},\ y=\frac{x_2}{x_3}$$

In questo caso la coordinata che identifica punti propri o impropri varia a seconda della dimensione dello spazio considerato (sulla retta proiettiva è x_2, nel piano proiettivo è x_3 e così via).

2.3.5 Spazio proiettivo e coordinate omogenee nello spazio

Analogamente a quanto visto per la retta proiettiva ed il piano proiettivo, si può definire anche uno **spazio proiettivo**. Questa volta è necessario partire da R^4 (non rappresentabile mediante una illustrazione) e considerare tutte le rette di R^4 passanti per l'origine di R^4, ossia O=(0,0,0,0). Facendo intersecare tali rette con un iperpiano di R^4 (un sottospazio di dimensione 3) si ottengono i punti propri dello spazio proiettivo di dimensione 3. A questi punti è necessario aggiungere quelli impropri, rappresentati dalle rette passanti per l'origine che sono parallele all'iperpiano considerato.
Nello spazio proiettivo si introducono le coordinate omogenee (x_0, x_1, x_2, x_3), definite come:

$$x = \frac{x_1}{x_0},\ y = \frac{x_2}{x_0},\ z = \frac{x_3}{x_0}$$

In tal modo l'equazione del piano nello spazio:

$$ax + by + cz + d = 0$$

si trasforma in una equazione omogenea.

$$ax_1 + bx_2 + cx_3 + dx_0 = 0$$

Equazione 42

Analogamente al piano proiettivo, dove è definita la retta impropria (o retta all'infinito), nello spazio proiettivo è definito il **piano improprio** o **piano all'infinito**. Il piano all'infinito contiene i punti impropri che sono punti nei quali le rette parallele si incontrano. Questi punti non appartengono ad una singola retta (come avveniva nel piano) ma a più rette improprie o all'infinito, che sono tutte contenute nel piano all'infinito. Due piani paralleli si incontrano in una delle rette improprie o all'infinito.
Il piano improprio viene indicato con la semplice equazione:

$$x_0 = 0$$

Equazione 43

2.3.6 Definizione operativa di spazio proiettivo

La mappa concettuale mostrata in Figura 25 illustra tutto il percorso compiuto nei precedenti paragrafi e pone le premesse per definire operativamente uno spazio proiettivo $P^n(R)$.

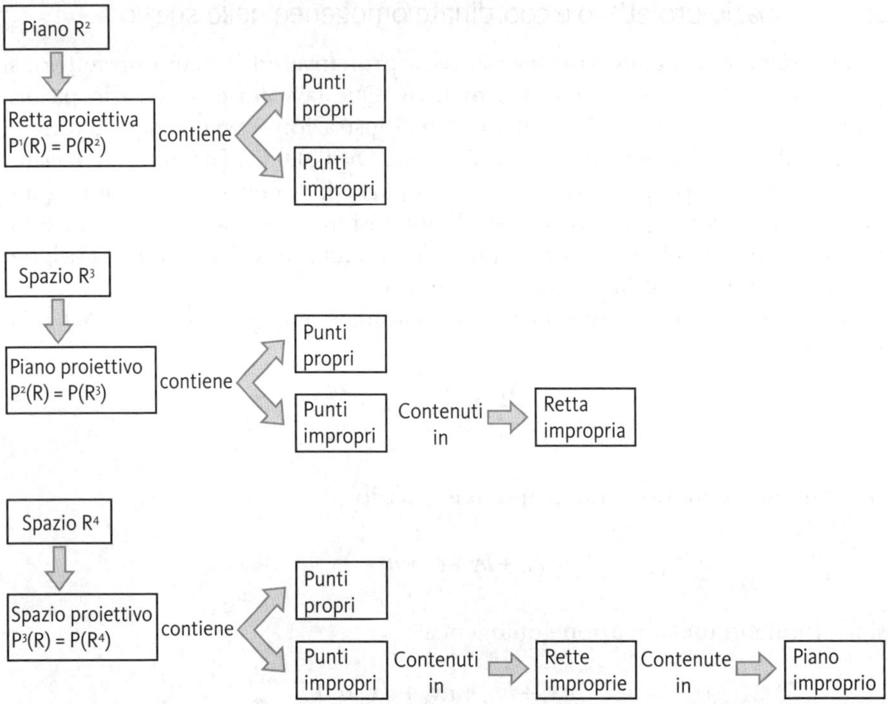

Figura 25

In pratica la retta proiettiva $P^1(R)$ di dimensione 1 può essere vista come la retta R a cui si aggiunge il punto improprio. In alternativa essa può essere vista come l'insieme delle rette passanti per l'origine in R^2.
Il piano proiettivo $P^2(R)$ di dimensione 2 può essere visto come il piano R^2 a cui si aggiungono i punti impropri. In alternativa esso può essere visto come l'insieme delle rette passanti per l'origine in R^3.
Lo spazio proiettivo $P^3(R)$ di dimensione 3 può essere visto come lo spazio R^3 a cui si aggiungono i punti impropri. In alternativa esso può essere visto come l'insieme delle rette passanti per l'origine in R^4.
In generale, uno spazio proiettivo $P^n(R)$ di dimensione n può essere visto come l'unione dei punti di R^n a cui si aggiungono i punti impropri. In alternativa esso può essere visto come l'insieme delle rette passanti per l'origine in R^{n+1}.
Quanto esposto fino a questo punto aiuterà nel paragrafo successivo a cogliere il significato della definizione formale e più generale degli spazi proiettivi.

2.4 Operare con le coordinate omogenee

2.4.1 Rette nel piano

Si considerano le equazioni di due rette nel piano in coordinate omogenee; si vuole calcolare l'intersezione delle due rette:

$$\begin{cases} cx_0 + ax_1 + bx_2 = 0 \\ c'x_0 + a'x_1 + b'x_2 = 0 \end{cases}$$

La matrice associata al sistema omogeneo è:

$$A = \begin{bmatrix} c & a & b \\ c' & a' & b' \end{bmatrix}$$

Se il rango di A vale 1 ($r(A)=1$), allora le due equazioni sono dipendenti, i coefficienti delle rette sono proporzionali e le due rette sono in realtà coincidenti. Si considera il caso in cui $r(A)=2$ e il sistema è compatibile.
Caso 1) Se avviene che:

$$\det\begin{bmatrix} a & b \\ a' & b' \end{bmatrix} = ab' - a'b \neq 0 \text{ allora si può scrivere:}$$

$$\begin{cases} ax_1 + bx_2 = -cx_0 \\ a'x_1 + b'x_2 = -c'x_0 \end{cases}$$

Ponendo $x_0 = 1$ si risolve il sistema con la regola di Cramer:

$$\begin{cases} ax_1 + bx_2 = -c \\ a'x_1 + b'x_2 = -c' \end{cases}$$

e si ottiene la soluzione:

$$x_1 = \frac{-cb' + c'b}{ab' - a'b}$$

$$x_2 = \frac{-ac' + a'c}{ab' - a'b}$$

Quindi il punto di intersezione è dato da:

$$(x_0, x_1, x_2) = \left(1, \frac{-cb'+c'b}{ab'-a'b}, \frac{-ac'+a'c}{ab'-a'b}\right)$$

Il punto di intersezione è un punto proprio in quanto $x_0 = 1 \neq 0$; pertanto nel piano euclideo le due rette sono incidenti e il loro punto di intersezione in coordinate cartesiane coincide con:

$$(x, y) = \left(\frac{-cb'+c'b}{ab'-a'b}, \frac{-ac+a'c}{ab'-a'b}\right)$$

Caso 2) Si suppone:

$$\det\begin{bmatrix} a & b \\ a' & b' \end{bmatrix} = ab'-a'b = 0$$

Equazione 44

pertanto non si può portare al membro di destra la coordinata x_0.

Essendo il rango pari a 2 si deve supporre che sia $\det\begin{bmatrix} c & a \\ c' & a' \end{bmatrix} = ca'-c'a \neq 0$ ad esempio, allora si può scrivere: $\begin{cases} cx_0 + ax_1 = -bx_2 \\ c'x_0 + a'x_1 = -b'x_2 \end{cases}$

Ponendo $x_2 = 1$ si risolve il sistema con la regola di Cramer:

$$x_0 = \frac{-ba'+b'a}{ca'-c'a} = 0$$

$$x_1 = \frac{-cb'+c'b}{ca'-c'a}$$

La coordinata x_0 si annulla per via dell'Equazione 44.
Quindi il punto di intersezione è dato da:

$$(x_0, x_1, x_2) = \left(0, \frac{-cb'+c'b}{ca'-c'a}, 1\right)$$

Il punto di intersezione è improprio, in quanto $x_0 = 0$; pertanto nel piano euclideo le due rette sono parallele e il loro coefficiente angolare comune vale proprio:

$$ab'-a'b = 0 \Rightarrow -\frac{a}{b} = -\frac{a'}{b'}$$

Si noti che il punto di coordinate omogenee è definito a meno di una costante moltiplicativa. Pertanto si moltiplicano tutte le coordinate del punto per $-a/b$.

$$(x_0, x_1, x_2) = \left(0, \frac{acb' - ac'b}{bca' - bc'a}, -\frac{a}{b}\right)$$

Ricordando che $ab' - a'b = 0 \Rightarrow ab' = a'b$:

$$(x_0, x_1, x_2) = \left(0, \frac{a'cb - ac'b}{bca' - bc'a}, -\frac{a}{b}\right) = \left(0, \frac{a'c - ac'}{ca' - c'a}, -\frac{a}{b}\right) = \left(0, 1, -\frac{a}{b}\right)$$

Osservando la terza coordinata si comprende che il punto improprio rappresenta proprio la direzione comune alle due rette parallele.

2.4.2 Coniche in coordinate omogenee

L'equazione di una conica in coordinate omogenee viene scritta come:

$$ax_1^2 + 2hx_1x_2 + bx_2^2 + 2cx_0x_1 + 2dx_0x_2 + fx_0^2 = 0$$

In questo caso si preferisce scrivere la matrice della conica nel modo seguente per confrontare meglio i risultati di questo paragrafo con quelli del Cap. 4.

$$A = \begin{bmatrix} a & h & c \\ h & b & d \\ c & d & f \end{bmatrix}$$

Si noti che l'invariante cubico I_3 con il quale si sono classificate le coniche nel Cap. 4 coincide ancora con il determinante della matrice A, ossia $I_3 = \det(A)$. Si calcola l'intersezione della conica generica con la retta impropria, con l'obiettivo di ottenere una caratterizzazione della tipologia della conica, in base al suo numero di punti impropri.

$$\begin{cases} ax_0^2 + 2hx_1x_2 + bx_2^2 + 2cx_0x_1 + 2dx_0x_2 + fx_0^2 = 0 \\ x_0 = 0 \end{cases}$$

$$\begin{cases} ax_1^2 + 2hx_1x_2 + bx_2^2 = 0 \\ x_0 = 0 \end{cases}$$

Nell'equazione $ax_1^2 + 2hx_1x_2 + bx_2^2 = 0$ si deve necessariamente supporre una delle due coordinate non nulla, altrimenti sarebbe nulla anche l'altra e si avrebbe una terna di coordinate nulle che non è ammessa. Quindi si divide l'equazione per $x_2^2 \neq 0$:

$$a\frac{x_1^2}{x_2^2} + 2h\frac{x_1 x_2}{x_2^2} + b\frac{x_2^2}{x_2^2} = 0 \Rightarrow a\frac{x_1^2}{x_2^2} + 2h\frac{x_1}{x_2} + b = 0$$

Ponendo $\frac{x_1}{x_2} = y$ si ottiene:

$$ay^2 + 2hy + b = 0$$

L'equazione di secondo grado in y può avere 0, 1 o 2 soluzioni reali. Si noti che $\frac{\Delta}{4} = h^2 - ab$ corrisponde proprio all'invariante quadratico I_2 (cambiato di segno) mediante il quale si sono classificate le coniche nel Cap. 4.

Se $\frac{\Delta}{4} = h^2 - ab > 0 \left(l_2 < 0\right)$ (I_2<0)

vi sono due soluzioni reali e si può scrivere:

$$y = \frac{x_1}{x_2} = \alpha \Rightarrow x_1 = \alpha x_2$$

$$y = \frac{x_1}{x_2} = \beta \Rightarrow x_1 = \beta x_2$$

Quindi si ottengono due punti impropri appartenenti alla conica dati da:

$$\left(x_0, x_1, x_2\right) = \left(0, \alpha, 1\right)$$
$$\left(x_0, x_1, x_2\right) = \left(0, \beta, 1\right)$$

Si suppone det(A) = 0. Nel Cap. 4 si vedrà che I_3 = det(A) = 0 e $I_2 < 0$ corrisponde ad una conica degenere, formata da due rette incidenti. Ciò è coerente con quanto ottenuto in questa dissertazione. Difatti due rette incidenti indicano due direzioni e corrispondono a due punti impropri.
Si suppone ora det(A)≠0. Nel Cap. 4 si vedrà che I_3 = det(A) ≠ 0 e $I_2 < 0$ corrisponde ad una conica non degenere, ossia all'iperbole. Anche in questo caso vi è coerenza di risultati. Difatti all'iperbole si possono associare due punti all'infinito che sono le due direzioni verso cui si estende l'iperbole nel piano.

Se $\frac{\Delta}{4} = h^2 - ab = 0$ ($l_2 = 0$)

vi è una sola soluzione reale:

$$y = \frac{x_1}{x_2} = -\frac{h}{a} \Rightarrow x_1 = -\frac{h}{a}x_2$$

Quindi si ottiene un solo punto improprio appartenente alla conica:

$$(x_0, x_1, x_2) = \left(0, -\frac{h}{a}, 1\right)$$

Si suppone det(A) = 0. Nel Cap. 4 si vedrà che I_3 = det(A) = 0 e I_2 = 0 corrisponde ad una conica degenere, formata da una coppia di rette parallele (o coincidenti). Ciò è coerente con quanto ottenuto in questa dissertazione. Difatti due rette parallele indicano la medesima direzione e corrispondono ad un punto improprio.
Si suppone ora det(A)≠0. Nel Cap. 4 si vedrà che I_3 = det(A)≠0 e I_2 = 0 corrisponde ad una conica non degenere, ossia alla parabola. Ciò è in linea con quanto appena ottenuto. Difatti alla parabola si può associare un solo punto all'infinito che richiama la direzione del suo asse di simmetria.

Infine si può avere $\frac{\Delta}{4} = h^2 - ab < 0$ (I_2>0).

Non vi è alcuna soluzione reale. Quindi non vi sono punti impropri appartenenti alla conica.
Si suppone det(A) = 0. Nel Cap. 4 si vedrà che I_3 = det(A) = 0 e I_2 > 0 corrisponde ad una conica degenere, formata da un punto (proprio). Questo è coerente con quanto ottenuto in questa dissertazione.
Si suppone ora det(A)≠0. Nel Cap. 4 si vedrà che I_3 = det(A)≠0 e I_2 > 0 corrisponde ad una conica non degenere, ossia all'ellisse. Anche in questo caso vi è coerenza di risultati, in quanto l'ellisse appare come una conica circoscritta in uno spazio che non ha direzioni che si estendono all'infinito.

2.5 Le proiettività

2.5.1 Proiettività sulla retta proiettiva

Si consideri la retta proiettiva $P^1(K)$ su di un campo K nella quale i punti vengono rappresentati mediante le coordinate omogenee (x_0, x_1) con $\frac{x_1}{x_0} = x$.
Una generica proiettività della retta in sé ha la seguente rappresentazione matriciale:

$$k\begin{bmatrix} x'_0 \\ x'_1 \end{bmatrix} = \begin{bmatrix} a_{00} & a_{01} \\ a_{10} & a_{11} \end{bmatrix} \begin{bmatrix} x_0 \\ x_1 \end{bmatrix}$$

dove la costante k pone l'accento sul fatto che i vettori di coordinate omogenee sono definiti a meno di una costante moltiplicativa. Inoltre si ha

$$\det\begin{bmatrix} a_{00} & a_{01} \\ a_{10} & a_{11} \end{bmatrix} = a_{00}a_{11} - a_{10}a_{01} \neq 0$$

La rappresentazione matriciale è associata al seguente sistema lineare:

$$\begin{cases} kx'_0 = a_{00}x_0 + a_{01}x_1 \\ kx'_1 = a_{10}x_0 + a_{11}x_1 \end{cases}$$

Per passare dalle coordinate omogenee (x_0,x_1) a quella affine x occorre eliminare le coordinate x_0 e x'_0. Per farlo si divide la seconda equazione per la prima.

$$\frac{kx'_1}{kx'_0} = \frac{a_{10}x_0 + a_{11}x_1}{a_{00}x_0 + a_{01}x_1} \Rightarrow \frac{x'_1}{x'_0} = \frac{\dfrac{a_{10}x_0 + a_{11}x_1}{x_0}}{\dfrac{a_{00}x_0 + a_{01}x_1}{x_0}} \Rightarrow \frac{x'_1}{x'_0} = \frac{a_{10} + a_{11}\dfrac{x_1}{x_0}}{a_{00} + a_{01}\dfrac{x_1}{x_0}}$$

Ricordando che:

$$x' = \frac{x'_1}{x'_0}, x = \frac{x_1}{x_0}$$

si ottiene:

$$x' = \frac{a_{10} + a_{11}x}{a_{00} + a_{01}x}$$

Equazione 45

La trasformazione dell'Equazione 45 viene anche detta **trasformazione di Moebius**. Dall'Equazione 45 si nota che, in generale, nella coordinata affine x, la proiettività assume una forma non lineare, bensì fratta. Pertanto, si comprende l'utilità delle coordinate omogenee (e del punto improprio) che linearizzano questo tipo di trasformazioni.

In classe

L'Equazione 45 posta nella forma:

$$f(x) = \frac{ax+b}{cx+d}$$

ricorda la comune funzione omografica, ossia una iperbole equilatera riferita agli asintoti e traslata in un sistema di assi cartesiani. Questa funzione viene studiata il quarto o il quinto anno della scuola secondaria. Il termine "omografica" ricorda appunto che è legata ad una omografia (una proiettività).

2.5.2 Punti uniti

I punti uniti sono quei punti che la proiettività lascia invariati. In coordinate omogenee due punti coincidono a meno di una costante moltiplicativa k; pertanto un punto sarà lasciato invariato se avviene che:

$$\begin{bmatrix} k \cdot x_0 \\ k \cdot x_1 \end{bmatrix} = \begin{bmatrix} a_{00} & a_{01} \\ a_{10} & a_{11} \end{bmatrix} \begin{bmatrix} x_0 \\ x_1 \end{bmatrix}$$

da cui:

$$\begin{bmatrix} a_{00} & a_{01} \\ a_{10} & a_{11} \end{bmatrix} \begin{bmatrix} x_0 \\ x_1 \end{bmatrix} - \begin{bmatrix} k \cdot x_0 \\ k \cdot x_1 \end{bmatrix} = 0$$

$$\begin{bmatrix} a_{00} & a_{01} \\ a_{10} & a_{11} \end{bmatrix} \begin{bmatrix} x_0 \\ x_1 \end{bmatrix} - k \begin{bmatrix} x_0 \\ x_1 \end{bmatrix} = 0$$

$$\begin{bmatrix} a_{00} & a_{01} \\ a_{10} & a_{11} \end{bmatrix} \begin{bmatrix} x_0 \\ x_1 \end{bmatrix} - k \begin{bmatrix} 1 & 0 \\ 0 & 1 \end{bmatrix} \begin{bmatrix} x_0 \\ x_1 \end{bmatrix} = 0$$

$$\begin{bmatrix} a_{00} & a_{01} \\ a_{10} & a_{11} \end{bmatrix} \begin{bmatrix} x_0 \\ x_1 \end{bmatrix} - \begin{bmatrix} k & 0 \\ 0 & k \end{bmatrix} \begin{bmatrix} x_0 \\ x_1 \end{bmatrix} = 0$$

$$\begin{bmatrix} a_{00} - k & a_{01} \\ a_{10} & a_{11} - k \end{bmatrix} \begin{bmatrix} x_0 \\ x_1 \end{bmatrix} = 0$$

Perché il sistema rappresentato dal prodotto matriciale abbia soluzione non banale (vettore non nullo), la matrice deve avere determinante nullo. In pratica, occorre affrontare il problema della determinazione degli autovalori e degli autovettori associati.
Quindi occorre risolvere l'equazione in k:

$$\det \begin{bmatrix} a_{00} - k & a_{01} \\ a_{10} & a_{11} - k \end{bmatrix} = 0$$

$$(a_{00} - k)(a_{11} - k) - a_{10}a_{01} = 0$$

Pertanto, l'individuazione dei punti uniti è possibile se la matrice è diagonalizzabile. Un primo limite alla diagonalizzabilità di una generica matrice $n \times n$ nasce dal campo sul quale si intende ricercare gli autovalori. Se il campo non è algebricamente chiuso (ad esempio il campo R dei reali), allora non tutti i polinomi caratteristici possono restituire autovalori la cui somma delle molteplicità algebriche sia pari a n. Se si considera un campo algebricamente chiuso (come il campo dei complessi C), allora la somma delle molteplicità è pari a n. Tuttavia, anche in questo caso, la matrice può non essere diagonalizzabile. Se non si può raggiungere una forma diagonale della matrice, si può

comunque scrivere la matrice in una delle **forme canoniche di Jordan** (ossia una forma quanto più vicina possibile a quella diagonale).
È possibile verificare che, su un campo algebricamente chiuso (il campo dei complessi *C*), le proiettività della retta possono essere ricondotte tutte alle tre forme riportate in Tabella 3.

Tabella 3

Autovalori	Forma della matrice	Punti uniti (e rette di punti uniti)	Note
Due autovalori distinti non nulli	$\begin{bmatrix} k_1 & 0 \\ 0 & k_2 \end{bmatrix}$	Due punti uniti	Viene detta omologia generale
Un autovalore non nullo	$\begin{bmatrix} k_1 & 1 \\ 0 & k_1 \end{bmatrix}$	Un solo punto unito	Viene detta omologia speciale
Un autovalore non nullo	$\begin{bmatrix} k_1 & 0 \\ 0 & k_1 \end{bmatrix}$	Tutti i punti sono uniti	È l'identità

Esempio

Si propone lo studio dell'omologia speciale in Tabella 3.

$$\begin{bmatrix} a & 1 \\ 0 & a \end{bmatrix}$$

Si determinano gli autovalori.

$$\begin{bmatrix} a-k & 1 \\ 0 & a-k \end{bmatrix}\begin{bmatrix} x_0 \\ x_1 \end{bmatrix}=0$$

$$\det\begin{bmatrix} a-k & 1 \\ 0 & a-k \end{bmatrix}=0$$

$$(a-k)^2=0 \Rightarrow k=a$$

Determinato l'autovalore, si determinano gli autovettori:

$$k=a \Rightarrow \begin{bmatrix} a-a & 1 \\ 0 & a-a \end{bmatrix}\begin{bmatrix} x_0 \\ x_1 \end{bmatrix}=0 \Rightarrow \begin{bmatrix} 0 & 1 \\ 0 & 0 \end{bmatrix}\begin{bmatrix} x_0 \\ x_1 \end{bmatrix}=0 \Rightarrow x_1=0$$

Quindi come autovettore si può scegliere:

$$\begin{bmatrix} x_0 \\ x_1 \end{bmatrix} = \begin{bmatrix} 1 \\ 0 \end{bmatrix}$$

Il punto unito della proiettività è unico (ed è l'origine).

2.5.3 Il birapporto

Siano A, B, C e D quattro punti distinti della retta proiettiva orientata mediante un verso (vedi Figura 26). Percorrendo la retta proiettiva secondo il suo verso, si suppone che i quattro punti considerati vengano incontrati proprio in questo ordine, ossia prima A, poi B, poi C ed infine D.

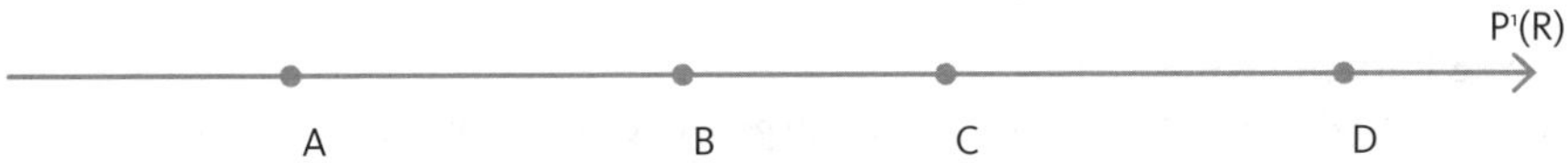

Figura 26

I quattro punti hanno coordinate omogenee:

$$A=(x_{A0},x_{A1}),\ B=(x_{B0},x_{B1}),\ C=(x_{C0},x_{C1}),\ D=(x_{D0},x_{D1}).$$

Considerati i punti A e B, si definisce la loro **distanza orientata** nel modo seguente:

$$|AB| = \det\begin{bmatrix} x_{A0} & x_{B0} \\ x_{A1} & x_{B1} \end{bmatrix} = x_{A0}\cdot x_{B1} - x_{A1}\cdot x_{B0}$$

Per i punti propri, senza perdere di generalità, si può pensare che $x_{B0} = x_{A0} = 1$. In tal caso le coordinate x_1 restituiscono proprio la distanza dei due punti sulla retta con un segno negativo o positivo a seconda se A sia dopo o prima di B. Nel caso specifico la distanza è positiva (A è prima di B). In particolare si ha $|AB| = -|BA|$.

Si può calcolare la stessa distanza anche per le altre coppie di punti e considerare quindi la quantità, denominata **birapporto**, relativa ai quattro punti A, B, C e D:

$$\frac{|AB|}{|AD|} \div \frac{|CB|}{|CD|} \Rightarrow \frac{|AB|\cdot|CD|}{|AD|\cdot|CB|}$$

Equazione 46

Il birapporto ha tale nome perché si presenta come un rapporto tra due rapporti di distanze (vedi prima espressione nell'Equazione 46).

In coordinate omogenee il birapporto ha la seguente espressione:

$$\frac{(x_{A0} \cdot x_{B1} - x_{A1} \cdot x_{B0}) \cdot (x_{C0} \cdot x_{D1} - x_{C1} \cdot x_{D0})}{(x_{A0} \cdot x_{D1} - x_{A1} \cdot x_{D0}) \cdot (x_{C0} \cdot x_{B1} - x_{C1} \cdot x_{B0})}$$

Per quattro punti propri si può porre $x_0 = 1$ ed ottenere:

$$\frac{(x_{A1} - x_{B1}) \cdot (x_{C1} - x_{D1})}{(x_{A1} - x_{D1}) \cdot (x_{C1} - x_{B1})}$$

In realtà il birapporto può essere calcolato anche quando uno dei quattro punti è il punto improprio di coordinate (0,1).
Il birapporto è un invariante per trasformazioni proiettive (si può verificare algebricamente).

Oltre il formalismo

Una proiettività non conserva le distanze (in generale non è una isometria), ma conserva il birapporto. Si vuole mostrare cosa significa questo in termini pratici.
Si considerano quattro punti A, B, C e D equidistanti lungo una retta *r* e si considera una seconda retta *s*. Un isomorfismo proiettivo dalla retta *r* alla retta *s* con punto di proiezione O proietta i punti A, B, C e D di *r* in A', B', C' e D' di *s* (vedi Figura 27).
Le distanze tra i punti A', B', C' e D' non sono più uguali tra loro, tuttavia si può affermare che il birapporto si è conservato.

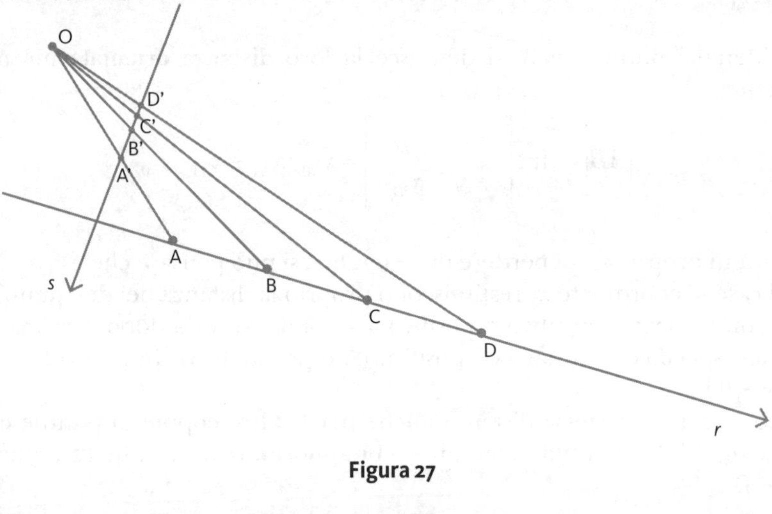

Figura 27

Per calare questa trasformazione in una situazione pratica, si immagini che i quattro punti A, B, C e D siano quattro sassi colorati non troppo estesi e ben visibili posti in modo equidistante l'uno dall'altro lungo il ciglio di una strada, rappresentato dalla retta *r* (vedi Figura 28). Se un osservatore scatta una foto ponendo il piano dell'obiettivo parallelamente alla retta *s* egli otterrà sulla sua fotografia i quattro sassi distanziati come i punti A', B', C' e D' (vedi Figura 28). I quattro sassi nella fotografia non sembrano ugualmente distanziati, ma il loro birapporto si è conservato. Questo si ripercuote nell'esperienza comune per la quale, osservando la fotografia, il nostro occhio percepisce in ogni caso l'idea che "nella realtà" quei quattro sassi probabilmente siano equidistanti, sebbene i quattro sassi sulla fotografia non lo siano. Ovviamente a tale effetto non solo contribuisce la trasformazione dei punti situati lungo la retta *r*, ma anche la trasformazione dei punti lungo le rette ad essa perpendicolari; anche lungo tali rette le quaterne di punti vengono trasformate in modo da conservare i loro birapporti.

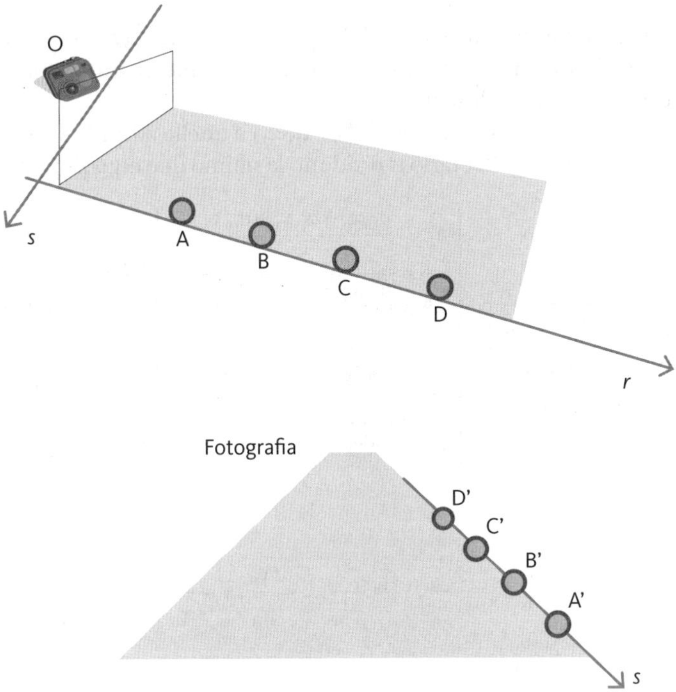

Figura 28

Per tale motivo si usa dire che la geometria proiettiva o gli isomorfismi proiettivi rappresentano la geometria dal punto di vista dell'occhio (o dell'obiettivo di un dispositivo fotografico).

2.5.4 Proiettività sul piano

Nel piano proiettivo si considera una generica proiettività. Si tratta di una trasformazione che ha una forma matriciale alquanto semplice:

$$k\begin{bmatrix} x'_0 \\ x'_1 \\ x'_2 \end{bmatrix} = \begin{bmatrix} a_{00} & a_{01} & a_{02} \\ a_{10} & a_{11} & a_{12} \\ a_{20} & a_{21} & a_{22} \end{bmatrix}\begin{bmatrix} x_0 \\ x_1 \\ x_2 \end{bmatrix}$$

Si deve avere $\det(A) \neq 0$ (si tratta di una proiettività). Questa equazione matriciale corrisponde al seguente sistema di equazioni:

$$\begin{cases} kx'_0 = a_{00}x_0 + a_{01}x_1 + a_{02}x_2 \\ kx'_1 = a_{10}x_0 + a_{11}x_1 + a_{12}x_2 \\ kx'_2 = a_{20}x_0 + a_{21}x_1 + a_{22}x_2 \end{cases}$$

Si noti che il teorema fondamentale della proiettività in $P^2(K)$ prevede che essa si possa determinare univocamente conoscendo come si trasformano 4 punti che non sono a tre a tre allineati.
Per passare dalle coordinate omogenee (x_0, x_1, x_2) a quelle affini (x,y) occorre eliminare le coordinate x_0 e x'_0. Per farlo si dividono le ultime due equazioni per la prima.

$$\begin{cases} \dfrac{kx'_1}{kx'_0} = \dfrac{a_{10}x_0 + a_{11}x_1 + a_{12}x_2}{a_{00}x_0 + a_{01}x_1 + a_{02}x_2} \\ \dfrac{kx'_2}{kx'_0} = \dfrac{a_{20}x_0 + a_{21}x_1 + a_{22}x_2}{a_{00}x_0 + a_{01}x_1 + a_{02}x_2} \end{cases} \Rightarrow \begin{cases} \dfrac{x'_1}{x'_0} = \dfrac{\dfrac{a_{10}x_0 + a_{11}x_1 + a_{12}x_2}{x_0}}{\dfrac{a_{00}x_0 + a_{01}x_1 + a_{02}x_2}{x_0}} \\ \dfrac{x'_2}{x'_0} = \dfrac{\dfrac{a_{20}x_0 + a_{21}x_1 + a_{22}x_2}{x_0}}{\dfrac{a_{00}x_0 + a_{01}x_1 + a_{02}x_2}{x_0}} \end{cases} \Rightarrow \begin{cases} \dfrac{x'_1}{x'_0} = \dfrac{a_{10} + a_{11}\dfrac{x_1}{x_0} + a_{12}\dfrac{x_2}{x_0}}{a_{00} + a_{01}\dfrac{x_1}{x_0} + a_{02}\dfrac{x_2}{x_0}} \\ \dfrac{x'_2}{x'_0} = \dfrac{a_{20} + a_{21}\dfrac{x_1}{x_0} + a_{22}\dfrac{x_2}{x_0}}{a_{00} + a_{01}\dfrac{x_1}{x_0} + a_{02}\dfrac{x_2}{x_0}} \end{cases}$$

Ricordando che:

$$x' = \frac{x'_1}{x'_0}, y' = \frac{x'_2}{x'_0}, x = \frac{x_1}{x_0}, y = \frac{x_2}{x_0}$$

si ottiene:

$$\begin{cases} x' = \dfrac{a_{10} + a_{11}x + a_{12}y}{a_{00} + a_{01}x + a_{02}y} \\ y' = \dfrac{a_{20} + a_{21}x + a_{22}y}{a_{00} + a_{01}x + a_{02}y} \end{cases}$$

Tornando alle coordinate omogenee, si verifica che le proiettività trasformano rette in rette.

$$ax'_1 + bx'_2 + cx'_0 = 0$$

$$a(a_{10}x_0 + a_{11}x_1 + a_{12}x_2) + b(a_{20}x_0 + a_{21}x_1 + a_{22}x_2) + c(a_{00}x_0 + a_{01}x_1 + a_{02}x_2) = 0$$

$$(ca_{01} + aa_{11} + ba_{21})x_1 + (ca_{02} + aa_{12} + ba_{22})x_2 + (ca_{00} + aa_{10} + ba_{20})x_0 = 0$$

Nei calcoli si può trascurare la costante moltiplicativa k che viene eliminata moltiplicando le equazioni per un opportuno fattore.

Analogamente si può verificare che una proiettività trasforma una conica in una conica. Tuttavia, una proiettività è in grado di modificare il tipo di conica. Ad esempio una parabola può diventare un'iperbole o una ellisse può diventare una parabola. Questo risultato è atteso in quanto si è visto nel par. 2.4.2 che una conica viene identificata mediante il numero di punti impropri ad essa appartenenti. L'ellisse ha due punti impropri, la parabola ne ha uno e l'ellisse ne è priva. Una proiettività è capace di portare punti impropri in punti propri e viceversa, ossia è in grado di modificare il numero di punti impropri di una conica. Pertanto può trasformare una parabola in una ellisse o in una iperbole. Viceversa una affinità non scambia punti impropri con punti propri, pertanto una affinità non potrà mai trasformare, ad esempio, una ellisse in una parabola.

Esempi

Si consideri la proiettività rappresentata dalla matrice:

$$A = \begin{bmatrix} 0 & 0 & 1 \\ 0 & a_{11} & 0 \\ a_{20} & 0 & 0 \end{bmatrix}$$

La matrice è associata alla trasformazione:

$$\begin{cases} x'_0 = x_2 \\ x'_1 = a_{11}x_1 \\ x'_2 = a_{20}x_0 \end{cases}$$

Nei calcoli che seguono si può trascurare la costante moltiplicativa k che viene eliminata moltiplicando le equazioni per un opportuno fattore. Pertanto, per semplicità si è posta la costante $k = 1$.

La trasformazione inversa è:

$$\begin{cases} x_0 = \dfrac{x'_2}{a_{20}} \\ x_2 = x'_0 \\ x_1 = \dfrac{x'_1}{a_{11}} \end{cases}$$

Equazione 47

Si consideri la conica non degenere:

$$x_1^2 + 2x_2^2 - x_0^2 = 0$$

dove $a = 1, b = 2, f = -1$.

Si ha che $\frac{\Delta}{4} = -a \cdot b = -1 \cdot 2 = -2 < 0$ pertanto la conica è una ellisse.

Usando l'Equazione 47 la conica diventa:

$$\left(\frac{x'_1}{a_{11}}\right)^2 + 2(x'_0)^2 - \left(\frac{x'_2}{a_{20}}\right)^2 = 0$$

Per non appesantire la notazione si evitano gli apici e si riscrive:

$$\left(\frac{1}{a_{11}}\right)^2 x_1^2 - \left(\frac{1}{a_{20}}\right)^2 x_2^2 + 2x_0^2 = 0$$

dove $a = \left(\frac{1}{a_{11}}\right)^2$, $b = -\left(\frac{1}{a_{20}}\right)^2$, $f = 2$.

Si calcola il $\Delta/4$ della nuova conica e si ottiene:

$$\frac{\Delta}{4} = -a \cdot b = -\left(\frac{1}{a_{11}}\right)^2 \left[-\left(\frac{1}{a_{20}}\right)^2\right] = \left(\frac{1}{a_{11}}\right)^2 \left(\frac{1}{a_{20}}\right)^2 > 0$$

La conica è ancora non degenere, ma è diventata una iperbole.

2.5.5 Punti uniti e rette unite

In modo analogo a quanto detto per le proiettività in $P^1(R)$, per determinare i **punti uniti** si deve risolvere il sistema:

$$\begin{cases} kx_0 = a_{00}x_0 + a_{01}x_1 + a_{02}x_2 \\ kx_1 = a_{10}x_0 + a_{11}x_1 + a_{12}x_2 \\ kx_2 = a_{20}x_0 + a_{21}x_1 + a_{22}x_2 \end{cases} \Rightarrow \begin{cases} (a_{00} - k)x_0 + a_{01}x_1 + a_{02}x_2 = 0 \\ a_{10}x_0 + (a_{11} - k)x_1 + a_{12}x_2 = 0 \\ a_{20}x_0 + a_{21}x_1 + (a_{22} - k)x_2 = 0 \end{cases}$$

Per non avere la soluzione banale (nulla) deve essere:

$$\det\begin{bmatrix} (a_{00} - k) & a_{01} & a_{02} \\ a_{10} & (a_{11} - k) & a_{12} \\ a_{20} & a_{21} & (a_{22} - k) \end{bmatrix} = 0$$

Con questa tecnica è possibile individuare anche **rette puntualmente unite** o **rette di punti uniti**, ossia rette per le quali tutti i punti non vengono trasformati. In analogia a quanto visto con le trasformazioni affini, vi possono essere anche **rette globalmente unite**, o semplicemente **rette unite**. Queste sono rette che vengono trasformate in se stesse, sebbene i loro punti siano trasformati in punti distinti. In pratica, i punti trasformati si ricollocano in modo da comporre la stessa retta di partenza. Si noti che se una proiettività ha due punti uniti distinti, allora essa avrà anche una retta unita che passa per essi.

Si vuole determinare una relazione per individuare le rette unite.
Sia ${}^tV = (v_0, v_1, v_2)$ il vettore che contraddistingue i coefficienti di una retta che passa per un punto unito le cui coordinate sono ${}^tX = (x_0, x_1, x_2)$. Pertanto si ha ${}^tVX = v_0x_0 + v_1x_1 + v_2x_2 = 0$ in quanto il punto appartiene alla retta. Detta A la matrice della proiettività si ha:

$${}^tVX = 0 \Rightarrow {}^tVA^{-1}AX = 0 \Rightarrow {}^t\left({}^t\left(A^{-1}\right)V\right)AX = 0$$

Nell'ultima uguaglianza si è tenuto conto che la trasposta del prodotto di due matrici è uguale al prodotto delle trasposte in ordine inverso.
Si noti che per ipotesi X è un punto unito, pertanto deve essere $AX = kX$, quindi:

$${}^t\left({}^t\left(A^{-1}\right)V\right)AX = 0 \Rightarrow k\,{}^t\left({}^t\left(A^{-1}\right)V\right)X = 0$$

Quindi la retta ${}^tVX = 0$ viene trasformata in ${}^t\left({}^t\left(A^{-1}\right)V\right)X = 0$. Pertanto la retta ${}^tVX = 0$ è unita se esiste una costante k non nulla tale che:

$$\begin{aligned}
{}^tV &= k\,{}^t\left({}^t\left(A^{-1}\right)V\right)\\
V &= k\left({}^t\left(A^{-1}\right)V\right)\\
V &= k\,{}^t\left(A^{-1}\right)V\\
{}^tAV &= k\,{}^tA\,{}^t\left(A^{-1}\right)V\\
{}^tAV &= k\,{}^t\left(A^{-1}A\right)V\\
{}^tAV &= kV
\end{aligned}$$

Quindi il vettore V deve essere autovettore della matrice trasposta dell'applicazione, ossia:

$$\begin{bmatrix} (a_{00} - k) & a_{10} & a_{20} \\ a_{01} & (a_{11} - k) & a_{21} \\ a_{02} & a_{12} & (a_{22} - k) \end{bmatrix} \begin{bmatrix} v_0 \\ v_1 \\ v_2 \end{bmatrix} = 0$$

Questa volta non occorre individuare gli autovalori della matrice trasposta ${}^tA$ in quanto sono gli stessi della matrice A.
In modo analogo a quanto visto per le proiettività di una retta (par. 2.5.2), considerando un campo algebricamente chiuso (come il campo dei complessi C), si può pensare di diagonalizzare la matrice della proiettività o di scrivere la matrice in una delle forme canoniche di Jordan (ossia una forma quanto più vicina pos-

sibile a quella diagonale). In tal caso, è possibile verificare che le proiettività del piano possono essere ricondotte tutte alle otto forme della Tabella 4.

Tabella 4

Autovalori	Forma della matrice	Punti uniti (e rette di punti uniti)	Rette unite (globalmente unite)	Note
Tre autovalori distinti tutti non nulli	$\begin{bmatrix} k_1 & 0 & 0 \\ 0 & k_2 & 0 \\ 0 & 0 & k_3 \end{bmatrix}$	Tre punti uniti, non allineati	Tre rette (ciascuna passante per una coppia di punti uniti)	
Due autovalori coincidenti ed uno distinto dagli altri due, tutti non nulli	$\begin{bmatrix} k_1 & 1 & 0 \\ 0 & k_1 & 0 \\ 0 & 0 & k_2 \end{bmatrix}$	Due punti uniti distinti	Due rette (una passante per i due punti uniti)	
Due autovalori coincidenti ed uno distinto dagli altri due, tutti non nulli	$\begin{bmatrix} k_1 & 0 & 0 \\ 0 & k_1 & 0 \\ 0 & 0 & k_2 \end{bmatrix}$	Una retta di punti uniti *a* e un punto unito *C* esterno alla retta	Infinite rette passanti per il punto unito *C* (oltre alla retta *a* non passante per *C*)	Questa trasformazione è denominata **omologia generale**. La retta *a* è detta **asse** dell'omologia ed il punto *C* è detto **centro** dell'omologia.
Tre autovalori coincidenti non nulli	$\begin{bmatrix} k_1 & 1 & 0 \\ 0 & k_1 & 1 \\ 0 & 0 & k_1 \end{bmatrix}$	Un solo punto unito	Una sola retta unita	
Tre autovalori coincidenti non nulli	$\begin{bmatrix} k_1 & 0 & 0 \\ 0 & k_1 & 1 \\ 0 & 0 & k_1 \end{bmatrix}$	Una retta di punti uniti *a*	Infinite rette passanti per un punto *C* della retta *a*	Questa trasformazione è denominata **omologia speciale**. La retta *a* è detta **asse** dell'omologia ed il punto *C* è detto **centro** dell'omologia.
Tre autovalori coincidenti non nulli	$\begin{bmatrix} k_1 & 0 & 0 \\ 0 & k_1 & 0 \\ 0 & 0 & k_1 \end{bmatrix}$	Tutti i punti del piano (quindi anche tutte le rette)	Tutte le rette sono puntualmente unite	È la trasformazione identica (l'identità).

Si noti che l'omologia può essere considerata un caso generalizzato dell'omotetia affine. La matrice appare infatti dello stesso tipo.
Nei seguenti esempi si studiano due delle trasformazioni in Tabella 4.

Esempi

1) Determinare punti e rette unite della proiettività rappresentata dalla seguente matrice:

$$\begin{bmatrix} a & 1 & 0 \\ 0 & a & 0 \\ 0 & 0 & b \end{bmatrix}$$

Si determinano gli autovalori imponendo che il seguente determinante sia nullo:

$$\det\begin{bmatrix} a-k & 1 & 0 \\ 0 & a-k & 0 \\ 0 & 0 & b-k \end{bmatrix}=0$$

$$(a-k)^2(b-k)=0$$
$$k_1=a$$
$$k_2=b$$

Vi è un autovalore $k_1=a$ di molteplicità algebrica pari a 2 ed un autovalore $k_2=b$ di molteplicità algebrica pari a 1. Quindi si determinano gli autovettori per $k_1=a$:

$$k_1=a\Rightarrow\begin{bmatrix} a-a & 1 & 0 \\ 0 & a-a & 0 \\ 0 & 0 & b-a \end{bmatrix}\begin{bmatrix} x_0 \\ x_1 \\ x_2 \end{bmatrix}=0\Rightarrow\begin{bmatrix} 0 & 1 & 0 \\ 0 & 0 & 0 \\ 0 & 0 & b-a \end{bmatrix}\begin{bmatrix} x_0 \\ x_1 \\ x_2 \end{bmatrix}=0$$

$$\Rightarrow x_1=0,(b-a)x_2=0\Rightarrow x_1=0,\ x_2=0$$

Si ricava un primo autovettore che corrisponde ad un punto unito (proprio) dato dall'origine degli assi.

$$\begin{bmatrix} x_0 \\ x_1 \\ x_2 \end{bmatrix}=\begin{bmatrix} 1 \\ 0 \\ 0 \end{bmatrix}$$

Si determinano gli autovettori per $k_2=b$:

$$k_1=b\Rightarrow\begin{bmatrix} a-b & 1 & 0 \\ 0 & a-b & 0 \\ 0 & 0 & b-b \end{bmatrix}\begin{bmatrix} x_0 \\ x_1 \\ x_2 \end{bmatrix}=0\Rightarrow\begin{bmatrix} a-b & 1 & 0 \\ 0 & a-b & 0 \\ 0 & 0 & 0 \end{bmatrix}\begin{bmatrix} x_0 \\ x_1 \\ x_2 \end{bmatrix}=0$$

$$\Rightarrow(a-b)x_0+x_1=0,(a-b)x_1=0\Rightarrow x_0=0,\ x_1=0$$

$$\begin{bmatrix} x_0 \\ x_1 \\ x_2 \end{bmatrix} = \begin{bmatrix} 0 \\ 0 \\ 1 \end{bmatrix}$$

Si ricava un secondo autovettore che corrisponde ad un punto unito (improprio) corrispondente alla direzione dell'asse delle ordinate (la seconda coordinata è nulla). Si passa alla determinazione delle rette unite. La matrice trasposta è:

$$\begin{bmatrix} a & 0 & 0 \\ 1 & a & 0 \\ 0 & 0 & b \end{bmatrix}$$

I suoi autovalori sono ancora $k_1 = a$ e $k_2 = b$.
Quindi si determinano gli autovettori per $k_1 = a$:

$$k_1 = a \Rightarrow \begin{bmatrix} a-a & 0 & 0 \\ 1 & a-a & 0 \\ 0 & 0 & b-a \end{bmatrix} \begin{bmatrix} v_0 \\ v_1 \\ v_2 \end{bmatrix} = 0 \Rightarrow \begin{bmatrix} 0 & 0 & 0 \\ 1 & 0 & 0 \\ 0 & 0 & b-a \end{bmatrix} \begin{bmatrix} v_0 \\ v_1 \\ v_2 \end{bmatrix} = 0$$

$$\Rightarrow v_0 = 0, (b-a)v_2 = 0 \Rightarrow v_0 = 0,\ v_2 = 0$$

Quindi si ottiene la retta $v_0x_0 + v_1x_1 + v_2x_2 = 0 \Rightarrow v_1x_1 = 0 \Rightarrow x_1 = 0$ che è la retta passante per i due punti uniti (ossia $x = 0$, l'asse delle ordinate).
Si determinano gli autovettori per $k_2 = b$:

$$k_2 = b \Rightarrow \begin{bmatrix} a-b & 0 & 0 \\ 1 & a-b & 0 \\ 0 & 0 & b-b \end{bmatrix} \begin{bmatrix} v_0 \\ v_1 \\ v_2 \end{bmatrix} = 0 \Rightarrow \begin{bmatrix} a-b & 0 & 0 \\ 1 & a-b & 0 \\ 0 & 0 & 0 \end{bmatrix} \begin{bmatrix} v_0 \\ v_1 \\ v_2 \end{bmatrix} = 0$$

$$\Rightarrow (a-b)v_0 = 0, v_0 + (a-b)v_1 = 0 \Rightarrow v_0 = 0,\ v_1 = 0$$

Quindi si ottiene la retta $v_0x_0 + v_1x_1 + v_2x_2 = 0 \Rightarrow v_2x_2 = 0 \Rightarrow x_2 = 0$ che è l'asse delle ascisse ($y = 0$).
2) Determinare punti e rette unite dell'omologia rappresentata dalla matrice:

$$\begin{bmatrix} a & 0 & 0 \\ 0 & a & 0 \\ 0 & 0 & b \end{bmatrix}$$

La matrice è diagonale, pertanto è evidente che gli autovalori sono $k_1 = a$, $k_2 = b$ con molteplicità algebrica rispettivamente pari a 2 ed 1:

$$k_1 = a \Rightarrow \begin{bmatrix} 0 & 0 & 0 \\ 0 & 0 & 0 \\ 0 & 0 & b-a \end{bmatrix} \begin{bmatrix} x_0 \\ x_1 \\ x_2 \end{bmatrix} = 0 \Rightarrow (b-a)x_2 = 0 \Rightarrow x_2 = 0$$

Pertanto, associato a $k_1 = a$ vi è l'intera retta $x_2 = 0$ di punti uniti, ossia tutti i punti rappresentabili mediante le coordinate $[x_0, x_1, 0]$ con x_0 e x_1 arbitrarie. Sono i punti collocati lungo l'asse delle ascisse ($y = 0$).

Inoltre:

$$k_1 = b \Rightarrow \begin{bmatrix} a-b & 0 & 0 \\ 0 & a-b & 0 \\ 0 & 0 & 0 \end{bmatrix} \begin{bmatrix} x_0 \\ x_1 \\ x_2 \end{bmatrix} = 0$$

$$\Rightarrow (a-b)x_0 = 0, (a-b)x_1 = 0$$

da cui:

$$\begin{bmatrix} x_0 \\ x_1 \\ x_2 \end{bmatrix} = \begin{bmatrix} 0 \\ 0 \\ 1 \end{bmatrix}$$

Si ricava un secondo autovettore che corrisponde ad un punto unito (improprio) corrispondente alla direzione dell'asse delle ordinate e quindi non appartenente alla retta di punti uniti (asse delle ascisse).

Si passa alla determinazione delle rette unite. La matrice trasposta coincide con quella della trasformazione:

$$\begin{bmatrix} a & 0 & 0 \\ 0 & a & 0 \\ 0 & 0 & b \end{bmatrix}$$

I suoi autovalori sono ancora $k_1 = a$ e $k_2 = b$.

Per $k_1 = a$ si ottiene:

$$k_1 = a \Rightarrow \begin{bmatrix} a-a & 0 & 0 \\ 0 & a-a & 0 \\ 0 & 0 & b-a \end{bmatrix} \begin{bmatrix} v_0 \\ v_1 \\ v_2 \end{bmatrix} = 0 \Rightarrow \begin{bmatrix} 0 & 0 & 0 \\ 0 & 0 & 0 \\ 0 & 0 & b-a \end{bmatrix} \begin{bmatrix} v_0 \\ v_1 \\ v_2 \end{bmatrix} = 0$$

$$\Rightarrow (b-a)v_2 = 0 \Rightarrow v_2 = 0$$

Pertanto i parametri v_0 e v_1 possono variare arbitrariamente. Si ottiene quindi un fascio di rette $v_0x_0 + v_1x_1 + v_2x_2 = 0 \Rightarrow v_0x_0 + v_1x_1 = 0$ che sono tutte passanti per il punto unito (0,0,1). Si tratta delle rette parallele all'asse delle ordinate di equazione x = costante.

Si determinano gli autovettori per $k_2 = b$:

$$k_2 = b \Rightarrow \begin{bmatrix} a-b & 0 & 0 \\ 1 & a-b & 0 \\ 0 & 0 & b-b \end{bmatrix} \begin{bmatrix} v_0 \\ v_1 \\ v_2 \end{bmatrix} = 0 \Rightarrow \begin{bmatrix} a-b & 0 & 0 \\ 1 & a-b & 0 \\ 0 & 0 & 0 \end{bmatrix} \begin{bmatrix} v_0 \\ v_1 \\ v_2 \end{bmatrix} = 0$$

$$\Rightarrow (a-b)v_0 = 0, v_0 + (a-b)v_1 = 0 \Rightarrow v_0 = 0,\ v_1 = 0$$

Quindi si ottiene la retta $v_0x_0 + v_1x_1 + v_2x_2 = 0 \Rightarrow v_2x_2 = 0 \Rightarrow x_2 = 0$ che è la retta $y = 0$ (asse x) che era stata già individuata in precedenza (come retta di punti uniti).

2.5.6 Studio della prospettiva

Si vuole concludere questo studio delle proiettività contestualizzando tali trasformazioni nella vita comune e riportando alcune delle relazioni viste nei paragrafi 2.5.4 e 2.5.5 in relazioni algebriche più comuni, scritte in spazi euclidei. Si consideri un osservatore che vuole scattare una fotografia a dei binari (Figura 29-1). I binari (rappresentati dalle rette r e r'), sono collocati lungo un piano π nel quale risultano paralleli (Figura 29-2). Si potrebbe dire, nel linguaggio della geometria proiettiva, che le rette r e r' si incontrano in un punto improprio dato dalla loro direzione comune. Si consideri un piano π' immaginario, posto poco dinanzi all'osservatore (Figura 29-1, 2). Tale piano è perpendicolare al piano π ed è solidale con la vista dell'osservatore. In pratica in tale piano si può pensare disposta la vista che l'osservatore ha di fronte a lui. Nel piano π' le due rette r e r' (che in π erano parallele e si incontravano nel punto improprio) ora si intersecano nel punto O' all'orizzonte (che è un punto proprio). Appare evidente che la trasformazione dal piano π a quello π' ha trasformato punti impropri in punti propri. Pertanto essa è una proiettività.

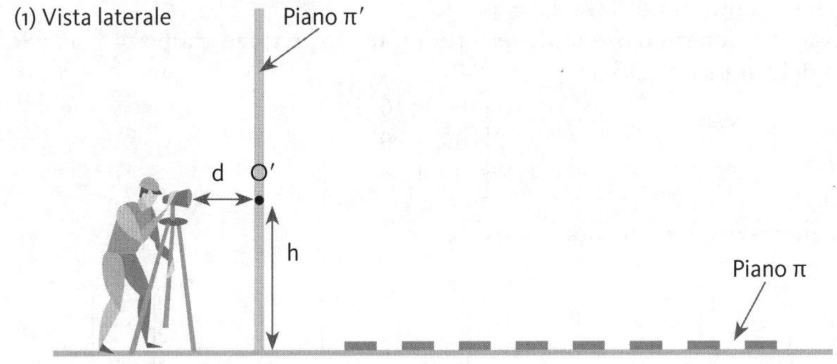

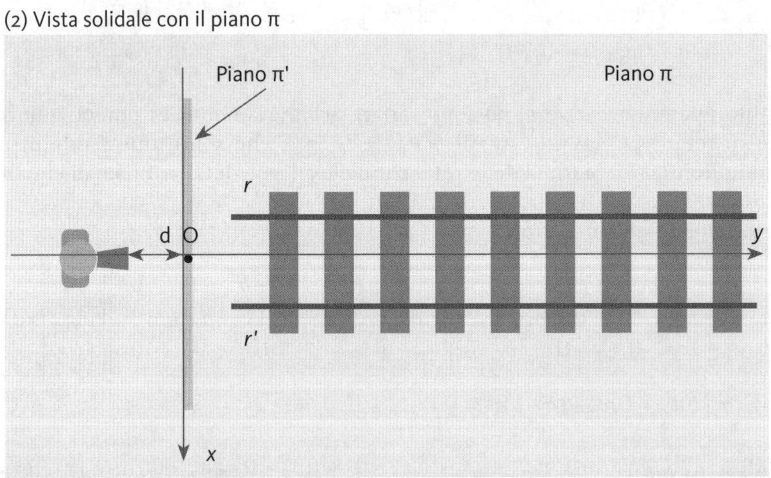

Figura 29 (1, 2)

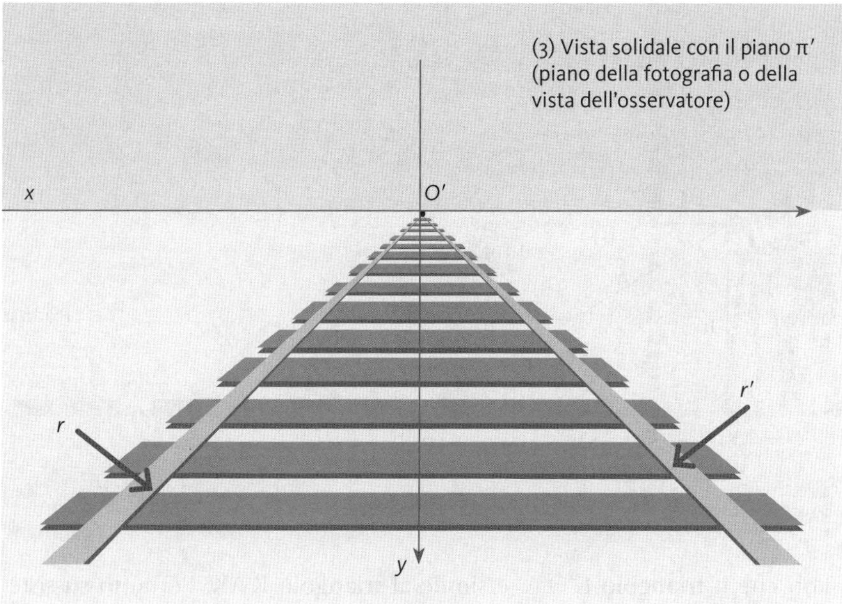

Figura 29 (3)

L'obiettivo di questa dissertazione è ricavare con la geometria euclidea le equazioni di tale trasformazione proiettiva ed inquadrarla tra le trasformazioni più generali.
Si individuano due sistemi di riferimento sui due piani. Sul piano π' si sceglie un sistema di riferimento come quello mostrato in Figura 29-3. L'origine O' del sistema di riferimento è posta proprio di fronte all'occhio dell'osservatore, ad un'altezza h dal suolo, ossia dal piano π (vedi Figura 29-1). Sul piano π si sceglie un sistema di riferimento come quello mostrato in Figura 29-2. L'origine di questo sistema è O, ossia la proiezione di O' su π. Inoltre, l'occhio dell'osservatore è posto in K' (Figura 30), mentre K è la proiezione su π del punto K'. Sia A un punto che nel piano π è collocato lungo l'asse delle ordinate e sia y la sua ordinata che nel disegno in Figura 30 corrisponde al tratto OA. Si noti che KA = KO + OA = $d + y$. Con una linea retta si riconduce il punto A verso l'occhio dell'osservatore collocato in K'. Tale retta intercetta il piano π' in A'. Pertanto A' è il trasformato di A su π'. A' è collocato lungo l'asse y del sistema di riferimento posto in π'. La sua ordinata è y'.

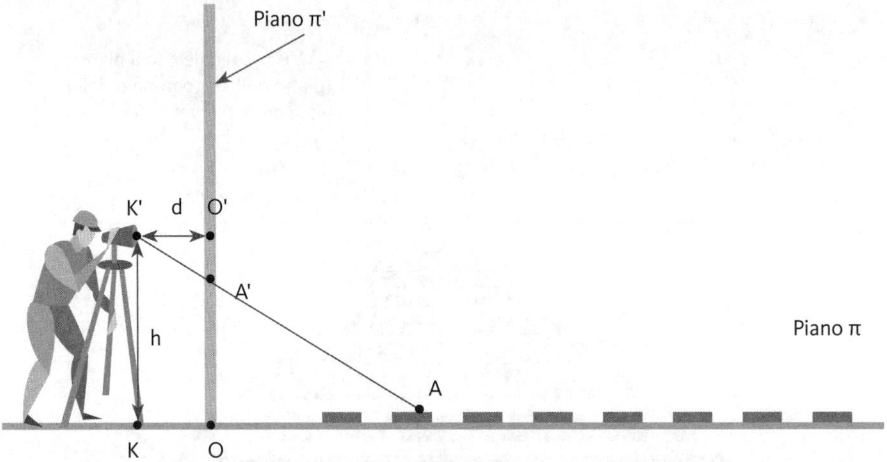

Figura 30

Si noti che il triangolo K'O'A' è simile al triangolo K'AK. Pertanto sussiste la relazione:

$$d:(d+y)=y':h$$

da cui si ottiene la trasformazione della coordinata *y*:

$$y'=\frac{d\cdot h}{(d+y)}$$

Ora si considera un punto B nel piano π collocato ad una distanza AB dall'asse delle ordinate (vedi Figura 31). Si noti che A è lo stesso punto considerato in Figura 30. Pertanto A e B hanno la stessa ordinata che vale *y*. La distanza AB è proprio l'ascissa *x* di B (vedi Figura 31). Si noti che KA = KO + OA = $d + y$. Con una linea retta si riconduce il punto B verso l'occhio dell'osservatore collocato in K'. Tale retta intercetta il piano π' in B'. Pertanto B' è il trasformato di B su π'. Si noti che B' è ad una certa altezza dal piano π. Sia B'' la sua proiezione sul piano π. L'ascissa di B' coincide con il segmento OB'' del piano π mostrato in Figura 31. Tale ascissa vale *x*'.

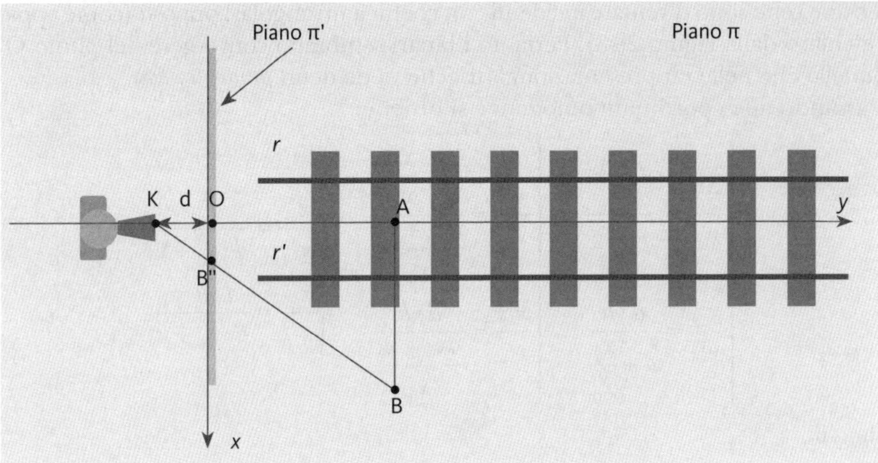

Figura 31

Si noti che il triangolo KOB'' è simile al triangolo KAB. Pertanto sussiste la relazione:

$$d:(d+y)=x':x$$

da cui si ottiene la trasformazione della coordinata x:

$$x'=\frac{d\cdot x}{(d+y)}$$

Quindi si possono scrivere le equazioni della trasformazione:

$$\begin{cases} x'=\dfrac{d\cdot x}{d+y} \\ y'=\dfrac{d\cdot h}{d+y} \end{cases}$$

Ora si può verificare che i binari paralleli nel piano π diventino incidenti nel piano π'. Per fissare le idee, si supponga che le equazioni dei binari in π siano $x = -1$ e $x = +1$, ossia due rette parallele all'asse y (vedi Figura 29-2). Dividendo membro a membro le due equazioni della trasformazione si ottiene:

$$\frac{x'}{y'}=\frac{d\cdot x}{d\cdot h}\Rightarrow y'=h\frac{x'}{x}$$

Sostituendo i valori $x = \pm 1$ si ha:

$$y'=h\frac{x'}{\pm 1}\Rightarrow y'=\pm h\cdot x'$$

Le due rette sono diventate incidenti con coefficienti angolari opposti (come appare chiaro dalla Figura 29-3). Pertanto i binari sembrano convergere nel punto O' (quello che nelle rappresentazioni artistiche viene detto *punto di fuga*).
Passando alle coordinate omogenee si ottiene:

$$\begin{cases} \dfrac{x'_1}{x'_0} = \dfrac{d \cdot \frac{x_1}{x_0}}{d + \frac{x_2}{x_0}} \\ \dfrac{x'_2}{x'_0} = \dfrac{d \cdot h}{d + \frac{x_2}{x_0}} \end{cases} \Rightarrow \begin{cases} \dfrac{x'_1}{x'_0} = \dfrac{d \cdot \frac{x_1}{x_0}}{\frac{dx_0 + x_2}{x_0}} \\ \dfrac{x'_2}{x'_0} = \dfrac{d \cdot h}{\frac{dx_0 + x_2}{x_0}} \end{cases} \Rightarrow \begin{cases} \dfrac{x'_1}{x'_0} = \dfrac{d \cdot x_1}{d \cdot x_0 + x_2} \\ \dfrac{x'_2}{x'_0} = \dfrac{d \cdot h \cdot x_0}{d \cdot x_0 + x_2} \end{cases}$$

da cui:

$$\begin{cases} x'_0 = d \cdot x_0 + x_2 \\ x'_1 = d \cdot x_1 \\ x'_2 = d \cdot h \cdot x_0 \end{cases}$$

La matrice associata alla trasformazione è:

$$\begin{bmatrix} d & 0 & 1 \\ 0 & d & 0 \\ d \cdot h & 0 & 0 \end{bmatrix}$$

Per procedere alla diagonalizzazione della matrice si fissano per semplicità dei valori $d = 1$ e $h = 2$, quindi:

$$\begin{bmatrix} 1 & 0 & 1 \\ 0 & 1 & 0 \\ 2 & 0 & 0 \end{bmatrix}$$

Si determinano gli autovalori:

$$\det \begin{bmatrix} 1-k & 0 & 1 \\ 0 & 1-k & 0 \\ 2 & 0 & -k \end{bmatrix} = 0$$

$$-k(1-k)^2 - 2(1-k) = 0$$

$$(1-k)[-k(1-k) - 2] = 0$$

$$(1-k)[k^2 - k - 2] = 0$$

$$1 - k = 0 \Rightarrow k_1 = 1$$

$$k^2 - k - 2 = 0 \Rightarrow k_{2e3} = \frac{1 \pm 3}{2} \Rightarrow k_2 = 2, k_3 = -1$$

Si determinano gli autovettori:

$$k_1 = 1 \Rightarrow \begin{bmatrix} 0 & 0 & 1 \\ 0 & 0 & 0 \\ 2 & 0 & -1 \end{bmatrix} \begin{bmatrix} x_0 \\ x_1 \\ x_2 \end{bmatrix} \Rightarrow x_2 = 0,\ 2x_0 - x_2 = 0 \Rightarrow x_2 = 0,\ x_0 = 0$$

Quindi un primo autovettore è:

$$\begin{bmatrix} x_0 \\ x_1 \\ x_2 \end{bmatrix} = \begin{bmatrix} 0 \\ 1 \\ 0 \end{bmatrix}$$

Questo indica che le direzioni lungo l'asse delle ascisse x (ossia la retta $x_2 = 0$ oppure $y = 0$) restano invariate. Del resto si può notare che rette parallele all'asse x nel piano π continuano a restare parallele nel piano π'.

$$k_2 = 2 \Rightarrow \begin{bmatrix} -1 & 0 & 1 \\ 0 & -1 & 0 \\ 2 & 0 & -2 \end{bmatrix} \begin{bmatrix} x_0 \\ x_1 \\ x_2 \end{bmatrix} \Rightarrow -x_0 + x_2 = 0, -x_1 = 0,\ 2x_0 - 2x_2 = 0$$

La seconda equazione dice che la coordinata x_1 è nulla, la prima e la terza (dipendenti) dicono che posto $x_2 = 1$, allora $x_0 = 1$. Pertanto un altro punto unito è:

$$\begin{bmatrix} x_0 \\ x_1 \\ x_2 \end{bmatrix} = \begin{bmatrix} 1 \\ 0 \\ 1 \end{bmatrix}$$

che corrisponde al punto (0,1) in π. Si può sostituire questo punto nelle equazioni della trasformazione per verificare che viene trasformato in (0,1).
Infine:

$$k_3 = -1 \Rightarrow \begin{bmatrix} 2 & 0 & 1 \\ 0 & 2 & 0 \\ 2 & 0 & 1 \end{bmatrix} \begin{bmatrix} x_0 \\ x_1 \\ x_2 \end{bmatrix} \Rightarrow 2x_0 + x_2 = 0, 2x_1 = 0,\ 2x_0 + x_2 = 0$$

La seconda equazione dice che la coordinata x_1 è nulla, la prima e la terza (sono le stesse) dicono che posto $x_0 = 1$, allora $x_2 = -2$. Pertanto un altro punto unito è:

$$\begin{bmatrix} x_0 \\ x_1 \\ x_2 \end{bmatrix} = \begin{bmatrix} 1 \\ 0 \\ -2 \end{bmatrix}$$

Anche per questo punto si può verificare che è unito ponendo (0,-2) nelle equazioni della trasformazione.
Si determinano le tre rette unite.

$$k_1 = 1 \Rightarrow \begin{bmatrix} 0 & 0 & 2 \\ 0 & 0 & 0 \\ 1 & 0 & -1 \end{bmatrix} \begin{bmatrix} v_0 \\ v_1 \\ v_2 \end{bmatrix} \Rightarrow 2v_2 = 0, v_0 - v_2 = 0 \quad \Rightarrow v_2 = 0,\ v_0 = 0$$

Quindi una retta unita è:

$$v_0 x_0 + v_1 x_1 + v_2 x_2 = 0 \Rightarrow v_1 x_1 = 0 \Rightarrow x_1 = 0$$

ossia $x = 0$ (l'asse delle ordinate). Questo appare evidente notando la collocazione dell'asse nel piano π e notando che esso viene proiettato proprio sull'asse y del piano π'.
Si ha poi:

$$k_2 = 2 \Rightarrow \begin{bmatrix} -1 & 0 & 2 \\ 0 & -1 & 0 \\ 1 & 0 & -2 \end{bmatrix} \begin{bmatrix} v_0 \\ v_1 \\ v_2 \end{bmatrix} \Rightarrow -v_0 + 2v_2 = 0, -v_1 = 0,\ v_0 - 2v_2 = 0$$

La seconda equazione dice che il coefficiente v_1 è nullo, la prima e la terza (dipendenti) dicono che posto $v_2 = 1$, allora $v_0 = 2$. Pertanto una retta unita è:

$$v_0 x_0 + v_1 x_1 + v_2 x_2 = 0 \Rightarrow 2x_0 + x_2 = 0$$

ossia $y = -2$, in particolare il punto (0,-2) di questa retta è unito.
Infine:

$$k_3 = -1 \Rightarrow \begin{bmatrix} 2 & 0 & 2 \\ 0 & 2 & 0 \\ 1 & 0 & 1 \end{bmatrix} \begin{bmatrix} v_0 \\ v_1 \\ v_2 \end{bmatrix} \Rightarrow 2v_0 + 2v_2 = 0,\ 2v_1 = 0,\ v_0 + v_2 = 0$$

La seconda equazione dice che il coefficiente v_1 è nullo, la prima e la terza (dipendenti) dicono che posto $v_0 = 1$, allora $v_2 = -1$. Pertanto una retta unita è:

$$v_0 x_0 + v_1 x_1 + v_2 x_2 = 0 \Rightarrow x_0 - x_2 = 0$$

ossia $y = 1$; in particolare il punto (0,1) di questa retta è unito.

2.6 La trigonometria

La trigonometria si occupa dello studio dei triangoli mediante i loro angoli. L'obiettivo principale della trigonometria consiste nel calcolare le grandezze che caratterizzano gli elementi di un triangolo partendo da altre grandezze note, facendo leva in particolare sulle funzioni circolari.

2.6.1 Relazioni trigonometriche per un triangolo rettangolo

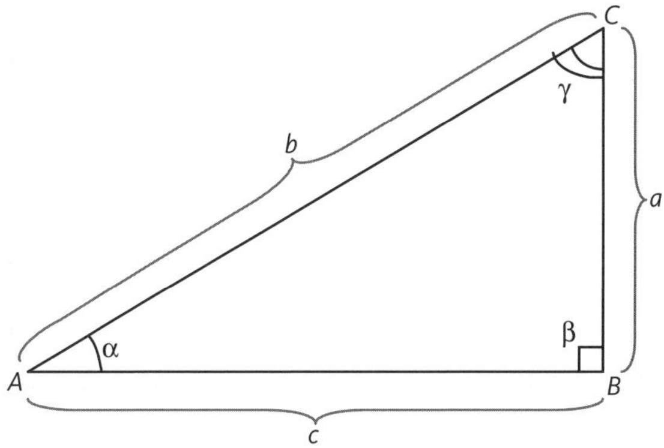

Figura 32

Si consideri il triangolo rettangolo ABC in Figura 32. In esso risultano valide le relazioni mostrate in tabella.

Tabella 5

Equazione 48	$a = b \cdot \sin \alpha$	Un cateto è pari al prodotto dell'ipotenusa per il seno dell'angolo opposto al cateto.
Equazione 49	$\sin \alpha = \frac{a}{b}$	Il seno di un angolo è pari al rapporto tra il cateto opposto e l'ipotenusa.
Equazione 50	$a = b \cdot \cos \gamma$	Un cateto è uguale al prodotto dell'ipotenusa per il coseno dell'angolo adiacente al cateto.
Equazione 51	$\cos \gamma = \frac{a}{b}$	Il coseno di un angolo è pari al rapporto tra il cateto adiacente e l'ipotenusa.
Equazione 52	$\tan \alpha = \frac{a}{c}$	La tangente di un angolo è uguale al rapporto tra il cateto opposto all'angolo ed il cateto adiacente all'angolo.
Equazione 53	$a = c \cdot \tan \alpha$	Un cateto è uguale al prodotto dell'altro cateto per la tangente dell'angolo opposto al primo cateto.
Equazione 54	$a = c \cdot \cot \gamma$	Un cateto è uguale al prodotto dell'altro cateto per la cotangente dell'angolo opposto al secondo cateto.

Si mostrano alcuni esempi di applicazione di queste relazioni.

Esempi

1) Determinare tutti i lati e gli angoli di un triangolo rettangolo sapendo che un cateto vale $c = 12$ e l'angolo non retto ad esso adiacente vale $\alpha = \frac{\pi}{3}$.

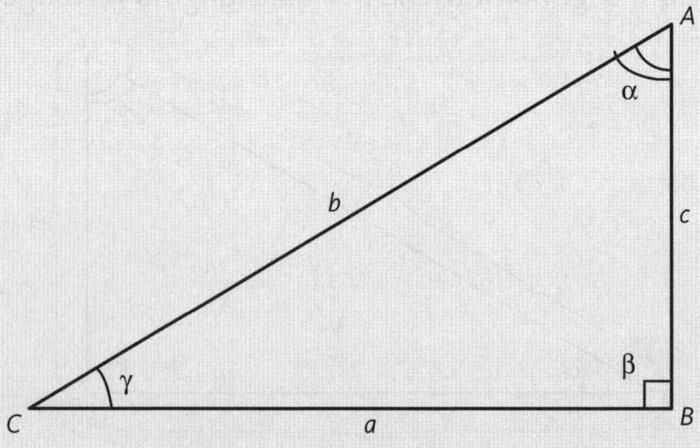

L'ipotenusa è data dal rapporto tra il cateto assegnato e il coseno dell'angolo ad esso adiacente.

$$b = \frac{c}{\cos\alpha} = \frac{12}{\cos\frac{\pi}{3}} = \frac{12}{\frac{1}{2}} = 24$$

L'altro cateto a è dato dal prodotto dell'ipotenusa b per il seno dell'angolo α ad esso opposto (Equazione 48).

$$a = b \cdot \sin\alpha = 24 \cdot \sin\frac{\pi}{3} = 24 \cdot \frac{\sqrt{3}}{2} = 12\sqrt{3}$$

L'altro angolo non retto è pari a $\gamma = \frac{\pi}{2} - \alpha = \frac{\pi}{2} - \frac{\pi}{3} = \frac{\pi}{6}$

2) Determinare tutti i lati e gli angoli di un triangolo rettangolo sapendo che un cateto vale $c = 8$ e l'angolo non retto ad esso opposto vale $\gamma = \frac{\pi}{12}$.

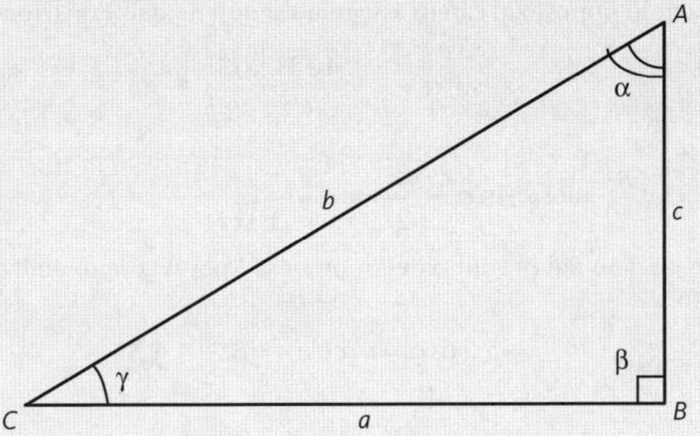

L'ipotenusa è data dal rapporto tra il cateto assegnato e il seno dell'angolo ad esso opposto.

$$b=\frac{c}{\sin\gamma}=\frac{8}{\sin\frac{\pi}{12}}=\frac{8}{\frac{\sqrt{6}-\sqrt{2}}{4}}=\frac{32}{\sqrt{6}-\sqrt{2}}\cdot\frac{\sqrt{6}+\sqrt{2}}{\sqrt{6}+\sqrt{2}}=\frac{32\left(\sqrt{6}+\sqrt{2}\right)}{6-2}=8\left(\sqrt{6}+\sqrt{2}\right)$$

L'altro cateto a è dato dal prodotto dell'ipotenusa b per il coseno dell'angolo γ adiacente al cateto (Equazione 50).

$$a=b\cdot\cos\gamma=8\left(\sqrt{6}+\sqrt{2}\right)\cdot\cos\frac{\pi}{12}={}^{2}\cancel{8}\left(\sqrt{6}+\sqrt{2}\right)\cdot\frac{\left(\sqrt{6}+\sqrt{2}\right)}{\cancel{4}}=$$
$$=2\left(6+2+2\sqrt{12}\right)=16+4\sqrt{12}=16+8\sqrt{3}$$

L'altro angolo non retto è pari a $\gamma=\frac{\pi}{2}-\alpha=\frac{\pi}{2}-\frac{\pi}{12}=\frac{5}{12}\pi$

3) Determinare tutti i lati e gli angoli di un triangolo rettangolo sapendo che un cateto vale $a=4\sqrt{3}$ e l'ipotenusa vale $b=8$.

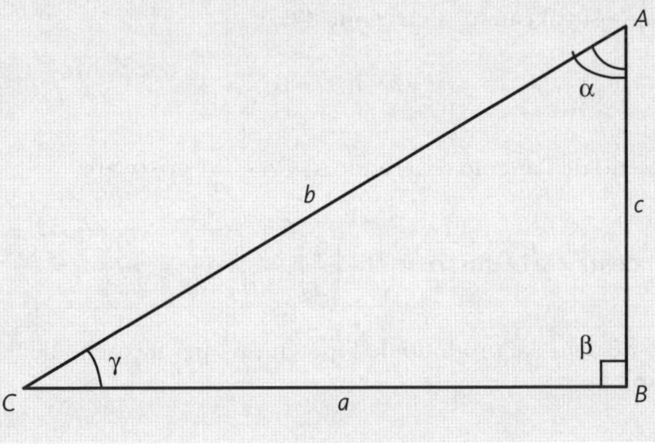

Il seno dell'angolo opposto al cateto assegnato si ottiene dall'Equazione 49.

$$\sin\alpha = \frac{a}{b} = \frac{4\sqrt{3}}{8} = \frac{\sqrt{3}}{2}$$

Siccome $0 < \alpha < \frac{\pi}{2}$ allora $\sin\alpha = \frac{\sqrt{3}}{2} \Rightarrow \alpha = \frac{\pi}{3}$

L'altro cateto *c* è dato dal prodotto dell'ipotenusa *b* per il coseno dell'angolo α adiacente al cateto.

$$c = b \cdot \cos\alpha = 8 \cdot \cos\frac{\pi}{3} = 8 \cdot \frac{1}{2} = 4$$

L'altro angolo non retto è pari a $\gamma = \frac{\pi}{2} - \alpha = \frac{\pi}{2} - \frac{\pi}{3} = \frac{\pi}{6}$

4) Determinare tutti i lati di un triangolo rettangolo sapendo che l'ipotenusa vale $b = 6$ e uno degli angoli non retti è tale che $\sin\alpha = \frac{2}{3}$.

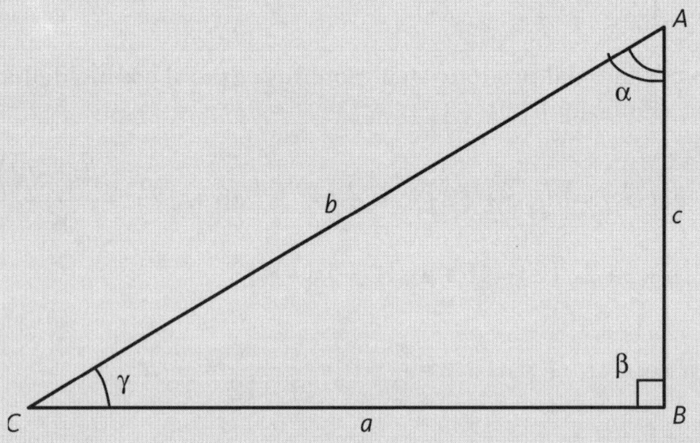

Il cateto *a* opposto all'angolo α è dato dal prodotto dell'ipotenusa per il seno dell'angolo opposto al cateto (Equazione 48).

$$a = b \cdot \sin\alpha = 6 \cdot \frac{2}{3} = 4$$

Si ricava il coseno dell'angolo α; essendo $0 < \alpha < \frac{\pi}{2}$, $\cos\alpha > 0$:

$$\cos\alpha = \sqrt{1 - \sin^2\alpha} = \sqrt{1 - \left(\frac{2}{3}\right)^2} = \sqrt{1 - \frac{4}{9}} = \sqrt{\frac{9-4}{9}} = \frac{\sqrt{5}}{3}$$

L'altro cateto *c* è dato dal prodotto dell'ipotenusa *b* per il coseno dell'angolo α adiacente al cateto.

$$c = b \cdot \cos\alpha = 6 \cdot \frac{\sqrt{5}}{3} = 2\sqrt{5}$$

5) Determinare tutti i lati e gli angoli di un triangolo rettangolo sapendo che i due cateti valgono rispettivamente $a = \sqrt{3}$ e $c = 3$.

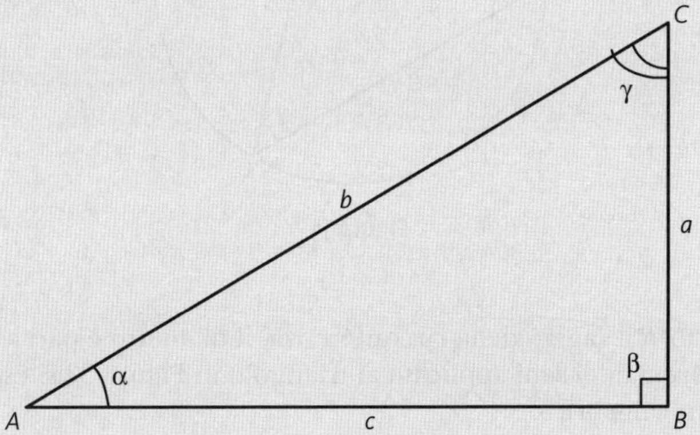

L'angolo α, opposto al cateto *a*, è dato dall'Equazione 52.

$$\tan\alpha = \frac{a}{c} = \frac{\sqrt{3}}{3}$$

Siccome $0 < \alpha < \frac{\pi}{2}$ allora $\tan\alpha = \frac{\sqrt{3}}{3} \Rightarrow \alpha = \frac{\pi}{6}$

L'ipotenusa *b* è data dal rapporto del cateto *a* per il seno dell'angolo α ad esso opposto (inversa dell'Equazione 48).

$$b = \frac{a}{\sin\alpha} = \frac{\sqrt{3}}{\sin\frac{\pi}{6}} = \frac{\sqrt{3}}{\frac{1}{2}} = 2\sqrt{3}$$

L'altro angolo non retto è pari a $\gamma = \frac{\pi}{2} - \alpha = \frac{\pi}{2} - \frac{\pi}{6} = \frac{\pi}{3}$

2.6.2 Teorema dei seni e teorema della corda

Il **teorema dei seni** afferma che in ogni triangolo il rapporto tra un lato e il seno dell'angolo opposto è costante. Tale costante è uguale al diametro della circonferenza circoscritta al triangolo.

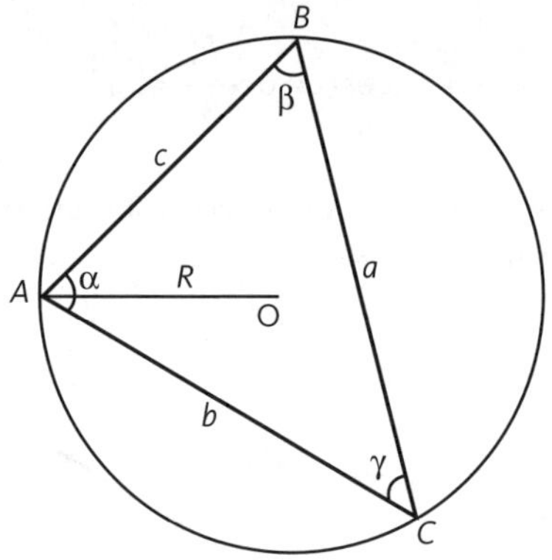

Figura 33

Pertanto, detto R il raggio della circonferenza, il diametro è pari a $2R$. In questo caso il teorema dei seni applicato al triangolo in Figura 33 si esprime nella seguente forma algebrica.

$$\frac{a}{\sin\alpha} = \frac{b}{\sin\beta} = \frac{c}{\sin\gamma} = 2 \cdot R$$

Equazione 55

In Figura 33 il lato a del triangolo risulta essere anche la corda della circonferenza circoscritta di raggio R. Il **teorema della corda** afferma che in una circonferenza di raggio R, la lunghezza di una corda è data dal prodotto del doppio del raggio per il seno di uno qualunque degli angoli che insistono sulla corda.

$$a = 2 \cdot R \cdot \sin\alpha$$

Equazione 56

2.6.3 Teorema delle proiezioni e teorema di Carnot (o del coseno)

Il **teorema delle proiezioni** stabilisce che in ogni triangolo un lato è uguale alla somma dei prodotti di ciascuno degli altri due lati per il coseno dell'angolo che ciascuno di essi forma con il lato considerato (Figura 34).

$$c = b \cdot \cos\alpha + a \cdot \cos\beta$$

Equazione 57

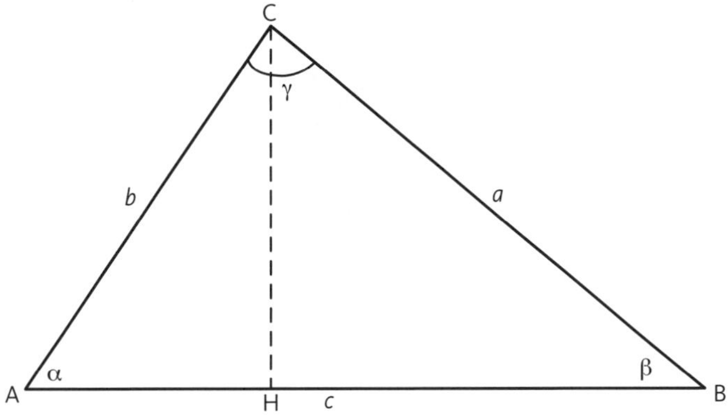

Figura 34

Analogamente si può scrivere:

$$a = c \cdot \cos\beta + b \cdot \cos\gamma \ ; \ b = a \cdot \cos\gamma + c \cdot \cos\alpha$$

Equazione 58

Il **teorema di Carnot** afferma che il quadrato di un lato è uguale alla somma dei quadrati degli altri due meno il doppio del loro prodotto per il coseno dell'angolo da essi formato.
In relazione alla Figura 34 il teorema si esprime algebricamente nel modo seguente.

$$a^2 = b^2 + c^2 - 2bc \cdot \cos\alpha$$

Equazione 59

Sussistono anche le altre relazioni:

$$b^2 = a^2 + c^2 - 2ac \cdot \cos\beta \ ; \ c^2 = a^2 + b^2 - 2ab \cdot \cos\gamma$$

Equazione 60

2.6.4 Risoluzione di un triangolo qualsiasi

Risolvere un triangolo vuol dire determinare le lunghezze dei suoi tre lati e le ampiezze dei suoi tre angoli. Il generico problema di risoluzione dei triangoli prevede che tre di queste sei grandezze siano conosciute e attraverso di esse si determinino le altre tre grandezze incognite.

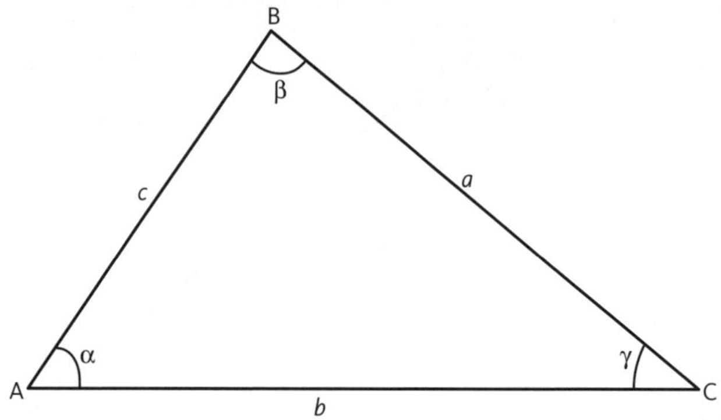

Figura 35

Caso 1

Sono dati il lato *a*, l'angolo α ad esso opposto ed uno dei due angoli ad esso adiacenti, ad esempio β (Figura 35). Occorre determinare i due lati *b* e *c* e l'angolo γ.

Risoluzione

Si determina l'angolo γ, attraverso la relazione: $\gamma = 180° - \alpha - \beta$.

Poi dal teorema dei seni (Equazione 55) si ottengono i due lati incogniti:

$$b = a\frac{\sin\beta}{\sin\alpha};\ c = a\frac{\sin\gamma}{\sin\alpha}$$

Esempio

Risolvere il triangolo con i seguenti dati $a = 14$, $\alpha = \frac{\pi}{3}$ e $\beta = \frac{\pi}{12}$.

Si ricava il terzo angolo: $\gamma = \pi - \alpha - \beta = \pi - \frac{\pi}{3} - \frac{\pi}{12} = \frac{12\pi - 4\pi - \pi}{12} = \frac{7}{12}\pi$.

Si ricavano gli altri due lati.

$$b = a\frac{\sin\beta}{\sin\alpha} = 14\frac{\sin\frac{\pi}{12}}{\sin\frac{\pi}{3}} = 14\frac{\frac{\sqrt{6}-\sqrt{2}}{4}}{\frac{\sqrt{3}}{2}} = 14\cdot\frac{\sqrt{6}-\sqrt{2}}{4}\cdot\frac{2}{\sqrt{3}} =$$

$$= 7\cdot\frac{\sqrt{6}-\sqrt{2}}{\sqrt{3}}\cdot\frac{\sqrt{3}}{\sqrt{3}} = 7\cdot\frac{\sqrt{18}-\sqrt{6}}{3} = 7\cdot\frac{3\sqrt{2}-\sqrt{6}}{3}$$

$$c = a\frac{\sin\gamma}{\sin\alpha} = 14\frac{\sin\frac{7}{12}\pi}{\sin\frac{\pi}{3}} = 14\frac{\cos\frac{\pi}{12}}{\sin\frac{\pi}{3}} = 14\frac{\frac{\sqrt{6}+\sqrt{2}}{4}}{\frac{\sqrt{3}}{2}} = 14\cdot\frac{\sqrt{6}+\sqrt{2}}{4}\cdot\frac{2}{\sqrt{3}} =$$

$$= 7\cdot\frac{\sqrt{6}+\sqrt{2}}{\sqrt{3}}\cdot\frac{\sqrt{3}}{\sqrt{3}} = 7\cdot\frac{\sqrt{18}+\sqrt{6}}{3} = 7\cdot\frac{3\sqrt{2}+\sqrt{6}}{3}$$

Caso 2

Sono dati i due lati *a* e *b* e l'angolo tra essi compreso, ossia γ (Figura 35). Occorre determinare il lato *c* e gli angoli α e β.

Risoluzione

Dal teorema di Carnot si ottiene il lato incognito:

$$c^2 = a^2 + b^2 - 2ab \cdot \cos\gamma$$

Poi dal teorema dei seni (Equazione 55) si calcola il seno di uno dei due angoli incogniti:

$$\sin\alpha = \frac{a}{c}\sin\gamma$$

Da tale seno si può ricavare l'angolo α.

Infine si ricava l'ultimo angolo incognito, ossia β:

$$\beta = 180° - \alpha - \gamma$$

Esempio

Risolvere il triangolo con i seguenti dati: $a = 6,\ b = 3\sqrt{2}$ e $\gamma = \frac{7}{12}\pi$.

Si ricava il terzo lato dal teorema di Carnot:

$$c = \sqrt{a^2 + b^2 - 2ab \cdot \cos\gamma} = \sqrt{(6)^2 + \left(3\sqrt{2}\right)^2 - 2 \cdot 6 \cdot 3\sqrt{2} \cdot \cos\frac{7}{12}\pi} =$$

$$= \sqrt{36 + 18 + 2 \cdot 6 \cdot 3\sqrt{2} \cdot \sin\frac{\pi}{12}} = \sqrt{54 + 36\sqrt{2} \cdot \left(\frac{\sqrt{6} - \sqrt{2}}{4}\right)} = \sqrt{54 + 9\sqrt{2} \cdot \left(\sqrt{6} - \sqrt{2}\right)} =$$

$$= \sqrt{54 + 9\sqrt{12} - 18} = \sqrt{36 + 18\sqrt{3}}$$

Il valore 36 può essere scritto come somma di due valori (36 = 9 + 27) che permettono di ricostruire sotto radice un quadrato di binomio.

$$c = \sqrt{36 + 18\sqrt{3}} = \sqrt{9 + 27 + 18\sqrt{3}} = \sqrt{3^2 + \left(3\sqrt{3}\right)^2 + 2 \cdot 3 \cdot 3\sqrt{3}} =$$

$$= \sqrt{\left(3 + 3\sqrt{3}\right)^2} = 3 + 3\sqrt{3}$$

Si ricava il seno dell'angolo α attraverso il teorema dei seni.

$$\sin\alpha = \frac{a}{c}\sin\gamma = \frac{6}{3+\sqrt{3}}\sin\frac{7}{12}\pi = \frac{6}{3+\sqrt{3}}\cos\frac{\pi}{12} =$$

$$= \frac{6}{3+3\sqrt{3}}\frac{\sqrt{6}+\sqrt{2}}{4} = \frac{2}{1+\sqrt{3}}\frac{\sqrt{6}+\sqrt{2}}{4} = \frac{1}{2}\cdot\frac{\sqrt{6}+\sqrt{2}}{1+\sqrt{3}}\cdot\frac{1-\sqrt{3}}{1-\sqrt{3}} =$$

$$= \frac{1}{2}\cdot\frac{\sqrt{6}-\sqrt{18}+\sqrt{2}-\sqrt{6}}{1-3} = -\frac{-3\sqrt{2}+\sqrt{2}}{4} = -\frac{-2\sqrt{2}}{4} = \frac{\sqrt{2}}{2}$$

$$\sin\alpha = \frac{\sqrt{2}}{2} \Rightarrow \alpha = \frac{\pi}{4}$$

Si ricava infine l'angolo α.

$$\beta = \pi - \alpha - \gamma = \pi - \frac{\pi}{4} - \frac{7\pi}{12} = \frac{12-3-7}{12}\pi = \frac{2}{12}\pi = \frac{\pi}{6}$$

Caso 3

Sono noti i tre lati *a, b* e *c* (Figura 35). Occorre determinare i tre angoli α, β e γ.

Risoluzione

Dal teorema di Carnot si ottiene il coseno di uno dei tre angoli incogniti:

$$\cos\gamma = \frac{a^2+b^2-c^2}{2ab}$$

Da tale coseno si può ricavare l'angolo γ.
Analogamente si può ricavare l'angolo α.
Infine si ricava l'angolo β attraverso la relazione: $\beta = 180° - \alpha - \gamma$.

Esempio

Risolvere il triangolo con i seguenti dati $a = 3\sqrt{2}$, $b = 2\sqrt{3}$ e $c = 3-\sqrt{3}$.

Si ricava il primo degli angoli dal teorema di Carnot:

$$\cos\gamma = \frac{a^2+b^2-c^2}{2ab} = \frac{\left(3\sqrt{2}\right)^2+\left(2\sqrt{3}\right)^2-\left(3-\sqrt{3}\right)^2}{2\cdot 3\sqrt{2}\cdot 2\sqrt{3}} =$$

$$= \frac{18+12-9-3+6\sqrt{3}}{12\sqrt{6}} = \frac{18+6\sqrt{3}}{12\sqrt{6}} = \frac{3+\sqrt{3}}{2\sqrt{6}}\cdot\frac{\sqrt{6}}{\sqrt{6}} = \frac{3\sqrt{6}+\sqrt{18}}{12} = \frac{3\sqrt{6}+3\sqrt{2}}{12} = \frac{\sqrt{6}+\sqrt{2}}{4}$$

$$\cos\gamma = \frac{\sqrt{6}+\sqrt{2}}{4} \Rightarrow \gamma = \frac{\pi}{12}$$

Si ricava il secondo degli angoli dal teorema di Carnot:

$$\cos\alpha = \frac{b^2+c^2-a^2}{2bc} = \frac{\left(2\sqrt{3}\right)^2+\left(3-\sqrt{3}\right)^2-\left(3\sqrt{2}\right)^2}{2\cdot 2\sqrt{3}\cdot\left(3-\sqrt{3}\right)} =$$

$$= \frac{12+9+3-6\sqrt{3}-18}{12\sqrt{3}-12} = \frac{6-6\sqrt{3}}{12\left(\sqrt{3}-1\right)} = -\frac{6\left(\sqrt{3}-1\right)}{12\left(\sqrt{3}-1\right)} = -\frac{1}{2}$$

$$\cos\alpha = -\frac{1}{2} \Rightarrow \alpha = \frac{2}{3}\pi$$

Si ricava infine l'angolo β.

$$\beta = \pi-\alpha-\gamma = \pi-\frac{2}{3}\pi-\frac{1}{12}\pi = \frac{12-8-1}{12}\pi = \frac{3}{12}\pi = \frac{\pi}{4}$$

Caso 4

Sono dati i due lati a e b e l'angolo α opposto ad uno di essi, ossia a (Figura 35). Occorre determinare il lato c e gli angoli α e β.

Risoluzione

Dal teorema dei seni (Equazione 55) si calcola il seno di uno dei due angoli incogniti:

$$\sin\beta = \frac{b}{a}\sin\alpha$$

Da tale seno si può ricavare l'angolo β.
In seguito si ricava l'ultimo angolo incognito, ossia γ:

$$\gamma = 180° - \alpha - \beta$$

Si applica nuovamente il teorema dei seni (Equazione 55) per calcolare il lato c.

$$c = b\frac{\sin\gamma}{\sin\beta}$$

Durante il procedimento occorre prestare attenzione al valore del $\sin\beta$.
Se si ha:

$\sin\beta = \frac{b}{a}\sin\alpha > 1$ non vi è alcuna soluzione.

Se invece:

$\sin\beta = \frac{b}{a}\sin\alpha = 1$ allora si ha una soluzione se $\alpha < 90°$, viceversa non si ha alcuna soluzione.

Infine se:

$\sin\beta = \frac{b}{a}\sin\alpha < 1$ allora si ha una soluzione se $a > b$ oppure se $a = b$ e $\alpha < 90°$;

viceversa non si ha alcuna soluzione se $a = b$ e $\alpha > 90°$ e se $a < b$ e $\alpha > 90°$; infine si hanno due soluzioni se $a < b$ e $\alpha < 90°$.

Esempio

Risolvere il triangolo con i seguenti dati $a = 2$, $b = \sqrt{2}$ e $\alpha = \frac{\pi}{4}$.

Dal teorema dei seni si ricava uno degli angoli incogniti.

$$\sin\beta = \frac{b}{a}\sin\alpha = \frac{\sqrt{2}}{2}\sin\frac{\pi}{4} = \frac{\sqrt{2}}{2}\cdot\frac{\sqrt{2}}{2} = \frac{1}{2}$$

Si noti che sin $\alpha < 1$ e $a > b$, pertanto si ha una sola soluzione. Quindi:

$$\sin\beta = \frac{1}{2} \Rightarrow \beta = \frac{\pi}{6}$$

Si ricava l'ultimo angolo.

$$\gamma = \pi - \frac{\pi}{4} - \frac{\pi}{6} = \frac{12-3-2}{12}\pi = \frac{7}{12}\pi$$

Mediante il teorema dei seni si ricava il lato c.

$$c = b\frac{\sin\gamma}{\sin\beta} = b\frac{\sin\frac{7}{12}\pi}{\sin\frac{\pi}{6}} = b\frac{\cos\frac{\pi}{12}}{\sin\frac{\pi}{6}} = \sqrt{2}\frac{\frac{\sqrt{6}+\sqrt{2}}{4}}{\frac{1}{2}} = \sqrt{2}\frac{\sqrt{6}+\sqrt{2}}{2} = \frac{2\sqrt{3}+2}{2} = \sqrt{3}+1$$

2.6.5 Formule per il calcolo dell'area di un triangolo

L'area A di un triangolo si può esprimere mediante la ben nota formula:

$$A = \frac{b \cdot h}{2}$$

Equazione 61

dove b e h sono rispettivamente la base e l'altezza relativa alla base considerata (Figura 36).

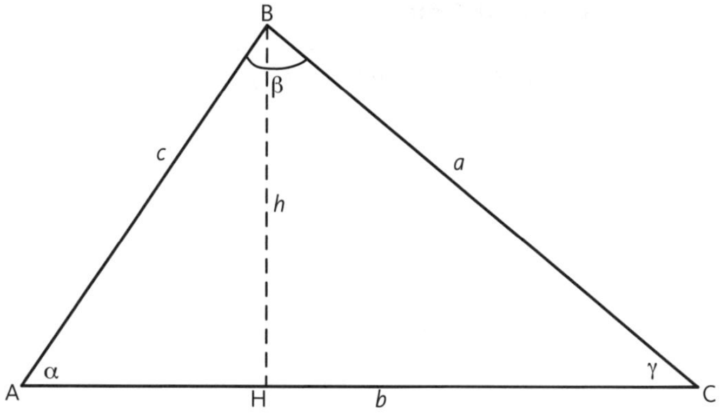

Figura 36

Come si evince dalla Figura 36 nel triangolo rettangolo *ABH* si ha $h = c \cdot \sin\alpha$; pertanto sostituendo nell'Equazione 61 si ottiene:

$$A = \frac{1}{2} b \cdot c \cdot \sin\alpha$$

Equazione 62

Si ottiene quindi l'area di un generico triangolo moltiplicando due lati per il seno dell'angolo tra essi compreso e dividendo tale prodotto per due.
Analogamente si può scrivere:

$$A = \frac{1}{2} a \cdot b \cdot \sin\gamma \; ; \; A = \frac{1}{2} a \cdot c \cdot \sin\beta$$

Equazione 63

Conoscendo un solo lato e i tre angoli si può ricavare l'area del triangolo dalla seguente relazione:

$$A = \frac{1}{2} a^2 \frac{\sin\beta \cdot \sin\gamma}{\sin\alpha}$$

Equazione 64

Analogamente si ha:

$$A = \frac{1}{2} b^2 \frac{\sin\alpha \cdot \sin\gamma}{\sin\beta} \; ; \; A = \frac{1}{2} c^2 \frac{\sin\alpha \cdot \sin\beta}{\sin\gamma}$$

Equazione 65

Infine si ricorda la **Formula di Erone**:

$$A = \sqrt{p(p-a)(p-b)(p-c)}$$

Equazione 66

dove p è il semiperimetro del triangolo.

Esempi

1) Determinare l'area del triangolo con lati $a = 2$, $b = 2\sqrt{3}$ ed angolo a opposto al lato b pari a $\beta = \frac{2}{3}\pi$.

Dal teorema dei seni si ricava l'angolo α.

$$\sin\alpha = \frac{a}{b}\sin\beta = \frac{2}{2\sqrt{3}}\sin\frac{2}{3}\pi = \frac{1}{\sqrt{3}}\cdot\frac{\sqrt{3}}{2} = \frac{1}{2} \Rightarrow \alpha = \frac{\pi}{6}$$

Si ricava quindi il terzo angolo.

$$\gamma = \pi - \frac{2\pi}{3} - \frac{\pi}{6} = \frac{6-4-1}{6}\pi = \frac{\pi}{6}$$

Infine dall'Equazione 63 si ricava l'area del triangolo.

$$A = \frac{1}{2}a\cdot b\cdot\sin\gamma = \frac{1}{2}2\cdot 2\sqrt{3}\cdot\sin\frac{\pi}{6} = 2\sqrt{3}\cdot\frac{1}{2} = \sqrt{3}$$

2) Determinare l'area del triangolo con un lato pari ad $a = 3$ e i due angoli ad esso adiacenti pari a $\beta = \frac{\pi}{4}$ e $\gamma = \frac{\pi}{3}$.

Si ricava il terzo angolo.

$$\alpha = \pi - \frac{\pi}{3} - \frac{\pi}{4} = \frac{12-4-3}{12}\pi = \frac{5}{12}\pi$$

Infine dall'Equazione 64 si ricava l'area del triangolo.

$$A = \frac{1}{2}a^2\frac{\sin\beta\cdot\sin\gamma}{\sin\alpha} = \frac{1}{2}3^2\frac{\sin\frac{\pi}{4}\cdot\sin\frac{\pi}{3}}{\sin\frac{5}{12}\pi} = \frac{9}{2}\frac{\frac{\sqrt{2}}{2}\cdot\frac{\sqrt{3}}{2}}{\frac{\sqrt{6}+\sqrt{2}}{4}} = \frac{\frac{9\sqrt{6}}{8}}{\frac{\sqrt{6}+\sqrt{2}}{4}} =$$

$$= \frac{9\sqrt{6}}{8}\cdot\frac{4}{\sqrt{6}+\sqrt{2}} = \frac{9\sqrt{6}}{2\left(\sqrt{6}+\sqrt{2}\right)}\cdot\frac{\sqrt{6}-\sqrt{2}}{\sqrt{6}-\sqrt{2}} = \frac{9\left(6-2\sqrt{3}\right)}{2(6-2)} = \frac{9\left(6-2\sqrt{3}\right)}{8} = \frac{9}{4}\left(3-\sqrt{3}\right)$$

2.6.6 Formule per il calcolo del raggio della circonferenza circoscritta e inscritta in un triangolo

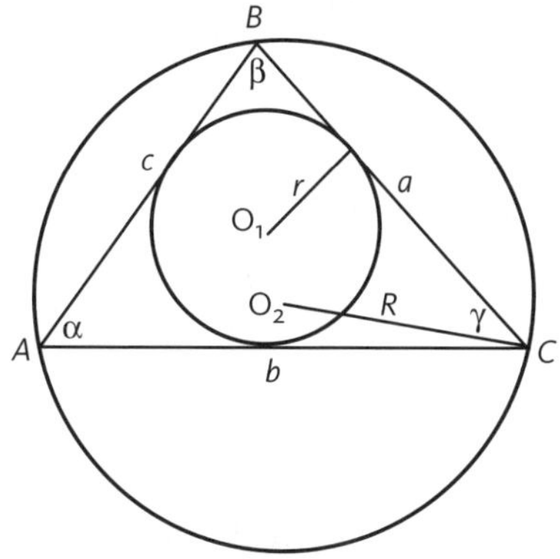

Figura 37

Si consideri un triangolo ABC di lati a, b e c ed angoli ad essi opposti α, α e γ. Sia C_1 la circonferenza ad esso inscritta, di centro O_1 e raggio r e sia C_2 la circonferenza ad esso circoscritta di centro O_2 e raggio R (vedi Figura 37).
Detto p il semiperimetro del triangolo ABC e detta A l'area del triangolo, la formula che esprime il raggio r della circonferenza inscritta è data dal rapporto:

$$r = \frac{A}{p}$$

Equazione 67

Mediante la formula di Erone (Equazione 66) si ottiene un'altra espressione per il raggio della circonferenza inscritta:

$$r = \sqrt{\frac{(p-a)(p-b)(p-c)}{p}}$$

Equazione 68

Si può esprimere il raggio della circonferenza inscritta anche mediante la seguente formula:

$$r = (p-a)\tan\frac{\alpha}{2}$$

Equazione 69

Ovviamente, esistono relazioni analoghe con le altre coppie di lati ed angoli opposti.

In merito alla determinazione del raggio R della circonferenza circoscritta, dal teorema dei seni (Equazione 55) si ottiene la seguente relazione:

$$R = \frac{a}{2\sin\alpha}$$

Equazione 70

Considerando l'Equazione 62 per l'area A del triangolo, si ottiene una formula per il calcolo del raggio della circonferenza circoscritta:

$$R = \frac{abc}{4A}$$

Equazione 71

Tale formula può essere espressa anche in termini del semi-perimetro p, utilizzando nuovamente il valore di A dato dall'Equazione 66:

$$R = \frac{abc}{4\sqrt{p(p-a)(p-b)(p-c)}}$$

Equazione 72

Esempio

Determinare l'area, il perimetro, il raggio della circonferenza inscritta e quello della circonferenza circoscritta del triangolo con lati $a = 2\sqrt{3}$, $b = 2\sqrt{2}$ e $c = \sqrt{6} - \sqrt{2}$.
Si ricava l'angolo α dal teorema di Carnot:

$$\cos\alpha = \frac{b^2 + c^2 - a^2}{2bc} = \frac{\left(2\sqrt{2}\right)^2 + \left(\sqrt{6} - \sqrt{2}\right)^2 - \left(2\sqrt{3}\right)^2}{2 \cdot 2\sqrt{2} \cdot \left(\sqrt{6} - \sqrt{2}\right)} = \frac{8 + 6 + 2 - 4\sqrt{3} - 12}{8\sqrt{3} - 8} =$$

$$= \frac{4 - 4\sqrt{3}}{8\left(\sqrt{3} - 1\right)} = -\frac{4\left(\sqrt{3} - 1\right)}{8\left(\sqrt{3} - 1\right)} = -\frac{1}{2}$$

$$\cos\alpha = -\frac{1}{2} \Rightarrow \alpha = \frac{2}{3}\pi$$

Dall'Equazione 63 si ricava l'area del triangolo.

$$A = \frac{1}{2} b \cdot c \cdot \sin\alpha = \frac{1}{2} 2\sqrt{2} \cdot \left(\sqrt{6} - \sqrt{2}\right) \cdot \sin\frac{2}{3}\pi = \sqrt{2} \cdot \left(\sqrt{6} - \sqrt{2}\right) \cdot \frac{\sqrt{3}}{2} =$$

$$= \left(2\sqrt{3} - 2\right) \cdot \frac{\sqrt{3}}{2} = \left(\sqrt{3} - 1\right) \cdot \sqrt{3} = 3 - \sqrt{3}$$

Il perimetro è dato da:

$$2p = a + b + c = 2\sqrt{3} + 2\sqrt{2} + \sqrt{6} - \sqrt{2} = 2\sqrt{3} + \sqrt{2} + \sqrt{6}$$

Il raggio della circonferenza inscritta è dato dall'Equazione 67.

$$r = \frac{A}{p} = 2\frac{3-\sqrt{3}}{2\sqrt{3}+\sqrt{2}+\sqrt{6}} = 2\frac{3-\sqrt{3}}{2\sqrt{3}+\sqrt{2}+\sqrt{6}} \cdot \frac{2\sqrt{3}+\sqrt{2}-\sqrt{6}}{2\sqrt{3}+\sqrt{2}-\sqrt{6}} = 2\frac{\left(3-\sqrt{3}\right)\left(2\sqrt{3}+\sqrt{2}-\sqrt{6}\right)}{\left(2\sqrt{3}+\sqrt{2}\right)^2-6} =$$

$$= 2\frac{6\sqrt{3}+3\sqrt{2}-3\sqrt{6}-6-\sqrt{6}+3\sqrt{2}}{12+2+4\sqrt{6}-6} = 2\frac{6\sqrt{3}+6\sqrt{2}-4\sqrt{6}-6}{8+4\sqrt{6}} = 2\frac{3\sqrt{3}+3\sqrt{2}-2\sqrt{6}-3}{4+2\sqrt{6}} =$$

$$= \frac{3\sqrt{3}+3\sqrt{2}-2\sqrt{6}-3}{2+\sqrt{6}} \cdot \frac{2-\sqrt{6}}{2-\sqrt{6}} = \frac{\cancel{6\sqrt{3}}+6\sqrt{2}-4\sqrt{6}-6-9\sqrt{2}-\cancel{6\sqrt{3}}+12+3\sqrt{6}}{4-6} =$$

$$= \frac{-\sqrt{6}-3\sqrt{2}+6}{4-6} = \frac{\sqrt{6}+3\sqrt{2}-6}{2}$$

Il raggio della circonferenza inscritta è dato dall'Equazione 71.

$$R = \frac{abc}{4A} = \frac{2\sqrt{3}\cdot 2\sqrt{2}\cdot\left(\sqrt{6}-\sqrt{2}\right)}{4\cdot\left(3-\sqrt{3}\right)} = \frac{\cancel{4}\sqrt{6}\cdot\left(\sqrt{6}-\sqrt{2}\right)}{\cancel{4}\cdot\left(3-\sqrt{3}\right)} = \frac{6-2\sqrt{3}}{3-\sqrt{3}} \cdot \frac{3+\sqrt{3}}{3+\sqrt{3}} =$$

$$= \frac{18+\cancel{6\sqrt{3}}-\cancel{6\sqrt{3}}-6}{9-3} = \frac{12}{6} = 2$$

Capitolo 3
Insiemi numerici

Il sistema numerico adoperato attualmente è il risultato di successivi ampliamenti, mediante i quali, ai numeri inizialmente studiati, sono stati aggiunti nuovi numeri con caratteristiche distinte dai precedenti. Questi ampliamenti sono stati, di volta in volta, necessari per via di sviluppi teorici oppure di applicazioni pratiche che richiedevano nuove definizioni di numeri. In questo capitolo si illustra tale percorso.

3.1 Leggi di composizione interne ed esterne

Si considerino due insiemi A e B, mediante i quali si definisce il prodotto cartesiano $A \times B$. Si può individuare una funzione f che, considerata una coppia $(a,b) \in A \times B$, associa ad essa un elemento $f(a,b) \in B$.

$$\begin{array}{ccc} A \times B & \xrightarrow{f} & B \\ (a,b) & \rightarrow & f(a,b) \end{array}$$

In pratica la funzione f compie una operazione sulla coppia (a,b) in modo da far risultare il trasformato $f(a,b)$ nell'insieme B.
La funzione f è detta **operazione esterna** di A su B oppure **legge di composizione esterna** di A su B. Il risultato dell'operazione è in B, ma tale risultato è indotto da elementi di A.
Una legge di **composizione interna** oppure **operazione interna** in un insieme A è una funzione g come la seguente:

$$\begin{array}{ccc} A \times A & \xrightarrow{g} & A \\ (a,a') & \rightarrow & g(a,a') \end{array}$$

Questa funzione agisce sulla coppia (a,a') di elementi di A e restituisce un elemento di A, ossia $g(a,a')$.

3.2 L'insieme dei numeri naturali

L'insieme numerico basilare è quello dei numeri naturali, ossia di quei numeri che possono essere osservati in natura. Tale insieme nasce dalla necessità fondamentale di contare gli oggetti esistenti. Un singolo oggetto può essere definito come una **unità**. In realtà i numeri naturali, come le loro successive estensioni, possono essere utilizzati anche in modo astratto, senza necessariamente riferirsi a oggetti realmente esistenti. L'insieme dei **numeri naturali** è indicato con N ed è costituito da una successione ordinata di numeri.

$$N = \{0,1,2,3,\ldots,n-1,n,n+1,\ldots\}$$

L'ordine di tale insieme discende proprio dal concetto di unità. I numeri presenti in N sono ordinati in modo che le unità che li costituiscono siano sempre crescenti.

3.2.1 Assiomi di Peano

Si vuole introdurre formalmente (in modo assiomatico) questo insieme numerico. Per farlo si ricorre all'approccio definito dal matematico G. Peano. Gli assiomi di Peano possono essere formulati nel modo seguente.

A1) L'elemento 0 appartiene a N.
Questo assioma serve per stabilire che l'insieme N non è vuoto, ma contiene almeno l'elemento 0.

A2) È possibile definire una funzione iniettiva, detta **successore** e indicata con S, che ha come dominio e codominio N. 0 non è presente nell'immagine di S.

$$\begin{array}{ccc} N & \xrightarrow{S} & N \\ n & \rightarrow & S(N) \end{array} \qquad \forall n \in N \mid S(n) \neq 0$$

Con tale funzione si sta formalizzando che per qualsiasi numero naturale n è possibile individuare un numero successivo; inoltre 0 non è il successivo di alcun numero naturale. Pertanto, verrebbe da dire che l'insieme dei numeri naturali è ordinato e che il numero successivo di n è $n + 1$. Per farlo in modo formale, è necessario definire l'operazione di addizione, interna ai numeri naturali.

A3) Considerato un generico sottoinsieme M di N, se avviene che l'elemento $0 \in M$ ed inoltre $\forall n \in M \Rightarrow S(n) \in M$, allora $M = N$.
Quest'ultimo principio è noto come **principio di induzione**. Esso afferma che se un sottoinsieme M di N è tale da contenere lo 0 (in pratica il primo elemento) ed ha la proprietà che il successivo di qualsiasi suo elemento appartiene ancora all'insieme, allora questo insieme coincide proprio con i numeri naturali N.
Di solito il principio di induzione si adotta quando si vuole dimostrare che una determinata proprietà o un determinato asserto A_n, che assume significato per un qualsiasi numero naturale, è vero. Si indica con M l'insieme dei numeri naturali n per i quali vale A_n. Si dimostra innanzitutto che l'asserto A_0 è vero, pertanto $0 \in M$ (**base dell'induzione**). Di seguito, supponendo vero l'asserto A_n (**ipotesi induttiva**), ossia supponendo che $n \in M$, si dimostra che è vero anche l'asserto per il numero successivo $A_{S(n)}$, ossia $S(n) \in M$. In tal modo l'assioma

A3 stabilisce che il sottoinsieme M dei numeri naturali per i quali è vera la proprietà (o l'asserto), coincide proprio con i numeri naturali N. In pratica l'asserto A_n è vero per un qualsiasi numero naturale.
In modo analogo, l'assioma A3 è in grado di definire (anziché dimostrare) una nozione o una proprietà per qualsiasi numero naturale. In questo caso si definisce la nozione per lo 0 e, supponendo definita la nozione per n, la si definisce per $S(n)$. La nozione resta definita per qualsiasi numero naturale.

Approfondimento

Si noti che, nella formalizzazione di Peano dei numeri naturali, il **principio di induzione** è dato come **assioma**, pertanto è assunto per vero e non viene dimostrato. Tuttavia, in formalizzazioni dei numeri naturali, alternative a quella di Peano, viene assunto come assioma il principio del **buon ordinamento** dei numeri naturali (per il quale ogni sottoinsieme dei numeri naturali ha un minimo). In questo caso, il principio di induzione viene dimostrato, avvalendosi dell'ipotesi del buon ordinamento. Nell'approccio di Peano, viceversa, il principio di induzione serve per dimostrare il buon ordinamento dei numeri naturali (come si vedrà nel par. 3.2.4). Le due teorie dei numeri naturali così create sono perfettamente equivalenti. Pertanto si può affermare che il principio di induzione e quello di buon ordinamento sono equivalenti.

Secondo quanto mostrato nel Cap. 1, nella formalizzazione di una teoria si possono anche non assumere per veri assiomi intuitivi e dettati dall'esperienza come il principio di induzione. In particolare, se non si assume per vero il principio di induzione (o altri principi ad esso equivalenti), mantenendo veri tutti gli altri assiomi della formalizzazione di Peano (detta **Aritmetica di Peano**), si formula una aritmetica alternativa, detta **Aritmetica di Robinson.**

3.2.2 Addizione di naturali

Si consideri un numero naturale m. Occorre definire la **somma** di m con un qualsiasi numero naturale n. Per farlo, usando il principio di induzione, occorre definire la somma di m con 0. Inoltre, considerando definita la somma di m con n, si deve definire la somma di m con il successivo $S(n)$. Pertanto si ipotizza quanto segue:

AS1) $m + 0 = m$

AS2) considerando definita $m + n$, si ha $m + S(n) = S(m + n)$

A questo punto si definisce il successivo di 0, ossia 1, semplicemente ponendo $S(0) = 1$.
In tal modo, resta definito anche il successivo di m:

$$S(m) = S(m + 0) = m + S(0) = m + 1$$

Nel primo passaggio si è utilizzata l'ipotesi AS1, nel secondo passaggio è utilizzata l'ipotesi AS2 e nel terzo la definizione di successivo di 0.
Si definisce quindi l'**addizione** + come l'operazione che associa ad una coppia

di numeri naturali m e n, ossia (m,n) la loro somma $m + n$, definita mediante il principio di induzione.

$$\begin{array}{ccc} N \times N & \xrightarrow{+} & N \\ (m,n) & \rightarrow & m+n \end{array}$$

Teorema 1

Siano $m,n,l \in N$, allora l'operazione di addizione possiede le seguenti proprietà:

PS1) $(m+n)+l=m+(n+l)$	proprietà associativa
PS2) $m+0=m=0+m$	esistenza dell'elemento neutro
PS3) $m+n=n+m$	proprietà commutativa

DIM

PS1) Tale proprietà vale per $l = 0$, infatti $(m+n)+0=m+n=m+(n+0)$. In tale dimostrazione si è usata la AS1 della somma.
La proprietà associativa si suppone valida per un generico l e viene dimostrata per $S(l)$.

$(m+n)+S(l)=S((m+n)+l)$	AS2 della somma
$S((m+n)+l)=S(m+(n+l))$	ipotesi induttiva
$S(m+(n+l))=m+S(n+l)$	AS2 della somma
$m+S(n+l)=m+(n+S(l))$	AS2 della somma

PS2) La relazione $m+0=m$ è vera per definizione (AS1), mentre occorre dimostrare $0+m=m$. Se $m=0$, allora tale relazione è banalmente vera.
Si suppone vera la relazione $0+m=m$ e si dimostra per $0+S(m)=S(m)$. Infatti:

$0+S(m)=S(0+m)$	AS2 della somma
$S(0+m)=S(m)$	ipotesi induttiva

PS3) La proprietà commutativa è stata dimostrata per l'elemento $m=0$, al punto precedente (base dell'induzione). Ritenendo vera la proprietà per m (ipotesi induttiva), occorre dimostrarla per $S(m)$. L'attenzione si sposta quindi sull'altro addendo n. La proprietà è valida se $n=0$, infatti $S(m)+0=0+S(m)$ sempre per quanto dimostrato per l'elemento neutro. Ora, supponendo vera la proprietà per n, ossia supponendo valida la relazione $S(m)+n=n+S(m)$, occorre dimostrarla per $S(n)$. Pertanto occorre dimostrare che $S(m)+S(n)=S(n)+S(m)$.

$S(m)+S(n)=S(S(m)+n)$	AS2 della somma
$S(S(m)+n)=S(n+S(m))$	ipotesi induttiva
$S(n+S(m))=S(S(n+m))$	AS2 della somma
$S(S(n+m))=S(S(m+n))$	ipotesi induttiva
$S(S(m+n))=S(m+S(n))$	AS2 della somma
$S(m+S(n))=S(S(n)+m)$	ipotesi induttiva
$S(S(n)+m)=S(n)+S(m)$	AS2 della somma

CVD

Mediante il principio di induzione, la definizione di somma e le proprietà dell'addizione, è possibile dimostrare anche altre proprietà della somma.

PS4) $\forall m,n \in N \mid m+n=0 \Rightarrow m=n=0$

PS5) $\forall m,n,l \in N \mid m+n=m+l \Rightarrow n=l$ (**legge di cancellazione**)

Se $m+d=n$, si pone $n-m=d$ e d si chiama **differenza** di n e m.
In particolare, siccome $m+0=m$, allora si ottiene che $m-m=0$, qualsiasi sia m naturale.

3.2.3 Moltiplicazione di naturali

La moltiplicazione viene introdotta definendo il **prodotto** di un m fissato per un qualsiasi n. Per definire il prodotto si usa la precedente definizione di somma.

AM1) $m \cdot 0 = 0$

AM2) considerando definita $m \cdot n$, si ha $m \cdot S(n) = m \cdot n + m$

La seconda proprietà può essere riscritta alla luce della definizione di successivo di n. Infatti $S(n)=n+1$, pertanto la AM2 diventa: $m \cdot (n+1) = m \cdot n + m$.
Si definisce, quindi, l'operazione di **moltiplicazione** nel modo seguente:

$$\begin{array}{ccc} N \times N & \xrightarrow{\cdot} & N \\ (m,n) & \rightarrow & m \cdot n \end{array}$$

Teorema 2
Siano $m,n,l \in N$, allora l'operazione di moltiplicazione possiede le seguenti proprietà:

PM1) $m \cdot 0 = 0 = 0 \cdot m$	esistenza dell'elemento assorbente
PM2) $(m \cdot n) \cdot l = m \cdot (n \cdot l)$	proprietà associativa
PM3) $m \cdot 1 = m = 1 \cdot m$	esistenza dell'elemento neutro
PM4a) $(m+n) \cdot l = m \cdot l + n \cdot l$	proprietà distributiva a sinistra rispetto all'addizione
PM4b) $m \cdot (n+l) = m \cdot n + m \cdot l$	proprietà distributiva a destra rispetto all'addizione
PM5) $m \cdot n = n \cdot m$	proprietà commutativa

Tali proprietà sono dimostrabili mediante il principio di induzione e usando le proprietà già dimostrate per l'addizione.
Da tali proprietà discendono anche le tre seguenti osservazioni:

PM6) $\forall m,n \in N$, se $m \cdot n = 1 \Rightarrow m = 1 \wedge n = 1$

L'unico elemento dotato di inverso rispetto alla moltiplicazione è 1.

PM7) $\forall m,n \in N$, se $m \cdot n = 0 \Rightarrow m = 0 \vee n = 0$ (**legge di annullamento del prodotto**)

PM8) $\forall m,n,l \in N - \{0\} \mid m \cdot n = m \cdot l \Rightarrow n = l$ (**legge di cancellazione**)

3.2.4 Relazione d'ordine nei naturali

Mediante l'operazione di addizione si può definire un ordine naturale in N, nel modo seguente:

$$\forall m,n \in N \text{ si dice che } m \leq n \quad \text{se esiste} \quad d \in N \mid m + d = n$$

Equazione 1

È possibile dimostrare che la relazione $\leq$ è una relazione d'ordine perché gode delle proprietà riflessiva, antisimmetrica e transitiva (vedi Cap. 1). Per tale motivo si dice che N è un insieme **ordinato** dalla relazione $\leq$.
Inoltre per la relazione $\leq$ vale la **proprietà di dicotomia** (o di **totalità**). Per tale proprietà, considerata una qualsiasi coppia di numeri naturali m e n, si ha che $m \leq n$ oppure $n \leq m$. Pertanto la relazione d'ordine $\leq$ nell'insieme N è una relazione d'ordine **totale** e l'insieme N si dice **totalmente ordinato** dalla relazione $\leq$.
Applicando l'Equazione 1 con $m = 0$, $\forall n \in N$ si può scrivere $0 \leq n$ in quanto esiste n tale che $0 + n = n$.
Siccome $\forall n \in N$ si ha $0 \leq n$, allora 0 è detto **minimo** di N. In N non vi è un massimo, in quanto $\forall n \in N$ è possibile trovare un valore $n + 1$ che si ottiene aggiungendo 1 a n.
La relazione d'ordine così introdotta possiede le seguenti due proprietà rispetto alle operazioni interne di addizione e moltiplicazione:

PO1) $\forall m,n,l \in N \mid m \leq n \Leftrightarrow m + l \leq n + l$

PO2) $\forall m,n \in N \; l \in N - \{0\} \mid m \leq n \Leftrightarrow m \cdot l \leq n \cdot l$

Quando una relazione d'ordine, definita in un insieme, soddisfa le proprietà appena descritte riguardo alle operazioni interne dell'insieme, si dice che tale relazione d'ordine è **compatibile** con le operazioni interne.
Nell'insieme dei numeri naturali vale la seguente proprietà:

PO3) $\forall m,n \in N \mid n \leq m \leq n + 1 \Rightarrow m = n \vee m = n + 1$

Questa proprietà afferma che tra due numeri consecutivi di N non vi è alcun numero naturale; pertanto, se un numero naturale è compreso tra due numeri naturali consecutivi, esso è necessariamente uguale ad uno dei due.
Ogni sottoinsieme M dei numeri naturali ha un insieme di minoranti stretti, indicato con $L(M)$. Un **minorante stretto** l di M è un numero naturale tale che $l < m \; \forall m \in M$. Inoltre, nell'insieme dei numeri naturali, ordinato dalla relazione $\leq$, sussiste il **principio del buon ordinamento**, espresso dal seguente teorema.

Teorema 3
Qualsiasi sottoinsieme non vuoto M di N possiede un minimo m_0, ossia un elemento appartenente all'insieme M tale che $m_0 \leq n \; \forall n \in M$.

DIM

Se $0 \in M$, allora 0 è il suo minimo. Viceversa se $0 \notin M$, allora $0 \in L(M)$, ossia all'insieme $L(M)$ dei minoranti stretti di M. Se $\forall l \in L(M)$ si avesse che $l + 1 \in L(M)$, allora $L(M)$ finirebbe per essere pari all'intero insieme N per il principio di induzione e M sarebbe vuoto, che è in contraddizione con l'ipotesi. Pertanto deve esistere un $m \in L(M)$ tale che $m + 1 \in L(M)$. Pertanto si ha che $\forall n \in M, n > m$, da cui, per la PO3, si ha $n \geq m + 1$. Quindi $m_0 = m + 1 \in M$ è proprio il minimo di M. **CVD**

Essendo la relazione d'ordine $\leq$ una relazione di buon ordine, l'insieme dei numeri naturali N si dice anche **ben ordinato** dalla relazione d'ordine $\leq$. Al lettore potrebbe sembrare strano che un "principio" come quello del buon ordinamento venga dimostrato e non sia assunto come vero (essendo un principio). In realtà, come si è spiegato nell'approfondimento, in altre formulazioni dei numeri naturali, tale asserto viene assunto come principio, mentre il principio di induzione viene dedotto.

3.2.5 La divisione euclidea

Considerati due numeri naturali m e n con $n \neq 0$, esistono due ulteriori numeri naturali q e r tali che:

$$\begin{cases} m = n \cdot q + r \\ 0 \leq r < q \end{cases}$$

È possibile dimostrare che i numeri q e r esistono per qualsiasi coppia di naturali (m,n) con $n \neq 0$ e che i numeri q e r sono univocamente determinati. I numeri q e r sono detti rispettivamente **quoziente** e **resto** della **divisione euclidea** (o **con resto**) tra m e n, oppure quoziente e resto di m diviso n. Se esiste un q tale che $m = n \cdot q$ (ossia $r = 0$), allora q è detto **quoto** della divisione euclidea e questa particolare divisione è detta **esatta**. In tal caso m diviso n si scrive con la notazione $m : n$ e si stabilisce che $m : n = q$.
In pratica, l'operazione di divisione si può indicare nel modo seguente:

$$\begin{array}{ccc} N \times N_0 & \xrightarrow{:} & N \times N \\ (m,n) & \rightarrow & (q,r) \end{array}$$

Con N_0 si indica l'insieme dei **numeri naturali privati dello 0.**
Dato un qualsiasi $n \neq 0$, per la PM1 della moltiplicazione si può affermare che $n \cdot 0 = 0$. In tal caso il quoto $q = 0$ e $m = 0$; pertanto si può porre anche $0 : n = 0$.
Non ha senso, invece, scrivere $0 : 0 = q$ in quanto si dovrebbe affermare che $0 = q \cdot 0$, qualunque sia q naturale. Si noti, inoltre, che nella scrittura $0 : 0$ si avrebbe $n = 0$, ossia il secondo numero della coppia pari a 0, ma quest'ultimo è supposto diverso da 0.

In base a quanto stabilito per la divisione, si può introdurre nell'insieme dei numeri naturali la relazione | (leggasi divide), definita nel modo seguente. Dati $m \in N, n \in N_0$ si dice che n **divide** m, ossia $n \mid m$ se $\exists q \in N \mid m = n \cdot q$. Il numero n è anche detto **divisore** di m. Si dice inoltre che m è **divisibile** per n. Se un numero m ammette come divisori solo 1 e se stesso, allora tale numero viene detto **primo**. Viceversa il numero viene detto **composto**. Per definizione, 1 (il successore di 0) non è primo.

La relazione | è riflessiva, antisimmetrica e transitiva; pertanto è una relazione d'ordine. La relazione divide | non ha invece la proprietà di dicotomia (o totalità). Infatti, non sempre è possibile stabilire la relazione divide tra due numeri naturali. Ad esempio 3 non divide 5, né 5 divide 3. Pertanto la relazione divide non è una relazione di ordine totale in N, bensì una **relazione di ordine parziale** in N. In tal caso N è un insieme **parzialmente ordinato** dalla relazione |.

Avendo introdotto la moltiplicazione e la divisione euclidea nei numeri naturali si accenna anche al **teorema fondamentale dell'aritmetica**, enunciato di seguito.

Teorema 4

Ogni numero naturale n può essere espresso, in un unico modo, come prodotto di soli numeri primi.

In classe

Quando nella scuola secondaria si opera la scomposizione di un numero composto, non si fa altro che individuare quell'unico prodotto di numeri primi che, in base al teorema fondamentale dell'aritmetica, permette di esprimere il numero composto in questione. Ovviamente, nel prodotto i numeri primi possono ripetersi più volte; pertanto, nei corsi di matematica della secondaria, si preferisce esprimere la scomposizione del numero anche mediante le potenze, evitando ripetizioni di numeri primi.

Riguardo ai numeri primi, è lecito chiedersi se essi siano in numero finito oppure infinito. La risposta è fornita dal seguente teorema, dimostrato da Euclide.

Teorema 5

I numeri primi sono infiniti.

DIM

Si supponga che i numeri primi siano finiti ed in numero pari a n. Siano $p_1, p_2, \ldots, p_n$ tutti i numeri primi noti. Si costruisce il numero $p = p_1 \cdot p_2 \cdot \ldots \cdot p_n + 1$, che è maggiore di tutti i numeri primi ipotizzati ed è distinto da essi. Questo numero p non è divisibile per nessuno dei numeri primi; difatti, sebbene il suo primo addendo sia divisibile per tutti i numeri primi, non lo è il secondo che è pari ad 1. Pertanto non essendo divisibile per nessuno dei numeri primi considerati, il numero p può essere primo e in questo caso viene contraddetta l'ipotesi, in quanto esiste un ulteriore numero primo oltre quelli considerati. In alternativa, il numero p può essere composto, ma non essendo divisibile per nessuno dei numeri primi ipotizzati, deve essere esprimibile mediante altri numeri primi, maggiori e distinti da quelli ipotizzati. Quindi, anche in questo secondo caso, l'ipotesi è contraddetta. Essendo l'assurdo nato dall'aver supposto i numeri primi finiti in numero, se ne deduce che i numeri primi devono essere infiniti. **CVD**

3.2.6 La potenza

Nell'insieme dei numeri naturali si può introdurre un'ultima operazione detta **potenza**, facendo uso del principio di induzione.
Dati $m \in N_0, k \in N$, la **potenza** di **base** m ed **esponente** k si indica con la notazione m^k ed è definita nel modo seguente:

$$\begin{cases} m^0 = 1 \\ m^{k+1} = m^k \cdot m \end{cases}$$

Considerati $m,n \in N_0$ $k,h \in N$, le seguenti proprietà della potenza si dimostrano facendo uso del principio di induzione e delle proprietà della moltiplicazione.

PP1) $m^{k+h} = m^k \cdot m^h$

PP2) $(m^k)^h = m^{k \cdot h}$

PP3) $(m \cdot n)^k = m^k \cdot n^k$

Per la potenza esistono proprietà di compatibilità con la relazione d'ordine $\leq$ analoghe a quelle esistenti per la moltiplicazione.

3.3 Rappresentazione dei numeri naturali

3.3.1 I primi modi di rappresentare i numeri naturali

Introducendo i numeri naturali, si è rappresentato il numero che non è successivo di alcun numero con lo 0. Inoltre il successivo dello 0 è stato indicato con 1. In questa formalizzazione, tutti gli altri numeri naturali non sono stati ancora rappresentati. Sorge, quindi, il problema di introdurre una notazione funzionale per rappresentare i numeri naturali, ma anche per svolgere le operazioni in modo efficace.
Un primo metodo potrebbe essere quello di assegnare ad ogni numero un simbolo che lo ricordi intuitivamente, ma si capisce che tale metodo è sconveniente in quanto risulta difficile memorizzare un numero infinito di simboli. Inoltre, ciò che può rappresentare intuitivamente un numero per una comunità di individui, può non esserlo per un'altra.

Un metodo migliore è quello di rappresentare i numeri mediante delle tacche verticali. Pertanto si ha:

1 = | 2 = || 3 = ||| 4 = |||| 5 = ||||| ...

Il rinvenimento di ossa di animali risalenti a decine di migliaia di anni fa, su cui erano incise delle tacche verticali in modo regolare, ha mostrato come tale metodo fosse stato, in ordine di tempo, uno dei primi adoperati per rappresentare i numeri.
Questa notazione permette di contare in modo intuitivo e di svolgere operazioni in modo agevole, quando ci si limita a numeri di poche unità. Per numeri più grandi, ci si trova in seria difficoltà sia dal punto di vista della rappresentazione che del calcolo.

3.3.2 Il sistema di numerazione dell'antica Roma

Il passo successivo è stato quello di dotarsi di regole per la rappresentazione dei numeri, attraverso una quantità limitata di simboli che potessero teoricamente rappresentare tutti gli infiniti numeri. Si sono realizzati quindi i **sistemi di numerazione**. I vantaggi di una tale soluzione sono evidenti:

- non è necessario memorizzare un quantitativo enorme di simboli, ma basta ricordare pochi simboli e alcune semplici regole per rappresentare i numeri;
- se si attribuiscono valori grandi ad alcuni simboli, anche i numeri con valore notevole possono essere rappresentati con pochi simboli, in modo agevole;
- se si stabiliscono regole abbastanza funzionali per l'utilizzo dei simboli, è possibile svolgere i calcoli in modo semplice ed efficiente;
- il metodo può essere trasmesso ed appreso facilmente.

Un passo in avanti verso una rappresentazione più semplice e pratica dei numeri è costituito dal sistema di numerazione dell'antica Roma (i **numeri romani**). In questo sistema, i simboli utilizzati sono alcune lettere dell'alfabeto latino. In particolare si ha:

I = 1 V = 5 X = 10 L = 50 C = 100 D = 500 M = 1000

Il sistema di numerazione dei romani, almeno nella sua accezione iniziale, era di tipo **additivo**. In pratica, il numero era rappresentato mediante la somma di più simboli, ognuno dei quali corrispondeva ad un valore. In epoca classica era ammessa la ripetizione di un simbolo fino a quattro volte, pertanto si poteva scrivere IIII = 4, oppure VIIII = 9. Si noti che in tale sistema la rappresentazione di alcuni numeri è comunque scomoda, difatti si ha LXXXXVIIII = 99. Successivamente, la scrittura dei numeri è stata resa più efficiente inserendo dei criteri posizionali per i simboli. In pratica, se un simbolo di valore minore viene posto dopo un secondo simbolo di valore maggiore, allora il simbolo di valore minore assume significato additivo, viceversa, se viene posto prima del secondo simbolo, allora assume significato sottrattivo. Pertanto, invece di scrivere IIII = 4 (ossia 1 + 1 + 1 + 1 = 4), si può scrivere (più velocemente e con soli due simboli) IV = 4, ossia (5 – 1 = 4). In tal caso si ha XCIX = 99.

3.3.3 Il sistema di numerazione decimale

Sebbene i numeri romani costituiscano un passo avanti nella rappresentazione dei numeri naturali, essi non risultano efficienti nello svolgimento delle operazioni. Il passo successivo è rappresentato dall'introduzione di sistemi di numerazione in una base di tipo posizionale.
In questi sistemi di numerazione, il numero limitato di simboli è legato all'idea di una **base della numerazione**. Quest'ultima indica sia il numero di simboli distinti utilizzati nel sistema di numerazione, sia il numero (la quantità fissa, il valore) che è alla base della rappresentazione di tutti i numeri in quel determinato sistema di numerazione.
Il **sistema di numerazione decimale** risulta essere pratico ed efficiente per la rappresentazione dei numeri naturali e per lo svolgimento delle operazioni. Si tratta di un sistema **posizionale in base 10**. Infatti, in esso vengono utilizzati 10 simboli (le ben note cifre da 0 a 9); inoltre, nell'esprimere il valore di un numero, non solo contano le cifre che lo compongono, ma anche le **posizioni** che occupano tali cifre.
Ad esempio, la stessa cifra 3 esprime valori diversi nei numeri 63, 31 e 350. Nel primo numero il 3 esprime il numero di unità che compongono il 63. Nel secondo numero la cifra 3 esprime quante decine compongono il 31, ossia 3 decine. Infine, nel terzo numero, la cifra 3 esprime il numero di centinaia che compongono il 350, ossia 3 centinaia. Pertanto, si comprende che la prima cifra da destra di un generico numero esprime le unità, la seconda cifra da destra esprime le decine, la terza esprime le centinaia, la quarta le migliaia e così via.
Ad esempio il numero 365 può essere scritto mediante una somma di centinaia, decine e unità, ossia:

$$365 = 300 + 60 + 5$$

In particolare si può anche scrivere:

$$365 = 3 \cdot 100 + 6 \cdot 10 + 5 \cdot 1$$

Si noti che 100, 10 e 1 sono delle potenze del numero 10. Infatti $100 = 10^2$, $10 = 10^1$ e $1 = 10^0$; pertanto si può scrivere:

$$365 = 3 \cdot 10^2 + 6 \cdot 10^1 + 5 \cdot 10^0$$

Quindi il numero 365 può essere espresso mediante delle potenze di base 10. Infatti, il numero 10, essendo la base di tale sistema di numerazione, permette di esprimere tutti i numeri naturali in questo sistema.
Si noti che le cifre del numero espresso nel sistema decimale non sono altro che i coefficienti moltiplicativi delle potenze di 10 mediante le quali si esprime il valore del numero stesso.

Più in generale si può pensare a un generico sistema di numerazione posizionale in base *n*. In tale sistema i numeri sono espressi come potenze in base *n* e vengono scritti utilizzando *n* cifre.

3.3.4 Il sistema di numerazione binario

Il **sistema di numerazione binario** è un sistema posizionale in base 2. Questo sistema è alla base del funzionamento dei computer. In un sistema di questo tipo, i numeri vengono espressi con due sole cifre. Nel caso del sistema binario le cifre sono 0 e 1.
Pertanto, un generico numero binario verrà scritto come sequenza di 1 e 0 e verrà letto da sinistra verso destra pronunciando "zero" oppure "uno", a seconda della cifra incontrata.
Alcuni esempi di numeri binari sono i seguenti:

101 1100 101101

Solo il numero 0 e il numero 1 del sistema decimale trovano corrispondenza in numeri scritti allo stesso modo nel sistema binario. In Tabella 1 sono mostrate le conversioni binario-decimale di alcuni numeri naturali.

Tabella 1

Decimale	Binario	Decimale	Binario
0	0	6	110
1	1	7	111
2	10	8	1000
3	11	9	1001
4	100	10	1010
5	101	11	1011

Per convertire un numero binario in un numero decimale non si deve far altro che ricordare che le cifre del numero binario sono i coefficienti delle potenze di 2, così come le cifre di un numero nel sistema decimale erano i coefficienti moltiplicativi delle potenze di 10.
Pertanto il numero 1100 ha valore pari a:

$$1100 = 1 \cdot 2^3 + 1 \cdot 2^2 + 0 \cdot 2^1 + 0 \cdot 2^0$$

Calcolando le potenze e i prodotti si esprime il numero 1100 nel sistema decimale.

$$1100 = 1 \cdot 2^3 + 1 \cdot 2^2 + 0 \cdot 2^1 + 0 \cdot 2^0 = 1 \cdot 8 + 1 \cdot 4 + 0 \cdot 2 + 0 \cdot 1 = 8 + 4 + 0 + 0 = 12$$

Quindi il numero 1100 del sistema binario corrisponde al numero 12 del sistema decimale.

Questa uguaglianza si può scrivere nel modo seguente:

$$(1100)_2 = (12)_{10}$$

ossia il numero 1100 (espresso in base 2) corrisponde al numero 12 (espresso in base 10).

3.3.5 Conversioni

Per convertire un numero dal sistema decimale a quello binario, occorre dividere ripetutamente il numero per 2 e raccogliere i resti ottenuti nelle divisioni. Difatti il resto di una divisione per 2 può essere solo pari a 0 oppure a 1.
Si illustra la procedura nel dettaglio, convertendo il numero decimale 72 nel sistema binario.

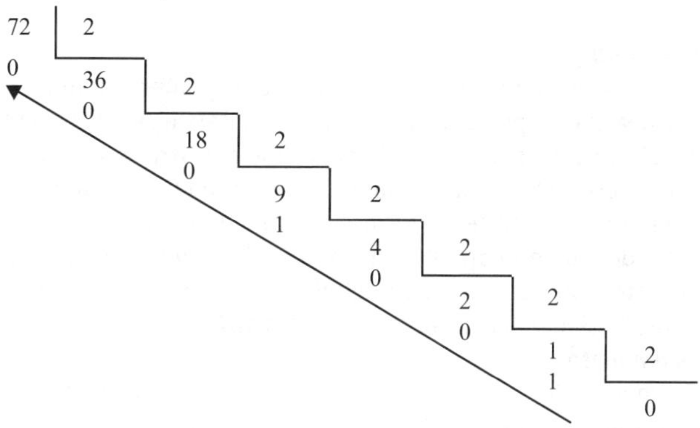

Si divide 72 per 2, il quoziente è pari a 36 ed il resto è 0. Di seguito si divide 36 per 2, ottenendo 18 con il resto di 0. Si procede con le divisioni fino a ottenere un quoziente pari ad 1. Si divide tale quoziente unitario per 2 ottenendo un quoziente pari a 0 e un resto pari ad 1 e si terminano le divisioni.
A questo punto si considerano i resti in ordine inverso rispetto a come sono stati ottenuti durante le divisioni (dall'ultimo resto fino al primo). A tale proposito si noti la freccia il cui verso va dal basso verso l'alto e da destra verso sinistra. Si ottiene quindi la seguente sequenza di resti 1001000. Questa sequenza di cifre pari a 1 e 0 rappresenta il numero 72 nel sistema binario.
Quindi $(72)_{10} = (1001000)_2$.
Il discorso appena illustrato può essere valido in generale. Si consideri il numero $(13)_4$; esso è espresso in base 4, ossia in un sistema di numerazione che ha quattro simboli (0,1,2,3). Se si vuole esprimere tale numero in un sistema di numerazione in base 6 (con i simboli 0,1,2,3,4,5), si può prima pensare di esprimerlo in notazione decimale, svolgendo i seguenti passaggi.

$$(13)_4 = 1 \cdot 4^1 + 3 \cdot 4^0 = 4 + 3 = 7$$

Quindi $(13)_4 = (7)_{10}$. A questo si divide più volte il 7 per 6 onde ottenere il numero nel sistema in base 6.

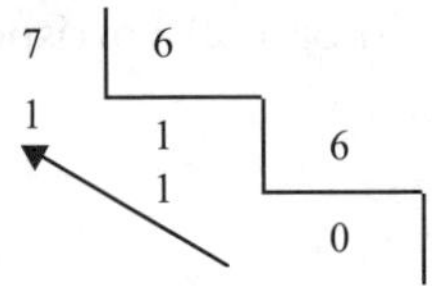

Quindi $(7)_{10} = (11)_6$.

3.4 L'insieme dei numeri interi

Oltre il formalismo

Prima di procedere all'introduzione formale dei numeri interi, si vuole presentare in modo intuitivo l'idea che ha portato alla definizione di tale insieme. Nella formulazione dei numeri naturali *N* non si è parlato dell'operazione di sottrazione, in quanto essa non è una operazione interna all'insieme *N*. Ad esempio, dovendo calcolare 3-5, non si riesce a definire un risultato che appartenga all'insieme dei numeri naturali *N*. Pertanto si può ampliare l'insieme dei numeri naturali con l'intento di individuare un insieme nel quale l'operazione di sottrazione possa essere definita come operazione interna. Quando si amplia un insieme, l'insieme di partenza viene detto ***insieme primitivo*** e quello ottenuto è detto ***insieme ampliato***.

In generale nell'ampliare l'insieme dei numeri si tiene conto di due principi fondamentali.

- ***Principio di permanenza delle proprietà formali.*** Nell'insieme ampliato dei numeri si definiscono le leggi di composizione (operazioni) in modo che mantengano le proprietà che già avevano nell'insieme di partenza (insieme primitivo).
- ***Principio di isomorfismo.*** Nell'insieme ampliato vi deve essere un sottoinsieme che può essere messo in corrispondenza biunivoca con l'insieme primitivo. Mediante tale corrispondenza il risultato di una operazione sul sottoinsieme dell'insieme ampliato è messo in corrispondenza biunivoca con il risultato dell'operazione sull'insieme primitivo.

Pertanto, partendo dall'insieme dei numeri naturali *N* si definisce l'insieme dei numeri interi relativi, indicato con *Z*. Questo insieme è costituito dai numeri naturali a cui viene associato un segno algebrico pari a + oppure a –. Lo zero continua ad essere l'unico numero privo di segno. Quindi da un qualsiasi numero naturale $n \neq 0$ si sono ricavati due numeri interi pari a $+n$ e $-n$.

L'insieme *Z* viene così indicato:

$$Z = \{..., -n, ..., -3, -2, -1, 0, +1, +2, +3, ..., +n, ...\}$$

Si vuole introdurre l'insieme dei numeri interi in modo formale, partendo dall'insieme *N* dei numeri naturali.

Si definisce il prodotto cartesiano di N con se stesso $N \times N = N^2$. L'insieme prodotto cartesiano è formato da coppie (a,b) con $a,b \in N$. In questo insieme si definisce una relazione di equivalenza v tra coppie nel modo seguente:

$$(a,b) \sim (c,d) \Leftrightarrow a + d = c + b$$

Tale relazione è di equivalenza, infatti gode delle seguenti proprietà:

1) riflessiva: $(a,b) \sim (a,b)$.
   Infatti $a + b = a + b$

2) simmetrica: se $(a,b) \sim (c,d) \Rightarrow (c,d) \sim (a,b)$.
   Infatti $a + d = c + b \Rightarrow c + b = a + d$

3) transitiva: se $(a,b) \sim (c,d)$ e $(c,d) \sim (e,f) \Rightarrow (a,b) \sim (e,f)$

Infatti $a + d = c + b$ e $c + f = e + d \Rightarrow (a + d) + (c + f) = (c + b) + (e + d)$. Applicando la legge di cancellazione si ha $a + f = b + e$, da cui $a + f = e + b$, che è quanto si voleva dimostrare.
Data la relazione di equivalenza $\sim$ è possibile definire l'insieme quoziente $N^2/\sim$ i cui elementi sono le classi di equivalenza (vedi Cap. 1). Ciascuna classe rappresenta un insieme di coppie equivalenti messe in relazione. L'insieme quoziente $N^2/\sim$ rappresenta proprio i numeri interi Z.

Oltre il formalismo

Per chiarire il formalismo introdotto, si nota che, ad esempio, le coppie (5,2) e (6,3) sono equivalenti; infatti 5 + 3 = 6 + 2. In pratica le coppie (5,2) e (6,3) appartengono alla stessa classe di equivalenza e possono essere rappresentate da un solo elemento. Per rappresentarle si potrebbe utilizzare proprio l'elemento (3,0). Infatti (3,0) ~ (5,2), in quanto 3 + 2 = 5 + 0. Qual è il significato di (3,0) o di (5,2) oppure si (6,3)? In pratica essi rappresentano il numero intero +3 o, se si vuole, la classe di equivalenza di tutti quegli elementi che permettono di compiere "tre passi in avanti" lungo una sequenza ordinata di numeri interi. Analogamente le coppie (2,5) oppure (3,6) o quella che può essere utilizzata per rappresentarle, vale a dire (0,3), rappresentano il numero intero –3, oppure l'elemento che permette di compiere "tre passi indietro" lungo la sequenza ordinata di numeri interi.

Per ognuna delle classi di equivalenza si sceglie un rappresentante. Su tali rappresentanti occorre definire le operazioni, estendendo quelle già formalmente descritte nell'ambito dei numeri naturali.
L'operazione di **addizione** tra numeri interi viene così definita:

$$(a,b) + (c,d) = (a + c,\ b + d)$$

Il segno di addizione a primo membro è riferito all'operazione nei numeri interi (quella nuova che viene adesso definita), mentre i due simboli di addizione nel membro di destra sono riferiti all'operazione tra numeri naturali.

L'operazione è ben posta, in quanto se ai due numeri considerati se ne sostituiscono due presenti nelle rispettive classi di equivalenza, si otterrà un risultato che è presente nella stessa classe di equivalenza del risultato precedente. L'operazione di addizione è interna all'insieme Z e conserva le proprietà associativa, commutativa e di esistenza dell'elemento neutro, già presenti nell'insieme N.
In particolare le coppie (a,a), (b,b) oppure $(0,0)$ sono tutte elementi neutri dell'addizione e sono tutte appartenenti alla stessa classe di equivalenza. In pratica si può scegliere $(0,0)$ come elemento neutro, in quanto rappresentante della classe di equivalenza.
Infatti avviene che $(a,b) + (a,a) = (a + a, a + b)$. Ma si noti che $(a + a, a + b) \sim (a,b)$, in quanto avviene che $(a + a) + b = a + (a + b)$, ossia $a + a + b = a + a + b$. Pertanto, si può scrivere che $(a,b) + (a,a) = (a,b)$. Da questo si ricava che (a,a), o qualsiasi elemento ad esso equivalente, costituisce l'elemento neutro a destra dell'addizione (ossia l'elemento neutro quando si trova a destra del segno di addizione). In modo analogo si dimostra che (a,a) è elemento neutro a sinistra dell'addizione.
Inoltre, per qualsiasi coppia (a,b) è possibile individuare l'elemento inverso, ossia l'elemento che sommato ad (a,b) restituisce (a,a), elemento neutro rispetto alla somma. L'elemento inverso di (a,b) è (b,a), infatti:

$$(a,b) + (b,a) = (a + b, b + a) = (a + b, a + b)$$

In N è definita la relazione d'ordine $\leq$, pertanto ha senso confrontare i due numeri naturali della coppia (a,b).
Se $a > b$, si dice che la coppia rappresenta un **numero positivo**. Tra le coppie equivalenti a tale coppia vi è anche $(d,0)$, dove d è il numero che nell'ambito dei numeri naturali era stato definito come differenza tra a e b, ossia $d \in N \mid b + d = a$.
Se $a = b$ la coppia rappresenta lo 0. Tra le coppie equivalenti a tale coppia vi è proprio $(0,0)$.
Se $a < b$ si dice che la coppia rappresenta un **numero negativo**. Tra le coppie equivalenti a tale coppia vi è anche $(0,d)$ dove d è il numero che nell'ambito dei numeri naturali era stato definito come differenza tra b e a, ossia $d \in N \mid a + d = b$.
La **moltiplicazione** tra numeri interi è definita nel modo seguente:

$$(a,b) \cdot (c,d) = (a \cdot c + b \cdot d, a \cdot d + b \cdot c)$$

Anche in questo caso, occorre riferire le operazioni a sinistra e a destra dell'uguale rispettivamente agli insiemi Z e N. La moltiplicazione è ben posta, interna a Z e conserva le proprietà della moltiplicazione in N.
Definendo in tal modo l'operazione di moltiplicazione, si osserva che se (a,b) è un numero positivo, ossia $a > b$, e (c,d) è un numero positivo, ossia $c > d$, allora il prodotto è positivo. Questo si può facilmente verificare con i due elementi equivalenti alle due coppie considerate, ossia $(h_1,0)$ e $(h_2,0)$, nei quali h_1 e h_2 sono tali che $b + h_1 = a$ e $d + h_2 = c$. In tal caso si ottiene:

$$(a,b) \cdot (c,d) = (h_1,0) \cdot (h_2,0) = (h_1 \cdot h_2 + 0 \cdot 0,\ h_1 \cdot 0 + h_2 \cdot 0) = (h_1 \cdot h_2,\ 0)$$

che è un numero positivo.
Analogamente, coppie di numeri negativi danno un prodotto negativo, mentre la moltiplicazione tra un numero negativo ed uno positivo restituisce un numero negativo.
La **sottrazione** in *Z* viene definita mediante l'addizione in *N*. Questa operazione viene indicata con il simbolo – ed è tale che:

$$(a,b) - (c,d) = (a + d,\ b + c)$$

Si noti che la sottrazione così definita è una operazione interna a *Z*. Infatti il risultato dell'operazione è ancora una coppia dell'insieme quoziente $(a + d,\ b + c) \in N^2/\sim$.

In classe

Si chiarisce il significato della sottrazione in *Z*, riconducendo il formalismo introdotto alla notazione più comunemente usata nella scuola secondaria.
Si consideri la seguente sottrazione:

$$(3,2) - (4,6) = (3 + 6,\ 2 + 4) = (9,6)$$

Per quanto detto in precedenza, le coppie di numeri naturali possono essere associate ai numeri relativi, come rappresentati nei corsi di matematica della scuola secondaria, nel modo seguente:

(3,2) → "un passo in avanti" → +1

(4,6) → "due passi indietro" → –2

(9,6) → "tre passi in avanti" → +3

Quindi la scrittura (3,2) – (4,6) = (9,6) si riduce alla più comune scrittura usata nei corsi di istruzione secondaria +1 – (–2) = +3.

La **relazione di ordinamento** in *Z* si definisce a partire da quella presente in *N*. In particolare $(a,b) \leq (c,d)$ se avviene che $a + d \leq c + b$. Nella notazione precedente, la relazione d'ordine ≤ posta tra le coppie di numeri naturali è quella definita in *Z*, mentre quella posta tra le somme di numeri naturali è definita in *N*.
Ad esempio $(2,6) \leq (3,1)$ in quanto $2 + 1 \leq 3 + 6$, ossia $3 \leq 9$. Più in generale, si verifica che un numero positivo è maggiore di 0 che è maggiore di un numero negativo.
La relazione d'ordine così creata è di **ordine totale** in *Z*.
Nei prossimi paragrafi, quando sarà necessario riferirsi ad elementi dell'insieme *Z*, mediante esempi pratici, useremo la normale notazione adoperata nei corsi di matematica della scuola secondaria, costituita da un segno e da un numero, piuttosto che riferirci alle coppie di numeri naturali adoperate per definire formalmente l'insieme *Z*. Pertanto nel fornire esempi concreti fuori dai formalismi si scriverà +2, piuttosto che (4,2) oppure (2,0).

3.5 I numeri razionali

3.5.1 Definizione dell'insieme dei numeri razionali

Oltre il formalismo

L'operazione di divisione non è interna all'insieme dei numeri naturali, né a quello dei numeri interi. Si consideri ad esempio la divisione 7:2. Siccome il dividendo (ossia 7) non è un multiplo del divisore (ossia 2), allora il quoziente non appartiene ai numeri naturali. Si può quindi creare un ampliamento dei numeri interi. A tale proposito si introduce il concetto di ***frazione*** o di ***numero razionale***. Ad esempio, nel caso della divisione 3:5, il numero risultante viene indicato con la frazione $\frac{3}{5}$.

Più in generale la frazione o ***numero razionale*** si esprime con la seguente notazione:

$$\frac{a}{b} \quad \text{con} \quad a,b \in Z;\ b \neq 0.$$

I numeri razionali individuano un nuovo insieme di numeri, ampliato rispetto all'insieme dei numeri interi relativi. Tale insieme è detto ***insieme dei numeri razionali*** ed è indicato con Q. Quindi:

$$Q = \left\{ \frac{a}{b} \mid a,b \in Z\ b \neq 0 \right\}$$

I due numeri *a* ed *b* sono detti rispettivamente ***numeratore*** e ***denominatore*** della frazione, la linea che li separa è detta **linea di frazione.** Appare chiaro che *a* e *b* costituiscono una coppia ordinata di numeri interi il cui secondo numero deve essere non nullo. Quest'ultima necessità nasce dalla legge di annullamento del prodotto, così come definita in *N*.

Si introducono i numeri razionali in modo formale partendo dall'insieme degli interi *Z*.

Il primo passaggio consiste nel definire il prodotto cartesiano di *Z* con l'insieme $Z_0 = Z - \{0\}$, ossia l'insieme dei numeri interi privati dello 0. Il prodotto cartesiano $Z \times Z_0$ è formato da coppie (a,b) tali che $a \in Z$, $b \in Z_0$. In questo insieme si definisce una relazione di equivalenza ~ tra coppie nel modo seguente:

$$(a,b) \sim (c,d) \text{ se e solo se } a \cdot d = c \cdot b$$

Tale relazione è di equivalenza, infatti gode delle seguenti proprietà:

1) riflessiva: $(a,b) \sim (a,b)$.
   Infatti $a \cdot b = a \cdot b$

2) simmetrica: se $(a,b) \sim (c,d)$ allora $(c,d) \sim (a,b)$.
   Infatti $a \cdot d = c \cdot b \Rightarrow c \cdot b = a \cdot d$

3) transitiva: se $(a,b) \sim (c,d)$ e $(c,d) \sim (e,f)$ allora $(a,b) \sim (e,f)$.
   Infatti $a \cdot d = c \cdot b$ e $c \cdot f = e \cdot d \Rightarrow (a \cdot d) \cdot (c \cdot f) = (c \cdot b) \cdot (e \cdot d)$. Applicando la legge di cancellazione si ha $a \cdot f = b \cdot e$, ossia $a \cdot f = e \cdot b$ che è quanto si voleva dimostrare.

Data la relazione di equivalenza ~ è possibile definire l'insieme quoziente $Z \times Z_0/\sim$ i cui elementi sono le classi di equivalenza (vedi Cap. 1). Ciascuna classe di equivalenza rappresenta un insieme di coppie equivalenti messe in relazione. L'insieme quoziente $Z \times Z_0/\sim$ rappresenta proprio l'insieme dei numeri razionali Q.

Oltre il formalismo

Per chiarire il formalismo introdotto, si considerino le coppie (2,4) e (3,6). Queste sono equivalenti, infatti $2 \cdot 6 = 3 \cdot 4$. In pratica le coppie (2,4) e (3,6) appartengono alla stessa classe di equivalenza e possono essere rappresentate da un solo elemento. Per rappresentarle si potrebbe utilizzare l'elemento (1,2) che è in relazione con entrambe. Qual è il significato di (1,2) o di (2,4) oppure di (3,6)? In pratica tali coppie rappresentano tutte la frazione 1/2 che è ridotta ai minimi termini, o le frazioni ad essa equivalenti 2/4 oppure 3/6.

Per ognuna delle classi di equivalenza si sceglie un rappresentante. Su tali rappresentanti occorre definire le operazioni dei razionali, estendendo le operazioni già formalmente descritte nell'insieme dei numeri interi.

3.5.2 Operazioni nell'insieme dei numeri razionali

L'operazione di **addizione** tra numeri razionali viene così definita:

$$(a,b) + (c,d) = (a \cdot d + c \cdot b,\ b \cdot d)$$

Il segno di addizione a primo membro è riferito all'operazione nei numeri razionali, mentre i due simboli di addizione e moltiplicazione nel membro di destra sono riferiti all'operazione tra numeri interi.
L'operazione è ben posta, in quanto se ai due numeri considerati se ne sostituiscono due presenti nelle rispettive classi di equivalenza, si otterrà un risultato che è presente nella stessa classe di equivalenza del risultato precedente. L'operazione di addizione è interna all'insieme Q e conserva le proprietà associativa, commutativa, di esistenza dell'elemento neutro e di esistenza dell'elemento inverso, già presenti nell'insieme Z. In particolare, l'elemento neutro è rappresentato dalla coppia $(0,a)$ (che coincide con lo 0) e l'elemento inverso della coppia (a,b) è rappresentato dalla coppia (a',b) dove a' è l'elemento di Z inverso di a rispetto all'addizione.
La **moltiplicazione** è definita nel modo seguente:

$$(a,b) \cdot (c,d) = (a \cdot c,\ b \cdot d)$$

Anche in questo caso occorre riferire le operazioni a sinistra e a destra dell'uguale rispettivamente agli insiemi Q e Z. La moltiplicazione è ben posta, interna a Q e conserva le proprietà della moltiplicazione in Z. Tale operazione è associativa e commutativa. Inoltre l'elemento neutro è rappresentato dalla generica coppia (c,c). Infatti $(a,b) \cdot (c,c) = (a \cdot c, c \cdot b)$, ma $(a \cdot c, c \cdot b) \sim (a,b)$, pertanto $(a,b) \cdot (c,c) = (a,b)$.

La **sottrazione** in Q viene definita in modo analogo all'addizione:

$$(a,b) - (c,d) = (a \cdot d - c \cdot b,\ b \cdot d)$$

La sottrazione così definita è una operazione interna a Q.
Infine si giunge alla **divisione**, che viene definita in modo da essere una operazione interna all'insieme Q, nel modo seguente:

$$(a,b) : (c,d) = (a \cdot d,\ b \cdot c)$$

Si noti che, per definizione delle coppie che costituiscono Q, deve essere $b,d \in Z_0$. Inoltre, deve accadere che $c \in Z_0$, altrimenti il secondo termine della coppia che costituisce il risultato si annulla. Questa possibilità non è prevista nella definizione dell'insieme Q come insieme quoziente rispetto alla relazione di equivalenza ~ del prodotto $Z \times Z_0$.
Nel par. 3.21 si vedrà che le proprietà delle operazioni definite nell'insieme dei numeri razionali permettono di definire quest'ultimo come il **campo dei numeri razionali**.

3.5.3 La relazione d'ordine nell'insieme dei numeri razionali

La relazione di ordinamento in Q si definisce da quella presente in Z. In particolare, si stabilisce che $(a,b) \leq (c,d)$ se, nelle classi di equivalenza dei due elementi, se ne possono scegliere due tali che in Z avviene che $b \cdot d > 0$ e $a \cdot d \leq c \cdot b$.

Esempio
Si ha che $(-4,5) \leq (1,-3)$. Per dimostrarlo si nota che $5 \cdot (-3) < 0$, pertanto occorre scegliere un altro elemento nella classe di equivalenza di $(1,-3)$ in modo che il prodotto dei secondi elementi delle due coppie sia positivo. Si può scegliere l'elemento equivalente $(-1,3)$. Occorre, ora, verificare che $(-4,5) \leq (-1,3)$ secondo la definizione fornita prima. Infatti, si ha che $5 \cdot 3 = 15 > 0$ e inoltre $-4 \cdot 3 \leq -1 \cdot 5$, ossia $-12 \leq -5$.

La relazione d'ordine, così definita, è di ordine totale in Q. Rispetto all'ordine totale, stabilito dalla relazione $\leq$, l'insieme Q gode della proprietà di **densità**. Tale proprietà stabilisce che tra due numeri di Q è sempre possibile trovare infiniti altri numeri di Q.

Ad esempio, se $a,b \in Q \mid a < b$, allora $\forall c,d \in Q \mid 0 < c < d$ si ha che $a < a + \frac{c}{d}(b-a) < b$. Pertanto tutti i numeri del tipo $a + \frac{c}{d}(b-a)$ sono compresi tra a e b.

3.5.4 Scrittura posizionale dei numeri razionali

In classe

Come accennato nel par. 3.5.1, nella scuola secondaria i numeri razionali non vengono presentati come coppie di numeri interi (*a*,*b*), bensì mediante la notazione frazionaria $\frac{a}{b}$.
In alternativa, è molto diffuso anche l'uso della notazione posizionale dei numeri razionali. In questa notazione il numero viene espresso mediante un gruppo finito di cifre, seguito a destra da una virgola. A sua volta la virgola può essere seguita da una sequenza di cifre non necessariamente finita.
Pertanto si usa scrivere:

$$\frac{15}{8}=1{,}875 \qquad \text{oppure} \qquad \frac{5}{6}=0{,}8333...=0{,}8\overline{3}$$

Per illustrare la scrittura posizionale dei numeri razionali, si nota che questa sfrutta la proprietà del sistema di numerazione decimale, secondo la quale una determinata cifra assume valori differenti secondo la posizione che occupa nella scrittura del numero (vedi par. 3.3).
Si definisce innanzitutto la **parte intera** q di un numero razionale x come il più grande numero intero minore o uguale a x.

Se si esprime il numero razionale x sotto forma di **frazione** $x=\frac{a}{b}$, allora ha senso chiedersi quale sia il risultato della divisione euclidea (con resto) di a per b. In tal caso si ha $a = q \cdot b + r$ con $0 \le r < b$. Il quoziente q coincide proprio con la parte intera di x, in quanto si può anche scrivere:

$$\frac{a}{b}=\frac{q\cdot b}{b}+\frac{r}{b}\Rightarrow\frac{a}{b}=q+\frac{r}{b}\Rightarrow x=q+\frac{r}{b}, \text{ dove } q\in Z \text{ e inoltre } 0\le\frac{r}{b}<1.$$

Si fissa una **base** k nella quale i numeri sono rappresentati mediante k **cifre**, al fine di esprimere il numero razionale $x=\frac{a}{b}$. Per farlo, si opera la divisione con resto $\frac{a}{b}=q_0+\frac{r_0}{b}$. Il quoziente q_0 della divisione euclidea (la parte intera) è espresso nelle cifre (anche più di una) della base k e viene scritto a sinistra della virgola.
Per ottenere le cifre a destra della virgola si considera il prodotto del resto ottenuto per la base k, ossia $r_0 \cdot k$. Se la base è $k = 10$, allora le cifre a destra della virgola saranno dette **decimali**.
Si procede operando la divisione euclidea $\frac{r_0\cdot k}{b}$ e si ottiene $\frac{r_0\cdot k}{b}=q_1+\frac{r_1}{b}$.
Il nuovo quoziente q_1 sarà la prima singola cifra (non più il numero, come accadeva per q_0) della base k da porre a destra della virgola. A questo punto si procede con il resto r_1 per ottenere la cifra successiva q_2 e così via.
Nel procedere con questo algoritmo si può incorrere in due possibilità.

1) Ad un certo punto si ottiene resto nullo e quindi la rappresentazione posizionale del numero razionale si intende conclusa. In tal caso il numero viene rappresentato con una **scrittura posizionale finita**.
2) Si prosegue non ottenendo mai resto nullo. In tal caso i resti distinti che si possono ottenere dalla divisione per b sono al massimo $b - 1$. Dopo un massimo di b divisioni del tipo $\frac{r_i \cdot k}{b}$ si calcola nuovamente una divisione già effettuata in precedenza. Da quel momento in poi la sequenza delle divisioni si ripete ciclicamente; pertanto si ripetono anche i resti r_i e i quozienti ottenuti q_i. Se i quozienti si ripetono, allora vuol dire che si ripete periodicamente anche la sequenza di cifre dopo la virgola. In tal caso si parla di **scrittura posizionale periodica** e il gruppo di cifre che si ripete è detto **periodo**. Se vi è una parte di cifre che non si ripete e che si interpone tra la virgola e il periodo, quella parte è detta **antiperiodo**.
Un numero razionale assume una forma periodica o finita, secondo la base k scelta per rappresentarlo. Pertanto numeri periodici in una base potrebbero non esserlo in un'altra base.
In particolare, per verificare se un numero razionale x ha una scrittura posizionale finita in una base k occorre esprimerlo nella base con una frazione ridotta ai minimi termini $\frac{a}{b}$. A questo punto si opera la scomposizione di b ottenendo, in base al teorema fondamentale dell'aritmetica, una serie univoca di fattori che lo costituiscono. Se ciascuno di questi fattori divide la base k, allora il numero x verrà rappresentato mediante una scrittura posizionale finita; viceversa la sua scrittura sarà periodica.

In pratica, un numero razionale $x = \frac{a}{b}$ ha una scrittura posizionale finita con n cifre dopo la virgola nella base k se avviene che il numero $x \cdot k^n \in Z$. In tal caso il denominatore b è un divisore di k^n.

Esempio

Il numero razionale $\frac{4}{9} = 0,\bar{4}$ ha rappresentazione periodica nella base 10. In generale, la base viene indicata con un pedice posto a destra della parentesi che racchiude il numero, pertanto si può anche scrivere $\left(\frac{4}{9}\right)_{10} = \left(0,\bar{4}\right)_{10}$.
Questo risultato è atteso, in quanto il denominatore $9 = 3 \cdot 3$ e ciascuno dei fattori primi che esprime 9 non divide la base 10. Infatti 10:3 dà 3 con il resto di 1.
In base 9 lo stesso numero razionale ha una rappresentazione finita. Infatti, $\left(\frac{4}{9}\right)_{10} = \left(\frac{4}{10}\right)_{9} = (0,4)_9$. Per giustificare tale asserto, si rammenti che il numero 9 in base dieci viene rappresentato con le due cifre 10, mentre il 4 è rappresentato con la medesima cifra. Anche questo risultato è atteso, poiché ciascuno dei due fattori primi pari a 3 che esprime il denominatore 9 in base dieci, divide la nuova base 9 nella quale si andrà ad esprimere il numero. Per lo stesso motivo il numero $\left(\frac{4}{9}\right)_{10}$

ha una rappresentazione finita anche in base 3. In particolare si ha $\left(\frac{4}{9}\right)_{10} = \left(\frac{11}{100}\right)_3 = (0{,}11)_3$. Si rammenti, infatti, che $(4)_{10} = (11)_3$ e che $(9)_{10} = (100)_3$.

3.6 Le problematiche che portano alla nascita dei numeri reali

Diverse problematiche, emerse in vari ambiti, hanno portato ad estendere l'insieme dei numeri razionali all'insieme dei numeri reali.

3.6.1 La scrittura posizionale

Una prima questione riguarda la scrittura posizionale dei numeri razionali. Si è visto che i numeri razionali possono essere espressi nella rappresentazione posizionale mediante un numero finito di cifre decimali (scrittura finita) o mediante un numero infinito di cifre decimali che si ripetono periodicamente (scrittura periodica). Viene da chiedersi se possano esistere numeri tali da avere una scrittura posizionale infinita che non presenta alcuna ripetizione periodica.

3.6.2 L'estrazione di radice

Un secondo problema è quello dell'operazione di estrazione di radice, come problema inverso dell'operazione di potenza. L'estrazione di radice di un numero naturale, intero o razionale, non restituisce sempre rispettivamente un numero naturale, intero o razionale. Sebbene con alcune limitazioni ben precise, in specifici sottoinsiemi di numeri reali, la radice di un numero reale è ancora un numero reale.

3.6.3 Le grandezze incommensurabili

Un altro problema è quello dell'incommensurabilità di alcune grandezze molto comuni. Spesso si nota che, date due grandezze a e b, osservate nel mondo reale, è possibile trovare un numero razionale m/n che possa verificare l'uguaglianza:

$$a = \frac{m}{n} \cdot b$$

In altre parole, è possibile suddividere la grandezza b in n parti, ottenendo b/n, e stabilire che questa nuova grandezza sia contenuta esattamente m volte nella grandezza a, ossia $m \cdot \frac{b}{n} = a \Rightarrow a = \frac{m}{n} \cdot b$ (vedi Figura 1). Quando questo avviene, a e b sono dette grandezze **commensurabili**.

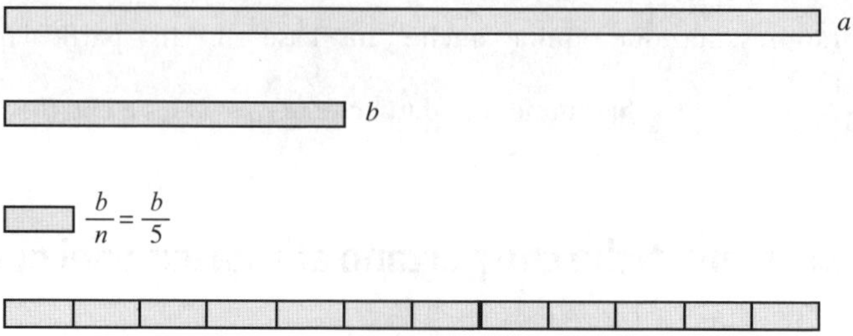

$$m \cdot \frac{b}{n} = 12 \cdot \frac{b}{5} = a \Rightarrow a = \frac{12}{5} \cdot b$$

Figura 1

Per via di questa osservazione si è stati portati a ragionare (erroneamente) nel modo seguente.

1) Data una unità di misura qualsiasi b, si può considerare l'insieme di tutte le grandezze a commensurabili di b, ossia di tutte le grandezze che possono essere espresse partendo da b, mediante un numero razionale, $a = \frac{m}{n} \cdot b$.
2) Tutte queste grandezze, supposte positive per semplicità, possono essere messe in corrispondenza biunivoca con l'insieme dei punti di una semiretta. Ad esempio, il punto 3/2 della semiretta sarà associato a quella grandezza a che può essere espressa moltiplicando l'unità di misura b per 3/2. In tal modo si definisce la semiretta dei numeri razionali positivi. Più in generale si può definire **retta dei numeri razionali**.
3) La corrispondenza tra i numeri razionali e la retta è suggerita anche dalla proprietà di densità dell'insieme Q. Così come la densità di Q permette di trovare infiniti numeri razionali tra due numeri razionali fissati, analogamente, tra due punti fissati della retta razionale, è possibile trovare infiniti punti della retta.
4) Si può dedurre quindi che i numeri razionali coprano l'intera retta, pertanto non vi sono punti della retta cui non possa essere associato un numero razionale. In tal modo si stabilisce che, fissata una unità di misura b, qualsiasi grandezza a può essere espressa in termini dell'unità di misura b mediante un numero razionale m/n. In altre parole, si stabilisce che, preso arbitrariamente un segmento, qualsiasi segmento sia commensurabile con esso.

Il precedente ragionamento non trova riscontro nelle comuni figure geometriche. L'impossibilità di mettere in relazione tutte le grandezze mediante numeri razionali, vale a dire la constatazione che non tutte le grandezze siano tra loro commensurabili, era nota già ai pitagorici. Questi avevano dimostrato che il lato di un quadrato e la sua diagonale sono due grandezze **incommensurabili**.

Si può giungere a tale risultato mediante una semplice dimostrazione. Si supponga che il lato del quadrato abbia grandezza pari a b. Mediante il teorema di Pitagora si può affermare che la diagonale del quadrato vale $a^2 = b^2 + b^2 = 2b^2$.

Quindi si sa che $a^2 = 2b^2$, da cui $\frac{a^2}{b^2} = 2$.

Si supponga di aver ricavato anche una relazione che leghi a e b mediante un numero razionale m/n, ossia $a = \frac{m}{n} \cdot b$. Si può assumere che la frazione m/n sia stata ridotta ai minimi termini e che quindi m e n siano primi tra loro. Dalla relazione che lega a e b si può scrivere $\frac{a}{b} = \frac{m}{n}$; elevando ambo i membri al quadrato si ottiene $\frac{m^2}{n^2} = \frac{a^2}{b^2} = 2 \Rightarrow m^2 = 2 \cdot n^2$. Da quest'ultima relazione si ricava che m^2 è pari e pertanto m è pari. Quindi si può scrivere $m = 2l$. Sostituendo nella relazione $m^2 = 2 \cdot n^2$ si ottiene $4l^2 = 2 \cdot n^2 \Rightarrow n^2 = 2 \cdot l^2$. Quest'ultima relazione dice che anche n^2 è pari e quindi anche n è pari. Se m e n sono entrambi pari, allora la frazione m/n non può essere ridotta ai minimi termini, come supposto. Pertanto l'aver supposto a e b grandezze commensurabili ha portato ad un assurdo; quindi a e b sono incommensurabili.

Si apre quindi un problema che può essere affrontato sotto diverse prospettive:

1) non tutte le grandezze sono commensurabili;
2) stabilita una unità di misura, non tutti i punti della retta possono essere messi in relazione con grandezze commensurabili con l'unità di misura prescelta;
3) non tutti i punti della retta geometrica corrispondono a numeri razionali, sebbene tra due numeri razionali ve ne siano sempre infiniti altri (Q è denso), così come tra due punti della retta ve ne siano collocati infiniti altri.

Appare quindi chiaro che devono esistere altri numeri, che non sono razionali, e che possono essere messi in corrispondenza con quei punti della retta che non corrispondono ai numeri razionali. Occorre costruire questo nuovo insieme di numeri.

3.6.4 Le soluzioni di equazioni a coefficienti interi

Vi è da dire che il problema delle grandezze incommensurabili è strettamente legato alla necessità di trovare numeri che siano soluzione di particolari equazioni algebriche a coefficienti razionali. Ad esempio, la semplice equazione algebrica $x^2 - 2 = 0$ nell'incognita x, a coefficienti razionali (o addirittura interi) 1 e –2, non risulta avere un numero razionale come soluzione. Ponendo tale equazione nella forma $x^2 = 2$ si comprende come questo problema sia analogo a voler esprimere la diagonale x di un quadrato in termini dei suoi lati la cui lunghezza è nota e pari ad 1.

3.6.5 La quadratura del cerchio

Viepiù, storicamente si conoscono altre grandezze incommensurabili legate a problemi come quello della quadratura del cerchio. Tale problema consiste nel costruire con riga e compasso un quadrato di lato l equivalente (ossia con la stessa area) ad un cerchio di cui è assegnato il raggio r.
L'area del cerchio è pari a $A = \pi r^2$, mentre quella del quadrato è pari a $A = l^2$. Uguagliando le due aree si vuole determinare il lato l che deve avere il quadrato, una volta che è stato assegnato il raggio r del cerchio.

$$l^2 = \pi r^2 \Rightarrow l = r\sqrt{\pi}$$

Si nota quindi che il lato deve essere pari al raggio del cerchio moltiplicato per il numero $\sqrt{\pi}$. Si è a conoscenza che π e la sua radice non sono numeri razionali (li si potrebbe definire *irrazionali*). Pertanto non è possibile esprimere il lato del quadrato in termini del raggio del cerchio, moltiplicando quest'ultimo per un numero razionale.

3.7 La costruzione dell'insieme dei numeri reali

Quanto espresso nel paragrafo 3.6 porta all'introduzione dei numeri reali. L'insieme dei numeri reali può essere costruito in diversi modi.

3.7.1 Primo approccio: la notazione posizionale

I numeri reali possono essere introdotti ammettendo l'esistenza di numeri che si possono scrivere nella notazione posizionale mediante una scrittura con infinite cifre a destra della virgola che non si ripetano periodicamente.
Pertanto, scelta una determinata base b, si può rappresentare un numero nella notazione posizionale con la seguente sequenza di cifre:

$$c_n c_{n-1} \ldots c_1 c_0, r_1 r_2 \ldots r_i \ldots \quad n \in N \quad \forall i \in N_0$$

3.7.2 Secondo approccio: i tagli di Dedekind

In alternativa, si può usare la formulazione di Dedekind, che individua i numeri reali partendo da un approccio essenzialmente insiemistico. In questo approccio si definiscono i **tagli** (o **sezioni**) all'interno dell'insieme dei numeri razionali Q e si sfruttano la relazione d'ordine totale presente in Q e la proprietà di densità dell'insieme Q.

La costruzione dei numeri reali inizia definendo la **semiretta sinistra** di Q (oppure **taglio sinistro** di Q) come un sottoinsieme A di Q con le seguenti proprietà:

1) A non è vuoto
2) A non ha massimo
3) A è tale che $\forall a \in A, \forall q \in Q \mid q \leq a \Rightarrow q \in A$

Se si indica con S_s l'insieme delle semirette sinistre, si può scrivere che $A \in S_s$.
Analogamente si può definire una **semiretta destra** A' di Q, sostituendo la seconda e la terza proprietà con le seguenti:

2') A' non ha minimo
3') A' è tale che $\forall a' \in A', \forall q \in Q \mid q \geq a' \Rightarrow q \in A'$

Se si indica con S_d l'insieme delle semirette destre, si può scrivere che $A' \in S_d$.
Si noti che è possibile considerare due semirette (l'una sinistra e l'altra destra), indicate con A e A' tali da avere intersezione nulla e tali che la loro unione sia pari proprio all'insieme Q. Un generico numero reale x sarà proprio definito in questo modo, ossia un numero reale è una coppia ordinata di semirette sinistra e destra tali da avere intersezione nulla ed unione pari a Q.

$$x \in R \Rightarrow x = (A, A') \mid A \in S_s,\ A' \in S_d,\ A \cap A' = \varnothing,\ A \cup A' = Q$$

dove con R si è indicato l'insieme dei numeri reali.
In pratica A' è il complementare di A rispetto a Q, quindi $A' = Q - A$, pertanto il numero reale può anche essere scritto come $x = (A, Q - A)$. Si può quindi affermare che il numero reale x resta definito anche con una singola semiretta sinistra A. Analogamente si può affermare che ciascun numero reale resta individuato anche da una singola semiretta destra.
Inoltre, si noti che, considerato un numero reale $x = (A, A')$, è possibile definire l'insieme $A' - A$, costituito dalla differenza tra due generici elementi di A' ed A, $A' - A = \{a' - a \mid a \in A, a' \in A'\}$. Questo insieme coincide con l'insieme dei numeri razionali positivi Q^+. In pratica $Q^+ = A' - A$, ossia, qualsiasi numero razionale positivo si può ottenere come differenza tra un elemento appartenente alla semiretta destra e un elemento appartenente alla semiretta sinistra che è il suo complemento rispetto a Q. Una relazione analoga si può dimostrare per i numeri razionali negativi $Q^- = A - A'$.
I numeri razionali q sono numeri reali, infatti è possibile definire delle coppie A e A' che individuino il generico numero razionale.
Ad esempio, considerato $q \in Q$ si possono definire le due semirette $A = \{a \in Q \mid a < q\}$ e $A' = \{a \in Q \mid a > q\}$. Queste semirette sono tali che $A \cap A' = \varnothing$, $A \cup A' = Q$ e pertanto si può scrivere $q = (A, A')$.
Si deduce che l'insieme dei numeri reali R include l'insieme Q; quindi $Q \subset R$.

Introdotti i numeri reali, si possono definire le operazioni nei numeri reali sulla base di quelle già definite nei razionali Q. In particolare si può verificare che valgono le seguenti proprietà.

- Sia A una semiretta destra di Q, e sia $a \in A$ un suo generico elemento. Allora la semiretta $-A$ definita come gli elementi opposti a quelli di A, ossia $-A = \{-a \mid a \in A\}$ è una semiretta sinistra.
- Sia A' un'altra semiretta destra di Q e sia $a' \in A'$ un suo generico elemento. Si ha che la semiretta $A + A'$, definita come somma di due generici elementi di A e A', ossia $A + A' = \{a + a' \mid a \in A, a' \in A'\}$, è ancora una semiretta destra di Q.
- Siano A ed A' due semirette destre di Q^+, allora l'insieme $A \cdot A'$ definito come l'insieme del prodotto dei due generici elementi dei due insiemi, ossia $A \cdot A' = \{a \cdot a' \mid a \in A, a' \in A'\}$, è ancora una semiretta destra di Q^+.
- Se si considera un insieme di semirette destre di Q, indicato con $\{A_\alpha \mid A_\alpha \in S_d, \alpha \in I\}$ con I generico insieme usato per gli indici α, allora l'unione delle semirette destre è ancora una semiretta destra $\bigcup_{\alpha \in I} A_\alpha \in S_d$.

Nell'insieme dei numeri reali si può introdurre una **relazione d'ordine** $\leq$. Si considerino due numeri reali $x = (A,A')$ e $y = (B,B')$. Si può affermare che $x \leq y$ se $A' \supseteq B'$ o, in modo del tutto equivalente, se $A \subseteq B$.
In pratica si sta affermando che, individuati due numeri x e y sulla retta ordinata dei reali, la semiretta destra del numero maggiore è inclusa nella semiretta destra del numero minore. In effetti, la semiretta destra del numero minore include quella del numero maggiore, unita ad un altro segmento che rappresenta proprio la distanza tra x e y sulla retta reale (vedi Figura 2).

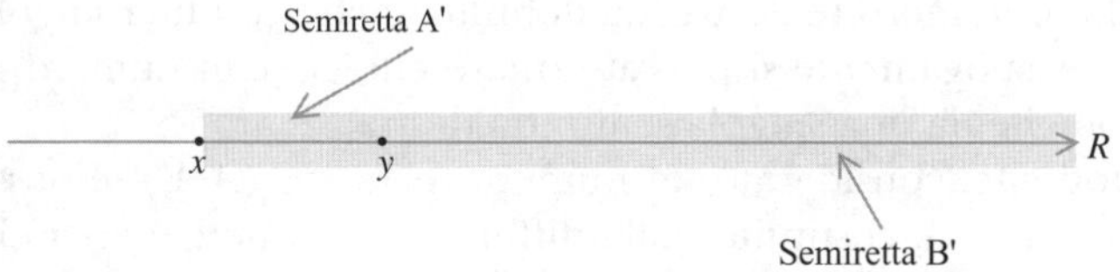

Figura 2

Analogamente si può affermare che la semiretta sinistra del numero minore è inclusa nella semiretta sinistra del numero maggiore.
A questo punto, avendo definito le operazioni di somma e prodotto tra semirette e la relazione d'ordine, si possono definire le operazioni tra i numeri reali utilizzando quanto stabilito per le semirette.
Si può verificare che l'operazione di somma è associativa, commutativa, prevede l'esistenza dell'elemento neutro e di quello opposto. Analogamente, nell'insieme dei reali, escluso lo 0, l'operazione di moltiplicazione ha le medesime proprietà che aveva nell'insieme dei numeri razionali. Infine esistono proprietà distributive di un'operazione rispetto all'altra.

Nel par. 3.21 si vedrà che le proprietà delle operazioni definite nell'insieme dei numeri reali permettono di definire quest'ultimo come il **campo dei numeri reali**, analogamente a quanto fatto per il campo dei numeri razionali (vedi par. 3.5.2). La costruzione del campo numeri reali si conclude dimostrando che quest'ultimo è **completo**. La proprietà di completezza afferma che, per qualsiasi coppia di sottoinsiemi di R, esiste un numero reale z che separa un insieme della coppia dall'altro.
La **completezza** viene enunciata formalmente nel seguente teorema.

Teorema 6

Siano $X \subset R, Y \subset R$ tali che $\forall x \in X, \forall y \in Y$ si ha $x \leq y$, allora esiste un elemento $z \in R$, tale che $\forall x \in X, \forall y \in Y$ si ha $x \leq z \leq y$.

DIM

Si assume vera l'ipotesi per la quale considerati $X \subset R, Y \subset R$ tali che $\forall x \in X, \forall y \in Y$ si ha $x \leq y$. Siano $x = (A_x, A'_x) \in X$ e $y = (B_y, B'_y) \in Y$ i generici elementi dei due sottoinsiemi di R. Si può considerare l'elemento $z = \left(Q - \bigcup_{y \in Y} B'_y, \bigcup_{y \in Y} B'_y \right)$ (si rammenti che ogni elemento dei reali resta individuato da un'unica semiretta, in questo caso si considera la semiretta destra).
Dato il generico $y^* = (B_{y^*}, B'_{y^*}) \in Y$ è sicuramente vero che $z \leq y^*$, in quanto l'unione delle semirette include la singola semiretta che fa parte dell'unione, $\bigcup_{y \in Y} B'_y \supset B'_{y^*}$.
Considerato il generico $x^* = (A_{x^*}, A'_{x^*}) \in X$, è vero che $x^* \leq y^*$. Pertanto fissato un generico $x^* \in X$ avviene che $A'_{x^*} \supset B'_{y^*}$ per qualsiasi $y^* \in Y$. Quindi deve anche avvenire che $A'_{x^*} \supset \bigcup_{y^* \in Y} B'_{y^*}$; ma questo implica che $x^* \leq z$.
Pertanto z è proprio l'elemento di separazione cercato, in quanto $\forall x^* \in X, \forall y^* \in Y$ si ha $x^* \leq z \leq y^*$. **CVD**

A differenza del campo dei numeri reali R, il campo dei numeri razionali Q non è completo. Infatti, considerati due sottoinsiemi dei numeri razionali, non è sempre possibile trovare un elemento di separazione che sia razionale. Ad esempio si possono considerare le due semirette:

$$A = \{a \in Q \mid a^2 < 2\} \quad \text{e} \quad A' = \{a \in Q \mid a^2 < 2\}$$

Si intuisce che l'elemento di separazione di questi due sottoinsiemi è proprio $a^2 = 2$, ma si è già mostrato, nel Paragrafo 3.6.3, che tale numero non è razionale. L'elemento di separazione tra A ed A' è reale. Questo è facilmente verificabile dal fatto che i due insiemi non sono vuoti, ma possiedono sicuramente numeri razionali, non hanno rispettivamente un minimo ed un massimo e sono tali che la loro intersezione è nulla e la loro unione è pari ai razionali. In effetti, il numero di separazione è proprio $\sqrt{2}$ che si assume essere reale (più precisamente irrazionale).

3.7.3 Terzo approccio: le successioni di numeri razionali

Infine è possibile introdurre i numeri reali considerando successioni di numeri razionali, secondo quanto stabilito da Cantor. Sia S_c l'insieme delle successioni di Cauchy di numeri razionali. Una **successione di Cauchy** di numeri razionali, indicata con $\{q_n\}_{n \in N} \in S_C$, converge, secondo il **criterio di convergenza di Cauchy**, se avviene che:

$$\forall \varepsilon > 0 \ \exists \nu \in N \mid \forall n > \nu, \forall m > \nu \quad \text{si ha che} \quad |q_n - q_m| < \varepsilon$$

Ovviamente può succedere che due successioni distinte, $\{p_n\}_{n \in N} \in S_C$ e $\{q_n\}_{n \in N} \in S_C$, convergano allo stesso valore, ossia il limite per $n \to \infty$ delle due successioni coincida.

$$\lim_{n \to \infty} p_n = \lim_{n \to \infty} q_n \Rightarrow \lim_{n \to \infty} (p_n - q_n) = 0$$

Si stabilisce quindi una relazione di equivalenza ~ tra le successioni di Cauchy, affermando che, date $\{p_n\}_n \in_N \in S_C$ e $\{q_n\}_{n \in N} \in S_C$, si ha che:

$$\{p_n\}_{n \in N} \sim \{q_n\}_{n \in N} \Leftrightarrow \lim_{n \to \infty} (p_n - q_n) = 0$$

L'insieme dei numeri reali R resta individuato dall'insieme quoziente $S_C/\sim$ che raccoglie le classi di equivalenza. Difatti una successione di numeri razionali può convergere tanto ad un numero razionale quanto ad un numero non razionale (reale).

3.8 Numeri irrazionali, numeri algebrici e numeri trascendenti

3.8.1 I numeri irrazionali

I numeri reali possono essere messi in corrispondenza biunivoca con la retta geometrica; questo è possibile unendo l'insieme dei numeri razionali Q con un nuovo insieme di numeri, distinti dai razionali che, per tale motivo, vengono detti **irrazionali** e indicati con J.

Pertanto, si può affermare che l'unione dei numeri razionali Q e dei numeri irrazionali J restituisce i numeri reali indicati con R.

$$R = Q \cup J$$

Si noti inoltre che l'insieme dei numeri razionali e quello dei numeri irrazionali sono disgiunti, ossia hanno intersezione nulla (uguale all'insieme vuoto $\varnothing$).

$$Q \cap J = \varnothing$$

Tutti gli insiemi di numeri introdotti fin qui costituiscono un progressivo ampliamento dei numeri naturali di partenza. Pertanto vale la seguente relazione tra gli insiemi numerici:

$$N \subset Z \subset Q \subset R.$$

3.8.2 Numeri che sono zeri di un polinomio: i numeri algebrici

Per un qualsiasi $n \in N$ e per qualsiasi insieme di numeri $a_1, a_2, \ldots, a_n$ appartenenti a Z o Q, si definisce la funzione **polinomio** p di una variabile reale x. Questa funzione associa a un numero reale x un altro numero reale. Essa viene espressa nel modo seguente:

$$p(x) = a_0 + a_1x + a_2x^2 + \ldots + a_nx^n = \sum_{i=0}^{n} a_ix^i$$

I numeri $a_1, a_2, \ldots, a_n$ appartenenti a Z o Q sono detti **coefficienti** del polinomio. Sia k il massimo indice per il quale il coefficiente non è nullo. L'indice k viene detto **grado** del polinomio. Due polinomi sono uguali se hanno lo stesso grado e i coefficienti dei termini simili uguali. Il polinomio che ha tutti i coefficienti nulli è detto **polinomio nullo**.
È possibile definire la divisione tra due polinomi p_1 e p_2, mediante un polinomio quoziente q ed un polinomio resto r. Sussiste la relazione:

$$p_1 = p_2 \cdot q + r$$

Se n è il grado del polinomio p_1 e $m \leq n$ è il grado del polinomio p_2, allora il polinomio q ha grado $n - m$. Inoltre il grado del polinomio r è inferiore a m.
Il polinomio p_1 si dice **divisibile** per p_2 se il resto r è il polinomio nullo. In tal caso si ha:

$$p_1 = p_2 \cdot q$$

In particolare, si può considerare il caso in cui il polinomio p_2 è del tipo $p_2 = x - \alpha$ con $\alpha \in R$.
È possibile dimostrare che, quando si divide un polinomio p_1 per il polinomio $p_2 = x - \alpha$, il resto della divisione vale $p_1(\alpha)$. In pratica, il resto è quel numero $p_1(\alpha)$ che la funzione polinomio p_1 associa ad $\alpha \in R$.
Pertanto, si può affermare che un polinomio p_1 è divisibile per $p_2 = x - \alpha$ se avviene che $p_1(\alpha) = 0$, in quanto tale valore rappresenta il resto della divisione di p_1 per p_2.
Si considerino il polinomio $p(x)$ e l'equazione algebrica $p(x) = 0$. Un numero reale α si dice **zero** del polinomio $p(x)$ oppure **radice** dell'equazione algebrica $p(x) = 0$ se avviene che $p(\alpha) = 0$.
I numeri reali α che sono zeri di polinomi a coefficienti razionali o interi sono detti **algebrici**. L'insieme dei numeri algebrici è indicato con A.
È semplice constatare che l'insieme dei numeri algebrici include i numeri interi Z. Difatti, considerato un generico numero intero a, esso sarà algebrico in quanto radice dell'equazione algebrica $x - a = 0$, dove il grado del polinomio è 1.
Analogamente l'insieme dei numeri algebrici include i numeri razionali Q, in quanto, considerato il generico numero razionale m/n, esso è algebrico poiché è soluzione dell'equazione algebrica $nx - m = 0$, dove il grado del polinomio è ancora 1.

Vi sono numeri algebrici che non sono razionali, come le radici dell'equazione $x^2 - 2 = 0$. Questi numeri sono appunti irrazionali e sono compresi in R. Pertanto, l'insieme dei numeri algebrici A contiene tutto l'insieme Q, ma contiene anche dei numeri irrazionali.

3.8.3 Numeri che non sono zeri di un polinomio: i numeri trascendenti

Ora occorre stabilire se i numeri irrazionali siano effettivamente costituiti dai soli numeri algebrici, oppure esista un'altra categoria di numeri irrazionali. La seconda ipotesi è quella corretta; difatti si possono determinare alcuni numeri che sono reali, ma non sono algebrici. Questi numeri sono detti **trascendenti**. Si deduce quindi che i numeri trascendenti non sono radice di alcuna equazione algebrica del tipo $p(x) = 0$. L'insieme dei numeri trascendenti è indicato con T. Pertanto si ha che $R = T \cup A$, oppure che $T = R - A$.
Siccome $Q \subset A$ e $T = R - A$, vuol dire che i numeri trascendenti, essendo complemento dei numeri algebrici A rispetto a R, sono necessariamente irrazionali. Pertanto $T \subset J$.

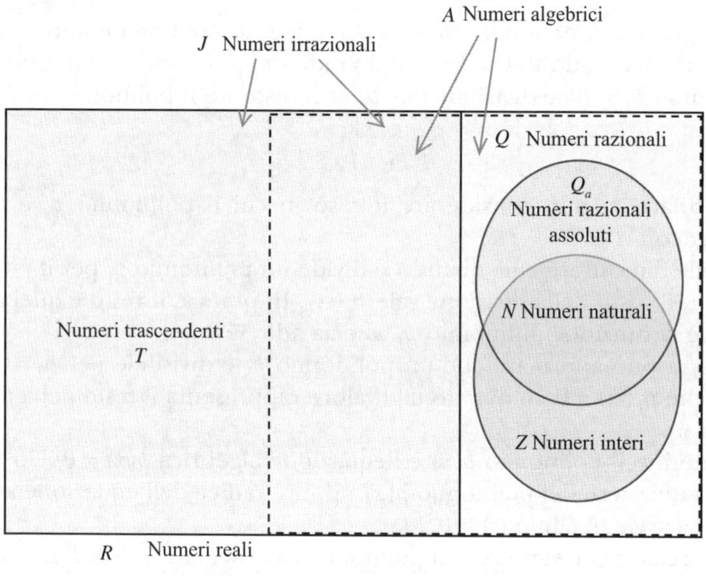

Figura 3 Gli insiemi numerici

Il diagramma in Figura 3 mostra il progressivo ampliamento degli insiemi numerici.
Nel 1844 Liouville dimostrò l'esistenza dei numeri trascendenti e fornì un procedimento per costruire numeri reali che non fossero radice di alcuna equazione algebrica. Tali numeri vengono detti, appunto, **numeri di Liouville**. Un particolare numero di Liouville è la **costante di Liouville** che si ottiene scrivendo un numero in notazione posizionale che ha 0 come parte intera ed

ha cifre decimali tutte pari a 0 tranne quelle che occupano la posizione contata partendo dalla virgola, pari al fattoriale di un numero naturale $n!$. La costante di Liouville è rappresentata in Figura 4.

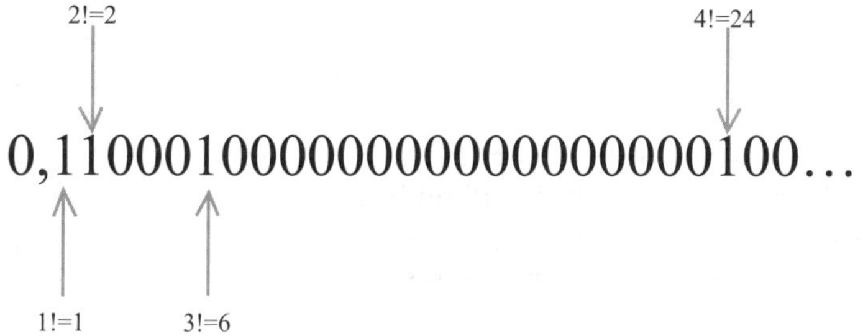

Figura 4

Si può esprimere la costante di Liouville mediante la seguente serie:

$$l=\sum_{k=1}^{\infty}10^{-k!}=10^{-1!}+10^{-2!}+10^{-3!}+\ldots=10^{-1}+10^{-2}+10^{-6}+\ldots=$$
$$=0{,}1+0{,}01+0{,}000001+\ldots$$

Nel 1873 Hermite dimostrò che il **numero di Nepero**, rappresentato con il simbolo e, appartiene all'insieme dei numeri trascendenti.
Il numero di Nepero si esprime con la serie:

$$e=\sum_{k=0}^{\infty}\frac{1}{k!}=2{,}718281828459\ldots$$

Nel 1882 Lindemann dimostrò infine la trascendenza di π, il valore che simboleggia il rapporto tra la lunghezza della circonferenza e il suo diametro.

3.9 Le strutture algebriche

3.9.1 Definizione di struttura algebrica

Si consideri un insieme A, dotato di alcune operazioni interne, indicate con i simboli $*$, Δ, $\perp$. Tali operazioni interne sono delle leggi di composizione degli elementi di A, tali che ad ogni coppia di elementi di A, fanno corrispondere un altro elemento di A. Tale insieme A, con le sue operazioni interne, è chiamato **struttura algebrica** ed è indicato nel modo seguente:

$$(A,*,\Delta,\perp)$$

L'insieme A è detto **sostegno** della struttura algebrica.

3.9.2 Proprietà associativa e semigruppi

Si consideri una struttura algebrica nella quale un insieme A è dotato di una singola operazione interna, indicata con $*$.

$$(A,*)$$

Questa operazione interna * è tale che ad una coppia di elementi di *A*, indicati con *a* ed *a'* fa corrispondere un elemento *a''*, appartenente ad *A*, tale che $a''=a*a'$. Si può anche scrivere:

$$\begin{array}{ccc} A\times A & \xrightarrow{*} & A \\ (a,a') & \rightarrow & a''=a*a' \end{array}$$

Si è visto nei paragrafi precedenti che una operazione di questo tipo definisce una **legge di composizione interna** di un insieme.
Si definiscono le proprietà dell'operazione *. Essa è dotata della proprietà **associativa** che viene espressa nel modo seguente:

$$(a*a')*a''=a*(a'*a'') \quad \forall a,a',a''\in A$$

Nella definizione della proprietà, le parentesi indicano quale operazione viene svolta prima. In particolare si vuole sottolineare che svolgere prima $a*a'$, oppure $a'*a''$ non ha importanza ai fini del risultato ottenuto.
Quando una struttura algebrica $(A,*)$ è costituita da un insieme *A* e da una operazione interna * che è associativa, tale struttura viene detta **semigruppo**.

3.9.3 Esistenza dell'elemento neutro e monoidi

L'**elemento neutro** $e\in A$ rispetto all'operazione * è quell'elemento dell'insieme *A* che è indifferente all'operazione *. Formalmente si scrive che:

$$a*e=a=e*a \quad \forall a\in A$$

In pratica l'elemento neutro, se combinato nell'operazione * con qualsiasi elemento *a* di *A*, restituisce lo stesso elemento *a*. Si noti che l'elemento neutro deve essere indifferente sia come primo termine della coppia di elementi, sia come secondo termine della coppia.
Si dimostra il seguente teorema.

Teorema 7
Se l'elemento neutro esiste, esso è unico.
DIM
Si supponga per assurdo che nella struttura algebrica $(A,*)$ vi siano due elementi neutri *e* ed *e'*. Per la proprietà dell'elemento neutro si può scrivere $e*e'=e'$ ed inoltre $e'*e=e$. Giacché *e* è un elemento neutro, allora si può scrivere $e*e'=e'*e$, quindi $e'=e'$. **CVD**

Un **monoide** è una struttura algebrica $(A,*)$ costituita da un insieme *A* e da una operazione interna * tale che:
- * è associativa;
- * ha l'elemento neutro *e*.

Esempio
L'addizione + nell'insieme dei numeri naturali N è un monoide, perché è associativa e nell'insieme dei naturali è presente l'elemento neutro rispetto all'addizione, ossia lo 0. Quindi la struttura algebrica $(N,+)$ è un monoide (ed è anche un semplice semigruppo).

3.10 I gruppi

3.10.1 Esistenza dell'elemento inverso

Si consideri un monoide $(A,*)$ ed un generico elemento $a \in A$.
Si definisce **elemento inverso** (oppure **simmetrico**) di a rispetto all'operazione interna * quell'elemento a' tale che:

$$a * a' = e = a' * a$$

Si noti che l'elemento inverso di a deve essere tale, sia che occupi il secondo posto della coppia di elementi, sia che occupi il primo posto.

Teorema 8
In un monoide, se esiste l'elemento inverso di a, esso è unico.
DIM
Difatti si supponga che a abbia rispetto all'operazione *, due elementi inversi a' ed a'', entrambi appartenenti ad A.
Sfruttando le proprietà dell'elemento neutro e la proprietà associativa (possedute da un monoide) si può scrivere:

$$a'' = a'' * e = a'' * (a * a') = (a'' * a) * a' = e * a' = a'$$

Dalla catena di uguaglianze si nota che a'' ed a' coincidono. **CVD**

Teorema 9
L'elemento neutro è l'inverso di se stesso.
DIM
Si supponga che esista un elemento a che è l'inverso dell'elemento neutro. Si ha che $e * a = e$. D'altronde, essendo e l'elemento neutro, si può scrivere che $e * a = a$. Pertanto vale la seguente catena di uguaglianze $e = e * a = a$, da cui si deduce che $e = a$. Quindi a non è altro che l'elemento neutro stesso. **CVD**

3.10.2 Definizione di gruppo

Un **gruppo** è una struttura algebrica $(A,*)$ costituita da un insieme A e da una operazione interna * tale che:
- * è associativa;
- * ha l'elemento neutro e;
- $\forall a \in A$, esiste l'elemento $a' \in A$ inverso di a rispetto all'operazione *.

3.10.3 Proprietà commutativa e gruppi abeliani

Si consideri un gruppo $(A,*)$ e due generici elementi $a,a' \in A$.
L'operazione * gode della proprietà **commutativa** se:

$$a*a' = a'*a \qquad \forall a,a' \in A$$

Un gruppo si dice **abeliano** se l'operazione * è commutativa.
Si noti che le proprietà dell'elemento neutro e dell'elemento inverso non devono essere confuse con la proprietà commutativa, in quanto esse stabiliscono l'invarianza del risultato dell'operazione solo per particolari coppie di elementi di A, ossia per l'elemento neutro e ed un generico elemento a e per un generico elemento a ed il suo inverso a'.
Anche un semigruppo può essere abeliano, sebbene l'operazione non goda dell'esistenza di un elemento neutro.

Esempi

L'addizione + nei numeri naturali gode della proprietà associativa, dell'esistenza dell'elemento neutro 0 e della commutatività. Pertanto la struttura algebrica $(N,+)$, oltre ad essere un semigruppo e un monoide, è un semigruppo abeliano.
Si noti che $(N,+)$ non può essere un gruppo, poiché non esiste in N l'elemento inverso (opposto) a n, tale che, sommato a n, restituisca l'elemento neutro dell'operazione, ossia lo 0. Proprio questo induce ad ampliare l'insieme dei naturali all'insieme dei numeri interi Z in cui vi è la presenza degli elementi inversi (opposti) rispetto all'addizione.
Pertanto la struttura algebrica $(Z,+)$ costituita dall'insieme dei numeri interi e dall'operazione di addizione, è un gruppo abeliano. In essa, ogni elemento $a \in Z$ è dotato dell'inverso (opposto), ossia $-a \in Z$, tale che la somma dei due restituisce l'elemento neutro $a+(-a)=0$.
Anche la struttura algebrica $(Q,+)$, costituita dall'insieme dei numeri razionali e dall'operazione di addizione (estesa a tale insieme), è un gruppo abeliano.
La moltiplicazione nell'insieme dei numeri naturali gode della proprietà associativa, dell'esistenza dell'elemento neutro, ossia 1, e della commutatività. Pertanto la struttura algebrica $(N,\cdot)$ è un semigruppo abeliano ed è anche un monoide.
Si noti che $(N,\cdot)$ non può essere un gruppo, in quanto non esiste in N l'elemento inverso (opposto) a n, tale che, moltiplicato per n, restituisca l'elemento neutro dell'operazione, ossia 1. La stessa situazione sussiste per Z, anche qui non è possibile individuare un elemento inverso, pertanto $(Z,\cdot)$ è ancora un semigruppo abeliano (e anche un monoide). Proprio la mancanza dell'elemento inverso induce ad ampliare l'insieme degli interi Z all'insieme dei numeri razionali Q.
Si nota comunque che la struttura algebrica $(Q,\cdot)$ costituita dall'insieme dei numeri razionali e dall'operazione di moltiplicazione non è ancora un gruppo abeliano, in quanto per l'elemento 0 fallisce la proprietà dell'esistenza dell'elemento inverso. Difatti, per la legge di annullamento del prodotto, qualsiasi numero moltiplicato per 0 restituisce 0, quindi da una moltiplicazione per 0 non si potrà mai ottenere l'elemento neutro della moltiplicazione 1. Se dall'insieme Q si esclude lo 0, allora la coppia $(Q-\{0\},\cdot)$ costituisce effettivamente un gruppo abeliano.

3.10.4 Gruppi finiti, infiniti e finitamente generati, insiemi di generatori

Gli esempi di gruppi riportati nel par. 3.10.3 sono basati su insiemi (sostegni) che hanno un numero infinito di elementi (ad esempio l'insieme degli interi o l'insieme dei razionali). Gruppi di questo tipo si dicono **gruppi infiniti**. Viceversa, se un gruppo si basa su di un sostegno con un numero finito di elementi, allora esso si dice **gruppo finito**. In tal caso, il numero di elementi del gruppo è detto **ordine** del gruppo.

Dato un qualsiasi gruppo $(A,*)$, si può considerare un sottoinsieme S dell'insieme sostegno A. Svolgendo l'operazione $*$ un numero arbitrario di volte tra gli elementi di S e/o i loro inversi rispetto a $*$, si può generare una parte degli elementi di A. Nel dettaglio, se il sottoinsieme S contiene gli elementi $a_1, a_2, \dots, a_n$ con $1 \le n \in N$, allora si possono considerare tutte le combinazioni degli elementi di S mediante l'operazione $*$, ossia tutte le espressioni del tipo $a_1^{k_1} * a_2^{k_2} * \dots * a_n^{k_n}$ dove $k_1, k_2, \dots, k_n \in Z$. Questa notazione permette di includere anche gli inversi degli elementi a_i, quando i numeri $k_1, k_2, \dots, k_n$ sono negativi. Si rammenti che, ad esempio, se $k_1 > 0$, allora $a_1^{k_1} = \underbrace{a_1 * a_1 * \dots * a_1}_{k_1\ volte}$. Tutti gli elementi ottenuti sono inseriti nell'insieme denotato con $\langle S \rangle$. In tal modo, rispetto all'operazione $*$, si è creato un gruppo. Difatti l'operazione $*$ è interna all'insieme $\langle S \rangle$ ed eredita tutte le proprietà della struttura algebrica $(A,*)$.

Se $\langle S \rangle = A$, ossia se mediante le combinazioni $a_1^{k_1} * a_2^{k_2} * \dots * a_n^{k_n}$ si riescono a generare tutti gli elementi dell'insieme A, allora S si dice **sistema di generatori** di A e i suoi elementi sono detti **generatori** di A. Se l'insieme S di generatori è un insieme finito, allora il gruppo A si dice **finitamente generato**, nel senso che sono sufficienti un numero finito di elementi per generarlo. Se la cardinalità dell'insieme S (il suo numero di elementi) vale n, allora si può scrivere $|S| = n$.

In particolare se un gruppo è generato da n elementi, allora si dice che è un gruppo ***n*-generato**. Un gruppo generato da un solo elemento si dice **ciclico**, oppure **1-generato**. Si ritornerà sui gruppi ciclici nel par. 3.12.

È banale verificare che un gruppo finito è sempre finitamente generato; basta considerare il numero finito di elementi del gruppo che è sicuramente un insieme di generatori del gruppo. Tuttavia è possibile anche che gruppi infiniti siano finitamente generati. Si consideri l'esempio seguente.

Esempio

Si è detto che la coppia $(Z,+)$ rappresenta un gruppo abeliano. L'insieme Z contiene un numero infinito di elementi, ma è finitamente generato. Difatti l'intero insieme Z può essere generato da 1 e dal suo inverso -1, mediante l'operazione di addizione +; ad esempio 2 = 1+1, oppure 5 = 1+1+1+1+1, oppure 0 = 1+(-1), oppure -3 = (-1)+(-1)+(-1) e così via.

Pertanto, si può affermare che $(Z,+)$ è ciclico.

3.11 Aritmetica modulare

In questo paragrafo si introducono alcune nozioni basilari di aritmetica modulare che serviranno per presentare esempi di gruppi finiti e ciclici.

3.11.1 Congruenza modulo *n*

Si introduce la relazione di **congruenza modulo** n (con n numero naturale non nullo).
Due numeri interi a e b si dicono **congrui modulo** n se avviene una delle due equivalenti condizioni:
- dalla divisione euclidea di a per n e di b per n si ottiene lo stesso resto r;
- la differenza tra a e b è pari a n o ad un suo multiplo (la differenza è divisibile per n).

Se a e b sono congrui, modulo n si scrive $a \equiv b \pmod{n}$.

Esempi

Si ha $8 \equiv 5 \pmod{3}$, infatti 8:3 = 2 con il resto di 2 ed analogamente 5:3 = 1 con il resto di 2. Analogamente si osserva che $8 \equiv 5 \pmod{3}$, poiché 8 – 5 = 3.

Si ha $59 \equiv 26 \pmod{11}$, infatti 59 – 26 = 33 che è un multiplo di 3.

3.11.2 Teoremi dell'aritmetica modulare

Si enunciano due teoremi fondamentali dell'aritmetica modulare.
Un primo risultato importante è costituito dal seguente **piccolo teorema di Fermat**.

Teorema 10

Dato un numero primo p, per qualsiasi numero intero positivo a è possibile scrivere che $a^p \equiv a \bmod p$ o in modo equivalente che $a^{p-1} \equiv 1 \bmod p$.

Esempi

Mediante il piccolo teorema di Fermat è possibile stabilire che $6^{12}-1$ è un multiplo di 13. Difatti se p = 13 (numero primo), allora p - 1=13 - 1 = 12; pertanto, considerato un intero positivo a = 6, si può affermare che $6^{12} \equiv 1 \bmod 13$. Ma questo equivale a dire che 6^{12} e 1 hanno lo stesso resto nella divisione per 13, ossia che $6^{12}-1$ è un multiplo di 13.
Viceversa non è vero che 2^9-1 è un multiplo di 10, in quanto 10 non è un numero primo.

La **funzione di Eulero** ϕ di un numero intero positivo n, indicata con $\phi(n)$, rappresenta il numero di interi positivi compresi tra 1 e n che sono coprimi con n. Si rammenta che due numeri interi positivi a e b sono **coprimi** se avviene che $\mathrm{MCD}(a,b) = 1$.

Ad esempio $\phi(10) = 4$ in quanto i numeri inferiori a 10, con i quali 10 è coprimo, sono 4 e precisamente 1, 3, 7 e 9. Se n è un numero primo, allora $\phi(n) = n - 1$. Ad esempio $\phi(7) = 6$.
Il seguente **teorema di Eulero** rappresenta una generalizzazione del piccolo teorema di Fermat.

Teorema 11
Sia a un intero positivo, coprimo con n, allora vale la relazione $a^{\phi(n)} \equiv 1 \bmod n$.

Si noti come tale teorema si riduca a quello di Fermat quando n è un numero primo e $\phi(n)=n-1$.

Esempio
Mediante il teorema di Eulero si può stabilire che $8^8 - 1$ è un multiplo di 15. Infatti, posto $n = 15$, si ha che $\phi(15) = 8$ (si contano i coprimi 1, 2, 4, 7, 8, 11, 13, 14). Quindi posto $a = 8$ che è coprimo con 15, si ha $8^8 \equiv 1 \bmod 15$, ossia $8^8 - 1$ è un multiplo di 15.

3.11.3 Classi di congruenza modulo *n* e insieme quoziente

La relazione di congruenza modulo n è una relazione di equivalenza, difatti ha le seguenti proprietà:

- Riflessiva: $a \equiv a (\text{mod } n)$ $\forall a \in Z$ e $\forall n \in N_0$.
- Simmetrica: $a \equiv b (\text{mod } n) \Rightarrow b \equiv a (\text{mod } n)$ $\forall a, b \in Z$ e $\forall n \in N_0$.
- Transitiva: $a \equiv b (\text{mod } n)$ e $b \equiv c (\text{mod } n) \Rightarrow a \equiv c (\text{mod } n)$ $\forall a,b,c \in Z$ e $\forall n \in N_0$.

Pertanto è possibile individuare una classe di equivalenza, detta **classe di congruenza di *a* modulo *n*** (oppure **classe di resto di *a* modulo *n***) definita nel modo seguente:

$$[a]_n = \{b \in Z : b \equiv a \ (\text{mod } n)\}$$

Questa classe è rappresentata da tutti gli interi che divisi per n danno lo stesso resto che si ottiene dalla divisione di a per n.

Esempio
Si consideri la classe di equivalenza $[2]_4 = \{b \in Z : b \equiv 2 \ (\text{mod } 4)\}$.
Questa classe contiene tutti gli elementi che divisi per 4 danno lo stesso resto che si ottiene dalla divisione di 2 per 4. Il resto della divisione 2:4 è proprio 2. Pertanto questa classe di equivalenza contiene il 2, il 6, il 10 e così via.
Se si considerasse la classe di equivalenza $[14]_4 = \{b \in Z : b \equiv 14 \ (\text{mod } 4)\}$, questa non farebbe altro che contenere gli stessi elementi della classe precedente. Difatti il resto della divisione 14:4 è proprio 2. Pertanto gli elementi inclusi in questa classe sono nuovamente 2, 6, 10, 14... In pratica si ha $[14]_4 = [2]_4$.

Le osservazioni che emergono dall'esempio precedente portano ad una conclusione generale. Considerata una relazione di congruenza modulo *n*, il numero di classi di equivalenza distinte che si possono considerare è pari proprio a *n*. Le classi sono $[0]_n, [1]_n, [2]_n, ..., [n-1]_n$. Non occorre considerare classi di equivalenza generate da numeri maggiori di *n*-1, in quanto corrispondono sempre ad una delle *n* classi precedenti.

Esempio
Si consideri la relazione di congruenza modulo 3. In tal caso si possono considerare le classi di equivalenza $[0]_3, [1]_3, [2]_3$. Difatti, si ha $[3]_3 = [0]_3$, in quanto queste due classi individuano entrambe i numeri che nella divisione per 3 hanno resto 0. Analogamente $[4]_3 = [1]_3$, in quanto entrambe le classi individuano i numeri interi che hanno resto pari ad 1 nella divisione per 3.

Come avviene per qualsiasi classe di equivalenza definita su di un insieme, anche per la classe di congruenza modulo *n* (indicata con $\equiv n$) definita in Z, si può individuare un **insieme quoziente** che contiene tutte le classi di equivalenza. L'insieme quoziente viene al solito indicato con $Z/\equiv_n$, tuttavia si può anche usare la notazione più agile Z_n.
In generale si ha $Z_n = \{[0]_n, [1]_n, ..., [n-1]_n\}$. Esempi specifici sono $Z_4 = \{[0]_4, [1]_4, [2]_4, [3]_4\}$ oppure $Z_7 = \{[0]_7, [1]_7, [2]_7, [3]_7, [4]_7, [5]_7, [6]_7\}$.
La cardinalità dell'insieme Z_n è *n*.

3.11.4 Gruppi definiti mediante la relazione di congruenza

Nell'insieme *Z* erano state definite le operazioni di addizione e di moltiplicazione. Pertanto è lecito chiedersi se, in un generico Z_n, tali operazioni continuino a godere delle proprietà di cui godevano in *Z*.
È possibile verificare che, in un generico Z_n l'addizione è associativa e commutativa. Inoltre ha l'elemento neutro $[0]_n$ e per ogni elemento $[a]_n$ esiste un inverso $[b]_n$. Pertanto si può affermare che $(Z_n, +)$ è un gruppo abeliano.

Esempio
Si consideri $Z_5 = \{[0]_5, [1]_5, [2]_5, [3]_5, [4]_5\}$. Si mostra che l'operazione di addizione è commutativa per due classi di Z_5. Ad esempio:

$$[3]_5 + [4]_5 = [7]_5 = [2]_5$$

Analogamente si ha:

$$[4]_5 + [3]_5 = [7]_5 = [2]_5$$

L'operazione di addizione può essere svolta in perfetta analogia con i comuni numeri naturali, con un'unica differenza sostanziale. Se si ottiene un valore (come il 7) non contemplato nelle classi di equivalenza, quest'ultimo deve essere sostituito con

l'elemento rappresentativo ad esso equivalente che si trova nella medesima classe di equivalenza. Questo elemento si individua prendendo il più alto multiplo di 5 che sia inferiore a 7 e facendo la differenza tra 7 e tale multiplo. Nella fattispecie, il maggiore multiplo di 5 che è inferiore a 7 è proprio 5; pertanto si ha 7 - 5 = 2. Quindi, $[7]_5$ può essere sostituito con $[2]_5$.
L'elemento neutro è $[0]_5$, difatti $[3]_5+[0]_5=[3]_5$ (ancora una volta si sono svolti i calcoli come con i comuni numeri interi).
Inoltre è possibile sempre individuare l'elemento inverso. Ad esempio, si individua l'elemento inverso di $[a]_n$ considerando quel numero b tale che $b = n - a$. In particolare, l'elemento inverso di $[3]_5$ è $[2]_5$, in quanto 5-3=2.
Infatti si ha:

$$[3]_5+[2]_5=[5]_5=[0]_5$$

Ancora una volta, si è riportato il valore 5 nella classe di equivalenza che lo contiene, ossia $[0]_5$.

Anche la moltiplicazione in Z_n è associativa e commutativa. Inoltre, l'elemento neutro per la moltiplicazione è $[1]_n$. Non tutti gli elementi di Z_n hanno un inverso; difatti $[0]_n$ non ha mai un inverso per la legge di annullamento del prodotto. Tuttavia, è lecito chiedersi se nell'insieme $Z_n \setminus [0]$ (ossia Z_n privato della classe $[0]$) qualsiasi elemento abbia sempre un inverso rispetto alla moltiplicazione. È possibile verificare che gli elementi che possiedono l'inverso moltiplicativo in Z_n sono quegli elementi $[a]_n$ per i quali a e n sono coprimi (ossia non hanno divisori comuni, se non 1). Pertanto si può considerare il solo insieme Z_n^* degli elementi di $Z_n \setminus [0]$ che hanno un inverso rispetto alla moltiplicazione; in tal caso la coppia $\left(Z_n^*,\cdot\right)$ costituisce un gruppo abeliano. L'ordine di Z_n^* è dato dalla funzione di Eulero del numero n, ossia $\phi(n)$. Infatti, si rammenta che $\phi(n)$ restituisce il numero di interi positivi che sono coprimi con n.
Se n è un numero primo, allora tutti gli elementi $[a]_n$ di $Z_n \setminus [0]$ sono tali che a e n sono coprimi. Pertanto tutti gli elementi di $Z_n \setminus [0]$ sono inclusi in Z_n^*. Quindi $Z_n^* = Z_n \setminus [0]$ e $\left(Z_n \setminus [0],\cdot\right)$ è un gruppo (abeliano). In tal caso l'ordine di $Z_n^* = Z_n \setminus [0]$ è dato da $\phi(n)=n - 1$.

Esempio
Si consideri $Z_5 \setminus [0]=\{[1]_5,[2]_5,[3]_5,[4]_5\}$. Il numero 5 è primo, pertanto tutti i numeri da 1 a 4 sono coprimi con 5, quindi tutti gli elementi di $Z_5 \setminus 0$ possiedono l'inverso e sono inclusi in Z_5^*.
Si verifica nel dettaglio:

$$[1]_5\cdot[1]_5=[1]_5$$
$$[2]_5\cdot[3]_5=[6]_5=[1]_5$$
$$[4]_5\cdot[4]_5=[16]_5=[1]_5$$

Quindi $[1]_5$ è l'elemento inverso di se stesso, $[4]_5$ è l'elemento inverso di se stesso, mentre $[2]_5$ è l'elemento inverso di $[3]_5$ e viceversa. Pertanto $(Z_5 \setminus [0], \cdot) = (Z_5^*, \cdot)$ è un gruppo abeliano.
Si consideri ora $Z_6 \setminus [0] = \{[1]_6, [2]_6, [3]_6, [4]_6, [5]_6\}$. Siccome 6 non è numero primo, allora non tutti gli elementi di Z_6 possiedono un inverso. In particolare solo 1 e 5 sono coprimi con 6, quindi solo $[1]_6$ e $[5]_6$ possiedono un inverso.
Ad esempio, si verifica che l'elemento $[2]_6$ non ha inverso, difatti dal prodotto di $[2]_6$ con qualsiasi altro elemento dell'insieme non si ottiene mai $[1]_5$.

$$[2]_6 \cdot [1]_6 = [2]_6$$
$$[2]_6 \cdot [2]_6 = [4]_6$$
$$[2]_6 \cdot [3]_6 = [6]_6 = [0]_6$$
$$[2]_6 \cdot [4]_6 = [8]_6 = [2]_6$$
$$[2]_6 \cdot [5]_6 = [10]_6 = [4]_6$$

In particolare, si noti che in un caso il prodotto si annulla, anche se nessuno dei due fattori è nullo. Difatti $[2]_6 \cdot [3]_6 = [6]_6 = [0]_6$. Siccome $[0]_6$ non appartiene a $Z_6 \setminus [0]$, non si può neanche parlare di struttura algebrica, in quanto l'operazione di moltiplicazione non è interna all'insieme $Z_6 \setminus [0]$.
In modo analogo si può verificare che $[3]_6$ e $[4]_6$ non hanno inverso in $Z_6 \setminus [0]$; mentre $[5]_6$ ha l'inverso che corrisponde allo stesso $[5]_6$. In tal caso si può considerare il gruppo formato dai soli elementi $[1]_6$ e $[5]_6$.
Pertanto, posto $Z_6^* = \{[1]_6, [5]_6\}$, si ha che $(Z_6^*, \cdot)$ è un gruppo abeliano.

3.12 Gruppi ciclici

3.12.1 Caratteristiche di un gruppo ciclico e periodo degli elementi

Un gruppo ciclico ha come generatore un unico elemento (vedi par. 3.10.4). Sia $(A, \cdot)$ un gruppo ciclico e sia g il suo elemento generatore. Per tale motivo accade che $\forall a \in A : a = g^k \; k \in Z$, dove, ad esempio, se $k > 0$ allora $g^k = \underbrace{g \cdot g \cdot ... \cdot g}_{k\ volte}$.
Si può anche affermare che A contiene solo elementi del tipo g^k con $k \in Z$.
Si indica con e l'elemento neutro rispetto all'operazione $\cdot$. Detto h il più piccolo numero positivo di Z tale che $g^h = e$, il valore h è detto **periodo** di g. Il periodo può essere definito allo stesso modo, non solo per il generatore del gruppo, ma anche per un qualsiasi elemento del gruppo che non sia generatore.
Se n è l'ordine del gruppo ciclico, allora qualsiasi elemento del gruppo non può avere periodo superiore a n. Inoltre si mostrerà nel par. 3.15.2 (Teorema 13) che ogni elemento del gruppo deve avere un periodo che sia divisore dell'ordine del gruppo.

Esempio
Un esempio generico di gruppo ciclico è $A = \{e, g, g^2, g^3, ..., g^{h-1}\}$. In tal caso $g^h = e$, mentre h è il periodo di g.

3.12.2 Gruppi additivi

Considerata la definizione della relazione di congruenza modulo n, è semplice verificare che il gruppo $(Z_n,+)$ può essere generato da un qualsiasi solo elemento $[a]_n$, tale che $MCD(a,n)=1$, ossia tale che a e n siano coprimi. In particolare, sicuramente $[1]_n$ è da solo generatore di $(Z_n,+)$; inoltre qualsiasi elemento $[a]_n$ con a numero primo è da solo generatore di $(Z_n,+)$. Pertanto il gruppo $(Z_n,+)$ è ciclico.

Esempio

Si consideri $Z_6=\{[0]_6,[1]_6,[2]_6,[3]_6,[4]_6,[5]_6\}$. L'elemento $[1]_6$ è generatore del gruppo additivo $(Z_6,+)$. Inoltre, siccome MCD(5,6) = 1, anche $[5]_6$ è generatore del gruppo. Infatti si ha

$$
\begin{aligned}
&[5]_6\\
&[5]_6+[5]_6=[10]_6=[4]_6\\
&[5]_6+[5]_6+[5]_6=[15]_6=[3]_6\\
&[5]_6+[5]_6+[5]_6+[5]_6=[20]_6=[2]_6\\
&[5]_6+[5]_6+[5]_6+[5]_6+[5]_6=[25]_6=[1]_6\\
&[5]_6+[5]_6+[5]_6+[5]_6+[5]_6+[5]_6=[30]_6=[0]_6
\end{aligned}
$$

Si è stati in grado di ottenere tutti gli elementi di Z_6 componendo più volte con la somma l'elemento $[5]_6$. Il periodo di $[5]_6$ è 6, in quanto, componendo sei volte tale elemento, si ottiene l'elemento neutro. Continuando con le somme si ottengono nuovamente gli stessi elementi.
Tutti gli altri elementi di Z_6 non sono generatori, infatti MCD(2,6) = 2, MCD(3,6) = 3 e MCD(4,6) = 2. In particolare si ha:

$$
\begin{aligned}
&[2]_6\\
&[2]_6+[2]_6=[4]_6\\
&[2]_6+[2]_6+[2]_6=[6]_6=[0]_6\\
&[2]_6+[2]_6+[2]_6+[2]_6=[8]_6=[2]_6\\
&[2]_6+[2]_6+[2]_6+[2]_6+[2]_6=[10]_6=[4]_6\\
&\ldots
\end{aligned}
$$

Pertanto con $[2]_6$ non si riescono ad ottenere tutti gli elementi di Z_5; esso non è un generatore. Il periodo di $[2]_6$ è 3, in quanto, componendo tre volte tale elemento, si ottiene l'elemento neutro. Si noti che il periodo di tale elemento (pari a 3) è un divisore dell'ordine del gruppo, ossia 6.

3.12.3 Gruppi moltiplicativi

Per determinare i generatori di un gruppo moltiplicativo $(Z_n^*,\cdot)$ non esiste alcun procedimento relativamente rapido. Tuttavia è possibile adoperare

alcuni algoritmi (algoritmo di Gauss) che semplificano l'individuazione del generatore rispetto ai semplici tentativi sui singoli elementi.
Più in generale vale il seguente teorema:

Teorema 12

Z_n^* è un gruppo moltiplicativo ciclico se $n = 2,4$ e $n = p^\alpha$ oppure $n = 2p^\alpha$, dove p è un numero primo diverso da 2 e $\alpha \geq 1$.

Esempio

Si consideri $Z_5^* = Z_5 \setminus [0] = \{[1]_5, [2]_5, [3]_5, [4]_5\}$. Effettivamente $(Z_5^*, \cdot)$ è un gruppo ciclico, il cui generatore può essere l'elemento $[2]_5$. Di seguito si riporta la verifica di quanto affermato:

$$([2]_5)^1 = [2]_5$$
$$([2]_5)^2 = [2]_5 \cdot [2]_5 = [4]_5$$
$$([2]_5)^3 = [2]_5 \cdot [2]_5 \cdot [2]_5 = [8]_5 = [3]_5$$
$$([2]_5)^4 = [2]_5 \cdot [2]_5 \cdot [2]_5 \cdot [2]_5 = [16]_5 = [1]_5$$

Si nota che tutti gli elementi di $Z_5 \setminus [0]$ possono essere ottenuti da $[2]_5$. Inoltre 4 è il periodo di $[2]_5$.
Si noti che l'elemento $[4]_5$ non è un generatore del gruppo, in quanto da esso non si possono ottenere tutti gli elementi.

$$([4]_5)^1 = [4]_5$$
$$([4]_5)^2 = [4]_5 \cdot [4]_5 = [16]_5 = [1]_5$$
$$([4]_5)^3 = [4]_5 \cdot [4]_5 \cdot [4]_5 = [64]_5 = [4]_5$$
$$([4]_5)^4 = [4]_5 \cdot [4]_5 \cdot [4]_5 \cdot [4]_5 = [256]_5 = [1]_5$$
$$\ldots$$

Si nota che il periodo di $[4]_5$ è 2.
Si consideri ora il gruppo Z_{14}^*. I numeri coprimi di 14 sono 1, 3, 5, 9, 11, 13, pertanto:

$$Z_{14}^* = \{[1]_{14}, [3]_{14}, [5]_{14}, [9]_{14}, [11]_{14}, [13]_{14}\}$$

In base al Teorema 12, il numero 14 può essere espresso mediante la relazione $14 = 2p^\alpha$, se $p = 7$ (numero primo diverso da 2) e $\alpha = 1$. Quindi, in tal caso Z_{14}^* è ciclico e può essere generato da un solo elemento.
È possibile verificare che gli elementi che da soli generano Z_{14}^* sono $[3]_{14}$ oppure $[5]_{14}$.
Infine si consideri il gruppo Z_{12}^*. Siccome $12 = 2^2 \times 3$, allora esso non può essere espresso mediante le relazioni $12 = p^\alpha$ oppure $12 = 2p^\alpha$, dove p è un numero primo diverso da 2 e $\alpha \geq 1$. I coprimi di 12 sono 1, 5, 7, 11, pertanto:

$$Z_{12}^{*} = \{[1]_{12}, [5]_{12}, [7]_{12}, [11]_{12}\}$$

Nessuno degli elementi del gruppo da solo è in grado di generare l'intero gruppo. Quindi Z_{12}^{*} non è ciclico.

3.13 Tavole di Cayley

Si supponga di avere un gruppo costituito da un insieme sostegno A in cui è definita una operazione interna $\cdot$. Tale gruppo è indicato con la coppia $(A,\cdot)$ ed è supposto di ordine finito pari a n.
Visto il numero finito di elementi del gruppo, è possibile comporre una tavola nelle cui intestazioni di riga e colonna siano riportati tutti gli elementi del gruppo, siano questi $a_1, a_2, ..., a_i, ..., a_j, ..., a_n$. In una generica cella della tavola, intersezione della riga i-esima (associata ad a_i) e della colonna j-esima (associata ad a_j) sarà riportato il risultato dell'operazione $a_i \cdot a_j$.
In generale il gruppo potrebbe essere non abeliano, pertanto è importante usare la convenzione secondo la quale nella cella individuata dalla riga i-esima e dalla colonna j-esima sia riportata l'operazione $a_i \cdot a_j$, mentre nella cella individuata dalla riga j-esima e dalla colonna i-esima sarà riportata l'operazione $a_j \cdot a_i$, che in linea del tutto generale è distinta dalla precedente.
La **tavola di Cayley** del gruppo A introdotto in precedenza ha l'aspetto mostrato in Tabella 2.

Tabella 2

$\cdot$	a_1	a_2	...	a_i	...	a_j	...	a_n
a_1	$a_1 \cdot a_1$	$a_1 \cdot a_2$	...	$a_1 \cdot a_i$	...	$a_1 \cdot a_j$	...	$a_1 \cdot a_n$
a_2	$a_2 \cdot a_1$	$a_2 \cdot a_2$	...	$a_2 \cdot a_i$	...	$a_2 \cdot a_j$	...	$a_2 \cdot a_n$
...	...	...	...	...	...	...	...	...
a_i	$a_i \cdot a_1$	$a_i \cdot a_2$	...	$a_i \cdot a_i$	...	$a_i \cdot a_j$	...	$a_i \cdot a_n$
...	...	...	...	...	...	...	...	...
a_j	$a_j \cdot a_1$	$a_j \cdot a_2$	...	$a_j \cdot a_i$	...	$a_j \cdot a_j$	...	$a_j \cdot a_n$
...	...	...	...	...	...	...	...	...
a_n	$a_n \cdot a_1$	$a_n \cdot a_2$	...	$a_n \cdot a_i$	...	$a_n \cdot a_j$	...	$a_n \cdot a_n$

In classe
La tavola pitagorica, usata sin dalle prime classi del primo ciclo di istruzione, è un ben noto esempio di tavola di Cayley. Essa riporta in una tabella il prodotto di un numero finito di fattori (tipicamente i numeri naturali da 1 a 12). L'operazione rappresentata è la moltiplicazione nell'insieme dei numeri naturali (solo per un numero limitato di essi).

Esempio
Si propone la tavola di Cayley per il gruppo $(Z_5,+)$.

+	$[0]_5$	$[1]_5$	$[2]_5$	$[3]_5$	$[4]_5$
$[0]_5$	$[0]_5$	$[1]_5$	$[2]_5$	$[3]_5$	$[4]_5$
$[1]_5$	$[1]_5$	$[2]_5$	$[3]_5$	$[4]_5$	$[0]_5$
$[2]_5$	$[2]_5$	$[3]_5$	$[4]_5$	$[0]_5$	$[1]_5$
$[3]_5$	$[3]_5$	$[4]_5$	$[0]_5$	$[1]_5$	$[2]_5$
$[4]_5$	$[4]_5$	$[0]_5$	$[1]_5$	$[2]_5$	$[3]_5$

Si noti come lungo la riga e la colonna corrispondenti all'elemento neutro $[0]_5$ vengano effettivamente ripetute la riga o la colonna di intestazione. Inoltre la tavola si mostra simmetrica rispetto alla diagonale indicata con la linea tratteggiata. Tale simmetria indica che il gruppo è abeliano e riflette il fatto che $[a]_5+[b]_5=[b]_5+[a]_5$.

3.14 Prodotto di gruppi

Si considerino due gruppi $(A,*)$ e $(B,\circ)$ in cui sono definite due distinte operazioni (ad esempio moltiplicative).
Si può definire un **prodotto diretto** di gruppi, considerando il prodotto cartesiano dei due insiemi $A \times B$ in cui è definita una nuova operazione $\cdot$. Se $a \in A, b \in B$, allora il generico elemento di $A \times B$ è dato dalla coppia (a,b).
Nello specifico il nuovo prodotto $\cdot$ tra due coppie è così definito:

$$\forall a_1,a_2 \in A,\ \forall b_1,b_2 \in B \qquad (a_1,b_1)\cdot(a_2,b_2)=(a_1 * a_2, b_1 \circ b_2)$$

Il prodotto determina un nuovo gruppo indicato dalla coppia $(A\times B,\cdot)$. Infatti il prodotto $\cdot$ è associativo e tale proprietà discende dall'associatività delle operazioni $*$ e $\circ$ definite nei due gruppi. L'elemento neutro è dato dalla coppia di elementi neutri (e_1,e_2), dove $e_1 \in A, e_2 \in B$. Invece, l'elemento inverso della coppia (a_1,b_1) è dato dalla coppia dei rispettivi elementi inversi, ossia (a_1^{-1},b_1^{-1}).
È possibile considerare anche il prodotto di un gruppo $(A,*)$ con se stesso, ossia $A \times A$. In questo caso si ha:

$$\forall a_1,a_2,a_3,a_4 \in A \qquad (a_1,a_2)\cdot(a_3,a_4)=(a_1 * a_3, a_2 * a_4)$$

Esempio
Considerato il gruppo additivo $(Z_2,+)$, tale che $Z_2=\{[0]_2,[1]_2\}$, è possibile considerare il prodotto cartesiano $Z_2 \times Z_2 = \{([0]_2,[0]_2),([0]_2,[1]_2),([1]_2,[0]_2),([1]_2,[1]_2)\}$.

Si possono calcolare le somme di tutte le coppie, ad esempio:

$$([1]_2,[0]_2)+([1]_2,[1]_2)=([1]_2+[1]_2,[0]_2,[1]_2)=([0]_2,[1]_2)$$

Pertanto si può compilare la seguente tavola di Cayley.

+	$[0]_2, [0]_2$	$[0]_2, [1]_2$	$[1]_2, [0]_2$	$[1]_2, [1]_2$
$[0]_2, [0]_2$	$[0]_2, [0]_2$	$[0]_2, [1]_2$	$[1]_2, [0]_2$	$[1]_2, [1]_2$
$[0]_2, [1]_2$	$[0]_2, [1]_2$	$[0]_2, [0]_2$	$[1]_2, [1]_2$	$[1]_2, [0]_2$
$[1]_2, [0]_2$	$[1]_2, [0]_2$	$[1]_2, [1]_2$	$[0]_2, [0]_2$	$[0]_2, [1]_2$
$[1]_2, [1]_2$	$[1]_2, [1]_2$	$[1]_2, [0]_2$	$[0]_2, [1]_2$	$[0]_2, [0]_2$

3.15 I sottogruppi e i laterali destro e sinistro

3.15.1 Definizione di sottogruppo

Sia $(A,*)$ un **gruppo** e sia H un sottoinsieme di A. Se l'operazione $*$ possiede in H le stesse proprietà che possedeva nel gruppo $(A,*)$, allora $(H,*)$ è detto **sottogruppo** di $(A,*)$.
In particolare un sottogruppo può essere definito con le due seguenti proprietà:
1. $\forall a,b \in H : a*b \in H$
2. $a \in H \Rightarrow a^{-1} \in H$

Se il gruppo non è commutativo, allora occorre verificare che entrambi i prodotti dei due elementi del sottogruppo siano ancora in H.
In alternativa si può scrivere, più sinteticamente, che un sottogruppo H è tale che $\forall a,b \in H : a*b^{-1} \in H$.
Se un gruppo è abeliano, anche ogni suo sottogruppo è abeliano. Inoltre, ogni sottogruppo di un gruppo ciclico è anch'esso ciclico.
Qualunque sia il gruppo A, si possono sempre considerare due sottogruppi detti **banali** (o **impropri**) che sono quello comprendente il solo elemento neutro e rispetto all'operazione $*$ e il gruppo stesso A. Se un sottogruppo non è banale, allora è detto **proprio**.

3.15.2 Classi laterali

Si consideri il sottogruppo H di A ed un elemento a dell'insieme A. Siccome è stata definita l'operazione $*$, si può moltiplicare a destra l'elemento a per tutti gli elementi del sottogruppo H. Questa moltiplicazione restituirà ogni volta un elemento del gruppo A. Tutti gli elementi di A ottenuti da queste moltiplicazioni vengono indicati con Ha (si noti che questa notazione ricorda il prodotto degli elementi di H moltiplicati a destra per a). Indicando con h un elemento di H e con b il generico elemento di A che risulta dal prodotto di h per a, si può scrivere $b=h*a$. In virtù di questo si può anche scrivere:

$$Ha = \{b \in A : b = h * a \vee h \in H\}$$

O più semplicemente:

$$Ha = \{h * a : h \in H\}$$

Questo insieme può essere definito anche mediante una relazione di equivalenza $\sim_H$ tra due elementi di A. Due elementi a e b sono in relazione tra loro mediante $\sim_H$ se il prodotto di b per l'inverso di a dà un elemento di H.
Quindi $b * a^{-1} = h \Rightarrow b * a^{-1} * a = h * a \Rightarrow b * 1 = h * a \Rightarrow b = h * a$. Si ottiene quindi il prodotto che definisce gli elementi dell'insieme Ha.
Pertanto l'insieme Ha (generato da una relazione di equivalenza) è una classe di equivalenza. Esso viene detto **classe laterale destra** di a rispetto ad H o, più semplicemente, **laterale destro** di a rispetto ad H.
Analogamente si può definire la **classe laterale sinistra** di a rispetto ad H (oppure il **laterale sinistro**).

$$aH = \{b \in A : b = a * h \vee h \in H\}$$

O più semplicemente:

$$aH = \{a * h : h \in H\}$$

Questa volta la relazione di equivalenza prevede che il prodotto dell'inverso di a per b dia un elemento dell'insieme H.
Quindi $a^{-1} * b = h \Rightarrow a * a^{-1} * b = a * h \Rightarrow 1 * b = a * h \Rightarrow b = a * h$. Si ottiene quindi il prodotto che definisce gli elementi dell'insieme aH.
Se un gruppo A è finito, allora, considerato un suo sottogruppo H, si ha che il numero di elementi di H e il numero di elementi dei suoi laterali, rispetto ad un elemento a di A, ossia aH oppure Ha, è lo stesso. Questo accade perché due elementi distinti del sottogruppo H vengono trasformati, mediante l'operazione *, in due elementi distinti del laterale destro o sinistro rispetto ad a.
Inoltre due classi laterali sinistre distinte del sottogruppo H non hanno elementi in comune. Pertanto l'insieme di tutte le classi laterali sinistre di H forma una **partizione** di A, ossia A può essere visto come l'unione di tutte le classi laterali sinistre di H. Si dice anche che A può essere **decomposto** nelle sue classi laterali sinistre. In modo analogo si può parlare per le classi laterali destre.
Da queste osservazioni si deduce il seguente **Teorema di Lagrange**.

Teorema 13

L'ordine di un sottogruppo H di un gruppo A divide l'ordine del gruppo A; inoltre il periodo di ogni elemento del gruppo A divide l'ordine di A.

DIM

Per ottenere tutti gli elementi del gruppo A, si possono considerare tutti gli elementi contenuti in ciascuno dei laterali destri (o sinistri) di un sottogruppo H. Pertanto, se $|A|$ è l'ordine del gruppo A (ossia il numero dei suoi elementi), n è il numero di laterali distinti del sottogruppo H e $|H|$ è il numero di elementi che si trova nel sottogruppo e in ciascun suo laterale, si può scrivere:

$$|A| = n \cdot |H|$$

Equazione 2

In pratica l'ordine di H divide l'ordine di A.
Si consideri ora un generico elemento di A, indicato con g. Esso genera un sottogruppo S di ordine $|S|=h$ che coincide con il periodo di g. Quindi $|A| = n \cdot h$, in pratica il periodo h dell'elemento g divide l'ordine di A. **CVD**

Il seguente asserto sarà utile per definire, nel par. 3.16, il concetto di gruppo risolubile; esso è un **corollario del teorema di Lagrange**.

Teorema 14
Se un gruppo A ha ordine primo (ossia ha un numero di elementi pari ad un numero primo), allora è costituito dalle potenze di un qualsiasi suo elemento (diverso dall'elemento neutro). Inoltre tale gruppo è abeliano.
Vale anche il seguente **Teorema di Cauchy**.

Teorema 15
Se p è un numero primo che divide l'odine di un gruppo A, allora nel gruppo A vi è almeno un elemento che ha periodo p.

3.15.3 Sottogruppi normali

Un sottogruppo H di un gruppo A si dice **normale** se, qualunque sia l'elemento a di A, il laterale sinistro aH coincide come insieme con il laterale destro Ha. Si noti che questo non implica la condizione forte che il singolo prodotto ah (con $h \in H$) sia uguale al prodotto ha, bensì una condizione più debole, ossia che nel complesso i due insiemi aH ed Ha coincidano.
Formalmente la condizione di H sottogruppo normale si può scrivere nel modo seguente:

$$\forall a \in A, \forall h \in H \ \ \exists h' \in H : a * h = h' * a$$

Analogamente:

$$\forall a \in A, \forall k \in H \ \ \exists k' \in H : k * a = a * k'$$

Spesso può essere utile anche considerare la seguente definizione di sottogruppo normale:

$$\forall a \in A, \forall h \in H : a * h * a^{-1} \in H$$

Si dimostra ora il seguente teorema.

Teorema 16

Se *A* è un gruppo abeliano, allora ogni suo sottogruppo *H* è normale.

DIM

Sia *h* il generico elemento di un sottogruppo *H* di *A*. Se *A* è abeliano, allora detto *a* un generico elemento del gruppo *A*, si deve avere $\forall h \in H : h * a = a * h$. Questo equivale a dire che $Ha = aH$, ossia *H* è normale. **CVD**.

Vale la seguente osservazione.

Teorema 17

Se un sottogruppo *H* di un gruppo *A* contiene la metà degli elementi di *A*, allora *H* è normale.

DIM

Si supponga che *H*, sottogruppo di un gruppo finito *A* di ordine *m*, abbia *m*/2 elementi. L'Equazione 2 si può scrivere come:

$$|A| = n|H| \Rightarrow m = n \cdot \frac{m}{2} \Rightarrow n = 2$$

Allora il numero di laterali di *H* è $n = 2$ (2 sinistri e 2 destri). Un laterale è sicuramente *H* (è il laterale dell'elemento neutro); pertanto l'altro laterale deve essere *A-H* (il complemento di *H* rispetto ad *A*). Si rammenti, infatti, che i laterali formano una partizione di *A*. Questo vuol dire che laterali destri e sinistri coincidono, pertanto *H* è normale. **CVD**

Il sottogruppo normale *H* di un gruppo *A* è generato da una relazione di equivalenza $\sim_H$. Pertanto è possibile considerare il gruppo quoziente, indicato con *A*/*H*, che contiene tutte le classi di equivalenza, ossia tutti i laterali.

Esempio

Si ritorna al gruppo additivo ciclico $(Z_6,+)$, già preso ad esempio in precedenza. Siccome gli interi positivi che dividono 6 sono 1, 2, 3 e 6, allora, per il teorema di Lagrange i sottogruppi di Z_6 devono avere ordine (numero di elementi) pari a 1, 2, 3 e 6. I sottogruppi di ordine 1 e 6 sono banali. Quello di ordine 1 contiene il solo elemento neutro $[0]_6$ (si ottiene sommando progressivamente $[0]_6$ a se stesso), mentre quello di ordine 6 contiene i 6 elementi di Z_6 (si ottiene sommando progressivamente $[1]_6$ a se stesso). Il sottogruppo di ordine 3 è quello formato dall'elemento $[2]_6$. Esso contiene i 3 elementi del gruppo che si possono ricavare utilizzando il solo elemento $[2]_6$.

$$[2]_6$$
$$[2]_6 + [2]_6 = [4]_6$$
$$[4]_6 + [2]_6 = [6]_6 = [0]_6$$

Pertanto si determina il sottogruppo $H_2 = \{[0]_6, [2]_6, [4]_6\}$, con $|H_2| = 3$.
H_2 è un sottogruppo in quanto:

- l'operazione di addizione è interna ad esso ed è associativa (sommando due elementi di H_2 si ottiene sempre un elemento di H_2)
- possiede l'elemento neutro $[0]_6$
- ciascun elemento ha il suo opposto.

Si noti che H_2 si può ottenere anche considerando $[4]_6$.
Il sottogruppo di ordine 2 è generato dall'elemento $[3]_6$. Infatti:

$$[3]_6$$
$$[3]_6 + [3]_6 = [6]_6 = [0]_6$$

Pertanto si determina il sottogruppo $H_3 = \{[0]_6, [3]_6\}$, con $|H_3| = 2$.
Siccome $(Z_6, +)$ è abeliano, allora entrambi questi sottogruppi sono normali (Teorema 16). In tal caso laterali destri e sinistri coincidono.
Si vuole ora decomporre Z_6 nei laterali dei sottogruppi individuati.
Per quanto affermato dal teorema di Lagrange, siccome $|Z_6| = 6$ e $|H_2| = 3$, allora i laterali di H_2 devono essere n, con n dato da $|Z_6| = n \cdot |H_2| \Rightarrow 6 = n \cdot 3 \Rightarrow n = 2$.
Per verificarlo si prova a sommare qualsiasi elemento di Z_6 ad H_2 per vedere i laterali che si possono ottenere.

$$H_2 + [0]_6 = \{[0]_6 + [0]_6, [2]_6 + [0]_6, [4]_6 + [0]_6\} = \{[0]_6, [2]_6, [4]_6\} = H_2$$
$$H_2 + [1]_6 = \{[0]_6 + [1]_6, [2]_6 + [1]_6, [4]_6 + [1]_6\} = \{[1]_6, [3]_6, [5]_6\}$$
$$H_2 + [2]_6 = \{[0]_6 + [2]_6, [2]_6 + [2]_6, [4]_6 + [2]_6\} = \{[2]_6, [4]_6, [6]_6\} = \{[2]_6, [4]_6, [0]_6\} = H_2$$
$$H_2 + [3]_6 = \{[0]_6 + [3]_6, [2]_6 + [3]_6, [4]_6 + [3]_6\} = \{[3]_6, [5]_6, [7]_6\} = \{[3]_6, [5]_6, [1]_6\} = H_2 + [1]_6$$
$$H_2 + [4]_6 = \{[0]_6 + [4]_6, [2]_6 + [4]_6, [4]_6 + [4]_6\} = \{[4]_6, [6]_6, [8]_6\} = \{[4]_6, [0]_6, [2]_6\} = H_2$$
$$H_2 + [5]_6 = \{[0]_6 + [5]_6, [2]_6 + [5]_6, [4]_6 + [5]_6\} = \{[5]_6, [7]_6, [9]_6\} = \{[5]_6, [1]_6, [3]_6\} = H_2 + [1]_6$$

In effetti, tale calcolo potrebbe essere più sintetico, tenendo conto che sommando l'elemento neutro $[0]_6$ non si può ottenere altro che lo stesso sottogruppo H_2. Analogamente se si sommano elementi del sottogruppo al sottogruppo stesso non si può ottenere altro che lo stesso sottogruppo H_2; si rammenti infatti che l'operazione di addizione è interna al sottogruppo. Quindi un laterale è sicuramente H_2. Pertanto non resta altro che individuare l'altro laterale (si rammenti che sono in totale 2), semplicemente sommando uno degli altri tre elementi $[1]_6$, $[3]_6$ o $[5]_6$ al sottogruppo. In tal caso si individua sempre il laterale $H_2 + [1]_6$.
Pertanto Z_6 si decompone attraverso il gruppo quoziente che contiene i due laterali:

$$Z_6 / H_2 = \{H_2, H_2 + [1]_6\} = \{\{[0]_6, [2]_6, [4]_6\}, \{[1]_6, [3]_6, [5]_6\}\}$$

I sottogruppi possono essere messi in evidenza anche mediante le tavole di Cayley. Di seguito si riporta la tavola di Cayley del gruppo $(Z_6,+)$.

$+$	$[0]_6$	$[1]_6$	$[2]_6$	$[3]_6$	$[4]_6$	$[5]_6$
$[0]_6$	$[0]_6$	$[1]_6$	$[2]_6$	$[3]_6$	$[4]_6$	$[5]_6$
$[1]_6$	$[1]_6$	$[2]_6$	$[3]_6$	$[4]_6$	$[5]_6$	$[0]_6$
$[2]_6$	$[2]_6$	$[3]_6$	$[4]_6$	$[5]_6$	$[0]_6$	$[1]_6$
$[3]_6$	$[3]_6$	$[4]_6$	$[5]_6$	$[0]_6$	$[1]_6$	$[2]_6$
$[4]_6$	$[4]_6$	$[5]_6$	$[0]_6$	$[1]_6$	$[2]_6$	$[3]_6$
$[5]_6$	$[5]_6$	$[0]_6$	$[1]_6$	$[2]_6$	$[3]_6$	$[4]_6$

Si possono spostare le colonne e le righe in modo da affiancare gli elementi $[0]_6$, $[2]_6$ e $[4]_6$.

$+$	$[0]_6$	$[2]_6$	$[4]_6$	$[1]_6$	$[3]_6$	$[5]_6$
$[0]_6$	$[0]_6$	$[2]_6$	$[4]_6$	$[1]_6$	$[3]_6$	$[5]_6$
$[2]_6$	$[2]_6$	$[4]_6$	$[0]_6$	$[3]_6$	$[5]_6$	$[1]_6$
$[4]_6$	$[4]_6$	$[0]_6$	$[2]_6$	$[5]_6$	$[1]_6$	$[3]_6$
$[1]_6$	$[1]_6$	$[3]_6$	$[5]_6$	$[2]_6$	$[4]_6$	$[0]_6$
$[3]_6$	$[3]_6$	$[5]_6$	$[1]_6$	$[4]_6$	$[0]_6$	$[2]_6$
$[5]_6$	$[5]_6$	$[1]_6$	$[3]_6$	$[0]_6$	$[2]_6$	$[4]_6$

Si è individuata una zona della tavola di Cayley (quella indicata in grigio scuro) nelle cui celle sono contenuti i soli elementi che sono anche contenuti nelle intestazioni, ossia $[0]_6$, $[2]_6$ e $[4]_6$. Vuol dire che operando con gli elementi $[0]_6$, $[2]_6$ e $[4]_6$ non si ottiene altro che $[0]_6$, $[2]_6$ oppure $[4]_6$. In tal modo si è quindi individuato il sottogruppo H_2.
Si considera ora il sottogruppo H_3; siccome $|Z_6| = 6$ e $|H_3| = 3$, allora i laterali destri di H_3 devono essere n, con n dato da $|Z_6| = n \cdot |H_3| \Rightarrow 6 = n \cdot 2 \Rightarrow n = 3$.
Un primo laterale è sicuramente H_3, che si ottiene sommando ad H_3 l'elemento neutro oppure l'altro dei suoi due elementi. Inoltre si ha:

$$H_3 + [1]_6 = \{[0]_6 + [1]_6, [3]_6 + [1]_6\} = \{[1]_6, [4]_6\}$$
$$H_3 + [2]_6 = \{[0]_6 + [2]_6, [3]_6 + [2]_6\} = \{[2]_6, [5]_6\}$$

Avendo individuato gli altri due laterali distinti, si termina il calcolo e si scrive la decomposizione di Z_6, mediante H_3, ossia il gruppo quoziente:

$$Z_6 / H_3 = \{H_3, H_3 + [1]_6, H_3 + [2]_6\} = \{\{[0]_6, [3]_6\}, \{[1]_6, [4]_6\}, \{[2]_6, [5]_6\}\}$$

Si considera ora $(Z_5,+)$ che ha ordine 5. Pertanto l'ordine dei sottogruppi di $(Z_5,+)$ deve dividere 5. Il numero 5 è primo (divisibile solo per 1 e 5), quindi esistono solo i due sottogruppi banali di Z_5, ossia i sottogruppi $[0]_5$ (con il solo elemento neutro) e Z_5 con 5 elementi (che si ottiene sommando progressivamente $[1]_5$ a se stesso). Per ottenere una ulteriore prova di questo fatto, si può pensare di sommare progressivamente un elemento del gruppo $(Z_5,+)$ verificando se si ottengono da tali somme gli elementi di un sottogruppo, come nell'esempio fatto per $(Z_6,+)$. Si considera $[2]_5$; sommando progressivamente l'elemento a se stesso si otterranno tutti gli elementi di Z_5 prima di ottenere $[0]_5$, formando quindi l'intero gruppo (e non un sottogruppo).

$$[2]_5 \rightarrow [2]_5 + [2]_5 = [4]_5 \rightarrow [4]_5 + [2]_5 = [1]_5 \rightarrow [1]_5 + [2]_5 = [3]_5 \rightarrow [3]_5 + [2]_5 = [0]_5$$

3.16 Gruppi risolubili

Si è visto che in un gruppo A è possibile individuare dei sottogruppi normali (almeno i due banali). Inoltre, individuato un sottogruppo normale proprio, indicato con H_1, è possibile determinare il gruppo quoziente tra il gruppo A e il sottogruppo H_1, ossia A/H_1. Questo gruppo quoziente contiene i laterali (non importa se destri o sinistri, in quanto per i sottogruppi normali sono i medesimi).

In via teorica, si potrebbe individuare un sottogruppo normale H_2 del sottogruppo H_1 e ripetere l'operazione di quoziente, determinando H_1/H_2.

Un gruppo A si dice **risolubile** se esiste una catena finita di n sottogruppi H_i l'uno incluso nel precedente, partendo dal gruppo iniziale, fino a giungere all'elemento neutro e:

$$A \supset H_1 \supset H_2 \supset \ldots \supset H_i \supset \ldots \supset H_n = \{e\}$$

Questa catena finita di sottogruppi deve essere tale che:

- Ogni sottogruppo H_i deve essere normale rispetto al gruppo precedente H_{i-1}.
- Ogni quoziente di sottogruppi successivi H_{i-1}/Hi deve avere come ordine (numero di elementi) un numero primo.

In alternativa si può usare la seguente definizione che, in base al corollario del teorema di Lagrange (par. 3.15.2 – Teorema 14), è equivalente alla precedente:

- Ogni sottogruppo H_i deve essere normale rispetto al gruppo precedente H_{i-1}.
- Ogni quoziente di sottogruppi successivi H_{i-1}/H_i deve essere abeliano.

È possibile stabilire che ogni gruppo abeliano finito è risolubile.

Esempio

Si conclude la trattazione del gruppo Z_6. Esso è abeliano ed è finito, pertanto è risolubile. Volendo comunque provare la risolubilità del gruppo mediante la prima delle due definizioni fornite, si può determinare la seguente catena di inclusioni:

$$Z_6 \supset H_3 \supset \{[0]_6\}$$

$$\{[0]_6,[1]_6,[2]_6,[3]_6,[4]_6,[5]_6\} \supset \{[0]_6,[3]_6\} \supset \{[0]_6\}$$

Ciascun sottogruppo è normale (difatti ciascun sottogruppo è abeliano). Inoltre i quozienti Z_6 / H_3 e $H_3 / \{[0]_6\}$ devono tutti contenere un numero primo di elementi. Infatti:

$Z_6 / H_3 = \{\{[0]_6,[3]_6\},\{[1]_6,[4]_6\},\{[2]_6,[5]_6\}\}$ contiene 3 elementi

$H_3 / \{[0]_6\} = \{\{[0]_6\},\{[3]_6\}\}$ contiene 2 elementi

Alternativamente, si potrebbe considerare la catena di inclusioni:

$$Z_6 \supset H_2 \supset \{[0]_6\}$$

$$\{[0]_6,[1]_6,[2]_6,[3]_6,[4]_6,[5]_6\} \supset \{[0]_6,[2]_6,[4]_6\} \supset \{[0]_6\}$$

Ciascun sottogruppo è normale (difatti ciascun sottogruppo è abeliano). Inoltre i quozienti $H_2 / \{[0]_6\}$ e Z_6 / H_2 devono tutti contenere un numero primo di elementi. Infatti:

$Z_6 / H_2 = \{\{[0]_6,[2]_6,[4]_6\},\{[1]_6,[3]_6,[5]_6\}\}$ contiene 2 elementi

$H_2 / \{[0]_6\} = \{\{[0]_6\},\{[2]_6\},\{[4]_6\}\}$ contiene 3 elementi

Per il gruppo Z_5 non esistono sottogruppi propri, quindi vale la semplice catena $Z_5 \supset \{[0]_5\}$.

Ovviamente si ha un gruppo quoziente $Z_5 / \{[0]_5\} = \{\{[0]_5\},\{[1]_5\},\{[2]_5\},\{[3]_5\},\{[4]_5\}\}$ con 5 elementi.

3.17 I gruppi simmetrici

3.17.1 Permutazioni

Sia $I_n = \{1,2,...,n\}$ un insieme con n elementi. Si può considerare l'insieme delle funzioni biiettive S di I_n in sé. Per mezzo di ciascuna di queste biiezioni, ogni elemento di I_n viene associato ad un altro elemento di I_n.

$$I_n \xrightarrow{S} I_n$$

$$i \rightarrow S(i)$$

Tali biiezioni sono dette **permutazioni** di n.

È possibile dimostrare che, se n sono gli elementi dell'insieme I_n, allora le permutazioni sono un numero pari al fattoriale di n, ossia $n! = n \cdot (n-1) \cdot (n-2) \cdot ... \cdot 2 \cdot 1$.

Per rappresentare una permutazione S si usa spesso una matrice, ossia un oggetto che, come una tabella, possiede righe e colonne. La matrice in questione ha 2 righe ed n colonne. Nella prima riga si riportano gli elementi dell'insieme I_n in un ordine prestabilito e nella seconda riga, in corrispondenza di ciascun elemento della prima riga, si riporta l'elemento in cui esso viene trasformato da S, ossia $S(i)$.

$$S = \begin{pmatrix} 1 & 2 & ... & n \\ S(1) & S(2) & ... & S(n) \end{pmatrix}$$

Esempio
Una permutazione per $n = 4$ potrebbe essere la seguente:

$$S = \begin{pmatrix} 1 & 2 & 3 & 4 \\ 3 & 2 & 4 & 1 \end{pmatrix}$$

In questa permutazione $S(1) = 3$, ossia all'elemento 1 viene assegnato 3. Questo si deduce dal fatto che sotto l'elemento 1 della prima riga è stato posto l'elemento 3. In modo analogo si determinano le altre associazioni.

3.17.2 Il gruppo simmetrico delle permutazioni

Considerati n elementi, la **permutazione identica** è data dalla biiezione che associa ad ogni elemento se stesso, ossia:

$$e = \begin{pmatrix} 1 & 2 & \dots & n \\ 1 & 2 & \dots & n \end{pmatrix}$$

Ogni permutazione S, che associa ad i l'immagine $S(i)$, ha la sua inversa S^{-1} che riporta l'immagine $S(i)$ nell'elemento i. Mediante le matrici la **permutazione inversa** S^{-1} si rappresenta rispetto alla S con le due righe scambiate.

$$S = \begin{pmatrix} 1 & 2 & \dots & n \\ S(1) & S(2) & \dots & S(n) \end{pmatrix} \Rightarrow S^{-1} = \begin{pmatrix} S(1) & S(2) & \dots & S(n) \\ 1 & 2 & \dots & n \end{pmatrix}$$

È possibile definire il **prodotto** di due permutazioni mediante la **composizione** di due funzioni. Tale prodotto non è commutativo e restituisce una ulteriore permutazione.

Esempio
Si considerino le due permutazioni per $n = 4$:

$$S_1 = \begin{pmatrix} 1 & 2 & 3 & 4 \\ 3 & 2 & 4 & 1 \end{pmatrix} \quad S_2 = \begin{pmatrix} 1 & 2 & 3 & 4 \\ 2 & 3 & 1 & 4 \end{pmatrix}$$

Per calcolare il prodotto $S_1 \circ S_2$ si possono disporre le matrici delle due permutazioni dall'alto verso il basso (Quella più a destra deve stare più in alto).

$$S_2 = \begin{pmatrix} 1 & 2 & 3 & 4 \\ 2 & 3 & 1 & 4 \end{pmatrix}$$

$$S_1 = \begin{pmatrix} 1 & 2 & 3 & 4 \\ 3 & 2 & 4 & 1 \end{pmatrix}$$

Si possono, quindi, riordinare le colonne della matrice collocata in basso in modo che i numeri alla loro sommità coincidano con i numeri nella parte inferiore della matrice collocata in alto.

$$S_2 = \begin{pmatrix} 1 & 2 & 3 & 4 \\ 2 & 3 & 1 & 4 \end{pmatrix}$$

$$S_1 = \begin{pmatrix} 2 & 3 & 1 & 4 \\ 2 & 4 & 3 & 1 \end{pmatrix}$$

A questo punto la composizione è formata dalla riga superiore della matrice collocata in alto e da quella inferiore della matrice collocata in basso.

$$S_1 \circ S_2 = \begin{pmatrix} 1 & 2 & 3 & 4 \\ 2 & 4 & 3 & 1 \end{pmatrix}$$

Analogamente si può calcolare $S_2 \circ S_1$ ottenendo:

$$S_2 \circ S_1 = \begin{pmatrix} 1 & 2 & 3 & 4 \\ 1 & 3 & 4 & 2 \end{pmatrix}$$

Si nota che $S_2 \circ S_1 \neq S_1 \circ S_2$, ma in ogni caso la composizione è ancora una permutazione.

Pertanto le permutazioni S costituiscono un **gruppo** rispetto all'operazione di composizione. Difatti questa risulta essere una operazione interna alle permutazioni, ha un elemento neutro e ha sempre l'inverso. In particolare il gruppo **non** è abeliano. Il gruppo delle permutazioni degli elementi dell'insieme $I_n = \{1,2,...,n\}$ viene detto **gruppo simmetrico** dell'insieme I_n.

3.17.3 Cicli e trasposizioni

Tra le permutazioni ve ne sono due tipi particolarmente importanti:
- **i cicli;**
- **le trasposizioni (o scambi).**

I cicli sono permutazioni che possono essere rappresentate mediante una singola riga. Considerato un insieme di n elementi, un ciclo può lasciare n-k elementi invariati (a ciascuno di essi riassocia se stesso), mentre ai rimanenti k può assegnare elementi diversi da quello di partenza. Se $a_1, a_2, ..., a_k \in I_n$ sono gli elementi ai quali viene associato un elemento diverso da quello di partenza, allora il ciclo si può rappresentare così $(a_1, a_2, ..., a_k)$. In questo caso ad a_1 viene associato a_2, ad a_2 viene associato a_3 e così via. Infine ad a_k viene associato a_1. Se gli elementi che sono variati sono k, allora il ciclo è anche detto **k-ciclo**.
Una trasposizione o scambio è un ciclo di lunghezza 2 (un **2-ciclo**); in pratica essa si risolve in uno scambio di due elementi.

Esempio

Sia $I_n = \{1,2,3,4,5,6\}$.

Un 3-ciclo può essere rappresentato come $c = (1,3,4)$. Esso corrisponde alla matrice:

$$S = \begin{pmatrix} 1 & 2 & 3 & 4 & 5 & 6 \\ 3 & 2 & 4 & 1 & 5 & 6 \end{pmatrix}$$

Si nota che gli elementi 2, 5 e 6 restano invariati nel ciclo, mentre ad 1 (riga superiore) viene assegnato 3 (sotto l'1 nella riga inferiore), a 3 viene assegnato 4 e a 4 viene assegnato 1.

In effetti, il 3-ciclo potrebbe essere rappresentato più efficacemente in uno dei due modi seguenti:

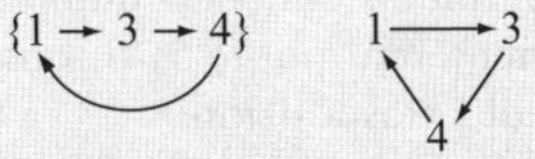

Una trasposizione può essere la seguente: $t = (5,2)$. Essa è rappresentata dalla matrice

$$S = \begin{pmatrix} 1 & 2 & 3 & 4 & 5 & 6 \\ 1 & 5 & 3 & 4 & 2 & 6 \end{pmatrix}$$

Due cicli si dicono **disgiunti** se permutano insiemi di elementi che hanno intersezione nulla. La composizione di due cicli disgiunti è commutativa, in quanto i due cicli agiscono su elementi diversi.

Esempio

Sia $I_n = \{1,2,3,4,5,6,7\}$.

Due cicli disgiunti sono $c = (1,3)$ e $c = (4,7,5)$. In particolare il primo ciclo è una trasposizione. Come si può notare, il primo ciclo coinvolge l'insieme con elementi 1 e 3, mentre il secondo coinvolge l'insieme con elementi 4,7 e 5. I due insiemi hanno intersezione nulla.

Sussiste il seguente teorema.

Teorema 18

Sia S una generica permutazione su di un insieme $I_n = \{1,2,...,n\}$. È possibile decomporre S in:

1. cicli a due a due disgiunti, ossia $S = c_1 \circ c_2 \circ ... \circ c_k$; tale composizione è unica a meno dell'ordine dei fattori (i cicli disgiunti commutano);
2. trasposizioni (o scambi), ossia $S = t_1 \circ t_2 \circ ... \circ t_h$; tale composizione non è unica, ma la sua parità è fissata;
3. trasposizioni (o scambi), ossia $S = t_1 \circ t_2 \circ ... \circ t_l$; dove il primo elemento di ciascuna coppia è sempre un elemento arbitrariamente fissato, ad esempio l'elemento trasformato a_1.

Per **parità** fissata si intende che l'espressione $S = t_1 \circ t_2 \circ \ldots \circ t_h$ potrebbe essere scritta con $h = 6$ elementi oppure con $h = 8$ elementi, o ancora con $h = 10$, ma in tutti i casi il numero di trasposizioni è pari (6, 8 e 10). Analogamente se $h = 5$, allora può anche essere $h = 7$, oppure $h = 9$, ma, in tutti i casi, il numero di trasposizioni è dispari.

DIM

Per scrivere una permutazione in prodotto di cicli si può considerare arbitrariamente un elemento a_1 e vedere in quale elemento viene trasformato, sia tale elemento a_2. Di seguito si osserva a_2 in cosa viene trasformato, fino a giungere ad un elemento che verrà trasformato in quello di partenza, ossia a_1. Un primo ciclo che compone la permutazione è stato individuato. Ora, considerando gli elementi rimasti si continuano ad individuare altri cicli fino a far sopravvivere i soli elementi che restano invariati. A questo punto la permutazione è decomposta in cicli.
Il punto 2 discende direttamente dal punto 1, in quanto un generico k-ciclo può essere scritto come prodotto di k trasposizioni:

$$(a_1, a_2, a_3, \ldots, a_{k-1}, a_k) = (a_1, a_k)(a_1, a_{k-1}) \ldots (a_1, a_3)(a_1, a_2)$$

Equazione 3

Difatti il ciclo a sinistra dell'uguaglianza porta a_1 in a_2, analogamente la composizione di trasposizioni a destra dell'uguaglianza porta a_1 in a_2 (ultima trasposizione a destra). Inoltre il ciclo porta a_2 in a_3, mentre il prodotto di trasposizioni porta a_2 in a_1 (ultima a destra) e dopo a_1 in a_3 (penultima a destra); pertanto a_2 viene portato in a_3. Analogamente si può verificare che le due permutazioni hanno lo stesso effetto su tutti gli elementi.
Infine si noti che una generica trasposizione (a_h, a_k) può essere scritta anche come prodotto di trasposizioni nelle quali viene introdotto un altro elemento a_1. In particolare si ha:

$$(a_h, a_k) = (a_1, a_k)(a_1, a_h)(a_1, a_k)$$

Equazione 4

La trasposizione a sinistra porta a_h in a_k; analogamente la composizione a destra porta a_h in a_1 (quella centrale) e poi a_1 in a_k (quella di sinistra); pertanto anche in questo caso a_h viene portato in a_k. In modo analogo si dimostra che in entrambi i casi a_k viene portato in a_h.
Per tale motivo non si perde di generalità se ogni permutazione viene scritta come composizione in cui il primo numero di ciascuna coppia è sempre a_1 (punto 3). **CVD**

Si noti infine che un n-ciclo ha periodo pari a n, ossia se viene applicato n volte equivale all'identità. Di conseguenza una trasposizione ha periodo 2.

Esempio

Dato $I_8 = \{1,2,3,4,5,6,7,8\}$, si consideri la permutazione:

$$S = \begin{pmatrix} 1 & 2 & 3 & 4 & 5 & 6 & 7 & 8 \\ 8 & 3 & 6 & 4 & 2 & 5 & 1 & 7 \end{pmatrix}$$

Innanzitutto si nota che il 4 resta invariato, pertanto la permutazione si può scrivere non tenendo conto della quarta colonna.

$$S = \begin{pmatrix} 1 & 2 & 3 & 5 & 6 & 7 & 8 \\ 8 & 3 & 6 & 2 & 5 & 1 & 7 \end{pmatrix}$$

Si inizia con l'elemento 1 e si nota che esso è associato a 8 (l'8 è sotto l'1), di seguito l'8 è associato al 7 (il 7 è sotto l'8) ed il 7 è associato all'1. Avendo ritrovato il numero di partenza (l'1) si può considerare il ciclo finito. Quindi $c_1 = (1,8,7)$.
A questo punto per chiarezza si può ridurre la permutazione a:

$$S = \begin{pmatrix} 2 & 3 & 5 & 6 \\ 3 & 6 & 2 & 5 \end{pmatrix}$$

Si considera il 2 come numero di partenza e si vede che esso è associato al 3, di seguito il 3 è associato al 6, il 6 al 5 e il 5 al 2 (che era il numero di partenza). Quindi si ha $c_2 = (2,3,6,5)$.
Pertanto la permutazione può essere scritta come composizione dei due cicli disgiunti. Si noti che l'ordine della composizione non è importante, in quanto i due cicli disgiunti commutano.

$$S = c_1 \circ c_2 = c_2 \circ c_1$$

Questi sono gli unici due modi per scrivere S in forma di cicli.
Infine, in base all'Equazione 3 si ha $c_2 = (2,3,6,5) = (2,3)(2,6)(2,5)$, inoltre $c_1 = (1,8,7) = (1,8)(1,7)$. Quindi si può anche scrivere S come prodotto di trasposizioni:

$$S = (2,3)(2,6)(2,5)(1,8)(1,7)$$

Si noti che la permutazione è stata scritta con un numero dispari di trasposizioni (5). Se si tiene conto dell'Equazione 4 si può scrivere $(2,3) = (1,3)(1,2)(1,3)$. Quindi si può riscrivere:

$$S = (1,3)(1,2)(1,3)(2,6)(2,5)(1,8)(1,7)$$

Si noti che tale scrittura è distinta dalla precedente, ma la sua parità è la stessa della precedente; difatti questa volta le trasposizioni sono ancora in numero dispari e sono 7.
Infine si può scrivere la permutazione come composizione di trasposizioni, dove il primo elemento è sempre lo stesso, ad esempio 1.

$$S = (1,3)(1,2)(1,3)(1,6)(1,2)(1,6)(1,5)(1,2)(1,5)(1,8)(1,7)$$

Le trasposizioni questa volta sono 11 (che è ancora un numero dispari).

3.17.4 Le permutazioni pari e il gruppo alterno

Si consideri un insieme $I_n = \{1,2,...,n\}$ e il gruppo delle permutazioni ad esso associato S_n. Se una permutazione è formata da un numero di trasposizioni pari, allora essa è detta **pari**, viceversa è detta **dispari**. Si noti che la singola permutazione può essere espressa da un numero di trasposizioni variabile, ma sempre di parità definita (ossia sempre in numero pari oppure dispari).
L'insieme delle permutazioni pari è un gruppo, chiamato **gruppo alterno** e indicato con A_n. Si tratta di un gruppo, perché la permutazione identica è pari, il prodotto di due permutazioni pari è ancora pari e l'inversa di una permutazione pari è sempre pari. Si noti che un 3-ciclo è pari, mentre una trasposizione è dispari.
Inoltre il prodotto di una permutazione pari per una dispari restituisce una permutazione dispari. Pertanto, il numero delle permutazioni pari è uguale al numero delle permutazioni dispari. Siccome le permutazioni di S_n sono $n!$, allora quelle pari e quelle dispari sono pari alla metà, ossia $n!/2$. Si è visto nel par. 3.15.3 (Teorema 17) che quando un sottogruppo possiede la metà degli elementi di un gruppo esso è normale.
Quindi, il generico gruppo alterno A_n è normale.
Dopo aver individuato il sottogruppo A_n di S_n, si vogliono studiare le caratteristiche di eventuali sottogruppi di A_n.

Teorema 19
Si consideri A_n con $n \leq 4$, allora qualsiasi permutazione di A_n può essere espressa come composizione di 3-cicli.
DIM
Si consideri una permutazione pari di A_n. Essa può essere scritta come una composizione di un numero pari di trasposizioni. Si raggruppano a 2 a 2 le trasposizioni, in modo da formare con ognuna di loro un 3-ciclo.
Raggruppando a due a due le trasposizioni può succedere che:
1. le due trasposizioni coincidano $(a_k, a_h)(a_k, a_h)$. In tal caso le due trasposizioni sono pari all'identità in quanto trasformano a_k in a_k ed a_h in a_h
2. le due trasposizioni abbiano elementi diversi (siano disgiunte) nel cui caso possono essere espresse come una coppia di 3-cicli $(a_k, a_h)(a_l, a_m) = (a_k, a_h, a_l)(a_h, a_l, a_m)$
3. le due trasposizioni abbiano un elemento in comune nel cui caso possono essere espresse come un unico 3-ciclo $(a_k, a_h)(a_h, a_m) = (a_k, a_h, a_m)$

CVD

Teorema 20
Si consideri A_n con $n \geq 5$, allora qualsiasi permutazione di A_n può essere espressa come composizione di doppi scambi disgiunti.
DIM
Una volta decomposta una permutazione pari in coppie di trasposizioni, si è visto che le coppie identiche sono pari all'unità. Inoltre si lasciano invariate le coppie

disgiunte. Infine quando due coppie hanno un elemento in comune, si può scrivere $(a_k,a_h)(a_h,a_m)=(a_k,a_h)(a_l,a_n)(a_h,a_m)(a_l,a_n)$, ossia tutte coppie di scambi disgiunti. Si noti che per farlo occorrono almeno cinque elementi. **CVD**

3.17.5 Risolubilità dei gruppi simmetrici S_2, S_3 e S_4

Si analizza, caso per caso, la risolubilità dei gruppi da S_2 a S_4.
Si consideri il gruppo simmetrico $(S_2,\circ)$. In esso vi sono 2! = 2 elementi: l'identità e e la trasposizione t = (1,2). L'unico suo sottogruppo è dato dall'elemento neutro e. Il gruppo $(S_2,\circ)$ è abeliano.
Pertanto vale la catena finita di sottogruppi.

$$S_2 \supset \{e\}$$

Siccome entrambi sono abeliani e il quoziente $S_2/\{e\}=\{\{e\},\{(1,2)\}\}$ contiene 2 elementi (numero primo), allora S_2 è risolubile.
Nel gruppo $(S_3,\circ)$ vi sono 3! = 6 elementi. Essi sono l'identità e, le trasposizioni t_1=(1,2), t_2=(2,3) e t_3=(1,3) e i cicli c_1=(1,2,3) e c_2=(1,3,2).
Calcolando le composizioni di tutte le coppie di elementi (in un ordine e in quello inverso), si può creare la seguente tavola di Cayley del gruppo S_3 (Tabella 3).

Tabella 3

$\circ$	e	c_1	c_2	t_1	t_2	t_3
e	e	c_1	c_2	t_1	t_2	t_3
c_1	c_1	c_2	e	t_3	t_1	t_2
c_2	c_2	e	c_1	t_2	t_3	t_1
t_1	t_1	t_2	t_3	e	c_1	c_2
t_2	t_2	t_3	t_1	c_2	e	c_1
t_3	t_3	t_1	t_2	c_1	c_2	e

Dalla tavola di Cayley si nota che S_3 non è abeliano. Inoltre si nota che l'identità e e i due cicli c_1 e c_2 formano un sottogruppo (parte grigia della Tabella 3), in quanto componendo questi tre elementi si ottiene sempre uno di essi. Questi tre elementi formano proprio il gruppo alterno A_3 di S_3. Difatti, l'identità è pari e i due 3-cicli possono essere espressi ognuno in termini di due trasposizioni. Ad esempio c_1=(1,2,3)=(1,2)(1,3) e c_2=(1,3,2)=(1,3)(1,2).
Si può, quindi, creare la seguente catena di sottogruppi.

$$S_3 \supset A_3 \supset \{e\}$$

I laterali del sottogruppo A_3 sono lo stesso A_3, che si ottiene componendo gli elementi di A_3 tra loro, e $\{t_1,t_2,t_3\}$. Laterali destro e sinistro coincidono, pertanto A_3 è un gruppo normale.
Inoltre il gruppo quoziente S_3 / A_3 è dato dai laterali che sono 2 (un numero primo).
Infine $\{e\}$ è un sottogruppo normale di A_3. I laterali di e sono tre $\{e\},\{c_1\},\{c_2\}$; pertanto il quoziente $A_3 / \{e\}$ è composto da un numero primo di elementi (ossia 3).
Sono state verificate tutte le proprietà della catena di sottogruppi al fine di affermare che S_3 è un gruppo risolubile.
Nel gruppo $(S_4,\circ)$ vi sono 4! = 24 elementi. Essi sono l'identità, 6 trasposizioni (del tipo (a_h,a_k)), 8 3-cicli (del tipo (a_h,a_k,a_l)), 6 4-cicli (del tipo (a_h,a_k,a_l,a_n)) e 3 doppi scambi disgiunti (del tipo $(a_h,a_k)(a_l,a_n)$).
Del gruppo alterno A_4 fanno parte l'identità, gli 8 tre-cicli e i 3 doppi scambi disgiunti, per un totale di 12 elementi. Il gruppo alterno è normale; difatti ha la metà degli elementi del gruppo S_4. Il gruppo quoziente S_4 / A_4 contiene un numero n di laterali che è dato da $n = \frac{|S_4|}{|A_4|} = \frac{24}{12} = 2$ (un numero primo).
Nel gruppo alterno si riesce a considerare il sottogruppo V, formato dall'identità e dai 3 doppi scambi disgiunti, ossia $V = \{e,(1,2)(3,4),(1,3)(2,4),(1,4)(2,3)\}$. Il sottogruppo V è anche detto Gruppo di Klein. In Tabella 4 si mostra la tavola di Cayley di questo sottogruppo.

Tabella 4

$\circ$	***e***	**(1,2)(3,4)**	**(1,3)(2,4)**	**(1,4)(2,3)**
e	e	(1,2)(3,4)	(1,3)(2,4)	(1,4)(2,3)
(1,2)(3,4)	(1,2)(3,4)	e	(1,4)(2,3)	(1,3)(2,4)
(1,3)(2,4)	(1,3)(2,4)	(1,4)(2,3)	e	(1,2)(3,4)
(1,4)(2,3)	(1,4)(2,3)	(1,3)(2,4)	(1,2)(3,4)	e

È possibile dimostrare che V è un sottogruppo normale. Il gruppo quoziente A_4 / V, composto dai laterali di V, ha ordine $n = \frac{|A_4|}{|V|} = \frac{12}{4} = 3$ (un numero primo).
Il passo successivo è considerare W, sottogruppo di V, tale che $V = \{e,(1,2)(3,4)\}$. Avendo W la metà degli elementi di V, allora esso è normale. Inoltre i laterali di W sono 2 (un numero primo) e questo è anche l'ordine del gruppo quoziente V/W.
Infine si considera il sottogruppo banale $\{e\}$ che è normale. Il quoziente $W/\{e\}$ ha 2 elementi (numero primo).

Pertanto si stabilisce la seguente catena di sottogruppi, per i quali i requisiti di risolubilità sono tutti verificati.

$$S_4 \supset A_4 \supset V \supset W \supset \{e\}$$

Quindi il gruppo S_4 è risolubile.

3.17.6 Il gruppo simmetrico S_5

Sussiste il seguente teorema.

Teorema 21

Se H è un sottogruppo di S_5 e contiene un 5-ciclo e una trasposizione, allora tale sottogruppo H coincide con l'intero gruppo S_5.

DIM

Si può supporre che la trasposizione sia $t = (1,2)$: se così non fosse si potrebbero ridefinire i nomi degli oggetti dell'insieme I_5. Sia c il 5-ciclo. Componendo tale ciclo con se stesso un numero di volte pari al massimo a 4, si ottiene un ciclo che porta 1 in 2, ossia $c = (1,2,h,k,j)$, con h,k e j distinti ed uguali a 3, 4 e 5. Si ridefiniscono i nomi degli elementi h, j e k in modo che il ciclo sia proprio $c = (1,2,3,4,5)$.
Si può verificare facilmente che:

$$t = (1,2)$$
$$t \circ c \circ t \circ c^{-1} \circ t = (1,3)$$
$$c^{-1} \circ t \circ c^{-1} \circ t \circ c \circ t \circ c = (1,4)$$
$$c^{-1} \circ t \circ c = (1,5)$$

Se mediante il ciclo e la trasposizione si sono ottenute le quattro trasposizioni che hanno come primo elemento sempre 1, allora da queste si possono ottenere tutti i cicli e le trasposizioni possibili di S_5 e quindi anche tutte le permutazioni di S_5. Pertanto H coincide con S_5. **CVD**

Nel gruppo S_5 che possiede 5!=120 elementi, si può considerare il sottogruppo alterno A_5 con 60 elementi che è normale.

Teorema 22

A_5 non è risolubile.

DIM

Sia N un sottogruppo normale di A_5. In A_5 tutti gli elementi possono essere espressi come 3-cicli o come doppi scambi disgiunti. Pertanto al di fuori del sottogruppo N vi sono sia 3-cicli (di periodo 3), sia doppi scambi disgiunti (di periodo 2). Questi elementi saranno presenti nel gruppo quoziente A_5/N. Occorre stabilire quale sia l'ordine di tale gruppo e soprattutto se sia primo. Dal teorema di Lagrange si sa che il periodo di ciascun elemento di un gruppo divide l'ordine del gruppo. Quindi l'ordine di A_5/N è divisibile sia per 2 (contiene scambi disgiunti), sia per 3 (contiene 3-cicli), pertanto è divisibile per 6. Quindi tale ordine è 6, oppure un multiplo di 6. In ogni caso, l'ordine di A_5/N non è primo. Pertanto A_5 non è risolubile. **CVD**

Teorema 23
S_5 non è risolubile.
DIM
Si cerca un sottogruppo normale di S_5 distinto da A_5. Sia H tale sottogruppo e sia esso tale che il gruppo quoziente S_5/H abbia ordine primo p. L'intersezione dei due sottogruppi $K = H \cap A_5$ deve essere anch'essa un sottogruppo normale. Inoltre il gruppo quoziente S_5/K deve essere un sottogruppo di S_5/H. Pertanto l'ordine di S_5/K deve dividere l'ordine di S_5/H, ossia p. Siccome p è primo, allora l'ordine di S_5/K è p oppure 1. Siccome A_5 non ha sottogruppi normali che determinano un gruppo quoziente con ordine primo, allora K deve coincidere con A_5 stesso. Sia $K = A_5$, allora $H \supset A_5$. Ma siccome A_5 ha ordine pari alla metà di S_5, ossia il suo ordine si ottiene dalla divisione per 2 dell'ordine di S_5, allora H non si può ottenere dividendo l'ordine di S_5 per un intero minore, quindi H coincide con A_5. Si è quindi stabilito che A_5 è l'unico sottogruppo normale di S_5. Pertanto S_5 non ha sottogruppi che determinano gruppi quozienti di ordine primo, allora la catena di sottogruppi per risolvere S_5 si deve necessariamente interrompere nel modo seguente.

$$S_5 \supset A_5$$

Pertanto S_5 non è risolubile. **CVD**

3.18 Gruppo diedrale

3.18.1 Definizione

Un gruppo diedrale, indicato con la coppia $(D_n, \cdot)$, è un gruppo che viene generato da due elementi. Indicata con e l'unità, i due elementi generatori possono essere indicati con r e a ed hanno le seguenti caratteristiche:

$$r^n = \underbrace{r \cdot r \cdot \ldots \cdot r}_{n\ volte} = e \qquad a^2 = a \cdot a = e$$

Inoltre deve avvenire che $a \cdot r = r^{-1} \cdot a$
Si noti che, in base alle definizioni appena introdotte, si ha che l'elemento inverso di a è lo stesso a, infatti:

$$a \cdot a = e = a \cdot a^{-1} \Rightarrow a = a^{-1}$$

Inoltre l'elemento inverso di r è l'elemento r^{n-1}, infatti:

$$r^n = e \Rightarrow r \cdot r^{n-1} = e = r \cdot r^{-1} \Rightarrow r^{n-1} = r^{-1}$$

Analogamente, l'elemento inverso di r^2 *è* r^{n-2} e così via.
In tal modo gli elementi del gruppo diedrale $(D_n, \cdot)$ risultano essere i seguenti:

$$D_n = \{e, r, r^2, \ldots, r^{n-1}, a, ra, r^2a, \ldots, r^{n-1}a\}$$

Si noti che non è necessario aggiungere altri elementi, poiché risultano identici a quelli selezionati. Ad esempio, l'elemento $a \cdot r$ che non è presente nella lista è tale che $a \cdot r = r^{-1} \cdot a = r^{n-1} \cdot a$. Pertanto $a \cdot r$ è rappresentato da $r^{n-1} \cdot a$. Analogamente dicasi per gli altri elementi di questo tipo.
Gli elementi ottenuti sono $2n$, pertanto l'ordine del gruppo diedrale D_n è $2n$, ossia $|D_n| = 2n$.

Esempio

Si descrive nel dettaglio il gruppo diedrale D_3. Esso è generato da due elementi r ed a tali che:

$$r^3 = e \qquad a^2 = e$$

Pertanto i suoi elementi sono:

$$D_3 = \{e, r, r^2, a, ra, r^2a\}$$

L'ordine del gruppo è $|D_3| = 2 \cdot 3 = 6$.
Si determina la tavola di Cayley del gruppo.

$\cdot$	$\boldsymbol{e}$	$\boldsymbol{r}$	$\boldsymbol{r^2}$	$\boldsymbol{a}$	$\boldsymbol{ra}$	$\boldsymbol{r^2a}$
$\boldsymbol{e}$	e	r	r^2	a	ra	r^2a
$\boldsymbol{r}$	r	r^2	e	ra	r^2a	a
$\boldsymbol{r^2}$	r^2	e	r	r^2a	a	ra
$\boldsymbol{a}$	a	r^2a	ra	e	r^2	r
$\boldsymbol{ra}$	ra	a	r^2a	r	e	r^2
$\boldsymbol{r^2a}$	r^2a	ra	a	r^2	r	e

3.18.2 Interpretazione geometrica

Il gruppo diedrale può avere una interpretazione geometrica. Difatti, il generico gruppo D_n può essere visto come il gruppo di trasformazioni isometriche del piano che lasciano invariato un poligono regolare di n lati.

Le **trasformazioni isometriche** (dette anche **isometrie**) sono quelle trasformazioni del piano che mantengono invariate le distanze tra punti. Di conseguenza le isometrie mantengono invariati anche angoli ed aree nel piano. Esempi di isometrie sono le traslazioni, le rotazioni, le simmetrie assiali e centrali.
Si rammenta inoltre che un **poligono regolare** di n lati ha n lati congruenti e n angoli interni congruenti, ciascuno pari a $\frac{(n-2)\pi}{n}$. In un poligono regolare è possibile considerare il centro O della circonferenza circoscritta al poligono. Tale circonferenza passa per tutti i vertici del poligono. Pertanto il centro O è equidistante dai vertici del poligono. In Figura 5 sono mostrati i poligoni regolari con $n = 3$, $n = 4$ e $n = 5$.

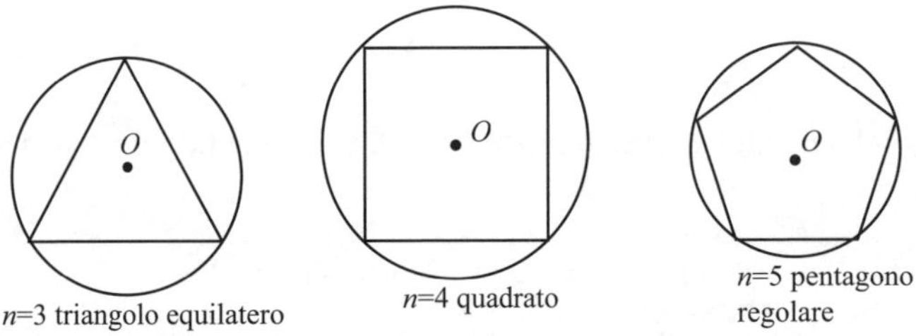

Figura 5

Pertanto, gli elementi del gruppo D_n rappresentano le trasformazioni isometriche che applicate al poligono di n lati lo lasciano invariato nell'aspetto, sebbene i suoi vertici (e con essi tutti i suoi punti) abbiano mutato la loro posizione nel piano. In particolare, l'elemento r rappresenta una **rotazione** in senso antiorario intorno ad O di un angolo pari a $\frac{2\pi}{n}$. Pertanto è chiaro che r^n rappresenta n rotazioni antiorarie intorno ad O di un angolo $\frac{2\pi}{n}$ che possono essere viste anche come una sola rotazione di un angolo che è n volte $\frac{2\pi}{n}$, ossia proprio 2π (l'angolo giro). Pertanto r^n rappresenta l'identità, giacché equivale a riportare il poligono nella sua configurazione iniziale. In Figura 6 è mostrato l'esempio specifico del quadrato. Dopo aver applicato una prima rotazione di $\frac{2\pi}{n} = \frac{2\pi}{4} = \frac{\pi}{2}$, il vertice A prende il posto di B, B prende il posto di C e così via. Materialmente le posizioni dei vertici sono mutate, ma il quadrato appare agli occhi di un osservatore come immutato. Analogamente succede per le rotazioni successive.

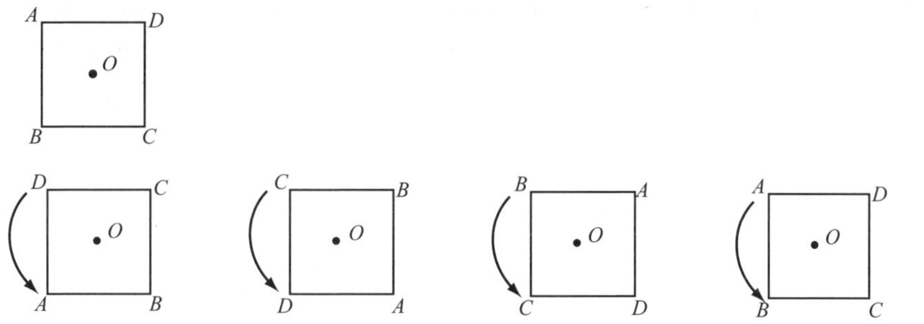

$$r = \frac{2\pi}{4} = \frac{\pi}{2} \qquad r^2 = 2 \cdot \frac{2\pi}{4} = \pi \qquad r^3 = 3 \cdot \frac{2\pi}{4} = \frac{3\pi}{2} \qquad r^4 = 4 \cdot \frac{2\pi}{4} = 2\pi$$

Figura 6

L'elemento a rappresenta una **simmetria assiale** rispetto ad uno degli n assi di simmetria del poligono di n lati. Ciascuno degli n **assi di simmetria** del poligono regolare passa per il centro O. Si noti che, a seconda della parità di n (ovvero se n sia pari o dispari), gli assi di simmetria di un poligono regolare sono collocati diversamente.
Se n è un numero dispari, ciascun asse passa per un vertice e per il punto medio del lato opposto. In tal caso, considerato uno di questi assi, si può individuare il prossimo ruotando l'asse di un angolo pari a $\frac{2\pi}{n}$.
Se n è un numero pari, allora gli assi si alternano: uno passa per due vertici opposti, mentre il successivo passa per i punti medi di due lati opposti. In tal caso, considerato uno di questi assi, si può individuare il prossimo ruotando l'asse di un angolo pari a $\frac{\pi}{n}$.
In Figura 7 sono mostrati gli assi di simmetria per un poligono regolare con un numero dispari di lati e per uno con un numero pari di lati.

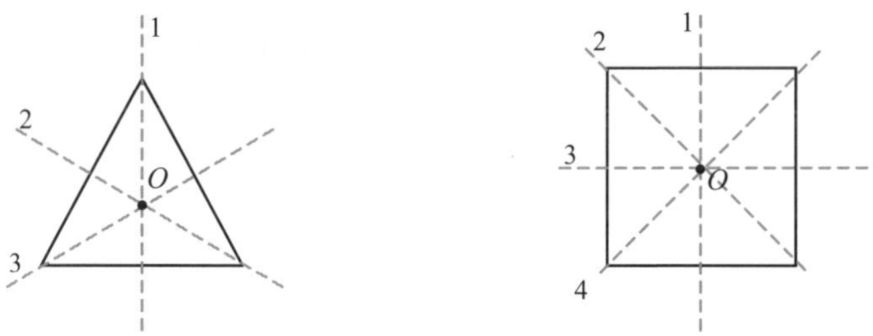

$n = 3$ (dispari) triangolo equilatero: assi passanti per i vertici e i punti medi dei lati opposti

$n = 4$ (pari) quadrato: un asse passa per due vertici opposti e il successivo passa per i punti medi di due lati opposti

Figura 7

Si ha che $a^2 = e$, ossia due simmetrie assiali consecutive, intorno allo stesso asse, riportano il poligono nella configurazione iniziale. In Figura 8 si nota come dopo una prima simmetria assiale a il vertice A finisca in D e viceversa, così come il vertice C finisca in B e viceversa. Dopo una seconda simmetria assiale, i vertici sono riportati nella loro posizione originale.

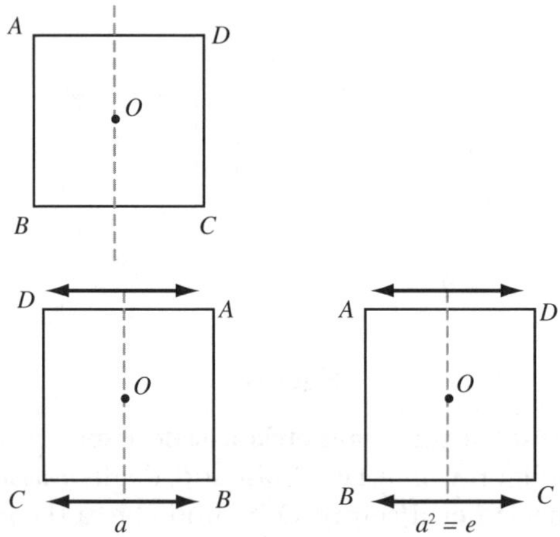

Figura 8

Esempio

Si vuole ora fornire nel dettaglio l'interpretazione geometrica del gruppo D_3, presentato nell'esempio precedente. Il gruppo D_3 è quello delle trasformazioni isometriche di un poligono regolare con 3 lati, ossia un triangolo equilatero.

L'elemento neutro e è la trasformazione che lascia invariate le posizioni dei tre vertici del triangolo. In questo caso l'elemento r è associato ad una rotazione antioraria intorno ad O di $\frac{2\pi}{3} = 120°$, mentre a è associato ad una simmetria assiale rispetto all'asse passante per il vertice A e per O. In Figura 9 sono mostrati gli effetti di queste due trasformazioni sul triangolo.

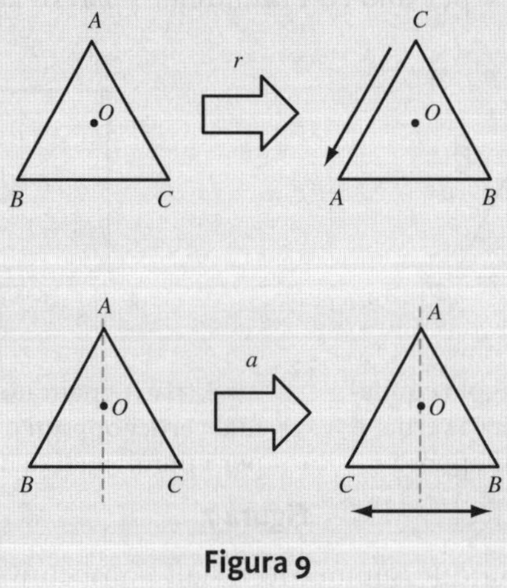

Figura 9

La rotazione r può generare anche una rotazione di 240° intorno ad O, se viene applicata due volte. Difatti l'elemento r genera r^2 che corrisponde a una rotazione di $2\frac{2\pi}{3} = 240°$, come mostrato in Figura 10.

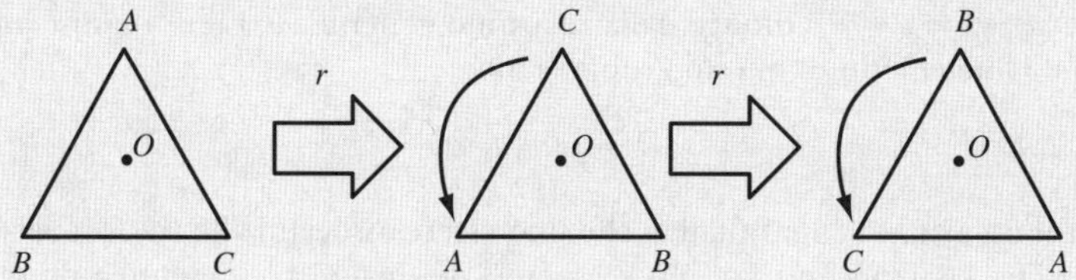

Figura 10

L'elemento ra è generato dal prodotto di r ed a. Esso rappresenta una trasformazione che consiste nell'effettuare una simmetria assiale rispetto ad OA e quindi una rotazione di 120° intorno ad O (vedi Figura 11).

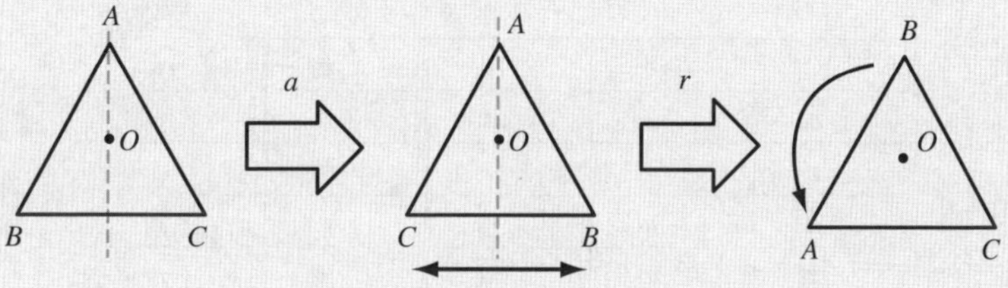

Figura 11

Infine l'elemento r^2a rappresenta una trasformazione che consiste nell'effettuare una simmetria assiale e due rotazioni (vedi Figura 12).

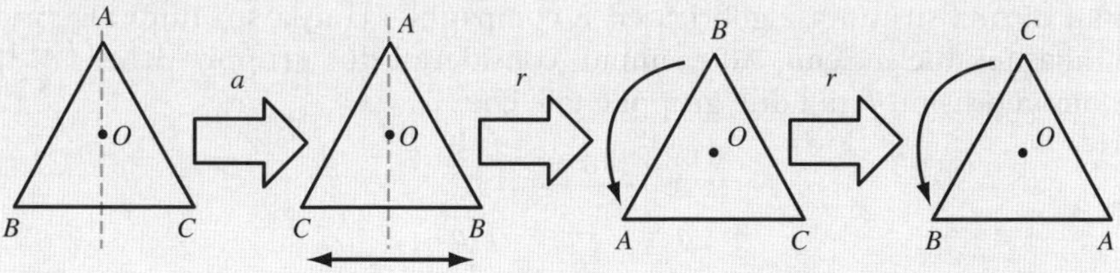

Figura 12

I gruppi diedrali D_1 e D_2 rappresentano casi particolari e vengono illustrati nel seguente esempio.

Esempio

Il gruppo D_1 possiede $2n = 2 \cdot 1 = 2$ elementi, in quanto l'elemento r coincide con l'identità: $r = r^1 = e$. Inoltre si ha $a \cdot a = e \Rightarrow a^2 = e$. Appare evidente che questo gruppo è commutativo. Esso non si lega alle trasformazioni isometriche di alcun poligono.
Il gruppo D_2 possiede $2n = 2 \cdot 2 = 4$ elementi. Difatti $r^2 = e$, pertanto $r = r^{-1}$ ed analogamente $a^2 = e \Rightarrow a = a^{-1}$. Inoltre dalla relazione generale $a \cdot r = r^{-1} \cdot a$ discende che $a \cdot r = r \cdot a$. Gli elementi di questo gruppo sono:

$$D_2 = \{e, r, a, ra\}$$

Si tratta di un gruppo commutativo che può essere associato alle trasformazioni isometriche che lasciano invariato un segmento nel piano. L'elemento r rappresenta una rotazione di 180° intorno al punto medio del segmento, mentre a rappresenta una simmetria assiale rispetto all'asse del segmento. Si noti che queste due trasformazioni ottengono lo stesso effetto sui punti del segmento o della retta su cui esso giace (ossia quello di scambiare un punto con il suo simmetrico rispetto al punto medio del segmento). Tuttavia esse sono ben distinte per tutti gli altri punti del piano in cui giace il segmento.
La tavola di Cayley del gruppo D_2 è la seguente.

.	***e***	***r***	***a***	***ra***
e	*e*	*r*	*a*	*ra*
r	*r*	*e*	*ra*	*a*
a	*a*	*ra*	*e*	*r*
ra	*ra*	*a*	*r*	*e*

3.19 Isomorfismo tra gruppi e gruppi isomorfi

In generale un **omomorfismo** è una funzione che collega due insiemi A ed A' dotati di una struttura algebrica ed è compatibile con la struttura algebrica definita nei due insiemi. Ad esempio, considerati due gruppi $(A,*)$ e $(A',\bullet)$, un omomorfismo f tra i due gruppi è tale che:

$$\begin{array}{ccc} A & \xrightarrow{f} & A' \\ a & \rightarrow & f(a) \end{array}$$

Inoltre per la compatibilità con la struttura algebrica, si ha che:

$$\forall a,b \in A : f(a * b) = f(a) \bullet f(b)$$

Si noti che f(a) e f(b) sono elementi di A' e pertanto tra di essi vi è l'operazione definita in A', ossia •; viceversa a e b sono elementi di A e l'operazione tra di essi è *

Oltre il formalismo

La proprietà appena introdotta risponde ad un requisito ben preciso che in questa nota si vuole mettere in evidenza. Si supponga che nel gruppo *A*, dove è definita l'operazione *, si abbia $a * b = c$. Si supponga inoltre che l'omomorfismo associ all'elemento *a* di *A*, l'elemento $k = f(a)$ di A', e che associ all'elemento *b* di *A*, l'elemento $h = f(b)$ di A'. Se in A' è definita l'operazione °, allora ci si può chiedere quale sia il risultato di $k \circ h$. Sia $k \circ h = l$, allora l'omomorfismo è tale da associare all'elemento *c*, che risulta dall'operazione $a * b$ in *A*, proprio l'elemento *l* che risulta dall'operazione $k \circ h$ in A', ossia l'elemento che risulta dall'operazione degli elementi associati rispettivamente ad *a* e *b*.

Un omomorfismo gode delle due seguenti proprietà:

1. $\forall a \in A : f\left(a^{-1}\right) = \left[f(a)\right]^{-1}$, ossia l'omomorfismo trasforma l'elemento inverso di qualsiasi elemento *a* del gruppo *A* nell'elemento inverso dell'immagine di *a*, ossia $f(a)$.
2. $f(e) = e'$, ossia l'omomorfismo trasforma l'elemento neutro *e* di *A* nell'elemento neutro e' di A'.

Un omomorfismo di un gruppo in sé viene detto **endorfismo**.
Quando un omomorfismo è iniettivo e suriettivo (ossia biiettivo) allora è detto **isomorfismo**. Se due gruppi sono messi in corrispondenza da un isomorfismo, allora sono detti **isomorfi**. In questo caso le proprietà di un gruppo corrispondono completamente a quelle dell'altro (ordine, commutatività, sottogruppi, sottogruppi normali). In pratica si può affermare che due gruppi isomorfi, fatto salvo l'aspetto semantico che ad essi viene attribuito, sono sostanzialmente e formalmente lo stesso gruppo. Questa caratteristica permette di stabilire collegamenti sorprendenti tra gruppi ai cui elementi è stato assegnato un significato completamente diverso. In tal caso è possibile affermare che questi gruppi sono da un punto di vista algebrico ed operazionale il medesimo gruppo.
Un **automorfismo** è un isomorfismo di un gruppo in sé. In pratica l'automorfismo di un gruppo associa a ciascun elemento del gruppo un altro elemento del gruppo stesso. Più banalmente si può dire che un automorfismo non è altro che una permutazione degli elementi di un gruppo.
Si forniscono esempi di gruppi isomorfi.

Esempio 1

Il gruppo diedrale $(D_3, \cdot)$ rappresenta le isometrie nel piano che lasciano invariato un poligono regolare di 3 lati (vedi par. 3.18). In esso è definita una operazione di prodotto · di tali trasformazioni isometriche. Il gruppo simmetrico $(S_3, \circ)$ comprende le permutazioni di 3 oggetti (vedi par. 3.17). In esso è definita una legge di composizione ° delle permutazioni. I due gruppi, soprattutto per i contesti nei quali operano, non sembrano avere nulla in comune. D'altro canto si nota che entrambi hanno un ordine pari a 6, ossia entrambi possiedono 6 elementi.

Osservando le tavole di Cayley dei due gruppi $(D_3,\cdot)$ e $(S_3,\circ)$, riportate in Figura 13, il lettore può notare che la configurazione di queste due tavole è la medesima.

$\cdot$	e	r	r^2	a	ra	r^2a
e	e	r	r^2	a	ra	r^2a
r	r	r^2	e	ra	r^2a	a
r^2	r^2	e	r	r^2a	a	ra
a	a	r^2a	ra	e	r^2	r
ra	ra	a	r^2a	r	e	r^2
r^2a	r^2a	ra	a	r^2	r	e

$\circ$	e	c_1	c_2	t_1	t_2	t_3
e	e	c_1	c_2	t_1	t_2	t_3
c_1	c_1	c_2	e	t_3	t_1	t_2
c_2	c_2	e	c_1	t_2	t_3	t_1
t_1	t_1	t_2	t_3	e	c_1	c_2
t_2	t_2	t_3	t_1	c_2	e	c_1
t_3	t_3	t_1	t_2	c_1	c_2	e

Figura 13

Per accorgersi di questo fatto si può partire dalla tavola di $(D_3,\cdot)$ ed operare le seguenti sostituzioni:

$$e \rightarrow e;\ r \rightarrow c_1;\ r^2 \rightarrow c_2;\ a \rightarrow t_1;\ ra \rightarrow t_2;\ r^2a \rightarrow t_3$$

Equazione 5

Così facendo si ottiene proprio la tavola di Cayley di $(S_3,\circ)$.
Le sostituzioni mostrate nell'Equazione 5 non sono altro che le corrispondenze fissate dall'isomorfismo. Il fatto che le due tavole di Cayley coincidano perfettamente, garantisce che le operazioni svolte in un gruppo abbiano corrispondenza e risultino coerenti con quelle svolte nell'altro gruppo.
Ad esempio nel gruppo $(D_3,\cdot)$ si ha che $ra\cdot r = a$. Nell'isomorfismo tra i due gruppi si è fatto corrispondere $ra \rightarrow t_2;\ r \rightarrow c_1;\ a \rightarrow t_1$. Quindi, usando la corrispondenza instaurata tra i gruppi deve avvenire che:

$$\begin{array}{ccccc} ra & \cdot & r & = & a \\ \downarrow & \downarrow & \downarrow & \downarrow & \downarrow \\ t_2 & \circ & c_1 & = & t_1 \end{array}$$

In effetti, osservando la tavola di Cayley, si nota che in $(S_3,\circ)$ avviene proprio che $t_2 \circ c_1 = t_1$.

Oltre il formalismo

Il collegamento tra i gruppi D_3 e S_3 può essere molto evidente se si fanno alcune considerazioni sul significato che le permutazioni di S_3 possono assumere in riferimento alle trasformazioni rappresentate dagli elementi di D_3.
Si considera l'elemento r di D_3. Esso è associato all'elemento c_1 di S_3. In particolare r di D_3 rappresenta una rotazione antioraria di 120° del triangolo equilatero intorno al centro O della circonferenza ad esso circoscritta. Tale rotazione è mostrata in Figura 14. Per

rendere evidente la connessione con l'elemento c_1 di S_3, i vertici del triangolo equilatero sono stati numerati con 1, 2 e 3.

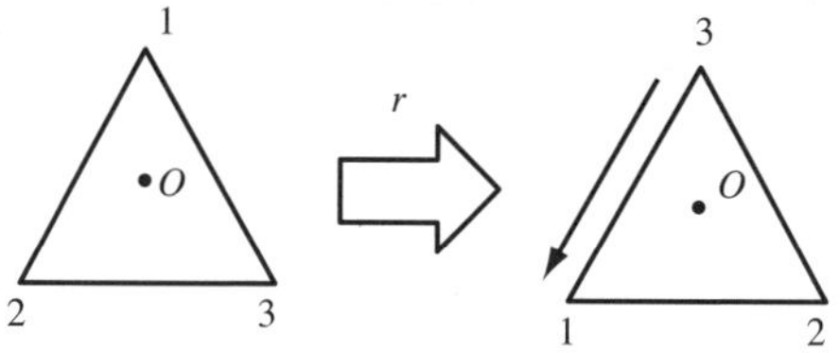

Figura 14

L'elemento c_1 di S_3 è rappresentato dal ciclo c_1=(1,2,3). Questo ciclo porta 1 in 2, 2 in 3 e 3 in 1. Si noti che, numerando i vertici del triangolo con 1, 2 e 3, la rotazione *r* non fa altro che portare il vertice 1 nella posizione occupata dal vertice 2, il vertice 2 nella posizione del vertice 3 e il vertice 3 nel vertice 1. A questo punto, appare evidente il legame tra la rotazione *r* e il ciclo c_1. In modo analogo si possono verificare i legami sussistenti tra gli altri elementi di D_3 e S_3.

Esempio 2

Si consideri il gruppo di Klein $V=\{e,(1,2)(3,4),(1,3)(2,4),(1,4)(2,3)\}$. V è un sottogruppo di S_4, il gruppo delle permutazioni di 4 elementi. Il gruppo V assume un ruolo centrale nella verifica della risolubilità di S_4 (vedi par. 3.17.5).
Si consideri inoltre il prodotto di gruppi $Z_2\times Z_2=\{([0]_2,[0]_2),([0]_2,[1]_2),([1]_2,[0]_2),([1]_2,[1]_2)\}$, in cui è definita una operazione di somma (vedi par. 3.14).
Infine si consideri il gruppo diedrale D_2 (vedi par. 3.18).
Questi tre gruppi, per quanto incontrati in contesti completamente differenti, sono isomorfi, difatti si mostrano le loro tavole di Cayley in Figura 15.

∘	***e***	**(1,2)(3,4)**	**(1,3)(2,4)**	**(1,4)(2,3)**
e	*e*	(1,2)(3,4)	(1,3)(2,4)	(1,4)(2,3)
(1,2)(3,4)	(1,2)(3,4)	*e*	(1,4)(2,3)	(1,3)(2,4)
(1,3)(2,4)	(1,3)(2,4)	(1,4)(2,3)	*e*	(1,2)(3,4)
(1,4)(2,3)	(1,4)(2,3)	(1,3)(2,4)	(1,2)(3,4)	*e*

+	$([0]_2, [0]_2)$	$([0]_2, [1]_2)$	$([1]_2, [0]_2)$	$([1]_2, [1]_2)$
$([0]_2, [0]_2)$	$([0]_2, [0]_2)$	$([0]_2, [1]_2)$	$([1]_2, [0]_2)$	$([1]_2, [1]_2)$
$([0]_2, [1]_2)$	$([0]_2, [1]_2)$	$([0]_2, [0]_2)$	$([1]_2, [1]_2)$	$([1]_2, [0]_2)$
$([1]_2, [0]_2)$	$([1]_2, [0]_2)$	$([1]_2, [1]_2)$	$([0]_2, [0]_2)$	$([0]_2, [1]_2)$
$([1]_2, [1]_2)$	$([1]_2, [1]_2)$	$([1]_2, [0]_2)$	$([0]_2, [1]_2)$	$([0]_2, [0]_2)$

(*segue*)

.	*e*	*r*	*a*	*ra*
e	*e*	*r*	*a*	*ra*
r	*r*	*e*	*ra*	*a*
a	*a*	*ra*	*e*	*r*
ra	*ra*	*a*	*r*	*e*

Figura 15

L'isomorfismo tra V e $Z_2 \times Z_2$ compie le seguenti associazioni:

$$e \to ([0]_2,[0]_2);\ (1,2)(3,4) \to ([0]_2,[1]_2);\ (1,3)(2,4) \to ([1]_2,[0]_2);\ (1,4)(2,3) \to ([1]_2,[1]_2)$$

Inoltre, l'isomorfismo tra V e D_2 compie le seguenti associazioni:

$$e \to e;\ (1,2)(3,4) \to r;\ (1,3)(2,4) \to a;\ (1,4)(2,3) \to ra$$

Si consideri un gruppo A e sia n l'ordine di A. Si consideri il gruppo S_A detto gruppo simmetrico di A. Tale gruppo è costituito dalle permutazioni degli elementi di A. In pratica il gruppo S_A è basato su di un insieme I_n che possiede n elementi che corrispondono proprio agli n elementi di A. L'ordine del gruppo S_A è $n!$
È ora possibile enunciare il **teorema di Cayley** che nell'ambito dei gruppi isomorfi assume un ruolo centrale.

Teorema 24
Il gruppo A di ordine finito n è isomorfo ad un sottogruppo di S_n.
Un riscontro di tale teorema è stato fornito proprio nel secondo esempio dei due precedenti. Il gruppo $Z_2 \times Z_2$ ha 4 elementi, pertanto esso deve essere isomorfo ad un sottogruppo del gruppo S_4 delle permutazioni di 4 elementi. In effetti $Z_2 \times Z_2$ è isomorfo al gruppo di Klein V, che è un sottogruppo di S_4. Analogamente dicasi per il gruppo diedrale D_2. In modo analogo, si può verificare che il gruppo $(Z_3,+)$ di ordine 3 è isomorfo al sottogruppo alterno A_3 del gruppo $(S_3,\circ)$.

3.20 Anelli

3.20.1 Definizione

Si consideri una struttura algebrica $(K,+,\cdot)$ nella quale un insieme K è dotato di due operazioni interne, indicate con + e ·. Inoltre si indica con 0 l'elemento neutro dell'operazione +.
La struttura algebrica $(K,+,\cdot)$ si definisce **anello** se:
- $(K,+)$ è un gruppo abeliano
- $(K,\cdot)$ è un semigruppo
- L'operazione · è distributiva rispetto all'operazione +, ossia

$$x\cdot(y+z)=(x\cdot y)+(x\cdot z)\quad \forall x,y,z\in K$$

Se la coppia $(K,\cdot)$ è un monoide, allora la struttura algebrica è definita **anello con unità**. Infine se la coppia $(K,\cdot)$ è un semigruppo abeliano, allora la struttura è detta **anello commutativo**.

Approfondimento

È utile precisare che la definizione di anello cambia a seconda dell'autore. Ad esempio, alcuni autori includono nella definizione di anello la coppia $(K,\cdot)$ come un monoide. Pertanto, prima di confrontare asserti o dimostrazioni tra differenti autori è utile verificare come siano effettivamente definiti gli anelli.

Esempio

La struttura algebrica $(Z,+,\cdot)$ formata dall'insieme degli interi Z e dalle comuni operazioni di addizione e moltiplicazione è un **anello con unità commutativo**. Difatti $(Z,+)$ è un gruppo abeliano, in quanto l'addizione negli interi è associativa e commutativa, esiste l'elemento neutro ed ogni intero possiede l'inverso. Inoltre $(Z,\cdot)$ è un semigruppo poiché la moltiplicazione è associativa. In Z esiste l'elemento neutro della moltiplicazione (ossia 1) pertanto si dice che $(Z,+,\cdot)$ è un anello con unità. Infine, siccome la moltiplicazione è commutativa, allora $(Z,+,\cdot)$ è un anello con unità commutativo.
Analogamente anche $(Q,+,\cdot)$ è un anello con unità commutativo.
Un altro esempio di **anello con unità commutativo** è $(Z_n,+,\cdot)$, dove Z_n è la classe di congruenza modulo n. Si è visto che $(Z_n,+)$ è un gruppo abeliano. Inoltre la moltiplicazione in Z_n è associativa ed esistono le proprietà distributive tra le operazioni. Inoltre esiste l'elemento neutro rispetto alla moltiplicazione, ossia $[1]_n$, e la moltiplicazione è commutativa.

3.20.2 Anello dei polinomi

Si sono già introdotti i polinomi nella trattazione dei numeri algebrici e dei numeri complessi. Ora si vogliono presentare i polinomi in modo formale, evidenziando la struttura algebrica di anello che li caratterizza.
Se $(A,+,\cdot)$ è un anello (ad esempio $A = Z$ oppure $A = Q$), allora è possibile considerare tutte le scritture del tipo seguente $a_n x^n + a_{n-1}x^{n-1} + \ldots + a_1 x + a_0$, dove $n \in N$. Più brevemente il polinomio si può indicare anche con la seguente scrittura $\sum_{i=0}^{n} a_i x^i$.
Gli elementi $a_n, a_{n-1}, \ldots, a_1, a_0 \in A$ sono detti **coefficienti** del polinomio e x è un simbolo che non appartiene ad A. I simboli + non sono riferiti all'operazione + definita nell'anello A, ma servono per separare i vari termini del tipo $a_i x^i$ che sono a loro volta detti **monomi**. Le scritture x^i servono solo per indicare il posto occupato dal coefficiente a_i. Difatti, quando il coefficiente viene

esplicitato come un elemento di A non reca con sé alcun indice i che ne possa identificare la posizione. Il valore i è detto **grado** del monomio. Inoltre, si conviene che quando non è presente la scrittura x^i, allora a_i corrisponde a 0.

Esempio

Nella scrittura $(-3)x^3+(+1)x+(-4)$, dove -3,+1,-4 $\in Z$, si lascia intendere che il coefficiente -3, essendo associato alla scrittura x^3, occupa il posto 3, ossia corrisponde ad a_3; analogamente +1 corrisponde ad a_1, mentre -4 corrisponde ad a_0. Non essendovi alcuna scrittura x^2, si deduce che al coefficiente a_2 è associato il valore 0.

Il **grado** del polinomio è il massimo dei gradi dei monomi con coefficiente non nullo che compongono il polinomio. Ad esempio, il polinomio $\sum_{i=0}^{n} a_i x^i$ ha grado n se $a_n \neq 0$.

Il coefficiente di grado 0, ossia a_0, è detto **termine noto**. Il coefficiente di grado massimo n, ossia a_n, è detto **coefficiente direttivo**. Se il coefficiente direttivo vale 1, allora il polinomio è detto **monico**.

Esempio

Il polinomio $(-3)x^3+(+1)x+(-4)$ ha grado 3; inoltre il suo termine noto vale -4. Tale polinomio non è monico, in quanto il suo coefficiente direttivo $a_3=-3\neq 1$.

In effetti, se gli x^i indicano solo la posizione del coefficiente, si potrebbe convenire anche di non utilizzare tali scritture e di esprimere il polinomio come una sequenza ordinata di coefficienti separati da virgole. Questa volta i coefficienti nulli devono essere indicati in modo esplicito nella sequenza per evitare ambiguità. Pertanto il generico polinomio potrebbe essere indicato anche nel modo seguente $a_0, a_1, \ldots, a_{n-1}, a_n$.

L'addizione di polinomi è definita in modo da restituire un ulteriore polinomio i cui coefficienti sono la somma dei coefficienti dei monomi che occupano la posizione analoga:

$$\sum_{i=0}^{n} a_i x^i + \sum_{i=0}^{m} b_i x^i = \sum_{i=0}^{k} (a_i + b_i) x^i$$

dove n e m sono i gradi dei polinomi addendi e k è il grado del polinomio somma. Per calcolare la somma dei coefficienti si ricorre all'addizione come definita nell'anello dei coefficienti.

La somma di polinomi è associativa e commutativa. L'elemento neutro è dato dal polinomio i cui coefficienti sono tutti nulli. Dato un polinomio, esiste quello inverso (opposto) rispetto alla somma i cui coefficienti sono l'opposto dei coefficienti analoghi del polinomio di partenza.

Quindi, indicato con $A[x]$ l'insieme dei polinomi espressi mediante il simbolo x con coefficienti nell'anello A, si ha che $(A[x],+)$ è un gruppo abeliano.
La moltiplicazione di polinomi è definita come:

$$\left(\sum_{i=0}^{n} a_i x^i\right)\cdot\left(\sum_{j=0}^{m} b_j x^j\right)=\sum_{h=0}^{k}\left[\sum_{i+j=h}\left(a_i \cdot b_j\right)x^h\right]$$

A secondo membro, la sommatoria interna sta ad indicare la somma dei prodotti dei coefficienti $a_i \cdot b_j$ tali che la somma degli indici sia h. Questo prodotto è associativo.
È possibile provare che anche addizione e moltiplicazione verificano le proprietà distributive.
Il prodotto ha anche un elemento neutro che è il polinomio di grado 0, dove $a_0 = 1$.
Inoltre il prodotto è commutativo. Pertanto $(A[x],+,\cdot)$ è un **anello con unità commutativo**.

3.21 Corpi e campi

3.21.1 Definizioni

La struttura algebrica $(K,+,\cdot)$ si definisce **corpo** se:
> $(K,+)$ è un gruppo abeliano
> $(K-\{0\},\cdot)$ è un gruppo
> L'operazione $\cdot$ è distributiva rispetto all'operazione +, ossia

$$x\cdot(y+z)=(x\cdot y)+(x\cdot z) \quad \forall x,y,z \in K$$

Se la coppia $(K-\{0\},\cdot)$ è anch'essa un gruppo abeliano, allora il corpo si dice **corpo commutativo** oppure **campo**.

Esempi
L'insieme Q con le sue operazioni di addizione + e di moltiplicazione $\cdot$ costituisce un esempio di campo o corpo commutativo. Infatti, per quanto visto negli esempi del Paragrafo 3.10, si ha che $(Q,+)$ è un gruppo abeliano e $(Q-\{0\},\cdot)$ è un gruppo abeliano. Inoltre l'operazione di moltiplicazione è distributiva rispetto all'addizione.
Analogamente, le strutture algebriche $(R,+,\cdot)$ e $(C,+,\cdot)$ costruite sugli insiemi dei numeri reali e complessi costituiscono esempi di campi.

3.21.2 Estensione di un campo

Sia F un campo, si può considerare una sua **estensione** ad un altro campo E, indicata con E/F che ha **grado** indicato con $[E:F]$. Come grado dell'estensione si intende la dimensione del campo E costruito come spazio vettoriale su F (cfr. Cap. 4).

$$[E:F] = \dim_F E$$

Un tipo di estensione particolare è l'**estensione semplice** nella quale ad un campo F viene aggiunto un solo elemento α che non appartiene ad esso. Una estensione di questo tipo viene indicata con $F(\alpha)$.

Una estensione semplice $F(\alpha)$ di F si dice **algebrica** se α è la radice di un polinomio p a coefficienti in F. Ovviamente α può essere radice di più polinomi a coefficienti in F. Si consideri il generico polinomio di cui α è radice. In particolare, tale polinomio può essere ridotto in un prodotto di polinomi di grado inferiore che hanno coefficienti in F. Si supponga che i polinomi così ottenuti siano irriducibili in F. Tra di essi uno ha sicuramente α come radice. Tale polinomio è quello di grado minimo che ha α come radice ed è detto **polinomio minimo**. A meno di un fattore moltiplicativo, tale polinomio è unico. In particolare dividendo i coefficienti di questo polinomio per il coefficiente di grado massimo, si ottiene il **polinomio minimo monico** che ha α come radice. Tale polinomio è unico.

Se una estensione semplice non è algebrica, allora essa viene detta **trascendente**.

Più in generale una estensione di F (non necessariamente semplice) è detta algebrica se tutti gli elementi aggiunti al campo F sono radici di polinomi con coefficienti in F.

Sia p il polinomio minimo di cui α è una radice e siano i coefficienti del polinomio appartenenti al campo F. Se $\alpha \notin F$, allora F può essere esteso algebricamente e in modo semplice in $F(\alpha)$. Ci si chiede quale aspetto abbiano gli elementi di F.

Si noti che è possibile scrivere la potenza n-esima del numero α, come combinazione di coefficienti $c_1, c_2, \ldots, c_n \in F$ moltiplicati per le potenze di α di grado inferiore a n.

$$\alpha^n = \sum_{i=1}^{n-1} c_i \cdot \alpha^i$$

Questa condizione garantisce che la somma o il prodotto o una loro combinazione di elementi di F con α, sia ancora contenuta in $F(\alpha)$, ossia che le operazioni di addizione e moltiplicazione siano interne al nuovo campo $F(\alpha)$. Pertanto si può definire l'estensione semplice $F(\alpha)$ nel modo seguente:

$$F(\alpha)=\left\{\sum_{i=0}^{n-1} c_i \cdot \alpha^i : c_0, c_1, \ldots, c_{n-1} \in F\right\}$$

Si noti che gli elementi di $F(\alpha)$ sono dei polinomi con coefficienti di F in cui sono presenti potenze di α (elemento esterno a F) e tali potenze hanno esponente comunque minore del grado n del polinomio minimo p di cui α è radice.
Il campo $F(\alpha)$ rappresenta:

1. il minimo campo possibile che contiene α e gli elementi di F;
2. il minimo campo nel quale il polinomio minimo p di cui α era radice, che permette di ridurre tale polinomio in fattori che sono polinomi di grado 1;
3. il minimo campo nel quale l'equazione associata al polinomio, ossia $p = 0$, è risolvibile.

Talvolta si indica $F(\alpha)$ anche con la notazione $F[\alpha]$ (con le parentesi quadre) che sottolinea il fatto che il campo così creato è un anello di polinomi espressi mediante potenze di α. Questa notazione ha ancora più senso se si ritorna alla definizione di anello di polinomi data nel paragrafo 3.20.2. Il simbolo x, mediante il quale si esprimevano i polinomi, non era appartenente all'anello da cui scaturiva l'anello di polinomi. Analogamente il numero α non è tra i simboli presenti nel campo F.
Si noti che resta subito individuato il grado dell'estensione $[F(\alpha):F]$ in quanto $F(\alpha)$ viene descritto dal vettore a n componenti $(c_0, c_1, \ldots, c_{n-1})$. La dimensione di tale spazio vettoriale è n (cfr. Cap. 4). Pertanto la dimensione dell'estensione è n. In pratica il grado dell'estensione coincide con il grado del polinomio minimo di cui α è radice.

Esempi

1) Come primo esempio si mostra una estensione semplice algebrica. Si consideri il campo di partenza $F = Q$ (i numeri razionali). Come noto, il numero $\alpha=\sqrt{2}\notin Q$. Pertanto si può pensare di estendere il campo dei razionali al nuovo campo $Q(\sqrt{2})$ che contiene i razionali, il valore $\sqrt{2}$ ed ha tutte le proprietà algebriche di un campo. Si noti che $\alpha=\sqrt{2}$ è la radice di un polinomio minimo a coefficienti razionali $p(x)=x^2-2$; difatti tale polinomio non è riducibile in Q (sebbene lo sia in R). Il grado di questo polinomio è $n = 2$, pertanto il campo $Q(\sqrt{2})$ dovrà essere espresso mediante polinomi in $\alpha=\sqrt{2}$ che hanno una potenza massima pari a n - 1, ossia 2-1=1. Questi polinomi devono essere necessariamente del tipo $c_0+c_1\sqrt{2}$. Quindi:

$$Q(\sqrt{2})=\left\{c_0+c_1\sqrt{2} : c_0, c_1 \in Q\right\}$$

In questa estensione appena definita sono presenti le radici del polinomio $p(x)=x^2-2$, ossia le soluzioni dell'equazione $x^2-2=0$.
La dimensione di questa estensione coincide con il grado del polinomio minimo (irriducibile in Q) e vale $n = 2$. Ciò è evidente anche dalla presenza della coppia di parametri (c_0, c_1).

Si noti che considerando l'altra radice del polinomio $\alpha = -\sqrt{2}$ si sarebbe ottenuta la stessa estensione $Q(-\sqrt{2}) = Q(\sqrt{2})$. In realtà qualsiasi fattore di proporzionalità appartenente a Q permette di avere sempre la stessa estensione.
2) Si vuole ora estendere Q al campo $Q\left(\sqrt[3]{2}\right)$. Occorre individuare il polinomio minimo (monico) a coefficienti in Q di cui $\sqrt[3]{2}$ è radice. Tale polinomio è $p(x) = x^3 - 2$. Quindi il polinomio che esprime gli elementi nel campo $Q\left(\sqrt[3]{2}\right)$ dovrà avere grado massimo pari a $n - 1 = 3 - 1 = 2$. Pertanto:

$$Q(\sqrt[3]{2}) = \left\{c_0 + c_1\sqrt[3]{2} + c_2\left(\sqrt[3]{2}\right)^2 : c_0, c_1, c_2 \in Q\right\}$$

Il grado di questa estensione è 3 (come il grado del polinomio minimo e come il numero di coefficienti che esprimono gli elementi dell'estensione).
3) Ora si mostra una estensione più generale, fatta aggiungendo due elementi ad un campo, mostrando che essa può essere vista come una sequenza di due estensioni semplici. Si considera il campo Q dei razionali. Si vuole estendere questo campo mediante due valori irrazionali non appartenenti ad esso $Q\left(\sqrt{3}, \sqrt{2}\right)$.
Si scrive dapprima l'estensione $F = Q(\sqrt{2}) = \left\{c_0 + c_1\sqrt{2} : c_0, c_1 \in Q\right\}$ già presentata nell'esempio 1.
Analogamente a quanto visto per $\sqrt{2}$, anche il valore $\sqrt{3}$ ha $p(x) = x^2 - 3$ come polinomio minimo in Q. Tale polinomio ha grado 2. Pertanto si può scrivere una estensione di F, ossia $F\left(\sqrt{3}\right)$ che contenga polinomi espressi mediante potenze di $\sqrt{3}$ (con esponente massimo pari a $n - 1 = 2 - 1 = 1$). Si scrive la seconda estensione $Q(\sqrt{3}, \sqrt{2}) = F(\sqrt{3}) = \left\{b_0 + b_1\sqrt{3} : b_0, b_1 \in F\right\}$.
In tale estensione, si ha che $b_0 = c_0 + c_1\sqrt{2}$, $b_1 = c'_0 + c'_1\sqrt{2}$ con $c_0, c_1, c'_0, c'_1 \in Q$.
Quindi $Q(\sqrt{3}, \sqrt{2}) = \left\{c_0 + c_1\sqrt{2} + c'_0\sqrt{3} + c'_1\sqrt{2}\sqrt{3} : c_0, c_1, c'_0, c'_1 \in Q\right\}$.
I 4 parametri mostrano che il grado dell'estensione è 4. Quindi il polinomio minimo in Q che ha come radici $\sqrt{2}$ e $\sqrt{3}$ deve essere di grado 4. Difatti tale polinomio è $\left(x^2 - 2\right)\left(x^2 - 3\right) = x^4 - 5x^2 + 6$.
Si noti che anche il polinomio $x^2 - \left(\sqrt{3} + \sqrt{2}\right)x + \sqrt{6}$ ha come radici $\sqrt{2}$ e $\sqrt{3}$ ed è di grado inferiore al precedente; ma tale polinomio non ha coefficienti in Q, difatti i suoi coefficienti sono irrazionali.
4) Come esempio più generale di estensione si ricorda l'estensione di Q in R che è trascendente, in quanto nel campo esteso R vi sono numeri (i numeri trascendenti come π) che non sono radice di alcun polinomio con coefficienti appartenenti a Q. Inoltre l'estensione di R in C è algebrica in quanto tutti i numeri di C sono radici di polinomi con coefficienti appartenenti a R (si rammenti ad esempio una equazione di secondo grado con coefficienti reali in cui $\Delta < 0$).

3.21.3 Campo di spezzamento (o campo di riducibilità completa)

Sia F un campo e sia $p(x)$ un polinomio monico di grado n, irriducibile su F. Per tale motivo il polinomio $p(x)$ non può essere espresso come prodotto di n polinomi di grado 1:

$$p(x) = (x - \alpha_1) \cdot (x - \alpha_2) \cdot ... \cdot (x - \alpha_n)$$

Si noti che questo accade perché $\alpha_1, \alpha_2, ..., \alpha_n \notin F$. In pratica le radici del polinomio non appartengono a *F*. Occorre quindi individuare una estensione del campo che contenga le radici del polinomio. Questa estensione è data da $F(\alpha_1, \alpha_2, ..., \alpha_n)$.
Si noti che $F(\alpha_1, \alpha_2, ..., \alpha_n)$ può essere intesa come una sequenza di estensioni semplici $F_1 = F(\alpha_1)$, $F_2 = F_1(\alpha_1)$, ..., $F_n = F_{n-1}(\alpha_n)$, estendendo di volta in volta con i valori α_i.
Il campo $F(\alpha_1, \alpha_2, ..., \alpha_n)$ è detto **campo di spezzamento** o campo di **riducibilità completa**. Questo nome deriva proprio dalla capacità di questo campo di spezzare il polinomio $p(x)$ di grado n in n polinomi di grado 1 (polinomi lineari); in alternativa si può pensare a questo come al campo che riduce completamente il polinomio in n polinomi di grado 1.
Pertanto, nel nuovo campo $F(\alpha_1, \alpha_2, ..., \alpha_n)$ è possibile scrivere l'espressione fattorizzata, ossia il polinomio può essere completamente ridotto.

$$p(x) = (x - \alpha_1) \cdot (x - \alpha_2) \cdot ... \cdot (x - \alpha_n)$$

Esempio

Si prova a scrivere il campo di spezzamento del polinomio $p(x) = x^3 + x^2 - 3x - 3$. I coefficienti di questo polinomio sono $1, -3 \in Q$. In Q il polinomio può essere ridotto nella forma $p(x) = (x-1)(x^2-3)$ in cui il secondo polinomio ha grado 2. Pertanto in Q il polinomio non può essere ridotto completamente, ossia non esistono numeri $x_1, x_2, x_3, x_4 \in Q$ per i quali il polinomio può essere scritto nella forma:

$$(x - x_1)(x - x_2)(x - x_3)(x - x_4)$$

In realtà, nel campo R il polinomio può essere scomposto completamente scrivendo:

$$(x-1)(x^2-3) = (x-1)(x-\sqrt{3})(x+\sqrt{3})$$

Pertanto è necessario includere $\sqrt{3}$ nell'estensione del campo Q. Si noti che il polinomio minimo di cui $\sqrt{3}$ è estensione è proprio il polinomio (x^2-3) di grado 2, pertanto l'estensione si scrive come:

$$Q(\sqrt{3}) = \{c_0 + c_1\sqrt{3} : c_0, c_1 \in Q\}$$

$Q(\sqrt{3})$ è il campo di spezzamento del polinomio $p(x) = x^3 + x^2 - 3x - 3$. In esso il polinomio può essere completamente ridotto, assumendo la forma $(x-1)(x-\sqrt{3})(x+\sqrt{3})$. Parimenti l'equazione $p(x) = 0$ è risolubile.

3.22 Teoria di Galois

3.22.1 L'idea

La teoria di Galois mette in relazione i gruppi simmetrici con i campi di spezzamento delle equazioni algebriche. Nel par. 3.16 è stato introdotto il concetto di gruppo risolubile ed in particolare è stata analizzata la risolubilità di alcuni gruppi di permutazioni (S_2, S_3, S_4 e S_5). In tale occasione si è notato che i gruppi S_2, S_3, S_4 sono risolubili, mentre non lo è il gruppo S_5.
Nel paragrafo 3.21 sono state presentate le estensioni dei campi ed i campi di spezzamento, individuando in questi ultimi i campi minimi nei quali un polinomio può essere completamente ridotto. D'altro canto si sa che la riduzione di un polinomio $p(x)$ è un problema strettamente connesso alla risoluzione dell'equazione $p(x) = 0$.
Per risolvere l'equazione $p(x) = 0$ si possono usare delle formule risolutive oppure si può procedere alla scomposizione del polinomio in polinomi di grado inferiore.
Ad esempio, è noto che un polinomio di secondo grado è associato ad una equazione del tipo $ax^2 + bx + c = 0$ che ammette la ben nota formula risolutiva:

$$x_{1e2} = \frac{-b \pm \sqrt{b^2 - 4ac}}{2a}$$

Tale formula ha la caratteristica di esprimere le soluzioni dell'equazione mediante somme, differenze, prodotti, rapporti, potenze ed estrazioni di radice dei coefficienti numerici dell'equazione stessa, ossia a, b e c.
Un polinomio di terzo grado dà luogo ad una equazione del tipo $ax^3 + bx^2 + cx + d = 0$ che ammette anch'essa una formula risolutiva che si esprime mediante operazioni con i coefficienti, proprio come la formula risolutiva dell'equazione di secondo grado, anche se più complicata. Difatti, spesso si preferisce risolvere l'equazione riducendo il polinomio di terzo grado in polinomi di primo e secondo grado. Con entrambe le tecniche si riescono ad ottenere le soluzioni dell'equazione di partenza.
Ugualmente, per un'equazione di quarto grado, si conosce una formula piuttosto proibitiva da adottare; pertanto anche in questo caso si preferisce ridurre il polinomio.
L'equazione di quinto grado non ha alcuna formula risolutiva espressa mediante somme, differenze, prodotti, rapporti, potenze ed estrazioni di radice dei coefficienti numerici dell'equazione stessa. Pertanto non resta che scomporre il polinomio in polinomi di grado inferiore, giungendo alla soluzione.
In perfetta analogia con i gruppi di permutazioni, si nota che le equazioni di secondo, terzo e quarto grado ammettono una formula risolutiva, mentre le equazioni di quinti grado ne sono sprovviste. Questo comunque non vuol dire che non possano essere risolte con artifici e scomposizioni.

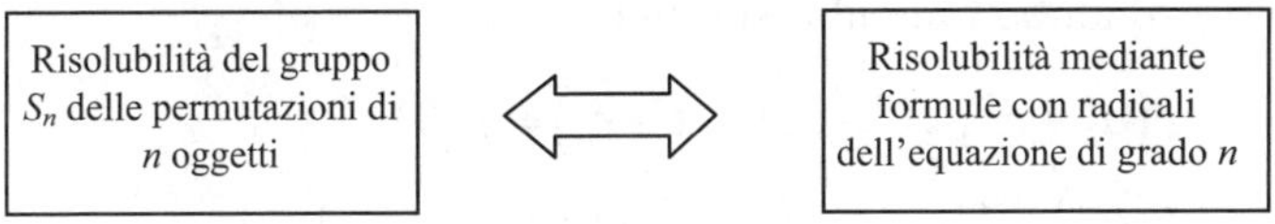

Figura 16

Da tale analogia trae spunto la teoria di Galois che collega la condizione di risolubilità di un gruppo simmetrico, come esposta nel par. 3.16, alla risolubilità mediante una formula per radicali di una equazione algebrica (Figura 16). Si sottolinea che tale teoria non mette in connessione la risolubilità di un gruppo simmetrico con la risolubilità di una equazione; difatti, in linea teorica, è possibile (riuscendo a scomporre il polinomio) risolvere una equazione di grado arbitrario. La teoria collega la risolubilità del gruppo simmetrico con il fatto che esista una formula risolutiva di una equazione algebrica, esprimibile mediante somme, differenze, prodotti, rapporti, potenze ed estrazioni di radice dei coefficienti numerici dell'equazione.

3.22.2 Gruppo di Galois

Sia F un campo (ad esempio i numeri razionali) e sia F' una sua estensione; per fissare le idee si può pensare ad una sequenza di estensioni semplici $F(\alpha_1,\alpha_2,...,\alpha_n)$. Siano i valori $\alpha_1,\alpha_2,...,\alpha_n$ le radici di un polinomio monico $p(x)=x^n+c_{n-1}x^{n-1}+...+c_1x+c_0$, con $c_i \in F$. Si può considerare l'insieme degli automorfismi di F', ossia $Aut(F')$. Un automorfismo di F' associa ad un elemento di F'n altro elemento di F'. Tra gli automorfismi è definita un'operazione di composizione ° per la quale la coppia $(Aut(F'),\circ)$ risulta essere un gruppo.

Nell'insieme $Aut(F')$ si può considerare l'insieme $Aut(F', F)$ degli automorfismi f che lasciano fisso F (si dicono anche **automorfismi che fissano** F). In pratica, questi automorfismi associano ad un elemento $a \in F$ il medesimo elemento $f(a)=a \in F$. Viceversa, ad un elemento del complemento di F rispetto a F' ossia $a' \in F'-F$, associano un elemento in generale distinto $f(a')=b$. Anche in $Aut(F', F)$ si può considerare la composizione; viepiù $(Aut(F',F),\circ)$ risulta un sottogruppo di $(Aut(F'),\circ)$.

Si consideri un automorfismo $f \in Aut(F', F)$ e lo si applichi ad un polinomio $p(x)$ le cui radici sono $\alpha_1,\alpha_2,...,\alpha_n$, mediante le quali è stato esteso il campo F in F'.

Siccome f è un automorfismo, si ha $f(0) = 0$ (vedi par. 3.19); inoltre si sa che:

$$p(\alpha_i)=0 \Rightarrow \alpha_i^n+c_{n-1}\alpha_i^{n-1}+...+c_1\alpha_i+c_0=0$$

Applicando f ad ambo i membri si ottiene:

$$f\left(\alpha_i^n + c_{n-1}\alpha_i^{n-1} + \ldots + c_1\alpha_i + c_0\right) = f(0)$$
$$f\left(\alpha_i^n\right) + f\left(c_{n-1}\alpha_i^{n-1}\right) + \ldots + f\left(c_1\alpha_i\right) + f\left(c_0\right) = 0$$
$$f\left(\alpha_i^n\right) + c_{n-1}f\left(\alpha_i^{n-1}\right) + \ldots + c_1 f\left(\alpha_i\right) + f\left(c_0\right) = 0$$
$$\left[f(\alpha_i)\right]^n + c_{n-1}\left[f(\alpha_i)\right]^{n-1} + \ldots + c_1\left[f(\alpha_i)\right] + f\left(c_0\right) = 0$$

In pratica anche $f(\alpha_i)$ è una radice del polinomio.
Quindi un automorfismo f del sottogruppo $(Aut(F',F),\circ)$ non fa altro che associare ad una radice α_i del polinomio, una ulteriore radice $f(\alpha_i)$ del polinomio.
Ad esempio, per un polinomio di quarto grado con 4 radici $\alpha_1,\alpha_2,\alpha_3,\alpha_4$, un automorfismo f del sottogruppo $(Aut(F',F),\circ)$ potrebbe agire nel modo seguente:

$$\alpha_1 \to f\left(\alpha_1\right) = \alpha_2$$
$$\alpha_2 \to f\left(\alpha_2\right) = \alpha_1$$
$$\alpha_3 \to f\left(\alpha_3\right) = \alpha_4$$
$$\alpha_4 \to f\left(\alpha_4\right) = \alpha_3$$

Si noti che, una volta stabilita un'indicizzazione delle radici, questo tipo di automorfismo si potrebbe rappresentare con una semplice permutazione di indici. In altre parole il generico automorfismo non fa altro che permutare le radici del polinomio.
Per un polinomio di quarto grado, con quattro radici, il gruppo degli automorfismi che fissano F, ossia $(Aut(F',F),\circ)$, è isomorfo al gruppo delle permutazioni S_4.
In realtà non tutte le permutazioni tra radici sono ammesse, ne sono ammesse solo alcune che vengono dette **permutazioni ammissibili**. La non ammissibilità di determinate permutazioni sussiste per via di alcune relazioni polinomiali tra le radici.
È possibile dimostrare che, nel caso di un polinomio di quarto grado, le permutazioni ammissibili costituiscono un sottogruppo di S_4. Più in generale, per un polinomio di grado n, le permutazioni ammissibili costituiscono un sottogruppo di S_n. Questo sottogruppo di permutazioni ammissibili è detto **gruppo di Galois**. Siccome queste permutazioni sono legate agli automorfismi di F' in F', con F' estensione di F, allora il gruppo di Galois viene anche indicato spesso con $G_F(F')$. In tal caso il gruppo di Galois rappresenta l'insieme degli automorfismi dell'estensione F' in se stessa che fissano il campo di partenza F (non fanno variare gli elementi di F). La connessione tra le due modalità di interpretare il gruppo di Galois è mostrata in Figura 17.

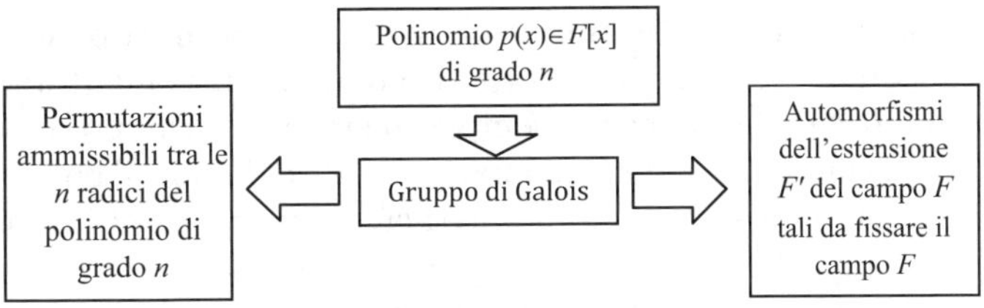

Figura 17

Esempio

Come visto negli esempi precedenti, il polinomio $p(x) = x^4 - 5x^2 + 6$ con coefficienti in Q ha radici:

$$x_1 = \sqrt{2},\ x_2 = -\sqrt{2},\ x_3 = \sqrt{3},\ x_4 = -\sqrt{3}$$

Il suo campo di spezzamento è $Q(\sqrt{2}, \sqrt{3})$; questo campo rappresenta l'opportuna estensione di Q per ridurre il polinomio $p(x)$.
È possibile stabilire che, di tutte le permutazioni possibili delle radici che possono essere considerate nel gruppo S_4, le uniche ammissibili, che formano il gruppo di Galois $G_Q\left[Q(\sqrt{2}, \sqrt{3})\right]$, sono:

$$G_Q\left[Q(\sqrt{2}, \sqrt{3})\right] = \{e, (1,2), (1,3)(2,4), (1,4)(2,3)\}$$

Questo gruppo è risolubile.
Viceversa il polinomio di quinto grado $x^5 - 6x^3 - 27x - 3$ avrà 5 radici nel campo dei complessi C. È pertanto intuibile che le permutazioni ammissibili delle sue 5 radici siano rappresentate dall'intero gruppo S_5, che non è risolubile.

3.22.3 Risolvibilità per radicali di un'equazione di grado *n*

Il teorema fondamentale della teoria di Galois afferma che le soluzioni di una equazione $p(x)=0$, con $p(x)$ polinomio monico di grado n a coefficienti in F (come Q, R o C), si possono determinare per radicali se e solo se il gruppo di Galois di $p(x)$ su F è risolubile (secondo la definizione data nel par. 3.16).
In parole più semplici si sta affermando che un'equazione $p(x) = 0$ di un certo grado n ha una formula risolutiva che esprime le sue soluzioni in funzione di radici dei coefficienti dell'equazione, solo se il gruppo di Galois degli automorfismi di una opportuna estensione di F che fissano F è risolubile.
Pertanto essendo S_2, S_3 e S_4 risolubili, si verifica che per le equazioni di secondo, terzo e quarto grado vi siano formule risolutive. Viceversa per equazioni di quinto grado, non essendo S_5 risolvibile, non vi saranno formule risolutive. Lo stesso dicasi per equazioni di grado superiore.

Per comprendere intuitivamente il legame tra la risolubilità del gruppo di Galois e l'esistenza di una formula risolutiva per radicali, si pensi alla possibilità di individuare per una equazione risolubile un insieme di radicali e di creare in sequenza delle estensioni sempre maggiori del campo di partenza F, aggiungendo al campo di partenza, uno dopo l'altro, i radicali che sono necessari per scrivere le soluzioni. In tal modo si crea una catena di campi (F_1, F_2,) che parte dal campo F di definizione del polinomio e si estende sempre di più fino a giungere ad un campo E che non necessariamente deve coincidere con il campo di spezzamento K del polinomio, ma che sicuramente lo contiene.

$$F \subset F_1 \subset F_2 \subset \ldots \subset E$$

In corrispondenza della creazione di queste estensioni F_i, si individuano gruppi di Galois $G_{F_i}(E)$ ossia gruppi di automorfismi sul campo E che fissano man mano le estensioni F_i. Siccome le estensioni sono sempre maggiori, allora questi automorfismi fissano un numero sempre maggiore di elementi, facendo permutare un numero sempre minore di radici del polinomio. In altre parole, man mano che il campo si estende, le condizioni sulle radici sono in numero maggiore e il gruppo delle permutazioni ammissibili diventa sempre più esiguo, fino a ridursi a quello banale del solo elemento neutro, quando l'estensione del campo F raggiunge il campo E che contiene tutti i radicali risolutivi. Pertanto si stabilisce la seguente catena di inclusioni.

$$G_F(E) \supset G_{F_1}(E) \supset G_{F_2}(E) \supset \ldots \supset G_E(E) = \{e\}$$

Se la catena di questi gruppi di Galois rispetta le condizioni di risolubilità, allora l'equazione è risolubile per radicali mediante formula risolutiva. Si verifica che, fino a quando il grado del polinomio è pari a 4, questo è possibile. Oltre questo valore, non è possibile creare una catena di gruppi di Galois che rispettino le condizioni di risolubilità. Pertanto per $n > 4$ non esiste una formula che esprime le radici dell'equazione in termini di radice del coefficienti di $p(x)$.

Capitolo 4
Il metodo delle coordinate

4.1 Gli spazi vettoriali

4.1.1 Definizione di spazio vettoriale

Si consideri un campo K. È possibile definire la struttura algebrica:

$$(V,+,\cdot)$$

Tale struttura è detta **spazio vettoriale**.
L'operazione di addizione + è interna allo spazio vettoriale, ossia se viene svolta tra due elementi dello spazio V, restituisce un elemento di V. L'operazione $\cdot$ è esterna ed è anche detta **prodotto esterno**. Essa viene svolta tra un elemento del campo K e un elemento di V e restituisce un elemento di V.

$$V \times V \xrightarrow{+} V$$
$$K \times V \xrightarrow{\cdot} V$$

Gli elementi di V sono detti **vettori**, mentre gli elementi di K sono detti **scalari** (questo termine può essere inteso come sinonimo di numero); K è anche detto **campo scalare**.
Le proprietà caratteristiche dello spazio vettoriale $(V,+,\cdot)$ su di un campo K sono le seguenti:

- $(V,+)$ è un gruppo abeliano.
- Le operazioni $+$ e $\cdot$ hanno proprietà di tipo associativo e distributivo.

$$x \cdot (v+u) = (x \cdot v) + (x \cdot u) \quad \forall x, y \in K \;\; \forall v, u \in V$$
$$(x+y) \cdot v = (x \cdot v) + (y \cdot v)$$
$$(x \cdot y) \cdot v = x \cdot (y \cdot v)$$
$$1 \cdot v = v \quad 1 \in K$$

Si noti che l'ultima proprietà indica che 1 è elemento neutro per il prodotto esterno.

Ovvero V è uno spazio vettoriale sul campo K se le operazioni "+„ e "·„ hanno le seguenti proprietà:

1) Proprietà associativa della somma:

$$u + (v + w) = (u + v) + w \qquad u, v, w \in V$$

2) Proprietà commutativa della somma:

$$u + v = v + u \qquad u, v \in V$$

3) Esiste in V un elemento, che si indica con 0, detto elemento neutro della somma, tale che $v + 0 = v \qquad v \in V$
4) Per ogni $v \in V$, esiste un elemento di V, che si indica con $-v$, detto opposto di v, tale che $v + (-v) = 0$
5) Proprietà associativa del prodotto:

$$(x \cdot y) \cdot v = x \cdot (y \cdot v) \qquad \forall\ x, y \in K \quad \text{e} \quad \forall\ v \in V$$

6) $1 \cdot v = v \qquad \forall\ v \in V$
   Questa proprietà indica che 1 è l'elemento neutro per il prodotto esterno.
7) Proprietà distributiva:

$$(x + y) \cdot v = x \cdot v + y \cdot v \qquad \forall\ x, y \in K, \forall\ v \in V$$

$$x \cdot (v + u) = x \cdot v + x \cdot u \qquad \forall\ x \in K, \forall\ v, u \in V$$

Esempio

Assegnato il campo dei numeri reali $(R,+,\cdot)$, si può considerare il prodotto cartesiano $R \times R = R^2$. Gli elementi di questo insieme sono coppie di numeri reali (x_1,x_2) con $x_1,x_2 \in R$.
In questo insieme prodotto cartesiano si può considerare la somma di coppie, definita nel modo seguente:

$$(x_1,x_2)+(x_3,x_4)=(x_1+x_3,x_2+x_4)$$

L'associatività e la commutatività di questa somma discendono dalle proprietà della somma in R. Inoltre, esiste l'elemento neutro (0,0) e, per un determinato elemento (x_1,x_2), esiste l'opposto $(-x_1,-x_2)$.
Quindi $(R^2,+)$ è un gruppo abeliano.
Si può definire un prodotto esterno di uno scalare $x \in R$ per una coppia $(x_1,x_2) \in R^2$, come di seguito:

$$x \cdot (x_1,x_2)=(x \cdot x_1, x \cdot x_2)$$

Si può verificare facilmente che le due operazioni così definite hanno le proprietà, di tipo distributivo e associativo, caratteristiche di uno spazio vettoriale.
Pertanto si può affermare che $(R^2,+,\cdot)$ è uno spazio vettoriale su campo R.
Analogamente, dato un generico $n \in N$, si verifica che $(R^n,+,\cdot)$ è uno spazio vettoriale. Gli elementi di R^n sono ennuple del tipo $(x_1,x_2,...,x_n)$. Le operazioni di somma interna e prodotto esterno si definiscono in modo analogo a quanto fatto per $(R^2,+,\cdot)$.

Esempio

Sia $M_R^{(2,\,2)}$ l'insieme delle matrici quadrate di ordine due ad elementi reali, ovvero sul campo *R*. $M_R^{(2,\,2)}$ rappresenta uno spazio vettoriale. Per dimostrare ciò basta verificare la validità delle proprietà citate.

1) Proprietà associativa della somma:

$$A + (B + C) = (A + B) + C \qquad \forall\, A, B, C \in M_R^{(2,\,2)}$$

conseguenza della proprietà della somma tra matrici.

2) Proprietà commutativa:

$$A + B = B + A \qquad \forall\, A, B \in M_R^{(2,\,2)}$$

dalla proprietà delle matrici.

3) Esistenza dell'elelemento neutro rispetto alla somma. Sia:

$$0 = \begin{pmatrix} 0 & 0 \\ 0 & 0 \end{pmatrix}, \quad A = \begin{pmatrix} a & b \\ c & d \end{pmatrix} \quad \forall\, a, b, c, d \in R$$

Risulta quindi per ogni $A \in M_R^{(2,\,2)}$:

$$A + 0 = \begin{pmatrix} a & b \\ c & d \end{pmatrix} + \begin{pmatrix} 0 & 0 \\ 0 & 0 \end{pmatrix} = \begin{pmatrix} a+0 & b+0 \\ c+0 & d+0 \end{pmatrix} = A$$

4) Esistenza dell'elemento opposto di A.

$\forall\, A \in M_R^{(2,\,2)}$ si ha:

$$A + (-A) = 0$$

dove $$-A = \begin{pmatrix} -a & -b \\ -c & -d \end{pmatrix} \quad \forall\, a, b, c, d \in R$$

5) Proprietà associativa del prodotto. Siano a, b $\in R$ ed $A \in M_R^{(2,\,2)}$ si ha:

$$x\,(y\,A) = (x\,y)\,A$$

infatti se $A = \begin{pmatrix} a & b \\ c & d \end{pmatrix}$

$$x\,(y\,A) = x\left(y\begin{pmatrix} a & b \\ c & d \end{pmatrix}\right) = x\begin{pmatrix} ya & yb \\ yc & yd \end{pmatrix} = \begin{pmatrix} xy\,a & xy\,b \\ xy\,c & xy\,d \end{pmatrix} = xy\begin{pmatrix} a & b \\ c & d \end{pmatrix} = xy\,A$$

6) Esistenza dell'elemento neutro rispetto al prodotto. Sia $I = \begin{pmatrix} 1 & 0 \\ 0 & 1 \end{pmatrix}$. Si ha:

$$A\,I = I\,A = A$$

dalla proprietà della matrice identità.

7) Proprietà distributiva rispetto al prodotto e rispetto alla somma.

$$\forall\, A, B \in M_R^{(2,\,2)} \text{ e } \forall\, x, y \in R$$

$$(x + y)\,A = x\,A + y\,B$$

$$x\,(A + B) = x\,A + x\,B$$

di verifica immediata dalle proprietà delle matrici.

In classe

La coppia (x_1, x_2) dello spazio vettoriale (R^2, +, ·) può anche essere identificata con una coppia di coordinate che, in un sistema di assi cartesiani, identifica un punto del piano. Si può considerare un segmento orientato che partendo dall'origine del sistema di assi cartesiani raggiunge il punto identificato dalla coppia di coordinate. In tal modo si è rappresentato un vettore.

In Figura 1 sono mostrati i vettori *u* e *v* associati alle coppie (2,3) e (4,1). Si noti che in base alla somma definita nello spazio vettoriale, il vettore somma *w* è associato alla coppia (2+4,3+1)=(6,4). Anche questo vettore è rappresentato in Figura 1. Si noti che questo vettore può essere ricavato anche come diagonale del parallelogramma costruito mediante i vettori associati alle coppie (2,3) e (4,1). Si tratta del ben noto **metodo del parallelogramma** usato nella scuola secondaria quale metodo grafico per ricavare il vettore somma di due vettori assegnati.

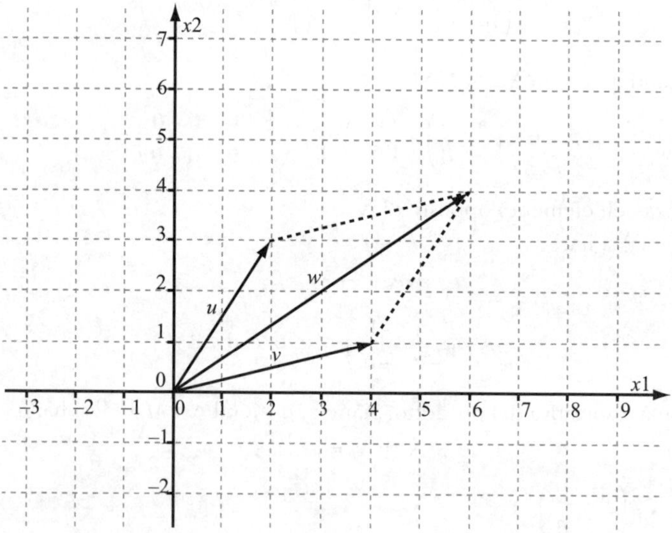

Figura 1

4.1.2 Sottospazio

Si consideri uno spazio vettoriale V ed un suo sottoinsieme W, tale che $W \subset V$. W si definisce sottospazio se e solo se:

1. $\forall v, u \in W \quad v + u \in W$
2. $\forall x \in K, \forall v \in W \quad x \cdot v \in W$
3. $0 \in W$ (l'elemento neutro rispetto alla somma, ossia il vettore nullo, appartiene al sottospazio)

Valgono i seguenti teoremi:

- Se W è un sottospazio di V, allora W è uno spazio vettoriale.
- Se W_1 e W_2 sono sottospazi di V, allora $W_1 \cap W_2$ è anch'esso un sottospazio.

Esempio

Nello spazio vettoriale $(R^2,+,\cdot)$ i cui elementi sono le coppie (x_1,x_2), si possono considerare tutte le coppie del tipo $(x,2x)$ con $x \in R$. L'insieme $X = \{(x,2x) \in R^2 : x \in R\}$, con le operazioni ereditate da $(R^2,+,\cdot)$, rappresenta un sottospazio di $(R^2,+,\cdot)$. Difatti $(0,0) \in X$; inoltre, date le coppie $(x,2x),(y,2y) \in X$, la loro somma appartiene ancora ad X:

$$(x,2x)+(y,2y)=(x+y,2(x+y)) \in X$$

Analogamente avviene per il prodotto esterno:

$$\alpha \in R \quad \alpha \cdot (x,2x)=(\alpha x,\alpha 2x)=(\alpha x,2(\alpha x)) \in X$$

4.1.3 Combinazione lineare di vettori

Si consideri uno spazio vettoriale $(V,+,\cdot)$ su di un campo K. Inoltre, si consideri una serie di scalari appartenenti al campo K ed una serie di vettori dello spazio vettoriale V:

$$a_1,a_2,...,a_n \in K \quad n \in N$$
$$v_1,v_2,...,v_n \in V$$

È possibile definire una somma di vettori, ciascuno dei quali è ottenuto dal prodotto esterno di uno scalare per un vettore. Da tale operazione si ottiene ancora un vettore, in quanto il prodotto esterno di uno scalare per un vettore restituisce un vettore e la somma di vettori è ancora un vettore. Pertanto:

$$a_1v_1 + a_2v_2+,...,+a_nv_n \in V$$

La somma appena ottenuta si dice **combinazione lineare** dei vettori $v_1,v_2,...,v_n$, mediante gli scalari $a_1,a_2,...,a_n$.

È possibile anche definire l'insieme W delle combinazioni lineari dei vettori $v_1,v_2,...,v_n$. Questo insieme comprende tutti i vettori v dello spazio vettoriale V che si possono ottenere combinando i vettori considerati $v_1,v_2,...,v_n$ con degli scalari qualsiasi del campo K.

$$W = \{v \in V \mid \exists a_1,a_2,...,a_n \in K \mid v = a_1v_1 + a_2v_2+,...,+a_nv_n\}$$

Si dice che il vettore v, esprimibile come $v = a_1v_1 + a_2v_2+,...,+a_nv_n$, **dipende linearmente** dai vettori $v_1,v_2,...,v_n$. Si noti che la combinazione di scalari $a_1,a_2,...,a_n$ mediante la quale si può ottenere v da $v_1,v_2,...,v_n$ non è unica. Possono esserci più combinazioni distinte di scalari per le quali questo è possibile. Il sottoinsieme W così ottenuto è un sottospazio.

4.1.4 Dipendenza e indipendenza lineare

I vettori $v_1, v_2, ..., v_n$ si dicono **linearmente dipendenti tra loro** se esistono degli scalari $a_1, a_2, ..., a_n$, non tutti nulli, mediante i quali si può ottenere il vettore nullo 0, ossia:

$$a_1v_1 + a_2v_2 + \dots + a_nv_n = 0$$

Oltre il formalismo

Si noti che questa definizione di dipendenza lineare è distinta da quella del paragrafo 4.1.3 in cui si è introdotta la definizione di *dipendenza di un vettore da altri vettori*. Qui si sta introducendo la definizione di insieme di *vettori tra loro dipendenti*.

In realtà vi è una relazione tra le due definizioni che può essere resa in modo efficace mediante un semplice passaggio algebrico. Si esprima un vettore w mediante un insieme di vettori $v_1, v_2, ..., v_n$; in tal caso *w dipende* dai vettori $v_1, v_2, ..., v_n$. In particolare:

$$w = a_1v_1 + a_2v_2 + \dots + a_nv_n$$

Portando tutti i vettori ad un unico membro si ottiene la relazione:

$$a_1v_1 + a_2v_2 + \dots + a_nv_n - w = 0$$

In tal modo si è ottenuta una relazione che mostra come, mediante dei coefficienti $a_1, a_2, ..., a_n, -1$, si sia ottenuta una combinazione lineare pari al vettore nullo. Per tale motivo i vettori $v_1, v_2, ..., v_n, w$ sono *dipendenti tra loro.*

Esempi

1) I vettori v, w e $v+w$ sono dipendenti tra loro, in quanto si possono considerare gli scalari 1, 1 e -1 mediante i quali si ottiene una combinazione lineare nulla: $1 \cdot v + 1 \cdot w - 1(v+w) = v + w - v - w = 0$.
2) Analogamente i vettori v, w, $v+w$, u sono dipendenti tra loro, in quanto si può considerare la combinazione: $1 \cdot v + 1 \cdot w - 1(v+w) + 0 \cdot u = v + w - v - w + 0 = 0$.

I due esempi precedenti dimostrano che dei vettori sono dipendenti tra loro se uno di essi è combinazione lineare di altri. Infatti, nei casi in questione il vettore $v + w$ è una combinazione lineare di v e w.

3) I vettori v, w e 0 (il vettore nullo) sono dipendenti, in quanto esiste la combinazione $0 \cdot v + 0 \cdot w + 1 \cdot 0 = 0$. Pertanto, un qualsiasi insieme di vettori che contiene il vettore nullo è dipendente.

I vettori $v_1, v_2, ..., v_n$ si dicono **linearmente indipendenti tra loro** se non esistono degli scalari $a_1, a_2, ..., a_n$, non tutti nulli, mediante i quali si può ottenere il vettore nullo 0.

In pratica se $a_1v_1 + a_2v_2 + \dots + a_nv_n = 0 \Rightarrow a_i = 0 \ \forall i = 1, 2, ..., n$. L'unico modo di ottenere il vettore nullo è quello di annullare tutti i coefficienti scalari $a_1, a_2, ..., a_n$.

La dipendenza lineare ha alcune proprietà:

- Se v dipende da $v_1, v_2, ..., v_n$ e ciascuno dei v_i dipende da un insieme di vettori $w_1, w_2, ..., w_m$, allora v dipende da $w_1, w_2, ..., w_m$.
- Se $v_1, v_2, ..., v_n$ sono linearmente dipendenti allora anche $v_1, v_2, ..., v_n, w_1, w_2, ..., w_m$ sono dipendenti.
- Se $\exists i \mid v_i = 0$, allora $v_1, v_2, ..., v_i, ..., v_n$ sono dipendenti.
- Se $\exists i \neq j \mid v_i = v_j$, allora $v_1, v_2, ..., v_i, ..., v_j, ..., v_n$ sono dipendenti.

Esempio

Date le matrici $A = \begin{pmatrix} 1 & 0 \\ 0 & 0 \end{pmatrix}$, $B = \begin{pmatrix} 0 & 2 \\ 0 & 1 \end{pmatrix}$, $C = \begin{pmatrix} 0 & 1 \\ 0 & 1 \end{pmatrix}$ di $M_R^{(2,2)}$ su R, studiare se sono linearmente indipendenti.

Da quanto detto, siano a, b, c $\in$R. A, B, C sono linearmente indipendenti se

$$aA + bB + cC = 0$$

$$\text{con} \quad a = b = c = 0.$$

Nel nostro caso si ha: $a \begin{pmatrix} 1 & 0 \\ 0 & 0 \end{pmatrix} + b \begin{pmatrix} 0 & 2 \\ 0 & 1 \end{pmatrix} + c \begin{pmatrix} 0 & 1 \\ 0 & 1 \end{pmatrix} = 0$

$$\begin{pmatrix} a & 2b + c \\ 0 & b + c \end{pmatrix} = \begin{pmatrix} 0 & 0 \\ 0 & 0 \end{pmatrix}$$

da cui

$$\begin{cases} a = 0 \\ 2b + c = 0 \quad \Rightarrow a = b = c = 0 \\ b + c = 0 \end{cases}$$

quindi le matrici A, B, C sono linearmente indipendenti.

4.1.5 Generatori e basi

Si consideri il sottospazio W dello spazio vettoriale V. Sia $v_1, v_2, ..., v_n \in V$ un insieme di vettori tale che $\forall w \in W \ \exists a_1, a_2, ..., a_n \mid w = a_1 v_1 + a_2 v_2 +, ..., + a_n v_n$.

In pratica, qualsiasi vettore w del sottospazio W può essere espresso mediante una combinazione lineare dei vettori $v_1, v_2, ..., v_n$. In tal caso i vettori $v_1, v_2, ..., v_n$ sono detti **generatori** di W. Si può anche dire che W è **generato dai vettori** $v_1, v_2, ..., v_n$.

Una **base** $B = \{v_1, v_2, ..., v_n\}$ di uno spazio vettoriale V è un insieme di generatori linearmente indipendenti di V. Questo significa che i vettori che costituiscono B sono generatori di tutti i vettori di V e questo insieme è costituito dal numero più piccolo possibile di vettori, in quanto i vettori sono linearmente indipendenti. Pertanto, tale insieme non contiene ripetizioni di vettori, non contiene il vettore nullo e non contiene vettori che sono combinazioni lineari di altri vettori. Per un generico spazio vettoriale si possono avere più basi distinte. Una base $B=\{v_1,v_2,...,v_n\}$ di uno spazio vettoriale ha le seguenti proprietà:

1) $\forall v \in V\ \exists! a_1,a_2,...,a_n \in K \mid v = a_1v_1 + a_2v_2 +,...,+ a_nv_n$

   ossia, qualsiasi vettore v dello spazio vettoriale può essere espresso come combinazione lineare della base in modo univoco, mediante un unico e ben definito insieme di scalari $a_1,a_2,...,a_n$.
2) I vettori $v_1,v_2,...,v_n$ della base sono **generatori minimali**, ossia se da tali vettori tolgo uno qualsiasi di essi, i rimanenti non costituiscono più un insieme di generatori.
3) I vettori $v_1,v_2,...,v_n$ della base sono **indipendenti massimali**, ossia se a tali vettori aggiungo un qualsiasi vettore, il nuovo insieme non costituisce più un insieme di vettori indipendenti.

Esempio

Si consideri lo spazio vettoriale $(R^3,+,\cdot)$. Una base di questo spazio è data dai vettori $(1,0,0),(0,1,0),(0,0,1)$. Questa base è anche detta **base canonica**.
Difatti un generico vettore $(x_1,x_2,x_3) \in R^3$ può essere espresso come combinazione dei vettori della base canonica mediante i coefficienti $x_1,x_2,x_3 \in R$.

$$(x_1,x_2,x_3) = x_1(1,0,0) + x_2(0,1,0) + x_3(0,0,1)$$

Si noti che la base è costituita da generatori minimali, in quanto se si rimuove uno di essi, i rimanenti non generano l'intero spazio R^3. Ad esempio, rimuovendo $(0,0,1)$, un qualsiasi vettore del tipo (x_1,x_2,x_3) con $x_3 \neq 0$ non potrà essere generato.
I vettori sono anche indipendenti massimali, difatti aggiungendo un vettore alla base, si crea un insieme di vettori dipendenti. Ad esempio aggiungendo il vettore $(x_1,x_2,x_3) \in R^3$ si può scrivere una combinazione lineare nulla del tipo:

$$x_1(1,0,0) + x_2(0,1,0) + x_3(0,0,1) - 1(x_1,x_2,x_3) = (0,0,0)$$

Si noti che la base dello spazio vettoriale non è unica in quanto si possono individuare anche altre basi. Ad esempio:

$$\left(\frac{1}{2},0,0\right),(0,-2,0),(0,0,1)$$

Considerato un generico vettore $(x_1,x_2,x_3) \in R^3$ esso si può esprimere nella nuova base mediante dei coefficienti differenti rispetto a quelli adoperati nella base canonica:

$$(x_1,x_2,x_3) = 2x_1\left(\frac{1}{2},0,0\right) - \frac{1}{2}x_2(0,-2,0) + x_3(0,0,1)$$

Questa volta i coefficienti sono $2x_1, -\frac{1}{2}x_2, x_3$.

4.1.6 Dimensione di uno spazio vettoriale

Per le basi degli spazi vettoriali vale il seguente teorema (detto **Lemma di Steinitz**).

Teorema 1

Sia $B=\{v_1,v_2,...,v_n\}$ una base di uno spazio vettoriale V e siano $w_1,w_2,...,w_m \in V$. Se $m>n$ allora $w_1,w_2,...,w_m$ sono linearmente dipendenti.

La generalità di tale lemma si riscontra principalmente notando che i vettori $w_1,w_2,...,w_m$ non costituiscono necessariamente un insieme di vettori che include i vettori $v_1,v_2,...,v_n$, bensì un generico insieme di vettori il cui numero è superiore a n. Da questo si deduce un importante corollario.

Teorema 2

Le basi di un medesimo spazio vettoriale V sono tutte equipotenti, ossia hanno tutte lo stesso numero di elementi, hanno tutte la stessa cardinalità.

La **dimensione** di uno spazio vettoriale V su un campo K è il numero di elementi di una qualsiasi base di V.

Pertanto se, considerato lo spazio vettoriale V, una sua base è data da $B=\{v_1,v_2,...,v_n\}$, allora la dimensione di V è $\dim V=n$.

Esempio

Nell'esempio precedente si è visto che tra le basi dello spazio vettoriale $(R^3,+,\cdot)$ si annoverano le seguenti:

$$(1,0,0),(0,1,0),(0,0,1)$$

$$\left(\frac{1}{2},0,0\right),(0,-2,0),(0,0,1)$$

Entrambe le basi hanno tre elementi. Pertanto la dimensione di $(R^3,+,\cdot)$ vale 3. Si può scrivere:

$$\dim R^3=3$$

Più in generale si ha:

$$\dim R^n=n$$

Esempio

Dimostrare che i seguenti polinomi p_1, p_2, p_3 formano una base per lo spazio vettoriale su R dei polinomi di grado ≤ 2:

$p_1 = 1$

$p_2 = 1 + x$

$p_3 = 1 + x + x^2$

La prima cosa da dimostrare è che p_1, p_2, p_3 sono linearmente indipendenti.
Siano a, b, c $\in$R. Si ha:

$$a\,p_1 + b\,p_2 + c\,p_3 = 0$$

da cui: $$a(1) + b(1 + x) + c(1 + x + x^2) = 0$$

$$\begin{cases} a + b + c = 0 \\ b + c = 0 \\ c = 0 \end{cases} \Rightarrow a = b = c = 0$$

quindi i nostri vettori sono linearmente indipendenti.
Dimostriamo ora che p_1, p_2, p_3 generano tutto lo spazio vettoriale dei polinomi p(x) di grado ≤ 2.
A tal proposito scriviamo un generico polinomio di grado ≤ 2 e vediamo se lo si può ottenere come combinazione lineare degli elementi p_1, p_2, p_3. Si ha:

$$p(x) = A + Bx + Cx^2$$

ed anche

$$\begin{aligned} p(x) &= ap_1 + bp_2 + cp_3 = a(1) + b(1 + x) + c(1 + x + x^2) \\ &= (a + b + c) + (b + c)x + cx^2 \end{aligned}$$

da cui dal principio di identità dei polinomi:

$$\begin{cases} A = a + b + c \\ B = b + c \\ C = c \end{cases}$$

Quindi qualsiasi polinomio si può scrivere come combinazione lineare dei vettori dati, per cui p_1, p_2, p_3, oltre ad essere linearmente indipendenti, generano anche p(x), per cui costituiscono una base per p(x) su R.

4.2 Applicazioni lineari

4.2.1 Definizione di applicazione lineare

Si considerino due spazi vettoriali U e V su di un campo K. È possibile considerare una applicazione f che associa ad un generico vettore $u \in U$, un vettore $v \in V$.

$$\begin{array}{ccc} U & \xrightarrow{f} & V \\ u & \rightarrow & v = f(u) \end{array}$$

Un'**applicazione lineare** f ha le seguenti proprietà:

1. $f(u_1+u_2)=f(u_1)+f(u_2) \quad \forall u_1,u_2 \in U$
2. $f(a\cdot u)=a\cdot f(u) \quad \forall a \in K \;\; \forall u \in U$

In pratica, un'applicazione lineare, oltre ad associare elementi di V ad elementi di U, mantiene anche la struttura algebrica degli spazi vettoriali, ossia mantiene le proprietà delle operazioni definite per gli spazi vettoriali.
Il concetto di applicazione lineare può essere generalizzato a qualsiasi struttura algebrica, ad esempio ad un gruppo oppure ad un anello. In tal caso si preferisce adoperare un termine più generico, ossia **omomorfismo**.
Dalle proprietà 1 e 2 discendono anche le seguenti proprietà:

3. $f(0)=0$
4. $f(-u)=-f(u) \quad \forall u \in U$

4.2.2 Composizione di applicazioni lineari

Dati gli spazi vettoriali U, V e W sul campo K, si possono considerare le due applicazioni lineari f e g, ossia:

$$V \xrightarrow{f} W \qquad U \xrightarrow{g} V$$

Si può quindi definire l'**applicazione lineare composta** $f \circ g$ (leggasi "f composto g") delle due applicazioni lineari f e g.
$U \xrightarrow{f\circ g} W$ ossia $U \xrightarrow{g} V \xrightarrow{f} W$
In particolare si ha che:

$$\begin{array}{ccccc} U & \xrightarrow{g} & V & \xrightarrow{f} & W \\ u & \rightarrow & v=g(u) & \rightarrow & w=f(v) \end{array}$$

Si noti che $w=f(v)=f\big(g(u)\big)=\big(f\circ g\big)(u)$.
L'applicazione $f \circ g$ è anch'essa lineare.

4.2.3 Un esempio di spazio vettoriale: lo spazio vettoriale delle applicazioni lineari

Dati gli spazi vettoriali U, V sul campo K, si può definire l'insieme delle applicazioni lineari tra i due spazi vettoriali U e V. Tale insieme è indicato con $L(U,V)$.

$$L(U,V)=\left\{U \xrightarrow{f} V \mid f \text{ lineare}\right\}$$

Su tale insieme si può definire una operazione di somma interna. Difatti considerate due applicazioni lineari $f,g \in L(U,V)$, ossia:

$$U \xrightarrow{f} V \quad U \xrightarrow{g} V$$

Si può definire l'applicazione lineare somma $f+g$ delle due applicazioni lineari *f* e *g*.

$$\begin{array}{ccc} U & \xrightarrow{f+g} & V \\ u & \rightarrow & v=(f+g)(u) \end{array}$$

dove, per definizione, si ha $v=(f+g)(u)=f(u)+g(u)$. L'applicazione $f+g$ è lineare, pertanto l'operazione di somma di applicazioni lineari è interna a $L(U,V)$ in quanto restituisce ancora un'applicazione lineare.
Infine si può considerare anche l'applicazione lineare costituita dal prodotto dell'applicazione lineare *f* con uno scalare $a \in K$, ossia $a \cdot f$.

$$\begin{array}{ccc} U & \xrightarrow{a \cdot f} & V \\ u & \rightarrow & v=(a \cdot f)(u) \end{array}$$

dove per definizione si ha $v=(a \cdot f)(u)=a \cdot f(u)$. L'applicazione $a \cdot f$ è lineare, pertanto il prodotto restituisce ancora un elemento dell'insieme $L(U,V)$.
L'operazione di somma è associativa ed ha l'elemento neutro costituito da un'applicazione ϕ che a qualsiasi vettore dello spazio *U*, associa il vettore nullo dello spazio *V*. L'elemento simmetrico dell'applicazione *f*, sarà dato dall'applicazione definita come il prodotto dello scalare -1 per *f*, ossia $-f$. Infine si può dimostrare che la somma è commutativa e che esistono proprietà di tipo distributivo e associativo tra somma e prodotto.
Si deduce quindi che la struttura algebrica $(L(U,V),+,\cdot)$ è uno spazio vettoriale.

4.2.4 Nucleo ed immagine di un'applicazione lineare

Considerata un'applicazione lineare *f* tra due spazi vettoriali *U* e *V* su di un campo *K*, ossia:

$$U \xrightarrow{f} V$$

si definisce **nucleo** di *f* quell'insieme di vettori $u \in U$ tali che la loro immagine in *V* è data dal vettore nullo 0. Il nucleo di *f* viene indicato con Ker (dall'inglese kernel, ossia nucleo, nocciolo).

$$\text{Ker}\, f = \{u \in U \mid f(u)=0\}$$

L'insieme $\text{Ker}\, f$ viene spesso indicato anche con $f^{-1}(0)$, ossia l'anti-immagine del vettore nullo.
Il nucleo di *f* è un sottospazio di *U*.

Si definisce **immagine** di f quell'insieme di vettori $v \in V$ tali da avere almeno un elemento $u \in U$ del quale sono immagine.

$$\operatorname{Im} f = \{v \in V \mid \exists u \in U \mid f(u) = v\}$$

L'insieme Im f viene spesso indicato anche con $f(U)$, ossia l'immagine dello spazio U.
L'immagine di f è un sottospazio di V.

4.2.5 Particolari applicazioni lineari

Le applicazioni lineari **iniettive** sono anche dette **monomorfismi**.
Un'applicazione lineare f tra due spazi vettoriali U e V su di un campo K è un monomorfismo se e solo se il suo nucleo è costituito dal solo vettore nullo.

$$f \text{ è un monomorfismo} \Leftrightarrow \operatorname{Ker} f = \{0\}$$

In pratica, in un monomorfismo solo al vettore nullo di U viene associato il vettore nullo di V.
Inoltre il monomorfismo conserva l'indipendenza lineare. In pratica, se $u_1, u_2, ..., u_n$ sono indipendenti nello spazio vettoriale di partenza U, allora anche i vettori immagine $f(u_1), f(u_2), ..., f(u_n)$ saranno indipendenti.
Le applicazioni lineari **suriettive** sono anche dette **epimorfismi**.
Un'applicazione lineare f tra due spazi vettoriali U e V su di un campo K è un epimorfismo se e solo se la sua immagine è costituita dall'intero spazio vettoriale V.

$$f \text{ è un epimorfismo} \Leftrightarrow \operatorname{Im} f = V$$

In pratica, tutti i vettori dello spazio vettoriale V sono immagine di un vettore dello spazio vettoriale U.
Le applicazioni lineari **biiettive** sono anche dette **isomorfismi**.
L'isoformismo, in quanto applicazione lineare biiettiva, prevede una applicazione inversa. Tale applicazione è a sua volta lineare.
Vale il seguente **teorema delle dimensioni di nucleo e immagine**.

Teorema 3
Sia f una applicazione lineare tra due spazi vettoriale U e V, ossia:

$$U \xrightarrow{f} V$$

Si ha che la dimensione dello spazio vettoriale U è pari alla somma delle dimensioni del nucleo di f e della sua immagine, quindi:

$$\dim U = \dim(\operatorname{Ker} f) + \dim(\operatorname{Im} f)$$

Una importante conseguenza del teorema delle dimensioni di nucleo e immagine (Teorema 3) è rappresentata dal seguente teorema.

Teorema 4
Se un'applicazione lineare f è definita tra due spazi U e V che hanno la stessa dimensione, ossia $\dim U = \dim V$, allora:
- se f è un monomorfismo, allora f è anche un epimorfismo e quindi è un isomorfismo;
- se f è un epimorfismo, allora f è anche un monomorfismo e quindi è un isomorfismo;

Simbolicamente si può scrivere:

$$\dim U = \dim V, \quad U \xrightarrow{f} V \text{ è lineare } \Rightarrow \left(\operatorname{Ker} f = \{0\} \Leftrightarrow \operatorname{Im} f = V\right)$$

4.3 Matrici

4.3.1 Definizioni

Si consideri un campo K e due numeri naturali n e m.
Una matrice $m \times n$ su K è costituita da $m \times n$ elementi del campo K ed è indicata con il simbolo:

$$A = \begin{bmatrix} a_{11} & a_{12} & \dots & \dots & a_{1n} \\ a_{21} & a_{22} & \dots & \dots & a_{2n} \\ \dots & \dots & \dots & \dots & \dots \\ \dots & \dots & \dots & a_{ij} & \dots \\ \dots & \dots & \dots & \dots & \dots \\ a_{m1} & a_{m2} & \dots & \dots & a_{mn} \end{bmatrix}$$

Il numero delle colonne della matrice è indicato con n, mentre il numero delle righe è indicato con m. Pertanto, nel generico elemento del campo K, indicato con a_{ij}, l'indice i rappresenta la riga ed è tale che $1 \le i \le m$, mentre l'indice j rappresenta la colonna ed è tale che $1 \le j \le n$.
In particolare una matrice $1 \times n$ rappresenta una riga con n termini ed è anche detta **ennupla** o **vettore riga** di ordine n.

$$A = \begin{bmatrix} a_{11} & a_{12} & \dots & \dots & a_{1n} \end{bmatrix}$$

Una matrice $m \times 1$ rappresenta una colonna con m termini ed è anche detta **vettore colonna** di ordine m.

$$A = \begin{bmatrix} a_{11} \\ a_{21} \\ \dots \\ \dots \\ \dots \\ a_{m1} \end{bmatrix}$$

Data una matrice A, per indicarne righe e colonne si possono usare anche le seguenti notazioni:

La terza riga $A_3 = \begin{bmatrix} a_{31} & a_{32} & \dots & \dots & a_{3n} \end{bmatrix}$

La i-esima riga $A_i = \begin{bmatrix} a_{i1} & a_{i2} & \dots & \dots & a_{in} \end{bmatrix}$

La quarta colonna $A^4 = \begin{bmatrix} a_{14} \\ a_{24} \\ \dots \\ \dots \\ \dots \\ a_{m4} \end{bmatrix}$ La j-esima colonna $A^j = \begin{bmatrix} a_{1j} \\ a_{2j} \\ \dots \\ \dots \\ \dots \\ a_{mj} \end{bmatrix}$

4.3.2 Lo spazio vettoriale delle matrici

Sia $M_{m,n}$ l'insieme delle matrici $m \times n$ su di un campo K.
In esso si può definire la somma di due matrici A e B. Tale somma può essere definita in modo che il suo risultato sia ancora una matrice $m \times n$ e quindi appartenga all'insieme $M_{m,n}$.

$$A+B = \begin{bmatrix} a_{11} & \dots & \dots & a_{1n} \\ \dots & \dots & \dots & \dots \\ \dots & \dots & a_{ij} & \dots \\ \dots & \dots & \dots & \dots \\ a_{m1} & \dots & \dots & a_{mn} \end{bmatrix} + \begin{bmatrix} b_{11} & \dots & \dots & b_{1n} \\ \dots & \dots & \dots & \dots \\ \dots & \dots & b_{ij} & \dots \\ \dots & \dots & \dots & \dots \\ b_{m1} & \dots & \dots & b_{mn} \end{bmatrix} = \begin{bmatrix} a_{11}+b_{11} & \dots & \dots & a_{1n}+b_{1n} \\ \dots & \dots & \dots & \dots \\ \dots & \dots & a_{ij}+b_{ij} & \dots \\ \dots & \dots & \dots & \dots \\ a_{m1}+b_{m1} & \dots & \dots & a_{mn}+b_{mn} \end{bmatrix} = C$$

In pratica, il generico elemento della matrice C è dato dalla somma dei corrispondenti elementi delle matrici A e B, ossia $c_{ij} = a_{ij} + b_{ij}$.

Si noti che esiste l'elemento neutro rispetto alla somma, ossia la matrice i cui elementi sono tutti pari a 0 ed esiste anche l'elemento opposto della matrice A, rispetto alla somma. Tale elemento è definito come:

$$-A = \begin{bmatrix} -a_{11} & \dots & \dots & -a_{1n} \\ \dots & \dots & \dots & \dots \\ \dots & \dots & -a_{ij} & \dots \\ \dots & \dots & \dots & \dots \\ -a_{m1} & \dots & \dots & -a_{mn} \end{bmatrix}$$

Inoltre, l'associatività e la commutatività dell'operazione di addizione discendono in modo diretto dalle rispettive proprietà dell'addizione sul campo K.
Pertanto la coppia $(M_{m,n},+)$ è un gruppo abeliano.
Analogamente si può definire il prodotto di una generica matrice A dell'insieme $M_{m,n}$ per uno scalare λ del campo K. Anche in questo caso il risultato è ancora una matrice

$$\lambda \cdot A = \lambda \cdot \begin{bmatrix} a_{11} & \dots & \dots & a_{1n} \\ \dots & \dots & \dots & \dots \\ \dots & \dots & a_{ij} & \dots \\ \dots & \dots & \dots & \dots \\ a_{m1} & \dots & \dots & a_{mn} \end{bmatrix} = \begin{bmatrix} \lambda a_{11} & \dots & \dots & \lambda a_{1n} \\ \dots & \dots & \dots & \dots \\ \dots & \dots & \lambda a_{ij} & \dots \\ \dots & \dots & \dots & \dots \\ \lambda a_{m1} & \dots & \dots & \lambda a_{mn} \end{bmatrix}$$

È semplice verificare che sussistono tutte le proprietà associative e distributive di somma e prodotto. Pertanto $(M_{m,n},+,\cdot)$ è uno **spazio vettoriale**.
Se $m = n$, ossia il numero di righe è pari al numero di colonne, allora la matrice viene detta **quadrata**. La **diagonale principale** di una matrice quadrata è composta da quegli elementi per i quali il numero di riga è pari al numero di colonna. Gli elementi della diagonale sono del tipo a_{ii}. Se una matrice quadrata ha tutti gli elementi nulli, tranne quelli posti lungo la diagonale, allora la matrice è detta **diagonale**. La matrice **identica** è una matrice diagonale per la quale tutti gli elementi non nulli sono pari ad 1. Una matrice quadrata è **simmetrica** se $a_{ij} = a_{ji}$. La somma degli elementi della diagonale principale di una matrice quadrata è detta **traccia** della matrice.

Esempi

Una matrice quadrata 3 × 3 ha tre righe e tre colonne. Un esempio di matrice quadrata 3 × 3 sul campo dei numeri reali R è il seguente (la diagonale della matrice è indicata dalla linea tratteggiata).

$$\begin{bmatrix} 1 & 3 & -\frac{\sqrt{2}}{2} \\ -2 & \frac{1}{2} & \sqrt{2} \\ -\sqrt{3} & -\frac{3}{4} & 0 \end{bmatrix}$$

La traccia della matrice precedente vale $1+\frac{1}{2}+0=\frac{3}{2}$.

Di seguito si riporta un esempio di matrice diagonale 3 × 3 sul campo dei numeri razionali *Q*. Gli unici elementi non nulli sono quelli posti lungo la diagonale.

$$\begin{bmatrix} 1 & 0 & 0 \\ 0 & \frac{1}{2} & 0 \\ 0 & 0 & -4 \end{bmatrix}$$

La matrice identica 3 × 3 è mostrata di seguito. I suoi elementi lungo la diagonale sono tutti pari ad 1.

$$\begin{bmatrix} 1 & 0 & 0 \\ 0 & 1 & 0 \\ 0 & 0 & 1 \end{bmatrix}$$

Ecco un esempio di matrice 3 × 3 simmetrica. Visivamente si osserva che gli elementi in posizione simmetrica rispetto alla diagonale sono identici.

$$\begin{bmatrix} -4 & -3 & \frac{5}{2} \\ -3 & \sqrt{2} & 0 \\ \frac{5}{2} & 0 & 1 \end{bmatrix}$$

Si consideri una matrice $A \in M_{m,n}$. La sua matrice **trasposta** $B \in M_{n,m}$ si ottiene trasformando la generica riga *h*-esima della matrice *A* nella colonna *k*-esima della matrice *B* e viceversa. In pratica $b_{hk} = a_{kh}$. La matrice trasposta di *A* si indica spesso con ${}^{t}A$. Sia $A \in M_{n,n}$ una matrice quadrata, la sua matrice trasposta ${}^{t}A$ è tale che ${}^{t}A \in M_{n,n}$. Inoltre la matrice trasposta di una matrice simmetrica (e quadrata) è identica alla matrice di partenza. Infine il trasposto di un vettore riga è un vettore colonna e viceversa.

Esempio
Considerate le matrici:

$$A=\begin{bmatrix} -1 & -2 & 1 \\ 4 & 2 & -\sqrt{3} \\ \frac{1}{5} & 0 & 5 \end{bmatrix} \qquad B=\begin{bmatrix} -3 & -\frac{2}{3} & 1 \\ 3 & \pi & -\sqrt{3} \end{bmatrix}$$

Le loro trasposte sono:

$${}^{t}A=\begin{bmatrix} -1 & 4 & \frac{1}{5} \\ -2 & 2 & 0 \\ 1 & -\sqrt{3} & 5 \end{bmatrix} \qquad {}^{t}B=\begin{bmatrix} -3 & 3 \\ -\frac{2}{3} & \pi \\ 1 & -\sqrt{3} \end{bmatrix}$$

Si noti che, essendo la matrice A quadrata del tipo 3×3, la sua trasposta è ancora quadrata del tipo 3×3. La trasposta della matrice B che è 2×3, diventa una matrice 3×2.

Infine una matrice si dice **triangolare inferiore** se tutti gli elementi collocati al di sopra della diagonale principale sono nulli; viceversa la matrice si dice **triangolare superiore** se tutti gli elementi collocati al di sotto della diagonale principale sono nulli.

Esempi
Considerate le matrici:

$$A=\begin{bmatrix} -1 & -3 & 1 & 3 \\ 0 & 4 & -\sqrt{3} & 2 \\ 0 & 0 & 5 & 4 \\ 0 & 0 & 0 & 1 \end{bmatrix} \qquad B=\begin{bmatrix} -1 & 0 & 0 & 0 \\ 5 & 4 & 0 & 0 \\ -2 & \frac{1}{2} & 5 & 0 \\ 3 & 1 & -1 & 1 \end{bmatrix}$$

La matrice A è un esempio di matrice triangolare superiore e la matrice B è un esempio di matrice triangolare inferiore.

4.3.3 Moltiplicazione tra matrici

Tra matrici può essere definita una operazione di moltiplicazione nella quale è previsto che il numero di colonne della prima matrice sia pari al numero di righe della seconda. Questa specifica moltiplicazione è detta **moltiplicazione righe per colonne**.

Si inizia con il definire il prodotto tra un vettore riga di n elementi $V \in M_{1,n}$ ed un vettore colonna di n elementi $U \in M_{n,1}$. In particolare:

$$V = [a_{11}, a_{12}, ..., a_{1n}] \quad \text{mentre } U = \begin{bmatrix} b_{11} \\ b_{21} \\ ... \\ b_{n1} \end{bmatrix}$$

Oltre il formalismo

Ritornando agli esempi del Par. 4.1, si comprende perché *V* e *U* siano stati definiti "vettori". *V* e *U* possono essere visti come elementi dello spazio vettoriale R^n; in tal caso sono ennuple composte da *n* elementi del campo *R*.

Il risultato del prodotto tra V e U sarà uno scalare k, ottenuto moltiplicando il primo elemento di V per il primo elemento di U e sommando tale prodotto al risultato ottenuto moltiplicando il secondo elemento di V per il secondo elemento di U e così via.

$$k = V \cdot U = [a_{11}, a_{12}, ..., a_{1n}] \cdot \begin{bmatrix} b_{11} \\ b_{21} \\ ... \\ b_{n1} \end{bmatrix} = a_{11} \cdot b_{11} + a_{12} \cdot b_{21} + ... + a_{1n} \cdot b_{n1} = \sum_{k=1}^{n} a_{1k} \cdot b_{k1}$$

Equazione 1

Siccome il risultato di tale prodotto è uno scalare, questo prodotto è noto anche come **prodotto scalare**.
Si noti che, mentre $V \in M_{1,n}$ e $U \in M_{n,1}$, il loro prodotto $k = V \cdot U \in M_{1,1}$.
In pratica tra gli insiemi di matrici sussiste la seguente relazione: $M_{1,n} \times M_{n,1} \rightarrow M_{1,1}$

In classe

Nella scuola secondaria, soprattutto nel corso di fisica, il prodotto scalare tra due vettori viene generalmente definito come il prodotto dei moduli dei vettori per il coseno dell'angolo tra essi compreso. La definizione usata nel corso di fisica coincide con quella di prodotto scalare appena introdotta, ossia con la definizione di prodotto tra un vettore riga ed un vettore colonna con lo stesso numero di elementi.
Per semplicità si formula un esempio in R^2, dove si considerano i vettori identificati dalle coppie di coordinate $V = (1,0)$ *e* $U = \left(\frac{\sqrt{3}}{2}, \frac{1}{2}\right)$.

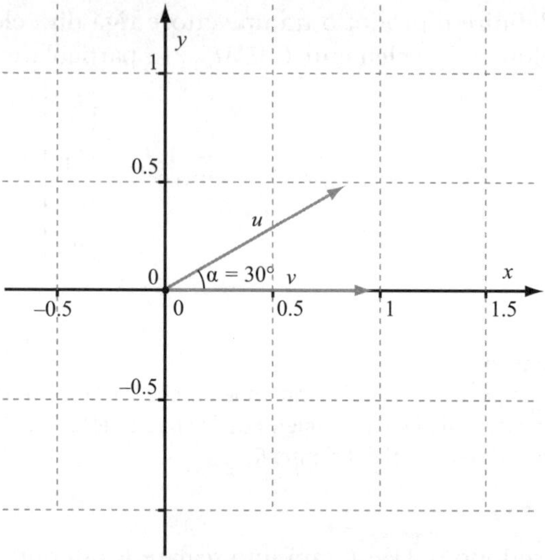

Figura 2

I due vettori sono rappresentati in Figura 2. Entrambi hanno modulo pari ad 1, difatti la radice quadrata della somma dei quadrati delle loro componenti vale 1.

$$|V| = \sqrt{1^2 + 0^2} = \sqrt{1} = 1$$

$$|U| = \sqrt{\left(\frac{\sqrt{3}}{2}\right)^2 + \left(\frac{1}{2}\right)^2} = \sqrt{\frac{3}{4} + \frac{1}{4}} = \sqrt{\frac{4}{4}} = 1$$

L'angolo tra essi compreso vale 30°. Pertanto il prodotto, come calcolato nella scuola secondaria, vale:

$$V \cdot U = |V| \cdot |U| \cdot \cos\alpha = 1 \cdot 1 \cdot \cos 30° = \frac{\sqrt{3}}{2}$$

Analogamente con il prodotto riga per colonna si ottiene:

$$V \cdot U = (1,0) \cdot \begin{pmatrix} \frac{\sqrt{3}}{2} \\ \frac{1}{2} \end{pmatrix} = \frac{\sqrt{3}}{2} \cdot 1 + 0 \cdot \frac{1}{2} = \frac{\sqrt{3}}{2}$$

Si considerano ora due matrici generiche $A \in M_{m,n}$ e $B \in M_{n,l}$. Tali matrici possono essere moltiplicate e il loro prodotto $A \cdot B \in M_{m,l}$. Anche in questo caso si osserva che $M_{m,n} \times M_{n,l} \to M_{m,l}$.

Sia C il prodotto delle matrici A e B. Il generico elemento della matrice C sarà dato da:

$$c_{ij} = \sum_{r=1}^{n} a_{ir} \cdot b_{rj} = a_{i1} \cdot b_{1j} + a_{i2} \cdot b_{2j} + ... + a_{in} \cdot b_{nj}$$

In pratica l'elemento c_{ij} si ottiene operando il prodotto scalare della riga i-esima della matrice A per la colonna j-esima della matrice B, secondo il prodotto scalare definito nell'Equazione 1.
Quindi si può scrivere:

$$c_{ij} = \sum_{r=1}^{n} a_{ir} \cdot b_{rj} = A_i \cdot B^j$$

Equazione 2

Esempio
Si determina il prodotto tra le matrici:

$$A = \begin{bmatrix} 1 & 1 & 0 \\ -2 & 3 & 1 \\ 0 & -1 & -1 \\ 0 & 4 & 0 \end{bmatrix} \quad B = \begin{bmatrix} 3 & 0 & -1 & -2 \\ 0 & 1 & -2 & -1 \\ 4 & 1 & 0 & 2 \end{bmatrix}$$

Si noti che $A \in M_{4,3}$ e $B \in M_{3,4}$. Pertanto, detta C la matrice ottenuta dal prodotto, si ha che $C \in M_{4,4}$.
Gli elementi di C si determinano mediante l'Equazione 2. Pertanto:

$$c_{11} = A_1 \cdot B^1 = \sum_{r=1}^{3} a_{1r} \cdot b_{r1} = a_{11} \cdot b_{11} + a_{12} \cdot b_{21} + a_{13} \cdot b_{31} = 1 \cdot 3 + 1 \cdot 0 + 0 \cdot 4 = 3$$

Analogamente si ha:

$$c_{12} = A_1 \cdot B^2 = \sum_{r=1}^{3} a_{1r} \cdot b_{r2} = a_{11} \cdot b_{12} + a_{12} \cdot b_{22} + a_{13} \cdot b_{32} = 1 \cdot 0 + 1 \cdot 1 + 0 \cdot 1 = 1$$

Proseguendo il calcolo si ottiene:

$$C = \begin{bmatrix} 1 & 1 & 0 \\ -2 & 3 & 1 \\ 0 & -1 & -1 \\ 0 & 4 & 0 \end{bmatrix} \cdot \begin{bmatrix} 3 & 0 & -1 & -2 \\ 0 & 1 & -2 & -1 \\ 4 & 1 & 0 & 2 \end{bmatrix} = \begin{bmatrix} 3 & 1 & -3 & -3 \\ -2 & 4 & -4 & 3 \\ -4 & -2 & 2 & -1 \\ 0 & 4 & -8 & -4 \end{bmatrix}$$

Il prodotto tra matrici così definito gode della proprietà associativa, ossia è vero che se $A \in M_{m,n}$, $B \in M_{n,l}$, e $C \in M_{l,k}$, allora $(A \cdot B) \cdot C = A \cdot (B \cdot C)$.

Inoltre il prodotto gode della proprietà distributiva della somma rispetto al prodotto, ossia se $A, A' \in M_{m,n}$ e $B \in M_{n,l}$, allora $(A + A') \cdot B = A \cdot B + A' \cdot B$.
Infine il prodotto gode dell'associatività mista, ossia se $A \in M_{m,n}$, $B \in M_{n,l}$ e $\lambda \in K$, allora $A \cdot (\lambda \cdot B) = \lambda \cdot (A \cdot B)$.
Si noti che la moltiplicazione righe per colonne non è in generale una operazione interna ad un insieme. Infatti, avviene che la moltiplicazione di una matrice $m \times n$ per una matrice $n \times l$ (di un insieme diverso), restituisca una matrice $m \times l$, appartenente ad un terzo insieme.

$$M_{m,n} \times M_{n,l} \to M_{m,l}$$

Pertanto non si può definire una struttura algebrica con questo prodotto, proprio perché non è interno ad un insieme. Si può parlare in generale di una applicazione f, che associa ad una coppia di elementi del prodotto cartesiano $M_{m,n} \times M_{n,l}$, un elemento dell'insieme $M_{m,l}$.

$$M_{m,n} \times M_{n,l} \xrightarrow{f} M_{m,l}$$

Quando la prima delle due matrici è una matrice quadrata $n \times n$, allora il prodotto assume la forma di un prodotto esterno rispetto all'insieme $M_{n,l}$, difatti:

$$M_{n,n} \times M_{n,l} \xrightarrow{f} M_{n,l}$$

Nel caso di un prodotto tra due matrici quadrate si ha proprio una operazione interna all'insieme $M_{n,n}$, infatti:

$$M_{n,n} \times M_{n,n} \xrightarrow{f} M_{n,n}$$

In questo caso ha senso investigare che tipo di struttura algebrica sia $(M_{n,n}, \cdot)$.
Questa operazione è associativa e possiede un elemento neutro, la matrice identica, indicata con I_n. Avviene che $\forall A \in M_{n,n} \quad A \cdot I_n = A = I_n \cdot A$.
Inoltre è possibile verificare che il prodotto tra matrici non è commutativo.
Pertanto la struttura algebrica costituita dall'insieme delle matrici $M_{n,n}$ e dall'operazione interna di moltiplicazione $(M_{n,n}, \cdot)$ è un monoide (non commutativo).
Nel Par. 4.3.2 si è mostrato che $(M_{m,n}, +)$ è un gruppo abeliano. Aggiungendo a tale informazione il fatto che $(M_{n,n}, \cdot)$ è un monoide e tenendo conto che esistono le opportune proprietà di distributività dell'addizione rispetto alla moltiplicazione, si può concludere che la struttura $(M_{m,n}, +, \cdot)$ è un anello con unità.
Ritornando alla struttura $(M_{n,n}, \cdot)$ si osserva che essa non è un gruppo, in quanto non tutte le matrici quadrate hanno l'elemento inverso. Ad esempio la matrice nulla (con tutti i termini pari a 0) non possiede alcun elemento che moltiplicato per essa restituisca la matrice identica (ossia l'elemento neutro).
Si potrebbe pensare di escludere dall'insieme $M_{n,n}$ la matrice nulla (indicata

con 0_n) e chiedersi se la struttura $\left(M_{n,n} - \{0_n\}, \cdot\right)$ possa costituire un gruppo. A tale proposito, si nota che esistono altre matrici (oltre quella nulla) che non possiedono una inversa. Nel Par. 4.5.6 si riuscirà a caratterizzare con precisione le matrici $n \times n$ che possiedono una inversa. Per ora, si vuole rilevare che è possibile considerare le sole matrici di $M_{n,n}$ che possiedono una inversa e notare che esse, rispetto all'operazione di moltiplicazione, formano un gruppo, denominato **Gruppo Generale Lineare** delle matrici $n \times n$ su campo K. Esso viene indicato con $GL_n(K)$.

4.3.4 Corrispondenza tra matrici ed applicazioni lineari

Si considerino due spazi vettoriali U e V con basi $B_U = \{u_1, ..., u_n\}$ e $B_V = \{v_1, ..., v_m\}$. Pertanto si ha $\dim U = n$ e $\dim V = m$.

Tra i due spazi vettoriali si può definire una applicazione lineare f. Per farlo, basta stabilire come vengono trasformati i vettori della base $B_U = \{u_1, ..., u_n\}$ dall'applicazione f. In pratica, occorre definire $f(u_1), ..., f(u_n)$. In tal modo restano definite le trasformazioni di tutti gli altri vettori dello spazio vettoriale U, essendo questi esprimibili in termini di combinazioni lineari della base B_U.

I vettori $f(u_1), ..., f(u_n)$ appartengono allo spazio vettoriale V. Pertanto sono esprimibili in termini della base $B_V = \{v_1, ..., v_m\}$, mediante combinazioni lineari:

$$f(u_1) = a_{11}v_1 + a_{21}v_2 + ... + a_{m1}v_m = \sum_{k=1}^{m} a_{k1}v_k$$

$$f(u_2) = a_{12}v_1 + a_{22}v_2 + ... + a_{m2}v_m = \sum_{k=1}^{m} a_{k2}v_k$$

...

$$f(u_n) = a_{1n}v_1 + a_{2n}v_2 + ... + a_{mn}v_m = \sum_{k=1}^{m} a_{kn}v_k$$

Equazione 3

I coefficienti scalari a_{ij} adoperati per esprimere le immagini dei vettori della base B_U, in termini della base B_V, costituiscono la matrice A associata all'applicazione lineare f. In particolare, l'insieme di scalari $a_{1j}, a_{2j}, ..., a_{mj}$, usato per esprimere il vettore $f(u_j)$ in termini della base B_V, rappresenta la colonna j-esima A^j della matrice $A \in M_{m,n}$ associata a f. Quindi la matrice nel dettaglio si scrive come:

$$A = \begin{bmatrix} a_{11} & a_{12} & \dots & \dots & a_{1n} \\ a_{21} & a_{22} & \dots & \dots & a_{2n} \\ \dots & \dots & \dots & \dots & \dots \\ \dots & \dots & \dots & a_{ij} & \dots \\ \dots & \dots & \dots & \dots & \dots \\ a_{m1} & a_{m2} & \dots & \dots & a_{mn} \end{bmatrix}$$

Si illustra nel dettaglio come ottenere mediante la matrice A l'immagine di un generico vettore $u \in U$. Innanzitutto il vettore u può essere espresso nella base B_U mediante dei coefficienti $\alpha_1, \alpha_2, \dots, \alpha_n$.

$$u = \alpha_1 u_1 + \alpha_2 u_2 + \dots + \alpha_n u_n$$

Pertanto si può definire un vettore colonna dei coefficienti scalari che fanno ottenere il vettore u nella base B_U.

$$\alpha = \begin{bmatrix} \alpha_1 \\ \alpha_2 \\ \dots \\ \alpha_n \end{bmatrix}$$

Analogamente, l'immagine di u, ossia $f(u)$, può essere espressa nella base B_V, mediante altri coefficienti $\beta_1, \beta_2, \dots, \beta_m$.

$$f(u) = \beta_1 v_1 + \beta_2 v_2 + \dots + \beta_m v_m$$

Equazione 4

Si definisce un vettore colonna dei coefficienti scalari che fanno ottenere il vettore $f(u)$ nella base B_V.

$$\beta = \begin{bmatrix} \beta_1 \\ \beta_2 \\ \dots \\ \beta_m \end{bmatrix}$$

Per via della linearità dell'applicazione si può scrivere:

$$f(u) = f(\alpha_1 u_1 + \alpha_2 u_2 +, \dots, + \alpha_n u_n) = \alpha_1 f(u_1) + \alpha_2 f(u_2) + \dots + \alpha_n f(u_n)$$

Ciascuna delle immagini dei vettori della base B_U può essere espressa mediante gli elementi della matrice A, usando l'Equazione 3. Sostituendo le immagini dei vettori della base B_U con le loro espressioni in termini della base B_V date dall'Equazione 3, si ottiene:

$$f(u) = \alpha_1 f(u_1) + \alpha_2 f(u_2) + \ldots + \alpha_n f(u_n) =$$
$$= \alpha_1 (a_{11}v_1 + a_{21}v_2 + \ldots + a_{m1}v_m) + \alpha_2 (a_{12}v_1 + a_{22}v_2 + \ldots + a_{m2}v_m) +$$
$$\ldots + \alpha_n (a_{1n}v_1 + a_{2n}v_2 + \ldots + a_{mn}v_m)$$

Raccogliendo a fattor comune i vettori della base B_V si ottiene:

$$f(u) = (\alpha_1 a_{11} + \alpha_2 a_{12} + \ldots + \alpha_n a_{1n})v_1 + (\alpha_1 a_{21} + \alpha_2 a_{22} + \ldots + \alpha_n a_{2n})v_2 +$$
$$\ldots + (\alpha_1 a_{m1} + \alpha_2 a_{m2} + \ldots + \alpha_n a_{mn})v_m$$

Si nota che il coefficiente del vettore v_1 è dato dal prodotto scalare della prima riga della matrice A, per il vettore colonna α; analogamente il coefficiente del vettore v_2 è dato dal prodotto scalare della seconda riga della matrice A, per il vettore colonna α e così via. Pertanto si può scrivere:

$$f(u) = (A_1 \cdot \alpha)v_1 + (A_2 \cdot \alpha)v_2 + \ldots + (A_m \cdot \alpha)v_m$$

Confrontando questa espressione con l'Equazione 4 si ottiene che:

$$\beta_1 = A_1 \cdot \alpha,\ \beta_2 = A_2 \cdot \alpha,\ \ldots,\ \beta_m = A_m \cdot \alpha$$

Pertanto si può affermare che il vettore colonna dei coefficienti scalari dell'immagine di u nella base B_V si ottiene moltiplicando la matrice A associata all'applicazione lineare per il vettore colonna dei coefficienti scalari di u nella base B_U.

$$\beta = A \cdot \alpha$$

Viceversa, data una matrice $A \in M_{m,n}$ si può definire un'applicazione lineare f tra due spazi vettoriali U e V di dimensioni rispettivamente $\dim U = n$ e $\dim V = m$ che hanno basi $B_U = \{u_1, \ldots, u_n\}$ e $B_V = \{v_1, \ldots, v_m\}$.
Per farlo occorre identificare il vettore colonna A^j come l'insieme dei coefficienti che esprimono nella base $B_V = \{v_1, \ldots, v_m\}$ l'immagine del j-esimo vettore u_j della base $B_U = \{u_1, \ldots, u_n\}$.
Quindi un generico vettore $u \in U$ espresso mediante il vettore α nella base $B_U = \{u_1, \ldots, u_n\}$ avrà una immagine $f(u) \in V$ che viene espressa nella base $B_V = \{v_1, \ldots, v_m\}$ mediante il vettore $\beta = A \cdot \alpha$.

Esempio
Si considerino gli spazi vettoriali R^3 e R^2 con le loro basi canoniche. Si definisce una applicazione lineare f tra i due spazi vettoriali:

$$R^3 \xrightarrow{f} R^2$$

La f associa i vettori della base di R^3 a quelli della base di R^2 nel modo seguente.

$$f[(1,0,0)] = 2(1,0) - 1(0,1)$$
$$f[(0,1,0)] = 3(1,0)$$
$$f[(0,0,1)] = -2(0,1)$$

Osservando i coefficienti della base canonica di R^2 che determinano l'immagine della base canonica di R^3, si può stabilire che la matrice associata a f è la seguente:

$$A = \begin{bmatrix} 2 & 3 & 0 \\ -1 & 0 & -2 \end{bmatrix}$$

Questo risultato si ricava, osservando che il generico vettore (x_1, x_2, x_3) di R^3 avrà la seguente immagine:

$$f[(x_1,x_2,x_3)] = f[x_1(1,0,0) + x_2(0,1,0) + x_3(0,0,1)] =$$
$$= x_1 f[(1,0,0)] + x_2 f[(0,1,0)] + x_3 f[(0,0,1)] =$$
$$= x_1[2(1,0) - 1(0,1)] + x_2[3(1,0)] + x_3[-2(0,1)] =$$
$$= (2x_1 + 3x_2)(1,0) + (-1x_1 - 2x_3)(0,1) =$$
$$= (2x_1 + 3x_2, 0) + (0, -1x_1 - 2x_3) = (2x_1 + 3x_2, -1x_1 - 2x_3)$$

L'immagine può essere messa sotto forma di vettore colonna di R^2, ossia $\begin{bmatrix} 2x_1 + 3x_2 \\ -1x_1 - 2x_3 \end{bmatrix}$.

Le componenti di tale vettore si possono ottenere moltiplicando il vettore colonna $\begin{bmatrix} x_1 \\ x_2 \\ x_3 \end{bmatrix}$ di R^3 per la matrice $A = \begin{bmatrix} 2 & 3 & 0 \\ -1 & 0 & -2 \end{bmatrix}$.

Difatti:

$$\begin{bmatrix} 2 & 3 & 0 \\ -1 & 0 & -2 \end{bmatrix} \cdot \begin{bmatrix} x_1 \\ x_2 \\ x_3 \end{bmatrix} = \begin{bmatrix} 2x_1 + 3x_2 \\ -1x_1 - 2x_3 \end{bmatrix}$$

Pertanto, dato un certo vettore $\begin{bmatrix} x_1 \\ x_2 \\ x_3 \end{bmatrix}$, per ottenere la sua immagine in R^2 mediante la f, basta moltiplicare il vettore per la matrice A.

4.3.5 Isomorfismo tra matrici e applicazioni lineari

In virtù di quanto osservato nel Par. 4.3.4, si può definire una applicazione Φ tra i due seguenti spazi vettoriali:

- $M_{m,n}$ le matrici $m \times n$ sul campo K (vedi Par. 4.3.2);
- $L(U,V)$ le applicazioni lineari tra due spazi vettoriali U e V di dimensione rispettivamente $\dim U = n$ e $\dim V = m$ una volta che sono fissate le basi B_U e B_V degli spazi U e V (vedi Par. 4.2.3).

Questa applicazione associa ad una matrice $A \in M_{m,n}$, un'applicazione lineare f che trasforma i vettori dallo spazio U allo spazio V mediante la matrice A.

$$M_{m,n} \xrightarrow{\Phi} L(U,V)$$

Tale applicazione Φ è lineare ed è anche un isomorfismo, ossia è biiettiva. In pratica, ad una matrice può essere associata univocamente un'unica applicazione lineare tra U e V. Si noti che questa condizione di univocità esiste se sono fissate le basi di U e V, in quanto la matrice che rappresenta f cambia se cambiano le basi degli spazi vettoriali. In quanto isomorfismo, l'applicazione Φ è dotata di una inversa, Φ^{-1}. L'inversa associa, in modo univoco, una matrice ad un'applicazione lineare.

4.3.6 Matrici associate ad endorfismi, matrici simili

Tra le applicazioni lineari si possono considerare gli **endorfismi**, ossia applicazioni lineari f che ad un vettore u di uno spazio vettoriale U associano un vettore $f(u)$ dello stesso spazio vettoriale U. In pratica tali applicazioni agiscono all'interno dello stesso spazio vettoriale.

$$U \xrightarrow{f} U$$

Se la $\dim U = n$, allora a tali endorfismi si associa una matrice $A \in M_{n,n}$. Tale matrice viene associata all'applicazione lineare f mediante una determinata base dello spazio vettoriale U. Se si sceglie una base differente, allora all'applicazione lineare viene assegnata una matrice $A' \in M_{n,n}$ distinta dalla precedente. È però possibile dimostrare che esiste una matrice N, invertibile, tale che $A' = N^{-1} \cdot A \cdot N$. Due matrici $A, A' \in M_{n,n}$ per le quali sussiste la relazione $A' = N^{-1} \cdot A \cdot N$ sono dette **simili**.

4.3.7 Composizione di applicazioni lineari e matrici

Dati gli spazi vettoriali U, V e W sul campo K, si possono considerare le due applicazioni lineari f e g, ossia:

$$V \xrightarrow{f} W \quad U \xrightarrow{g} V$$

Si può quindi definire l'applicazione lineare composta $f \circ g$ (leggasi "f composto g") delle due applicazioni lineari f e g.

$$U \xrightarrow{f \circ g} W \text{ ossia } U \xrightarrow{g} V \xrightarrow{f} W$$

Se all'applicazione g è associata la matrice A_g e all'applicazione f è associata la matrice A_f, allora all'applicazione composta $f \circ g$ sarà associata la matrice ottenuta dal prodotto delle due matrici associate alle applicazioni, ossia $A = A_f \cdot A_g$.

4.4 Determinanti

4.4.1 Definizione e calcolo del determinante di una matrice

Il determinante è un'applicazione definita in modo tale da associare ad una matrice quadrata del tipo $n \times n$, su di un campo K, uno scalare dello stesso campo K. Indicando il determinate con Det, si può scrivere:

$$M_{n,n} \xrightarrow{\text{Det}} K$$
$$A \rightarrow \text{Det}(A)$$

Talvolta si usa indicare il determinante della matrice A, con la notazione $|A|$. Si consideri una matrice $A \in M_{m,n}$. Per tale matrice si può selezionare un sottoinsieme costituito da p righe delle m righe disponibili ed un sottoinsieme di q colonne delle n colonne disponibili. Siano $i_1, i_2, ..., i_p$ gli indici di riga selezionati e siano $j_1, j_2, ..., j_q$ gli indici di colonna selezionati. A questo punto è possibile individuare una nuova matrice costituita dai soli elementi che appartengono contemporaneamente sia ad una riga, sia ad una colonna selezionata. La matrice così individuata è indicata con $A_{i_1, i_2, ..., i_p}^{j_1, j_2, ..., j_q}$ ed è una matrice $p \times q$. Tale matrice è detta **subordinata** di A.

Esempio
Si consideri la matrice 4×5 sul campo R.

$$A = \begin{bmatrix} 1 & \sqrt{2} & -2 & 2 & 0 \\ 2 & 0 & 1 & -4 & -3 \\ \frac{1}{2} & \sqrt{3} & \frac{5}{3} & -\sqrt{3} & -4 \\ 0 & -\frac{1}{2} & -1 & 0 & -1 \end{bmatrix}$$

Selezionando le righe 1, 3 e 4 e le colonne 1, 2 e 5 si può costruire una matrice i cui elementi sono solo quelli che si trovano nelle intersezioni tra le linee tratteggiate mostrate in Figura 3.

$$A = \begin{bmatrix} 1 & \sqrt{2} & -2 & 2 & 0 \\ 2 & 0 & 1 & -4 & -3 \\ \frac{1}{2} & \sqrt{3} & \frac{5}{3} & -\sqrt{3} & -4 \\ 0 & -\frac{1}{2} & -1 & 0 & -1 \end{bmatrix}$$

Figura 3

La matrice è indicata con $A_{1,3,4}^{1,2,5}$ ed è la seguente matrice 3 × 3.

$$A_{1,3,4}^{1,2,5} = \begin{bmatrix} 1 & \sqrt{2} & 0 \\ \frac{1}{2} & \sqrt{3} & -4 \\ 0 & -\frac{1}{2} & -1 \end{bmatrix}$$

Analogamente si può considerare una matrice subordinata di A che sia ricavata dalla matrice A a cui sono state tolte una sola riga ed una sola colonna. Se ad esempio sono state rimosse la riga i-esima e la colonna j-esima, allora tale matrice subordinata si indica con $A_{(i,j)}$.
Il calcolo del determinante viene definito mediante il principio di induzione (vedi Cap. 3).
Si inizia con lo stabilire che il determinante di una matrice 1×1 è pari al singolo elemento della matrice (base dell'induzione).
Si suppone ora di saper calcolare il determinante di una matrice $(n - 1) \times (n - 1)$ (ipotesi induttiva) e si stabilisce come calcolare il determinante della matrice $n \times n$.

Per calcolare il determinante di una matrice $n \times n$ si deve scegliere arbitrariamente una riga; ad esempio, la riga i-esima. Si individuano quindi tutte le matrici subordinate della matrice A, a cui manca sempre la riga i-esima e, di volta in volta, una delle colonne, dalla prima all'n-esima. Tali matrici sono $A_{(i,1)}, A_{(i,2)}, ..., A_{(i,j)}, ..., A_{(i,n)}$. Tali matrici sono del tipo $(n - 1) \times (n - 1)$ e di esse si sa calcolare il determinante.
Pertanto si definisce il determinante dalla matrice A nel modo seguente:

$$\det(A) = (-1)^{i+1} a_{i1} \cdot \det\left(A_{(i,1)}\right) + (-1)^{i+2} a_{i2} \cdot \det\left(A_{(i,2)}\right) + ... + (-1)^{i+n} a_{in} \cdot \det\left(A_{(i,n)}\right)$$

$$\det(A) = \sum_{k=1}^{n} (-1)^{i+k} a_{ik} \cdot \det\left(A_{(i,k)}\right)$$

Equazione 5

Si noti che il determinante è quindi pari ad una somma di prodotti. Ogni singolo prodotto è formato da tre fattori. Il fattore $(-1)^{i+j}$ stabilisce il segno del singolo termine; tale segno è positivo se la somma $i+j$ è pari, viceversa è negativo se la somma è dispari. Il termine a_{ij} della matrice A è individuato dall'incrocio tra la riga i-esima (che è fissata) e, di volta in volta, dalla colonna j-esima che viene considerata. Il terzo termine è la matrice subordinata a cui sono state tolte proprio la riga i-esima e la colonna j-esima, ossia $A_{(i,j)}$.
È possibile dimostrare che il valore del determinante non cambia a seconda della riga i-esima scelta per sviluppare il calcolo. Si parla pertanto di unicità del determinante di una matrice. Inoltre è possibile calcolare il valore unico del determinante, sviluppando il calcolo anche attraverso una colonna fissata, ad esempio la colonna j-esima.

$$\det(A) = (-1)^{j+1} a_{1,j} \cdot \det\left(A_{(1,j)}\right) + (-1)^{j+2} a_{2j} \cdot \det\left(A_{(2,j)}\right) +$$
$$... + (-1)^{j+n} a_{nj} \cdot \det\left(A_{(n,j)}\right)$$

Equazione 6

Esempi

Si calcola il determinante di una generica matrice 2×2.

$$A = \begin{bmatrix} a_{11} & a_{12} \\ a_{21} & a_{22} \end{bmatrix}$$

Si sceglie di sviluppare il calcolo secondo la prima riga ($i = 1$) scrivendo l'Equazione 5.

$$\det(A) = (-1)^{i+1} a_{i1} \cdot \det\left(A_{(i,1)}\right) + (-1)^{i+2} a_{i2} \cdot \det\left(A_{(i,2)}\right) =$$
$$= (-1)^{1+1} a_{11} \cdot \det\left(A_{(1,1)}\right) + (-1)^{1+2} a_{12} \cdot \det\left(A_{(1,2)}\right) =$$
$$= (-1)^{2} a_{11} \cdot \det\left(a_{2,2}\right) + (-1)^{3} a_{12} \cdot \det\left(a_{2,1}\right) =$$
$$= a_{11} \cdot a_{2,2} - a_{12} \cdot a_{2,1}$$

Quindi:

$$\det(A) = a_{11} \cdot a_{2,2} - a_{12} \cdot a_{2,1}$$

Equazione 7

L'Equazione 7 ha validità generale.
Si calcola ora il determinante di una generica matrice 3 × 3.

$$A = \begin{bmatrix} a_{11} & a_{12} & a_{13} \\ a_{21} & a_{22} & a_{23} \\ a_{31} & a_{32} & a_{33} \end{bmatrix}$$

Si sceglie di sviluppare il calcolo secondo la prima riga ($i = 1$) scrivendo l'Equazione 5.

$$\det(A) = (-1)^{1+1} a_{11} \cdot \det\left(A_{(1,1)}\right) + (-1)^{1+2} a_{12} \cdot \det\left(A_{(1,2)}\right) + (-1)^{1+3} a_{13} \cdot \det\left(A_{(1,3)}\right) =$$
$$= (-1)^{2} a_{11} \cdot \det\begin{pmatrix} a_{22} & a_{23} \\ a_{32} & a_{33} \end{pmatrix} + (-1)^{3} a_{12} \cdot \det\begin{pmatrix} a_{21} & a_{23} \\ a_{31} & a_{33} \end{pmatrix} + (-1)^{4} a_{13} \cdot \det\begin{pmatrix} a_{21} & a_{22} \\ a_{31} & a_{32} \end{pmatrix}$$

Si calcola il determinante delle matrici 2 × 2 e si ottiene:

$$\det(A) = a_{11} \cdot \left(a_{22}a_{33} - a_{32}a_{23}\right) - a_{12} \cdot \left(a_{21}a_{33} - a_{31}a_{23}\right) + a_{13} \cdot \left(a_{21}a_{32} - a_{31}a_{22}\right) =$$
$$= a_{11}a_{22}a_{33} - a_{11}a_{32}a_{23} - a_{12}a_{21}a_{33} + a_{12}a_{31}a_{23} + a_{13}a_{21}a_{32} - a_{13}a_{31}a_{22}$$

Quindi:

$$\det(A) = a_{11}a_{22}a_{33} - a_{11}a_{32}a_{23} - a_{12}a_{21}a_{33} + a_{12}a_{31}a_{23} + a_{13}a_{21}a_{32} - a_{13}a_{31}a_{22}$$

Equazione 8

L'Equazione 8 ha carattere generale ed è conosciuta come la **regola di Sarrus**.

In classe

Le regole per il calcolo del determinante, introdotte in modo generale mediante l'Equazione 5 e l'Equazione 6, sono state specificate nell'esempio precedente nei casi di matrici 2×2 e 3×3, ricavando l'Equazione 7 e l'Equazione 8. In generale, nella scuola secondaria si preferisce introdurre il calcolo del determinate delle matrici 2×2 e 3×3 presentando direttamente l'Equazione 7 e Equazione 8 come regole specifiche. Di solito questo viene fatto nello studio dei sistemi di equazioni lineari. Ad esempio, dato il sistema in forma canonica:

$$\begin{cases} ax + by = c \\ a'x + b'y = c' \end{cases}$$

Si considera la matrice $$A = \begin{bmatrix} a & b \\ a' & b' \end{bmatrix}$$

Il determinante di tale matrice viene calcolato sviluppando i prodotti indicati dalle frecce tracciate in Figura 4.

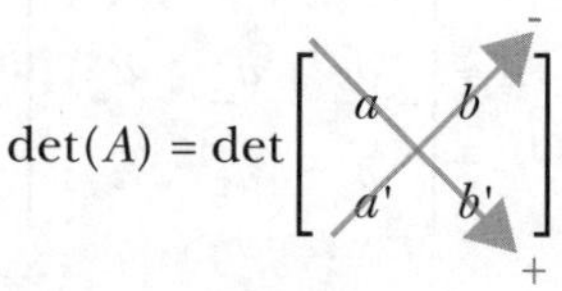

Figura 4

Si osserva che ogni freccia indica i coefficienti da moltiplicare per ottenere un prodotto. La freccia discendente indica il prodotto davanti al quale va posto il segno positivo, mentre la freccia ascendente indica il prodotto davanti al quale va posto il segno negativo. La somma algebrica dei due prodotti così ottenuti restituisce il determinante. Pertanto:

$$\det(A) = ab' - a'b$$

Questa formula corrisponde all'Equazione 7.
Il calcolo del determinante delle matrici 3×3 si affronta nella risoluzione del sistema di tre equazioni di primo grado in tre incognite:

$$\begin{cases} ax + by + cz = d \\ a'x + b'y + c'z = d' \\ a''x + b''y + c''z = d'' \end{cases}$$

Questa volta si considera la matrice:

$$A = \begin{bmatrix} a & b & c \\ a' & b' & c' \\ a'' & b'' & c'' \end{bmatrix}$$

Il calcolo del determinante viene presentato mediante la regola di Sarrus (Equazione 8), considerando la seguente estensione della matrice *A*.

$$A' = \begin{bmatrix} a & b & c & a & b \\ a' & b' & c' & a' & b' \\ a'' & b'' & c'' & a'' & b'' \end{bmatrix}$$

Il determinante viene calcolato sviluppando i prodotti indicati dalle frecce tracciate in Figura 5.

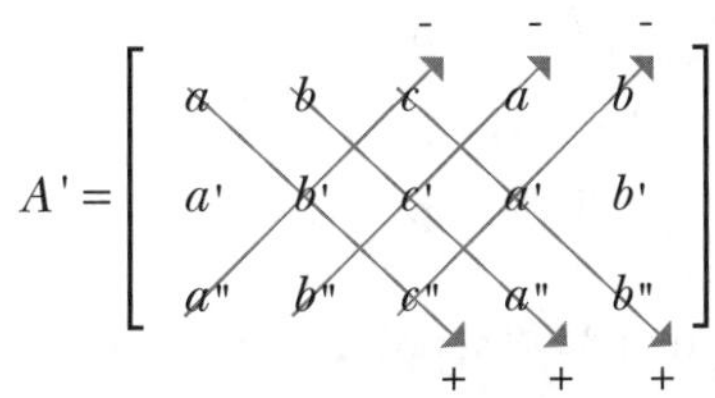

Figura 5

Ogni freccia indica i coefficienti da moltiplicare per ottenere un prodotto. Le frecce discendenti indicano prodotti davanti ai quali va posto il segno positivo, le frecce ascendenti indicano prodotti davanti ai quali va posto il segno negativo. La somma algebrica dei sei prodotti così ottenuti restituisce il determinante. Pertanto:

$$\det(A) = a \cdot b' \cdot c'' + b \cdot c' \cdot a'' + c \cdot a' \cdot b'' - a'' \cdot b' \cdot c - b'' \cdot c' \cdot a - c'' \cdot a' \cdot b$$

Questa relazione equivale all'Equazione 8.

Esempio

Si calcola il determinante della matrice 4 × 4.

$$A = \begin{bmatrix} 1 & -3 & 0 & 1 \\ -1 & 0 & 2 & 1 \\ 1 & 2 & 0 & -2 \\ 4 & 0 & 3 & 1 \end{bmatrix}$$

Il calcolo del determinante può essere svolto in modo rapido se si sceglie di svilupparlo secondo una riga o una colonna che contiene il numero maggiore possibile di 0. In tal caso conviene sviluppare il determinante in base alla seconda o alla terza colonna. Si sceglie la seconda colonna ($j = 2$) e si scrive l'Equazione 6.

$$\det(A) =$$

$$= (-1)^{j+1} a_{1,j} \cdot \det\left(A_{(1,j)}\right) + (-1)^{j+2} a_{2j} \cdot \det\left(A_{(2,j)}\right) + (-1)^{j+3} a_{3j} \cdot \det\left(A_{(3,j)}\right) + (-1)^{j+4} a_{4j} \cdot \det\left(A_{(4,j)}\right) =$$

$$= (-1)^{2+1} a_{1,2} \cdot \det\left(A_{(1,2)}\right) + (-1)^{2+2} a_{22} \cdot \det\left(A_{(2,2)}\right) + (-1)^{2+3} a_{32} \cdot \det\left(A_{(3,2)}\right) + (-1)^{2+4} a_{42} \cdot \det\left(A_{(4,2)}\right) =$$

$$= (-1)^{3} (-3) \cdot \det\left(A_{(1,2)}\right) + (-1)^{4} (0) \cdot \det\left(A_{(2,2)}\right) + (-1)^{5} (2) \cdot \det\left(A_{(3,2)}\right) + (-1)^{6} (0) \cdot \det\left(A_{(4,2)}\right) =$$

$$= 3 \cdot \det\left(A_{(1,2)}\right) - 2 \cdot \det\left(A_{(3,2)}\right) =$$

$$= 3 \cdot \det\begin{pmatrix} -1 & 2 & 1 \\ 1 & 0 & -2 \\ 4 & 3 & 1 \end{pmatrix} - 2 \cdot \det\begin{pmatrix} 1 & 0 & 1 \\ -1 & 2 & 1 \\ 4 & 3 & 1 \end{pmatrix}$$

I due determinanti di matrici 3×3 si possono svolgere con la regola di Sarrus.

$$\det(A) = 3 \cdot (0 - 16 + 3 - (2 + 6)) - 2 \cdot (2 + 0 - 3 - (8 + 0 + 3)) =$$

$$= 3 \cdot (-16 + 3 - 2 - 6) - 2 \cdot (2 - 3 - 8 - 3) =$$

$$= 3 \cdot (-21) - 2 \cdot (-12) = -63 + 24 = -39$$

4.4.2 Proprietà del determinante di una matrice

Si illustrano ora le proprietà del determinante. Se si indica la matrice A mediante le sue colonne $A^1, A^2, ..., A^n$, allora si può scrivere:

$$\mathrm{Det}(A) = \mathrm{Det}(A^1, A^2, ..., A^n)$$

Il determinante può essere considerato come un'applicazione lineare di tutte le colonne di una matrice, ma se si fissano i valori di tutte le colonne e se ne lascia variare una soltanto, allora il determinante può essere considerato come un'applicazione di quella singola colonna. Pertanto si può parlare di linearità del determinante sulla singola colonna. In tal caso si può affermare che se la colonna j-esima del determinante può essere espressa come $A^j = \alpha B^j + \beta C^j$, allora la linearità del determinante comporta che:

$$\mathrm{Det}(A) = \mathrm{Det}(A^1, A^2, ..., A^j, ..., A^n) = \mathrm{Det}(A^1, A^2, ..., \alpha B^j + \beta C^j, ..., A^n) =$$

$$= \alpha \cdot \mathrm{Det}(A^1, A^2, ..., B^j, ..., A^n) + \beta \cdot \mathrm{Det}(A^1, A^2, ..., C^j, ..., A^n)$$

Più in generale, considerate delle generiche matrici $A, B \in M_{n,n}$ e degli scalari $\alpha, \beta \in K$ si può affermare che vale la seguente proprietà di linearità dei determinanti.

$$\det(\alpha \cdot A + \beta \cdot B) = \alpha \cdot \det(A) + \beta \cdot \det(B)$$

Equazione 9

Se la matrice A ha due righe consecutive uguali, allora il suo determinante è nullo.

$$A^i = A^{i+1} \Rightarrow \text{Det}(A) = 0$$

Equazione 10

Il determinante della matrice identica vale 1

$$\text{Det}(I_n) = 1$$

Equazione 11

Se si scambiano di posto due colonne consecutive della matrice, allora il determinante cambia di segno.

$$\text{Det}(A^1, A^2, ..., A^i, A^{i+1}, ..., A^n) = -\text{Det}(A^1, A^2, ..., A^{i+1}, A^i, ..., A^n)$$

Equazione 12

Se due colonne qualsiasi della matrice sono uguali, allora il determinante della matrice è nullo, ossia:

$$A^i = A^j \quad i \neq j \Rightarrow \text{Det}(A) = 0$$

Equazione 13

Se si scambiano di posto due colonne qualsiasi della matrice, allora il determinante cambia di segno, ossia:

$$\text{Det}(A^1, A^2, ..., \underset{posto\ i}{A^i}, ..., \underset{posto\ j}{A^j}, ..., A^n) = -\text{Det}(A^1, A^2, ..., \underset{posto\ i}{A^j}, ..., \underset{posto\ j}{A^i}, ..., A^n)$$

Equazione 14

Tutto quello che è stato affermato per le colonne vale anche per le righe (righe uguali, scambio di righe).
Il determinante della trasposta di una matrice è uguale al determinante della matrice stessa:

$$\det({}^tA) = \det(A)$$

Equazione 15

Il determinante del prodotto di due matrici è pari al prodotto dei determinanti delle matrici (teorema di Binet):

$$\det(A \cdot B) = \det(A) \cdot \det(B)$$

Equazione 16

Se una matrice A ha l'inversa A^{-1}, allora il determinante della matrice inversa è pari all'inverso del determinante:

$$\det(A^{-1}) = [\det(A)]^{-1}$$

Equazione 17

Nel Par. 4.3.6 si è detto che due matrici $A, A' \in M_{n,n}$ si dicono simili se esiste una matrice N, invertibile, tale che $A' = N^{-1} \cdot A \cdot N$. Vista tale definizione, si nota che i determinanti di due matrici simili sono uguali.

$$\det(A') = \det(N^{-1} \cdot A \cdot N) = \det(N^{-1}) \cdot \det(A) \cdot \det(N) =$$
$$= \cancel{\det(N)}^{-1} \cdot \det(A) \cdot \cancel{\det(N)} = \det(A)$$

Nel Par. 4.3.6 si è visto che ad un endomorfismo possono essere associate matrici distinte a seconda della base scelta per rappresentare l'endomorfismo. Tutte queste matrici sono però simili, pertanto hanno lo stesso determinante. Quindi, sebbene non si possa parlare di matrice associata ad un endomorfismo se la base non è fissata, è tuttavia possibile considerare il determinante associato all'endomorfismo a prescindere dalla base considerata.
Inoltre si nota che il determinante di una matrice diagonale può essere calcolato rapidamente in quanto equivale al prodotto degli elementi posti lungo la diagonale principale della matrice.

$$\det\begin{bmatrix} a_{11} & 0 & 0 & 0 & \dots & 0 & 0 \\ 0 & a_{22} & 0 & 0 & \dots & 0 & 0 \\ 0 & 0 & a_{33} & 0 & \dots & 0 & 0 \\ .. & \dots & \dots & \dots & \dots & \dots & \dots \\ 0 & \dots & \dots & \dots & a_{ii} & \dots & 0 \\ \dots & \dots & \dots & \dots & \dots & \dots & \dots \\ 0 & \dots & \dots & \dots & \dots & 0 & a_{nn} \end{bmatrix} = a_{11} \cdot a_{22} \cdot a_{33} \cdot \dots \cdot a_{ii} \cdot \dots \cdot a_{nn}$$

Analogamente, il determinante di una matrice triangolare (inferiore o superiore) è pari al prodotto degli elementi posti lungo la diagonale.

$$\det\begin{bmatrix} a_{11} & a_{12} & a_{13} & \dots & \dots & \dots & a_{1n} \\ 0 & a_{22} & a_{23} & a_{24} & \dots & \dots & a_{2n} \\ 0 & 0 & a_{33} & a_{34} & \dots & \dots & a_{3n} \\ .. & \dots & \dots & \dots & \dots & \dots & \dots \\ 0 & 0 & \dots & \dots & a_{ii} & \dots & a_{in} \\ \dots & \dots & \dots & \dots & \dots & \dots & \dots \\ 0 & 0 & \dots & \dots & \dots & 0 & a_{nn} \end{bmatrix} = a_{11}\cdot a_{22}\cdot a_{33}\cdot\ldots\cdot a_{ii}\cdot\ldots\cdot a_{nn}$$

4.4.3 Rango di una matrice

Si consideri una matrice $n \times n$. Le sue righe o le sue colonne possono essere viste come dei vettori (riga o colonna) a n componenti, ossia appartenenti allo spazio vettoriale R^n. Pertanto ha senso chiedersi se tali vettori siano linearmente dipendenti o indipendenti (vedi Par. 4.1.4). A tale proposito, un importante teorema lega il concetto di dipendenza e indipendenza lineare dei vettori al determinante di una matrice.

Teorema 5

Considerata una matrice $A \in M_{n,n}$, condizione necessaria e sufficiente affinché i suoi vettori colonna $A^1, A^2, \ldots, A^i, \ldots, A^n$ siano linearmente dipendenti è che il determinante della matrice sia nullo: $\det(A) = 0$.

Una affermazione analoga può essere fatta per le righe della matrice.

Sia $A \in M_{m,n}$ una matrice su di un campo K. Il **rango** o **caratteristica** di A viene indicato con $r(A)$ ed è il numero massimo di righe oppure colonne indipendenti della matrice A. Pertanto il rango è legato all'insieme massimale di righe e di colonne indipendenti di A. Per individuarlo è possibile sfruttare quanto stabilito dal Teorema 5, calcolando il determinante della matrice A (se quadrata) o di matrici (quadrate) ad essa subordinate. Il determinante di una matrice A' del tipo $r \times r$ subordinata di A del tipo $n \times n$ viene anche detto **minore** di A di ordine r.

Considerata la matrice $A \in M_{m,n}$, si può considerare la sua subordinata $A^{j_1, j_2, \ldots, j_q}_{i_1, i_2, \ldots, i_p}$ che è una matrice $p \times q$, dove $p \leq m$ e $q \leq n$. Un **orlato** della matrice $A^{j_1, j_2, \ldots, j_q}_{i_1, i_2, \ldots, i_p}$ è una qualsiasi matrice alla quale è stata aggiunta una riga in più ed una colonna in più. Ad esempio un orlato potrebbe essere indicato con $A^{j_1, j_2, \ldots, j_q, j}_{i_1, i_2, \ldots, i_p, i}$. Esso, rispetto alla matrice $A^{j_1, j_2, \ldots, j_q}_{i_1, i_2, \ldots, i_p}$, ha in più la riga i-esima e la colonna j-esima.

Esempio

Si consideri la matrice A.

$$A = \begin{bmatrix} 1 & -2 & -1 & 0 & 1 \\ 4 & 0 & 3 & -1 & 0 \\ -1 & 2 & 1 & 0 & 2 \\ 2 & 1 & 0 & -3 & -1 \end{bmatrix}$$

Si individua la seguente matrice ad essa subordinata.

$$B = A_{1,2}^{1,3,5} = \begin{bmatrix} 1 & -1 & 1 \\ 4 & 3 & 0 \end{bmatrix}$$

Un orlato della matrice B potrebbe essere la matrice $A_{1,2,3}^{1,3,5,2}$, dove alla matrice sono state aggiunte la seconda colonna e la terza riga. In particolare:

$$A_{1,2,3}^{1,3,5,2} = \begin{bmatrix} 1 & -2 & -1 & 1 \\ 4 & 0 & 3 & 0 \\ -1 & 2 & 1 & 2 \end{bmatrix}$$

Gli altri orlati possono essere $A_{1,2,4}^{1,3,5,2}, A_{1,2,3}^{1,3,5,4}, A_{1,2,4}^{1,3,5,4}$.

L'orlatura è uno strumento utile per determinare il rango di una matrice A. Difatti, partendo da una matrice subordinata (quadrata) di A, con determinante diverso da 0 si può orlare progressivamente tale matrice ottenendo nuove matrici quadrate con determinante diverso da 0. Quando non sarà più possibile orlare ottenendo un determinante diverso da 0, si sarà raggiunto il numero massimo di righe (o colonne) indipendenti di A e contestualmente si sarà determinato il rango della matrice A.
Vale il seguente **teorema degli orlati** (o **teorema di Kronecker**).

Teorema 6

Sia $A \in M_{m,n}$ e sia la sua matrice subordinata quadrata $A_{i_1,i_2,\dots,i_p}^{j_1,j_2,\dots,j_p}$, con $p \leq m$ e $p \leq n$, tale che $\det\left(A_{i_1,i_2,\dots,i_p}^{j_1,j_2,\dots,j_p}\right) \neq 0$.
Se per ogni coppia di indici i e j che identificano rispettivamente riga e colonna con cui creare un orlato $A_{i_1,i_2,\dots,i_p,i}^{j_1,j_2,\dots,j_p,j}$ di $A_{i_1,i_2,\dots,i_p}^{j_1,j_2,\dots,j_p}$, si verifica che $\det\left(A_{i_1,i_2,\dots,i_p,i}^{j_1,j_2,\dots,j_p,j}\right) = 0$, allora il sistema di righe $A_{i_1}, A_{i_2}, \dots, A_{i_p}$ e il sistema di colonne $A^{j_1}, A^{j_2}, \dots, A^{j_p}$ sono indipendenti massimali e il rango della matrice A vale p, ossia $r(A) = p$.

Oltre il formalismo

È lecito chiedersi quale sia il vantaggio di usare il teorema degli orlati nel calcolo del rango di una matrice. In realtà il vantaggio in termini di calcoli da effettuare è notevole, soprattutto quando si incontrano determinanti (minori) nulli. Si consideri ad esempio una matrice 4 × 4 e si supponga di voler determinare se essa ha rango almeno pari a 3. In linea teorica, per farlo occorre considerare tutte le terne possibili delle 4 colonne a disposizione (il numero di tali terne è 4) e combinarle con tutte le terne possibili delle 4 righe a disposizione (il numero di tali terne è ancora 4), per ottenere un totale di 16 matrici quadrate 3 × 3 di cui calcolare il determinante. Nel verificare se il rango è almeno pari a 3, ci si arresta quando un determinante risulta non nullo, se questo non avviene, si rischia di calcolare 16 determinanti. Viceversa, se è stata individuata una matrice subordinata 2 × 2 con determinante diverso da 0, si hanno solo due modi di orlare con colonne e solo due modi di orlare con righe, per un totale di 4 matrici 3 × 3 di cui calcolare il determinante. Ciò comporta un risparmio considerevole.

Il seguente esempio mostra il calcolo del rango di una matrice.

Esempio

Si vuole calcolare il rango della seguente matrice 4 × 5. Ovviamente il rango può essere al massimo 4.

$$A = \begin{bmatrix} 1 & 2 & -1 & 1 & 0 \\ 2 & 1 & 0 & 0 & -1 \\ -3 & 0 & 1 & 1 & 2 \\ -1 & 1 & -1 & 1 & 1 \end{bmatrix}$$

Esistono 5 matrici 4 × 4 subordinate alla matrice A; ciascuna di esse si ottiene considerando sempre le 4 righe disponibili ed ogni volta escludendo una tra le 5 colonne a disposizione. Si potrebbe iniziare con il calcolare il determinante di queste 5 matrici, ma appare evidente che il calcolo può risultare lungo, soprattutto se ad ogni tentativo il determinante risulta nullo.

Si prova ad applicare il teorema degli orlati. Si considera, banalmente, una matrice subordinata 1 × 1 che ha determinante non nullo:

$$A_1^1 = [1] \Rightarrow \det\left(A_1^1\right) = 1 \neq 0$$

Pertanto $r(A) \geq 1$

Si orla la matrice considerata con la seconda riga e con la seconda colonna.

$$A_{1,2}^{1,2} = \begin{bmatrix} 1 & 2 \\ 2 & 1 \end{bmatrix} \Rightarrow \det\left(A_{1,2}^{1,2}\right) = 1 - 4 = -3 \neq 0$$

Quindi $r(A) \geq 2$.

Si orla ulteriormente con la terza riga e la terza colonna.

$$A_{1,2,3}^{1,2,3} = \begin{bmatrix} 1 & 2 & -1 \\ 2 & 1 & 0 \\ -3 & 0 & 1 \end{bmatrix} \Rightarrow \det\left(A_{1,2,3}^{1,2,3}\right) = 1 - (3 + 4) = 1 - 7 = -6 \neq 0$$

Quindi $r(A) \geq 3$.
Ora vi sono solo due modi di orlare la matrice $A_{1,2,3}^{1,2,3}$. Infatti si deve considerare sempre la quarta riga e poi si può scegliere di orlare o con la quarta colonna oppure con la quinta. Quindi nel peggiore dei casi si dovrà calcolare il determinante di 2 matrici 4×4, anziché 5 come previsto inizialmente.

$$A_{1,2,3,4}^{1,2,3,4} = \begin{bmatrix} 1 & 2 & -1 & 1 \\ 2 & 1 & 0 & 0 \\ -3 & 0 & 1 & 1 \\ -1 & 1 & -1 & 1 \end{bmatrix}$$

Si sviluppa il determinante in base alla seconda riga (che contiene due zeri).

$$\det\left(A_{1,2,3,4}^{1,2,3,4}\right) = (-1)^3 (2) \det \begin{bmatrix} 2 & -1 & 1 \\ 0 & 1 & 1 \\ 1 & -1 & 1 \end{bmatrix} + (-1)^4 (1) \det \begin{bmatrix} 1 & -1 & 1 \\ -3 & 1 & 1 \\ -1 & -1 & 1 \end{bmatrix} =$$

$$= -2(2-1-1+2)+(1+1+3+1-3+1) = -2(+2)+(+4) = -4+4 = 0$$

Siccome il determinante è nullo, non si può ancora stabilire che il rango di A è pari a 4; occorre calcolare il determinante dell'altra possibile orlatura.

$$A_{1,2,3,4}^{1,2,3,5} = \begin{bmatrix} 1 & 2 & -1 & 0 \\ 2 & 1 & 0 & -1 \\ -3 & 0 & 1 & 2 \\ -1 & 1 & -1 & 1 \end{bmatrix}$$

Si sviluppa il determinante nuovamente in base alla seconda riga.

$$\det\left(A_{1,2,3,4}^{1,2,3,5}\right) = (-1)^3 (2) \det \begin{bmatrix} 2 & -1 & 0 \\ 0 & 1 & 2 \\ 1 & -1 & 1 \end{bmatrix} + (-1)^4 (1) \det \begin{bmatrix} 1 & -1 & 0 \\ -3 & 1 & 2 \\ -1 & -1 & 1 \end{bmatrix}$$

$$+(-1)^6 (-1) \det \begin{bmatrix} 1 & 2 & 1 \\ -3 & 0 & 1 \\ -1 & 1 & -1 \end{bmatrix} = -2(2-2+4)+(1+2-3+2)-(-2+3-6-1) =$$

$$= -2(+4)+(+2)-(-6) = -8+2+6 = 0$$

Pertanto tutte le orlature possibili restituiscono determinante nullo. Si deduce che $r(A) = 3$.

4.5 Sistemi lineari

4.5.1 Definizione di sistema lineare

Un'**equazione lineare** in n incognite $x_1, x_2, ..., x_n$ è una espressione del tipo:

$$a_1x_1 + a_2x_2 + ... + a_nx_n = b \qquad a_i, b \in K$$

I coefficienti delle incognite e il termine noto a secondo membro appartengono ad un campo K. Una soluzione dell'equazione è una ennupla $(\lambda_1, ..., \lambda_n) \in K^n$ tale che $a_1\lambda_1 + a_2\lambda_2 + ... + a_n\lambda_n = b$.
Un **sistema lineare** di m equazioni in n incognite è una espressione del tipo:

$$\begin{cases} a_{11}x_1 + a_{12}x_2 + ... + a_{1n}x_n = b_1 \\ a_{21}x_1 + a_{22}x_2 + ... + a_{2n}x_n = b_2 \\ ... \\ a_{m1}x_1 + a_{m2}x_2 + ... + a_{mn}x_n = b_m \end{cases}$$

Equazione 18

Si definiscono le seguenti matrici.
La **matrice incompleta** che contiene i coefficienti delle incognite:

$$A = \begin{bmatrix} a_{11} & a_{12} & ... & a_{1n} \\ a_{21} & a_{22} & ... & a_{2n} \\ ... & & & \\ a_{m1} & ... & & a_{mn} \end{bmatrix}$$

La **matrice completa** che contiene i coefficienti e i termini noti:

$$A' = \begin{bmatrix} a_{11} & a_{12} & ... & a_{1n} & b_1 \\ a_{21} & a_{22} & ... & a_{2n} & b_2 \\ ... & & & & \\ a_{m1} & ... & & a_{mn} & b_m \end{bmatrix}$$

Il **vettore colonna dei termini noti**:

$$B = \begin{bmatrix} b_1 \\ b_2 \\ ... \\ b_m \end{bmatrix}$$

Il **vettore colonna delle incognite**:

$$X = \begin{bmatrix} x_1 \\ x_2 \\ \dots \\ x_n \end{bmatrix}$$

Se si considera la prima riga della matrice A, ossia A_1, allora è possibile ottenere la prima equazione del sistema lineare moltiplicando tale riga per la colonna delle incognite ed uguagliando tale prodotto scalare al primo termine noto.

$$A_1 \cdot X = b_1 \Rightarrow \begin{bmatrix} a_{11} & a_{12} & \dots & a_{1n} \end{bmatrix} \cdot \begin{bmatrix} x_1 \\ x_2 \\ \dots \\ x_n \end{bmatrix} = b_1 \Rightarrow a_{11}x_1 + a_{12}x_2 + \dots + a_{1n}x_n = b_1$$

In modo analogo si possono ottenere le altre equazioni; pertanto il sistema dell'Equazione 18 può essere scritto come:

$$\begin{cases} A_1 \cdot X = b_1 \\ A_2 \cdot X = b_2 \\ \dots \\ A_m \cdot X = b_m \end{cases}$$

In alternativa si può usare la forma matriciale del sistema:

$$A \cdot X = B$$

4.5.2 Sistemi lineari compatibili

Si noti che il sistema dell'Equazione 18 può essere scritto anche nel modo seguente:

$$x_1 A^1 + x_2 A^2 + \dots + x_n A^n = B$$

Equazione 19

L'espressione dell'Equazione 19 mette in evidenza che la soluzione del sistema, indicata con una ennupla $(\lambda_1, \dots, \lambda_n) \in K^n$, esiste se il vettore colonna

B può essere espresso come combinazione lineare dei vettori colonna della matrice mediante i coefficienti dell'ennupla $\lambda_1,...,\lambda_n$.

$$\lambda_1 A^1 + \lambda_2 A^2 + ... + \lambda_n A^n = B$$

In altre parole, il vettore colonna B deve dipendere dai vettori colonna della matrice.

In generale, anche più di una ennupla può essere soluzione del sistema. Se un sistema ammette soluzioni, esso è detto **compatibile**. Pertanto vale il seguente teorema.

Teorema 7

Condizione necessaria e sufficiente affinché un sistema sia compatibile è che il vettore B dipenda da $A^1, A^2, ..., A^n$.

La condizione di dipendenza del vettore B è equivalente a dire che il rango della matrice A è pari al rango della matrice A'. Difatti la matrice A' si distingue dalla matrice A per il solo vettore colonna B. Se il rango di A' è pari a quello di A, vuol dire che il vettore B dipende dai vettori colonna di A.

Pertanto, vale anche il seguente **teorema di Rouché-Capelli**.

Teorema 8

Condizione necessaria e sufficiente affinché un sistema sia compatibile è che il rango della matrice A sia pari al rango della matrice A', ossia $r(A) = r(A')$.

4.5.3 Soluzioni di sistemi lineari quadrati

Si considerano dapprima i **sistemi quadrati**, nei quali $m = n$, ossia il numero di equazioni coincide con il numero di incognite. In tal caso la matrice $A \in M_{n,n}$.

Per questi sistemi vale il seguente **teorema di Cramer**.

Teorema 9

Se $A \in M_{n,n}$ e $\det(A) \neq 0 \Rightarrow \exists!$ la soluzione $\overline{X} = \begin{bmatrix} \overline{x}_1 \\ \overline{x}_2 \\ ... \\ \overline{x}_n \end{bmatrix}$ del sistema $\begin{cases} A_1 \cdot X = b_1 \\ A_2 \cdot X = b_2 \\ ... \\ A_m \cdot X = b_m \end{cases}$

e inoltre si ha la seguente uguaglianza (detta **regola di Cramer**):

$$\overline{x}_j = \frac{\det\left(A^1, ..., \underset{posto\ j}{B}, ..., A^n\right)}{\det(A)}$$

Equazione 20

In pratica il calcolo del *j*-esimo termine dell'ennupla che rappresenta la soluzione è pari al rapporto tra il determinante della matrice *A*, alla cui colonna *j*-esima è stato sostituito il vettore colonna dei termini noti, e il determinante stesso della matrice *A*.

In classe

La regola di Cramer viene generalmente presentata nella scuola secondaria di secondo grado almeno per la risoluzione dei sistemi di due equazioni in due incognite.

$$\begin{cases} ax + by = c \\ a'x + b'y = c' \end{cases}$$

Nelle esercitazioni pratiche si chiede agli alunni di calcolare il determinante dei coefficienti delle incognite, mediante il prodotto in croce.

$$\Delta = \det\begin{vmatrix} a & b \\ a' & b' \end{vmatrix}$$

(diagonale $a \to b'$: +; diagonale $a' \to b$: −)

Di seguito si determinano le incognite mediante le espressioni:

$$x = \frac{\det\begin{vmatrix} c & b \\ c' & b' \end{vmatrix}}{\Delta} = \frac{cb' - c'b}{\Delta}$$

$$y = \frac{\det\begin{vmatrix} a & c \\ a' & c' \end{vmatrix}}{\Delta} = \frac{ac' - a'c}{\Delta}$$

Si tratta proprio della regola indicata dall'Equazione 20.

4.5.4 Soluzioni di sistemi lineari generici

Si considera ora un generico sistema **non quadrato**, con $A \in M_{m,n}$. Se $r(A)=p$ e tale rango è minore di entrambe le dimensioni della matrice, ossia $p < m, n$, allora alcune delle righe sono dipendenti dalle altre. In tal caso, si selezionano solo p righe indipendenti, denotate con $A_{i_1}, A_{i_2}, \ldots, A_{i_p}$ e si considera il sistema costruito con queste sole righe. Tale sistema è detto **ridotto in forma normale**.

$$\begin{cases} A_{i_1} \cdot X = b_{i_1} \\ A_{i_2} \cdot X = b_{i_2} \\ \ldots \\ A_{i_p} \cdot X = b_{i_p} \end{cases}$$

Il sistema di partenza e quello ridotto sono equivalenti, ossia hanno le stesse soluzioni. Pertanto, quando si deve risolvere un sistema è possibile dapprima ridurlo in forma normale, in modo da eliminare le equazioni superflue, ossia quelle che, dipendendo dalle altre, non aggiungono alcuna informazione alla risoluzione del sistema.

4.5.5 Procedura per la risoluzione di un generico sistema

Si descrivono i passi da svolgere per risolvere un sistema generico.

Passo 1: determinazione della compatibilità del sistema
Dapprima occorre verificare se il sistema è compatibile, ossia se $r(A)=r(A')=p$. Una volta stabilito che il sistema è compatibile, si può procedere alla determinazione delle soluzioni. Viceversa il sistema non avrà soluzioni.

Passo 2: riduzione del sistema in forma normale
Per un sistema compatibile, il rango delle due matrici indica se il sistema sia ridotto o meno in forma normale. Se il rango delle due matrici è quello massimo possibile per il sistema considerato, allora il sistema è già ridotto in forma normale e tutte le equazioni sono indipendenti e necessarie.
Se il rango delle due matrici non è quello massimo possibile, allora vi sono equazioni dipendenti dalle altre che possono essere scartate per ridurre il sistema in forma normale. Lo stesso algoritmo di determinazione del rango è in grado di individuare le equazioni dipendenti da scartare.

Passo 3: determinazione delle soluzioni
Si è giunti quindi ad un sistema compatibile e ridotto in forma normale. In generale il sistema ha m equazioni e n incognite.
In questa trattazione si esclude il caso in cui $m > n$, ossia le equazioni sono in numero superiore alle incognite. Un sistema di questo tipo è detto sovradeterminato e la sua trattazione si affronta tipicamente in ambito statistico; pertanto si rimanda ad un contesto diverso.

Si contemplano le due seguenti possibilità:

- Se $p = m = n$ si è in presenza di un sistema quadrato per il quale è possibile applicare la regola di Cramer e la soluzione è unica.
- Se $p = m < n$ si è in presenza di un sistema non quadrato nel quale è necessario individuare m incognite tali che le colonne dei loro coefficienti siano indipendenti (abbiano determinante diverso da 0). Si esprimono le incognite associate alle altre n-m colonne, in funzione delle m incognite con colonne indipendenti. Pertanto si mette il sistema in una forma quadrata con determinante non nullo e si risolve mediante la regola di Cramer. In questo caso le infinite soluzioni del sistema saranno espresse in termini di n-m parametri, dicendo che il sistema ammette ∞^{n-m} soluzioni.

Esempi

1) *Un sistema incompatibile*

$$\begin{cases} 3x_1 - 2x_2 + x_3 = -1 \\ x_1 + x_2 - 2x_3 = 2 \\ x_1 - 4x_2 + 5x_3 = 0 \end{cases}$$

Le matrici A ed A' sono le seguenti:

$$A = \begin{bmatrix} 3 & -2 & 1 \\ 1 & 1 & -2 \\ 1 & -4 & 5 \end{bmatrix} \quad A' = \left[\begin{array}{ccc|c} 3 & -2 & 1 & -1 \\ 1 & 1 & -2 & 2 \\ 1 & -4 & 5 & 0 \end{array}\right]$$

Si calcola il rango della matrice A e si nota che:

$$\det(A_{1,2}^{1,2}) = \det\begin{bmatrix} 3 & -2 \\ 1 & 1 \end{bmatrix} = 3 + 2 = 5 \neq 0$$

Si orla con la terza riga e la terza colonna, ottenendo la matrice A. Si nota che:

$$\det(A) = \det\begin{bmatrix} 3 & -2 & 1 \\ 1 & 1 & -2 \\ 1 & -4 & 5 \end{bmatrix} = 15 + 4 - 4 - 1 + 10 - 24 = 0$$

Pertanto $r(A) = 2$.

Si passa alla determinazione del rango di A'. Si parte dalla matrice $A_{1,2}^{1,2}$ subordinata di A, il cui determinante non è nullo. Avendo già orlato con la riga 3 e la colonna 3, l'unico modo possibile per orlare resta considerare la riga 3 e la colonna 4. Quindi si calcola il determinante:

$$\det(A'^{1,2,4}_{1,2,3}) = \det\begin{bmatrix} 3 & -2 & -1 \\ 1 & 1 & 2 \\ 1 & -4 & 0 \end{bmatrix} = 0 - 4 + 4 + 1 + 0 + 24 = 25 \neq 0$$

Quindi $r(A') = 3 > r(A)$. Pertanto il sistema è incompatibile.

2) *Un sistema quadrato già ridotto in forma normale*

$$\begin{cases} x_1 - 2x_2 + x_3 = -1 \\ x_1 + x_2 - 2x_3 = 2 \\ 2x_1 - 2x_2 + x_3 = 0 \end{cases}$$

Le matrici A ed A' sono le seguenti:

$$A = \begin{bmatrix} 1 & -2 & 1 \\ 1 & 1 & -2 \\ 2 & -2 & 1 \end{bmatrix} \qquad A' = \left[\begin{array}{ccc|c} 1 & -2 & 1 & -1 \\ 1 & 1 & -2 & 2 \\ 2 & -2 & 1 & 0 \end{array}\right]$$

Si nota che:

$$\det(A) = \det\begin{bmatrix} 1 & -2 & 1 \\ 1 & 1 & -2 \\ 2 & -2 & 1 \end{bmatrix} = 1 + 8 - 2 - 2 - 4 + 2 = 3 \neq 0$$

Quindi $r(A) = 3 = r(A')$ ed il sistema è compatibile e ridotto in forma normale. Siccome si tratta di un sistema quadrato $n = m = 3$, allora si applica la regola di Cramer (Equazione 20) per determinare l'unica soluzione.

$$x_1 = \frac{\det\begin{bmatrix} -1 & -2 & 1 \\ 2 & 1 & -2 \\ 0 & -2 & 1 \end{bmatrix}}{\det(A)} = \frac{-1 - 4 + 4 + 4}{3} = 1$$

$$x_2 = \frac{\det\begin{bmatrix} 1 & -1 & 1 \\ 1 & 2 & -2 \\ 2 & 0 & 1 \end{bmatrix}}{\det(A)} = \frac{2 + 4 - 4 + 1}{3} = 1$$

$$x_3 = \frac{\det\begin{bmatrix} 1 & -2 & -1 \\ 1 & 1 & 2 \\ 2 & -2 & 0 \end{bmatrix}}{\det(A)} = \frac{-8 + 2 + 2 + 4}{3} = 0$$

3) *Un sistema non quadrato e ridotto in forma normale*

$$\begin{cases} 2x_1 - x_2 + x_3 = -1 \\ x_1 - x_2 - 3x_3 = 2 \end{cases}$$

Le matrici A ed A' sono le seguenti:

$$A = \begin{bmatrix} 2 & -1 & 1 \\ 1 & -1 & -3 \end{bmatrix} \quad A' = \left[\begin{array}{ccc|c} 2 & -1 & 1 & -1 \\ 1 & -1 & -3 & 2 \end{array}\right]$$

Si nota che:

$$\det(A_{1,2}^{1,2}) = \det\begin{bmatrix} 2 & -1 \\ 1 & -1 \end{bmatrix} = -2 + 1 = -1 \neq 0$$

Quindi $r(A) = 2 = r(A')$ ed il sistema è compatibile e ridotto in forma normale. Siccome si tratta di un sistema non quadrato con $n = 3$ e $m = 2$, allora vi sono infinite soluzioni funzione di parametri.
Valutando $\det(A_{1,2}^{1,2}) = -1 \neq 0$ si è ottenuta l'informazione che le colonne A^1 e A^2 sono indipendenti, pertanto le incognite x_1 e x_2 possono essere lasciate ai membri di sinistra del sistema, mentre si portano ai membri di destra i termini con x_3.

$$\begin{cases} 2x_1 - x_2 = -1 - x_3 \\ x_1 - x_2 = 2 + 3x_3 \end{cases}$$

Si introduce il parametro h ponendo $x_3 = h$ e si risolve il seguente sistema con la regola di Cramer.

$$\begin{cases} 2x_1 - x_2 = -1 - h \\ x_1 - x_2 = 2 + 3h \end{cases}$$

Nel nuovo sistema $A = \begin{bmatrix} 2 & -1 \\ 1 & -1 \end{bmatrix} \Rightarrow \det\begin{bmatrix} 2 & -1 \\ 1 & -1 \end{bmatrix} = -2 + 1 = -1 \neq 0$

$$x_1 = \frac{\det\begin{bmatrix} -1-h & -1 \\ 2+3h & -1 \end{bmatrix}}{\det(A)} = \frac{1 + h + 2 + 3h}{-1} = -3 - 4h$$

$$x_2 = \frac{\det\begin{bmatrix} 2 & -1-h \\ 1 & 2+3h \end{bmatrix}}{\det(A)} = \frac{4 + 6h + 1 + h}{-1} = -5 - 7h$$

Quindi le infinite (∞^1) soluzioni del sistema sono date dal vettore $[-3-4h,-5-7h,h]$ con h parametro appartenente al campo K (ad esempio R).

4) *Un sistema non ridotto in forma normale*

$$\begin{cases} x_1 - 2x_2 - x_3 = -1 \\ -x_1 + x_2 - 2x_3 = 2 \\ 2x_1 - x_2 + x_3 = 0 \\ -2x_1 + 3x_2 - x_3 = 3 \end{cases}$$

Le matrici A ed A' sono le seguenti:

$$A = \begin{bmatrix} 1 & -2 & -1 \\ -1 & 1 & -2 \\ 2 & -1 & 1 \\ -2 & 3 & -1 \end{bmatrix} \quad A' = \left[\begin{array}{ccc|c} 1 & -2 & -1 & -1 \\ -1 & 1 & -2 & 2 \\ 2 & -1 & 1 & 0 \\ -2 & 3 & -1 & 3 \end{array}\right]$$

Si nota che:

$$\det(A^{1,2,3}_{1,2,3}) = \det\begin{bmatrix} 1 & -2 & -1 \\ -1 & 1 & -2 \\ 2 & -1 & 1 \end{bmatrix} = 1+8-1+2-2-2 = 6 \neq 0$$

Pertanto $r(A) = 3$.
Si vuole determinare il rango di A', pertanto si calcola il determinante di tale matrice 4×4, sviluppando secondo la terza riga.

$$\det(A') = \det\begin{bmatrix} 1 & -2 & -1 & -1 \\ -1 & 1 & -2 & 2 \\ 2 & -1 & 1 & 0 \\ -2 & 3 & -1 & 3 \end{bmatrix} =$$

$$= (-1)^4(2)\det\begin{bmatrix} -2 & -1 & -1 \\ 1 & -2 & 2 \\ 3 & -1 & 3 \end{bmatrix} + (-1)^5(-1)\det\begin{bmatrix} 1 & -1 & -1 \\ -1 & -2 & 2 \\ -2 & -1 & 3 \end{bmatrix} + (-1)^6(1)\det\begin{bmatrix} 1 & -2 & -1 \\ -1 & 1 & 2 \\ -2 & 3 & 3 \end{bmatrix} =$$

$$= 2\det\begin{bmatrix} -2 & -1 & -1 \\ 1 & -2 & 2 \\ 3 & -1 & 3 \end{bmatrix} + \det\begin{bmatrix} 1 & -1 & -1 \\ -1 & -2 & 2 \\ -2 & -1 & 3 \end{bmatrix} + \det\begin{bmatrix} 1 & -2 & -1 \\ -1 & 1 & 2 \\ -2 & 3 & 3 \end{bmatrix} =$$

$$= 2(12-6+1-6+3-4)+(-6+4-1+4-3+2)+(3+8+3-2-6-6) =$$

$$= 2(1+3-4)+(-6+4+2)+(8-2-6) = 0$$

Quindi anche $r(A') = 3 = r(A)$. Pertanto il sistema è compatibile. Inoltre il rango pari a 3 segnala che una delle quattro equazioni dipende dalla altre. Siccome $\det(A_{1,2,3}^{1,2,3}) \neq 0$, allora le prime tre equazioni sono indipendenti. Pertanto il seguente sistema è equivalente (ha le stesse soluzioni) di quello di partenza.

$$\begin{cases} x_1 - 2x_2 - x_3 = -1 \\ -x_1 + x_2 - 2x_3 = 2 \\ 2x_1 - x_2 + x_3 = 0 \end{cases}$$

In questo caso:

$$A = \begin{bmatrix} 1 & -2 & -1 \\ -1 & 1 & -2 \\ 2 & -1 & 1 \end{bmatrix} \quad A' = \left[\begin{array}{ccc|c} 1 & -2 & -1 & -1 \\ -1 & 1 & -2 & 2 \\ 2 & -1 & 1 & 0 \end{array}\right]$$

Inoltre:

$$\det(A) = \det\begin{bmatrix} 1 & -2 & -1 \\ -1 & 1 & -2 \\ 2 & -1 & 1 \end{bmatrix} = 6$$

Quindi la soluzione si ricava dall'Equazione 20:

$$x_1 = \frac{\det\begin{bmatrix} -1 & -2 & -1 \\ 2 & 1 & -2 \\ 0 & -1 & 1 \end{bmatrix}}{\det(A)} = \frac{-1+2+4+2}{6} = \frac{7}{6}$$

$$x_2 = \frac{\det\begin{bmatrix} 1 & -1 & -1 \\ -1 & 2 & -2 \\ 2 & 0 & 1 \end{bmatrix}}{\det(A)} = \frac{2+4+4-1}{6} = \frac{3}{2}$$

$$x_3 = \frac{\det\begin{bmatrix} 1 & -2 & -1 \\ -1 & 1 & 2 \\ 2 & -1 & 0 \end{bmatrix}}{\det(A)} = \frac{-8-1+2+2}{6} = -\frac{5}{6}$$

4.5.6 Matrice inversa

Nel par. 4.3.3 si è accennato al fatto che le matrici quadrate non formano un gruppo rispetto alla moltiplicazione in quanto non sempre una matrice quadrata possiede l'inversa. Pertanto, è lecito chiedersi come si possa stabilire se una matrice quadrata possieda una inversa rispetto alla moltiplicazione righe per colonne. A tale proposito vale il seguente teorema.

Teorema 10
Condizione necessaria e sufficiente affinché la matrice quadrata A ammetta un'inversa è che si abbia $D(A)\neq 0$.

Pertanto, nel caso in cui la matrice A sia dotata di una inversa, si fornisce un algoritmo per il calcolo.
Si consideri la matrice $A \in M_{n,n}$, tale che $\det(A)\neq 0$. Sia $B \in M_{n,n}$ la matrice inversa (a sinistra) di A, tale che $B \cdot A = I_n$. Per esteso tale relazione si può scrivere come:

$$\begin{bmatrix} b_{11} & b_{12} & \dots & b_{1n} \\ b_{21} & b_{22} & \dots & b_{2n} \\ \dots & & & \\ b_{n1} & \dots & & b_{nn} \end{bmatrix} \cdot \begin{bmatrix} a_{11} & a_{12} & \dots & a_{1n} \\ a_{21} & a_{22} & \dots & a_{2n} \\ \dots & & & \\ a_{n1} & \dots & & a_{nn} \end{bmatrix} = \begin{bmatrix} \delta_{11} & \delta_{12} & \dots & \delta_{1n} \\ \delta_{21} & \delta_{22} & \dots & \delta_{2n} \\ \dots & & & \\ \delta_{n1} & \dots & & \delta_{nn} \end{bmatrix}$$

Si sono indicati gli elementi della matrice identica mediante la **delta di Kronecker**, le cui caratteristiche sono le seguenti.

$$\delta_{ij} = \begin{cases} 1 \text{ se } i = j \\ 0 \text{ se } i \neq j \end{cases}$$

In particolare si può considerare il prodotto della riga i-esima della matrice B per la matrice A; questo sarà pari alla riga i-esima della matrice identica.

$$\begin{bmatrix} b_{i1} & b_{i2} & \dots & b_{in} \end{bmatrix} \cdot \begin{bmatrix} a_{11} & a_{12} & \dots & a_{1n} \\ a_{21} & a_{22} & \dots & a_{2n} \\ \dots & & & \\ a_{n1} & \dots & & a_{nn} \end{bmatrix} = \begin{bmatrix} \delta_{i1} & \delta_{i2} & \dots & \delta_{in} \end{bmatrix}$$

Operando il prodotto matriciale si ottiene il seguente sistema di n equazioni in n incognite (gli elementi $b_{i1}, b_{i2}, \dots, b_{in}$ della matrice inversa B).

$$\begin{cases} b_{i1}a_{11} + b_{i2}a_{21} + \ldots + b_{in}a_{n1} = \delta_{i1} \\ b_{i1}a_{12} + b_{i2}a_{22} + \ldots + b_{in}a_{n2} = \delta_{i2} \\ \ldots \\ b_{i1}a_{1n} + b_{i2}a_{2n} + \ldots + b_{in}a_{nn} = \delta_{in} \end{cases}$$

La matrice incompleta del sistema è proprio la matrice trasposta ${}^tA$ della matrice A di cui bisogna determinare l'inversa.
Siccome $\det({}^tA) = \det(A) \neq 0$, il sistema è compatibile. Essendo il sistema quadrato si può determinare la sua soluzione mediante la regola di Cramer. Pertanto gli elementi della riga *i*-esima della matrice inversa sono dati dalla relazione:

$$b_{ij} = \frac{\det\left({}^tA^1, \ldots, \underset{posto\ j}{E^i}, \ldots, {}^tA^n\right)}{\det({}^tA)} = \frac{\det\left(A_1, \ldots, \underset{posto\ j}{E^i}, \ldots, A_n\right)}{\det(A)}$$

Equazione 21

Negli ultimi passaggi si è tenuto conto che il determinante della matrice trasposta è pari a quello della matrice di partenza e che le colonne della matrice trasposta sono pari alle righe della matrice di partenza. Inoltre il vettore colonna E^i, proveniente dalla matrice identica, ha tutti gli elementi nulli tranne l'*i*-esimo elemento che è pari ad 1.
Analogamente si può provare che B così definita è tale da essere anche inversa a destra di A, ossia $A \cdot B = I_n$.

Esempio
Si consideri la seguente matrice 3 × 3.

$$A = \begin{bmatrix} 1 & -1 & 1 \\ -1 & 0 & 2 \\ 1 & 2 & 0 \end{bmatrix}$$

Si ha che:

$$\det(A) = \det\begin{bmatrix} 1 & -1 & 1 \\ -1 & 0 & 2 \\ 1 & 2 & 0 \end{bmatrix} = 0 - 2 - 2 + 0 - 4 = -8$$

Si determinano gli elementi dell'inversa mediante l'Equazione 21.

$$b_{11} = \frac{\det\Big(\underbrace{E^1}_{posto\ 1}, A_2, A_3\Big)}{\det(A)} = \frac{\begin{bmatrix} 1 & 0 & 0 \\ -1 & 0 & 2 \\ 1 & 2 & 0 \end{bmatrix}}{-8} = \frac{-4}{-8} = \frac{1}{2} \qquad b_{12} = \frac{\det\Big(A_1, \underbrace{E^1}_{posto\ 2}, A_3\Big)}{\det(A)} = \frac{\begin{bmatrix} 1 & -1 & 1 \\ 1 & 0 & 0 \\ 1 & 2 & 0 \end{bmatrix}}{-8} = \frac{2}{-8} = -\frac{1}{4}$$

$$b_{13} = \frac{\det\Big(A_1, A_2, \underbrace{E^1}_{posto\ 3}\Big)}{\det(A)} = \frac{\begin{bmatrix} 1 & -1 & 1 \\ -1 & 0 & 2 \\ 1 & 0 & 0 \end{bmatrix}}{-8} = \frac{-2}{-8} = \frac{1}{4} \qquad b_{21} = \frac{\det\Big(\underbrace{E^2}_{posto\ 1}, A_2, A_3\Big)}{\det(A)} = \frac{\begin{bmatrix} 0 & 1 & 0 \\ -1 & 0 & 2 \\ 1 & 2 & 0 \end{bmatrix}}{-8} = \frac{2}{-8} = -\frac{1}{4}$$

$$b_{22} = \frac{\det\Big(A_1, \underbrace{E^2}_{posto\ 2}, A_3\Big)}{\det(A)} = \frac{\begin{bmatrix} 1 & -1 & 1 \\ 0 & 1 & 0 \\ 1 & 2 & 0 \end{bmatrix}}{-8} = \frac{-1}{-8} = \frac{1}{8} \qquad b_{23} = \frac{\det\Big(A_1, A_2, \underbrace{E^2}_{posto\ 3}\Big)}{\det(A)} = \frac{\begin{bmatrix} 1 & -1 & 1 \\ -1 & 0 & 2 \\ 0 & 1 & 0 \end{bmatrix}}{-8} = \frac{-1-2}{-8} = \frac{3}{8}$$

$$b_{31} = \frac{\det\Big(\underbrace{E^3}_{posto\ 1}, A_2, A_3\Big)}{\det(A)} = \frac{\begin{bmatrix} 0 & 0 & 1 \\ -1 & 0 & 2 \\ 1 & 2 & 0 \end{bmatrix}}{-8} = \frac{-2}{-8} = \frac{1}{4} \qquad b_{32} = \frac{\det\Big(A_1, \underbrace{E^3}_{posto\ 2}, A_3\Big)}{\det(A)} = \frac{\begin{bmatrix} 1 & -1 & 1 \\ 0 & 0 & 1 \\ 1 & 2 & 0 \end{bmatrix}}{-8} = \frac{-1-2}{-8} = \frac{3}{8}$$

$$b_{33} = \frac{\det\Big(A_1, A_2, \underbrace{E^3}_{posto\ 3}\Big)}{\det(A)} = \frac{\begin{bmatrix} 1 & -1 & 1 \\ -1 & 0 & 2 \\ 0 & 0 & 1 \end{bmatrix}}{-8} = \frac{-1}{-8} = \frac{1}{8}$$

Quindi la matrice inversa è

$$A^{-1} = B = \begin{bmatrix} \frac{1}{2} & -\frac{1}{4} & \frac{1}{4} \\ -\frac{1}{4} & \frac{1}{8} & \frac{3}{8} \\ \frac{1}{4} & \frac{3}{8} & \frac{1}{8} \end{bmatrix}$$

4.5.7 Sistemi lineari omogenei

Un sistema lineare omogeneo ha la forma

$$\begin{cases} A_1 \cdot X = 0 \\ A_2 \cdot X = 0 \\ \ldots \\ A_m \cdot X = 0 \end{cases}$$

Pertanto, tale sistema è sempre compatibile in quanto $r(A) = r(A')$; difatti A' ha in più, rispetto ad A, la colonna di termini nulli e dipendenti.
D'altra parte il sistema è necessariamente compatibile in quanto l'ennupla nulla risulta sicuramente essere una soluzione del sistema. Il caso più interessante è quello con soluzione non nulla.
Dando per scontata la compatibilità del sistema, per risolvere un sistema lineare omogeneo si svolgono i seguenti passaggi:

Passo 1: riduzione del sistema in forma normale

Il rango p comune alle due matrici indica se il sistema sia ridotto o meno in forma normale. Se il rango delle due matrici è quello massimo possibile per il sistema considerato, allora il sistema è già ridotto in forma normale e tutte le equazioni sono indipendenti e necessarie.
Se il rango delle due matrici non è quello massimo possibile, allora vi sono equazioni dipendenti dalle altre che possono essere scartate per ridurre il sistema in forma normale. Lo stesso algoritmo di determinazione del rango è in grado di individuare le equazioni dipendenti da scartare.

Passo 2: determinazione delle soluzioni

In generale il sistema ridotto in forma normale ha m equazioni e n incognite. In questa trattazione si esclude il caso in cui $m > n$, ossia le equazioni sono in numero superiore alle incognite. Un sistema di questo tipo è detto sovradeterminato e la sua trattazione si affronta tipicamente in ambito statistico; pertanto si rimanda ad un contesto diverso.
Si contemplano le due seguenti possibilità:

- se $p = m = n$ si è in presenza di un sistema quadrato per il quale è possibile applicare la regola di Cramer. In realtà, l'applicazione della regola è superflua, in quanto la soluzione unica è quella banale che consiste nel vettore colonna nullo;
- se $p = m < n$ si è in presenza di un sistema non quadrato nel quale è necessario individuare m incognite tali che le colonne dei loro coefficienti siano indipendenti (cioè abbiano determinante diverso da 0). Si esprimono le incognite associate alle altre n-m colonne, in funzione delle m incognite con colonne indipendenti. Pertanto si mette il sistema in una forma quadrata con determinante non nullo e si risolve mediante la regola di Cramer. In questo caso le infinite soluzioni del sistema saranno espresse in termini di n-m parametri.

Esempi

1) *Un sistema quadrato già ridotto in forma normale*

$$\begin{cases} x_1 + x_2 - x_3 = 0 \\ 3x_1 - x_2 - 2x_3 = 0 \\ 2x_1 - 2x_2 + x_3 = 0 \end{cases}$$

Si calcola il determinante della matrice A:

$$\det(A) = \det\begin{bmatrix} 1 & 1 & -1 \\ 3 & -1 & -2 \\ 2 & -2 & 1 \end{bmatrix} = -1 - 4 + 6 - 2 - 3 - 4 = -8 \neq 0$$

Pertanto la matrice A ha rango massimo $r(A) = 3$ ed il sistema è ridotto in forma normale. Siccome si tratta di un sistema quadrato $n = m = 3$, allora l'unica soluzione possibile è il vettore nullo (la soluzione banale).

$$x_1 = x_2 = x_3 = 0$$

2) *Un sistema non quadrato e ridotto in forma normale*

$$\begin{cases} 2x_1 + 2x_2 + x_3 = 0 \\ x_1 + 3x_2 - 2x_3 = 0 \end{cases}$$

Si nota che:

$$\det(A_{1,2}^{1,2}) = \det\begin{bmatrix} 2 & 2 \\ 1 & 3 \end{bmatrix} = 6 - 2 = 4 \neq 0$$

Quindi $r(A) = 2$ ed il sistema è ridotto in forma normale. Siccome si tratta di un sistema non quadrato con $n = 3$ e $m = 2$, allora vi sono infinite soluzioni funzione di parametri.
Valutando $\det(A_{1,2}^{1,2}) = 4 \neq 0$ si è ottenuta l'informazione che le colonne A^1 e A^2 sono indipendenti, pertanto le incognite x_1 e x_2 possono essere lasciate ai membri di sinistra del sistema, mentre si portano ai membri di destra i termini con x_3.

$$\begin{cases} 2x_1 + 2x_2 = -x_3 \\ x_1 + 3x_2 = 2x_3 \end{cases}$$

Si introduce il parametro h ponendo $x_3 = h$ e si risolve il seguente sistema con la regola di Cramer.

$$\begin{cases} 2x_1 + 2x_2 = -h \\ x_1 + 3x_2 = 2h \end{cases}$$

Nel nuovo sistema $A = \begin{bmatrix} 2 & 2 \\ 1 & 3 \end{bmatrix} \Rightarrow \det \begin{bmatrix} 2 & 2 \\ 1 & 3 \end{bmatrix} = 4$

$$x_1 = \frac{\det \begin{bmatrix} -h & 2 \\ 2h & 3 \end{bmatrix}}{\det(A)} = \frac{-3h - 4h}{4} = -\frac{7}{4}h$$

$$x_2 = \frac{\det \begin{bmatrix} 2 & -h \\ 1 & 2h \end{bmatrix}}{\det(A)} = \frac{4h + h}{4} = \frac{5}{4}h$$

Quindi le infinite soluzioni del sistema sono date dal vettore $\left[-\frac{7}{4}h, \frac{5}{4}h, h\right]$ con h parametro appartenente al campo K (ad esempio R).

3) *Un sistema non ridotto in forma normale*

$$\begin{cases} x_1 - 2x_2 - x_3 = 0 \\ x_2 - 2x_3 = 0 \\ x_1 - 3x_2 + x_3 = 0 \end{cases}$$

Si nota che:

$$\det(A_{1,2}^{1,2}) = \det \begin{bmatrix} 1 & -2 \\ 0 & 1 \end{bmatrix} = 1 \neq 0$$

Inoltre il determinante della matrice A si annulla:

$$\det(A) = \det \begin{bmatrix} 1 & -2 & -1 \\ 0 & 1 & -2 \\ 1 & -3 & 1 \end{bmatrix} = 1 + 4 + 1 - 6 = 0$$

Pertanto $r(A) = 2$ e una delle tre equazioni dipende dalle altre. Siccome $\det(A_{1,2}^{1,2}) \neq 0$, allora le prime due equazioni sono indipendenti. Pertanto il seguente sistema è equivalente (ha le stesse soluzioni) di quello di partenza.

$$\begin{cases} x_1 - 2x_2 - x_3 = 0 \\ x_2 - 2x_3 = 0 \end{cases}$$

Valutando $\det(A_{1,2}^{1,2}) = 1 \neq 0$ si è ottenuta l'informazione che le colonne A^1 e A^2 sono indipendenti, pertanto le incognite x_1 e x_2 possono essere lasciate ai membri di sinistra del sistema, mentre si portano ai membri di destra i termini con x_3.

$$\begin{cases} x_1 - 2x_2 = x_3 \\ x_2 = 2x_3 \end{cases}$$

Si introduce il parametro h ponendo $x_3 = h$ e si risolve il sistema con il metodo di sostituzione.

$$\begin{cases} x_1 - 2x_2 = h \\ x_2 = 2h \end{cases} \Rightarrow \begin{cases} x_1 - 2(2h) = h \\ x_2 = 2h \end{cases} \Rightarrow \begin{cases} x_1 - 4h = h \\ x_2 = 2h \end{cases} \Rightarrow \begin{cases} x_1 = 5h \\ x_2 = 2h \end{cases}$$

Quindi le infinite soluzioni del sistema sono date dal vettore $[5h, 2h, h]$ con h parametro appartenente al campo K (ad esempio R).

4.6 Diagonalizzazione di matrici

4.6.1 Autovettore, autovalore e autospazio

Sia v un vettore dello spazio vettoriale V di dimensione n, su di un campo K. Sia ϕ un endomorfismo di V in V, ossia un'applicazione lineare che associa ad un vettore $v \in V$, una immagine $\phi(v)$ ancora appartenente allo spazio V.

$$\begin{array}{ccc} V & \xrightarrow{\phi} & V \\ v & \rightarrow & \phi(v) \end{array}$$

Il vettore v si dice **autovettore** di ϕ se $\exists \lambda \in K \mid \phi(v) = \lambda v$.
Lo scalare $\lambda \in K$ si dice **autovalore** se $\exists v \neq 0 \mid \phi(v) = \lambda v$.
Pertanto è chiaro che le due definizioni si coinvolgono a vicenda. Infatti, se v è un autovettore, allora esiste un λ tale che $\phi(v) = \lambda v$; ma a questo punto λ è un autovalore poiché $v \neq 0$ e si ha $\phi(v) = \lambda v$.
Si noti che il vettore nullo risulta essere autovettore per qualsiasi scalare λ.
La corrispondenza tra autovettori ed autovalori non è perfettamente simmetrica, in quanto ad un autovettore corrisponde al più un autovalore, mentre ad un autovalore corrispondono molti autovettori. Pertanto, se $\lambda \in K$ è un autovalore, si può definire l'**autospazio** V_λ di tale autovalore, come l'insieme dei suoi autovettori.

$$V_\lambda = \{v \in V \mid \phi(v) = \lambda v\}$$

L'autospazio è un sottospazio vettoriale (vedi Par. 4.1.2).
Se $\lambda=0$, allora l'autospazio V_0 è proprio il nucleo dell'applicazione, ossia Kerϕ.

Oltre il formalismo

Si pensi ad un piano cartesiano nel quale i vettori (a due componenti) individuano delle direzioni (delle rette).

L'esistenza di autovettori indica che l'endomorfismo ϕ nel trasformare i vettori ha delle "direzioni privilegiate" che non modifica in direzioni alternative. Lungo tali direzioni, l'endomorfismo si comporta come una dilatazione o una contrazione. In Figura 6 è mostrato un vettore v nel piano cartesiano. Se esso è un autovettore di autovalore 2, allora l'endomorfismo non fa altro che trasformare v in $\phi(v) = 2v$, ossia l'endomorfismo "dilata" il vettore v raddoppiandone la lunghezza. Un altro generico vettore u, che non è autovettore, sarà trasformato dall'endomorfismo in $\phi(u) = u'$ che ha una direzione diversa da quella di u.

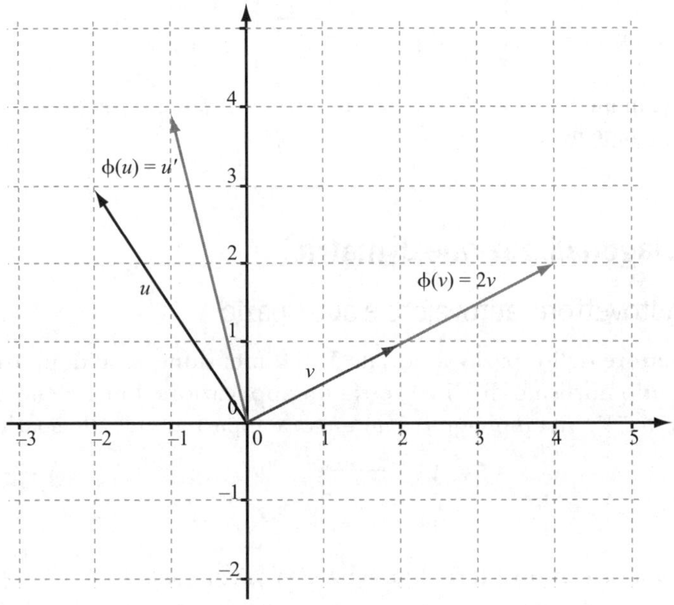

Figura 6

4.6.2 Matrici diagonalizzabili

Un endomorfismo ϕ di uno spazio vettoriale V su campo K si dice **diagonalizzabile** se esiste una base dello spazio V nella quale l'endomorfismo ϕ viene rappresentato mediante una matrice D diagonale. A tale proposito sussiste il seguente teorema.

Teorema 11

Un endomorfismo ϕ di uno spazio vettoriale V su campo K è diagonalizzabile se e solo se esiste una base dello spazio V costituita da soli autovettori.

Per determinare la base di autovettori, è possibile individuare un primo autovalore λ_1 e considerarne l'autospazio. In tale autospazio si possono individuare un massimo di n_1 vettori indipendenti. Si considera poi il secondo autovalore

λ_2 e nel suo autospazio si individuano n_2 autovettori indipendenti. Gli autovettori dei due distinti autospazi sono indipendenti tra loro. Pertanto si sono trovati n_1+n_2 autovettori indipendenti. Si procede, quindi, con gli altri autovalori per ottenere altri autovettori indipendenti. Se alla fine della procedura il numero di autovettori individuati è pari a n (la dimensione dello spazio vettoriale V) allora ϕ è diagonalizzabile.
Si supponga che ϕ sia rappresentato in una generica base B (non costituita da autovettori) da una matrice generica A. Si supponga che ϕ sia diagonalizzabile. A questo punto è possibile individuare una base B' di autovettori. In questa base, l'endomorfismo ϕ è rappresentato da una matrice D diagonale. Le due matrici A e D, in quanto associate mediante basi distinte allo stesso endomorfismo, sono simili. Due matrici simili sono legate, mediante una matrice invertibile N, da una relazione del tipo $D = N^{-1} \cdot A \cdot N$. Si dice anche che N è la matrice che diagonalizza A. Calcolando il determinante di ambo i membri si nota che il determinante della matrice diagonale D è pari a quello della matrice A.

$$\det(D) = \det(N^{-1} \cdot A \cdot N) = \det(N^{-1}) \cdot \det(A) \cdot \det(N) =$$
$$= \cancel{[\det(N)]^{-1}} \cdot \det(A) \cdot \cancel{\det(N)} = \det(A)$$

4.6.3 Algoritmo per diagonalizzare le matrici

Si consideri uno spazio vettoriale V di dimensione n, su di un campo K ed un endomorfismo ϕ di V in V, ossia un'applicazione lineare che associa ad un vettore $v \in V$, una immagine $\phi(v)$ ancora appartenente allo spazio V.

$$\begin{array}{ccc} V & \xrightarrow{\phi} & V \\ v & \rightarrow & \phi(v) \end{array}$$

Tale endomorfismo viene rappresentato da una matrice $A \in M_{n,n}$ in una base di vettori $B = \{v_1, v_2, ..., v_n\}$. Pertanto, ogni vettore $v \in V$ viene rappresentato nella base B attraverso un vettore colonna dei coefficienti:

$$v = x_1 v_1 + x_2 v_2 + ... + x_n v_n \Rightarrow \begin{bmatrix} x_1 \\ x_2 \\ ... \\ x_n \end{bmatrix}$$

Quindi, mediante il prodotto matriciale $A \cdot X$ si ottiene il vettore colonna Y dei coefficienti dell'immagine $\phi(v)$ associata al vettore v dall'endomorfismo ϕ.

$$Y = \begin{bmatrix} y_1 \\ y_2 \\ \dots \\ y_n \end{bmatrix} = A \cdot X \Rightarrow \phi(v) = y_1 v_1 + y_2 v_2 + \dots + y_n v_n$$

Il vettore v è un autovettore se la sua immagine $\phi(v)$ ha un vettore colonna Y che è la moltiplicazione di uno scalare del campo K per il vettore colonna di v.

$\phi(v) = \lambda v$ ossia $Y = \lambda X$

In generale, si ha $Y = AX$. Pertanto, eguagliando le due espressioni di Y si ottiene $AX = \lambda X$.
Siccome $X = I_n \cdot X$, allora $A \cdot X = \lambda \cdot I_n \cdot X$. Quindi si ottiene:

$$A \cdot X = \lambda \cdot I_n \cdot X \Rightarrow A \cdot X - \lambda \cdot I_n \cdot X = 0 \Rightarrow \left(A - \lambda \cdot I_n\right) \cdot X = 0$$

Si esprime in modo esplicito la matrice $\left(A - \lambda \cdot I_n\right)$.

$$A - \lambda \cdot I_n = \begin{bmatrix} a_{11} & a_{12} & \dots & a_{1n} \\ a_{21} & a_{22} & \dots & a_{2n} \\ \dots & & & \\ a_{n1} & \dots & & a_{nn} \end{bmatrix} - \lambda \begin{bmatrix} 1 & 0 & \dots & 0 \\ 0 & 1 & \dots & 0 \\ \dots & & & \\ 0 & \dots & & 1 \end{bmatrix} =$$

$$= \begin{bmatrix} a_{11} & a_{12} & \dots & a_{1n} \\ a_{21} & a_{22} & \dots & a_{2n} \\ \dots & & & \\ a_{n1} & \dots & & a_{nn} \end{bmatrix} - \begin{bmatrix} \lambda & 0 & \dots & 0 \\ 0 & \lambda & \dots & 0 \\ \dots & & & \\ 0 & \dots & & \lambda \end{bmatrix} = \begin{bmatrix} a_{11} - \lambda & a_{12} & \dots & a_{1n} \\ a_{21} & a_{22} - \lambda & \dots & a_{2n} \\ \dots & & & \\ a_{n1} & \dots & & a_{nn} - \lambda \end{bmatrix}$$

In pratica, per determinare se v è un autovettore e se λ è un autovalore occorre studiare il sistema $\left(A - \lambda \cdot I_n\right) \cdot X = 0$.
Il sistema omogeneo $\left(A - \lambda \cdot I_n\right) \cdot X = 0$ ha n equazioni e n incognite (il vettore X). Se $\det\left(A - \lambda \cdot I_n\right) \neq 0$, ovvero il rango della matrice incompleta vale n, $r\left(A - \lambda \cdot I_n\right) = n$, allora il sistema ha un'unica soluzione che è quella banale $X = 0$, ossia il vettore di coordinate nulle.
Se invece $\det\left(A - \lambda \cdot I_n\right) = 0$, ossia $r\left(A - \lambda \cdot I_n\right) < n$, allora le soluzioni del sistema $\left(A - \lambda \cdot I_n\right) \cdot X = 0$ sono infinite e quindi esistono autovettori non banali associati all'autovalore λ del campo.
Quindi si può stabilire che λ è un autovalore se e solo se $\det\left(A - \lambda \cdot I_n\right) = 0$.
L'espressione $\det\left(A - \lambda \cdot I_n\right) = 0$ rappresenta una equazione nell'incognita λ che permette di determinare per quali valori di λ il determinante della matrice $\left(A - \lambda \cdot I_n\right)$ sia nullo.

Sviluppando il determinante della matrice $(A - \lambda \cdot I_n)$ si ottiene, in effetti, un polinomio $P(\lambda)$ che viene posto pari a 0. È possibile dimostrare che il polinomio ottenuto è indipendente dalla matrice A, scelta per rappresentare l'endomorfismo φ. Si rammenti, infatti, che è possibile definire una matrice invertibile N che permette di passare da A ad una qualsiasi altra matrice A' che rappresenti φ in una base differente di V.

4.6.4 Polinomi e condizioni di diagonalizzazione

In pratica la ricerca degli autovalori si riduce ad una ricerca delle radici dell'equazione:

$$P(\lambda) = 0 \Rightarrow a_0 + a_1\lambda + a_2\lambda^2 + \ldots + a_n\lambda^n = 0$$

Le radici $\lambda_i \in K$ dell'equazione sono quei valori che annullano il polinomio $P(\lambda)$ e pertanto vengono anche detti zeri del polinomio. Se $\lambda_i \in K$ è una radice dell'equazione (zero del polinomio), allora il polinomio è divisibile per il binomio $(\lambda - \lambda_i)$. Quando $P(\lambda)$ è divisibile per $(\lambda - \lambda_i)$, ma non per $(\lambda - \lambda_i)^2$, si dice che la radice λ_i ha **molteplicità algebrica** μ pari a 1, ossia $\mu(\lambda_i) = 1$. Più in generale, se $P(\lambda)$ è divisibile per $(\lambda - \lambda_i)^n$, ma non per $(\lambda - \lambda_i)^{n+1}$, si dice che la radice λ_i ha molteplicità algebrica μ pari a n, ossia $\mu(\lambda_i) = n$.
Pertanto λ_i ha una sua molteplicità algebrica, in quanto zero di un polinomio; allo stesso tempo λ_i ha anche una **molteplicità geometrica**, in quanto autovalore con autospazio associato V_{λ_i}. La molteplicità geometrica è data dalla dimensione dell'autospazio indicata con $\dim V_{\lambda_i}$.
In generale, si ha $\dim V_{\lambda_i} \leq \mu(\lambda_i)$. Un endomorfismo e la sua matrice sono diagonalizzabili, se, per ciascun autovalore λ_i dell'endomorfismo, si ha $\dim V_{\lambda_i} = \mu(\lambda_i)$.
In particolare, se un endomorfismo φ su di uno spazio vettoriale V di dimensione n possiede n autovalori distinti (pertanto ciascuno con molteplicità algebrica pari ad 1), allora tale endomorfismo è sicuramente diagonalizzabile.

4.6.5 Segnatura di una matrice

Una matrice simmetrica sul campo reale può essere sempre diagonalizzata ed i suoi autovalori sono reali. Sia A una matrice quadrata $n \times n$, con autovalori reali (ad esempio una matrice simmetrica). La **segnatura** di A viene indicata con seg(A) e corrisponde ad un vettore a tre componenti che indica nell'ordine il numero di autovalori positivi, negativi e nulli. Ad esempio se A è una matrice 3×3 e si ha seg(A)=(2,1,0), allora vuol dire che tale matrice ha due autovalori positivi ed uno negativo. Quando non vi sono autovalori nulli, allora la segnatura viene spesso indicata con una coppia di numeri che riporta il numero di autovalori positivi e negativi. Riguardo all'esempio precedente, si potrebbe anche scrivere che si ha seg(A)=(2,1). Per determinare la segnatura di una matrice non è sempre necessario diagonalizzare la matrice stessa. È possibile scrivere il polinomio caratteristico e determinare i segni degli autovalori con la regola di Cartesio.

Esempio

Si consideri l'endomorfismo ϕ su di uno spazio vettoriale V su campo reale R tale che $\dim V = 3$. Una base B di V è costituita dai vettori $B = \{v_1, v_2, v_3\}$. Sui vettori della base, l'endomorfismo si comporta nel modo seguente.

$$\phi(v_1) = v_1 + v_2$$

$$\phi(v_2) = v_1 + v_2 + v_3$$

$$\phi(v_3) = -v_1 + v_2$$

Pertanto, la matrice associata a ϕ nella base B ha come vettori colonna i coefficienti delle immagini dei vettori di base (vedi Par. 4.3.4).

$$A = \begin{bmatrix} 1 & 1 & -1 \\ 1 & 1 & 1 \\ 0 & 1 & 0 \end{bmatrix}$$

Ad esempio, la prima colonna proviene dall'espressione $\phi(v_1) = 1 \cdot v_1 + 1 \cdot v_2 + 0 \cdot v_3$; analogamente dicasi per le altre.

La ricerca degli autovalori λ avviene risolvendo l'equazione ottenuta imponendo uguale a 0 il determinante della matrice $A - \lambda I$. Pertanto:

$$\det(A - \lambda I) = 0$$

$$\det \begin{bmatrix} 1-\lambda & 1 & -1 \\ 1 & 1-\lambda & 1 \\ 0 & 1 & -\lambda \end{bmatrix} = 0$$

$$-\lambda(1-\lambda)^2 - 1 + \lambda - (1-\lambda) = 0$$

$$-\lambda(1-\lambda)^2 - (1-\lambda) - (1-\lambda) = 0$$

$$-\lambda(1-\lambda)^2 - 2(1-\lambda) = 0$$

$$-(1-\lambda)[\lambda(1-\lambda) + 2] = 0$$

$$(1-\lambda)\left[-\lambda^2 + \lambda + 2\right] = 0$$

$$1 - \lambda = 0 \Rightarrow \lambda_1 = 1$$

$$\lambda^2 - \lambda - 2 = 0 \Rightarrow \lambda_{2e3} = \frac{1 \pm \sqrt{1+8}}{2} = \frac{1 \pm 3}{2} \Rightarrow \lambda_2 = 2, \lambda_3 = -1$$

Si sono determinati i tre autovalori $\lambda_1 = 1$, $\lambda_2 = 2$, $\lambda_3 = -1$. La segnatura della matrice è seg(A) = (2,1,0). Occorre ora individuare le basi degli autospazi ad essi associati. Si noti che, avendo determinato tre autovalori distinti, ciascuno degli autospazi avrà dimensione 1, pertanto la sua base sarà costituita da un solo autovettore. Inoltre, con 3 autovalori distinti, l'endomorfismo è diagonalizzabile.
Si considera l'autospazio $V_2 = \{v \in V : \phi(v) = 2v\}$. Il generico autovettore v di tale autospazio si esprime mediante la base B attraverso il vettore dei coefficienti

$X = \begin{bmatrix} x_1 \\ x_2 \\ x_3 \end{bmatrix}$. In pratica si ha:

$$v = x_1 v_1 + x_2 v_2 + x_3 v_3$$

Il vettore dei coefficienti è tale che:

$$AX = 2X$$

$$\begin{bmatrix} 1 & 1 & -1 \\ 1 & 1 & 1 \\ 0 & 1 & 0 \end{bmatrix} \begin{bmatrix} x_1 \\ x_2 \\ x_3 \end{bmatrix} = 2 \begin{bmatrix} x_1 \\ x_2 \\ x_3 \end{bmatrix}$$

Da questa espressione scaturisce il sistema:

$$\begin{cases} x_1 + x_2 - x_3 = 2x_1 \\ x_1 + x_2 + x_3 = 2x_2 \\ x_2 = 2x_3 \end{cases} \Rightarrow \begin{cases} -x_1 + x_2 - x_3 = 0 \\ x_1 - x_2 + x_3 = 0 \\ x_2 - 2x_3 = 0 \end{cases} \Rightarrow \begin{cases} x_1 - x_2 + x_3 = 0 \\ x_1 - x_2 + x_3 = 0 \\ x_2 - 2x_3 = 0 \end{cases}$$

La prima e la seconda equazione sono identiche (dipendenti), pertanto il sistema si riduce a:

$$\begin{cases} x_1 - x_2 + x_3 = 0 \\ x_2 - 2x_3 = 0 \end{cases} \Rightarrow \begin{cases} x_1 - x_2 = -x_3 \\ x_2 = 2x_3 \end{cases}$$

Ponendo $x_3 = \alpha$ (parametro reale), si ottiene:

$$\begin{cases} x_1 - x_2 = -\alpha \\ x_2 = 2\alpha \end{cases} \Rightarrow \begin{cases} x_1 - 2\alpha = -\alpha \\ x_2 = 2\alpha \end{cases} \Rightarrow \begin{cases} x_1 = 2\alpha - \alpha \\ x_2 = 2\alpha \end{cases} \Rightarrow \begin{cases} x_1 = \alpha \\ x_2 = 2\alpha \end{cases}$$

Pertanto, il generico vettore di V_2 è del tipo $(\alpha, 2\alpha, \alpha)$. Quindi:

$$V_2 = \{v = \alpha v_1 + 2\alpha v_2 + \alpha v_3 : \alpha \in R\}$$

In particolare, come base dell'autospazio si può scegliere il vettore con $\alpha = 1$, ossia $v_1 + 2v_2 + v_3$.
Si considera l'autospazio $V_1 = \{v \in V : \phi(v) = v\}$.
Il vettore dei coefficienti è tale che:

$$AX = 1X$$

$$\begin{bmatrix} 1 & 1 & -1 \\ 1 & 1 & 1 \\ 0 & 1 & 0 \end{bmatrix} \begin{bmatrix} x_1 \\ x_2 \\ x_3 \end{bmatrix} = \begin{bmatrix} x_1 \\ x_2 \\ x_3 \end{bmatrix}$$

Da questa espressione scaturisce il sistema:

$$\begin{cases} x_1 + x_2 - x_3 = x_1 \\ x_1 + x_2 + x_3 = x_2 \\ x_2 = x_3 \end{cases} \Rightarrow \begin{cases} x_2 - x_3 = 0 \\ x_1 + x_3 = 0 \\ x_2 - x_3 = 0 \end{cases}$$

La prima e la terza equazione sono identiche (dipendenti), pertanto il sistema si riduce a:

$$\begin{cases} x_1 + x_3 = 0 \\ x_2 - x_3 = 0 \end{cases} \Rightarrow \begin{cases} x_1 = -x_3 \\ x_2 = x_3 \end{cases}$$

Ponendo $x_3 = \alpha$ (parametro reale), si ottiene:

$$\begin{cases} x_1 = -\alpha \\ x_2 = \alpha \end{cases}$$

Pertanto, il generico vettore di V_1 è del tipo $(-\alpha, \alpha, \alpha)$. Quindi:

$$V_1 = \{v = -\alpha v_1 + \alpha v_2 + \alpha v_3 : \alpha \in R\}$$

In particolare, come base dell'autospazio si può scegliere il vettore con $\alpha = 1$, ossia $-v_1 + v_2 + v_3$.
Si considera l'autospazio $V_{-1} = \{v \in V : \phi(v) = -v\}$.
Il vettore dei coefficienti è tale che:

$$AX = -1X$$

$$\begin{bmatrix} 1 & 1 & -1 \\ 1 & 1 & 1 \\ 0 & 1 & 0 \end{bmatrix} \begin{bmatrix} x_1 \\ x_2 \\ x_3 \end{bmatrix} = - \begin{bmatrix} x_1 \\ x_2 \\ x_3 \end{bmatrix}$$

Da questa espressione scaturisce il sistema:

$$\begin{cases} x_1 + x_2 - x_3 = -x_1 \\ x_1 + x_2 + x_3 = -x_2 \\ x_2 = -x_3 \end{cases} \Rightarrow \begin{cases} 2x_1 + x_2 - x_3 = 0 \\ x_1 + 2x_2 + x_3 = 0 \\ x_2 + x_3 = 0 \end{cases}$$

Anche in questo caso le tre equazioni devono essere dipendenti tra loro. Questo è richiesto dalla condizione imposta sul determinante $\det(A - \lambda I) = 0$. Si nota che le ultime due equazioni sono indipendenti, pertanto il sistema si riduce a:

$$\begin{cases} x_1 + 2x_2 + x_3 = 0 \\ x_2 + x_3 = 0 \end{cases} \Rightarrow \begin{cases} x_1 + 2x_2 = -x_3 \\ x_2 = -x_3 \end{cases}$$

Ponendo $x_3 = \alpha$ (parametro reale), si ottiene:

$$\begin{cases} x_1 + 2x_2 = -\alpha \\ x_2 = -\alpha \end{cases} \Rightarrow \begin{cases} x_1 - 2\alpha = -\alpha \\ x_2 = -\alpha \end{cases} \Rightarrow \begin{cases} x_1 = \alpha \\ x_2 = -\alpha \end{cases}$$

Pertanto il generico vettore di V_{-1} è del tipo $(\alpha, -\alpha, \alpha)$. Quindi:

$$V_1 = \{v = \alpha v_1 - \alpha v_2 + \alpha v_3 : \alpha \in R\}$$

In particolare, come base dell'autospazio si può scegliere il vettore con $\alpha = 1$, ossia $v_1 - v_2 + v_3$.

Raggruppando i tre autovettori individuati come basi dei rispettivi autospazi, si individua una nuova base B' dello spazio vettoriale V, ossia:

$$B = \{v_1 + 2v_2 + v_3, -v_1 + v_2 + v_3, v_1 - v_2 + v_3\}$$

La matrice che rappresenta l'endomorfismo in questa base di autovettori è diagonale. Lungo la sua diagonale vi sono i rispettivi autovalori 2, 1 e -1.

$$D = \begin{bmatrix} 2 & 0 & 0 \\ 0 & 1 & 0 \\ 0 & 0 & -1 \end{bmatrix}$$

Per ricavare la matrice N che diagonalizza A, trasformandola in D, basta notare che le sue colonne sono i coefficienti della base di autovettori nella base di partenza.

$$N = \begin{bmatrix} 1 & -1 & 1 \\ 2 & 1 & -1 \\ 1 & 1 & 1 \end{bmatrix}$$

Ad esempio, la prima colonna proviene dall'espressione $1 \cdot v_1 + 2 \cdot v_2 + 1 \cdot v_3$; analogamente dicasi per le altre.
Tale matrice è invertibile e si ha:

$$N^{-1} = \begin{bmatrix} \frac{1}{3} & \frac{1}{3} & 0 \\ -\frac{1}{2} & 0 & \frac{1}{2} \\ \frac{1}{6} & -\frac{1}{3} & \frac{1}{2} \end{bmatrix}$$

Infine, è possibile verificare che:

$$D = N^{-1} \cdot A \cdot N$$

Esempio

Sia $A = \begin{pmatrix} 3 & 0 & 0 \\ 0 & 2 & -5 \\ 0 & 1 & -2 \end{pmatrix}$ la matrice associata ad un certo operatore lineare T: v → v sul campo complesso C. Per diagonalizzare si determina il polinomio caratteristico

$$P(\lambda) = \begin{vmatrix} \lambda-3 & 0 & 0 \\ 0 & \lambda-2 & 5 \\ 0 & -1 & \lambda+2 \end{vmatrix} = (\lambda-3)(\lambda^2+1)$$

Si trovano le soluzioni di

$$P(\lambda) = 0$$
$$(\lambda - 3)(\lambda^2 + 1) = 0 \Rightarrow \lambda = 3 \quad \lambda = \pm i$$

avendo tre distinti autovalori 3, i, $-i$.
Esiste una matrice invertibile P sul campo complesso C, per cui:

$$P^{-1}AP \begin{pmatrix} 3 & 0 & 0 \\ 0 & i & 0 \\ 0 & 0 & -i \end{pmatrix}$$

ovvero abbiamo diagonalizzato. Si noti che se il campo su cui era definita la matrice A fosse stato R, A non era diagonalizzabile perché aveva un solo valore reale.

4.7 Punti, rette e vettori nello spazio euclideo

Si consideri l'insieme dei punti dello spazio euclideo, indicato con ε. I punti vengono indicati con una lettera maiuscola. Pertanto, se A è un punto dello spazio, si può scrivere $A \in \varepsilon$.
Nello spazio euclideo si distinguono le **rette** che possono essere **orientate**, ossia avere un **verso** di percorrenza, indicato con un simbolo (una freccia) posto ad una delle loro estremità (vedi Figura 7). La retta si intende percorsa dall'estremo privo di simbolo a quello su cui è applicato il simbolo.

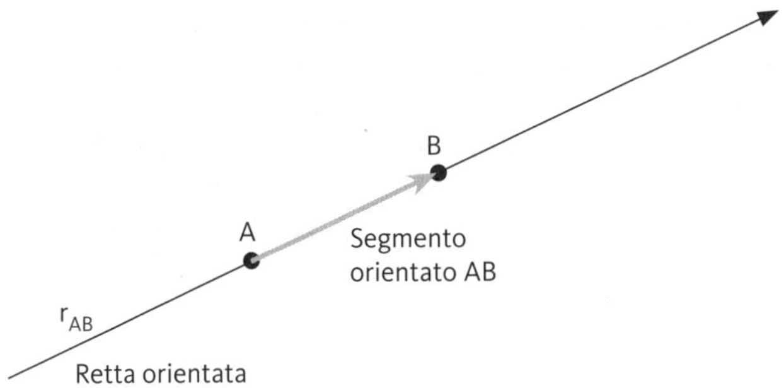

Figura 7

Considerati due punti A e B si indica r_{AB} la retta passante per i due punti e con $\overline{AB}$ il segmento che congiunge i due punti, ossia l'insieme di tutti i punti interposti tra A e B. In pratica il segmento $\overline{AB}$ è l'insieme dei punti che vengono dopo A e prima di B percorrendo la retta secondo il suo verso.
Si noti che, nel momento in cui si considera una certa unità di misura u, allora, per il segmento AB, si può individuare una **lunghezza** che può essere misurata ed associata ad un numero reale chiamato **modulo**. Due segmenti **congruenti** (ossia perfettamente sovrapponibili) hanno la stessa lunghezza.
Considerato il segmento $\overline{AB}$, con A e B punti distinti, esso ammette due **versi di percorrenza**, indicati dalle coppie (A,B) e (B,A). La coppia (A,B) indica che il segmento viene percorso dal punto A al punto B, mentre la coppia (B,A) indica il viceversa.
Se il segmento $\overline{AB}$ viene dotato di un **verso** di percorrenza, allora esso viene detto **segmento orientato** (o **vettore applicato**) e viene indicato con $\overrightarrow{AB}$ (Figura 7). Il punto A si dice **punto iniziale** (o **punto di applicazione**) del segmento, mentre B si chiama **punto finale** (o **secondo estremo**) del segmento. La retta su cui giace il segmento orientato (o una delle rette ad essa parallela) è anche detta **direzione** del segmento orientato. La **lunghezza** del segmento $\overline{AB}$ coincide con la lunghezza del segmento orientato $\overline{AB}$. Quindi un segmento orientato $\overrightarrow{AB}$ è caratterizzato da un punto iniziale (o di applicazione), una direzione, un verso ed una lunghezza (che individua il punto finale).
Se il punto iniziale e il punto finale coincidono allora si ottiene il segmento orientato nullo in un punto.

Sia $A_{\mathcal{E}}$ l'insieme di tutti i segmenti orientati dello spazio della geometria euclidea. In tale insieme si individua una relazione chiamata **equipollenza**.
Due segmenti orientati $\overrightarrow{AB}$ e $\overrightarrow{CD}$ sono **equipollenti** se:

1. i segmenti AB e CD sono congruenti ed appartengono alla stessa retta o a rette parallele;
2. se i punti A, B, C e D appartengono alla stessa retta, allora è possibile definire un verso di percorrenza della retta tale che se A viene prima di B, allora anche C precede D (Figura 8 caso a);
3. se i punti A, B, C e D non appartengono alla stessa retta, allora appartengono a rette parallele e sono collocati sullo stesso piano. In tal caso A non coincide con C e; pertanto è possibile individuare la retta r_{AC} che divide il piano in cui si trovano i 4 punti in due semipiani. I punti B e D sono tali da giacere nel medesimo dei due semipiani (Figura 8 caso b).

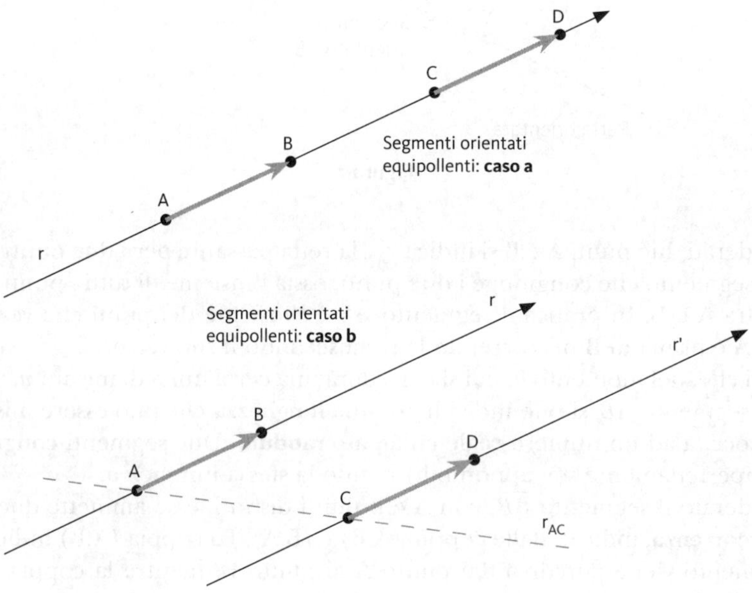

Figura 8

La **relazione di equipollenza** è una relazione di equivalenza, pertanto è possibile considerare le classi di equipollenza. In ciascuna classe sono collocati tutti i segmenti orientati equipollenti ad un segmento orientato assegnato. Ciascuna classe di equipollenza è denominata **vettore libero** o semplicemente **vettore**.
La classe di equipollenza individuata dal segmento orientato $\overrightarrow{AB}$ è indicata con ***AB***.
La relazione di equipollenza permette di definire segmenti orientati **concordi** o **discordi**. Si dice che due segmenti orientati sono concordi (oppure hanno lo stesso verso) se per essi valgono le proprietà 2 e 3. Si noti che i segmenti

concordi non sono necessariamente equipollenti, in quanto possono avere anche lunghezze diverse, tuttavia essi devono giacere sulla stessa retta o su rette parallele. Se due segmenti su rette parallele o sulla medesima retta non sono concordi, allora sono discordi.
Il vettore libero eredita le caratteristiche di lunghezza, direzione e verso dai segmenti orientati della sua classe di equipollenza. In modo analogo a quanto detto per i segmenti orientati, anche i vettori possono essere concordi o discordi.
L'insieme dei vettori liberi dello spazio geometrico euclideo è indicato con V_ε. Quindi si ha:

$$V_\varepsilon = \{\boldsymbol{AB}: A,B \in \varepsilon\}$$

Per non legare la notazione degli elementi di V_ε ai segmenti (tra tutti quelli equipollenti) scelti per rappresentarli, si preferisce indicare gli elementi di V_ε con delle lettere minuscole. Ad esempio v, $u \in V_\varepsilon$.

4.8 Geometria analitica nel piano

4.8.1 Punti nel piano cartesiano

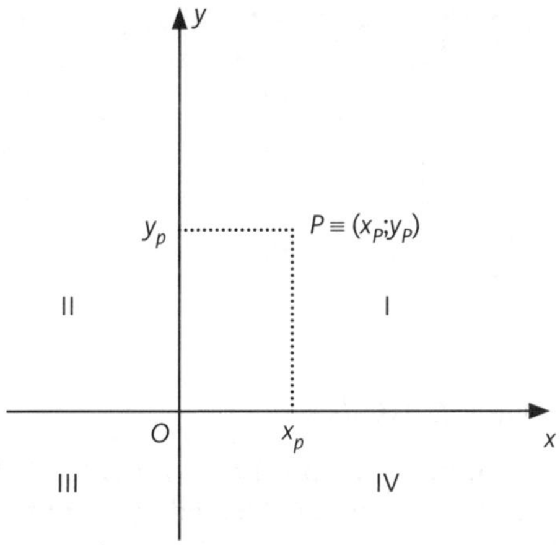

Figura 9

Considerato un piano π si può introdurre in esso un **sistema di assi cartesiani ortogonali**, detto xOy, ossia una coppia di rette ordinate con un verso che si intersecano formando angoli retti (Figura 9). Tali rette, denominate **asse delle ascisse** (x) ed **asse delle ordinate** (y), sono caratterizzate da due unità di misura u, generalmente identiche (sistema **monometrico**), che permettono di individuare i numeri reali su di esse. Il punto di intersezione O è detto **origine** del sistema di assi. Il piano π nel quale è presente un siffatto sistema di assi è anche denominato brevemente **piano cartesiano**. Mediante il sistema di assi l'intero insieme dei punti nel piano può essere individuato univocamente attraverso le due rette ordinate, usando una coppia di coordinate per ogni punto.

$$P \equiv (x;y)$$

x: ascissa del punto P

y: ordinata del punto P

Il primo elemento della coppia di numeri rappresenta l'ascissa di quel punto, ossia il valore espresso in unità di misura u della proiezione di quel punto sull'asse delle ascisse x. Il secondo elemento della coppia di numeri rappresenta l'ordinata di quel punto, ossia il valore espresso in unità di misura u della proiezione di quel punto sull'asse delle ordinate y. L'origine O ha coordinate nulle $O \equiv (0;0)$. I punti sull'asse delle ascisse hanno ordinata nulla, mentre i punti sull'asse delle ordinate hanno ascissa nulla. Un punto che non si trova su nessuno dei due assi ha entrambe le coordinate non nulle. In generale, se si ordinano i 4 quadranti individuati dalle due rette come in Figura 9, si nota che le coordinate di un generico punto hanno le seguenti caratteristiche per ognuno dei quadranti:

Tabella 1

Quadrante	Ascissa	Ordinata
I	$x>0$	$y>0$
II	$x<0$	$y>0$
III	$x<0$	$y<0$
IV	$x>0$	$y<0$

4.8.2 Vettori nel piano cartesiano

Si consideri una coppia di punti di coordinate $A \equiv (x_A; y_A)$, $B \equiv (x_B; y_B)$. È possibile individuare un segmento orientato AB mediante i punti A e B presi in questo preciso ordine. Il segmento orientato è denotato con la coppia di numeri reali $\overrightarrow{AB} \equiv (x_B - x_A; y_B - y_A)$.
Considerata la classe di equipollenza cui appartiene il segmento orientato AB, è possibile individuare il vettore:

$$v \equiv v_{AB} \equiv (x_B - x_A; y_B - y_A)$$

Equazione 22

La coppia di numeri reali associata al vettore v_{AB} rappresenta le **componenti** del vettore. Riprendendo gli esempi precedenti, si può constatare facilmente che mediante coppie di numeri reali sono stati definiti i vettori nello spazio

vettoriale $\left(R^2,+,\cdot\right)$. Pertanto si è trovato modo di associare i segmenti orientati nel piano e le loro classi di equipollenza (definite nel paragrafo 4.7), ai vettori definiti come elementi di uno spazio vettoriale. In tal caso valgono tutti i risultati ottenuti con il formalismo degli spazi vettoriali e degli spazi affini.
In particolare valgono le definizioni di operazioni di somma di vettori e di prodotto esterno con un coefficiente reale a:

$$v+u=\left(v_x;v_y\right)+\left(u_x;u_y\right)=\left(v_x+u_x;v_y+u_y\right)$$
$$a\cdot v=a\left(v_x;v_y\right)=\left(a\cdot v_x;a\cdot v_y\right)$$

Inoltre è possibile considerare i due vettori (1;0), (0;1). Essi rappresentano le classi di segmenti equipollenti paralleli rispettivamente all'asse delle ascisse e all'asse delle ordinate ed aventi lunghezza pari ad 1.
Qualsiasi vettore v di componenti v_x e v_y può essere espresso in termini di una combinazione lineare dei vettori (1;0), (0;1) mediante una coppia di coefficienti reali v_x e v_y che corrispondono proprio alle componenti del vettore.

$$v\equiv\left(v_x;v_y\right)=v_x(1;0)+v_y(0;1)$$

Il vettore nullo è indicato con (0,0).
In precedenza si è visto che due vettori $v=\left(v_x;v_y\right)$, $u=\left(u_x;u_y\right)$ sono dipendenti se avviene che:

$$\det\begin{bmatrix} v_x & u_x \\ v_y & u_y \end{bmatrix}=0\Rightarrow v_xu_y-v_yu_x=0\Rightarrow\frac{v_x}{v_y}=\frac{u_x}{u_y}$$

Equazione 23

In pratica due vettori sono dipendenti se le loro rispettive componenti sono in proporzione. Due vettori dipendenti si dicono **paralleli**.
I vettori (1;0), (0;1) sono indipendenti e generano tutti i vettori di R^2 pertanto sono una **base** dello spazio vettoriale (la base canonica).
Il **prodotto scalare** di due vettori $v=\left(v_x;v_y\right)$, $u=\left(u_x;u_y\right)$ si può definire come il prodotto riga per colonna di matrici $1\times n$ e $n\times 1$ (nel caso specifico $n=2$):

$$v\cdot u=\left(v_x;v_y\right)\cdot\begin{pmatrix} u_x \\ u_y \end{pmatrix}=v_xu_x+v_yu_y$$

Quando due vettori (non nulli) hanno prodotto scalare nullo essi si dicono **ortogonali**:

$$v \cdot u = 0 \Rightarrow v_x u_x + v_y u_y = 0 \Rightarrow \frac{v_x}{v_y} = -\frac{u_y}{u_x}$$

Equazione 24

È possibile considerare anche il prodotto scalare di un vettore $v = (v_x; v_y)$ con se stesso. Lo scalare ottenuto è definito come **quadrato del modulo** del vettore v, indicato con $|v|^2$.

$$|v|^2 = v \cdot v = v_x v_x + v_y v_y = v_x^2 + v_y^2$$

Di conseguenza, il **modulo** $|v|$ di un vettore $v = (v_x; v_y)$ è dato dalla relazione:

$$|v| = \sqrt{v_x^2 + v_y^2}$$

Il **versore** $\hat{v}$ è un vettore di modulo unitario (modulo pari ad 1). Si consideri un vettore $v = (v_x; v_y)$, diverso dal vettore nullo; in tal caso è possibile sempre ottenere un versore, moltiplicando il vettore per l'inverso (il reciproco) del suo modulo.

$$\hat{v} = \frac{1}{|v|}(v_x; v_y) = \left(\frac{v_x}{|v|}; \frac{v_y}{|v|}\right)$$

Difatti:

$$|\hat{v}| = \sqrt{\left(\frac{v_x}{|v|}\right)^2 + \left(\frac{v_y}{|v|}\right)^2} = \sqrt{\frac{1}{|v|^2}(v_x)^2 + \frac{1}{|v|^2}(v_y)^2} = \frac{1}{|v|}\sqrt{(v_x)^2 + (v_y)^2} = \frac{1}{|v|}|v| = 1$$

Si noti che i vettori (1;0) e (0;1) sono in realtà dei versori, ossia dei vettori di modulo unitario che hanno la caratteristica di essere paralleli agli assi cartesiani. Si preferisce quindi indicare i versori della base canonica nel modo seguente:

$$\hat{x} \equiv (1;0), \quad \hat{y} \equiv (0;1)$$

In classe

Nella fase iniziale dello studio della geometria analitica viene spesso presentata la formula della distanza tra due punti A e B nel piano cartesiano. Essa viene ricavata generalmente applicando il teorema di Pitagora al triangolo rettangolo in cui la distanza AB è l'ipotenusa. Si noti come il concetto di distanza tra due punti A e B si possa ricondurre al concetto di modulo del vettore AB associato al segmento orientato identificato dai due punti.

Difatti, detti i due punti $A \equiv (x_A; y_A)$, $B \equiv (x_B; y_B)$, il vettore da questi individuato ha le seguenti componenti:

$$v \equiv (x_B - x_A; y_B - y_A)$$

Per definizione il modulo $|v|$ del vettore v coincide con la distanza tra due punti $\overline{AB}$.

$$|v| = \sqrt{(x_B - x_A)^2 + (y_B - y_A)^2} = \overline{AB}$$

Il prodotto scalare di due vettori può essere reso anche in funzione del prodotto dei moduli dei due vettori per il coseno dell'angolo tra essi compreso. Pertanto dati i due vettori non nulli $v = (v_x; v_y)$, $u = (u_x; u_y)$ il loro prodotto scalare è pari a:

$$v \cdot u = |v| \cdot |u| \cdot \cos(vu)$$

Ossia:

$$v_x u_x + v_y u_y = \sqrt{v_x^2 + v_y^2} \cdot \sqrt{u_x^2 + u_y^2} \cdot \cos(vu)$$

Da tale relazione si ottiene il coseno dell'angolo compreso tra i vettori:

$$\cos(vu) = \frac{v_x u_x + v_y u_y}{\sqrt{v_x^2 + v_y^2} \cdot \sqrt{u_x^2 + u_y^2}}$$

Equazione 25

Se uno dei vettori è nullo, allora il prodotto scalare è nullo.

4.8.3 Le curve algebriche

In un piano cartesiano una curva algebrica è individuata dall'insieme dei punti che soddisfano una determinata equazione algebrica, del tipo $P(x,y) = 0$, dove $P(x,y)$ è un polinomio in x e y.
Quando il polinomio è di grado pari ad 1, l'equazione più generale possibile è rappresentata dalla seguente espressione:

$$ax + by + c = 0$$

Equazione 26

Si tratta di una equazione di primo grado. La curva costituita dai punti le cui coordinate soddisfano l'Equazione 26 è detta **curva di primo grado**.
Quando il polinomio è di grado pari a 2, l'equazione più generale possibile è rappresentata dalla seguente espressione:

$$ax^2 + bxy + cy^2 + dx + ey + f = 0$$

Equazione 27

Si tratta di una equazione di secondo grado. La curva costituita dai punti le cui coordinate soddisfano l'Equazione 27 è detta **curva di secondo grado**.
Allo stesso modo si possono definire equazioni e curve di grado n.
Per il caso particolare in cui il grado $n = 2$, esso non cambia se si opera una traslazione o una rotazione del sistema di coordinate. Questo discorso vale per un grado qualsiasi.

4.9 Curve algebriche di primo grado: le rette

4.9.1 Equazione di una retta in forma parametrica

Oltre il formalismo

Nei passaggi seguenti si vuole individuare una retta nel piano cartesiano e scrivere l'equazione ad essa associata, ossia l'equazione che è soddisfatta dalle coordinate dei punti della retta.
Per farlo si parte da una idea molto semplice: per definire una retta basta individuare nel piano un punto *P* ed una direzione, rappresentata da un vettore *v*. Dalla Figura 10 si vede come mediante questi due elementi resti individuata una retta *r*.

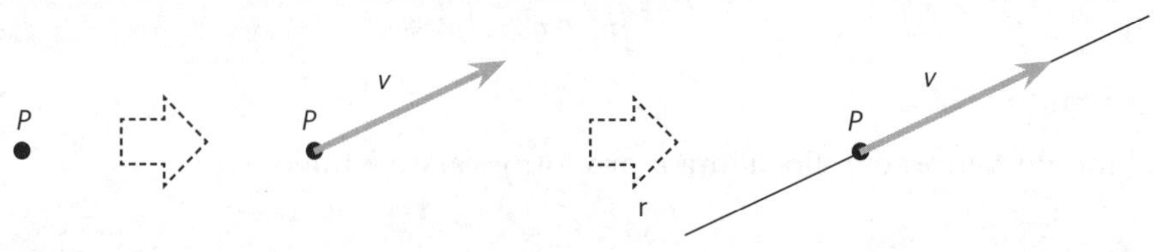

Figura 10

Per scrivere l'equazione di una retta r nel piano cartesiano si considerano un punto P di coordinate $P = (x_0; y_0)$ appartenente alla retta r ed un qualsiasi vettore $v = (v_x; v_y)$ parallelo alla retta r. Le componenti del vettore v vengono anche dette **numeri direttori**.

L'equazione della retta r in **forma parametrica** è data da:

$$\begin{cases} x = x_0 + v_x \cdot t \\ y = y_0 + v_y \cdot t \end{cases}$$

Equazione 28

Nell'Equazione 28 la quantità t è parametro reale.

In pratica, qualsiasi punto appartenente alla retta r può essere individuato fissando un valore reale di t e ricavando le sue coordinate x e y dal sistema dell'Equazione 28. Se $t = 0$ resta individuato il punto P. Si noti che qualsiasi altro vettore v' con coordinate proporzionali a v individua la medesima retta r.

4.9.2 Equazione di una retta in forma implicita

Eliminando il parametro reale dal sistema dell'Equazione 28, si ottiene:

$$\frac{x - x_0}{y - y_0} = \frac{v_x}{v_y}$$

da cui

$$v_y x - v_y x_0 = v_x y - v_x y_0$$

$$v_y x - v_x y + v_x y_0 - v_y x_0 = 0$$

Si pone:

$$a = v_y$$

$$b = -v_x$$

$$c = v_x y_0 - v_y x_0$$

Equazione 29

L'equazione di una retta r in un piano cartesiano xOy viene espressa nel modo seguente:

$$ax + by + c = 0$$

Equazione 30

In questo caso si dice che la retta è espressa **in forma implicita**. Se le coordinate x e y di un punto P soddisfano l'Equazione 30, allora il punto P appartiene alla retta r.

4.9.3 Intersezione di due rette

Si considerino le due rette espresse in forma implicita $ax + by + c = 0$ e $a'x + b'y + c' = 0$. Per determinare un loro eventuale punto di intersezione occorre risolvere il seguente sistema lineare di due equazioni in due incognite.

$$\begin{cases} ax + by + c = 0 \\ a'x + b'y + c' = 0 \end{cases}$$

Per la risoluzione del sistema vale quanto detto in precedenza. In particolare è opportuno dapprima porre il sistema nella seguente forma:

$$\begin{cases} ax + by = -c \\ a'x + b'y = -c' \end{cases}$$

La matrice incompleta e quella completa di questo sistema sono le seguenti:

$$A = \begin{bmatrix} a & b \\ a' & b' \end{bmatrix} \quad A' = \begin{bmatrix} a & b & -c \\ a' & b' & -c' \end{bmatrix}$$

Il sistema ha un'unica soluzione (ossia un solo punto di intersezione) se il determinante di A è diverso da 0, ossia:

$$\det\begin{bmatrix} a & b \\ a' & b' \end{bmatrix} \neq 0 \Rightarrow ab' - a'b \neq 0$$

In tal caso si è quindi in presenza di due rette incidenti. La soluzione del sistema è data dalla regola di Cramer:

$$x = \frac{\begin{vmatrix} -c & b \\ -c' & b' \end{vmatrix}}{\det(A)} \quad y = \frac{\begin{vmatrix} a & -c \\ a' & -c' \end{vmatrix}}{\det(A)}$$

Se invece $\det(A) = 0$ allora:

$$ab' - a'b = 0 \Rightarrow \frac{a}{a'} = \frac{b}{b'}$$

Equazione 31

Tenendo conto dell'Equazione 29, la condizione espressa dall'Equazione 31 risulta la medesima dell'Equazione 23. Essa corrisponde al fatto che entrambe le rette sono identificate da coppie di vettori dipendenti (ossia vettori con direzioni parallele). In tal caso il rango della matrice A vale 1 (si suppone ad esempio $b \neq 0$) ed esistono due possibilità.

Caso 1) Se la quantità $\det\begin{bmatrix} b & c \\ b' & -c' \end{bmatrix} \neq 0 \Rightarrow -bc' + b'c \neq 0 \Rightarrow \frac{b}{b'} \neq \frac{c}{c'}$ allora il rango della matrice A' vale 2 ed il sistema è incompatibile. Questo vuol dire che non esiste soluzione del sistema, ossia non vi sono punti di intersezione. Pertanto le due rette considerate sono parallele.

Caso 2) Se la quantità $\det\begin{bmatrix} b & -c \\ b' & -c' \end{bmatrix} = 0 \Rightarrow -bc' + b'c = 0 \Rightarrow \frac{b}{b'} = \frac{c}{c'}$ allora il rango di A' vale 1. Pertanto le due equazioni sono dipendenti, ossia rappresentano la stessa equazione. Quindi si può scartare una delle due equazioni e il sistema si riduce ad un'unica equazione. In tal caso si riscontrano infinite soluzioni; difatti si pone x come parametro reale e si esprime y in funzione di x. Da un punto di vista geometrico si può affermare che le due equazioni rappresentano la stessa retta.

Nel caso 1 si è ottenuta la condizione di parallelismo di due rette. Si può affermare che due rette sono parallele se avviene che $\frac{a}{a'} = \frac{b}{b'} \neq \frac{c}{c'}$.

Per i coefficienti a e b si può scrivere $\frac{a}{a'} = \frac{b}{b'} = k \Rightarrow a = k \cdot a', b = k \cdot b'$.

In pratica due equazioni rappresentano la stessa retta se i coefficienti a e b di una si ottengono da quelli dell'altra mediante un fattore k di proporzionalità diretta, mente questo non avviene per il coefficiente c.

Nel caso 2 si è ottenuto un modo per identificare due equazioni che rappresentano la stessa retta, ossia: $\frac{a}{a'} = \frac{b}{b'} = \frac{c}{c'} = k$

Da tale condizione si ottiene che $a = k \cdot a'$, $b = k \cdot b'$, $c = k \cdot c'$.

In pratica due equazioni rappresentano la stessa retta se i coefficienti di una si ottengono da quelli dell'altra mediante un fattore k di proporzionalità diretta.

In classe

Nei corsi di secondaria, talvolta si usa introdurre la condizione di parallelismo mediante la condizione:

$$\frac{a}{b} = \frac{a'}{b'} \Rightarrow ab' = a'b$$

Puntualizzando che in tale condizione le due equazioni possono rappresentare rette parallele o rappresentare la medesima retta.

Alla condizione di parallelismo si aggiunge la condizione di perpendicolarità tra due rette in forma implicita:

$$\frac{a}{b} = -\frac{b'}{a'} \Rightarrow aa' = -bb'$$

Equazione 32

Tenendo conto dell'Equazione 29, quest'ultima condizione corrisponde all'Equazione 24 che individua due vettori ortogonali. Quindi la condizione di perpendicolarità di due rette è legata alla condizione di ortogonalità dei vettori che individuano le direzioni delle rette.

4.9.4 Rette: casi particolari

Se $b = 0$, allora necessariamente $a \neq 0$; pertanto l'Equazione 30 diventa $ax + c = 0$ da cui $x = -\frac{c}{a}$. Questa rappresenta l'equazione di una **retta parallela all'asse delle ordinate**, ossia una retta i cui punti hanno tutti ascissa pari a $-c/a$. In particolare, se $c = 0$, allora l'equazione diventa $x=0$ e rappresenta l'**asse delle ordinate**. Se $a = 0$, allora necessariamente $b \neq 0$; pertanto l'Equazione 30 diventa $by + c = 0$ da cui $y = -\frac{c}{b}$. Questa rappresenta l'equazione di una **retta parallela all'asse delle ascisse**, ossia una retta i cui punti hanno tutti ordinata pari a $-c/b$. In particolare, se $c = 0$, allora l'equazione diventa $y = 0$ e rappresenta l'**asse delle ascisse**. Se $c = 0$ e gli altri due coefficienti sono diversi da 0, allora l'Equazione 30 diventa $ax + by = 0$. In tal caso si nota che l'origine degli assi cartesiani $O = (0,0)$ soddisfa l'equazione della retta, pertanto si ottiene una **retta passante per l'origine**.

Esempi

In Figura 11 sono rappresentati:

- l'asse delle ascisse di equazione $y = 0$ (i cui punti hanno tutti ordinata 0);
- l'asse delle ordinate di equazione $x = 0$ (i cui punti hanno tutti ascissa 0);
- la retta $y = 3$ (parallela all'asse delle ascisse i cui punti hanno tutti ordinata 3);
- la retta $x = 4$ (parallela all'asse delle ordinate i cui punti hanno tutti ascissa 4);
- la retta passante per l'origine di equazione $2x - 5y = 0$.

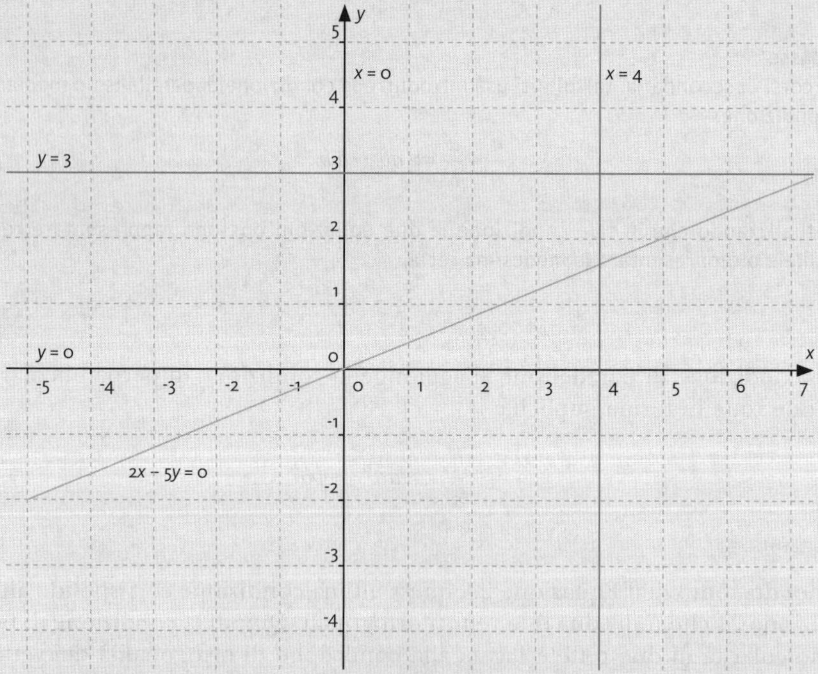

Figura 11

4.9.5 Equazione della retta in forma segmentaria

Se si divide l'Equazione 30 per c si ottiene:

$$\frac{a}{c}x+\frac{b}{c}y+1=0 \Rightarrow \frac{a}{c}x+\frac{b}{c}y=-1 \Rightarrow -\frac{a}{c}x-\frac{b}{c}y=1$$

$$\Rightarrow \frac{x}{-\frac{c}{a}}+\frac{y}{-\frac{c}{b}}=1$$

Ponendo:

$$p=-\frac{c}{a},\ q=-\frac{c}{b}$$

Equazione 33

si ottiene l'equazione in **forma segmentaria** della retta.

$$\frac{x}{p}+\frac{y}{q}=1$$

Detti A e B i punti di intersezione della retta rispettivamente con l'asse delle ascisse e delle ordinate e detta O l'origine del sistema di coordinate, le quantità p e q rappresentano le lunghezze dei segmenti OA e OB.

Esempio

In Figura 12 è mostrata una retta che in forma segmentaria ha equazione $\frac{x}{2}+\frac{y}{3}=1$ con i segmenti che essa intercetta sugli assi di lunghezza pari a 2 e 3.

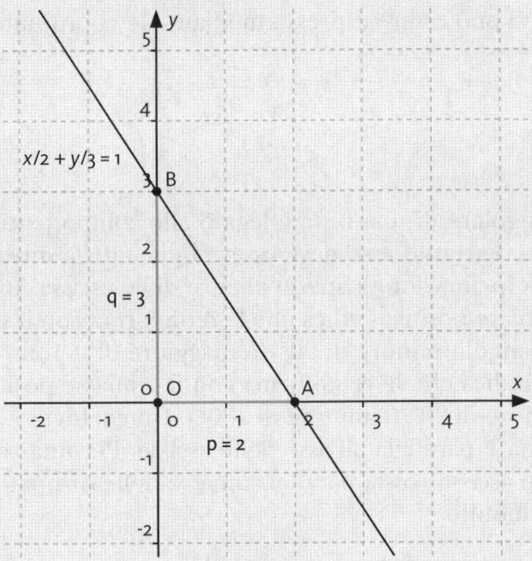

Figura 12

4.9.6 Equazione della retta in forma esplicita

Partendo dall'Equazione 30 si isola l'ordinata y

$$ax + by + c = 0 \Rightarrow by = -ax - c \Rightarrow y = -\frac{a}{b}x - \frac{c}{b}$$

Ponendo nell'ultima relazione:

$$m = -\frac{a}{b}$$

Equazione 34

e ricordando che $q = -\frac{c}{b}$ (vedi Equazione 33) si ottiene la retta nella **forma esplicita**:

$$y = mx + q$$

Equazione 35

Il parametro m è detto **coefficiente angolare**, mentre il parametro q viene anche detto **ordinata all'origine** oppure **intercetta all'origine**. Tenendo conto dell'Equazione 29, si nota che l'Equazione 34 mette in evidenza che il coefficiente angolare di una retta è il rapporto tra le componenti del vettore che individua la retta.
Dati due punti $A \equiv (x_A; y_A)$ e $B \equiv (x_B; y_B)$ appartenenti alla retta r di equazione $y = mx + q$, le componenti del vettore che individua la retta sono date dalle differenze delle coordinate dei due punti (Equazione 22). Pertanto il coefficiente angolare m può essere espresso mediante le coordinate dei due punti:

$$m = \frac{y_A - y_B}{x_A - x_B}$$

Equazione 36

Il coefficiente angolare di una retta è legato alle componenti del vettore che individua la retta. Pertanto esso deve essere indice della direzione della retta oppure della sua inclinazione rispetto all'asse delle ascisse. In particolare, un coefficiente angolare positivo indica che la retta forma con il semiasse positivo delle ascisse un angolo minore di 90° (e maggiore di 0°), un coefficiente angolare negativo indica che la retta forma con il semiasse positivo delle ascisse un angolo maggiore di 90° (e minore di 180°). Un coefficiente angolare nullo indica che la retta è parallela all'asse delle ascisse. Per una retta perpendicolare all'asse delle ascisse (ossia parallela all'asse delle ordinate) il coefficiente angolare non è definito.

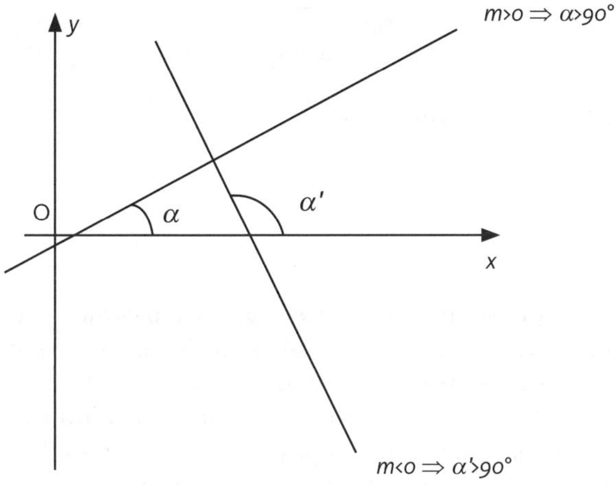

Figura 13

In modo più specifico si può affermare che il coefficiente angolare di una retta è la tangente goniometrica dell'angolo α che la retta forma con il semiasse positivo delle ascisse.

$$m = \tan\alpha$$

Assegnate due rette in forma esplicita:

$$r: \quad y = mx + q$$
$$r': \quad y = m'x + q'$$

si ha la seguente **condizione di parallelismo**:

$$r \parallel r' \Rightarrow m = m' \wedge q \neq q'$$

Inoltre, quando le equazioni di due rette sono in forma esplicita, esse rappresentano la medesima retta nel piano se coincidono i loro coefficienti angolari e le loro ordinate all'origine.

La **condizione di perpendicolarità** è:

$$r \perp r' \Rightarrow m = -\frac{1}{m'}$$

4.9.7 Fasci di rette

Sia $A \equiv (x_A; y_A)$ un punto appartenente alla retta r di equazione $y = mx + q$. Sia $P \equiv (x; y)$ un punto di coordinate generiche, anch'esso appartenente alla retta r. Il coefficiente angolare di tale retta può essere scritto mediante l'Equazione 36, utilizzando le coordinate di A e le coordinate generiche di P:

$$m = \frac{y - y_A}{x - x_A}$$

da cui si ottiene la seguente relazione:

$$y - y_A = m(x - x_A)$$

Equazione 37

Questa relazione è conosciuta come **fascio di rette passanti per un punto** (in particolare il punto A). Il fascio espresso nell'Equazione 37 è anche detto **fascio proprio di rette**. Al variare di m si ottengono rette con diversa inclinazione, ma tutte passanti per il punto A (Figura 14). L'unica retta che non viene rappresentata dal fascio è quella passante per A e parallela all'asse delle ordinate (per la quale non è definito il coefficiente angolare).
Utilizzando l'Equazione 34 il fascio di rette può essere riscritto per includere anche la retta parallela all'asse delle ordinate.

$$a(x - x_A) + b(y - y_A) = 0$$

Equazione 38

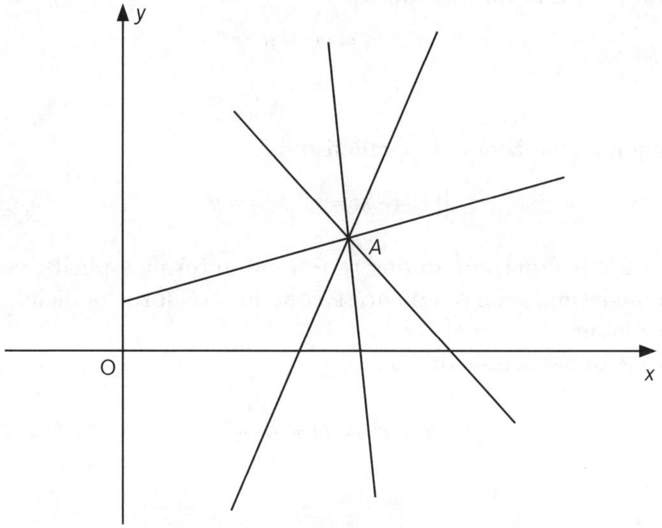

Figura 14

È possibile considerare anche il **fascio improprio di rette**, ossia un fascio di rette parallele tra loro che non ha alcun punto in comune (Figura 15). Questo tipo di fascio viene espresso nella forma implicita:

$$ax + by + k = 0$$

Equazione 39

dove a e b sono due numeri reali assegnati che identificano il coefficiente angolare caratteristico delle rette che compongono il fascio, mentre k è il parametro del fascio. Al variare di k si ottengono le rette parallele che compongono il fascio.

Il fascio può essere anche espresso nella forma esplicita:

$$y = mx + k$$

Equazione 40

dove m è il coefficiente angolare caratteristico delle rette del fascio, mentre k rappresenta nuovamente il parametro del fascio, facendo variare il quale si ottengono le rette che compongono il fascio stesso.

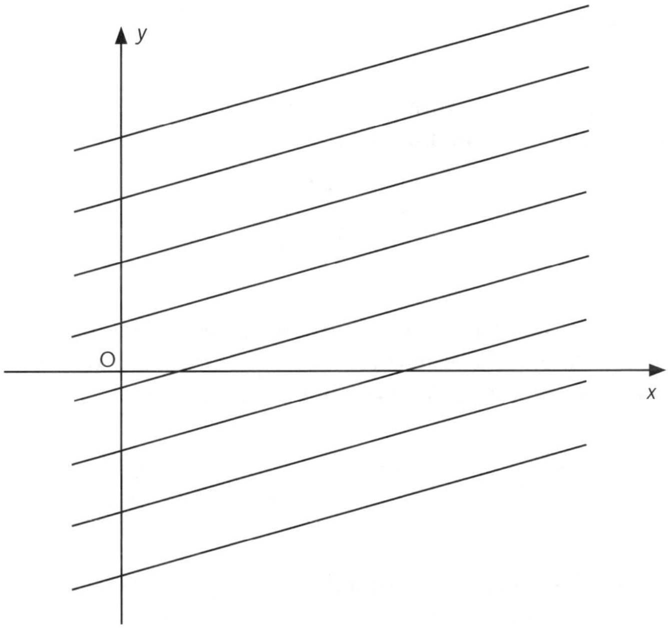

Figura 15

4.9.8 Alcune relazioni utili sulla retta

Si conclude questa trattazione sulla retta ricordando alcune relazioni utili nelle esercitazioni pratiche. Siano $A \equiv (x_A; y_A)$ e $B \equiv (x_B; y_B)$ due punti appartenenti alla retta r. L'equazione della retta r passante per i punti A e B è data da:

$$\frac{y-y_B}{y_A-y_B}=\frac{x-x_B}{x_A-x_B}$$

Equazione 41

Dati tre punti $A=(x_A;y_A)$, $B=(x_B;y_B)$ e $C=(x_C;y_C)$, si può individuare la seguente condizione perché i tre punti siano allineati:

$$\frac{x_C-x_A}{x_B-x_A}=\frac{y_C-y_A}{y_B-y_A}$$

Equazione 42

Sia $P\equiv(x_P;y_P)$ un punto non appartenente alla retta r di equazione $y=mx+n$ e sia d la distanza di tale punto dalla retta r. Essa è data da:

$$d=\frac{|y_P-mx_P-n|}{\sqrt{1+m^2}}$$

Equazione 43

La distanza del punto dalla retta può essere espressa anche con una formula che prevede la retta in forma implicita:

$$d=\frac{|ax_P+by_P+c|}{\sqrt{a^2+b^2}}$$

Equazione 44

Siano $ax+by+c=0$ e $a'x+b'y+c'=0$ due rette distinte ed incidenti. Esse formano 4 angoli a due a due congruenti. Le equazioni delle due rette bisettrici dei quattro angoli sono date dalla relazione seguente:

$$\left(\frac{a}{\sqrt{a^2+b^2}}\mp\frac{a'}{\sqrt{a'^2+b'^2}}\right)x+\left(\frac{b}{\sqrt{a^2+b^2}}\mp\frac{b'}{\sqrt{a'^2+b'^2}}\right)y+\left(\frac{c}{\sqrt{a^2+b^2}}\mp\frac{c'}{\sqrt{a'^2+b'^2}}\right)=0$$

Equazione 45

Una retta è individuata considerando il segno negativo nella relazione, l'altra considerando il segno positivo.
Si considerino due rette $ax+by+c=0$ e $a'x+b'y+c'=0$ distinte ed incidenti. I loro coefficienti angolari sono dati da:

$$m=-\frac{a}{b};\ m'=-\frac{a'}{b'}$$

I coefficienti angolari sono legati agli angoli β e β' che queste due rette formano con il semiasse positivo delle ascisse.

$$\tan\beta = m;\ \tan\beta' = m'$$

È possibile ricavare la relazione che lega la tangente dell'angolo α compreso tra le due rette ai coefficienti angolari delle rette stesse:

$$\tan\alpha = \frac{m' - m}{1 + m' \cdot m}$$

Equazione 46

4.10 Curve algebriche di secondo grado: le coniche

4.10.1 Classificazione di una conica

Si considera una curva di secondo grado generica:

$$ax^2 + 2hxy + by^2 + 2cx + 2dy + f = 0$$

Equazione 47

Tale curva viene detta **conica**. Per motivi di opportunità che saranno chiari a breve, nei coefficienti dei termini in xy, in x e in y sono stati esplicitati dei fattori pari a 2.
Alla conica può essere associata una matrice caratteristica del tipo 3×3 in cui sono raccolti i coefficienti:

$$A = \begin{bmatrix} a & h & c \\ h & b & d \\ c & d & f \end{bmatrix}$$

In tal modo, considerato il vettore delle coordinate

$$X = \begin{bmatrix} x \\ y \\ 1 \end{bmatrix} \Rightarrow {}^tX = \begin{bmatrix} x & y & 1 \end{bmatrix}$$

L'equazione della conica può essere resa nel modo seguente:
${}^tX \cdot A \cdot X = 0$.
Della matrice A si può considerare la matrice subordinata individuata dalle prime due righe e dalle prime due colonne.

$$A_{1,2}^{1,2} = \begin{bmatrix} a & h \\ h & b \end{bmatrix}$$

Per stabilire le caratteristiche della conica generica mostrata nell'Equazione 47, bisogna considerare le seguenti tre quantità.

L'**invariante lineare** I_1 della conica costituito dalla traccia della matrice $A_{1,2}^{1,2}$.

$$I_1 = Tr\left[A_{1,2}^{1,2}\right] = Tr\begin{bmatrix} a & h \\ h & b \end{bmatrix} = a + b$$

L'**invariante quadratico** I_2 della conica costituito dal determinante della matrice $A_{1,2}^{1,2}$.

$$I_2 = \det\left[A_{1,2}^{1,2}\right] = \det\begin{bmatrix} a & h \\ h & b \end{bmatrix} = a \cdot b - (h)^2$$

L'**invariante cubico** I_3 della conica costituito dal determinante della matrice A.

$$I_3 = \det[A] = \det\begin{bmatrix} a & h & c \\ h & b & d \\ c & d & f \end{bmatrix} = a \cdot b \cdot f + 2 \cdot h \cdot d \cdot c - c \cdot b^2 - h^2 \cdot f - a \cdot d^2$$

Tali quantità sono dette invarianti poiché mantengono il loro valore se si operano traslazioni o rotazioni del sistema di assi cartesiani. In base ai valori dei tre invarianti si può classificare la conica.
Se $I_3 \neq 0$ allora la conica è **non degenere** e in particolare:

- se $I_2 > 0$ e $I_1 \cdot I_3 < 0$ allora è una ellisse reale;
- se $I_2 > 0$ e $I_1 \cdot I_3 > 0$ allora è una ellisse immaginaria;
- se $I_2 < 0$ e $I_1 \neq 0$ allora è una iperbole non equilatera;
- se $I_2 < 0$ e $I_1 = 0$ allora è una iperbole equilatera;
- se $I_2 = 0$ allora è una parabola.

Se $I_3 = 0$ allora la conica è degenere e in particolare:

- se $I_2 > 0$ allora è un punto;
- se $I_2 < 0$ e $I_1 \neq 0$ allora rappresenta due rette incidenti ma non perpendicolari;
- se $I_2 < 0$ e $I_1 = 0$ allora rappresenta due rette incidenti e perpendicolari;
- se $I_2 = 0$ allora rappresenta due rette parallele o coincidenti (reali oppure immaginarie).

Esempi

1) Classificare la seguente conica $4x^2 + 32xy + 4y^2 - 16x - y = 0$
In questo caso i coefficienti valgono

$$a = 4;\ h = 16;\ b = 4;\ c = -8;\ d = -\frac{1}{2};\ f = 0$$

L'invariante lineare vale:

$$I_1 = a + b = 4 + 4 = 8 > 0$$

L'invariante quadratico vale:

$$I_2 = \det\begin{bmatrix} 4 & 16 \\ 16 & 4 \end{bmatrix} = 4 \cdot 4 - (16)^2 = 16 - 256 = -240 < 0$$

Infine l'invariante cubico vale:

$$I_3 = \det\begin{bmatrix} 4 & 16 & -8 \\ 16 & 4 & -\frac{1}{2} \\ -8 & -\frac{1}{2} & 0 \end{bmatrix} = 0 + 64 + 64 - 256 - 1 - 0 = -129$$

Siccome $I_3 \neq 0$ allora si tratta di una conica non degenere. Siccome $I_2 < 0$ allora si tratta di un'iperbole. Inoltre siccome $I_1 \neq 0$ l'iperbole non è equilatera.

2) Classificare la seguente conica $x^2 - 4xy + 4y^2 + 7x - 12 = 0$
In questo caso i coefficienti valgono

$$a = 1;\ h = -2;\ b = 4;\ c = \frac{7}{2};\ d = 0;\ f = -12$$

L'invariante lineare vale:

$$I_1 = a + b = 1 + 4 = 5 > 0$$

L'invariante quadratico vale:

$$I_2 = \det\begin{bmatrix} 1 & -2 \\ -2 & 4 \end{bmatrix} = 4 - (-2)^2 = 4 - 4 = 0$$

Infine l'invariante cubico vale:

$$I_3 = \det\begin{bmatrix} 1 & -2 & \frac{7}{2} \\ -2 & 4 & 0 \\ \frac{7}{2} & 0 & -12 \end{bmatrix} = -48 + 0 + 0 - 49 + 48 - 0 = -49$$

Siccome $I_3 \neq 0$ allora si tratta di una conica non degenere. Siccome $I_2 = 0$ allora si tratta di una parabola.

3) Classificare la seguente conica $4x^2 - y^2 + 8x - 2y + 3 = 0$
In questo caso i coefficienti valgono

$$a = 4;\ h = 0;\ b = -1;\ c = 4;\ d = -1;\ f = 3$$

L'invariante lineare vale:

$$I_1 = a + b = 4 - 1 = 3 > 0$$

L'invariante quadratico vale:

$$I_2 = \det\begin{bmatrix} 4 & 0 \\ 0 & -1 \end{bmatrix} = -4 - 0 = -4 < 0$$

Infine l'invariante cubico vale:

$$I_3 = \det\begin{bmatrix} 4 & 0 & 4 \\ 0 & -1 & -1 \\ 4 & -1 & 3 \end{bmatrix} = -12 + 0 + 0 + 16 + 0 - 4 = 0$$

Siccome $I_3 = 0$ allora si tratta di una conica degenere. Siccome $I_2 < 0$ allora si tratta di due rette incidenti. Inoltre siccome $I_1 \neq 0$, le due rette incidenti non sono perpendicolari tra loro.

Una conica viene detta **conica a centro**, se possiede un centro di simmetria, ossia un punto rispetto al quale la conica è simmetrica. Il centro di simmetria della conica è detto **centro della conica**.
Se esiste, il centro della conica è dato dalla soluzione del seguente sistema:

$$\begin{cases} ax + hy + c = 0 \\ hx + by + d = 0 \end{cases}$$

Equazione 48

La matrice incompleta del sistema dell'Equazione 48 è proprio:

$$A_{1,2}^{1,2} = \begin{bmatrix} a & h \\ h & b \end{bmatrix}$$

Pertanto il sistema è compatibile se il rango della matrice $A_{1,2}^{1,2}$ vale 2, ossia se:

$$I_2 = \det\left[A_{1,2}^{1,2}\right] = \det\begin{bmatrix} a & h \\ h & b \end{bmatrix} \neq 0$$

Quindi una conica possiede un centro se il suo invariante quadratico non è nullo. Se ne deduce che tra le coniche non degeneri l'ellisse e l'iperbole sono coniche a centro, mentre la parabola non rappresenta una conica a centro.

4.10.2 Riduzione a forma normale di una conica

Per riportare l'equazione di una conica in una forma più semplice, ossia ridurla in **forma normale**, occorre dapprima compiere una traslazione nell'eventuale centro della conica. Pertanto occorre risolvere il sistema dell'Equazione 48. Se il sistema è compatibile e la sua soluzione è:

$$\begin{cases} x = \alpha \\ y = \beta \end{cases}$$

Allora il centro della conica è $C \equiv (\alpha;\beta)$.
Di conseguenza occorre operare la seguente traslazione:

$$\begin{cases} x = X + \alpha \\ y = Y + \beta \end{cases}$$

Equazione 49

Sostituendo nell'equazione della conica espressa in funzione di x ed y le espressioni di x ed y date dal sistema nell'Equazione 49, si ricava una espressione della conica in funzione di X ed Y. In tal modo si passa la conica dal sistema di coordinate xOy al nuovo sistema XOY.
Se il sistema presentato nell'Equazione 49 non ha soluzione, allora la conica non ha un centro di simmetria. In assenza di centro di simmetria non occorre compiere la traslazione.
Il secondo passo da compiere è quello di applicare una rotazione di un angolo generico α:

$$\begin{cases} X = x'\cos\alpha - y'\sin\alpha \\ Y = x'\sin\alpha + y\cos\alpha \end{cases}$$

Equazione 50

Sostituendo nell'equazione della conica espressa in funzione di X ed Y le espressioni di X ed Y date dal sistema nell'Equazione 50, si ricava una espressione della conica in funzione di x' ed y'. In tal modo si passa la conica dal sistema di coordinate XOY al nuovo sistema $x'O'y'$.
L'angolo generico α sarà fissato imponendo che i coefficienti dei termini in xy siano nulli. L'imposizione di tale condizione produce una equazione di secondo grado in $\tan\alpha$.

$$h \cdot \tan^2\alpha - (b-a)\tan\alpha - h = 0$$

Equazione 51

In seguito occorre utilizzare le espressioni che legano le tangenti individuate con l'Equazione 51 al seno e coseno presenti nel sistema dell'Equazione 50.

$$\sin\alpha = \pm\frac{\tan\alpha}{\sqrt{1+\tan^2\alpha}}; \quad \cos\alpha = \pm\frac{1}{\sqrt{1+\tan^2\alpha}}$$

Equazione 52

In classe

Nella scuola secondaria di secondo grado le coniche vengono studiate quasi sempre nella loro forma normale, fatta eccezione per la circonferenza (caso particolare dell'ellisse).

Pertanto la parabola viene presentata con equazioni della forma:

$$y = ax^2 - bx + c \qquad \textit{oppure} \quad x = ay^2 - by + c$$

con assi di simmetria paralleli rispettivamente all'asse delle ordinate e all'asse delle ascisse.
L'ellisse viene presentata con centro nell'origine, rappresentata dall'equazione:

$$\frac{x^2}{a^2} + \frac{y^2}{b^2} = 1$$

L'iperbole viene presentata nelle forme:

$$\frac{x^2}{a^2} - \frac{y^2}{b^2} = 1 \qquad \textit{oppure} \qquad \frac{x^2}{a^2} - \frac{y^2}{b^2} = -1$$

con centro nell'origine e con assi focali rispettivamente sull'asse delle ascisse e sull'asse delle ordinate.

Esempi

1) Ridurre in forma canonica la conica $2x^2 + 2xy + 2y^2 - 2x - 4y - 1 = 0$.
In questo caso i coefficienti valgono

$$a = 2;\ h = 1;\ b = 2;\ c = -1;\ d = -2;\ f = -1$$

Il centro di simmetria della conica è dato dal sistema:

$$\begin{cases} 2x+y-1=0 \\ x+2y-2=0 \end{cases} \Rightarrow \begin{cases} y=1-2x \\ x+2\ (1-2x)-2=0 \end{cases} \Rightarrow \begin{cases} y=1-2x \\ x+2-4x-2=0 \end{cases}$$

$$\Rightarrow \begin{cases} y=1-2x \\ -3x=0 \end{cases} \Rightarrow \begin{cases} y=1 \\ x=0 \end{cases}$$

Quindi il centro di simmetria della conica è $C \equiv (0;1)$. Si trasla la conica nel proprio centro di simmetria:

$$\begin{cases} x = X \\ y = Y + 1 \end{cases}$$

Pertanto si ottiene:

$$2X^2 + 2X(Y+1) + 2\ (Y+1)^2 - 2X - 4(Y+1) - 1 = 0$$
$$2X^2 + 2XY + 2X + 2\left(Y^2 + 1 + 2Y\right) - 2X - 4Y - 4 - 1 = 0$$
$$2X^2 + 2XY \cancel{+2X} + 2Y^2 + 2 \cancel{+4Y} \cancel{-2X} \cancel{-4Y} - 4 - 1 = 0$$
$$2X^2 + 2XY + 2Y^2 - 3 = 0$$

Si noti come i valori dei coefficienti a, b e h non siano cambiati. Si scrive quindi l'equazione per determinare il valore di $\tan\alpha$.

$$1\cdot\tan^2\alpha-(2-2)\tan\alpha-1=0$$
$$\tan^2\alpha-1=0$$
$$\tan^2\alpha=1$$
$$\tan\alpha=\pm1$$

Considerando $\tan\alpha=1$ si ottiene $\alpha=45°$. La rotazione da applicare alla conica è:

$$\begin{cases} X=x'\cos45°-y'\sin45° \\ Y=x'\sin45°+y\cos45° \end{cases} \Rightarrow \begin{cases} X=x'\dfrac{\sqrt{2}}{2}-y'\dfrac{\sqrt{2}}{2} \\ Y=x'\dfrac{\sqrt{2}}{2}+y\dfrac{\sqrt{2}}{2} \end{cases} \Rightarrow \begin{cases} X=\dfrac{\sqrt{2}}{2}\cdot(x'-y') \\ Y=\dfrac{\sqrt{2}}{2}\cdot(x'+y') \end{cases}$$

Sostituendo nell'espressione della conica $2X^2+2XY+2Y^2-3=0$, si ottiene:

$$2\left[\frac{\sqrt{2}}{2}(x'-y')\right]^2+2\left[\frac{\sqrt{2}}{2}(x'-y')\right]\left[\frac{\sqrt{2}}{2}(x'+y')\right]+2\left[\frac{\sqrt{2}}{2}(x'+y')\right]^2-3=0$$
$$2\cdot\frac{1}{2}(x'-y')^2+2\cdot\frac{1}{2}(x'-y')(x'+y')+2\cdot\frac{1}{2}(x'+y')^2-3=0$$
$$x'^2+y'^2-\cancel{2x'y'}+x'^2-\cancel{y'^2}+x'^2+\cancel{y'^2}+\cancel{2x'y'}-3=0$$
$$3x'^2+y'^2-3=0$$
$$x'^2+\frac{y'^2}{3}=1$$

Si possono riscrivere le coordinate semplicemente come x ed y; difatti si tratta di una questione di notazione. Quindi si ha:

$$x^2+\frac{y^2}{3}=1$$

ossia una ellisse.
È possibile verificare che scegliendo la soluzione $\tan\alpha=-1$, ossia $\alpha=-45°$, si ottiene l'ellisse $\frac{x^2}{3}+y^2=1$ che è ruotata rispetto alla precedente di 90°.

2) Ridurre in forma canonica la conica $x^2+2xy+y^2-x+4y=0$
In questo caso i coefficienti valgono:

$$a=1;\ h=1;\ b=1;\ c=-\frac{1}{2};\ d=2;\ f=0$$

Il centro di simmetria della conica è dato dal sistema:

$$\begin{cases} x+y-\frac{1}{2}=0 \\ x+y+2=0 \end{cases} \Rightarrow \begin{cases} x+y=\frac{1}{2} \\ \frac{1}{2}+2=0 \end{cases} \Rightarrow \begin{cases} x+y=\frac{1}{2} \\ \frac{3}{2}=0 \end{cases}$$

Il sistema non presenta soluzione, pertanto la conica non ha centro di simmetria. Si scrive quindi l'equazione per determinare il valore di $\tan\alpha$.

$$1\cdot\tan^2\alpha-(1-1)\tan\alpha-1=0$$
$$\tan^2\alpha-1=0$$
$$\tan^2\alpha=1$$
$$\tan\alpha=\pm1$$

Considerando $\tan\alpha=1$ si ottiene $\alpha=45°$. La rotazione da applicare alla conica è anche in questo caso:

$$\begin{cases} x=\frac{\sqrt{2}}{2}\cdot(X-Y) \\ y=\frac{\sqrt{2}}{2}\cdot(X+Y) \end{cases}$$

Sostituendo nell'espressione della conica $x^2+2xy+y^2-x+4y=0$, si ottiene:

$$\left[\frac{\sqrt{2}}{2}(X-Y)\right]^2+2\left[\frac{\sqrt{2}}{2}(X-Y)\right]\left[\frac{\sqrt{2}}{2}(X+Y)\right]+\left[\frac{\sqrt{2}}{2}(X+Y)\right]^2-\left[\frac{\sqrt{2}}{2}(X-Y)\right]+4\left[\frac{\sqrt{2}}{2}(X+Y)\right]=0$$

$$\frac{1}{2}(X-Y)^2+2\cdot\frac{1}{2}(X-Y)(X+Y)+\frac{1}{2}(X+Y)^2-\frac{\sqrt{2}}{2}X+\frac{\sqrt{2}}{2}Y+4\frac{\sqrt{2}}{2}X+4\frac{\sqrt{2}}{2}Y=0$$

$$\frac{1}{2}X^2+\frac{1}{2}Y^2\cancel{-XY}+X^2-Y^2+\frac{1}{2}X^2+\frac{1}{2}Y^2\cancel{+XY}+3\frac{\sqrt{2}}{2}X+5\frac{\sqrt{2}}{2}Y=0$$

$$2X^2+3\frac{\sqrt{2}}{2}X+5\frac{\sqrt{2}}{2}Y=0$$

$$Y=-\frac{4}{5\sqrt{2}}X^2-\frac{3}{5}X$$

Si possono riscrivere le coordinate semplicemente come x ed y; difatti si tratta di una questione di notazione. Quindi si ha:

$$y=-\frac{4}{5\sqrt{2}}x^2-\frac{3}{5}x$$

ossia una parabola.

3) Ridurre in forma canonica la conica $7x^2+6xy-y^2+28x+12y+28=0$.
In questo caso i coefficienti valgono:

$$a=7;\ h=3;\ b=-1;\ c=14;\ d=6;\ f=28$$

Il centro di simmetria della conica è dato dal sistema:

$$\begin{cases} 7x+3y+14=0 \\ 3x-y+6=0 \end{cases} \Rightarrow \begin{cases} 7x+3(3x+6)+14=0 \\ y=3x+6 \end{cases} \Rightarrow \begin{cases} 7x+9x+18+14=0 \\ y=3x+6 \end{cases}$$

$$\Rightarrow \begin{cases} 16x=-32 \\ y=3x+6 \end{cases} \Rightarrow \begin{cases} x=-2 \\ y=0 \end{cases}$$

Quindi il centro di simmetria della conica è C≡(-2;0). Si trasla la conica nel proprio centro di simmetria:

$$\begin{cases} x=X-2 \\ y=Y \end{cases}$$

Pertanto si ottiene:

$$7(X-2)^2+6(X-2)Y-Y^2+28(X-2)+12Y+28=0$$
$$7\left(X^2-4X+4\right)+6XY-12Y-Y^2+28X-56+12Y+28=0$$
$$7X^2-\cancel{28X}+\cancel{28}+6XY-\cancel{12Y}-Y^2+\cancel{28X}-\cancel{56}+\cancel{12Y}+\cancel{28}=0$$
$$7X^2+6XY-Y^2=0$$

Si noti come i valori dei coefficienti a, b e h non siano cambiati. Si scrive quindi l'equazione per determinare il valore di $\tan\alpha$.

$$h\cdot\tan^2\alpha-(b-a)\tan\alpha-h=0$$
$$3\cdot\tan^2\alpha-(-1-7)\tan\alpha-3=0$$
$$3\cdot\tan^2\alpha+8\tan\alpha-3=0$$
$$\tan\alpha=\frac{-4\pm\sqrt{16+9}}{3}=\frac{-4\pm\sqrt{25}}{3}=\frac{-4\pm5}{3}$$
$$\tan\alpha_1=-3$$
$$\tan\alpha_2=\frac{1}{3}$$

La seconda soluzione corrisponde ad una rotazione di un angolo acuto (appunto α_2). Attraverso le relazioni dell'Equazione 52 si esprimono il seno e il coseno di α_2 in funzione della tangente.

$$\sin\alpha_2=\frac{\tan\alpha_2}{\sqrt{1+\tan^2\alpha_2}}=\frac{\frac{1}{3}}{\sqrt{1+\left(\frac{1}{3}\right)^2}}=\frac{\frac{1}{3}}{\sqrt{1+\frac{1}{9}}}=\frac{\frac{1}{3}}{\sqrt{\frac{9+1}{9}}}=\frac{\frac{1}{3}}{\frac{\sqrt{10}}{3}}=\frac{1}{\sqrt{10}}$$

$$\cos\alpha_2=\frac{1}{\sqrt{1+\tan^2\alpha_2}}=\frac{1}{\sqrt{1+\left(\frac{1}{3}\right)^2}}=\frac{1}{\frac{\sqrt{10}}{3}}=\frac{3}{\sqrt{10}}$$

Quindi, la rotazione da applicare alla conica è:

$$\begin{cases} X = x'\cos\alpha_2 - y'\sin\alpha_2 \\ Y = x'\sin\alpha_2 + y\cos\alpha_2 \end{cases} \Rightarrow \begin{cases} X = x'\dfrac{3}{\sqrt{10}} - y'\dfrac{1}{\sqrt{10}} \\ Y = x'\dfrac{1}{\sqrt{10}} + y\dfrac{3}{\sqrt{10}} \end{cases} \Rightarrow \begin{cases} X = \dfrac{1}{\sqrt{10}}\cdot(3x'-y') \\ Y = \dfrac{1}{\sqrt{10}}\cdot(x'+3y') \end{cases}$$

Sostituendo nell'espressione della conica $7X^2 + 6XY - Y^2 = 0$, si ottiene:

$$7\left[\frac{1}{\sqrt{10}}\cdot(3x'-y')\right]^2 + 6\left[\frac{1}{\sqrt{10}}\cdot(3x'-y')\right]\left[\frac{1}{\sqrt{10}}\cdot(x'+3y')\right] - \left[\frac{1}{\sqrt{10}}\cdot(x'+3y')\right]^2 = 0$$

$$\frac{7}{10}(3x'-y')^2 + \frac{6}{10}(3x'-y')(x'+3y') - \frac{1}{10}(x'+3y')^2 = 0$$

$$7\left(9x'^2 + y'^2 - 6x'y'\right) + 6\left(3x'^2 + 9x'y' - x'y' - 3y'^2\right) - \left(x'^2 + 9y'^2 + 6x'y'\right) = 0$$

$$63x'^2 + 7y'^2 - 42x'y' + 6\left(3x'^2 + 8x'y' - 3y'^2\right) - x'^2 - 9y'^2 - 6x'y' = 0$$

$$63x'^2 + 7y'^2 - \cancel{42x'y'} + 18x'^2 + \cancel{48x'y'} - 18y'^2 - x'^2 - 9y'^2 - \cancel{6x'y'} = 0$$

$$80x'^2 - 20y'^2 = 0$$

$$4x'^2 - y'^2 = 0$$

Si possono riscrivere le coordinate semplicemente come *x* ed *y*; difatti si tratta di una questione di notazione.

$$4x^2 - y^2 = 0$$

Quella ottenuta è una conica degenere, infatti essa rappresenta due rette passanti per l'origine che si intersecano.

$$y^2 = 4x^2$$

$$\sqrt{y^2} = \pm\sqrt{4x^2}$$

$$y = \pm 2x$$

4.10.3 Le coniche come sezioni di un cono a due falde

La circonferenza, la parabola, l'ellisse e l'iperbole sono curve definite come **sezioni coniche**. Una sezione conica, o semplicemente conica, è l'intersezione di un piano con un cono. In questo caso, il cono va inteso come composto da due falde speculari, che sono unite in un punto detto vertice. Tale figura ha un asse di simmetria che attraversa il vertice (Figura 16).

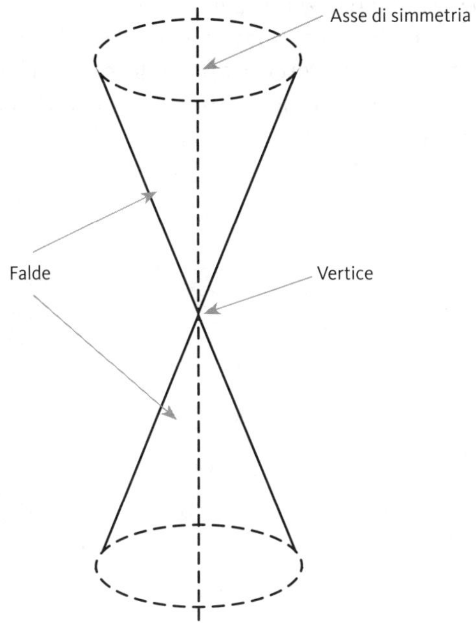

Figura 16 – Cono a due falde

Come si nota dalla Figura 17, cambiando l'angolo e la posizione del piano che interseca il cono, l'intersezione può definire una circonferenza, un'ellisse, una parabola o un'iperbole. Queste coniche sono dette **non degeneri**. In particolare la circonferenza è ottenuta intersecando con il cono un piano perpendicolare all'asse di simmetria del cono; l'ellisse e la parabola sono ottenute intersecando con una sola falda del cono un piano obliquo rispetto all'asse del cono stesso; infine l'iperbole si ottiene intersecando con due falde del cono un piano obliquo o parallelo all'asse di simmetria del cono stesso.

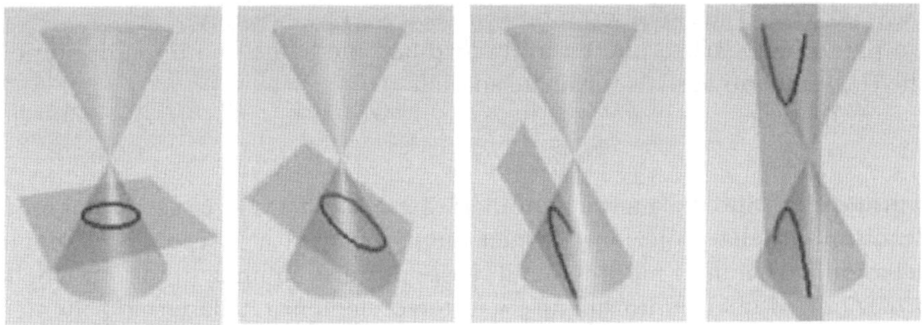

Circonferenza **Ellisse** **Parabola** **Iperbole**

Figura 17 – Le coniche non degeneri

Nel caso particolare in cui il piano tocca il vertice del cono si ottengono dall'intersezione delle coniche degeneri (Figura 18); in particolare si possono avere rispettivamente un punto, una retta o due rette che si intersecano. Il punto si ottiene quando il piano interseca il cono nel solo vertice, la retta si ottiene quando il piano passa per il vertice ed è tangente alle falde del cono; infine le due rette incidenti si ottengono quando il piano passa per il vertice e taglia le due falde del cono.

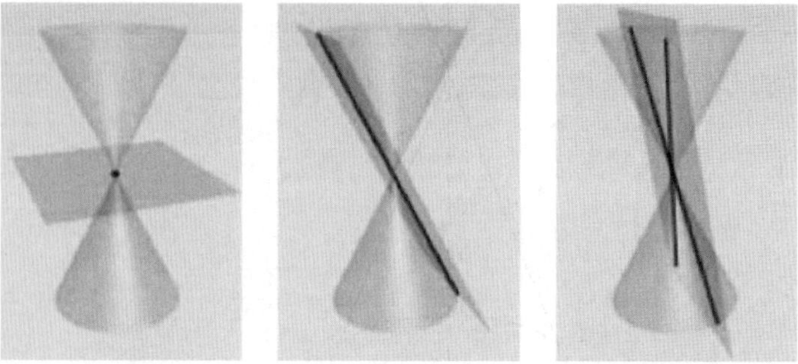

Figura 18 – Le coniche degeneri

4.11 Geometria analitica nello spazio

4.11.1 Punti nello spazio

Analogamente a quanto fatto per il piano, anche nello spazio si può considerare un sistema di assi cartesiani ortogonali monometrici, ossia sui quali è stata fissata la stessa unità di misura.
Questa volta gli assi sono tre e sono indicati con x, y e z. Ogni coppia di assi individua un piano nello spazio. Il piano individuato dagli assi x e y viene indicato con xy; allo stesso modo si possono considerare i piani yz e xz.
Un punto nello spazio può essere individuato mediante una terna di numeri che costituiscono le sue coordinate spaziali.

$$P \equiv (x_0; y_0; z_0)$$

Il primo elemento della terna di numeri rappresenta il valore espresso in unità di misura u della proiezione di quel punto sull'asse x. Il secondo elemento della terna di numeri rappresenta il valore espresso in unità di misura u della proiezione di quel punto sull'asse y. Il terzo elemento della terna di numeri rappresenta il valore espresso in unità di misura u della proiezione di quel punto sull'asse z. L'origine O ha coordinate nulle $O \equiv (0;0;0)$. I punti sull'asse x hanno le ultime due coordinate nulle $(y = 0,\ z = 0)$, i punti sull'asse delle y hanno la prima e la terza coordinata nulla ($x = 0$ e $z = 0$), mentre i punti sull'asse z hanno le prime due coordinate nulle($x = 0$, $y = 0$). Analogamente, i punti che si trovano sul piano xy hanno $z = 0$, i punti che si trovano sul piano xz hanno $y = 0$ e i punti che si trovano sul piano yz hanno $x = 0$. Un punto che non si trova in nessuno dei tre piani ha tutte le coordinate non nulle.

4.11.2 Vettori nello spazio

Si consideri una coppia di punti nello spazio di coordinate $A \equiv (x_A; y_A; z_A)$, $B \equiv (x_B; y_B; z_B)$. Anche in questo caso è possibile individuare il vettore che congiunge i punti A e B mediante una terna di componenti date dalle differenze delle rispettive coordinate dei punti:

$$v_{AB} \equiv (x_B - x_A; y_B - y_A; z_B - z_A)$$

Equazione 53

Il vettore può essere espresso in termini delle sue componenti anche nel modo seguente: $v \equiv (v_x; v_y; v_z)$.
Continuano a valere le definizioni di operazioni di somma di vettori e di prodotto esterno con un coefficiente reale a:

$$v + u = (v_x; v_y; v_z) + (u_x; u_y; u_z) = (v_x + u_x; v_y + u_y; v_z + u_z)$$

$$a \cdot v = a(v_x; v_y; v_z) = (a \cdot v_x; a \cdot v_y; a \cdot v_z)$$

Inoltre è possibile considerare i tre versori $\hat{x} = (1;0;0)$, $\hat{y} = (0;1;0)$, $\hat{z} = (0;0;1)$ paralleli rispettivamente ai tre assi che rappresentano una base dello spazio vettoriale R^3.
Qualsiasi vettore v di componenti v_x, v_y e v_z può essere espresso in termini di una combinazione lineare dei tre vettori di base, mediante una terna di coefficienti reali v_x, v_y e v_z che corrispondono proprio alle componenti del vettore.

$$v \equiv (v_x; v_y; v_z) = v_x (1;0;0) + v_y (0;1;0) + v_z (0;0;1)$$

Il vettore nullo è indicato con (0,0,0).
In questo caso due vettori $v = (v_x; v_y; v_z)$, $u = (u_x; u_y; u_z)$ sono dipendenti se il rango della matrice A delle loro componenti è pari a 1.

$$A = \begin{bmatrix} v_x & u_x \\ v_y & u_y \\ v_z & u_z \end{bmatrix}$$

In particolare si ha:

$$\det\begin{bmatrix} v_x & u_x \\ v_y & u_y \end{bmatrix} = 0 \Rightarrow v_x u_y - v_y u_x = 0 \Rightarrow \frac{v_x}{u_x} = \frac{v_y}{u_y}$$

$$\det\begin{bmatrix} v_y & u_y \\ v_z & u_z \end{bmatrix} = 0 \Rightarrow v_y u_z - v_z u_y = 0 \Rightarrow \frac{v_y}{u_y} = \frac{v_z}{u_z}$$

da cui si deduce che:

$$\frac{v_x}{u_x} = \frac{v_y}{u_y} = \frac{v_z}{u_z}$$

Equazione 54

In pratica due vettori sono dipendenti se le loro rispettive componenti sono in proporzione. Due vettori dipendenti si dicono **paralleli**.
Il **prodotto scalare** di due vettori $v = (v_x; v_y; v_z)$, $u = (u_x; u_y; u_z)$ è definito come:

$$v \cdot u = (v_x; v_y; v_z) \cdot \begin{pmatrix} u_x \\ u_y \\ u_z \end{pmatrix} = v_x u_x + v_y u_y + v_z u_z$$

Quando due vettori (non nulli) hanno prodotto scalare nullo essi si dicono **ortogonali**:

$$v \cdot u = 0 \Rightarrow v_x u_x + v_y u_y + v_z u_z = 0$$

Equazione 55

È possibile anche considerare il prodotto scalare di un vettore $v = (v_x; v_y; v_z)$ con se stesso per ottenere il **quadrato del modulo** del vettore v, indicato con $|v|^2$.

$$|v|^2 = v \cdot v = v_x v_x + v_y v_y + v_z v_z = v_x^2 + v_y^2 + v_z^2$$

Di conseguenza, il **modulo** $|v|$ di un vettore $v = (v_x; v_y; v_z)$ è dato dalla relazione:

$$|v| = \sqrt{v_x^2 + v_y^2 + v_z^2}$$

Il **versore** $\hat{v}$ è un vettore di modulo 1. Si può ottenere moltiplicando il vettore $v = (v_x; v_y; v_z)$ per l'inverso (il reciproco) del suo modulo.

$$\hat{v} = \frac{1}{|v|}(v_x; v_y; v_z) = \left(\frac{v_x}{|v|}; \frac{v_y}{|v|}; \frac{v_z}{|v|}\right)$$

Anche in questo caso il concetto di distanza tra due punti A e B si può ricondurre al concetto di modulo del vettore AB che collega i due punti. Difatti, detti i due punti $A \equiv (x_A; y_A; z_A)$, $B \equiv (x_B; y_B; z_B)$, il vettore da questi individuato ha le seguenti componenti:

$$v \equiv (x_B - x_A; y_B - y_A; z_B - z_A)$$

Il modulo $|v|$ del vettore v coincide con la distanza tra due punti $\overline{AB}$.

$$|v| = \overline{AB} = \sqrt{(x_B - x_A)^2 + (y_B - y_A)^2 + (z_B - z_A)^2}$$

Il prodotto scalare di due vettori $v = (v_x; v_y; v_z)$, $u = (u_x; u_y; u_z)$ può essere reso anche in funzione del prodotto dei moduli dei due vettori per il coseno dell'angolo tra essi compreso. In modo analogo a quanto fatto nel piano (Equazione 25) si ottiene che il coseno dell'angolo compreso tra i due vettori vale:

$$\cos(vu) = \frac{v_x u_x + v_y u_y + v_z u_z}{\sqrt{v_x^2 + v_y^2 + v_z^2} \cdot \sqrt{u_x^2 + u_y^2 + u_z^2}}$$

Equazione 56

Se uno dei vettori è nullo, allora il prodotto scalare è nullo.
È possibile definire anche un prodotto vettoriale tra due vettori $v = (v_x; v_y; v_z)$, $u = (u_x; u_y; u_z)$. Esso viene indicato con la notazione $v \wedge u$.
Il risultato di un prodotto vettoriale tra i due vettori è un vettore con le seguenti caratteristiche:

- il modulo del vettore è dato dal prodotto dei moduli dei due vettori per il seno dell'angolo compreso tra i due vettori $|v \wedge u| = |v| \cdot |u| \cdot \sin(uv)$;
- la direzione è perpendicolare al piano individuato dai due vettori;
- il verso del vettore è dato dalla seguente regola; osservando il piano dall'alto, se è possibile far ruotare in senso antiorario di un angolo minore di 180° il primo vettore v portandolo sul secondo vettore u, allora il verso del vettore risultante dal prodotto vettoriale sarà uscente dal piano (si avvicina all'osservatore); viceversa se il primo vettore v può essere collocato sul secondo u ruotandolo in senso orario per un angolo minore di 180°, allora il verso del risultante del prodotto vettoriale sarà entrante nel piano (si allontana dall'osservatore).

Il prodotto vettoriale di due vettori è anti-commutativo; gode, infatti, della seguente proprietà:

$$v \wedge u = -(u \wedge v)$$

Le componenti del vettore risultante dal prodotto vettoriale dei vettori $v = (v_x;v_y;v_z)$, $u = (u_x;u_y;u_z)$, sono date dalle seguenti relazioni:

$$(v \wedge u)_x = \det\begin{bmatrix} v_y & u_y \\ v_z & u_z \end{bmatrix} = v_y u_z - v_z u_y$$

$$(v \wedge u)_y = -\det\begin{bmatrix} v_x & u_x \\ v_z & u_z \end{bmatrix} = -(v_x u_z - v_z u_x)$$

$$(v \wedge u)_z = \det\begin{bmatrix} v_x & u_x \\ v_y & u_y \end{bmatrix} = v_x u_y - v_y u_x$$

Equazione 57

Il prodotto vettoriale è nullo se:
- uno dei due vettori è nullo;
- i due vettori sono paralleli, difatti è possibile notare che tutte le componenti si annullano quando le componenti di un vettore possono essere espresse mediante un fattore di proporzionalità in termini delle componenti dell'altro vettore.

Infine si definisce il prodotto misto di tre vettori v, u e w, indicato con: $(v \wedge u) \cdot w = v \wedge u \cdot w$. Il prodotto misto consiste nel fare dapprima il prodotto vettoriale tra i primi due vettori v ed u e di seguito fare il prodotto scalare tra il vettore ottenuto e il vettore w. Pertanto il prodotto misto restituisce uno scalare.

Il prodotto misto è nullo quando:
1. uno dei tre vettori è nullo;
2. i primi due vettori v e u sono paralleli (in tal caso si annulla il prodotto vettoriale);
3. il vettore risultante del prodotto vettoriale e il vettore w sono ortogonali (in tal caso si annulla il prodotto scalare).

In entrambi i casi 2 e 3 i vettori v, u e w sono **complanari**, ossia giacciono sullo stesso piano. Difatti nel caso 2, i due vettori paralleli v ed u individuano la medesima retta; tale retta, con quella associata al vettore w, individua un piano in cui sono contenuti i tre vettori. Nel caso 3 si ha che i vettori u e v sono ortogonali al loro prodotto vettoriale, in quanto giacciono nel piano (unico) ad esso ortogonale. Anche il vettore w giace nel medesimo piano, in quanto anch'esso ortogonale al prodotto vettoriale. Pertanto i tre vettori giacciono nello stesso piano.
Quindi la seguente condizione individua tre vettori complanari.

$$(v \wedge u) \cdot w = v \wedge u \cdot w = 0$$

Equazione 58

Se le componenti dei tre vettori sono $v = (v_x;v_y;v_z)$, $u = (u_x;u_y;u_z)$, $w = (w_x;w_y;w_z)$ allora l'Equazione 58 può essere scritta anche nel modo seguente:

$$\det\begin{bmatrix} v_x & v_y & v_z \\ u_x & u_y & u_z \\ w_x & w_y & w_z \end{bmatrix} = 0$$

Equazione 59

L'Equazione 59 si ottiene facendo il prodotto scalare delle componenti del prodotto vettoriale $(v \wedge u)$ date dall'Equazione 57 per le componenti del vettore w.

4.12 Superfici algebriche di primo grado: i piani

4.12.1 Equazione parametrica del piano

Si consideri un punto $P \equiv (x_0;y_0;z_0)$ appartenente ad un piano π nello spazio. Siano $v = (v_x;v_y;v_z)$ e $u = (u_x;u_y;u_z)$ due vettori appartenenti al piano π (paralleli al piano) non paralleli tra loro. I due vettori v ed u formano una base dei vettori del piano π. Una combinazione lineare dei vettori u e v mediante alcuni coefficienti può esprimere qualsiasi vettore del piano.
Sia $Q \equiv (x;y;z)$ un generico punto del piano, in modo che il vettore $PQ \equiv (x-x_0;y-y_0;z-z_0)$ appartenga anch'esso al piano. Il vettore PQ può essere espresso in funzione dei vettori u e v attraverso due coefficienti reali t_1 e t_2.

$$PQ = t_1 \cdot v + t_2 \cdot u$$

Questa relazione vettoriale si esplicita nel seguente sistema:

$$\begin{cases} x - x_0 = t_1 \cdot v_x + t_2 \cdot u_x \\ y - y_0 = t_1 \cdot v_y + t_2 \cdot u_y \\ z - z_0 = t_1 \cdot v_z + t_2 \cdot u_z \end{cases} \Rightarrow \begin{cases} x = x_0 + t_1 \cdot v_x + t_2 \cdot u_x \\ y = y_0 + t_1 \cdot v_y + t_2 \cdot u_y \\ z = z_0 + t_1 \cdot v_z + t_2 \cdot u_z \end{cases}$$

Equazione 60

L'Equazione 60 è detta **equazione parametrica** del piano π.

4.12.2 Equazione generale del piano

Si consideri ora un vettore $w = (w_x;w_y;w_z)$ risultante dal prodotto vettoriale dei vettori u e v contenuti nel piano. Il vettore w è perpendicolare ai vettori v ed u e al piano π. Per l'Equazione 57 le componenti di w sono date da:

$$w_x = \det\begin{bmatrix} v_y & u_y \\ v_z & u_z \end{bmatrix} = v_y u_z - v_z u_y$$

$$w_y = -\det\begin{bmatrix} v_x & u_x \\ v_z & u_z \end{bmatrix} = -\left(v_x u_z - v_z u_x\right)$$

$$w_z = \det\begin{bmatrix} v_x & u_x \\ v_y & u_y \end{bmatrix} = v_x u_y - v_y u_x$$

Equazione 61

Inoltre il prodotto scalare tra il vettore w perpendicolare al piano π e il vettore PQ contenuto nel piano deve essere nullo.

$$PQ \cdot w = 0$$

$$\left(x - x_0\right) \cdot w_x + \left(y - y_0\right) \cdot w_y + \left(z - z_0\right) \cdot w_z = 0$$

$$w_x \cdot x + w_y \cdot y + w_z \cdot z - \left(w_x \cdot x_0 + w_y \cdot y_0 + w_z \cdot z_0\right) = 0$$

Ponendo

$$a = w_x$$

$$b = w_y$$

$$c = w_z$$

$$d = -\left(w_x \cdot x_0 + w_y \cdot y_0 + w_z \cdot z_0\right)$$

Equazione 62

si ottiene l'**equazione generale** del piano

$$a \cdot x + b \cdot y + c \cdot z + d = 0$$

Equazione 63

I coefficienti a, b e c sono detti **parametri direttori della direzione normale al piano** o anche **parametri di giacitura del piano**.

Esempi

1) Scrivere l'equazione del piano passante per il punto $P = (1,-2,-1)$ che contiene i vettori $v = (-1;0;2)$, $u = (1;1;-1)$.

Adoperando l'Equazione 60 si può scrivere direttamente:

$$\begin{cases} x = 1 + t_1 \cdot (-1) + t_2 \cdot (1) \\ y = -2 + t_1 \cdot (0) + t_2 \cdot (1) \\ z = -1 + t_1 \cdot (2) + t_2 \cdot (-1) \end{cases} \Rightarrow \begin{cases} x = 1 - t_1 + t_2 \\ y = -2 + t_2 \\ z = -1 + 2t_1 - t_2 \end{cases}$$

Questa è l'equazione parametrica del piano. Per ottenere l'equazione generale si isola t_2 nella seconda equazione e si sostituisce nelle altre due equazioni:

$$\begin{cases} x = 1 - t_1 + t_2 \\ t_2 = y + 2 \\ z = -1 + 2t_1 - t_2 \end{cases} \Rightarrow \begin{cases} x = 1 - t_1 + y + 2 \\ t_2 = y + 2 \\ z = -1 + 2t_1 - y - 2 \end{cases} \Rightarrow \begin{cases} x = 1 - t_1 + y + 2 \\ z = -1 + 2t_1 - y - 2 \end{cases}$$

Si isola t_1 nella prima equazione e si sostituisce nell'altra equazione.

$$\begin{cases} t_1 = 3 - x + y \\ z = -3 + 2t_1 - y \end{cases} \Rightarrow \begin{cases} t_1 = 3 - x + y \\ z = -3 + 2(3 - x + y) - y \end{cases} \Rightarrow z = -3 + 6 - 2x + 2y - y$$

Quindi, si ottiene l'equazione generale del piano:

$$2x - y + z - 3 = 0$$

La medesima equazione si ottiene determinando il vettore perpendicolare ai vettori v ed u (Equazione 61).

$$a = w_x = v_y u_z - v_z u_y = 0 \cdot (-1) - 2 \cdot (1) = -2$$
$$b = w_y = -(v_x u_z - v_z u_x) = -(-1 \cdot (-1) - 2 \cdot 1) = 1$$
$$c = w_z = v_x u_y - v_y u_x = -1 \cdot 1 - 0 \cdot 1 = -1$$

Infine:

$$d = -(w_x \cdot x_0 + w_y \cdot y_0 + w_z \cdot z_0) = -(-2 \cdot 1 + 1 \cdot (-2) - 1 \cdot (-1)) =$$
$$= -(-2 - 2 + 1) = 3$$

Quindi:

$$-2x + y - z + 3 = 0 \Rightarrow 2x - y + z - 3 = 0$$

2) Scrivere l'equazione del piano passante per il punto $P = (1, -2, 0)$ e perpendicolare al vettore $w = (-1; 1; -2)$.
Si possono utilizzare direttamente le relazioni dell'Equazione 62.

$$a = w_x = -1$$
$$b = w_y = 1$$
$$c = w_z = -2$$
$$d = -(w_x \cdot x_0 + w_y \cdot y_0 + w_z \cdot z_0) = -(-1 \cdot 1 + 1 \cdot (-2) - 2 \cdot 0) =$$
$$= -(-1 - 2 + 0) = 3$$

Quindi si scrive l'equazione generale del piano:

$$-x + y - 2z + 3 = 0 \Rightarrow x - y + 2z - 3 = 0$$

Per scrivere l'equazione parametrica del piano conviene individuare due vettori u e v perpendicolari al vettore w e indipendenti; tali vettori sono appartenenti al piano.

$$v_x w_x + v_y w_y + v_z w_z = 0$$
$$v_x(-1) + v_y(1) + v_z(-2) = 0$$
$$-v_x + v_y - 2v_z = 0$$

Tale relazione è soddisfatta se $v_x = -1;\ v_y = 1;\ v_z = 1$; quindi $v = (-1;1;1)$.
Analogamente si ottiene:

$$-u_x + u_y - 2u_z = 0$$

In tal caso si possono considerare le componenti $u_x = -2;\ u_y = 0;\ u_z = 1$; quindi $u = (-2;0;1)$.
I due vettori così ottenuti sono indipendenti; pertanto si può scrivere:

$$\begin{cases} x = 1 + t_1 \cdot (-1) + t_2 \cdot (-2) \\ y = -2 + t_1 \cdot (1) + t_2 \cdot (0) \\ z = 0 + t_1 \cdot (1) + t_2 \cdot (1) \end{cases} \Rightarrow \begin{cases} x = 1 - t_1 - 2t_2 \\ y = -2 + t_1 \\ z = t_1 + t_2 \end{cases}$$

Eliminando i due parametri reali si ottiene l'equazione generale:

$$\begin{cases} x = 1 - t_1 - 2t_2 \\ t_1 = y + 2 \\ z = t_1 + t_2 \end{cases} \Rightarrow \begin{cases} x = 1 - y - 2 - 2t_2 \\ z = y + 2 + t_2 \end{cases} \Rightarrow \begin{cases} x = -y - 1 - 2t_2 \\ t_2 = z - y - 2 \end{cases}$$

$$\Rightarrow x = -y - 1 - 2(z - y - 2) \Rightarrow x = -y - 1 - 2z + 2y + 4$$
$$\Rightarrow x - y + 2z - 3 = 0$$

3) Scrivere l'equazione del piano passante per i tre punti $P = (1,-1,1)$, $Q = (0,2,-1)$, $R = (-1,0,-2)$.
Si determinano i due vettori *PQ* e *QR* contenuti nel piano:

$$v = PQ = (1-0,-1-2,1+1) = (1,-3,2)$$
$$u = QR = (0+1,2-0,-1+2) = (1,2,1)$$

Adoperando il punto *P* e i vettori *v* ed *u*, mediante l'Equazione 60, si scrive l'equazione parametrica del piano.

$$\begin{cases} x = 1 + t_1 \cdot (1) + t_2 \cdot (1) \\ y = -1 + t_1 \cdot (-3) + t_2 \cdot (2) \\ z = 1 + t_1 \cdot (2) + t_2 \cdot (1) \end{cases} \Rightarrow \begin{cases} x = 1 + t_1 + t_2 \\ y = -1 - 3t_1 + 2t_2 \\ z = 1 + 2t_1 + t_2 \end{cases}$$

Si sostituisce la prima equazione con la differenza tra la prima e la terza. Inoltre si sostituisce la seconda equazione con la somma delle tre equazioni:

$$\begin{cases} x - z = -t_1 \\ x + y + z = 1 + 4t_2 \\ z = 1 + 2t_1 + t_2 \end{cases}$$

Si isola t_1 dalla prima equazione e t_2 dalla seconda per sostituirle nella terza:

$$\begin{cases} t_1 = -x + z \\ t_2 = \dfrac{x+y+z-1}{4} \\ z = 1 + 2t_1 + t_2 \end{cases} \Rightarrow z = 1 + 2(-x+z) + \left(\frac{x+y+z-1}{4}\right)$$

$$\Rightarrow z = 1 - 2x + 2z + \frac{x+y+z-1}{4} \Rightarrow 4z = 4 - 8x + 8z + x + y + z - 1$$

$$\Rightarrow 7x - y - 5z - 3 = 0$$

La medesima equazione si ottiene determinando il vettore perpendicolare ai vettori v ed u (Equazione 61).

$$a = w_x = v_y u_z - v_z u_y = -3\cdot(1) - 2\cdot(2) = -7$$

$$b = w_y = -(v_x u_z - v_z u_x) = -(1\cdot(1) - 2\cdot 1) = 1$$

$$c = w_z = v_x u_y - v_y u_x = 1\cdot 2 - (-3)\cdot 1 = 5$$

Infine:

$$d = -(w_x \cdot x_0 + w_y \cdot y_0 + w_z \cdot z_0) = -(-7\cdot 1 + 1\cdot(-1) + 5\cdot(1)) = -(-7-1+5) = 3$$

Quindi:

$$-7x + y + 5z + 3 = 0 \Rightarrow 7x - y - 5z - 3 = 0$$

4.12.3 Equazioni di piani particolari

Si consideri l'equazione generale del piano.

$$a\cdot x + b\cdot y + c\cdot z + d = 0$$

Valgono i seguenti casi particolari:

Tabella 2

Condizioni	Equazione	Caratteristiche
$a = 0$, $b = 0$, $d = 0$	$z = 0$	Piano xy
$a = 0$, $c = 0$, $d = 0$	$y = 0$	Piano xz
$b = 0$, $c = 0$, $d = 0$	$z = 0$	Piano yz
$a = 0$ e $b = 0$	$c\cdot z + d = 0$	Piano parallelo al piano xy
$a = 0$ e $c = 0$	$b\cdot y + d = 0$	Piano parallelo al piano xz
$b = 0$ e $c = 0$	$a\cdot x + d = 0$	Piano parallelo al piano yz
$a = 0$ e $d = 0$	$b\cdot y + c\cdot z = 0$	Piano passante per l'asse x
$b = 0$ e $d = 0$	$a\cdot x + c\cdot z = 0$	Piano passante per l'asse y
$c = 0$ e $d = 0$	$a\cdot x + b\cdot y = 0$	Piano passante per l'asse z
$a = 0$	$b\cdot y + c\cdot z + d = 0$	Piano parallelo all'asse x
$b = 0$	$a\cdot x + c\cdot z + d = 0$	Piano parallelo all'asse y
$c = 0$	$a\cdot x + b\cdot y + d = 0$	Piano parallelo all'asse z
$d = 0$	$a\cdot x + b\cdot y + c\cdot z = 0$	Piano passante per l'origine O

4.12.4 Intersezione di due piani e condizione di parallelismo

Dati due piani rappresentati dalle equazioni generali:

$$a \cdot x + b \cdot y + c \cdot z + d = 0$$
$$a' \cdot x + b' \cdot y + c' \cdot z + d' = 0$$

si considera la loro intersezione mediante il sistema di due equazioni in tre incognite.

$$\begin{cases} a \cdot x + b \cdot y + c \cdot z = -d \\ a' \cdot x + b' \cdot y + c' \cdot z = -d' \end{cases}$$

Le matrici del sistema sono:

$$A = \begin{bmatrix} a & b & c \\ a' & b' & c' \end{bmatrix} \quad A' = \begin{bmatrix} a & b & c & -d \\ a' & b' & c' & -d' \end{bmatrix}$$

Si contemplano tre casi possibili.

Caso 1) Il rango della matrice A vale 2. In tal caso i due piani sono incidenti e la loro intersezione è rappresentata da una retta.

Caso 2) Il rango della matrice A vale 1, mentre il rango della matrice A′ vale 2. In tal caso il sistema è incompatibile, ossia non ha soluzione. Pertanto si è in presenza di piani paralleli e si può ricavare una condizione di parallelismo dei piani. Se il rango di A vale 1, allora i vettori (a,b,c) e (a',b',c') sono dipendenti, ossia le loro componenti sono in proporzione. Si indica con k la costante di proporzionalità e si può scrivere:

$$\frac{a}{a'} = \frac{b}{b'} = \frac{c}{c'} = k \Rightarrow a = k \cdot a', \; b = k \cdot b', \; c = k \cdot c'$$

Equazione 64

L'Equazione 64 è nota come **condizione di parallelismo** di due piani. Si noti che la precedente condizione deve essere accompagnata dalla condizione che:

$$\frac{d}{d'} \neq k$$

Questa condizione è stabilita dal fatto che il rango della matrice A′ vale 2.

Caso 3) Sia il rango della matrice A, sia quello della matrice A′ valgono 1. In tal caso il sistema è compatibile ed ha infinite soluzioni. In effetti, le due equazioni rappresentano lo stesso piano e le infinite soluzioni sono i punti del piano stesso. In particolare si può scrivere:

$$\frac{a}{a'}=\frac{b}{b'}=\frac{c}{c'}=\frac{d}{d'}=k \Rightarrow a=k\cdot a',\ b=k\cdot b',\ c=k\cdot c',\ d=k\cdot d'$$

Equazione 65

L'Equazione 65 conferma il fatto che un piano può essere descritto da una equazione generale e da tutte le altre equazioni generali nelle quali i coefficienti sono proporzionali ai coefficienti di quella assegnata.
Si consideri il piano $a\cdot x+b\cdot y+c\cdot z+d=0$ ed un punto $P\equiv(x_0;y_0;z_0)$ non appartenente ad esso. L'equazione del piano passante per *P* e parallelo al piano assegnato è data da:

$$a\cdot(x-x_0)+b\cdot(y-y_0)+c\cdot(z-z_0)=0$$

Infatti, si noti che:
> le coordinate di *P* soddisfano l'equazione in quanto ne annullano il primo membro;
> il piano ha i medesimi parametri direttori della direzione normale (*a*, *b* e *c*) del piano assegnato.

4.13 Le rette nello spazio

4.13.1 Equazioni parametriche della retta

Si consideri un punto $P\equiv(x_0;y_0;z_0)$ appartenente ad una retta *r* nello spazio. Sia $w=(w_x;w_y;w_z)$ un vettore che individua la direzione della retta.
Se $Q\equiv(x;y;z)$ è un generico punto della retta *r*, allora anche il vettore $PQ\equiv(x-x_0;y-y_0;z-z_0)$ individua la direzione della retta. Pertanto *PQ* è proporzionale al vettore *w* mediante una costante di proporzionalità reale *t*. Quindi:

$$PQ=t\cdot w$$

Questa relazione vettoriale si esplicita nel seguente sistema:

$$\begin{cases} x-x_0=t\cdot w_x \\ y-y_0=t\cdot w_y \\ z-z_0=t\cdot w_z \end{cases} \Rightarrow \begin{cases} x=x_0+t\cdot w_x \\ y=y_0+t\cdot w_y \\ z=z_0+t\cdot w_z \end{cases}$$

Equazione 66

L'Equazione 66 è detta **equazione parametrica** della retta *r*. I punti della retta vengono ricavati assegnando dei valori reali al parametro *t*.

4.13.2 Equazioni normali della retta

In ciascuna delle equazioni parametriche della retta si isola il parametro *t*.

$$\begin{cases} x = x_0 + t \cdot w_x \\ y = y_0 + t \cdot w_y \\ z = z_0 + t \cdot w_z \end{cases} \Rightarrow \begin{cases} t = \dfrac{x - x_0}{w_x} \\ t = \dfrac{y - y_0}{w_y} \\ t = \dfrac{z - z_0}{w_z} \end{cases}$$

Uguagliando le espressioni di *t*, si ricavano le **equazioni normali** della retta:

$$\frac{x - x_0}{w_x} = \frac{y - y_0}{w_y} = \frac{z - z_0}{w_z}$$

4.13.3 Equazioni generali ed equazioni ridotte della retta

Nel par. 4.12.4 si è visto come l'intersezione di due piani possa essere costituita da una retta. Pertanto un primo modo di rappresentare una retta nello spazio è dato dall'intersezione di due piani.

$$\begin{cases} a \cdot x + b \cdot y + c \cdot z = -d \\ a' \cdot x + b' \cdot y + c' \cdot z = -d' \end{cases}$$

Equazione 67

L'Equazione 67 rappresenta le **equazioni generali di una retta**. Si rammenti che l'Equazione 67 individua una retta se vale la condizione che il rango della seguente matrice sia pari a 2.

$$A = \begin{bmatrix} a & b & c \\ a' & b' & c' \end{bmatrix}$$

Si noti che il vettore $v = (a,b,c)$ è perpendicolare al primo dei due piani, mentre il vettore $u = (a',b',c')$ è perpendicolare al secondo piano. Pertanto il vettore w dato dal prodotto vettoriale di v ed u è parallelo alla retta (ne individua la direzione).

$$w = v \wedge u$$

Quindi le componenti di w sono date dall'Equazione 61:

$$w_x = v_y u_z - v_z u_y = bc' - cb'$$
$$w_y = -\left(v_x u_z - v_z u_x\right) = -(ac' - ca')$$
$$w_z = v_x u_y - v_y u_x = ab' - ba'$$

Equazione 68

Le relazioni dell'Equazione 68 permettono di passare dall'Equazione 67 all'Equazione 66.
Infine si noti che se avviene che:

$$\det\begin{bmatrix} a & b \\ a' & b' \end{bmatrix} \neq 0$$

allora la coppia di piani che individua la retta r non è univoca. Al posto dei piani presenti nell'Equazione 67 si potrebbe individuare un'altra coppia di piani che descrive la medesima retta r. A tale proposito nell'Equazione 67 è possibile portare i termini in z a secondo membro ed ottenere un sistema equivalente al precedente nel quale x e y sono espresse in funzione di z:

$$\begin{cases} x = \alpha \cdot z + \beta \\ y = \alpha' \cdot z + \beta' \end{cases}$$

Equazione 69

L'Equazione 69 rappresenta le **equazioni ridotte** della retta, in cui due coordinate sono dipendenti dalla terza. Nel caso dell'Equazione 69 i due piani che individuano sempre la medesima retta r sono paralleli all'asse y e all'asse x. In modo analogo si possono esprimere le coordinate in funzione della coordinata y oppure della x, considerando, anche in quel caso, piani che sono paralleli agli assi.
Si noti infine che gli assi cartesiani nello spazio hanno le seguenti equazioni rappresentate da intersezioni di piani.

Tabella 3

Asse x	$\begin{cases} y = 0 \\ z = 0 \end{cases}$
Asse y	$\begin{cases} x = 0 \\ z = 0 \end{cases}$
Asse z	$\begin{cases} x = 0 \\ y = 0 \end{cases}$

Esempi

1) Si determini la retta passante per il punto $P=(2,-1,1)$ la cui direzione è parallela al vettore $w=(-1,3,1)$.
Si utilizza l'Equazione 66 per scrivere l'equazione della retta in forma parametrica:

$$\begin{cases} x=2+t\cdot(-1) \\ y=-1+t\cdot(3) \\ z=1+t\cdot(1) \end{cases} \Rightarrow \begin{cases} x=2-t \\ y=-1+3t \\ z=1+t \end{cases}$$

Isolando t nella prima equazione e sostituendo nelle altre due si ottengono le equazioni ridotte della retta:

$$\begin{cases} t=2-x \\ y=-1+3(2-x) \\ z=1+(2-x) \end{cases} \Rightarrow \begin{cases} y=-1+6-3x \\ z=1+2-x \end{cases} \Rightarrow \begin{cases} 3x+y-5=0 \\ x+z-3=0 \end{cases}$$

Si noti che le coordinate del punto P soddisfano entrambe le equazioni. Inoltre si calcola il prodotto vettoriale dei due vettori perpendicolari ai piani, ossia $v=(3,1,0)$ e $u=(1,0,1)$.

$$w'_x = v_y u_z - v_z u_y = 1\cdot1-0\cdot0=1$$
$$w'_y = -(v_x u_z - v_z u_x) = -(3\cdot1-0\cdot1) = -3$$
$$w'_z = v_x u_y - v_y u_x = 3\cdot0-1\cdot1=-1$$

Si noti che il vettore ottenuto w' è parallelo a w in quanto può essere espresso come il prodotto di w per la costante di proporzionalità –1.

$$w'=(1,-3,-1)=-1(-1,3,1)=-1\cdot w$$

Pertanto w' effettivamente individua la direzione della retta.
2) Si determini la retta passante per i due punti $P=(-1,-1,3)$ e $Q=(1,-1,0)$.
Si scrive il vettore PQ che individua la direzione della retta.

$$w=PQ=(x_Q-x_P, y_Q-y_P, z_Q-z_P)=(1+1,-1+1,0-3)=(2,0,-3)$$

Mediante il punto P e il vettore w si utilizza l'Equazione 66 per scrivere l'equazione della retta in forma parametrica:

$$\begin{cases} x=-1+t\cdot(2) \\ y=-1+t\cdot(0) \\ z=3+t\cdot(-3) \end{cases} \Rightarrow \begin{cases} x=-1+2t \\ y=-1 \\ z=3-3t \end{cases}$$

Isolando t nella prima equazione e sostituendo nella terza si ottengono le equazioni ridotte della retta:

$$\begin{cases} x=-1+2t \\ y=-1 \\ z=3-3t \end{cases} \Rightarrow \begin{cases} t=\dfrac{x+1}{2} \\ y=-1 \\ z=3-3t \end{cases} \Rightarrow \begin{cases} y=-1 \\ z=3-3\dfrac{x+1}{2} \end{cases} \Rightarrow \begin{cases} y=-1 \\ 2z=6-3x-3 \end{cases} \Rightarrow \begin{cases} y+1=0 \\ 3x+2z-3=0 \end{cases}$$

Si noti che le coordinate dei punti *P* e *Q* soddisfano entrambe le equazioni. Inoltre si calcola il prodotto vettoriale dei due vettori perpendicolari ai piani, ossia $v=(0,1,0)$ e $u=(3,0,2)$.

$$w'_x = v_y u_z - v_z u_y = 1\cdot 2 - 0\cdot 0 = 2$$
$$w'_y = -(v_x u_z - v_z u_x) = -(0\cdot 2 - 0\cdot 3) = 0$$
$$w'_z = v_x u_y - v_y u_x = 0\cdot 0 - 1\cdot 3 = -3$$

Si noti che il vettore ottenuto $w'=(2,0,-3)$ coincide con il vettore w che individua la direzione della retta.

3) Si determini la retta passante per il punto $P=(-2,1,-2)$ e perpendicolare al piano $x-2y-3z+1=0$.

Un vettore perpendicolare al piano è dato da $w=(a,b,c)=(1,-2,-3)$. Questo vettore individua anche la direzione della retta.

Mediante il punto *P* e il vettore w si utilizza l'Equazione 66 per scrivere l'equazione della retta in forma parametrica:

$$\begin{cases} x=-2+t\cdot(1) \\ y=1+t\cdot(-2) \\ z=-2+t\cdot(-3) \end{cases} \Rightarrow \begin{cases} x=-2+t \\ y=1-2t \\ z=-2-3t \end{cases}$$

Isolando t nella prima equazione e sostituendo nella seconda e nella terza si ottengono le equazioni ridotte della retta:

$$\begin{cases} x=-2+t \\ y=1-2t \\ z=-2-3t \end{cases} \Rightarrow \begin{cases} t=x+2 \\ y=1-2\ (x+2) \\ z=-2-3\ (x+2) \end{cases} \Rightarrow \begin{cases} y=1-2x-4 \\ z=-2-3x-6 \end{cases} \Rightarrow \begin{cases} 2x+y+3=0 \\ 3x+z+8=0 \end{cases}$$

Si noti che le coordinate del punti *P* soddisfano entrambe le equazioni. Inoltre si calcola il prodotto vettoriale dei due vettori perpendicolari ai piani, ossia $v=(2,1,0)$ e $u=(3,0,1)$.

$$w'_x = v_y u_z - v_z u_y = 1\cdot 1 - 0\cdot 0 = 1$$
$$w'_y = -(v_x u_z - v_z u_x) = -(2\cdot 1 - 0\cdot 3) = -2$$
$$w'_z = v_x u_y - v_y u_x = 2\cdot 0 - 1\cdot 3 = -3$$

Si noti che il vettore ottenuto $w'=(1,-2,-3)$ coincide con il vettore w che individua la direzione della retta.

4.13.4 Intersezione tra retta e piano (rette e piani paralleli)

Si considerino il piano π e la retta r:

$$\pi: \quad a \cdot x + b \cdot y + c \cdot z + d = 0$$

$$r: \quad \begin{cases} x = x_0 + t \cdot w_x \\ y = y_0 + t \cdot w_y \\ z = z_0 + t \cdot w_z \end{cases}$$

Si sostituiscono le espressioni delle coordinate x, y e z della retta nell'equazione del piano e si ottiene:

$$a \cdot (x_0 + t \cdot w_x) + b \cdot (y_0 + t \cdot w_y) + c \cdot (z_0 + t \cdot w_z) + d = 0$$

da cui

$$t \cdot (a \cdot w_x + b \cdot w_y + c \cdot w_z) + (a \cdot x_0 + b \cdot y_0 + c \cdot z_0 + d) = 0$$

Equazione 70

Nell'Equazione 70 si possono verificare tre casi.
Caso 1) $a \cdot w_x + b \cdot w_y + c \cdot w_z \neq 0$
In tal caso l'Equazione 70 ha soluzione in t e la retta incide sul piano. Dall'Equazione 70 si isola il parametro t:

$$t = -\frac{a \cdot x_0 + b \cdot y_0 + c \cdot z_0 + d}{a \cdot w_x + b \cdot w_y + c \cdot w_z}$$

Equazione 71

Dall'Equazione 71 si ottiene il valore di t che, sostituito nelle equazioni della retta, dà il punto di intersezione tra retta e piano.

Caso 2) $a \cdot w_x + b \cdot w_y + c \cdot w_z = 0$ e $a \cdot x_0 + b \cdot y_0 + c \cdot z_0 + d \neq 0$
In tal caso l'Equazione 70 non ha soluzione in t e la retta è parallela (ma non appartenente) al piano.
Si stabilisce quindi la seguente **condizione di parallelismo tra retta e piano**:

$$a \cdot w_x + b \cdot w_y + c \cdot w_z = 0$$

Equazione 72

Caso 3) $a \cdot w_x + b \cdot w_y + c \cdot w_z = 0$ e $a \cdot x_0 + b \cdot y_0 + c \cdot z_0 + d = 0$
In tal caso l'Equazione 70 è indeterminata e la retta è contenuta nel piano.

Esempio

Si determini l'intersezione tra il piano π e la retta r:

$$\pi: \quad x-2y-z+4=0$$

$$r: \quad \begin{cases} x=1-t \\ y=-2+2t \\ z=2+t \end{cases}$$

Si sostituiscono le espressioni di x, y e z ottenute dalla retta nel piano:

$$\begin{aligned} &(1-t)-2(-2+2t)-(2+t)+4=0 \\ &1-t+4-4t-2-t+4=0 \\ &-6t+7=0 \\ &t=\frac{7}{6} \end{aligned}$$

Sostituendo il parametro t nell'equazione della retta si ottiene il punto di intersezione:

$$\begin{cases} x=1-\frac{7}{6} \\ y=-2+\frac{7}{3} \\ z=2+\frac{7}{6} \end{cases} \Rightarrow \begin{cases} x=-\frac{1}{6} \\ y=\frac{1}{3} \\ z=\frac{19}{6} \end{cases}$$

4.13.5 Rette parallele e perpendicolari

Siano assegnate due rette in forma parametrica.

$$r: \quad \begin{cases} x=x_0+t\cdot u_x \\ y=y_0+t\cdot u_y \\ z=z_0+t\cdot u_z \end{cases} \qquad r': \quad \begin{cases} x=x_1+t\cdot v_x \\ y=y_1+t\cdot v_y \\ z=z_1+t\cdot v_z \end{cases}$$

I vettori $u=(u_x;u_y;u_z)$ e $v=(v_x;v_y;v_z)$ individuano le direzioni delle due rette. La condizione di parallelismo e di perpendicolarità tra le due rette si riducono alle condizioni di parallelismo e perpendicolarità tra i vettori che ne individuano le direzioni (Equazione 54 e Equazione 55).

$$\frac{v_x}{u_x}=\frac{v_y}{u_y}=\frac{v_z}{u_z} \Rightarrow r//r'$$

$$v_x u_x + v_y u_y + v_z u_z = 0 \Rightarrow r \perp r'$$

Il coseno dell'angolo tra le due rette è dato dall'Equazione 56:

$$\cos(vu) = \frac{v_x u_x + v_y u_y + v_z u_z}{\sqrt{v_x^2 + v_y^2 + v_z^2} \cdot \sqrt{u_x^2 + u_y^2 + u_z^2}}$$

Esempi

1) Si determini la retta passante per il punto $P = (-2,-1,2)$ e parallela alla retta di equazioni:

$$\begin{cases} x = -2 + 2t \\ y = -1 - 3t \\ z = 2t \end{cases}$$

Si noti che la retta assegnata ha una direzione individuata dal vettore $w = (2;-3;2)$. Quindi la retta cercata è:

$$\begin{cases} x = x_0 + t \cdot w_x \\ y = y_0 + t \cdot w_y \\ z = z_0 + t \cdot w_z \end{cases} \Rightarrow \begin{cases} x = -2 + 2t \\ y = -1 - 3t \\ z = 2 + 2t \end{cases}$$

2) Si determini la retta passante per il punto $P = (3,1,0)$ e perpendicolare alla retta di equazioni:

$$\begin{cases} x = -2 + 3t \\ y = -1 - t \\ z = 1 + t \end{cases}$$

Si noti che la retta assegnata ha una direzione individuata dal vettore $w = (3;-1;1)$. Si determina un vettore v perpendicolare a tale retta, ossia che abbia prodotto scalare nullo con il vettore w.

$$v_x w_x + v_y w_y + v_z w_z = 0$$
$$3v_x - v_y + v_z = 0$$

Ponendo $v_z = 1$ e $v_y = 1$ si ottiene $v_x = 0$, quindi $v = (0;1;1)$. Quindi la retta cercata è:

$$\begin{cases} x = 3 \\ y = 1 + t \\ z = t \end{cases}$$

4.13.6 Piani paralleli e perpendicolari

Si considerino due piani π e π':

$$\pi: \quad a \cdot x + b \cdot y + c \cdot z + d = 0$$
$$\pi': \quad a' \cdot x + b' \cdot y + c' \cdot z + d' = 0$$

Le componenti dei vettori perpendicolari ai due piani sono individuati dai coefficienti dei termini in x, y e z. Pertanto i due vettori perpendicolari ai piani sono $u = (a;b;c)$ e $v = (a';b';c')$.
L'angolo tra i due piani corrisponde all'angolo tra i vettori perpendicolari ai due piani; il coseno di tale angolo vale:

$$\cos(vu) = \frac{aa' + bb' + cc'}{\sqrt{a^2 + b^2 + c^2} \cdot \sqrt{a'^2 + b'^2 + c'^2}}$$

Le condizioni di parallelismo e perpendicolarità tra i due piani si riducono alle condizioni di parallelismo e perpendicolarità tra i vettori che individuano le direzioni perpendicolari ai piani (Equazione 54 e Equazione 55).

$$\frac{a}{a'} = \frac{b}{b'} = \frac{c}{c'} \Rightarrow \pi // \pi'$$

$$aa' + bb' + cc' = 0 \Rightarrow \pi \perp \pi'$$

4.13.7 Rette e piani perpendicolari

Si considerino il piano π e la retta r:

$$\pi: \quad a \cdot x + b \cdot y + c \cdot z + d = 0$$

$$r: \quad \begin{cases} x = x_0 + t \cdot w_x \\ y = y_0 + t \cdot w_y \\ z = z_0 + t \cdot w_z \end{cases}$$

Il vettore $w = (w_x;w_y;w_z)$ individua la direzione parallela alla retta, mentre il vettore $v = (a;b;c)$ individua la direzione perpendicolare al piano. Pertanto il piano e la retta sono perpendicolari se i due vettori considerati sono paralleli, ossia se:

$$\frac{a}{w_x} = \frac{b}{w_y} = \frac{c}{w_z} \Rightarrow r \perp \pi$$

Esempio

Si determini la retta passante per il punto $P = (-2,1,-2)$ e perpendicolare al piano $2x + y - 4z - 1 = 0$.

Il vettore perpendicolare al piano è dato da $v = (a;b;c) = (2,1,-4)$. Questo vettore individua la direzione della retta. Quindi si possono scrivere le equazioni parametriche:

$$\begin{cases} x = x_0 + t \cdot w_x \\ y = y_0 + t \cdot w_y \\ z = z_0 + t \cdot w_z \end{cases} \Rightarrow \begin{cases} x = -2 + 2t \\ y = 1 + t \\ z = -2 - 4t \end{cases}$$

4.13.8 Distanza di un punto da un piano

In perfetta analogia con quanto avviene per un punto ed una retta nel piano si presenta la formula per il calcolo della distanza δ di un punto $P \equiv (x_0; y_0; z_0)$ da un piano $a \cdot x + b \cdot y + c \cdot z + d = 0$.

$$\delta = \frac{|ax_0 + by_0 + cz_0 + d|}{\sqrt{a^2 + b^2 + c^2}}$$

Equazione 73

4.14 Superfici algebriche di secondo ordine: le quadriche

4.14.1 Classificazione di una quadrica

Si considera una curva di secondo grado generica nello spazio:

$$a_{11}x^2 + a_{22}y^2 + a_{33}z^2 + 2a_{12}xy + 2a_{13}xz + 2a_{23}yz + 2a_{14}x + 2a_{24}y + 2a_{34}z + a_{44} = 0$$

Equazione 74

Tale curva viene detta **quadrica**. Per motivi di opportunità che saranno chiari a breve, in alcuni coefficienti sono stati esplicitati dei fattori pari a 2. Alla quadrica può essere associata una matrice simmetrica caratteristica del tipo 4×4 in cui sono raccolti i coefficienti:

$$A = \begin{bmatrix} a_{11} & a_{12} & a_{13} & a_{14} \\ a_{12} & a_{22} & a_{23} & a_{24} \\ a_{13} & a_{23} & a_{33} & a_{34} \\ a_{14} & a_{24} & a_{34} & a_{44} \end{bmatrix}$$

In tal modo, considerato il vettore delle coordinate:

$$X = \begin{bmatrix} x \\ y \\ z \\ 1 \end{bmatrix} \Rightarrow {}^tX = \begin{bmatrix} x & y & z & 1 \end{bmatrix}$$

L'equazione della quadrica può essere scritta nel modo seguente:

$${}^tX \cdot A \cdot X = 0$$

Della matrice A si può considerare la matrice subordinata, individuata dalle prime tre righe e dalle prime tre colonne.

$$A^* = A_{1,2,3}^{1,2,3} = \begin{bmatrix} a_{11} & a_{12} & a_{13} \\ a_{12} & a_{22} & a_{23} \\ a_{13} & a_{23} & a_{33} \end{bmatrix}$$

Per stabilire le caratteristiche della quadrica generica mostrata nell'Equazione 74, bisogna considerare le seguenti quantità:

- il rango della matrice A, ossia $r(A) \leq 4$;
- il rango della matrice A^*, ossia $r(A^*) \leq 3$;
- la segnatura della matrice A, ossia seg(A);
- la segnatura della matrice A^*, ossia seg (A^*).

Indicando la segnatura con una coppia di numeri che individuano rispettivamente il numero di autovalori positivi e negativi, si possono classificare le quadriche secondo i seguenti schemi.
Se $r(A) = 4$ allora det$(A) \neq 0$ e la quadrica è non degenere. Le quadriche di questo tipo sono elencate in Tabella 4.

Tabella 4

r(A*)=3 det(A)<0 seg(A*)=(3,0) oppure seg(A*)=(0,3)	ellissoide reale	$\frac{x^2}{a^2}+\frac{y^2}{b^2}+\frac{z^2}{c^2}-1=0$	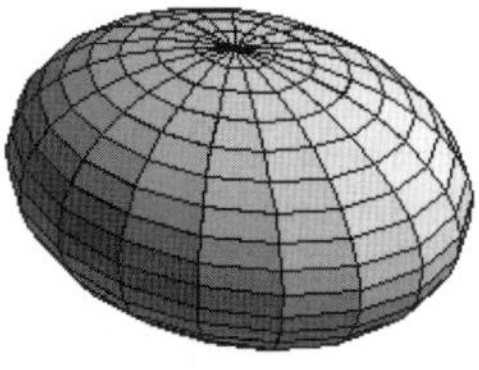

(segue)

r(A*)=3 det(A)<0 seg(A*)=(2,1) oppure seg(A*)=(1,2)	iperboloide a due falde (iperboloide ellittico)	$\frac{x^2}{a^2}-\frac{y^2}{b^2}-\frac{z^2}{c^2}-1=0$	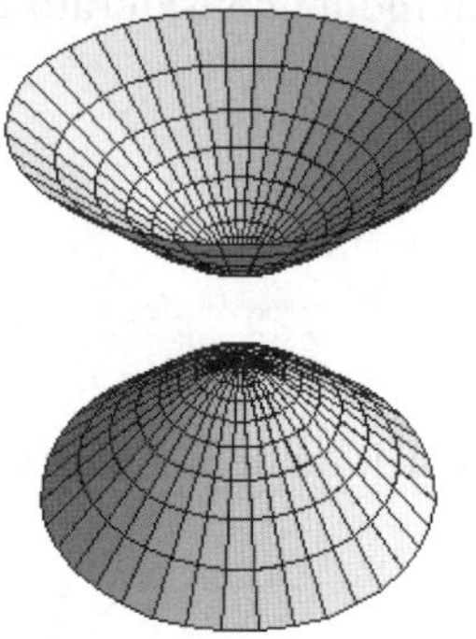
r(A*)=3 det(A)>0 seg(A*)=(3,0) oppure seg(A*)=(0,3)	ellissoide immaginario	$\frac{x^2}{a^2}+\frac{y^2}{b^2}+\frac{z^2}{c^2}+1=0$	
r(A*)=3 det(A)>0 seg(A*)=(2,1) oppure seg(A*)=(1,2)	iperboloide a una falda (iperboloide iperbolico)	$\frac{x^2}{a^2}+\frac{y^2}{b^2}-\frac{z^2}{c^2}-1=0$	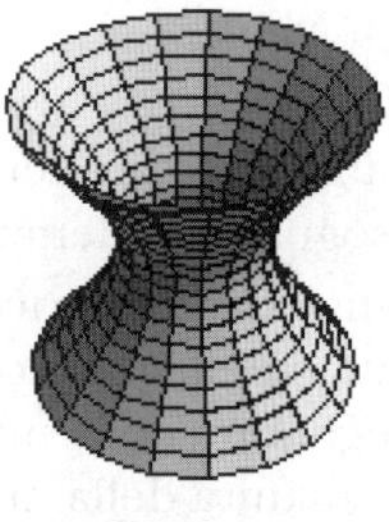
r(A*)=2 det(A)<0	paraboloide ellittico	$\frac{x^2}{a^2}+\frac{y^2}{b^2}-2z=0$	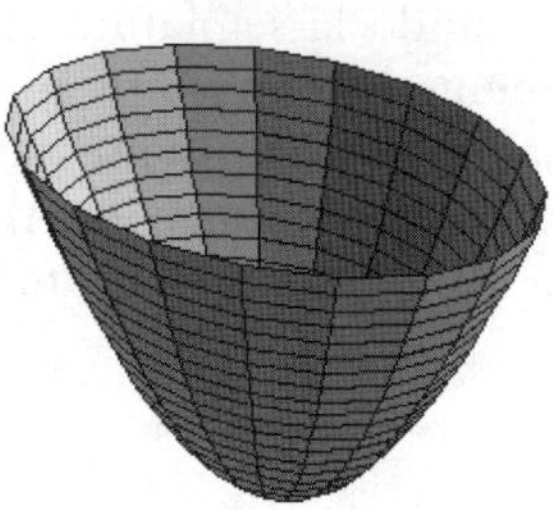
r(A*)=2 det(A)>0	paraboloide iperbolico	$\frac{x^2}{a^2}-\frac{y^2}{b^2}-2z=0$	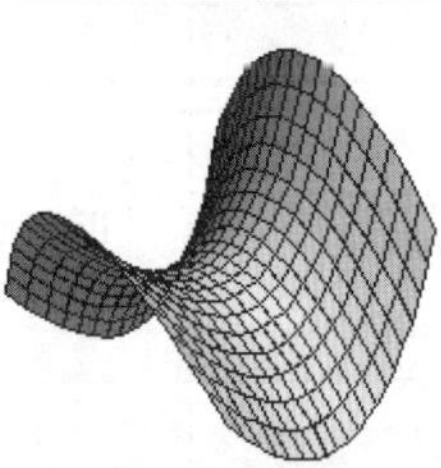

Fonti: Le immagini in tabella sono prese da http://mathworld.wolfram.com/QuadraticSurface.html

Se $r(A) = 3$ allora $\det(A) = 0$ e la quadrica è degenere. Le quadriche di questo tipo sono mostrate in Tabella 5.

Tabella 5

r(A*)=3 seg(A*)=(3,0) oppure seg(A*)=(0,3)	cono non reale	$\frac{x^2}{a^2}+\frac{y^2}{b^2}+\frac{z^2}{c^2}=0$	
r(A*)=3 seg(A*)=(2,1) oppure seg(A*)=(1,2)	cono reale	$\frac{x^2}{a^2}+\frac{y^2}{b^2}-\frac{z^2}{c^2}=0$	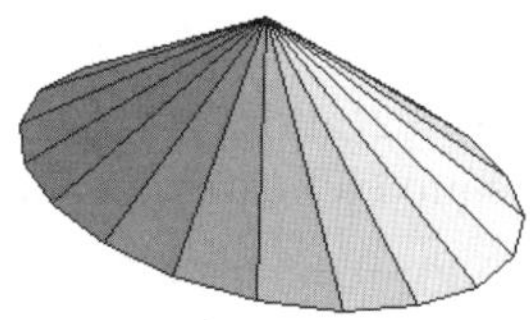
r(A*)=2 seg(A*)=(2,0) oppure seg(A*)=(0,2) e seg(A)=(3,0) oppure seg(A)=(0,3)	cilindro non reale	$\frac{x^2}{a^2}+\frac{y^2}{b^2}+1=0$	
r(A*)=2 seg(A*)=(2,0) oppure seg(A*)=(0,2) e seg(A)=(2,1) oppure seg(A)=(1,2)	cilindro ellittico	$\frac{x^2}{a^2}+\frac{y^2}{b^2}-1=0$	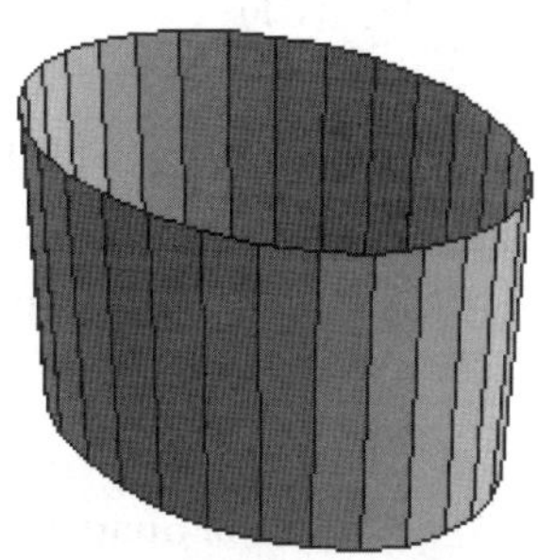
r(A*)=2 seg(A*)=(1,0)	cilindro iperbolico	$\frac{x^2}{a^2}-\frac{y^2}{b^2}-1=0$	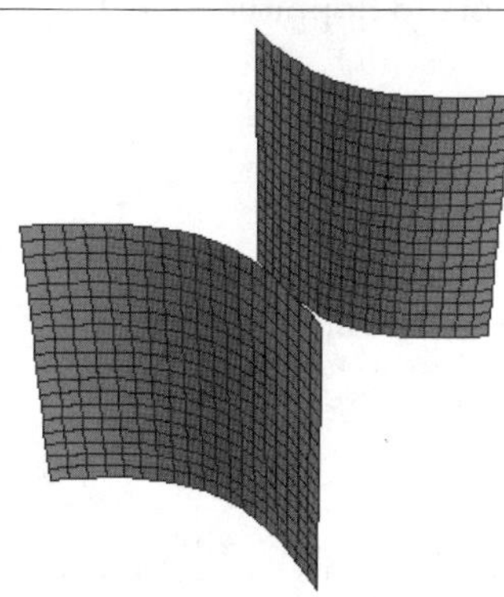

(segue)

r(A*)=1	cilindro parabolico	$y^2 = 2px$	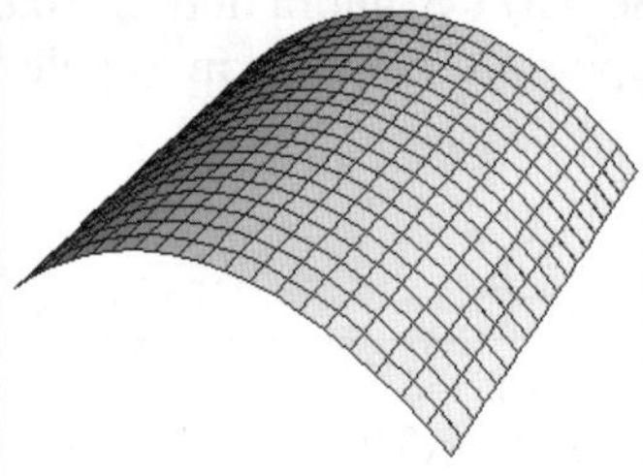

Fonti: Le immagini in tabella sono prese da http://mathworld.wolfram.com/QuadraticSurface.html

Se $r(A) = 2$ allora la quadrica è nuovamente degenere. Le quadriche di questo tipo sono elencate in Tabella 6.

Tabella 6

r(A*)=2 seg(A*)=(2,0) oppure seg(A*)=(0,2)	coppia di piani complessi e incidenti	$\frac{x^2}{a^2} + \frac{y^2}{b^2} = 0$
r(A*)=2 seg(A*)=(1,1)	coppia di piani reali e incidenti	$\frac{x^2}{a^2} - \frac{y^2}{b^2} = 0$
r(A*)=1 seg(A)=(2,0)	coppia di piani complessi e paralleli	$x^2 + a^2 = 0$
r(A*)=1 seg(A)=(1,1)	coppia di piani reali e paralleli	$x^2 - a^2 = 0$

Se $r(A)=1$ allora la quadrica è rappresentata da un piano doppio. Un esempio di piano doppio è $x^2 = 0$.

Esempi

1) Classificare la seguente quadrica $x^2 + 4y^2 - 2x + 8y - 2z + 5 = 0$.
I coefficienti non nulli sono:

$$a_{11} = 1,\ a_{22} = 4,\ 2a_{14} = -2,\ 2a_{24} = 8,\ 2a_{34} = -2,\ a_{44} = 5$$
$$a_{11} = 1,\ a_{22} = 4,\ a_{14} = -1,\ a_{24} = 4,\ a_{34} = -1,\ a_{44} = 5$$

Le matrici associate alla quadrica sono:

$$A = \begin{bmatrix} 1 & 0 & 0 & -1 \\ 0 & 4 & 0 & 4 \\ 0 & 0 & 0 & -1 \\ -1 & 4 & -1 & 5 \end{bmatrix}$$

$$A^* = \begin{bmatrix} 1 & 0 & 0 \\ 0 & 4 & 0 \\ 0 & 0 & 0 \end{bmatrix}$$

Si calcola il det(A) sviluppando secondo la terza riga.

$$\det\begin{bmatrix} 1 & 0 & 0 & -1 \\ 0 & 4 & 0 & 4 \\ 0 & 0 & 0 & -1 \\ -1 & 4 & -1 & 5 \end{bmatrix} = (-1)^{3+4}(-1)\det\begin{bmatrix} 1 & 0 & 0 \\ 0 & 4 & 0 \\ -1 & 4 & -1 \end{bmatrix} = \det\begin{bmatrix} 1 & 0 & 0 \\ 0 & 4 & 0 \\ -1 & 4 & -1 \end{bmatrix} = -4 < 0$$

Pertanto $r(A) = 4$.
Si nota che $\det(A^*) = 0$ in quanto la terza colonna di A^* ha tutti i coefficienti nulli.
Pertanto $r(A^*) = 2$.
Quindi se $r(A) = 4$, $\det(A) < 0$ e $r(A^*) = 2$, allora la quadrica è un paraboloide ellittico.

2) Classificare la seguente quadrica: $6x^2 + y^2 - 4z^2 - 12x + 4y + 4z + 9 = 0$.
I coefficienti non nulli sono:

$$a_{11} = 6,\ a_{22} = 1,\ a_{33} = -4,\ 2a_{14} = -12,\ 2a_{24} = 4,\ 2a_{34} = 4,\ a_{44} = 9$$
$$a_{11} = 6,\ a_{22} = 1,\ a_{33} = -4,\ a_{14} = -6,\ a_{24} = 2,\ a_{34} = 2,\ a_{44} = 9$$

Le matrici associate alla quadrica sono:

$$A = \begin{bmatrix} 6 & 0 & 0 & -6 \\ 0 & 1 & 0 & 2 \\ 0 & 0 & -4 & 2 \\ -6 & 2 & 2 & 9 \end{bmatrix}$$

$$A^* = \begin{bmatrix} 6 & 0 & 0 \\ 0 & 1 & 0 \\ 0 & 0 & -4 \end{bmatrix}$$

Si calcola il det(A) sviluppando in base alla seconda riga.

$$\det\begin{bmatrix} 6 & 0 & 0 & -6 \\ 0 & 1 & 0 & 2 \\ 0 & 0 & -4 & 2 \\ -6 & 2 & 2 & 9 \end{bmatrix} = (-1)^{2+2}(1)\det\begin{bmatrix} 6 & 0 & -6 \\ 0 & -4 & 2 \\ -6 & 2 & 9 \end{bmatrix} +$$

$$+(-1)^{2+4}(2)\det\begin{bmatrix} 6 & 0 & 0 \\ 0 & 0 & -4 \\ -6 & 2 & 2 \end{bmatrix} = \det\begin{bmatrix} 6 & 0 & -6 \\ 0 & -4 & 2 \\ -6 & 2 & 9 \end{bmatrix} +$$

$$+2\det\begin{bmatrix} 6 & 0 & 0 \\ 0 & 0 & -4 \\ -6 & 2 & 2 \end{bmatrix} = -216 + 144 - 24 + 2(+48) = -240 + 144 + 96 = 0$$

Si noti che la matrice $A_{1,2,3}^{1,2,3} = A^*$, subordinata di *A*, è diagonale ed ha determinante non nullo. Pertanto $r(A) = 3$. Analogamente $r(A^*) = 3$. Inoltre la matrice A^* è diagonale e si notano due autovalori positivi (6 e 1) ed uno negativo (-4). Pertanto $\text{seg}(A^*) = (2{,}1)$.

Quindi se $r(A) = 3$, $r(A^*) = 3$ e $\text{seg}(A^*) = (2{,}1)$, allora la quadrica è un cono reale.

Capitolo 5
Funzioni reali e calcolo numerico

5.1 Intervalli e intorni

5.1.1 Tipologie di intervalli

Siano $a,b \in R$ (insieme dei numeri reali), se si suppone $a < b$, allora si possono definire i seguenti **intervalli limitati**.
Un **intervallo aperto e limitato** si indica con la notazione $]a,b[$. Esso comprende tutti i valori reali tra a e b, esclusi questi ultimi.
Si può scrivere $]a,b[=\{x \in R \mid a < x < b\}$.
I numeri reali a e b si dicono **estremi** dell'intervallo, in particolare a è detto **estremo inferiore** e b è detto **estremo superiore**. Tale intervallo può essere rappresentato sulla retta reale come in Figura 1. I cerchietti vuoti in corrispondenza degli estremi a e b indicano che questi non appartengono all'intervallo.

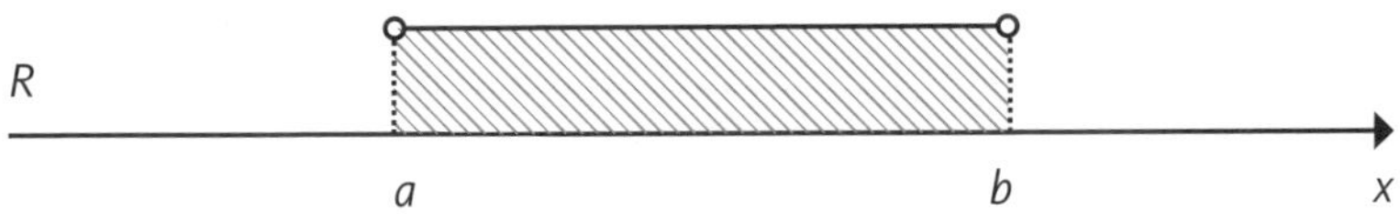

Figura 1

Un **intervallo chiuso e limitato** si indica con la notazione $[a,b]$. Esso comprende tutti i valori reali tra a e b; in questo caso anche gli estremi a e b sono contenuti nell'intervallo. Si può scrivere: $[a,b]=\{x \in R \mid a \leq x \leq b\}$
Anche questo intervallo può essere rappresentato sulla retta reale (Figura 2). I cerchietti pieni indicano che gli estremi appartengono all'intervallo.

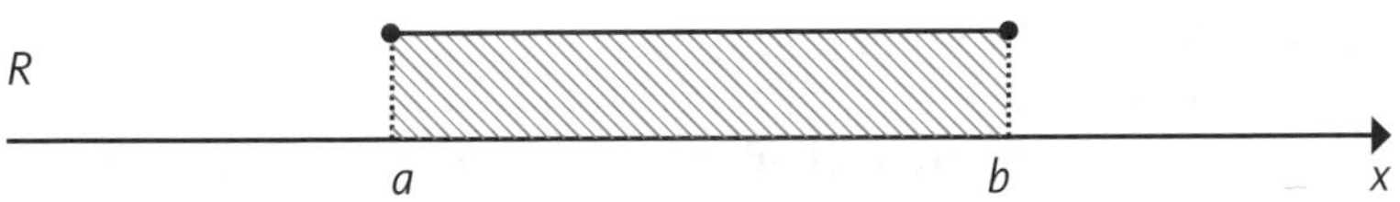

Figura 2

Un **intervallo aperto a destra e limitato** si indica con $[a,b[$. Questa volta solo l'estremo inferiore *a* appartiene all'intervallo.
Simbolicamente si scrive $[a,b[=\{x \in R \mid a \leq x < b\}$.
Tale intervallo si rappresenta sulla retta reale come in Figura 3.

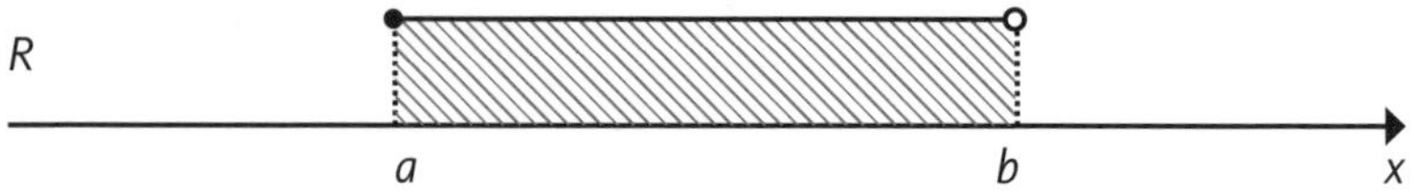

Figura 3

Un **intervallo aperto a sinistra e limitato** si indica con $]a,b]$. In questo caso solo l'estremo superiore *b* appartiene all'intervallo.
Simbolicamente si scrive $]a,b]=\{x \in R \mid a < x \leq b\}$.
Per gli intervalli limitati è possibile trovare un numero reale che sia maggiore o uguale a tutti i numeri contenuti nell'intervallo ed un numero reale che sia minore o uguale a tutti i numeri dell'intervallo.
Considerato un numero $a \in R$ si possono definire i seguenti **intervalli illimitati**.
Un **intervallo aperto a sinistra e illimitato superiormente** è indicato con $]a,+\infty[$. Esso comprende tutti i valori maggiori di *a*.
Si può scrivere $]a,+\infty[=\{x \in R \mid x > a\}$.
Tale intervallo si rappresenta sulla retta reale come in Figura 4.

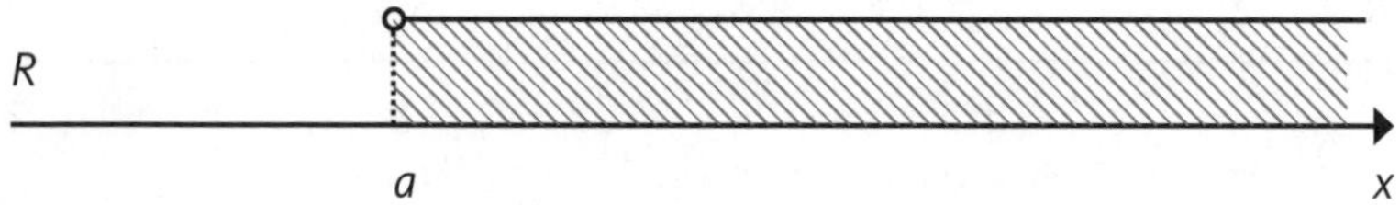

Figura 4

Un **intervallo chiuso a sinistra e illimitato superiormente** è indicato con $[a,+\infty[$. Esso comprende tutti i valori maggiori o uguali ad *a*.
Simbolicamente si ha $[a,+\infty[=\{x \in R \mid x \geq a\}$.
Un **intervallo aperto a destra e illimitato inferiormente** è indicato con $]-\infty,a[$. Esso comprende tutti i valori minori di *a*.
Simbolicamente si scrive $]-\infty,a[=\{x \in R \mid x < a\}$.
Un **intervallo chiuso a destra e illimitato inferiormente** è indicato con $]-\infty,a]$. Esso comprende tutti i valori minori o uguali ad *a*.
Simbolicamente si scrive $]-\infty,a]=\{x \in R \mid x \leq a\}$.
Tale intervallo si rappresenta sulla retta reale come in Figura 5.

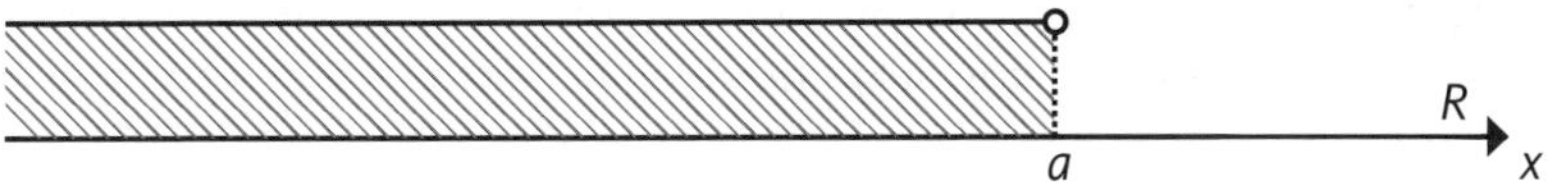

Figura 5

Lo stesso insieme R può essere indicato con un intervallo illimitato sia superiormente sia inferiormente: $R =]-\infty, +\infty[$.

5.1.2 Intorni e intorni circolari

Considerato $c \in R$ si definisce **intorno** di c un qualsiasi intervallo aperto che contiene c. Un qualsiasi intervallo aperto che ha c come estremo inferiore viene detto **intorno destro** di c. Un qualsiasi intervallo aperto che ha c come estremo superiore viene detto **intorno sinistro** di c.
Considerato un elemento $c \in R$, l'insieme di tutti gli intorni di c viene indicato con $\Im(c)$.

Esempio
L'intervallo $]3,7[$ è un intorno dei punti 4 oppure 5 oppure 5,5 in esso contenuti. Lo stesso intervallo è un intorno destro di 3 ed è anche un intorno sinistro di 6.

Considerato un numero reale c, è possibile costruire un intorno di c, centrato su tale valore, se si considera una quantità reale $\varepsilon > 0$ e di seguito l'intervallo aperto $]c - \varepsilon, c + \varepsilon[$. Un intorno di questo tipo è detto **intorno circolare** di c.

Esempio
Per il valore 6 si può considerare un $\varepsilon = 0,1$, quindi l'intorno centrato su 6 sarà:

$$]6-\varepsilon;6+\varepsilon[=]5,9;6,1[$$

Analogamente si può considerare un $\varepsilon = 1$ e scrivere l'intorno circolare:

$$]6-\varepsilon;6+\varepsilon[\,=\,]5;7[$$

5.2 Funzioni reali di variabili reali

5.2.1 Generalità

Siano X e Y due sottoinsiemi non vuoti di R e sia $x \in X$ ed $y \in Y$. Una funzione f reale di variabile reale x è una relazione o legge che ad ogni variabile indi-

pendente $x \in X$ associa una variabile dipendente $y \in Y$. Il valore y associato da f ad x viene anche indicato con $f(x)$ che si legge "f di x".
Simbolicamente si scrive:

$$x \in X \xrightarrow{f} y = f(x) \in Y$$

Una funzione si dice **analitica** (o **esprimibile analiticamente**) se la legge che le fa associare ad un numero reale x, un altro numero reale $y = f(x)$, viene espressa in base ad alcune operazioni matematiche ben definite nell'insieme R (o un suo sottoinsieme) che vengono svolte in un preciso ordine. Le funzioni analitiche si dividono in funzioni algebriche e trascendenti. Le **funzioni algebriche** presentano tutte le operazioni algebriche come le quattro operazioni fondamentali, le potenze e le radici. In particolare, una parte delle funzioni algebriche è rappresentata dalle funzioni razionali intere, in cui compaiono operazioni di addizione, sottrazione, moltiplicazione ed elevamento a potenza ad esponente intero, oppure razionali fratte se compare anche la divisione. Un'altra parte delle funzioni algebriche è rappresentata dalle **funzioni irrazionali** che possono contenere anche le operazioni di estrazione di radice o elevamento a potenza ad esponente non intero. Anche le funzioni irrazionali possono suddividersi in intere se non contengono la divisione o fratte se la contengono.
Le **funzioni trascendenti** contengono tutte le altre operazioni matematiche che non sono prettamente algebriche. Sono trascendenti le funzioni esponenziali, logaritmiche e goniometriche.

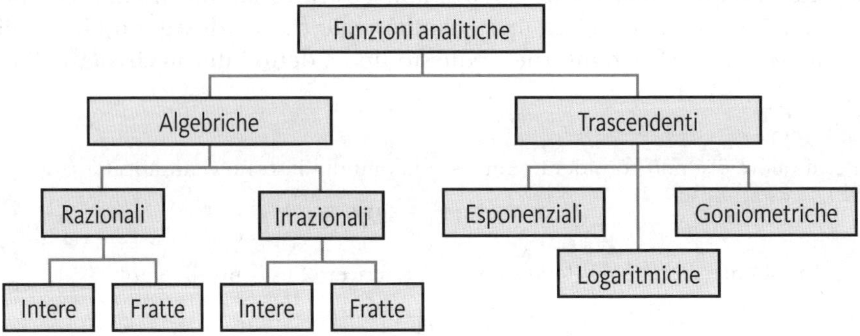

Figura 6

Esempi

1) $f(x) = 2\left(\frac{x^2}{3} - \frac{x}{5}\right)^2 \left(x + \frac{1}{2}\right)$ Funzione algebrica razionale intera

2) $f(x) = \frac{3x^2 - 1}{4 - x^3}$ Funzione algebrica razionale fratta

3) $f(x)=\sqrt{3x-\frac{3}{2}x^2-1}$ Funzione algebrica irrazionale intera

4) $f(x)=\sqrt{3x^{-3}-x^2-1}$ Funzione algebrica irrazionale fratta

5) $f(x)=5^{x-2}$ Funzione trascendente esponenziale

6) $f(x)=\log_2\left(\frac{3-x}{x}\right)$ Funzione trascendente logaritmica

7) $f(x)=3\cdot\sin(2x)-2\cos\left(\frac{1}{2}x\right)$ Funzione trascendente goniometrica

5.2.2 Campo di esistenza ed immagine

Si consideri una funzione reale *f* di variabile reale *x*. Si definisce **campo di esistenza** della funzione *f* l'insieme di valori $x \in X$ per i quali esiste un valore $y \in Y$ tale che $y = (f)x$. Il campo di esistenza viene anche detto **dominio** della funzione oppure **insieme di definizione** della funzione.
L'insieme di tutti i valori $y \in Y$ associati da *f* ai valori $x \in X$ è detto **immagine** di *f* e viene indicato con *f*(*X*), dove *X* è il campo di esistenza, oppure con Im*f*.
L'immagine di *f* viene anche detta **codominio** della funzione.

Esempio

Si consideri ad esempio la funzione che ad ogni *x* associa un valore *y* pari a $f(x)=\frac{1}{x-1}$.
In particolare si può calcolare quale valore la funzione *f* associa ai valori $x = 2$, $x = 3$ e $x = 1$.

$$f:2 \longrightarrow y=f(2)=\frac{1}{2-1}=1$$

$$f:3 \longrightarrow y=f(3)=\frac{1}{3-1}=\frac{1}{2}$$

$$f:1 \longrightarrow y=f(1)=\frac{1}{1-1}=\frac{1}{0}=?$$

Come si può notare mentre per $x = 2$ la funzione restituisce un valore reale, ossia 1, e per $x = 3$ restituisce il valore $x=\frac{1}{2}$, nel caso si assegni ad *x* il valore 1 la funzione compie un'operazione di divisione per 0 che non è definita nei numeri reali. Quindi la funzione non è in grado di restituire un valore reale per $x = 1$. In tal caso si può dire che $x = 3$ ed $x = 2$ appartengono al campo di esistenza della funzione, mentre $x = 1$ non appartiene al campo di esistenza.

5.2.3 Funzioni composte

Si considerino due funzioni reali *f* e *g* di variabile reale, e tre sottoinsiemi di *R*, ossia *X*, *Y* e *Z*. Le due funzioni siano definite come di seguito.

$$x \in X \xrightarrow{f} y = f(x) \in Y, \quad y \in Y \xrightarrow{g} z = g(z) \in Z$$

Siccome l'immagine *Y* della prima funzione *f* coincide con il campo di esistenza della seconda funzione *g*, allora è possibile considerare una funzione composta da *f* e *g*, denotata con $g \circ f$ che è definita in *X* ed assume valore nell'insieme *Z*.

$$x \in X \xrightarrow{g \circ f} z = (g \circ f)(x) \in Z$$

In particolare si ha:

$$(g \circ f)(x) = g(f(x)) = g(y) = z$$

Esempio

Sia $x \in [-1;+\infty[\xrightarrow{f} f(x) = x+1 \in [0;+\infty[$ e sia $x \in [0;+\infty[\xrightarrow{g} g(x) = \sqrt{x} \in [0;+\infty[$.

In questo caso la funzione $(g \circ f)(x) = g(f(x)) = g(x+1) = \sqrt{x+1}$.

Come si può notare applicando la *f* ad *x* si ottiene $x+1$, di seguito l'applicazione di *g* su di un determinato argomento comporta il calcolo della radice quadrata, difatti $g(x) = \sqrt{x}$, pertanto si ottiene $\sqrt{x+1}$.

Se invece si vuole calcolare $(f \circ g)(x)$, allora si procede come di seguito:

$$(f \circ g)(x) = f(g(x)) = f(\sqrt{x}) = \sqrt{x}+1$$

Difatti questa volta si applica prima la funzione *g*, ottenendo la radice quadrata dell'argomento, e, di seguito, la funzione *f* che aggiunge una unità all'argomento della funzione.

5.2.4 Funzioni invertibili

Si consideri una funzione reale *f* di variabile reale *x*, definita in $X \subset R$, ossia $x \in X \xrightarrow{f} y = f(x) \in Y$. Tale funzione si dice **invertibile** (o **iniettiva**) se $\forall y \in Y \quad \exists! x \in X \mid f(x) = y$, ossia per ogni elemento *y* dell'immagine (o codominio) esiste un solo elemento *x* del campo di esistenza della funzione che viene trasformato dalla funzione in *y*.

In alternativa, è possibile anche usare la seguente definizione $\forall x_1, x_2 \in X \mid x_1 \neq x_2 \Rightarrow f(x_1) \neq f(x_2)$, ossia per ogni coppia di elementi distinti del campo di esistenza della funzione esistono due immagini distinte di tali elementi attraverso la funzione.

La **funzione inversa** di *f*, ossia f^{-1}, è pertanto tale che $y \in Y \xrightarrow{f^{-1}} x = f^{-1}(y) \in X$.
In particolare si noti come $f^{-1}(y) = f^{-1}(f(x)) = (f^{-1} \circ f)(x) = Id(x) = x$.
La composizione di una funzione per la sua inversa è pari alla funzione identità *Id*, ossia quella funzione che lascia invariato l'argomento *x* della funzione stessa.

Esempi

1) La funzione $f(x) = x^2$ sull'intero insieme R non è invertibile, difatti esistono coppie di punti distinti per i quali *f*(*x*) assume lo stesso valore. Un esempio è la coppia di valori 1 e -1:

$$x_1 = 1 \Rightarrow f(x_1) = x_1^2 = 1^2 = 1$$
$$x_2 = -1 \Rightarrow f(x_2) = x_2^2 = (-1)^2 = 1$$

Se invece si considera la restrizione di $f(x) = x^2$ all'intervallo $[0, +\infty[$, allora la funzione è invertibile. Partendo da $y = x^2$, calcolando la radice quadrata di ambo i membri e considerando solo l'intervallo $[0, +\infty[$ dei numeri reali, si ottiene la funzione inversa.

$$y = x^2$$
$$\sqrt{y} = \sqrt{x^2}$$
$$\sqrt{y} = +x$$

Quindi la funzione inversa è $x = \sqrt{y} \Rightarrow f^{-1}(y) = \sqrt{y}$

2) La funzione $f(x) = log_e(x-1)$ è definita per $x > 1$, ossia nell'intervallo $]1, +\infty[$. Tale funzione è invertibile sul suo insieme definizione, in quanto per ogni coppia di punti distinti la funzione assume valori distinti.

Partendo da $y = log_e(x-1)$, si ottiene la funzione inversa.

$$y = \log_e(x-1)$$
$$e^y = e^{\log_e(x-1)}$$
$$e^y = (x-1)$$
$$x = e^y + 1$$

Quindi la funzione inversa è $f^{-1}(y) = e^y + 1$

5.2.5 Funzioni monotone

Si consideri una funzione reale *f* di variabile reale *x*, definita in $X \subset R$. La funzione *f* si dice **crescente in un insieme** $A \subset X$ (dove si può anche avere che *A* = *X*) se:

$$\forall x_1, x_2 \in A \mid x_1 < x_2 \Rightarrow f(x_1) \leq f(x_2)$$

Analogamente la funzione f si dice **strettamente crescente** in A se:

$$\forall x_1, x_2 \in A \mid x_1 < x_2 \Rightarrow f(x_1) < f(x_2)$$

In alternativa la funzione f si dice **decrescente** in A se:

$$\forall x_1, x_2 \in A \mid x_1 < x_2 \Rightarrow f(x_1) \geq f(x_2)$$

mentre f si dice **strettamente decrescente** in A se:

$$\forall x_1, x_2 \in A \mid x_1 < x_2 \Rightarrow f(x_1) > f(x_2)$$

Se una funzione è crescente, decrescente, strettamente crescente o strettamente decrescente allora viene detta funzione **monotona**.

Esempio

La funzione $f(x) = x^3$ è definita in R e in tutto questo insieme risulta monotona, in particolare strettamente crescente. Difatti $\forall x_1, x_2 \in R \mid x_1 < x_2 \Rightarrow x_1^3 < x_2^3$.

Si può dimostrare che una funzione strettamente crescente è invertibile. La sua inversa è una funzione strettamente crescente. Analogamente, una funzione strettamente decrescente è invertibile ed anche la sua inversa è strettamente decrescente.

Esempio

La funzione $f(x) = x^3$ è strettamente crescente sull'intero insieme R ed è, pertanto, invertibile. In particolare la funzione inversa si ottiene dalla restrizione di f all'intervallo $[0, +\infty[$ con i seguenti passaggi algebrici:

$$y = x^3$$

$$\sqrt[3]{y} = \sqrt[3]{x^3}$$

$$\sqrt[3]{y} = x$$

Quindi la funzione inversa è $f^{-1}(y) = \sqrt[3]{x}$. Anche tale funzione è crescente nell'intervallo $[0, +\infty[$

Si consideri una funzione reale *f* di variabile reale *x*, definita in $X \subset R$.
Sia $x_0 \in X$, allora si dice che *f* è **crescente nel punto** x_0 se esiste un intorno *I* di x_0 tale che:

$$\forall x \in I \cap (X - \{x_0\}): \begin{cases} x < x_0 \Rightarrow f(x) \le f(x_0) \\ x_0 < x \Rightarrow f(x_0) \le f(x) \end{cases}$$

Analogamente, una funzione *f* si dice **decrescente nel punto** x_0 se esiste un intorno *I* di x_0 tale che:

$$\forall x \in I \cap (X - \{x_0\}): \begin{cases} x < x_0 \Rightarrow f(x) \ge f(x_0) \\ x_0 < x \Rightarrow f(x_0) \ge f(x) \end{cases}$$

Una funzione *f* si dice **strettamente crescente** in x_0 se esiste un intorno *I* di x_0 tale che:

$$\forall x \in I \cap (X - \{x_0\}): \begin{cases} x < x_0 \Rightarrow f(x) < f(x_0) \\ x_0 < x \Rightarrow f(x_0) < f(x) \end{cases}$$

Analogamente, una funzione si dice **strettamente decrescente** in x_0 se esiste un intorno *I* di x_0 tale che:

$$\forall x \in I \cap (X - \{x_0\}): \begin{cases} x < x_0 \Rightarrow f(x) > f(x_0) \\ x_0 < x \Rightarrow f(x_0) > f(x) \end{cases}$$

Sono state introdotte due definizioni relative alla monotonia di una funzione: la monotonia di una funzione in un insieme *X* e la monotonia della funzione in un punto x_0. Secondo le definizioni appena introdotte, appare evidente che se una funzione è monotona (ad esempio crescente) in un insieme *X* allora essa è anche monotona (ossia crescente) in qualsiasi punto $x_0 \in X$. Non è vero invece il contrario; ossia, se una funzione è monotona in qualsiasi punto $x_0 \in X$, allora essa può non essere monotona nell'insieme *X*.
Affinché una funzione monotona in qualsiasi punto $x_0 \in X$ sia anche monotona in *X*, bisogna aggiungere una ulteriore condizione: *X* deve essere un intervallo. A tale proposito si enuncia il seguente teorema.

Teorema 1
Sia *X* un intervallo. Se la funzione *f* è crescente in qualsiasi punto x_0 appartenente all'intervallo *X*, allora *f* è crescente in *X*. Analogamente dicasi per una funzione decrescente, strettamente crescente e strettamente decrescente.

5.2.6 Funzioni pari e dispari

Si consideri una funzione reale *f* di variabile reale *x*, definita in $X \subset R$. Si dice che *f* è **pari** se:

1) $x \in X \Rightarrow -x \in X$
2) $f(-x) = f(x) \quad \forall x \in X$

Il grafico di una funzione pari risulta simmetrico rispetto all'asse delle ordinate (Figura 7).

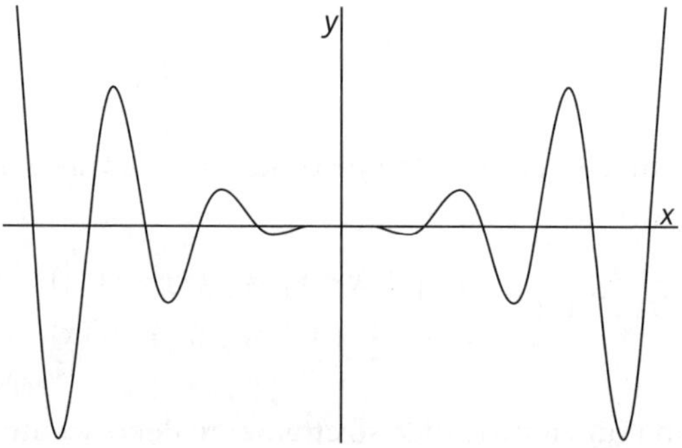

Figura 7

Si dice, invece, che la funzione *f* è **dispari** se:

1) $x \in X \Rightarrow -x \in X$
2) $f(-x) = -f(x) \quad \forall x \in X$

Il grafico di una funzione dispari risulta simmetrico rispetto all'origine del sistema di assi cartesiani (Figura 8).

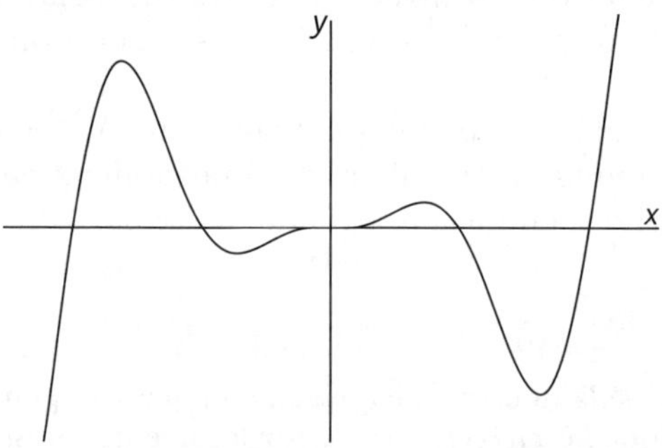

Figura 8

Sussistono le seguenti regole circa il prodotto di due funzioni.

1) Il prodotto di due funzioni pari è una funzione pari.
2) Il prodotto di due funzioni dispari è una funzione pari.
3) Il prodotto di una funzione pari e di una funzione dispari è una funzione dispari.

Esempio

La funzione $f(x)=\frac{|x|+1}{x^3}$ è dispari. Essa è definita in $R-\{0\}$ e si ha:

$$f(-x)=\frac{|-x|+1}{(-x)^3}=\frac{|x|+1}{-x^3}=\frac{|x|+1}{x^3}=-f(x)$$

5.2.7 Funzioni periodiche

Si consideri una funzione reale f di variabile reale x, definita in $X\subset R$. La funzione f si dice periodica se esiste un $T\in R\,|\,T\neq 0$, per il quale avviene che:

1) $x\in X\Rightarrow x+T\in X,\ x-T\in X$
2) $f(x+T)=f(x)\quad \forall x\in X$

Il numero T si dice **periodo** di f (Figura 9).

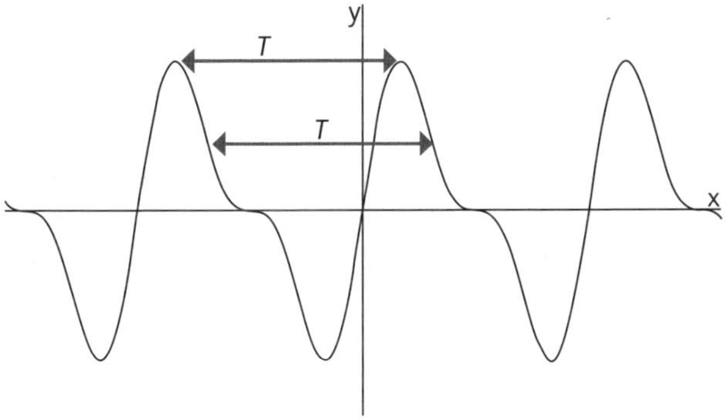

Figura 9

In generale possono esistere più valori T che godono delle proprietà 1 e 2. Talvolta ci si riferisce al periodo T di una funzione f come al solo valore minimo positivo che gode delle proprietà 1 e 2.
Esistono alcune indicazioni generali per determinare il periodo delle funzioni ottenute mediante somme, prodotti o composizioni da altre funzioni periodiche.

1) Se una funzione $f: x \in X \longrightarrow f(x) \in R$ è periodica di periodo T, allora la funzione $f: x \in X \longrightarrow f(k \cdot x) \in R$, con $k \in R \mid k \neq 0$, è periodica di periodo $T/|k|$.
2) Se si hanno due funzioni periodiche con diverso periodo T_1 e T_2, e se esistono multipli interi comuni dei due periodi, allora le funzioni somma, prodotto e quoziente hanno periodo uguale al minimo comune multiplo dei periodi.
3) Se si hanno due funzioni periodiche con lo stesso periodo T, allora le funzioni somma, prodotto e quoziente hanno periodo minore o uguale al periodo comune T.

Esempi

1) Le più importanti funzioni periodiche che si considerano in matematica sono le funzioni trigonometriche. Le funzioni sin$x$, cos$x$ hanno periodo pari a 2π, mentre le funzioni tan$x$, cotan$x$ hanno periodo pari a π.
2) Si consideri la funzione $f(x) = \sin x$, periodica di periodo $T = 2\pi$. La funzione $g(x) = \sin\left(\frac{1}{2}x\right)$, con $k = \frac{1}{2}$, avrà periodo pari a $\frac{T}{|k|} = \frac{2\pi}{\frac{1}{2}} = 4\pi$.

5.2.8 Funzioni elementari

Considerato un qualsiasi $n \in N$, si può definire la **funzione potenza *n*-esima** che associa ad un $x \in R$ un valore $f(x) = x^n$.
Se n è dispari, la funzione potenza n-esima è strettamente crescente. Se n è pari, la funzione potenza n-esima è strettamente crescente in $[0, +\infty[$ e strettamente decrescente in $]-\infty, 0]$.
La funzione potenza n-esima è ovviamente una funzione pari se n è pari, mentre è una funzione dispari se n è dispari.
L'immagine della funzione potenza n-esima è l'insieme R se n è dispari, mentre è l'intervallo $[0, +\infty[$ se n è pari.
In ogni caso, sia per n pari che per n dispari, la restrizione all'intervallo $[0, +\infty[$ della funzione potenza n-esima è una funzione strettamente crescente. In Figura 10 è mostrata la funzione potenza n-esima x^n, per $n = 1$, $n = 2$ e $n = 3$.

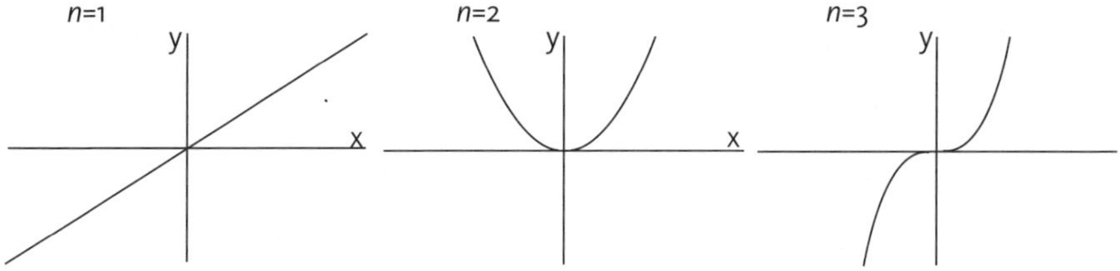

Figura 10

Siccome la restrizione all'intervallo $[0,+\infty[$ della funzione potenza *n*-esima è strettamente crescente, allora tale restrizione è invertibile in questo intervallo. La funzione inversa viene detta **radice *n*-esima** ed associa ad un $x \in [0;+\infty[$ un valore $\sqrt[n]{x} \in [0;+\infty[$. Pertanto la funzione radice *n*-esima (Figura 11) è definita e strettamente crescente in $[0,+\infty[$ ed ha come immagine lo stesso intervallo $[0,+\infty[$.

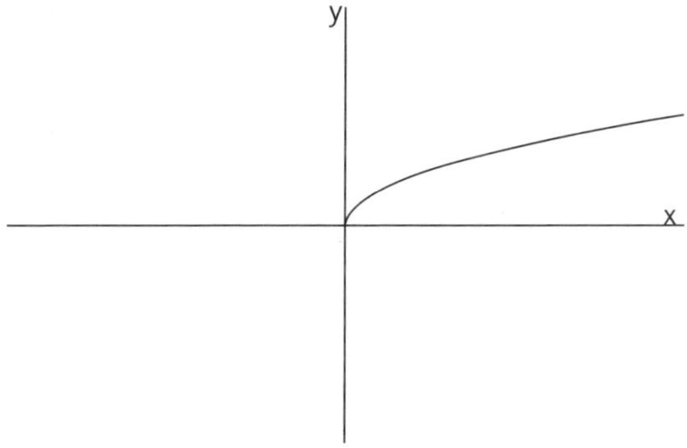

Figura 11

Considerato un qualsiasi $a \in R^+$, si può definire la **funzione esponenziale di base *a*** che associa ad $x \in R$ un valore $f(x) = a^x$.
Se la base è pari al numero di Nepero *e* (circa 2,71828), allora la *f* è detta semplicemente **funzione esponenziale**.
La funzione esponenziale è definita nell'insieme *R*; inoltre è strettamente crescente se la base $a > 1$, viceversa è strettamente decrescente se $0 < a < 1$ (Figura 12). Si noti invece che se $a = 1$ la funzione esponenziale si riduce alla funzione costante $f(x)=1$. Tranne che in quest'ultimo caso, l'immagine della funzione esponenziale è costituita dall'insieme R^+.

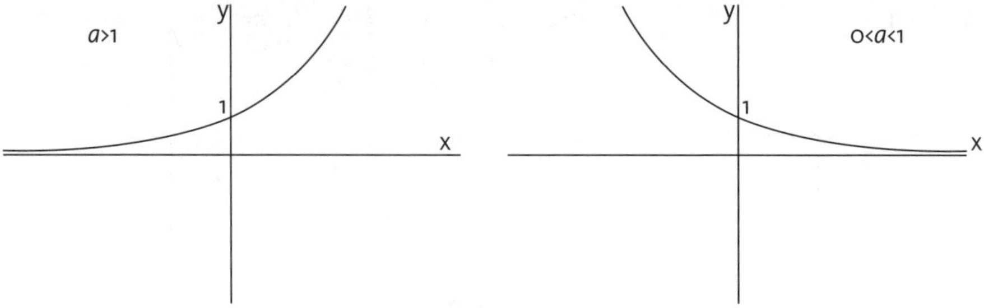

Figura 12

La funzione esponenziale può essere invertita e la sua inversa è detta **funzione logaritmica**. Quest'ultima è definita per $x \in R^+$ e la sua immagine è $\log_a x \in R$. La funzione logaritmica, in quanto inversa della funzione esponenziale, conserva la stessa monotonia di quest'ultima funzione. Quindi se la base $a > 1$, allora la funzione è strettamente crescente, mentre se $0 < a < 1$, allora la funzione è strettamente decrescente (Figura 13).

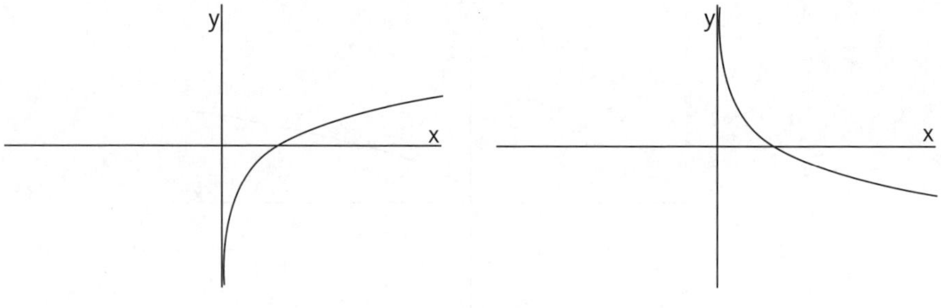

Figura 13

Nota di approfondimento

In questo volume, quando la base della funzione logaritmica non sarà specificata, si intenderà come base il numero di Nepero e, ossia $f(x) = \log_e x = \log x$.
In altri testi il logaritmo in base *e* può essere indicato anche con l'espressione *lnx*, con cui si intende il "logaritmo neperiano".

Considerato un $\alpha \in R^+$ è possibile definire la **funzione potenza con esponente reale** α, che associa ad un $x \in]0;+\infty[$ un valore $x^\alpha \in]0;+\infty[$.
Si noti che la funzione potenza è definita per valori positivi di x ed anche per $x = 0$ dove assume valore nullo. L'immagine della funzione potenza è l'intervallo $[0,+\infty[$ e la funzione è strettamente crescente (Figura 14, casi con $\alpha \in R^+$).

Se invece $\alpha \in R^-$ è possibile definire la funzione potenza con esponente reale α, che associa ad un $x \in]0;+\infty[$ un valore $x^\alpha \in]0;+\infty[$. Questa volta la funzione potenza non è definita in $x = 0$. L'immagine della funzione potenza è l'intervallo $]0,+\infty[$ e la funzione è strettamente decrescente (Figura 14, caso con $\alpha \in R^-$).

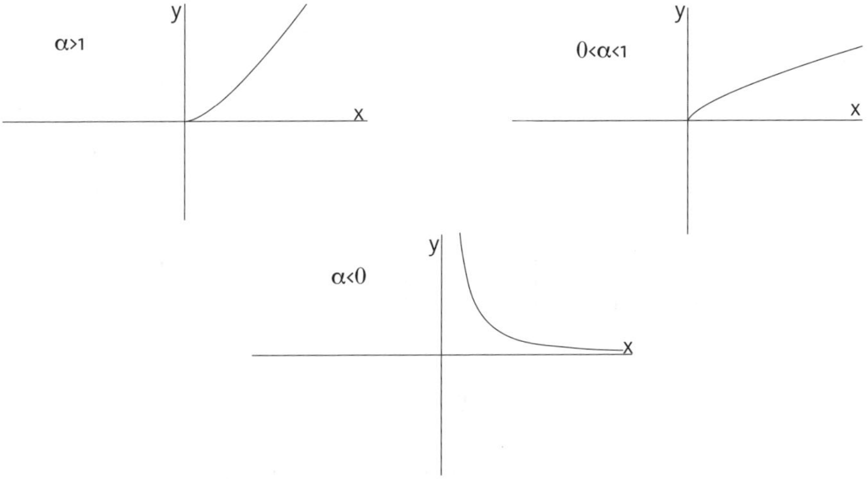

Figura 14

La funzione potenza con esponente reale α, può essere anche espressa in termini della funzione esponenziale, in base e, mediante la relazione $x^\alpha = e^{\log x^\alpha} = e^{\alpha \log x}$.

Le funzioni **trigonometriche** (o funzioni **circolari**) sono:

- la funzione **seno** che associa ad un $x \in R$ il valore $\sin x \in [-1;\ 1]$;
- la funzione **coseno** che associa ad un $x \in R$ il valore $\cos x \in [-1;\ 1]$;
- la funzione **tangente** che associa ad un $x \in R - U_{k \in z}\left\{\frac{\pi}{2} + k\pi\right\}$ il valore $\tan x = \frac{\sin x}{\cos x} \in R$;
- la funzione **cotangente** che associa ad un $x \in R - U_{k \in z}\{k\pi\}$ il valore $\cot x = \frac{\cos x}{\sin x} \in R$.

Le funzioni trigonometriche sono tutte periodiche. Le funzioni seno e coseno hanno periodo pari a 2π, mentre le funzioni tangente e cotangente hanno periodo pari a π (Figura 15). Le funzioni seno, tangente e cotangente sono dispari, mentre la funzione coseno è pari.

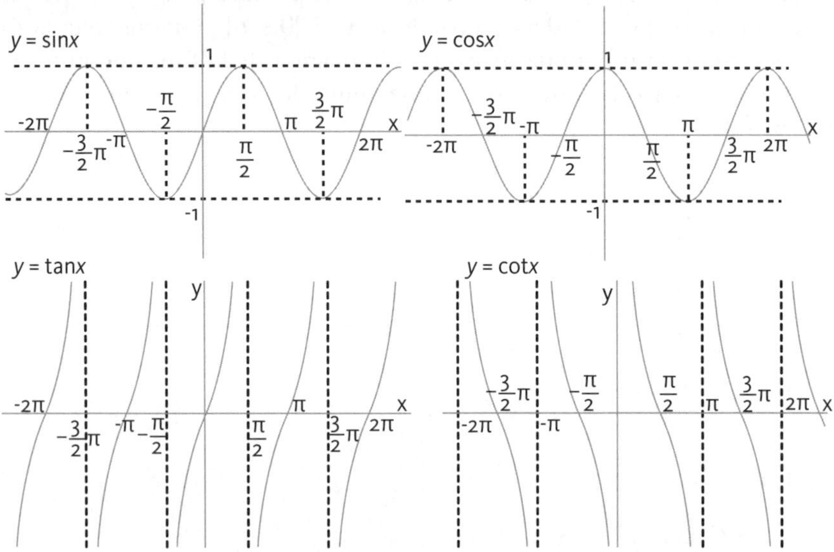

Figura 15

Considerato un qualsiasi $k \in Z$, la restrizione della funzione seno all'intervallo $\left[-\frac{\pi}{2}+2k\pi,\frac{\pi}{2}+2k\pi\right]$ è un'applicazione strettamente crescente di tale intervallo su [-1,1]. Pertanto tale restrizione è invertibile e la sua inversa è una funzione strettamente crescente. In particolare se, per $k = 0$, si considera l'intervallo $\left[-\frac{\pi}{2},\frac{\pi}{2}\right]$, allora la funzione inversa della funzione seno viene detta funzione **arcoseno**. Essa associa a $x \in [-1;1]$ il valore arcsin $x \in \left[-\frac{\pi}{2};\frac{\pi}{2}\right]$. La funzione arcoseno è dispari.

Considerato un qualsiasi $k \in Z$, la restrizione della funzione coseno all'intervallo $[2k\pi,\pi+2k\pi]$ è un'applicazione strettamente decrescente di tale intervallo su [-1,1]. Per tale motivo la restrizione è invertibile e la sua inversa è una funzione strettamente decrescente. In particolare se, per $k = 0$, si considera l'intervallo $[0,\pi]$, allora la funzione inversa della funzione coseno viene detta funzione **arcocoseno**. Essa associa a $x \in [-1;1]$ il valore arccos $x \in [0;\pi]$.

Considerato per un qualsiasi $k \in Z$, la restrizione della funzione tangente all'intervallo $\left]-\frac{\pi}{2}+k\pi,\frac{\pi}{2}+k\pi\right[$ è un'applicazione strettamente crescente di tale intervallo su R. Pertanto la restrizione è invertibile e la sua inversa è una funzione strettamente crescente di tale intervallo su R. In particolare se, per $k = 0$, si considera l'intervallo $\left]-\frac{\pi}{2},\frac{\pi}{2}\right[$, allora la funzione inversa della funzione tangente viene detta funzione **arcotangente**. Essa associa a $x \in R$ il valore arctan $x \in \left[-\frac{\pi}{2};\frac{\pi}{2}\right]$. La funzione arcotangente è dispari.

Considerato per un qualsiasi $k \in Z$, la restrizione della funzione cotangente all'intervallo $[k\pi,\pi,k\pi]$ è un'applicazione strettamente decrescente di tale intervallo su *R*. Quindi la restrizione è invertibile e la sua inversa è una funzione strettamente decrescente di tale intervallo su *R*. In particolare se, per $k = 0$, si considera l'intervallo $[0,\pi]$, allora la funzione inversa della funzione cotangente viene detta funzione **arcocotangente**. Essa associa a $x \in R$ il valore arccot $x \in [0;\pi]$.

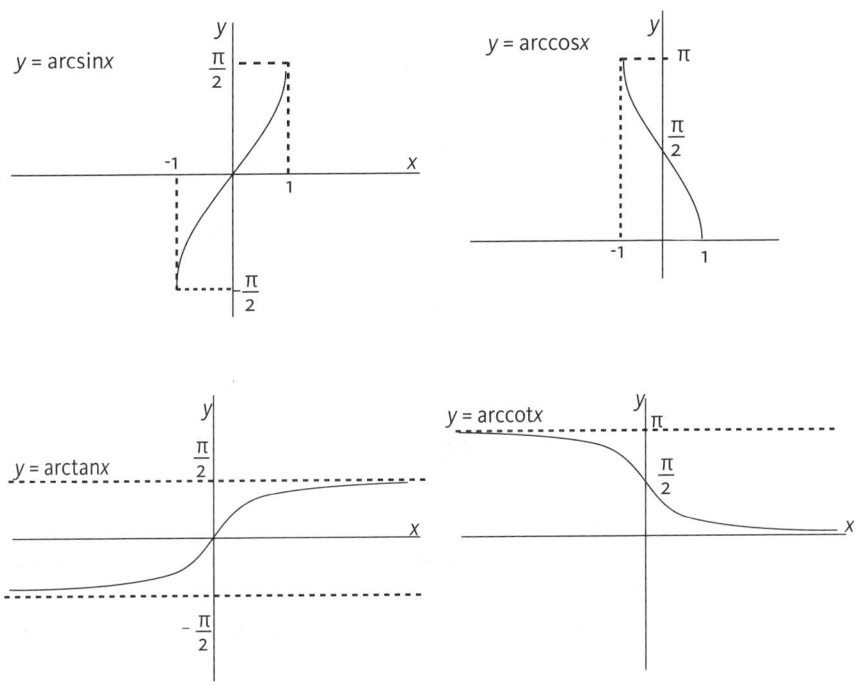

Figura 16

Le **funzioni iperboliche** (Figura 17) sono:

- il **seno iperbolico** che associa ad un $x \in R$ il valore $\sinh x = \frac{e^x - e^{-x}}{2} \in R$;
- il **coseno iperbolico** che associa ad un $x \in R$ il valore $\cosh x = \frac{e^x + e^{-x}}{2} \in [0;+\infty[$;

> la **tangente iperbolica** che associa ad un $x \in R$ il valore $\tanh x = \frac{\sinh x}{\cosh x} = \frac{e^x - e^{-x}}{e^x + e^{-x}} \in]-1;+1[$.

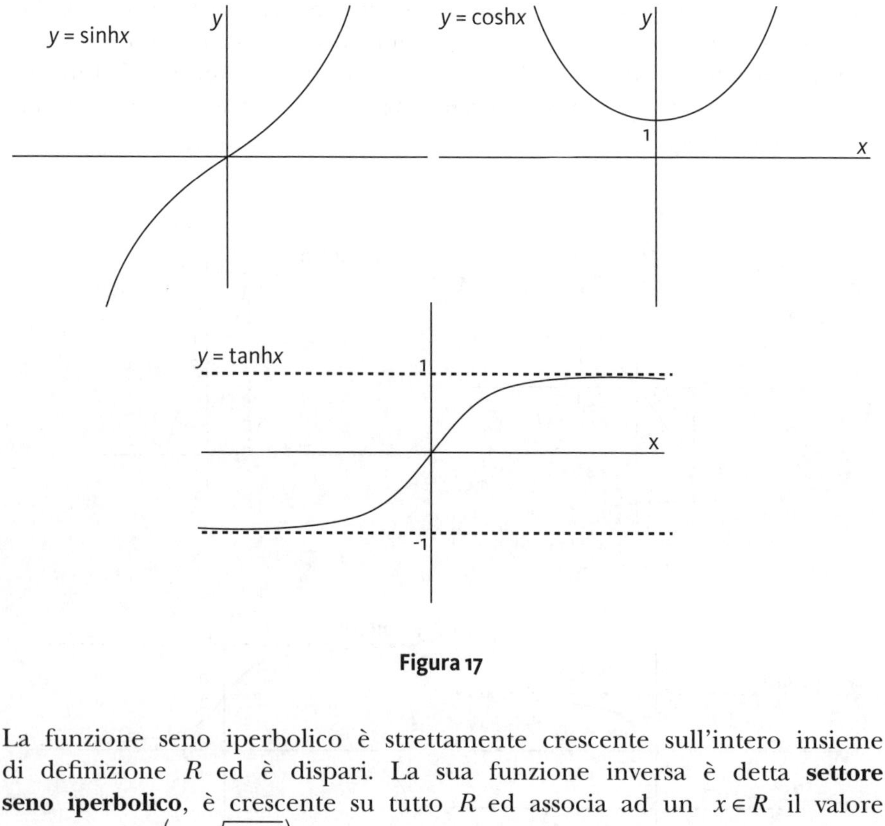

Figura 17

La funzione seno iperbolico è strettamente crescente sull'intero insieme di definizione R ed è dispari. La sua funzione inversa è detta **settore seno iperbolico**, è crescente su tutto R ed associa ad un $x \in R$ il valore $\text{sett}\sinh x = \log\left(x + \sqrt{x^2+1}\right) \in R$. Anche la funzione settore seno iperbolico è dispari.

La funzione coseno iperbolico è pari. La sua restrizione all'intervallo $R^+ = [0,+\infty[$ è una funzione strettamente crescente con immagine su $[1,+\infty[$. La funzione inversa è anch'essa strettamente crescente, è denominata **settore coseno iperbolico** ed associa ad un $x \in [1;+\infty[$ il valore sett cosh $x = \log\left(x + \sqrt{x^2-1}\right) \in R^+$.

La funzione tangente iperbolica è dispari ed è un'applicazione strettamente crescente di R su $]-1,1[$. La sua inversa è anch'essa strettamente crescente, è denominata **settore tangente iperbolica** ed associa ad un $x \in]-1;+1[$ il valore $\text{sett}\tanh x = \frac{1}{2}\log\left(\frac{1+x}{1-x}\right) \in R$. Anche la funzione settore tangente iperbolica è dispari.

5.2.9 Determinazione del campo di esistenza delle funzioni reali

Dopo aver presentato le varie funzioni elementari ed averne esaminato le caratteristiche in termini di insieme di definizione, monotonia, periodicità e simmetria, si vuole affrontare il problema della determinazione del campo di esistenza di una generica funzione reale di variabile reale. In Tabella 1 si riportano, di fianco a ciascuna funzione, le condizioni che ne determinano il campo di esistenza.

Tabella 1

Funzione	Condizioni
$y=\dfrac{N(x)}{D(x)}$	$D(x)\neq 0$
$y=\sqrt[n]{f(x)}$ n pari	$f(x)\geq 0$
$y=\sqrt[n]{f(x)}$ n dispari	Nessuna condizione
$y=\sin[f(x)]$ $y=\cos[f(x)]$	Nessuna condizione
$y=\tan[f(x)]$	$f(x)\neq\dfrac{\pi}{2}+k\pi \quad k\in Z$
$y=\cot[f(x)]$	$f(x)\neq k\pi \quad k\in Z$
$y=\log_a[f(x)]$	$f(x)>0$
$y=\log_{g(x)}[f(x)]$	$\begin{cases} f(x)>0 \\ g(x)>0 \\ g(x)\neq 1\end{cases}$
$y=\arcsin[f(x)]$ $y=\arccos[f(x)]$	$\begin{cases} f(x)\geq -1 \\ f(x)\leq 1\end{cases}$
$y=\arctan[f(x)]$ $y=\text{arc}\cot[f(x)]$	Nessuna condizione
$y=a^{f(x)}$	$a>0, f(x)\in R$
$y=f(x)^{g(x)}$	$\left\{ f(x)>0 \cup \begin{cases} f(x)=0 \\ g(x)>0\end{cases}\right.$

Si illustrano alcuni esempi di determinazione del campo di esistenza di una funzione.

Esempi

1) Per ottenere il campo di esistenza della funzione $y=\sqrt{x^2-4}$ bisogna imporre la condizione di esistenza della radice di indice pari.

$$x^2-4\geq 0$$

Le soluzioni della disequazione sono $x\leq -2$ e $x\geq 2$; quindi il campo di esistenza è:

$$]-\infty,-2]\cup[+2,+\infty[$$

2) Per la funzione logaritmica $y=\log_{x+1}(3-x)$ il seguente sistema di condizioni fornisce il campo di esistenza:

$$\begin{cases}3-x>0\\x+1>0\\x+1\neq 1\end{cases}\Rightarrow\begin{cases}-x>-3\\x>-1\\x\neq 1-1\end{cases}\Rightarrow\begin{cases}x<3\\x>-1\\x\neq 0\end{cases}$$

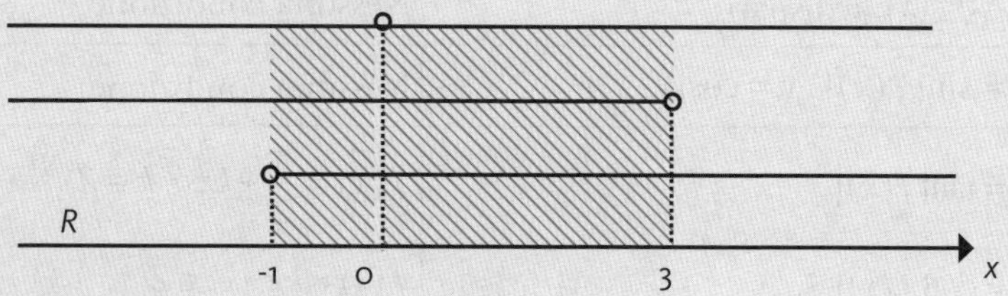

Quindi il campo di esistenza sarà:

$$]-1,0[\cup]0,3[$$

3) Per la funzione $y=\dfrac{\sqrt{4-x}}{\log(2x+1)}$ bisogna imporre l'esistenza del logaritmo, ossia che il suo argomento sia maggiore di zero, che il denominatore sia diverso da zero ed inoltre che l'argomento della radice di indice pari sia maggiore o uguale a zero. Quindi il seguente sistema di condizioni fornisce il campo di esistenza:

$$\begin{cases}2x+1>0\\\log(2x+1)\neq 0\\4-x\geq 0\end{cases}\Rightarrow\begin{cases}2x>-1\\2x+1\neq 1\\-x\geq -4\end{cases}\Rightarrow\begin{cases}x>-\frac{1}{2}\\2x\neq 1-1\\x\leq 4\end{cases}\Rightarrow\begin{cases}x>-\frac{1}{2}\\x\neq 0\\x\leq 4\end{cases}$$

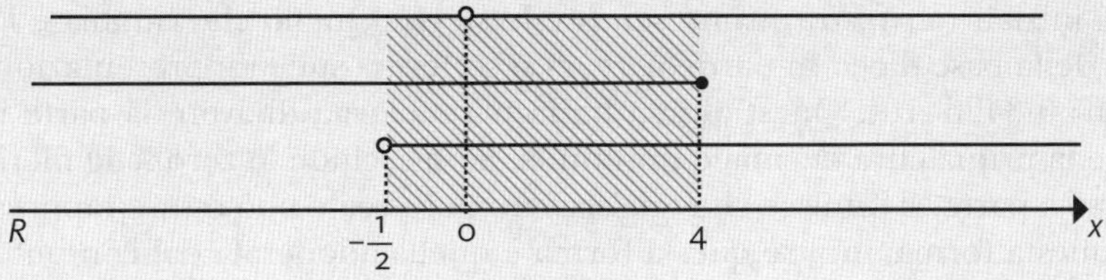

Quindi il campo di esistenza sarà:

$$\left]-\frac{1}{2},0\right[\cup]0,4]$$

5.3 Errori nel calcolo numerico

5.3.1 Premessa

I moderni metodi di calcolo numerico sono applicati utilizzando il computer o altri strumenti di calcolo. Chi ha risolto dei problemi matematici in modo approssimato, si sarà trovato di fronte alla necessità di adoperare generalmente numeri reali mediante la loro rappresentazione decimale e di operare delle approssimazioni. Ad esempio, svolgendo i conti con una calcolatrice tascabile, ci si sarà resi conto che i risultati vengono rappresentati sovente con un numero massimo di cifre significative che corrisponde al numero massimo di cifre che la calcolatrice può mostrare sul proprio display. Analogamente, i numeri memorizzati nelle celle di un foglio di calcolo elettronico sono calcolati adoperando un numero massimo di cifre decimali. Questo numero è, in generale, maggiore di quello che il foglio di calcolo permette di mostrare per comodità e chiarezza; tuttavia il foglio elettronico conserva in memoria le cifre non mostrate all'utente. Ovviamente, la perdita di alcune cifre durante il calcolo, per motivi di "spazio" o "memoria" in cui conservare i numeri, comporta l'emergere di un errore che interessa i numeri calcolati. Se poi questi numeri vengono adoperati per calcolare nuovi numeri, allora l'errore si propaga su questi ultimi. In generale, nel presentare un risultato numerico ottenuto con un elaboratore, è bene aver presente una stima dell'errore che influenza quel risultato. Per tale motivo, prima di introdurre le varie tecniche adoperate nel calcolo numerico per risolvere diverse tipologie di problemi, nel prossimo paragrafo ci si soffermerà sulle modalità di rappresentazione dei numeri reali adoperate dal computer.

5.3.2 Rappresentazione esponenziale dei numeri reali

Assegnato un numero reale, di esso si possono avere varie rappresentazioni di tipo esponenziale. Ad esempio, si consideri $a = 34{,}26$. Si può scrivere $a = 342{,}6 \cdot 10^{-1}$, oppure $a = 0{,}03426 \cdot 10^{3}$. In tutte queste rappresentazioni si

nota che le cifre che compongono il numero, fatta eccezione per il numero di zeri iniziali (a sinistra), sono sempre le stesse. Quello che cambia è l'esponente della base dieci. In particolare, ci si sofferma sulla rappresentazione del tipo $a = 0,3426 \cdot 10^2$. Quest'ultima ha la particolarità di avere la parte intera nulla e la prima cifra decimale non nulla. Se si esclude lo zero, che merita un discorso a parte, si intuisce che qualsiasi numero reale può essere rappresentato in questa forma; inoltre questa forma è quella adoperata dal computer per memorizzare le rappresentazioni dei numeri reali. Un numero reale può essere espresso anche in basi diverse da quella decimale; è noto che il computer adopera il sistema binario o esadecimale per rappresentare i numeri. Pertanto, si introduce questo concetto formalmente.
Dato un numero reale $a \neq 0$, in un sistema di numerazione di **base** *b*, esso può essere scritto nella seguente forma:

$$a = \pm m \cdot b^q$$

dove $m \in R$ ed è tale che $\frac{1}{b} \leq m < 1$, mentre $q \in Z$. Il numero m è espresso nelle cifre del sistema di numerazione di cui b è la base e viene detto **mantissa normalizzata**. Il numero q è detto **esponente** (o **caratteristica**) ed anch'esso è espresso nelle cifre del sistema di numerazione di base *b*. Se scritto in questo modo, il numero reale a si dice scritto in **forma esponenziale normalizzata** (o semplicemente in **forma normalizzata**).
Nel caso del sistema di numerazione decimale, allora $b = 10$ e si ha $\frac{1}{10} \leq m < 1 \rightarrow 0,1 \leq m < 1$.
Quando un numero a è considerato nella sua forma normalizzata, esso appare scritto nel modo seguente:

$$a = \pm 0, c_1 c_2 c_3 c_4 \ldots c_n c_{n+1} \ldots \cdot 10^q$$

La cifra $c_1 \neq 0$ è detta **prima cifra decimale**, la cifra c_2 è detta **seconda cifra decimale**, la cifra c_n è detta ***n*-esima cifra decimale**. Tutte le cifre c_i sono dette **cifre significative**.
Ad esempio, il numero $a_1 = -0,1402 \cdot 10^{-6}$ ha quattro cifre significative, mentre il numero $a_2 = -0,140200 \cdot 10^{-6}$ ha sei cifre significative. Si noti difatti che i numeri a_1 ed a_2 non si possono ritenere "uguali" da un punto di vista dell'informazione che essi forniscono. Nel numero a_1 non sono note la quinta e la sesta cifra decimale, mentre nel numero a_2 queste sono note e valgono entrambe zero.
Si consideri ora il numero espresso in una forma non normalizzata $c = +0,006790 \cdot 10^{-3}$. Si può intuire che lo zero che segue il 9 è una cifra significativa. Ci si chiede se si può dire lo stesso per i due zeri compresi tra la virgola e il 6. Per comprendere se siano significativi, occorre riportare il numero nella rappresentazione normalizzata, ossia $c = +0,6790 \cdot 10^{-5}$. Nella forma normalizzata i due zeri scompaiono: essi quindi non rappresentano cifre significative. In particolare questi due zeri non rappresentano una informazione relativa alla mantissa del numero, ma piuttosto una informazione relativa all'esponente.

Difatti nel passaggio alla forma normalizzata essi sono stati riassorbiti nell'esponente che da –3 è diventato –5.
Quindi, la forma normalizzata ha il vantaggio di mostrare nel modo più sintetico possibile l'informazione (in termini di cifre) relativa alla mantissa, eliminando eventuali zeri presenti alla sinistra delle cifre significative. In essa, viene naturale identificare le cifre significative.

In classe

Il problema delle cifre significative viene introdotto nel corso di fisica della scuola secondaria. Di solito agli studenti si fornisce la seguente regola, che assume quasi la forma di una definizione:
"Tutte le cifre diverse da 0 sono significative. Lo zero è significativo solo se racchiuso tra due cifre significative e solo quando è posto a destra delle cifre diverse. Gli zeri a sinistra non sono significativi."
Si noti che questa regola riprende nel dettaglio la trattazione sulle cifre significative che discende dall'introduzione della forma normalizzata. Tuttavia, essa lascia aperte alcune ambiguità che spesso i libri di testo non aiutano a chiarire. Si consideri il numero $c = 132000$ (privo di virgola). Stando alla regola enunciata, si deve ammettere che gli zeri a destra sono significativi. In realtà, quando il numero c viene poi utilizzato nei calcoli di esercizi sui libri, esso viene spesso riscritto come $132 \cdot 10^{+3}$ (e non certo come $132{,}00 \cdot 10^{+3}$), ossia considerando gli zeri a destra come non significativi. Questa ambiguità sorge dal fatto che si vuole introdurre la nozione di "cifra significativa" senza parlare di "forma normalizzata". Del resto, questo appare anche giustificabile, visto che è inutile introdurre un concetto che poi non verrà utilizzato nel corso di fisica. Tuttavia, tutti i testi introducono il concetto di notazione esponenziale (o notazione scientifica), nel quale il numero nella forma esponenziale viene scritto con una sola cifra a sinistra della virgola diversa da 0 e con tutte le altre cifre a destra della virgola, seguite da una potenza di dieci. Pertanto, sarebbe auspicabile legare il concetto di cifra significativa almeno a questo tipo di notazione. Questo non viene sempre fatto. Ritornando al numero c, si può affermare che non ha senso chiedersi se i suoi zeri sono significativi oppure no, in quanto non si conosce se esso provenga da una rappresentazione esponenziale del tipo $132 \cdot 10^{+3}$ (dove gli zeri non sono significativi), oppure del tipo $132{,}000 \cdot 10^{+3}$ (dove gli zeri sono significativi). Pertanto, sarebbe meglio legare il concetto di cifre significative alla rappresentazione scientifica e dire che solo in tale rappresentazione esse sono identificabili secondo la regola enunciata tra virgolette.

5.3.3 I numeri in virgola mobile

Si illustra ora come un numero in forma normalizzata venga memorizzato nella memoria di un elaboratore. L'elaboratore usa una rappresentazione dei numeri che viene detta **a virgola mobile** (o in inglese ***floating point***, letteralmente "punto fluttuante"). Difatti nei più comuni linguaggi di programmazione come il *C* un numero reale viene dichiarato come **float**.
La memoria di un computer è organizzata in **bit** (che sta per *binary digit*). Graficamente si può immaginare un bit come una cella nella quale è possibile conservare una cifra binaria. Si rammenti che le cifre del sistema binario sono 0 e 1 (vedi cap. 3). Quindi il bit è una cella di memoria che conserva 0 oppure 1.

Di conseguenza, più bit possono conservare più cifre, mediante le quali si possono rappresentare numeri diversi dai semplici 0 e 1 (siano essi decimali o binari). Ovviamente, per ciascun numero, il calcolatore può predisporre uno spazio finito di memoria, pertanto non tutti i numeri reali saranno rappresentabili. I numeri che possono essere rappresentati sono detti **numeri macchina**. Tipicamente un numero *floating point* viene memorizzato in 32 bit (in tal caso si parla di **numero in precisione semplice** oppure di **numero a 32 bit**) oppure in 64 bit (in tal caso si parla di numero in **precisione doppia** oppure di **numero a 64 bit**). Per fissare le idee si può pensare ad una scelta che viene spesso compiuta per i numeri conservati in 32 bit. Di solito 1 bit viene destinato al segno della mantissa, 23 bit vengono destinati alla mantissa e 8 bit all'esponente (segno compreso). Se ne deduce che, se un numero possiede una mantissa con un numero di cifre che non possono essere contenute in 23 bit, allora questo non è più un numero macchina, ossia non può essere rappresentato esattamente con un *floating point*. Lo stesso problema avviene per un numero che ha un esponente tale da non poter essere rappresentato negli 8 bit.
Senza entrare troppo nel dettaglio, se ne deduce che un numero a 32 bit può avere una mantissa che tipicamente ha al massimo 7 cifre decimali ed esponenti che vanno da –39 a +38 (ossia potenze che arrivano fino a 10^{-39} e fino a 10^{+38}). Inoltre lo zero (che non poteva essere rappresentato nella forma normalizzata), per convenzione, viene rappresentato con una mantissa nulla (tutti i 23 bit contengono 0) ed un esponente pari a 10^{-39}.
Di conseguenza i seguenti numeri non possono essere considerati numeri macchina quando si adoperano 32 bit:

- $0{,}233 \cdot 10^{-41}$ esponente troppo piccolo (un numero positivo troppo prossimo allo zero);
- $0{,}5336671 \cdot 10^{+44}$ esponente troppo grande (un numero positivo troppo grande);
- $0{,}4149987651 \cdot 10^{+22}$ mantissa troppo grande (un numero troppo "preciso");
- $-0{,}4165 \cdot 10^{-42}$ esponente troppo piccolo (un numero negativo troppo prossimo allo zero);
- $-0{,}99822 \cdot 10^{+44}$ esponente troppo grande (un numero negativo troppo grande in valore assoluto).

In Figura 18 sulla retta reale sono riportati tutti i numeri macchina che possono essere rappresentati con 32 bit (0 compreso). Numeri negativi o positivi troppo prossimi allo zero non possono essere rappresentati; parimenti, numeri troppo distanti dallo zero (sia verso $+\infty$ che verso $-\infty$) non possono essere rappresentati.

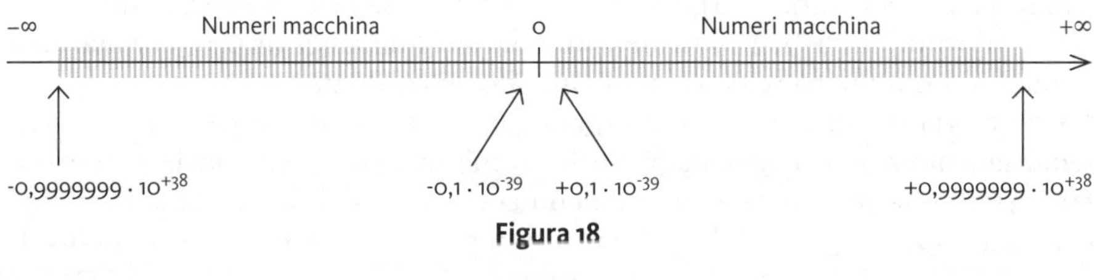

Figura 18

Inoltre, si noti che in Figura 18 i numeri macchina sono stati rappresentati con fasce segmentate, piuttosto che con fasce di colore continuo. Questa scelta è voluta di proposito e sta a significare che in quegli intervalli in cui si trovano i numeri macchina rappresentabili, vi sono comunque dei numeri reali (quelli in cui la mantissa ha troppe cifre) che non possono essere rappresentati.
Quando si usano numeri in precisione doppia (64 bit), allora, tipicamente, 52 bit vengono destinati alla mantissa, 11 all'esponente (con segno compreso) e 1 al bit segno della mantissa. In tal caso si ottiene una precisione di 15 cifre significative per la mantissa ed esponenti che vanno da –308 a +308 (ossia potenze che arrivano fino a 10^{-308} e fino a 10^{+308}).

Nota di approfondimento

Nell'elencare i bit destinati alle varie parti di un numero in forma normalizzata, si suole indicare esplicitamente il bit riservato al segno della mantissa, mentre per l'esponente si fornisce un computo totale dei bit destinati alle cifre ed al segno. Questo perché l'esponente, in realtà, non viene memorizzato con il segno. Esso viene memorizzato come un numero positivo ed il segno viene ricavato dal computer in fase di elaborazione e calcolo dei numeri. Ad esempio, se si possono esprimere esponenti da –39 a +38, in realtà si memorizzano numeri che vanno da 0 fino a 77, convenendo che 0 significa –39, 1 significa –38, ..., 39 significa 0,..., 77 significa +38.

Da quanto esposto fino a questo punto, si comprende che la forma normalizzata è il modo più conveniente di conservare i numeri reali nella memoria di un elaboratore (anche per tale motivo è stata scelta). Difatti, tale forma evita di destinare bit per contenere eventuali zeri non significativi presenti tra la virgola e la prima cifra significativa della mantissa. Tali zeri non rappresentano informazione utile alla descrizione della mantissa stessa (ma piuttosto informazione utile per definire l'esponente del numero). Con la rappresentazione normalizzata tutti i bit destinati alla mantissa contengono cifre significative (e quindi informazione utile al calcolo).

5.3.4 Perdita di informazione nel calcolo con numeri *floating point*

Nel paragrafo precedente si è mostrato che non tutti i numeri reali sono rappresentabili come *floating point*. Questo può avvenire solo per i cosiddetti numeri macchina. Pertanto, ci si chiede cosa succede quando un calcolatore, nello svolgere una operazione tra due numeri macchina, ottenga un numero non rappresentabile in virgola mobile.
Si possono contemplare tre casi distinti:

1. Il numero ottenuto ha un esponente minore del minimo esponente rappresentabile (ad esempio, in precisione singola si ottiene un esponente pari a –40). Se questo avviene, si dice che il calcolatore è andato in ***underflow***, ossia sotto il livello minimo dei numeri a virgola mobile. In tal caso il numero ottenuto viene posto pari a 0. Si può comprendere quali problemi possono

emergere da tale operazione, che comporta la perdita completa di cifre significative e la possibilità di utilizzare tale numero (supposto diverso da 0) come divisore, causando un errore tipico di "divisione per zero".

2. Il numero ottenuto ha un esponente maggiore del massimo esponente rappresentabile (ad esempio, in precisione singola si ottiene un esponente pari a +39). Se questo avviene, si dice che il calcolatore è andato in ***overflow***, ossia sopra il livello massimo dei numeri a virgola mobile. In tal caso il calcolatore può interrompere la procedura di calcolo oppure assegnare a quel numero la dicitura "Inf" (*infinity*) oppure "NaN" (*not a number*). Anche in tal caso vi è una perdita totale di informazione ed una probabile interruzione del calcolo in successive operazioni.
3. Il numero ottenuto ha un numero di cifre significative superiore a quello previsto per memorizzare una mantissa. In tal caso il numero deve essere approssimato, conservando il massimo numero di cifre memorizzabili e perdendo definitivamente le altre. In questo caso vi è una perdita parziale di informazione (e di precisione).

Dei tre casi precedenti, il terzo si verifica anche quando non vi sono calcoli "patologici", bensì calcoli che il computer svolge ordinariamente. Si pensi a due numeri espressi con 32 bit, ciascuno dei quali ha un numero totale di cifre della mantissa pari al massimo possibile, ossia 7. Si comprende come, ad esempio, la moltiplicazione di questi due numeri comporti un prodotto che abbia una mantissa con un numero di cifre superiore al limite consentito. Questa mantissa dovrà essere ridotta a 7 cifre causando una perdita di informazione.

Esempi

1) La seguente operazione tra numeri macchina a 32 bit genera un underflow.

$$(0{,}3245 \cdot 10^{-26}) \times (0{,}16 \cdot 10^{-15}) = 0{,}05192 \cdot 10^{-41} = 0{,}5192 \cdot 10^{-40} \rightarrow 0$$

2) La seguente operazione tra numeri macchina a 32 bit genera un overflow.

$$(0{,}2546 \cdot 10^{+31}) \times (0{,}281 \cdot 10^{+12}) = 0{,}0715426 \cdot 10^{+43} = 0{,}715426 \cdot 10^{+42} \rightarrow NaN$$

3) La seguente operazione tra numeri macchina a 32 bit genera un'approssimazione (perdita parziale di informazione).

$$(0{,}424618 \cdot 10^{+11}) \times (0{,}281543 \cdot 10^{-2}) = 0{,}1195482\mathbf{25574} \cdot 10^{+9} \rightarrow 0{,}1195482 \cdot 10^{+9}$$

Si noti che si sono perse le cifre significative "25574".

In Figura 19 è mostrato un foglio di calcolo (Excel 2010). I numeri che vengono inseriti nelle celle del foglio elettronico sono a doppia precisione. Nelle colonne A e B sono riportate delle coppie di numeri ($n1$ e $n2$) che vengono moltiplicate nella colonna C. In riga 2 si ha $n1$=1,10E-154, ossia

$n1 = 1,10 \cdot 10^{-154}$, mentre $n2$=1,10E-153, ossia $n2 = 1,10 \cdot 10^{-153}$. Il prodotto di tali numeri è ancora un numero macchina e viene rappresentato nella cella C2, lo stesso avviene nella cella C5. In cella C3 è stato causato un *underflow* (che viene segnalato con valore 0). Esso è dovuto ai due numeri delle celle A3 e B3 che assumono valori troppo bassi perché il loro prodotto sia rappresentabile. In cella C6 è stato causato un *overflow*, indicato con il messaggio d'errore #NUM!. Esso è causato dai due numeri delle celle A6 e B6 che assumono valori troppo alti perché il loro prodotto sia rappresentabile.

	A	B	C	D	E	F	G	H	I	J
1	n1	n2	n1 × n2							
2	1,10E-154	1,10E-153	1,21E-307	il numero viene calcolato correttamente						
3	1,10E-154	1,10E-154	0,00E+00	questo è un underflow: il numero dovrebbe essere 1,21E-308						
4										
5	1,10E+154	1,10E+154	1,21E+308	il numero viene calcolato correttamente						
6	1,10E+154	1,10E+155	#NUM!	questo è un overflow: il numero dovrebbe essere 1,21E+309						
7										
8										
9										
10										

Figura 19

5.3.5 Arrotondare e troncare

Si è visto che in alcuni casi, quando due numeri macchina sono moltiplicati, si può generare un numero che non può essere rappresentato mediante un numero a virgola mobile perché ha un numero di cifre della mantissa superiore a quello massimo previsto. In tal caso, il calcolo dell'elaboratore non si arresta, ma procede con la prescrizione che sul risultato ottenuto venga compiuta una approssimazione che generi un numero a virgola mobile. In linea del tutto generale, si illustrano ora le due procedure previste dall'elaboratore per compiere una **approssimazione**. Esse sono l'arrotondamento ed il troncamento.

Si consideri un numero a scritto nella forma esponenziale normale.

$$a = \pm 0, c_1 c_2 c_3 c_4 \ldots c_n c_{n+1} \ldots \cdot 10^q$$

L'operazione di **arrotondamento** di un numero a alla n-esima cifra decimale si svolge nel modo seguente.

Si considera la n+1-esima cifra decimale. Se è maggiore o uguale a 5 (ossia pari a 5,6,7,8 e 9), allora la n-esima cifra si aumenta di una unità. Si noti che se la n-esima cifra è pari a 9, allora il 9 diventa 0 e la n-1 esima cifra aumenta di una unità. Se anche la n–1-esima cifra vale 9, allora essa diventa 0 e si ripete il processo precedente fino a quando non si incontra una cifra diversa da 9. Se la n+1-esima cifra è minore di 5 (ossia pari a 0,1,2,3 e 4), allora la n-esima cifra resta invariata. Di seguito, si trascurano tutte le cifre della mantissa a destra della n-esima, quindi dalla n+1-esima in poi.

L'operazione di **troncamento** di a alla n-esima cifra decimale si svolge trascurando direttamente tutte le cifre dalla n+1-esima in poi.

Sia con l'arrotondamento, sia con il troncamento, si ricava a_0 (un **numero approssimato**) che approssima il **numero esatto** a.
Si noti che le operazioni di arrotondamento e troncamento vengono svolte ordinariamente anche nella vita comune o in altre branche della matematica, su numeri che non necessariamente sono espressi in forma normalizzata. In tal caso si parla di arrotondamento o troncamento riferiti alle cifre decimali nella specifica rappresentazione del numero. A tale proposito si possono considerare i seguenti esempi.

Esempi

1) Si consideri il numero in forma esponenziale normalizzata:

$$a = 0,25346 \cdot 10^{-5}$$

Si vuole troncare il numero alla terza cifra (il 3), eliminando le seguenti. Si ottiene:

$$a_0 = 0,253 \cdot 10^{-5}$$

Si noti che arrotondando il numero si ottiene lo stesso valore, difatti la quarta cifra è un 4 che lascia la cifra precedente (il 3) invariata.

$$a_0 = 0,253 \cdot 10^{-5}$$

2) Il numero irrazionale trascendente π non può essere conosciuto in modo esatto, sebbene siano state determinate circa 5000 miliardi delle sue cifre.
Si consideri il numero π di cui si riportano solo alcune cifre, omettendo le seguenti:

$$\pi = 3,141592653589\ldots$$

Si consideri la possibilità di arrotondare π alla sesta cifra decimale (che vale 2). In tal caso la settima cifra decimale vale 6, pertanto occorre aumentare di una unità la sesta cifra decimale che da 2 diventa 3. Quindi il numero approssimato vale:

$$\pi_0 \approx 3,141593$$

Troncando il numero alla sesta cifra decimale si ottiene invece una approssimazione differente:

$$\pi_0 \approx 3,141592$$

In Figura 20 è mostrato l'arrotondamento e il troncamento di π per diverse cifre decimali, come svolto da un foglio elettronico (Excel 2010) mediante le funzioni ARROTONDA() e TRONCA(). Si nota che talvolta le due approssimazioni coincidono, talvolta differiscono per l'ultima cifra significativa (la cifra dell'arrotondamento è maggiore di una sola unità).

	A	B	C	D
1	Cifra	Arrotond.	Troncam.	
2	9	3,141592654	3,141592653	
3	8	3,14159265	3,14159265	
4	7	3,1415927	3,1415926	
5	6	3,141593	3,141592	
6	5	3,14159	3,14159	
7	4	3,1416	3,1415	
8	3	3,142	3,141	
9	2	3,14	3,14	
10	1	3,1	3,1	
11	0	3	3	
12				
13				

Figura 20

Nota di approfondimento
In questo contesto si è preferito illustrare le approssimazioni per arrotondamento e troncamento, secondo le procedure che si usano anche nella vita quotidiana. Tuttavia, è bene precisare che una macchina calcolatrice svolge il troncamento in modo analogo a quanto illustrato prima, mentre riconduce l'arrotondamento ad una somma e ad un successivo troncamento. In particolare, la procedura di arrotondamento viene svolta sommando 5 alla n+1-esima cifra e successivamente troncando il numero. Il lettore può verificare che tale procedura è equivalente a quella illustrata in precedenza.

Si nota che, in generale, il troncamento è una operazione più veloce dell'arrotondamento. Questa caratteristica non va ignorata, poiché la velocità è un requisito importante per una macchina che svolge calcolo numerico. Tuttavia, i paragrafi successivi mostreranno quello che già si intuisce nell'esempio precedente, ossia che l'arrotondamento è una procedura di approssimazione più accurata rispetto al troncamento.

5.3.6 Errore assoluto ed errore relativo

Si è detto che le procedure di approssimazione causano una perdita di informazione, nel senso che determinano una perdita di cifre significative. Questo discorso potrebbe essere posto intuitivamente anche nella forma seguente: le procedure di approssimazione di un numero generano un errore sul numero stesso. Di seguito si formalizza questo aspetto.
Si consideri un numero a che prende il nome di **valore esatto** (o **numero esatto**). Si supponga di voler sostituire tale numero con un numero ad esso prossimo, indicato con a_0 e detto **valore approssimato** (o **numero approssimato**). Compiendo tale operazione di **approssimazione** si commette un errore (detto **errore assoluto**), indicato con e, che è dato dalla relazione:

$$e = |a - a_0|$$

Equazione 1

Un significato importante assume l'**errore relativo** e_r che è dato da:

$$e_r = \frac{e}{|a|} = \frac{|a - a_0|}{|a|}$$

Equazione 2

Siccome il valore approssimato non differisce molto dal valore esatto, talvolta si usa sostituire nell'Equazione 2 il valore esatto a con quello approssimato a_0 scrivendo:

$$e_r = \frac{e}{|a_0|}$$

Equazione 3

L'errore assoluto dà un'informazione sulla "grandezza" dell'errore stesso, compiuto mediante l'approssimazione; esso, però, non fornisce alcuna informazione sulla "bontà" dell'approssimazione compiuta. Errori assoluti che il senso comune definirebbe "piccoli", nascondono in realtà approssimazioni "poco precise". Viceversa, errori assoluti che si definirebbero "grandi" sono invece il risultato di un'approssimazione che si potrebbe definire "buona".
Per chiarire la "bontà" dell'approssimazione compiuta, occorre riferirsi all'errore relativo. Minore è l'errore relativo e migliore è l'approssimazione compiuta. Spesso l'errore relativo, essendo un numero puro (privo di unità di misura), viene presentato come percentuale. In effetti, in riferimento all'Equazione 3, l'errore relativo mostra quanto un numero approssimato, in percentuale rispetto al proprio valore, si discosta dal numero esatto.
Il seguente esempio chiarisce questi concetti.

Esempio

Si consideri il numero esatto $a = 0,59 \cdot 10^{-1}$ e si consideri la sua approssimazione mediante troncamento alla seconda cifra decimale, ossia $a_0 = 0,50 \cdot 10^{-1}$.
In tal caso l'errore assoluto vale:

$$e = |a - a_0| = |0,59 \cdot 10^{-1} - 0,50 \cdot 10^{-1}| = 0,09 \cdot 10^{-1} = 0,009$$

Tale errore verrebbe giudicato come "piccolo". Tuttavia l'errore relativo vale:

$$e_r = \frac{e}{|a|} = \frac{0,09 \cdot 10^{-1}}{0,59 \cdot 10^{-1}} \approx 0,15 = 15\%$$

Analogamente:

$$e_r = \frac{e}{|a_0|} = \frac{0,09 \cdot 10^{-1}}{0,50 \cdot 10^{-1}} = 0,18 = 18\%$$

Si consideri il numero esatto $a = 0,599 \cdot 10^{+3}$ e si consideri la sua approssimazione mediante troncamento alla terza cifra decimale, ossia $a_0 = 0,590 \cdot 10^{+3}$.
In tal caso l'errore assoluto vale:

$$e = |a - a_0| = |0,599 \cdot 10^{+3} - 0,590 \cdot 10^{+3}| = 0,009 \cdot 10^{+3} = 9$$

Questo errore assoluto, paragonato al precedente (pari a 0,009), verrebbe etichettato come "grande". Tuttavia, l'errore relativo in questo caso è minore ed è indice di un'approssimazione migliore:

$$e_r = \frac{e}{|a|} = \frac{0,009 \cdot 10^{+3}}{0,599 \cdot 10^{+3}} \approx 0,015 = 1,5\%$$

Analogamente:

$$e_r = \frac{e}{|a_0|} = \frac{0,009 \cdot 10^{+3}}{0,590 \cdot 10^{+3}} \approx 0,015 = 1,5\%$$

5.3.7 Errore assoluto limite ed errore relativo limite

Si vuole ora analizzare nel dettaglio l'errore compiuto con l'approssimazione per arrotondamento e con quella per troncamento e si vuole cercare di dare una stima del massimo errore possibile che si può compiere con le due procedure. Si osservi il calcolo riportato in Tabella 2: esso concerne un arrotondamento alla seconda cifra decimale (n=2), in tutti i casi possibili (ossia quando la terza cifra vale da 0 a 9). Nella prima colonna sono riportati 10 numeri esatti a distinti, nella seconda colonna è riportato il numero arrotondato, nella terza l'errore assoluto e nella quarta (colonna "Limite") si nota che tale errore è sempre minore del limite pari a 0,005. Si può anche scrivere:

$$0,005 = 0,5 \cdot 0,01 = 0,5 \cdot 10^{-2}$$

In pratica si è ottenuto il seguente risultato: quando si approssima alla seconda cifra decimale (n=2) si compie un errore che non è mai superiore a $0,5 \cdot 10^{-2}$.

Tabella 2

Arrotondamento alla cifra decimale n=2			
N. Esatto a	N. Appross. a_0	Errore $e = \vert a - a_0 \vert$	Limite
0,119	0,12	0,001	≤0,005
0,118	0,12	0,002	≤0,005
0,117	0,12	0,003	≤0,005
0,116	0,12	0,004	≤0,005
0,115	0,12	0,005	≤0,005
0,114	0,11	0,004	≤0,005
0,113	0,11	0,003	≤0,005
0,112	0,11	0,002	≤0,005
0,111	0,11	0,001	≤0,005
0,110	0,11	0,000	≤0,005

Si noti che in Tabella 2, per comodità, si sono considerati numeri che nella forma normalizzata hanno esponente $q=0$ (infatti si è omessa la potenza di 10). Tuttavia, se un numero nella rappresentazione normalizzata è seguito da una potenza 10^q con $q \in Z$, non occorre far altro che posporre tale potenza a tutti i numeri in tabella, per ottenere nuovamente risultati congruenti. In particolare, si può posporre 10^q anche al limite 0,005. In tal caso si nota che il limite vale:

$$0,005 \cdot 10^q = 0,5 \cdot 0,01 \cdot 10^q = 0,5 \cdot 10^{q-2}$$

Analogamente, si può dimostrare che se si approssima alla terza cifra decimale ($n=3$), si ottiene un errore che non è mai superiore a $0,5 \cdot 10^{q-3}$.
In generale, se si approssima alla n-esima cifra decimale, si ottiene un errore che non è mai superiore a $0,5 \cdot 10^{q-n}$.
Quindi, si è determinata una maggiorazione dell'errore assoluto per approssimazione alla n-esima cifra decimale. Si può scrivere:

$$e = |a - a_0| \leq 0,5 \cdot 10^{q-n}$$

Si definisce la quantità $\varepsilon = 0,5 \cdot 10^{q-n}$ come **errore assoluto limite**. Esso rappresenta una stima del massimo errore assoluto possibile che si può compiere con un arrotondamento alla n-esima cifra decimale.
Si noti inoltre che il modulo di un numero esatto scritto nella forma normalizzata è del tipo $|a| = m \cdot 10^q$ dove $10^{-1} \leq m < 1$, da questo si ottiene $10^{-1} \cdot 10^q \leq m \cdot 10^q < 1 \cdot 10^q$, ossia:

$$10^{q-1} \leq |a| < 10^q$$

da cui:

$$\frac{1}{|a|} \leq \frac{1}{10^{q-1}}$$

Sfruttando questa disuguaglianza si può scrivere:

$$e_r = \frac{e}{|a|} \leq \frac{e}{10^{q-1}} \leq \frac{0,5 \cdot 10^{q-n}}{10^{q-1}} = 0,5 \cdot 10^{q-n-q+1}$$

Quindi si ottiene una maggiorazione dell'errore relativo per approssimazione alla n-esima cifra decimale. Si può scrivere:

$$e_r = \frac{e}{|a|} \leq 0,5 \cdot 10^{1-n}$$

Si definisce la quantità $\varepsilon_r = 0,5 \cdot 10^{1-n}$ come **errore relativo limite**. Esso rappresenta una stima del massimo errore relativo possibile che si può compiere con un arrotondamento alla n-esima cifra decimale.

Si consideri il calcolo riportato in Tabella 3, dove è stato compiuto un troncamento alla seconda cifra decimale (n=2) di un numero esatto, in tutti i casi possibili (ossia quando la terza cifra vale da 0 a 9). Questa volta, osservando la colonna "Limite", si nota che l'errore è sempre minore del limite pari a 0,01, ossia 10^{-2}. Generalizzando ad un esponente qualsiasi $q \neq 0$, si può scrivere il limite come 10^{q-2}. Inoltre, se si approssima alla n-esima cifra decimale, si ottiene un errore che non è mai superiore a 10^{q-n}.

Tabella 3

Troncamento alla cifra decimale n=2			
N. Esatto a	N. Appross. a_0	Errore $e = \lvert a - a_0 \rvert$	Limite
0,119	0,11	0,009	≤0,01
0,118	0,11	0,008	≤0,01
0,117	0,11	0,007	≤0,01
0,116	0,11	0,006	≤0,01
0,115	0,11	0,005	≤0,01
0,114	0,11	0,004	≤0,01
0,113	0,11	0,003	≤0,01
0,112	0,11	0,002	≤0,01
0,111	0,11	0,001	≤0,01
0,110	0,11	0,000	≤0,01

Quindi, per il troncamento l'errore assoluto limite vale $\varepsilon = 10^{q-n}$, mentre l'errore relativo limite vale $\varepsilon_r = 10^{1-n}$.
Raccogliendo tutti i risultati finora ottenuti, si può scrivere che l'errore assoluto e l'errore assoluto limite valgono:

$$e = \lvert a - a_0 \rvert \leq C \cdot 10^{q-n} = \varepsilon$$

Equazione 4

E analogamente, l'errore relativo e l'errore relativo limite valgono:

$$e_r = \frac{e}{\lvert a \rvert} \leq C \cdot 10^{1-n} = \varepsilon_r$$

Equazione 5

dove, nell'Equazione 4 e nell'Equazione 5, si ha C=0,5 se si compie un arrotondamento, mentre C=1 se si compie un troncamento. Appare evidente che, sebbene il troncamento sia una approssimazione più veloce da compiere, essa è meno precisa in quanto il valore di C è maggiore. Il troncamento causa errori assoluti limite ed errori relativi limite che sono doppi rispetto all'arrotondamento.

Esempio

Si consideri il numero in forma esponenziale normalizzata (con $q=-12$):

$$a = 0,4453467 \cdot 10^{-12}$$

Si arrotonda il numero alla quinta ($n=5$) cifra decimale, ottenendo il numero approssimato:

$$a_0 = 0,44535 \cdot 10^{-12}$$

L'errore assoluto vale:

$$e = |a - a_0| = |0,4453467 \cdot 10^{-12} - 0,44535 \cdot 10^{-12}| = |0,0000033| \cdot 10^{-12}$$
$$= 0,33 \cdot 10^{-5} \cdot 10^{-12} = 0,33 \cdot 10^{-17}$$

L'errore assoluto limite vale invece:

$$\varepsilon = 0,5 \cdot 10^{q-n} = 0,5 \cdot 10^{-12-5} = 0,5 \cdot 10^{-17}$$

Risulta quindi verificata la disuguaglianza:

$$e = 0,33 \cdot 10^{-17} \leq 0,5 \cdot 10^{-17} = \varepsilon$$

Inoltre si ha:

$$e_r = \frac{e}{|a|} = \frac{0,33 \cdot 10^{-17}}{0,4453467 \cdot 10^{-12}} \approx 0,741 \cdot 10^{-5}$$

L'errore relativo limite vale invece:

$$\varepsilon_r = 0,5 \cdot 10^{1-n} = 0,5 \cdot 10^{1-5} = 0,5 \cdot 10^{-4}$$

Infatti vale la disuguaglianza:

$$e_r \approx 0,741 \cdot 10^{-5} \leq 0,5 \cdot 10^{-4} = \varepsilon_r$$

Si consideri ora un certa base b e si consideri una macchina calcolatrice che in quella base b rappresenta la mantissa con un numero massimo di cifre pari a t. In tal caso l'arrotondamento o il troncamento avvengono sempre alla cifra $n=t$. Pertanto l'errore relativo limite (Equazione 5) si può scrivere come:

$$\varepsilon_r = C \cdot b^{1-t}$$

Equazione 6

Si nota che questo numero non dipende dall'esponente q; esso è un numero che viene univocamente determinato, fissata la macchina su cui si svolgono i calcoli. Pertanto, questo parametro è anche conosciuto come **precisione macchina** (oppure **epsilon di macchina**). È evidente che tale parametro è una

caratterizzazione specifica di ogni macchina. Esso rappresenta la massima precisione che si può ottenere operando calcoli con una specifica macchina calcolatrice.
Ad esempio, considerata la base b=10, per una macchina a 32 bit che opera i calcoli con arrotondamento, si ha C=0,5; inoltre t=7, in quanto le mantisse dei numeri decimali vengono conservate con 7 cifre significative. Pertanto la precisione di una macchina di questo tipo vale:

$$\varepsilon_r = 0,5 \cdot 10^{1-7} = 0,5 \cdot 10^{-6}$$

5.3.8 Cifre decimali corrette e cifre significative corrette

Si vogliono ora introdurre i concetti di cifre decimali corrette e cifre significative corrette. Si consideri un numero esatto a (in base decimale) ed una sua approssimazione a_0 (fatta con arrotondamento o troncamento). L'errore assoluto vale:

$$e = | a - a_0 |$$

Se avviene che:

$$e = | a - a_0 | \leq 0,5 \cdot 10^{-k}$$

dove $k \geq 1$, allora si dice che il numero approssimato a_0 ha k **cifre decimali corrette**.
L'errore relativo vale:

$$e_r = \frac{e}{| a |}$$

Se per esso avviene che:

$$e_r = \frac{e}{| a |} \leq 0,5 \cdot 10^{-k}$$

dove $k \geq 1$, allora si dice che il numero approssimato a_0 ha k oppure $k+1$ **cifre significative corrette**.
L'aggettivo "corretto" lascia pensare che le cifre corrette siano quelle per le quali c'è corrispondenza tra il numero esatto e quello approssimato. Ad esempio, ci si aspetta che se $a = 0,55446$ e $a_0 = 0,5545$, allora le cifre decimali corrette siano 3, ossia la sequenza 554 che non cambia tra i due numeri. Analogamente, ci si aspetta che avvenga per le cifre significative. In realtà non è questo che si intende, in quanto le cifre decimali corrette o le cifre significative corrette potrebbero essere anche in numero superiore di una unità a quelle che effettivamente si corrispondono nei due numeri (coinvolgendo anche la cifra per la quale è avvenuto l'arrotondamento o il troncamento). Questo aspetto è chiarito dall'esempio seguente.

Esempio

Si consideri il numero $a = 0,00345682$ (che non è in forma normalizzata), approssimato con $a_0 = 0,0034568$. L'errore vale $e = |a - a_0| = 0,2 \cdot 10^{-7} \leq 0,5 \cdot 10^{-7}$. Pertanto le cifre decimali esatte sono 7. Effettivamente le 7 cifre decimali 0034568 tra i due numeri si corrispondono. L'errore relativo vale $e_r = \frac{e}{|a|} \approx 0,6 \cdot 10^{-5} \leq 0,5 \cdot 10^{-4}$. Quindi le cifre significative esatte sono 4 oppure 5. In effetti le cifre significative nel numero a_0 sono 5 e sono tutte esatte e corrispondenti a quelle di a.
Si consideri il numero $a = 0,00345685$, approssimato con $a_0 = 0,0034569$. L'errore vale $e = |a - a_0| = 0,5 \cdot 10^{-7} \leq 0,5 \cdot 10^{-7}$. Pertanto le cifre decimali esatte sono 7. In questo caso le 7 cifre decimali 0034569 di a_0 non corrispondono alle sette cifre decimali di a, ma la cifra decimale più a destra differisce. L'errore relativo vale $e_r = \frac{e}{|a|} \approx 0,1 \cdot 10^{-4} \leq 0,5 \cdot 10^{-4}$. Quindi le cifre significative esatte sono 4, oppure 5.

In effetti, le cifre significative nel numero a_0 sono 5 e non corrispondono tutte a quelle di a (l'ultima differisce).

5.4 Propagazione dell'errore

5.4.1 Alcune regole basilari di propagazione dell'errore

Prima di procedere con l'analisi delle modalità con cui un errore si propaga nella risoluzione di un problema mediante un algoritmo, si vogliono ricordare alcune semplici regole di propagazione dell'errore nel calcolo di quantità effettuato per mezzo di altre quantità affette da errore.
Nella trattazione seguente le variabili a e b si intendono affette da errori assoluti e_a ed e_b e da errori relativi e_{r-a} ed e_{r-b}.
Sia $f(a) = a^n$ con $n \in N$ e privo di errore. L'errore assoluto su f vale:

$$e_f = n \cdot |a^{n-1}| \cdot e_a$$

L'errore relativo vale:

$$e_{r-f} = n \cdot e_{r-a}$$

Sia $f(a) = ka$ con k privo di errore. L'errore assoluto su f vale:

$$e_f = |k| \cdot e_a$$

Equazione 7

Invece, l'errore relativo non subisce variazione:

$$e_{r-f} = e_{r-a}$$

Si considera una funzione che è somma algebrica di due variabili.

$$f(a,b)=a+b$$

In tal caso l'errore assoluto vale:

$$e_f = e_a + e_b$$

L'errore assoluto su f è la somma degli errori sulle due variabili. Si sottolinea che tale relazione vale anche per le differenze. In particolare, si considera esplicitamente il caso in cui si opera una differenza:

$$f(a,b)=|a|-|b|$$

Se i due valori sono circa uguali si ha $f(a,b)\approx 0$. Tuttavia i due errori si sommeranno ($e_f = e_a + e_b$) e questo causerà un errore relativo molto alto che rappresenta una totale indeterminazione di $f(a,b)$. Questo effetto viene anche detto **errore di cancellazione**.

Esempio

Si considerino i due seguenti numeri arrotondati da una macchina che riserva alla mantissa 7 cifre decimali significative:

$$a=0,3412347 b=0,3412346$$

La loro differenza vale $a-b=0,3412347-0,3412346=10^{-7}$.
L'errore massimo limite è dato dalla somma degli errori massimi limite sui due numeri. Entrambi valgono $\varepsilon=0,5\cdot 10^{-7}$.
Quindi si ha: $\varepsilon_a+\varepsilon_b=0,5\cdot 10^{-7}+0,5\cdot 10^{-7}=10^{-7}$.
Pertanto l'errore relativo vale:

$$e_r=\frac{\varepsilon_a+\varepsilon_b}{a-b}=\frac{10^{-7}}{10^{-7}}=100\%$$

Vi è una indeterminazione totale sul valore della differenza, dovuta all'effetto di cancellazione.

Per una funzione prodotto $f(a,b)=a\cdot b$, si ottiene un errore assoluto:

$$e_f=|b|\cdot e_a+|a|\cdot e_b$$

L'errore relativo è pari alla somma degli errori relativi sui due numeri:

$$e_{r-f}=e_{r-a}+e_{r-b}$$

Per la funzione rapporto di due numeri $f(a,b)=\frac{a}{b}$ si ottiene un errore assoluto pari a:

$$e_f=\left|\frac{1}{b}\right|e_a+\left|\frac{a}{b^2}\right|e_b$$

Anche in questo caso l'errore relativo è pari alla somma degli errori relativi.

$$e_{r-f} = e_{r-a} + e_{r-b}$$

5.4.2 Problema, algoritmo ed elaboratore

Si consideri un **problema** che consiste nel determinare una quantità $f(a)$ una volta che si ha a disposizione un determinato **dato** a. Per risolvere tale problema su di un elaboratore occorrerà codificare un **algoritmo** che viene indicato mediante la funzione φ. L'algoritmo riceve in ingresso non il dato a **esatto**, bensì una sua **approssimazione** che risiede nella memoria del computer, indicata con a^* ed affetta dagli errori tipici della precisione della macchina. Pertanto, il computer, una volta che gli viene posto il problema ed esegue il suo algoritmo, produrrà una risposta in uscita che si può indicare con $\varphi(a^*)$. Appare chiaro che l'errore commesso ha la seguente forma:

$$f(a)-\varphi(a^*)$$

Equazione 8

In realtà, nell'Equazione 8 sono contenuti due tipi di errori la cui radice comune sta nel fatto che in memoria l'elaboratore conserva un dato che non è quello reale a, ma una sua approssimazione a^* che è affetta da errore. Per comprendere questo aspetto, si riscrive l'Equazione 8 nel modo seguente:

$$[f(a)-f(a^*)]+[f(a^*)-\varphi(a^*)]$$

Equazione 9

Si individuano due contributi racchiusi tra parentesi quadre.

1. Il primo termine $f(a)-f(a^*)$ è legato essenzialmente al problema f. Esso esprime la discrepanza che si ottiene trattando il problema con il dato esatto e con un dato soggetto ad una incertezza (un errore massimo limite). Vi sono problemi per i quali questo termine assume già un valore rilevante, rendendo vana la codifica di qualsiasi algoritmo φ per la sua risoluzione. In tal caso si parla di **condizionamento del problema**.

2. Nel secondo termine $f(a^*)-\varphi(a^*)$ si è fissato il dato comune in ingresso a^* (che è affetto da errore). Per tale motivo questo termine descrive come la risposta dell'algoritmo si discosta dalla soluzione del problema, quando anche quest'ultima è espressa in termini di dati influenzati da errori. In pratica l'algoritmo nei suoi passaggi di calcolo può amplificare l'errore sul dato a^* e quindi generare un risultato finale che è affetto da un errore considerevole. In tal caso si parla di **stabilità dell'algoritmo**.

Gli aspetti 1 e 2 saranno trattati in tale ordine nei due seguenti paragrafi.

5.4.3 Condizionamento di un problema

In questo paragrafo ci si occupa degli aspetti relativi al condizionamento di un determinato problema, tralasciando il contributo di imprecisione che può essere fornito dal tipo di algoritmo adottato. Pertanto nell'Equazione 9 si considera il solo termine $f(a)-f(a^*)$. Si rammenta che $|a^*-a|\le\varepsilon$, dove ε è l'errore assoluto limite che influenza il dato a^*. Si sviluppa la funzione f in serie, arrestando lo sviluppo al primo ordine in un intorno di a, ossia $|a^*-a|\le\varepsilon$, in cui è presente il valore approssimato a^*.
Si può scrivere:

$$f(a^*)=f(a)+f'(a)(a^*-a)$$

Equazione 10

Con $f'(a)$ si intende la derivata rispetto ad a della funzione f. Tenendo conto che $|a^*-a|\approx\varepsilon$, si può scrivere:

$$f(a^*)-f(a)=f'(a)\varepsilon$$

e calcolare il valore assoluto di ambo i membri:

$$|f(a^*)-f(a)|=|f'(a)|\cdot\varepsilon$$

Equazione 11

Si dividono ambo i membri per $|f(a)|$ e si ottiene:

$$\frac{|f(a^*)-f(a)|}{|f(a)|}=\frac{|f'(a)|}{|f(a)|}\cdot\varepsilon$$

A primo membro si riconosce l'errore relativo su $f(a)$ che viene indicato con ε_{r-in}. Tale errore, da questo punto in poi, verrà definito **errore inerente** o **ineliminabile**, in quanto è un errore dovuto (come si vedrà a breve) alla sola tipologia del problema.

$$\varepsilon_{r-in}=\frac{|f'(a)|}{|f(a)|}\cdot\varepsilon$$

Equazione 12

Si noti che l'errore inerente può essere anche riscritto come:

$$\varepsilon_{r-in}=\frac{|f(a^*)-f(a)|}{|f(a)|}=\left|\frac{f(a^*)}{f(a)}-1\right|$$

Equazione 13

A secondo membro dell'Equazione 12 si moltiplica e si divide per $|a|$ ottenendo:

$$\varepsilon_{r-in}=\frac{|f'(a)|\cdot|a|}{|f(a)|}\cdot\frac{\varepsilon}{|a|}$$

A secondo membro si è ottenuto l'errore relativo su $|a|$ che viene indicato con ε_r.

$$\varepsilon_{r-in} = \frac{|f'(a)|\cdot|a|}{|f(a)|}\cdot\varepsilon_r$$

Il fattore $\frac{|f'(a)|\cdot|a|}{|f(a)|}$ viene definito **numero di condizionamento del problema**, indicato con K:

$$K(a) = \frac{|f'(a)|\cdot|a|}{|f(a)|}$$

Equazione 14

Quindi si ha:

$$\varepsilon_{r-in} = K(a)\cdot\varepsilon_r$$

Se $K(a)\approx 1$, allora l'errore relativo sul valore da determinare è circa uguale all'errore relativo sui dati iniziali; quest'ultimo corrisponde alla precisione della macchina ε_r. Pertanto, nella risoluzione di tale problema, si ottiene una precisione che è quella tipica della macchina utilizzata. Si dice in tal caso che si è in presenza di un **problema ben condizionato**, ossia un problema che può essere risolto, mediante un appropriato algoritmo, senza che l'errore finale sia considerevole e superi di diversi ordini di grandezza la precisione intrinseca della macchina.
Se $K(a)>1$, l'errore relativo sul valore da determinare inizia ad aumentare rispetto all'errore che ci si attenderebbe dalla precisione della macchina. Questo errore non è imputabile alla procedura algoritmica che la macchina svolge. Difatti, si noti che la funzione che rappresenta l'algoritmo φ non è presente in $K(a)$. In tal caso, per quanto possa essere piccolo il numero ε_r che rappresenta la precisione della macchina, si ottengono comunque valori amplificati dell'errore.
Se $K(a)$ assume valori elevati (ossia $K(a)\gg 1$), dove la grandezza di tale valore è definita a seconda del problema e dell'approssimazione che si vuole raggiungere sul valore da determinare $f(a)$, allora si parla di **problema mal condizionato**. Si tratta quindi di un problema che è "formulato male", nel senso che genera errori considerevoli sul risultato finale, vanificando la precisione di qualsiasi algoritmo. In tal caso, se è possibile, il problema andrebbe riformulato in modo da essere ben condizionato.

Esempio

Si consideri il problema che richiede di trovare le soluzioni reali dell'equazione:

$$x^2 - 2x + a = 0$$

Ovviamente si comprende che l'esempio ha il mero scopo di chiarire il concetto di condizionamento, in quanto il problema proposto non viene solitamente affrontato mediante calcolo numerico.
Per ottenere soluzioni reali si suppone $a \leq 1$. Il valore a è assegnato con un certo errore relativo massimo ε_r legato alla precisione della macchina.
Le soluzioni dell'equazione sono le seguenti:

$$x = 1 \pm \sqrt{1-a}$$

Pertanto il problema consiste nel determinare il seguente valore che è funzione di a:

$$f(a) = 1 \pm \sqrt{1-a}$$

Si ottiene:

$$f'(a) = \pm(-1)\frac{1}{2\sqrt{1-a}}$$

$$f'(a) = \mp\frac{1}{2\sqrt{1-a}}$$

Pertanto il numero di condizionamento (Equazione 14) vale:

$$K(a) = \frac{\left|\mp\frac{1}{2\sqrt{1-a}}\right| \cdot |a|}{|1 \pm \sqrt{1-a}|} = \frac{|a|}{2\sqrt{1-a} \cdot |1 \pm \sqrt{1-a}|}$$

Si nota che quando a approssima il valore 1, il numero di condizionamento tende ad infinito, ossia assume valori grandi.

$$\lim_{a \to 1^-} K(a) = \lim_{a \to 1^-} \frac{|a|}{2\sqrt{1-a} \cdot |1 \pm \sqrt{1-a}|} = \frac{1}{0^+} = +\infty$$

In tal caso, l'errore relativo sulle quantità da determinare assume un valore arbitrariamente grande. Si noti che questo non è dovuto alle approssimazioni operate dal calcolatore durante la procedura di soluzione. Difatti, assegnato un valore di a cui è legato un errore massimo limite ε, si calcola $f(a) = 1 \pm \sqrt{1-a}$ mediante una sottrazione con un numero esatto 1, calcolando una radice (nella quale si può incorrere in un arrotondamento) e quindi in una successiva somma algebrica con un valore esatto 1. Pertanto non si può supporre un contributo notevole in termini di algoritmo risolutivo all'errore. Di conseguenza, si comprende che per a molto prossimo ad 1 si è in presenza di un problema mal condizionato.
Si vogliono mostrare queste considerazioni con un esempio numerico. Se $a = 1$, il valore assunto da $f(a)$ vale $f(a) = 1$ e le soluzioni dell'equazione di partenza sono $x_1 = 1, x_2 = 1$. Si supponga ora di avere a disposizione una macchina che opera per

arrotondamento, riservando alla mantissa 7 cifre decimali. Dall'Equazione 6 si può supporre che l'errore della macchina sia:

$$\varepsilon_r = 0,5 \cdot 10^{1-7} = 0,5 \cdot 10^{-6}$$

Quindi si suppone di far variare il parametro a dell'entità $a = 1 - 0,5 \cdot 10^{-6}$. Si ricava:

$$f(a) = 1 \pm \sqrt{1-a} = 1 \pm \sqrt{1-1+0,5 \cdot 10^{-6}} = 1 \pm \sqrt{0,5 \cdot 10^{-6}} \approx 1 \pm 10^{-3}$$

Quindi le due soluzioni sono $x_1 = 1 + 10^{-3} = 1,001, x_2 = 1 - 10^{-3} = 0,999$. Si nota che già alla terza cifra decimale i valori delle soluzioni sono cambiati, mentre dalla macchina in questione ci si aspetterebbe una variazione in termini di sesta o settima cifra decimale.

Si può riformulare il problema, ponendo $t = 1 + \sqrt{1-a}$. Si noti che quando $a \to 1^-$ allora $t \to 1^+$. Si ricava che $(t-1)^2 = 1 - a \to a = 2t - t^2$. Pertanto il problema andrebbe riformulato nel modo seguente:

$$x^2 - 2x + (2t - t^2) = 0$$

In tal caso la funzione da calcolare è:

$$f(t) = 1 \pm \sqrt{1 - 2t + t^2} = 1 \pm (t-1)$$

dove si è supposto $t \to 1^+$ per eliminare il valore assoluto che proviene dalla radice. Si ha $|f'(t)| = 1$, pertanto il fattore di condizionamento vale:

$$K(t) = \frac{1 \cdot |t|}{1 \pm (t-1)}$$

Questa volta per $t \to 1^+$ si ha un numero di condizionamento che tende ad 1. Pertanto la precisione della macchina è garantita anche nel risultato finale.

Si vogliono fare un paio di considerazioni su cosa si intende per "riformulare il problema". È chiaro che questo non può voler dire che si ricalcola con la macchina il valore t partendo da a. Questa operazione, prima di portare ad una incertezza sulla $f(t)$, causerebbe una indeterminazione sulla stessa t che soffre del medesimo problema analitico generato dalla differenza $1 - a$. Riformulare il problema vuol dire inserire in partenza nella macchina nuovi dati che siano legati alla grandezza t, invece che alla grandezza a (ad esempio si potrebbe misurare t anziché a). Si noti che si è già sottolineato che il problema proposto è di semplice soluzione (tanto da non essere affrontato solitamente con un calcolatore); nella riformulazione si è giunti addirittura ad un problema banale in cui, dato un parametro iniziale t, le soluzioni finali hanno lo stesso valore t e $2-t$. Pertanto si ribadisce il solo valore didattico di tale esempio che tuttavia può dare una idea al lettore di ciò che può avvenire dal punto di vista del condizionamento in contesti di calcolo più complessi.

5.4.4 Stabilità di un algoritmo

Il concetto di stabilità è legato all'algoritmo applicato per risolvere il problema. Pertanto, si suppone di avere un problema ben condizionato e quindi risolvibile con una approssimazione che è quella tipica della macchina a disposizione. Tuttavia, questa volta, sono proprio gli errori di calcolo (approssimazioni, troncamenti) accumulati nei vari passaggi dell'algoritmo a far diventare elevato l'errore sul risultato finale o addirittura a rendere il risultato inconsistente. In tal caso, al fine di risolvere il problema, è necessario cambiare l'algoritmo con uno sostitutivo che permetta di mantenere l'errore finale sui livelli caratteristici della macchina a disposizione.
Si vuole quantificare la discrepanza $\varphi(a^*)-f(a^*)$ dell'Equazione 9, ossia si vuole determinare di quanto si discosta il valore fornito dall'algoritmo con dati affetti da errori, dal valore reale della funzione per dati affetti da errori. In particolare si considera il seguente errore relativo che, per ovvi motivi, viene definito **errore algoritmico**:

$$\varepsilon_{r-alg} = \frac{|\varphi(a^*)-f(a^*)|}{|f(a^*)|}$$

Equazione 15

Se il valore ε_{r-alg} non diverge al susseguirsi dei calcoli algoritmici, mantenendosi comparabile all'ordine di grandezza della precisione caratteristica della macchina, allora si può parlare di **algoritmo stabile**, viceversa l'algoritmo è detto **instabile**.
Dividendo l'Equazione 9 per $f(a)$ si può scrivere la seguente somma:

$$\frac{f(a)-f(a^*)}{f(a)} + \frac{f(a^*)-\varphi(a^*)}{f(a)}$$

Calcolando i valori assoluti si definisce l'**errore totale**, indicato con ε_{r-tot}:

$$\varepsilon_{r-tot} = \left|\frac{f(a)-f(a^*)}{f(a)}\right| + \left|\frac{f(a^*)-\varphi(a^*)}{f(a)}\right|$$

$$\varepsilon_{r-tot} = \left|\frac{f(a)-f(a^*)}{f(a)}\right| + \left|\frac{f(a^*)-\varphi(a^*)}{f(a^*)}\frac{f(a^*)}{f(a)}\right|$$

$$\varepsilon_{r-tot} = \left|\frac{f(a)-f(a^*)}{f(a)}\right| + \left|\frac{f(a^*)-\varphi(a^*)}{f(a^*)}\right|\left|\frac{f(a^*)}{f(a)}\right|$$

Ricordando l'Equazione 13 e l'Equazione 15 si può scrivere:

$$\varepsilon_{r-tot} = \varepsilon_{r-in} + \varepsilon_{r-alg} \cdot \left| \frac{f(a^*)}{f(a)} \right|$$

$$\varepsilon_{r-tot} = \varepsilon_{r-in} + \varepsilon_{r-alg} \cdot \left| \frac{f(a^*)}{f(a)} - 1 + 1 \right|$$

Ricordando ancora l'Equazione 13 si scrive:

$$\varepsilon_{r-tot} = \varepsilon_{r-in} + \varepsilon_{r-alg} \cdot (\varepsilon_{r-in} + 1)$$

Da questa relazione si nota che nel valutare l'errore totale commesso nella risoluzione del problema (ε_{r-tot}) occorre dapprima gestire adeguatamente la formulazione del problema, in modo da contenere ε_{r-in}. Se questa condizione è soddisfatta, allora è necessario intervenire in modo efficace anche sull'algoritmo adottato, per rendere minimo ε_{r-alg}. Di seguito si propone un esempio di problema di calcolo numerico risolto dapprima con un algoritmo instabile e successivamente con uno stabile.

Esempio

Si consideri l'integrale:

$$I_n = \int_0^1 x^n e^{x-1}\, dx$$

Integrando per parti si ottiene:

$$I_n = \int_0^1 x^n D(e^{x-1})\, dx = [x^n e^{x-1}]_0^1 - \int_0^1 n x^{n-1} e^{x-1}\, dx$$

$$I_n = [1 - 0] - n \int_0^1 x^{n-1} e^{x-1}\, dx$$

da cui si stabilisce la relazione ricorsiva che lega l'integrale I_n all'integrale $I_{n-1} = \int_0^1 x^{n-1} e^{x-1}\, dx$, ossia:

$$I_n = 1 - nI_{n-1}$$

Equazione 16

Ovviamente, siccome la funzione $x^n e^{x-1} \geq 0$ in $[0,1]$ qualsiasi sia n, si deve avere:

$$I_n \geq 0, \forall n \in N$$

Equazione 17

Per sfruttare l'Equazione 16 occorre determinare I_0.

$$I_0 = \int_0^1 e^{x-1}\,dx = \left[e^{x-1}\right]_0^1 = \left[1 - e^{-1}\right]$$

Supponendo di poter sfruttare mantisse con 7 cifre significative, si può pensare di esprimere I_0 con il seguente valore:

$$I_0 = \left[1 - e^{-1}\right] = 0,6321206$$

A questo punto sembra possibile ricavare qualsiasi integrale I_n partendo da I_0 ed applicando per n volte la relazione ricorsiva (Equazione 16). In Tabella 4 sono riportati i valori di I_n calcolati con questa procedura ricorsiva fino ad n=11.

Tabella 4

n	I_n	n	I_n
0	0,6321206	6	0,126832
1	0,3678794	7	0,112176
2	0,2642412	8	0,102592
3	0,2072764	9	0,076672
4	0,1708944	10	0,23328
5	0,145528	11	–1,56608

Fino a I_9 vi è un andamento decrescente regolare, anche se le cifre significative diminuiscono (I_5 è espresso con 6 cifre significative, mentre I_9 è espresso con 5 cifre significative). Il valore di I_{10} è superiore ad I_9, mentre il valore di I_{11} è negativo, il che contraddice l'Equazione 17. Appare evidente che, con l'avanzamento dell'algoritmo, l'errore iniziale su I_0 si propaga amplificandosi e minando la bontà del risultato per n sufficientemente grande.
Ancora una volta la propagazione dell'errore può essere utile. Sia $\varepsilon_0 = 10^{-7}$ l'errore iniziale su I_0, legato al numero di cifre significative con cui I_0 è espresso. Si vuole determinare l'errore su I_1. Si ha $I_1 = 1 - I_0$ pertanto, propagando l'errore con l'Equazione 7 si ottiene $\varepsilon_1 = \varepsilon_0$. Di seguito si ha $I_2 = 1 - 2I_1$, pertanto $\varepsilon_2 = 2\varepsilon_1 = 2\varepsilon_0$ quindi $I_3 = 1 - 3I_2$, da cui $\varepsilon_3 = 3\varepsilon_2 = 3 \cdot 2\varepsilon_0 = 3!\varepsilon_0$.
Più in generale si ricava la formula $\varepsilon_n = n!\varepsilon_0$. Quindi ad n=9 si ha $\varepsilon_9 = 9!\varepsilon_0 = 362880 \cdot 10^{-7} \approx 0,0362880$, ossia un errore che influenza tutte le cifre significative di I_9. Infatti I_9 ha un errore relativo pari a:

$$\frac{\varepsilon_9}{I_9} = \frac{0,036288}{0,076672} = 47\%$$

Occorre quindi riformulare l'algoritmo iterativo che porta al calcolo di I_n. Per farlo si nota che invertendo l'Equazione 16 si ottiene:

$$I_{n-1} = \frac{1 - I_n}{n}$$

Si supponga di conoscere il valore di un integrale I_{n^*} e di voler procedere a ritroso fino a calcolare I_n per $n < n^*$. In tal caso propagando l'errore nuovamente con l'Equazione 7 si ottiene che, detto ε_n l'errore sull'n-esimo integrale, allora l'errore sull'n-1 esimo sarà $\varepsilon_{n-1} = \frac{\varepsilon_n}{n}$, ossia un errore assoluto ridotto di un fattore n. Con questo nuovo algoritmo, l'errore non si dovrebbe propagare in modo divergente. Resta il problema di come scegliere un n^* e calcolare I_{n^*} per poi procedere a ritroso. Si noti che vale la seguente maggiorazione:

$$I_n = \int_0^1 x^n e^{x-1}\,dx \leq \int_0^1 x^n\,dx = \left[\frac{1}{n+1}x^{n+1}\right]_0^1 = \frac{1}{n+1}$$

Pertanto $I_n \leq \frac{1}{n+1}$.

Quindi, se si impone $I_n = 0$ si commette un errore che è al massimo $\varepsilon_n = \frac{1}{n+1}$. Di seguito, l'errore sull'integrale I_{n-1} sarà $\varepsilon_{n-1} = \frac{1}{(n+1)n}$, quindi $\varepsilon_{n-2} = \frac{1}{(n+1)n(n-1)}$ e così via. Supponendo di voler calcolare I_9 e imponendo che $I_{15} = 0$ si ottiene su I_{15} un errore pari a $\varepsilon_{15} = \frac{1}{15+1} = \frac{1}{16} \approx 10^{-2}$, quindi su I_{14} si ottiene un errore pari a $\varepsilon_{14} = \frac{1}{16 \cdot 15} \approx 10^{-3}$ fino a giungere ad I_9 su cui vi è un errore che vale $\varepsilon_9 = \frac{1}{16 \cdot 15 \cdot \ldots \cdot 10} = 10^{-8}$.

In Tabella 5 sono calcolati i valori degli I_n imponendo $I_{15} = 0$ e procedendo a ritroso.

Tabella 5

n	I_n	n	I_n
15	0	7	0,1123835
14	0,0666667	6	0,1268024
13	0,0666667	5	0,1455329
12	0,0717949	4	0,1708934
11	0,0773504	3	0,2072767
10	0,0838772	2	0,2642411
9	0,0916123	1	0,3678795
8	0,100932	0	0,6321205

L'algoritmo in questo caso è stabile.

Capitolo 6
Successioni e serie numeriche, calcolo differenziale per funzioni di una variabile

6.1 Limite di una funzione

6.1.1 Punti di accumulazione

Dato un valore reale x ed un sottoinsieme A di R, si dice che x è un **punto di accumulazione** per A se ogni intorno di x contiene punti di A distinti da x. Se un punto non è di accumulazione per un insieme, allora viene detto **isolato**.

Esempio

Si consideri l'intervallo aperto $J =]1,4[$. Il valore $x = 3$ è un punto di accumulazione per l'intervallo J, in quanto, qualsiasi intorno di 3, per quanto piccolo possa essere, contiene punti di J. Difatti il generico intorno di 3 può essere individuato per mezzo di una quantità $\delta > 0$, che può essere resa piccola a piacere. L'intorno di 3 può essere scritto nella forma $]3 - \delta, 3 + \delta[$. Accade sempre che il generico intorno di 3 abbia intersezione non nulla con l'intervallo J.

$$]1,4[\cap]3-\delta,3+\delta[\neq\emptyset$$

A tal proposito si può confrontare la Figura 1.

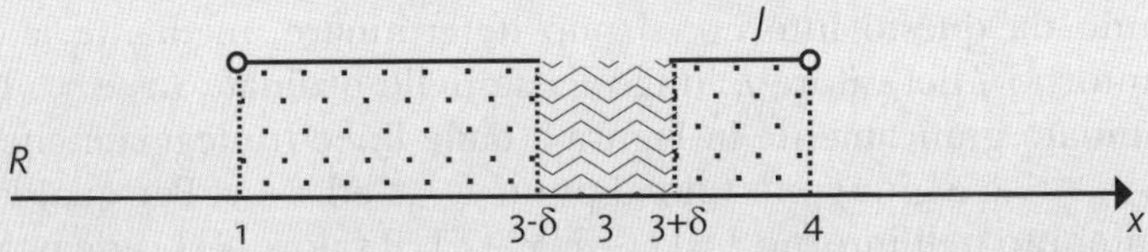

Figura 1

Anche gli estremi dell'intervallo aperto $J =]1,4[$ sono punti di accumulazione per l'intervallo. Ad esempio, qualsiasi intorno del punto $x = 1$ ha sempre intersezione non nulla con J.

$$]1,4[\cap]1-\delta,1+\delta[\neq\emptyset$$

Il punto $x = 5$ non è invece un punto di accumulazione per J. Infatti basta scegliere un δ tale che $0 < \delta < 1$ perché l'intorno di 5 costruito come $]5 - \delta, 5 + \delta[$ abbia sempre intersezione nulla con J.

$$]1,4[\cap]5-\delta,5+\delta[=\emptyset$$

6.1.2 Definizione di limite

Sia $y = f(x)$ una funzione definita in X con valori reali e sia x_0 un punto di accumulazione di X. Si dice che il limite di $f(x)$ per la variabile indipendente x che tende ad x_0 vale l e si scrive:

$$\lim_{x \to x_0} f(x) = l$$

se per ogni intorno J di l esiste un intorno I di x_0 tale che, considerato un generico x appartenente al dominio X di f e all'intorno I, escluso il punto x_0, si ha che $f(x)$ cade nell'intorno J di l.
Simbolicamente si scrive:

$$\forall J \in \Im(l) \ \ \exists I \in \Im(x_0) \mid \ f(x) \in J \ \ \forall x \in I \cap (X - \{x_0\})$$

Equazione 1

Si può anche fornire una definizione più specifica, in cui si esplicitano le forme degli intorni.
Considerato un numero $\delta > 0$, si può determinare un intorno I di x_0, che in particolare è $I =]x_0 - \delta, x_0 + \delta[$. Questo intorno è tale che per tutti i valori x in esso contenuti, appartenenti al campo di esistenza X, escluso il valore x_0, si può determinare un $\varepsilon > 0$ per cui risulta soddisfatta la disequazione $|f(x) - l| < \varepsilon$ che può anche essere riscritta come $-\varepsilon < f(x) - l < \varepsilon$, da cui si ricava $l - \varepsilon < f(x) < l + \varepsilon$. Da quest'ultima relazione si osserva che il valore $f(x)$ associato ad x cade in un intorno J del valore l, ossia l'intorno $J =]l - \varepsilon, l + \varepsilon[$.
Quindi in termini simbolici, esplicitando la forma degli intorni, l'Equazione 1 può essere riscritta come $\forall \varepsilon > 0 \ \ \exists \delta > 0 \mid \ |f(x) - l| < \varepsilon \quad \forall x \in X \mid \ 0 < |x - x_0| < \delta$.
L'interpretazione grafica di questa definizione è presentata in Figura 2. Attraverso un $\delta > 0$ si individua lungo l'asse delle ascisse (asse x) un intorno I di x_0. Partendo da questo intorno, si può determinare, mediante la funzione $f(x)$, un intorno J del valore l, lungo l'asse delle ordinate (asse y). L'intorno J è determinato graficamente in Figura 2 dalle linee tratteggiate che partono da $x_0 - \delta$ e $x_0 + \delta$ e giungono fino ai punti $l - \varepsilon$ ed $l + \varepsilon$. Per qualsiasi valore $x \neq x_0$ contenuto nell'intorno $I =]x_0 - \delta, x_0 + \delta[$, il valore $f(x)$ cade nell'intorno $J =]l - \varepsilon, l + \varepsilon[$. A tale proposito si segua in Figura 2 la freccia che, partendo da x, giunge fino ad $f(x)$. Inoltre è necessario aggiungere che, per quanto si possa considerare piccolo a piacere il valore $\delta > 0$, esso individuerà sempre un intorno di x_0 tale che, per qualsiasi valore x al suo interno, vi sarà il corrispondente valore $f(x)$ che cadrà nell'intorno di l corrispondente sull'asse y.

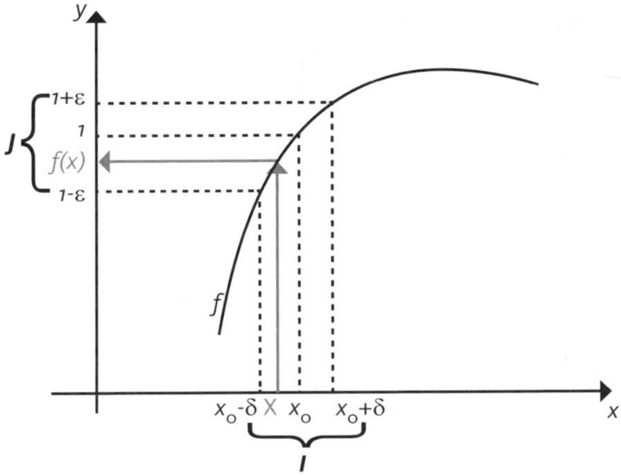

Figura 2

6.1.3 Limiti per funzioni divergenti in un punto

Nel caso in cui, per x che tende ad x_0, il corrispondente valore di $f(x)$ tende a $+\infty$ (ossia la funzione diverge), allora si può scrivere $\lim_{x\to x_0} f(x) = +\infty$.

In tal caso per ogni valore $\delta > 0$ si può determinare un intorno I di x_0, che in particolare è $I =]x_0 - \delta, x_0 + \delta[$, tale che per tutti i valori x dell'intorno di x_0 appartenenti al campo di esistenza X della funzione f, escluso il valore x_0, si può determinare un $\varepsilon > 0$ per cui risulta soddisfatta la disequazione $f(x) > \varepsilon$. Da questa disequazione si osserva che il valore $f(x)$ associato ad x cade in un intorno J del valore $+\infty$, ossia l'intorno $J =]\varepsilon, +\infty[$.
In termini simbolici tale asserto si può riassumere sinteticamente come:

$$\forall \varepsilon > 0 \quad \exists \delta > 0 \mid \quad f(x) > \varepsilon \quad \forall x \in X \mid \quad 0 < |x - x_0| < \delta$$

L'interpretazione grafica di questo caso è mostrata in Figura 3.
Nel caso in cui, per x che tende ad x_0, il corrispondente valore di $f(x)$ tende a $-\infty$, allora si può scrivere $\lim_{x\to x_0} f(x) = -\infty$.

Tale scrittura equivale a dire che:

$$\forall \varepsilon > 0 \quad \exists \delta > 0 \mid \quad f(x) < -\varepsilon \quad \forall x \in X \mid \quad 0 < |x - x_0| < \delta$$

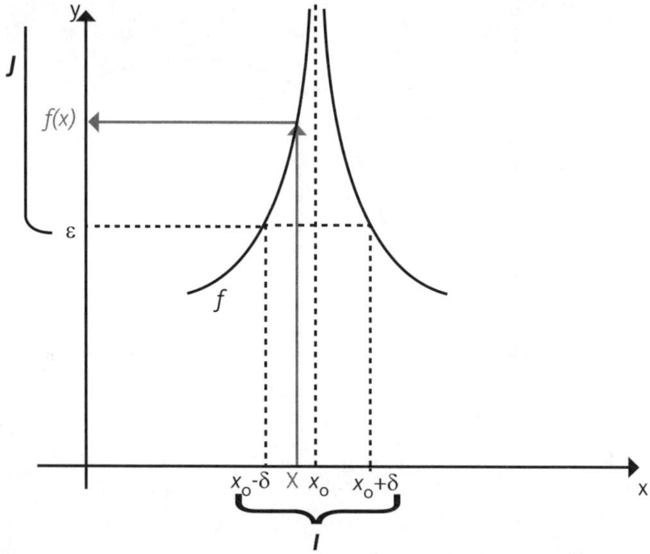

Figura 3

Se, per x che tende a $+\infty$, il corrispondente valore di $f(x)$ tende ad un valore finito l, allora si può scrivere $\lim_{x\to+\infty} f(x) = l$.

In tal caso per ogni valore $\delta > 0$ si può determinare un intorno I di $+\infty$, che in particolare è $I =]\delta, +\infty[$, tale che, per tutti i valori $x > \delta$, ossia i valori dell'intorno di $+\infty$ appartenenti al campo di esistenza X della funzione f, si può determinare un $\varepsilon > 0$ per cui risulta soddisfatta la disequazione $|f(x) - l| < \varepsilon$, ossia $l - \varepsilon < f(x) < l + \varepsilon$.

In termini simbolici tale asserto si può riassumere come:

$$\forall \varepsilon > 0 \quad \exists \delta > 0 \mid \quad |f(x) - l| < \varepsilon \quad \forall x \in X \mid \quad x > \delta$$

L'interpretazione grafica di questo caso è mostrata in Figura 4.

Se, per x che tende a $-\infty$, il corrispondente valore di $f(x)$ tende ad un valore finito l, allora si può scrivere $\lim_{x\to-\infty} f(x) = l$.

Tale scrittura equivale a dire che:

$$\forall \varepsilon > 0 \quad \exists \delta > 0 \mid \quad |f(x) - l| < \varepsilon \quad \forall x \in X \mid \quad x < -\delta$$

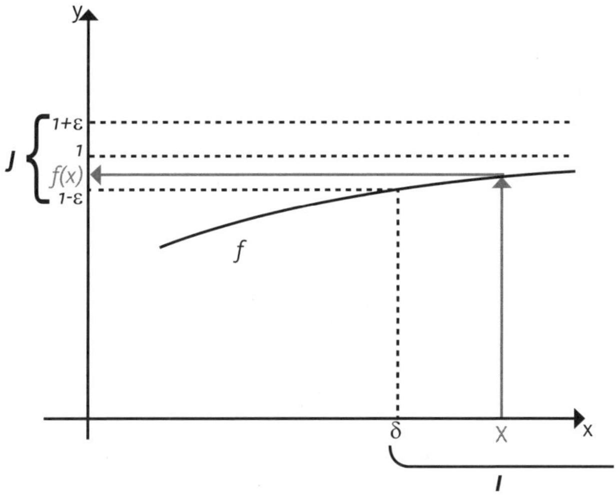

Figura 4

In ultima analisi si presenta il caso in cui per x che tende a $+\infty$, il corrispondente valore di $f(x)$ tende a $+\infty$. Si può quindi scrivere $\lim_{x\to+\infty} f(x) = +\infty$.

Tale scrittura equivale a dire che:

$$\forall \varepsilon > 0 \quad \exists \delta > 0 \mid \quad f(x) > \varepsilon \quad \forall x \in X \mid \quad x > \delta$$

Analogamente si può scrivere:

$$\lim_{x\to+\infty} f(x) = -\infty \quad \Leftrightarrow \quad \forall \varepsilon > 0 \quad \exists \delta > 0 \mid \quad f(x) < -\varepsilon \quad \forall x \in X \mid \quad x > \delta$$

$$\lim_{x\to-\infty} f(x) = +\infty \quad \Leftrightarrow \quad \forall \varepsilon > 0 \quad \exists \delta > 0 \mid \quad f(x) > \varepsilon \quad \forall x \in X \mid \quad x < -\delta$$

$$\lim_{x\to-\infty} f(x) = -\infty \quad \Leftrightarrow \quad \forall \varepsilon > 0 \quad \exists \delta > 0 \mid \quad f(x) < -\varepsilon \quad \forall x \in X \mid \quad x < -\delta$$

6.1.4 Verifica del limite

Operare la verifica di un limite significa constatare che l'asserto stabilito dall'Equazione 1 è vero. Si riportano degli esempi.

Esempi

1) Si verifichi il limite:

$$\lim_{x\to l}(2x^2-3)=-1$$

Si considera l'intorno di –1, ossia $|f(x)-(-1)|<\varepsilon$ dove $\varepsilon>0$ è un valore piccolo a piacere.

$$|f(x)-(-1)|<\varepsilon$$
$$|2x^2-3+1|<\varepsilon$$
$$|2x^2-2|<\varepsilon$$
$$-\varepsilon<2x^2-2<\varepsilon$$
$$-\varepsilon+2<2x^2<\varepsilon+2$$
$$\frac{-\varepsilon+2}{2}<x^2<\frac{\varepsilon+2}{2}$$
$$1-\frac{\varepsilon}{2}<x^2<1+\frac{\varepsilon}{2}$$

Siccome $\varepsilon>0$ è un valore piccolo a piacere, si può fare in modo che esso risulti tale che $1-\frac{\varepsilon}{2}>0$. In tal caso anche $x>0$, quindi si può quindi applicare la radice quadrata a tutti e tre i membri della disuguaglianza.

$$\sqrt{1-\frac{\varepsilon}{2}}<\sqrt{x^2}<\sqrt{1+\frac{\varepsilon}{2}}$$
$$\sqrt{1-\frac{\varepsilon}{2}}<x<\sqrt{1+\frac{\varepsilon}{2}}$$

Si è in presenza di un intorno di 1; infatti la quantità $\sqrt{1+\frac{\varepsilon}{2}}$ è di poco superiore ad 1, mentre la quantità $\sqrt{1-\frac{\varepsilon}{2}}$ è di poco inferiore. In particolare, siccome la quantità $\varepsilon>0$ è piccola a piacere si possono approssimare i seguenti valori:

$$\sqrt{1+\frac{\varepsilon}{2}}\approx\sqrt{1}+\delta=1+\delta$$
$$\sqrt{1-\frac{\varepsilon}{2}}\approx\sqrt{1}-\delta=1-\delta$$

Si ottiene pertanto:

$$1-\delta < x < 1+\delta$$
$$-\delta < x-1 < \delta$$
$$|x-1| < \delta$$

Siccome x deve essere supposto diverso da 1, allora si scrive:

$$0 < |x-1| < \delta$$

La definizione di limite è, pertanto, completa ed il limite è verificato.

2) Si verifichi il limite:

$$\lim_{x\to+\infty} \frac{2x}{1+x} = 2$$

Per verificare tale limite occorre dimostrare che, considerato un generico intorno di 2, esiste un intorno di $+\infty$ tale che, qualsiasi valore di x si consideri in tale intorno, accade che $f(x)$ è contenuto nell'intorno di 2. Simbolicamente si può scrivere:

$$\forall \varepsilon > 0 \quad \exists \delta > 0 \mid \quad |f(x)-2| < \varepsilon \quad \forall x \in X \mid \quad x > \delta$$

Si considera inizialmente l'intorno $|f(x)-2| < \varepsilon$ dove $\varepsilon > 0$ è un valore piccolo a piacere.

$$|f(x)-2| < \varepsilon$$

$$\left|\frac{2x}{1+x} - 2\right| < \varepsilon$$

$$\left|\frac{2x-2(1+x)}{1+x}\right| < \varepsilon$$

$$\left|\frac{\cancel{2x}-2\cancel{-2x}}{1+x}\right| < \varepsilon$$

$$\left|\frac{-2}{1+x}\right| < \varepsilon$$

$$\frac{|-2|}{|1+x|} < \varepsilon$$

$$\frac{2}{|1+x|} < \varepsilon$$

Siccome $|1+x| > 0$ si possono moltiplicare ambo i membri per tale quantità mantenendo il segno della disequazione. Inoltre è possibile dividere ambo i membri per $\varepsilon > 0$.

$$\frac{2}{\varepsilon} < |1+x|$$

Tale condizione in valore assoluto equivale a scrivere che:

$$1+x < -\frac{2}{\varepsilon} \text{ oppure } \frac{2}{\varepsilon} < 1+x$$

Queste condizioni possono essere riscritte nel modo seguente:

a) $x < -1 - \frac{2}{\varepsilon}$

b) $\frac{2}{\varepsilon} - 1 < x$

In particolare, nella condizione *b*) la quantità $\frac{2}{\varepsilon}$ può essere grande a piacere perché ε può essere piccolo a piacere. Di conseguenza posto $\delta = \frac{2}{\varepsilon} - 1$ si può affermare che tale quantità è grande a piacere. Pertanto la condizione $\frac{2}{\varepsilon} - 1 < x$ diventa $x > \delta$ che rappresenta un intorno di $+\infty$ e il limite è verificato.
Si noti come considerando la condizione *a*) si può porre $\delta = \frac{2}{\varepsilon} + 1$, dove tale quantità può essere grande a piacere. Pertanto la condizione *a*) diventa $x < -\delta$ che rappresenta un intorno di $-\infty$. Da questo si può dedurre che è verificato anche il seguente limite:

$$\lim_{x \to -\infty} \frac{2x}{1+x} = 2$$

6.1.5 Limite destro e limite sinistro

Sia $y = f(x)$ una funzione definita in X con valori reali e sia x_0 un punto di accumulazione di X. Si dice che il limite destro di $f(x)$ per la variabile indipendente x che tende a x_0 vale l e si scrive:

$$\lim_{x \to x_0^+} f(x) = l$$

se in corrispondenza di un numero $\delta > 0$ si può determinare un intorno destro I^+ di x_0, che in particolare è $I^+ =]x_0, x_0 + \delta[$ tale che, per tutti i valori x dell'intorno destro di x_0 appartenenti al campo di esistenza X, è soddisfatta la disequazione $|f(x) - l| < \varepsilon$, ossia $l - \varepsilon < f(x) < l + \varepsilon$.
In termini simbolici tale asserto si può riassumere sinteticamente come:

$$\forall \varepsilon > 0 \quad \exists \delta > 0 \mid \quad |f(x) - l| < \varepsilon \quad \forall x \in X \cap]x_0, x_0 + \delta[$$

Analogamente, se $y = f(x)$ è una funzione definita in X con valori reali e x_0 è un punto di accumulazione di X. Si dice che il limite sinistro di $f(x)$ per la variabile indipendente x che tende a x_0 vale l e si scrive $\lim_{x \to x_0^-} f(x) = l$ che equivale a dire che:

$$\forall \varepsilon > 0 \quad \exists \delta > 0 | \quad |f(x) - l| < \varepsilon \quad \forall x \in X \cap]x_0 - \delta, x_0[$$

I limiti destro e sinistro sono schematizzati in Figura 5.

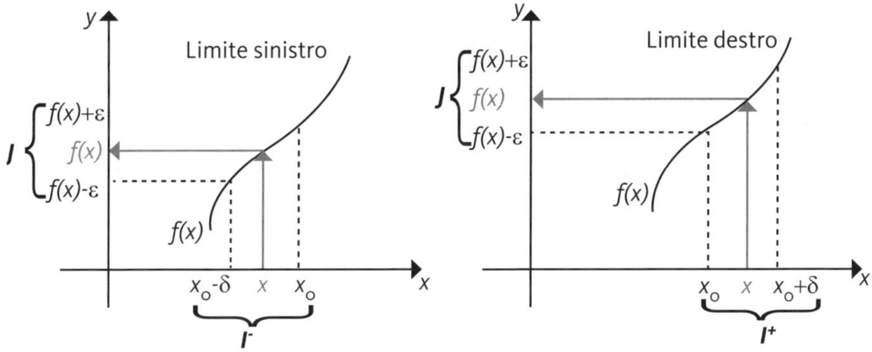

Figura 5

Si supponga ora che la funzione $y = f(x)$ diverga positivamente in x_0, punto di accumulazione del suo dominio. Si dice che il limite destro di $f(x)$ per la variabile indipendente x che tende ad x_0 vale $+\infty$ e si scrive:

$$\lim_{x \to x_0^+} f(x) = +\infty$$

se in corrispondenza di un numero $\delta > 0$ si può determinare un intorno destro I^+ di x_0, che in particolare è $I^+ =]x_0, x_0 + \delta[$ tale che, per tutti i valori x dell'intorno destro di x_0 appartenenti al campo di esistenza X, è soddisfatta la disequazione $f(x) > \varepsilon$ dove ε è grande a piacere.
In termini simbolici tale asserto si può scrivere come:

$$\forall \varepsilon > 0 \quad \exists \delta > 0 | \quad f(x) > \varepsilon \quad \forall x \in X \cap]x_0, x_0 + \delta[$$

Di seguito si riepilogano gli altri casi nei quali per limite destro o sinistro la funzione diverge positivamente o negativamente.

$$\lim_{x \to x_0^-} f(x) = +\infty \Leftrightarrow \forall \varepsilon > 0 \quad \exists \delta > 0 \mid \quad f(x) > \varepsilon \quad \forall x \in X \cap]x_0 - \delta, x_0[$$

$$\lim_{x \to x_0^+} f(x) = -\infty \Leftrightarrow \forall \varepsilon > 0 \quad \exists \delta > 0 \mid \quad f(x) < -\varepsilon \quad \forall x \in X \cap]x_0, x_0 + \delta[$$

$$\lim_{x \to x_0^-} f(x) = -\infty \Leftrightarrow \forall \varepsilon > 0 \quad \exists \delta > 0 \mid \quad f(x) < -\varepsilon \quad \forall x \in X \cap]x_0 - \delta, x_0[$$

Sussiste il seguente teorema.

Teorema 1
Detto X il campo di esistenza di una funzione reale f di variabile reale, se x_0 è un punto di accumulazione a destra e sinistra per X, allora esiste il limite di f in x_0 ed è uguale ad l se e solo se esistono il limite a destra e il limite a sinistra di f in x_0 e sono uguali ad l.

$$\lim_{x \to x_0} f(x) = l \Leftrightarrow \lim_{x \to x_0^-} f(x) = l = \lim_{x \to x_0^+} f(x)$$

6.1.6 Teoremi sui limiti

In questo paragrafo si elencano alcuni teoremi sui limiti, che risultano fondamentali per lo sviluppo del calcolo differenziale di funzioni reali di variabile reale.
Innanzitutto è degno di nota il **teorema di unicità del limite**.

Teorema 2
Se una funzione ammette un limite in un punto x_0 o all'infinito, allora tale limite è unico.

Vi sono poi alcuni teoremi sul segno del valore assunto dal limite. Uno di essi è il **teorema della permanenza del segno**.

Teorema 3
Se una funzione f definita in X ha in un punto x_0 di accumulazione per X un limite pari ad l, con $l \neq 0$, allora esiste un intorno di x_0 (al più escluso x_0) in cui la f assume valori tutti dello stesso segno di l.

Il seguente teorema fornisce condizioni sufficienti a stabilire che il valore del limite è nullo.

Teorema 4
Se esiste il limite di f in x_0 e se per ogni intorno I di x_0 esistono due punti $x_1, x_2 \in I \cap (X - \{x_0\})$ tali che $f(x_1) \geq 0$ e $f(x_2) \leq 0$, allora risulta $\lim_{x \to x_0} f(x) = 0$.

Si passa ora alla rassegna dei teoremi di confronto tra limiti. Di seguito si riportano il **primo e il secondo teorema del confronto**.

Teorema 5
Se esistono i limiti delle funzioni f e g nel punto x_0 e si ha $\lim_{x \to x_0} f(x) > \lim_{x \to x_0} g(x)$, allora esiste un intorno I di x_0 tale che $f(x) > g(x) \quad \forall x \in I \cap (X - \{x_0\})$.

Teorema 6
Se esiste il limite della funzione f nel punto x_0 e si ha $\lim_{x \to x_0} f(x) > \alpha$, con $\alpha \in R$, allora esiste un intorno I di x_0 tale che $f(x) > \alpha \quad \forall x \in I \cap (X - \{x_0\})$.

Una deduzione analoga si può fare per una funzione che abbia $\lim_{x \to x_0} f(x) < \alpha$, con $\alpha \in R$.

Il **terzo teorema del confronto** è conosciuto anche come **teorema dei carabinieri**.

Teorema 7
Siano f, f_1 ed f_2 tre funzioni definite in X e sia $x_0 \in \hat{R}$ un punto di accumulazione per X.
Se si verifica che $\lim_{x \to x_0} f_1(x) = \lim_{x \to x_0} f_2(x) = l$ e se esiste un intorno I di x_0 dove:

$$f_1(x) \leq f(x) \leq f_2(x) \quad \forall x \in I \cap (X - \{x_0\})$$

Allora risulta che $\lim_{x \to x_0} f(x) = l$.

Si enuncia il **criterio di convergenza di Cauchy**.

Teorema 8
Condizione necessaria e sufficiente affinché sia $\lim_{x \to x_0} f(x) = l \in R$ è che per ogni $\varepsilon > 0$ esista un intorno I di x_0 tale che $|f(x_1) - f(x_2)| < \varepsilon \quad \forall x_1, x_2 \in I \cap (X - \{x_0\})$.

Infine si riporta il teorema del **limite di una funzione composta**.

Teorema 9
Si considerino le due seguenti funzioni reali di variabile reale:

$$f_1 : X \to Y$$
$$f_2 : Y \to R$$

dove $X, Y \subseteq R$.
Sia inoltre $x_0 \in \hat{R}$ un punto di accumulazione per X ed $y_0 \in \hat{R}$ un punto di accumulazione per Y.
Se sono valide le seguenti ipotesi

a) $\lim_{x \to x_0} f_1(x) = y_0$

b) $\lim_{y \to y_0} f_2(y) = l, \quad l \in \hat{R}$

c) $\exists I \in \Im(x_0) \mid f_1(x) \neq y_0 \quad \forall x \in I \cap (X - \{x_0\})$

allora esiste il limite della funzione composta $f_2 \circ f_1$ in x_0 ed esso è pari a:

$$\lim_{x \to x_0} (f_2 \circ f_1)(x) = \lim_{x \to x_0} f_2(f_1(x)) = \lim_{y \to y_0} f_2(y) = l$$

6.1.7 Operazioni sui limiti

Di seguito si elencano le regole per svolgere operazioni sui limiti.

Somma di limiti. Se risulta $\lim_{x \to x_0} f_1(x) = l_1$ e $\lim_{x \to x_0} f_2(x) = l_2$ per $l_1, l_2 \in R$, allora si ha:

$$\lim_{x \to x_0} (f_1(x) + f_2(x)) = l_1 + l_2$$

Prodotto di limiti. Se risulta $\lim_{x \to x_0} f_1(x) = l_1$ e $\lim_{x \to x_0} f_2(x) = l_2$ per $l_1, l_2 \in R$, allora si ha:

$$\lim_{x \to x_0} f_1(x) \cdot f_2(x) = l_1 \cdot l_2$$

Prodotto di un limite per una costante. Se risulta $\lim_{x \to x_0} f(x) = l$ per $l \in R$, allora si ha per $k \in R$:

$$\lim_{x \to x_0} k \cdot f(x) = k \cdot l$$

Reciproco di un limite. Se risulta $\lim_{x \to x_0} f(x) = l$ per $l \in R - \{0\}$, allora si ha:

$$\lim_{x \to x_0} \frac{1}{f(x)} = \frac{1}{l}$$

Rapporto di limiti. Se risulta $\lim_{x\to x_0} f_1(x) = l_1$ e $\lim_{x\to x_0} f_2(x) = l_2$ per $l_1, l_2 \in R$ e se $l_2 \neq 0$, allora:

$$\lim_{x\to x_0} \frac{f_1(x)}{f_2(x)} = \frac{l_1}{l_2}$$

Potenza di un limite. Se risulta $\lim_{x\to x_0} f(x) = l$ per $l \in R$, allora $\lim_{x\to x_0} [f_1(x)]^n = l^n$.

6.1.8 Generalizzare le operazioni sui limiti

Nel paragrafo precedente le operazioni tra limiti erano svolte quando i valori dei limiti stessi erano finiti. Tuttavia, le operazioni sui limiti possono essere generalizzate a valori infiniti sotto particolari condizioni. Si rammenta che le scritture simboliche $+\infty, -\infty$ non sono di numeri; quindi non possono essere utilizzate nelle operazioni come se lo fossero. Pertanto scritture come le seguenti non hanno alcun significato.

$$(+\infty) + (+\infty) = +\infty; \quad (+\infty)\cdot(-\infty) = -\infty; \quad \frac{1}{\pm\infty} = 0$$

Tuttavia si fa uso di tali scritture quando ci si riferisce alle operazioni tra limiti e le si vuole schematizzare. Quindi è solo in tal senso che vanno intese scritture di questo tipo che compariranno di seguito.
Esistono delle **forme indeterminate** (o di **indecisione**) che si possono incontrare durante il calcolo di un limite. Forme di indeterminazione sono le seguenti:

$$+\infty - \infty\,; \ \pm\infty \cdot 0\,; \ \frac{\infty}{\infty} \text{ e } \frac{0}{0}.$$

Quando si incontra una forma di questo tipo durante il calcolo di un limite, non si è in grado di dire se il limite esista ed, in caso affermativo, quale sia il suo valore. Pertanto, in tali casi, si dovrà ricorrere a metodi alternativi o ad artifici per poter effettuare il calcolo del limite.
La **somma di limiti** può essere generalizzata anche se una delle due quantità tra l_1 e l_2 è infinita e l'altra è finita oppure quando le due quantità sono infinite di segno concorde. In particolare:

Se $l_1 = +\infty$ e $l_2 \in R$ (ossia ha valore finito) allora $\lim_{x\to x_0}(f_1(x) + f_2(x)) = +\infty + l_2 = +\infty$

Se $l_1 = -\infty$ e $l_2 \in R$ (ossia ha valore finito) allora $\lim_{x\to x_0}(f_1(x) + f_2(x)) = -\infty + l_2 = -\infty$

Se $l_1 = +\infty$ e $l_2 = +\infty$ allora $\lim_{x\to x_0}(f_1(x) + f_2(x)) = +\infty + \infty = +\infty$

Se $l_1 = -\infty$ e $l_2 = -\infty$ allora $\lim_{x\to x_0}(f_1(x) + f_2(x)) = -\infty - \infty = -\infty$

Inoltre, se risulta $\lim_{x \to x_0} f_1(x) = +\infty$ e se f_2 è inferiormente limitata in un intorno di x_0, oppure esiste il suo limite in x_0 ed è >-∞, allora si ha $\lim_{x \to x_0} f_1(x) + f_2(x) = +\infty$.
Analogamente se risulta $\lim_{x \to x_0} f_1(x) = -\infty$ e se f_2 è superiormente limitata in un intorno di x_0, oppure esiste il suo limite in x_0 ed è <+∞, allora si ha $\lim_{x \to x_0} f_1(x) + f_2(x) = -\infty$.
Si noti che nelle due affermazioni precedenti non è stato necessario ammettere l'esistenza del limite della funzione f_2, tuttavia è importante che essa sia almeno limitata (superiormente o inferiormente) in un intorno di x_0.
Nel caso in cui i due limiti sono infiniti e discordi si ottiene la forma indeterminata $+\infty - \infty$.
Il **prodotto di limiti** può essere generalizzato anche se una delle due quantità tra l_1 ed l_2 è infinita e l'altra è finita ma diversa da zero, oppure quando le due quantità sono infinite. In particolare:

Se $l_1 = +\infty$ ed $l_2 \in R^+$ (ossia finito e maggiore di 0) allora
$\lim_{x \to x_0} f_1(x) \cdot f_2(x) = (+\infty) \cdot (l_2) = +\infty$

Se $l_1 = +\infty$ ed $l_2 \in R^-$ (ossia finito e minore di 0) allora
$\lim_{x \to x_0} f_1(x) \cdot f_2(x) = (+\infty) \cdot (l_2) = -\infty$

Se $l_1 = -\infty$ ed $l_2 \in R^+$ (ossia finito e maggiore di 0) allora
$\lim_{x \to x_0} f_1(x) \cdot f_2(x) = (-\infty) \cdot (l_2) = -\infty$

Se $l_1 = -\infty$ ed $l_2 \in R^-$ (ossia finito e minore di 0) allora
$\lim_{x \to x_0} f_1(x) \cdot f_2(x) = (-\infty) \cdot (l_2) = +\infty$

Se $l_1 = +\infty$ e $l_2 = +\infty$ allora $\lim_{x \to x_0} f_1(x) \cdot f_2(x) = (+\infty) \cdot (+\infty) = +\infty$

Se $l_1 = -\infty$ e $l_2 = -\infty$ allora $\lim_{x \to x_0} f_1(x) \cdot f_2(x) = (-\infty) \cdot (-\infty) = +\infty$

Se $l_1 = +\infty$ e $l_2 = -\infty$ allora $\lim_{x \to x_0} f_1(x) \cdot f_2(x) = (+\infty) \cdot (-\infty) = -\infty$

Nel caso in cui uno due limiti sia infinito e l'altro abbia valore nullo, allora si ottiene la forma indeterminata $+\infty \cdot 0$ oppure $-\infty \cdot 0$.

Il **reciproco di un limite** può essere generalizzato anche se $l = 0$ oppure $l = \pm\infty$.
In particolare:
Se $l = \pm\infty$ allora $\lim_{x \to x_0} \frac{1}{f(x)} = \frac{1}{\pm\infty} = 0$

Se $l=0$ allora $\lim_{x\to x_0}\frac{1}{f(x)}=\frac{1}{0}=\infty$

Il **rapporto di limiti** può essere generalizzato anche se una delle due quantità tra l_1 ed l_2 è infinita e l'altra è finita. Quindi:

Se $l_1=+\infty$ ed $l_2\in R^+$ (ossia finito e maggiore di 0) allora $\lim_{x\to x_0}\frac{f_1(x)}{f_2(x)}=\frac{+\infty}{l_2}=+\infty$

Se $l_1=+\infty$ ed $l_2\in R^-$ (ossia finito e minore di 0) allora $\lim_{x\to x_0}\frac{f_1(x)}{f_2(x)}=\frac{+\infty}{l_2}=-\infty$

Se $l_1=-\infty$ ed $l_2\in R^+$ (ossia finito e maggiore di 0) allora $\lim_{x\to x_0}\frac{f_1(x)}{f_2(x)}=\frac{-\infty}{l_2}=-\infty$

Se $l_1=-\infty$ ed $l_2\in R^-$ (ossia finito e minore di 0) allora $\lim_{x\to x_0}\frac{f_1(x)}{f_2(x)}=\frac{-\infty}{l_2}=+\infty$

Se $l_1\in R$ (ossia ha valore finito) ed $l_2=\pm\infty$ allora $\lim_{x\to x_0}\frac{f_1(x)}{f_2(x)}=\frac{l_1}{\pm\infty}=0$

Se $l_1\in R$ (ossia ha valore finito) ed $l_2=0$ allora $\lim_{x\to x_0}\frac{f_1(x)}{f_2(x)}=\frac{l_1}{0}=\infty$

Nel caso entrambi i limiti abbiano valore infinito oppure entrambi abbiano valore nullo, allora si ottengono rispettivamente le forme indeterminate $\frac{\infty}{\infty}$ e $\frac{0}{0}$.
Esistono anche altre tre **forme di indeterminazione di tipo esponenziale**, ossia 0^0; ∞^0; 1^∞. Si illustrano ora le condizioni in cui si possono incontrare tali forme di indeterminazione.
Si consideri una funzione f_1 positiva nel suo dominio.
Se risulta $\lim_{x\to x_0} f_1(x)=0$ ed inoltre $\lim_{x\to x_0} f_2(x)=0$, allora il limite $\lim_{x\to x_0}[f_1(x)]^{f_2(x)}$ costituisce una forma indeterminata del tipo 0^0.

Se risulta $\lim_{x\to x_0} f_1(x)=\infty$ ed inoltre $\lim_{x\to x_0} f_2(x)=0$, allora il limite $\lim_{x\to x_0}[f_1(x)]^{f_2(x)}$ costituisce una forma indeterminata del tipo ∞^0.

Infine se si ha $\lim_{x\to x_0} f_1(x)=1$ ed inoltre $\lim_{x\to x_0} f_2(x)=\infty$, allora il limite $\lim_{x\to x_0}[f_1(x)]^{f_2(x)}$ costituisce una forma indeterminata del tipo 1^∞.

6.1.9 Limiti di funzioni elementari e limiti notevoli

In Tabella 1 si riportano i valori di alcuni limiti di funzioni elementari.

Tabella 1

$\lim_{x\to a} kx = k\cdot\lim_{x\to a} x = ka \quad k\in R$	$\lim_{x\to a} x^n = \left(\lim_{x\to a} x\right)^n = a^n \quad a\in R^+, n\in R$
$\lim_{x\to 0} x^n = 0 \quad n\in N$	$\lim_{x\to +\infty} x^n = \infty \quad n\in N$
$\lim_{x\to -\infty} x^n = \begin{cases} +\infty & n \text{ pari} \\ -\infty & n \text{ dispari} \end{cases}$	$\lim_{x\to\infty} \frac{k}{x} = k\cdot\lim_{x\to\infty}\frac{1}{x} = k\cdot 0 = 0 \quad k\in R$
$\lim_{x\to a} x^{-n} = \lim_{x\to a}\frac{1}{x^n} = \frac{1}{a^n} \quad n\in N$	$\lim_{x\to 0} x^{-n} = \lim_{x\to 0}\frac{1}{x^n} = +\infty \quad n \text{ pari}$
$\lim_{x\to 0^-} x^{-n} = \lim_{x\to 0^-}\frac{1}{x^n} = -\infty \quad n \text{ dispari}$	$\lim_{x\to 0^+} x^{-n} = \lim_{x\to 0^+}\frac{1}{x^n} = +\infty \quad n \text{ dispari}$
$\lim_{x\to \pm\infty} x^{-n} = \lim_{x\to \infty}\frac{1}{x^n} = 0 \quad n\in N$	$\lim_{x\to 0}\sqrt[n]{x} = 0 \quad n\in N$
$\lim_{x\to +\infty}\sqrt[n]{x} = +\infty \quad n\in N$	$\lim_{x\to +\infty} x^\alpha = \begin{cases} +\infty & \alpha\in R^+ \\ 0 & \alpha\in R^- \end{cases}$
$\lim_{x\to 0} x^\alpha = \begin{cases} 0 & \alpha\in R^+ \\ +\infty & \alpha\in R^- \end{cases}$	$\lim_{x\to b} a^x = a^b \quad a\in R^+$
$\lim_{x\to 0} a^x = a^0 = 1 \quad a\in R^+$	$\lim_{x\to +\infty} a^x = \begin{cases} +\infty & a\in]1;+\infty[\\ 0 & a\in]0;1[\end{cases}$
$\lim_{x\to -\infty} a^x = \begin{cases} 0 & a\in]1;+\infty[\\ +\infty & a\in]0;1[\end{cases}$	$\lim_{x\to\infty}\sqrt[x]{a} = \lim_{x\to\infty} a^{\frac{1}{x}} = a^0 = 1 \quad a\in R^+$
$\lim_{x\to +\infty}\log_a x = \begin{cases} +\infty & a\in]1;+\infty[\\ -\infty & a\in]0;1[\end{cases}$	$\lim_{x\to 0}\log_a x = \begin{cases} -\infty & a\in]1;+\infty[\\ +\infty & a\in]0;1[\end{cases}$
$\lim_{x\to 0}\sin x = 0$	$\lim_{x\to 0}\cos x = 1$
$\lim_{x\to\left(k\pi+\frac{\pi}{2}\right)^-}\tan x = +\infty$	$\lim_{x\to\left(k\pi+\frac{\pi}{2}\right)^+}\tan x = -\infty$
$\lim_{x\to +\infty}\arctan x = \frac{\pi}{2}$	$\lim_{x\to -\infty}\arctan x = -\frac{\pi}{2}$
$\lim_{x\to +\infty}\sinh x = +\infty$	$\lim_{x\to -\infty}\sinh x = -\infty$
$\lim_{x\to \pm\infty}\cosh x = +\infty$	$\lim_{x\to +\infty}\tanh x = +1$

$\lim_{x\to-\infty} \tanh x = -1$	$\lim_{x\to+\infty} \text{sett}\sinh x = +\infty$
$\lim_{x\to-\infty} \text{sett}\sinh x = -\infty$	$\lim_{x\to+\infty} \text{sett}\cosh x = +\infty$
$\lim_{x\to1} \text{sett}\tanh x = +\infty$	$\lim_{x\to-1} \text{sett}\tanh x = -\infty$

Di seguito vengono elencati alcuni limiti che presentano una forma indeterminata, ma che possono essere calcolati. Tali limiti sono meglio noti come **limiti notevoli**.

- $\lim_{x\to\pm\infty}\left(1+\frac{1}{x}\right)^x = e$ dove $e = 2{,}7182818\ldots$ è il numero di Nepero.
- $\lim_{x\to\pm\infty}\left(1+\frac{\alpha}{x}\right)^x = e^{\alpha} \quad \alpha \in R$
- $\lim_{x\to0}(1+\alpha x)^{\frac{1}{x}} = e^{\alpha} \quad \alpha \in R$
- $\lim_{x\to0}\frac{\log_a(1+x)}{x} = \log_a e \quad a \in R^+$
- $\lim_{x\to0}\frac{a^x-1}{x} = \log_e a \quad a \in R^+$
- $\lim_{x\to0}\frac{e^x-1}{x} = \log_e e = 1$
- $\lim_{x\to0}\frac{(1+x)^{\alpha}-1}{x} = \alpha \quad \alpha \in R$
- $\lim_{x\to0}\frac{\sin x}{x} = 1$
- $\lim_{x\to0}\frac{1-\cos x}{x^2} = \frac{1}{2}$
- $\lim_{x\to0}\frac{\arcsin x}{x} = 1$
- $\lim_{x\to0}\frac{\arctan x}{x} = 1$

6.1.10 Calcolo di limiti

Attraverso l'uso dei limiti delle funzioni elementari, dei limiti notevoli e di tutti i teoremi sui limiti presentati in questo capitolo è possibile affrontare il calcolo dei limiti. In questo paragrafo si suddividono le diverse tipologie di esercizi sul calcolo di limiti.
Nei seguenti limiti elementari la risoluzione è immediata poiché basta sostituire nella variabile indipendente della funzione il valore a cui tende la stessa variabile indipendente.

Esempi

1) $\lim_{x\to 2}(x^2-3x-1)=2^2-3\cdot 2-1=4-6-1=-3$

2) $\lim_{x\to 3}\log_3 x=\log_3 3=1$

3) $\lim_{x\to \frac{\pi}{2}}(1-\sin 3x)=1-\sin\left(\frac{3}{2}\pi\right)=1-(-1)=2$

4) $\lim_{x\to -1}x\cdot e^{-x}=(-1)\cdot e^{-(-1)}=(-1)\cdot e=-e$

5) $\lim_{x\to +\infty}(4\arctan x)=4\cdot\lim_{x\to +\infty}\arctan x=4\cdot\frac{\pi}{2}=2\pi$

6) $\lim_{x\to -\infty}(x\cdot e^{|x|})=\lim_{x\to -\infty}(x)\cdot\lim_{x\to -\infty}(e^{|x|})=(-\infty)\cdot(+\infty)=-\infty$

7) $\lim_{x\to\infty}\frac{\sin x}{x}=0$ infatti il denominatore diverge $(x\to\infty)$, mentre il numeratore resta compreso tra -1 ed 1, ossia $-1\le\sin x\le 1$.

In alcuni casi il limite destro e sinistro di una funzione possono essere determinati con lo studio del segno della funzione.

Esempio

$$\lim_{x\to -2^-}\frac{1+x}{x^2+x-2}$$

La funzione per $x\to -2$ diverge in quanto il denominatore si annulla. Si tratta pertanto di stabilire se il limite sia pari a $+\infty$ oppure a $-\infty$. Per questo si calcola il segno della funzione:

$$\frac{1+x}{x^2+x-2} \geq 0$$
$$N \geq 0 \Rightarrow 1+x \geq 0 \Rightarrow x \geq -1$$
$$D > 0 \Rightarrow x^2+x-2 > 0 \Rightarrow x^2+x-2=0$$
$$\Rightarrow \Delta = 1+8=9 \Rightarrow x_{1e2} = \frac{-1 \pm \sqrt{9}}{2} \Rightarrow x_1 = -2;\ x_2 = 1 \Rightarrow x < -2 \ o\ x > 1$$

Il segno della funzione si deduce dal grafico.

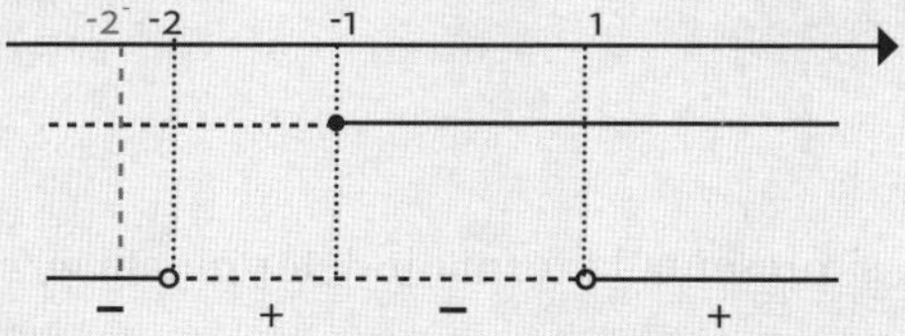

Si nota dal grafico che per *x* che si avvicina a -2 per valori inferiori (ossia -2^-) il segno della funzione è negativo, quindi il limite diverge negativamente.

$$\lim_{x \to -2^-} \frac{1+x}{x^2+x-2} = -\infty$$

I limiti delle funzioni polinomiali, quando $x \to \pm\infty$, possono essere calcolati secondo le seguenti regole:

1) $\lim_{x \to +\infty} (a_n x^n + a_{n-1} x^{n-1} + \ldots + a_2 x^2 + a_1 x + a_0) = \lim_{x \to +\infty} (a_n x^n) = a_n \cdot \lim_{x \to +\infty} (x^n) = a_n \cdot (+\infty)$

2) $\lim_{x \to -\infty} (a_n x^n + a_{n-1} x^{n-1} + \ldots + a_2 x^2 + a_1 x + a_0) = \lim_{x \to -\infty} (a_n x^n) = a_n \cdot \lim_{x \to -\infty} (x^n) = \begin{cases} a_n \cdot (+\infty)\ n \text{ pari} \\ a_n \cdot (-\infty)\ n \text{ dispari} \end{cases}$

Le funzioni razionali fratte possono esibire forme indeterminate del tipo 0/0 oppure ∞/∞. Nel caso in cui si presenti una forma indeterminata del tipo 0/0 si deve procedere, in generale, ad una scomposizione e ad una semplificazione tra numeratore e denominatore.

Esempio

$$\lim_{x \to 2} \frac{x-2}{x^2-5x+6}$$

Sostituendo $x = 2$ nel limite si ottiene la forma indeterminata.

$$\lim_{x\to 2}\frac{x-2}{x^2-5x+6}=\frac{2-2}{2^2-5\cdot 2+6}=\frac{0}{0}$$

Se si opera la scomposizione del trinomio a denominatore si ottiene:

$$x^2-5x+6=(x-2)(x-3)$$

Quindi si ha:

$$\lim_{x\to 2}\frac{x-2}{x^2-5x+6}=\lim_{x\to 2}\frac{\cancel{(x-2)}}{\cancel{(x-2)}(x-3)}=\lim_{x\to 2}\frac{1}{(x-3)}=\frac{1}{(2-3)}=-1$$

Quando $x\to\pm\infty$, si presenta la forma indeterminata ∞/∞, allora valgono le seguenti regole.

1) $$\lim_{x\to+\infty}\frac{a_nx^n+a_{n-1}x^{n-1}+...+a_2x^2+a_1x+a_0}{b_mx^m+b_{m-1}x^{m-1}+...+b_2x^2+b_1x+b_0}=\lim_{x\to+\infty}\frac{a_nx^n}{b_mx^m}=\begin{cases}\dfrac{a_n}{b_m} & \text{se } n=m\\ 0 & \text{se } n<m\\ \dfrac{a_n}{b_m}\cdot(+\infty) & \text{se } n>m\end{cases}$$

2) $$\lim_{x\to-\infty}\frac{a_nx^n+a_{n-1}x^{n-1}+...+a_2x^2+a_1x+a_0}{b_mx^m+b_{m-1}x^{m-1}+...+b_2x^2+b_1x+b_0}=\lim_{x\to-\infty}\frac{a_nx^n}{b_mx^m}=\begin{cases}\dfrac{a_n}{b_m} & \text{se } n=m\\ 0 & \text{se } n<m\\ \dfrac{a_n}{b_m}\cdot(+\infty) & \text{se } n>m;\ n-m \text{ è pari}\\ \dfrac{a_n}{b_m}\cdot(-\infty) & \text{se } n>m;\ n-m \text{ è dispari}\end{cases}$$

I limiti delle funzioni irrazionali possono presentare forme indeterminate. In tal caso si può ricorrere ad una razionalizzazione del numeratore o del denominatore.

Esempio

$$\lim_{x\to+\infty}\frac{1}{\sqrt{x+1}-\sqrt{x}}$$

Questo limite presenta a denominatore la forma indeterminata ∞-∞. Si opera pertanto una razionalizzazione.

$$\lim_{x\to+\infty}\left(\frac{1}{\sqrt{x+1}-\sqrt{x}}\cdot\frac{\sqrt{x+1}+\sqrt{x}}{\sqrt{x+1}+\sqrt{x}}\right)=\lim_{x\to+\infty}\left(\frac{\sqrt{x+1}+\sqrt{x}}{\left(\sqrt{x+1}\right)^2-\left(\sqrt{x}\right)^2}\right)=$$

$$=\lim_{x\to+\infty}\left(\frac{\sqrt{x+1}+\sqrt{x}}{\cancel{x}+1-\cancel{x}}\right)=\lim_{x\to+\infty}\left(\sqrt{x+1}+\sqrt{x}\right)=+\infty$$

Di seguito vengono calcolati alcuni limiti che si presentano in forme indeterminate, attraverso l'uso di limiti notevoli.

Esempi

1) $$\lim_{x\to0}\frac{\sin 5x}{x}=\lim_{x\to0}\frac{5\cdot\sin 5x}{5x}=5\cdot\lim_{x\to0}\frac{\sin 5x}{5x}$$

Ponendo $y = 5x$ il limite si riduce ad un limite notevole.

$$5\cdot\lim_{x\to0}\frac{\sin 5x}{5x}=5\cdot\lim_{y\to0}\frac{\sin y}{y}=5\cdot1=5$$

2) $$\lim_{x\to0}\frac{1-\sqrt{\cos x}}{2x^2}=\lim_{x\to0}\frac{(1-\sqrt{\cos x})(1+\sqrt{\cos x})}{2x^2(1+\sqrt{\cos x})}=\lim_{x\to0}\frac{[1^2-(\sqrt{\cos x})^2]}{2x^2(1+\sqrt{\cos x})}=$$

$$=\lim_{x\to0}\frac{[1-\cos x]}{2x^2(1+\sqrt{\cos x})}=\frac{1}{2}\cdot\lim_{x\to0}\frac{1-\cos x}{x^2}\cdot\lim_{x\to0}\frac{1}{1+\sqrt{\cos x}}=\frac{1}{2}\cdot\frac{1}{2}\cdot\frac{1}{2}=\frac{1}{8}$$

Nell'ultimo passaggio si è considerato il seguente limite notevole:

$$\lim_{x\to0}\frac{1-\cos x}{x^2}=\frac{1}{2}$$

3) $$\lim_{x\to0}\frac{(1+2x)^3-1}{x}=\lim_{x\to0}2\cdot\frac{(1+2x)^3-1}{2x}=2\cdot\lim_{x\to0}\frac{(1+2x)^3-1}{2x}$$

Se si pone $y = 2x$ si ottiene un limite notevole:

$$2\cdot\lim_{x\to0}\frac{(1+2x)^3-1}{2x}=2\cdot\lim_{y\to0}\frac{(1+y)^3-1}{y}=2\cdot\lim_{y\to0}\frac{(1+y)^3-1}{y}=2\cdot3=6$$

4) $$\lim_{x\to0}\frac{1-\cos^2 x}{x\cdot\sin 5x}$$

Utilizzando la relazione trigonometrica $\sin^2 x = 1-\cos^2 x$ si ottiene:

$$\lim_{x\to 0}\frac{1-\cos^2 x}{x\cdot\sin 5x}=\lim_{x\to 0}\frac{\sin^2 x}{x\cdot\sin 5x}=\lim_{x\to 0}\frac{x\cdot\sin^2 x}{x\cdot x\cdot\sin 5x}=\lim_{x\to 0}\frac{5x\cdot\sin^2 x}{5x^2\cdot\sin 5x}=$$

$$\frac{1}{5}\cdot\lim_{x\to 0}\frac{\sin^2 x}{x^2}\cdot\lim_{x\to 0}\frac{5x}{\sin 5x}=\frac{1}{5}\cdot\lim_{x\to 0}\left(\frac{\sin x}{x}\right)^2\cdot\lim_{x\to 0}\frac{5x}{\sin 5x}=\frac{1}{5}\cdot 1^2\cdot\lim_{x\to 0}\frac{5x}{\sin 5x}$$

Si pone ora $y = 5x$ per ottenere un limite notevole:

$$\frac{1}{5}\cdot 1^2\cdot\lim_{x\to 0}\frac{5x}{\sin 5x}=\frac{1}{5}\cdot\lim_{y\to 0}\frac{y}{\sin y}=\frac{1}{5}\cdot 1=\frac{1}{5}$$

5) $\lim_{x\to\infty}\sqrt{\left(1+\frac{2}{x}\right)^x}=\lim_{x\to\infty}\left(1+\frac{2}{x}\right)^{x/2}=\lim_{x\to\infty}\left(1+\frac{1}{x/2}\right)^{x/2}$

Ponendo $y = x/2$ il limite si riduce ad un limite notevole.

$$\lim_{x\to\infty}\left(1+\frac{1}{x/2}\right)^{x/2}=\lim_{y\to\infty}\left(1+\frac{1}{y}\right)^y=e$$

6.2 Successioni e limiti di successioni

6.2.1 Definizione e generalità

Un insieme di numeri reali $\{a_1, a_2, a_3, ..., a_n, ...\}$ che può essere messo in corrispondenza con i numeri naturali N viene detto **successione**. Avviene quindi che ad ogni numero naturale $n \in N$ corrisponde un termine reale della successione $a_n \in R$. Si indica pertanto l'insieme costituito da una successione di numeri reali, in corrispondenza con l'insieme N, con il simbolo $\{a_n\}_{n\in N}$.

Esempi

1) Una successione può essere specificata indicando quale sia il generico termine. Ponendo $a_n = n^2 + 1$ si ottiene la seguente successione:

$$a_1 = 1^2 + 1 = 1 + 1 = 2$$
$$a_2 = 2^2 + 1 = 4 + 1 = 5$$
$$a_3 = 3^2 + 1 = 9 + 1 = 10$$
$$\ldots$$

che può essere indicata brevemente nel modo seguente

$$\{2,5,10,17,26,...\}$$

2) Un'altra successione può essere specificata dal termine:

$$a_n = \frac{1}{2n+1}$$

dal quale si ottiene la sequenza di valori:

$$\left\{\frac{1}{3},\frac{1}{5},\frac{1}{7},...\right\}$$

Data una successione reale $\{a_n\}_{n\in N}$, essa si dice **limitata inferiormente** se e solo se $\exists\alpha \in R \mid \ a_n \geq \alpha \quad \forall n \in N$.

La successione reale $\{a_n\}_{n\in N}$ si dice invece **limitata superiormente** se e solo se $\exists\alpha \in R \mid \ a_n \leq \alpha \quad \forall n \in N$.

La successione reale $\{a_n\}_{n\in N}$ è infine **limitata** se e solo se $\exists\alpha, \beta \in R \mid \ \alpha \leq a_n \leq \beta \quad \forall n \in N$, ossia se essa è limitata inferiormente e superiormente.

Se la successione reale $\{a_n\}_{n\in N}$ è limitata, allora si dice **estremo inferiore** di $\{a_n\}_{n\in N}$ il numero reale $e_{\inf}$ che ha le seguenti proprietà:

1) $a_n \geq e_{\inf} \quad \forall n \in N$

2) $\forall \alpha > e_{\inf} \quad \exists \nu \in N \mid a_n < \alpha$

L'estremo inferiore è pertanto un numero reale tale che non vi è alcun numero della successione minore di esso e contemporaneamente è tale che in ogni suo intorno destro arbitrario cadono numeri della successione. Se l'estremo inferiore della successione appartiene alla successione stessa, allora è detto **minimo** della successione.

Si dice invece **estremo superiore** di $\{a_n\}_{n\in N}$ il numero reale $e_{\sup}$ che ha le seguenti proprietà:

1) $a_n \leq e_{\sup} \quad \forall n \in N$

2) $\forall \alpha < e_{\sup} \quad \exists \nu \in N \mid a_\nu > \alpha$

L'estremo superiore è pertanto un numero reale tale che non vi è alcun numero della successione maggiore di esso e contemporaneamente è tale che in ogni suo intorno sinistro arbitrario cadono numeri della successione. Se l'estremo superiore della successione appartiene alla successione stessa, allora è detto **massimo** della successione.

Una successione $\{a_n\}_{n\in N}$

si dice **crescente** se e solo se $a_n \leq a_{n+1} \quad \forall n \in N$

si dice **decrescente** se e solo se $a_n \geq a_{n+1} \quad \forall n \in N$

si dice **strettamente crescente** se e solo se $a_n < a_{n+1} \quad \forall n \in N$

si dice **strettamente decrescente** se e solo se $a_n > a_{n+1} \quad \forall n \in N$

Esempi

1) La successione con termine generico:

$$a_n = \frac{1}{n}$$

si esprime nel modo seguente:

$$\left\{1, \frac{1}{2}, \frac{1}{3}, \frac{1}{4}, \ldots\right\}$$

Tale successione è limitata sia inferiormente che superiormente. Difatti esistono i due numeri reali 0 ed 1 tali che un qualsiasi generico termine della successione è compreso tra essi:

$$0 < a_n \leq 1 \quad n \in N$$

In particolare il valore $e_{inf} = 0$ è l'estremo inferiore della successione; infatti qualsiasi numero a_n della successione è maggiore di $e_{inf} = 0$, inoltre, considerato un qualsiasi $\alpha < 0$, esiste sicuramente un valore a_n della successione tale da essere minore di α. Infatti, imponendo:

$$a_n < \alpha \Rightarrow \frac{1}{n} < \alpha \Rightarrow n > \frac{1}{\alpha}$$

Basta appunto scegliere un numero naturale n che sia maggiore dell'inverso di α per ottenere un numero della successione che si frapponga tra α e l'estremo inferiore 0.

Inoltre il valore $e_{sup} = 1$ è l'estremo superiore della successione; infatti qualsiasi numero a_n della successione è minore (o uguale) di $e_{sup} = 1$, inoltre, considerato un qualsiasi $\alpha > 0$, esiste sicuramente un valore a_n della successione tale da essere maggiore di α. Infatti, imponendo:

$$a_n > \alpha \Rightarrow \frac{1}{n} > \alpha \Rightarrow n < \frac{1}{\alpha}$$

Basta appunto scegliere un numero naturale n che sia minore dell'inverso di α per ottenere un numero della successione che si frapponga tra α e l'estremo superiore 1. Inoltre, siccome $e_{\text{sup}} = 1$ appartiene alla successione, allora esso è proprio il massimo della successione.
Infine si nota come la successione sia strettamente decrescente in quanto avviene che:

$$a_n > a_{n+1} \Rightarrow \frac{1}{n} > \frac{1}{n+1}$$

2) La successione con termine generico:

$$a_n = (-1)^n n$$

si esprime nel modo seguente:

$$\{-1, 2, -3, 4, -5, 6, -7, ...\}$$

Tale successione non è limitata né inferiormente, né superiormente. Inoltre la successione non è né crescente, né decrescente.

6.2.2 Limite di una successione di numeri reali

Una successione reale definita in N può avere limite soltanto in $+\infty$, in quanto questo è l'unico punto di accumulazione per N.
Quindi il limite di una successione $\{a_n\}_{n\in N}$ per n che tende a $+\infty$ è pari a $l \in \hat{R}$, ossia $\lim_{n\to+\infty} a_n = l \in \hat{R}$ se e solo se per ogni intorno I' di l, esiste $\nu \in N$ tale che $\alpha_n \in I' \quad \forall n > \nu$.
Se $l \in R$, ossia l ha valore finito, allora la successione $\{a_n\}_{n\in N}$ **converge**. Questo equivale a dire che $\forall \varepsilon > 0 \quad \exists \nu \in N \mid \quad |a_n - l| < \varepsilon \quad \forall n > \nu$.
Se $l = +\infty$, allora la successione $\{a_n\}_{n\in N}$ **diverge positivamente**. Questo equivale a dire che $\forall \varepsilon > 0 \quad \exists \nu \in N \mid \quad a_n > \varepsilon \quad \forall n > \nu$.
Se $l = -\infty$, allora la successione $\{a_n\}_{n\in N}$ **diverge negativamente**. Questo equivale a dire che $\forall \varepsilon > 0 \quad \exists \nu \in N \mid \quad a_n < -\varepsilon \quad \forall n > \nu$.
Una successione si dice **regolare** se è dotata di limite.

Si enuncia il **teorema di Cauchy per le successioni** (analogo del Teorema 8).

Teorema 10

Condizione necessaria e sufficiente affinché una successione $\{a_n\}_{n\in N}$ sia convergente è che:

$$\forall\varepsilon>0 \quad \exists\nu\in N \quad |a_n-a_m|<\varepsilon \quad \forall n>\nu \text{ e } \forall m>\nu$$

Valgono inoltre le seguenti regole per i limiti di successioni.

Somma di successioni. Se le due successioni $\{a_n\}_{n\in N}$ e $\{b_n\}_{n\in N}$ sono tali che

$$\lim_{n\to+\infty} a_n = l_a \in R \quad \lim_{n\to+\infty} b_n = l_b \in R$$

allora la successione somma $\{a_n+b_n\}_{n\in N}$ è tale che

$$\lim_{n\to+\infty}(a_n+b_n)=\lim_{n\to+\infty} a_n+\lim_{n\to+\infty} b_n=l_a+l_b$$

Prodotto di successioni. Se le due successioni $\{a_n\}_{n\in N}$ e $\{b_n\}_{n\in N}$ sono tali che

$$\lim_{n\to+\infty} a_n = l_a \in R \quad \lim_{n\to+\infty} b_n = l_b \in R$$

allora la successione prodotto $\{a_n\cdot b_n\}_{n\in N}$ è tale che

$$\lim_{n\to+\infty}(a_n\cdot b_n)=\left(\lim_{n\to+\infty} a_n\right)\cdot\left(\lim_{n\to+\infty} b_n\right)=l_a\cdot l_b$$

Quoziente di successioni. Se le due successioni $\{a_n\}_{n\in N}$ e $\{b_n\}_{n\in N}$ sono tali che

$$\lim_{n\to+\infty} a_n = l_a \in R \quad \lim_{n\to+\infty} b_n = l_b \in R$$

Se $l_b\neq 0$, allora la successione rapporto $\left\{\frac{a_n}{b_n}\right\}_{n\in N}$ è tale che $\lim_{n\to+\infty}\left(\frac{a_n}{b_n}\right)=\frac{\left(\lim_{n\to+\infty} a_n\right)}{\left(\lim_{n\to+\infty} b_n\right)}=\frac{l_a}{l_b}$.

6.3 Continuità delle funzioni reali

6.3.1 Funzione continua

Una funzione reale f di variabile reale definita in X, si dice **continua in un punto** x_0 del suo campo di esistenza se, scelto un arbitrario $\varepsilon>0$, si può determinare un intorno di x_0, del tipo $]x_0-\delta;x_0+\delta[$, tale che per qualsiasi x in tale intorno si abbia $|f(x)-f(x_0)|<\varepsilon$.

In termini simbolici si può scrivere:

$$\forall \varepsilon > 0 \quad \exists \delta > 0 \mid \quad |f(x) - f(x_0)| < \varepsilon \quad \forall x \in X \cap]x_0 - \delta, x_0 + \delta[$$

Una funzione reale f di variabile reale è continua in ogni suo punto isolato x_0. Inoltre il seguente teorema lega la definizione di continuità di una funzione f in un punto di accumulazione x_0 al concetto di limite della funzione f in x_0.

Teorema 11

Se una funzione reale f di variabile reale è continua in un punto di accumulazione x_0 del suo campo di esistenza X, allora avviene che $\lim_{x \to x_0} f(x) = f(x_0)$.

In contrapposizione a quanto stabilito dal Teorema 11, se invece avviene che $\lim_{x \to x_0^+} f(x) = f(x_0) \neq \lim_{x \to x_0^-} f(x)$, allora la funzione si dice **continua solo a destra**.

Inoltre, se $\lim_{x \to x_0^-} f(x) = f(x_0) \neq \lim_{x \to x_0^+} f(x)$, allora la funzione si dice **continua solo a sinistra**.

Una funzione si dice **continua in un intervallo** quando è continua in qualsiasi punto dell'intervallo.

Esempi

1) La funzione $f(x) = x^2$ è continua in $x = 1$, in quanto il limite ed il valore della funzione nel punto coincidono.

$$\lim_{x \to 1} f(x) = \lim_{x \to 1} x^2 = 1^2 = 1$$

$$f(1) = 1^2 = 1$$

2) La seguente funzione:

$$f(x) = \begin{cases} x+1 & x \geq 1 \\ x-2 & x < 1 \end{cases}$$

non è continua in $x = 1$, ma è continua solo a destra in $x = 1$. Infatti, siccome $f(x) = x+1$ quando $x \geq 1$, allora si ha $f(1) = 1+1 = 2$.

Invece, i limiti sinistro e destro valgono:

$$\lim_{x \to 1^-} (x-2) = 1-2 = -1 \neq f(1)$$

$$\lim_{x \to 1^+} (x+1) = 1+1 = 2 = f(1)$$

Si dimostra il seguente **teorema della permanenza del segno per le funzioni continue**.

Teorema 12
Se f è continua in x_0 e se si ha $f(x_0) > 0$, allora esiste un intorno I di x_0 tale che

$$f(x) > 0 \quad \forall x \in I \cap X$$

DIM
Se il punto è isolato allora la tesi è evidente, basta considerare il valore stesso della funzione nel punto isolato che è maggiore di 0.
Se x_0 è un punto di accumulazione, allora dal teorema della permanenza del segno (Teorema 3) si deduce che, essendo il limite della funzione in x_0 diverso da 0, poiché $\lim_{x \to x_0} f(x) = f(x_0) > 0$, è possibile trovare un intorno I di x_0 (al più escluso x_0) in cui la f assume valori tutti dello stesso segno di $f(x_0)$, ossia $f(x) > 0 \quad \forall x \in I \cap X$. **CVD**

Per le funzioni continue in un insieme chiuso e limitato esiste il seguente teorema.

Teorema 13
Per ogni funzione f definita e continua in un insieme X chiuso e limitato, l'immagine $f(X)$ di f è un insieme chiuso e limitato.

Si dimostra il **teorema di Weierstrass**.

Teorema 14
Ogni funzione f definita e continua in un insieme X chiuso e limitato, è dotata di massimo e minimo.

DIM
Infatti, se f è continua in X e se tale insieme è chiuso e limitato, per il teorema precedente (Teorema 13) si ha che $f(X)$ è un insieme chiuso e limitato; la tesi è dimostrata osservando che ogni insieme chiuso e limitato (sia inferiormente che superiormente) ha un massimo ed un minimo. **CVD**

Una giustificazione geometrica di questo teorema è mostrata in Figura 6. La funzione f è continua nell'intervallo chiuso e limitato $X=[a,b]$. Il grafico della funzione f è costituito da una linea di estremi A e B, geometricamente continua, ossia una linea che si può tracciare senza sollevare la penna dal foglio. I valori assunti dalla funzione in questo intervallo vengono poi riportati lungo l'asse y in un intervallo che è anch'esso chiuso e limitato, ossia l'immagine dell'intervallo X, denotata con $f(X)$. Tale intervallo ha estremi m ed M che sono, rispettivamente, i valori di minimo e massimo assunti dalla funzione f nell'intervallo X.

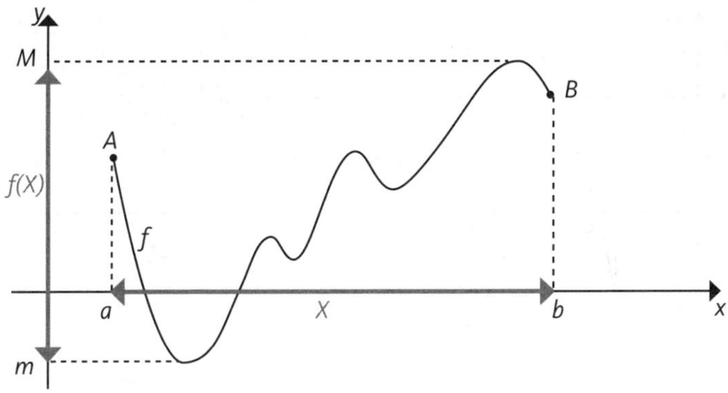

Figura 6

Si mostra con un esempio che una funzione continua in un insieme *X* che non è chiuso e limitato, può non essere dotata di massimo o di minimo.
La funzione $f(x)=x^2$ pur essendo continua nell'intervallo $[1,+\infty[$ non possiede in esso un massimo in quanto l'intervallo non è chiuso e limitato, in particolare non è limitato superiormente.

Si enuncia l'importante **teorema degli zeri delle funzioni continue**.

Teorema 15
Se *f* è continua in $[a,b]$ e se $f(a)$, $f(b)$ hanno segno opposto, ossia $f(a)\cdot f(b)<0$, allora esiste almeno un punto di $]a,b[$ in cui *f* assume il valore zero.

Nella Figura 7 è presentata una giustificazione geometrica del teorema degli zeri. La funzione continua è costituita da una linea che viene tracciata a partire dal punto *A* fino ad arrivare al punto *B*. Il punto $x = a$ ha immagine $f(a) < 0$, mentre il punto $x = b$ ha immagine $f(b) > 0$. Pertanto, essendo le due immagini di segno opposto accade che $f(a)\cdot f(b)<0$. Come si può notare una siffatta funzione interseca l'asse *x* in tre punti C_1, C_2 e C_3. Questi sono i punti in cui $f(x) = 0$, ossia la funzione assume valore nullo. Le ascisse dei tre punti C_1, C_2 e C_3 in cui la *f* taglia l'asse delle *x* si dicono "zeri" della funzione *f*, in quanto la funzione assume valore nullo (zero) in tali punti.
Adottando una procedura di riduzione progressiva degli estremi dell'intervallo $[a,b]$, mantenendo la condizione che $f(a)\cdot f(b)<0$, è possibile stabilire un algoritmo per individuare, dopo successive approssimazioni, le radici reali dell'equazione del tipo $f(x) = 0$.

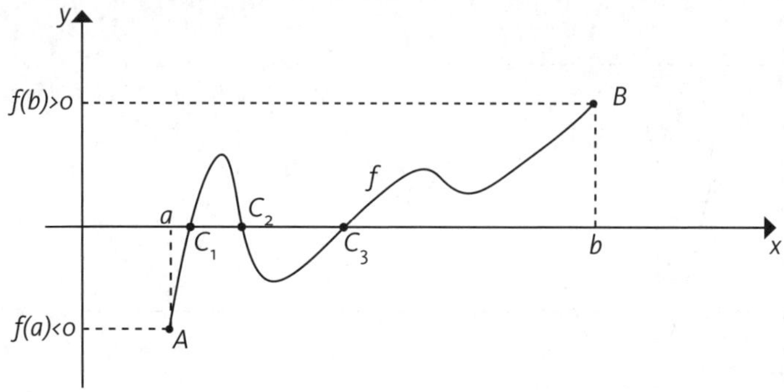

Figura 7

Il seguente teorema è conosciuto come **Teorema di Bolzano**.

Teorema 16

Se una funzione reale f di variabile reale è continua in un intervallo e non è costante, allora anche l'immagine di X, ossia $f(X)$, è un intervallo.

Si noti che il teorema di Bolzano non si può invertire. Non è quindi vero che se $f(X)$ è un intervallo, allora f è continua in X. A tale proposito si propone un esempio.

Esempio

Si consideri la funzione:

$$f(x) = \begin{cases} x & x \in [0,1] \\ x-1 & x \in]1,2] \end{cases}$$

Si nota che $f(0) = 0$ mentre $f(1) = 1$. Quindi l'immagine dell'intervallo $[0,1]$ è data proprio dall'intervallo $[0,1]$. Inoltre $f(2) = 1$, quindi l'immagine dell'intervallo $]1,2]$ è l'intervallo $]0,1]$.

Pertanto l'immagine della funzione $f(X)$ è l'intervallo chiuso $[0,1]$, ma la funzione non è continua in $x = 1$. Infatti avviene che:

$$\lim_{x \to 1^-} f(x) = \lim_{x \to 1^-} x = 1$$

$$\lim_{x \to 1^+} f(x) = \lim_{x \to 1^+} x - 1 = 0 \neq f(1)$$

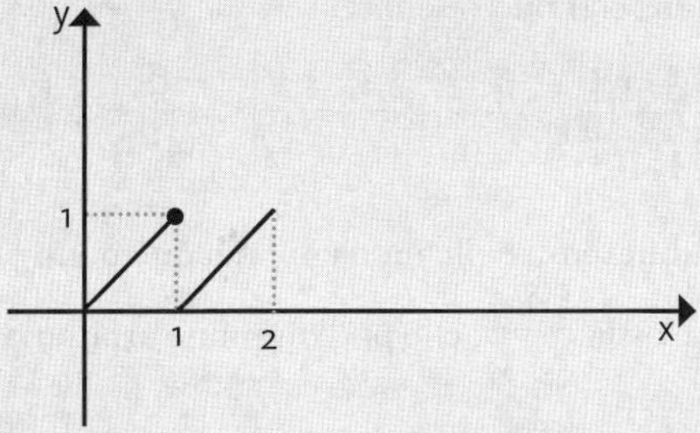

Per ottenere l'inversione del teorema di Bolzano, è necessario introdurre un'altra ipotesi, ossia che la f sia monotona. Questo è esposto nel seguente teorema, conosciuto come l'**inverso del teorema di Bolzano**.

Teorema 17
Se f è monotona in X e se $f(X)$ è un intervallo, allora f è continua nell'insieme X.

6.3.2 Funzione uniformemente continua

La continuità di una funzione f è una proprietà "locale" della funzione. Difatti si parla di continuità di una funzione in un punto x_0. Il concetto di continuità si estende ad un insieme X, quando la funzione è continua in ogni punto $x_0 \in X$.
Si può quindi introdurre una continuità di carattere "globale", detta **continuità uniforme**. Una funzione reale f di variabile reale, definita in X, si dice **uniformemente continua** in X se

$$\forall \varepsilon > 0 \quad \exists \delta > 0 \mid \quad |f(x_1) - f(x_2)| < \varepsilon \quad \forall x_1, x_2 \in X \mid \quad |x_1 - x_2| < \delta$$

Si può dimostrare che una funzione uniformemente continua in un intervallo X è anche continua in X, mentre una funzione continua in un intervallo non è necessariamente uniformemente continua in tale intervallo. Si consideri, infatti, il seguente esempio.

Esempio
Si considera la funzione f:

$$x \in]0;+\infty[\xrightarrow{f} \frac{1}{x} \in R$$

Essa è definita in un intervallo aperto e illimitato $]0,+\infty[$ ed è continua in ogni suo punto. Tale funzione non è uniformemente continua. Infatti si considera un $\delta > 0$ e due punti $x_1, x_2 \in]0,+\infty[$ tali da avere una differenza minore di δ, ossia $|x_2 - x_1| < \delta$.

Attraverso passaggi algebrici si può ottenere:

$$\frac{|x_2 - x_1|}{x_2 \cdot x_1} < \frac{\delta}{x_2 \cdot x_1} \rightarrow \left|\frac{x_2 - x_1}{x_2 \cdot x_1}\right| < \frac{\delta}{x_2 \cdot x_1} \rightarrow \left|\frac{1}{x_1} - \frac{1}{x_2}\right| < \frac{\delta}{x_2 \cdot x_1} \rightarrow |f(x_1) - f(x_2)| < \frac{\delta}{x_2 \cdot x_1}$$

Come si può notare la differenza delle immagini dei due punti $|f(x_1) - f(x_2)|$ è maggiorata da una quantità, ossia $\frac{\delta}{x_2 \cdot x_1}$, che può diventare arbitrariamente grande, man mano che i valori $x_1, x_2 \rightarrow 0$.
Quindi non è possibile fissare un $\varepsilon > 0$ tale che la differenza $|f(x_1) - f(x_2)| < \varepsilon$.

Perché la continuità di una funzione f implichi l'uniforme continuità bisogna considerare la funzione f in un insieme X chiuso e limitato. Vale quindi il seguente **teorema di Cantor sulla continuità uniforme**.

Teorema 18
Una funzione f continua in un insieme X chiuso e limitato è uniformemente continua in X.

6.3.3 Punti di discontinuità

Se una funzione f non è continua in un punto x_0, allora si dice che f è **discontinua nel punto** x_0. In alternativa si dice anche che x_0 è un punto di discontinuità per f. I punti di discontinuità possono essere di tre specie, a seconda delle loro caratteristiche.
Si ha una **discontinuità di prima specie** se esistono sia il limite destro che sinistro in x_0 e sono finiti ma distinti, ossia $\lim_{x \to x_0^-} f(x) = l_1 \neq l_2 = \lim_{x \to x_0^+} f(x) \quad l_1, l_2 \in R$.

Si noti che esiste la discontinuità perché i due limiti (destro e sinistro) sono distinti e quindi non si può affermare che esiste il limite della funzione f in x_0; pertanto non si può verificare l'uguaglianza del valore della funzione con il limite della funzione nel punto x_0, che è una condizione caratterizzante della continuità. La differenza $s = |l_1 - l_2|$ è detta ***salto*** della funzione f in x_0.

Esempio
Un esempio di discontinuità di prima specie è dato dalla seguente funzione:

$$f(x) = \frac{|x|}{x}$$

che ha in $x = 0$ un punto di discontinuità.

Difatti si ha per $x<0$ $f(x)=\frac{|x|}{x}=\frac{-x}{x}=-1$, mentre per $x>0$ si ottiene $f(x)=\frac{|x|}{x}=\frac{x}{x}=1$. Pertanto si ha:

$$\lim_{x\to 0^+} f(x)=1\neq -1=\lim_{x\to 0^-} f(x)$$

In tal caso il salto è $s=|-1-(1)|=|-2|=2$

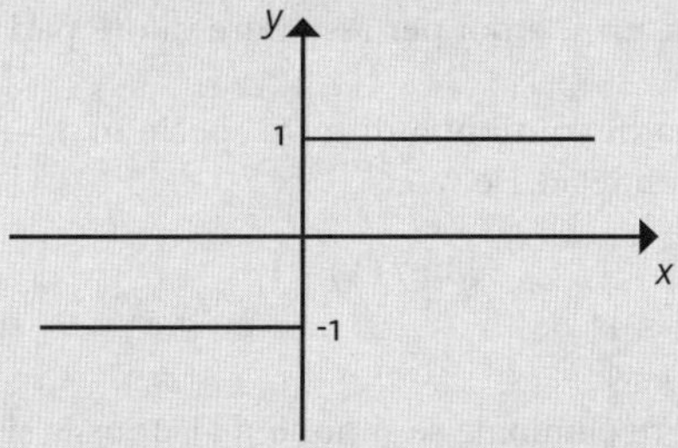

Una **discontinuità di seconda specie** ha luogo quando almeno uno dei due limiti (destro o sinistro) o è infinito, oppure non esiste.

Esempio

La funzione $f(x)=\frac{1}{x}$ ha una discontinuità di seconda specie nel punto $x=0$.
Infatti:

$$\lim_{x\to 0^-}\frac{1}{x}=-\infty$$

$$\lim_{x\to 0^+}\frac{1}{x}=+\infty$$

Se la funzione $f(x)$ è dotata in x_0 di limite finito e tale limite differisce dal valore della funzione in quel punto oppure la funzione non è definita in quel punto, allora si ha una **discontinuità eliminabile** (o **di terza specie**). Si ha quindi $\lim_{x\to x_0} f(x)\neq f(x_0)$.

Tale discontinuità è eliminabile in quanto la funzione può essere resa continua in x_0 se si pone:

$$f(x_0)=\lim_{x\to x_0} f(x)$$

Esempio

Si consideri, ad esempio, la seguente funzione $f(x)=3x-2$. In $x=1$ la funzione ha limite pari a:

$$\lim_{x \to l} f(x) = \lim_{x \to l} (3x - 2) = 3 \cdot 1 - 2 = 1$$

Si costruisce la seguente funzione:

$$f(x) = \begin{cases} 3x - 2 & x \neq 1 \\ 4 & x = 1 \end{cases}$$

Tale funzione è stata costruita in modo da assumere sempre il valore dato dall'espressione $3x - 2$, per qualsiasi $x \neq 1$, e poi per assumere valore pari a 4, anziché il valore 1, nel punto $x = 1$.
La funzione presenta una discontinuità di terza specie in $x = 1$, in quanto per essa esiste il limite per x che tende ad 1 e vale:

$$\lim_{x \to 1} f(x) = 1$$

mentre, invece, si ha $f(1) = 4$.
La discontinuità può essere eliminata se si pone $f(1)=1$, ossia si ritorna alla funzione $f(x) = 3x - 2$ in cui il valore in $x = 1$ non è stato modificato.

6.3.4 Individuare i punti di discontinuità di una funzione

I punti di discontinuità di una funzione vanno ricercati in generale tra i singoli punti che non appartengono al campo di esistenza. Altri punti di discontinuità possono trovarsi in funzioni con il valore assoluto oppure in funzioni appositamente costruite. Di seguito occorre determinare la tipologia di ciascun punto di discontinuità attraverso lo studio dei limiti. Infine, in presenza di eventuali punti di discontinuità eliminabile (di terza specie), può essere utile determinare il valore da attribuire alla funzione per eliminare la discontinuità. Si presentano alcuni esempi.

Esempio
Si consideri la funzione

$$f(x) = \frac{|x - 1|}{x^2 + 2x - 3}$$

In base alla definizione di valore assoluto la funzione può essere espressa nel modo seguente.

$$f(x) = \begin{cases} \dfrac{(x-1)}{x^2 + 2x - 3} & x - 1 \geq 0 \\ \dfrac{-(x-1)}{x^2 + 2x - 3} & x - 1 < 0 \end{cases} \quad \text{ossia } f(x) = \begin{cases} \dfrac{x-1}{x^2 + 2x - 3} & x \geq 1 \\ \dfrac{1-x}{x^2 + 2x - 3} & x < 1 \end{cases}$$

Il suo campo di esistenza si individua determinando i punti che non annullano il denominatore.

$$x^2 + 2x - 3 \neq 0$$

$$x_{1e2} \neq \frac{-2 \pm \sqrt{4+12}}{2} = \frac{-2 \pm \sqrt{16}}{2} = \frac{-2 \pm 4}{2}$$

$$x \neq 1 \text{ e } x \neq -3$$

Occorre ora determinare la tipologia di questi punti di discontinuità, attraverso il calcolo dei limiti.
Nel punto $x = -3$ la funzione non è definita, i limiti destro e sinistro differiscono ed assumono valore non finito.

$$\lim_{x \to -3^-} \frac{1-x}{x^2+2x-3} = \lim_{x \to -3^-} \frac{1-x}{(x-1)(x+3)} = \lim_{x \to -3^-} \frac{-\cancel{(x-1)}}{\cancel{(x-1)}(x+3)} = \lim_{x \to -3^-} \left[-\frac{1}{(x+3)}\right] = +\infty$$

$$\lim_{x \to -3^+} \frac{1-x}{x^2+2x-3} = \lim_{x \to -3^+} \frac{1-x}{(x-1)(x+3)} = \lim_{x \to -3^-} \frac{-\cancel{(x-1)}}{\cancel{(x-1)}(x+3)} = \lim_{x \to -3^+} \left[-\frac{1}{(x+3)}\right] = -\infty$$

Quindi la discontinuità in $x = -3$ è di seconda specie.

Nel punto $x = 1$ la funzione non è definita, i limiti destro e sinistro differiscono ed assumono entrambi valore finito:

$$\lim_{x \to 1^-} \frac{1-x}{x^2+2x-3} = \lim_{x \to 1^-} \frac{1-x}{(x-1)(x+3)} = \lim_{x \to 1^-} \frac{-\cancel{(x-1)}}{\cancel{(x-1)}(x+3)} = \lim_{x \to 1^-} \left[-\frac{1}{x+3}\right] = -\frac{1}{4}$$

$$\lim_{x \to 1^+} \frac{x-1}{x^2+2x-3} = \lim_{x \to 1^+} \frac{x-1}{(x-1)(x+3)} = \lim_{x \to 1^+} \frac{\cancel{(x-1)}}{\cancel{(x-1)}(x+3)} = \lim_{x \to 1^+} \frac{1}{x+3} = \frac{1}{4}$$

Quindi la discontinuità è di prima specie.

6.4 Derivata

6.4.1 Rapporto incrementale

Sia f una funzione reale di variabile reale definita in $X \subset R$. Considerato un generico $x_0 \in X$ si può definire la quantità $\frac{f(x) - f(x_0)}{x - x_0}$ dove $x \in X - \{x_0\}$. Tale quantità è detta **rapporto incrementale**.
Il rapporto incrementale può essere anche definito ponendo $h = x - x_0$. Da questo si ottiene che $x = x_0 + h$, per cui si può scrivere $\frac{f(x_0 + h) - f(x_0)}{h}$.

Per comprendere cosa indichi il rapporto incrementale, si supponga di considerare una variazione della variabile indipendente, ossia $x - x_0$. In relazione a tale variazione, si verifica una variazione della funzione $f(x) - f(x_0)$. Il rapporto incrementale è appunto un indice di quanto varia una funzione al variare della variabile indipendente x. In Figura 8 sono rappresentate graficamente le differenze che costituiscono un rapporto incrementale. Se si considera un punto x relativamente prossimo ad x_0, oppure, in alternativa, un valore di h sufficientemente piccolo, il rapporto incrementale fornisce un'idea della variazione (negativa o positiva) della funzione f, passando dal punto x_0 al punto x.

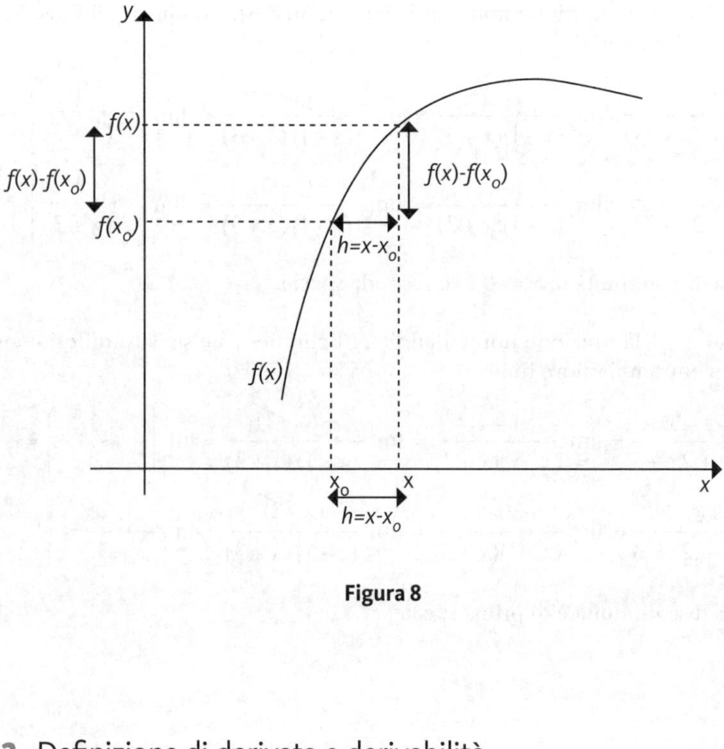

Figura 8

6.4.2 Definizione di derivata e derivabilità

Si definisce **derivata** di una funzione f in un suo punto x_0 il limite del rapporto incrementale, quando esiste finito oppure no, al tendere a zero dell'incremento della variabile indipendente.
La derivata della funzione f nel punto x_0 si indica con $f'(x_0)$.
Simbolicamente si può scrivere:

$$f'(x_0) = \lim_{x \to x_0} \frac{f(x) - f(x_0)}{x - x_0}$$

oppure

$$f'(x_0) = \lim_{h \to 0} \frac{f(x_0 + h) - f(x_0)}{h}$$

La derivata di f in x_0 viene anche indicata con la seguente notazione $\left.\frac{df}{dx}\right|_{x=x_0}$ oppure con la notazione y'.
Quando esiste la derivata della funzione f in un punto x_0 ed ha valore finito, allora la funzione f si dice **derivabile nel punto** in x_0.

6.4.3 Derivata destra e sinistra

Per un punto x_0 di una funzione f, si possono anche considerare la **derivata destra e sinistra** che valgono, rispettivamente:

$$\lim_{x \to x_0^+} \frac{f(x) - f(x_0)}{x - x_0} \qquad \lim_{x \to x_0^-} \frac{f(x) - f(x_0)}{x - x_0}$$

Come si nota dalla definizione, per la derivata destra si fa tendere la variabile x verso il valore x_0 da valori superiori (x_0^+), mentre nella derivata sinistra si fa tendere x verso x_0 da valori inferiori (x_0^-).
La derivata destra e sinistra possono essere espresse anche come:

$$\lim_{h \to 0^+} \frac{f(x_0 + h) - f(x_0)}{h} \qquad \lim_{h \to 0^-} \frac{f(x_0 + h) - f(x_0)}{h}$$

Sussiste il seguente teorema.

Teorema 19
Considerata una funzione reale f di variabile reale definita in X. Se $x_0 \in X$ è un punto di accumulazione a destra e sinistra per X, esiste la derivata di f in x_0 ed è uguale a l se e solo se esistono la derivata destra e la derivata sinistra di f in x_0 e sono uguali a l.

6.4.4 Continuità e derivabilità

Il seguente teorema lega la continuità di una funzione alla sua derivabilità.

Teorema 20
Se f è derivabile in un punto x_0, allora essa è continua in x_0.

DIM
Per qualsiasi x appartenente al campo di esistenza X della funzione f, tranne che per x_0, si può scrivere:

$$f(x)-f(x_0)=\frac{f(x)-f(x_0)}{x-x_0}(x-x_0)$$

Se f è derivabile in x_0, si può calcolare il limite di ambo i membri, e in particolare del secondo dove vi è il rapporto incrementale.

$$\lim_{x\to x_0}\left[f(x)-f(x_0)\right]=\lim_{x\to x_0}\left[\frac{f(x)-f(x_0)}{x-x_0}(x-x_0)\right]$$

$$\lim_{x\to x_0}\left[f(x)-f(x_0)\right]=\lim_{x\to x_0}\frac{f(x)-f(x_0)}{x-x_0}\cdot\lim_{x\to x_0}(x-x_0)$$

Si noti come, a secondo membro, si abbia:

$$\lim_{x\to x_0}\frac{f(x)-f(x_0)}{x-x_0}f'(x_0)\rightarrow\quad\lim_{x\to x_0}(x-x_0)=0$$

Pertanto si può scrivere:

$$\lim_{x\to x_0}[f(x)-f(x_0)]=f'(x_0)\cdot 0\ \rightarrow\ \lim_{x\to x_0}[f(x)-f(x_0)]=0\ \rightarrow\ \lim_{x\to x_0}f(x)=\lim_{x\to x_0}f(x_0)$$

da cui $\lim_{x\to x_0}f(x)=f(x_0)$.

Quest'ultimo asserto equivale a dire che la funzione è continua in x_0. **CVD**

Non è possibile affermare che una funzione continua in un punto x_0 sia anche derivabile in tal punto. Difatti la continuità della funzione in x_0 non garantisce in alcun modo sull'esistenza della derivata in tale punto. A tale proposito si consideri la funzione $f(x)=|x|$ è continua in $x=0$, infatti $\lim_{x\to 0}|x|=0=f(0)$.

Invece calcolando il limite destro e sinistro del rapporto incrementale si ottengono due valori distinti, pertanto la derivata in $x=0$ non esiste.

$$\lim_{x\to 0^+}\frac{|x|-|0|}{x-0}=\lim_{x\to 0^+}\frac{|x|}{x}=\lim_{x\to 0^+}\frac{+x}{x}=+1$$

$$\lim_{x\to 0^-}\frac{|x|-|0|}{x-0}=\lim_{x\to 0^-}\frac{|x|}{x}=\lim_{x\to 0^-}\frac{-x}{x}=-1$$

6.4.5 Dal rapporto incrementale alla derivata

In questo paragrafo si calcoleranno le derivate di alcune funzioni elementari attraverso la definizione di derivata come limite del rapporto incrementale per l'incremento della variabile indipendente che tende a 0.

Esempi

1) Sia $f(x)=x^2$, si avrà $f(x+h)=(x+h)^2$.
La derivata in un generico punto *x* del campo di esistenza di *f* sarà:

$$f'(x)=\lim_{h\to 0}\frac{f(x+h)-f(x)}{h}=\lim_{h\to 0}\frac{(x+h)^2-x^2}{h}=$$

$$=\lim_{h\to 0}\frac{x^2+2xh+h^2-x^2}{h}=\lim_{h\to 0}\frac{2xh+h^2}{h}=\lim_{h\to 0}\frac{h(2x+h)}{h}=\lim_{h\to 0}(2x+h)=2x$$

2) Sia $f(x)=\sin x$, si avrà $f(x+h)=\sin(x+h)$.
La derivata in un generico punto *x* del campo di esistenza di *f* sarà:

$$f'(x)=\lim_{h\to 0}\frac{f(x+h)-f(x)}{h}=\lim_{h\to 0}\frac{\sin(x+h)-\sin x}{h}$$

Si utilizza la formula di prostaferesi per il seno.

Sostituendo nel limite:

$$f'(x)=\lim_{h\to 0}\frac{2\cdot\cos\left(\frac{x+h+x}{2}\right)\cdot\sin\left(\frac{x+h-x}{2}\right)}{h}=$$

$$=\lim_{h\to 0}\frac{\cos\left(\frac{2x+h}{2}\right)\cdot\sin\left(\frac{h}{2}\right)}{\frac{h}{2}}=\lim_{h\to 0}\cos\left(\frac{2x+h}{2}\right)\cdot\lim_{h\to 0}\frac{\sin\left(\frac{h}{2}\right)}{\frac{h}{2}}=\cos\left(\frac{2x}{2}\right)\cdot 1=\cos x$$

3) Sia $f(x)=a^x$, si avrà $f(x+h)=a^{x+h}$.
La derivata in un generico punto *x* del campo di esistenza di *f* sarà:

$$f'(x)=\lim_{h\to 0}\frac{f(x+h)-f(x)}{h}=\lim_{h\to 0}\frac{a^{x+h}-a^x}{h}=\lim_{h\to 0}\frac{a^x(a^h-1)}{h}=a^x\cdot\lim_{h\to 0}\frac{(a^h-1)}{h}$$

Considerando il limite notevole $\lim_{x\to 0}\frac{a^x-1}{x}=\log a$ si può scrivere:

$$f'(x)=a^x\cdot\lim_{h\to 0}\frac{(a^h-1)}{h}=a^x\cdot\log a$$

6.4.6 Interpretazione geometrica della derivata

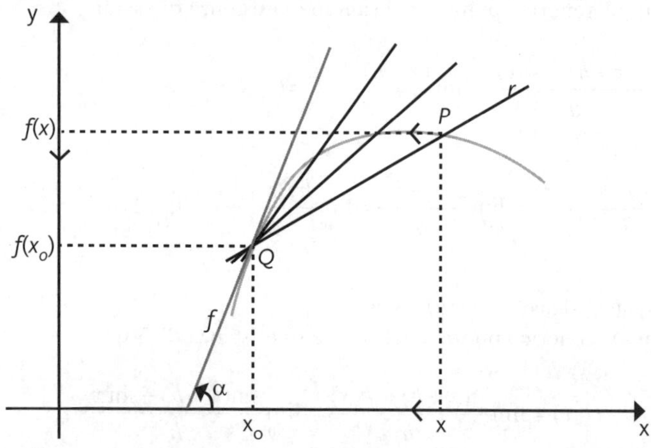

Figura 9

In Figura 9 sono mostrate la funzione *f* ed il punto x_0 appartenente al campo di esistenza di *f*. Il valore della funzione in x_0 è $f(x_0)$. La coppia di valori (x_0, $f(x_0)$) costituisce la coppia di coordinate che individua il punto *Q* appartenente ad *f* e mostrato in Figura 9. Al generico punto *x* del campo di esistenza, corrisponde un valore pari ad $f(x)$. In tal caso la coppia di coordinate $(x,f(x))$ individua il punto *P* in Figura 9, anch'esso appartenente alla funzione *f*.
Si può riscrivere il rapporto incrementale in termini di coordinate dei punti *P* e *Q*.

$$\frac{f(x)-f(x_0)}{x-x_0}=\frac{y_P-y_Q}{x_P-x_Q}$$

I punti *P* e *Q* appartengono anche alla retta *r* sulla quale giace il segmento *PQ*. La retta *r* è secante rispetto alla funzione *f*, ossia interseca *f* localmente in due punti che sono proprio *P* e *Q*.
Il rapporto incrementale, essendo il rapporto tra le differenze di ordinate e differenze di ascisse di due punti *P* e *Q* della retta, può essere visto come il coefficiente angolare della retta *r* che viene indicato con *m*.

$$\frac{f(x)-f(x_0)}{x-x_0}=\frac{y_P-y_Q}{x_P-x_Q}=m$$

Facendo tendere x verso x_0 attraverso il limite, succede che lungo l'asse delle ascisse il valore x si muove verso il valore x_0 (a tale proposito si noti la freccia in Figura 9 posta in prossimità di x che punta verso sinistra). Contemporaneamente il valore $f(x)$ tende al valore $f(x_0)$ (si noti ora la freccia in Figura 9 posta in prossimità di $f(x)$ che punta verso il basso), mentre il punto P si muove lungo il grafico della funzione verso il punto Q (freccia situata in prossimità del punto P). Mentre P si muove verso Q, la retta r continua ad essere secante, ma le sue due intersezioni con f (i punti P e Q) tendono ad essere sempre più vicine. Quando P raggiunge Q, la retta r non è più secante, bensì è tangente alla funzione f, perché la interseca in un sol punto (il punto in cui P coincide con Q).
Facendo tendere x verso x_0 si può scrivere il limite e trasformare il rapporto incrementale nella derivata:

$$f'(x_0) = \lim_{x \to x_0} \frac{f(x) - f(x_0)}{x - x_0} = m$$

Come si può notare, al tendere di x verso x_0, la retta r diventa la tangente a f nel punto Q; quindi la derivata (che sostituisce il rapporto incrementale) non sarà più il coefficiente angolare della retta r secante la funzione f, bensì il coefficiente angolare della retta r tangente alla funzione in Q.
Si può quindi affermare che la derivata di una funzione f in un suo punto x_0 è il coefficiente angolare della retta tangente alla funzione nel punto di ascissa x_0.
Visto il legame tra coefficiente angolare m e tangente goniometrica dell'angolo α intercettato dalla retta tangente alla funzione con l'asse delle ascisse, si può anche affermare che la derivata di una funzione f in un punto x_0 è la tangente goniometrica dell'angolo intercettato dalla retta tangente alla funzione nel punto di ascissa x_0 e l'asse delle ascisse (Figura 10).

$$f'(x_0) = m = \tan\alpha$$

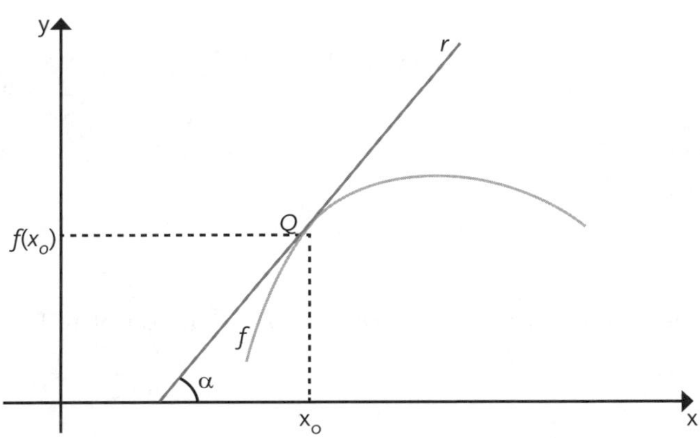

Figura 10

6.4.7 Retta tangente ad una funzione in un punto

Considerato un punto *P* di ascissa x_0 appartenente ad una funzione *f*, si può scrivere il fascio di rette passante per tale punto .
In particolare, l'ascissa x_P del punto *P* può essere sostituita con x_0, mentre l'ordinata y_P con il valore della funzione *f* in x_0, visto che *P* appartiene al grafico della funzione *f*.

$$y - f(x_0) = m \cdot (x - x_0)$$

Nel fascio di rette si può sostituire il coefficiente angolare *m* della retta tangente alla funzione, passante per *P*, con il valore della derivata:

$$y - f(x_0) = f'(x_0) \cdot (x - x_0)$$

Pertanto la retta tangente ad una funzione *f* in un suo punto di ascissa x_0 si può scrivere come:

$$y = f'(x_0) \cdot (x - x_0) + f(x_0)$$

Esempio

Si calcoli la retta tangente alla funzione $f(x) = \log_e x$ nel punto di ascissa x_0=1.
Si inizia con il calcolare il valore della funzione in x_0=1.

$$f(x_0) = f(1) = \log_e 1 = 0$$

Si calcola ora la derivata della funzione, secondo le semplici regole di derivazione introdotte in precedenza.

$$f'(x) = \frac{1}{x}$$

Si calcola il valore della derivata in x_0=1.

$$f'(x_0) = f'(1) = \frac{1}{1} = 1$$

Infine si adopera la formula $y = f'(x_0) \cdot (x - x_0) + f(x_0)$ per calcolare la retta tangente:

$$y = 1 \cdot (x - 1) + 0$$
$$y = x - 1$$

6.4.8 Regole di derivazione

Si presentano alcune regole di derivazione.

Derivata di una somma di funzioni. Siano f_1 e f_2 due funzioni reali derivabili in un insieme $X \subset R$, sia $x \in X$ un generico punto di accumulazione per *X*, allora, detta *g* la funzione somma di f_1 e f_2, si avrà $g'(x) = f_1'(x) + f_2'(x)$.

Derivata del prodotto di una costante per una funzione. Sia *f* una funzione reale derivabile in un insieme $X \subset R$, sia $x \in X$ un generico punto di accumulazione per *X*, allora, detta *g* la funzione costituita dal prodotto di una costante *k* per la funzione *f*, si avrà $g'(x) = k \cdot f'(x)$.

Derivata del prodotto di due funzioni. Siano f_1 e f_2 due funzioni reali derivabili in un insieme $X \subset R$, sia $x \in X$ un generico punto di accumulazione per *X*, allora, detta *g* la funzione prodotto di f_1 ed f_2, si avrà $g'(x) = f_1'(x) \cdot f_2(x) + f_1(x) \cdot f_2'(x)$.

Derivata del reciproco di una funzione. Sia *f* una funzione reale derivabile in un insieme $X \subset R$, sia $x \in X$ un generico punto di accumulazione per *X* dove $f(x) \neq 0$, allora, detta *g* la funzione costituita dal reciproco della funzione *f*, si avrà $g(x) = -\dfrac{f'(x)}{[f(x)]^2}$.

Derivata del rapporto di due funzioni. Siano f_1 e f_2 due funzioni reali derivabili in un insieme $X \subset R$, sia $x \in X$ un generico punto di accumulazione per *X* dove $f_2(x) \neq 0$, allora, detta *g* la funzione rapporto tra f_1 ed f_2, si avrà $g(x) = -\dfrac{f_1'(x) \cdot f_2(x) - f_1(x) \cdot f_2'(x)}{[f_2(x)]^2}$.

Derivata di una funzione composta. Se $f_1 : X \to Y$ è derivabile in $x_0 \in X$ e $f_2 : Y \to R$ è derivabile in $y_0 \in Y$ e tale che $y_0 = f_1(x_0)$, allora la funzione composta $f_2 \circ f_1$ è derivabile in x_0 e si ha $(f_2 \circ f_1)'(x_0) = f_2'(f_1(x_0)) \cdot f_1'(x_0)$.

Derivata della funzione inversa. Se $f : X \to R$ è una funzione invertibile, derivabile in $x_0 \in X$ di accumulazione per *X*. Se $f'(x_0) \neq 0$ e se la funzione inversa f^{-1} è continua in $y_0 = f(x_0)$, allora la funzione f^{-1} è derivabile in y_0 e si ha $(f^{-1})'(y_0) = \dfrac{1}{f'(x_0)}$.

6.4.9 Calcolo di derivate

Nella Tabella 2 si riportano le derivate di funzioni semplici e composte calcolate adoperando la definizione di derivata e le regole di derivazione. Per motivi di chiarezza si adopera il simbolo y per indicare la funzione ed il simbolo y' per indicarne la derivata.

Tabella 2

Funzione	Derivata	Funzione	Derivata
$y = x^m$	$y' = m \cdot x^{m-1}$	$y = [f(x)]^m$	$y' = m \cdot [f(x)]^{m-1} \cdot f'(x)$
$y = \sqrt[n]{x^m}$	$y' = \dfrac{m}{n \cdot \sqrt[n]{x^{m-n}}}$	$y = \sqrt[n]{[f(x)]^m}$	$y' = \dfrac{m \cdot f'(x)}{n \cdot \sqrt[n]{[f(x)]^{m-n}}}$
$y = \sin x$	$y' = \cos x$	$y = \sin[f(x)]$	$y' = \cos[f(x)] \cdot f'(x)$
$y = \cos x$	$y' = -\sin x$	$y = \cos[f(x)]$	$y' = -\sin[f(x)] \cdot f'(x)$
$y = \tan x$	$y' = \dfrac{1}{\cos^2 x}$	$y = \tan[f(x)]$	$y' = \dfrac{f'(x)}{\cos^2[f(x)]}$
$y = \cot x$	$y' = -\dfrac{1}{\sin^2 x}$	$y = \cot[f(x)]$	$y' = -\dfrac{f'(x)}{\sin^2[f(x)]}$
$y = \arcsin x$	$y' = \dfrac{1}{\sqrt{1-x^2}}$	$y = \arcsin[f(x)]$	$y' = \dfrac{f'(x)}{\sqrt{1-[f(x)]^2}}$
$y = \arccos x$	$y' = -\dfrac{1}{\sqrt{1-x^2}}$	$y = \arccos[f(x)]$	$y' = -\dfrac{f'(x)}{\sqrt{1-[f(x)]^2}}$
$y = \arctan x$	$y' = \dfrac{1}{1+x^2}$	$y = \arctan[f(x)]$	$y' = \dfrac{f'(x)}{1+[f(x)]^2}$
$y = \text{arccot}\, x$	$y' = -\dfrac{1}{1+x^2}$	$y = \text{arccot}[f(x)]$	$y' = \dfrac{f'(x)}{1+[f(x)]^2}$
$y = a^x$	$y' = a^x \log a$	$y = a^{f(x)}$	$y' = a^{f(x)} f'(x) \log a$
$y = e^x$	$y' = e^x$	$y = e^{f(x)}$	$y' = e^{f(x)} f'(x)$
$y = \log_a x$	$y' = \dfrac{1}{x} \log_a e$	$y = \log_a[f(x)]$	$y' = \dfrac{f'(x)}{f(x)} \log_a e$
$y = \log x$	$y' = \dfrac{1}{x}$	$y = \log[f(x)]$	$y' = \dfrac{f'(x)}{f(x)}$

$y = \sinh x$	$y' = \cosh x$	$y = \sinh[f(x)]$	$y' = \cosh[f(x)]f'(x)$
$y = \cosh x$	$y' = \sinh x$	$y = \cosh[f(x)]$	$y' = \sinh[f(x)]f'(x)$
$y = \tanh x$	$y' = \dfrac{1}{\cosh^2 x}$	$y = \tanh[f(x)]$	$y' = \dfrac{f'(x)}{\cosh^2[f(x)]}$
$y = \coth x$	$y' = -\dfrac{1}{\sinh^2 x}$	$y = \coth[f(x)]$	$y' = -\dfrac{f'(x)}{\sinh^2[f(x)]}$
$y = x^x$	$y' = x^2(\log x + 1)$		

Si presenta il calcolo delle derivate di alcune funzioni, attraverso le regole introdotte in questo capitolo.

Esempi

1) Si consideri la seguente funzione:

$$y = \frac{\sin x}{x^2 + 1}$$

Applicando la formula della derivata di un rapporto si ottiene:

$$y' = \frac{(\sin x)' \cdot (x^2 + 1) - (\sin x) \cdot (x^2 + 1)'}{(x^2 + 1)^2}$$

$$y' = \frac{\cos x(x^2 + 1) - (\sin x) \cdot (2x)}{(x^2 + 1)^2}$$

$$y' = \frac{(x^2 + 1)\cos x - 2x \sin x}{(x^2 + 1)^2}$$

2) Si consideri la seguente funzione:

$$y = e^x \cdot \cos x$$

Applicando la formula della derivata di un prodotto si ottiene:

$$y' = (e^x)' \cdot \cos x + e^x \cdot (\cos x)'$$

$$y' = e^x \cdot \cos x + e^x \cdot (-\sin x)$$

$$y' = e^x \cdot \cos x - e^x \cdot \sin x$$

$$y' = e^x \cdot (\cos x - \sin x)$$

3) Si consideri la seguente funzione:

$$y = \log(x^3 + \sin x)$$

Applicando la formula:

$$y = \log[f(x)] \rightarrow y' = \frac{f'(x)}{f(x)}$$

si ottiene:

$$y' = \frac{3x^2 + \cos x}{x^3 + \sin x}$$

6.4.10 Punti di discontinuità della derivata

Si è visto come una funzione continua in un suo punto x_0 può non essere derivabile in quel punto. Questo può avvenire perché il limite destro e sinistro della derivata nel punto x_0 hanno valori distinti. Nel caso in cui almeno uno tra il limite destro ed il sinistro sia finito, si è in presenza di un ***punto angoloso***. Se invece i due limiti sono entrambi infiniti e di valore opposto, il punto viene detto ***cuspide***. In ultima analisi se i due limiti sono entrambi infiniti ed i loro valori coincidono, si è in presenza di un ***punto a tangente verticale***. In Figura 11 sono mostrati esempi di punti angolosi, di cuspide e di punti a tangente verticale.

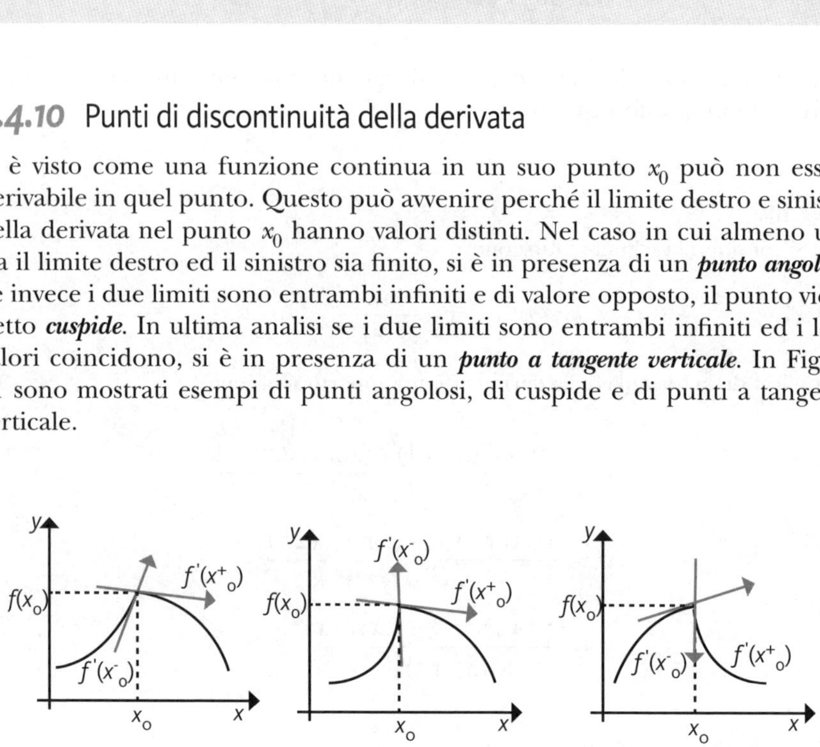

Punto angoloso: limite destro e sinistro sono finiti
$f'(x^-_0) = l_1 \in R$
$f'(x^+_0) = l_2 \in R$

Punto angoloso: limite destro infinito e limite sinistro finito
$f'(x^-_0) = +\infty$
$f'(x^+_0) = 1 \in R$

Punto angoloso: limite destro infinito e limite sinistro finito
$f'(x^-_0) = l \in R$
$f'(x^+_0) = +\infty$

(segue)

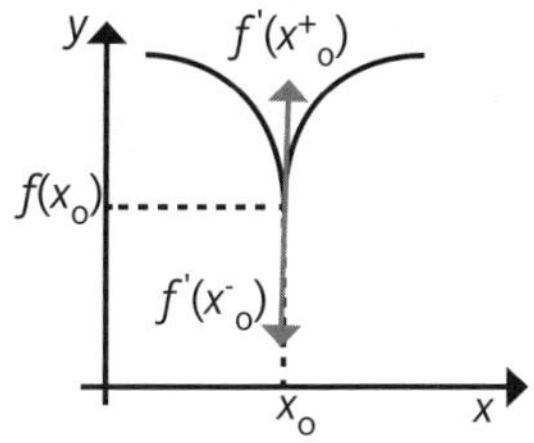

Cuspide: limite destro e sinistro sono infiniti

$f'(x^-_0) = -\infty \qquad f'(x^+_0) = +\infty$

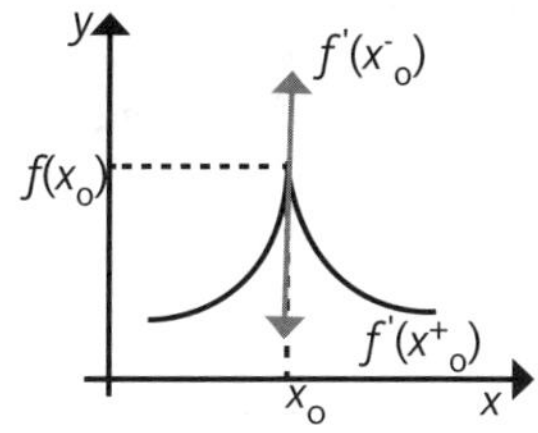

Cuspide: limite destro e sinistro sono infiniti

$f'(x^-_0) = +\infty \qquad f'(x^+_0) = -\infty$

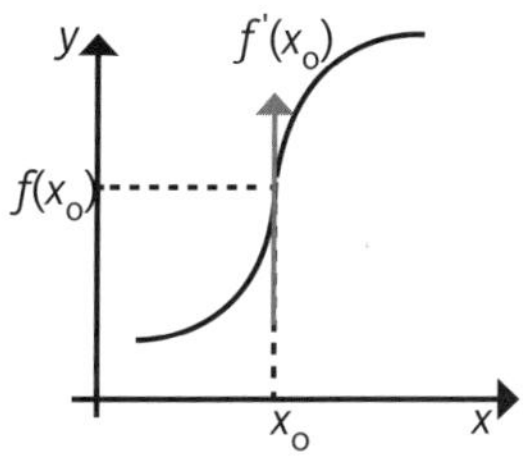

Punto a tangente verticale: limite destro e sinistro coincidono e sono infiniti

$f'(x_0) = +\infty$

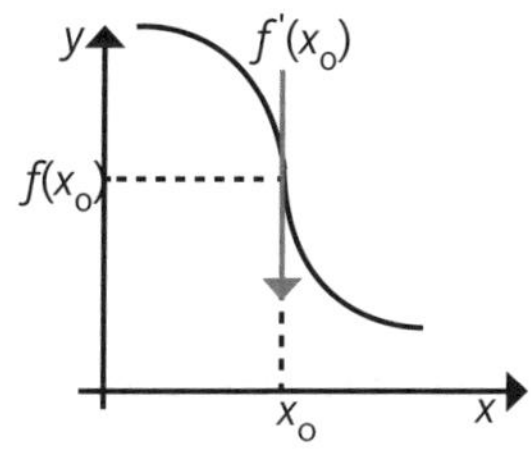

Punto a tangente verticale: limite destro e sinistro coincidono e sono infiniti

$f'(x_0) = -\infty$

Figura 11

Esempi

1) Si consideri la funzione $f(x) = \sqrt[3]{x} + \sqrt[3]{|x|} + x$.

Essa può essere riscritta come:

$$f(x) = \begin{cases} \sqrt[3]{x} + \sqrt[3]{x} + x & x \geq 0 \\ \sqrt[3]{x} + \sqrt[3]{-x} + x & x < 0 \end{cases} \Rightarrow f(x) = \begin{cases} 2\sqrt[3]{x} + x & x \geq 0 \\ x & x < 0 \end{cases}$$

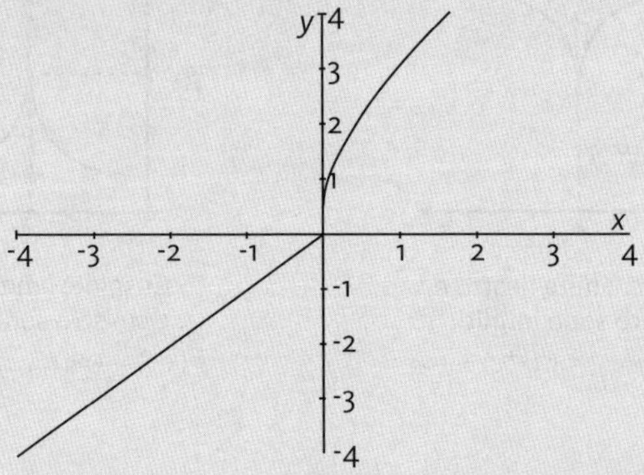

La derivata è la seguente:

$$f'(x)=\begin{cases}\dfrac{2}{3\sqrt[3]{x^2}}+1 & x>0\\ 1 & x<0\end{cases}$$

Quindi si può affermare che:

$$\lim_{x\to 0^-} f'(x)=\lim_{x\to 0^-}[1]=+1$$

$$\lim_{x\to 0^+} f'(x)=\lim_{x\to 0^+}\left[\frac{2}{3\sqrt[3]{x^2}}+1\right]=+\infty$$

Nel punto $x=0$ limite destro e sinistro della derivata differiscono ed uno di essi non è finito. In tal caso si è ancora in presenza di un punto angoloso.

2) Si consideri la funzione $f(x)=2-\sqrt[3]{(x-1)^2}$.

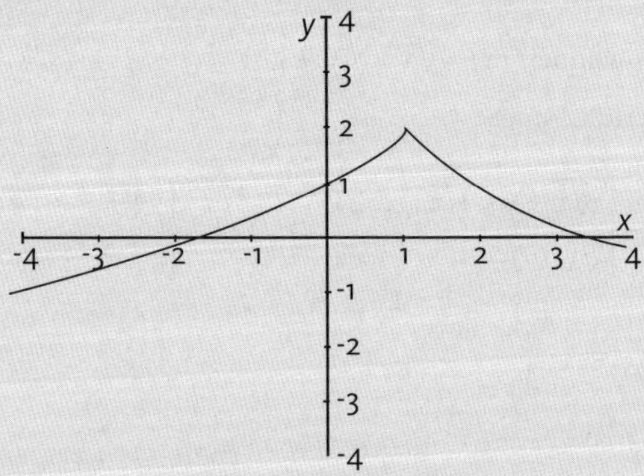

La derivata vale:

$$f'(x)=-\frac{2}{3}(x-1)^{\frac{2}{3}-1}=-\frac{2}{3}(x-1)^{-\frac{1}{3}} \rightarrow f'(x)=-\frac{2}{3\cdot\sqrt[3]{(x-1)}}$$

Quindi si può affermare che:

$$\lim_{x\to 1^-} f'(x)=\lim_{x\to 1^-}\left[-\frac{2}{3\cdot\sqrt[3]{(x-1)}}\right]=\lim_{x\to 1^-}\left[-\frac{2}{3\cdot\sqrt[3]{(x-1)}}\right]=+\infty$$

$$\lim_{x\to 1^+} f'(x)=\lim_{x\to 1^+}\left[-\frac{2}{3\cdot\sqrt[3]{(x-1)}}\right]=\lim_{x\to 1^+}\left[-\frac{2}{3\cdot\sqrt[3]{(x-1)}}\right]=-\infty$$

Nel punto $x = 1$ limite destro e sinistro della derivata differiscono e sono entrambi non finiti. In tal caso si è in presenza di una cuspide.

6.4.11 Derivate di ordine superiore

Si consideri una funzione reale f di variabile reale. Sia x_0 un punto di accumulazione dell'insieme di definizione X della funzione f. Se f è derivabile in x_0, allora si può considerare la derivata di f nel punto x_0, che viene indicata con $f^{'}(x_0)$. Se a sua volta la funzione derivata $f^{'}$ è ancora derivabile in x_0, allora si può considerare la derivata in x della funzione derivata, ossia la ***derivata seconda***, indicata con $f^{''}(x_0)$, oppure con la notazione $\left.\frac{d^2 f}{dx^2}\right|_{x=x_0}$.

In modo analogo si possono considerare le derivate di ordine superiore, ossia la derivata terza, quarta e così via. Tali derivate verranno indicate con $f^{III}(x_0)\quad f^{IV}(x_0)\quad f^{V}(x_0)\ \ldots$

Oppure con $\left.\frac{d^3 f}{dx^3}\right|_{x=x_0}\quad \left.\frac{d^4 f}{dx^4}\right|_{x=x_0}\quad \left.\frac{d^5 f}{dx^5}\right|_{x=x_0}\ \ldots$

In alternativa, utilizzando l'altra notazione per le funzioni, le derivate di ordine superiore si possono indicare con $y^{II}\quad y^{III}\quad y^{IV}\ \ldots$

Esempio

Si consideri la funzione:

$$y=2x^3-3x+1$$

La derivata prima è:

$$y^{'}=2\cdot 3x^2-3=6x^2-3$$

Le derivate successive sono:

$$y^{II} = 6 \cdot 2x = 12x$$
$$y^{III} = 12$$
$$y^{IV} = 0$$

Dalla derivata quarta in poi si otterranno solo derivate nulle.

6.4.12 Differenziale

Se la funzione reale *f* definita in *X* è derivabile in un punto $x_0 \in X$ di accumulazione per *X*, allora è possibile definire la funzione $df(x_0): x \in R \to f'(x_0)(x - x_0)$, detta **differenziale primo** di *f* in x_0.
La quantità $\Delta f(x_0) = f(x) - f(x_0)$ viene invece detta **incremento** di *f* in x_0.
Il termine $\Delta x = x - x_0$ rappresenta l'incremento della funzione identica, ossia $f(x) = x$. Siccome la derivata di tale funzione è $f'(x) = 1$, il suo differenziale in x_0, ossia $df(x_0) = dx_0$ sarà:

$$df(x_0) = dx_0 = f'(x_0)(x - x_0) = 1 \cdot (x - x_0) = (x - x_0) = \Delta x_0$$

Pertanto si può scrivere:

$$df(x_0) = f'(x_0) \cdot dx_0$$

In Figura 12 sono mostrati l'incremento della funzione *f*, ossia $\Delta f(x_0) = f(x) - f(x_0)$, l'incremento della funzione identica $dx_0 = \Delta x_0$, ed il differenziale di *f* in x_0, ossia $df(x_0)$. Dalla Figura 12 si nota come il differenziale della funzione sia espresso da una relazione trigonometrica. Difatti nella relazione $df(x_0) = f'(x_0) \cdot dx_0$, il termine $df(x_0)$ rappresenta il cateto *BC* del triangolo ABC, mentre il termine dx_0 rappresenta l'altro cateto *AB* del triangolo ABC, ed infine $f'(x_0)$ è, come già visto, la tangente trigonometrica dell'angolo $B\hat{A}C$.

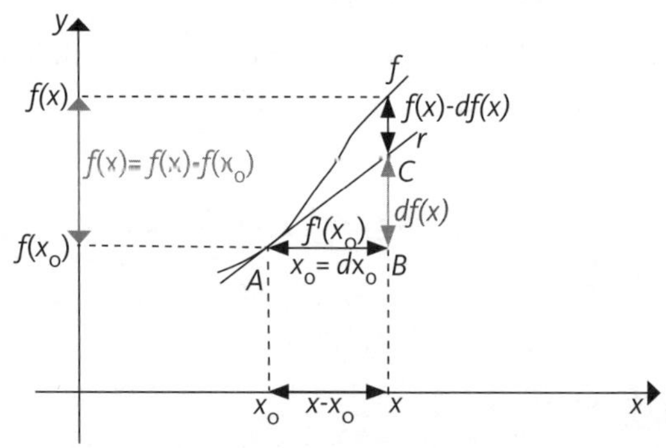

Figura 12

Considerato un punto x di un intorno di x_0 in cui f è definita, si può pensare di approssimare la funzione f con la retta r ad essa tangente nel punto x_0. La differenza tra il valore di f e quello di r in x è messa in evidenza graficamente in Figura 12 ed è indicata dal segmento $\Delta f(x_0)-df(x_0)$. Il valore assunto dalla retta r in x è pari a $f(x_0)+f'(x_0)(x-x_0)$. Pertanto la discrepanza del valore di f da quello assunto da r in x è pari a:

$$f(x)-\left[f(x_0)+f'(x_0)(x-x_0)\right]=f(x)-f(x_0)-f'(x_0)(x-x_0)=$$
$$=\Delta f(x)-f'(x_0)\cdot dx=\Delta f(x)-df(x_0)$$

come viene appunto indicato in Figura 12.

6.5 Calcolo differenziale e studio di una funzione di variabile reale

6.5.1 Teorema di Rolle, Cauchy e Lagrange

Di seguito si enuncia il **teorema di Rolle**.

Teorema 21
Sia f una funzione continua in $[a,b]$ e derivabile in $]a,b[$. Se si ha $f(a)=f(b)$, allora esiste un punto $x_1 \in]a,b[$ in cui la derivata f' è nulla.

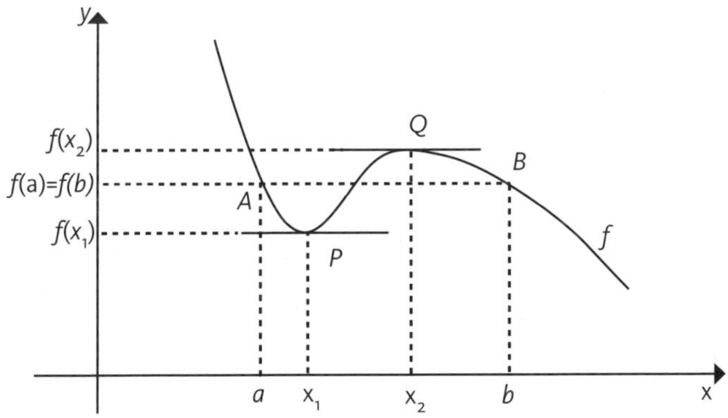

Figura 13

La situazione geometrica presentata dal teorema di Rolle è mostrata in Figura 13. La funzione f è continua, in quanto il suo grafico non presenta interruzioni e può essere tracciato senza sollevare la penna dal foglio. La funzione f è anche derivabile, infatti non presenta punti angolosi o cuspidi. Gli estremi dell'intervallo $[a,b]$ sono tali che $f(a)=f(b)$. Nel caso mostrato in Figura 13, esistono due punti nell'intervallo $]a,b[$ che soddisfano le ipotesi di Rolle, e sono, rispettivamente, il punto di minimo x_1 e quello di massimo x_2. Per tali punti, denotati con P e Q, passano due rette tangenti alla funzione che sono parallele al segmento AB e all'asse delle ascisse; pertanto il coefficiente angolare di tali rette è nullo. Siccome la derivata di una funzione in un punto è pari al coefficiente angolare della retta tangente alla funzione in quel punto, allora anche la derivata di f in questi due punti sarà nulla, come indicato nel teorema di Rolle.

Dal teorema di Rolle discende il seguente **teorema di Cauchy**.

Teorema 22

Siano f e g due funzioni continue in $[a,b]$ e derivabili in $]a,b[$. Se $g(a) \neq g(b)$ e se le derivate f' e g' sono entrambe non nulle nel medesimo punto di $]a,b[$, allora esiste un punto $x_0 \in]a,b[$ tale che

$$g'(x_0) \neq 0 \text{ e } \frac{f(b)-f(a)}{g(b)-g(a)} = \frac{f'(x_0)}{g'(x_0)}$$

DIM

Si consideri la funzione

$$\phi : x \in [a,b] \rightarrow \phi(x) = (g(b)-g(a))f(x) - (f(b)-f(a))g(x)$$

Siccome f e g sono due funzioni continue in $[a,b]$ e derivabili in $]a,b[$, allora anche la funzione ϕ ha tali caratteristiche.

Si ha:

$$\phi(a) = (g(b)-g(a))\ f(a) - (f(b)-f(a))\ g(a)$$
$$\phi(b) = (g(b)-g(a))\ f(b) - (f(b)-f(a))\ g(b)$$

Si verifica l'uguaglianza:

$$\phi(a) = \phi(b)$$
$$(g(b)-g(a))f(a) - (f(b)-f(a))\ g(a) = (g(b)-g(a))f(b) - (f(b)-f(a))g(b)$$

Spostando i termini da un membro all'altro dell'equazione:

$$(g(b)-g(a))f(a) - (g(b)-g(a))f(b) = (f(b)-f(a))\ g(a) - (f(b)-f(a))\ g(b)$$

Raccogliendo a fattore comune si verifica l'uguaglianza:

$$(g(b)-g(a))f(a) - (f(a)-f(b)) = (f(b)-f(a))\ (g(a)-g(b))$$

La funzione ϕ soddisfa tutte le ipotesi del teorema di Rolle (Teorema 21), pertanto esiste un punto $x_0 \in]a,b[$ in cui la derivata di ϕ si annulla:

$$\phi'(x_0) = 0$$

Esplicitando la derivata:

$$(g(b) - g(a))f'(x_0) - (f(b) - f(a))\ g'(x_0) = 0$$
$$(g(b) - g(a))f'(x_0) - (f(b) - f(a))\ g'(x_0)$$

Dividendo tutto per $(g(b) - g(a)) \neq 0$ e per $g'(x_0) \neq 0$ si ottiene la tesi:

$$\frac{(f(b) - f(a))}{(g(b) - g(a))} = \frac{f'(x_0)}{g'(x_0)}$$ **CVD**

Il seguente **teorema di Lagrange** è un caso particolare del teorema di Cauchy.

Teorema 23
Sia f una funzione continua in $[a,b]$ e derivabile in $]a,b[$, allora esiste un punto $x_0 \in]a,b[$ tale che:

$$f(b) - f(a) = f'(x_0)(b - a)$$

DIM
Per dimostrare tale teorema, basta considerare il teorema di Cauchy (Teorema 22) nel quale la seconda funzione g è la funzione identica:

$$g : x \in [a,b] \rightarrow g(x) = x$$

Siccome la funzione g è continua e derivabile in $[a,b]$, allora entrambe le funzioni, f e g, soddisfano le ipotesi del teorema di Cauchy e, quindi, si può affermare che:

$$\frac{f(b) - f(a)}{g(b) - g(a)} = \frac{f'(x_0)}{g'(x_0)}$$

In particolare, esplicitando la funzione g:

$$\frac{f(b) - f(a)}{b - a} = \frac{f'(x_0)}{1}$$

da cui si ottiene la tesi:

$$f(b) - f(a) = f'(x_0)(b - a)$$ **CVD**

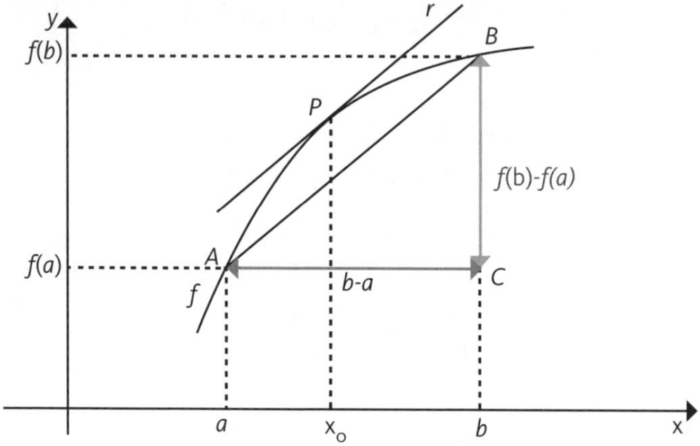

Figura 14

La situazione geometrica presentata dal teorema di Lagrange è mostrata in Figura 14. La funzione f è continua, in quanto il suo grafico non presenta interruzioni e può essere tracciato senza sollevare la penna dal foglio. La funzione f è anche derivabile, infatti non presenta punti angolosi o cuspidi.
La tesi del teorema di Lagrange può essere messa nella forma:

$$f'(x_0) = \frac{f(b) - f(a)}{b - a}$$

Equazione 2

Al primo membro dell'Equazione 2 vi è la derivata della funzione nel punto x_0 che rappresenta il coefficiente angolare della retta r tangente alla funzione in quel punto. Tale coefficiente angolare è pari alla quantità a secondo membro che è il rapporto dei cateti del triangolo ABC in Figura 14. In particolare $f(b) - f(a) = \overline{BC}$, mentre $b - a = \overline{AB}$.

Il rapporto $\frac{f(b)-f(a)}{b-a} = \frac{\overline{BC}}{\overline{AB}}$ è pari alla tangente dell'angolo $B\hat{A}C$; pertanto esso esprime l'inclinazione del segmento $\overline{AB}$, che è l'ipotenusa del triangolo ABC.

In base a tali considerazioni, il teorema di Lagrange asserisce che la retta tangente alla funzione nel punto x_0 è parallela al segmento $\overline{AB}$, ossia ha la stessa inclinazione del segmento $\overline{AB}$, dove A e B sono i punti le cui ascisse sono gli estremi dell'intervallo $[a,b]$.

Si elencano alcune **conseguenze notevoli del teorema di Lagrange**.

1) Sia f una funzione continua in $[a,b]$ e derivabile in $]a,b[$.
Se $f'(x_0)=0 \quad \forall x_0 \in]a,b[$ allora f è costante in $[a,b]$.

2) Sia f una funzione reale di variabile reale, definita in X. La funzione f è dotata di **primitiva**, se esiste una funzione F, definita e derivabile in X, tale che $F'(x)=f(x) \quad \forall x \in X$. Pertanto, la primitiva di f in X è quindi quella funzione che, se derivata, restituisce f.

La funzione f ha in generale più primitive. In particolare se F è una primitiva di f, allora anche $F+c$ (con $c \in R$) sarà una primitiva di f. Questo deriva dal fatto che la derivata della costante c è nulla:

$$(F+c)'(x)=F'(x)+(c)'=F'(x)+0=F'(x)=f(x)$$

3) Sia f una funzione continua in $[a,b]$ e derivabile in $]a,b[$. Se $f'(x)\geq 0 \quad \forall x \in]a,b[$ allora f è crescente in $[a,b]$. Analogamente se $f'(x)\leq 0 \quad \forall x \in]a,b[$, allora f è decrescente in $[a,b]$.

6.5.2 Condizioni sulla monotonia di una funzione

Si illustrano ora una serie di condizioni che legano la monotonia di una funzione al segno della sua derivata.

1) Si consideri f una funzione reale di variabile reale definita in X e derivabile in $x_0 \in X$ e sia x_0 un punto di accumulazione di X. Se $f'(x_0)>0$, allora f è strettamente crescente in x_0. Analogamente se $f'(x_0)<0$, allora f è strettamente decrescente in x_0.

2) Data una funzione reale f di variabile reale definita in X e derivabile in $x_0 \in X$ e considerato un punto di accumulazione x_0 di X. Se f è crescente in x_0 allora $f'(x_0)\geq 0$. Analogamente si osserva che se f è decrescente in x_0, allora $f'(x_0)\leq 0$.

Dalle due osservazioni precedenti si deduce che la positività della derivata in un punto implica la stretta crescenza della funzione in quel punto, mentre la crescenza della funzione implica che il valore della derivata in quel punto può essere positivo o nullo.
Per ricavare una condizione necessaria e sufficiente che leghi la monotonia di una funzione al valore della sua derivata ci si può riferire al seguente teorema.

Teorema 24
Sia f una funzione continua in $[a,b]$ e derivabile in $]a,b[$. Condizione necessaria e sufficiente affinché f sia strettamente crescente in $[a,b]$ è che:
1) $f'(x)\geq 0 \quad \forall x \in]a,b[$

2) l'insieme dei punti di $]a,b[$ per i quali la derivata si annulla, non contiene intervalli.

Inoltre, condizione necessaria e sufficiente affinché f sia strettamente decrescente in $[a,b]$ è che:
1) $f'(x) \leq 0 \quad \forall x \in]a,b[$
2) l'insieme dei punti di $]a,b[$ per i quali la derivata si annulla, non contiene intervalli.

6.5.3 Massimi e minimi assoluti di una funzione

Considerato un generico sottoinsieme non vuoto dei numeri reali R, per esso si possono definire gli estremi. In particolare ci si sofferma sull'insieme dei numeri reali dato dall'immagine di una funzione reale f definita in un insieme X, ossia $f(X)$.
Si dice che l'immagine $f(X)$ è dotata di **minimo assoluto** (oppure che la funzione f è dotata di **minimo assoluto**) se esiste un numero reale a che appartiene ad $f(X)$ tale da essere minore o uguale di qualsiasi altro elemento dell'immagine $f(X)$. In termini simbolici $\exists a \in f(X) | \quad \forall y \in f(X) \; y \geq a$.
Il minimo di $f(X)$ viene indicato con $a = \min f(X)$.
In tal caso l'insieme $f(X)$ e la funzione f si dicono **limitati inferiormente**, in alternativa la f si dice **illimitata inferiormente**.
Analogamente si dice che l'immagine $f(X)$ è dotata di **massimo assoluto** (oppure che la funzione f è dotata di **massimo assoluto**) se esiste un numero reale a che appartiene a $f(X)$ tale da essere maggiore o uguale a qualsiasi altro elemento dell'immagine $f(X)$. In termini simbolici, $\exists a \in f(X) | \quad \forall y \in f(X) \; y \leq a$.
Il massimo di $f(X)$ viene indicato con $a = \max f(X)$.
In tal caso l'insieme $f(X)$ e la funzione f si dicono **limitati superiormente**, in alternativa la f si dice **illimitata superiormente**. Se una funzione f è limitata superiormente ed inferiormente viene detta **limitata**.

6.5.4 Estremo inferiore ed estremo superiore

Può succedere che un insieme non sia dotato di massimo o di minimo, pur essendo rispettivamente limitato superiormente o inferiormente. Si pensi al caso in cui $f(X) =]0;1]$ che indubbiamente è un insieme limitato. Il valore $x = 0$ sarebbe un buon candidato ad essere il minimo di $f(X)$, ma poiché esso non appartiene ad $f(X)$, non lo si può considerare come un minimo. È necessario quindi estendere i concetti di massimo e minimo ai concetti più generali di estremo superiore ed inferiore.
In realtà se una funzione è limitata inferiormente, un qualsiasi numero che sia minore o uguale a tutti i valori di $f(X)$, pur non appartenendo ad $f(X)$, può essere detto **minorante** di $f(X)$. Sicuramente il valore $x=0$ dell'e-

sempio precedente è un minorante di $f(X)$. In particolare anche il minimo di $f(X)$, quando esiste, è un minorante di $f(X)$. Esiste pertanto un insieme di minoranti dell'insieme $f(X)$. Tale insieme può avere, a sua volta, un massimo. Il massimo dell'insieme dei minoranti di $f(X)$ è detto **estremo inferiore** di $f(X)$.
Quando il massimo dell'insieme dei minoranti di $f(X)$ appartiene proprio all'insieme $f(X)$, allora esso costituisce il **minimo** dell'insieme $f(X)$.

Analogamente una funzione limitata superiormente, può avere un insieme di **maggioranti**, ossia un insieme di numeri che sono tutti maggiori o uguali a tutti i valori di $f(X)$. Il minimo dell'insieme dei maggioranti di $f(X)$ è detto **estremo superiore** di $f(X)$.
Quando il minimo dell'insieme dei maggioranti di $f(X)$ appartiene proprio all'insieme $f(X)$, allora esso costituisce il **massimo** dell'insieme $f(X)$.

Esempio

Sia $f(X) =]-2;3]$. Si nota innanzitutto che $\max f(X) = 3$, infatti tutti i punti di]-2;3] sono minori o uguali a 3, ed il valore 3 appartiene all'intervallo]-2;3].
L'insieme dei maggioranti di $f(X)$ è dato da [3;+∞[. Difatti in tale insieme si trovano tutti i numeri reali che sono maggiori o uguali di qualsiasi numero presente in]-2;3]. Si noti come in particolare il valore 3 sia il minimo dell'insieme dei maggioranti [3;+∞[. Pertanto 3 è l'estremo superiore dell'insieme]-2;3]. Inoltre, siccome 3 appartiene all'insieme]-2;3], allora esso è proprio il massimo dell'insieme]-2;3], come si affermava in precedenza.
L'insieme dei minoranti di $f(X)$ è]-∞; -2]. Il massimo di questo insieme è -2; quindi -2 rappresenta l'estremo inferiore di $f(X)$. Si noti che -2 non appartiene all'insieme $f(X)$, pertanto esso non è il minimo di $f(X)$, ma soltanto il suo estremo inferiore.

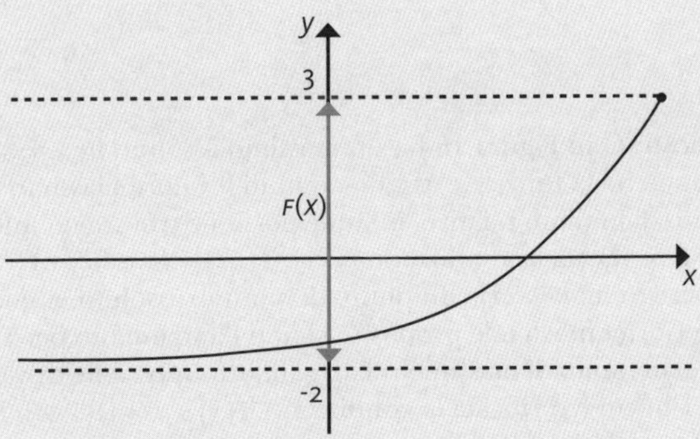

Figura 15

6.5.5 Massimo e minimo relativo

Si consideri una funzione reale *f* definita in *X* di *R*. Si dice che $x_0 \in X$ è un **punto di massimo relativo** per *f* in *X* o che *f* ha un massimo relativo nel punto $x_0 \in X$, se esiste un intorno *I* di x_0 tale che $f(x) \le f(x_0) \quad \forall x \in I \cap X$.
Inoltre $f(x_0)$ indica il valore di tale massimo relativo.

In alternativa si dice che $x_0 \in X$ è un **punto di minimo relativo** per *f* in *X* o che *f* ha un minimo relativo nel punto $x_0 \in X$, se esiste un intorno *I* di x_0 tale che $f(x) \ge f(x_0) \quad \forall x \in I \cap X$.
Inoltre $f(x_0)$ indica il valore di tale minimo relativo.

Si parla invece di **massimo relativo proprio** se esiste un intorno *I* di x_0 tale che $f(x) < f(x_0) \quad \forall x \in I \cap X$.
Inoltre si parla di **minimo relativo proprio** se esiste un intorno *I* di x_0 tale che $f(x) > f(x_0) \quad \forall x \in I \cap X$.

Vale il seguente teorema.

Teorema 25
Data una funzione reale *f* definita in *X* di *R*, se esiste un $x_0 \in X$ ed esiste un $\delta>0$ tale che *f* sia strettamente crescente in $X \cap]x_0 - \delta, x_0]$ e strettamente decrescente in $X \cap [x_0, x_0 + \delta[$, allora x_0 è un punto di massimo relativo per *f*.
Analogamente, se esiste un $x_0 \in X$ ed esiste un $\delta>0$ tale che *f* sia strettamente decrescente in $X \cap]x_0 - \delta, x_0]$ e strettamente crescente in $X \cap [x_0, x_0 + \delta[$, allora x_0 è un punto di minimo relativo per *f*.

I risultati precedenti continuano a valere se si omettono le parole "strettamente" e "proprio".

Esempio
La funzione mostrata in Figura 16 ha un massimo assoluto in $x = -3$, difatti quello è il valore massimo che la funzione assume, quindi il valore massimo di $f(X)$. Il punto $x = -2$ è un punto di minimo relativo, infatti è possibile trovare un intorno I_{-2} del punto $x = -2$ in cui è verificata la condizione $f(x) \ge f(-2) \quad \forall x \in I_{-2} \cap X$.
Non si può asserire che $x = -2$ sia un punto di minimo assoluto in quanto la funzione è illimitata inferiormente; a tale proposito si noti l'andamento per $x \to -\infty$.
Il punto $x = -1$ è un punto di massimo relativo, infatti è possibile trovare un intorno I_{-1} del punto $x = -1$ in cui è verificata la condizione $f(x) \le f(-1) \quad \forall x \in I_{-1} \cap X$.
Il punto $x = -1$ non è un punto di massimo assoluto, in quanto, come si è visto, il valore massimo della funzione è assunto nel punto $x = -3$.

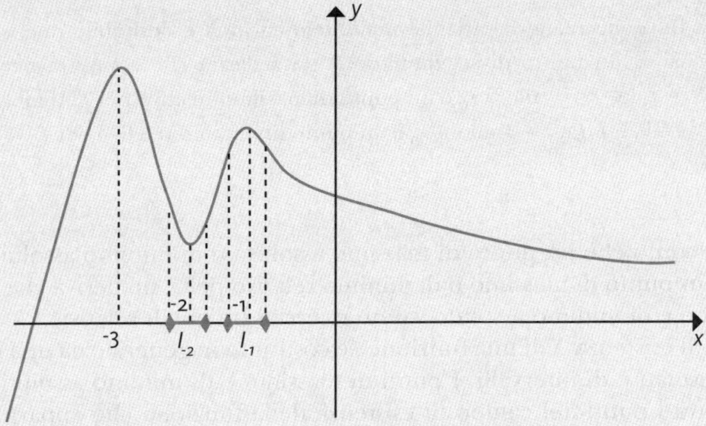

Figura 16

6.5.6 Ricerca dei punti di massimo e minimo relativo e assoluto

I seguenti tre teoremi stabiliscono le modalità di ricerca dei minimi e dei massimi relativi di una funzione. Affrontato tale problema, si giungerà alla presentazione di una procedura per la ricerca dei minimi e dei massimi assoluti di una funzione.

Teorema 26

Sia f una funzione reale di variabile reale definita in X e derivabile in $x_0 \in X$ e sia x_0 un punto di accumulazione sia a destra che a sinistra per X. Se x_0 è un punto di massimo o di minino relativo allora $f'(x_0) = 0$.

Teorema 27

Sia f una funzione reale di variabile reale definita in X e derivabile in $x_0 \in X$. Se esiste un intorno I di x_0 tale che f sia derivabile in $I - \{x_0\}$ e se accade che:

a) $\forall x \in I - \{x_0\}: \begin{cases} f'(x) > 0 & \text{se } x < x_0 \\ f'(x) < 0 & \text{se } x > x_0 \end{cases}$

allora x_0 è un punto di massimo relativo per f.
Analogamente, se esiste un intorno I di x_0 tale che f sia derivabile in $I - \{x_0\}$ e se accade che:

b) $\forall x \in I - \{x_0\}: \begin{cases} f'(x) < 0 & \text{se } x < x_0 \\ f'(x) > 0 & \text{se } x > x_0 \end{cases}$

allora x_0 è un punto di minimo relativo per f.

Teorema 28

Sia f una funzione reale di variabile reale definita in X e derivabile due volte in $x_0 \in X$ e sia x_0 un punto di accumulazione sia a destra che a sinistra per X. Se $f'(x_0)=0$ e $f''(x_0)<0$, allora x_0 è un punto di massimo relativo per f. Analogamente se $f'(x_0)=0$ e $f''(x_0)>0$, allora x_0 è un punto di minimo relativo per f.

Tenendo conto che un punto di massimo assoluto o di minimo assoluto per f è anche un punto di massimo o di minimo relativo per f, ne deriva che i punti di massimo e di minimo assoluto vanno ricercati tra quelli relativi.
Il campo di esistenza X di una funzione f è costituito in generale da una unione di punti isolati e di intervalli. I punti di massimo e di minimo assoluti vanno ricercati tra i punti del campo di esistenza della funzione che appartengono alle tre seguenti categorie:

1) punti interni agli intervalli che annullano la derivata $f'(x)=0$;
2) punti interni agli intervalli in cui la funzione non è derivabile e che quindi sfuggono allo studio della derivata prima. Si tratta dei punti angolosi e delle cuspidi;
3) punti isolati ed estremi degli intervalli che appartengono al campo di esistenza.

In generale si possono determinare massimi e minimi di una funzione anche in un sottoinsieme del campo di esistenza. In tal caso, in primo luogo vanno considerati gli estremi del sottoinsieme preso in considerazione (quando appartengono al sottoinsieme stesso). Inoltre va compiuta la ricerca secondo i tre punti precedenti.
Raccolti tutti punti appartenenti alle categorie 1, 2 e 3, per confermare la presenza di punti di massimo o minimo assoluti, occorre confrontare il valore assunto dalla funzione in tali punti con l'andamento della funzione agli estremi di qualsiasi intervallo che costituisce il campo di esistenza della funzione.

Esempio

Si vogliono determinare i massimi e minimi relativi ed assoluti della funzione $f(x)=|x^2-4|$ nell'insieme $X=[-1;+\infty[$.

Si analizzano le tre categorie di punti per la ricerca dei massimi e minimi.
1) Si esplicita la funzione secondo la definizione di valore assoluto e si ottiene:

$$f(x)=\begin{cases} x^2-4 & x\in[2;+\infty[\\ -x^2+4 & x\in[-1;2[\end{cases}$$

La derivata della funzione è:

$$f'(x) = \begin{cases} 2x & x \in [2;+\infty[\\ -2x & x \in [-1;2[\end{cases}$$

Pertanto il punto che annulla la derivata prima è $x = 0$. Siccome in $x = 0$ la derivata seconda è negativa $f''(x) = -2$, allora $x = 0$ è un punto di massimo relativo (Teorema 28).
Il valore della funzione in tal punto è:

$$f(0) = \left|0^2 - 4\right| = |-4| = 4$$

2) Vi è inoltre il punto $x = 2$ in cui la funzione non è derivabile, difatti si ha:

$$\lim_{x \to 2^-} f'(x) = \lim_{x \to 2^-}(-2x) = -4$$
$$\lim_{x \to 2+} f'(x) = \lim_{x \to 2+}(-2x) = 4$$

Per tale motivo si può affermare che $x = 1$ è un punto angoloso ed è anche un punto di minimo relativo, difatti in un suo intorno per valori ad esso inferiori la derivata è negativa, mentre per valori ad esso superiori la derivata è positiva (Teorema 27). Il valore della funzione in tale punto di minimo è il seguente $f(2) = \left|2^2 - 4\right| = |4 - 4| = 0$.

3) L'insieme X è costituito da un solo intervallo chiuso a sinistra. Pertanto l'estremo inferiore dell'intervallo X, ossia $x = -1$, appartiene all'insieme in cui ricercare massimi e minimi.

Inoltre essendo la derivata positiva nell'intorno destro del punto $x = -1$, si può affermare che la funzione ha un minimo relativo in $x = -1$.
Il valore della funzione in tal punto è:

$$f(-1) = \left|(-1)^2 - 4\right| = |1 - 4| = |-3| = 3$$

Siccome $f(-1) = 3 > 0 = f(2)$ allora il punto $x = -1$ è certamente un punto di minimo relativo mentre il punto $x = 2$ risulta essere un buon candidato per un minimo assoluto, anche se tale asserto va ancora dimostrato. Inoltre l'unico punto di massimo relativo trovato, ossia $x = 0$, è anch'esso candidato ad essere un massimo assoluto.

Occorre ora determinare se $x = 2$ e $x = 0$ siano rispettivamente minimo e massimo assoluti. Per fare questo si devono confrontare i valori assunti dalla funzione in tali punti con quelli a cui tende la funzione negli estremi del campo di esistenza o dell'insieme in cui la funzione viene studiata $X = [-1;+\infty[$. Si calcola, quindi, il valore del limite nell'estremo superiore di X.

$$\lim_{x \to +\infty} f(x) = \lim_{x \to +\infty} \left|x^2 - 4\right| = \lim_{x \to +\infty} (x^2 - 4) = +\infty$$

Quindi la funzione f risulta illimitata superiormente ed il punto $x = 0$ resta semplicemente un massimo relativo. D'altro canto la funzione risulta limitata inferiormente e quindi $x = 2$ è un punto di massimo assoluto.
Il grafico della funzione è riportato di seguito.

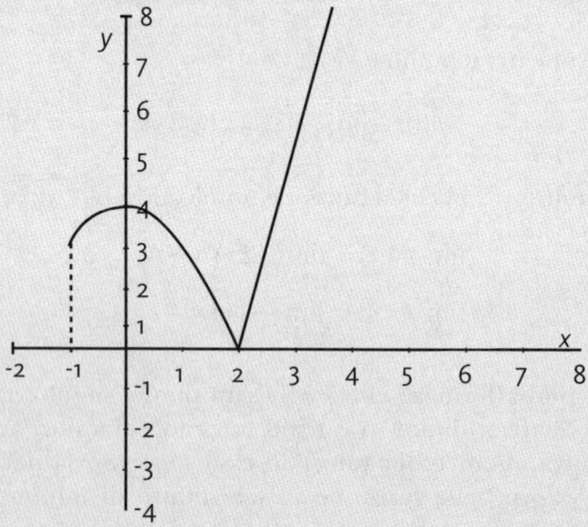

Tutto lo studio dei massimi e minimi relativi può essere riassunto nell'analisi del segno della derivata prima. Si riscrive la funzione nel modo seguente:

$$f(x) = \begin{cases} x^2 - 4 & x \geq 2 \\ -x^2 + 4 & -1 \leq x < 2 \end{cases}$$

Si indicano con $f_I'(x)$ e con $f_{II}'(x)$ le due derivate, nei due distinti intervalli di validità. Si ottiene:

$$f'(x) = \begin{cases} f_I'(x) = 2x & x \geq 2 \\ f_{II}'(x) = -2x & -1 \leq x < 2 \end{cases}$$

Imponendo la condizione di positività della derivata si ottiene:

$$f'(x) \geq 0 \Rightarrow \begin{cases} f_I'(x) \geq 0 \Rightarrow x \geq 0 & x \geq 2 \\ f_{II}'(x) \geq 0 \Rightarrow x \leq 0 & -1 \leq x < 2 \end{cases}$$

Intersecando le condizioni di positività della derivata prima con gli intervalli di validità delle due derivate si ottiene:

$$f'(x) \geq 0 \Rightarrow \begin{cases} f_I'(x) \geq 0 \Rightarrow x \geq 2 \\ f_{II}'(x) \geq 0 \Rightarrow -1 \leq x \leq 0 \end{cases}$$

Si può quindi tracciare il seguente grafico dei segni.

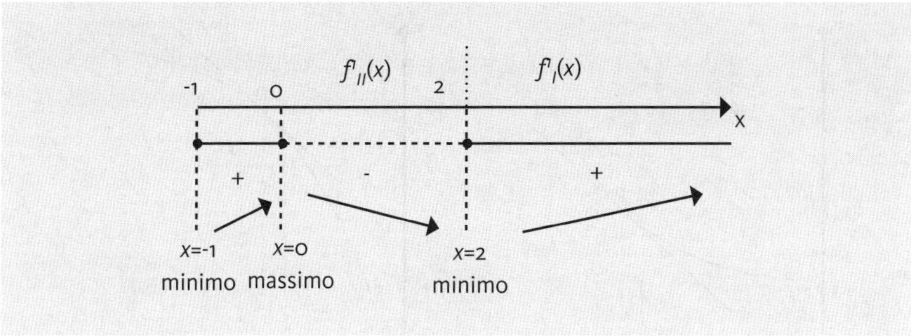

6.5.7 Condizioni su concavità e punti di flesso

Sia f una funzione reale di variabile reale definita in X e derivabile in un punto x_0 interno ad X, ossia un punto che non è uno degli estremi di X.
La funzione f si dice **convessa nel punto** x_0 se esiste un intorno I di x_0 tale che $f(x) > f(x_0) + f'(x_0)(x - x_0) \ \ \forall x \in I \cap (X - \{x_0\})$.
Analogamente la funzione f si dice **concava nel punto** x_0 se esiste un intorno I di x_0 tale che $f(x) < f(x_0) + f'(x_0)(x - x_0) \ \ \forall x \in I \cap (X - \{x_0\})$.

Il significato geometrico di queste definizioni può essere colto osservando la Figura 17. Nel diagramma di sinistra nel punto di ascissa x_0 si può definire la retta r tangente alla funzione f. L'equazione di tale retta è data dall'equazione $y = f(x_0) + f'(x_0)(x - x_0)$. Pertanto la disuguaglianza $f(x) > f(x_0) + f'(x_0)(x - x_0)$ rivela che la retta r, tangente alla funzione f in x_0, è situata sotto la stessa funzione f, nei punti di un appropriato intorno I che appartengono anche al dominio della funzione f, escluso il punto x_0. Il grafico a sinistra in Figura 17 mostra questa proprietà. Viceversa la disuguaglianza $f(x) < f(x_0) + f'(x_0)(x - x_0)$, valida per un punto x_0 in cui la funzione è concava, indica che la funzione è posta sotto la retta tangente. In tal caso si può osservare la parte destra della Figura 17.

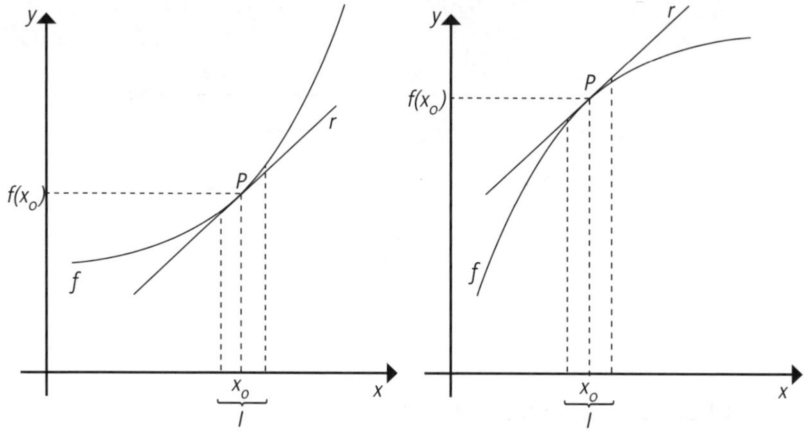

Figura 17

La funzione f ha un punto di **flesso** in x_0 se f non è né concava né convessa in x_0. In particolare f ha un punto di **flesso proprio** in x_0 se esiste un intorno I di x_0 tale che:

$$\begin{matrix} f(x) > f(x_0) + f'(x_0)(x - x_0) \;\; se \;\; x < x_0 \\ f(x) < f(x_0) + f'(x_0)(x - x_0) \;\; se \;\; x > x_0 \end{matrix} \quad \forall x \in I \cap (X - \{x_0\})$$

Oppure tale che:

$$\begin{matrix} f(x) < f(x_0) + f'(x_0)(x - x_0) \;\; se \;\; x < x_0 \\ f(x) > f(x_0) + f'(x_0)(x - x_0) \;\; se \;\; x > x_0 \end{matrix} \quad \forall x \in I \cap (X - \{x_0\})$$

Si noti che la definizione di punto di flesso assume anche un significato geometrico. Per un punto di flesso x_0 la retta tangente alla funzione nel punto è sopra la funzione nell'intorno destro del punto x_0 ed è sotto la funzione nell'intorno sinistro di x_0. In alternativa può anche succedere l'inverso. Entrambe le situazioni sono illustrate graficamente in Figura 18.

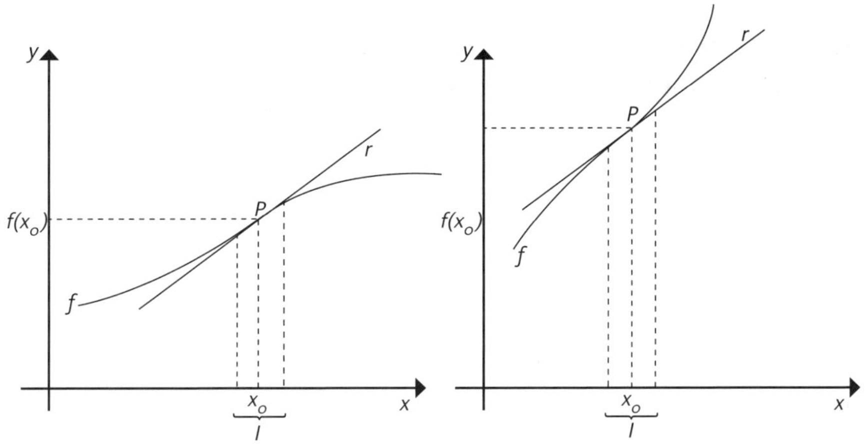

Figura 18

In relazione al legame esistente tra la concavità, i punti di flesso e la derivata seconda di una funzione, si elencano una serie di asserti dimostrabili.

1) Sia f una funzione reale di variabile reale definita in X e derivabile due volte in un punto x_0 interno ad X. Se $f''(x_0) > 0$ allora f è convessa in x_0.

2) Sia f una funzione reale di variabile reale definita in X e derivabile due volte in un punto x_0 interno ad X. Se f ha un flesso in x_0 allora $f''(x_0) = 0$.

3) Sia f una funzione reale di variabile reale definita in X e derivabile tre volte in un punto x_0 interno ad X. Se $f''(x_0) = 0$ e $f'''(x_0) \neq 0$ allora x_0 è un punto di flesso proprio per f.

6.5.8 I teoremi di l'Hopital

In questo paragrafo si enunciano i due **teoremi di l'Hopital**, utili per la determinazione di limiti che si presentano in forma indeterminata, attraverso il calcolo delle derivate di funzioni.

Teorema 29

Siano f_1 ed f_2 sue funzioni reali di variabile reale, definite in X, dato da uno dei seguenti intervalli $]a,x_0[$ e $]x_0,b[$, con $a, x_0, b \in \hat{R}$.

Se sono verificate le seguenti ipotesi:

1) f_1 ed f_2 sono derivabili in X;

2) $f_2'(x) \neq 0 \quad \forall x \in X$;

3) $\lim_{x\to x_0} f_1(x) = \lim_{x\to x_0} f_2(x) = 0$;

4) esiste il limite del rapporto f_1' / f_2' per x che tende a x_0.

Allora esiste il limite del rapporto f_1/f_2 ed è tale che:

$$\lim_{x\to x_0} \frac{f_1(x)}{f_2(x)} = \lim_{x\to x_0} \frac{f_1'(x)}{f_2'(x)}$$

Teorema 30

Siano f_1 ed f_2 due funzioni reali di variabile reale, definite in X, dato da uno dei seguenti intervalli $]a,x_0[$ e $]x_0,b[$, con $a, x_0, b \in \hat{R}$.

Se sono verificate le seguenti ipotesi:

1) f_1 e f_2 sono derivabili in X;

2) $f_2'(x) \neq 0 \quad \forall x \in X$;

3) $\lim_{x\to x_0} |f_1(x)| = \lim_{x\to x_0} |f_2(x)| = +\infty$;

4) esiste il limite del rapporto f_1' / f_2' per x che tende ad x_0.

Allora esiste il limite del rapporto f_1/f_2 ed è tale che:

$$\lim_{x\to x_0} \frac{f_1(x)}{f_2(x)} = \lim_{x\to x_0} \frac{f_1'(x)}{f_2'(x)}$$

Esempio

Si calcoli il seguente limite con la regola di l'Hopital:

$$\lim_{x\to 0} \frac{x\cos x - \sin x}{x \sin x}$$

Il limite presenta la forma indeterminata 0/0, per cui, calcolando la derivata del numeratore e del denominatore, si ottiene:

$$\lim_{x\to 0} \frac{\cos x - x\sin x - \cos x}{\sin x + x\cos x} = \lim_{x\to 0} \frac{-x\sin x}{\sin x + x\cos x}$$

La forma indeterminata persiste; si applica quindi una seconda volta la regola di l'Hopital, derivando sia numeratore che denominatore.

$$\lim_{x\to 0} \frac{-\sin x \quad x\cos x}{\cos x + \cos x - x\sin x} = \frac{-0-0}{1+1-0} = \frac{0}{2} = 0$$

Con il primo teorema di l'Hopital è possibile quindi aggirare la presenza di forme indeterminate, del tipo 0/0, calcolando la derivata sia della funzione a

numeratore che di quella a denominatore. In generale, può essere necessaria più di una derivazione, per eliminare definitivamente la forma indeterminata. Il secondo teorema di l'Hopital afferma invece che tale regola può essere valida anche per le forme indeterminate del tipo ∞/∞.
Le altre forme di indeterminazione possono essere trasformate nelle forme $0/0$ oppure ∞/∞, attraverso semplici passaggi algebrici.

Forma ∞-∞
Se la differenza di due funzioni, ossia $f - g$, dà origine a questa forma indeterminata, si può pensare di trasformarla attraverso i seguenti passaggi algebrici:

$$f - g = \frac{f \cdot g}{g} - \frac{g \cdot f}{f} = f \cdot g\left(\frac{1}{g} - \frac{1}{f}\right) = \frac{\frac{1}{g} - \frac{1}{f}}{\frac{1}{f \cdot g}}$$

In tal modo la forma indeterminata diventa del tipo $0/0$.

Forma $0 \cdot \infty$
Se il prodotto di due funzioni, ossia $f \cdot g$, dà origine a questa forma indeterminata, si può pensare di trasformarla attraverso i seguenti passaggi algebrici:

$$f \cdot g = \frac{f}{\frac{1}{g}}$$

In tal modo la forma indeterminata diventa del tipo $0/0$ oppure ∞/∞.

Forme 0^0, 1^∞, ∞^0
Queste forme indeterminate sono generate da espressioni di funzioni del tipo f^g. Tenendo conto che si può scrivere:

$$f^g = e^{g \cdot \log f}$$

L'esponente $g \cdot \log f$ assume la forma indeterminata del tipo $0 \cdot \infty$ che può essere trasformata come al punto precedente.

Esempio
Si fornisce un esempio di limite che presenta la forma $0 \cdot \infty$:

$$\lim_{x \to 0^+} x^2 \log x$$

Il limite può essere posto nella forma indeterminata ∞/∞.

$$\lim_{x\to 0^+} \frac{\log x}{\frac{1}{x^2}}$$

Calcolando la derivata del numeratore e del denominatore, si ottiene:

$$\lim_{x\to 0^+} \frac{\frac{1}{x}}{-2\frac{1}{x^3}} = \lim_{x\to 0^+} \frac{x^3}{-2x} = -\frac{1}{2}\lim_{x\to 0^+} x^2 = 0$$

6.5.9 Asintoti di una funzione

Si consideri una retta in forma esplicita $y = m \cdot x + n$ (con $m, n \in R$ e $m \neq 0$). I parametri m ed n sono detti rispettivamente coefficiente angolare ed ordinata all'origine. Una retta del tipo $y = m \cdot x + n$ è **asintoto obliquo a destra** di una funzione se avviene che $\lim_{x\to+\infty}[f(x) - m \cdot x - n] = 0$.

Se invece avviene che $\lim_{x\to-\infty}[f(x) - m \cdot x - n] = 0$ allora la retta $y = m \cdot x + n$ è un **asintoto obliquo a sinistra**.

Sussiste il seguente teorema per il calcolo dei coefficienti m ed n dell'asintoto obliquo.

Teorema 31

La retta $y = m \cdot x + n$ è asintoto obliquo a destra per la funzione *f* se e solo se esistono e sono finiti i due seguenti limiti $\lim_{x\to+\infty} \frac{f(x)}{x} = m \quad \lim_{x\to+\infty} f(x) - m \cdot x = n$. Analogamente, la retta $y = m \cdot x + n$ è asintoto obliquo a sinistra per la funzione *f* se e solo se esistono e sono finiti i due seguenti limiti $\lim_{x\to-\infty} \frac{f(x)}{x} = m \quad \lim_{x\to-\infty} f(x) - m \cdot x = n$.

Nel caso in cui sia $m = 0$, la retta asintotica si riduce a $y = n$ e la condizione sul limite diventa:

$\lim_{x\to+\infty}[f(x) - n] = 0$, ossia $\lim_{x\to+\infty} f(x) = n$.

Pertanto si può affermare che la retta $y = n$ è **asintoto orizzontale a destra** per la funzione *f* se avviene che $\lim_{x\to+\infty} f(x) = n$. Viceversa, la retta $y = n$ è **asintoto orizzontale a sinistra** per la funzione *f* se avviene che $\lim_{x\to-\infty} f(x) = n$.

La retta $x = k$ (con $k \in R$) è un **asintoto verticale a sinistra** per una funzione *f* se risulta $\lim_{x\to k^+} f(x) = \pm\infty$. Analogamente la retta $x = k$ (con $k \in R$) è un **asintoto verticale a destra** se risulta $\lim_{x\to k^-} f(x) = \pm\infty$.

Esempi

1) Si calcolino gli asintoti della seguente funzione:

$$f(x)=\frac{2x}{x-1}$$

Per determinare gli asintoti verticali è necessario determinare il campo di esistenza di $f(x)$. Si deve pertanto imporre che il denominatore sia diverso da 0.

$$x-1\neq 0$$
$$x\neq 1$$

Quindi $x = 1$ è un asintoto verticale, difatti avviene che:

$$\lim_{x\to 1^+} f(x)=\lim_{x\to 1^+}\frac{2x}{x-1}=\lim_{x\to 1^+}\frac{2}{0^+}=+\infty$$
$$\lim_{x\to 1^-} f(x)=\lim_{x\to 1^-}\frac{2x}{x-1}=\lim_{x\to 1^-}\frac{2}{0^-}=-\infty$$

Per l'asintoto orizzontale si calcola il seguente limite:

$$\lim_{x\to\pm\infty} f(x)=\lim_{x\to\pm\infty}\frac{2x}{x-1}=2$$

Quindi $y = 2$ è un asintoto orizzontale.
In presenza di un asintoto orizzontale non vi è alcun asintoto obliquo.

2) Si calcolino gli asintoti della seguente funzione:

$$f(x)=\frac{x^3}{x^2+1}$$

Per determinare eventuali asintoti verticali è necessario determinare il campo di esistenza di $f(x)$. A tale proposito si nota che il denominatore è una quantità positiva sempre diversa da 0; pertanto il campo di esistenza è costituito dall'intero insieme dei numeri reali R e non vi sono asintoti verticali.

$$x^2+1\neq 0 \quad \forall x\in R$$

Per l'asintoto orizzontale si calcola il seguente limite:

$$\lim_{x\to\pm\infty} f(x)=\lim_{x\to\pm\infty}\frac{x^3}{x^2+1}=\lim_{x\to\pm\infty}\frac{x^3}{x^2}=\lim_{x\to\pm\infty} x=\pm\infty$$

Non vi sono neanche asintoti orizzontali. Vi è quindi la possibilità che la funzione sia dotata di asintoto obliquo. Si determina il coefficiente angolare m di un eventuale asintoto obliquo calcolando il seguente limite.

$$m=\lim_{x\to\pm\infty}\frac{f(x)}{x}=\lim_{x\to\pm\infty}\frac{1}{x}\frac{x^3}{x^2+1}=\lim_{x\to\pm\infty}\frac{x^3}{x^3+x}=\lim_{x\to\pm\infty}\frac{x^3}{x^3}=1$$

L'ordinata all'origine si calcola attraverso il seguente limite:

$$n = \lim_{x\to\pm\infty}\left[f(x) - m\cdot x\right] = \lim_{x\to\pm\infty}\left[\frac{x^3}{x^2+1} - 1\cdot x\right] = \lim_{x\to\pm\infty}\left[\frac{x^3 - x^3 - x}{x^2+1}\right] =$$

$$= \lim_{x\to\pm\infty}\left[\frac{-x}{x^2+1}\right] = \lim_{x\to\pm\infty}\left[\frac{-x}{x^2}\right] = \lim_{x\to\pm\infty}\left[-\frac{1}{x}\right] = 0$$

L'asintoto obliquo è pertanto $y = x$.

6.5.10 Studio del grafico di una funzione

Lo studio di una funzione ed il tracciamento del suo grafico in un sistema di assi cartesiani ortogonali, assume diverse caratteristiche secondo la tipologia di funzione che si vuole rappresentare. Per tale motivo ogni studio può presentare aspetti e difficoltà differenti e va affrontato con la necessaria elasticità. In generale si può comunque pensare lo studio di una funzione suddiviso in diversi punti che vanno sviluppati secondo la sequenza di seguito illustrata.

1) In primo luogo vanno determinate eventuali simmetrie della funzione. Pertanto può essere utile stabilire se la funzione è pari o dispari, nel cui caso se ne può limitare lo studio al solo intervallo $[0,+\infty[$. In alternativa si può determinare un eventuale periodo della funzione e studiare quest'ultima in un intervallo appropriato, la cui ampiezza è pari al periodo.
2) Si determinano quindi gli intervalli di definizione della funzione, ossia se ne determina il dominio o campo di esistenza.
3) Si determinano le intersezioni con gli assi cartesiani della funzione, risolvendo i due sistemi:

$$\begin{cases} y = f(x) \\ y = 0 \end{cases} \quad \text{e} \quad \begin{cases} y = f(x) \\ x = 0 \end{cases}$$

4) Si determina il segno della funzione risolvendo la disequazione $f(x) > 0$ nell'insieme di definizione della funzione stessa. Nei punti per i quali $f(x) > 0$, la funzione ha il grafico sopra l'asse delle ascisse; viceversa, per i punti in cui $f(x) < 0$, il grafico della funzione è al di sotto dell'asse delle ascisse.
5) Si studia il comportamento agli estremi della funzione. Tale studio consiste nel calcolare la funzione negli estremi degli intervalli di definizione se tali estremi appartengono al campo di esistenza della funzione, oppure, nel calcolare limite destro e sinistro. Tale procedura è utile per determinare anche gli asintoti verticali e gli asintoti orizzontali della funzione.

6) Nel caso in cui non siano presenti asintoti orizzontali della funzione a destra oppure a sinistra, si può procedere alla determinazione di eventuali asintoti obliqui.
7) Si calcola la derivata prima della funzione e se ne studia il segno attraverso la disequazione $f'(x) > 0$. In tal modo si determinano gli intervalli in cui la funzione è strettamente crescente. Viceversa, gli intervalli in cui la funzione è decrescente sono determinati dalla disequazione $f'(x) < 0$. Attraverso lo studio dell'equazione $f'(x) = 0$ si determinano i punti di massimo e minimo relativi. Altri punti di massimo e minimo relativi potrebbero trovarsi nei punti in cui la funzione è definita ma non derivabile.
8) Si calcola la derivata seconda della funzione e se ne studia il segno attraverso la disequazione $f''(x) > 0$. In tal modo si determinano gli intervalli in cui la funzione è convessa. Viceversa, gli intervalli in cui la funzione è concava sono determinati dalla disequazione $f''(x) < 0$. Attraverso lo studio dell'equazione $f''(x) = 0$ si determinano eventuali punti di flesso.

Esempi

1) Si tracci il grafico della seguente funzione:

$$f(x) = x\sqrt{1-2x^2}$$

Si comincia col notare che la funzione è dispari in quanto accade che:

$$f(-x) = (-x)\sqrt{1-2(-x)^2} = -x\sqrt{1-2x^2} = -f(x)$$

Tale funzione potrebbe essere studiata nella parte del suo dominio che interseca l'intervallo $[0;+\infty[$, ma per chiarezza, in questa trattazione, studieremo la funzione su tutto il suo dominio, riservandoci comunque di verificare che ogni elemento ottenuto durante lo studio della funzione sia coerente con le sue proprietà simmetriche. Il campo di esistenza della funzione è determinato imponendo che il radicando sia maggiore o uguale a zero.

$$1-2x^2 \geq 0$$

$$1-2x^2 = 0$$

$$x = \pm\frac{\sqrt{2}}{2}$$

$$-\frac{\sqrt{2}}{2} \leq x \leq \frac{\sqrt{2}}{2}$$

Quindi il campo di esistenza può essere scritto come $\left[-\frac{\sqrt{2}}{2};\frac{\sqrt{2}}{2}\right]$.

Dal seguente sistema si determinano le intersezioni della funzione con l'asse x.

$$\begin{cases} y = x\sqrt{1-2x^2} \\ y = 0 \end{cases} \Rightarrow \begin{cases} x\sqrt{1-2x^2} = 0 \\ y = 0 \end{cases} \Rightarrow \begin{cases} x = 0; \ x = \pm\dfrac{\sqrt{2}}{2} \\ y = 0 \end{cases}$$

I punti di intersezione sono $P_1 \equiv (0;0)$, $P_2 \equiv \left(-\dfrac{\sqrt{2}}{2};0\right)$ e $P_3 \equiv \left(\dfrac{\sqrt{2}}{2};0\right)$.

Si noti che $P_1 \equiv (0;0)$ è anche l'unica intersezione con l'asse y.
Si determina il segno della funzione risolvendo la disequazione:

$$f(x) > 0$$
$$x\sqrt{1-2x^2} > 0$$
$$x > 0$$

Dal grafico dei segni si ottengono gli intervalli in cui la funzione è positiva (sopra l'asse delle x) e negativa (sotto l'asse delle x).

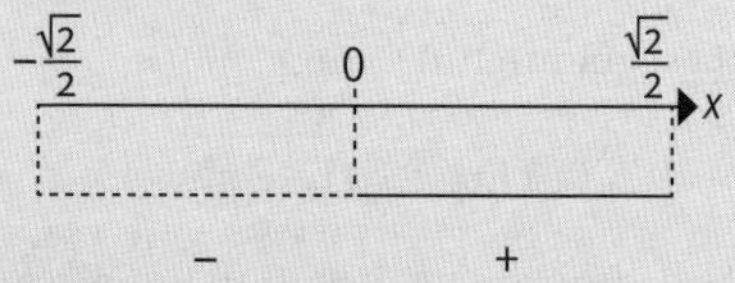

Lo studio del comportamento agli estremi prevede il calcolo della funzione negli estremi dell'insieme di definizione. A tale proposito, si è già visto come la funzione negli estremi dell'insieme di definizione passi per i punti $P_2 \equiv \left(-\dfrac{\sqrt{2}}{2};0\right)$ e $P_3 \equiv \left(\dfrac{\sqrt{2}}{2};0\right)$.
Non vi è alcun asintoto orizzontale, verticale o obliquo.

Si calcola ora la derivata prima per lo studio della monotonia.

$$f'(x) = \sqrt{1-2x^2} - \frac{2x^2}{\sqrt{1-2x^2}}$$
$$f'(x) = \frac{1-2x^2-2x^2}{\sqrt{1-2x^2}}$$
$$f'(x) = \frac{1-4x^2}{\sqrt{1-2x^2}}$$

Studiando il segno della derivata si ottiene:

$$f'(x) > 0$$

$$\frac{1-4x^2}{\sqrt{1-2x^2}} > 0$$

$$1-4x^2 > 0$$

$$1-4x^2 = 0$$

$$x_{1e2} = \pm\frac{1}{2}$$

$$-\frac{1}{2} < x < \frac{1}{2}$$

Si traccia il grafico dei segni da cui si individuano le zone in cui la funzione è crescente ed in cui è decrescente.

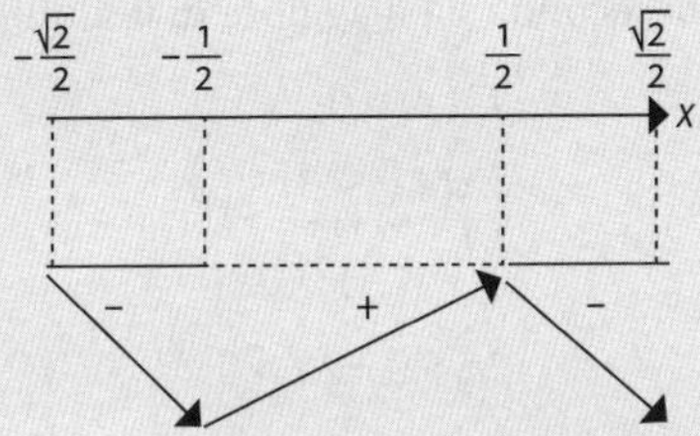

Quindi $x = -\frac{1}{2}$ è un punto di minimo, mentre $x = \frac{1}{2}$ è un punto di massimo. I valori assunti dalla funzione in questi due punti sono:

$$f\left(-\frac{1}{2}\right) = -\frac{1}{2}\sqrt{1-2\frac{1}{4}} = -\frac{1}{2}\sqrt{1-\frac{1}{2}} = -\frac{1}{2}\sqrt{\frac{1}{2}} = -\frac{\sqrt{2}}{4}$$

$$f\left(\frac{1}{2}\right) = \frac{1}{2}\sqrt{1-2\frac{1}{4}} = \frac{1}{2}\sqrt{1-\frac{1}{2}} = \frac{1}{2}\sqrt{\frac{1}{2}} = \frac{\sqrt{2}}{4}$$

I punti di minimo e massimo hanno rispettivamente coordinate:

$$M_1 \equiv \left(-\frac{1}{2}; -\frac{\sqrt{2}}{4}\right)$$

$$M_2 \equiv \left(\frac{1}{2}; \frac{\sqrt{2}}{4}\right)$$

Considerato l'andamento della funzione nei suoi estremi, si può affermare che tali punti sono di minimo e massimo assoluti.
Attraverso la derivata seconda si opera lo studio della concavità.

$$f''(x) = \frac{-8x\sqrt{1-2x^2} - (1-4x^2)\dfrac{-2x}{\sqrt{1-2x^2}}}{(1-2x^2)}$$

$$f''(x) = \frac{-8x(1-2x^2) + 2x(1-4x^2)}{(1-2x^2)\sqrt{1-2x^2}}$$

$$f''(x) = \frac{-8x + 16x^3 + 2x - 8x^3}{(1-2x^2)\sqrt{1-2x^2}}$$

$$f''(x) = \frac{2x(4x^2-3)}{\sqrt{(1-2x^2)^3}}$$

Imponendo che la derivata seconda sia maggiore di 0 si ottiene:

$$f''(x) > 0$$

$$\frac{2x(4x^2-3)}{\sqrt{(1-2x^2)}} > 0$$

$$2x > 0 \Rightarrow x > 0$$

$$2x(4x^2-3) > 0 \Rightarrow 4x^2 - 3 > 0 \Rightarrow 4x^2 - 3 = 0 \Rightarrow x = \pm\frac{\sqrt{3}}{2} \Rightarrow x < -\frac{\sqrt{3}}{2}\, o\ x > \frac{\sqrt{3}}{2}$$

Si noti come la seconda disequazione è verificata per valori esterni al dominio della funzione. $x < -\frac{\sqrt{3}}{2}$ o $x > \frac{\sqrt{3}}{2}$. Quindi il fattore $(4x^2-3)$ sarà sempre negativo all'interno del dominio della funzione, pertanto si disegna il seguente grafico dei segni, dal quale si individuano le zone di concavità verso il basso e verso l'alto.

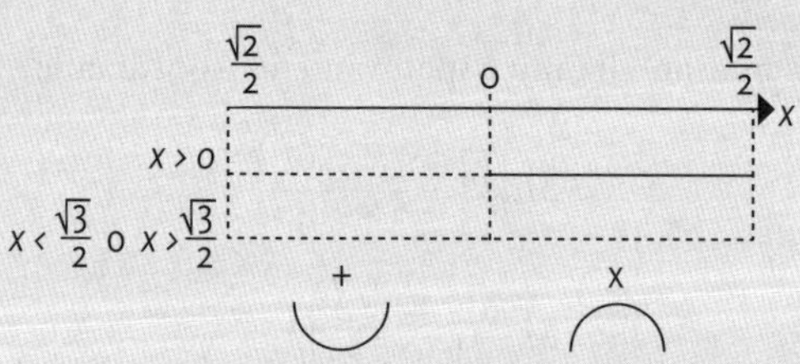

In $x = 0$ si trova un punto di flesso; le sue coordinate sono $F \equiv (0;0)$.
In figura si riporta il grafico della funzione.

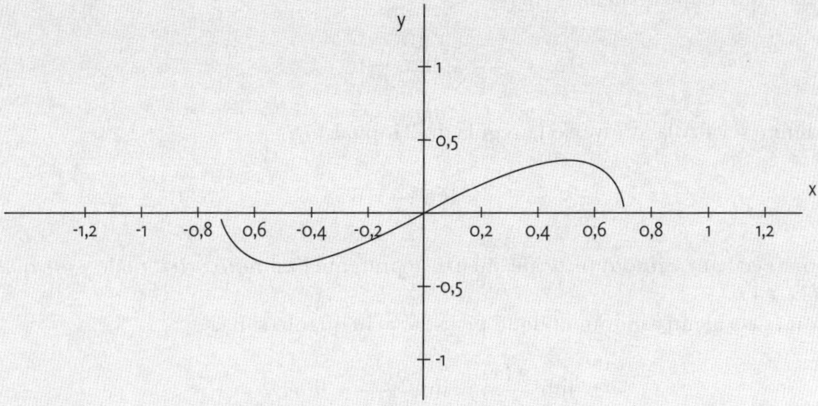

2) Si tracci il grafico della seguente funzione:

$$f(x) = xe^{-x}$$

Non ci sono condizioni da imporre sul campo di esistenza; pertanto la funzione è definita nell'intero insieme dei numeri reali *R*, ossia]-∞; ∞[.
Dal seguente sistema si determinano le intersezioni della funzione con l'asse *x*.

$$\begin{cases} y = xe^{-x} \\ y = 0 \end{cases} \Rightarrow \begin{cases} xe^{-x} = 0 \\ y = 0 \end{cases} \Rightarrow \begin{cases} x = 0 \\ y = 0 \end{cases}$$

Il punto di intersezione è $P_1 \equiv (0;0)$ che è anche l'unica intersezione con l'asse *y*.
Si determina il segno della funzione risolvendo la disequazione:

$$xe^{-x} > 0$$
$$x > 0$$

Dal grafico dei segni si ottengono gli intervalli in cui la funzione è positiva (sopra l'asse delle *x*) e negativa (sotto l'asse delle *x*).

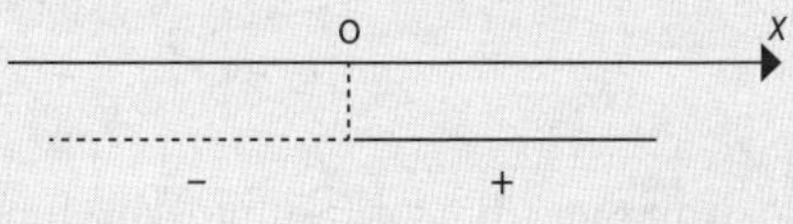

Lo studio del comportamento agli estremi prevede il calcolo dei limiti della funzione negli estremi dell'insieme di definizione (ossia dell'insieme *R*).

$$\lim_{x \to -\infty} f(x) = \lim_{x \to -\infty} xe^{-x} = -\infty$$

Il limite per $x \to +\infty$ presenta la forma indeterminata $0 \cdot \infty$.

$$\lim_{x \to +\infty} f(x) = \lim_{x \to +\infty} xe^{-x}$$

Viene quindi posto nella forma ∞/∞:

$$\lim_{x\to+\infty} \frac{x}{e^x}$$

Il limite si calcola attraverso la regola di l'Hopital.

$$\lim_{x\to+\infty} \frac{1}{e^x} = 0$$

Non vi è alcun asintoto verticale, mentre è presente l'asintoto orizzontale $y = 0$, quando $x \to +\infty$.
Non esiste alcun asintoto obliquo per $x \to -\infty$ in quanto si ha:

$$m = \lim_{x\to-\infty} \frac{f(x)}{x} = \lim_{x\to-\infty} \frac{xe^{-x}}{x} = \lim_{x\to-\infty} e^{-x} = +\infty$$

Si calcola ora la derivata prima per lo studio della monotonia.

$$f'(x) = e^{-x} - xe^{-x}$$
$$f'(x) = e^{-x}(1-x)$$

Studiando il segno della derivata si ottiene:

$$f'(x) > 0$$
$$e^{-x}(1-x) > 0$$
$$1 - x > 0$$
$$x < 1$$

Si traccia il grafico dei segni da cui si individuano le zone in cui la funzione è crescente ed in cui è decrescente.

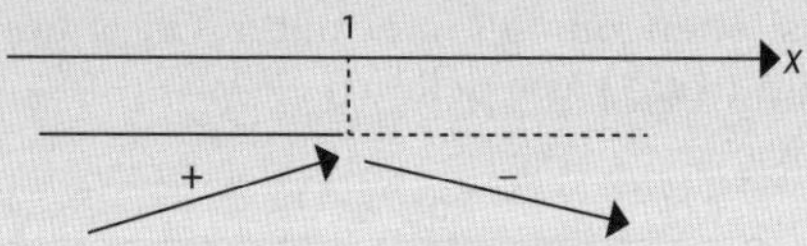

Quindi $x = 1$ è un punto di massimo. Il valore assunto dalla funzione in questo punto è:

$$f(1) = 1 \cdot e^{-1} = \frac{1}{e}$$

Il punto di massimo ha coordinate:

$$M_1 \equiv \left(1; \frac{1}{e}\right)$$

Considerato l'andamento della funzione nei suoi estremi, si può affermare che tale punto è di massimo assoluto.
Attraverso la derivata seconda si studia la concavità.

$$f''(x) = -e^{-x}(1-x) + e^{-x}(-1)$$
$$f''(x) = e^{-x}(x-1) - e^{-x}$$
$$f''(x) = e^{-x}(x-2)$$

Imponendo che la derivata seconda sia maggiore di 0 si ottiene:

$$f''(x) > 0$$
$$e^{-x}(x-2) > 0$$
$$x - 2 > 0$$
$$x > 2$$

Pertanto si disegna il seguente grafico dei segni, dal quale si individuano le zone di convessità e di concavità.

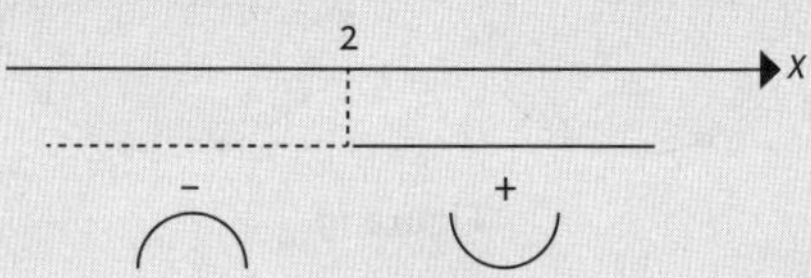

In $x = 2$ si trova un punto di flesso, il valore della funzione in tal punto è $f(2) = 2 \cdot e^{-2} = \frac{2}{e^2}$.
Le coordinate del punto di flesso sono $F \equiv \left(2; \frac{2}{e^2}\right)$.
In figura si riporta il grafico della funzione.

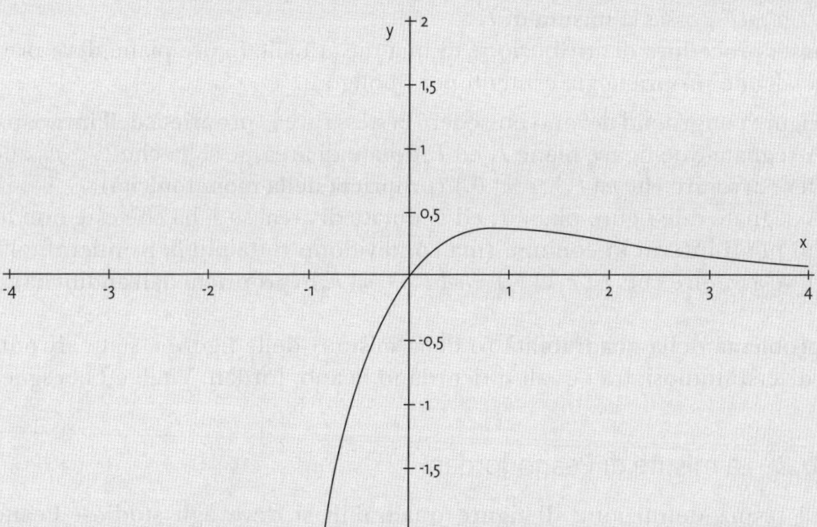

6.6 Il problema della misura

6.6.1 Introduzione

Fin dai primi studi della geometria elementare nel piano, si affronta il problema dell'equi-scomponibilità delle figure e si attribuisce a ciascun poligono una grandezza nota come **area**. Dopo aver definito l'area di un poligono, si passa a definire l'area del **cerchio** con successive approssimazioni di poligoni interni alla figura circolare e poligoni esterni ad essa, individuando l'area del cerchio proprio nell'elemento di separazione tra queste famiglie di aree. In Figura 19 sono mostrate successive stime dell'area del cerchio mediante poligoni interni ad esso con 5, 8, 12 e 18 lati. L'area del poligono tende ad identificarsi con quella del cerchio al crescere del numero di lati del poligono in esso inscritto.

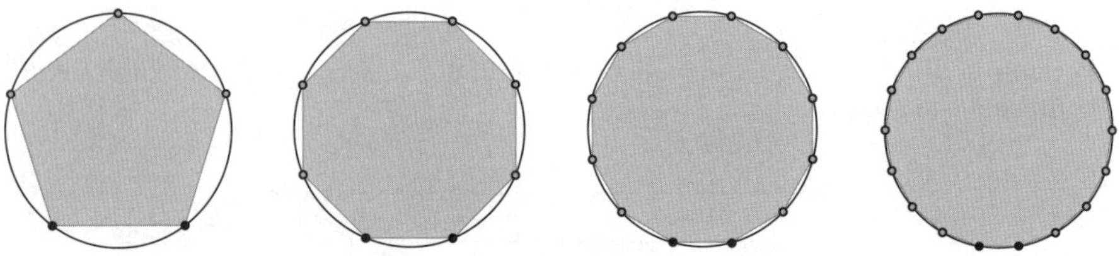

Figura 19

Il passo successivo è quello di generalizzare questa procedura per una qualsiasi figura piana curvilinea, in modo da dotare anche tale figura di un'area.
Le figure nel piano alle quali si riesce ad attribuire un'area sono dette **quadrabili** o, più in generale, **misurabili**. Sia F una figura quadrabile (o misurabile), allora l'area che le verrà assegnata mediante la procedura generalizzata si indica con $m(F)$, ossia la **misura** di F.
Questa procedura di attribuzione di una misura alle figure piane deve preservare alcune proprietà già esistenti per i poligoni.

- Figure congruenti devono possedere la stessa area (**proprietà dell'invarianza**).
- Assegnate due figure piane F_1 ed F_2 dotate di area, se si ha che $F_1 \subseteq F_2$, allora deve avvenire che $m(F_1) \leq m(F_2)$ (**proprietà della monotonicità**).
- Assegnate due figure piane F_1 ed F_2 dotate di area, se si ha che esse non hanno punti interni in comune (ma condividono tuttalpiù la frontiera), allora deve avvenire che $m(F_1 \cup F_2) = m(F_1) + m(F_2)$ (**proprietà dell'additività**).

Il problema della quadrabilità (o della misura) delle figure è stato affrontato da diversi studiosi, tra i quali si ricordano Peano, Jordan, Vitali e Lebesgue.

6.6.2 La misura di Peano-Jordan

Una prima definizione di figure quadrabili si deve agli studiosi **Peano** e **Jordan**. Innanzitutto, sulla retta reale R è possibile definire la misura di un

intervallo aperto $I =]a,b[$, stabilendo che la sua lunghezza (indicata con l) vale $l(I) = b - a = |b - a|$. Tale lunghezza è la medesima di intervalli del tipo $[a,b]$, oppure $[a,b[$ o anche $]a,b]$. In pratica la frontiera (gli estremi dell'intervallo) ha lunghezza nulla.

In R^2 si estende il concetto di intervallo, definendo un **intervallo** J come un prodotto di due intervalli di R, ossia:

$$J = I_1 \times I_2 =]a_1, b_1[\times]a_2, b_2[= \{(x_1, x_2) \in R^2 : a_1 < x_1 < b_1, a_2 < x_2 < b_2\}$$

Si noti che un intervallo di questo tipo corrisponde in R^2 ad un rettangolo (vedi Figura 20). Pertanto J viene anche detto **rettangolo**.

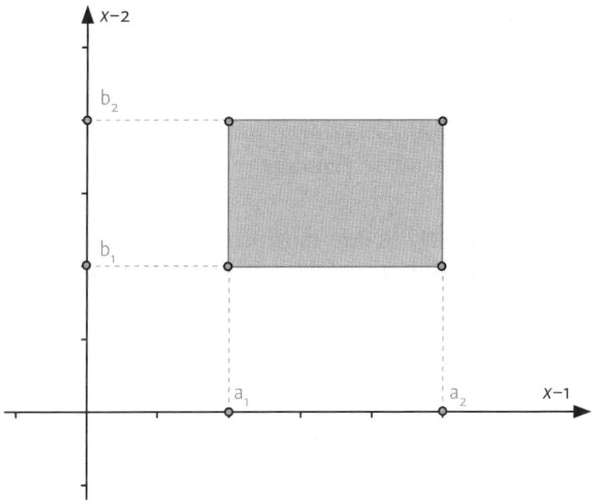

Figura 20

Al rettangolo (intervallo) viene assegnata una misura che riprende il concetto di misure degli intervalli in R, ossia

$$m(J) = l(I_1) \times l(I_2) = |b_1 - a_1| \times |b_2 - a_2|$$

Che risulta essere la ben nota area del rettangolo.
In R^2 si può considerare un insieme di n rette parallele agli assi cartesiani (ossia di iperpiani di R^2), del tipo

$$x_1 = a_1, x_1 = a_2, \dots, x_1 = a_h, x_2 = a_{h+1}, x_2 = a_{h+2}, \dots, x_2 = a_n$$

Questo insieme di rette forma un **reticolato** di R^2, indicato con ρ. Questo nome deriva proprio dall'idea che quando tali rette vengono tracciate nel piano R^2 formano una sorta di "griglia" o "reticolo" (vedi Figura 21).

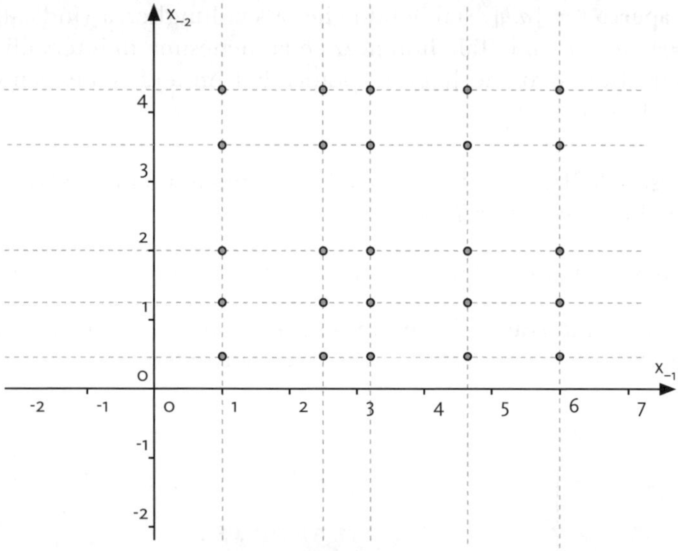

Figura 21

Come si nota dalla Figura 21, le intersezioni di queste rette individuano un numero N finito di intervalli $J_1, J_2, \dots, J_N$ in R^2 (si direbbe di rettangoli). Una qualsiasi unione di $m \leq N$ di questi intervalli (rettangoli) è detta **pluri-intervallo** (o **pluri-rettangolo**) ed è indicato con Y.

$$Y = J_1 \cup J_2 \cup \dots \cup J_m$$

Si noti che gli intervalli hanno tra loro intersezione nulla. In Figura 22 è mostrato un pluri-intervallo.

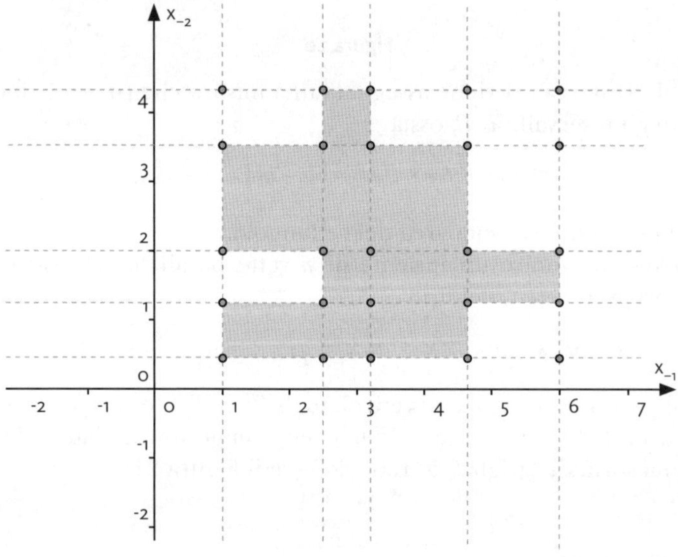

Figura 22

La misura del pluri-intervallo è definita come la somma delle misure degli intervalli che lo compongono.

$$m(Y) = m(J_1) + m(J_2) + \ldots + m(J_m)$$

In pratica si sta affermano che l'area della figura definita pluri-rettangolo (pluri-intervallo) è la somma delle aree dei rettangoli che la compongono. Si indica l'insieme dei pluri-intervalli in R^2 con P_Y.
Una volta individuato un reticolato ρ si può definire un nuovo reticolato ρ' che è detto **raffinamento** di ρ, se in esso compaiono tutte le rette che vi erano in ρ e ve ne sono ulteriori. In modo intuitivo, si nota che questo nuovo reticolato "infittisce" la griglia con cui si era suddiviso il piano e permette di costruire pluri-intervalli (o pluri-rettangoli) più articolati che approssimano sempre meglio, dall'esterno o dall'interno un generico insieme di punti di R, identificato con una figura cui attribuire una misura (Figura 23).

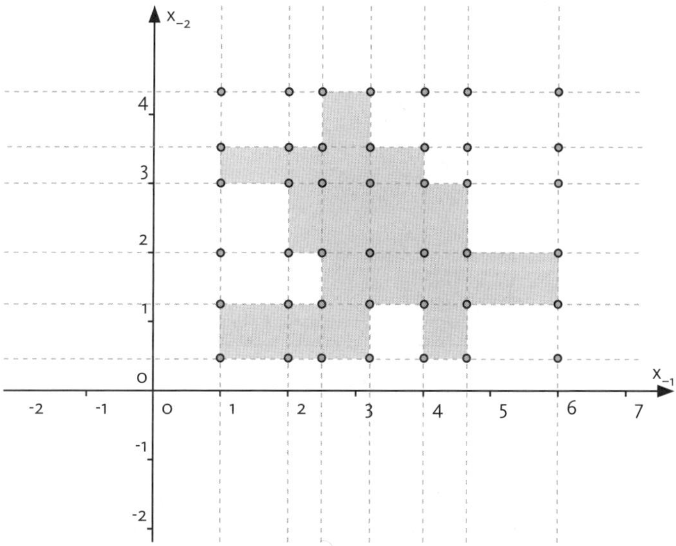

Figura 23

Partendo dai pluri-intervalli è possibile definire la misura di una **figura piana limitata** F. In alternativa si può pensare ad un **insieme limitato** F di punti del piano. Per farlo si considera la classe delle misure dei pluri-intervalli Y inclusi in F e la classe delle misure dei pluri-intervalli che includono F.
Si definisce quindi **misura esterna di Peano-Jordan** di F, indicata con $m_e(F)$, l'estremo inferiore delle misure dei pluri-intervalli che includono F.

$$m_e(F) = \inf\{m(Y): Y \in P_Y, Y \supset F\}$$

Parimenti si definisce **misura interna di Peano-Jordan** di F, indicata con $m_i(F)$, l'estremo superiore delle misure pluri-intervalli inclusi in F.

$$m_i(F) = \sup\{m(Y): Y \in P_Y, Y \subset F\}$$

In generale si ha:

$$m_i(F) \leq m_e(F)$$

in quanto i due insiemi numerici sono separati. Se però avviene che i due valori coincidono, allora i due insiemi sono contigui (hanno un unico elemento di separazione).

$$m_i(F) = m_e(F)$$

In tal caso il valore comune è detto **misura secondo Peano-Jordan** di F ed F è un insieme **misurabile secondo Peano-Jordan**. Viceversa un insieme F viene detto **non misurabile secondo Peano-Jordan**. Si dimostra che la misura di Peano-Jordan soddisfa le proprietà di invarianza, monotonicità ed additività (per un numero finito di insiemi o figure). La misura di Peano-Jordan è legata alla teoria dell'**integrale secondo Riemann**. Nel par. 6.8 si vedrà, infatti, che l'integrale di Riemann può essere visto come la misura dell'area di una particolare figura limitata del piano detta **trapezoide** o **trapezio mistilineo** (vedi Figura 24). Questa figura è determinata dall'asse delle ascisse e da una funzione f limitata in un intervallo $[a,b]$.

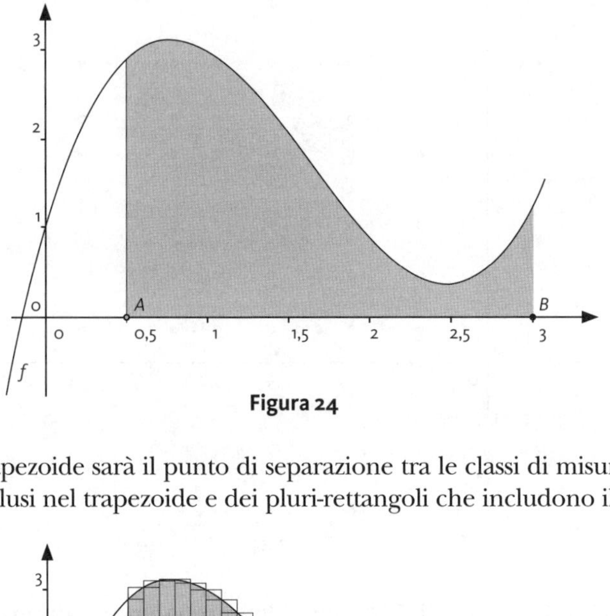

Figura 24

L'area del trapezoide sarà il punto di separazione tra le classi di misure dei pluri-rettangoli inclusi nel trapezoide e dei pluri-rettangoli che includono il trapezoide (Figura 25).

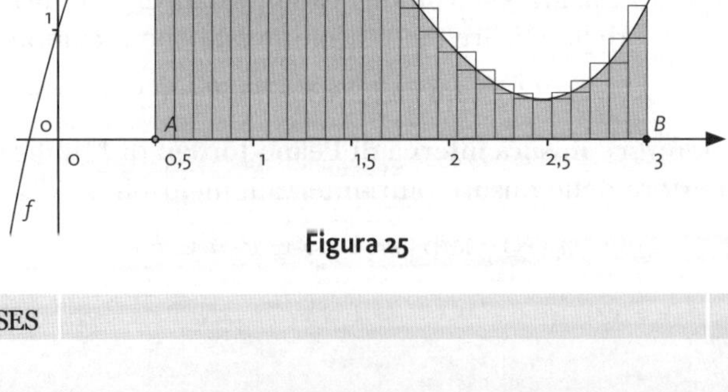

Figura 25

Esistono insiemi di punti del piano che sono limitati, ma non sono misurabili secondo Peano-Jordan. Questo problema nasce dall'additività della misura di Peano-Jordan che è finita e non numerabile. In pratica, una unione numerabile di insiemi limitati misurabili non è sempre misurabile.
Si consideri il quadrato in Figura 26 di lato 1, indicato con Q_1. Sul lato del quadrato che giace sull'asse delle ascisse si individuano i soli numeri razionali indicati con q_i. In corrispondenza di questi si traccia un segmento verticale di lunghezza pari ad 1 che giunge perpendicolarmente sul lato opposto del quadrato (vedi Figura 26). Si vuole definire l'area della figura che è l'unione di tutti questi segmenti. Si indica tale figura con E. Questa figura è inclusa nel quadrato Q_1 che ha misura pari ad 1. Quindi dovrebbe essere $m(E)\leq 1$. Si noti che la figura E può essere vista, in un certo senso, come la figura contenuta nell'intervallo [0,1] tra l'asse delle ascisse e la **funzione di Dirichlet** φ_D, definita come:

$$\varphi_D = \begin{cases} 1 & x \in Q \\ 0 & x \in R - Q \end{cases}$$

Tale funzione individua i numeri razionali Q sulla retta reale ed assegna ad essi valore 1, mentre assegna 0 agli irrazionali $(R - Q)$. Quindi la figura E può essere vista come il trapezoide tra φ_D e l'asse x.

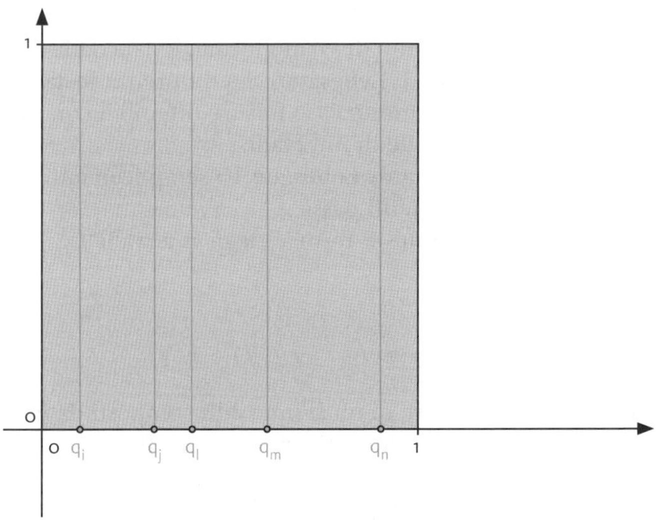

Figura 26

Si parte dai pluri-rettangoli interni alla figura E. Questi devono essere inclusi necessariamente nei segmenti tracciati in corrispondenza dei razionali. Essendo tali pluri-rettangoli composti da segmenti (rettangoli degeneri) anziché da rettangoli veri e propri, allora essi sono la somma di misure nulle e pertanto hanno misura nulla. Quindi $m_i(E) = 0$. I pluri-rettangoli che includono i segmenti tracciati possono essere esterni ad essi e quindi possono includerli. Si supponga di averne determinato un pluri-rettangolo composto da un numero finito N di rettangoli (intervalli) tale che la loro unione $\bigcup_{i=1}^{N} J_i$ copra E. In particolare si suppone:

$$E \subseteq \bigcup_{i=1}^{N} J_i \subset Q_1$$

In tal caso $m(\bigcup_{i=1}^{N} J_i) < 1$ in quanto tale pluri-rettangolo è incluso in Q_1. Questo vuol dire che vi è una parte del quadrato Q_1 che è esterna al pluri-rettangolo. Questa parte del quadrato deve necessariamente individuare un intervallo $]a_1, a_2[$ sull'asse delle ascisse interno a $[0,1]$. In un qualsiasi intervallo di questo tipo, per via della densità dei razionali nei reali, devono esserci dei numeri razionali. Pertanto devono esserci dei segmenti di E che non sono stati inclusi in $\bigcup_{i=1}^{N} J_i$. Si è giunti ad un assurdo in quanto si era supposto che $\bigcup_{i=1}^{N} J_i$ coprisse interamente E (e i razionali sull'intervallo $[0,1]$ dell'asse). Pertanto, se supponendo $m(\bigcup_{i=1}^{N} J_i)<1$, si è giunti ad un assurdo, allora deve essere $m(\bigcup_{i=1}^{N} J_i) \leq 1$. Quindi le due classi di numeri delle misure non sono contigue, ma si ha:

$$m_i(E) = 0 < 1 \leq m_e(E)$$

6.6.3 La misura di Vitali-Lebesgue

Una generalizzazione della misura di Peano-Jordan è data dalla **misura di Vitali-Lebesgue** (o semplicemente di **Lebesgue**). La differenza sostanziale consiste nel fatto che si ammettono in questo caso misure ottenibili con pluri-intervalli che sono una unione **numerabile** di intervalli.
Si definisce una **misura esterna di Lebesgue** (o semplicemente **misura esterna**), indicata con m_L con i seguenti passi.
Si parte con l'assumere definite le misure degli intervalli I e J in R e in R^2, secondo Peano-Jordan.
Quindi si ha:

$$m_L(I) = m(I), \qquad m_L(J) = m(J)$$

In R^2, restano definite le misure di pluri-intervalli composti da **unioni finite** di N intervalli J come già previsto dalla misura di Peano-Jordan.

$$m_L(Y) = m_L\left(\bigcup_{i=1}^{N} J_i\right) = m\left(\bigcup_{i=1}^{N} J_i\right) = \sum_{i=1}^{N} m(J_i)$$

Inoltre si considerano pluri-rettangoli costituiti da **unioni numerabili** (quindi infinite) di intervalli, ossia:

$$Y = \bigcup_{n=1}^{\infty} J_n$$

In tal caso la misura di tale unione infinita di intervalli (disgiunti a due a due) è data da:

$$m_L(Y) = m_L\left(\bigcup_{n=1}^{\infty} J_n\right) = \sum_{n=1}^{\infty} m(J_n)$$

A tale somma infinita si attribuisce il significato della **serie numerica** delle misure degli intervalli. Si noti che essendo l'unione numerabile, gli stessi intervalli possono essere messi in successione. Quindi si può anche dire che vengono considerate **unioni di intervalli in successione**.
La misura esterna di un insieme F viene definita come l'estremo inferiore delle misure delle unioni (finite o numerabili) che ricoprono F:

$$m_L(F) = \inf\left\{\sum_n m(J_n):\ \bigcup_n J_n \supset F\right\}$$

Si può dimostrare che per la misura esterna continuano a valere le proprietà di invarianza e di monotonicità. Inoltre appare chiaro che essa amplia l'idea legata alla proprietà additiva, rispetto a Peano-Jordan.
La misura esterna ammette, come quella definita da Peano-Jordan, l'esistenza di insiemi con misura nulla, ad esempio i segmenti in R^2, ed ammette anche la possibilità che un insieme abbia misura infinita $m_L(F) = +\infty$.
Ritornando all'insieme E non misurabile secondo Peano-Jordan, si nota che esso è misurabile con la misura esterna.
Difatti si fissa un $\varepsilon > 0$ piccolo a piacere e si nota che i numeri razionali posti lungo l'intervallo $[0,1]$ dell'asse delle ascisse sono numerabili, in quanto sottoinsieme dell'insieme numerabile dei razionali. A questo punto si pongono i segmenti verticali associati a tali numeri razionali in successione:

$$S_1, S_2, \ldots, S_n, \ldots$$

Di seguito si individua una successione di intervalli di R^2 (di rettangoli):

$$J_1, J_2, \ldots, J_n, \ldots$$

Il generico rettangolo J_n ha altezza unitaria e ha larghezza pari ad $\frac{\varepsilon}{2^n}$, pertanto la sua misura è:

$$m_L(J_n) = m(J_n) = \frac{\varepsilon}{2^n} \cdot 1 = \frac{\varepsilon}{2^n}$$

Ognuno di questi rettangoli J_i viene posto sul rispettivo segmento S_i per ricoprirlo. Si ottiene quindi un pluri-rettangolo $Y = \bigcup_{n=1}^{\infty} J_n$ che ricopre l'insieme E, perché ricopre ciascuno dei suoi segmenti.
La misura di tale pluri-rettangolo è:

$$m_L(Y) = m_L\left(\bigcup_{n=1}^{\infty} J_n\right) = \sum_{n=1}^{\infty} m(J_n) = \sum_{n=1}^{\infty} \frac{\varepsilon}{2^n} = \varepsilon \sum_{n=1}^{\infty} \frac{1}{2^n}$$

Si riconosce la serie geometrica di ragione $\frac{1}{2} < 1$ con termine iniziale $\frac{1}{2}$ che converge ed ha somma pari ad 1. Pertanto si ha:

$$m_L(Y) = \varepsilon \sum_{n=1}^{\infty} \frac{1}{2^n} = \varepsilon \cdot 1 = \varepsilon$$

Con $\varepsilon > 0$ e piccolo a piacere.
La misura di E è l'estremo inferiore delle misure di questi pluri-rettangoli Y che ricoprono E; ma l'estremo inferiore è dato da $\varepsilon \to 0$. Pertanto si può affermare che:

$$m_L(E) = \inf\left\{\sum_n m(J_n): \bigcup_n J_n \supset E\right\} = \varepsilon \to 0$$

Quindi $m_L(E) = 0$, ossia l'insieme E ha misura nulla. Questo risultato coincide con la misura interna di Peano-Jordan dell'insieme E.
L'insieme E è misurabile secondo Lebesgue (in base alla sua misura esterna). Pertanto si nota che la misura di Vitali-Lebesgue estende effettivamente il concetto di misurabilità inizialmente introdotto da Peano-Jordan.
La misura di Lebesgue permette di introdurre la teoria dell'integrale di Lebesgue che preserva i risultati della teoria dell'integrale di Riemann per le funzioni continue o generalmente continue in un intervallo, ossia quelle funzioni che presentano un numero finito di discontinuità. Inoltre, estende il concetto di integrabilità ad altre funzioni (come quella di Dirichlet φ_D) con un numero infinito di punti di discontinuità.
Inoltre la teoria dell'integrale di Lebesgue risulta più flessibile di quella di Riemann in relazione al passaggio del limite sotto il segno di integrale.

6.7 Integrazione indefinita

6.7.1 Definizioni

Sia f una funzione definita e continua in un intervallo X. Si è visto, introducendo le conseguenze del teorema di Lagrange (vedi par. 6.5.1), che una funzione f può avere infinite primitive che differiscono di una costante. Si definisce l'insieme delle primitive di f come **integrale indefinito** di f e si indica con la seguente scrittura simbolica:

$$\int f(x)\,dx$$

La scrittura simbolica si legge "integrale indefinito di $f(x)$ in dx".
Quindi se F è una delle primitive di f, allora si può scrivere:

$$\int f(x)\,dx = F(x) + c \quad c \in R$$

La costante generica c sta ad indicare l'insieme delle primitive della funzione f che differiscono appunto per una costante.
Ovviamente accade che, derivando una delle primitive di f, si ottiene la funzione f stessa:

$$(F(x)+c)' = F'(x) = f(x)$$

Pertanto si può affermare che il calcolo dell'integrale

$$\int f(x)\,dx$$

costituisce la ricerca delle primitive $F(x)+c$ della funzione $f(x)$ e può essere considerato come l'operazione inversa del calcolo della derivata della funzione primitiva.
Dalla considerazione che l'integrazione indefinita è l'operazione inversa della derivazione, si deducono alcune regole di integrazione immediate (Tabella 3).

Tabella 3

$\int x^{\alpha}\,dx = \frac{x^{\alpha+1}}{\alpha+1} + c \quad \forall \alpha \in R-\{-1\}$	$\int \frac{1}{x}\,dx = \log\lvert x\rvert + c$
$\int a^x\,dx = \frac{a^x}{\log a} + c$	$\int e^x\,dx = e^x + c$
$\int \cos x dx = \sin x + c$	$\int \sin x dx = -\cos x + c$
$\int \frac{1}{\cos^2 x}\,dx = \tan x + c$	$\int \frac{1}{\sin^2 x}\,dx = -\cot x + c$
$\int \cosh x dx = \sinh x + c$	$\int \sinh x dx = \cosh x + c$
$\int \frac{1}{\cosh^2 x}\,dx = \tanh x + c$	$\int \frac{1}{\sinh^2 x}\,dx = -\frac{1}{\tanh x} + c$
$\int \frac{1}{\sqrt{1-x^2}}\,dx = \arcsin x + c$	$\int \frac{1}{1+x^2}\,dx = \arctan x + c$
$\int \frac{1}{\sqrt{1+x^2}}\,dx = \text{sett}\sinh x + c$	$\int \frac{1}{\sqrt{x^2-1}}\,dx = \text{sett}\cosh x + c$

6.7.2 Regole di integrazione

Si illustrano una serie di teoremi sull'integrazione.

Teorema 32

Siano f_1 ed f_2 due funzioni reali di variabile reale continue in un intervallo X. In tal caso, si ha che:

$$\int [f_1(x)+f_2(x)]dx = \int f_1(x)dx + \int f_2(x)dx$$

DIM

Siano F_1 ed F_2 le primitive rispettivamente di f_1 ed f_2. Si noti che la derivata di una somma è pari alla somma delle derivate:

$$[F_1(x)+F_2(x)]' = F_1'(x)+F_2'(x)$$

Da cui, sapendo $F_1'(x)=f_1(x)$ e che $F_2'(x)=f_2(x)$, si può scrivere:

$$[F_1(x)+F_2(x)]' = f_1(x)+f_2(x)$$

Pertanto si può affermare che F_1+F_2 è una primitiva della somma f_1+f_2. Per cui

$$\int [f_1(x)+f_2(x)]dx = F_1(x)+F_2(x)$$

Da cui si deduce la tesi. **CVD**

Teorema 33

Siano f una funzione reale di variabile reale continua in un intervallo X e sia $c \in R$. In tal caso, si ha che:

$$\int c \cdot f(x)dx = c\int f(x)dx$$

DIM

Sia F la primitiva di f. Si noti che la derivata del prodotto di una funzione per una costante è pari alla costante per la derivata della funzione:

$$[c \cdot F(x)]' = c \cdot F'(x)$$

Da cui, sapendo $F'(x)=f(x)$, si può scrivere:

$$[c \cdot F(x)]' = c \cdot f(x)$$

Pertanto si può affermare che $c \cdot F$ è una primitiva del prodotto $c \cdot f$. Per cui

$$\int c \cdot f(x)dx = c \cdot F(x)$$

Da cui si deduce la tesi. **CVD**

Esempio

$$\int (3x^2 - \cos x)\,dx$$

Utilizzando la regola dell'integrale della somma di funzioni si può scrivere:

$$\int (3x^2 - \cos x)\,dx = \int (3x^2)\,dx + \int (-\cos x)\,dx$$

Attraverso la regola del prodotto di una costante per una funzione si può scrivere:

$$\int (3x^2)\,dx + \int (-\cos x)\,dx = 3\int x^2\,dx - \int \cos x\,dx$$

Usando le regole degli integrali immediati si ottiene:

$$3\int x^2\,dx - \int \cos x\,dx = 3\left[\frac{x^3}{3}\right] - [\sin x] + c = x^3 - \sin x + c$$

Vale anche il seguente teorema che illustra la **regola di integrazione per parti**.

Teorema 34 Siano f_1 ed f_2 due funzioni reali di variabile reale continue, con le loro derivate prime, in un intervallo X. In tal caso, si ha che:

$$\int f_1(x)\cdot f_2'(x)\,dx = f_1(x)\cdot f_2(x) - \int f_1'(x)\cdot f_2(x)\,dx$$

Equazione 3

DIM

La regola di derivazione di un prodotto di funzioni stabilisce che:

$$[f_1(x)\cdot f_2(x)]' = f_1'(x)\cdot f_2(x) + f_1(x)\cdot f_2'(x)$$

Si ha pertanto che:

$$f_1(x)\cdot f_2(x) = \int [f_1(x)\cdot f_2(x)]'\,dx = \int [f_1'(x)\cdot f_2(x) + f_1(x)\cdot f_2'(x)]\,dx$$

Dal Teorema 32 si può suddividere l'ultimo integrale in una somma di integrali:

$$f_1(x)\cdot f_2(x) = \int [f_1'(x)\cdot f_2(x) + f_1(x)\cdot f_2'(x)]\,dx = \int f_1'(x)\cdot f_2(x)\,dx + \int f_1(x)\cdot f_2'(x)\,dx$$

Si ha quindi l'uguaglianza:

$$\int f_1'(x)\cdot f_2(x)\,dx + \int f_1(x)\cdot f_2'(x)\,dx = f_1(x)\cdot f_2(x)$$

Portando il secondo termine del primo membro al secondo membro si ottiene la tesi:

$$\int f_1'(x)\cdot f_2(x)\,dx = f_1(x)\cdot f_2(x) - \int f_1(x)\cdot f_2'(x)\,dx$$

CVD

Esempi

1) $\int x\sin x dx$

Considerando che $\sin x$ è la derivata di $-\cos x$, allora si può scrivere:

$$\int x\sin x dx = \int x(-\cos x)' dx$$

A questo punto si può applicare la regola di integrazione per parti (Equazione 3):

$$\int x(-\cos x)' dx = x(-\cos x) - \int (x)'(-\cos x) dx$$

Considerando che $(x)' = 1$, si ottiene:

$$x(-\cos x) - \int (x)'(-\cos x) dx = x(-\cos x) - \int 1(-\cos x) dx =$$
$$= x(-\cos x) + \int \cos x dx = -x\cos x + \sin x + c$$

2) $\int \log x dx$

L'integrale può essere riscritto come:

$$\int 1 \cdot \log x dx$$

Inoltre, considerando che 1 è la derivata di x, si ottiene:

$$\int 1 \cdot \log x dx = \int (x)' \cdot \log x dx$$

Applicando la regola di integrazione per parti (Equazione 3), si ottiene:

$$\int (x)' \cdot \log x dx = x\log x - \int (x) \cdot (\log x)' dx =$$
$$= x\log x - \int (x) \cdot \frac{1}{x} dx = x\log x - \int dx = x\log x - x + c$$

3) Si presenta ora un caso di **integrazione per circolo vizioso apparente**.

$$\int e^x \cos x dx$$

Si può considerare:

$$\int e^x \cos x dx = \int e^x (\sin x)' dx$$

Quindi applicando la regola di integrazione per parti (Equazione 3):

$$\int e^x (\sin x)' dx = e^x (\sin x) - \int (e^x)'(\sin x) dx = e^x \sin x - \int e^x \sin x dx$$

Applicando la regola di integrazione per parti sul termine $\int e^x \sin x dx$ si ottiene:

$$\begin{aligned}
&e^x \sin x - \int e^x \sin x dx = e^x \sin x - \int e^x (-\cos x)' dx = \\
&= e^x \sin x - \left[e^x(-\cos x) - \int (e^x)'(-\cos x) dx\right] = \\
&= e^x \sin x - \left[-e^x \cos x - \int e^x (-\cos x) dx\right] = \\
&= e^x \sin x - \left[-e^x \cos x + \int e^x \cos x dx\right] = \\
&= e^x \sin x + e^x \cos x - \int e^x \cos x dx
\end{aligned}$$

Considerando l'integrale di partenza si è giunti alla seguente uguaglianza:

$$\int e^x \cos x dx = e^x \sin x + e^x \cos x - \int e^x \cos x dx$$

Come si può notare l'integrale di partenza si ripete (ricorsivamente) nel secondo membro, ottenuto dopo aver effettuato dei calcoli. Portando a primo membro il termine $-\int e^x \cos x dx$, si ottiene:

$$\begin{aligned}
&\int e^x \cos x dx + \int e^x \cos x dx = e^x \sin x + e^x \cos x \\
&2\int e^x \cos x dx = e^x \sin x + e^x \cos x \\
&2\int e^x \cos x dx = e^x (\sin x + \cos x) \\
&\int e^x \cos x dx = \frac{e^x}{2}(\sin x + \cos x) + c
\end{aligned}$$

Un altro utile strumento è rappresentato dalla **regola di integrazione per sostituzione**.

Teorema 35

Siano $f: X \to R$ e $\phi: Y \to X$ due funzioni reali di variabile reale. Sia f continua nell'intervallo *X*, mentre ϕ sia dotata di derivata prima continua nell'intervallo *Y*. In tal caso, si ha che:

$$\left(\int f(x) dx\right)_{x=\phi(t)} = \int f(\phi(t))\phi'(t) dt$$

DIM

Sia *F* la primitiva di *f*. Vale la regola di derivazione delle funzioni composte:

$$(F \circ \phi)'(t) = F'(\phi(t)) \cdot \phi'(t) = f(\phi(t)) \cdot \phi'(t) \quad \forall t \in Y$$

Per quanto appena scritto, è chiaro che la funzione $F \circ \phi$ è una primitiva della funzione $f(\phi(t)) \cdot \phi'(t)$. Pertanto si può scrivere:

$$\begin{aligned}
&\int f(\phi(t))\phi'(t) dt = (F \circ \phi)(t) \\
&\int f(\phi(t))\phi'(t) dt = F(\phi(t))
\end{aligned}$$

Ponendo $\phi(t) = x$ si ottiene:

$$\int f(\phi(t))\phi'(t)\,dt = F(x)$$

Dal fatto che F è la primitiva di f si deduce la tesi:

$$\int f(\phi(t))\phi'(t)\,dt = F(x) = \int f(x)\,dx$$

CVD

Esempi

1) $\int \sqrt[3]{4x+3}\,dx$

Si pone $t = 4x + 3$; pertanto il differenziale di t è pari a:

$dt = (4x + 3)'dx$

$dt = 4dx$

Quindi l'integrale diventa:

$$\int \sqrt[3]{4x+3}\,dx = \int \sqrt[3]{t}\,\frac{1}{4}\,dt$$

L'integrale ottenuto è di facile risoluzione:

$$\int \sqrt[3]{t}\,\frac{1}{4}\,dt = \frac{1}{4}\int (t)^{\frac{1}{3}}\,dt = \frac{1}{4}\,\frac{t^{\frac{1}{3}+1}}{\frac{1}{3}+1} + c = \frac{1}{4}\,\frac{t^{\frac{4}{3}}}{\frac{4}{3}} + c = \frac{1}{4}\,\frac{3}{4}\,t^{\frac{4}{3}} + c = \frac{3}{16}\,t^{\frac{4}{3}} + c$$

Ritornando alla variabile x si ottiene:

$$\frac{3}{16}\,t^{\frac{4}{3}} + c = \frac{3}{16}(4x+3)^{\frac{4}{3}} + c = \frac{3}{16}\cdot\sqrt[3]{(4x+3)^4} + c$$

2) $\int \sin^2 x\cos x\,dx$

Si pone $t = \sin x$; pertanto il differenziale di t è pari a:

$dt = (\sin x)'dx$

$dt = \cos x\,dx$

Quindi l'integrale diventa:

$$\int \sin^2 x\cos x\,dx = \int t^2\,dt$$

L'integrale ottenuto è di facile risoluzione:

$$\int t^2\,dt = \frac{t^3}{3} + c$$

Ritornando alla variabile x si ottiene:

$$\frac{t^3}{3} + c = \frac{1}{3}\sin^3 x + c$$

Dalla regola di integrazione per sostituzione e dalle soluzioni degli integrali immediati si ricavano le regole di integrazione per le funzioni composte riportate in Tabella 4.

Tabella 4

$\int [f(x)]^{\alpha} \cdot f'(x)\,dx = \frac{[f(x)]^{\alpha+1}}{\alpha+1} + c \quad \forall\alpha \in R-\{-1\}$	$\int \frac{1}{f(x)} f'(x)\,dx = \log[f(x)] + c$
$\int a^{f(x)} f'(x)\,dx = \frac{a^{f(x)}}{\log a} + c$	$\int e^{f(x)} \cdot f'(x)\,dx = e^{f(x)} + c$
$\int \cos[f(x)] \cdot f'(x)\,dx = \sin[f(x)] + c$	$\int \sin[f(x)] \cdot f'(x)\,dx = -\cos[f(x)] + c$
$\int \frac{1}{\cos^2[f(x)]} f'(x)\,dx = \tan[f(x)] + c$	$\int \frac{1}{\sin^2[f(x)]} f'(x)\,dx = -\cot[f(x)] + c$
$\int \cosh[f(x)] \cdot f'(x)\,dx = \sinh[f(x)] + c$	$\int \sinh[f(x)] \cdot f'(x)\,dx = \cosh[f(x)] + c$
$\int \frac{1}{\cosh^2[f(x)]} f'(x)\,dx = \tanh[f(x)] + c$	$\int \frac{1}{\sinh^2[f(x)]} f'(x)\,dx = -\frac{1}{\tanh[f(x)]} + c$
$\int \frac{1}{\sqrt{1-[f(x)]^2}} f'(x)\,dx = \arcsin[f(x)] + c$	$\int \frac{1}{1+[f(x)]^2} f'(x)\,dx = \arctan[f(x)] + c$
$\int \frac{1}{\sqrt{1+[f(x)]^2}} f'(x)\,dx = \text{sett}\sinh[f(x)] + c$	$\int \frac{1}{\sqrt{[f(x)]^2-1}} f'(x)\,dx = \text{sett}\cosh[f(x)] + c$

Esempi

1) $\int xe^{x^2}\,dx$

L'integrale può essere scritto nella forma:

$$\int xe^{x^2}\,dx = \frac{1}{2}\int 2x \cdot e^{x^2}\,dx$$

In tal modo si è ricreata la derivata dell'argomento dell'esponenziale.

$$\frac{1}{2}\int 2x \cdot e^{x^2}\,dx = \frac{1}{2}\int (x^2)' \cdot e^{x^2}\,dx$$

Si può quindi procedere secondo la regola

$$\int e^{f(x)} \cdot f'(x)\,dx = e^{f(x)} + c$$

Quindi:

$$\frac{1}{2}\int (x^2)' \cdot e^{x^2}\,dx = \frac{1}{2}e^{x^2} + c$$

2) $\int \frac{x^2}{2x^3+1}dx$

L'integrale può essere scritto nella forma:

$$\int \frac{x^2}{2x^3+1}dx = \frac{1}{6}\int \frac{6x^2}{2x^3+1}dx$$

In tal modo si è ricreata al numeratore la derivata del denominatore.

$$\frac{1}{6}\int \frac{6x^2}{2x^3+1}dx = \frac{1}{6}\int \frac{(2x^3+1)'}{2x^3+1}dx$$

Si può quindi procedere secondo la regola

$$\int \frac{1}{f(x)}f'(x)\,dx = \log[f(x)] + c$$

Quindi:

$$\frac{1}{6}\int \frac{6x^2}{2x^3+1}dx = \frac{1}{6}\ln(2x^3+1) + c$$

3) $\int \sin(3-4x)\,dx$

L'integrale può essere scritto nella forma:

$$\int \sin(3-4x)\,dx = -\frac{1}{4}\int (-4)\sin(3-4x)\,dx$$

In tal modo si è ricreata la derivata dell'argomento della funzione seno.

$$-\frac{1}{4}\int (-4)\sin(3-4x)\,dx = -\frac{1}{4}\int (3-4x)'\sin(3-4x)\,dx$$

Si può quindi procedere secondo la regola

$$\int \sin[f(x)]\cdot f'(x)\,dx = -\cos[f(x)] + c$$

Quindi:

$$-\frac{1}{4}\int (3-4x)'\sin(3-4x)\,dx = -\frac{1}{4}[-\cos(3-4x)] + c = \frac{1}{4}\cos(3-4x) + c$$

6.7.3 Metodi risolutivi per integrali di frazioni algebriche

Per risolvere un integrale del tipo

$$\int \frac{f(x)}{g(x)}dx$$

dove il grado del polinomio $f(x)$ è inferiore a quello di $g(x)$, si deve innanzi-

tutto scomporre il polinomio $g(x)$. La scomposizione del polinomio $g(x)$ può essere effettuata ricercando le sue radici, ossia quei numeri reali o complessi che risolvono l'equazione $g(x)=0$. Le radici possono essere semplici, se si presentano una sola volta come soluzioni dell'equazione; possono essere multiple, se si presentano più volte tra le soluzioni dell'equazione, in particolare doppie se si presentano due volte, triple se si presentano tre volte e così via... Vi possono essere radici complesse coniugate che provengono da trinomi del tipo ax^2+bx+c dove $\Delta<0$.
Si affrontano ora diversi casi di complessità crescente.

Caso 1) Si supponga che $g(x)$ abbia $x_1, x_2, \dots, x_n$ radici reali semplici (ossia tutte distinte tra loro). In tal caso la frazione algebrica può essere espressa nel modo seguente:

$$\frac{f(x)}{g(x)}=\frac{A_1}{x-x_1}+\frac{A_2}{x-x_2}+\dots+\frac{A_n}{x-x_n}$$

Nella relazione precedente i fattori $A_1, A_2, \dots, A_n$ vanno determinati. Si può quindi scrivere:

$$\int\frac{f(x)}{g(x)}dx=\int\frac{A_1}{x-x_1}dx+\int\frac{A_2}{x-x_2}dx+\dots+\int\frac{A_n}{x-x_n}dx$$

Gli integrali a secondo membro possono essere facilmente determinati.

Esempio

Si consideri l'integrale

$$\int\frac{1}{x^2-5x+6}dx$$

Il denominatore può essere scomposto attraverso il metodo della somma e del prodotto:

$$x^2-5x+6=(x-2)(x-3)$$

Quindi l'integrale diventa:

$$\int\frac{1}{x^2-5x+6}dx=\int\frac{1}{(x-2)(x-3)}dx$$

Si imposta ora l'equazione per determinare i coefficienti A_1, A_2

$$\frac{1}{(x-2)(x-3)}=\frac{A_1}{x-2}+\frac{A_2}{x-3}$$

Calcolando il denominatore comune:

$$\frac{1}{(x-2)(x-3)} = \frac{A_1(x-3)+A_2(x-2)}{(x-2)(x-3)}$$
$$1 = A_1(x-3)+A_2(x-2)$$
$$1 = (A_1+A_2)x+(-3A_1-2A_2)$$

Confrontando tra ambo i membri i termini in funzione di x ed i termini privi di x, si ottiene il seguente sistema:

$$\begin{cases} A_1+A_2=0 \\ -3A_1-2A_2=1 \end{cases} \Rightarrow \begin{cases} A_1=-A_2 \\ 3A_2-2A_2=1 \end{cases} \Rightarrow \begin{cases} A_1=-A_2 \\ A_2=1 \end{cases} \Rightarrow \begin{cases} A_1=-1 \\ A_2=1 \end{cases}$$

Quindi l'integrale può essere scritto come:

$$\int \frac{1}{(x-2)(x-3)}dx = \int \frac{1}{x-3}dx - \int \frac{1}{x-2}dx$$

Risolvendo gli integrali si ottiene:

$$\int \frac{1}{x-3}dx - \int \frac{1}{x-2}dx = \ln|x-3| - \ln|x-2| + c = \ln\left|\frac{x-3}{x-2}\right| + c$$

Caso 2) Si supponga ora che $g(x)$ abbia anche delle radici reali multiple. In particolare per fissare le idee si supponga che x_1 sia una radice semplice, x_2 sia una radice doppia e x_3 una radice tripla. In tal caso la frazione algebrica può essere espressa come:

$$\frac{f(x)}{g(x)} = \frac{A_1}{x-x_1} + \frac{B_1}{x-x_2} + \frac{B_2}{(x-x_2)^2} + \frac{C_1}{(x-x_3)} + \frac{C_2}{(x-x_3)^2} + \frac{C_3}{(x-x_3)^3}$$

Esempio

Si consideri l'integrale

$$\int \frac{x}{x^3+x^2-x-1}dx$$

Il denominatore può essere scomposto attraverso il raccoglimento parziale:

$$x^3+x^2-x-1 = x^2(x+1)-(x+1) = (x+1)(x^2-1) = (x+1)(x+1)(x-1) = (x+1)^2(x-1)$$

Quindi l'integrale diventa:

$$\int \frac{x}{x^3+x^2-x-1}dx = \int \frac{x}{(x-1)(x+1)^2}dx$$

Si imposta ora l'equazione per determinare i coefficienti A_1, B_1, B_2:

$$\frac{x}{(x-1)(x+1)^2} = \frac{A_1}{x-1} + \frac{B_1}{x+1} + \frac{B_2}{(x+1)^2}$$

Calcolando il denominatore comune:

$$\frac{x}{(x-1)(x+1)^2} = \frac{A_1(x+1)^2 + B_1(x-1)(x+1) + B_2(x-1)}{(x-1)(x+1)^2}$$

$$x = A_1(x+1)^2 + B_1(x-1)(x+1) + B_2(x-1)$$

Raccogliendo a fattor comune i termini in funzione di x si ottiene:

$$x = (A_1 + B_1)x^2 + (2A_1 + B_2)x + (A_1 - B_1 - B_2)$$

Confrontando tra ambo i membri i termini in funzione di x, x^2 ed i termini privi di x, si ottiene:

$$\begin{cases} 2A_1 + B_2 = 1 \\ A_1 + B_1 = 0 \\ A_1 - B_1 - B_2 = 0 \end{cases}$$

Risolvendo il sistema si ottiene:

$$\begin{cases} A_1 = \frac{1}{4} \\ B_1 = -\frac{1}{4} \\ B_2 = \frac{1}{2} \end{cases}$$

Quindi l'integrale può essere scritto come:

$$\int \frac{x}{(x-1)(x+1)^2}\,dx = \frac{1}{4}\int \frac{dx}{(x-1)} - \frac{1}{4}\int \frac{dx}{(x+1)} + \frac{1}{2}\int \frac{dx}{(x+1)^2}$$

Risolvendo gli integrali si ottiene:

$$\frac{1}{4}\int \frac{dx}{(x-1)} - \frac{1}{4}\int \frac{dx}{(x+1)} + \frac{1}{2}\int \frac{dx}{(x+1)^2} = \frac{1}{4}\ln|x-1| - \frac{1}{4}\ln|x+1| - \frac{1}{2(x+1)} + c =$$

$$= \frac{1}{4}\ln\left|\frac{x-1}{x+1}\right| - \frac{1}{2(x+1)} + c$$

Caso 3) Si supponga ora che $g(x)$ abbia anche delle radici complesse. In particolare per fissare le idee si supponga che x_1 sia una radice semplice, x_2 sia una radice doppia e vi siano due radici complesse provenienti dal trinomio $ax^2 + bx + c$ che ha quindi $\Delta < 0$. In tal caso la frazione algebrica può essere espressa come:

$$\frac{f(x)}{g(x)} = \frac{A_1}{x-x_1} + \frac{B_1}{x-x_2} + \frac{B_2}{(x-x_2)^2} + \frac{C_1 x + C_2}{(ax^2 + bx + c)}$$

Esempio

Si consideri l'integrale

$$\int \frac{x-1}{(x+1)(x^2+1)}dx$$

Si imposta l'equazione per determinare i coefficienti A_1, B_1, B_2 e si calcola il denominatore comune.

$$\frac{x-1}{(x+1)(x^2+1)} = \frac{A_1}{x+1} + \frac{B_1 x + B_2}{x^2+1}$$

$$x-1 = A_1(x^2+1)+(x+1)(B_1 x + B_2)$$

Raccogliendo a fattor comune i termini in funzione di x si ottiene:

$$x-1 = (A_1+B_1)x^2+(B_1+B_2)x+(A_1+B_2)$$

Confrontando tra ambo i membri i termini in funzione di x, x^2 ed i termini privi di x, si ottiene:

$$\begin{cases} A_1+B_1=0 \\ B_1+B_2=1 \\ A_1+B_2=-1 \end{cases}$$

Risolvendo il sistema si ottiene:

$$\begin{cases} A_1=-1 \\ B_1=1 \\ B_2=0 \end{cases}$$

Quindi l'integrale può essere scritto come:

$$\int \frac{x-1}{(x+1)(x^2+1)}dx = -\int \frac{dx}{(x+1)} + \int \frac{xdx}{x^2+1}$$

Risolvendo gli integrali si ottiene:

$$-\int \frac{dx}{(x+1)} + \int \frac{xdx}{x^2+1} = -\ln|x+1| + \frac{1}{2}\ln|x^2+1| + c$$

Se nell'integrale del tipo

$$\int \frac{f(x)}{g(x)}dx$$

il grado del polinomio $f(x)$ è superiore a quello di $g(x)$, allora bisogna dividere il polinomio $f(x)$ per $g(x)$, ottenendo un polinomio quoziente $q(x)$ ed un polinomio resto $r(x)$. Pertanto si può scrivere:

$$\frac{f(x)}{g(x)} = q(x) + \frac{r(x)}{g(x)}$$

Quindi l'integrale diventa:

$$\int \frac{f(x)}{g(x)} dx = \int q(x)\, dx + \int \frac{r(x)}{g(x)} dx$$

L'integrale $\int q(x)\, dx$ è un comune integrale polinomiale, mentre l'integrale

$$\int \frac{r(x)}{g(x)} dx$$

ha il polinomio a numeratore $r(x)$ di grado inferiore a quello del denominatore $g(x)$. Quindi per la risoluzione di questo integrale si può procedere come in uno dei tre casi precedenti.

6.8 Integrazione definita

6.8.1 Somma inferiore e somma superiore

Si consideri una funzione f definita e continua in un intervallo reale $[a,b]$. Siano M ed m rispettivamente il massimo e il minimo della funzione f nell'intervallo $[a,b]$. Si definisce **suddivisione** σ di $[a,b]$, un insieme di valori crescenti compresi nell'intervallo $[a,b]$:

$$\sigma = \{x_0, x_1, x_2, \dots, x_n\} \text{ tale che } a = x_0 < x_1 < x_2 < \dots < x_n = b$$

in tal modo si suddivide l'intervallo $[a,b]$, in un insieme di intervalli:

$$[x_0, x_1], [x_1, x_2], [x_2, x_3], \dots, [x_{n-1}, x_n]$$

Per una data suddivisione σ si può definire l'**ampiezza della suddivisione** come la massima ampiezza tra quelle degli intervalli che costituiscono la suddivisione.

$$|\sigma| = \max\{x_1 - x_0, x_2 - x_1, \dots, x_n - x_{n-1}\}$$

Per ognuno di questi intervalli, si individuano il massimo (M_i) ed un minimo (m_i) assunti dalla funzione:

$$m_1 = \min_{x \in [x_0, x_1]} f(x), M_1 = \max_{x \in [x_0, x_1]} f(x)$$
$$m_2 = \min_{x \in [x_1, x_2]} f(x), M_2 = \max_{x \in [x_1, x_2]} f(x)$$
$$\dots$$
$$m_n = \min_{x \in [x_{n-1}, x_n]} f(x), M_n = \max_{x \in [x_{n-1}, x_n]} f(x)$$

A questo punto si possono definire una **somma inferiore** $s(f, \sigma)$ della funzione *f* in base alla suddivisione σ, ed una **somma superiore** $S(f,\sigma)$ della funzione *f* in base alla suddivisione σ, date dalle espressioni:

$$s(f,\sigma)=\sum_{i=1}^{n} m_i\cdot(x_i-x_{i-1})=m_1\cdot(x_1-x_0)+m_2\cdot(x_2-x_1)+\ldots+m_n\cdot(x_n-x_{n-1})$$

$$S(f,\sigma)=\sum_{i=1}^{n} M_i\cdot(x_i-x_{i-1})=M_1\cdot(x_1-x_0)+M_2\cdot(x_2-x_1)+\ldots+M_n\cdot(x_n-x_{n-1})$$

Come si può notare dalla sua definizione, la somma inferiore è data dalla somma delle aree di tutti i rettangoli che hanno per base le ampiezze degli intervalli $[x_{i-1},x_i]$, ossia (x_i-x_{i-1}), e per altezze i minimi della funzione in ciascun di essi, ossia m_i (Figura 27 a sinistra). Per la somma superiore, invece, le altezze dei rettangoli sono pari ai massimi della funzione nei rispettivi intervalli, ossia M_i (Figura 27 a destra).

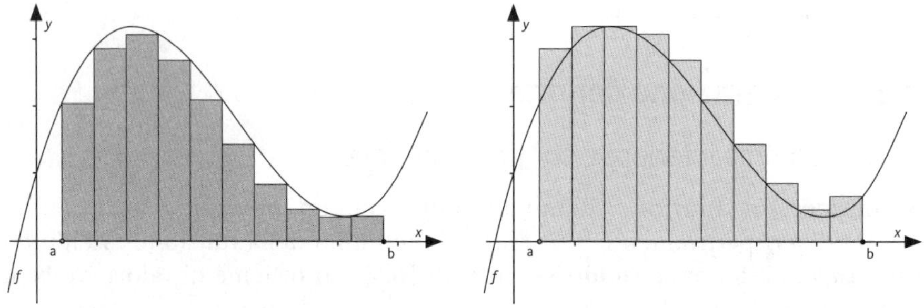

Figura 27

Considerata una suddivisione σ dell'intervallo $[a,b]$, si può affermare che, nel generico intervallo $[x_{i-1},x_i]$ della suddivisione σ, si ha un valore del minimo uguale o minore del valore del massimo $m_i\leq M_i$. Pertanto, fissata una suddivisione σ, la somma inferiore è minore o uguale alla somma superiore:

$$s(f,\sigma)\leq S(f,\sigma)$$

Assegnata una suddivisione $\sigma_1=\{x_0,x_1,x_2,\ldots,x_n\}$, si può considerare una suddivisione σ_2, tale che $\sigma_1\subset\sigma_2$. Tale inclusione indica che i punti appartenenti alla suddivisione σ_1 appartengono anche alla suddivisione σ_2, ma quest'ultima contiene anche qualche punto in più.

In tal caso sussiste il seguente teorema.

Teorema 36

Si consideri una funzione *f* definita e limitata in un intervallo reale $[a,b]$. Dette σ_1 e σ_2 due suddivisioni dell'intervallo $[a,b]$, se $\sigma_1\subset\sigma_2$ allora $s(f,\sigma_1)\leq s(f,\sigma_2)$, mentre $S(f,\sigma_2)\leq S(f,\sigma_1)$.

Dal precedente teorema si deduce che se vengono inseriti sempre nuovi punti all'interno dell'intervallo $[a,b]$, in modo da creare suddivisioni sempre più fitte dell'intervallo stesso, che comprendono già i punti precedenti e ne aggiungono di nuovi, si verificherà che le somme inferiori tendono a crescere in valore, in quanto dotate di minimi di f sempre maggiori negli intervalli, mentre le somme superiori tenderanno sempre a decrescere poiché dotate di massimi di f sempre minori negli intervalli (Figura 28).
In particolare si nota come le somme inferiori e le somme superiori tendano ad approssimare l'area sottesa dalla funzione f (il trapezoide o trapezio mistilineo), ossia l'area compresa tra il grafico della funzione f nell'intervallo $[a,b]$ e l'asse delle ascisse, man mano che le suddivisioni considerate si fanno sempre più fitte ed includono quelle considerate in precedenza. Si nota come le somme superiori rappresentano la somma di aree di rettangoli con altezze che terminano sopra il profilo (grafico) della funzione, pertanto le somme superiori rappresentano un'area che è maggiore di quella sottesa dalla funzione. All'infittirsi della suddivisione, tale area diminuisce gradualmente approssimando in modo sempre più preciso l'area sottesa dalla funzione (Figura 28, sequenza inferiore). Analogamente le somme inferiori costituiscono una somma di aree di rettangoli che hanno altezze che terminano sotto il profilo (grafico) della funzione, pertanto costituiscono un'area inferiore a quella sottesa dalla funzione, ma che tende ad approssimarla da valori inferiori, man mano che le suddivisioni si fanno sempre più fitte (Figura 28, sequenza superiore).

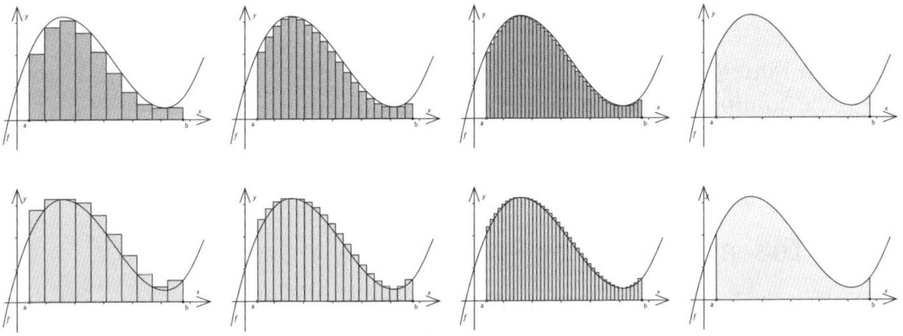

Figura 28

L'area sottesa dalla funzione f (il trapezoide) rappresenta quindi l'elemento di separazione tra le somme inferiori e le somme superiori della funzione f sull'intervallo $[a,b]$. Nel paragrafo successivo si illustrano i passaggi formali che conducono a questo risultato anticipato in modo intuitivo.

6.8.2 Dalle somme all'integrale di Riemann

Si consideri ora l'insieme $\Sigma([a,b])$, ossia l'insieme delle suddivisioni di $[a,b]$. Il seguente teorema è preliminare all'identificazione formale dell'elemento di separazione tra le somme superiori e le somme inferiori costruite con le suddivisioni $\sigma \in \sum([a,b])$.

Teorema 37

Considerata una funzione f definita e continua in un intervallo reale $[a,b]$ e considerate due generiche suddivisioni $\sigma_1, \sigma_2 \in \sum([a,b])$ avviene che $s(f,\sigma_1) \leq S(f,\sigma_2)$.

Dal Teorema 37 si deduce che l'insieme numerico costituito dalle somme inferiori e quello costituito dalle somme superiori sono, in generale, due insiemi separati. Pertanto, detto $s(f)$ l'estremo superiore dell'insieme numerico delle somme inferiori e detto $S(f)$ l'estremo inferiore dell'insieme numerico delle somme superiori, si deve avere $s(f) \leq S(f)$.
Il numero reale $s(f)$ è detto **integrale superiore** di f su $[a,b]$, mentre $S(f)$ è detto **integrale inferiore** di f su $[a,b]$.
Se accade che $s(f) = S(f)$, allora i due insiemi numerici (quello delle somme inferiori e quello delle somme superiori) sono **contigui**, ossia hanno un unico **elemento di separazione** (un numero). Tale elemento di separazione (tale numero) è detto **integrale (secondo Riemann)** di f su $[a,b]$ e si denota con il simbolo:

$$s(f) = S(f) = \int_a^b f(x)\,dx$$

Pertanto l'integrale $\int_a^b f(x)\,dx$, in quanto elemento di separazione tra l'insieme delle somme inferiori e quello delle somme superiori, coincide con l'area sottesa dalla funzione sull'intervallo $[a,b]$. Se esiste l'integrale di una funzione sull'intervallo $[a,b]$, allora la funzione si dice **integrabile** su $[a,b]$.

6.8.3 Le somme di Cauchy-Riemann

Dopo aver individuato nell'integrale di Riemann l'elemento di separazione tra gli insiemi contigui delle somme superiori e inferiori, si vuole ora pervenire ad un'altra possibile espressione dell'integrale di Riemann attraverso il limite di particolari somme dette **somme di Cauchy-Riemann**.
Come punto di partenza si considera il seguente teorema.

Teorema 38

Considerata una funzione f continua in un intervallo reale $[a,b]$, allora

$$\forall \varepsilon > 0 \;\; \exists \delta > 0 \mid \;\; S(f,\sigma) - s(f,\sigma) < \varepsilon \;\;\; \forall \sigma \in \sum([a,b]) \;\; |\sigma| < \delta$$

Il Teorema 38 afferma che, considerata una quantità positiva piccola a piacere ε, è sempre possibile individuare una ampiezza di suddivisione δ tale che, per tutte le suddivisioni con ampiezza inferiore, si ha che la somma superiore e quella inferiore differiscono di una quantità minore di ε.
Si consideri, ora, una funzione continua f definita in un intervallo reale $[a,b]$ ed una suddivisione $\sigma=\{x_0,x_1,x_2,\dots,x_n\}$ dell'intervallo $[a,b]$. Si può sempre considerare un insieme di numeri reali $z=(z_1,z_2,z_3,\dots,z_n)$ tali che $z_i\in[x_{i-1},x_i]$ $i=1,2,\dots,n$. In pratica, ciascuno di questi numeri reali è contenuto in uno degli intervalli della suddivisione, distinto dagli intervalli in cui sono contenuti tutti gli altri numeri.
In base all'insieme di valori z, si può considerare la **somma di Cauchy-Riemann** della funzione f relativa alla suddivisione σ ed all'insieme z.

$$S_C(f,\sigma,z)=\sum_{i=1}^{n} f(z_i)\cdot(x_i-x_{i-1})$$

La somma di Cauchy-Riemann prevede che nel singolo intervallo $[x_{i-1};x_i]$ si consideri un valore $f(z_i)$ compreso tra il minimo m_i e il massimo M_i assunti dalla funzione nell'intervallo. Pertanto si ha che:

$$\sum_{i=1}^{n} m_i(x_i-x_{i-1})\le\sum_{i=1}^{n} f(z_i)(x_i-x_{i-1})\le\sum_{i=1}^{n} M_i(x_i-x_{i-1})$$

Da cui si deduce che tale somma è compresa tra quella inferiore e quella superiore.

$$s(f,\sigma)\le S_C(f,\sigma,z)\le S(f,\sigma)$$

Equazione 4

Analogamente, per quanto detto nel par. 6.8.2, si ha che l'integrale è compreso tra la generica somma inferiore e la corrispondente somma superiore:

$$s(f,\sigma)\le\int_a^b f(x)\,dx\le S(f,\sigma)$$

Equazione 5

Si può dimostrare che al tendere dell'ampiezza $|\sigma|$ della suddivisione a 0, la somma di Cauchy converge ad un numero reale che è proprio l'integrale di Riemann.

$$\lim_{|\sigma|\to 0} S_C(f,\sigma,z)=\int_a^b f(x)\,dx$$

Equazione 6

Questo risultato si raggiunge notando che dall'Equazione 5 e dall'Equazione 4 si può scrivere che la differenza tra la somma di Cauchy-Riemann e l'integrale di Riemann è maggiorata dalla differenza tra somma superiore e inferiore.

$$\left|\int_a^b f(x)dx - S_C(f,\sigma,z)\right| \leq |S(f,\sigma) - s(f,\sigma)|$$

Ma dal Teorema 38 si ha che $|S(f,\sigma) - s(f,\sigma)| < \varepsilon$ quando l'ampiezza $|\sigma|$ della suddivisione diventa sufficientemente piccola. Pertanto:

$$\left|\int_a^b f(x)dx - S_C(f,\sigma,z)\right| \leq \varepsilon \to 0$$

Questo stabilisce l'uguaglianza dell'Equazione 6 e dimostra che una funzione continua su di un intervallo chiuso e limitato è integrabile. Riassumendo si sono compiuti i seguenti passaggi logici:

1. si sono introdotte le somme inferiori e le somme superiori;
2. si è visto che le due somme all'infittirsi della suddivisione possono tendere a coincidere;
3. si è denominato "integrale" l'elemento comune verso il quale tendono;
4. si è definito un altro oggetto, la "somma di Cauchy-Riemann", che all'infittirsi delle suddivisioni resta compreso tra le somme superiori ed inferiori;
5. si è dedotto che la somma di Cauchy-Riemann deve coincidere con l'integrale stesso, in quanto, come quest'ultimo, resta sempre compresa tra le somme superiori ed inferiori all'infittirsi delle suddivisioni.

Questo risultato viene spesso illustrato pittoricamente come di seguito:

$$\sum_{i=1}^{n} f(z_i)(x_i - x_{i-1}) \xrightarrow{|\sigma|\to 0} \int_a^b f(x)dx$$

$$\sum_{i=1}^{n} \to \int_a^b, \quad f(z_i) \to f(x), \qquad (x_i - x_{i-1}) \to dx$$

6.8.4 Funzioni integrabili

L'introduzione delle somme superiori ed inferiori, i successivi concetti di integrale superiore e inferiore e il concetto finale di integrale secondo Riemann, sono stati introdotti nell'ipotesi di una funzione continua in un intervallo chiuso e limitato. Tuttavia, l'ipotesi di continuità non è strettamente necessaria, in quanto nei vari intervalli di una suddivisione si potrebbero considerare gli estremi superiori ed inferiori, piuttosto che i massimi o i minimi della funzione. In pratica si avrebbe:

$$m_i = \inf_{x\in[x_{i-1},x_i]} f(x), M_i = \sup_{x\in[x_{i-1},x_i]} f(x)$$

In tal modo si potrebbero aggirare eventuali punti di discontinuità di prima specie (dove la funzione resta comunque limitata). Questo può estendere il concetto delle funzioni integrabili oltre l'insieme delle funzioni continue su di un intervallo chiuso e limitato. Generalizzando tale discorso di estensione dell'integrale, è possibile dimostrare che le seguenti tipologie di funzioni sono integrabili secondo Riemann su un intervallo chiuso e limitato $[a,b]$:

1. le funzioni continue;
2. le funzioni monotone (quindi anche quelle non continue, che ammettono un numero finito o infinito di discontinuità);
3. le funzioni limitate che presentano un numero finito di discontinuità (funzioni continue a tratti).

Si noti che le tre categorie elencate sono funzioni limitate, anche se per le prime due la limitatezza non è espressamente asserita. Infatti, il teorema di Weierstrass (par. 6.3.1) asserisce che una **funzione continua** in un intervallo chiuso e limitato ammette un massimo e un minimo (quindi è limitata). Una **funzione monotona** in un intervallo chiuso e limitato, anche se discontinua, deve ammettere punti di discontinuità che non la facciano divergere. Infatti, se ci fosse, ad esempio, una divergenza positiva all'interno dell'intervallo, allora nei punti dell'intervallo maggiori di quello in cui vi è la divergenza, la funzione avrebbe valori comunque inferiori a quelli assunti prima del punto della divergenza e non sarebbe più monotona.
In particolare, per le **funzioni limitate con un numero finito di discontinuità**, si può pensare di suddividere l'intervallo $[a,b]$ in un numero finito di intervalli delimitati dai punti di discontinuità. Si noti che i punti di discontinuità sono tutti di prima specie, poiché la funzione è limitata. In tali intervalli si definisce il prolungamento continuo della funzione, assegnando come valore della funzione negli estremi dell'intervallo i valori del limite destro per gli estremi inferiori e sinistro per gli estremi superiori. La funzione risulta modificata in un numero finito di punti, ma il suo integrale di Riemann non cambia di valore. A questo punto si può calcolare il valore dell'integrale della funzione modificata per ciascun intervallo, determinando quindi l'integrale per la funzione limitata sull'intero intervallo $[a,b]$.
Sebbene la limitatezza sia un elemento comune alle tre categorie di funzioni integrabili, essa non è una condizione sufficiente a garantire l'integrabilità di una funzione. Difatti, le funzioni limitate non sono sempre integrabili. Ad esempio, non sono integrabili le funzioni limitate che presentano un numero infinito (anche numerabile) di discontinuità (e non sono monotone). Si rammenti l'esempio della funzione di Dirichlet (par. 6.6.2).

6.8.5 Proprietà degli integrali definiti

Si consideri l'integrale di f sull'intervallo $[a,b]$. Gli estremi dell'intervallo a e b sono anche detti **limiti di integrazione**.
Si definiscono le seguenti eguaglianze:

$$\int_a^b f(x)\,dx = -\int_b^a f(x)\,dx$$

Equazione 7

$$\int_a^a f(x)\,dx = 0$$

Equazione 8

Valgono inoltre le seguenti proprietà.

1) **Proprietà distributiva**: siano f_1 ed f_2 due funzioni continue nell'intervallo $[a,b]$. Dati due numeri $c_1, c_2 \in R$, si ha

$$\int_a^b (c_1 f_1(x) + c_2 f_2(x))\,dx = c_1 \int_a^b f_1(x)\,dx + c_2 \int_a^b f_2(x)\,dx$$

2) **Proprietà additiva**: sia f una funzione continua nell'intervallo $[a,b]$ e sia $c \in]a,b[$, si ha

$$\int_a^b f(x)\,dx = \int_a^c f(x)\,dx + \int_c^b f(x)\,dx$$

3) Siano f_1 e f_2 due funzioni continue nell'intervallo $[a,b]$ tali che $f_1(x) \leq f_2(x) \quad \forall x \in [a,b]$ allora

$$\int_a^b f_1(x)\,dx \leq \int_a^b f_2(x)\,dx$$

4) Sia f una funzione continua nell'intervallo $[a,b]$, si ha

$$\left| \int_a^b f(x)\,dx \right| \leq \int_a^b |f(x)|\,dx$$

6.8.6 Teoremi sull'integrazione definita

Vale il seguente **teorema della media**.

Teorema 39

Sia f una funzione continua nell'intervallo $[a,b]$ e siano m ed M rispettivamente il minimo ed il massimo di f su $[a,b]$, allora si ha

$$m(b-a) \leq \int_a^b f(x)\,dx \leq M(b-a)$$

ed esiste un punto $z \in [a,b]$ tale che $\int_a^b f(x)\,dx = f(z)(b-a)$

Inoltre valgono le seguenti proprietà dell'integrale definito.

1) Sia f una funzione continua nell'intervallo $[a,b]$, per ogni intervallo $[\alpha,\beta]\subset[a,b]$ si ha

$$\int_{\alpha}^{\beta}|f(x)|dx \le \int_{a}^{b}|f(x)|dx$$

2) Sia f una funzione continua nell'intervallo $[a,b]$ e tale che $\int_{a}^{b}|f(x)|dx = 0$, allora si ha

$$f(x)=0 \quad \forall x\in[a,b]$$

3) Sia f una funzione continua nell'intervallo X. Per ogni punto $a\in X$, la funzione

$$F: x\in X \to \int_{a}^{x} f(t)\,dt$$

è derivabile in X e si ha $F'(x)=f(x) \quad \forall x\in X$. La F è detta **funzione integrale** di f.

Si dimostra infine il **teorema fondamentale del calcolo integrale**.

Teorema 40

Sia f una funzione continua nell'intervallo X e sia G una primitiva di f, allora si ha

$$\int_{a}^{b} f(x)dx = G(b)-G(a) \quad \forall a,b\in X$$

DIM

In virtù della proprietà 3 anche la seguente funzione F è una primitiva di f:

$$F(x)=\int_{a}^{x} f(t)\,dt$$

Una delle conseguenze del teorema di Lagrange (par. 6.5.1) è che le due primitive F e G della funzione f differiscono per una costante c:

$$G(x)-F(x)=c$$

Esplicitando la forma di $F(x)$, si ottiene:

$$G(x)-\int_{a}^{x} f(t)\,dt = c$$

Equazione 9

Calcolando quest'ultima relazione per $x = a$ e ricordando quanto espresso dall'Equazione 8 si ottiene il valore della costante c:

$$G(a) - \int_a^a f(t)dt = c \Rightarrow G(a) - 0 = c \Rightarrow G(a) = c$$

Per cui sostituendo il valore di c nell'Equazione 9 si ottiene:

$$G(x) - \int_a^x f(t)dt = G(a)$$

Da cui si ricava:

$$\int_a^x f(t)dt = G(x) - G(a)$$

Sostituendo $x = b$ si ottiene la tesi. **CVD**

Esempio

Si calcola l'integrale

$$\int_1^2 \left(x - \frac{1}{2}x^2\right)dx$$

Attraverso le proprietà dell'integrale si può scrivere:

$$\int_1^2 \left(x - \frac{1}{2}x^2\right)dx = \int_1^2 xdx - \frac{1}{2}\int_1^2 x^2\,dx$$

Si ottengono quindi le primitive:

$$\int_1^2 xdx - \frac{1}{2}\int_1^2 x^2\,dx = \left[\frac{1}{2}x^2\right]_1^2 + \left[-\frac{1}{6}x^3\right]_1^2$$

La notazione usata indica che va determinata la differenza dei valori di ciascuna primitiva calcolata in $x = 2$ e $x = 1$. In pratica si può scrivere:

$$\left[\frac{1}{2}x^2\right]_1^2 + \left[-\frac{1}{6}x^3\right]_1^2 = \left[\frac{1}{2}2^2 - \frac{1}{2}1^2\right] + \left[-\frac{1}{6}2^3 - \left(-\frac{1}{6}1^3\right)\right] =$$
$$= \left[2 - \frac{1}{2}\right] + \left[-\frac{4}{3} + \frac{1}{6}\right] = \left[\frac{3}{2}\right] + \left[\frac{-8+1}{6}\right] = \frac{3}{2} - \frac{7}{6} = \frac{9-7}{6} = \frac{2}{6} = \frac{1}{3}$$

Per cogliere il significato geometrico dell'integrale appena calcolato basta ritornare all'espressione:

$$\int_1^2 \left(x - \frac{1}{2}x^2\right)dx = \int_1^2 xdx - \int_1^2 \frac{1}{2}x^2\,dx$$

Si intuisce, quindi, che esso rappresenta geometricamente l'area sottesa dalla funzione $y = x$ tra i punti $x = 2$ e $x = 1$, rappresentata dall'integrale $\int_1^2 xdx$ a cui è stata sottratta l'area sottesa dalla funzione $y = \frac{1}{2}x^2$ tra i punti $x = 2$ e $x = 1$, rappresentata dall'integrale $\int_1^2 \frac{x^2}{2}dx$.
L'area è mostrata in colore grigio in figura.

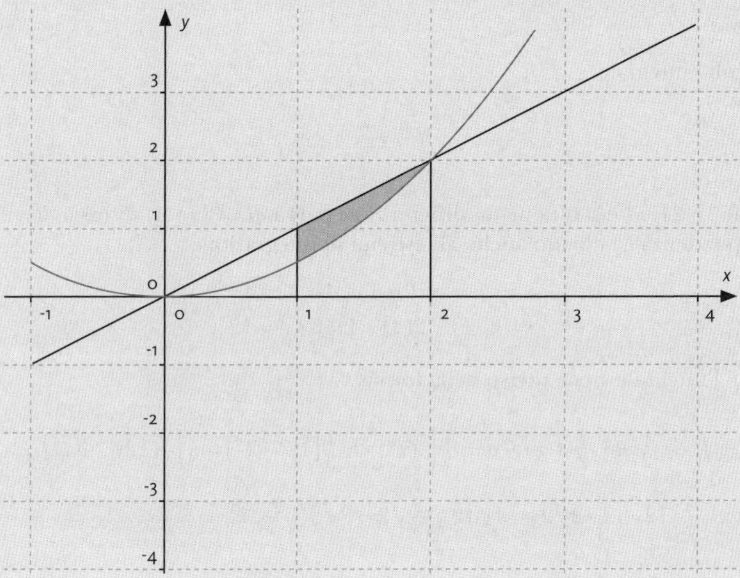

In analogia con gli integrali indefiniti, valgono le seguenti regole.

1) **Integrazione per parti.** Siano f_1 e f_2 due funzioni reali di variabile reale continue, con le loro derivate prime, in un intervallo X. In tal caso, si ha che:

$$\int_a^b f_1(x)\cdot f_2'(x)\,dx = [f_1(x)\cdot f_2(x)]_a^b - \int_a^b f_1'(x)\cdot f_2(x)\,dx$$

dove $a, b \in X$.

2) **Sostituzione**. Siano $f: X \to R$ e $\phi: Y \to X$ due funzioni reali di variabile reale. Sia f continua nell'intervallo X, mentre ϕ sia dotata di derivata prima continua nell'intervallo Y. In tal caso, si ha che:

$$\int_a^b f(x)\,dx = \int_\alpha^\beta f(\phi(t))\,dt$$

dove $a, b \in \phi(Y)$, $\alpha, \beta \in Y$ ed inoltre $a = \phi(\alpha)$ e $b = \phi(\beta)$.

Esempio

Si calcoli l'integrale:

$$\int_{-1}^{4} \sqrt{2x+4}\,dx$$

Si pone $t = 2x + 4$ e si ottiene un differenziale pari a $dt = (2x + 4)'dx$ ossia $dt = 2dx$. In corrispondenza cambiano anche gli estremi di integrazione:

$$x = -1 \Rightarrow t = 2(-1) + 4 = -2 + 4 = 2$$
$$x = 4 \Rightarrow t = 2(4) + 4 = 8 + 4 = 12$$

Per cui l'integrale viene messo nella forma:

$$\int_2^{12} \sqrt{t}\,\frac{1}{2}\,dt = \frac{1}{2}\int_2^{12} (t)^{\frac{1}{2}}\,dt = \frac{1}{2}\left[\frac{2}{3}t^{\frac{3}{2}}\right]_2^{12} = \frac{1}{3}\left[12^{\frac{3}{2}} - 2^{\frac{3}{2}}\right] = \frac{1}{3}\left[\sqrt{(12)^3} - \sqrt{2^3}\right] =$$

$$= \frac{1}{3}\left[12\sqrt{12} - 2\sqrt{2}\right] = 4\sqrt{12} - \frac{2}{3}\sqrt{2} = 8\sqrt{3} - \frac{2}{3}\sqrt{2}$$

L'area calcolata è mostrata in figura.

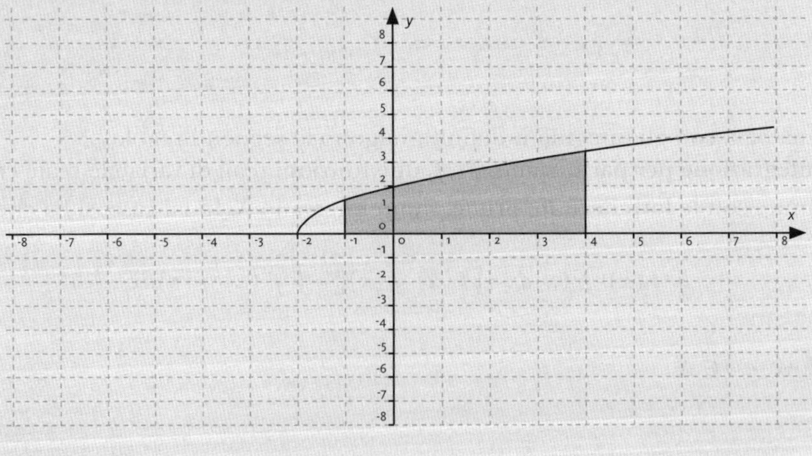

6.9 Integrali impropri

6.9.1 Caso di un intervallo semi-aperto

Fino a questo punto si è analizzato il calcolo di un integrale di una funzione f continua in un intervallo chiuso $[a,b]$ dove la funzione f è limitata. Si vuole ora generalizzare questo concetto.
Si inizia a considerare un intervallo semi-aperto, del tipo $[a,b[$, dove f è continua. In particolare si vuole estendere il concetto di integrazione a due casi specifici:

1. $b=+\infty$;
2. b è finito, ma f diverge per $x \to b^-$.

Pertanto si valuta il limite:

$$\lim_{y \to b^-} \int_a^y f(x)\,dx$$

Se esso esiste ed è finito, allora si dice che f è **dotata di integrale improprio** da a a b. Il limite stesso viene detto **integrale improprio** di f da a a b e si denota con il simbolo:

$$\int_a^b f(x)\,dx$$

Analogamente sull'intervallo del tipo $]a,b]$, in cui f è continua, si considerano i casi in cui:

3. $a=-\infty$;
4. a è finito, ma f diverge per $x \to a^+$.

Se esiste ed è finito il limite:

$$\lim_{y \to a^+} \int_y^b f(x)\,dx$$

Tale limite viene detto integrale improprio di f da a a b e viene indicato sempre con il simbolo:

$$\int_a^b f(x)\,dx$$

Esempi

1) Si calcoli il seguente integrale appartenente alla prima tipologia di integrali impropri:

$$\int_1^{+\infty} \frac{1}{x^2}dx$$

Si è nel caso 1. La funzione è integrata su di un intervallo illimitato superiormente, pertanto si calcola il limite dell'integrale per l'estremo superiore che tende ad infinito.

$$\int_1^{+\infty} \frac{1}{x^2}dx = \lim_{a\to+\infty}\int_1^{a} \frac{1}{x^2}dx = \lim_{a\to+\infty}\left[\frac{x^{-2+1}}{-2+1}\right]_1^a = \lim_{a\to+\infty}\left[\frac{x^{-1}}{-1}\right]_1^a =$$
$$= \lim_{a\to+\infty}\left[-\frac{1}{x}\right]_1^a = \lim_{a\to+\infty}\left[-\frac{1}{a}+1\right] = 1$$

2) Si calcoli il seguente integrale appartenente alla seconda tipologia di integrali impropri

$$\int_0^{2} \frac{1}{\sqrt{2-x}}dx$$

Si è nel caso 2. Si noti come la funzione integranda diverga per $x = 2$. Pertanto si scrive:

$$\int_0^{2} \frac{1}{\sqrt{2-x}}dx = \lim_{a\to 2}\int_0^{a} \frac{1}{\sqrt{2-x}}dx = \lim_{a\to 2}\left[-\int_0^{a} \frac{-1}{\sqrt{2-x}}dx\right] =$$
$$= \lim_{a\to 2}\left[-\frac{(2-x)^{-\frac{1}{2}+1}}{-\frac{1}{2}+1}\right]_0^a = \lim_{a\to 2}\left[-2(2-x)^{\frac{1}{2}}\right]_0^a = -2\lim_{a\to 2}\left[\sqrt{2-x}\right]_0^a =$$
$$= -2\lim_{a\to 2}\left[\sqrt{2-a}-\sqrt{2}\right] = -2\left[-\sqrt{2}\right] = 2\sqrt{2}$$

6.9.2 Caso di un intervallo aperto

Ora si considera l'integrale di una funzione definita e continua su di un intervallo aperto $]a,b[$. Ciascuno dei due estremi può valere $\pm\infty$, oppure ciascuno dei due estremi può avere un valore finito, ma la f diverge al tendere di x all'estremo. In tal caso si può considerare un generico punto $x_0 \in]a,b[$ e si possono calcolare i due integrali:

$$\lim_{y\to a^+}\int_y^{x_0} f(x)\,dx \qquad \lim_{y\to b^-}\int_{x_0}^{y} f(x)\,dx$$

Il primo dei due integrali può essere ricondotto ai casi 3 o 4 del paragrafo precedente (6.9.1), mentre il secondo può essere ricondotto ai casi 1 e 2 del paragrafo precedente (6.9.1). Se questi due integrali esistono e sono finiti, allora si può dire che la f è **propriamente integrabile** su $]a,b[$. In tal caso si può porre la somma dei due limiti pari all'integrale improprio:

$$\lim_{y \to a^+} \int_{y}^{x_0} f(x)\,dx + \lim_{y \to b^-} \int_{x_0}^{y} f(x)\,dx = \int_{a}^{b} f(x)\,dx$$

Equazione 10

È possibile dimostrare che il risultato di questa somma è indipendente dal punto scelto $x_0 \in]a, b[$.

6.9.3 Caso generale: funzione generalmente continua su un intervallo limitato o illimitato

Si considera una funzione f continua in un intervallo I non necessariamente limitato (quindi uno dei due estremi o entrambi possono essere non finiti, oppure, se sono finiti, la funzione può divergere in uno o in entrambi gli estremi). Inoltre, si vuole generalizzare ulteriormente, considerando un numero finito di punti di discontinuità della f nell'intervallo. In tali punti la f può divergere (tendere a $\pm\infty$). Una funzione di questo tipo viene detta **generalmente continua**.

Siano $c_1, c_2, \ldots, c_n \in I$ gli n punti di discontinuità di f. Si può porre $c_0 = a$ e $c_{n+1} = b$ e si possono considerare gli n+1 intervalli: $]c_i, c_{i+1}[\quad i = 0, 1, 2, \ldots, n-1, n$.

Per il calcolo dell'integrale in ciascuno di questi intervalli ci si riduce al caso dell'intervallo aperto (par. 6.9.2).

In particolare, l'integrale su ciascuno degli intervalli individuati $]c_i, c_{i+1}[$ può essere calcolato mediante un punto $z_i \in]c_i, c_{i+1}[$ secondo quanto riportato nell'Equazione 10:

$$\lim_{y \to c_{i+1}^-} \int_{z_i}^{y} f(x)\,dx + \lim_{y \to c_i^+} \int_{y}^{z_i} f(x)\,dx = \int_{c_i}^{c_{i+1}} f(x)\,dx$$

Se per ognuno di questi integrali impropri, entrambi i limiti esistono e sono finiti, allora si dice che la funzione f è dotata di integrale improprio da a a b e si pone l'integrale improprio pari alla somma di ognuno degli integrali calcolati sugli intervalli individuati:

$$\int_{a}^{b} f(x)\,dx = \sum_{i=0}^{n} \int_{c_i}^{c_{i+1}} f(x)\,dx$$

Per concludere la trattazione degli integrali impropri, si mostra un caso in cui l'integrale di una funzione $f(x)$ diverge su di un intervallo.

Esempio

Si calcoli il seguente integrale.

$$\int_1^{+\infty} \frac{1}{\sqrt{x-1}}\,dx$$

Si noti come la funzione integranda diverga nell'estremo dell'intervallo $x = 1$ ed abbia l'altro estremo non finito. Scelto il punto $x = 2$ interno all'intervallo di integrazione, dove la funzione è definita, si può scrivere:

$$\int_1^{+\infty} \frac{1}{\sqrt{x+1}}\,dx = \lim_{t\to 1}\int_t^{2} \frac{1}{\sqrt{x+1}}\,dx + \lim_{t\to +\infty}\int_2^{t} \frac{1}{\sqrt{x+1}}\,dx =$$

$$= \lim_{t\to 1}\left[\frac{(x-1)^{-\frac{1}{2}+1}}{-\frac{1}{2}+1}\right]_t^2 + \lim_{t\to +\infty}\left[\frac{(x-1)^{-\frac{1}{2}+1}}{-\frac{1}{2}+1}\right]_2^t = \lim_{t\to 1}[2\sqrt{x-1}]_t^2 + \lim_{t\to +\infty}[2\sqrt{x-1}]_2^t =$$

$$= \lim_{t\to 1}[2\sqrt{2-1} - 2\sqrt{t-1}] + \lim_{t\to +\infty}[2\sqrt{t-1} - 2\sqrt{2-1}] =$$

$$= \lim_{t\to 1}[2-0] + \lim_{t\to +\infty}[2\sqrt{t-1} - 2] = 2 + \infty = +\infty$$

L'integrale diverge.

6.10 Calcolo di volumi di solidi di rotazione

Data la funzione reale f definita in un intervallo $[a,b]$, essa individua il trapezoide *ABba*, indicato in Figura 29. Facendo ruotare questo trapezoide intorno all'asse x (detto, per tale motivo, **asse di rotazione**), si determina un **solido di rotazione**.

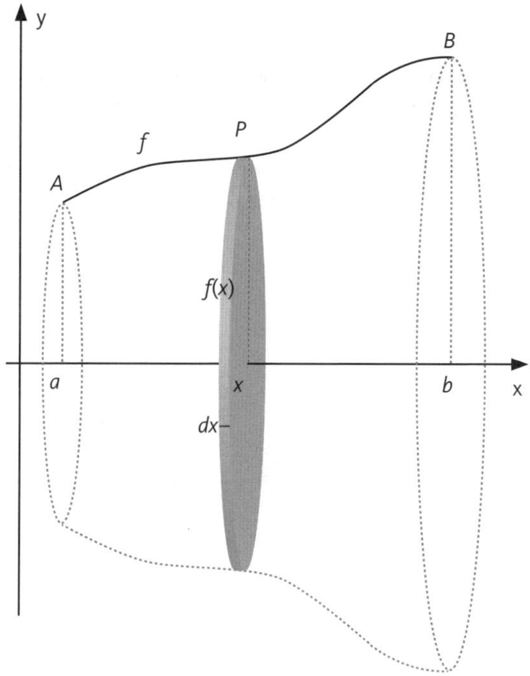

Figura 29

Gli estremi A e B della curva determinata da f generano in tale rotazione due circonferenze che giacciono in piani perpendicolari all'asse di rotazione (asse x). In generale anche un generico punto della curva determinata da f, ossia $P \equiv (x_P, y_P) \equiv (x, f(x))$, ruotando intorno all'asse di rotazione, genera una circonferenza di raggio pari all'ordinata y_P del punto. Tale circonferenza ha pertanto un'area $A(x)$ pari a:

$$A(x) = \pi y_P^2 = \pi [f(x)]^2$$

Si può inoltre ottenere il volume di un cilindretto di altezza infinitesima dx generato dalla rotazione (vedi Figura 29), se si moltiplica l'area della circonferenza $A(x)$ per l'altezza infinitesima dx.

$$A(x)\,dx = \pi [f(x)]^2\,dx$$

Infine sommando i volumi di tutti i cilindretti di rotazione attraverso l'integrale di $A(x)\,dx$ da a fino a b, si ottiene il volume del solido di rotazione:

$$V = \int_a^b A(x)\,dx = \int_a^b \pi [f(x)]^2\,dx = \pi \int_a^b [f(x)]^2\,dx$$

Esempio

Si supponga di dover calcolare il volume del solido generato dalla rotazione completa attorno all'asse x della parte di piano delimitata dalla funzione $y = \sqrt{x}$, dall'asse x e dalla retta $x = 2$.
Si tratta di calcolare il volume del solido di rotazione ottenuto dalla rotazione della parte di piano riportata in grigio nella figura.

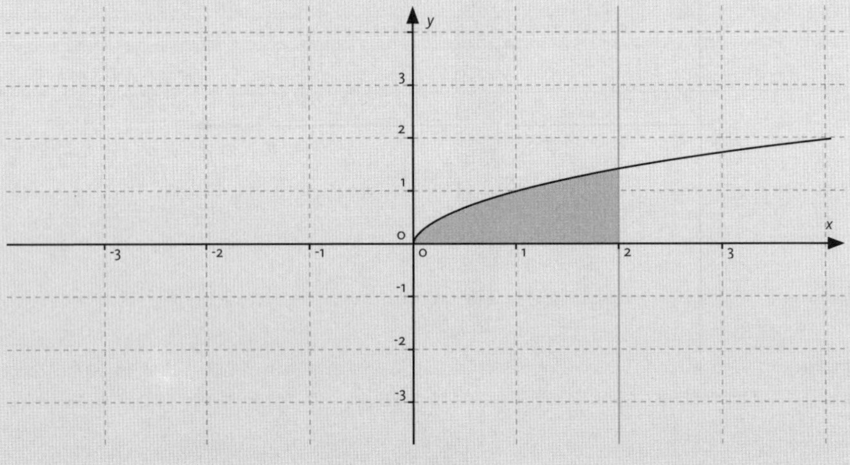

Per determinare il volume V si deve calcolare il seguente integrale:

$$V = \pi \int_a^b [f(x)]^2 dx = \pi \int_0^2 [\sqrt{x}]^2 dx = \pi \int_0^2 x dx = \frac{\pi}{2}[x^2]_0^2 = \frac{\pi}{2} \cdot 4 = 2\pi$$

6.11 Lunghezza di una curva ed area della superficie di rotazione

Si consideri una funzione f definita nell'intervallo $[a,b]$ che determina una curva nel piano cartesiano, come mostrato in Figura 30. Si divide l'intervallo $[a,b]$ in n parti, definendo gli n+1 punti $a = x_0 < x_1 < x_2 < x_3 < \ldots < x_{n-1} < x_n = b$. In corrispondenza di tali punti dell'asse x si determinano lungo la curva i punti $P_0, P_1, P_2, \ldots, P_{n-1}, P_n$. Ognuno di questi punti è esprimibile mediante una coppia di coordinate $P_0 \equiv (x_0, f(x_0)), P_1 \equiv (x_1, f(x_1)), P_2 \equiv (x_2, f(x_2)), \ldots, P_n \equiv (x_n, f(x_n))$. Si congiunge P_0 con P_1, quindi P_1 con P_2, poi P_2 con P_3 e così via, fino a congiungere P_{n-1} con P_n. In tal modo si determina una **spezzata** la cui lunghezza approssima la lunghezza della curva (Figura 30). Ad esempio la lunghezza del segmento $\overline{P_0P_1}$ della spezzata è data dalla formula della distanza di due punti.

$$\overline{P_0P_1} = \sqrt{(x_0 - x_1)^2 + (f(x_0) - f(x_1))^2}$$

Questa distanza è esprimibile in termini dell'incremento di f in x_0, ossia $\Delta f(x_0)$, e dell'incremento della funzione identica Δx (che coincide con il suo differenziale dx).

$$\overline{P_0 P_1} = \sqrt{(x_0 - x_1)^2 + (f(x_0) - f(x_1))^2} = \sqrt{(\Delta x)^2 + (\Delta f(x_0))^2}$$

Analogamente si possono scrivere tutte le lunghezze degli altri segmenti della spezzata.

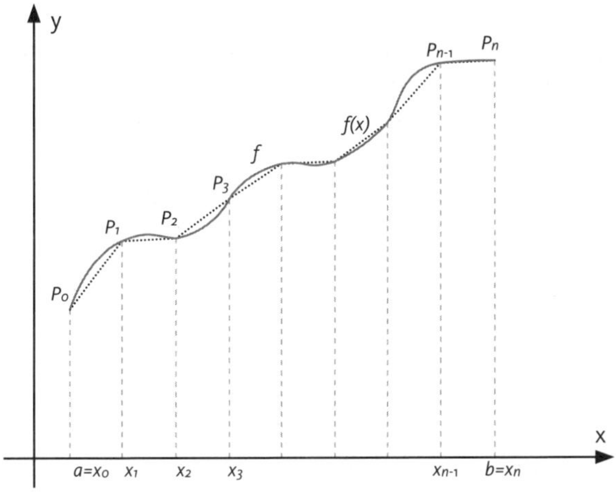

Figura 30

Considerando suddivisioni sempre più fitte dell'intervallo $[a,b]$, la spezzata approssima sempre meglio la curva e la sua lunghezza tende a coincidere con quella della curva. Infittendo le suddivisioni si determinano, quindi, intervalli sempre inferiori tra i punti dell'asse x. In tale ipotesi l'incremento $\Delta f(x_0)$ tende a coincidere con il differenziale $df(x_0)$.
Pertanto la lunghezza di un generico segmento della spezzata si trasforma nel modo seguente:

$$\sqrt{(\Delta x)^2 + (\Delta f(x))^2} \rightarrow \sqrt{(dx)^2 + (df(x))^2}$$

Esplicitando il differenziale si ottiene:

$$\sqrt{(dx)^2 + (df(x))^2} = \sqrt{(dx)^2 + (f'(x)dx)^2} = \sqrt{[1 + (f'(x))^2](dx)^2} = \sqrt{1 + (f'(x))^2}\, dx$$

La lunghezza l della spezzata è data dalla somma delle lunghezze di tutti questi segmenti, dal punto di ascissa a fino al punto di ascissa b, calcolata attraverso l'integrale:

$$l = \int_a^b \sqrt{1 + (f'(x))^2}\, dx$$

Se si ruota la lunghezza del generico segmento $\sqrt{1+(f'(x))^2}\,dx$ di un angolo giro, ossia 2π, intorno all'asse delle ascisse, lungo una circonferenza che ha raggio pari proprio al valore $f(x)$ assunto dalla funzione in prossimità del segmento considerato, allora si ottiene l'area della superficie di rotazione, determinata facendo ruotare il generico segmento intorno all'asse x (Figura 31). Tale area sarà quindi data da:

$$2\pi f(x)\sqrt{1+(f'(x))^2}\,dx$$

L'area della superficie ottenuta facendo ruotare l'intera curva di lunghezza l, definita dalla funzione f nell'intervallo $[a,b]$, sarà pertanto data dalla somma di tutte le aree di questi elementi di superficie, calcolata attraverso l'integrale:

$$A = 2\pi \int_a^b f(x)\sqrt{1+(f'(x))^2}\,dx$$

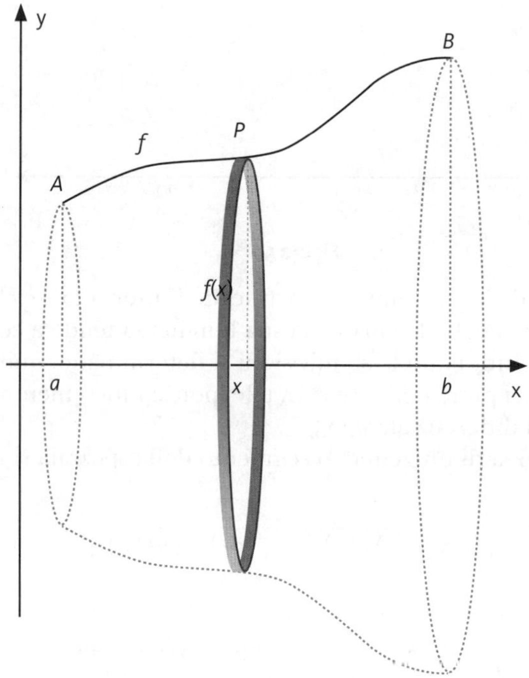

Figura 31

Esempio

Determinare la lunghezza della curva determinata dalla funzione $f(x)=2\sqrt{7x^3}$ definita nell'intervallo $[0,1]$.
In tal caso si ha:

$$f'(x)=\frac{21\sqrt{x}}{\sqrt{7}} \Rightarrow [f'(x)]^2=\frac{441x}{7}=63x$$

Quindi occorre calcolare l'integrale:

$$l=\int_0^1 \sqrt{1+[f'(x)]^2}\,dx=\int_0^1 \sqrt{1+63x}\,dx$$

Ponendo $t=1+63x$, si ottiene:

$$l=\int_0^1 \sqrt{1+63x}\,dx=\frac{1}{63}\int_1^{64} \sqrt{t}\,dt=\frac{1}{63}\left[\frac{2}{3}\sqrt{t^3}\right]_1^{64}=\frac{2}{189}(512-1)=\frac{146}{27}$$

6.12 Serie numeriche

6.12.1 Definizioni

Si consideri un'applicazione s dell'insieme dei numeri naturali N nell'insieme dei numeri reali R.

$$N \xrightarrow{s} R$$

$$n \longrightarrow a_n$$

Quest'applicazione individua una **successione di numeri reali**, ossia un insieme di numeri reali ordinati, indicati con:

$$a_1, a_2, \ldots, a_n, \ldots$$

La successione viene anche indicata con $\{a_n\}_{n\in N}$.
Si chiama **serie associata alla successione** $\{a_n\}_{n\in N}$ la seguente espressione:

$$a_1 + a_2 + \ldots + a_n + \ldots = \sum_{n=1}^{\infty} a_n$$

Equazione 11

L'Equazione 11 costituisce una somma di infiniti termini che non può essere svolta con la consueta operazione di addizione tra un numero finito di termini, definita nelle usuali strutture algebriche. Pertanto, occorre dare un significato all'espressione dell'Equazione 11, ossia alla serie.
Per la successione $\{a_n\}_{n\in N}$ si possono considerare le **somme parziali** (o **somme ridotte**).

$$S_1 = a_1$$

$$S_2 = a_1 + a_2$$

$$S_3 = a_1 + a_2 + a_3$$

$$\dots$$

$$S_n = a_1 + a_2 + \dots + a_n = \sum_{i=1}^{n} a_i$$

Equazione 12

Si noti che le stesse somme parziali costituiscono una successione di numeri reali $\{S_n\}_{n \in N}$. Pertanto ha senso chiedersi quanto valga il limite di S_n per n che tende all'infinito. Si supponga che tale limite abbia **valore finito** e si indichi con S tale valore. Si può scrivere:

$$S = \lim_{n \to \infty} S_n$$

Equazione 13

Il valore S viene detto **somma della serie** dell'Equazione 11 e la serie si dice **convergente**. In tal caso, la sommatoria di infiniti termini assume un significato ed ha senso scrivere:

$$S = \lim_{n \to \infty} S_n = \lim_{n \to \infty} \sum_{i=1}^{n} a_i = \sum_{i=1}^{\infty} a_i$$

Se avviene che:

$$\lim_{n \to \infty} S_n = \pm \infty$$

allora la serie si dice **divergente**; in tal caso la scrittura dell'Equazione 11 resta un simbolo privo di significato.
Parimenti, se non esiste il limite dell'Equazione 13, allora la serie si dice **in-determinata** ed anche in questo caso non ha senso la scrittura dell'Equazione 11.
Il **carattere** di una serie indica se la serie è convergente, divergente o indeterminata.

Esempio

Si vuole determinare la convergenza della **serie di Mengoli**. Questa si esprime mediante i seguenti termini:

$$\frac{1}{1 \cdot 2}, \frac{1}{2 \cdot 3}, \frac{1}{3 \cdot 4}, \dots, \frac{1}{n \cdot (n+1)}, \dots = \sum_{n=1}^{\infty} \frac{1}{n \cdot (n+1)}$$

Il generico termine può essere scritto anche nel modo seguente:

$$\frac{1}{n}-\frac{1}{n+1}$$

Difatti:

$$\frac{1}{n}-\frac{1}{n+1}=\frac{n+1-n}{n\cdot(n+1)}=\frac{1}{n\cdot(n+1)}$$

Sfruttando l'espressione $\frac{1}{n}-\frac{1}{n+1}$ per il generico termine, si possono scrivere le somme parziali:

$$S_1=1-\frac{1}{2}$$

$$S_2=1-\frac{1}{2}+\frac{1}{2}-\frac{1}{3}=1-\frac{1}{3}$$

$$S_3=1-\frac{1}{2}+\frac{1}{2}-\frac{1}{3}+\frac{1}{3}-\frac{1}{4}=1-\frac{1}{4}$$

$$\ldots$$

$$S_n=1-\frac{1}{n+1}$$

Quindi si ha:

$$S=\lim_{n\to\infty}S_n=\lim_{n\to\infty}\left(1-\frac{1}{n+1}\right)=1-\lim_{n\to\infty}\frac{1}{n+1}=1-0=1$$

La serie converge e la sua somma è pari a 1.

6.12.2 Serie a termini positivi, a termini di segno alterno e a termini qualunque

Quando la serie dell'Equazione 11 è costituita da soli termini positivi, ossia $a_n>0\ \forall n\in N$, allora la serie viene detta a **termini positivi**.
Se una serie ha i termini di posto dispari positivi e quelli di posto pari negativi, o viceversa, allora tale serie è detta a **termini di segno alterno** o semplicemente a **termini alterni**.
Pertanto, supposto $a_n>0\ \forall n\in N$, una serie di termini di segno alterno può essere scritta in una delle due seguenti forme.

$$a_1-a_2+a_3-a_4\ldots+a_n-a_{n+1}+\ldots$$

$$-a_1+a_2-a_3+a_4\ldots-a_n+a_{n+1}-\ldots$$

Equazione 14

Il caso più generale prevede una serie che contenga infiniti termini positivi e negativi che non necessariamente si alternino. Queste serie sono dette a **ter-**

mini qualunque. Le serie a termini alterni sono un caso specifico delle serie a termini qualunque.
Sia per le serie a termini qualunque, sia per quelle a termini alterni si può considerare la serie costituita dai **valori assoluti dei termini**.

$$|a_1|+|a_2|+\ldots+|a_n|+\ldots=\sum_{n=1}^{\infty}|a_n|$$

Equazione 15

Come si vedrà nel par. 6.14.2, la convergenza di questa serie è legata a quella della serie a termini alterni e qualunque.

6.12.3 La serie geometrica

Si consideri una successione costituita da termini che hanno la forma seguente:

$$a_1=1, a_2=q, a_3=q^2,\ldots,a_n=q^{n-1},\ldots$$

Tale successione è detta **progressione geometrica**. Il termine q è la **ragione** della progressione geometrica.
In tal caso è possibile considerare la **serie geometrica**:

$$1+q+\ldots+q^{n-1}+\ldots=\sum_{n=1}^{\infty}q^{n-1}$$

Equazione 16

La generica somma parziale assume la forma:

$$S_n=1+q+\ldots+q^{n-1}$$

Moltiplicando ambo i membri per $(1-q)$ si può scrivere:

$$(1-q)S_n=(1-q)(1+q+q^2+\ldots+q^{n-2}+q^{n-1})$$
$$(1-q)S_n=1+q+q^2+\ldots+q^{n-2}+q^{n-1}-q-q^2-\ldots-q^{n-2}-q^{n-1}-q^n$$

Al membro di destra tutti i termini si elidono, fatta eccezione per il primo e l'ultimo; quindi:

$$(1-q)S_n=1-q^n$$

da cui si ottiene una forma sintetica che esprime la somma parziale dei primi n termini:

$$S_n=\frac{1-q^n}{1-q}$$

Si vuole ora determinare la somma della serie mediante l'Equazione 13.

$$\lim_{n\to\infty} S_n = \lim_{n\to\infty} \frac{1-q^n}{1-q}$$

Equazione 17

Si noti che tale serie converge solo se $|q| < 1$. Difatti in tal caso $\lim_{n\to\infty} q^n = 0$ e pertanto si ha:

$$S = \lim_{n\to\infty} \frac{1-q^n}{1-q} = \frac{1}{1-q}$$

Equazione 18

Viceversa se $|q| > 1$, allora $\lim_{n\to\infty} q^n = \infty$ e la serie diverge.
Nel caso in cui $q = 1$, la serie dell'Equazione 16 assume la forma:

$$1 + 1 + \ldots + 1 + \ldots$$

Quindi:

$$S_n = n$$

Pertanto la serie è divergente:

$$\lim_{n\to\infty} S_n = \lim_{n\to\infty} n = +\infty$$

Se $q = -1$, la serie dell'Equazione 16 assume la forma:

$$1 - 1 + 1 - 1 \ldots + 1 - 1 \ldots$$

Quindi:

$$S_1 = 1, S_2 = 0, S_3 = 1, S_4 = 0, \ldots$$

Pertanto il limite dell'Equazione 17 non esiste e la serie è indeterminata.
Quindi si è stabilito che la serie geometrica converge solo quando la sua ragione è in valore assoluto minore di 1, ossia $|q| < 1$. In tal caso la somma della serie è data dall'Equazione 18.

6.12.4 Resto di una serie

Si consideri la seguente serie nella quale si individua il termine *n*-esimo ed i successivi:

$$a_1 + a_2 + \ldots + a_n + a_{n+1} + a_{n+2} + \ldots$$

Equazione 19

Tralasciando i primi n termini, si ottiene una nuova serie che viene denominata **resto n-esimo** della serie:

$$a_{n+1} + a_{n+2} + \ldots$$

Equazione 20

Sussiste il seguente teorema.

Teorema 41

La serie dell'Equazione 19 è convergente se e solo se è convergente anche la serie dell'Equazione 20 per qualsiasi scelta di n. Se S è la somma dell'Equazione 19 e R_n è la somma della serie dell'Equazione 20, allora si ha che:

$$S = S_n + R_n$$

Equazione 21

dove S_n è la somma parziale dei primi n termini della serie (Equazione 12).

Parimenti, la serie dell'Equazione 19 è divergente o indeterminata se e solo se è divergente o indeterminata anche la serie dell'Equazione 20 per qualsiasi scelta di n.
Da questo risultato discende il seguente teorema.

Teorema 42

Se la serie $\sum_{n=1}^{\infty} a_n$ è convergente, allora $\lim_{n \to \infty} R_n = 0$

DIM

Innanzitutto si nota che dall'Equazione 21 discende che:

$$R_n = S - S_n$$

Pertanto si ha: $\lim_{n \to \infty} R_n = \lim_{n \to \infty} (S - S_n) = \lim_{n \to \infty} S - \lim_{n \to \infty} S_n = S - S = 0$

CVD.

Si noti che l'ultima differenza è pari a 0 in quanto i due valori S hanno valore finito. Viceversa si sarebbe ottenuta una forma indeterminata. Per tale motivo, si comprende la necessità dell'ipotesi che vuole la serie convergente.

6.12.5 Teoremi generali sul carattere delle serie

Si enunciano alcune proprietà delle serie.

Teorema 43

Se la serie $\sum_{n=1}^{\infty} a_n$ è convergente ed ha somma S, allora converge anche la serie $\sum_{n=1}^{\infty} k \cdot a_n$ con k numero reale. In tal caso la serie $\sum_{n=1}^{\infty} k \cdot a_n$ ha somma pari a $k \cdot S$.

Teorema 44

Se le serie $\sum_{n=1}^{\infty} a_n$ e $\sum_{n=1}^{\infty} b_n$ sono convergenti ed hanno somme rispettivamente pari a S_a ed S_b, allora converge anche la serie $\sum_{n=1}^{\infty} (a_n + b_n)$ ed ha somma $S_a + S_b$. Analogamente converge la serie $\sum_{n=1}^{\infty} (a_n - b_n)$ ed ha somma $S_a - S_b$.

Vale anche il seguente teorema.

Teorema 45

Se la serie $\sum_{n=1}^{\infty} a_n$ è convergente allora $\lim_{n\to\infty} a_n = 0$

DIM

Se la serie converge si può scrivere $\lim_{n\to\infty} S_n = S$ oppure $\lim_{n\to\infty} S_{n-1} = S$.
Si noti che $a_n = S_n - S_{n-1}$. Pertanto si può scrivere:

$$\lim_{n\to\infty} a_n = \lim_{n\to\infty} (S_n - S_{n-1}) = \lim_{n\to\infty} S_n - \lim_{n\to\infty} S_{n-1} = S - S = 0$$

CVD

Anche in questo caso, come per il Teorema 42, l'ultima differenza è nulla in quanto i due termini S hanno valore finito.
Il Teorema 45 tornerà utile nella determinazione del carattere della serie, soprattutto se considerato nella sua forma contronominale (costituita dalla negazione delle due proposizioni e dall'implicazione inversa). Si esprime in modo esplicito la contronominale nel seguente teorema.

Teorema 46

Se $\lim_{n\to\infty} a_n \neq 0$ allora la serie $\sum_{n=1}^{\infty} a_n$ diverge.

6.13 Criteri di convergenza delle serie a termini positivi

6.13.1 Premessa

Per studiare il carattere di una serie occorrerebbe calcolare il limite:

$$\lim_{n \to \infty} S_n$$

Equazione 22

Difatti, nella trattazione della serie geometrica (par. 6.12.3) si è utilizzato proprio lo studio del limite per determinarne la convergenza. Tuttavia, questa strada è poco praticabile, in quanto non sempre si riesce ad ottenere una espressione per la somma parziale dei primi n termini della serie, ossia per S_n. Talvolta, sebbene si riesca ad ottenere tale espressione, non è detto che il limite dell'Equazione 22 sia facilmente calcolabile. Pertanto, lo studio del carattere (della convergenza) di una serie viene svolto sfruttando appositi criteri che permettono di stabilire il carattere della serie attraverso vie alternative che non comportino il calcolo diretto del limite dell'Equazione 22. Alcuni strumenti generali per la definizione del carattere di una serie sono stati illustrati nel par. 6.12.5. In questo paragrafo si illustrano altri criteri utili a determinare il carattere di una serie a termini positivi. Prima di iniziare si vuole sottolineare quanto stabilito dal seguente teorema.

Teorema 47
Una serie a termini positivi non può essere indeterminata (essa o è convergente o è divergente).

6.13.2 Criterio del confronto con l'integrale (Cauchy)

Il criterio del confronto con l'integrale è espresso dal seguente teorema.

Teorema 48
Si consideri la serie a termini positivi:

$$a_1 + a_2 + \ldots + a_n + \ldots$$

Sia il generico termine a_n della serie esprimibile come $a_n = f(n)$, dove $f(x)$ è una funzione positiva, decrescente e continua per $x \geq a \geq 1$, allora l'integrale:

$$\int_a^{\infty} f(x)\, dx$$

e la serie convergono o divergono simultaneamente.

Mediante questo criterio, nel paragrafo successivo, si riuscirà a determinare la convergenza di una famiglia importante di serie numeriche.

6.13.3 La serie di Dirichlet e la serie armonica

Si vuole studiare la convergenza della **serie di Dirichlet** che si esprime nella forma:

$$\sum_{n=1}^{\infty} \frac{1}{n^p}$$

Si noti che tale serie diverge chiaramente per $p < 0$, in quanto il limite del suo termine generico, per n che tende all'infinito, tende ad un valore diverso da 0 (Teorema 46).

$$\lim_{n\to\infty} \frac{1}{n^p} = \lim_{n\to\infty} \frac{1}{n^{-|p|}} = \lim_{n\to\infty} n^{|p|} = +\infty$$

Pertanto, si concentra l'attenzione sulla condizione $p > 0$, suddividendo lo studio della convergenza in tre casi, ossia $0 < p < 1$, $p > 1$ e $p = 1$.

Si ha $a_n = f(n) = \frac{1}{n^p}$, quindi si può considerare la funzione $f(x) = \frac{1}{x^p}$. Ponendo l'estremo inferiore dell'integrale $a = 1$, si ha che $f(x)$ è positiva, decrescente e continua nell'intervallo $x \geq 1$. Pertanto si applica il criterio del confronto con l'integrale (Teorema 48).
Se $p \neq 1$ si ha:

$$\int_1^{\infty} \frac{1}{x^p} dx = \int_1^{\infty} x^{-p} dx = \left[\frac{1}{-p+1} x^{-p+1}\right]_1^{\infty} = \lim_{x\to\infty}\left[\frac{1}{1-p} x^{1-p}\right] - \frac{1}{1-p}$$

Si noti che se $0 < p < 1$ allora $1 - p > 0$. In tal caso $\lim_{x\to\infty} x^{1-p} = +\infty$ e quindi l'integrale diverge. Se l'integrale diverge, allora diverge anche la serie di Dirichlet per $0 < p < 1$.
Viceversa per $p > 1$, allora $1 - p < 0$. In tal caso $\lim_{x\to\infty} x^{1-p} = 0$. L'integrale converge:

$$\int_1^{\infty} \frac{1}{x^p} dx = \frac{1}{p-1}$$

Pertanto converge anche la serie di Dirichlet.
Nel caso in cui $p = 1$, l'integrale diventa:

$$\int_1^{\infty} \frac{1}{x} dx = [\log x]_1^{\infty} = \lim_{x\to\infty}[\log x] - \log 1 = \lim_{x\to\infty}[\log x] = +\infty$$

Quindi, se l'integrale diverge, allora diverge anche la serie di Dirichlet.
In conclusione si può affermare che la serie di Dirichlet diverge per $p \leq 1$ e converge per $p > 1$.
In particolare per $p = 1$ si ha la ben nota **serie armonica** $\sum_{n=1}^{\infty} \frac{1}{n}$ che risulta divergente.

6.13.4 Criterio del confronto (o di Gauss)

Si considerino le due seguenti serie a termini positivi:

$$a_1 + a_2 + \ldots + a_n + \ldots$$

$$b_1 + b_2 + \ldots + b_n + \ldots$$

Le due serie sono tali che:

$$a_n \leq b_n \forall n \in N$$

Equazione 23

In questo caso la serie con termini a_n è detta **minorante** della serie con termini b_n. Viceversa, la serie con termini b_n è detta **maggiorante** della serie con termini a_n.
Si noti che la condizione dell'Equazione 23 può anche ridursi alla seguente condizione:

$$a_n \leq b_n \forall n \geq n_0$$

Equazione 24

In questo caso la serie con termini a_n è detta **minorante** della serie con termini b_n per $n \geq n_0$. Viceversa, la serie con termini b_n è detta **maggiorante** della serie con termini a_n per $n \geq n_0$.

Vale quindi il **criterio del confronto** enunciato nel seguente teorema.

Teorema 49

Una serie a termini positivi minorante di una serie convergente (anche solo per $n \geq n_0$), è anch'essa convergente. Analogamente, una serie maggiorante di una serie divergente a termini positivi (anche solo per $n \geq n_0$), è anch'essa divergente.

Esempi

1) Si consideri la serie:

$$\sum_{n=1}^{\infty} \frac{1}{2n \cdot 3^n}$$

Il generico termine di questa serie è minore del generico termine della serie geometrica:

$$\sum_{n=1}^{\infty} \frac{1}{3^n}$$

dove $|q| = \frac{1}{3} < 1$.

Difatti si ha:

$$\frac{1}{2n\cdot 3^n} < \frac{1}{3^n} \Rightarrow \frac{1}{2n} < 1 \Rightarrow n > \frac{1}{2}$$

che è sempre verificato.
Siccome la serie geometrica converge per $q < 1$, allora converge anche la serie assegnata che è minorante di una serie convergente.

2) Si consideri la serie:

$$\sum_{n=1}^{\infty} \frac{3}{n+5}$$

Può accadere che il generico termine di questa serie sia maggiore del generico termine della serie armonica:

$$\sum_{n=1}^{\infty} \frac{1}{n}$$

Difatti si ha:

$$\frac{1}{n} < \frac{3}{n+5} \Rightarrow \frac{3n-n-5}{n(n+5)} > 0 \Rightarrow 3n-n-5 > 0 \Rightarrow 2n-5 > 0 \Rightarrow n > \frac{5}{2}$$

che è verificato per i naturali maggiori o uguali a 3.
Pertanto per $n \geq n_0 = 3$ la serie assegnata è maggiorante della serie armonica che è divergente. Pertanto la serie diverge.

6.13.5 Secondo criterio del confronto

Si enuncia una seconda versione del criterio del confronto.

Teorema 50

Si considerino le due seguenti serie a termini positivi:

$$a_1 + a_2 + \ldots + a_n + \ldots$$

$$b_1 + b_2 + \ldots + b_n + \ldots$$

Se avviene che $\lim_{n\to\infty} \frac{a_n}{b_n} = l$ ed inoltre $l \neq 0$ e finito, allora le due serie convergono o divergono simultaneamente.

Questo criterio è utile quando si conosce il carattere di una delle due serie e si vuole determinare il carattere ignoto dell'altra serie.

Esempi

1) Si consideri la serie: $\sum_{n=1}^{\infty} \frac{1}{5n+2}$. Per determinare il carattere di questa serie, la si confronta con la serie armonica:

$$\sum_{n=1}^{\infty} \frac{1}{n}$$

Si calcola il limite:

$$\lim_{n\to\infty}\left(\frac{1}{5n+2} \Big/ \frac{1}{n} \right) = \lim_{n\to\infty}\left(\frac{n}{5n+2}\right) = \frac{1}{5} \neq 0$$

Siccome la serie armonica diverge, allora diverge anche la serie assegnata.

2) Si consideri la serie:

$$\sum_{n=1}^{\infty} \frac{1}{3n+2^n}$$

Per determinare il carattere di questa serie, la si confronta con la serie geometrica di ragione $q = 1/2$:

$$\sum_{n=1}^{\infty} \frac{1}{2^n}$$

Si calcola il limite:

$$\lim_{n\to\infty}\left(\frac{1}{3n+2^n} \Big/ \frac{1}{2^n} \right) = \lim_{n\to\infty}\left(\frac{2^n}{3n+2^n}\right) = 1 \neq 0$$

Siccome la serie geometrica per $|q| < 1$ converge, allora converge anche la serie assegnata.

6.13.6 Criterio del rapporto (o di D'Alembert)

Il criterio del rapporto fornisce un utile strumento per determinare la convergenza di una serie. Esso è espresso dal seguente teorema.

Teorema 51

Si consideri la serie a termini positivi:

$$a_1 + a_2 + \ldots + a_n + \ldots$$

Se avviene che $\lim_{n\to\infty} \frac{a_{n+1}}{a_n} = l < 1$, allora la serie è convergente.

Se avviene che $\lim_{n\to\infty} \frac{a_{n+1}}{a_n} = l > 1$, allora la serie è divergente.

Si noti che il teorema non afferma nulla nel caso in cui $\lim_{n\to\infty}\frac{a_{n+1}}{a_n}=1$. In tal caso il problema della determinazione della convergenza della serie resta aperto.

Esempio

Si vuole determinare la convergenza della serie:

$$\sum_{n=1}^{\infty}\frac{2^n}{n!}$$

Si noti che $a_n=\frac{2^n}{n!}$ e $a_{n+1}=\frac{2^{n+1}}{(n+1)!}$. Si applica il criterio del rapporto.

$$\lim_{n\to\infty}\frac{a_{n+1}}{a_n}=\lim_{n\to\infty}\frac{\frac{2^{n+1}}{(n+1)!}}{\frac{2^n}{n!}}=\lim_{n\to\infty}\frac{2^{n+1}}{(n+1)!}\frac{n!}{2^n}=\lim_{n\to\infty}\frac{2\cdot 2^n}{(n+1)\cdot n!}\frac{n!}{2^n}=\lim_{n\to\infty}\frac{2}{n+1}=0<1$$

Pertanto la serie converge.

6.13.7 Criterio della radice (o di Cauchy)

Il criterio della radice è espresso dal seguente teorema.

Teorema 52

Si consideri la serie a termini positivi:

$$a_1+a_2+\ldots+a_n+\ldots$$

Se avviene che $\lim_{n\to\infty}\sqrt[n]{a_n}=l<1$, allora la serie è convergente.

Se avviene che $\lim_{n\to\infty}\sqrt[n]{a_n}=l>1$, allora la serie è divergente.

Anche questo teorema non afferma nulla nel caso in cui $\lim_{n\to\infty}\sqrt[n]{a_n}=1$. In tal caso, il problema della determinazione della convergenza della serie resta aperto.

Esempio

Si vuole determinare la convergenza della serie:

$$\sum_{n=1}^{\infty}\frac{2^n}{(\log(n+1))^n}$$

Si applica il criterio della radice.

$$\lim_{n\to\infty}\sqrt[n]{a_n}=\lim_{n\to\infty}\sqrt[n]{\frac{2^n}{(\log(n+1))^n}}=\lim_{n\to\infty}\frac{2}{\log(n+1)}=0<1$$

Pertanto la serie converge.

6.14 Criteri di convergenza delle serie a termini alterni e qualunque

6.14.1 Criterio di Leibnitz

Si consideri la seguente serie di termini alterni:

$$a_1-a_2+a_3-a_4\ldots+a_n-a_{n+1}+\ldots$$

Per essa si suppone $a_n>0\ \forall n\in N$, mentre il segno di ciascun termine è esplicitamente riportato davanti al termine stesso.
Per determinare la convergenza di tale serie si può utilizzare il **criterio di Leibnitz**, espresso dal seguente teorema.

Teorema 53

Si consideri la serie di termini di segno alterno come quella dell'Equazione 14. Se avviene che:
1. la successione dei termini in valore assoluto non è crescente, ossia $a_1\geq a_2\geq\cdots\geq a_n\geq\cdots$;
2. si ha $\lim_{n\to\infty}a_n=0$;

allora la serie è convergente.
Inoltre, per il **resto *n*-esimo** della serie sussiste la relazione

$$|R_n|\leq a_{n+1}$$

Esempio

Si consideri la serie a termini alterni:

$$1-\frac{1}{2}+\frac{1}{3}-\frac{1}{4}+\ldots+(-1)^{n+1}\frac{1}{n}+\ldots=\sum_{n=1}^{\infty}(-1)^{n+1}\frac{1}{n}$$

Si noti che, a parte il termine $(-1)^{n+1}$ che produce i segni alterni, la serie è simile alla serie armonica che diverge (vedi par. 6.13.3). Si applica il criterio di Leibnitz per determinare la convergenza della serie.
Si nota che:

$$a_1 = 1 \geq a_2 = \frac{1}{2} \geq \ldots \geq a_n = \frac{1}{n} \geq \ldots$$

Pertanto la prima condizione del criterio è soddisfatta.
Inoltre si ha:

$$\lim_{n\to\infty} a_n = \lim_{n\to\infty} \frac{1}{n} = 0$$

Quindi anche la seconda condizione del criterio è soddisfatta e la serie assegnata converge.

6.14.2 La convergenza assoluta

Per una serie a termini alterni o una serie a termini qualunque $\sum_{n=1}^{\infty} a_n$ si può considerare anche la serie dei valori assoluti dei termini $\sum_{n=1}^{\infty} |a_n|$.
La relazione tra i caratteri di queste due serie è espressa dal seguente teorema.

Teorema 54

Si consideri una serie a termini alterni o qualunque $\sum_{n=1}^{\infty} a_n$. Se la serie dei valori assoluti $\sum_{n=1}^{\infty} |a_n|$ converge, allora è convergente anche la serie $\sum_{n=1}^{\infty} a_n$.

Si noti che non vale l'inverso di tale teorema, in quanto la serie $\sum_{n=1}^{\infty} a_n$ può convergere, ma la serie dei valori assoluti può essere divergente.
Pertanto, se una serie a termini alterni (o a termini qualunque) converge, ma non converge la serie dei valori assoluti, allora la serie si dice **semplicemente convergente** oppure **semi-convergente**.
Se la serie dei valori assoluti converge, allora la serie a termini alterni (o dei termini qualunque) viene detta **assolutamente convergente**.
Si consideri il seguente esempio.

Esempio

Nel par. 6.14.1 si è visto che la seguente serie a termini alterni converge:

$$\sum_{n=1}^{\infty} (-1)^{n+1} \frac{1}{n}$$

La serie dei valori assoluti dei termini corrisponde alla serie armonica $\sum_{n=1}^{\infty} \frac{1}{n}$ che è divergente (par. 6.13.3).

Pertanto si può affermare che la serie $\sum_{n=1}^{\infty}(-1)^{n+1}\frac{1}{n}$ è semplicemente convergente o semi-convergente, ma non è assolutamente convergente.

Il Teorema 54 mostra che se si determina l'assoluta convergenza di una serie a termini alterni (o a termini qualunque), allora si è determinata anche la convergenza della serie stessa. Pertanto si può spostare il problema della determinazione della convergenza di una serie a termini alterni o qualunque sul problema della determinazione della sua assoluta convergenza.

6.14.3 Criteri di Cauchy e D'Alembert per serie a termini a segni alterni o qualunque

Siccome la serie dei valori assoluti dei termini è una serie positiva, allora per l'assoluta convergenza si possono utilizzare i criteri di Cauchy e di D'Alembert (parr. 6.13.6 e 6.13.7).
Pertanto vale il seguente teorema.

Teorema 55

Si consideri la serie (a termini alterni o qualunque):

$$a_1 + a_2 + \ldots + a_n + \ldots$$

Se avviene che $\lim_{n\to\infty}\left|\frac{a_{n+1}}{a_n}\right| = l < 1$ oppure $\lim_{n\to\infty}\sqrt[n]{|a_n|} = l < 1$, allora la serie è convergente.
Se avviene che $\lim_{n\to\infty}\left|\frac{a_{n+1}}{a_n}\right| = l > 1$ oppure $\lim_{n\to\infty}\sqrt[n]{|a_n|} = l > 1$, allora la serie è divergente.
Nulla si può affermare nel caso in cui $l = 1$.

Esempi

1) Si vuole determinare la convergenza della serie a termini alterni:

$$\sum_{n=1}^{\infty}(-1)^n\left(\frac{n+1}{2n-1}\right)^n = -2 + 1 - \frac{64}{125} + \ldots$$

Si applica il criterio della radice.

$$\lim_{n\to\infty}\sqrt[n]{|a_n|} = \lim_{n\to\infty}\sqrt[n]{\left(\frac{n+1}{2n-1}\right)^n} = \lim_{n\to\infty}\frac{n+1}{2n-1} = \frac{1}{2} < 1$$

Pertanto la serie converge.

2) Si vuole determinare la convergenza della serie a termini qualunque:

$$\sum_{n=1}^{\infty}(-1)^{\frac{n^2+n}{2}}\cdot\frac{n^2}{2^n}=-\frac{1}{2}-1+\frac{9}{8}+1\ldots$$

Si noti che $|a_n|=\frac{n^2}{2^n}$ e $|a_{n+1}|=\frac{(n+1)^2}{2^{n+1}}$. Si applica il criterio del rapporto.

$$\lim_{n\to\infty}\left|\frac{a_{n+1}}{a_n}\right|=\lim_{n\to\infty}\frac{\frac{(n+1)^2}{2^{n+1}}}{\frac{n^2}{2^n}}=\lim_{n\to\infty}\frac{(n+1)^2}{2^{n+1}}\frac{2^n}{n^2}=\lim_{n\to\infty}\frac{n^2+1+2n}{2\cdot 2^n}\cdot\frac{2^n}{n^2}=\lim_{n\to\infty}\frac{n^2+1+2n}{2n^2}=\frac{1}{2}<1$$

Pertanto la serie converge.
Si noti che in linea generale non è detto che la divergenza della serie dei valori assoluti dei termini implichi la divergenza della serie a termini alterni o a termini qualunque. Tuttavia è possibile dimostrare che i criteri del rapporto e della radice sono validi anche per individuare le serie divergenti.

6.15 Sviluppo in serie di funzioni

6.15.1 Le serie di funzioni

Si consideri una **successione di funzioni**:

$$f_1(x), f_2(x), \ldots, f_n(x), \ldots$$

Siano queste funzioni definite in un intervallo $]a,b[$.
È possibile considerare la **serie di funzioni**:

$$f_1(x)+f_2(x)+\ldots+f_n(x)+\ldots=\sum_{n=1}^{\infty}f_n(x)$$

Equazione 25

Fissato un valore $x_0\in\,]a,b[$ si possono considerare i valori delle funzioni f_n in quel punto. In tal caso la serie di funzioni diventa una **serie numerica**:

$$f_1(x_0)+f_2(x_0)+\ldots+f_n(x_0)+\ldots=\sum_{n=1}^{\infty}f_n(x_0)$$

Equazione 26

Si può analizzare il carattere della serie dell'Equazione 26, secondo quanto mostrato nei paragrafi precedenti.
Pertanto si possono considerare le **somme parziali** (o **somme ridotte**).

$$S_1(x_0) = f_1(x_0)$$

$$S_2(x_0) = f_1(x_0) + f_2(x_0)$$

$$\dots$$

$$S_n(x_0) = f_1(x_0) + f_2(x_0) + \dots + f_n(x_0) = \sum_{i=1}^{n} f_i(x_0)$$

Equazione 27

Inoltre ha senso chiedersi quanto valga il limite di S_n per n che tende all'infinito. Si supponga che tale limite abbia **valore finito**. Questo valore finito dipende in generale dal valore x_0 considerato; pertanto può essere indicato con $f(x_0)$. Quindi si può scrivere:

$$f(x_0) = \lim_{n \to \infty} S_n(x_0)$$

Equazione 28

Il valore $f(x_0)$ viene detto **somma della serie** in x_0. La serie numerica dell'Equazione 26 si dice **convergente** e la serie di funzioni dell'Equazione 25 si dice **convergente nel punto** $x_0 \in \,]a, b[$.
Inoltre si pone:

$$f(x_0) = \sum_{n=1}^{\infty} f_n(x_0)$$

In modo analogo a quanto visto nel par. 6.12.1, il limite dell'Equazione 28 può divergere. In tal caso la serie di funzioni dell'Equazione 25 si dice **divergente nel punto** $x_0 \in \,]a, b[$.
Infine, se non esiste il limite dell'Equazione 28, allora la serie di funzioni dell'Equazione 25 si dice **indeterminata nel punto** $x_0 \in \,]a, b[$.
La serie di funzioni dell'Equazione 25 può essere convergente solo per alcuni valori x dell'intervallo $]a,b[$. L'insieme di tali valori è detto **campo di convergenza** della serie di funzioni. Si indica con J l'insieme di valori x dell'intervallo $]a,b[$ per i quali la serie di funzioni converge. Per qualsiasi valore x appartenente a J si ha:

$$f(x) - \lim_{n \to \infty} S_n(x)$$

ed inoltre ha senso scrivere:

$$f(x) = f_1(x) + f_2(x) + \dots + f_n(x) + \dots = \sum_{n=1}^{\infty} f_n(x)$$

6.15.2 Le serie di potenze

Un particolare esempio di serie di funzioni sono le serie costituite da *funzioni potenza*, più comunemente dette **serie di potenze**.
I termini di una serie di potenze sono composti da un prodotto di coefficienti opportuni e noti con potenze di una variabile reale x, ossia $f_n(x) = a_n \cdot x^n$. Pertanto, una serie di potenze può essere scritta nel modo seguente:

$$a_0 + a_1 \cdot x + a_2 \cdot x^2 + \ldots + a_n \cdot x^n + \ldots = \sum_{n=0}^{\infty} a_n \cdot x^n$$

Equazione 29

Si noti che la serie di potenze converge sempre per $x = 0$; in tal caso la sua somma vale a_0. In linea generale una serie di potenze può convergere per alcuni valori di x e per altri può divergere. Tuttavia i valori per cui converge si dispongono lungo la retta dei reali in una particolare posizione, come presentato dal seguente teorema.

Teorema 56

Considerata una serie di potenze $\sum_{n=0}^{\infty} a_n \cdot x^n$, esiste un numero reale positivo R tale che la serie di potenze è assolutamente convergente per ogni valore $x \in]-R, R[$. Viceversa la serie diverge per $x \in]-\infty, -R[\cup]R, +\infty[$.
L'intervallo $]-R, R[$ è detto **intervallo di convergenza** della serie di potenze, mentre R è detto **raggio di convergenza** della serie.

Dal Teorema 56 scaturiscono due osservazioni importanti.

- Il teorema non asserisce nulla per $x = R$ e $x = -R$. Questi due casi vanno verificati di volta in volta.
- Il campo di convergenza di una serie di potenze è sempre costituito da un intervallo simmetrico rispetto all'origine della retta reale, al più si riduce alla sola origine.

In conclusione si possono individuare tre casi relativi alla convergenza di una serie di potenze.

- La serie di potenze converge solo per $x = 0$; in tal caso il raggio di convergenza è nullo, ossia $R = 0$ e l'intervallo di convergenza si riduce ad un sol punto.
- La serie di potenze converge nell'intervallo $]-R, R[$. In tal caso il raggio di convergenza è finito. Si noti che gli estremi dell'intervallo di convergenza sono da considerare in modo specifico.
- La serie di potenze converge sull'intero insieme dei numeri reali $]-\infty, +\infty[$. In tal caso il raggio di convergenza è infinito.

Per determinare il raggio di convergenza di una serie si può utilizzare il seguente teorema.

Teorema 57

Si consideri una serie di potenze $\sum_{n=0}^{\infty} a_n \cdot x^n$, i cui coefficienti a_n sono tutti non nulli. Se esiste il limite:

$$\lim_{n\to\infty}\left|\frac{a_{n+1}}{a_n}\right| = l$$

allora il raggio di convergenza è nullo se $l=\infty$, è infinito se $l = 0$ ed è dato da $\frac{1}{l}$ quando l è finito e non nullo.

In pratica il Teorema 57 afferma che il raggio di convergenza di una serie di potenze può essere dato dalla seguente relazione (quando il limite esiste):

$$R = \lim_{n\to\infty}\left|\frac{a_n}{a_{n+1}}\right|$$

Equazione 30

Vale anche il seguente teorema.

Teorema 58

Si consideri una serie di potenze $\sum_{n=0}^{\infty} a_n \cdot x^n$, i cui coefficienti a_n sono tutti non nulli. Se esiste il limite:

$$\lim_{n\to\infty}\sqrt[n]{|a_n|} = l$$

allora il raggio di convergenza è nullo se $l = \infty$, è infinito se $l = 0$ ed è dato da $\frac{1}{l}$ quando l è finito e non nullo.

Questo teorema afferma che il raggio di convergenza di una serie di potenze può essere dato dalla seguente relazione (quando il limite esiste):

$$R = \frac{1}{\lim_{n\to\infty}\sqrt[n]{|a_n|}}$$

Equazione 31

Esempi

1) Si vuole determinare l'intervallo di convergenza della serie di potenze:

$$\sum_{n=1}^{\infty}\frac{x^n}{n\cdot 2^n}$$

Si noti che $|a_n| = \frac{1}{n\cdot 2^n}$ e $|a_{n+1}| = \frac{1}{(n+1)\cdot 2^{n+1}}$. Si applica il criterio del rapporto (Equazione 30).

$$R = \lim_{n\to\infty}\left|\frac{a_n}{a_{n+1}}\right| = \lim_{n\to\infty}\frac{\frac{1}{n\cdot 2^n}}{\frac{1}{(n+1)\cdot 2^{n+1}}} = \lim_{n\to\infty}\frac{(n+1)\cdot 2^{n+1}}{n\cdot 2^n} =$$

$$= \lim_{n\to\infty}\frac{2\cdot 2^n(n+1)}{n\cdot 2^n} = \lim_{n\to\infty}\frac{2\cdot(n+1)}{n} = 2$$

Pertanto la serie converge nell'intervallo]–2;2[. Occorre ora determinare la convergenza agli estremi dell'intervallo.
Per $x = 2$ si ha la serie armonica che diverge (vedi par. 6.13.3):

$$\sum_{n=1}^{\infty}\frac{2^n}{n\cdot 2^n} = \sum_{n=1}^{\infty}\frac{1}{n}$$

Per $x = -2$ si ha la serie a termini alterni che converge assolutamente (vedi par. 6.14.1):

$$\sum_{n=1}^{\infty}\frac{(-2)^n}{n\cdot 2^n} = \sum_{n=1}^{\infty}\frac{(-1)^n\cdot 2^n}{n\cdot 2^n} = \sum_{n=1}^{\infty}(-1)^n\frac{1}{n}$$

Pertanto l'intervallo di convergenza è [–2;2[.

2) Si vuole determinare l'intervallo di convergenza della serie di potenze:

$$\sum_{n=1}^{\infty} n!\cdot x^n$$

Si noti che $|a_n| = n!$ e $|a_{n+1}| = (n+1)!$ Si applica il criterio del rapporto (Equazione 30).

$$R = \lim_{n\to\infty}\left|\frac{a_n}{a_{n+1}}\right| = \lim_{n\to\infty}\frac{n!}{(n+1)!} = \lim_{n\to\infty}\frac{n!}{(n+1)\cdot n!} = \lim_{n\to\infty}\frac{1}{n+1} = 0$$

Il raggio di convergenza della serie è nullo, pertanto essa converge solo in $x = 0$.

3) Si vuole determinare l'intervallo di convergenza della serie di potenze:

$$\sum_{n=1}^{\infty}\frac{x^n}{n^n}$$

Si applica il criterio della radice (Equazione 31).

$$R = \frac{1}{\lim_{n\to\infty}\sqrt[n]{|a_n|}} = \frac{1}{\lim_{n\to\infty}\sqrt[n]{\left|\frac{x^n}{n^n}\right|}} = \frac{1}{\lim_{n\to\infty}\frac{x}{n}} = \frac{1}{0} = \infty$$

Pertanto l'intervallo di convergenza è $]-\infty;\infty[$.

6.15.3 La serie di Mac Laurin

Si consideri la serie di potenze dell'Equazione 29, nella quale il generico coefficiente a_n della serie è dato dal rapporto tra la derivata n-esima della funzione f nel punto $x = 0$ e il fattoriale di n, ossia:

$$a_n = \frac{f^{(n)}(0)}{n!}$$

In tal caso la serie di potenze si può esprimere nel modo seguente:

$$f(0)+f^{(1)}(0)\cdot x+\frac{f^{(2)}(0)}{2}\cdot x^2+\ldots+\frac{f^{(n)}(0)}{n!}\cdot x^n+\ldots=\sum_{n=0}^{\infty}\frac{f^{(n)}(0)}{n!}\cdot x^n$$

Equazione 32

La serie di potenze espressa dall'Equazione 32 è detta **Serie di Mac Laurin della funzione** $f(x)$.

Una prima limitazione all'esistenza di questa serie è l'esistenza stessa delle derivate della funzione f di ogni ordine nel punto $x = 0$. A tale proposito si può supporre che la funzione f sia di classe $C^{\infty}(I)$ dove I è un intorno di $x = 0$. Una volta assicurata l'esistenza di queste derivate, la serie sicuramente converge in $x = 0$. Più in generale, essa potrebbe convergere in un intervallo centrato intorno al punto $x = 0$, ossia $]-R,R[$ secondo quanto stabilito dal Teorema 56. Questo intervallo potrebbe essere anche $]-\infty;\infty[$.

Si supponga che la serie converga in un intervallo $]-R,R[$. In tal caso per ogni x dell'intervallo $]-R,R[$ esiste il limite seguente l ed ha valore finito:

$$\lim_{n\to\infty}\sum_{i=0}^{\infty}\frac{f^{(i)}(0)}{i!}\cdot x^i = l$$

Questo limite l, in generale, è distinto dal valore della funzione in x, ossia $f(x)$. Tuttavia se per ogni x dell'intervallo $]-R,R[$ si verifica che:

$$\lim_{n\to\infty}\sum_{i=0}^{\infty}\frac{f^{(i)}(0)}{i!}\cdot x^i = f(x)$$

Equazione 33

allora la funzione $f(x)$ si dice **sviluppabile in serie di Mac Laurin nell'intervallo** $]-R,R[$ oppure si dice **analitica** nell'intervallo $]-R,R[$.

Le condizioni perché $f(x)$ coincida con l in tutto l'intervallo di convergenza della serie sono dettate dal seguente teorema.

Teorema 59

Sia f una funzione di classe $C^{\infty}(I)$ dove $I=]-R;R[$. Se le derivate sono equilimitate, ossia esiste un numero reale $M > 0$, tale che $\forall x \in]-R,R[$ e $\forall n \in N$ si ha:

$$|f^{(n)}(x)| \leq M$$

Equazione 34

allora la funzione f è analitica in $]-R,R[$, ossia la serie di Mac Laurin della funzione

f è convergente $\forall x \in]-R, R[$ e la sua somma vale proprio $f(x)$. Pertanto vale l'Equazione 33 che si preferisce scrivere nella forma:

$$f(x) = \sum_{n=0}^{\infty} f^{(n)}(0)\frac{x^n}{n!}$$

Equazione 35

Sussiste anche un altro teorema che presenta una condizione sufficiente per l'analiticità di una funzione. La condizione di tale teorema non presuppone che le derivate di ogni ordine siano equilimitate, bensì che esse siano limitate da una progressione geometrica M^n di ragione M qualsiasi.

Teorema 60

Sia f una funzione di classe $C^{\infty}(I)$ dove $I =]-R; R[$. Se esiste un numero reale $M > 0$, tale che $\forall x \in]-R, R[$ e $\forall n \in N$ si ha:

$$|f^{(n)}(x)| \leq M^n$$

allora la funzione f è analitica in $]-R, R[$.

6.15.4 Sviluppo in serie di Mac Laurin di alcune funzioni elementari

Si consideri la funzione $f(x) = \sin x$.
Tale funzione possiede le derivate di ogni ordine per qualsiasi x dei numeri reali, ossia $f \in C^{\infty}(R)$. In particolare si ha:

$$f^{(1)}(x) = \cos x, f^{(2)}(x) = -\sin x, f^{(3)}(x) = -\cos(x), f^{(4)}(x) = \sin(x) = f(x),$$
$$f^{(5)}(x) = f^{(1)}(x), f^{(6)}(x) = f^{(2)}(x), \ldots, f^{(n)}(x) = f^{(n-4)}(x)$$

Si noti che essendo $|\sin x| \leq 1$ e $|\cos x| \leq 1$, allora vale l'Equazione 34:

$$|f^{(n)}(x)| \leq M = 1$$

Questo avviene $\forall x \in]-\infty, \infty[$ e $\forall n \in N$.
Quindi $f(x) = \sin x$ è analitica in tutto il campo dei numeri reali e si può scrivere l'Equazione 35.

$$\sin x \sum_{n=0}^{\infty} f^{(n)}(0)\frac{x^n}{n!}$$

Si noti che:

$$f(0) = \sin 0 = 0, f^{(1)}(0) = \cos 0 = 1, f^{(2)}(0) = -\sin 0 = 0, f^{(3)}(0) = -\cos(0) = -1,$$
$$f^{(4)}(0) = \sin(0) = 0 = f(0), \ldots$$

Pertanto le derivate di ordine pari sono nulle, mentre le derivate di ordine dispari sono pari ad 1 (in valore assoluto) ed alternano i propri segni. Quindi si può scrivere:

$$\sin x = x - \frac{x^3}{3!} + \frac{x^5}{5!} - \frac{x^7}{7!} + \ldots$$

oppure in modo più generale:

$$\sin x = \sum_{n=0}^{\infty} (-1)^n \frac{x^{2n+1}}{(2n+1)!}$$

Equazione 36

L'Equazione 36 vale per qualsiasi x reale.
In modo analogo si può dimostrare che per qualsiasi x reale si ha:

$$\cos x = 1 - \frac{x^2}{2!} + \frac{x^4}{4!} - \frac{x^6}{6!} + \ldots$$

Oppure, in modo più generale:

$$\cos x = \sum_{n=0}^{\infty} (-1)^n \frac{x^{2n}}{(2n)!}$$

Equazione 37

Si consideri la funzione $f(x)=e^x$.
Tale funzione possiede le derivate di ogni ordine per qualsiasi x dei numeri reali, ossia $f \in C^{\infty}(R)$. In particolare si ha:

$$f^{(n)}(x) = e^x \quad \forall n \in N$$

Considerato un intervallo $]-R,R[$, si ha che:

$$|f^{(n)}(x)| = |e^x| < e^R \quad \forall n \in N \text{ e } \forall x \in]-R,R[$$

Quindi vale l'Equazione 34 in un intervallo del tipo $]-R,R[$ ed in tale intervallo la funzione $f(x)=e^x$ è analitica. Siccome il valore R è stato scelto arbitrariamente, allora si può affermare che la funzione è analitica $\forall x \in]-\infty,\infty[$.
Pertanto si può scrivere l'Equazione 35.

$$e^x = \sum_{n=0}^{\infty} f^{(n)}(0) \frac{x^n}{n!}$$

Siccome $f^{(n)}(0) = e^0 = 1 \quad \forall n \in N$, allora si ha:

$$e^x = \sum_{n=0}^{\infty} \frac{x^n}{n!}$$

Equazione 38

Si può ripetere la procedura appena adottata anche per altre funzioni (per esempio, quelle elementari) ed ottenere sviluppi in serie di Mac Laurin in intervalli di convergenza specifici, talvolta coincidenti con l'intero insieme dei reali. In Tabella 5 si riportano alcuni degli sviluppi più significativi con l'intervallo di convergenza.

Tabella 5

n	Sviluppo della funzione	Primi termini	Intervallo di convergenza
1	$\sin x = \sum_{n=0}^{\infty} (-1)^n \frac{x^{2n+1}}{(2n+1)!}$	$\sin x = x - \frac{x^3}{3!} + \frac{x^5}{5!} - \frac{x^7}{7!} + \ldots$	$\forall x \in]-\infty, \infty[$
2	$\cos x = \sum_{n=0}^{\infty} (-1)^n \frac{x^{2n}}{(2n)!}$	$\cos x = 1 - \frac{x^2}{2!} + \frac{x^4}{4!} - \frac{x^6}{6!} + \ldots$	$\forall x \in]-\infty, \infty[$
3	$\arctan x = \sum_{n=0}^{\infty} (-1)^n \frac{x^{2n+1}}{2n+1}$	$\arctan x = x - \frac{x^3}{3} + \frac{x^5}{5} - \frac{x^7}{7} + \ldots$	$\forall x \in]-1, 1]$
4	$e^x = \sum_{n=0}^{\infty} \frac{x^n}{n!}$	$e^x = 1 + x + \frac{x^2}{2!} + \frac{x^3}{3!} + \ldots$	$\forall x \in]-\infty, \infty[$
5	$\log(1+x) = \sum_{n=1}^{\infty} (-1)^{n-1} \frac{x^n}{n}$	$\log(1+x) = x - \frac{x^2}{2} + \frac{x^3}{3} - \frac{x^4}{4} + \ldots$	$\forall x \in]-1, 1]$
6	$\frac{1}{1-x} = \sum_{n=0}^{\infty} x^n$	$\frac{1}{1-x} = 1 + x + x^2 + x^3 + \ldots$	$\forall x \in]-1, 1[$

Da alcune espressioni di funzioni presenti in Tabella 5 si ricavano le somme di alcune serie numeriche. Ad esempio, ponendo $x = 1$ in riga 4 (esponenziale) si ottiene la seguente uguaglianza:

$$e - \sum_{n=0}^{\infty} \frac{1}{n!}$$

per cui si può affermare che la serie $\sum_{n=0}^{\infty} \frac{1}{n!}$ converge e la sua somma vale e (il numero di Nepero).
In riga 3 (arcotangente), ponendo $x = 1$, si ha che $\text{atan}1 = \frac{\pi}{4}$ e si ottiene:

$$\frac{\pi}{4} = \sum_{n=0}^{\infty} (-1)^n \frac{1}{2n+1}$$

per cui la serie a termini alterni $\sum_{n=0}^{\infty} (-1)^n \frac{1}{2n+1}$ converge e la sua somma vale $\frac{\pi}{4}$.

In riga 5 si può porre $x = 1$ e si ottiene:

$$\log 2 = \sum_{n=1}^{\infty}(-1)^{n-1}\frac{1}{n}$$

Quindi la serie a termini alterni $\sum_{n=0}^{\infty}(-1)^{n}\frac{1}{2n+1}$ converge e la sua somma vale log 2.

6.15.5 La formula di Eulero

È possibile dimostrare che per qualsiasi numero z del campo complesso le tre seguenti serie convergono:

$$\sum_{n=0}^{\infty}(-1)^{n}\frac{z^{2n+1}}{(2n+1)!},\ \sum_{n=0}^{\infty}(-1)^{n}\frac{z^{2n}}{(2n)!},\ \sum_{n=0}^{\infty}\frac{z^{n}}{n!}$$

Confrontando queste serie con quelle dell'Equazione 36, dell'Equazione 37 e dell'Equazione 38 viene spontaneo porre per definizione:

$$\sin z = \sum_{n=0}^{\infty}(-1)^{n}\frac{z^{2n+1}}{(2n+1)!},\quad \cos z = \sum_{n=0}^{\infty}(-1)^{n}\frac{z^{2n}}{(2n)!},\quad e^{z} = \sum_{n=0}^{\infty}\frac{z^{n}}{n!}$$

Equazione 39

Se nella terza delle relazioni dell'Equazione 39 si pone iz al posto di z (dove $i = \sqrt{-1}$ è l'unità immaginaria) si può scrivere:

$$e^{iz} = \sum_{n=0}^{\infty}\frac{iz^{n}}{n!} = \sum_{n=0}^{\infty}\frac{i^{n}\cdot z^{n}}{n!}$$

Equazione 40

Le potenze dell'unità immaginaria sono tali che:

$$i^{0} = 1, i^{1} = i, i^{2} = -1, i^{3} = -i, i^{4} = i^{0}, i^{5} = i^{1}, i^{6} = i^{2}, \ldots$$

Pertanto si può scrivere:

$$i^{2n} = (-1)^{n}, i^{2n+1} = i\cdot(-1)^{n}$$

Quindi l'Equazione 40 si può riscrivere separando i termini pari da quelli dispari:

$$e^{iz} = \sum_{n=0}^{\infty}\frac{i^{n}\cdot z^{n}}{n!} = \sum_{n=0}^{\infty}\frac{i^{2n}\cdot z^{2n}}{(2n)!} + \sum_{n=0}^{\infty}\frac{i^{2n+1}\cdot z^{2n+1}}{(2n+1)!} = \sum_{n=0}^{\infty}\frac{(-1)^{n}\cdot z^{2n}}{(2n)!} + \sum_{n=0}^{\infty}\frac{i\cdot(-1)^{n}\cdot z^{2n+1}}{(2n+1)!}$$

da cui si ottiene:

$$e^{iz} = \left(\sum_{n=0}^{\infty}(-1)^{n}\frac{z^{2n}}{(2n)!}\right) + i\left(\sum_{n=0}^{\infty}(-1)^{n}\frac{z^{2n+1}}{(2n+1)!}\right)$$

Confrontando i due termini a secondo membro con le prime due espressioni dell'Equazione 39 si può quindi scrivere:

$$e^{iz} = \cos z + i \cdot \sin z$$

Equazione 41

Se nell'Equazione 41 si sostituisce z con $-z$ si ottiene:

$$e^{-iz} = \cos z - i \cdot \sin z$$

Equazione 42

Una volta sommando ed una volta sottraendo l'Equazione 41 e l'Equazione 42, si possono ottenere le due seguenti relazioni:

$$\cos z = \frac{e^{iz} + e^{-iz}}{2} \qquad \sin z = \frac{e^{iz} - e^{-iz}}{2i}$$

Equazione 43

L'Equazione 41, l'Equazione 42 e l'Equazione 43 vanno sotto il nome di **formule di Eulero**.
Ponendo $z = \pi$ nell'Equazione 41 si ottiene l'**identità di Eulero**, una relazione che lega cinque numeri fondamentali e tra i più usati in matematica:

$$e^{i\pi} = -1 \text{ oppure } e^{i\pi} + 1 = 0$$

6.15.6 La serie di Taylor

La serie di Mac Laurin può essere generalizzata assumendo che il punto in cui vengono calcolate le derivate della funzione non sia 0 bensì un generico x_0. In tal caso l'Equazione 32 si scrive come:

$$f(x_0) + f^{(1)}(x_0) \cdot (x - x_0) + \frac{f^{(2)}(x_0)}{2} \cdot (x - x_0)^2 \ldots + \frac{f^{(n)}(x_0)}{n!} \cdot (x - x_0)^n \ldots =$$
$$= \sum_{n=0}^{\infty} \frac{f^{(n)}(x_0)}{n!} \cdot (x - x_0)^n$$

Equazione 44

La serie di potenze espressa dall'Equazione 44 è detta **serie di Taylor della funzione** $f(x)$ di **punto iniziale** x_0.
Questa volta la serie converge sicuramente in x_0 e la sua somma vale $f(x_0)$. Inoltre, analogamente a quanto succedeva per la serie di Mac Laurin, si può dimostrare che l'intervallo di convergenza della serie è centrato intorno a x_0.

Si supponga che la serie converga in un intervallo $]x_0 - \delta, x_0 + \delta[$. In tal caso per ogni x dell'intervallo $]x_0 - \delta, x_0 + \delta[$ esiste il limite seguente l ed ha valore finito:

$$\lim_{n\to\infty}\sum_{i=0}^{n}\frac{f^{(i)}(x_0)}{i!}\cdot(x-x_0)^i = l$$

Questo limite l in generale è distinto dal valore della funzione in x, ossia $f(x)$. Tuttavia, se per ogni x dell'intervallo $]x_0 - \delta, x_0 + \delta[$ si verifica che:

$$\lim_{n\to\infty}\sum_{i=0}^{n}\frac{f^{(i)}(x_0)}{i!}\cdot(x-x_0)^i = f(x)$$

Equazione 45

Allora la funzione $f(x)$ si dice **sviluppabile in serie di Taylor nell'intervallo** $]x_0 - \delta, x_0 + \delta[$, oppure si dice **analitica** nell'intervallo $]x_0 - \delta, x_0 + \delta[$.
Le condizioni perché $f(x)$ coincida con l in tutto l'intervallo di convergenza della serie sono dettate da teoremi analoghi al Teorema 59 e al Teorema 60. Per brevità si riporta solo l'enunciato del Teorema 60 nel caso di una funzione sviluppabile in serie di Taylor.

Teorema 61

Sia f una funzione di classe $C^\infty(I)$ dove $I =]x_0 - \delta, x_0 + \delta[$. Se esiste un numero reale $M > 0$, tale che $\forall x \in]x_0 - \delta, x_0 + \delta[$ e $\forall n \in N$ si ha:

$$|f^{(n)}(x)| \leq M^n$$

allora la funzione f è analitica in $]x_0 - \delta, x_0 + \delta[$, ossia la serie di Taylor della funzione f è convergente $\forall x \in]x_0 - \delta, x_0 + \delta[$ e la sua somma vale proprio $f(x)$. Pertanto vale l'Equazione 45 e si può scrivere:

$$f(x) = \sum_{n=0}^{\infty} f^{(n)}(x_0)\frac{(x-x_0)^n}{n!}$$

Equazione 46

6.15.7 Applicazioni della serie di Taylor

Si consideri una funzione f analitica in un intervallo reale $]x_0 - \delta, x_0 + \delta[$. In tal caso si può scrivere lo sviluppo in serie di Taylor della funzione f in x_0 per qualsiasi x dell'intervallo reale considerato.

$$f(x) = f(x_0) + f^{(1)}(x_0)\cdot(x-x_0) + \frac{f^{(2)}(x_0)}{2}\cdot(x-x_0)^2 + \ldots + \frac{f^{(n)}(x_0)}{n!}\cdot(x-x_0)^n + \ldots$$

Analogamente a quanto visto nel par. 6.12.4, la serie di funzioni può essere considerata fino al termine $n-1$ ed i termini successivi possono essere raccolti in un resto, indicato con $R_n(x)$.

$$f(x)=f(x_0)+f^{(1)}(x_0)\cdot(x-x_0)+\frac{f^{(2)}(x_0)}{2}\cdot(x-x_0)^2+\ldots+\frac{f^{(n-1)}(x_0)}{(n-1)!}\cdot(x-x_0)^{n-1}+R_n(x)$$

Equazione 47

Dall'Equazione 47 si ricava in modo semplice una espressione per il resto.

$$R_n(x)=f(x)-\sum_{i=0}^{n-1} f^{(i)}(x_0)\frac{(x-x_0)^i}{i!}$$

Si può dimostrare che il resto può essere espresso anche mediante un unico termine posto in funzione di f.

$$R_n(x)=f^{(n)}(\xi)\frac{(x-x_0)^n}{n!}$$

dove ξ è un punto che appartiene all'intervallo di estremi x e x_0.
Quando la funzione è analitica (come supposto), allora si verifica che:

$$\lim_{n\to\infty} R_n(x)=0$$

Equazione 48

Il limite dell'Equazione 48 stabilisce che quanti più termini si considerano nello sviluppo dell'Equazione 47, relegando gli altri nel resto $R_n(x)$, tanto più il resto diventa infinitesimo e tanto meglio la funzione $f(x)$ è approssimata fedelmente dai termini a secondo membro dell'Equazione 47, tralasciando il resto $R_n(x)$.
In pratica si può asserire che:

$$f(x)\approx f(x_0)+f^{(1)}(x_0)\cdot(x-x_0)+\frac{f^{(2)}(x_0)}{2}\cdot(x-x_0)^2+\ldots+\frac{f^{(n)}(x_0)}{n!}\cdot(x-x_0)^n$$

Equazione 49

L'Equazione 49 viene anche detta **sviluppo parziale** di ordine n della serie di Taylor della funzione $f(x)$.
Al crescere di n, e quindi al crescere del numero di termini a secondo membro dell'Equazione 49, lo sviluppo parziale della serie di Taylor a secondo membro approssima sempre meglio la funzione $f(x)$ qualsiasi sia il valore x dell'intervallo reale $]x_0-\delta, x_0+\delta[$.
Questa osservazione trova un considerevole numero di applicazioni nelle scienze fisiche e naturali, soprattutto nella teorizzazione di modelli approssimati per la descrizione di fenomeni. Nel seguente esempio si mostra la procedura di approssimazione di una funzione analitica in un intorno di un suo punto.

Esempio

Come esempio di approssimazione mediante l'Equazione 49 si considera lo sviluppo di Taylor della funzione log(1+x) in un intorno del punto x_0=2.
Se si arresta lo sviluppo dell'Equazione 49 all'ordine n=1 si ottiene la seguente approssimazione:

$$n = 1 \rightarrow \log(1+x) \approx \log(3) + \frac{x-2}{3}$$

La funzione lineare ottenuta dallo sviluppo approssima la funzione log(1+x) in un intorno di 2. Osservando la Figura 32, non si nota un grande scostamento tra le due funzioni, almeno nell'intervallo [1,5;2,5]. In particolare in x = 1 ed in x = 3 la funzione log(1+x) e lo sviluppo di Taylor differiscono di una quantità dell'ordine di 10^{-2}.
Se si arresta lo sviluppo all'ordine n = 3 si ottiene una funzione cubica:

$$n = 3 \rightarrow \log(1+x) \approx \log(3) + \frac{(x-2)\,(2x^2-17x+80)}{162}$$

Osservando la Figura 32 si percepisce un'aderenza migliore della funzione data dallo sviluppo alla funzione log(1+x), almeno nell'intervallo [1,3]. In particolare in x = 1 ed in x = 3 la funzione log(1+x) e lo sviluppo di Taylor differiscono di una quantità dell'ordine di 10^{-3}.
Procedendo con lo sviluppo si ottengono espressioni sempre più ostiche da trattare algebricamente. Tuttavia, queste espressioni approssimano sempre meglio la funzione log(1+x) nell'intorno di 2. Inoltre, tale approssimazione è accurata in un intorno sempre più esteso. Questo appare chiaro osservando la Figura 32. All'ordine n = 7 si percepisce ad occhio che lo sviluppo di Taylor approssima bene la funzione nell'intervallo [0,4]. In particolare, per x = 1 e per x = 3, la funzione log(1+x) e lo sviluppo di Taylor differiscono di una quantità dell'ordine di 10^{-5}.
All'ordine n=10, la funzione log(1+x) a colpo d'occhio (vedi Figura 32) non si discosta molto dalla sua approssimazione nell'intervallo [–0,5;4,5]. In particolare, per x = 1 e x = 3, la funzione log(1+x) e lo sviluppo di Taylor differiscono di una quantità dell'ordine di 10^{-7}.

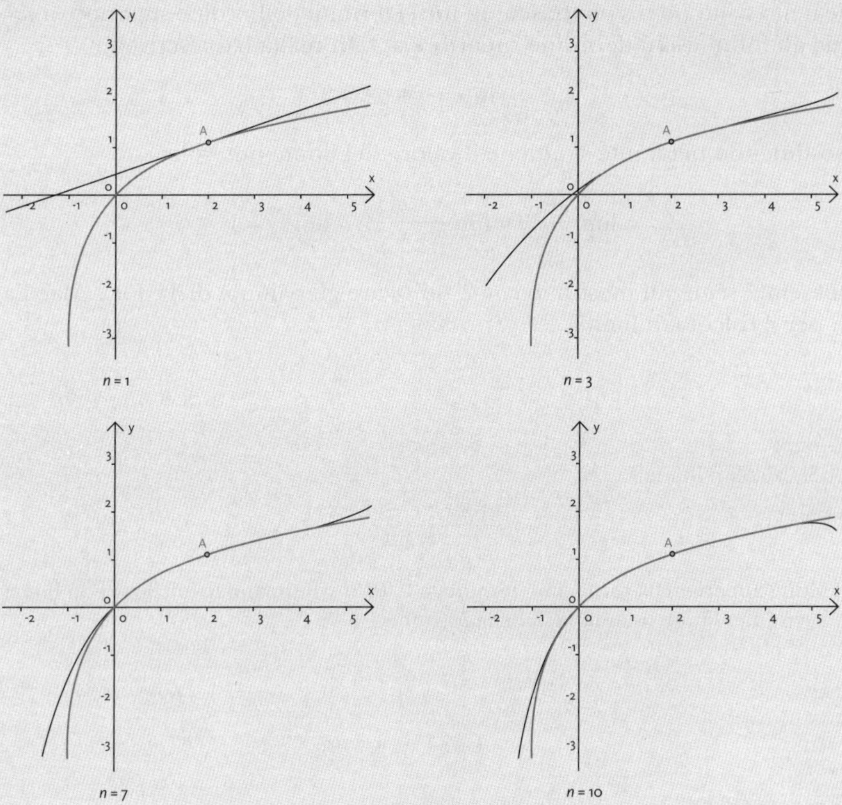

Figura 32

Gli sviluppi in serie di Taylor e di Mac Laurin possono essere utilizzati anche per il calcolo di limiti molto complessi che appaiono in una forma indeterminata. In effetti gli stessi limiti notevoli presentati nei precedenti paragrafi non sono altro che il frutto di uno sviluppo di Taylor/Mac Laurin di una funzione arrestato al primo ordine.
Si pensi al limite notevole:

$$\lim_{x \to 0} \frac{\sin x}{x}$$

Tale limite viene calcolato in un intorno di $x=0$. In tale intorno, la funzione $\sin x$ può essere sviluppata mediante la serie di Mac Laurin della Tabella 5 (riga 1) Ad esempio, si potrebbe scrivere:

$$\sin x = x - \frac{x^3}{3!} + o\left(x^3\right)$$

In tal caso si è arrestato lo sviluppo all'ordine $n=3$. L'espressione $o(x^3)$ indica che nello sviluppo si sono trascurati tutti i termini dell'ordine superiore a $n=3$, ossia gli infinitesimi di ordine superiore a 3. In realtà basta scrivere:

$$\sin x = x + o\,(x)$$

e sostituendo nel limite si ottiene il valore del limite notevole:

$$\lim_{x\to 0}\frac{\sin x}{x} = \lim_{x\to 0}\frac{x+o(x)}{x} = \lim_{x\to 0}\frac{x}{x} = 1$$

Gli esempi seguenti mostrano come utilizzare gli sviluppi di Taylor e Mac Laurin per il calcolo di limiti.

Esempi

1) Si calcoli il limite:

$$\lim_{x\to 0}\frac{(1+x)\cdot e^x-(1+2x)}{x\cdot \sin x}$$

Il limite appare nella forma indeterminata 0/0. Si sviluppano le funzioni non lineari presenti nel limite usando la Tabella 5 (righe 1 e 4).

$$\sin x = x-\frac{x^3}{3!}+o(x^3)$$

$$e^x = 1+x+\frac{x^2}{2!}+o\,(x^2)$$

Si sostituiscono questi sviluppi nel limite:

$$\lim_{x\to 0}\frac{(1+x)\cdot\left(1+x+\frac{x^2}{2!}+o(x^2)\right)-(1+2x)}{x\cdot\left(x-\frac{x^3}{3!}+o(x^3)\right)}$$

Sviluppando i calcoli si ottiene:

$$\lim_{x\to 0}\frac{1+x+\frac{x^2}{2!}+o(x^2)+x+x^2+\frac{x^3}{2!}+o(x^4)-1-2x}{x^2-\frac{x^4}{3!}+o(x^5)}$$

Si noti che $x\cdot o(x^2)=o(x^3)$, ossia, moltiplicando x per un infinitesimo di ordine superiore a $n=2$, si ottiene un infinitesimo di ordine superiore a $n=3$. Analogamente $x\cdot o(x^3)=o(x^4)$.

$$\lim_{x\to 0}\frac{\frac{x^2}{2}+o(x^2)+x^2+\frac{x^3}{2}+o(x^4)}{x^2-\frac{x^4}{6}+o(x^4)}$$

A numeratore si considerano solo i termini in x^2 e si trascurano tutti gli infinitesimi di ordine superiore (il termine in x^3 e gli infinitesimi espressamente indicati). Difatti, questi infinitesimi tendono a zero più velocemente dei termini in x^2 e possono essere trascurati. Lo stesso si fa per i termini a denominatore.

$$\lim_{x\to 0}\frac{\frac{3}{2}x^2+o(x^2)}{x^2+o(x^2)}$$

A questo punto si calcola agevolmente il valore del limite.

$$\lim_{x\to 0}\frac{\frac{3}{2}x^2+o(x^2)}{x^2+o(x^2)}=\lim_{x\to 0}\frac{\frac{3}{2}x^2}{x^2}=\frac{3}{2}$$

Nel calcolo dei limiti con gli sviluppi in serie, occorre fare molta attenzione al termine per il quale si arresta lo sviluppo, in quanto questo può portare a risultati errati che sembrano apparentemente ineccepibili. Sotto questo punto di vista, può aiutare la notazione dell'ordine degli infinitesimi $o(x^n)$.

Ritornando al limite precedente, si supponga di sviluppare la funzione esponenziale arrestando lo sviluppo al termine di ordine 1, ossia $e^x=1+x+o(x)$. Sostituendo nel numeratore del limite si ottiene:

$$(1+x)\cdot(1+x+o(x))-(1+2x)=1+x+o(x)+x+x^2+o(x^2)-1-2x=o(x)+x^2+o(x^2)$$

Si perviene ad un risultato nel quale si stanno trascurando termini significativi per il calcolo del limite. Difatti il termine che deve essere considerato è x^2, ma la notazione $o(x)$ segnala che si stanno trascurando dei termini di ordine superiore a n=1, quindi anche di ordine n=2. In effetti si sta trascurando il termine $\frac{x^2}{2}$ che è presente nel calcolo corretto del limite (vedi sopra). Pertanto, durante il calcolo di tali limiti si dispone di una sorta di "allarme" che avvisa della presenza di un calcolo errato. Tale allarme è la presenza di una espressione del tipo $o(x^n)$ con n inferiore al grado dei termini che si stanno considerando per il calcolo.

2) Si calcola il limite:

$$\lim_{x\to 0}\frac{e^{x^2}-\cos x-\frac{3}{2}x^2}{x^4}$$

Il limite appare nella forma indeterminata 0/0. Si considera lo sviluppo in serie del coseno (Tabella 5, riga 2).

$$\cos x=1-\frac{x^2}{2!}+\frac{x^4}{4!}+o(x^4)$$

Per lo sviluppo di e^{x^2} si può procedere rapidamente sostituendo x^2 al posto di x nello sviluppo di e^x (Tabella 5, riga 4).

$$e^{x^2} = 1 + x^2 + \frac{(x^2)^2}{2!} + \frac{(x^2)^3}{3!} + o((x^2)^3)$$

$$e^{x^2} = 1 + x^2 + \frac{x^4}{2!} + \frac{x^6}{3!} + o(x^6)$$

Sostituendo questi sviluppi nel limite si ottiene:

$$\lim_{x \to 0} \frac{1 + x^2 + \frac{x^4}{2!} + \frac{x^6}{3!} + o(x^6) - 1 + \frac{x^2}{2!} - \frac{x^4}{4!} + o(x^4) - \frac{3}{2}x^2}{x^4}$$

$$\lim_{x \to 0} \frac{\frac{x^4}{2} + \frac{x^6}{6} + o(x^6) - \frac{x^4}{24} + o(x^4)}{x^4}$$

Anche in questo caso si trascurano gli infinitesimi di ordine superiore.

$$\lim_{x \to 0} \frac{\frac{11}{24}x^4 + o(x^4)}{x^4} = \frac{11}{24}$$

Si noti che l'arrestare lo sviluppo di entrambe le funzioni ai termini di ordine n=2 comporta la cancellazione a numeratore di tutti i termini (eccetto i termini del tipo $o(x)$) e l'impossibilità di procedere nel calcolo. Difatti in tal caso al numeratore si avrebbe:

$$1 + x^2 + o(x^2) - 1 + \frac{x^2}{2!} + o(x^2) - \frac{3}{2}x^2 = o(x^2)$$

Pertanto, occorre sviluppare le funzioni almeno fino al quarto ordine.

6.15.8 La serie di Fourier

Una **serie trigonometrica** è una serie espressa mediante le funzioni sin$x$ e cos$x$, nel modo seguente:

$$\frac{a_0}{2} + a_1 \cos x + b_1 \sin x + a_2 \cos 2x + b_2 \sin 2x + \ldots + a_n \cos nx + b_n \sin nx + \ldots$$

Equazione 50

La serie può essere posta anche nella forma sintetica:

$$\frac{a_0}{2} + \sum_{n=1}^{\infty} a_n \cos nx + b_n \sin nx$$

Equazione 51

I coefficienti della serie $a_n, b_n \forall n \in N$ sono numeri reali.
Ci si pone il problema di stabilire sotto quali condizioni una funzione $f(x)$ può rappresentare la somma della serie dell'Equazione 50 per qualsiasi valore x

di un intervallo. In altre parole, ci si chiede quando una funzione $f(x)$ possa essere espressa mediante la serie dell'Equazione 50.

Si consideri una funzione $f(x)$ a valori reali di variabile reale x. Tale funzione soddisfa le **condizioni di Dirichlet** in un intervallo $]a,b[$ se in tale intervallo accade che:

1. la $f(x)$ è uniformemente limitata, ossia $\exists M > 0 : |f(x)| \leq M \ \forall x \in]a,b[$;
2. la $f(x)$ ha un numero finito n di punti di discontinuità $x_1, x_2, \dots, x_n$ ed è continua nel resto dei punti dell'intervallo $]a,b[$;
3. gli n punti di discontinuità sono di prima specie, ossia esistono finiti i limiti destro e sinistro e non coincidono, $\forall x_i \lim_{x \to x_i^+} f(x) = f(x_i^+) \neq f(x_i^-) = \lim_{x \to x_i^-} f(x)$;
4. la $f(x)$ ha un numero finito m di punti di massimo e/o minimo nell'intervallo $]a,b[$.

Vale quindi il seguente **teorema di Dirichlet**.

Teorema 62

Se una funzione $f(x)$ soddisfa le condizioni di Dirichlet nell'intervallo $]-\pi,\pi[$, allora in ogni punto x di tale intervallo in cui è continua, la $f(x)$ può essere sviluppata mediante la serie trigonometrica dell'Equazione 51. Pertanto si scrive:

$$f(x) = \frac{a_0}{2} + \sum_{n=1}^{\infty} a_n \cos nx + b_n \sin nx$$

Equazione 52

In tal caso i coefficienti della serie si calcolano mediante le espressioni:

$$a_n \frac{1}{\pi} \int_{-\pi}^{\pi} f(x) \cos nx \, dx \quad \forall n \in N, \quad b_n = \frac{1}{\pi} \int_{-\pi}^{\pi} f(x) \sin nx \, dx \quad \forall n \in N - \{0\}$$

Equazione 53

La serie dell'Equazione 52 è detta **serie di Fourier** della funzione $f(x)$, mentre i coefficienti dell'Equazione 53 sono espressi mediante le **formule di Eulero-Fourier**.

Se x è un punto di discontinuità dell'intervallo $]-\pi,\pi[$, allora in tal punto la serie dell'Equazione 50 non converge a $f(x)$, bensì alla media aritmetica dei limiti destro e sinistro della funzione nel punto di discontinuità:

$$S(x) = \frac{f(x^+) + f(x^-)}{2}$$

Infine, negli estremi dell'intervallo $x = \pm\pi$ la serie converge alla media tra il limite destro dell'estremo inferiore $x = -\pi$ e il limite sinistro dell'estremo superiore $x = +\pi$

$$S(\pm\pi)=\frac{f(-\pi^{+})+f(+\pi^{-})}{2}$$

Se una funzione è pari, ossia $f(-x)=f(x)$, allora dall'Equazione 53 si ricava che:

$$a_n=\frac{2}{\pi}\int_0^{\pi} f(x)\cos nx\,dx \quad \forall n\in N, \qquad b_n=0 \quad \forall n\in N-\{0\}$$

Equazione 54

Pertanto, una funzione pari verrà espressa mediante i soli termini in coseno (funzione pari), in quanto i coefficienti dei termini in seno si annullano. Quindi, se $f(x)$ è pari si ha:

$$f(x)=\frac{a_0}{2}+\sum_{n=1}^{\infty} a_n\cos nx$$

Se una funzione è dispari, ossia $f(-x)=-f(x)$, allora dall'Equazione 53 si ricava che:

$$a_n=0\ \forall n\in N, \qquad b_n=\frac{2}{\pi}\int_0^{\pi} f(x)\sin nx\,dx \quad \forall n\in N-\{0\}$$

Equazione 55

Pertanto, una funzione dispari verrà espressa mediante i soli termini in seno (funzione dispari), in quanto i coefficienti dei termini in coseno si annullano. Quindi, se $f(x)$ è dispari si ha:

$$f(x)=\sum_{n=1}^{\infty} b_n\sin nx$$

Volendo generalizzare l'Equazione 52 (valida nell'intervallo $]-\pi,\pi[$) si può affermare che se una funzione $f(x)$ soddisfa le condizioni di Dirichlet in un intervallo $]-T,T[$, con T numero reale positivo, allora nei punti dell'intervallo in cui la $f(x)$ è continua la serie di Fourier dell'Equazione 52 si esprime come:

$$f(x)=\frac{a_0}{2}+\sum_{n=1}^{\infty} a_n\cos\left(\frac{n\pi}{T}x\right)+b_n\sin\left(\frac{n\pi}{T}x\right)$$

Equazione 56

In tal caso i coefficienti della serie valgono:

$$a_n=\frac{1}{T}\int_{-T}^{T} f(x)\cos\left(\frac{n\pi}{T}x\right)dx\ \forall n\in N,\ b_n=\frac{1}{T}\int_{-T}^{T} f(x)\sin\left(\frac{n\pi}{T}x\right)dx\ \forall n\in N-\{0\}$$

Equazione 57

Esempi

Si vuole calcolare la serie di Fourier nell'intervallo $]-\pi,\pi[$ della funzione $f(x)=x$. Tale funzione è dispari, pertanto si usano le espressioni dell'Equazione 55.

$$a_n = 0 \ \forall n \in N, \qquad b_n = \frac{2}{\pi}\int_0^{\pi} x\sin nx\, dx \ \ \forall n \in N-\{0\}$$

In particolare si calcolano i coefficienti b_n.

$$b_n = \frac{2}{\pi}\int_0^{\pi} x\sin nx\, dx = \frac{2}{\pi}\int_0^{\pi} \frac{x}{(-n)}(-n)\sin nx\, dx$$

Integrando per parti si ottiene:

$$b_n = \frac{2}{\pi}\int_0^{\pi} \frac{x}{(-n)}(-n)\sin nx\, dx = -\frac{2}{n\pi}\int_0^{\pi} xD(\cos nx)\,dx = -\frac{2}{n\pi}[x\cdot\cos nx]_0^{\pi} + \frac{2}{n\pi}\int_0^{\pi}\cos nx\, dx$$

$$= -\frac{2}{n\pi}[\pi\cdot\cos n\pi - 0] + \frac{2}{n^2\pi}\int_0^{\pi} n\cdot\cos nx\, dx = -\frac{2}{n}[\cos n\pi] + \frac{2}{n^2\pi}[\sin n\pi]_0^{\pi}$$

$$= -\frac{2}{n}[-1]^n + \frac{2}{n^2\pi}[0-0] = \frac{2}{n}[-1]^{n+1}$$

Quindi:

$$f(x) = \sum_{n=1}^{\infty}\frac{2}{n}(-1)^{n+1}\sin nx$$

Equazione 58

Come già visto per la serie di Taylor (par. 6.15.6), maggiore è il numero di termini considerati a secondo membro dell'Equazione 58 e meglio viene approssimata la funzione $f(x)$.

In Figura 33 è mostrata la funzione $f(x)=x$ e la funzione ottenuta arrestando lo sviluppo al termine $n=2$, ossia:

$$f(x) = 2\sin x - \sin 2x$$

Di seguito è mostrata, con la funzione $f(x)=x$, quella ottenuta arrestando lo sviluppo al termine $n=4$:

$$f(x) = 2\sin x - \sin 2x + \frac{2}{3}\sin 3x - \frac{1}{2}\sin 4x$$

In seguito, lo sviluppo è arrestato al termine $n=6$ e poi al termine $n=10$. Al crescere del numero di termini, la funzione viene ben approssimata nell'intervallo $]-\pi,\pi[$.

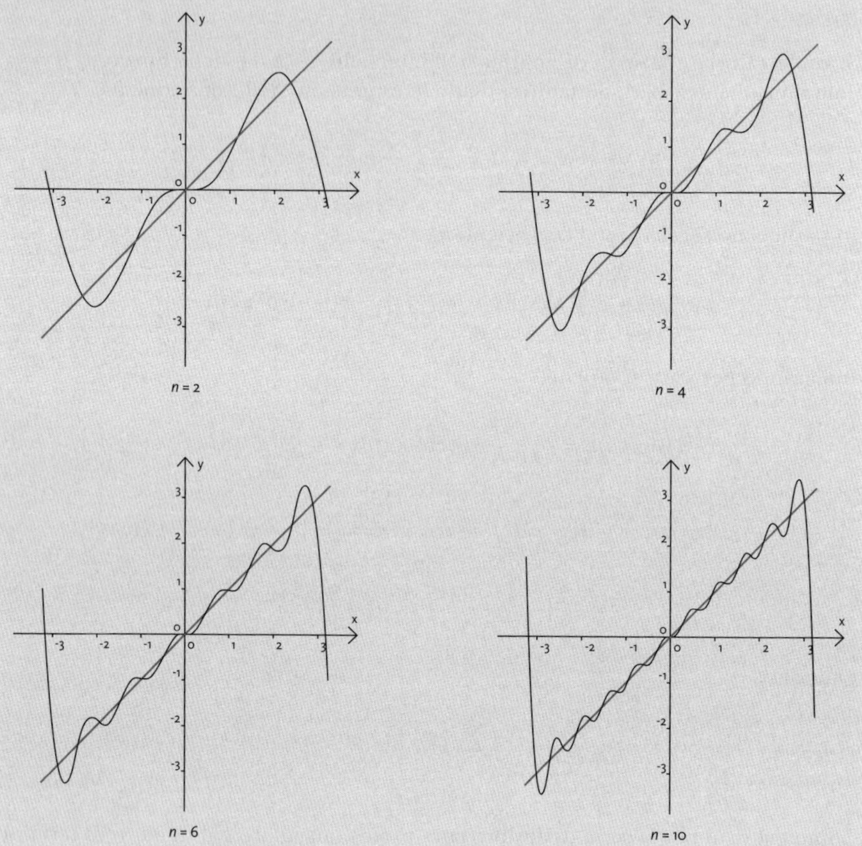

Figura 33

Capitolo 7
Elementi di calcolo delle probabilità e di statistica

7.1 Definire la probabilità

7.1.1 Esperimento, insieme universo ed eventi

Si consideri un qualsiasi **esperimento** mediante il quale si realizzano un insieme di **condizioni** di partenza indicate con y. Questo esperimento può essere ripetuto più volte, ricreando ciascuna volta le medesime condizioni y. In pratica, si suppone che esso sia un esperimento perfettamente ripetibile. Ogni ripetizione dell'esperimento viene detta **prova** o **tentativo**. L'esperimento può avere un certo numero di esiti possibili, detti anche **risultati** dell'esperimento. Questi risultati sono ben distinti tra loro. Pertanto, ad ogni prova si può ottenere un risultato. L'insieme dei risultati possibili, indicato con U, è anche detto **spazio campionario** (o **insieme universo**) associato al determinato esperimento. Si suppone che l'insieme U sia finito o numerabile, ossia che possa essere messo in corrispondenza biunivoca con un insieme finito del tipo $\{1,2,\ldots,n\}$ con $n \in N$, oppure che possa essere messo in corrispondenza biunivoca con l'insieme dei naturali N. Qualsiasi sottoinsieme E di U è detto **evento**. Si noti che, in particolare, un evento E può contenere anche più risultati dell'esperimento (vedi Figura 1).

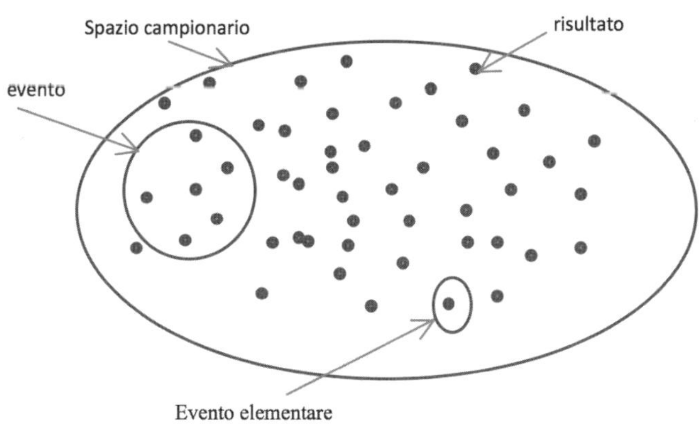

Figura 1

Vi sono particolari tipi di eventi. Un evento **elementare** è tale da riferirsi ad un singolo risultato dell'esperimento, pertanto l'evento elementare è un sottoinsieme di *U* che contiene un singolo elemento (vedi Figura 1). L'evento **certo** è il sottoinsieme di *U* che coincide con lo stesso insieme *U*. In pratica, l'evento certo racchiude tutti i possibili risultati dell'esperimento e, pertanto, deve necessariamente verificarsi. L'evento **impossibile** è rappresentato dall'insieme vuoto Ø che è anch'esso un sottoinsieme di *U*. È impossibile che tale evento si verifichi, quando si svolge una prova dell'esperimento.
In una prova dell'esperimento in questione, si dice che si **è verificato l'evento** *E* se il risultato dell'esperimento è un elemento del sottoinsieme *E* di *U*. Viceversa, si dice che **non si è verificato l'evento** *E*. Un risultato dell'esperimento che permette ad *E* di verificarsi viene anche detto **risultato favorevole all'evento** *E*. Viceversa si parla di **risultato sfavorevole all'evento** *E*.
Nell'introdurre il concetto di evento, si è supposto che l'insieme *U* fosse finito o numerabile, asserendo che qualsiasi sottoinsieme di *U* è un evento. Viceversa, se l'insieme *U* è continuo, allora non tutti i suoi sottoinsiemi sono degli eventi, in tal caso solo i sottoinsiemi misurabili di *U* (secondo una misura introdotta nell'insieme – vedi cap. 6) sono definiti come eventi.

7.1.2 Particolari tipi di eventi e relazioni tra eventi

Gli eventi sono stati definiti come dei sottoinsiemi *E* di un insieme *U*, pertanto tra essi possono valere le usuali relazioni che sussistono tra insiemi (vedi cap. 1). Considerati due eventi E_1 ed E_2 di un insieme universo *U*, da essi è possibile definire l'evento somma, l'evento prodotto e l'evento differenza.
L'**evento somma** è dato dall'unione insiemistica dei due eventi:

$$E = E_1 \cup E_2$$

Questo evento si verifica se si verifica l'evento E_1 oppure l'evento E_2 o entrambi (si rammenti che i due eventi possono contenere anche uno o più risultati in comune).
L'**evento prodotto** è dato dall'intersezione insiemistica dei due eventi:

$$E = E_1 \cap E_2$$

L'evento prodotto *E* si verifica se si verificano entrambi gli eventi E_1 ed E_2.
L'**evento differenza** dei due eventi è dato dal complemento di E_2 rispetto ad E_1.

$$E = E_1 - E_2$$

L'evento differenza *E* si verifica se è verificato E_1, ma non è verificato E_2.
Considerato un evento *E*, si può definire il suo **evento opposto**, indicato con $\overline{E}$. Esso è pari al complemento di *E* rispetto ad *U*.

$$\overline{E} = U - E$$

Si noti che $\overline{E} \cup E = U$, mentre $\overline{E} \cap E = \varnothing$.
Sussistono inoltre le seguenti relazioni tra eventi.

Si dice che l'evento E_1 **implica** l'evento E_2 se E_1 è contenuto in E_2:

$$E_1 \subseteq E_2$$

Questa relazione indica che se si verifica l'evento E_1, allora l'evento E_2 deve necessariamente verificarsi.
Due eventi E_1 ed E_2 si dicono **incompatibili** (o **mutuamente incompatibili**) se la loro intersezione è nulla.

$$E_1 \cap E_2 = \emptyset$$

In tal caso il verificarsi di uno dei due eventi esclude necessariamente il verificarsi dell'altro.
Un insieme di n eventi E_1, E_2,...,E_n viene detto **sistema completo di eventi** se l'unione degli eventi è pari all'insieme universo U.

$$E_1 \cup E_2 \cup \ldots \cup E_n = U$$

Se gli eventi E_1, E_2,..., E_n sono tutti mutuamente incompatibili, ossia $E_k \cap E_j = \emptyset, \forall E_k, E_j$, allora E_1, E_2,..., E_n viene detto **sistema completo di eventi incompatibili.**
Dopo aver definito gli eventi come sottoinsiemi dell'insieme U ed aver identificato particolari tipi di eventi e particolari relazioni che possono sussistere tra gli eventi, viene spontaneo chiedersi come si possa quantificare la possibilità che uno o più di questi eventi si verifichino nell'effettuare una prova dell'esperimento. Si vuole pertanto attribuire a ciascun evento un numero che sia indice della possibilità che esso si verifichi. Tale numero viene detto **probabilità**. Va detto subito che il percorso verso la definizione della probabilità in modo coerente e completo ha coinvolto diversi studiosi, ciascuno dei quali ha fornito una propria definizione di probabilità. Il passo conclusivo è stato l'introduzione di una teoria assiomatica della probabilità che ha raccolto come casi particolari le definizioni precedenti. Questo percorso viene affrontato nei paragrafi successivi.

7.1.3 Definizione classica della probabilità

Si suppone di effettuare un esperimento che presenti una **simmetria** nei risultati (negli esiti). Per via di tale simmetria, nessuno degli esiti è quantitativamente differente dagli altri. Questa simmetria influenza anche l'insieme universo U che risulta formato da eventi elementari che hanno tutti la stessa possibilità di verificarsi. Tali eventi vengono detti **equiprobabili**. Da tale denominazione si comprende che la probabilità di tutti questi eventi elementari deve avere il medesimo valore numerico. Quando si effettua una prova dell'esperimento, essa può dare un esito corrispondente all'evento elementare E_i. In tal caso si dice che la prova **è favorevole all'evento elementare** E_i oppure **verifica l'evento elementare** E_i. Tutti gli eventi elementari, oltre ad essere equiprobabili, sono anche **incompatibili**. Questo significa che se una prova è favorevole ad un evento elementare E_i, ciò esclude automaticamente che

tale prova sia favorevole o possa verificare qualsiasi altro evento elementare dell'insieme universo *U*. Ovviamente, anche in questo caso si possono definire eventi che sono unioni di eventi elementari e si può parlare di prove favorevoli ad eventi qualsiasi.
In queste ipotesi si formula la seguente **definizione classica di probabilità**.
"La probabilità di un evento aleatorio previsto in una determinata prova di un esperimento è il rapporto tra il numero di risultati favorevoli al verificarsi dell'evento ed il numero di tutti i risultati possibili, essendo questi ultimi equiprobabili e mutuamente incompatibili."
Questa definizione è stata inizialmente formulata da P.S. Laplace e rivista in seguito da C.F. Pierce.
Si noti che tale definizione di probabilità esula da qualsiasi verifica sperimentale. Questo comporta che la probabilità secondo la definizione classica può essere calcolata mediante schemi teorici e conosciuta prima di effettuare le prove dell'esperimento. Per tale motivo essa è anche detta **probabilità a priori** (è nota prima dell'esperimento).
Stando alla definizione appena fornita, la probabilità *P(E)* di un evento *E* può essere scritta come:

$$P(E)=\frac{n_f}{n_p}$$

Equazione 1

dove n_f è il numero dei risultati favorevoli (al verificarsi di *E*) e n_p è il numero dei risultati possibili.
Da tale definizione si deducono le seguenti proprietà:

$$P(E)\geq 0$$

Difatti la probabilità è il rapporto di due numeri naturali.
La **probabilità dell'evento certo**, ossia *U*, vale:

$$P(U)=\frac{n_p}{n_p}=1$$

Considerati due eventi incompatibili E_1 ed E_2, deve necessariamente accadere che gli n_{f1} risultati favorevoli al verificarsi di E_1 non possano coincidere con gli n_{f2} risultati favorevoli al verificarsi di E_2.
Pertanto le probabilità dei due eventi valgono:

$$P(E_1)=\frac{n_{f1}}{n_p};P(E_2)=\frac{n_{f2}}{n_p}$$

Inoltre la probabilità dell'evento somma è data da:

$$P(E_1\cup E_2)=\frac{n_{f1}+n_{f2}}{n_p}=\frac{n_{f1}}{n_p}+\frac{n_{f2}}{n_p}=P(E_1)+P(E_2)$$

Quindi vale la seguente **proprietà additiva della probabilità**:

$$E_1 \cap E_2 = \varnothing \Rightarrow P(E_1 \cup E_2) = P(E_1) + P(E_2)$$

Equazione 2

Si noti che un evento e il suo opposto sono incompatibili, ossia $\overline{E} \cap E = \varnothing$, ed inoltre la loro unione corrisponde ad *U*. Applicando la proprietà additiva (Equazione 2) a questi due eventi si può scrivere:

$$P(\overline{E}) + P(E) = P(\overline{E} \cup E) = P(U) = 1$$

da cui si ottiene la **probabilità dell'evento opposto**:

$$P(\overline{E}) = 1 - P(E)$$

Equazione 3

Si noti inoltre che $U \cup \varnothing = U$, pertanto il vuoto e l'insieme universo sono incompatibili. Quindi si ha:

$$P(U) + P(\varnothing) = P(U \cup \varnothing) = P(U) = 1$$

da cui

$$1 + P(\varnothing) = 1$$

Si ricava che la **probabilità dell'evento impossibile** è:

$$P(\varnothing) = 0$$

Si considerino due eventi E_1 ed E_2 tali che $E_1 \subseteq E_2$ (E_1 implica E_2). Sussiste la relazione insiemistica (vedi Figura 2):

$$E_2 = E_1 \cup (E_2 - E_1)$$

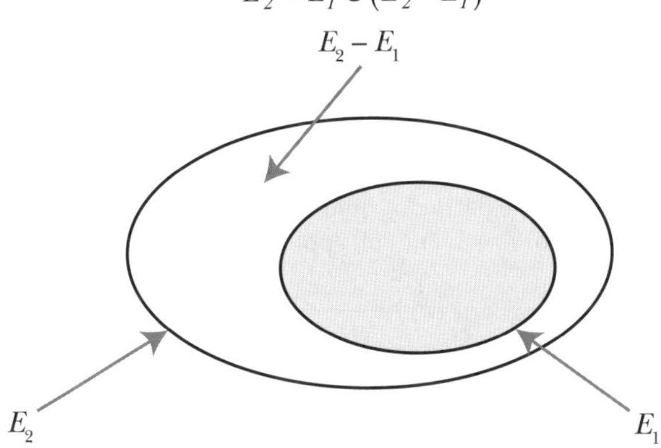

Figura 2

Inoltre i due eventi E_1 ed E_2–E_1 sono incompatibili. Quindi si può scrivere:

$$P(E_2) = P(E_1 \cup (E_2 - E_1)) = P(E_1) + P(E_2 - E_1) \geq P(E_1)$$

Pertanto sussiste la seguente **proprietà di monotonia**:

$$E_1 \subseteq E_2 \Rightarrow P(E_1) \leq P(E_2)$$

Se un evento E_1 è incluso in un secondo evento E_2, allora la probabilità di E_1 è maggiorata da quella di E_2.
Un qualsiasi evento E include l'insieme vuoto $\varnothing$ ed è a sua volta incluso nell'insieme universo U. Quindi si può scrivere dall'equazione:

$$\varnothing \subseteq E \subseteq U \Rightarrow 0 \leq P(E) \leq 1$$

La probabilità di un evento qualsiasi è un numero razionale compreso fra 0 e 1.
Considerato un sistema completo di n eventi **incompatibili** E_1, E_2,..., E_n con $E_k \cap E_j = \varnothing, \forall E_k, E_j$ si ha che:

$$E_1 \cup E_2 \cup \ldots \cup E_n = U$$

Pertanto, applicando l'Equazione 2 si può scrivere:

$$P(E_1 \cup E_2 \cup \ldots \cup E_n) = P(U)$$

$$P(E_1 \cup E_2 \cup \ldots \cup E_n) = 1$$

$$P(E_1) + P(E_2) + \ldots + P(E_n) = 1$$

$$\sum_{i=1}^{n} P(E_i) = 1$$

Equazione 4

Esempi

1) Nel lancio di un dado, lo spazio campionario è costituito da sei eventi: E_1 = "il dado mostra la faccia 1", E_2 = "il dado mostra la faccia 2", ..., E_6 = "il dado mostra la faccia 6". Si calcola la probabilità che si verifichi l'evento E_6 lanciando un dado. I risultati possibili sono 6 (le 6 facce del dado) quindi $n_p = 6$, mentre i risultati favorevoli sono 1 (il numero 6), quindi $n_f = 1$. Per cui, applicando l'Equazione 1, si ha:

$$P(E_6) = \frac{n_f}{n_p} = \frac{1}{6} \approx 0{,}17$$

In quanto numero puro, la probabilità viene spesso espressa in percentuale. Quindi si ha $P(E_6) \approx 17\%$.

La probabilità che non esca sei (l'evento opposto) è determinata mediante l'Equazione 3:

$$P\left(\overline{E_6}\right)=1-P\left(E_6\right)=1-\frac{1}{6}=\frac{5}{6}\approx 0{,}83=83\%$$

Infine si noti che la somma delle probabilità di tutti gli eventi possibili (tra loro mutuamente incompatibili) è pari ad 1 (Equazione 4):

$$P(1)+P(2)+P(3)+P(4)+P(5)+P(6)=\frac{1}{6}+\frac{1}{6}+\frac{1}{6}+\frac{1}{6}+\frac{1}{6}+\frac{1}{6}=1$$

2) In riferimento al gioco del Lotto, si vuole determinare la probabilità di indovinare l'estrazione di uno dei cinque numeri estratti (la cinquina) su una ruota. Si suppone di puntare sul numero *m*. Occorre chiedersi, di tutte le possibili cinquine, quante contengano *m*. Il numero *m* è fissato, mentre per gli altri 89 numeri bisogna considerare tutte le loro combinazioni a 4 a 4 da affiancare ad *m* per ottenere la cinquina. 89 elementi a gruppi di 4 possono essere combinati secondo il coefficiente:

$$C_{89,4}=\frac{89!}{(89-4)!4!}=\frac{89\cdot 88\cdot 87\cdot 86}{4\cdot 3\cdot 2\cdot 1}=89\cdot 22\cdot 29\cdot 43=2441626$$

Questo coefficiente rappresenta tutte le combinazioni favorevoli all'estrazione di *m* (cinquine vincenti). La probabilità di indovinare l'estratto è data dal numero di combinazioni (cinquine) vincenti $C_{89,4}$ diviso per il numero di cinquine possibili, ossia di tutte le combinazioni dei 90 numeri presi a gruppi di 5 $C_{90,5}$.

$$P_1=\frac{C_{89,4}}{C_{90,5}}=\frac{\frac{89!}{85!\cdot 4!}}{\frac{90!}{85!\cdot 5!}}=\frac{89!}{\cancel{85!}\cdot 4!}\cdot\frac{\cancel{85!}\cdot 5!}{90!}=\frac{\cancel{89!}}{\cancel{4!}}\cdot\frac{5\cdot\cancel{4!}}{90\cdot\cancel{89!}}=\frac{5}{90}=\frac{1}{18}\approx 0.0556$$

La probabilità di indovinare l'estratto è all'incirca il 5,6%.

3) Per determinare la probabilità di indovinare un ambo, ossia una coppia di numeri della cinquina, si suppone di puntare su di una coppia di numeri *k* e *h*. Gli altri 88 numeri devono essere affiancati ai due numeri *k* e *h* in gruppi di 3 per ottenere una cinquina. 88 elementi a gruppi di 3 possono essere combinati secondo il coefficiente:

$$C_{88,3}=\frac{88!}{(88-3)!3!}=\frac{88\cdot 87\cdot 86}{3\cdot 2}=88\cdot 29\cdot 43=109736$$

Questo coefficiente rappresenta tutte le combinazioni favorevoli all'estrazione dei due numeri dell'ambo; per cui la probabilità di indovinare l'ambo è data dal numero di combinazioni (cinquine) vincenti $C_{88,3}$ diviso per il numero di cinquine possibili $C_{90,5}$.

$$P_2=\frac{C_{88,3}}{C_{90,5}}=\frac{2}{801}\approx 0.002497$$

Pertanto la probabilità di indovinare l'ambo è all'incirca lo 0,25%.

La definizione classica di probabilità lascia aperti alcuni problemi. Un primo evidente problema nasce fin dal momento in cui si pone la definizione stessa. Quando si espone il concetto di simmetria dei risultati sperimentali, si introduce uno spazio campionario che ha eventi "equiprobabili", senza avere ancora parlato della "probabilità". In pratica, la definizione di probabilità viene data attraverso il concetto di eventi che hanno la stessa probabilità di verificarsi. Con tale ragionamento si innesca un "circolo vizioso" che mina alla radice la definizione di probabilità. Oltre questo problema formale, vi è anche una evidente limitatezza della definizione, dovuta alla possibilità di analizzare solo esperimenti in cui tutti i risultati hanno la stessa probabilità. Ad esempio, verrebbe da chiedersi come trattare un dado truccato nel quale tutte le facce non hanno la stessa probabilità di uscire. Inoltre, il numero di risultati dell'esperimento, e quindi degli eventi possibili, è sempre considerato finito. Nella trattazione di esperimenti con un numero infinito di risultati per mezzo della probabilità classica emergono alcune difficoltà.
Pertanto, la definizione classica di probabilità risulta incompleta; nasce, quindi, la necessità di una nuova definizione di probabilità che possa contemplare anche i casi non trattati dalla definizione classica.

7.1.4 Definizione frequentista (o statistica) della probabilità

Le critiche mosse alla definizione classica di probabilità e lo sviluppo delle scienze sperimentali hanno portato ad una nuova definizione di probabilità di un evento, legata al concetto di frequenza dell'evento stesso. Si supponga di ripetere più volte un esperimento, sempre con il medesimo insieme di condizioni perfettamente riproducibili, e di annotare quante volte il risultato dell'esperimento sia favorevole al verificarsi di un certo evento E. Sia n_v questo numero di risultati favorevoli e sia n_r il numero di volte che l'esperimento è stato ripetuto con le medesime condizioni. La **frequenza relativa** dell'evento E viene indicata mediante il rapporto:

$$F(E) = \frac{n_v}{n_r}$$

Equazione 5

Al crescere del numero n_r di prove effettuate, si nota sperimentalmente che questo numero subisce variazioni casuali. Tuttavia, queste variazioni mostrano una certa regolarità e si concentrano intorno ad un determinato valore. L'ampiezza delle variazioni casuali diminuisce al crescere del numero di prove effettuate.
Da tali osservazioni, viene formulata la seguente **legge empirica del caso**:
"Se si effettua un gran numero di prove di un esperimento, tutte nelle medesime condizioni riproducibili, la frequenza relativa di un evento aleatorio, per il quale la probabilità resta costante al crescere del numero delle prove, tende

ordinariamente a differire in modo sempre minore dalla probabilità dell'evento. Tale differenza diminuisce in modulo al crescere delle prove effettuate".
Questo asserto viene anche riassunto nella seguente relazione simbolica:

$$\lim_{n_r \to \infty} F(E) = \lim_{n_r \to \infty} \frac{n_v}{n_r} = P(E)$$

Equazione 6

Questa definizione è dovuta a R. Von Mises. Altri fautori di questo approccio sono stati G. Castelnuovo ed E. Kamke.
Si noti che il limite dell'Equazione 6 non è da considerarsi in senso stretto, come quello del calcolo differenziale (vedi cap. 6). Se così fosse, si dovrebbe ammettere che, considerato un certo $\varepsilon > 0$, dovrebbe esistere un certo $\nu \in N$ tale che $\forall n_r > \nu$ la differenza $|F(E) - P(E)| < \varepsilon$. Tuttavia, non sempre questo v è individuabile con certezza, ovvero, non sempre si può conoscere dopo quante prove la frequenza approssimerà con un certo grado di esattezza la probabilità.
Si consideri ora un esperimento perfettamente riproducibile con risultati equiprobabili. È pensabile determinare le probabilità dei risultati dell'esperimento mediante la definizione classica. In effetti, si nota che, al crescere delle prove, ordinariamente, la frequenza *F*(*E*) di un evento *E* tende ad approssimare proprio il valore della probabilità classica *P(E)*. Si noti che, in questo caso, la frequenza e la probabilità classica, sebbene legate dalla relazione dell'Equazione 6, restano due concetti profondamente distinti per la loro natura. La frequenza è un numero che non può essere conosciuto se non si effettuano delle prove di un esperimento. Si tratta pertanto di una grandezza misurata sperimentalmente e determinabile **a posteriori** (dopo l'esperimento). La probabilità nel senso classico del termine è un valore che si può determinare senza effettuare le prove dell'esperimento, ma analizzando lo spazio campionario ad esso associato. Pertanto essa è un concetto teorico, definibile a priori, ossia senza delle prove sperimentali.
La legge empirica del caso (Equazione 6) permette di estendere il concetto di probabilità a tutti quei casi in cui è possibile svolgere una serie di prove di un esperimento senza che le condizioni varino. Pertanto, in essa sono contemplati anche casi non gestibili mediante la probabilità classica; ad esempio quando i risultati non sono equiprobabili. L'Equazione 6 definisce quindi una nuova probabilità che viene detta **probabilità statistica** o **frequentista**. Per conoscere la probabilità statistica è necessario svolgere numerose prove di un esperimento e notare che al crescere delle prove le frequenze con cui si verifica un evento tendono ad assumere un certo valore identificato appunto con la probabilità.
Si può quindi fornire la seguente definizione statistica o frequentista della probabilità:
"La probabilità statistica di un evento aleatorio è un numero capace di prevedere la frequenza dell'evento per un numero di prove sufficientemente elevato di un esperimento ripetibile sempre nelle medesime condizioni".

Esempio

Si supponga di disporre di una puntina da disegno e di lanciarla per osservare in quale posizione giunge a terra. Vi saranno due possibili risultati di questo esperimento:

1) la puntina può poggiare con la testa a terra (Figura 3a);
2) la puntina può poggiare con il gambo appuntito e con il bordo della testa a terra (Figura 3b).

In linea del tutto generale, appare arbitrario sostenere che le due configurazioni sono equiprobabili (come nel caso di una moneta). Pertanto, la definizione classica di probabilità non può essere adottata. Non resta altro che lanciare un elevato numero di volte la puntina e osservare il numero di volte che si verificano i risultati 1 e 2, per ricavare le frequenze dei due eventi elementari associati a tali risultati. Per un numero alto di prove, tali frequenze possono essere assunte, con buona approssimazione, come le probabilità dei due eventi elementari.

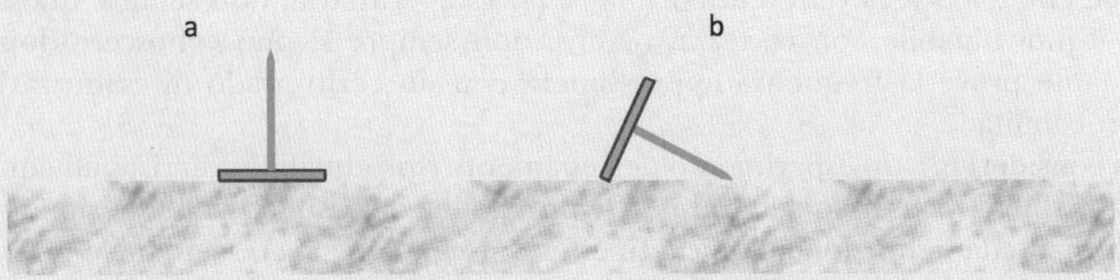

Figura 3

La probabilità statistica trova applicazione anche in indagini statistiche nelle quali si misurano le frequenze relative. Per comprendere questo aspetto, si anticipano alcuni concetti che saranno chiariti in seguito. Si considera una determinata popolazione (di individui oppure di oggetti) che viene indicata con U e detta **universo statistico**. Da tale popolazione, si estrae, con delle tecniche adeguate, un campione rappresentativo C, ossia un sottoinsieme di oggetti o di individui che rifletta in pieno le caratteristiche dell'intera popolazione. Il sottoinsieme C di U è detto **campione statistico**. Più raramente è possibile far coincidere il campione con l'intero universo statistico. Individuato il campione statistico, si dice che esso è costituito da **unità statistiche** che corrispondono agli individui o agli oggetti che costituiscono il campione statistico. A questo punto si inizia l'indagine sul campione. Per ciascuna unità statistica del campione, viene rivelata la caratteristica che è oggetto di studio (mediante un questionario posto all'individuo o mediante un test svolto sull'oggetto). Ogni singola rilevazione su ciascuna unità statistica viene identificata come una **prova** dell'esperimento che conduce ad un certo risultato. Tale risultato verifica oppure non verifica l'**evento** di cui si vuole determinare la frequenza. Compiuta l'indagine, si ottiene una frequenza per l'evento studiato. Se il numero di rilevazioni è sufficientemente grande, tale frequenza approssima in modo opportuno la probabilità dell'evento riferita all'intero universo statistico.

Esempio

Una fabbrica produce una bevanda in bottiglie di vetro da 1 litro. La bevanda viene prodotta lungo due linee distinte di produzione, denominate linea A e linea B. Ciascuna linea di produzione imbottiglia ogni settimana 10000 bevande. Una parte delle bevande viene prodotta con un difetto di fabbricazione che consiste nel versare nella bottiglia una quantità di prodotto che differisce di più del 2% dalla quantità dichiarata sull'etichetta (pari ad un litro).
Ogni giorno è possibile svolgere un controllo sul 25% della produzione totale di ciascuna linea e si ottengono i risultati esposti nella seguente tabella.

Produzione	Privi di Difetto	Con Difetto	Totale
Linea A	2396	104	2500
Linea B	2378	122	2500
Totale	4774	226	5000

Si vogliono determinare le probabilità dei seguenti eventi:
1) controllando a caso un prodotto della linea di produzione A, esso risulta privo di difetti;
2) controllando a caso un prodotto, esso risulta privo di difetti;
3) considerando a caso un prodotto con difetto, esso proviene dalla linea di produzione B.

La probabilità dell'evento 1 è approssimata dalla frequenza relativa con cui i prodotti della linea di produzione A vengono prodotti senza difetti, ossia dal rapporto tra i prodotti controllati e privi di difetto della linea A e il numero totale dei prodotti controllati della linea A.

$$P_1 = F_1 = \frac{2396}{2500} = 0,9584 = 95,84\%$$

La probabilità dell'evento 2 è approssimata dalla frequenza relativa con cui i prodotti di entrambe le linee di produzione vengono prodotti senza difetti, ossia dal rapporto tra il totale dei prodotti controllati e privi di difetto e il numero totale dei prodotti controllati.

$$P_2 = F_2 = \frac{4774}{5000} = 0,9548 = 95,48\%$$

La probabilità dell'evento 3 è approssimata dalla frequenza relativa con cui i prodotti con difetti di entrambe le linee di produzione vengono prodotti dalla linea di produzione B, ossia dal rapporto tra il numero dei prodotti controllati con difetto della linea B e il numero totale dei prodotti controllati con difetto.

$$P_3 = F_3 = \frac{122}{226} \approx 0,5398 = 53,98\%$$

Nel caso di esperimenti con risultati equiprobabili, la probabilità statistica e quella classica di un evento tendono ad assumere il medesimo valore. Sono famose le prove di G. L. Leclerc, conte di Buffon e di K. Pearson che effettuarono numerosi lanci di una moneta e verificarono la frequenza dell'evento "esce testa", la cui probabilità classica è pari a 0,5. Essi constatarono che al crescere del numero di prove (lanci), la frequenza relativa dell'evento "esce testa" tende ad approssimare sempre meglio la probabilità dell'evento, così come calcolata con la definizione classica. I risultati sono mostrati in Tabella 1.

Tabella 1

Autore	Num. Lanci	Num. Teste	Frequenza	Prob. Class.	Scarto
Buffon	4040	2048	0,5069307	0,5	0,0069307
Pearsons	12000	6019	0,5015833	0,5	0,0015833
Pearsons	24000	12012	0,5005000	0,5	0,0005000

Sostituendo il valore del limite dell'Equazione 6, al posto del rapporto che definisce la probabilità classica, si può dimostrare che la probabilità statistica gode delle stesse proprietà di quella classica (verificando dall'Equazione 2 all'Equazione 4).

Nota di approfondimento

La legge empirica del caso è un asserto di chiara forma sperimentale, pertanto essa deve essere verificata effettuando le prove di un esperimento. Tuttavia, tale legge è frutto di numerosi equivoci e fraintendimenti. Ad esempio, nella concezione comune di probabilità di un evento, si è ormai diffusa l'usanza di considerare un evento più probabile di altri nelle successive prove sperimentali, se la frequenza di quest'ultimo sottostima in modo considerevole la probabilità attesa. Siccome la frequenza deve tendere alla probabilità ed è notevolmente inferiore, nelle prossime prove l'evento dovrebbe verificarsi più spesso, per far convergere la frequenza verso la probabilità. Tale ragionamento è privo di fondamento. Difatti la frequenza non ha alcuna ripercussione sulla probabilità stessa dell'evento che continua a rimanere invariata. Si rammenti che la condizione di una probabilità costante è proprio uno dei requisiti essenziali per poter applicare il concetto frequentista di probabilità. Il campo di applicazione tipico di questa deduzione errata è dato dai ritardi dei numeri nel gioco del Lotto. Nell'esempio del paragrafo precedente, si è visto che la probabilità dell'estrazione di un numero vale circa il 5,6%. Se, ad esempio, nelle ultime 100 estrazioni il numero non è mai stato estratto, allora la sua frequenza in tale intervallo di tempo vale 0. Tale frequenza di estrazione sottostima chiaramente la probabilità. Pertanto, si tende a ritenere che nella prossima prova la probabilità di estrazione aumenti, per permettere alla frequenza di poter tendere ad essa. Questo non è corretto da un punto di vista concettuale. La probabilità di estrazione del numero, nel senso classico del termine, resta invariata e ha sempre il valore pari a 5,6%. Essa è conoscibile a priori, senza l'uso delle prove sperimentali (le estrazioni precedenti), né tantomeno può essere influenzata dalle stesse prove precedenti. Si usa dire che "l'urna non ha memoria", o più in generale che "il caso non ha memoria".

La definizione statistica di probabilità fa emergere alcuni problemi, sebbene tenda ad ampliare il concetto di probabilità classica.
Innanzitutto vi sono dei problemi formali nella definizione della probabilità statistica, poiché non risulta ben specificato cosa significhi "un numero sufficientemente alto" di prove, affinché la probabilità si possa ritenere ben approssimata dalla frequenza.
Oltre i problemi formali, vi sono anche problemi pratici, legati all'applicabilità della definizione di probabilità statistica. Il limite maggiore sta nel fatto che non sempre è possibile effettuare prove sperimentali per determinare le frequenze. Inoltre, quando questo è possibile, non è detto che sia possibile mantenere le condizioni sperimentali inalterate per effettuare un numero di prove arbitrariamente grande. Pertanto occorre ampliare ancora una volta la definizione di probabilità.

7.1.5 Definizione soggettiva di probabilità (o probabilità su scommessa)

Molto spesso nella realtà si presentano situazioni mutevoli, per le quali non è possibile effettuare prove ripetute. In tal caso, la probabilità che un evento si verifichi può essere quantificata da un determinato soggetto, in base alle informazioni che egli ha sul contesto mutevole nel quale l'evento dovrebbe verificarsi.
A tale proposito si può introdurre una definizione di probabilità soggettiva. Questa denominazione deriva dal fatto che essa potrebbe essere quantificata in modo diverso da soggetto a soggetto. In ogni caso è necessario supporre che il soggetto in questione svolga calcoli e ragionamenti **coerenti**, evitando qualsiasi forma di arbitrarietà.
La **probabilità soggettiva** viene definita nel modo seguente:
"La probabilità di un evento E è la misura del livello di fiducia che un individuo, mediante calcoli e ragionamenti coerenti, è disposto a riporre sull'avverarsi di E, secondo le informazioni in suo possesso".
Questa definizione è dovuta a L. Daboni.
La probabilità soggettiva viene determinata mediante delle scelte personali che tuttavia non sono arbitrarie, ma indotte da valutazioni coerenti. Sotto questo punto di vista, il calcolo di una probabilità può essere inteso anche come la dottrina che si occupa di valutare delle situazioni e prendere delle decisioni, pur non disponendo di informazioni complete sulle situazioni stesse.
Il termine "soggettivo" è usato per contrapporre questa definizione di probabilità a quella classica e frequentista che sono "oggettive", in quanto dettate da valutazioni fatte su quantità che sono frutto di deduzioni logico-algebriche o di calcoli statistici.
Soprattutto in situazioni relative a giochi d'azzardo, lotterie e scommesse, un individuo (chiamato anche **giocatore** o **scommettitore**) può essere invitato a scommettere una certa somma di denaro S_u (**somma in uscita**) sul verificarsi

di un determinato evento aleatorio *E*. Il gioco consiste nel versare tale somma per partecipare al gioco e scommettere che l'evento *E* si verifichi. La somma versata è persa definitivamente; tuttavia, se l'evento *E* si verifica, lo scommettitore vince una somma s_e (**somma in entrata** o **somma esigibile**), tale che $s_e > s_u$. Ovviamente se l'evento non si verifica, egli non vince nulla ed ha perso la somma s_u. In linea generale può accadere che il giocatore ritenga la somma s_e troppo bassa in relazione alla possibilità di verificarsi dell'evento *E*; pertanto egli non ritiene che tale somma sia adeguata rispetto al livello di rischio che egli corre nel perdere la somma s_u. In alternativa, lo scommettitore può ritenere la somma esigibile s_e come "equa" rispetto alla possibilità di verificarsi dell'evento *E*. Pertanto, egli è disposto a correre il rischio di versare la somma s_u senza ricevere nulla in cambio. Lo scommettitore formula queste sue opinioni soggettive in base alle informazioni di cui egli dispone rispetto al verificarsi dell'evento *E*. Nel valutare come "equa" la possibile vincita s_e di cui potrebbe usufruire, egli sta attribuendo all'evento *E* una probabilità soggettiva, indicata con *P(E)*. Il prodotto della somma esigibile per tale probabilità è dato da $r = s_e \cdot P(E)$ e viene anche detto **speranza matematica.** Questo prodotto quantifica l'effettiva possibilità di vincita che lo scommettitore si attribuisce. D'altro canto lo scommettitore è sicuro di perdere una somma pari a s_u, che può anche essere vista come il prodotto $s_u \cdot 1$, ossia la somma in uscita per la probabilità di perdere la somma (che è un evento certo e vale 1).
Quando uno scommettitore ritiene **equa** una scommessa che gli viene proposta, egli ritiene vera l'uguaglianza:

$$s_e \cdot P(E) = s_u \cdot 1$$

Ossia ritiene che la possibilità di vincere una somma s_e, legata al verificarsi di un evento aleatorio *E*, abbia un valore comparabile alla certezza di perdere una somma $s_u < s_e$. Da questo si ottiene la probabilità:

$$P(E) = \frac{s_u}{s_e}$$

Equazione 7

Tale formula permette di formulare una definizione alternativa di **probabilità soggettiva**:
"Considerato un evento aleatorio *E*, se uno scommettitore ritiene indifferente (o equivalente) trattenere incondizionatamente una somma s_u oppure ricevere sotto la condizione che l'evento *E* si verifichi una somma pari ad s_e, allora la probabilità soggettiva dell'evento, secondo l'opinione dello scommettitore, è definita dal rapporto s_u/s_e."
Se la somma s_e=1, allora la probabilità dell'evento *E* coincide proprio con la somma che lo scommettitore è disposto ad esborsare:

$$P(E) = s_u$$

Questa relazione permette di introdurre un'ulteriore definizione di **probabilità soggettiva**, legata a quella precedente:
"Considerato un evento aleatorio *E*, la probabilità che un individuo attribuisce al verificarsi dell'evento *E* è pari alla somma che l'individuo ritiene equo esborsare, sotto la condizione di ricevere una somma unitaria al verificarsi dell'evento *E*".
Quest'ultima definizione è dovuta a B. De Finetti. Per via di tale definizione, la probabilità soggettiva viene anche detta **probabilità su scommessa**.

Esempio

Si pensi alla possibilità di individuare, fissate due squadre di calcio A e B, la probabilità che A vinca la prossima partita che giocherà contro B. Gli incontri precedenti tra le due squadre sono assimilabili a prove sperimentali già effettuate. Tuttavia, queste prove possono contare fino ad un certo punto, poiché, in questo particolare incontro i giocatori titolari delle due squadre possono essere cambiati, oppure le due squadre potrebbero avere motivazioni diverse rispetto agli incontri precedenti. Questi sono solo alcuni dei fattori che cambiano le condizioni di un incontro tra le due squadre. Pertanto, la definizione frequentista di probabilità perde di efficacia. Tuttavia, è possibile dare una valutazione soggettiva della probabilità relativa all'evento E = "vince la squadra A". Si supponga che uno scommettitore, attraverso informazioni in suo possesso, in relazione al prossimo incontro tra le due squadre A e B, ritenga la probabilità di vittoria di A (la probabilità dell'evento E) pari a 0,20. In tal modo, egli avrà valutato soggettivamente tale probabilità. In altre parole, egli è disposto a sborsare una somma pari, ad esempio, ad s_u=1€, se in cambio, nel caso in cui si verifichi l'evento E, gli viene restituita una somma data dall'inversa dell'Equazione 7, ossia:

$$s_e = \frac{s_u}{P(E)} = \frac{1}{0,20} = 5€$$

Si supponga ora che l'allibratore a_1, ossia colui che propone le scommesse, prometta di ripagare con una somma pari a s_e=5€ una puntata pari a s_u=1€. Lo scommettitore riterrà tale scommessa "equa". Si noti che in tal caso la probabilità stimata dall'allibratore coincide con quella stimata dallo scommettitore. Viceversa, lo scommettitore riterrà "iniqua" una scommessa proposta dall'allibratore a_2 che restituisce s_e=10€ per una puntata pari a s_u=4€. Difatti, questo corrisponde a pagare s_e=2,5€ per una puntata s_u=1€. Si noti che in questo caso la probabilità stimata dall'allibratore è superiore a quella stimata dallo scommettitore. Infine, lo scommettitore riterrà addirittura "favorevole" la scommessa proposta dall'allibratore a_3 che paga s_e=6€ una puntata pari a s_u=1€. In questo caso la probabilità stimata dall'allibratore è minore di quella stimata dallo scommettitore. I diversi allibratori attribuiscono probabilità diverse al medesimo evento, proprio perché tali probabilità sono soggettive e dipendono dalle informazioni di cui ciascuno di essi dispone. Tuttavia, si intuisce che la probabilità che un certo evento si verifichi tenderà sempre ad essere sovrastimata da un allibratore; in tal modo l'allibratore si garantisce di poter pagare agli scommettitori vincenti cifre contenute, riservandosi un determinato profitto.

La probabilità soggettiva gode delle stesse proprietà della altre definizioni di probabilità (dall'Equazione 2 all'Equazione 4) ed è applicabile in un ampio spettro di situazioni. Tra queste, vi sono anche situazioni descrivibili da un punto di vista statistico o classico. Inoltre, anche per le probabilità classiche e frequentiste si può valutare la speranza matematica. Tuttavia, sono evidenti le limitazioni di questa definizione di probabilità, che emergono soprattutto nel notare che allo stesso evento possono essere attribuite diverse probabilità da individui distinti. Questo aspetto mina le basi del criterio dell'oggettività, che è sempre stato uno dei punti di forza delle dottrine scientifiche.

7.1.6 Definizione assiomatica di probabilità

A questo punto si dispone di diverse definizioni di probabilità, ciascuna delle quali presenta punti di forza, ma anche evidenti limiti. Nel tentativo di riorganizzare in un quadro organico la dottrina della probabilità, nel 1933, lo studioso A.N. Kolmogorov propose la **teoria assiomatica** della probabilità. L'obiettivo di questa riorganizzazione fatta da Kolmogorov era quello di:

1) proporre una teoria che avesse un approccio logico formale alla dottrina della probabilità;
2) racchiudere in tale teoria quelle proprietà caratteristiche della probabilità che erano state messe in evidenza nell'approccio classico e frequentista;
3) costruire, mediante tale teoria, una generalizzazione della definizione classica e statistica di probabilità, superando i limiti e i punti critici di questi due approcci.

Si descrive per sommi capi la teoria assiomatica.

Sia S l'**insieme dei risultati di un esperimento** (o più brevemente lo **spazio campionario** o l'**insieme universo**). Si consideri una famiglia $\Im$ di sottoinsiemi di S ($\Im$ è un insieme che contiene sottoinsiemi di S) tali da soddisfare le seguenti proprietà:

1) $S \in \Im$;
2) se $E \in \Im \Rightarrow \bar{E} \in \Im$;
3) sia data una successione (una famiglia numerabile di insiemi) $\{E_i\}_{i \in N}: E_i \in \Im,\ \forall i \in N \Rightarrow U_{i=1}^{\infty} E_i \in \Im$, ossia l'unione numerabile di insiemi di $\Im$ appartiene ancora ad $\Im$.

In tali condizioni si dice che la famiglia $\Im$ costituisce una **sigma algebra sull'insieme** S. Si definisce la famiglia $\Im$ come il **campo degli eventi** (o lo **spazio degli eventi**). Gli elementi $E_i \in \Im$ sono detti **eventi casuali (o aleatori)**.

Dalle proprietà 1, 2 e 3 si deducono le seguenti proprietà:

A. $\varnothing = \bar{S} \in \Im$;

B. sia data una successione (una famiglia numerabile di insiemi) $\{E_i\}_{i \in N}: E_i \in \Im,\ \forall i \in N \Rightarrow U_{i=1}^{\infty} E_i \in \Im$, ossia l'intersezione numerabile di insiemi di $\Im$ appartiene ancora ad $\Im$;

C. siano $E_1, E_2 \in \Im \Rightarrow E_1 - E_2 = \overline{E_2} \cap E_1 \in \Im$.

Le proprietà 3 e B implicano che anche l'unione finita e l'intersezione finita di eventi siano elementi dello spazio degli eventi.
Le proprietà introdotte fino a questo punto garantiscono che lo spazio degli eventi sia chiuso rispetto alle più comuni operazioni insiemistiche come il complemento, l'intersezione, l'unione e la differenza. Pertanto si comprende anche il motivo di denominare $\Im$ come sigma-algebra, in quanto il termine "algebra" è riferito di solito ad "operazioni tra oggetti". Il termine "sigma" denota che anche le "successioni" di oggetti godono delle proprietà illustrate.
A questo punto la **probabilità** P viene definita come una applicazione che ad un qualsiasi elemento di $\Im$ associa un numero reale:

$$\begin{array}{ccc} \Im & \overset{P}{\rightarrow} & R \\ E & \rightarrow & P(E) \end{array}$$

Per la probabilità vengono formulati i seguenti **quattro assiomi:**

A1) $\forall E \in \Im \Rightarrow P(E) \geq 0$;

A2) $P(S)=1$ (la probabilità dell'insieme dei risultati è 1, tale insieme rappresenta l'evento certo);

A3) **Assioma dell'additività finita**. Si consideri un insieme finito $I = \{E_i\}_{i\in\{1,\dots,n\}}$ composto da n eventi tali da essere tutti mutuamente incompatibili, ossia $E_k \cap E_j = \varnothing, \forall E_k, E_j \in I$; in tal caso si ha che $P\left(U_{i=1}^{n} E_i\right) = \sum_{i=1}^{n} P(E_i)$.

A4) **Assioma dell'additività infinita (numerabile)**. Si consideri una successione (un insieme numerabile) di eventi $I = \{E_i\}_{i\in N}$, tali da essere tutti mutuamente incompatibili, ossia $E_k \cap E_j = \varnothing, \forall E_k, E_j \in I$; in tal caso si ha che $P\left(U_{i=1}^{\infty} E_i\right) = \sum_{i=1}^{\infty} P(E_i)$.

Nota di approfondimento

In alcuni testi gli assiomi 3 e 4 vengono riuniti in un unico assioma, precisando che l'insieme degli indici che numera gli eventi dell'unione può essere finito o numerabile. In realtà, storicamente, Kolmogorov introdusse inizialmente i primi tre assiomi e solo in seguito introdusse il quarto assioma, con la finalità di poter trattare anche esperimenti i cui esiti non fossero in numero finito.

Dagli assiomi posti, discendono le seguenti proprietà:

P1) Se $E_1 \subseteq E_2 \Rightarrow P(E_1) \leq P(E_2)$ (monotonia)

P2) $P(\varnothing) = 0$ (la probabilità dell'insieme vuoto è nulla, ossia il vuoto rappresenta l'evento impossibile)

P3) $\forall E \in \Im \Rightarrow 0 \leq P(E) \leq 1$

P4) $\forall E \in \Im \Rightarrow P(\bar{E}) = 1 - P(E)$

P5) $\forall E_1, E_2 \in \Im \Rightarrow P(E_1 \cup E_2) = P(E_1) + P(E_2) - P(E_1 \cap E_2)$, da questa proprietà si deduce anche che $P(E_1 \cup E_2) \leq P(E_1) + P(E_2)$

P6) Se una famiglia di eventi $I = \{E_i\}_{i \in \{1,\ldots,n\}}$, con $E_k \cap E_j = \varnothing, \forall E_k, E_j \in I$, è tale che $U_{i=1}^{n} E_i = S$ allora avviene che $P\left(U_{i=1}^{n} E_i\right) = P(S) = 1$. Si noti che la famiglia $I = \{E_i\}_{i \in \{1,\ldots,n\}}$ è un sistema completo di eventi incompatibili (vedi par. 7.1.2).

La terna costituita dallo spazio campionario *S*, dallo spazio degli eventi $\Im$ e dalla probabilità *P*, indicata con $(S, \Im, P)$, è anche detto **spazio di probabilità**.

7.2 Teoremi fondamentali della teoria della probabilità

In questo paragrafo, partendo dall'approccio assiomatico e dalle proprietà P1, ..., P6 dedotte dagli assiomi, si vogliono dedurre altri teoremi sulla probabilità.

7.2.1 Probabilità dell'evento somma e probabilità dell'evento prodotto

La proprietà P5 dell'approccio assiomatico descrive il valore della probabilità dell'evento somma $E_1 \cup E_2$ di due generici eventi E_1, E_2, non necessariamente incompatibili (vedi Figura 4-A).

Equazione 8

$$P(E_1 \cup E_2) = P(E_1) + P(E_2) - P(E_1 \cap E_2)$$

Questa relazione si può generalizzare anche per tre eventi (vedi Figura 4-B):

$$P(E_1 \cup E_2 \cup E_3) = P(E_1) + P(E_2) + P(E_3) - P(E_1 \cap E_2) -$$
$$-P(E_2 \cap E_3) - P(E_1 \cap E_3) + P(E_1 \cap E_2 \cap E_3)$$

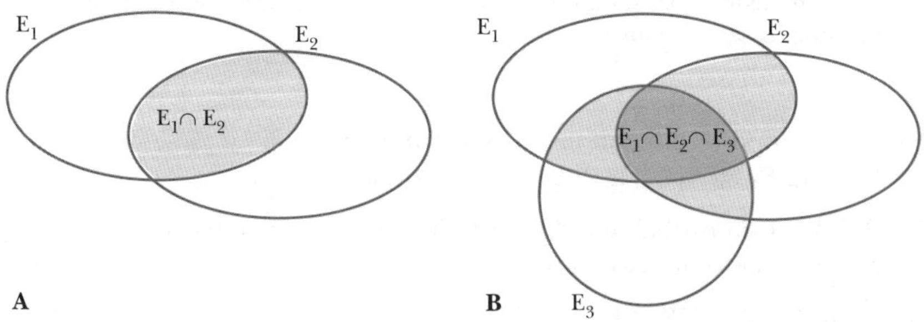

Figura 4

In generale si può scrivere per n eventi generici:

$$P\left(\bigcup_{i=1}^{n} E_i\right) = \sum_{i=1}^{n} P(E_i) - \sum_{i=1}^{n}\sum_{j=i+1}^{n} P\left(E_i \cup E_j\right) +$$

$$+\sum_{i=1}^{n}\sum_{j=i+1}^{n}\sum_{k=j+1}^{n} P\left(E_i \cup E_j \cup E_k\right) + \ldots + (-1)^{n-1} P(E_1 \cup E_2 \cup \ldots \cup E_n)$$

Invertendo l'Equazione 8 si ottiene la probabilità dell'evento prodotto $E_1 \cap E_2$ di due eventi E_1, E_2 (non necessariamente incompatibili).

$$P\left(E_1 \cap E_2\right) = P\left(E_1\right) + P\left(E_2\right) - P\left(E_1 \cup E_2\right)$$

7.2.2 Probabilità condizionata e probabilità composta

Quando si valuta una probabilità di un evento dello spazio degli eventi, si presuppone che non vi siano altre condizioni sul verificarsi dell'evento, se non quelle necessarie a realizzare l'esperimento che definisce l'insieme dei risultati. Per tale motivo, le probabilità degli eventi $P(E)$ vengono dette **probabilità incondizionate**. Tuttavia, può sorgere il problema di dover valutare la probabilità che si verifichi un evento E_1 quando un evento E_2 si è già verificato. Si comprende che, in linea generale, il fatto che l'evento E_2 si sia verificato, può influenzare o condizionare la probabilità che si verifichi l'evento E_1. Pertanto, in questo caso, si determina la **probabilità** che si verifichi l'evento E_1 **condizionata** dal fatto che E_2 si è già verificato (detta anche **probabilità condizionata dell'evento E_1 rispetto all'evento E_2**). Questa probabilità si indica con:

$$P(E_1 \mid E_2)$$

Tale notazione si legge anche **probabilità di E_1 condizionato da E_2**.

Si vuole trovare una formula che descriva la probabilità condizionata. Per farlo, ci si riferisce alla definizione classica di probabilità. Sia n_p il numero dei risultati possibili dello spazio campionario, e siano n_1 ed n_2 il numero dei risultati favorevoli al verificarsi rispettivamente di E_1 ed E_2. Questi risultati favorevoli sono riferiti alla probabilità incondizionate $P(E_1), P(E_2)$. Con n_{12} si indica il numero di risultati favorevoli al verificarsi dell'evento $E_1 \cap E_2$, ossia il numero di casi che prevede il verificarsi sia di E_1, sia di E_2 (vedi Figura 5). Siccome il verificarsi di entrambi gli eventi $E_1 \cap E_2$ prevede un numero di condizioni maggiori rispetto al verificarsi di ciascuno dei due eventi singolarmente, allora il numero di risultati per i quali $E_1 \cap E_2$ risulta verificato deve essere inferiore al numero di risultati per i quali solo E_1 o solo E_2 risultano verificati. Quindi si ha $n_{12} < n_1$ e $n_{12} < n_2$.

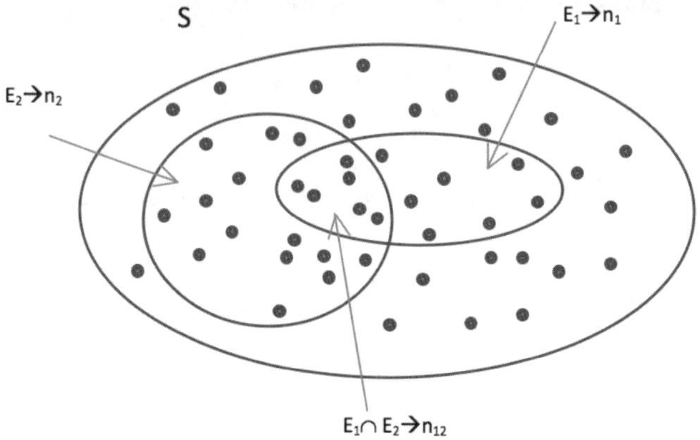

Figura 5

Si supponga ora che si sia verificato l'evento E_2, in tal caso si è verificato uno dei possibili n_2 risultati che verificano E_2. A questo punto ci si chiede quale sia la probabilità che si verifichi E_1. Il valore n_2 può essere considerato come il nuovo valore dei risultati possibili (ormai sono solo questi i risultati possibili, essendosi verificato l'evento E_2). Il numero dei risultati favorevoli al verificarsi di E_1, in tali condizioni, si è ridotto al solo valore n_{12}. Difatti, non si può più considerare n_1 come il numero di risultati favorevoli al verificarsi di E_1, in quanto n_1 era riferito alla probabilità incondizionata di E_1. Pertanto si ha:

$$P(E_1|E_2) = \frac{n_{12}}{n_2} = \frac{\frac{n_{12}}{n_p}}{\frac{n_2}{n_p}}$$

Siccome $\frac{n_{12}}{n_p} = P(E_1 \cap E_2)$, mentre $\frac{n_2}{n_p} = P(E_2)$, allora si può scrivere:

$$P(E_1|E_2) = \frac{P(E_1 \cap E_2)}{P(E_2)}$$

Equazione 9

L'Equazione 9 esprime il valore della probabilità dell'evento E_1 condizionata dal fatto che si è verificato l'evento E_2.
In modo analogo si può scrivere anche:

$$P(E_2|E_1) = \frac{P(E_1 \cap E_2)}{P(E_1)}$$

Equazione 10

Si noti che invertendo l'Equazione 9 e l'Equazione 10 si ricava la formula:

$$P(E_1 \cap E_2) = P(E_2) \cdot P(E_1|E_2) = P(E_1) \cdot P(E_2|E_1)$$

Equazione 11

Questa relazione è anche conosciuta come **teorema della probabilità composta**. Questo teorema afferma che la probabilità del prodotto (intersezione) di due eventi è pari al prodotto della probabilità di uno degli eventi per la probabilità condizionata dell'altro evento rispetto al primo.
La formula dell'Equazione 11 si può generalizzare a tre eventi, se si sostituisce E_1 con $E_1 \cap E_2$ ed E_2 con E_3 nell'ultimo prodotto. Difatti:

$$P(E_1 \cap E_2 \cap E_3) = P(E_1 \cap E_2) \cdot P(E_3|E_1 \cap E_2)$$

Riapplicando l'Equazione 11 si ottiene:

$$P(E_1 \cap E_2 \cap E_3) = P(E_1) \cdot P(E_2|E_1) \cdot P(E_3|E_1 \cap E_2)$$

L'ultima relazione si può riscrivere variando la notazione dell'ultimo fattore nel modo seguente:

$$P(E_1 \cap E_2 \cap E_3) = P(E_1) \cdot P(E_2|E_1) \cdot P(E_3|E_1, E_2)$$

La probabilità del prodotto di tre eventi $E_1 \cap E_2 \cap E_3$ è pari al prodotto della probabilità che si verifichi l'evento E_1, per la probabilità condizionata di E_2 rispetto ad E_1 per la probabilità condizionata di E_3 rispetto ad E_2 ed E_1.
In generale si ha:

$$P(E_1 \cap E_2 \cap \ldots \cap E_n) = P(E_1) \cdot P(E_2|E_1) \cdot P(E_3|E_1, E_2) \cdot \ldots \cdot P(E_n|E_1, \ldots, E_{n-1})$$

Equazione 12

Esempi

1) Si supponga che in un'urna vi siano una pallina bianca, una rossa ed una nera. La probabilità che si estragga una pallina rossa è P(rossa)=1/3 e lo stesso è per la pallina bianca P(bianca)=1/3. Ci si chiede quale sia la probabilità che vengano estratte dall'urna prima la pallina rossa e poi quella bianca. Si noti che i due eventi non sono indipendenti. Infatti le due palline sono racchiuse nella stessa urna e quindi l'estrazione di una può influenzare la successiva estrazione dell'altra. Vale a dire che se si estrae per prima la pallina rossa P(rossa)=1/3, nell'urna restano due palline, quella bianca e quella nera. Pertanto, la probabilità di estrarre la pallina bianca non è più P(bianca)=1/3, ma è P(bianca|rossa)=1/2, ossia la probabilità che la bianca sia estratta una volta che la rossa è stata estratta. Perciò l'Equazione 11 si scrive come:

$$P(rossa \cap bianca) = P(rossa) \cdot P(bianca \mid rossa) = \frac{1}{3} \cdot \frac{1}{2} = \frac{1}{6}$$

2) In un'urna vi sono 5 bigliettini; su tre di essi è scritta la lettera "M" e su due di essi è scritta la lettera "A". Si estraggono in sequenza i cinque bigliettini e si ripongono le lettere ordinatamente su un piano da sinistra verso destra in ordine di estrazione. Ci si chiede quale sia la probabilità di leggere la parola "MAMMA".

Si è in presenza di eventi dipendenti: l'estrazione di una lettera influenza la probabilità delle estrazioni successive.
Si indicano con M e con A gli eventi relativi all'estrazione della lettera M o della lettera A. Questa volta si scrive la probabilità facendo uso dell'Equazione 12 in presenza di 5 eventi. Si scrive:

$$P\left(M \cap A \cap M \cap M \cap A\right) = P(M) \cdot P(A \mid M) \cdot P(M \mid M, A) \cdot$$
$$\cdot P(M \mid M, A, M) \cdot P(A \mid M, A, M, M)$$

La probabilità di estrarre inizialmente la M vale $P(M)=3/5$, difatti vi sono tre lettere M su cinque in totale. Di seguito la probabilità di estrarre la lettera A vale $P\left(A|M\right) = 2/4 = 1/2$, poiché vi sono due lettere A sulle quattro rimaste. Le probabilità successive vengono calcolate in modo analogo. Quindi si ha:

$$P\left(M \cap A \cap M \cap M \cap A\right) = \frac{3}{5} \cdot \frac{2}{4} \cdot \frac{2}{3} \cdot \frac{1}{2} \cdot 1 = \frac{1}{10}$$

7.2.3 Indipendenza stocastica

Quando la probabilità incondizionata che si verifichi un evento E_1, ossia $P(E_1)$, non viene modificata dal fatto che si è precedentemente verificato l'evento E_2, allora si dice che l'evento E_1 è **indipendente** dall'evento E_2. Si può quindi scrivere:

$$P\left(E_1|E_2\right) = P(E_1)$$

Equazione 13

Sostituendo tale relazione nel teorema della probabilità composta (Equazione 11) si ottiene:

$$P\left(E_2\right) \cdot P(E_1) = P\left(E_1\right) \cdot P\left(E_2|E_1\right)$$

da cui risulta che, se l'evento E_1 è indipendente dall'evento E_2, allora vale anche il viceversa:

$$P\left(E_2|E_1\right) = P\left(E_2\right)$$

Equazione 14

Se si verificano le condizioni dell'Equazione 13 e dell'Equazione 14 si parla anche di **indipendenza stocastica** tra i due eventi.
È possibile dimostrare che se E_1 ed E_2 sono indipendenti, allora lo sono anche E_1 ed $\overline{E}_2$.
Per due eventi indipendenti il teorema della probabilità composta si scrive:

Equazione 15

$$P(E_1 \cap E_2) = P(E_1) \cdot P(E_2)$$

ossia la probabilità del prodotto di eventi indipendenti è pari al prodotto delle probabilità dei due eventi.
L'Equazione 8 si riscrive come:

$$P(E_1 \cup E_2) = P(E_1) + P(E_2) - P(E_1) \cdot P(E_2)$$

Esempi

1) Si supponga di voler calcolare la probabilità che tirando contemporaneamente moneta e dado si verifichi che sulla moneta esca Testa (la probabilità è P(Testa) = 1/2) e sul dado esca 1 (la probabilità è P(1)=1/6). I due eventi sono indipendenti, poiché il risultato della moneta non influenza quello del dado. In tal caso si avrà dalla formula dell'Equazione 15:

$$P(Testa \cap 1) = P(testa) \cdot P(1) = \frac{1}{2} \cdot \frac{1}{6} = \frac{1}{12}$$

2) Un apparecchio molto sofisticato è dotato di un motore principale e di due motori supplementari. L'apparecchio è in grado di muoversi se i tre motori sono perfettamente funzionanti oppure se solo uno dei due motori supplementari è fuori uso. La probabilità che il motore principale funzioni per 10 anni, senza avarie, vale 0,95, mentre la probabilità che ciascuno dei due motori supplementari funzioni perfettamente per 10 anni vale 0,90. Nell'ipotesi che i motori vadano fuori uso indipendentemente l'uno dall'altro, si determini la probabilità che l'apparecchio funzioni per 10 anni.

Si stabiliscono i seguenti eventi:

E = "l'apparecchio funziona per 10 anni";

E_p= "il motore principale funziona per 10 anni"

E_1= "il motore supplementare 1 funziona per 10 anni"

$\overline{E}_1$= "il motore supplementare 1 non funziona per 10 anni"

E_2= "il motore supplementare 2 funziona per 10 anni"

$\overline{E}_2$= "il motore supplementare 2 non funziona per 10 anni"

Occorre determinare la probabilità $P(E)$. Si noti che l'apparecchio funziona se per 10 anni funzionano i tre motori (evento $E_p \cap E_1 \cap E_2$), se solo il motore supplementare 1 si guasta nei 10 anni (evento $E_p \cap \overline{E}_1 \cap E_2$) oppure se solo il motore supplementare 2 si guasta nei 10 anni (evento $E_p \cap E_1 \cap \overline{E}_2$). Questi tre eventi sono incompatibili, in quanto alla fine dei dieci anni se avviene uno di essi, gli altri sono esclusi. Inoltre questi tre eventi contemplano tutte le possibilità per le quali l'apparecchio si muova per 10 anni. Quindi si può scrivere:

$$P(E)=P\left(E_p\cap E_1\cap E_2\right)+P\left(E_p\cap \bar{E}_1\cap E_2\right)+P(E_p\cap E_1\cap \bar{E}_2)$$

Visto che il funzionamento di ciascuno dei motori è indipendente dal funzionamento degli altri, ciascuno dei tre termini a secondo membro può essere scritto mediante prodotto di probabilità indipendenti. Quindi:

$$P(E)=P\left(E_p\right)\cdot P\left(E_1\right)\cdot P\left(E_2\right)+P\left(E_p\right)\cdot P(\bar{E}_1)\cdot P(E_2)+P\left(E_p\right)\cdot P\left(E_1\right)\cdot P\left(\bar{E}_2\right)=$$
$$=0{,}95\cdot 0{,}90\cdot 0{,}90+0{,}95\cdot 0{,}1\cdot 0{,}90+0{,}95\cdot 0{,}90\cdot 0{,}1=0{,}7695+0{,}0855+0{,}0855=0{,}9405$$

7.2.4 Formula della probabilità totale

Si consideri un evento E e sia $I=\left\{E_i\right\}_{i\in\{1,\ldots,n\}}$ un sistema completo di n eventi incompatibili $E_k\cap E_j=\varnothing, \forall E_k, E_j\in I$.

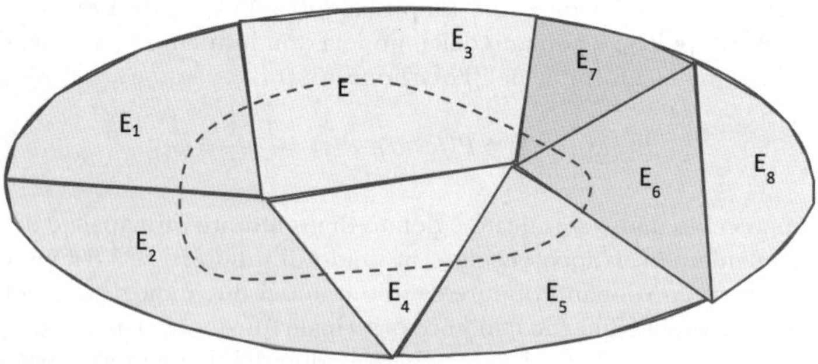

Figura 6

L'evento E può essere espresso da un punto di vista insiemistico come l'unione delle sue intersezioni con ciascuno degli eventi del gruppo completo (Figura 6).

$$E=\bigcup_{i=1}^{n}\left(E_i\cap E\right)$$

Essendo gli $\left\{E_i\right\}_{i\in\{1,\ldots,n\}}$ incompatibili, allora anche le loro intersezioni con E lo saranno $\left\{E_i\cap E\right\}_{i\in\{1,\ldots,n\}}$. D'altro canto l'evento E è l'evento somma di eventi incompatibili e la probabilità di un evento somma di eventi incompatibili è pari alla somma delle probabilità degli eventi incompatibili. Quindi si può scrivere:

$$P(E) = P\left(\bigcup_{i=1}^{n}(E_i \cap E)\right) = \sum_{i=1}^{n} P(E_i \cap E)$$

Tenendo conto dall'Equazione 11 che $P(E_i \cap E) = P(E_i) \cdot P(E \mid E_i)$, si può anche scrivere:

Equazione 16

$$P(E) = \sum_{i=1}^{n} P(E_i) \cdot P(E \mid E_i)$$

L'Equazione 16 è conosciuta come **formula della probabilità totale** (o **teorema della probabilità totale**).
In particolare è possibile considerare un gruppo di eventi incompatibili costituito da due soli eventi, ad esempio l'evento E_1 e il suo evento opposto $\overline{E}_1$. In tal caso l'Equazione 16 diventa:

Equazione 17

$$P(E) = P(E_1) \cdot P(E \mid E_1) + P\left(\overline{E_1}\right) \cdot P\left(E \mid \overline{E_1}\right)$$

Esempio

Pierino è goloso di caramelle alla fragola. Tre sacchetti indistinguibili (e non trasparenti) contengono tutti caramelle alla fragola e al limone. Nel primo sacchetto le caramelle alla fragola sono 2 su un totale di 5, nel secondo sono 3 su un totale di 8 e nel terzo sono 4 su un totale di 6. Determinare la probabilità che Pierino scegliendo a caso uno dei tre sacchetti estragga una caramella alla fragola.
Per fissar le idee si indicano i tre sacchetti con 1, 2 e 3 facendo corrispondere a tali indicazioni rispettivamente i sacchetti che hanno 2, 3 e 4 caramelle alla fragola. Si stabiliscono i seguenti tre eventi:

E_1= "si sceglie il sacchetto 1"
E_2= "si sceglie il sacchetto 2"
E_3= "si sceglie il sacchetto 3"

Essendo i sacchetti indistinguibili, la loro scelta avverrà a caso, quindi $P(E_1) = P(E_2) = P(E_3) = \frac{1}{3}$.
Si indicano inoltre con $P(F \mid E_1) = \frac{2}{5}$, $P(F \mid E_2) = \frac{3}{8}$ e $P(F \mid E_3) = \frac{4}{6} = \frac{2}{3}$ le probabilità di estrarre una caramella alla fragola dopo aver scelto rispettivamente il sacchetto 1, 2 e il 3.
Indicando con *P(F)* la probabilità di estrarre una caramella alla fragola da uno qualsiasi dei tre sacchetti, dal teorema della probabilità totale si ottiene:

$$P(F) = P(E_1) \cdot P(F \mid E_1) + P(E_2) \cdot P(F \mid E_2) + P(E_3) \cdot P(F \mid E_3)$$

$$P(F) = \frac{1}{3} \cdot \frac{2}{5} + \frac{1}{3} \cdot \frac{3}{8} + \frac{1}{3} \cdot \frac{2}{3} = \frac{2}{15} + \frac{1}{8} + \frac{2}{9} = \frac{48+45+80}{360} = \frac{173}{360} \approx 0,481$$

Si noti che se tutte le caramelle fossero state riunite in un unico sacchetto la probabilità sarebbe stata:

$$P(F_1) = \frac{2+3+4}{5+8+6} = \frac{9}{19} \approx 0,474$$

7.2.5 Teorema di Bayes

Dal teorema della probabilità composta (Equazione 11) si può scrivere:

$$P(E) \cdot P(E_1|E) = P(E_1) \cdot P(E|E_1)$$

Da tale relazione si ricava la seguente relazione:

$$P(E_1|E) = \frac{P(E_1) \cdot P(E|E_1)}{P(E)}$$

Equazione 18

L'Equazione 18 è conosciuta come **formula di Bayes** e la sua interpretazione riproduce l'enunciato del **teorema di Bayes** (o **teorema delle ipotesi**): la probabilità che E_1 avvenga nell'ipotesi che E è già avvenuto $P(E_1|E)$ è pari alla probabilità che E_1 avvenga senza condizioni, $P(E_1)$, moltiplicata per la probabilità che E avvenga se è avvenuto E_1, ossia $P(E|E_1)$, diviso la probabilità che E avvenga senza condizioni $P(E)$.
Se a denominatore dell'Equazione 18 si sostituisce l'Equazione 17 si ottiene una nuova espressione della formula di Bayes.

$$P(E_1|E) = \frac{P(E_1) \cdot P(E|E_1)}{P(E_1) \cdot P(E \mid E_1) + P(\overline{E_1}) \cdot P(E \mid \overline{E_1})}$$

Equazione 19

Una espressione più generale si ottiene sostituendo nell'Equazione 18 un generico E_j al posto di E_1 e sostituendo il denominatore con l'Equazione 16.

$$P(E_j|E) = \frac{P(E_j) \cdot P(E|E_j)}{\sum_{i=1}^{n} P(E_i) \cdot P(E \mid E_i)}$$

Equazione 20

Nell'Equazione 20 gli eventi $E_1, E_2, \ldots, E_n$ sono un sistema completo di n eventi incompatibili.
I due seguenti esempi mostrano dei casi di applicazione della formula di Bayes. Da essi si comprende come la formula di Bayes determini valori della probabilità che vadano spesso contro il senso comune e l'intuizione.

Esempi

1) Da alcune ricerche statistiche fatte mediante un test approfondito si sa che l'incidenza di una malattia su di una popolazione è pari allo 0,2% degli individui. In pratica scegliendo a caso un individuo della popolazione e indicando con M l'evento "l'individuo è malato" si ha $P(M)=0{,}002$. Si noti che con $\bar{M}$ si indica l'evento "l'individuo non è malato"; in tal caso si ha $P(\bar{M})=0{,}998$.

Si mette a punto un test rapido di cui si vuole ricavare l'affidabilità. Se un soggetto è malato, allora la probabilità che il test rapido sia positivo è praticamente pari al 100%. Pertanto, indicando con T l'evento "il test è positivo", in pratica si ha che $P(T \mid M)=1$ (la probabilità che il test sia positivo condizionata dal fatto che è effettuato su una persona malata). Tuttavia il test fornisce risultato positivo anche sulle persone non malate nello 0,3% dei casi. Quindi si ha $P(T \mid \bar{M})=0{,}003$ (la probabilità che il test sia positivo condizionata dal fatto che è effettuato su una persona non malata).
Si vuole determinare la probabilità $P(M \mid T)$ ossia la probabilità che una persona sia realmente ammalata condizionata dal fatto che il test effettuato è positivo.
Applicando l'Equazione 19 si ha:

$$P(M|T)=\frac{P(M)\cdot P(T|M)}{P(M)\cdot P(T\mid M)+P(\bar{M})\cdot P(T\mid \bar{M})}$$

Sostituendo i valori numerici si ha:

$$P(M|T)=\frac{0{,}002\cdot 1}{0{,}002\cdot 1+0{,}998\cdot 0{,}003}=\frac{0{,}002}{0{,}002+0{,}002994}=\frac{0{,}002}{0{,}004994}\approx 0{,}400$$

La probabilità che la persona sia malata realmente vale solo il 40%. Pertanto nel 60% dei casi il test avrà creato solo un falso allarme. Questo risultato non è proprio intuitivo, in quanto, se si osserva l'affidabilità del 100% sugli individui malati e una fallacità del solo 0,3% sugli individui sani, ci si attende un risultato diverso. Tuttavia, l'affidabilità generale del test (sia sui malati che sui sani) è compromessa dal fatto che nello 0,3% degli individui sani esso fallisce e tale percentuale è del tutto paragonabile a quella degli individui malati sulla popolazione, pari allo 0,2%. In pratica il numero dei malati reali e il numero dei sani con test positivo sull'intera popolazione è del tutto paragonabile.

2) Si considera il classico gioco delle tre carte. Vi sono tre carte coperte A, B e C ed il giocatore deve indovinare dove si nasconde l'asso che è la carta vincente. Si indicano con A, B e C gli eventi che prevedono rispettivamente che la carta A, B o C sia vincente. Inizialmente la probabilità che ciascuna delle tre carte coperte sia vincente è:

$$P(A) = P(B) = P(C) = \frac{1}{3}$$

Si suppone ora di puntare su una carta, per fissare le idee si considera la carta A. Inoltre, si suppone che, dopo tale puntata, venga fornito un aiuto per modificare la puntata iniziale. In particolare, viene scartata una delle due carte su cui non si è puntato che sicuramente non è vincente. Per fissare le idee, si suppone che questa carta sia B. Si definisce quindi l'evento B_{sc}= "la carta B è stata scartata". Si noti che gli eventi A, B e C formano un sistema completo di eventi incompatibili. Difatti, se è vincente una carta, non lo possono essere le altre (incompatibilità); inoltre la carta vincente deve essere necessariamente una delle tre carte (completezza).
Per calcolare la probabilità dell'evento B_{sc}, si utilizza la formula della probabilità totale (Equazione 16), considerando gli eventi A, B e C:

$$P(B_{sc}) = P(A) \cdot P(B_{sc} \mid A) + P(B) \cdot P(B_{sc} \mid B) + P(C) \cdot P(B_{sc} \mid C)$$

$$P(B_{sc}) = \frac{1}{3} \cdot \frac{1}{2} + \frac{1}{3} \cdot 0 + \frac{1}{3} \cdot 1 = \frac{1}{6} + \frac{1}{3} = \frac{1}{2}$$

$P(B_{sc} \mid A)$ è la probabilità che se A è vincente, allora B venga scartata. Si nota che siccome A è già stata scelta ed è supposta vincente, allora sia B che C sono perdenti; ciò vuol dire che entrambe possono essere egualmente scartate e quindi la probabilità di ognuna di essere scartata è pari ad 1/2. In particolare si avrà $P(B_{sc} \mid A) = \frac{1}{2}$.

$P(B_{sc} \mid B) = 0$, infatti se B è vincente non potrà mai essere scartata. Infine si ha $P(B_{sc} \mid C)$ che è la probabilità che se C è vincente, allora B venga scartata. Si nota che siccome A è già stata scelta e C è vincente, allora B deve essere per forza scartata perciò $P(B_{sc} \mid C) = 1$.
A questo punto viene fornita allo scommettitore la possibilità di cambiare la puntata. Ci si chiede se sia meglio continuare a puntare sulla carta A oppure puntare sulla carta C. In pratica, ci si chiede se sia maggiore $P(A \mid B_{sc})$ oppure $P(C \mid B_{sc})$, vale a dire, la probabilità che A sia vincente dopo che B è stata scartata, oppure che C sia vincente dopo che B è stata scartata.
Per fare questo si applica la formula di Bayes (Equazione 20) in cui la somma a denominatore, corrispondente a $P(B_{sc})$, è stata già calcolata:

$$P(A \mid B_{sc}) = \frac{P(A) \cdot P(B_{sc} \mid A)}{P(B_{sc})} = \frac{1}{3} \cdot \frac{1}{2} \cdot 2 = \frac{1}{3}$$

$$P(C \mid B_{sc}) = \frac{P(C) \cdot P(B_{sc} \mid C)}{P(B_{sc})} = \frac{1}{3} \cdot 1 \cdot 2 = \frac{2}{3}$$

A questo punto, siccome $P(C \mid B_{sc}) > P(A \mid B_{sc})$, si deduce che la probabilità di vincere aumenta se si cambia idea, si lascia perdere la carta A e si punta sulla C. Questo risultato è assolutamente anti-intuitivo, in quanto si tende ad attribuire, anche dopo lo scarto della carta B, una uguale possibilità di vittoria alla carta A e alla carta C. In realtà, se si pensa che la scelta della carta C avviene quando sono rimaste solo due carte disponibili, mentre la scelta della carta A era avvenuta quando le carte erano tre, ci si rende conto che il risultato ottenuto non è del tutto paradossale.

7.3 Fasi e strumenti dell'indagine statistica

7.3.1 Popolazioni, caratteri e modalità

La statistica descrittiva ha lo scopo di descrivere fenomeni collettivi utilizzando caratteristiche che li possano descrivere sinteticamente. L'oggetto di studio di una indagine statistica è una **popolazione**. Con il termine popolazione non si deve intendere solo una collettività di individui, o persone fisiche. Una popolazione può essere costituita anche da soggetti giuridici (un gruppo di scuole, una collettività di aziende o di enti pubblici), oppure da oggetti materiali (i componenti di una automobile prodotti in una catena di montaggio). In ogni caso, una popolazione è composta da **unità statistiche**. Una popolazione è contraddistinta da alcune caratteristiche che vengono, appunto, chiamate **caratteri** della popolazione. Nell'indagine statistica si possono studiare o analizzare come si distribuiscono uno o più caratteri all'interno di una popolazione. I caratteri possono essere **qualitativi** o **mutabili** se sono illustrati mediante aggettivi, avverbi, sostantivi o comunque tramite espressioni verbali. Ad esempio, il sesso o il titolo di studio sono dei caratteri qualitativi. Ogni carattere qualitativo può assumere distinte **modalità**, ossia si può presentare in modi diversi. Ad esempio il carattere qualitativo "sesso" può assumere due distinte modalità "maschile" e "femminile". Il carattere qualitativo "titolo di studio" può assumere le modalità "nessuno", "licenza primo ciclo", "licenza secondo ciclo" e così via. In alternativa, i caratteri possono essere **quantitativi** o **variabili** se le loro **modalità** sono espresse in termini numerici o di **valori**. Ad esempio, il peso, l'età, l'altezza o il numero di componenti di una famiglia sono caratteri quantitativi. Un carattere quantitativo può essere **discreto** quando i suoi valori sono di tipo **intero**. I caratteri discreti sono in genere il frutto di una operazione di conteggio o di enumerazione. Ad esempio, il numero di figli di un individuo, il numero di componenti di una famiglia, il numero di alunni di una classe sono caratteri quantitativi discreti in quanto assumono valori del tipo 0, 1, 2. In alternativa, un carattere quantitativo può essere **continuo** quando assume tutti i valori **reali** in un intervallo $[a,b]$. Ad esempio, le velocità registrate da un autovelox, o l'altezza di un individuo o il suo peso possono rappresentare un valore continuo, in quanto variano con continuità. Si noti che anche i caratteri quantitativi continui quando vengono studiati in una indagine statistica sono il risultato di una certa discretizzazione e non variano proprio per continuità. Difatti, qualsiasi strumento di misura non può presentare risultati con un numero infinito di cifre decimali. Ritornando all'esempio dell'autovelox, è pensabile che esso misuri la velocità con una cifra decimale (ad esempio 80,2 km/h) ma è ragionevole pensare che non possa andare oltre tale precisione. Quindi anche una grandezza che può variare con continuità, come la velocità di una automobile, viene discretizzata dalla precisione dello strumento di misura; tuttavia tale grandezza può non assumere valori interi come una variabile discreta e per tale motivo si distingue da quest'ultima.

7.3.2 Caratteri quantitativi e qualitativi

Quando un carattere quantitativo viene studiato, solitamente viene suddiviso in **classi** (o **classi di modalità**). Queste sono degli intervalli in cui vengono raccolti i valori (discreti o continui) nei quali si manifesta un carattere quantitativo. In generale, l'intervallo in cui varia (con continuità o discretamente) un carattere viene suddiviso mediante valori indicizzati, $x_1, x_2, \ldots, x_i, \ldots, x_n$. Questi valori rappresentano i **confini** delle classi di modalità, che corrispondono agli estremi superiori ed inferiori degli intervalli. Così come avviene per gli intervalli, anche le classi di modalità possono contenere o meno i propri confini (o estremi). In base a tale caratteristica, vengono definite **aperte** (quando non contengono i confini), **chiuse** (se li contengono), **aperte a destra** (quando contengono solo l'estremo inferiore), **aperte a sinistra** (se contengono solo l'estremo superiore). Per indicare le classi di modalità si usa una notazione diversa dagli intervalli. In Tabella 2 sono riportate le corrispondenze tra classi di modalità e intervalli.

Tabella 2

Classe	Intervallo	
$x_i \vdash x_{i+1}$	$[x_i, x_{i+1}[$	Aperta a destra
$x_i \dashv x_{i+1}$	$]x_i, x_{i+1}]$	Aperta a sinistra
$x_i \vdash\dashv x_{i+1}$	$[x_i, x_{i+1}]$	Chiusa
$x_i - x_{i+1}$	$]x_i, x_{i+1}[$	Aperta

Il **valore centrale** $\overline{x}_i$ di una classe di modalità è dato dalla media aritmetica dei suoi confini:

$$\overline{x}_i = \frac{x_{i+1} + x_i}{2}$$

Equazione 21

L'**ampiezza** α_i di una classe di modalità è data dalla differenza dei suoi confini:

$$\alpha_i = x_{i+1} - x_i$$

Ad esempio, un carattere quantitativo continuo come il peso può essere indicato usando come unità di misura i kilogrammi con delle classi di modalità del tipo 50 ⊢55, 55 ⊢60, 60 ⊢65,...

Per caratteri quantitativi discreti la classe di modalità si può ridurre al singolo

valore, oppure contenere un insieme di valori (ed essere quindi un "intervallo" in senso improprio). Ad esempio, si può decidere di svolgere una indagine statistica su una popolazione rilevando il numero di componenti della famiglia 1, 2, 3,... per singolo valore, oppure si può decidere di raggruppare tali valori in "intervalli" del tipo 1 ⊢⊣ 2, 3 ⊢⊣ 4, ...
Le modalità dei caratteri qualitativi possono essere raggruppate in **serie**. Alcune serie sono di uso comune.
Una **serie storica** esprime la modalità di un carattere qualitativo di tipo temporale ed è formata da intervalli di tempo che scandiscono il periodo temporale più ampio in cui si compie l'indagine. Ad esempio, una serie storica suddivisa in trimestri avrà la seguente forma: 1° trimestre 2011, 2° trimestre 2011, ..., 1° trimestre 2012,....
Una **serie territoriale** può esprimere un carattere in base alle aree geografiche del territorio di riferimento in cui si compie l'indagine. Ad esempio, una serie territoriale può essere quella delle regioni italiane o delle province di una regione o degli Stati dell'Unione Europea.
Una serie può essere **rettilinea** quando esprime una sequenza di termini che ha una sua successione logica, con un principio ed una fine. Se il termine iniziale e quello finale finiscono per coincidere, allora la serie è detta **ciclica**.
Quando non è possibile riscontrare alcun ordine logico nella serie di modalità, essa viene detta **sconnessa**. Ad esempio un carattere qualitativo che indica una professione è caratterizzato tipicamente da una serie sconnessa, poiché non vi è alcun criterio preciso nell'elencare le professioni.

Esempio

Si supponga di voler svolgere una indagine statistica su di una popolazione che è costituita dai consumatori di una certa bevanda. I caratteri che contraddistinguono questa popolazione sono l'età, il sesso, il titolo di studio, il peso, la quantità di bevanda che consumano in una settimana e così via. L'indagine statistica può essere mirata ad individuare il profilo sociale, economico e culturale dei consumatori della bevanda, per future campagne pubblicitarie. Si può pensare di compilare la Tabella 3 che indica i caratteri da esaminare nella popolazione.

Tabella 3

Popolazione: Consumatori della bevanda Tropikade		
Carattere	**Tipologia**	**Modalità**
Sesso	Qualitativo	"Maschile", "Femminile"
Età	Quantitativo discreto	Valori distribuiti in classi di modalità suddivise in base agli anni 14 ⊢18, 18 ⊢22, 22 ⊢26,...
Titolo di studio	Qualitativo	"Nessuno", "Licenza primo ciclo", "Licenza secondo ciclo", "Laurea", "Dottorato/Master"

Componenti famiglia	Quantitativo discreto	Suddiviso in classi composte da singoli valori 1, 2, 3, …
Peso	Quantitativo continuo	Valori distribuiti in classi di modalità suddivise in base ai kg 35 ⊢40, 40 ⊢45, 45 ⊢50,…
Quantità di bevanda consumata in una settimana	Quantitativo continuo	Valori distribuiti in classi di modalità suddivise in base ai litri 0 ⊢0,5, 0,5 ⊢1, 1 ⊢1,5,…

In Figura 7 è mostrata una mappa concettuale che organizza i concetti illustrati in questi paragrafi.

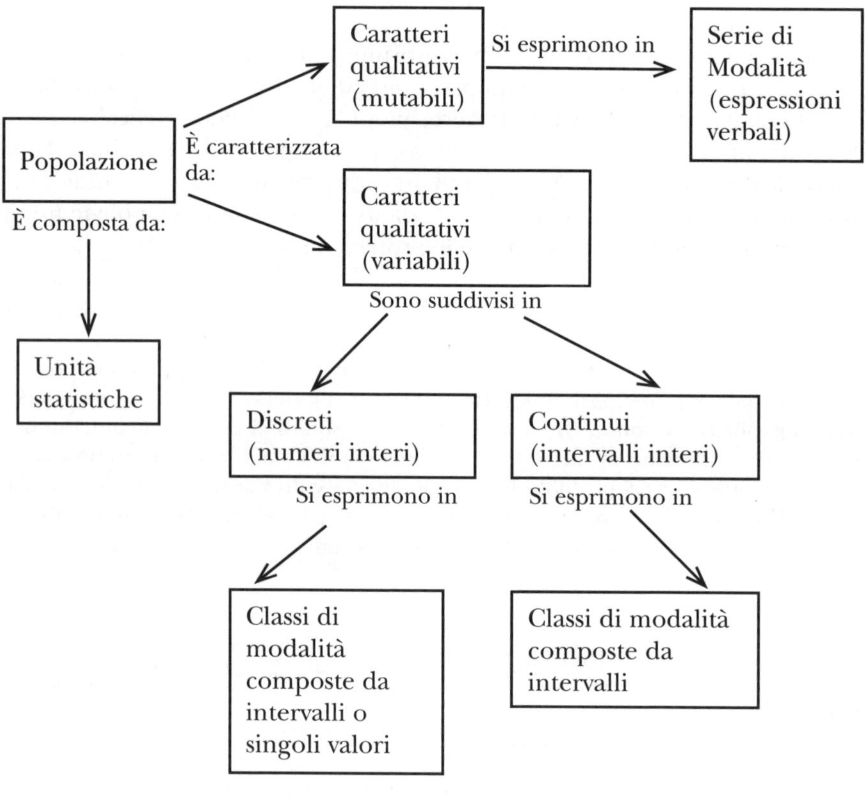

Figura 7

7.3.3 Intensità, frequenze assolute e relative

Fissati i caratteri da studiare nell'indagine statistica e individuate le modalità in cui suddividere ciascun carattere, mediante l'indagine si riesce ad attribuire a ciascuna modalità un **dato statistico**. Quando il dato statistico è frutto di un processo di misurazione, si dice che alla modalità è stata attribuita una **intensità assoluta**.
Si consideri un carattere che è stato suddiviso in n modalità. L'intensità della modalità k-esima viene indicata con I_k.
Se si indica con I_{tot} l'**intensità totale** di tutte le modalità del carattere, allora si può scrivere che la somma delle intensità delle distinte modalità è pari all'intensità totale:

$$\sum_{k=1}^{n} I_k = I_{tot}$$

Equazione 22

Per ogni intensità assoluta, si può definire una **intensità relativa**, data da:

$$J_k = \frac{I_k}{I_{tot}}$$

Equazione 23

Dall'Equazione 23 risulta che $0 \leq J_k \leq 1$. Essendo un rapporto privo di unità di misura, l'intensità relativa spesso si esprime in percentuale. Per ottenere la percentuale basta moltiplicare l'intensità relativa per 100.
Dividendo ambo i membri dell'Equazione 22 per I_{tot} si ottiene che la somma delle intensità relative è pari ad 1.

$$\sum_{k=1}^{n} J_k = 1$$

L'**intensità cumulata** alla i-esima modalità rappresenta la somma delle intensità dalla prima alla i-esima modalità.

$$Ic_i = \sum_{k=1}^{i} I_k$$

Quando $i = n$, allora $Ic_n = I_{tot}$.

Analogamente si definiscono le **intensità relative cumulate**.

$$Jc_i = \sum_{k=1}^{i} J_k$$

Equazione 24

Quando $i = n$, allora $Jc_n = 1$.

Esempio

Si consideri come carattere quantitativo da analizzare il fatturato (in milioni di euro) di alcuni settori produttivi. Le modalità di questo carattere quantitativo sono " fatturato dell'industria", "fatturato dell'agricoltura" e "fatturato del terziario". A ciascuna di queste modalità viene associata una intensità (la misura del fatturato). Nella seguente tabella sono riportate le intensità assolute e quelle relative, calcolate mediante l'Equazione 23.

Settori produttivi	Industria	Agricoltura	Terziario	Totale
Fatturato (mln €)	1.345	12	480	1.837
Fatturato relativo	0,7322	0,0065	0,2613	1

In alternativa, una modalità può essere associata ad un **dato statistico** che può esprimere quante volte essa si manifesta nella popolazione. In tal caso, il dato statistico viene denominato **frequenza assoluta**. Se le varie modalità sono elencate con un indice *k*, allora la frequenza associata alla modalità *k*-esima viene indicata con f_k.

Si supponga che la popolazione studiata sia composta di *N* unità statistiche. Se il carattere oggetto di studio nella popolazione si presenta sotto *n* modalità distinte, allora la somma delle frequenze assolute delle *n* modalità è pari al totale delle unità statistiche *N*.

$$\sum_{k=1}^{n} f_k = N$$

Equazione 25

Ad ogni frequenza assoluta f_k viene associata una **frequenza relativa** indicata con p_k data dal rapporto tra f_k ed *N*.

$$p_k = \frac{f_k}{N}$$

Equazione 26

Dall'Equazione 26 appare chiaro che $0 \leq p_k \leq 1$. Essendo un rapporto privo di unità di misura, la frequenza relativa spesso si esprime in percentuale. Per ottenere la percentuale basta moltiplicare la frequenza relativa per 100.

Dividendo ambo i membri dell'Equazione 25 per *N* si ottiene che la somma delle frequenze relative è pari ad 1.

$$\sum_{k=1}^{n} p_k = 1$$

Equazione 27

La necessità di introdurre le frequenze relative sta nel fatto che le frequenze assolute non sono sempre confrontabili. Si considerino due popolazioni composte da un numero di unità statistiche diverso. Si supponga di studiare lo stesso carattere, con le medesime modalità, sulle due popolazioni. Le frequenze ottenute non sono confrontabili, in quanto ottenute su popolazioni con numerosità diverse. Viceversa, le frequenze relative possono essere messe a confronto, poiché la divisione per il totale delle unità statistiche ha rimosso l'effetto dovuto alla numerosità diversa delle due popolazioni.
La **frequenza cumulata** alla i-esima modalità rappresenta la somma delle frequenze dalla prima alla i-esima modalità.

$$fc_i = \sum_{k=1}^{i} f_k$$

Equazione 28

Quando $i = n$, allora $fc_n = N$.

Analogamente si definiscono le **frequenze relative cumulate**.

$$pc_i = \sum_{k=1}^{i} p_k$$

Equazione 29

Quando $i = n$, allora $pc_n = 1$.

Esempio

Si consideri una popolazione costituita dai docenti di una scuola. Il carattere qualitativo da analizzare è la scelta del giorno libero (un giorno settimanale, esclusa la domenica, in cui il docente non è impegnato nella didattica). Le modalità di questo carattere qualitativo sono "lunedì", "martedì", ..., "sabato". Le modalità del carattere qualitativo sono organizzate in una serie rettilinea che ha un ordine naturale (quello dei giorni della settimana). Verificando la scelta (o l'attribuzione) del giorno libero si possono calcolare delle frequenze ed associarle alle modalità del carattere.
La seguente tabella riporta le frequenze assolute e relative per ciascuna delle modalità. A breve si vedrà come compilare una tabella di questo tipo.

Giorno libero	Lunedì	Martedì	Mercoledì	Giovedì	Venerdì	Sabato	Totale
Frequenza	21	2	15	17	18	48	121
Frequenza relativa	0,1736	0,0165	0,1240	0,1405	0,1488	0,3967	1

7.3.4 Tabelle e distribuzioni

Le diverse modalità di un carattere, con le relative frequenze o intensità, sono spesso organizzate in **tabelle**. Si usa dire che le tabelle rappresentano la **distribuzione** delle frequenze o delle intensità, poiché mostrano come il carattere si suddivide (si distribuisce) tra le diverse modalità.

Si illustra come compilare una tabella in una indagine statistica. Fissata la popolazione di N unità statistiche, si decide di studiare come si distribuisce un determinato carattere X sulla popolazione. Per fare questo, si definiscono le diverse modalità previste per il carattere sull'intera popolazione $x_1, x_2, \ldots, x_n$. Per condurre l'indagine si deve essere in grado di determinare quale modalità assume il carattere per ciascuna unità statistica. Si supponga di analizzare una popolazione costituita dai pezzi prodotti da una catena di montaggio. In particolare si vuole individuare la frequenza con la quale ogni tipologia di difetto compare nei pezzi prodotti. Per farlo, occorre sapere individuare (magari con un test) i diversi tipi di difetto che si possono presentare in ciascun pezzo. Se si vuole individuare come si distribuisce il genere cinematografico preferito di una popolazione, si deve prevedere di intervistare l'intera popolazione o di somministrare a tutte le unità statistiche un questionario scritto.

Per ciascuna modalità x_i o classe di modalità (ad esempio $x_i \vdash x_i+1$) si individua la frequenza assoluta f_i conteggiando quante volte quella modalità si presenta nella popolazione. La frequenza relativa p_i si ottiene dividendo f_i per N. A questo punto, per il carattere X si può compilare una tabella che riporta le modalità, le frequenze assolute e quelle relative.

Tabella 4

Carattere X							
Modalità	x_1	x_2	...	x_k	...	x_n	Totale
Frequenza	f_1	f_2	...	f_k	...	f_n	N
Freq. Relativa	p_1	p_2	...	p_k	...	p_n	1

La Tabella 4 è un tipico esempio di **tabella semplice** o **tabella a singola entrata**. Viene definita in questo modo, perché presenta la distribuzione di un singolo carattere sulla popolazione statistica.

Nella riga delle modalità possono essere riportati anche degli intervalli, piuttosto che dei singoli valori o delle diciture.

Una tabella che riporta le intensità presenta una struttura analoga. Le intensità per ciascuna modalità vengono determinate solitamente mediante operazioni di misura.

Le tabelle possono essere arricchite con le frequenze cumulate e con le frequenze relative cumulate. A tale proposito si vedano gli esempi seguenti.

Esempi

1) Si supponga di intervistare una popolazione di 200 adolescenti (12-18 anni) chiedendo loro quante ore giornalmente trascorrono connessi in rete con il computer. Il carattere da studiare è il numero di ore di connessione in rete. È un carattere continuo che viene suddiviso nelle classi di modalità indicate in tabella.

Connessione alla rete (ore)	0 ⊢1,5	1,5 ⊢3	3 ⊢4,5	4,5 ⊢6	6 ⊢7,5	**Totale**
Frequenza	21	52	67	38	22	200
Freq. cumulata	21	73	140	178	200	
Freq. relativa	0,105	0,260	0,335	0,190	0,110	1
Freq. Rel. Cumulata	0,105	0,365	0,700	0,890	1,000	

Nella tabella sono calcolate anche le frequenze cumulate. Dai valori della frequenza relativa cumulata si nota che il 70% degli intervistati si collega giornalmente ad Internet per un periodo inferiore a 4 ore e mezza.

2) Si supponga di rilevare il numero di componenti per famiglia in un grosso condominio. In tal caso la popolazione è costituita dalle famiglie del condominio, mentre il carattere da rilevare è quantitativo e discreto (si esprime mediante un numero intero che riporta i componenti). Le classi di modalità sono dei singoli valori (non degli intervalli). A tale proposito si compila la seguente tabella.

Componenti famiglie	1	2	3	4	5	6	**Totale**
Frequenza	14	21	20	17	6	2	80
Freq. cumulata	14	35	55	72	78	80	
Freq. relativa	0,175	0,263	0,250	0,213	0,075	0,025	1
Freq. Rel. Cumulata	0,175	0,438	0,688	0,900	0,975	1,000	

Dai valori della frequenza relativa cumulata si nota che il 90% delle famiglie è composto da un numero minore o uguale a 4 componenti.

7.3.5 Grafici

Talvolta le modalità di un carattere, con le relative frequenze o intensità, possono essere rappresentate mediante dei **grafici**. Questi ultimi hanno il vantaggio, rispetto alle tabelle, di presentare l'informazione in modo snello ed essenziale, rendendo intuitiva l'interpretazione dei fenomeni studiati. Tuttavia i grafici, se non corredati da opportune etichette o legende che riportano le informazioni quantitative, possono creare ambiguità nelle loro interpretazioni. Come le tabelle, anche i grafici rappresentano la **distribuzione** delle frequenze o delle intensità, poiché mostrano come il carattere si suddivide (si distribuisce) tra le diverse modalità. Vi sono numerosi tipi di grafico. Ognuno di essi si presta meglio a rappresentare le modalità di un determinato carattere. Ad esempio, possono esservi grafici più adatti a mostrare caratteri qualitativi e grafici più adatti a mostrare caratteri quantitativi. Analogamente, vi possono essere grafici che si prestano meglio a rappresentare frequenze ed altri che rappresentano meglio le intensità.

7.3.6 Grafici per caratteri qualitativi

Le modalità di un carattere qualitativo vengono rappresentate in modo agevole mediante un **diagramma circolare** (o **diagramma a torta** o **aerogramma**). Questo diagramma è particolarmente indicato per rappresentare le frequenze o intensità relative di ciascuna modalità. Esso ha la forma di un cerchio, suddiviso in settori circolari. Ciascun settore circolare è associato ad una modalità. L'ampiezza del settore circolare è proporzionale alla frequenza o alla intensità relativa della modalità. Se p_i è la frequenza relativa alla modalità i-esima, allora l'ampiezza α_i in gradi del settore circolare ad essa associato si ricava dalla proporzione:

$$\alpha_i : 360° = p_i : 1$$

da cui:

$$\alpha_i = 360° \cdot p_i$$

Equazione 30

Se si dispone delle frequenze assolute allora si può scrivere

$$\alpha_i = \frac{360° \cdot f_i}{N}$$

dove N è il numero di unità statistiche della popolazione.
Analogamente, per le intensità relative e le intensità assolute si ha:

$$\alpha_i = 360° \cdot J_i$$

$$\alpha_i = \frac{360° \cdot I_i}{I_{tot}}$$

Ciascun settore circolare è corredato di una etichetta che riporta la modalità e la frequenza o l'intensità (relativa o assoluta) associata a tale modalità.

Esempio

L'aerogramma in figura è sviluppato su di una popolazione costituita dagli studenti di un istituto di istruzione secondaria di secondo grado. Il carattere rappresentato è la classe dell'alunno (l'anno di istruzione secondaria di secondo grado frequentato). Tale carattere è di tipo qualitativo. Nell'aerogramma, a ciascuna modalità viene associato il valore della frequenza relativa. Nella tabella associata al grafico sono mostrate le modalità, le frequenze assolute, quelle relative e le ampiezze angolari dei settori circolari, calcolate mediante l'Equazione 30.

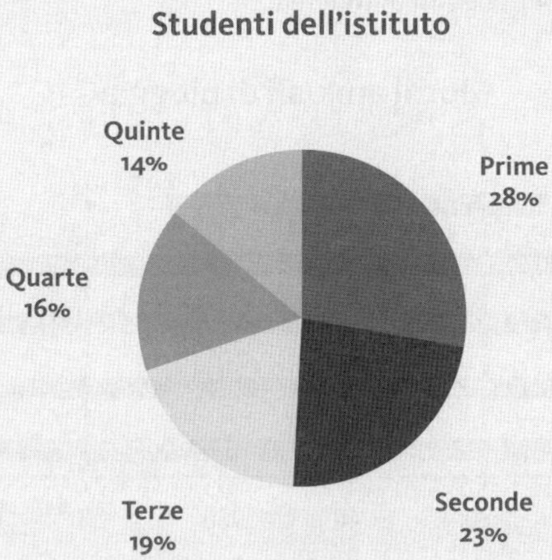

Classi	Freq.	Freq. Rel.	Ampiezza(°)
Prime	170	0,2810	101
Seconde	136	0,2248	81
Terze	114	0,1884	68
Quarte	98	0,1620	58
Quinte	87	0,1438	52
Totale	605	1	360

Un **ortogramma** (o **diagramma a barre**) è un grafico adatto a rappresentare caratteri qualitativi. Esso può essere rappresentato da colonne verticali di uguale ampiezza, ciascuna delle quali è associata ad una modalità. L'altezza di ogni colonna è proporzionale alla frequenza o all'intensità (relativa o assoluta) di ciascuna modalità. In tal caso si parla di **ortogramma verticale** o **a colonne**.
In alternativa, un ortogramma può essere rappresentato da barre orizzontali di uguale altezza associate alle distinte modalità. La lunghezza delle barre varia in modo proporzionale alle frequenze o alle intensità. In questo caso si parla di **ortogramma orizzontale o a nastri**.

Esempio

In Figura 8 sono mostrati due ortogrammi. Il primo è un ortogramma orizzontale. Il carattere qualitativo è rappresentato dalle città italiane, le modalità sono le cinque città prese in considerazione. I dati statistici rilevati in corrispondenza di ciascuna modalità sono delle intensità che riportano il numero di giorni annuali di pioggia verificatisi in ciascuna città. Il secondo è un ortogramma verticale a colonne. La popolazione è rappresentata dagli adolescenti di una città iscritti ad un istituto superiore. Il carattere qualitativo è rappresentato dalla tipologia di istituto. Le modalità del carattere sono le quattro tipologie di istituto indicate nel grafico. Il grafico rappresenta la frequenza assoluta per ciascuna modalità.

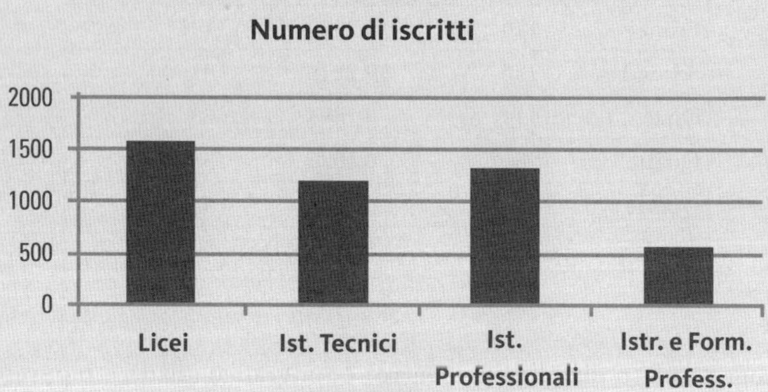

Figura 8

I caratteri qualitativi possono essere rappresentati anche mediante un **ideogramma** o un **pittogramma**. Alla base di questo tipo di diagramma vi è un simbolo. A tale simbolo viene associato un determinato valore corrispondente ad una frequenza assoluta o ad una intensità assoluta. Considerata una determinata modalità, il simbolo viene ripetuto un numero di volte pari alla frequenza o all'intensità associata alla modalità. Il simbolo può essere anche rappresentato solo parzialmente per indicare un sottomultiplo del suo valore. Perché l'ideogramma sia fruibile quantitativamente, è necessario riportare il valore attribuito al simbolo oppure delle etichette che riportino i valori delle frequenze o delle intensità per ciascuna modalità.

Esempio

In Figura 9 è mostrato un pittogramma frutto di una rilevazione statistica fatta presso i fruitori giornalieri di una mensa. La popolazione è rappresentata dai fruitori della mensa. Il carattere qualitativo è rappresentato dal primo piatto disponibile per la scelta. Le modalità del carattere sono elencate verticalmente sulla sinistra. A ciascuna modalità è associata una frequenza assoluta che mostra quante volte quella modalità è stata rilevata nelle unità statistiche della popolazione, ossia quante volte un determinato primo piatto è stato scelto da un fruitore. Il simbolo adoperato nel pittogramma è un piatto con delle posate. Ogni ripetizione del simbolo indica che il primo piatto è stato scelto 20 volte. Quindi:

 = 20 fruitori del servizio

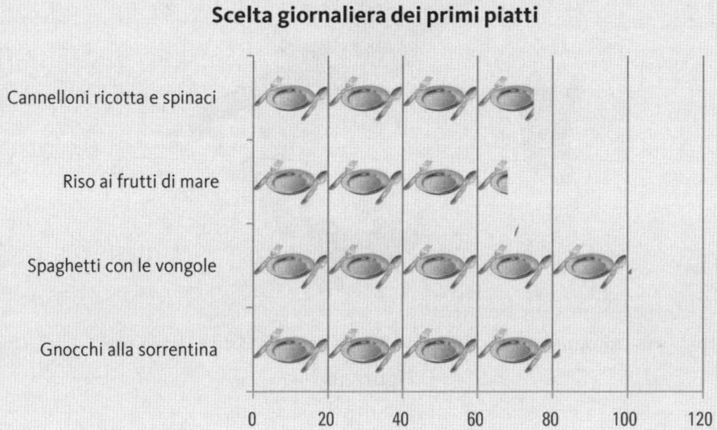

Figura 9

Quando le modalità di un carattere qualitativo vengono raggruppate in una serie territoriale, allora può essere utile rappresentare il carattere mediante un **cartogramma**. Nel cartogramma vengono rappresentate le diverse aree geografiche associate alla serie territoriale. Ciascuna area geografica è rappresentata con un colore più o meno intenso, in proporzione all'intensità o alla frequenza ad essa associata. In alcuni casi, invece dei colori, si possono utilizzare dei livelli di grigio. Affinché il cartogramma sia fruibile da un punto di vista quantitativo, è necessario che sia corredato di una legenda che associ ai colori le frequenze (o le intensità). In alternativa, si può corredare il cartogramma di etichette, ciascuna associata ad un'area territoriale. Nell'etichetta si può indicare la frequenza o l'intensità.

Esempio

Nel cartogramma in Figura 10, il carattere analizzato è di tipo qualitativo ed è rappresentato dalla serie territoriale delle 20 regioni italiane (Abruzzo, Basilicata, Calabria, ...). A ciascuna modalità della serie è associata una intensità che è la produzione in quintali di olive da tavola nell'anno 2009. Alle regioni con colori più scuri è associata un'intensità maggiore, ossia una produzione maggiore di olive. La legenda posta di fianco al grafico aiuta a quantificare le informazioni espresse dal cartogramma, che altrimenti sarebbero meramente comparative tra le varie regioni.

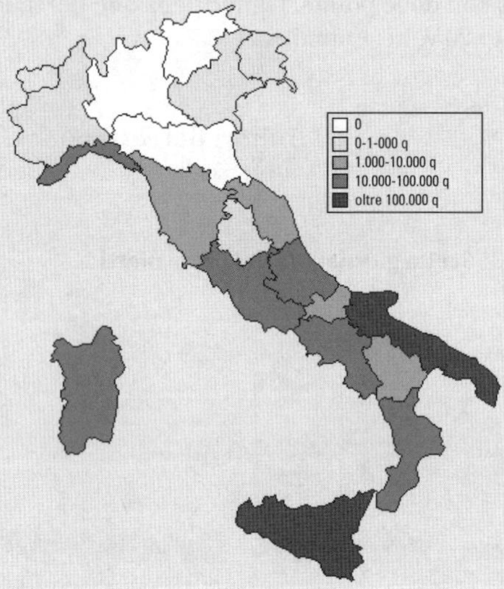

Fonte: http://www.tp.camcom.it/guidaagricoltura/Sito/src/OliveTavola.htm

Figura 10

7.3.7 Grafici per caratteri quantitativi discreti

Un sistema di assi cartesiani ortogonali si presta in modo molto efficace per rappresentare caratteri quantitativi sia discreti che continui (per i sistemi di assi cartesiani vedi cap. 4). Sull'asse delle ascisse possono essere riportate le modalità espresse in termini numerici, mentre sull'asse delle ordinate si possono rappresentare le frequenze o le intensità.

Quando i caratteri quantitativi sono di tipo discreto è possibile costruire un **diagramma ad aste** composto da aste verticali e parallele all'asse delle ordinate che hanno un estremo sull'asse delle ascisse, in corrispondenza di ciascun valore discreto delle modalità, ed hanno l'altro estremo messo in evidenza da un indicatore in corrispondenza del valore della frequenza o dell'intensità associata alla modalità.
Per i caratteri quantitativi discreti è possibile rappresentare anche le frequenze o le intensità cumulate. Tipicamente, le grandezze cumulate vengono rappresentate mediante **diagrammi a segmenti**. In questi diagrammi sull'asse delle ascisse vengono riportati i valori delle modalità mentre sull'asse delle ordinate le frequenze (o le intensità) cumulate. Per ciascuna modalità viene tracciato un segmento orizzontale (parallelo all'asse delle ascisse) in corrispondenza del valore della frequenza cumulata.

Esempi

In Figura 11 è mostrato un diagramma ad aste. La popolazione statistica è rappresentata dalle classi di un istituto di istruzione secondaria di secondo grado. Il carattere che si vuole analizzare è il numero di alunni ripetenti per classe. Si tratta di un carattere quantitativo discreto che assume modalità pari a numeri interi da 0 a 6. Di ciascuna di queste modalità viene indicata la frequenza assoluta. In Figura 12 è rappresentata la frequenza relativa cumulata del numero di ripetenti in un diagramma a segmenti. Si nota che il grafico è crescente (non strettamente) e raggiunge il valore massimo, pari ad 1, in corrispondenza dell'ultima modalità.

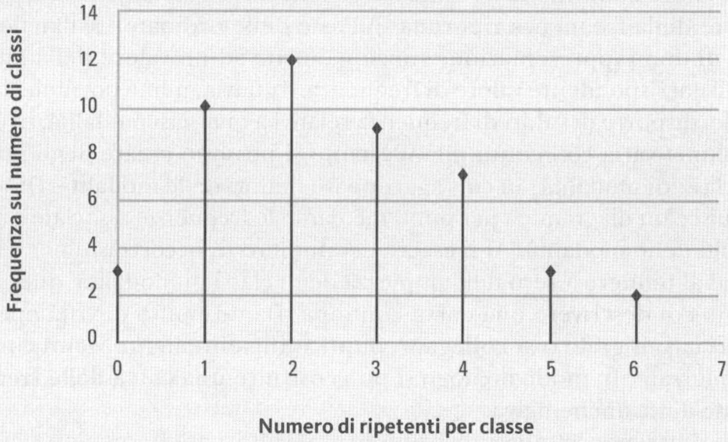

Figura 11

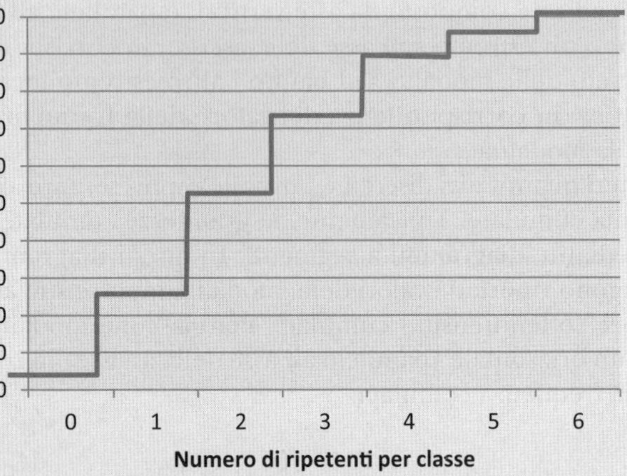

Figura 12

7.3.8 Grafici per caratteri quantitativi continui

Anche alla base delle rappresentazioni di caratteri quantitativi continui vi è un sistema di assi cartesiani ortogonali. Quando il carattere quantitativo è di tipo continuo si può rappresentare una **curva di frequenza**, ossia una curva che a ciascun valore continuo delle modalità sull'asse delle ascisse fa corrispondere un valore della frequenza riportata sull'asse delle ordinate. È l'analogo del grafico di una rappresentazione funzionale che ad un valore della modalità associa il corrispondente valore di frequenza. Tuttavia, non è possibile, in linea generale, disporre di valori di frequenza relativi a qualsiasi modalità, in quanto quest'ultima varia con continuità. Pertanto si possono creare degli intervalli (delle classi di modalità) in cui raggruppare i valori delle modalità. Di seguito, si costruisce un diagramma per punti mediante le frequenze associate a ciascun intervallo delle modalità. Al crescere del numero di occorrenze per ciascuna classe ed al tendere a zero dell'ampiezza degli classi di modalità, questi punti finiscono col descrivere una curva continua. Da un punto di vista operativo, per tracciare il grafico si collegano punti sufficientemente vicini con brevi curve smussate. In modo analogo si può costruire una curva **delle frequenze cumulate** detta anche **ogiva**.

Quanto detto per la curva di frequenze è valido anche per una **curva di intensità**. In tal caso si possono compiere misure di una grandezza corrispondenti a valori di modalità, in modo da costruire una curva per punti che possa diventare una curva continua al tendere a zero della distanza tra due modalità successive.

Esempio

In Figura 13 è mostrato un grafico dell'intensità della temperatura al variare dell'orario, lungo tutto l'arco di una giornata. Si può supporre che la temperatura sia stata monitorata in intervalli brevi di tempo e che non vi sia molta distanza temporale tra una misura della temperatura e la successiva. Pertanto, supponendo ragionevolmente che la temperatura vari con continuità in modo regolare, si può tracciare una curva continua. In alternativa si può pensare che le misure siano state effettuate con un termografo che riporta in tempo reale la temperatura per ogni istante di tempo.

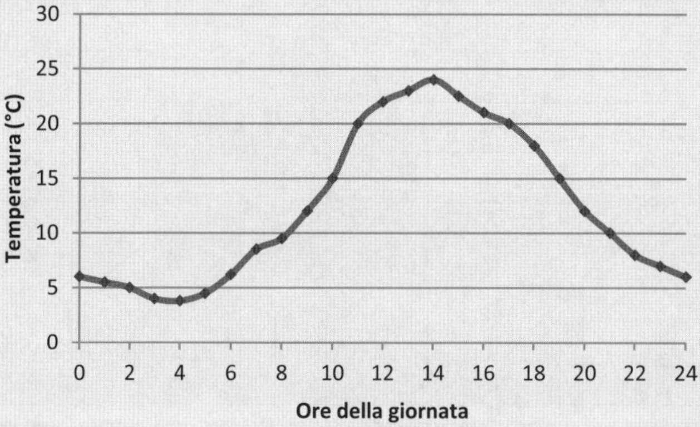

Figura 13

Un **istogramma** si presta alla rappresentazione di caratteri continui le cui modalità sono organizzate in classi (intervalli). Gli istogrammi sono solitamente rappresentati in un sistema di assi cartesiani. Lungo l'asse delle ascisse sono riportate le classi di modalità, mentre sull'asse delle ordinate sono riportate le frequenze o le intensità (relative o assolute). L'istogramma vero e proprio è composto da rettangoli affiancati la cui base è pari all'ampiezza comune a tutte le classi. L'altezza di ciascun rettangolo è pari alla frequenza (assoluta o relativa) oppure all'intensità (assoluta o relativa) associata a ciascuna classe di modalità. Un diagramma analogo all'istogramma è la **curva spezzata** ottenuta congiungendo i punti medi dei segmenti che costituiscono le sommità di ciascun rettangolo. Se di seguito si considerano due rettangoli (degeneri) con la stessa base degli altri, ma con altezza pari a zero, prima del primo rettangolo e dopo l'ultimo rettangolo, si può prolungare la curva spezzata anche ai punti medi delle basi di questi due rettangoli, ottenendo una curva spezzata che si chiude sull'asse delle ascisse e che, per tale motivo, individua un poligono. Il grafico rappresentato da tale curva è anche detto **poligono delle frequenze**.
È possibile realizzare istogrammi e curve spezzate anche per le frequenze cumulate.

Esempio

L'istogramma in Figura 14 rappresenta i risultati di una indagine compiuta su di una popolazione di 310 adolescenti maschi, frequentanti un istituto di istruzione secondaria. Il carattere analizzato è di tipo quantitativo e continuo; esso consiste nell'altezza (espressa in centimetri) degli studenti. Il carattere è suddiviso in classi di modalità di ampiezza pari a 5 centimetri. Ciascuna classe è costituita da un intervallo aperto a destra. Ad ogni classe di modalità è associata una frequenza assoluta con la quale essa è rilevata nella popolazione.

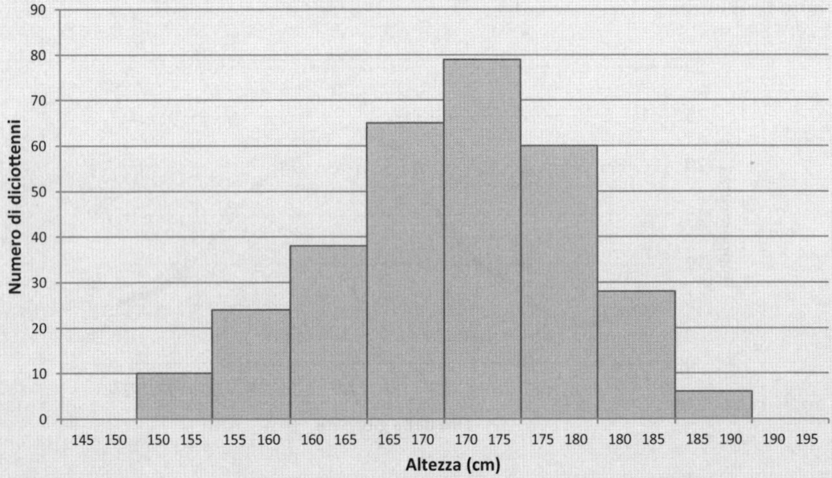

Figura 14

In Figura 15 gli stessi dati statistici sono rappresentati mediante un poligono delle frequenze. È possibile mostrare che la somma delle aree dei rettangoli che costituiscono l'istogramma equivale all'area del poligono delle frequenze.

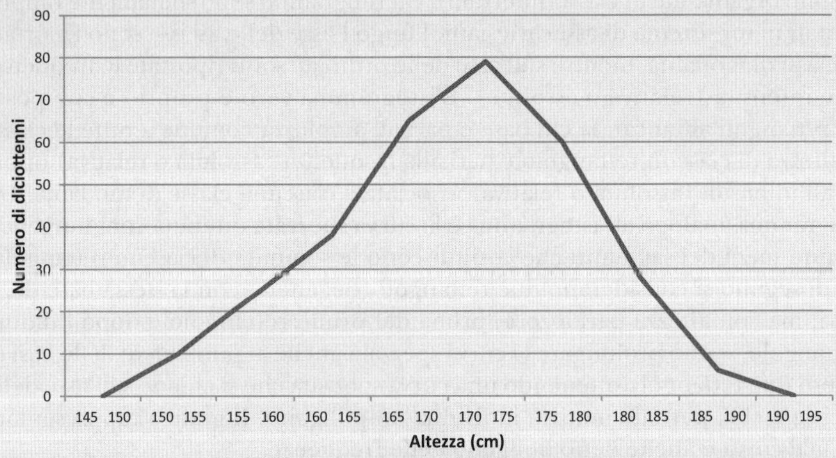

Figura 15

In riferimento agli stessi dati statistici, in Figura 16 è mostrata una curva spezzata delle frequenze cumulate.

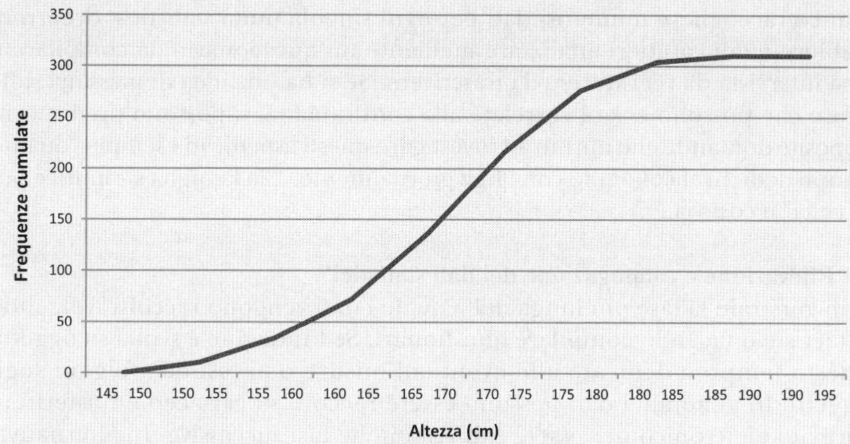

Figura 16

7.3.9 Le fasi di una indagine statistica

Una indagine statistica può essere divisa nelle seguenti fasi (vedi Figura 17).

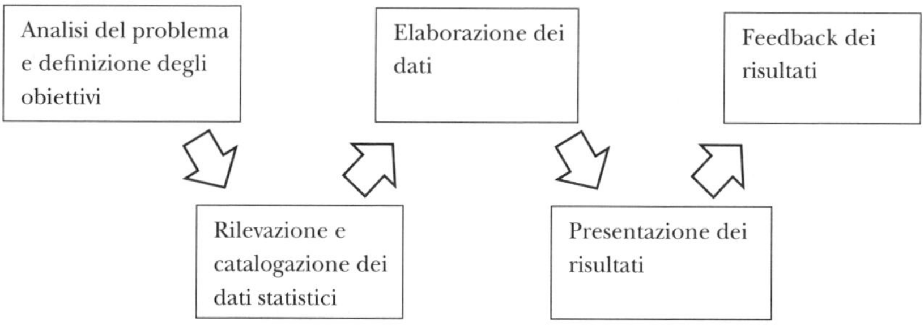

Figura 17

1) Analisi del problema e definizione degli obiettivi

In questa prima fase si individua il problema che si vuole analizzare e si cerca di individuarne gli aspetti peculiari che possano rappresentarlo in modo più netto e chiaro. Si individuano quindi degli obiettivi legati alle caratteristiche del problema che si vuole studiare. È una fase alquanto delicata, poiché dall'analisi del problema si deduce anche la popolazione statistica sulla quale esso andrà studiato. Inoltre, occorre focalizzare quei caratteri della popolazione statistica che possono meglio descrivere il problema oggetto di analisi.

Si supponga di voler studiare le cause della conflittualità esistente tra gli adolescenti e i genitori. Occorrerà quindi stabilire se è opportuno studiare il problema su di una popolazione di genitori o di adolescenti. Siccome può essere problematico raccogliere numerosi dati per ogni singola unità statistica, occorrerà stabilire quali caratteri analizzare mediante un questionario da compilare o una intervista da registrare o da trascrivere. Se si ha una idea di massima sulle cause che possono essere correlate alla conflittualità, si possono predisporre apposite domande che mirino ad investigare questi aspetti, ad esempio "quanto tempo dedichi al colloquio con i figli giornalmente", "la famiglia si riunisce per la cena" e così via.

2) Rilevazione e catalogazione dei dati statistici

È in generale la fase più lunga nella quale i dati vengono raccolti svolgendo interviste o facendo compilare questionari. Se l'indagine è svolta su oggetti, questo tempo è dedicato alle eventuali misure o ai test da svolgere sugli oggetti. In generale i dati possono essere raccolti su cartaceo e trasferiti in formato elettronico per essere utilizzati nelle fasi successive. In alternativa, i dati possono essere raccolti direttamente in formato elettronico. La rilevazione può essere di tipo parziale o totale. Si parla di **rilevazioni totali** quando sono fatte sull'intera popolazione che è oggetto di studio. Un esempio tipico è il censimento che viene effettuato dall'ISTAT (Istituto Nazionale di Statistica) sull'intera popolazione italiana. Parimenti, si può parlare di rilevazione totale se si vuole studiare un determinato fenomeno tra gli alunni di una scuola e la rilevazione viene effettuata su tutti gli alunni. Viceversa, la **rilevazione parziale** si ha quando i caratteri oggetto di studio sono rilevati solo su un **campione** della popolazione totale. A tale scopo è importante che il campione sia rappresentativo della popolazione, vale a dire che sia in grado di riprodurre quanto più fedelmente possibile, sul numero ridotto delle sue unità statistiche, gli effetti che interessano l'intera popolazione. Nella fase di analisi è importante che il campione sia scelto con accuratezza perché i risultati non siano viziati da scelte inadeguate. La scelta di un campione è caratterizzante della statistica inferenziale che cerca di descrivere fenomeni su popolazioni vaste, mediante l'analisi su popolazioni più ristrette e rappresentative. In questo caso, si compie il tipico **processo induttivo**, ossia, mediante uno studio compiuto in un ambito particolare si vuole investigare un fenomeno in generale. Molto spesso per motivi legati al tempo o al costo dell'indagine, si opta per la scelta di una rilevazione parziale, fatta mediante campione statistico.

3) Elaborazione dei dati

In questa fase i dati raccolti vengono elaborati ed analizzati. Questa fase viene svolta ormai esclusivamente mediante l'uso di database e di altri strumenti informatici di analisi. I diversi caratteri rilevati durante l'indagine vengono messi a confronto. Si cerca di comprendere se essi sono correlati, per tentare nelle fasi successive di dare una interpretazione del fenomeno. Ritornando all'esempio precedente, si può pensare di studiare se il tasso di conflittualità tra genitori e figli adolescenti diminuisca all'aumentare dell'età stessa dei figli oppure aumenti al diminuire delle ore che giornalmente i genitori dedicano ai figli.

4) Presentazione dei risultati
Quando sono stati individuati legami e correlazioni che si giudicano significative tra il fenomeno da investigare e i caratteri rilevati, si possono produrre grafici e tabelle o fornire indicatori numerici che sintetizzino l'ampia mole di dati raccolti. È importante che la presentazione dei dati sia chiara ed oggettiva e lasci il meno possibile aperte possibilità di interpretazioni ambigue dell'indagine. Di solito, insieme ai grafici è opportuno fornire anche le cifre mediante tabelle o opportune legende riportate sui grafici, affinché la quantificazione del fenomeno possa essere precisa.

5) Feedback dai risultati
Spesso i risultati di una indagine statistica se interpretati correttamente possono fungere da spunto per affrontare il problema che si voleva studiare all'inizio dell'indagine. Anche in questo caso è opportuno definire con coerenza ed oculatezza come sfruttare i risultati che emergono dall'indagine.

7.3.10 Analisi statistica univariata

Quando si svolge una indagine statistica su di una popolazione possono essere studiati più caratteri. Ciascuno di questi caratteri può assumere diverse modalità. Pertanto, per ciascuna unità statistica viene rilevata la modalità che si realizza per ciascuno dei caratteri. Se i caratteri rilevati sono in numero pari ad n, è buona norma che la popolazione sia in numero N molto maggiore di n (il numero delle unità statistiche sarà scelto in base allo studio da svolgere).
Quando ci si sofferma sulla distribuzione delle modalità di un solo carattere sulla popolazione, senza occuparsi di come queste possano essere correlate con le modalità degli altri caratteri, si dice che si sta svolgendo una **analisi statistica univariata**.
Pertanto, nell'analisi statistica univariata si svolge uno studio delle caratteristiche della distribuzione delle modalità di un carattere. Nei paragrafi precedenti si è visto come rappresentare una distribuzione mediante tabelle oppure grafici. Una tabella ha il pregio di mostrare in modo completo una distribuzione, tuttavia può risultare poco immediata per interpretare il carattere studiato, soprattutto quando il carattere assume un numero elevato di modalità. Il grafico ha il pregio di mostrare in modo più intuitivo ed immediato le caratteristiche della distribuzione, ma può mancare in alcuni casi di analiticità. Pertanto, soprattutto quando il carattere studiato è **quantitativo** (una **variabile**), si ricorre a dei singoli valori numerici che da soli possano riassumere caratteristiche importanti della distribuzione e siano di facile ed immediata interpretazione. Questi valori numerici vengono chiamati **indici**. Si distinguono diverse tipologie di indici: gli **indici di posizione**, gli **indici di variabilità** e gli **indici di forma**. A questi indici spesso

vengono affiancati i **rapporti statistici** che forniscono altri tipi di informazione. Nei paragrafi seguenti si illustrano questi indici.

7.4 Indici di posizione

Gli **indici di posizione** sono anche detti **indici di tendenza centrale** e forniscono una idea dell'ordine di grandezza del carattere analizzato nella distribuzione. In generale, tutti gli indici di posizione di una distribuzione possono essere inquadrati nella famiglia dei **valori medi** della distribuzione. Con il termine valore medio ci si riferisce, in modo generale, a qualsiasi valore che sia compreso tra il minore e il maggiore dei dati relativi al carattere analizzato, così come riscontrati nella popolazione statistica.
Se gli indici di posizione possono essere ricavati mediante espressioni algebriche, usando tutte i dati e le modalità della distribuzione, allora vengono detti **medie algebriche.** Tra le medie algebriche vi sono la **media aritmetica**, la **media geometrica**, la **media armonica** e la **media quadratica**. Quando gli indici sono ricavati su particolari dati e modalità, prendendo in esame la loro posizione (collocazione) nella distribuzione, allora vengono detti **medie di posizione**. Tra le medie di posizione più importanti si menzionano la **moda**, la **mediana** e i **quantili**.
Prima di introdurre lo studio degli indici di posizione, è fondamentale chiarire i ruoli di tutte le quantità coinvolte. Si supponga di studiare un **carattere** quantitativo X (una variabile) di tipo discreto su di una popolazione di N unità statistiche. Rilevando questo carattere su tutte le unità, si otterranno N **valori** (dati grezzi) del carattere. Questi valori vengono indicati con $y_1, y_2, \ldots, y_N$. In realtà, questi valori non sono tutti distinti, ma spesso si ripetono. Difatti, il carattere X può assumere n **modalità** distinte $x_1, x_2, \ldots, x_n$ (con $n \ll N$). In pratica, tra i valori raccolti, ciascuna modalità sarà presente più volte. Il numero di volte che essa viene rivelata è pari proprio alla sua **frequenza** assoluta f_i. Pertanto alla fine della rilevazione, per le modalità $x_1, x_2, \ldots, x_n$ si saranno rilevate delle frequenze $f_1, f_2, \ldots, f_n$. Questo processo è illustrato in Figura 18.

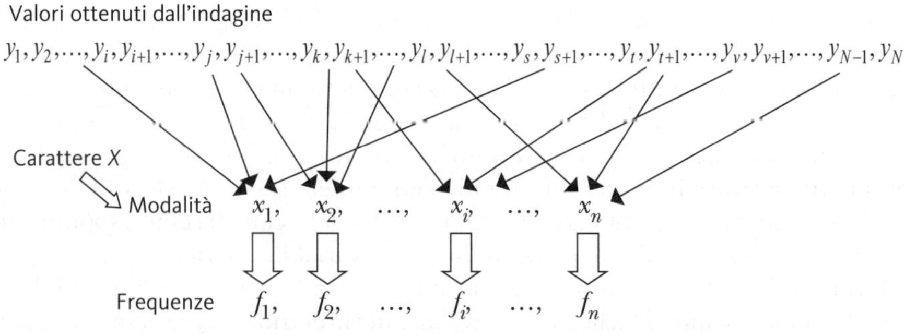

Figura 18

7.4.1 La media aritmetica

La **media aritmetica** di N valori è la somma di tutti valori divisa per N.

$$x_M = \frac{y_1 + y_2 + \cdots + y_N}{N}$$

Equazione 31

Come si è detto nel paragrafo precedente, questi valori possono ripetersi. Pertanto l'Equazione 31 può essere espressa anche sommando ciascuna modalità per un numero di volte pari alla propria frequenza e dividendo per il numero totale di unità statistiche N.

$$x_M = \frac{\overbrace{x_1 + x_1 + \cdots + x_1}^{f_1\ volte} + \overbrace{x_2 + x_2 + \cdots + x_2}^{f_2\ volte} + \cdots + \overbrace{x_n + x_n + \cdots + x_n}^{f_n\ volte}}{N}$$

Equazione 32

Si noti che ciascuna delle somme di f_i termini a numeratore può essere espressa come il prodotto della modalità x_i per la rispettiva frequenza f_i.

$$x_M = \frac{x_1 \cdot f_1 + x_2 \cdot f_2 + \cdots + x_n \cdot f_n}{N}$$

$$x_M = \frac{\sum_{i=1}^{n} x_i \cdot f_i}{N}$$

Equazione 33

Inoltre, in base all'Equazione 25, il denominatore può essere espresso come somma delle frequenze:

$$x_M = \frac{x_1 \cdot f_1 + x_2 \cdot f_2 + \cdots + x_n \cdot f_n}{f_1 + f_2 + \cdots + f_n}$$

$$x_M = \frac{\sum_{i=1}^{n} x_i \cdot f_i}{\sum_{i=1}^{n} f_i}$$

Equazione 34

Quando la media aritmetica è espressa secondo l'Equazione 34 viene anche detta **media aritmetica ponderata**. Le frequenze f_i rappresentano i **pesi** attribuiti a ciascuna modalità x_i.

L'Equazione 33 può essere posta nella forma:

$$x_M = x_1 \cdot \frac{f_1}{N} + x_2 \cdot \frac{f_2}{N} + \cdots + x_n \cdot \frac{f_n}{N}$$

In quest'ultima espressione si riconoscono le frequenze relative (Equazione 26). Per cui si scrive una relazione che esprime la media aritmetica in funzione delle frequenze relative:

$$x_M = x_1 \cdot p_1 + x_2 \cdot p_2 + \cdots + x_n \cdot p_n$$

$$x_M = \sum_{i=1}^{n} x_i \cdot p_i$$

Equazione 35

Si supponga ora di analizzare un carattere continuo, per il quale si saranno individuate delle classi di modalità rappresentate da intervalli del tipo $x_i \vdash x_{i+1}$ ai quali sono associate delle frequenze assolute f_i e delle frequenze relative p_i. Per ciascun intervallo si può individuare il valore centrale $\overline{x}_i = \frac{x_{i+1} + x_i}{2}$. La media aritmetica viene calcolata sostituendo nell'Equazione 33, nell'Equazione 34 e nell'Equazione 35 i valori centrali x_i ai valori discreti x_i. Questa sostituzione permette di ottenere una stima ragionevole della media aritmetica dei valori, nell'ipotesi che in ciascun intervallo $x_i \vdash x_{i+1}$ i valori si distribuiscono uniformemente e il valore centrale sia quindi sufficientemente rappresentativo dei valori assunti nell'intervallo.
La media aritmetica è di gran lunga l'indice di posizione più usato ed ha una vasta applicazione in numerosi campi scientifici. Tuttavia il suo valore è influenzato da valori anomali che si discostano significativamente dal resto dei valori.

Esempi

1) In Tabella 5 è mostrata la distribuzione del numero di componenti delle famiglie residenti in un grande condominio. Per ciascun numero di componenti (variabile quantitativa discreta) sono riportate la frequenza e la frequenza relativa. La somma delle frequenze è anche pari alla popolazione statistica (50 famiglie).

Tabella 5

Num. Comp.	Frequenza	Freq. Rel.
1	3	0,06
2	9	0,18
3	12	0,24
4	18	0,36
5	7	0,14
6	1	0,02
Totali	50	1

La media può essere calcolata mediante l'Equazione 33:

$$x_M = \frac{\sum_{i=1}^{n} x_i \cdot f_i}{N} = \frac{1 \cdot 3 + 2 \cdot 9 + 3 \cdot 12 + 4 \cdot 18 + 5 \cdot 7 + 6 \cdot 1}{50} = \frac{170}{50} = 3{,}4$$

Il medesimo valore si ottiene mediante l'Equazione 35.

$$x_M = \sum_{i=1}^{n} x_i \cdot p_i = 1 \cdot 0{,}06 + 2 \cdot 0{,}18 + 3 \cdot 0{,}24 + 4 \cdot 0{,}36 + 5 \cdot 0{,}14 + 6 \cdot 0{,}02 = 3{,}4$$

2) In Tabella 6 è riportata la distribuzione delle stature di una popolazione di 215 individui. Il carattere è stato suddiviso in classi di modalità. Pertanto, per calcolare la statura media della popolazione occorre individuare il valore centrale di ciascuna classe di modalità, mediante l'Equazione 21. I valori centrali sono riportati nella seconda colonna.

Tabella 6

Statura (cm)	Val. centr. (cm)	Frequenza	Freq. Rel.
140 ⊢ 145	142,5	2	0,0093
145 ⊢ 150	147,5	12	0,0558
150 ⊢ 155	152,5	25	0,1163
155 ⊢ 160	157,5	32	0,1488
160 ⊢ 165	162,5	48	0,2233
165 ⊢ 170	167,5	42	0,1953
170 ⊢ 175	172,5	28	0,1302
175 ⊢ 180	177,5	15	0,0698
180 ⊢ 185	182,5	8	0,0372
185 ⊢ 190	187,5	2	0,0093
190 ⊢ 195	192,5	1	0,0047
	Totali	215	1

La media aritmetica viene calcolata mediante l'Equazione 33, sostituendo i valori centrali $\bar{x}_i$ ai valori discreti x_i.

$$x_M = \frac{\sum_{i=1}^{n} \bar{x}_i \cdot f_i}{N} =$$

$$= \frac{142{,}5 \cdot 2 + 147{,}5 \cdot 12 + 152{,}5 \cdot 25 + 157{,}5 \cdot 32 + 162{,}5 \cdot 48 + 167{,}5 \cdot 42 + 172{,}5 \cdot 28 + 177{,}5 \cdot 15 + 182{,}5 \cdot 8 + 187{,}5 \cdot 2 + 192{,}5 \cdot 1}{50}$$

$$= \frac{35262{,}5}{215} = 164\,cm$$

Considerato un carattere quantitativo X ed indicata con $MX = x_M$ la sua media aritmetica, è possibile verificare che essa gode delle medesime proprietà del valor medio di una distribuzione. Difatti si ha:

$$M\,(a \cdot X + b) = a \cdot M(X) + b \text{ dove } a, b \text{ sono costanti.}$$

Considerato un valore qualsiasi y_i assunto dal carattere X, si definisce **scarto dalla media** la differenza $y_i - x_M$. È possibile dimostrare che la **somma degli scarti dalla media** è nulla.

$$\sum_{i=1}^{N}(y_i - x_M) = 0$$

Una relazione analoga vale per le modalità.

$$\sum_{i=1}^{n}(x_i - x_M) \cdot f_i = 0$$

Il **quadrato dello scarto della media** è invece definito come $(y_i - x_M)^2$. La somma dei quadrati degli scarti della media è minima. Questo vuol dire che calcolando la somma dei quadrati degli scarti da qualsiasi altro valore che non sia la media si ottiene sempre una somma maggiore.

7.4.2 La media geometrica

In perfetta analogia con la media aritmetica, si può definire la **media geometrica** come la radice N-esima del prodotto di tutti i valori (supposti positivi):

$$x_G = \sqrt[N]{y_1 \cdot y_2 \cdot \ldots \cdot y_N}$$

Equazione 36

In alternativa, si possono usare le modalità, ciascuna conteggiata per un numero di volte pari alla propria frequenza.

$$x_G = \sqrt[N]{\underbrace{x_1 \cdot x_1 \cdot \ldots \cdot x_1}_{f_1\ volte} \cdot \underbrace{x_2 \cdot x_2 \cdot \ldots \cdot x_2}_{f_n\ volte} \cdot \ldots \cdot \underbrace{x_n \cdot x_n \cdot \ldots \cdot x_n}_{f_n\ volte}}$$

Equazione 37

Si noti che ciascuno dei prodotti di f_i termini può essere espresso come la potenza con base pari alla modalità x_i ed esponente pari alla frequenza f_i.

$$x_G = \sqrt[N]{x_1^{f_1} \cdot x_2^{f_2} \cdot \ldots \cdot x_n^{f_n}}$$

$$x_G = \sqrt[N]{\prod_{i=1}^{n} x_i^{f_i}}$$

Equazione 38

Quando la media geometrica è espressa secondo l'Equazione 38 viene anche detta **media geometrica ponderata**.
Nel caso si disponga di classi di modalità, la media geometrica può essere calcolata usando i valori centrali degli intervalli.
La media geometrica è usata quando la grandezza studiata ha carattere moltiplicativo piuttosto che additivo. In ambito economico la media geometrica è usata per il calcolo dell'interesse medio annuo.
Calcolando il logaritmo di ambo i membri dell'Equazione 38 è possibile trasformare la media geometrica ponderata delle modalità x_i in una media aritmetica ponderata di logaritmi $\log x_i$

$$\log x_G = \frac{1}{N} \sum_{i=1}^{n} f_i \cdot \log x_i$$

Esempio

In tabella è mostrato il prezzo medio in euro di un bene per quattro diversi anni. Si nota dall'andamento dei valori che il prezzo del bene è progressivamente aumentato, in modo non costante.

Anno	2009	2010	2011	2012
Prezzo (€)	2,50	2,80	3,50	3,85

Gli incrementi relativi di prezzo, di anno in anno, vengono determinati attraverso i rapporti:

$$r_1 = \frac{2{,}80}{2{,}50} = 1{,}12; \quad r_2 = \frac{3{,}50}{2{,}80} = 1{,}25; \quad r_3 = \frac{3{,}85}{3{,}50} = 1{,}10$$

Ad esempio, il primo rapporto indica che dal 2009 al 2010 il prezzo del bene è aumentato del 12% (1,12-1); in modo analogo si interpretano gli altri rapporti.
Per calcolare l'incremento relativo medio del prezzo del bene nell'arco dei tre anni si usa la media geometrica.

$$x_G = \sqrt[3]{r_1 \cdot r_2 \cdot r_3} = \sqrt[3]{1{,}12 \cdot 1{,}25 \cdot 1{,}10} = \sqrt[3]{1{,}54} \approx 1{,}1548$$

Il prezzo del bene è aumentato in media del 15,48% di anno in anno. Se si moltiplica tre volte il prezzo iniziale di 2,50 € per tale incremento si ottiene il costo finale di 3,85 €.
Si noti che la media aritmetica dei tre rapporti vale x_M =1,1567. Moltiplicando tre volte il prezzo iniziale di 2,50 € per tale valore non si ottiene il prezzo finale, bensì circa 3,869 €.

7.4.3 La media armonica

La **media armonica** è il reciproco della media aritmetica dei reciproci dei valori.

$$x_A = \frac{N}{\frac{1}{y_1}+\frac{1}{y_2}+\ldots+\frac{1}{y_N}}$$

In modo analogo si possono usare le modalità, ciascuna conteggiata per un numero di volte pari alla propria frequenza.

$$x_A = \frac{N}{\underbrace{\frac{1}{x_1}+\frac{1}{x_1}+\cdots+\frac{1}{x_1}}_{f_1\ volte}+\underbrace{\frac{1}{x_2}+\frac{1}{x_2}+\cdots+\frac{1}{x_2}}_{f_2\ volte}+\cdots+\underbrace{\frac{1}{x_n}+\frac{1}{x_n}+\cdots+\frac{1}{x_n}}_{f_n\ volte}}$$

Equazione 39

Si noti che ciascuna delle somme di f_i termini può essere espressa come il prodotto dell'inverso della modalità x_i per la rispettiva frequenza f_i.

$$x_A = \frac{N}{\frac{f_1}{x_1}+\frac{f_2}{x_2}+\cdots+\frac{f_n}{x_n}}$$

$$x_A = \frac{N}{\sum_{i=1}^{n}\frac{f_i}{x_i}}$$

Equazione 40

Inoltre, in base all'Equazione 25, il numeratore può essere espresso come somma delle frequenze:

$$x_A = \frac{f_1 + f_2 + \cdots + f_n}{\frac{f_1}{x_1} + \frac{f_2}{x_2} + \cdots + \frac{f_n}{x_n}}$$

$$x_M = \frac{\sum_{i=1}^{n} f_i}{\sum_{i=1}^{n} \frac{f_i}{x_i}}$$

Equazione 41

Quando la media armonica è espressa secondo l'Equazione 41 viene anche detta **media armonica ponderata**. Le frequenze f_i rappresentano i **pesi** attribuiti a ciascuna modalità x_i.

Nel caso si disponga di classi di modalità, la media armonica può essere calcolata usando i valori centrali degli intervalli. La media armonica è usata quando il carattere studiato è additivo rispetto ai reciproci dei suoi valori.

Esempio

Un autobus percorre il tratto di autostrada da Salerno a Napoli ad una media di 62km/h. Al ritorno percorre lo stesso tratto ad una media di 75km/h. Quale sarà la sua velocità media lungo l'intero percorso di andata e ritorno?

La velocità media si calcola con la media armonica delle due velocità:

$$v_A = \frac{2}{\frac{1}{v_1} + \frac{1}{v_2}} = \frac{2}{\frac{1}{75} + \frac{1}{62}} = \frac{2 \cdot 75 \cdot 62}{75 + 62} = \frac{9300}{137} \approx 67{,}88\ km/h$$

Si noti che la media aritmetica delle due velocità è invece 68,5 km/h, un valore sensibilmente diverso.

Per convincersi che la media armonica è il risultato corretto, basta porre pari ad s la lunghezza del tratto Salerno-Napoli. Pertanto, il percorso di andata e ritorno è pari a $2s$. Denotati con t_1, t_2 il tempo di percorrenza all'andata e il tempo di percorrenza al ritorno, si ha che la velocità media è data dall'intero percorso diviso per la somma dei due tempi:

$$v_m = \frac{2s}{t_1 + t_2}$$

Ciascuno dei due tempi è pari al rapporto della velocità (dell'andata oppure del ritorno) diviso per il singolo tratto (di andata o di ritorno). Pertanto si scrive:

$$v_m = \frac{2s}{\frac{s}{v_1} + \frac{s}{v_2}} = \frac{2}{\frac{1}{v_1} + \frac{1}{v_2}}$$

Il risultato ottenuto è proprio la media armonica.

7.4.4 La media quadratica

La **media quadratica** è la radice quadrata della media aritmetica dei quadrati dei valori (supposti positivi).

$$x_Q = \sqrt{\frac{y_1^2 + y_2^2 + \cdots + y_N^2}{N}}$$

In alternativa, si usano le modalità, ciascuna conteggiata per un numero di volte pari alla propria frequenza.

$$x_Q = \sqrt{\frac{\overbrace{x_1^2 + x_1^2 + \cdots + x_1^2}^{f_1 \text{ volte}} + \overbrace{x_2^2 + x_2^2 + \cdots + x_2^2}^{f_2 \text{ volte}} + \cdots + \overbrace{x_n^2 + x_n^2 + \cdots + x_n^2}^{f_n \text{ volte}}}{N}}$$

Equazione 42

Si noti che ciascuna delle somme di f_i termini a numeratore può essere espressa come il prodotto del quadrato della modalità x_i^2 per la rispettiva frequenza f_i.

$$x_Q = \sqrt{\frac{x_1^2 \cdot f_1 + x_2^2 \cdot f_2 + \cdots + x_n^2 \cdot f_n}{N}}$$

$$x_Q = \sqrt{\frac{\sum_{i=1}^{n} x_i^2 \cdot f_i}{N}}$$

Equazione 43

Inoltre, in base all'Equazione 25, il denominatore può essere espresso come somma delle frequenze:

$$x_Q = \sqrt{\frac{x_1^2 \cdot f_1 + x_2^2 \cdot f_2 + \cdots + x_n^2 \cdot f_n}{f_1 + f_2 + \cdots + f_n}}$$

$$x_Q = \sqrt{\frac{\sum_{i=1}^{n} x_1^2 \cdot f_i}{\sum_{i=1}^{n} f_i}}$$

Equazione 44

Quando la media quadratica è espressa secondo l'Equazione 44 viene anche detta **media quadratica ponderata**. Le frequenze f_i rappresentano i **pesi** attribuiti a ciascuna modalità x_i.
Nel caso si disponga di classi di modalità, la media quadratica può essere calcolata usando i valori centrali degli intevalli.

7.4.5 Relazione tra le medie algebriche

Tutte le medie algebriche illustrate sono dei valori medi, in quanto collocati tra il minimo y_{min} e il massimo y_{max} dei valori della distribuzione. In particolare è possibile dimostrare che tra le diverse medie sussiste la seguente disuguaglianza.

$$y_{\min} < x_A < x_G < x_M < x_Q < y_{\max}$$

Equazione 45

7.4.6 La moda

Si consideri un carattere quantitativo X (una variabile) di tipo discreto che può assumere n modalità distinte $x_1, x_2, \ldots, x_n$. Si supponga che a tali modalità siano associate le frequenze $f_1, f_2, \ldots, f_n$.
La modalità che possiede la frequenza massima è detta **moda** o **valore normale** ed è indicata con x_{MO}. Si tratta quindi del valore che è stato rilevato più volte nella popolazione, ossia del valore che "normalmente" si presenta nella rilevazione. Quando una distribuzione ha un'unica moda viene detta **unimodale**. Se le mode sono due (ossia due modalità hanno la medesima frequenza massima), allora la distribuzione è detta **bimodale**. Analogamente si parla di distribuzioni trimodali o multimodali.
Una distribuzione può non avere una moda se tutte le frequenze hanno lo stesso valore.
Quando si dispone di classi di modalità, la moda è associata alla classe (all'intervallo) che ha la frequenza massima. Tale classe viene definita come **classe modale**. Sia tale classe data da $x_i \vdash x_{i+1}$ con ampiezza $\alpha_i = x_{i+1} - x_i$ e frequenza f_i. Siano f_{i-1} e f_{i+1} le frequenze delle classi precedente e successiva alla classe modale. A questo punto si individua il valore della moda (all'interno della classe modale) mediante la relazione:

$$x_{Mo} = x_i + \frac{(f_i - f_{i-1})}{(f_i - f_{i-1}) + (f_i - f_{i+1})} \alpha_i$$

Equazione 46

La moda è un valore che in generale non coincide con la media aritmetica. Difatti, mentre nella media vengono pesati anche valori anomali, che sono distanti dagli altri valori della distribuzione, nella moda questo effetto non ha alcun peso, in quanto essa è individuata semplicemente come la modalità con maggiore frequenza, ossia come la modalità che è più diffusa. La moda quindi rappresenta il valore con maggiore diffusione e trova applicazione nelle produzioni su vasta scala di prodotti. Ad esempio, i capi di vestiario vengono confezionati usando dei valori normali, piuttosto che dei valori medi. Spesso la reale espressione di una quantità è meglio descritta dalla moda che dalla media. Si pensi al voto medio in matematica degli alunni di una classe. Esso potrebbe essere influenzato da voti molto bassi o molto alti non fornendo pertanto una espressione molto significativa del profitto in matematica della classe. Viceversa la moda è indice del voto che normalmente si riscontra negli alunni di una classe. A tale proposito, si consideri il primo dei seguenti esempi.

Esempi

1) La distribuzione del voto al compito di matematica di una classe di 24 alunni è mostrata in tabella.

Voto	3	4	5	6	7	8	Totale
Frequenza	2	1	5	13	2	1	24

La media aritmetica dei voti vale 5,625 ed è sensibilmente sotto la sufficienza (6). Questo valore, in effetti, non rende giustizia al rendimento complessivo della classe, nella quale oltre la metà degli alunni ha avuto un voto pari alla sufficienza (13 su 24). Inoltre, i due terzi della classe ha avuto un voto pari o superiore alla sufficienza (16 su 24). La media è abbassata sensibilmente dai tre voti sotto la mediocrità (inferiori al 5). Senza quei tre voti, la media sarebbe sufficiente. In tal caso, la moda, il cui valore è 6, rende meglio il risultato complessivo della classe, dove di norma il voto è la sufficienza.

2) In tabella è mostrata la distribuzione del peso di una popolazione di 240 individui. Il carattere è suddiviso in classi di modalità.

Peso (kg)	45⊢50	50⊢55	55⊢60	60⊢65	65⊢70	70⊢75	75⊢80	80⊢85	85⊢90	90⊢95	95⊢100	Totali
Frequenza	5	10	24	30	42	50	37	21	12	6	3	240
Freq. Rel.	0,0208	0,0417	0,1000	0,1250	0,1750	0,2083	0,1542	0,0875	0,0500	0,0250	0,0125	1

La classe modale (quella con la frequenza più alta) è 70⊢75; pertanto la moda è compresa tra 70kg e 75kg. Per calcolare la moda si usa l'Equazione 46:

$$x_{Mo} = x_i + \frac{(f_i - f_{i-1})}{(f_i - f_{i-1}) + (f_i - f_{i+1})}\alpha_i = 70 + \frac{(50-42)}{(50-42)+(50-37)}5 =$$

$$= 70 + \frac{8}{8+13}5 \approx 70 + 1{,}90 = 71{,}9\,kg$$

La moda vale 71,9 kg.

7.4.7 La mediana

Si consideri una carattere quantitativo X (una variabile) di tipo discreto che può assumere n modalità distinte $x_1, x_2, \ldots, x_n$. Si supponga che a tali modalità siano associate le frequenze $f_1, f_2, \ldots, f_n$, determinate attraverso la rilevazione su di una popolazione di N unità statistiche. In pratica $\sum_{i=1}^{n} f_i = N$.

Si supponga si disporre in ordine crescente le varie modalità, ripetendole per un numero di volte pari alle frequenze ad esse associate. Si sarà creata una sequenza ordinata e crescente (non strettamente) di valori che possono essere ripetuti.
Per individuare la mediana della distribuzione, indicata con x_{Me}, si procede nel modo seguente.

Se il numero N di valori è dispari, allora la mediana è data dal valore che occupa nella sequenza la posizione $\frac{N+1}{2}$ e che bipartisce la sequenza stessa.

Se il numero N di valori è pari, allora la mediana è data dalla media aritmetica della coppia di valori che occupano nella sequenza le posizioni $\frac{N}{2}$ e $\frac{N}{2}+1$. Anche il valore così determinato bipartisce la distribuzione.
Da tale definizione si comprende che la mediana è un punto centrale, intorno al quale si ripartiscono tutti i valori della distribuzione. I valori della distribuzione che sono inferiori alla mediana sono pari in numero ai valori della distribuzione che sono superiori alla mediana. In altre parole, la mediana è superiore o uguale al 50% dei valori della distribuzione ed è inferiore o uguale al 50% dei dati della distribuzione.

Esempi

1) Si considerino i seguenti $N = 9$ valori, che sono già stati ordinati in modo crescente.

33, 33, 34, 34, 35, 35, 36, 37, 40

Siccome i valori sono in numero dispari, si può notare che il valore centrale è il quinto. Infatti i valori possono essere così suddivisi:

Primi 4 valori				Valore centrale	Ultimi 4 valori			
1	2	3	4	5	6	7	8	9
33	33	34	34	35	35	36	37	40

Pertanto la mediana vale proprio 35.
Tale valore può essere individuato anche considerando che la posizione centrale è $\frac{N+1}{2} = \frac{9+1}{2} = 5$. Il valore in posizione 5 è proprio 35.

2) Si considerino i seguenti $N = 10$ valori che sono già stati ordinati in modo crescente.

33, 33, 34, 34, 35, 36, 36, 37, 40, 41

Siccome i valori sono in numero pari, allora non esiste un valore centrale. Infatti i dieci valori possono essere suddivisi in due gruppi da 5, senza che alcun valore separi equamente i due gruppi.

Primi 5 valori					Ultimi 5 valori				
1	2	3	4	5	6	7	8	9	10
33	33	34	34	35	36	36	37	40	41

In tal caso la mediana è data dalla media dei due valori in posizione $\frac{N}{2}=\frac{10}{2}=5$ e $\frac{N}{2}+1=\frac{10}{2}+1=6$, ossia il quinto e il sesto valore.

Quindi si ha:

$$\frac{35+36}{2}=35{,}5$$

Quando i dati sono numerosi (il valore N è alto), non è pensabile disporre i valori in sequenza crescente ed individuare il valore o i due valori centrali per determinare la mediana. Pertanto, si può procedere come di seguito. Considerate le modalità $x_1, x_2, \dots, x_n$ e le frequenze assolute $f_1, f_2, \dots, f_n$, si calcolano le frequenze relative di ciascuna modalità $f_1, f_2, \dots, f_n$ usando l'Equazione 26. Quindi, mediante l'Equazione 29, si calcolano le frequenze relative cumulate $pc_1, pc_2, \dots, pc_n$ per ciascuna modalità.

Si possono avere due casi (l'uno esclude l'altro).

1) Esiste una modalità x_j per cui accade che $pc_{j-1} < 0{,}5$ e $pc_j > 0{,}5$, allora si ha $x_{Me} = x_j$.

2) Esiste una modalità x_j per cui accade che $pc_j = 0{,}5$, allora si ha $x_{Me} = \frac{x_j + x_{j+1}}{2}$.

Si noti che il caso 1 può avvenire sia quando N è pari sia quando è dispari, mentre il caso 2 può avvenire solo con N pari.
Si è sfruttata la proprietà delle mediana di essere quel valore che è esattamente collocato al centro dei valori della distribuzione. Prima di esso vi sono un numero di valori pari a quelli che sono dopo di esso. Pertanto il cumulo delle frequenze dei valori che precedono la mediana deve essere pari al cumulo delle frequenze dei valori che seguono la mediana.

Esempio

In tabella sono mostrate le distribuzioni di frequenze del numero di figli per due popolazioni distinte di famiglie. Per ciascuna popolazione sono calcolate anche le frequenze relative e le frequenze relative cumulate. Per comodità si indicizzano le modalità partendo da 0, in tal modo si ha $x_i = i$, $i = 0,1,2,3,4,5$.

Popolazione 1							
numero di figli	0	1	2	3	4	5	Totale
Frequenza	10	22	14	6	2	1	55
freq. Rel.	0,1818	0,4000	0,2545	0,1091	0,0364	0,0182	1
freq. Rel. Cum.	0,1818	0,5818	0,8364	0,9455	0,9818	1,0000	

Popolazione 2							
numero di figli	0	1	2	3	4	5	Totale
Frequenza	10	17	16	7	3	1	54
freq. Rel.	0,1852	0,3148	0,2963	0,1296	0,0556	0,0185	1
freq. Rel cum.	0,1852	0,5000	0,7963	0,9259	0,9815	1,0000	

Nella popolazione 1 si nota che la modalità $x_1 = 1$ è tale che $pc_0 = 0{,}1818 < 0{,}5$ e $pc_1 = 0{,}5818 > 0{,}5$. Pertanto $x_{Me} = x_1 = 1$ è la mediana.
Nella popolazione 1 si nota che la modalità $x_1 = 1$ è tale che $pc_1 = 0{,}5$. Pertanto la mediana è $\frac{x_1 + x_2}{2} = \frac{1+2}{2} = 1{,}5$.

Quando si dispone di classi di modalità $x_i \vdash x_{i+1}$ associate a frequenze f_i è necessario calcolare le frequenze relative p_i e quelle cumulate pc_i. Quindi, è possibile individuare la **classe mediana**, ossia quella classe $x_j \vdash x_{j+1}$ per cui $pc_{j-1} < 0{,}5$ e $pc_j \geq 0{,}5$. In tal caso la mediana appartiene alla classe $x_j \vdash x_{j+1}$ di ampiezza $\alpha_j = x_{j+1} - x_j$ e frequenza f_j. Per stimare la posizione della mediana in modo ragionevole, nell'ipotesi in cui i valori si distribuiscano in modo uniforme all'interno della classe mediana, si può usare la formula:

$$x_{Me} = x_j + \frac{\alpha_j}{p_j} \cdot \left(0{,}5 - pc_{j-1}\right)$$

Equazione 47

Si noti che se avviene che $pc_j = 0{,}5$, allora $0{,}5 - pc_{j-1} = pc_j - pc_{j-1} = p_j$. Quindi l'Equazione 47 diventa:

$$x_{Me} = x_j + \frac{\alpha_j}{p_j} \cdot \left(0,5 - pc_{j-1}\right) = x_j + \frac{\alpha_j}{p_j} \cdot p_j = x_j + \alpha_j = x_{j+1}$$

La mediana coincide con l'estremo superiore della classe mediana. In pratica la mediana è situata proprio tra due classi di modalità, quella mediana e la successiva.

Esempio

In tabella è mostrata la distribuzione del carattere "kilometri percorsi per raggiungere il posto di lavoro" di una popolazione di 100 lavoratori. In tabella sono riportate le frequenze assolute e relative e le frequenze cumulate.

Km percorsi	Freq.	Freq. Rel.	Freq. Cum.	Freq. Rel. Cum.
0 ⊢ 10	20	0,20	20	0,20
10 ⊢ 20	18	0,18	38	0,38
20 ⊢ 30	25	0,25	63	0,63
30 ⊢ 40	13	0,13	76	0,76
40 ⊢ 50	9	0,09	85	0,85
50 ⊢ 60	7	0,07	92	0,92
60 ⊢ 70	4	0,04	96	0,96
70 ⊢ 80	2	0,02	98	0,98
80 ⊢ 90	1	0,01	99	0,99
90 ⊢ 100	1	0,01	100	1
Totale	100	1		

Si nota che la classe di modalità 20 ⊢ 30 è tale da avere una frequenza relativa cumulata pari a 0,63 > 0,50, mentre la classe precedente ha una frequenza relativa cumulata pari a 0,38 < 0,50. Pertanto la classe di modalità 20 ⊢ 30 è la classe mediana. Per determinare la mediana si usa l'Equazione 47:

$$x_{Me} = x_j + \frac{\alpha_j}{p_j} \cdot \left(0,5 - pc_{j-1}\right) = 20 + \frac{10}{0,63} \cdot \left(0,5 - 0,38\right) = 20 + 1,9 = 21,9\,km$$

Considerato un valore qualsiasi y_i assunto dal carattere X, si definisce **valore assoluto dello scarto dalla mediana** la differenza $|y_i - x_{Me}|$. È possibile dimostrare che la **somma dei valori assoluti degli scarti dalla mediana** è minimo. Questa proprietà stabilisce che calcolando la somma dei valori assoluti degli scarti da qualsiasi altro valore che non sia la mediana si ottiene sempre una somma maggiore.

7.4.8 I quantili

La mediana è un indice di posizione che equipartisce la distribuzione. Questo concetto può essere generalizzato, individuando indici che suddividono la distribuzione in intervalli con la medesima numerosità di dati. In generale ci si riferisce a questi valori medi come ai **quantili** (o **frattili**).
Ad esempio, si definiscono **quartili** i seguenti 3 valori che suddividono la distribuzione in quattro intervalli di uguale numerosità:

1. il **primo quartile** Q_1 è superiore ad 1/4 (al 25%) dei valori della distribuzione ed è inferiore alla parte rimanente;
2. il **secondo quartile** Q_2 è superiore alla metà (al 50%) dei valori della distribuzione ed è inferiore alla parte rimanente (in pratica è la mediana);
3. il **terzo quartile** Q_3 è superiore ai 3/4 (al 75%) dei valori della distribuzione ed è inferiore alla parte rimanente.

Insieme a tali valori si usa porre anche il valore minimo $y_{min} = Q_0$ e il valore massimo $y_{max} = Q_4$.

In modo analogo si possono definire 9 valori detti **decili**, oppure 99 valori detti **percentili** che scandiscono la distribuzione per ogni punto percentuale.

Esempio

In tabella è mostrata la distribuzione del carattere "libri letti in un anno solare" di una popolazione di 100 adulti. In tabella sono riportate le frequenze assolute e relative e le frequenze cumulate.

Libri letti	Freq	Freq. Rel	Freq. Cum.	Freq. Rel. Cum.
0	9	0,1184	9	0,1184
1	11	0,1447	20	0,2632
2	16	0,2105	36	0,4737
3	12	0,1579	48	0,6316
4	10	0,1316	58	0,7632
5	5	0,0658	63	0,8289
6	5	0,0658	68	0,8947
7	3	0,0395	71	0,9342
8	2	0,0263	73	0,9605
9	2	0,0263	75	0,9868
10	1	0,0132	76	1
Totali	76	1		

Il primo quartile è pari a $Q_1 = 1$, infatti si nota che la frequenza cumulata alla modalità 1 vale 0,2632 > 0,25, mentre alla modalità precedente vale 0,1184 < 0,25. Il secondo quartile è pari a $Q_2 = 3$, in quanto la frequenza cumulata di questa modalità vale 0,6316 > 0,50, mentre la frequenza cumulata della modalità precedente vale 0,4737 < 0,50. Il terzo quartile vale $Q_3 = 4$, in quanto la frequenza cumulata di questa modalità è pari a 0,7632 > 0,75 mentre la frequenza cumulata della modalità precedente vale 0,6316 < 0,75.

7.5 Indici di variabilità

Si è detto che gli indici di posizione forniscono informazioni sull'intensità o ordine di grandezza del fenomeno indicando dei valori medi significativi, interni agli estremi della distribuzione. Gli indici di posizione non sono in grado di mostrare come i valori si distribuiscono intorno a questi indici. Ad esempio, è lecito chiedersi se i valori della distribuzione siano in media più o meno molto distanti da un indice di posizione. A tale scopo occorre considerare gli **indici di variabilità** che forniscono una stima di come varia il fenomeno osservato intorno a quei valori indicativi rappresentati dagli indici di posizione.

A loro volta gli indici di variabilità si suddividono in:

> **indici generici di variabilità** che quantificano in linea del tutto generale la variabilità della distribuzione. L'esempio più comune è il campo di variabilità;
> **indici di dispersione** che quantificano la variabilità dei dati di una distribuzione intorno ad un determinato indice di posizione; questi indici sono in generale funzione delle differenze tra i dati e l'indice di posizione di riferimento. Tra questi si ricordano lo scarto semplice medio e lo scarto quadratico medio;
> **indici di disuguaglianza** che quantificano la variabilità dei dati di una distribuzione tra loro; questi indici sono in generale funzione delle differenze tra i dati stessi. Tra questi si ricordano la differenza media assoluta e la differenza media quadratica.

Infine gli indici di variabilità si possono suddividere anche in:

> **indici assoluti** quando esprimono un valore dotato di una unità di misura in qualche modo legata a quella del carattere della distribuzione;
> **indici relativi** quando esprimono un numero puro e sono il risultato di un confronto che viene fatto solitamente tra indici di variabilità e indici di posizione.

7.5.1 Campo di variabilità e differenze interquantili

Un primo indice generico di variabilità, piuttosto grossolano, è il **campo di variabilità** *C*, costituito dalla differenza tra il minimo y_{min} e il massimo y_{max} dei valori della distribuzione.

$$C = y_{max} - y_{min}$$

Questo indice risente dei valori anomali che differiscono di molto da tutti gli altri valori della distribuzione. Inoltre il campo di variabilità non dà alcuna informazione su come sono distribuiti i dati al suo interno.
In modo analogo, si possono calcolare le differenze tra due quantili successivi. Ad esempio, se si è suddivisa la distribuzione in quartili, si possono calcolare le **differenze interquartili**.

$$DQ_i = Q_i - Q_{i-1} \quad i = 1, 2, 3, 4$$

7.5.2 Scarto semplice medio

Lo **scarto semplice medio** è un indice di dispersione. Esso è la media dei valori assoluti delle differenze tra i valori della distribuzione ed un indice di posizione preso come riferimento.
Ad esempio lo scarto semplice medio può essere calcolato come scarto dalla media aritmetica dei dati. In tal caso diventa **scarto semplice medio della media aritmetica** x_M. Se *N* è il numero dei dati (valori) relativi ad un carattere, allora si può scrivere:

$$s_M = \frac{\sum_{i=1}^{N} |y_i - x_M|}{N}$$

Se i valori sono raggruppati in *n* modalità x_i, ciascuna con la propria frequenza f_i, allora si può scrivere la formula ponderata:

$$s_M = \frac{\sum_{i=1}^{n} |x_i - x_M| \cdot f_i}{N}$$

Equazione 48

Analogamente si può calcolare lo **scarto semplice medio dalla mediana** x_{Me}.

$$s_{Me} = \frac{\sum_{i=1}^{N} |y_i - x_{Me}|}{N}$$

Questa volta la formula ponderata si scrive come:

$$s_{Me} = \frac{\sum_{i=1}^{n} |x_i - x_{Me}| \cdot f_i}{N}$$

Equazione 49

Si è visto (par. 7.4.7) che la somma degli scarti in valore assoluto è minima se calcolata rispetto alla mediana. Pertanto, lo scarto semplice medio dalla mediana è minore di qualsiasi altro scarto semplice medio, calcolato rispetto a qualsiasi altro valore o indice della distribuzione.
Quando si dispone di classi di modalità, per calcolare lo scarto semplice medio, si possono considerare i valori centrali delle classi al posto delle modalità.
Lo scarto semplice medio quantifica la distanza media dei valori di una distribuzione dall'indice di posizione preso in considerazione. All'aumentare dello scarto, i valori saranno in media più distanti e meno raccolti intorno all'indice di posizione. Pertanto uno scarto alto suggerisce una maggiore variabilità dei valori.

Esempio

In tabella sono riportati gli esiti, in termini di voti in decimi, di un compito in classe. Dal calcolo delle frequenze relative cumulate si osserva che la mediana è pari alla modalità 6. Difatti, la frequenza cumulata di tale modalità vale 0,70 > 0,50, mentre la frequenza cumulata della modalità precedente vale 0,33 < 0,5. La media aritmetica vale, invece, circa 5,87.

Voto	Freq.	Freq. Rel.	Freq. Rel. Cum.	Sc. Sempl. Mediana	Sc. Sempl. Media
3	2	0,067	0,067	6	5,733
4	3	0,100	0,167	6	5,600
5	5	0,167	0,333	5	4,333
6	11	0,367	0,700	0	1,467
7	6	0,200	0,900	6	6,800
8	2	0,067	0,967	4	4,267
9	1	0,033	1,000	3	3,133
Totale	30	1	Totale	30	31,333
			Sc. Sem. Medio	1	1,044

Nella penultima colonna sono calcolati i termini $|x_i - x_{Me}| \cdot f_i$ dell'Equazione 49 per ciascuna modalità x_i. Nella penultima riga viene calcolato il totale di questi termini. Nell'ultima riga, dividendo per $N = 30$, si ottiene lo scarto semplice medio dalla mediana, calcolato come dall'Equazione 49. Esso vale $s_{Me} = 1$. Nell'ultima colonna sono calcolati i termini $|x_i - x_M| \cdot f_i$ dell'Equazione 48 per ciascuna modalità x_i. Nella penultima riga viene calcolato il totale di questi termini. Nell'ultima riga, dividendo per $N = 30$, si ottiene lo scarto semplice medio dalla media aritmetica, calcolato come dall'Equazione 48. Esso vale $s_M = 1{,}044$. Come previsto, lo scarto semplice dalla media aritmetica è maggiore dello scarto semplice dalla mediana.

7.5.3 Devianza

In questo e nei prossimi paragrafi si introducono indici di variabilità basati sui quadrati delle differenze tra i valori della distribuzione ed un determinato indice di posizione. In generale, per indici di variabilità che contemplano quadrati di differenze, l'indice di posizione di riferimento è sempre la media aritmetica che ha la proprietà di rendere minime le somme di tali differenze. Pertanto, nei prossimi paragrafi, si parlerà sempre di indici di variabilità riferiti alla media aritmetica, omettendo il pedice dell'indice di variabilità (che è riferito all'indice di posizione), in quanto non sussistono ambiguità.
La **devianza** è un indice di dispersione calcolato come la somma dei quadrati delle differenze tra i valori di una distribuzione e la media aritmetica.

$$d = \sum_{i=1}^{N} (y_i - x_M)^2$$

In termini di modalità e frequenze si scrive:

$$d = \sum_{i=1}^{n} (x_i - x_M)^2 \cdot f_i$$

Equazione 50

Quando si dispone di classi di modalità, per calcolare la devianza, si possono considerare i valori centrali delle classi al posto dei valori delle modalità.

7.5.4 Varianza e scarto quadratico medio

La devianza di una distribuzione può essere confrontata difficilmente con quella di un'altra distribuzione, in quanto i valori delle due devianze possono essere influenzati dal numero di differenze nella sommatoria. Ad esempio, potrebbe succedere che due devianze abbiano valori confrontabili pur essendo la prima frutto di "molte piccole differenze" e la seconda frutto di "poche grandi differenze" e descrivendo quindi due distribuzioni profondamente diverse. Per tale motivo si introduce la **varianza** v, calcolata come il rapporto tra la devianza e il numero di dati della distribuzione N.

$$v = \frac{d}{N}$$

Si noti che la varianza può essere vista come la media dei quadrati delle differenze tra i valori di una distribuzione e la media aritmetica.

$$v = \frac{\sum_{i=1}^{N} (y_i - x_M)^2}{N}$$

In alternativa si ha:

$$v = \frac{\sum_{i=1}^{n} (x_i - x_M)^2 \cdot f_i}{N}$$

Equazione 51

La varianza può essere espressa come la differenza tra il quadrato della media quadratica dei valori e il quadrato delle media aritmetica dei valori.

$$v = (x_Q)^2 - (x_M)^2 = \frac{\sum_{i=1}^{N} (y_i)^2}{N} - \left(\frac{\sum_{i=1}^{N} y_i}{N} \right)^2$$

Vale anche la seguente espressione:

$$v = (x_Q)^2 - (x_M)^2 = \frac{\sum_{i=1}^{n} (x_i)^2 \cdot f_i}{N} - \left(\frac{\sum_{i=1}^{n} x_i \cdot f_i}{N} \right)^2$$

La varianza è un dato che permette di confrontare due distribuzioni di valori dello stesso carattere. A varianze maggiori corrispondono dispersioni maggiori dei dati intorno alla media aritmetica. Tuttavia, la varianza è un valore che non ha la medesima unità di misura dei dati o della media aritmetica; l'unità di misura della varianza è pari al quadrato dell'unità di misura dei dati. Per tale motivo, la varianza non è direttamente confrontabile con la media aritmetica della distribuzione. A tale proposito, si introduce la **deviazione standard** o **scarto quadratico medio** σ. Questo indice di dispersione è pari alla radice quadrata della varianza.

$$\sigma = \sqrt{v}$$

ossia:

$$\sigma = \sqrt{\frac{\sum_{i=1}^{N} (y_i - x_M)^2}{N}}$$

In alternativa si può scrivere:

$$\sigma = \sqrt{\frac{\sum_{i=1}^{n} (x_i - x_M)^2 \cdot f_i}{N}}$$

Equazione 52

Se si dispone di classi di modalità, i valori delle x_i nell'Equazione 51 e nell'Equazione 52 vengono sostituiti dai valori centrali $\overline{x}_i$ delle classi.

Esempio

In tabella sono raggruppati in classi di modalità i voti dell'esame di stato conseguiti dagli alunni delle quinte di un liceo. Per ciascuna classe è calcolato il valore centrale $\overline{x}_i$. Ad ogni classe è associata una frequenza f_i. Nella quarta colonna sono calcolati i prodotti $\overline{x}_i \cdot f_i$ e nell'ultima cella della colonna viene calcolata la media x_M, mediante l'Equazione 34. Nella quinta colonna sono calcolati i valori $(\overline{x}_i - x_M)^2 \cdot f_i$ che servono per determinare la devianza d mediante l'Equazione 50. Sotto la devianza sono calcolate la varianza v (Equazione 51) e la deviazione standard σ (Equazione 52).

Classe $x_i \vdash x_{i+1}$	Val. Cen. $\overline{x}_i$	Freq. f_i	$\overline{x}_i \cdot f_i$	$(\overline{x}_i - x_M)^2 \cdot f_i$
60 ⊢65	62,5	15	937,50	3089,63
65 ⊢70	67,5	14	945,00	1224,40
70 ⊢75	72,5	24	1740,00	454,53
75 ⊢80	77,5	17	1317,50	7,14
80 ⊢85	82,5	13	1072,50	414,72
85 ⊢90	87,5	11	962,50	1247,21
90 ⊢95	92,5	8	740,00	1958,92
95 ⊢ ⊣ 100	97,5	6	585,00	2558,08
		$N = 108$	$x_M = 76,85$	$d = 10954,63$
				$v = 101,43$
				σ = 10,07

7.5.5 Indici di dispersione relativi

Un indice di dispersione relativo è rappresentato dal **coefficiente di variabilità**. Questo è il rapporto tra lo scarto quadratico medio e la media aritmetica, espresso in termini di percentuale.

$$c_{var} = \frac{\sigma}{x_M} \cdot 100$$

Equazione 53

Si possono distinguere grossolanamente tre casi:

- $C_{var} \gg 100\%$. Si tratta di una distribuzione "molto dispersa". I valori della distribuzione sono mediamente molto distanti dalla media aritmetica, ossia sono mediamente distanti dalla media aritmetica per un valore che è superiore a quello della media stessa;
- $C_{var} \approx 100\%$. I valori della distribuzione sono mediamente distanti dalla media aritmetica per un valore che è paragonabile a quello della media stessa;
- $C_{var} \ll 100\%$. Si tratta di una distribuzione "poco dispersa", ossia "molto raccolta". I valori della distribuzione sono mediamente poco distanti dalla media aritmetica, ossia sono mediamente distanti dalla media aritmetica per un valore che è inferiore a quello della media stessa.

Un secondo indice di dispersione relativo è il **coefficiente di variabilità rispetto alla distribuzione massimante**, dato dal seguente rapporto:

$$c_{varmax} = \frac{\sigma}{\sigma_{max}} \cdot 100$$

dove σ è lo scarto quadratico medio della distribuzione di dati, mentre σ_{max} è lo scarto quadratico medio che si potrebbe ottenere spostando arbitrariamente i dati della distribuzione all'interno del campo di variabilità, ma mantenendo costante la media aritmetica dei dati. La distribuzione ottenuta in questo modo (ossia la distribuzione con σ_{max}) è detta **distribuzione massimante**. Per comprendere quale aspetto può avere questa distribuzione, si consideri il caso in cui $\sigma \approx 0$, ossia il caso in cui tutti i dati coincidono o sono molto vicini alla media aritmetica (Figura 19-A). Man mano che i dati vengono allontanati verso il valore y_{min} e il valore massimo y_{max} della distribuzione, mantenendo x_M costante, si ha un aumento di σ (Figura 19-B,C). Continuando con questa procedura si arriva in una situazione nella quale la parte centrale del campo di variabilità è completamente svuotata e i dati sono concentrati sui due estremi y_{min} e y_{max} (Figura 19-D). In linea generale non è detto che i dati si equipartiscano sul valore y_{min} e sul valore y_{max}; piuttosto, essi si ripartiranno su tali valori in relazione a quanto la media aritmetica è distante da essi. In generale, si concentreranno più dati sul valore tra i due che è più vicino alla media.

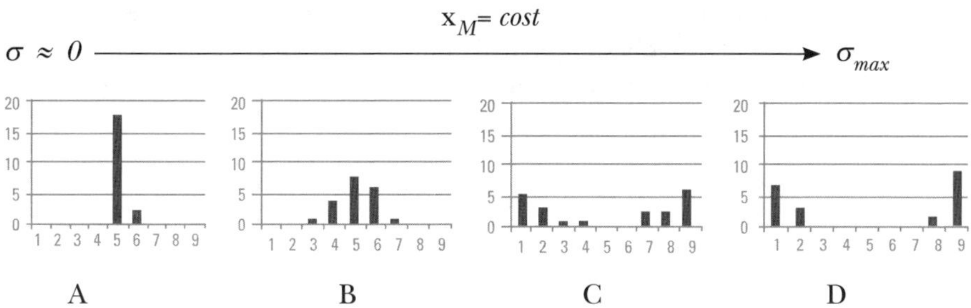

Figura 19

In virtù di questo ragionamento è possibile dimostrare che:

$$\sigma_{max} = \sqrt{\left(y_{max} - x_M\right)\left(x_M - y_{min}\right)}$$

Se si dispone di modalità si possono usare x_{max} e x_{min}.
In via del tutto generale, si possono definire anche altri indici di dispersione relativi. Questi indici presentano a numeratore e denominatore dell'Equazione 53 altri indici di dispersione e altri indici di posizione, purché questi due valori abbiano la medesima unità di misura.

7.5.6 Le differenze medie

Si consideri un insieme di N dati $y_1, y_2, \ldots, y_N$. Si determinino le differenze di ciascun valore y_i con tutti gli altri valori. È possibile considerare una quantità media che sia espressa in termini di queste differenze. Esistono diverse possibilità per creare indici di variabilità di questo tipo. Questi indici sono chiaramente degli indici di disuguaglianza, in quanto non coinvolgono nelle differenze un valore privilegiato di riferimento. Ad esempio, si possono considerare i valori assoluti delle differenze o i loro quadrati. Inoltre, per ciascuna di queste scelte si possono includere le differenze nulle, ottenute sottraendo un valore con se stesso, oppure si possono escludere queste ultime.
La **differenza media semplice con ripetizione** Δ_{sr} è la media dei valori assoluti delle differenze ottenute sottraendo ciascun valore a tutti quanti gli altri (compreso se stesso). Pertanto, in tale calcolo, saranno incluse N differenze nulle ed il numero totale delle differenze calcolate sarà pari a N^2.

$$\Delta_{sr} = \frac{\sum_{i=1}^{N}\sum_{j=1}^{N}\left|y_i - y_j\right|}{N^2}$$

Equazione 54

Quando si escludono le N differenze nulle si ottiene la **differenza media semplice** Δ_s (o anche **differenza media semplice di Gini**). In tal caso, occorre dividere per $N^2-N=N(N-1)$ termini, escludendo gli N termini nulli dal conteggio. Quindi:

$$\Delta_s = \frac{\sum_{i=1}^{N}\sum_{j=1}^{N}\left|y_i - y_j\right|}{N(N-1)}$$

Equazione 55

Confrontando l'Equazione 54 con l'Equazione 55, si ottiene la seguente relazione che lega la differenza media semplice con ripetizione alla differenza media semplice.

$$\frac{\Delta_{sr}}{\Delta_s} = \frac{N-1}{N}$$

Per le proprietà del valore assoluto si ha $\left|y_i - y_j\right| = \left|y_j - y_i\right|$. Pertanto, nelle sommatorie a numeratore dell'Equazione 55 sono conteggiati due volte termini identici. Si può semplificare l'espressione algebrica dell'Equazione 55 scrivendo a numeratore $2\left|y_j - y_i\right|$ e conteggiando solo quelle differenze per le quali $j>i$. Quindi:

$$\Delta_s = 2\frac{\sum_{i=1}^{N}\sum_{j=i+1}^{N}\left|y_j - y_i\right|}{N(N-1)}$$

Equazione 56

Usando le modalità e le frequenze si può scrivere:

$$\Delta_s = 2\frac{\sum_{i=1}^{n}\sum_{j=i+1}^{n} f_j \cdot f_i \cdot \left|x_j - x_i\right|}{N(N-1)}$$

Equazione 57

Quando si dispone di classi di modalità si possono sostituire alle modalità x_i i valori centrali $\overline{x}_i$ delle classi.

In modo analogo, si può calcolare la **differenza media quadratica**:

$$\Delta_q = \sqrt{\frac{\sum_{i=1}^{N}\sum_{j=1}^{N}\left(y_i - y_j\right)^2}{N(N-1)}}$$

che può essere espressa anche in quest'altra forma:

$$\Delta_q = \sqrt{2\frac{\sum_{i=1}^{N}\sum_{j=i+1}^{N}\left(y_i - y_j\right)^2}{N(N-1)}}$$

Equazione 58

Oppure in termini di modalità e frequenze:

$$\Delta_q = \sqrt{2\frac{\sum_{i=1}^{n}\sum_{j=i+1}^{n} f_j \cdot f_i \cdot \left(x_j - x_i\right)^2}{N(N-1)}}$$

Equazione 59

Esempio

Si considerino i seguenti dati relativi ad una variabile discreta.

1, 3, 5, 7, 8, 10, 11

Il numero dei dati è $N = 7$. Si vuole calcolare la differenza media semplice Δ_s dell'insieme dei dati. Per farlo, si predispone una tabella che riporta nella riga e nella colonna di intestazione i dati della variabile in ordine crescente. Esclusa la riga e la colonna di intestazione, si ottiene una tabella con 7 righe e 7 colonne. Il generico indice i di riga varia da 1 a 7, analogamente avviene per il generico indice di colonna j. Pertanto, la cella individuata dalla coppia (i, j) contiene la differenza $y_j - y_i$.

	1	3	5	7	8	10	11
1	0	2	4	6	7	9	10
3	-2	0	2	4	5	7	8
5	-4	-2	0	2	3	5	6
7	-6	-4	-2	0	1	3	4
8	-7	-5	-3	-1	0	2	3
10	-9	-7	-5	-3	-2	0	1
11	-10	-8	-6	-4	-3	-1	0

Come si può notare, la diagonale della tabella contiene valori nulli, ottenuti dalla differenza $y_j - y_j$. La parte triangolare alta della tabella (quando $j > i$) contiene valori positivi, mentre la parte triangolare bassa della tabella (quando $i > j$) contiene i medesimi valori, con il segno opposto (valori negativi).

Per calcolare la differenza media semplice con l'Equazione 56, si possono usare i soli valori della parte triangolare alta della tabella.

$$\Delta_s = 2\frac{\sum_{i=1}^{N}\sum_{j=i+1}^{N}\left|y_j - y_i\right|}{N(N-1)} =$$

$$= 2\frac{(2+4+6+7+9+10)+(2+4+5+7+8)+(2+3+5+6)+(1+3+4)+(2+3)+1}{7\cdot 6} =$$

$$= 2\frac{38+26+16+8+5+1}{42} = 2\frac{94}{42} = 4{,}476$$

7.5.7 La concentrazione

La **concentrazione** è un aspetto analogo alla variabilità. Tuttavia, si parla di variabilità quando si studia la distribuzione di un qualsiasi carattere o fenomeno quantitativo (una variabile), mentre si parla di concentrazione quando il carattere o il fenomeno studiato è palesemente additivo e trasferibile. Per **additività** si intende la caratteristica del carattere (o del fenomeno) di poter essere sommato e quindi di concentrarsi in un sottogruppo o in poche unità statistiche di una popolazione, piuttosto che in un altro sottogruppo o nella parte restante della popolazione. La **trasferibilità** del carattere (o del fenomeno) implica che esso può trasferirsi da un gruppo ad un altro della popolazione e quindi essere rilevato in osservazioni distinte con distribuzioni differenti.
Ad esempio, si usa parlare di concentrazione quando si analizza la distribuzione della variabile quantitativa "reddito" in una popolazione, oppure quando si analizza la distribuzione della variabile quantitativa "profitto" o "fatturato" delle aziende concorrenti di un settore specifico.
Si consideri una popolazione costituita da N unità statistiche e si supponga di avere rilevato il carattere quantitativo additivo e trasferibile nelle unità, ottenendo dei valori che vengono ordinati in modo **crescente** $y_1, y_2, ..., y_N$.
Per fissare le idee si può pensare ad N individui per i quali è stato rilevato il reddito annuo, indicato con y_k. Si vuole determinare se il reddito è equamente suddiviso tra gli individui, oppure se vi è concentrazione del reddito solo in alcuni di essi.
Si definisce la **somma di tutti i valori** $T = \sum_{k=1}^{N} y_k$ (la somma di tutti i redditi). Di seguito, si definiscono le variabili:

$$p_i = \frac{i}{N}, \; q_i = \frac{\sum_{k=1}^{i} y_k}{T} \quad 1 \le i \le N$$

Le due variabili sono tali da assumere entrambe valori tra 0 ed 1, ossia $0 \le p_i \le 1$ e $0 \le q_i \le 1$. In particolare, assumono valore unitario quando $i = N$. Moltiplicando per 100 i valori di p_i e q_i, si ottengono delle percentuali.
Le variabili p_i sono indipendenti dai valori della distribuzione y_k. È facile verificare che, nel passare da un valore p_i al successivo p_{i+1}, vi è sempre un incremento pari ad $\frac{1}{N}$. Stando all'esempio appena fatto, le p_i rappresentano la percentuale di individui presi progressivamente in considerazione.
Si vuole determinare quale valore assumono le q_i (le somme parziali dei redditi dei primi i individui) nel caso in cui il carattere è equamente suddiviso tra gli elementi della popolazione (tutti gli individui hanno lo stesso reddito). Pertanto si suppone che tutti i valori y_k siano gli stessi (tutti pari a y). In tal caso, la somma totale è uguale a $T = N \cdot y$. Inoltre, la generica sommatoria a numeratore della q_i è pari a $\sum_{k=1}^{i} y_k = i \cdot y$ Si ha $q_i = \frac{i \cdot y}{N \cdot y} = \frac{i}{N} = p_i$. Quindi la situazione di equa

distribuzione del carattere (del reddito, per riprendere l'esempio) si ottiene quando $p_i = q_i$ con $1 \leq i \leq N$. Questa situazione viene detta di **equidistribuzione** o di **concentrazione nulla**.

Situazioni differenti ($p_i \neq q_i$) indicano che non vi è equa distribuzione del carattere, anzi vi è un'alta concentrazione del carattere in una parte della popolazione. In particolare, esso è concentrato soprattutto nelle unità statistiche (negli individui) con indice più alto, visto che gli y_k sono stati ordinati in modo crescente. In situazioni di disuguaglianza, può solo avvenire che $p_i > q_i$, in quanto i valori y_k e quindi i valori q_i sono ordinati in modo crescente e gli incrementi iniziali, che si verificano passando da un q_i al successivo, sono minori degli incrementi che si verificano passando dal corrispondente p_i al successivo. In tal caso si parla di distribuzione non equa e di concentrazione non nulla.

Esempi

1) Si consideri la distribuzione dei seguenti 5 redditi mensili (disposti in ordine crescente) di 5 individui:

$$y_1 = €975, y_2 = €990, y_3 = €1000, y_4 = €1050, y_5 = €1075$$

Come si può notare si è molto prossimi ad una situazione di equa distribuzione.
In tal caso le variabili p e q valgono:

$$p_1 = \frac{1}{5} = 0,20, p_2 = \frac{2}{5} = 0,40, p_3 = \frac{3}{5} = 0,60, p_4 = \frac{4}{5} = 0,80, p_5 = \frac{5}{5} = 1$$

$$q_1 = \frac{975}{5090} = 0,192, q_2 = \frac{1965}{5090} = 0,386, q_3 = \frac{2965}{5090} = 0,583, q_4 = \frac{4015}{5090} =$$

$$= 0,789, q_5 = \frac{5090}{5090} = 1$$

Si nota che $p_i \approx q_i$ per qualsiasi indice minore di 5. Questo rileva una situazione di reddito pressoché equamente distribuito. In ogni caso, la non perfetta uguaglianza si riflette nella condizione che $p_i > q_i$, in quanto i redditi q_i sono ordinati in modo crescente.

2) Ora si consideri la distribuzione dei seguenti 5 redditi mensili (disposti in ordine crescente) di 5 individui:

$$y_1 = €650, y_2 = €1500, y_3 = €2200, y_4 = €5000, y_5 = €12000$$

Come si può notare, si è distanti da una situazione di equa distribuzione ed il reddito è concentrato soprattutto nell'ultimo individuo.
Le variabili p assumono gli stessi valori del caso precedente, mentre le variabili q valgono:

$$q_1 = \frac{650}{21350} = 0,030,\ q_2 = \frac{2150}{21350} = 0,101,\ q_3 = \frac{4350}{21350} = 0,204,\ q_4 = \frac{9350}{21350} =$$
$$= 0,438,\ q_5 = \frac{21350}{21350} = 1$$

Si nota che $p_i > q_i$; in particolare per le prime tre coppie di valori p_i è maggiore del doppio del rispettivo q_i. Questo riflette una situazione di concentrazione del reddito in poche unità.

Si è soliti rappresentare le coppie di punti $A_i=(p_i, q_i)$ con $1 \leq i \leq N$ in un sistema di assi cartesiani ortogonali con p in ascissa e q in ordinata. Inoltre si pone l'origine pari a $A_0=(0,0)$, mentre si ha $A_N=(1,1)$. Si determinano quindi i segmenti $A_{i-1}A_i$ con $1 \leq i \leq N$. Questi segmenti formano una curva spezzata, detta **curva di Lorenz**, che si dispone generalmente sotto il segmento di estremi A_0A_N (Figura 20). Quando questo avviene, si è in presenza di una distribuzione non equa del carattere. Difatti i punti sotto il segmento A_0A_N sono tali che $p_i>q_i$ (condizione di distribuzione non equa e di concentrazione non nulla).

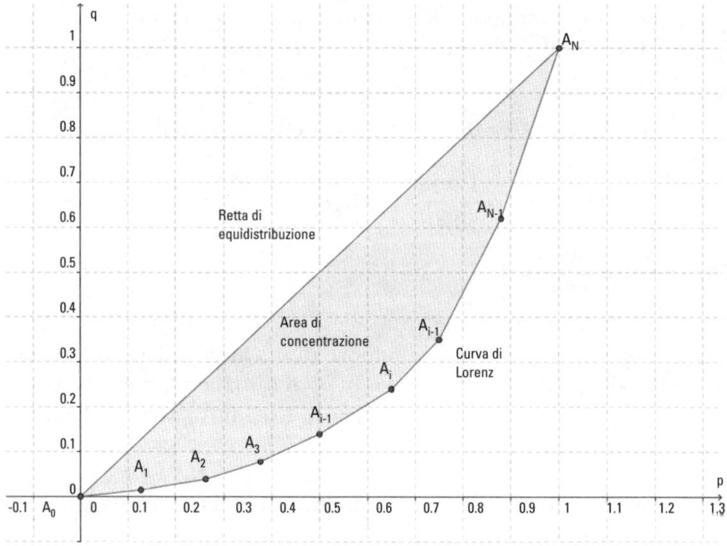

Figura 20

Il segmento A_0A_N appartiene alla bisettrice del primo quadrante che descrive la situazione di equa distribuzione del carattere. Difatti si rammenti che l'equidistribuzione si ha quando $p_i = q_i$ con $1 \leq i \leq N$ ed i punti con coppie di coordinate uguali si dispongono sulla bisettrice. Per tale motivo il segmento A_0A_N viene anche definito **retta di equidistribuzione.** Essa descrive anche la condizione di concentrazione nulla.

L'area racchiusa tra la retta di equidistribuzione e la curva di Lorenz è indice della concentrazione; essa è detta **area di concentrazione** ed è indicata con A_C. Maggiore è tale area, più il carattere è concentrato in poche unità statistiche. Nel caso di equidistribuzione (o di **concentrazione nulla**) la curva di Lorenz e la retta di equidistribuzione coincidono e si ha $A_C=0$ (Figura 21 - destra). Il caso di **concentrazione massima** si ha quando tutto il carattere è concentrato nell'unità statistica N-esima, quindi $q_i = 0, \forall i = 1,\ldots, N-1$, mentre $q_N = 1$. In tal caso i punti $A_i = (p_i,0)$ con $1 \leq i \leq N-1$ sono tutti collocati lungo l'asse delle ascisse, tranne il punto $A_N = (1,1)$ (Figura 21 - sinistra).

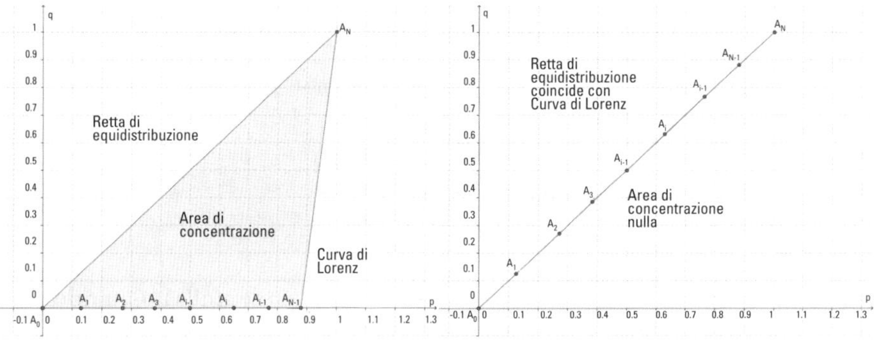

Figura 21

In tal caso l'area racchiusa tra la retta di equidistribuzione e la curva di Lorenz vale $A_{max} = \frac{1}{2} \cdot 1 \cdot \frac{N-1}{N} = \frac{N-1}{2N}$. Questa viene detta **area di concentrazione massima** e coincide con l'area del triangolo $A_0 A_{N-1} A_N$.

Posto $B = (1,0)$, per determinare l'area di concentrazione si può sottrarre all'area del triangolo $A_0 B A_N$ di valore $1/2$, l'area collocata sotto la curva di Lorenz che è la somma dei trapezi (disposti verticalmente) di altezza $p_i - p_{i-1} = \frac{1}{N}$ e di basi q_i e q_{i-1}.

Quindi si ha:

$$A_C = \frac{1}{2} - \sum_{i=1}^{N} \frac{1}{2} \cdot \frac{1}{N} \cdot (q_i + q_{i-1})$$

Mediante passaggi algebrici e tenendo conto che ciascun q_i è conteggiato nella sommatoria due volte (fatta eccezione per $q_0 = 0$ e $q_N = 1$), si può riscrivere l'area come:

$$A_C = \frac{1}{2} - \frac{1}{2N}\left(1 + 2\sum_{i=1}^{N-1} q_i\right)$$

da cui:

$$A_C = \frac{N-1}{2N} - \frac{1}{N}\sum_{i=1}^{N-1} q_i$$

Equazione 60

Si ha che $0 \le A_C \le \frac{N-1}{2N} = A_{max}$

Il **rapporto di concentrazione di Gini** R_G quantifica anch'esso il livello di concentrazione del carattere.
Esso si esprime come:

$$R_G = \frac{\sum_{i=1}^{N-1}(p_i - q_i)}{\sum_{i=1}^{N-1} p_i}$$

Quando $R_G = 0$ si ha equidistribuzione (concentrazione nulla). Quando si ha $R_G = 1$, allora si è nel caso di concentrazione massima.
Attraverso passaggi algebrici si può riportare il rapporto nella forma:

$$R_G = 1 - \frac{2}{N-1}\sum_{i=1}^{N-1} q_i$$

Equazione 61

Isolando la sommatoria $\sum_{i=1}^{N-1} q_i$ nell'Equazione 60 e nell'Equazione 61 e confrontando le due equazioni, si ottiene una relazione che lega il rapporto di Gini all'area di concentrazione.

$$R_G = \frac{2N}{N-1} A_C$$

Equazione 62

Esempi

1) Riprendendo i dati dell'esempio 1 precedente (caso di distribuzione pressoché equa) si può tracciare il diagramma mostrato in figura, dove si nota che l'area di concentrazione è minima.

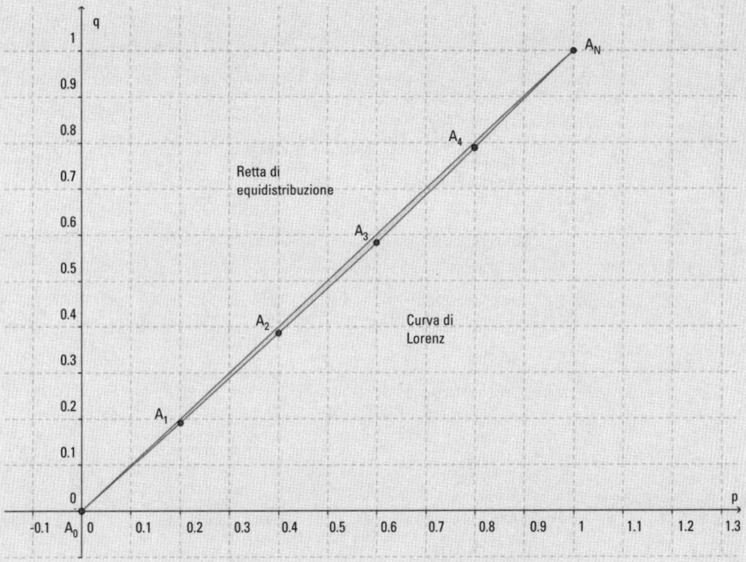

Mediante l'Equazione 60 si calcola l'area di concentrazione:

$$A_C = \frac{5-1}{10} - \frac{1}{5}(0{,}192 + 0{,}386 + 0{,}583 + 0{,}789) = \frac{2}{5} - \frac{1}{5}(1{,}949) = 0{,}0102$$

Mediante l'Equazione 62 si calcola il rapporto di Gini.

$$R_G = \frac{2N}{N-1} A_C = \frac{10}{4} \cdot 0{,}0102 = 0{,}0255$$

2) Per i dati dell'esempio 2 precedente (caso di distribuzione con alta concentrazione) si può tracciare il diagramma mostrato in figura, dove si nota che l'area di concentrazione è estesa.

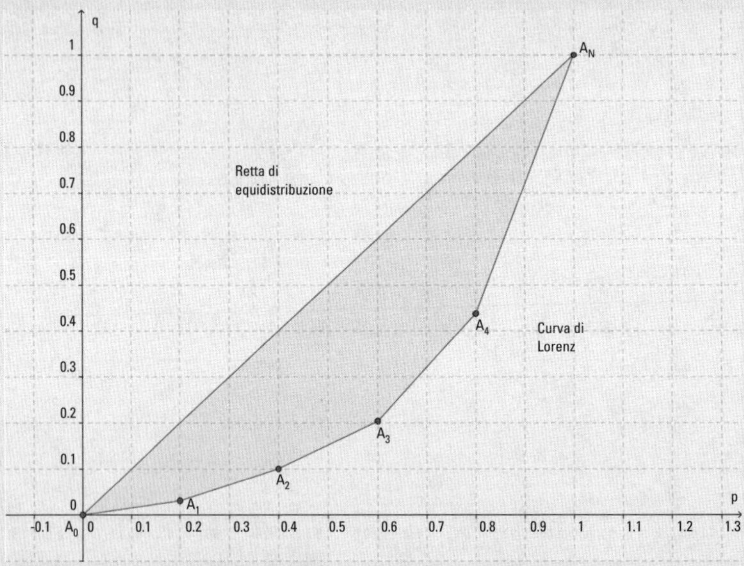

Mediante l'Equazione 60 si calcola l'area di concentrazione:

$$A_C = \frac{5-1}{10} - \frac{1}{5}\left(0,0304 + 0,1007 + 0,2037 + 0,4379\right) = \frac{2}{5} - \frac{1}{5}\left(0,7728\right) = 0,2454$$

Mediante l'Equazione 62 si calcola il rapporto di Gini.

$$R_G = \frac{2N}{N-1} A_C = \frac{10}{4} \cdot 0,2454 = 0,6136$$

Quando si dispone di n modalità $x_1, x_2, \ldots, x_n$ e frequenze $f_1, f_2, \ldots, f_n$, allora la **somma di tutti i valori** vale $T = \sum_{k=1}^{n} x_k \cdot f_k$, mentre continua a valore la relazione $N = \sum_{k=1}^{n} f_k$

In tal caso le variabili vengono definite nel modo seguente:

$$p_i = \frac{\sum_{k=1}^{i} f_k}{N}, \quad q_i = \frac{\sum_{k=1}^{i} x_k \cdot f_k}{T} \qquad 1 \le i \le n$$

Per le classi di modalità, nelle q_i si sostituisce x_k con il valore centrale della classe $\overline{x}_k$.

7.6 Indici di forma

Gli indici di forma di una distribuzione descrivono il profilo (ossia la "forma") che la distribuzione assume. Il profilo di una distribuzione può essere classificato attraverso diverse caratteristiche. Le più importanti sono l'asimmetria della distribuzione e la curtosi. Ciascuno di questi aspetti è quantificato da uno o più indici numerici.

7.6.1 Asimmetria

Si consideri un carattere quantitativo distribuito su diverse modalità riportate lungo l'asse delle ascisse. Sull'asse delle ordinate sono riportate le frequenze o le intensità. Una distribuzione **simmetrica** presenta un asse di simmetria che è una retta parallela all'asse delle ordinate. Se l'asse di simmetria è collocato in corrispondenza di un valore o di una modalità x, allora per la generica coppia di valori $x-\delta$ e $x+\delta$ la distribuzione assumerà lo stesso valore di frequenza o intensità. Se una distribuzione non possiede tale caratteristica, allora essa è detta **asimmetrica**. In Figura 22, a sinistra e a destra, sono riportate due curve asimmetriche, mentre al centro vi è una curva simmetrica per la quale è indicato l'asse di simmetria. Le due curve asimmetriche presentano delle **code** (una verso destra, l'altra verso sinistra).
L'indice di asimmetria di Fisher permette di quantificare l'asimmetria di una curva. Considerato un insieme di N dati $y_1, y_2, \ldots, y_N$, si può calcolare la loro media aritmetica x_M e la loro deviazione standard σ. In tal caso **l'indice di asimmetria di Fischer** si calcola mediante l'espressione:

$$\gamma_1 = \frac{1}{N}\sum_{i=1}^{N}\left(\frac{y_i - x_M}{\sigma}\right)^3$$

Equazione 63

I rapporti tra parentesi sono adimensionali, pertanto l'indice è un numero puro. Più è alto il valore dell'indice di Fisher e maggiore è l'asimmetria di una distribuzione. L'elevamento alla terza dei termini in sommatoria rende questo indice molto sensibile ai valori y_i che si discostano in modo considerevole dalla media x_M. Si noti che l'elevamento alla terza mantiene il segno della differenza; pertanto anche se vi fossero valori molto distanti dalla media, sia in senso positivo che in senso negativo (ossia vi fossero code da entrambi i lati), questi tenderebbero ad elidersi nella sommatoria e a restituire un indice pressoché nullo, sintomo di una distribuzione simmetrica. Se vi è presenza di valori che si discostano molto dalla media solo positivamente o negativamente, allora l'indice cresce in valore assoluto indicando una asimmetria alta. Inoltre, l'indice conserva il segno e pertanto indica anche qualitativamente il tipo di asimmetria. Difatti:

- se $\gamma_1 \approx 0$ allora la distribuzione è simmetrica (Figura 22 – al centro);
- se $y_1 > 0$ allora la distribuzione ha una coda verso destra, ossia vi sono valori molto maggiori della media, mentre i valori minori della media non si discostano di molto da quest'ultima (Figura 22 – a sinistra);
- se $y_1 < 0$ allora la distribuzione ha una coda verso sinistra, ossia vi sono valori molto minori della media, mentre i valori maggiori della media non si discostano di molto da quest'ultima (Figura 22 – a destra).

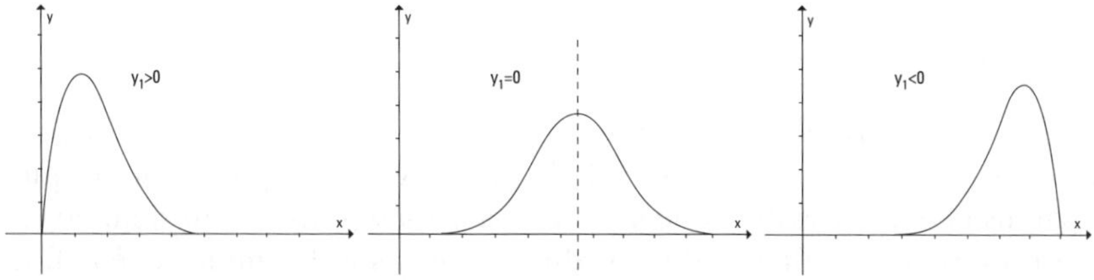

Figura 22

Quando i dati non sono numerosi, l'indice dell'Equazione 63 viene corretto con la seguente espressione:

$$\gamma_1 = \frac{N}{(N-1)(N-2)} \sum_{i=1}^{N} \left(\frac{y_i - x_M}{\sigma} \right)^3$$

Nel caso di modalità e frequenze l'indice di asimmetria di Fisher si calcola con la seguente relazione:

$$\gamma_1 = \frac{1}{N} \sum_{i=1}^{n} f_i \cdot \left(\frac{x_i - x_M}{\sigma} \right)^3$$

Oppure con:

$$\gamma_1 = \frac{N}{(N-1)(N-2)} \sum_{i=1}^{n} f_i \cdot \left(\frac{x_i - x_M}{\sigma} \right)^3$$

7.6.2 Curtosi

La **curtosi** è un indice che quantifica la difformità di una distribuzione unimodale dalla distribuzione normale o gaussiana. Si rammenta che la distribuzione normale ha un massimo in corrispondenza della media aritmetica x_M, è simmetrica rispetto a questo valore ed ha una larghezza governata dalla deviazione standard dei dati σ.

Se una distribuzione ha una forma più appuntita di una gaussiana, allora è detta **distribuzione leptocurtica** o **ipernormale**. Si presenta con una larghezza inferiore rispetto ad una gaussiana e con un picco più alto e appuntito (Figura 23- sinistra).

Se una distribuzione ha una forma più piatta di una gaussiana allora è detta **distribuzione platicurtica** o **ipornormale**. Questa distribuzione si presenta con una larghezza maggiore di una gaussiana ed un picco meno appuntito e più basso (Figura 23- destra).

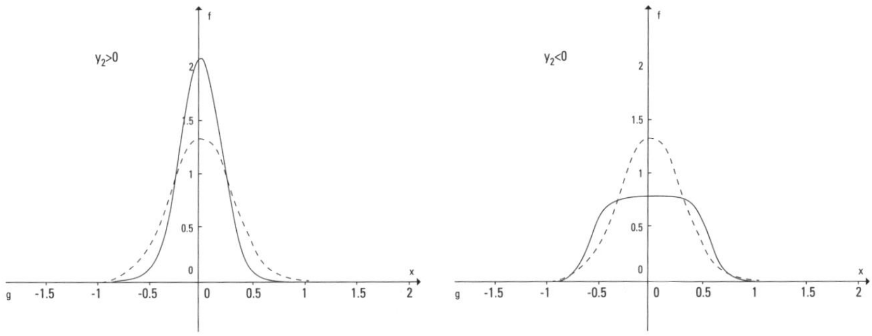

Figura 23

L'indice di curtosi di Pearson permette di quantificare la curtosi di una curva. Considerato un insieme di N dati $y_1, y_2, \ldots, y_N$, si può calcolare la loro media aritmetica x_M e la loro deviazione standard σ. In tal caso l'**indice di curtosi di Pearson** si calcola mediante l'espressione:

$$\beta_2 = \frac{1}{N}\sum_{i=1}^{N}\left(\frac{y_i - x_M}{\sigma}\right)^4$$

Equazione 64

Per una curva gaussiana si ha $\beta_2 = 3$. Se avviene che $\beta_2 > 3$, allora si è in presenza di una distribuzione leptocurtica. Viceversa, se avviene che $\beta_2 < 3$, allora si è in presenza di una distribuzione platicurtica.

Per creare un indice che esprimesse mediante il segno la tipologia di curtosi di una distribuzione, Fisher ha proposto il seguente indice, nel quale si sottrae 3 all'indice di Pearson. L'**indice di curtosi di Fisher** vale:

$$\gamma_2 = \beta_2 - 3$$

Se $y_2=0$, allora la distribuzione è normale, viceversa è leptocurtica se $y_2>0$, oppure e platicurtica se $y_2<0$.
Per modalità e frequenze l'Equazione 64 diventa:

$$\beta_2 = \frac{1}{N}\sum_{i=1}^{n} f_i \cdot \left(\frac{x_i - x_M}{\sigma}\right)^4$$

7.7 Rapporti statistici

I rapporti statistici sono calcolati per analizzare caratteri e fenomeni e per trarne indicazioni o informazioni. Esistono innumerevoli rapporti statistici che assumono significati diversi e che sono calcolati secondo criteri distinti. La vasta letteratura esistente di rapporti statistici ne permette una classificazione in vari modi.

7.7.1 Tipologie di rapporti statistici

Un **rapporto di composizione** si costruisce quando si vuole rapportare un aspetto particolare del fenomeno alla sua totalità. A denominatore si porrà un numero che quantifica la totalità del fenomeno, mentre a numeratore si porrà un valore che descrive un aspetto particolareggiato del fenomeno. In tal modo si ottiene un indicatore che mostra quanto quell'aspetto particolare (a numeratore) sia presente nella totalità (denominatore). Moltiplicando per 100 si ottiene un valore percentuale attribuito all'aspetto particolare rispetto a quello generale (totale). Per come sono costruiti, tali rapporti devono essere necessariamente inferiori o pari ad 1. Più sono prossimi ad 1, più l'aspetto preso in considerazione interessa la totalità del fenomeno.
Esempi tipici di rapporti di composizione sono:

- il tasso di scolarità dato dal numero di studenti iscritti ai corsi di studi del primo e secondo ciclo fratto il totale della popolazione tra 5 e 18 anni;
- il tasso di occupazione dato dal numero di occupati sulla popolazione con più di 15 anni;
- il tasso specifico di occupazione dato dal numero di occupati sulla popolazione in età lavorativa tra i 15 e i 65 anni.

Si ha invece un **rapporto di coesistenza** quando si mettono a confronto due modalità dello stesso carattere o fenomeno. Tipicamente queste due modalità sono antitetiche e rappresentano due realtà in contrapposizione dello stesso fenomeno. In tal caso, si crea un rapporto che a numeratore ha la frequenza di una modalità, mentre a denominatore ha la frequenza dell'altra modalità. Questi rapporti possono essere maggiori di 1.

Esempi tipici di rapporti di coesistenza sono:

- il grado di copertura che è il rapporto del valore delle esportazioni sul valore delle importazioni di un paese o di una regione in un determinato periodo di tempo (anno, semestre);
- il rapporto di mascolinità di una popolazione dato dal numero di individui maschi sul numero di individui femmine di una popolazione; l'inverso di questo rapporto rappresenta il rapporto di femminilità;
- il rapporto di mascolinità alla nascita di una popolazione dato dal numero di nati vivi maschi sul numero di nati vivi femmine in una popolazione in un determinato intervallo di tempo (un anno); l'inverso di questo rapporto rappresenta il rapporto di femminilità alla nascita;
- l'indice di vecchiaia di una popolazione pari al rapporto tra la popolazione con più di 65 anni (che ha superato l'età lavorativa) e la popolazione con meno di 15 anni (che non è ancora in età lavorativa);
- l'indice di dipendenza degli anziani calcolato come il rapporto tra la popolazione con più di 65 anni (che ha superato l'età lavorativa) sulla popolazione in età lavorativa (tra i 15 e i 65 anni) che deve sostenere quella che ha smesso di lavorare;
- l'indice di difettosità di produzione di un bene che è il rapporto tra gli esemplari prodotti con difetto e il numero di esemplari privi di difetti nel medesimo lotto di produzione.

Esempio

Si consideri la Tabella 7. In essa sono riportati i dati del censimento della popolazione italiana del 2001, suddivisi per sesso e per area geografica di residenza.

Tabella 7

	Maschi	Femmine	Totale
Nord	12.536.576	13.297.707	25.834.283
Centro	5.388.773	5.770.810	11.159.583
Mezzogiorno	10.169.508	10.680.643	20.850.151
Totale	28.094.857	29.749.160	57.844.017

Fonte: Istat – Italia in cifre 2001

Un primo rapporto di composizione può essere dato da:

$$\frac{12.536.576}{28.094.857} = 0,4462$$

Questo rapporto analizza il fenomeno "popolazione maschile" in base alla distribuzione territoriale. In particolare sul totale dei maschi 28.094.857 (a denominatore) un numero pari a 12.536.576 risiede al Nord (numeratore). Il valore del rapporto indica che al Nord risiede il 44,62% della popolazione maschile.
Un altro rapporto di composizione può essere il seguente:

$$\frac{10.680.643}{20.850.151} = 0,5123$$

Questo rapporto analizza il fenomeno "popolazione del mezzogiorno" in base alla distribuzione per sesso. In particolare sul totale dei residenti a Mezzogiorno 20.850.151 (a denominatore) un numero pari a 10.680.643 è di sesso femminile (numeratore). Il valore del rapporto indica che a Mezzogiorno il 51,23% dei residenti è femmina.
Un rapporto di coesistenza può essere il seguente:

$$\frac{5.770.810}{5.388.733} = 1,071$$

Questo rapporto analizza due diverse modalità "maschi" e "femmine" del carattere "sesso" della popolazione del Centro. Il numero di maschi è posto a denominatore e il numero delle femmine è posto a numeratore. Si noti che il rapporto 1,071 si può ottenere anche dividendo 1071/1000. Pertanto, ragionando in proporzione, si deduce che il rapporto di coesistenza dice che ogni 1000 maschi residenti al Centro vi sono 1071 femmine.
Si potrebbe anche definire il rapporto di coesistenza inverso:

$$\frac{5.388.733}{5.770.810} = 0,934$$

Questo rapporto dice che ogni 1000 femmine residenti al Centro vi sono 934 uomini.

I **rapporti di derivazione** si adoperano per comparare quantitativamente la frequenza di un fenomeno o di un carattere che deriva da un fenomeno o carattere che ne è un presupposto necessario. Spesso vi è un nesso temporale tra i due fenomeni, ossia vi è un fenomeno iniziale che precede temporalmente il fenomeno derivato. In generale il fenomeno che rappresenta la condizione necessaria è presente nel rapporto al denominatore, mentre il fenomeno che da esso deriva è riportato al numeratore. Se vi è un nesso stringente tra i due fenomeni si parla di rapporto specifico, in alternativa il rapporto viene definito generico.

Esempi tipici di rapporti di derivazione sono:

- il tasso di natalità generico, dato dal numero di nati vivi in una popolazione sul numero di individui della popolazione stessa, calcolato come la media della popolazione all'inizio ed alla fine di un intervallo temporale. Ad esempio se si vuole determinare un tasso di natalità riferito ad un periodo temporale di un anno si può fare la media tra la popolazione al primo gennaio dell'anno e la popolazione al 31 dicembre dello stesso anno. In questo tasso la popolazione viene considerata come il fenomeno che è il presupposto (generico) perché si verifichi il fenomeno delle nascite;
- il tasso di mortalità generico è dato dal numero di morti in una popolazione sul numero di individui della popolazione stessa, calcolato come la media della popolazione all'inizio ed alla fine di un intervallo temporale;
- il tasso di incidentalità, espresso come una funzione del rapporto tra numero di incidenti e numero di veicoli circolanti per kilometro in un determinato tratto di strada per un determinato intervallo di tempo. In questo caso i veicoli circolanti sono il fenomeno necessario (o presupposto) e gli incidenti sono il fenomeno (purtroppo) consequenziale. Si possono calcolare anche tassi di mortalità per incidenti e tassi di lesività per incidenti. In tal caso si divide rispettivamente il numero di morti (entro 30 giorni dall'incidente) o di feriti per il numero di incidenti.

Si supponga di avere due intensità o frequenze relative ad un fenomeno A_1 ed A_2. Spesso queste due grandezze non possono essere confrontate perché alla loro natura contribuiscono presupposti che sono spesso specificati da altre grandezze B_1 e B_2 (collegate rispettivamente ad A_1 e A_2). In tal caso il **rapporto di densità** A_1/B_1 può essere messo a confronto con il rapporto A_2/B_2, in quanto con il calcolo di tali rapporti si è eliminato l'effetto delle grandezze B_1 e B_2 su A_1 ed A_2.
Ad esempio, non ha senso confrontare la popolazione italiana con la popolazione russa, in quanto è chiaro che i due valori della popolazione sono influenzati dall'estensione dei territori delle due nazioni. Pertanto calcolando il rapporto della popolazione italiana sulla superficie del territorio nazionale, con il rapporto analogo calcolato per la Russia si ottiene un termine di paragone efficace tra i due paesi. In tal modo si è calcolata la densità di popolazione in numero di abitanti per kilometri quadrati (kmq).
Analogamente il confronto tra la produzione annua di pomodori della Campania e quella della Basilicata permette di confrontare in termini generali due valori complessivi. Tuttavia, se si dividono tali quantitativi di produzione per la superficie territoriale delle due regioni che può effettivamente essere adibita alla produzione dei pomodori, allora si ottiene un dato specifico che attesta quanto la produzione agricola di una delle due regioni sia più orientata verso la produzione di pomodori rispetto alla produzione agricola dell'altra regione.

Si consideri un fenomeno che muta per consistenza al trascorrere del tempo. La durata di tale fenomeno si può calcolare mediante un **rapporto di durata**. Questo rapporto si ottiene divenendo la **consistenza media** C_m di un fenomeno in un intervallo di tempo con l'**ammontare del rinnovamento** del fenomeno nel medesimo intervallo di tempo, indicato con F. Pertanto la **durata** D del fenomeno è:

$$D = \frac{C_m}{F}$$

Equazione 65

La consistenza media del fenomeno viene calcolata facendo la media della consistenza del fenomeno all'istante iniziale C_i e all'istante finale C_f dell'intervallo di tempo considerato.

$$C_m = \frac{C_i + C_f}{2}$$

Equazione 66

L'ammontare del rinnovamento (anche detto flusso in ingresso e uscita) è pari alla media del flusso in ingresso F_i (della quantità di fenomeno che si aggiunge o che si genera nell'intervallo di tempo) e del flusso in uscita F_u (della quantità di fenomeno che si sottrae che si estingue nell'intervallo di tempo).

$$F = \frac{F_i + F_u}{2}$$

Equazione 67

Sostituendo l'Equazione 66 e l'Equazione 67, nell'Equazione 65, si ottiene una espressione alternativa per la durata del fenomeno:

$$D = \frac{C_i + C_f}{F_i + F_u}$$

Equazione 68

In Figura 24 è mostrato uno schema che illustra le grandezze caratteristiche della durata.

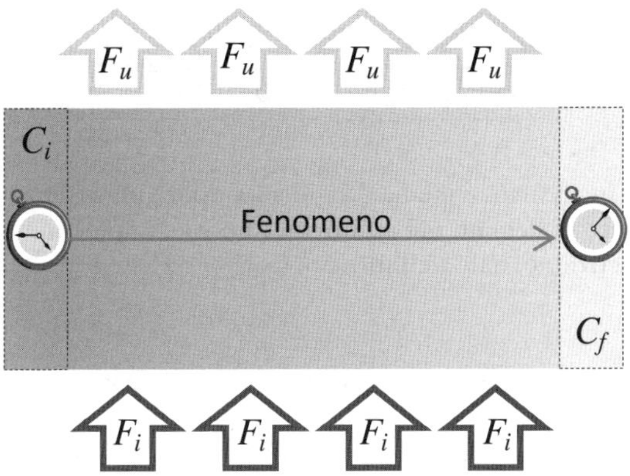

Figura 24

L'inverso del rapporto di durata è il **rapporto di ripetizione**. Esso indica il numero medio di rinnovi del fenomeno nell'unità di tempo.

Esempi

1) In un magazzino sono presenti all'inizio del mese 250 kg di merce ed a fine mese la merce conservata è pari a 230 kg. Considerando che nel mese sono giunti in magazzino 150 kg e ne sono usciti 170 kg, la durata della permanenza della merce in magazzino vale:

$$D = \frac{C_i + C_f}{F_i + F_u} = \frac{250 + 230}{150 + 170} = \frac{480}{320} = 1{,}5$$

Siccome l'intervallo di tempo è pari ad un mese, allora la durata è espressa in mesi. Un kg di merce resta mediamente in magazzino per un mese e mezzo. In altre parole si può anche dire che occorre un mese e mezzo perché la merce in magazzino si rinnovi completamente.

Il rapporto di ripetizione, dato dall'inverso, vale:

$$\frac{1}{D} = \frac{1}{1{,}5} = 0{,}66$$

Questo vuol dire che ogni mese si rinnova circa il 66% della merce in magazzino.

2) Nel reparto di un ospedale all'inizio di una giornata sono ricoverate 45 persone, mentre in serata risultano ricoverate 48 persone. Se nella giornata vi sono 5 nuovi ricoveri e 10 dimissioni, allora la permanenza nel reparto del degente è pari a:

$$D = \frac{C_i + C_f}{F_i + F_u} = \frac{45+48}{5+10} = \frac{93}{15} = 6,2$$

Un degente resta in reparto in media 6,2 giorni, oppure in media occorrono 6,2 giorni perché il numero di degenti nel reparto si rinnovi completamente.
Il rapporto di ripetizione, dato dall'inverso, vale:

$$\frac{1}{D} = \frac{1}{6,2} = 0,16$$

Questo vuol dire che ogni giorno si rinnova circa il 16% dei degenti del reparto.

7.7.2 I numeri indici

Una tipologia particolare di rapporti è costituita **dai numeri indici**. I numeri indici sono rapporti che hanno le seguenti caratteristiche:

- generalmente a numeratore e a denominatore vi sono quantità relative allo stesso fenomeno o allo stesso carattere;
- le due quantità, relative allo stesso fenomeno o carattere, sono, però, riferite a tempi o luoghi diversi.

Lo scopo di questi rapporti è chiaro. Essi vogliono analizzare la variazione di un fenomeno o carattere col trascorrere del tempo o con il mutare dello spazio (ad esempio con il mutare della posizione geografica).
In un numero indice il denominatore viene usato come quantità di riferimento con la quale viene confrontato il numeratore. Si supponga di avere una distribuzione di dati dalla quale si vuole costruire una sequenza o **serie di numeri indice**. In base a come viene scelto il denominatore, il numero indice assume un significato diverso. Pertanto, quando si costruisce una serie di numeri indice da una distribuzione, si possono compiere due possibili scelte per quanto concerne il denominatore:

- si può individuare un valore fisso di tutti i rapporti della serie. In tal modo tutti gli indici avranno lo stesso denominatore usato come termine di paragone e di confronto con i numeratori. In questo caso si parla di **serie di indici a base fissa**;
- si può far variare il denominatore di tutti i rapporti della serie, scegliendo di volta in volta un numeratore ritenuto opportuno. In generale, si opta per questa scelta se vi è una sequenza logica di rapporti, dove il denominatore di ciascun rapporto è riferito al rapporto che lo precede nella sequenza logica.

Si costruiscono dei rapporti che sono concatenati. In questo caso si parla di **serie di indici a base variabile (o mobile o a catena)**.

Un indice viene sempre accompagnato da due pedici uno che precede l'indice e l'altro che lo segue. Il pedice che precede l'indice è riferito al denominatore mentre il pedice che segue l'indice è riferito al numeratore. Si supponga di avere una serie di dati $x_0, x_1, \ldots, x_n$. Gli indici di questi dati possono avere un significato temporale (0 è riferito a un periodo, 1 al periodo successivo, ...). Un possibile numero indice si indica con:

$$ {}_0i_1 = \frac{x_1}{x_0} $$

Equazione 69

Pertanto, una serie di numeri indice a base fissa è dato da:

$$ {}_0i_1 = \frac{x_1}{x_0}, {}_0i_2 = \frac{x_2}{x_0}, \ldots, {}_0i_n = \frac{x_n}{x_0} $$

Si noti che il denominatore e il pedice che precede il numero indice sono fissi. Una serie di numeri indice a base mobile è data da:

$$ {}_0i_1 = \frac{x_1}{x_0}, {}_1i_2 = \frac{x_2}{x_1}, \ldots, {}_{n-1}i_n = \frac{x_n}{x_{n-1}} $$

I numeri indice godono delle seguenti proprietà:

1. identità ${}_ri_r = 1$;
2. reversibilità ${}_ri_t \cdot {}_ti_r = 1$;
3. transitività ${}_ri_t \cdot {}_ti_s = {}_ri_s$.

Queste proprietà permettono di calcolare velocemente una serie di indici a base mobile, partendo da una serie di indici a base fissa e viceversa.
Ad esempio, scrivendo la proprietà transitiva con $t = 0$ si ottiene ${}_ri_s = {}_ri_0 \cdot {}_0i_s$.
Usando la proprietà della reversibilità con $t = 0$ si ottiene ${}_ri_0 = \frac{1}{{}_0i_r}$.
Pertanto si può scrivere:

$$ {}_ri_s = \frac{{}_0i_s}{{}_0i_r} $$

I due indici a base fissa a secondo membro sono noti. Pertanto si può ricavare l'indice a base mobile a secondo membro.
Viceversa, quando sono noti gli indici a base mobile, allora è comunque noto anche un indice a base fissa, ossia ${}_0i_1$. Pertanto, il generico indice a base fissa si può ottenere dalla proprietà transitiva moltiplicando tra loro più indici a base mobile:

$$ {}_0i_s = {}_0i_1 \cdot {}_1i_2 \cdot \ldots \cdot {}_{s-1}i_s $$

A secondo membro vi sono indici a base mobile (e l'indice ${}_0i_1$, comunque noto) e da essi si può ricavare l'indice a base fissa a primo membro.
Vi è anche un altro modo di classificare i numeri indice.

- Se le quantità presenti a numeratore e a denominatore sono riferite ad un singolo fenomeno o carattere, allora si è in presenza di **numeri indice semplici**.
- Se le quantità presenti a numeratore e a denominatore sono riferite alla composizione di più fenomeni, allora si è in presenza di **numeri indice complessi**.

Si rammenti che, per definizione, i numeri indice (semplici o complessi) hanno a numeratore e denominatore quantità riferite allo stesso fenomeno (o composizione di fenomeni).
Il numero indice dell'Equazione 69 è semplice (riporta a numeratore e denominatore un solo valore).
Per illustrare come si scrive un numero indice complesso, si supponga di avere più serie di dati. Ad esempio, la serie 1 si può indicare con ${}_1x_0, {}_1x_1, \ldots, {}_1x_n$ (il primo indice è fisso e riferito alla serie, il secondo indicizza i valori della serie e potrebbe essere l'indice che ha significato temporale), la serie 2 ${}_2x_0, {}_2x_1, \ldots, {}_2x_n$ e così via. Si supponga, inoltre, che ciascuna di queste serie di dati sia accompagnata da una serie di pesi. Ad esempio, i pesi della serie 1 ${}_1c_0, {}_1c_1, \ldots, {}_1c_n$, i pesi della serie 2 ${}_2c_0, {}_2c_1, \ldots, {}_2c_n$ e così via. Un numero indice complesso può essere il seguente:

$$ {}_0i_1^C = \frac{{}_1c_1 \cdot x_{1,1} + {}_2c_1 \cdot x_{2,1} + {}_3c_1 \cdot x_{3,1} + \ldots}{{}_1c_0 \cdot x_{1,0} + {}_2c_0 \cdot x_{2,0} + {}_3c_0 \cdot x_{3,0} + \ldots} $$

Questo indice mette a confronto dei fenomeni (combinati con i loro pesi) al tempo 0 (vedi denominatore dove il secondo indice è sempre 0) con la medesima combinazione di fenomeni al tempo 1 (vedi numeratore dove il secondo indice è sempre 1).

Esempio

In Tabella 8 sono mostrati i prezzi al consumo di carburante in euro al litro per tre diversi carburanti per auto, in cinque anni consecutivi. Per ciascuna serie di dati, si sta analizzando il medesimo fenomeno (il costo del carburante) al variare del tempo. Pertanto si ricorre ai numeri indice. Dai dati in tabella si possono costruire numeri indice a base fissa e a base mobile, così come numeri indice semplici o complessi.

Tabella 8

	2007	2008	2009	2010	2011
Benzina sp	1,299	1,381	1,215	1,364	1,553
Gasolio auto	1,164	1,344	1,067	1,216	1,446
GPL	0,626	0,681	0,561	0,661	0,755

Fonte: Rielaborazione su dati Confesercenti e Ministero dello Sviluppo Economico

Ponendo come indicizzazione 0 = "2007", 1 = "2008", 2 = "2009" e così via. Si indicano con $b_0, b_1, \dots$ i costi della benzina del 2007 del 2008 e così via. Utilizzando come base fissa il prezzo del carburante nel 2007 si possono calcolare i numeri indice semplici a base fissa per il costo della benzina senza piombo:

$$_0i_0 = \frac{b_0}{b_0} = \frac{1,299}{1,299} = 1$$

$$_0i_1 = \frac{b_1}{b_0} = \frac{1,381}{1,299} = 1,063$$

$$_0i_2 = \frac{b_2}{b_0} = \frac{1,215}{1,299} = 0,935$$

$$\dots$$

Il numero indice $_0i_1 = 1,063$ denota che il costo della benzina nel 2008 rispetto al 2007 è aumentato del 6,3% (1,063-1); analogamente il numero indice $_0i_2 = 0,935$ rileva che il costo della benzina nel 2009 rispetto al 2007 è diminuito del 6,5% (0,935-1).

Analogamente si può fare per gli altri carburanti. Si può quindi compilare la seguente tabella di numeri indice a base fissa. Dove la base fissa è 0 = "2007".

Base fissa	2007	2008	2009	2010	2011
Benzina sp	1,000	1,063	0,935	1,050	1,196

Gasolio auto	1,000	1,155	0,917	1,045	1,242
GPL	1,000	1,088	0,896	1,056	1,206

Parimenti si possono calcolare i numeri indice a base variabile per il costo della benzina senza piombo, prendendo come riferimento l'anno precedente. In tal caso per l'anno 2007 il rapporto non resta definito in quanto non sono disponibili dati per l'anno precedente. Si ottiene

$$ {}_0i_1 = \frac{b_1}{b_0} = \frac{1,381}{1,299} = 1,063 $$

$$ {}_1i_2 = \frac{b_2}{b_1} = \frac{1,215}{1,381} = 0,880 $$

...

Il numero indice ${}_1i_2 = 0,880$ rileva che il costo della benzina nel 2009 rispetto al 2008 è diminuito del 12% (0,880-1).
Analogamente si può fare per gli altri carburanti. Si può quindi compilare la seguente tabella di numero indice a base variabile.

Base variabile	2008	2009	2010	2011
Benzina sp	1,063	0,880	1,123	1,139
Gasolio auto	1,155	0,794	1,140	1,189
GPL	1,088	0,824	1,178	1,142

Si supponga che una famiglia in possesso di due auto abbia consumato ${}_1c_0 = 100$ *litri* di benzina e ${}_2c_0 = 80$ *litri* di GPL nel 2007, mentre abbia consumato ${}_1c_1 = 80$ *litri* di benzina e ${}_2c_1 = 100$ *litri* di GPL nel 2008. Indicando con g_0, g_1 i costi del GPL nel 2007 e 2008, si può definire il seguente numero indice complesso che rapporta il costo che la famiglia ha sostenuto per il carburante nel 2008 (numeratore) con il costo che essa ha sostenuto nel 2007.

$$ {}_0i_1^C = \frac{{}_1c_1 \cdot b_1 + {}_2c_1 \cdot g_1}{{}_1c_0 \cdot b_0 + {}_2c_0 \cdot g_0} = \frac{80 \cdot 1,381 + 100 \cdot 0,681}{100 \cdot 1,299 + 80 \cdot 0,626} = \frac{178,58}{179,98} = 0,992 $$

Questo indice fa comprendere che la famiglia nel 2008 ha speso lo 0,8% in meno (0,992-1) per il carburante rispetto all'anno precedente.
Si noti che questo risparmio è avvenuto nonostante sia il prezzo della benzina, sia quello del GPL siano aumentati rispetto all'anno precedente, e nonostante la famiglia abbia acquistato la stessa quantità totale di litri di carburante (180 litri). Il risparmio è avvenuto per aver scelto di viaggiare maggiormente usando il GPL, meno costoso della benzina.

7.7.3 I numeri indici complessi

I numeri indici complessi possono essere definiti in molti modi, vista la loro composizione. Esistono comunque dei numeri indici complessi che sono molto usati nella letteratura corrente e trovano un ampio riscontro nelle applicazioni pratiche. Ci si riferisce agli indici di Laspeyres, di Paasche e di Fisher.
Questi indici sono nati per analizzare fenomeni abbastanza specifici, come l'andamento del prezzo di un paniere di beni al variare del tempo. Per far comprendere meglio il significato degli indici composti che si presenteranno, è necessario illustrare le caratteristiche del paniere, senza alcuna pretesa di esaustività. L'ISTAT (l'Istituto nazionale di Statistica) per studiare i consumi e i prezzi dei beni acquistati dagli italiani, compone periodicamente un "paniere", ossia un insieme di beni di acquisto ritenuti rappresentativi delle spese che compiono gli italiani quotidianamente. Nel paniere possono essere rimossi o aggiunti dei beni a seconda dell'evoluzione degli usi e dei costumi della popolazione. Inoltre, per ciascun bene, viene considerata una certa quantità che si ritiene rappresentativa dei quantitativi acquistati dagli italiani. Anche tali quantità possono variare nel paniere, in base a come cambiano i gusti della popolazione.
Si consideri un paniere di beni costituito da n prodotti. Per ciascuno di tali prodotti, si considera un prezzo ed una quantità, indicati rispettivamente con p e q. Pertanto prezzi e quantità saranno indicizzati con un primo pedice che precede i simboli p e q e che permette di individuare prezzo e quantità di un prodotto specifico. Si avrà ${}_1p,\ {}_2p,\ \ldots,\ {}_np$ e analogamente ${}_1q, {}_2q,\ \ldots,\ {}_nq$.
Questi prezzi e queste quantità sono variabili in funzione del tempo. Pertanto, indicizzando i tempi, occorre aggiungere un ulteriore indice ai prezzi e alle quantità. Tale indice segue i simboli p e q.
Quindi ${}_ip_s$ indicherà il prezzo dell'i-esimo bene del paniere al tempo s, mentre ${}_jq_t$ indicherà la quantità del j-esimo bene del paniere al tempo t. Moltiplicando coppie di termini come la seguente ${}_ip_t \cdot {}_iq_t$ si ottiene il costo del bene i-esimo del paniere al tempo t. Inoltre una sommatoria del genere $\sum_{i=1}^{n} {}_ip_t \cdot {}_iq_t$ indicherà il costo totale del paniere al tempo t.
Per semplicità si fissano due tempi di riferimento. Il tempo 0 è anche detto tempo base ed è un tempo generalmente riferito al passato. Il tempo 1 è un tempo successivo al tempo 0 e solitamente si riferisce al momento attuale.

L'**indice dei prezzi di Laspeyres** confronta il costo totale del paniere al tempo 1 (tempo successivo, attualmente) con il costo totale del paniere al tempo 0 (tempo base, in passato), utilizzando al tempo 1 le quantità di ciascun bene che già erano state utilizzate al tempo 0.

$${}_0I_1^L = \frac{\sum_{i=1}^{n} {}_ip_1 \cdot {}_iq_0}{\sum_{i=1}^{n} {}_ip_0 \cdot {}_iq_0}$$

In pratica con l'indice di Laspeyres si suppone che le quantità dei prodotti del paniere, di periodo in periodo, non varino e che la variazione del costo totale del paniere sia essenzialmente dovuta alla variazione di prezzo. Con tale indice ci si chiede quanto costano oggi, quelle stesse quantità di beni che al tempo base avevano un certo costo.
L'**indice dei prezzi di Paasche** confronta il costo totale del paniere al tempo 1 (tempo successivo, attualmente) con il costo totale del paniere al tempo 0 (tempo base, in passato), utilizzando al tempo 0 le quantità di ciascun bene che sono utilizzate al tempo 1.

$$_0I_1^P = \frac{\sum_{i=1}^{n} {_ip_1} \cdot {_iq_1}}{\sum_{i=1}^{n} {_ip_0} \cdot {_iq_1}}$$

L'indice di Paasche è utile quando nella composizione di un nuovo paniere sono state variate delle quantità. Pertanto, la somma totale dei costi dei vecchi panieri non può essere paragonata al paniere attuale. Quindi è necessario variare le quantità dei vecchi panieri con quelle del paniere attuale, per ottenere dei numeri confrontabili. In pratica con tale indice ci si chiede, se oggi delle quantità di beni hanno un certo costo, quale costo avrebbero avuto le stesse quantità al tempo base.
Si nota che entrambi gli indici osservano il fenomeno della variazione dei prezzi e delle quantità da un punto di vista specifico. Per tenere conto di entrambe le informazioni provenienti dai due indici, si usa talvolta l'**indice dei prezzi di Fischer** detto anche **formula ideale**. Esso è la media geometrica dei due indici (Laspeyres e Paasche).

$$_0I_1^F = \sqrt{_0I_1^L \cdot {_0I_1^P}}$$

Parte Terza

Fisica

SOMMARIO

Capitolo 1
Le grandezze fisiche

La fisica si interessa di quantità che sono definite in modo rigoroso e che sono misurabili: le **grandezze fisiche**. Le **leggi fisiche** esprimono relazioni fra le grandezze fisiche. La misura è la procedura che permette di associare alla grandezza un valore numerico mediante il confronto tra la quantità che è oggetto dell'osservazione e un campione, di valore unitario, detto **unità di misura**. Diverse unità di misura possono essere usate per la stessa grandezza fisica, ad esempio il metro, il piede e il centimetro possono essere usati per la misura della grandezza lunghezza.

Le unità di misura delle grandezze fisiche possono essere definite sulla base delle unità di misura di alcune grandezze fondamentali. Ad esempio, l'unità di misura della grandezza volume è definita come unità di misura della lunghezza elevata al cubo (metro al cubo, m^3, o centimetro al cubo, cm^3) in quanto le dimensioni fisiche della grandezza volume V sono quelle della grandezza lunghezza L al cubo[1] ovvero $[V]=[L^3]$. In altri termini la grandezza V è una grandezza derivata dalla grandezza fondamentale L.

1.1 Sistemi di unità di misura

La scelta delle unità di misura per le grandezze fondamentali individua il **sistema di unità di misura**. Il **Sistema Internazionale** di unità di misura (**S.I.**), introdotto nel 1960 dalla XI Conferenza Generale dei Pesi e Misure, è stato legalmente adottato in Italia nel 1982. Il Sistema Internazionale si basa su **grandezze fondamentali** (le cui unità di misura sono definite in modo indipendente) e **grandezze derivate** (le cui unità di misura sono definite mediante relazioni analitiche con le grandezze fondamentali).

Il Sistema Internazionale è un sistema di unità di misura:

- completo, in quanto tutte le grandezze fisiche che sono considerate sono ricavabili da grandezze fondamentali mediante relazioni analitiche;
- coerente, in quanto i fattori di proporzionalità che definiscono le unità delle grandezze derivate non sono diversi da 1;
- decimale, in quanto i multipli e i sottomultipli delle unità di misura sono potenze di 10 (eccezione fatta per le misure degli intervalli di tempo).

(1) Per specificare che si sta trattando con le dimensioni fisiche di una grandezza, il simbolo della grandezza viene posto tra parentesi quadre.

Tabella 1.1 Le grandezze fisiche e le loro unità di misura

Grandezza	Unità di misura nel S.I.	Unità di misura nel sistema c.g.s.	Dimensioni fisiche
Lunghezza (l)	metro (m)	centimetro (cm)	[L]
Massa (m)	chilogrammo (kg)	grammo (g)	[M]
Tempo (t)	secondo (s)	secondo (s)	[T]
Intensità di corrente elettrica (i)	ampere (A)	—	[i]
Temperatura (T)	kelvin (K)	—	[K]
Intensità luminosa (I)	candela (cd)	—	[I]
Quantità di sostanza	mole (mol)	—	[m]
Velocità (v)	metro/secondo (m/s)	centimetro/secondo(cm/s)	$[v] = [L \cdot T^{-1}]$
Accelerazione (a)	metro/secondo^2 (m/s^2)	centimetro/secondo^2 (cm/s^2)	$[a] = [L \cdot T^{-2}]$
Velocità angolare (ω)	radiante/secondo (rad/s)	—	$[T^{-1}]$
Frequenza (*f*)	hertz (Hz)	hertz (Hz)	$[T^{-1}]$
Forza (F)	newton (N)	dina (1 dina = 10^{-5} newton)	$[F] = [M \cdot L \cdot T^{-2}]$
Quantità di moto (p)	newton · secondo(N · s)	dina · secondo	$[p] = [M \cdot L \cdot T^{-1}]$
Impulso (J)	newton · secondo (N · s)	dina · secondo	$[J] = [M \cdot L \cdot T^{-1}]$
Lavoro (L)	joule (J)	erg (1 erg = 10^{-7} joule)	$[L] = [M \cdot L^2 \cdot T^{-2}]$
Energia (U,K,E)	joule (J)	erg	$[E] = [M \cdot L^2 \cdot T^{-2}]$
Potenza (P)	watt (W)	erg/secondo	$[P] = [M \cdot L^2 \cdot T^{-3}]$
Momento di una forza (M)	newton · metro (N · m)	dina · centimetro	$[M] = [M \cdot L^2 \cdot T^{-2}]$
Momento angolare (L)	joule · metro (J · m)	erg · centimetro	$[L] = [M \cdot L^3 \cdot T^{-2}]$
Densità (r)	chilogrammo/metro^3 (kg/m^3)	grammo/centimetro^3	$[\rho] = [M \cdot L^{-3}]$
Pressione (P)	pascal (Pa)	baria (1 baria = 0,1 pascal)	$[P] = [M \cdot L^{-1} \cdot T^{-2}]$
Portata (Q)	metro^3/secondo (m^3/s)	centimetro^3/secondo	$[Q] = [L^3 \cdot T^{-1}]$
Quantità di calore (Q)	joule (J)	erg	$[Q] = [M \cdot L^2 \cdot T^{-2}]$
Entropia (S)	joule/Kelvin (J/K)		$[S] = [M \cdot L^2 \cdot T^{-2} \cdot K^{-1}]$
Carica elettrica (q)	coulomb (C)	franklin (1 franklin = 3,34·10^{-10} coulomb)	$[q] = [i \cdot T]$
Campo elettrico (E)	volt/metro (V/m)	—	$[E] = [M \cdot L \cdot T^{-3} \cdot i^{-1}]$
Potenziale elettrico (V)	volt (V)	—	$[V] = [M \cdot L^2 \cdot T^{-3} \cdot i^{-1}]$
Capacità (C)	farad (F)	—	$[C] = [M^{-1} \cdot L^{-2} \cdot T^{-4} \cdot i^2]$
Resistenza (R)	ohm (W)	—	$[R] = [M \cdot L^2 \cdot T^{-3} \cdot i^{-2}]$
Induzione magnetica (B)	tesla (T)	gauss (1 gauss = 10^{-4} tesla)	$[B] = [M \cdot i^{-1} \cdot T^{-2}]$

Le principali grandezze fisiche (con il relativo simbolo generalmente usato per indicarle) sono riassunte in Tabella 1.1. Tra tutte queste grandezze le prime sette (scritte in grassetto) sono le grandezze fondamentali; le restanti sono invece grandezze derivate. Per ciascuna grandezza è indicata anche la corrispondente unità di misura nel Sistema Internazionale (S.I) o M.K.S. (dalle iniziali di metro, chilogrammo e secondo) e ove sia di comune utilizzo anche nel sistema **c.g.s.** (dalle iniziali di centimetro, grammo e secondo). Sulla stessa tabella nell'ultima colonna sono infine indicate le dimensioni fisiche delle varie grandezze.(2)

Spesso però sono utilizzate unità di misura che non appartengono a questi due sistemi (S.I. e c.g.s.), bensì ad un **Sistema Pratico**, ovvero unità di misura che risultano pratiche nella descrizione di fenomeni specifici. Nei capitoli successivi verranno definite queste unità ove utile. In Tabella 1.2 vengono riportate unità di misura pratiche di alcune grandezze.

Tabella 1.2 Unità di misura del Sistema Pratico

Grandezza	Unità di misura	Conversione
Lunghezza	angstrom (Å)	1 Å = 10^{-10} m
Massa	unità di massa atomica (u.m.a.)	1 u.m.a. = $1,66 \cdot 10^{-27}$ kg
Tempo	minuto (min) ora (h) giorno (d)	1 min = 60 s 1 h = 3600 s 1 d = 86400 s
Volume	litro (l)	1 l = 10^{-3} m^3
Forza	kg peso	1 kg peso = 9,8 N
Velocità	km/h	1 km/h = 0,278 m/s
Pressione	atmosfera mm Hg bar	1 atm = $1,013 \cdot 10^5$ Pa 1 mm Hg = 133 Pa 1 bar = 10^5 Pa
Energia	elettronvolt (eV) caloria	1 eV = $1,6 \cdot 10^{-19}$ J 1 cal = 4,186 J

Nel S.I. possono essere usati multipli e sottomultipli delle unità di misura, espressi come potenze di 10. Nella Tabella 1.3 sono elencati i relativi prefissi. Ad esempio:

$$10\ \mu m = 10 \cdot 10^{-6}\ m = 10^{-5}\ m$$
$$0,1\ mA = 0,1 \cdot 10^{-3}\ A = 10^{-4}\ A$$
$$1\ kW = 10^3\ W$$
$$2,5\ MHz = 2,5 \cdot 10^6\ Hz$$

(2) Ricorda che è consentito fare la somma (o differenza) solo fra grandezze che hanno la stessa dimensione fisica e che tale operazione è agevole se le grandezze sono espresse nella stessa unità. È inoltre consigliabile per calcoli (es. moltiplicazioni e divisioni) che implicano l'uso di grandezze di diversa dimensione fisica che tutte le grandezze vengano espresse secondo un unico sistema di unità di misura.

Tabella 1.3 Multipli e sottomultipli delle unità di misura

Potenza di 10	Prefisso	Simbolo
10^{18}	exa	E
10^{15}	peta	P
10^{12}	tera	T
10^{9}	giga	G
10^{6}	mega	M
10^{3}	chilo	k
10^{2}	etto	h
10	deca	da
10^{-1}	deci	d
10^{-2}	centi	c
10^{-3}	milli	m
10^{-6}	micro	μ
10^{-9}	nano	n
10^{-12}	pico	p
10^{-15}	femto	f
10^{-18}	atto	a

1.2 Grandezze scalari e grandezze vettoriali

Le grandezze fisiche si possono classificare non soltanto come fondamentali e derivate, ma anche come scalari e vettoriali

Le **grandezze scalari** sono definite tramite un'unità di misura ed un numero che ne traduce la misura (l'intensità della grandezza). Esempi di grandezze scalari sono la massa, il tempo, la temperatura, il lavoro, l'energia, la carica elettrica.

Le **grandezze vettoriali** sono definite tramite un'unità di misura e un vettore, ovvero grandezze che per la loro definizione necessitano di **direzione**, **verso** e **modulo**. Esempi di grandezze vettoriali sono la velocità, l'accelerazione, la forza, il campo elettrico.

Il modulo di una grandezza vettoriale indica la misura della grandezza stessa rispetto ad una opportuna unità di misura.

Un vettore è rappresentato graficamente da una freccia (Figura 1.1) ed è caratterizzato da:

- **direzione:** è la retta su cui giace il vettore
- **verso:** è il verso di percorrenza lungo la retta, indicato dal verso della freccia
- **modulo:** è la lunghezza della freccia.

Un vettore si indica con una lettera in grassetto, es. ***a***, oppure ponendo una freccetta sopra la lettera, es. $\vec{a}$, mentre la stessa lettera indica il modulo (es. a è il modulo di $\vec{a}$).

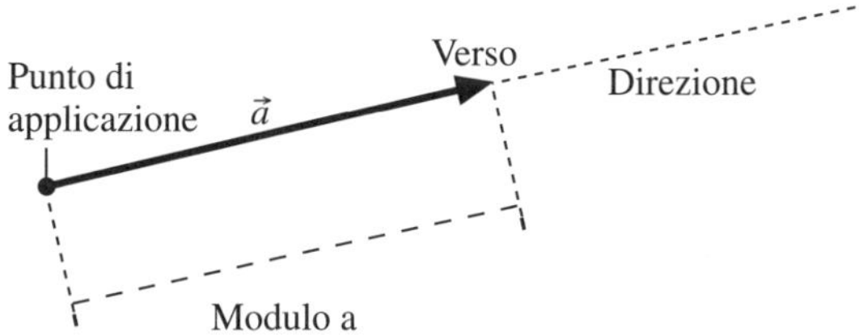

Figura 1.1 Rappresentazione grafica di un vettore.

1.3 Scomposizione di un vettore

Dato un vettore $\vec{a}$ ed una retta orientata r, si definisce **il componente** del vettore $\vec{a}$ lungo r, il vettore che ha origine nella proiezione dell'origine di $\vec{a}$ su r, ed estremo nella proiezione dell'estremo di $\vec{a}$ su r (Figura 1.2). Il componente di $\vec{a}$ lungo r è indicato con $\vec{a}_r$.

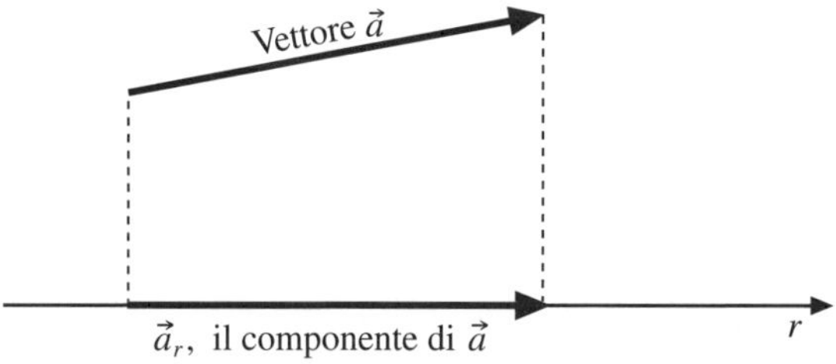

Figura 1.2 Rappresentazione di $\vec{a}_r$, il componente del vettore $\vec{a}$ lungo r.

La componente del vettore $\vec{a}$ lungo r è invece uno scalare pari al modulo del componente di $\vec{a}$ se il componente ed r sono orientati nello stesso verso; pari invece all'opposto del modulo del componente di $\vec{a}$ se il componente ed r sono orientati in verso opposto. La componente di $\vec{a}$ lungo r è indicata con a_r.

Dato un vettore $\vec{a}$, costruito un sistema di riferimento (piano cartesiano) avente origine nell'origine di $\vec{a}$, (Figura 1.3) si può procedere alla scomposizione del vettore. I vettori componenti lungo gli assi cartesiani sono: $\vec{a}_x$ e $\vec{a}_y$, e

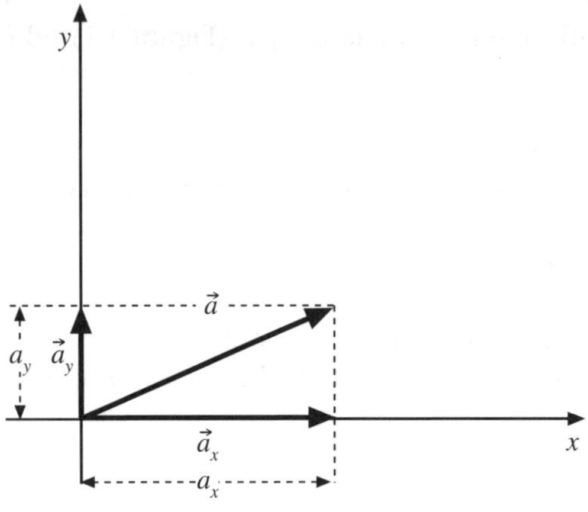

Figura 1.3 Scomposizione di un vettore in un piano cartesiano.

$|\vec{a}_x|$ e $|\vec{a}_y|$ (o più semplicemente a_x e a_y) sono le componenti del vettore lungo l'asse x e y rispettivamente.

La relazione che permette il passaggio dalle componenti di un vettore al modulo del vettore stesso è:

$$a = \sqrt{a_x^2 + a_y^2} \tag{1.1}$$

1.4 Algebra dei vettori

Somma di vettori: dati due vettori $\vec{a}$ e $\vec{b}$, il vettore somma $\vec{s} = \vec{a} + \vec{b}$, si ottiene costruendo il parallelogramma avente come lati $\vec{a}$ e $\vec{b}$ (Figura 1.4). La diagonale del parallelogramma avente origine nel punto comune ai due vettori è il vettore somma $\vec{s}$.

La somma tra due vettori $\vec{a}$ e $\vec{b}$ è massima quando essi hanno stessa direzione e stesso verso.

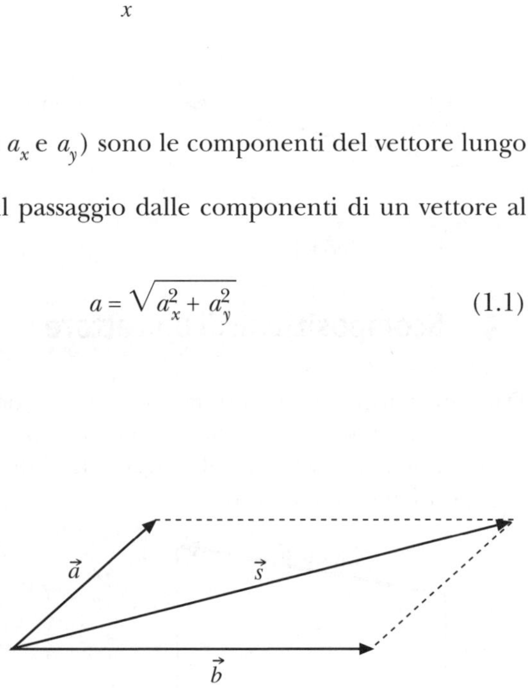

Figura 1.4 Somma vettoriale mediante la "regola del parallelogramma".

Vettore opposto: dato un vettore $\vec{a}$, il vettore opposto $-\vec{a}$ è il vettore che ha lo stesso modulo e la stessa direzione di $\vec{a}$, ma verso opposto (Figura 1.5).

Figura 1.5 Costruzione del vettore opposto.

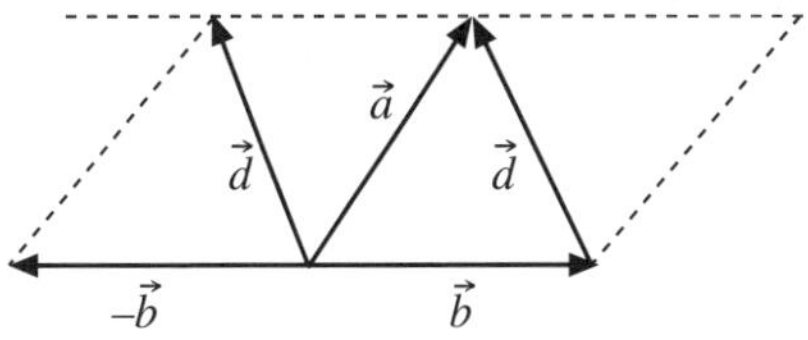

Figura 1.6 Differenza tra due vettori.

Differenza di vettori: dati due vettori $\vec{a}$ e $\vec{b}$, il vettore differenza si ottiene riconducendo l'operazione differenza ad una operazione di somma con il vettore opposto (Figura 1.6):

$$\vec{d} = \vec{a} - \vec{b} = \vec{a} + (-\vec{b}) \quad (1.2)$$

$\vec{d}$ è il vettore che ha origine nell'estremo di $\vec{b}$ ed estremo nell'estremo di $\vec{a}$.

1.5 Prodotti vettoriali

Prodotto di un vettore per uno scalare: dato uno scalare k ed un vettore $\vec{a}$, il prodotto tra queste due quantità è un vettore $\vec{p}$ avente:

- come modulo $p = a \cdot |k|$, avendo indicato con a il modulo di $\vec{a}$ e con $|k|$ il valore assoluto di k
- come direzione la stessa direzione di $\vec{a}$
- come verso lo stesso verso di $\vec{a}$ se $k > 0$, quello opposto se $k < 0$.

Un esempio di prodotto di un vettore per uno scalare è la quantità di moto $\vec{p} = m \cdot \vec{v}$ dove la massa m è uno scalare e la velocità $\vec{v}$ è una grandezza vettoriale.

Prodotto scalare di due vettori: dati due vettori $\vec{a}$ e $\vec{b}$, il loro prodotto scalare è lo scalare che si ottiene moltiplicando il prodotto dei moduli dei due vettori per il coseno dell'angolo formato dai due vettori stessi [3]:

$$P_s = \vec{a} \bullet \vec{b} = a \cdot b \cdot \cos \vartheta \quad (1.3)$$

Un esempio di prodotto scalare è il lavoro L compiuto da una forza costante $\vec{F}$ che agisce su un corpo che si muove lungo una retta: $L = \vec{F} \bullet \vec{s}$, dove $\vec{s}$ è il vettore spostamento.

(3) Il simbolo • è usato per indicare il prodotto scalare fra due vettori ma può essere utilizzato al suo posto il simbolo ×.

Osservazione

- Il risultato del prodotto scalare di due vettori è uno scalare.
- Il prodotto scalare può essere nullo anche se i due vettori non hanno modulo nullo: è infatti sufficiente che i due vettori siano perpendicolari tra loro ($\cos(90°) = 0$).

Prodotto vettoriale di due vettori: dati due vettori $\vec{a}$ e $\vec{b}$, il loro prodotto vettoriale [4] è un vettore $\vec{P}_V = \vec{a} \wedge \vec{b}$, avente:

- modulo pari al prodotto dei moduli dei due vettori per il seno dell'angolo formato dai due vettori stessi:

$$P_V = a \cdot b \cdot \text{sen}\ \vartheta \qquad (1.4)$$

- direzione perpendicolare al piano formato dai due vettori $\vec{a}$ e $\vec{b}$
- verso determinato dalla "**regola della mano destra**": disponendo il pollice della mano destra come il primo vettore $\vec{a}$, l'indice come il secondo vettore $\vec{b}$, si ha che la direzione e il verso del vettore prodotto vettoriale $\vec{P}_V = \vec{a} \wedge \vec{b}$ sono individuati dal dito medio della mano destra (Fig. 1.7).

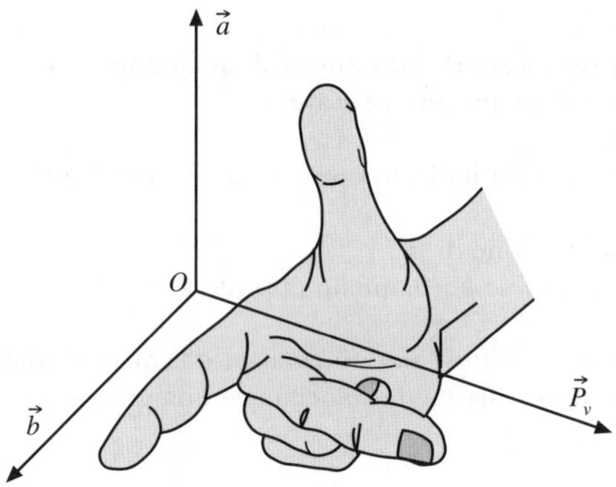

Figura 1.7 Regola della mano destra per il prodotto vettoriale.

Un esempio di prodotto vettoriale è il momento di una forza: $\vec{M} = \vec{r} \wedge \vec{F}$

Osservazione

- A differenza del prodotto scalare, il prodotto vettoriale ha come risultato un vettore.
- Tale vettore è sempre perpendicolare ai due vettori di partenza.

[4] Il simbolo $\wedge$ è usato per indicare il prodotto vettoriale fra due vettori ma può essere utilizzato al suo posto il simbolo $\times$.

- Il vettore risultato del prodotto vettoriale può essere nullo anche se i due vettori non hanno modulo nullo: è infatti sufficiente che formino tra loro un angolo uguale a 0° o 180° (sen(0°) = sen(180°) = 0). Due vettori aventi la stessa direzione hanno quindi prodotto vettoriale nullo.

1.6 Proprietà delle operazioni tra vettori

La somma tra vettori gode delle seguenti proprietà:

- **commutativa:**
  $\vec{a} + \vec{b} = \vec{b} + \vec{a}$ (1.5)
- **associativa:**
  $(\vec{a} + \vec{b}) + \vec{c} = \vec{a} + (\vec{b} + \vec{c})$ (1.6)

Il prodotto scalare tra vettori gode delle seguenti proprietà:

- **commutativa:**
  $\vec{a} \bullet \vec{b} = \vec{b} \bullet \vec{a}$ (1.7)
- **distributiva rispetto alla somma:**
  $\vec{a} \bullet (\vec{b} + \vec{c}) = \vec{a} \bullet \vec{b} + \vec{a} \bullet \vec{c}$ (1.8)

Il prodotto vettoriale gode delle seguenti proprietà:

- **anticommutativa:**
  $\vec{a} \wedge \vec{b} = -\vec{b} \wedge \vec{a}$ (1.9)
- **distributiva rispetto alla somma:**
  $\vec{a} \wedge (\vec{b} + \vec{c}) = \vec{a} \wedge \vec{b} + \vec{a} \wedge \vec{c}$ (1.10)

Capitolo 2
Cinematica

La **cinematica** è quella parte della meccanica che si interessa del moto di un corpo, indipendentemente dalle cause che producono il moto stesso. Il moto è un concetto relativo. È possibile definire che un corpo si trova in quiete o in moto solo avendo a disposizione un sistema di riferimento, costituito ad esempio da altri corpi che possono essere considerati fissi. Per semplicità in cinematica si considera che il corpo che si muove sia un corpo puntiforme, detto anche **punto materiale**.

2.1 Posizione e traiettoria

Si dice che un corpo è in moto quando la sua posizione, rispetto ad un sistema di riferimento di assi cartesiani, varia nel tempo.

Considerato un sistema di riferimento, la **posizione** $\vec{r}(t)$ di un punto nell'istante t è un vettore che unisce l'origine degli assi al punto stesso. Se il punto si muove, allora la posizione è funzione del tempo.

Si chiama **traiettoria di punto in movimento** la linea che unisce tutte le posizioni da esso occupate in istanti di tempo successivi (Fig. 2.1a, b, c).

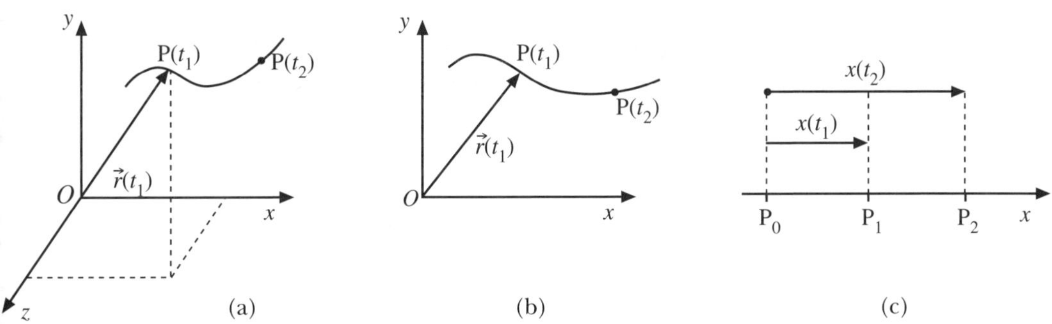

Figura 2.1 (a) Il punto P si muove nello spazio. Il moto è descritto da tre funzioni x = x(t), y = y(t), z = z(t). **(b)** Il punto P si muove su un piano. Il moto è descritto da due funzioni x = x(t), y = y(t). **(c)** Il punto P si muove lungo una retta. Il moto è descritto da una funzione x = x(t).

La relazione che esprime la posizione di un punto in funzione del tempo prende il nome di **legge oraria**.

Nel Sistema Internazionale, l'unità di misura della posizione è il *metro*, dimensioni $[L]$.

2.2 Vettore spostamento

Indicati con $\vec{r}(t_1)$ e $\vec{r}(t_2)$ i vettori posizione del punto P relativi agli istanti t_1 e t_2, si definisce **vettore spostamento** (Fig. 2.2):

$$\Delta\vec{r} = \vec{r}(t_2) - \vec{r}(t_1) \tag{2.1}$$

Nel Sistema Internazionale, l'unità di misura dello spostamento è il metro, dimensioni $[L]$.

Lo spostamento $\Delta\vec{r}$ non coincide con il percorso del punto P ma dipende solo dalle due posizioni iniziale e finale $P(t_1)$ e $P(t_2)$.

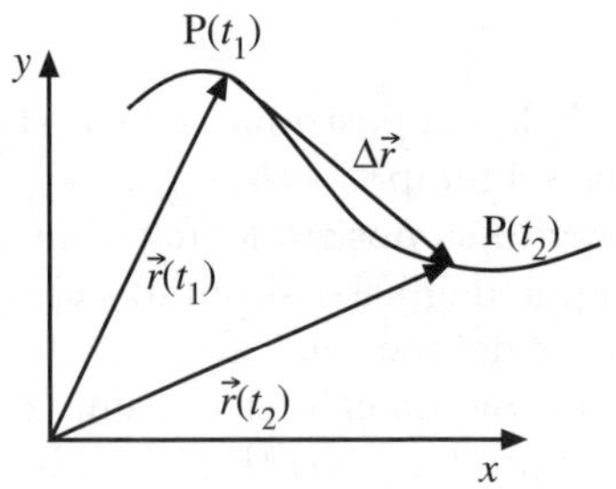

Figura 2.2 Vettore spostamento.

2.3 Velocità

La **velocità vettoriale media** in un certo intervallo di tempo è un vettore definito come il rapporto tra lo spostamento e il tempo impiegato:

$$\boxed{\vec{v}_m = \frac{\Delta\vec{r}}{\Delta t} = \frac{\vec{r}(t_2) - \vec{r}(t_1)}{t_2 - t_1}} \tag{2.2}$$

Il vettore $\vec{v}_m$ assume la stessa direzione e verso del vettore $\Delta\vec{r}$.(1)

(1) Si può notare che la velocità vettoriale media dipende solo dalle due posizioni iniziale e finale e non dal percorso scelto, come per lo spostamento. Ad esempio, nel caso in cui il punto stia girando in tondo e, dopo un certo intervallo di tempo si trovi nella stessa posizione in cui era partito all'inizio dell'intervallo, la velocità media è nulla. Al contrario, la velocità scalare media, quella che più comunemente viene intesa come velocità, dipende dalla lunghezza percorsa e non tiene conto della direzione assunta. Un chiaro esempio ne è la velocità indicata dal tachimetro.

Nel caso di moto lungo una retta:

$$\boxed{\mathrm{v}_m = \frac{\Delta x}{\Delta t} = \frac{x_2 - x_1}{t_2 - t_1}} \tag{2.3}$$

Per avere informazioni sulla velocità in un certo istante, ovvero sulla velocità vettoriale istantanea, si procede calcolando la velocità vettoriale media per intervalli di tempo sempre più piccoli. In questo modo lo spostamento $\Delta\vec{r}$ si avvicina sempre più alla traiettoria percorsa e nel limite in cui l'intervallo di tempo Δt tende a zero, $\Delta\vec{r}$ è tangente alla traiettoria. Ovvero, la **velocità vettoriale istantanea** definita come:

$$\boxed{\vec{\mathrm{v}}_i = \lim_{\Delta t \to 0} \frac{\Delta\vec{r}}{\Delta t} = \lim_{t_2 \to t_1} \frac{\vec{r}(t_2) - \vec{r}(t_1)}{t_2 - t_1}} \tag{2.4}$$

coincide con la derivata del vettore posizione rispetto al tempo:

$$\boxed{\vec{\mathrm{v}}_i = \frac{d\vec{r}}{dt}} \tag{2.5}$$

Il vettore $\vec{\mathrm{v}}_i$ ha direzione tangente alla traiettoria e verso concorde con quello del moto.

Nel caso di moto lungo una retta:

$$\boxed{\mathrm{v}_i = \frac{dx}{dt}} \tag{2.6}$$

La **velocità scalare media**, o velocità, è definita dal rapporto tra lo spazio percorso e l'intervallo di tempo impiegato a percorrerlo.

Nel Sistema Internazionale, l'unità di misura della velocità è $\frac{metro}{secondo}$, le sue dimensioni sono $[\mathrm{v}] = [L \cdot T^{-1}]$.

2.4 Accelerazione

L'**accelerazione media** in un certo intervallo di tempo è un vettore definito come il rapporto tra la variazione di velocità di un punto e l'intervallo di tempo nel quale è avvenuta tale variazione:

$$\boxed{\vec{a}_m = \frac{\Delta\vec{\mathrm{v}}}{\Delta t} = \frac{\vec{\mathrm{v}}(t_2) - \vec{\mathrm{v}}(t_1)}{t_2 - t_1}} \tag{2.7}$$

Il vettore $\vec{a}_m$ ha la direzione e il verso del vettore $\Delta\vec{v}$.
Nel caso di moto lungo una retta:

$$a_m = \frac{\Delta v}{\Delta t} = \frac{v_2 - v_1}{t_2 - t_1} \tag{2.8}$$

Procedendo in maniera analoga a quanto visto per definire la velocità istantanea, si può definire l'**accelerazione istantanea** come:

$$\vec{a}_i = \lim_{\Delta t \to 0} \frac{\Delta \vec{v}}{\Delta t} = \lim_{t_2 \to t_1} \frac{\vec{v}(t_2) - \vec{v}(t_1)}{t_2 - t_1} \tag{2.9}$$

che coincide con la derivata del vettore velocità rispetto al tempo:

$$\vec{a}_i = \frac{d\vec{v}}{dt} \tag{2.10}$$

Nel caso di moto lungo una retta:

$$a_i = \frac{dv}{dt} \tag{2.11}$$

Nel Sistema Internazionale, l'unità di misura della accelerazione è *metro/secondo*^{2}, le sue dimensioni sono $[a] = [L \cdot T^{-2}]$.

In un *moto rettilineo* l'accelerazione ha la stessa direzione della velocità e quindi della traiettoria. In un *moto curvilineo* la velocità è tangente alla traiettoria e l'accelerazione è il risultato di una componente tangente alla traiettoria e di una componente normale (perpendicolare) alla traiettoria. Quindi, in generale, l'accelerazione non è tangente alla traiettoria.

2.5 Moto rettilineo uniforme

Si definisce **moto rettilineo uniforme**, un moto in cui il vettore velocità è costante in modulo, direzione e verso: $\vec{v}$ = *costante.* Il punto materiale si muove sulla retta con velocità costante, quindi con accelerazione nulla ($\vec{a} = 0$).

Detta x_0 la posizione iniziale del punto che si muove di moto rettilineo uniforme e v la velocità, vale la relazione:

$$x = x_0 + v \cdot t \quad \text{(legge oraria del moto rettilineo uniforme)} \tag{2.12}$$

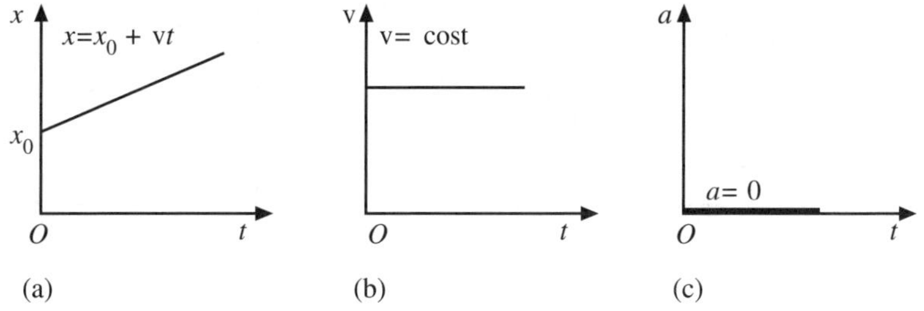

Figura 2.3 (a) Andamento in funzione del tempo della posizione, per un moto rettilineo uniforme. **(b)** Andamento in funzione del tempo della velocità, per un moto rettilineo uniforme. **(c)** Andamento in funzione del tempo della accelerazione, per un moto rettilineo uniforme.

Le Figure 2.3a, b, c mostrano per il moto rettilineo uniforme l'andamento in funzione del tempo delle grandezze: posizione *x*, velocità v ed accelerazione *a*.

2.6 Moto uniformemente accelerato

Si definisce **moto uniformemente accelerato**, un moto in cui il vettore accelerazione è costante in modulo, direzione e verso: $\vec{a} = costante$. Il punto materiale si muove su una retta, la sua velocità è diretta come l'accelerazione.

Detta x_0 la posizione iniziale del punto che si muove di moto uniformemente accelerato, v_0 la velocità iniziale e $v(t)$ la velocità in un generico istante *t*, valgono le seguenti relazioni:

$$\boxed{v(t) = v_0 + a \cdot t} \tag{2.13}$$

$$\boxed{x(t) = x_0 + v_0 \cdot t + \frac{1}{2} a \cdot t^2} \tag{2.14}$$

(legge oraria del moto uniformemente accelerato)

Le Figure 2.4a,b,c mostrano per il moto uniformemente accelerato l'andamento in funzione del tempo delle grandezze: posizione *x*, velocità v ed accelerazione *a*.

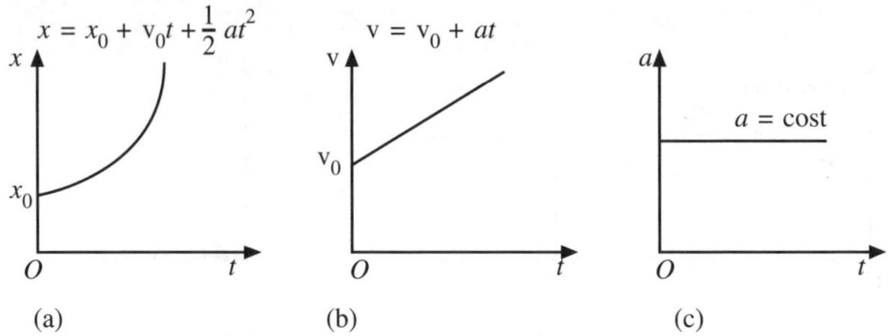

Figura 2.4 (a) Andamento in funzione del tempo della posizione, per un moto uniformemente accelerato. **(b)** Andamento in funzione del tempo della velocità, per un moto uniformemente accelerato. **(c)** Andamento in funzione del tempo della accelerazione, per un moto uniformemente accelerato.

2.7 Accelerazione di gravità e caduta libera dei gravi

Dalla nostra esperienza quotidiana si vede che se gli oggetti non sono sostenuti tendono a cadere verso terra. I corpi sono soggetti ad una accelerazione dovuta alla attrazione gravitazionale della Terra. L'**accelerazione gravitazionale** g è la stessa per tutti i corpi che cadono indipendentemente dalla loro natura, massa, forma, e il suo valore è costante durante la caduta.

Il **moto di caduta libera** dei corpi sulla Terra è un moto uniformemente accelerato. Il modulo dell'accelerazione di gravità vale approssimativamente: $g = 9{,}8\ m/s^2$ vicino alla superficie terrestre. Il vettore $\vec{g}$ è diretto perpendicolarmente alla superficie terrestre, quindi radiale, ed orientato verso il centro della terra. Se si considera una regione limitata in prossimità della superficie terrestre, l'accelerazione di gravità a cui è sottoposto un corpo ha direzione verticale (Fig. 2.5).

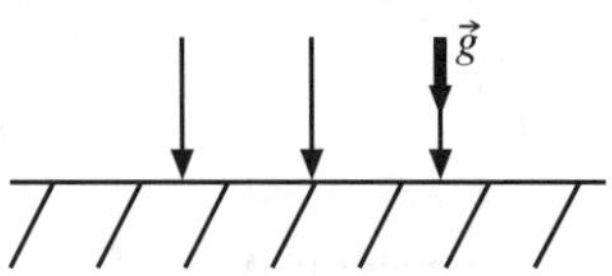

Figura 2.5 Accelerazione di gravità in prossimità della superficie terrestre.

Si consideri un corpo lasciato cadere (ovvero che parte con velocità iniziale nulla $v_0 = 0$) da una altezza h. Il corpo si muove di moto rettilineo uniformemente accelerato. Considerando un sistema di coordinate tale che il verso positivo dell'asse x sia quello verso il basso e l'origine ($x_0 = 0$) si trovi nella posizione iniziale, ad una altezza h (Fig. 2.6), le relazioni che regolano il moto sono:

$$\boxed{v(t) = g \cdot t} \quad \text{(dalla 2.13 con } v_0 = 0) \qquad (2.15)$$

$$\boxed{x(t) = \frac{1}{2} g \cdot t^2} \quad \text{(dalla 2.14 con } x_0 = 0,\ v_0 = 0) \qquad (2.16)$$

dove $x(t)$, che è la posizione del corpo nel generico istante t, indica lo spazio percorso a partire dalla posizione iniziale $x_0 = 0$.

Segue che $h = \frac{1}{2} g \cdot t^2$ dove t è il tempo di caduta(2):

$$\boxed{t = \sqrt{\frac{2h}{g}}} \qquad (2.17)$$

La velocità raggiunta dal corpo nell'istante in cui tocca terra si ricava sostituendo l'espressione del tempo di caduta t nella (2.15):

$$\boxed{v = \sqrt{2gh}} \qquad (2.18)$$

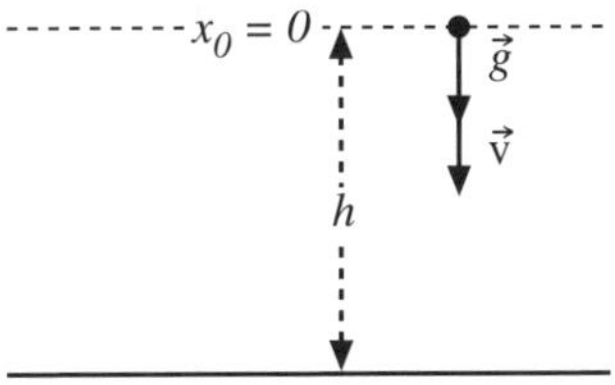

Figura 2.6 Caduta di un grave per effetto della attrazione gravitazionale.

Si consideri ora un corpo lanciato verso l'alto con velocità iniziale v_0 (Fig. 2.7). Considerando un sistema di coordinate tale che il verso positivo dell'asse x sia quello verso l'alto e l'origine ($x_0 = 0$) si trovi nella posizione iniziale, il moto del corpo è uniformemente decelerato e le relazioni che regolano tale moto possono essere riscritte come:

$v(t) = v_0 - g \cdot t$ (il segno meno tiene conto del fatto che la velocità (verso l'alto) e l'accelerazione di gravità (verso il basso) hanno verso opposto) (2.19)

$x(t) = v_0 \cdot t - \frac{1}{2} g \cdot t^2$ (per $x_0 = 0$ e versi opposti di velocità e accelerazione di gravità) (2.20)

(2) Si può notare che in assenza di attrito il tempo di caduta è indipendente dalla natura del corpo che cade. Il tempo di caduta dipende dalla quota di partenza.

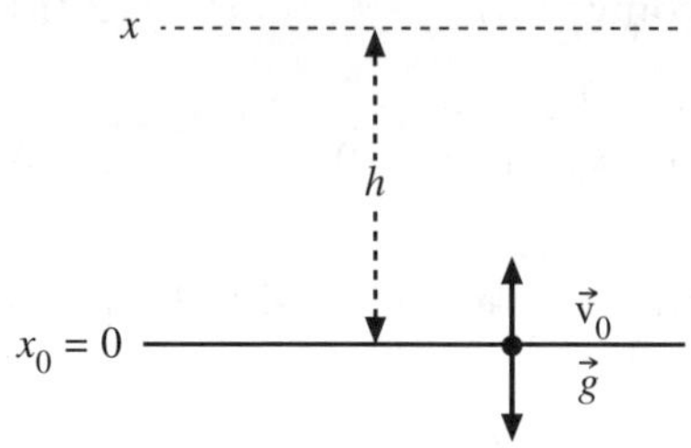

Figura 2.7 Moto di un corpo lanciato verso l'alto.

Il tempo necessario a raggiungere l'altezza massima si ricava dalla (2.19) ponendo v(t) = 0, come:

$$\boxed{t = \frac{v_0}{g}} \tag{2.21}$$

L'altezza massima raggiunta dal corpo lanciato verso l'alto con velocità iniziale v_0 si ricava sostituendo l'espressione del tempo t necessario per raggiungere l'altezza massima nella (2.20), come:

$$\boxed{h = \frac{v_0^2}{2g}} \tag{2.22}$$

2.8 Moto di un proiettile

Il moto di un proiettile o di una pallina lanciata con velocità iniziale $\vec{v}_0$ in una certa direzione, come in Figura 2.8, è un esempio di moto in due direzioni.

Se si trascura la resistenza dell'aria, il moto del proiettile è regolato dall'accelerazione di gravità g che è costante. Considerando un sistema di assi cartesiani x, y, come in Figura 2.8, segue che l'accelerazione lungo la direzione x è nulla mentre lungo la direzione y è negativa in quanto l'accelerazione di gra-

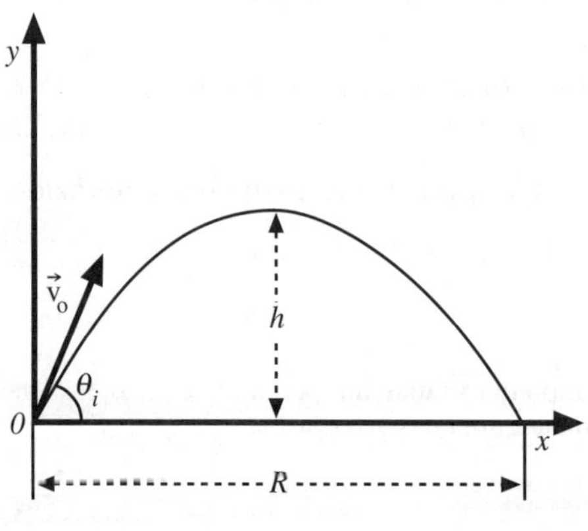

Figura 2.8 Moto di un proiettile.

vità è diretta verso il basso.

$$a_x = 0 \quad (2.23)$$

$$a_y = -g \quad (2.24)$$

Dalle equazioni generali per un moto in due dimensioni con accelerazione costante:

$$x = v_{0x} \cdot t + \frac{1}{2} a_x \cdot t^2 \quad (2.25)$$

$$y = v_{0y} \cdot t + \frac{1}{2} a_y \cdot t^2 \quad (2.26)$$

si ottiene:

$$x = v_{0x} \cdot t \quad (2.27)$$

$$y = v_{0y} \cdot t - \frac{1}{2} g \cdot t^2 \quad (2.28)$$

con:

$$v_x = v_{0x} \quad (2.29)$$

$$v_y = v_{0y} - g \cdot t \quad (2.30)$$

Le relazioni 2.27-2.30 mostrano come il moto di un proiettile è la composizione di un moto orizzontale uniforme (2.27, 2.29) e un moto verticale uniformemente accelerato dovuto alla sola gravità (2.28, 2.30).

La traiettoria del proiettile è una parabola, come si vede anche nella Figura 2.9, e il proiettile atterra nell'istante in cui y ritorna a zero ($y = y_0 = 0$).

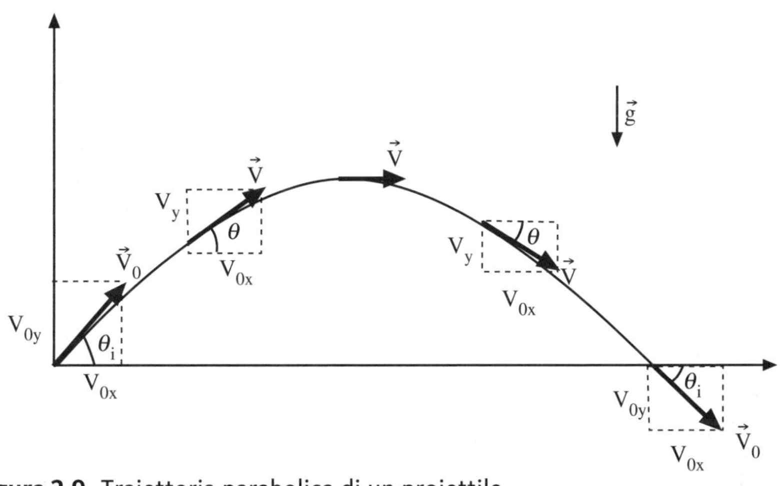

Figura 2.9 Traiettoria parabolica di un proiettile.

Il tempo di atterraggio si ricava dalla 2.28:

$$0 = v_{0y} \cdot t - \frac{1}{2} g \cdot t^2$$

di cui $t = \frac{2 \cdot v_{0y}}{g}$ è una soluzione.

La distanza orizzontale percorsa all'atterraggio, detta **gittata** R, si ricava dalla 2.27 ponendo$x = R$:

$$\boxed{R = \frac{2 \cdot v_{0y} \cdot v_{0x}}{g}} \qquad (2.31)$$

Se la velocità iniziale forma un angolo di lancio ϑ_i come in Figura 2.7, considerando:

$$v_{0x} = v_0 \cdot \cos \vartheta_i \qquad (2.32)$$

$$v_{0y} = v_0 \cdot \text{sen}\, \vartheta_i \qquad (2.33)$$

la gittata diventa:

$$\boxed{R = \frac{2 \cdot v_0^2}{g} \cdot \text{sen}\, \vartheta_i \cdot \cos \vartheta_i} \qquad (2.34)$$

ed è massima per $\vartheta_i = 45°$

Si osserva che:

se $\vartheta_i = 90°$ allora $\cos 90° = 0$ e quindi $R = 0$

se $\vartheta_i = 0°$ allora $\text{sen} 90° = 0$ e quindi $R = 0$

Per angoli complementari, ad esempio 30° e 60°, a parità di velocità iniziale, la gittata è la stessa: sen60° cos60° = sen30° cos30°. Tale proprietà è mostrata in Figura 2.10.

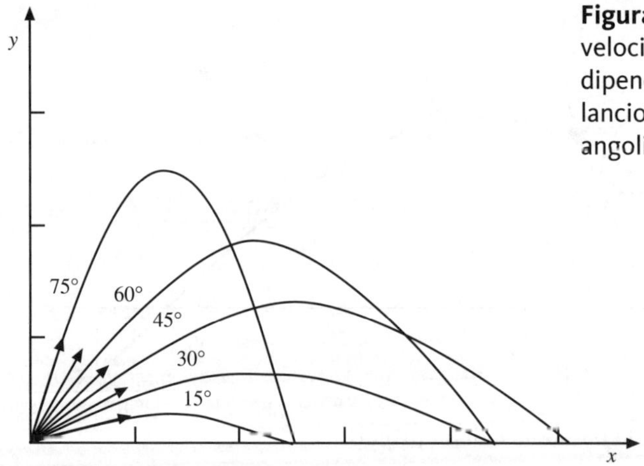

Figura 2.10 A parità di velocità iniziale, la gittata dipende dall'angolo di lancio ed è la stessa per angoli complementari.

2.9 Moto circolare uniforme

Il **moto circolare uniforme** è il moto di un punto materiale che percorre una traiettoria circolare con velocità costante in modulo. In questo moto il vettore velocità è costante solo in modulo (v = costante), mentre la direzione cambia nel tempo in modo tale che la traiettoria risultante sia una circonferenza (Fig. 2.11). Il vettore velocità è in ogni punto tangente alla circonferenza. La velocità con cui il punto si muove lungo la circonferenza è detta **velocità periferica** v:

$$\boxed{\mathrm{v} = \frac{\Delta s}{\Delta t}} \qquad (2.35)$$

dove Δs è l'arco percorso nell'intervallo di tempo Δt.

Si definisce **periodo** del moto il tempo T che il punto impiega a percorrere l'intera circonferenza. Vale la relazione:

$$\boxed{\mathrm{v} = \frac{2\pi R}{T}} \qquad (2.36)$$

dove v è la velocità periferica ed R il raggio della circonferenza.

Nel Sistema Internazionale l'unità di misura del periodo è il *secondo*, dimensioni [T].

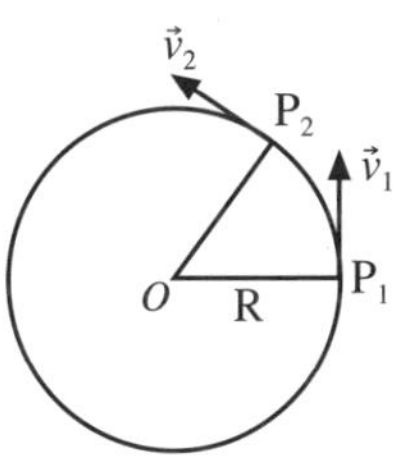

Figura 2.11 Velocità di un punto che si muove di moto circolare uniforme.

La velocità con cui ruota il raggio R è detta **velocità angolare**. La velocità angolare ω è il rapporto tra l'angolo $\Delta\vartheta$ descritto dal raggio R nell'intervallo di tempo Δt e l'intervallo di tempo stesso:

$$\boxed{\omega = \frac{\Delta\vartheta}{\Delta t}} \qquad (2.37)$$

La velocità periferica e la velocità angolare sono legate dalla relazione $\mathrm{v} = \omega \cdot R$.

Infatti, considerando ad esempio un intervallo di tempo pari ad un periodo T, si ha

$$\mathrm{v} = \frac{2\pi R}{T} \qquad \text{e} \qquad \omega = \frac{2\pi}{T}.$$

L'unità di misura della velocità angolare nel S. I. è $\frac{radianti}{secondo}$, dimensioni $[T^{-1}]$.

Nel moto circolare uniforme anche ω è costante.

Si definisce **frequenza** f[3] il numero di giri completi percorsi dal punto in un secondo:

$$\boxed{f = \frac{1}{T}} \tag{2.38}$$

L'unità di misura della frequenza nel Sistema Internazionale è l'*hertz*, dimensioni $[T^{-1}]$.

Le leggi che legano tra loro le grandezze introdotte sono quindi le seguenti:

$$\boxed{v = \frac{2\pi R}{T} = 2\pi R f} \tag{2.39}$$

$$\boxed{v = \omega \cdot R} \tag{2.40}$$

$$\boxed{\omega = \frac{2\pi}{T} = 2\pi \cdot f} \tag{2.41}$$

Visto che nel moto circolare uniforme si ha una variazione della direzione del vettore velocità nel tempo, si può definire una accelerazione. In un moto curvilineo anche se il modulo della velocità è costante, l'accelerazione non è nulla poiché la curvatura della traiettoria rende non nullo il vettore $\Delta\vec{v}$. Il punto che si muove di moto circolare uniforme è soggetto ad una **accelerazione centripeta**, diretta in ogni istante come il raggio della circonferenza e orientata verso il centro della circonferenza. L'accelerazione centripeta è in ogni punto perpendicolare al vettore velocità. Per l'accelerazione centripeta valgono le seguenti relazioni:

$$\boxed{a = \frac{v^2}{R} = \omega^2 \cdot R} \tag{2.42}$$

2.10 Moto curvilineo non uniforme

Un punto che si muove su una traiettoria curva ad una velocità non costante in modulo è soggetto ad una accelerazione diretta verso la concavità della curvatura, come risultato vettoriale di una accelerazione tangenziale a_T (tangente

(3) Più spesso si usa la lettera greca ν per indicare la grandezza frequenza, ma questa lettera può apparire molto simile alla lettera v e creare confusione. Si preferisce qui usare la lettera f per indicare la frequenza.

alla traiettoria) e di una accelerazione radiale (o normale) a_N (perpendicolare ad a_T).

L'accelerazione a_T tiene conto della variazione del modulo della velocità nel tempo, l'accelerazione a_N tiene conto della variazione nel tempo della direzione del vettore velocità nel percorrere la traiettoria curvilinea.

2.11 Moto armonico

Un **moto armonico**(4) è il moto di un punto che compie oscillazioni attorno ad una posizione di equilibrio, o centro di oscillazione. Ad esempio, dato un punto P che si muove di moto circolare uniforme, la sua proiezione P′ sul diametro AB della circonferenza descrive un moto armonico (Fig. 2.12).

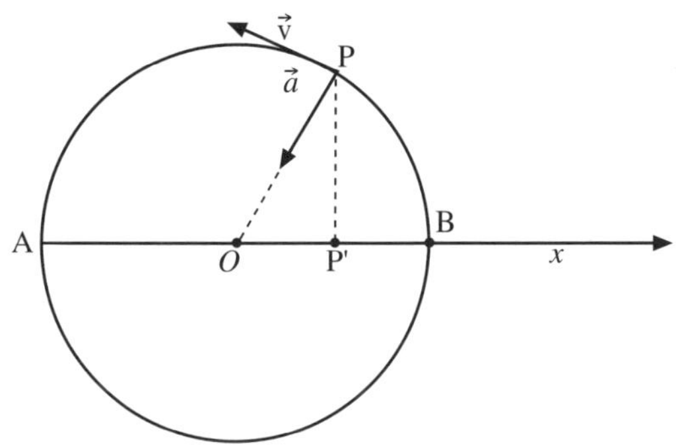

Figura 2.12 P′, proiezione del punto P in moto circolare uniforme, si muove di moto armonico.

La legge oraria del moto armonico è una funzione sinusoidale:

$$x = A \cdot sen(\omega t) \qquad (2.43)$$

dove A è l'ampiezza delle oscillazioni (il massimo spostamento dalla posizione di equilibrio), $\omega = \frac{2\pi}{T}$ è la pulsazione.

Quindi spostamento, velocità ed accelerazione sono funzioni armoniche del tempo, del tipo $sen(\omega t)$ o $cos(\omega t)$.

(4) Il moto armonico si può definire come quel moto per cui vale la relazione (2.44) dove ω è una costante che dipende dalle condizioni fisiche del sistema considerato: ad esempio per una molla si ha $\omega = \sqrt{\frac{k}{m}}$, per un pendolo $\omega = \sqrt{\frac{g}{L}}$. Una trattazione più approfondita del moto armonico si può trovare nel capitolo dedicato alla dinamica.

La velocità ha la massima intensità quando il punto che oscilla si trova a transitare dal centro di oscillazione. La velocità è nulla in corrispondenza degli estremi dell'oscillazione, ove il punto inverte il moto.

Si può ricavare dalla sua legge oraria che per il moto armonico vale la relazione:

$$\boxed{a = -\omega^2 \cdot x} \tag{2.44}$$

ovvero l'accelerazione è direttamente proporzionale allo spostamento dalla posizione di equilibrio, ma di verso opposto; l'accelerazione è nulla nella posizione di equilibrio e di intensità massima agli estremi dell'oscillazione.

Capitolo 3
Dinamica

La **dinamica** è quella parte della fisica che studia le *cause di un moto.* Definito un certo ambiente ed un oggetto (tipicamente un punto materiale), le leggi della dinamica permettono di prevedere il moto dell'oggetto. La conoscenza dell'ambiente si traduce nella conoscenza di una grandezza fisica: la **forza**. Conoscere le proprietà di un oggetto in meccanica significa conoscerne la **massa**, che è appunto una proprietà intrinseca dell'oggetto e non dipende dall'ambiente. Infine le informazioni sul moto dell'oggetto sono date attraverso informazioni sul vettore accelerazione.

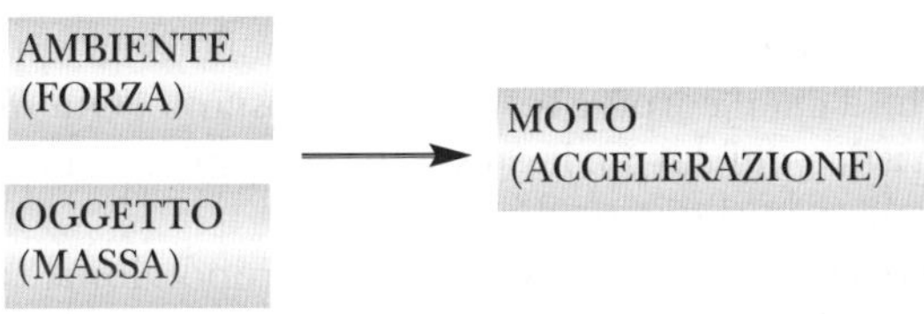

Le leggi della dinamica sono tre.

3.1 Prima legge della dinamica (o principio di inerzia)

La **prima legge della dinamica** afferma che *un corpo permane nel suo stato di quiete o di moto rettilineo uniforme in assenza di forze applicate, o quando la risultante delle forze applicate è nulla.*

La prima legge della dinamica si riferisce pertanto ad oggetti che non sono disturbati dall'ambiente.

3.2 Seconda legge della dinamica

Applicando ad un punto materiale di massa *m*, una forza $\vec{F}$, il punto subisce un'accelerazione $\vec{a}$ tale per cui vale la seguente relazione:

$$\boxed{\vec{F} = m \cdot \vec{a}} \qquad (3.1)$$

Tale legge, nota come **seconda legge della dinamica**, dice che nel *moto di un corpo, l'accelerazione subita è in ogni istante ed in ogni posizione proporzionale alla forza applicata, e la costante di proporzionalità è data dalla massa del corpo.* Forza ed accelerazione hanno inoltre la stessa direzione e lo stesso verso.

Il vettore accelerazione è già stato introdotto in cinematica (§ 2.4), mentre i concetti di forza e di massa sono esplicitati nei successivi paragrafi.

3.3 Forza

La **forza** è una grandezza vettoriale, la cui unità di misura nel Sistema Internazionale è il *newton* (N). Una forza costante ha intensità di 1 N quando, applicata ad un corpo di massa 1 kg, origina un'accelerazione pari a 1 m/s^2.

Le dimensioni della forza sono: $[F] = [M \cdot L \cdot T^{-2}]$.

3.4 Massa

Per la seconda legge della dinamica vale che il rapporto tra la forza applicata ad un corpo e l'accelerazione a cui il corpo è sottoposto è costante. Questo rapporto è quindi una caratteristica del corpo: la stessa forza, applicata a corpi di massa diversa, produce accelerazioni diverse.

La stessa legge dice inoltre che la massa è inversamente proporzionale all'accelerazione, quindi maggiore è il valore della massa di un corpo, maggiore è l'inerzia che esso offre alla variazione della sua velocità (cioè maggiore è la resistenza a subire una accelerazione). Ciò significa che m fornisce una misura quantitativa dell'inerzia del corpo, e per questo viene anche chiamata **massa inerziale**.

In dinamica, la massa inerziale di un corpo costituisce la sua caratteristica fondamentale: corpi che differiscono per la forma o per il volume ma che siano dotati della stessa massa, sotto l'azione di una stessa forza acquistano la stessa accelerazione.

La massa è una grandezza scalare e la sua unità di misura nel Sistema Internazionale è il *chilogrammo* (kg). La massa è una grandezza fondamentale e la sua dimensione è $[M]$.

3.5 Forza peso

In prossimità della superficie terrestre tutti i corpi, a causa dell'attrazione gravitazionale, quando sono lasciati cadere sono sottoposti alla accelerazione di gravità $\vec{g}$ (§2.7), quindi soggetti alla **forza peso**:

$$\boxed{\vec{P} = m \cdot \vec{g}} \qquad (3.2)$$

È importante notare che *massa e peso sono due concetti differenti.* La massa è una grandezza scalare e, in quanto caratteristica intrinseca di un corpo, ha, per quel corpo, sempre lo stesso valore indipendentemente dal luogo in cui si trova il corpo (sulla Terra, nello Spazio, sulla Luna, etc..).

Il peso è una forza e quindi una grandezza vettoriale. In quanto prodotto della massa per l'accelerazione di gravità, il peso varia da luogo a luogo in funzione della accelerazione di gravità. Esempio: sulla Terra $\vec{g} = 9{,}8\ m/s^2$, il peso di un corpo di massa $m = 1$ kg è quindi pari a $P = 9{,}8$ N. Lo stesso corpo sulla Luna continua ad avere una massa $m = 1$ kg ma il suo peso risulta pari a circa 1/6 di quello sulla Terra, in quanto l'accelerazione di gravità sulla superficie lunare è pari a circa 1/6 di quella presente sulla superficie terrestre.

3.6 Terza legge della dinamica (o principio di azione e reazione)

Si considerino due corpi A e B. Se il corpo A esercita sul corpo B una forza $\vec{F}_{A,B}$, allora il corpo B esercita sul corpo A una forza $\vec{F}_{B,A}$ uguale e contraria: $\vec{F}_{A,B} = -\vec{F}_{B,A}$. In generale si può affermare che *ad ogni azione corrisponde una reazione uguale (in modulo) e contraria (stessa direzione ma verso opposto).*

Un tipico esempio della **terza legge della dinamica** si ha considerando semplicemente un corpo di massa m, fermo su un piano orizzontale. Se il corpo è in quiete, significa che la risultante delle forze applicate su di esso è nulla. Su tale corpo agisce quindi oltre alla forza peso $\vec{P} = m \cdot \vec{g}$, diretta verticalmente verso il basso, una forza avente stesso modulo e direzione della forza peso, ma verso opposto $\vec{N}$, detta **forza di contatto** o **forza normale**. Tale forza è la forza di reazione che il piano esercita sul corpo. Indipendentemente dalla inclinazione del piano sul quale è posto un oggetto, la forza di contatto esercitata dal piano sul corpo è sempre ortogonale a tale piano (per il piano inclinato §3.7.2).

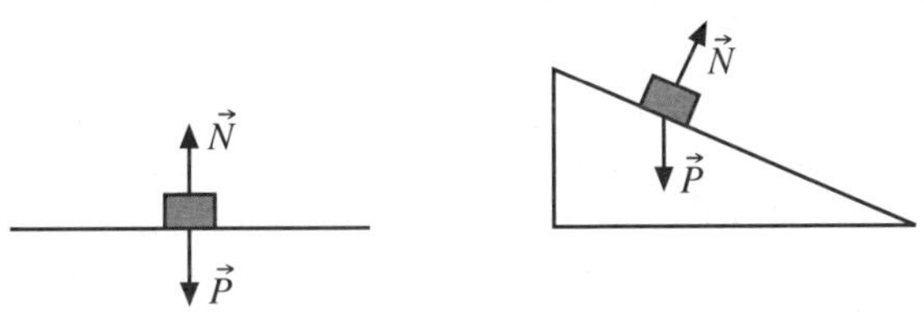

Figura 3.1 La forza normale $\vec{N}$ è sempre ortogonale al piano dove poggia l'oggetto.

Un altro importante esempio sulla terza legge della dinamica si ha considerando un corpo di massa m, sospeso ad un filo inestensibile e di massa trascurabile (Figura 3.2). Se il corpo è in quiete significa che la risultante delle forze applicate su di esso è nulla. Quindi sul corpo agisce oltre alla forza peso $\vec{P} = m \cdot \vec{g}$, un'altra forza avente stesso modulo e direzione della forza peso, ma verso opposto. Tale forza è la **tensione** del filo $\vec{T}$.

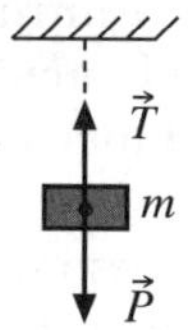

Figura 3.2 Terza legge della dinamica applicata ad un corpo di massa m sospeso ad un filo: sul corpo agisce sia la forza peso $\vec{P}$ che la tensione del filo $\vec{T}$.

3.7 Esempi di problemi dinamici

Come applicazione delle tre leggi della dinamica, vengono di seguito trattati alcuni moti.

3.7.1 Moto di caduta di un grave

In cinematica si è già introdotto il moto di caduta di un grave come tipico esempio di moto rettilineo uniformemente accelerato e si sono ricavate le principali relazioni che legano tra loro le grandezze cinematiche (§ 2.6, 2.7).

Avendo ora introdotto la seconda legge della dinamica e la forza peso, siamo in grado di comprendere la causa di tale moto. Un corpo di massa *m* posto ad una altezza *h* dalla superficie terrestre è infatti soggetto alla sola forza peso $\vec{P}$, diretta verticalmente ed orientata verso il basso. Tale forza è costante ed origina, per la seconda legge della dinamica, una accelerazione costante ($\vec{g}$), diretta ed orientata come $\vec{P}$. Il moto del corpo è pertanto un moto rettilineo uniformemente accelerato e valgono le relative leggi del moto.

3.7.2 Moto lungo un piano inclinato

Si consideri un corpo di massa *m* posto su un piano inclinato in assenza di **forze di attrito**. L'azione dell'ambiente è determinata dall'attrazione gravitazionale della Terra tramite la forza peso $\vec{P} = m \cdot \vec{g}$, e dalla reazione del piano inclinato tramite la forza di contatto (o normale) $\vec{N}$. La forza peso è diretta verticalmente e orientata verso il basso, la forza di contatto è invece ortogonale al piano inclinato e orientata in verso uscente rispetto al piano.

Se si considerano i due vettori componenti $\vec{P}_T$ e $\vec{P}_N$ del vettore $\vec{P}$, rispettivamente nelle due direzioni parallela e perpendicolare al piano inclinato, si può osservare che la forza $\vec{P}_N$ è equilibrata dalla forza di contatto $\vec{N}$ mentre la forza $\vec{P}_T$ agisce sul corpo provocandone il moto lungo il piano inclinato.

Si può dimostrare che:

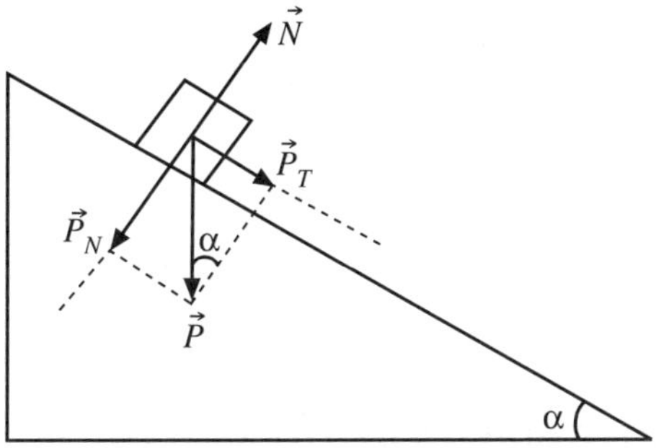

Figura 3.3 Moto di un corpo lungo un piano inclinato.

$$P_T = P\,\text{sen}\alpha = \text{m} \cdot \text{g} \cdot \text{sen}\alpha \tag{3.3}$$

dove α è l'angolo di inclinazione del piano rispetto all'orizzontale. Il corpo quindi scende lungo il piano inclinato di moto uniformemente accelerato (legge del moto $x(t) = x_0 + \text{v}_0 \cdot t + \frac{1}{2} a \cdot t^2$) con accelerazione costante:

$$a = \text{g} \cdot \text{sen}\alpha \tag{3.4}$$

La velocità raggiunta dal corpo ai piedi del piano inclinato è indipendente dal percorso x seguito lungo il piano inclinato, quindi è indipendente dall'inclinazione del piano, e dipende solo dalla quota h a cui si trova il corpo inizialmente. Si può ricavare che $\text{v} = \sqrt{2gh}$ come mostrato qui di seguito.

Considerando le condizioni iniziali $x_0 = 0$ e $\text{v}_0 = 0$ si ha:

$$x = \frac{1}{2} a \cdot t^2 \tag{3.5}$$

da cui

$$t = \sqrt{\frac{2x}{a}} \tag{3.6}$$

Sostituendo questa espressione di t in $a = \frac{\text{v} - \text{v}_0}{t}$ e ricavando v si ottiene:

$$\text{v} = \sqrt{2xa} \tag{3.7}$$

La lunghezza x del piano inclinato dipende dall'angolo di inclinazione α e dall'altezza h secondo la relazione:

$$x = \frac{h}{sen\,\alpha} \tag{3.8}$$

Quindi sostituendo la 3.4 e la 3.8 nella 3.7 si ha:

$$\boxed{v=\sqrt{\frac{2h}{sen\,\alpha}\cdot g\cdot sen\,\alpha}=\sqrt{2gh}} \quad (3.9)$$

La velocità $v = \sqrt{2gh}$ è la stessa velocità che si trova per un corpo in caduta libera (§2.7).

3.7.3 Moto di un corpo sotto l'azione di una forza elastica: il moto armonico

Si consideri un corpo di massa *m* attaccato ad una estremità di una molla che è fissata all'altra estremità (Fig. 3.4). Se il corpo viene spostato dalla sua posizione di equilibrio e poi abbandonato fermo, si origina una **forza elastica** di richiamo con intensità direttamente proporzionale all'allungamento subito della molla:

$$\boxed{\vec{F} = -k \cdot \vec{x}} \quad (3.10)$$

Tale legge è nota come **legge di Hooke**.

La costante *k* prende il nome di **costante elastica della molla**, il vettore $\vec{x}$ è il vettore spostamento del corpo dalla sua posizione di riposo, che è quella coincidente con l'origine dell'asse *x*.

L'unità di misura della costante elastica nel Sistema Internazionale è Newton/metro (N/m).

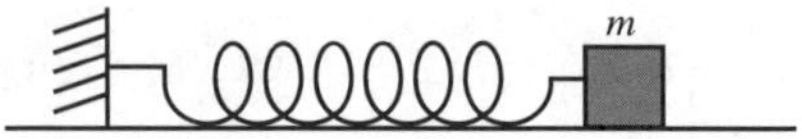

Figura 3.4 Un corpo di massa *m* fissato all'estremità di una molla, se spostato dalla posizione di equilibrio, risente di una forza elastica.

Il segno meno è indice del fatto che la forza elastica è una forza di richiamo, ovvero sempre orientata in verso opposto allo spostamento.

Il moto di un oggetto sotto l'azione di una forza elastica è un moto armonico (§ 2.11). Infatti, applicando la seconda legge della dinamica:

$$F = -k \cdot x = m \cdot a \quad (3.11)$$

segue che:

$$a = -\frac{k}{m} \cdot x \quad (3.12)$$

ovvero *l'accelerazione è in ogni istante proporzionale allo spostamento, è diretta come lo spostamento ma orientata in verso opposto.*
La legge oraria del moto armonico è una funzione sinusoidale del tipo:

$$\boxed{x(t) = A \cdot \text{sen}(\omega t + \varphi)} \tag{3.13}$$

dove:

- la costante A prende il nome di **ampiezza** e rappresenta la massima elongazione della molla (cioè la massima distanza dalla posizione di riposo), ha pertanto le dimensioni di una lunghezza e nel Sistema Internazionale si misura in metri

- ω prende il nome di **pulsazione** (o frequenza angolare), è legata alla massa m del corpo ed alla costante elastica k della molla tramite la relazione:

$$\omega = \sqrt{\frac{k}{m}}$$

L'unità di misura di ω nel Sistema Internazionale è il *secondo*$^{-1}$ (s^{-1}) e le sue dimensioni sono $[T^{-1}]$.

La pulsazione è legata alla frequenza f del moto armonico, e quindi anche al periodo T del moto armonico. Valgono le seguenti relazioni:

$$\boxed{f = \frac{\omega}{2\pi} = \frac{1}{2\pi} \cdot \sqrt{\frac{k}{m}}} \tag{3.14}$$

$$\boxed{T = \frac{1}{f} = \frac{2\pi}{\omega} = 2\pi \cdot \sqrt{\frac{m}{k}}} \tag{3.15}$$

- il parametro φ è detto **fase iniziale** e tiene conto delle condizioni iniziali (dipende dallo spostamento iniziale della molla dalla condizione di equilibrio).

3.7.4 Moto di un pendolo

Un pendolo è costituito da un punto materiale di massa m legato ad un filo inestensibile di massa trascurabile. Il filo di lunghezza L è vincolato ad un punto O. Se si sposta il punto dalla condizione verticale di equilibrio e lo si rilascia, il punto si muoverà di moto armonico.

Il punto materiale (punto A in Figura 3.5) è soggetto alla forza peso $\vec{P}$ diretta verticalmente e orientata verso il basso e alla forza di tensione del filo $\vec{T}$, diretta lungo il filo e orientata verso il vincolo O. La risultante delle forze è il vettore $\vec{F}_T$, indicato in figura.

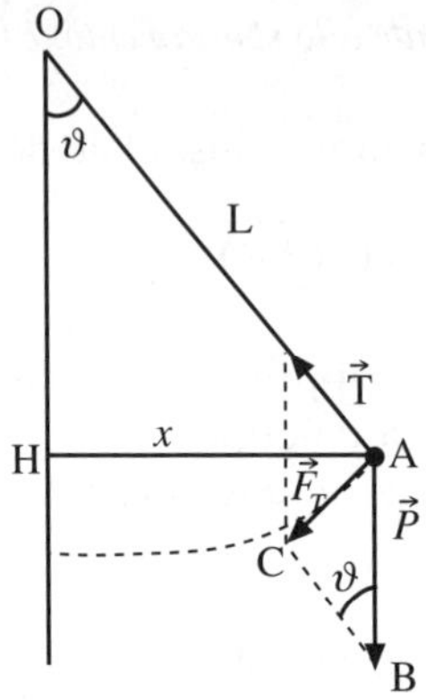

Figura 3.5 Moto di un pendolo.

Osservando che i due triangoli *ABC* e *AOH* sono simili, si può scrivere la proporzione

$$\frac{F_T}{P} = -\frac{x}{L} \qquad (3.16)$$

dove il segno meno è indice del fatto che la risultante delle forze $\vec{F}_T$ agisce in verso opposto a quello in cui aumenta l'angolo ϑ e quindi anche la lunghezza del segmento *x*, che rappresenta lo spostamento del pendolo. Si ha quindi:

$$F_T = -\frac{P}{L} \cdot x = -K \cdot x \qquad (3.17)$$

dove *K* è costante. Per piccoli spostamenti dalla posizione di equilibrio, la forza di richiamo è proporzionale allo spostamento e opposta rispetto al suo verso.

Questa relazione è del tutto analoga a quella vista per la forza elastica esercitata da una molla. Il moto del pendolo (per piccole oscillazioni) è quindi un moto armonico e valgono le stesse leggi ricavate per un corpo soggetto ad una forza elastica. Le grandezze pulsazione ω, frequenza *f* e periodo di oscillazione *T* dipendono ora dalla lunghezza *L* del filo e dalla accelerazione di gravità *g*, secondo le seguenti relazioni:

$$\boxed{\omega = \sqrt{\frac{g}{L}}} \qquad (3.18)$$

$$\boxed{f = \frac{\omega}{2\pi} = \frac{1}{2\pi} \cdot \sqrt{\frac{g}{L}}} \qquad (3.19)$$

$$\boxed{T = \frac{1}{f} = \frac{2\pi}{\omega} = 2\pi \cdot \sqrt{\frac{L}{g}}} \qquad (3.20)$$

È importante osservare che *il periodo di oscillazione del pendolo non dipende dalla massa del corpo oscillante* ed è proporzionale alla radice quadrata della lunghezza L del filo. Visto inoltre che T, è indipendente dall'ampiezza delle oscillazioni, le *piccole oscillazioni sono isocrone* (hanno cioè la stessa durata).

3.7.5 Moto di un corpo sotto l'azione di una forza centripeta

In cinematica è già stato introdotto il moto circolare uniforme (§ 2.9). Un corpo che si muove di moto circolare uniforme possiede una accelerazione centripeta diretta in ogni istante come il raggio della circonferenza e orientata verso il centro della circonferenza. Il modulo della accelerazione centripeta a è legato al modulo della velocità (tangenziale, o periferica) v del corpo e al modulo della velocità angolare ω del corpo dalla relazione:

$$\boxed{a = \frac{\mathrm{v}^2}{R} = \omega^2 \cdot R} \qquad (3.21)$$

Se esiste una accelerazione centripeta, per la seconda legge della dinamica significa che esiste anche una forza, chiamata **forza centripeta,** che causa questa accelerazione. La forza centripeta è diretta e orientata come l'accelerazione centripeta, il suo modulo è pari a:

$$\boxed{F = \frac{m \cdot \mathrm{v}^2}{R} = m \cdot \omega^2 \cdot R} \qquad (3.22)$$

dove m è la massa del corpo.

3.8 Quantità di moto

Dato un punto materiale si definisce quantità di moto il prodotto tra la sua massa e la sua velocità:

$$\boxed{\vec{p} = m \cdot \vec{\mathrm{v}}} \qquad (3.23)$$

La quantità di moto è una grandezza vettoriale e possiede la stessa direzione e lo stesso verso del vettore velocità. L'unità di misura della quantità di moto nel Sistema Internazionale è $\frac{kg \cdot m}{s}$, o newton · secondo ($N \cdot s$) e le sue dimensioni sono: $[p] = [M \cdot L \cdot T^{-1}]$.

La seconda legge della dinamica $\vec{F} = m \cdot \vec{a}$, considerando $\vec{a} = \frac{\Delta \vec{\mathrm{v}}}{\Delta t}$, può essere scritta come:

$\vec{F} = m \cdot \dfrac{\Delta \vec{v}}{\Delta t}$, ed essendo la massa m indipendente dal tempo:

$$\boxed{\vec{F} = \frac{\Delta(m\vec{v})}{\Delta t} = \frac{\Delta \vec{p}}{\Delta t}} \qquad (3.24)$$

L'effetto di una forza non è quindi solo quello di imprimere una accelerazione ma anche quello di far variare la quantità di moto.

3.9 Impulso di una forza e teorema dell'impulso

Si definisce **impulso** di una forza costante $\vec{F}$ il prodotto della forza per l'intervallo di tempo Δt durante il quale la forza agisce:

$$\boxed{\vec{I} = \vec{F} \cdot \Delta t} \qquad (3.25)$$

L'impulso è una grandezza vettoriale, direzione e verso di $\vec{I}$ coincidono con quelli del vettore $\vec{F}$.

L'unità di misura dell'impulso nel Sistema Internazionale è *newton secondo* ($N \cdot s$) e le sue dimensioni sono: $[I] = [M \cdot L \cdot T^{-1}]$.

Le forze impulsive sono forze che si manifestano con grande intensità per intervalli di tempo molto brevi. Il caso tipico è rappresentato dalle forze che si sviluppano negli urti.

L'impulso di una forza è legato alla variazione della quantità di moto che tale forza genera,

infatti essendo $\vec{I} = \vec{F} \cdot \Delta t$, si ha $\vec{I} = m \cdot \dfrac{\vec{v}_2 - \vec{v}_1}{\Delta t} \cdot \Delta t$ da cui:

$$\vec{I} = m\vec{v}_2 - m\vec{v}_1 = \vec{p}_2 - \vec{p}_1 = \Delta \vec{p} \qquad (3.26)$$

La relazione $\vec{I} = \Delta \vec{p}$ esprime il **teorema dell'impulso**: l'impulso di una forza $\vec{F}$ relativo ad un certo intervallo di tempo Δt è uguale alla variazione che, nello stesso intervallo di tempo, subisce la quantità di moto del corpo a cui è applicata la forza $\vec{F}$.

3.10 Conservazione della quantità di moto

Si consideri un sistema costituito da più corpi; esso si dice **sistema isolato** se è nulla la risultante delle forze esterne che agiscono sul sistema.

Si può osservare, come conseguenza del terzo principio della dinamica, il **teorema di conservazione della quantità di moto** che afferma che *in un sistema* *isolato la quantità di moto totale del sistema si conserva:*

$$\boxed{\frac{\Delta \vec{p}_{tot}}{\Delta t} = 0} \quad \text{oppure} \quad \boxed{\overrightarrow{p_{tot}^{in}} = \overrightarrow{p_{tot}^{fin}}} \tag{3.27}$$

Infatti, considerando un sistema isolato costituito ad esempio da due corpi puntiformi di massa m_1 e m_2 ed indicando con $\vec{F}_{1,2}$ la forza che il primo corpo esercita sul secondo e con $\vec{F}_{2,1}$ la forza che il secondo corpo esercita sul primo, per il terzo principio della dinamica: $\vec{F}_{1,2} = -\vec{F}_{2,1}$. Ovvero:

$$m_1 \overrightarrow{a_1} = -m_2 \vec{a}_2 \tag{3.28}$$

$$m_1 \frac{\left(\vec{v}_{1,fin} - \vec{v}_{1,in}\right)}{\Delta t} = -m_2 \frac{\left(\vec{v}_{2,fin} - \vec{v}_{2,in}\right)}{\Delta t} \tag{3.29}$$

$$m_1 \vec{v}_{1,fin} - m_1 \vec{v}_{1,in} = -m_2 \vec{v}_{2,fin} + m_2 \vec{v}_{2,in} \tag{3.30}$$

$$\boxed{\vec{p}_{1,in} + \vec{p}_{2,in} = \vec{p}_{1,fin} + \vec{p}_{2,fin}} \tag{3.31}$$

La somma delle quantità di moto dei due corpi A e B è la quantità di moto totale del sistema costituito dai due corpi. Quindi la relazione 3.31 esprime che la quantità di moto totale di un sistema isolato rimane costante nel tempo.

3.11 Leggi di Keplero

3.11.1 Prima legge (legge delle orbite)

La **prima legge di Keplero** afferma che *i pianeti nel loro moto intorno al Sole descrivono delle orbite ellittiche ed il Sole si trova in un fuoco dell'ellisse.*

3.11.2 Seconda legge (legge delle aree)

Quando un pianeta descrive nel suo moto un tratto di orbita, la congiungente il Sole con il pianeta (raggio vettore) descrive un'area. Vale allora la **seconda legge di Keplero,** che afferma che le *aree S_1 e S_2, descritte dai raggi vettori, sono direttamente proporzionali ai tempi, Δt_1 e Δt_2, impiegati a descriverle*, ovvero la velocità areolare $\frac{S}{\Delta t}$ è costante:

$$\boxed{\frac{S_1}{\Delta t_1} = \frac{S_2}{\Delta t_2}} \quad (3.32)$$

Tale legge fornisce informazioni sulla velocità dei pianeti. Considerando le due aree S_1 ed S_2 con $S_1 = S_2$ mostrate in Figura 3.6, segue che $\Delta t_1 = \Delta t_2$ e considerando i tratti di orbita $\overset{\frown}{AB}$ e $\overset{\frown}{CD}$, si ottengono le velocità del pianeta in quei tratti:

$$v_1 = \frac{\overset{\frown}{AB}}{\Delta t_1} \quad , \quad v_2 = \frac{\overset{\frown}{CD}}{\Delta t_1}$$

con v_1 maggiore di v_2, essendo $\overset{\frown}{AB}$ maggiore di $\overset{\frown}{CD}$.

La velocità del pianeta lungo l'orbita varia quindi di intensità: è maggiore nel punto dell'ellisse più vicino al Sole (perielio) e minore nel punto dell'ellisse più lontano dal Sole (afelio).

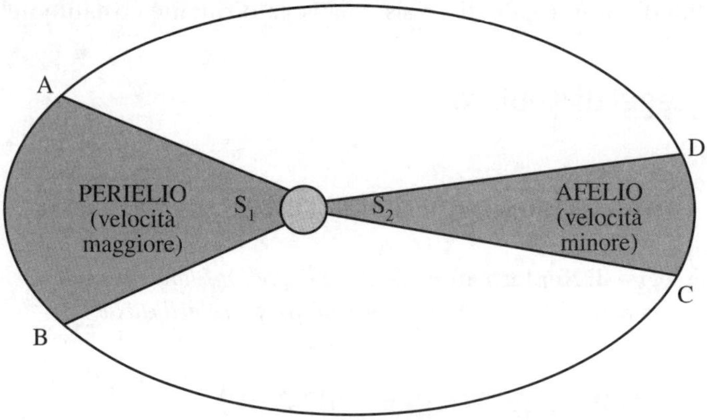

Figura 3.6 La seconda legge di Keplero.

3.11.3 Terza legge (legge dei periodi)

La **terza legge di Keplero** mette in relazione la forma dell'ellisse con il tempo impiegato a descrivere tale orbita. Il tempo T impiegato a descrivere l'intera ellisse è detto **periodo di rivoluzione**.

Vale che *i quadrati dei tempi di rivoluzione sono direttamente proporzionali ai cubi del semiasse maggiore*, ossia:

$$\boxed{\frac{T^2}{a^3} = \text{costante}} \tag{3.33}$$

dove si è indicato con a il semiasse maggiore dell'ellisse e con T il periodo di rivoluzione.

È bene notare che le tre leggi di Keplero analizzano il moto dei pianeti da un punto di vista esclusivamente cinematico, senza interessarsi delle cause dinamiche. La legge che esprime la forza di interazione tra pianeti, derivata da Newton, è nota come legge di gravitazione universale.

3.12 Legge di gravitazione universale

Due corpi di massa M ed m si attraggono con una forza $\vec{F}$, detta **forza di gravità**, la cui intensità è proporzionale alla massa dei corpi ed inversamente proporzionale al quadrato della distanza r tra i centri delle due masse:

$$\boxed{F = G \cdot \frac{M \cdot m}{r^2}} \tag{3.34}$$

dove G è una costante detta **costante di gravitazione universale**, il cui valore è:

$$G = 6{,}67 \cdot 10^{-11} \frac{N \cdot m^2}{kg^2}$$

L'equazione dimensionale di G è: $[G] = [M^{-1} \cdot L^3 \cdot T^{-2}]$

La relazione 3.34 prende il nome di **legge di gravitazione universale**.
La forza di gravità è sempre attrattiva ed è diretta lungo la congiungente i due corpi.

Sostituendo nella (3.34) la massa della Terra M_T ed il raggio terrestre R_T, si ricava la forza con cui un corpo di massa m che si trova in prossimità della superficie terrestre viene attratto verso il centro della Terra, ossia la forza peso:

$$P = G \cdot \frac{M_T \cdot m}{R_T^2} = g \cdot m \tag{3.35}$$

In particolare, essendo $M_T = 5{,}98 \cdot 10^{24}\, kg$ ed $R_T = 6{,}4 \cdot 10^6\, m$, si ha $g = G \cdot \frac{M_T}{R_T^2} = 9{,}8 \frac{m}{s^2}$, dove g è l'accelerazione di gravità.

3.13 Campo gravitazionale

Il concetto di **campo di forze** viene introdotto per decrivere le forze di interazioni fra le componenti di un sistema. Un campo di forze è una regione dello spazio nella quale in ogni punto è definita una forza che agisce su un elemento di quel sistema che si trova in quel punto.

Il campo delle forze di gravità, o **campo gravitazionale**, è un esempio di campo di forze. Un altro esempio è il campo elettrico (§ 7.7). Il vettore campo gravitazionale è il rapporto tra la forza che agisce su una massa m e la massa m stessa ed è rappresentato dall'accelerazione $\vec{g}$.

Ogni massa genera attorno a sé un campo gravitazionale, che è un vettore definito in ogni punto dello spazio; l'effetto del campo gravitazionale generato da una massa M si evidenzia se in un punto dello spazio si pone una massa esploratrice m. Le dimensioni del campo gravitazionale sono quelle di un'accelerazione.

3.14 Massa inerziale e massa gravitazionale

Alla massa sono associate differenti proprietà:

1) l'inerzia, ossia la resistenza che un corpo oppone alla variazione della sua velocità sotto l'azione di una forza, proprietà che ha condotto alla definizione di **massa inerziale** (§ 3.4).
2) la capacità della massa di generare un campo gravitazionale, proprietà che ha condotto alla definizione di **massa gravitazionale**.

Pur essendo associate a fenomeni diversi, la massa inerziale e la massa gravitazionale di un corpo sono equivalenti, hanno cioè lo stesso valore e la stessa unità di misura.

3.15 Forze di attrito

Le **forze di attrito** sono forze che si oppongono al moto di un corpo quando questo scivola su un piano o quando si muove all'interno di un fluido.

Le forze di attrito si classificano in forze di attrito statiche e dinamiche.

Le **forze di attrito statiche** $\vec{F}_s$ (Fig. 3.7) si manifestano quando non c'è alcun movimento relativo tra l'oggetto ed il piano di appoggio.

$\vec{F}_s$ cresce al crescere della forza motrice $\vec{F}$ fino ad un valore limite, superato il quale il corpo inizia a muoversi.

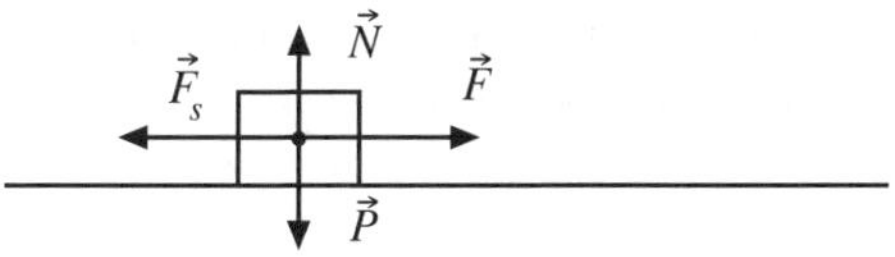

Figura 3.7 La forza di attrito $\vec{F}_s$ si oppone alla forza motrice $\vec{F}$. Per un corpo a contatto con un piano orizzontale la forza di contatto $\vec{N}$ equilibra la forza peso $\vec{P}$.

Vale la relazione:

$$\boxed{F_s^{max} = \mu_s \cdot N} \tag{3.36}$$

dove N è la forza normale e μ_s è il **coefficiente di attrito statico**.

La direzione di $\vec{F}_s$ è uguale a quella di $\vec{F}$, ma il suo verso è opposto.

Il coefficiente di attrito dipende dalla natura della superficie dei corpi, non dipende invece dall'area della regione di contatto.

Le **forze di attrito dinamiche** si manifestano invece quando gli oggetti sono in movimento: per tenere in moto uniforme un oggetto su un piano di appoggio (in presenza di attrito) è necessario imprimere una forza costante $\vec{F}$. Questo significa che $\vec{F}$ viene bilanciata da un'altra forza: la forza di attrito dinamica. L'intensità di tale forza è pari a:

$$\boxed{F_d = \mu_d \cdot N} \tag{3.37}$$

dove μ_d è il **coefficiente di attrito dinamico**. Tale coefficiente è inferiore rispetto al coefficiente di attrito statico. Anche in questo caso μ_d dipende dalla natura delle superfici a contatto ma è indipendente dall'area della regione di contatto.

La direzione di $\vec{F}_d$ è uguale a quella di $\vec{F}$, ma il suo verso è opposto. La Figura 3.8 mostra come varia la forza di attrito all'aumentare della forza motrice.

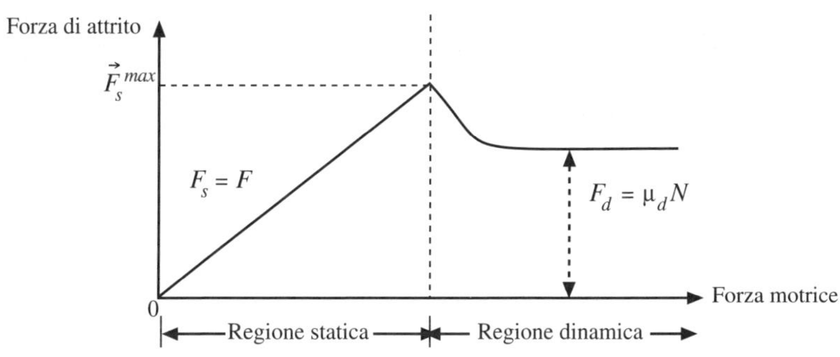

Figura 3.8 Andamento della forza di attrito all'aumentare della forza motrice.

3.16 Forze resistenti

Quando un corpo si muove all'interno di un fluido, il fluido esercita una **forza resistente** che tende a diminuire la velocità del corpo. Negli esempi e nelle considerazioni riportate nei paragrafi precedenti, trattando il moto di caduta di un grave si è sempre trascurata la resistenza che l'oggetto incontra per effetto della presenza dell'aria. Nella realtà, l'influenza dell'ambiente sull'oggetto che cade è data sia dalla forza peso che dalla **resistenza dell'aria**. La forza che esprime la resistenza dell'aria (nota come **forza di Stokes**) non è una forza costante, ma è una forza proporzionale alla velocità dell'oggetto che cade. La costante di proporzionalità dipende dalla viscosità del mezzo e dalla geometria dell'oggetto.

Quindi un corpo che cade nell'aria (Fig. 3.9) è sottoposto all'azione di due forze, la forza peso $\vec{P}$ diretta verticalmente verso il basso e la resistenza dell'aria $\vec{F}_r$, diretta verso l'alto, il cui valore cresce man mano che la velocità del corpo aumenta per azione della prima forza.

Un corpo che cade in presenza di resistenza dell'aria si muove di moto accelerato, quindi aumenta la sua velocità, finché questa raggiunge un valore tale che la resistenza dell'aria eguaglia la forza peso. Da quel momento in poi la risultante delle forze che agisce sul corpo è nulla e il corpo continuerà a muoversi di un moto rettilineo uniforme con la velocità costante che ha raggiunto, detta velocità limite.

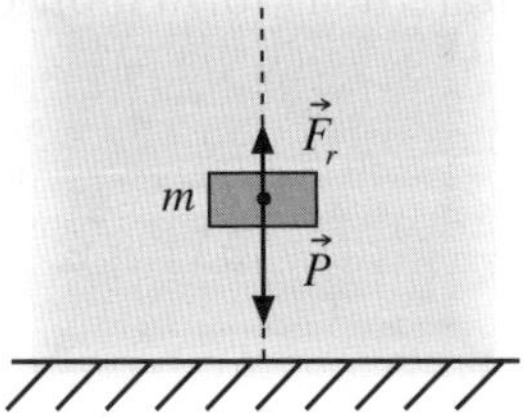

Figura 3.9 Un corpo che cade nell'aria è soggetto sia alla forza peso $\vec{P}$ che alla resistenza dell'aria $\vec{F}_r$.

Capitolo 4
Lavoro ed energia

4.1 Lavoro

Una forza compie **lavoro** quando sposta il suo punto di applicazione. Il lavoro compiuto dalla forza $\vec{F}$ applicata ad un corpo che subisce uno spostamento $\vec{s}$ è il prodotto scalare tra la forza applicata e lo spostamento $\vec{s}$:

$$\boxed{L = \vec{F} \cdot \vec{s} = F \cdot s \cdot \cos\alpha} \tag{4.1}$$

Il lavoro è una grandezza scalare, l'unità di misura[1] è il *joule* = *newton* · *metro* (simbolo *J*) e le sue dimensioni sono: $[L] = [M \cdot L^2 \cdot T^{-2}]$.

Il lavoro compiuto dalle forze perpendicolari allo spostamento è nullo in quanto per $\alpha = 90°$ si ha $\cos 90° = 0$.

4.2 Potenza

Si definisce **potenza** il rapporto tra il lavoro compiuto e l'intervallo di tempo in cui il lavoro è stato compiuto:

$$\boxed{P = \frac{L}{\Delta T}} \tag{4.2}$$

La potenza è una grandezza scalare e l'unità di misura nel Sistema Internazionale è il $watt = \dfrac{joule}{secondo}$ (simbolo *W*). Le sue dimensioni sono:

$$[P] = [M \cdot L^2 \cdot T^{-3}].$$

[1] A volte si usa anche esprimere il lavoro in unità di misura diverse dal joule, ad esempio in chilowattora, elettronvolt, erg. (1 erg = 1 dine · cm = 10^{-7} joule; 1 kWh = $3{,}6 \cdot 10^6$ joule; 1 eV = $1{,}6 \cdot 10^{-19}$ joule).

Un watt è la potenza che in un secondo produce l'energia di un joule. Da cui si ricava che il *chilowattora* (unità di misura pratica per l'energia) è:

$$1\,kWh = 10^3\ W \cdot 1\ h = 10^3 \frac{J}{s} \cdot 3600\ s = 3{,}6 \cdot 10^6\ J$$

4.3 Lavoro della forza peso

Il lavoro compiuto da una forza che sposta il suo punto di applicazione può in generale dipendere dalla traiettoria seguita. Nel caso in cui il lavoro di una forza non dipenda dal percorso ma solo dalle posizioni iniziale e finale (ovvero che il lavoro lungo un percorso chiuso è nullo), allora si dice che la forza è una **forza conservativa**. Una forza che non è conservativa si dice **forza dissipativa**.

Il lavoro compiuto dalla forza peso, in assenza di forze dissipative come l'attrito, è indipendente dalla traiettoria seguita dal corpo durante lo spostamento, mentre dipende dalla posizione iniziale e finale. *La forza peso $\vec{P}$ è quindi una forza conservativa.*

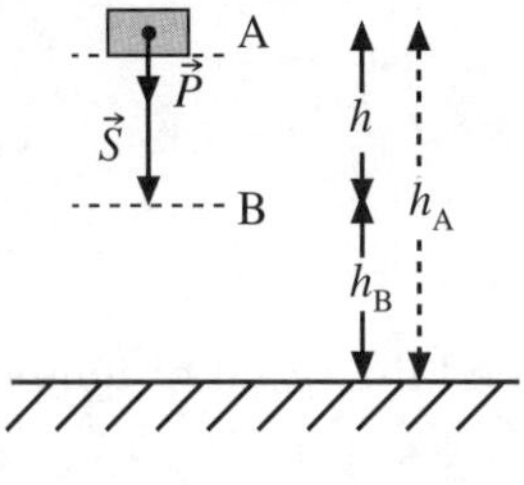

Figura 4.1 Lavoro della forza peso per un corpo in caduta libera, A posizione iniziale, B posizione finale, $h = h_A - h_B$

Esempio

CORPO IN CADUTA LIBERA

Quando un corpo è in caduta libera (Fig. 4.1), la forza peso $\vec{P}$ sposta il suo punto di applicazione lungo la verticale nella stessa direzione e nello stesso verso del vettore spostamento, quindi:

$$\boxed{L = \vec{P} \bullet \vec{s} = mgh} \quad (4.3)$$

Il **lavoro della forza peso** non dipende dal percorso ma solo dalle posizioni iniziale e finale della traiettoria.

Esempio

CORPO SU UN PIANO INCLINATO SENZA ATTRITO

Il lavoro della forza peso $\vec{P}$ su un corpo che subisce uno spostamento $\vec{s}$, scivolando lungo un piano inclinato senza attrito (Fig. 4.2) è:

$$L = \vec{P} \bullet \vec{s} = P \cdot s \cdot \cos\alpha = mg \cdot s \cdot \cos\alpha \quad (4.4)$$

dove $P \cdot \cos\alpha$ è il modulo del vettore componente della forza peso che ha la direzione dello spostamento, quindi la direzione del piano inclinato.

Considerando che l'angolo α è complementare all'angolo di inclinazione del piano, angolo ϑ, si può ricavare che:

$$L = mg \cdot s \cdot \cos\alpha = mg \cdot s \cdot \mathrm{sen}\,\vartheta = mgh \quad (4.5)$$

Il lavoro non dipende quindi dal percorso ma dalle quote relative alle posizioni iniziale e finale del corpo.

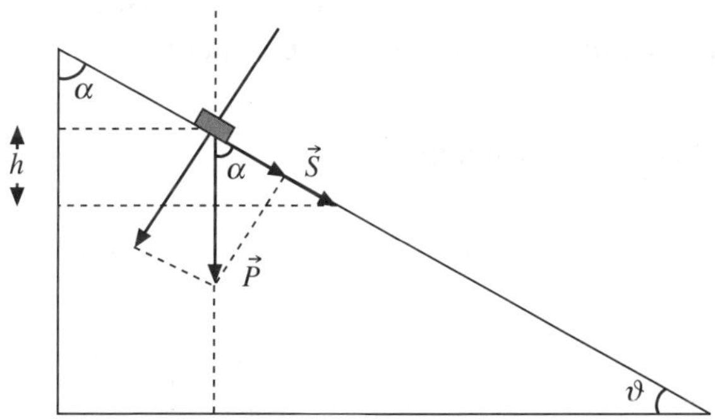

Figura 4.2 Lavoro della forza peso per un corpo che scivola lungo un piano inclinato liscio. Si osservi che h = s sen ϑ.

4.4 Campo conservativo

Si dice **campo conservativo** un campo di forze in cui il lavoro della forza del campo dipende solo dalla posizione iniziale e finale ed è indipendente dal percorso. *Il campo gravitazionale è un campo conservativo.*

4.5 Energia potenziale

L'**energia potenziale** è definibile solo per un campo consevativo. L'energia potenziale di un corpo è una funzione della posizione tale per cui la differenza tra il suo valore nella posizione iniziale A e nella posizione finale B è uguale al lavoro compiuto dalla forza conservativa per spostare un corpo dalla posizione A alla posizione B.

Considerando un corpo di massa *m* che cade dalla posizione A alla posizione B (Figura 4.1), il lavoro compiuto dalla forza peso è pari a:

$$\boxed{L_{AB} = mg \cdot (h_A - h_B) = mgh_A - mgh_B = U_A - U_B = -\Delta U} \quad (4.6)$$

dove U_A è l'energia potenziale gravitazionale nel punto A, U_B è l'energia potenziale gravitazionale nel punto B e ΔU è la variazione di energia potenziale.

L'energia potenziale è una grandezza scalare e l'unità di misura nel Sistema Internazionale è il *joule*. Le sue dimensioni sono: $[U] = [M \cdot L^2 \cdot T^{-2}]$.

È importante notare che il valore dell'energia potenziale *U*, di un corpo che si trova in una certa posizione, dipende dalla scelta del livello di riferimento rispetto al quale è valutata la posizione del corpo. Non è quindi una grandezza assoluta ma è una grandezza relativa al livello di riferimento scelto. Al contrario, la differenza di potenziale ΔU (e quindi il lavoro compiuto dalla forza conservativa per spostare un corpo dalla posizione A alla posizione B) resta invariata, qualunque sia il livello di riferimento scelto.

4.6 Energia cinetica

L'**energia cinetica** di un corpo di massa *m* in moto con velocità di modulo v è definita come:

$$\boxed{K = \frac{1}{2} m \cdot \mathrm{v}^2} \quad (4.7)$$

L'energia cinetica, al pari dell'energia potenziale, ha la stessa unità di misura e le stesse dimensioni di un lavoro:

unità di misura: *joule*
dimensioni: $[K] = [M \cdot L^2 \cdot T^{-2}]$.

4.7 Teorema dell'energia cinetica

Il **teorema dell'energia cinetica** afferma che *il lavoro compiuto da tutte le forze applicate ad un corpo di massa m è uguale alla variazione dell'energia cinetica del corpo*, e si esprime attraverso la relazione:

$$\boxed{L = \Delta K} \tag{4.8}$$

dove ΔK è la variazione di energia cinetica e L è il lavoro di tutte le forze che agiscono sul corpo siano esse conservative o non conservative.

Ad esempio, in un campo gravitazionale in assenza di attrito, un corpo che viene lasciato cadere da un'altezza h rispetto al suolo, preso come livello di riferimento ($h_0 = 0$), ha velocità iniziale nulla e quindi energia cinetica iniziale K_{in} nulla. Il lavoro compiuto dalla forza peso per portare il corpo dall'altezza h al suolo è pari a:

$$L = mgh - mgh_0 = mgh \tag{4.9}$$

La velocità con la quale un corpo in caduta libera arriva al suolo è pari a (§2.7):

$$v = \sqrt{2gh} \tag{4.10}$$

da cui l'altezza h è esprimibile come:

$$h = \frac{v^2}{2g} \tag{4.11}$$

Sostituendo questa espressione di h nella (4.9) si ottiene:

$$L = \frac{1}{2}mv^2 = K_{fin} - K_{in} = \Delta K \tag{4.12}$$

Il lavoro compiuto dalla forza peso è quindi pari alla variazione di energia cinetica.

4.8 Principio di conservazione dell'energia meccanica

Il **principio di conservazione dell'energia meccanica** afferma che *se un corpo si muove in un campo di forze conservative, ovvero se le forze che agiscono sul corpo sono tutte conservative, la somma dell'energia cinetica e dell'energia potenziale del corpo si mantiene costante durante il moto.*

Detta W l'energia meccanica (somma dell'energia potenziale e cinetica), vale quindi:

$$\boxed{W = U + K = costante} \tag{4.13}$$

ovvero per un corpo che si muove da A a B sotto l'azione di forze conservative:

$$U_A + K_A = U_B + K_B \quad (4.14)$$

Esempio

IL PRINCIPIO DI CONSERVAZIONE APPLICATO ALLA CADUTA LIBERA DI UN GRAVE

Per un corpo di massa m che viene lasciato cadere da un'altezza h, in un campo gravitazionale, inizialmente la sua energia cinetica K_{in} è nulla ($K_{in} = 0$), mentre la sua energia potenziale è pari a $U_{in} = mgh$ prendendo il suolo come livello di riferimento. Durante la caduta il corpo acquista velocità e quindi aumenta la sua energia cinetica mentre diminuisce la sua energia potenziale, in quanto diminuisce la distanza del corpo dal livello di riferimento. Il corpo raggiunge il suolo con energia cinetica $K_{fin}=1/2mv^2$ ed energia potenziale nulla ($U_{fin} = 0$). Ovvero da $U_{in} + K_{in} = U_{fin} + K_{fin}$ si ha:

$$U_{in} = K_{fin} \quad (4.15)$$

Durante il moto del corpo si ha una trasformazione dell'energia da potenziale a cinetica ma l'energia meccanica, somma di energia cinetica e potenziale resta costante.

Ad esempio se un corpo viene lasciato cadere da 78,4 m arriva a terra con una velocità di 39,2 m/s. Infatti, per la conservazione dell'energia meccanica $1/2\ mv^2 = mgh$, da cui $v^2 = 2gh$, quindi $v^2 = 2 \times 9{,}8\ m/s^2 \times 78{,}4\ m$.

Esempio

IL PRINCIPIO DI CONSERVAZIONE APPLICATO AL MOTO DI UN CORPO SU UN PIANO INCLINATO SENZA ATTRITO

Applicando il principio di conservazione dell'energia meccanica ad un corpo che scivola da un piano inclinato liscio, di altezza h, lo studio del moto del corpo si semplifica notevolmente rispetto a quello che prevede solo considerazioni di cinematica. Ad esempio per ricavare l'espressione della velocità con cui il corpo giunge alla base del piano, è sufficiente scrivere l'espressione per la conservazione dell'energia meccanica (relazione 4.15) e sostituire le espressioni delle energie cinetiche e potenziali:

$$mgh + 0 = 0 + \frac{1}{2} m v^2 \quad (4.16)$$

da cui:

$$v = \sqrt{2 \cdot g \cdot h} \quad (4.17)$$

Ad esempio, se un corpo scivola lungo un piano inclinato 30° rispetto all'orizzontale, percorrendo 156,8 m, si può ricavare che la velocità raggiunta è 39,2 m/s. Infatti, l'altezza h di un piano lungo s = 156,8 m e inclinato 30° è ($h = s \cdot \text{sen}\theta$) h = 78,4 m e per la conservazione dell'energia meccanica $1/2\ mv^2 = mgh$ come nel precedente esempio.

4.9 Gli urti

Nello studio degli **urti** fra due o più corpi, il sistema è in genere considerato isolato, ovvero durante l'urto i corpi interagiscono fra di loro e non sono soggetti all'azione di forze esterne. Per un sistema isolato vale il principio di conservazione della quantità di moto (§3.10).

Considerando due corpi di massa m_1 ed m_2 aventi velocità iniziale rispettivamente $\vec{v}_1$ e $\vec{v}_2$ che collidono, assumendo velocità dopo l'urto rispettivamente $\vec{v}_1'$ e $\vec{v}_2'$, si può scrivere per il principio di conservazione della quantità di moto che:

$$m_1\vec{v}_1 + m_2\vec{v}_2 = m_1\vec{v}_1' + m_2\vec{v}_2' \qquad (4.18)$$

In questo modo si ha una relazione fra le velocità dei corpi prima e dopo l'urto anche senza conoscere le forze che agiscono tra i corpi durante l'urto.

La quantità di moto per un sistema isolato nel quale avvenga l'urto si conserva sempre, ma l'urto si può distinguere in **urto elastico** e **urto anelastico**.

Un urto si definisce elastico se l'energia cinetica totale del sistema si conserva. Un urto si definisce anelastico se l'energia cinetica totale del sistema non si conserva, ovvero tipicamente diminuisce a seguito di dissipazione sotto forma di calore. Inoltre un urto si definisce **urto completamente anelastico** quando viene persa la massima energia possibile (sempre nel rispetto della conservazione della quantità di moto). Questa condizione si verifica quando dopo l'urto i corpi rimangono inglobati tra loro e continuano quindi a muoversi entrambi con la stessa velocità.

Capitolo 5
Statica

La **statica** studia le condizioni di equilibrio di un sistema meccanico e permette di comprendere il funzionamento di macchine semplici come le leve. I corpi estesi, ovvero di dimensioni non puntiformi, possono essere distinti in corpi rigidi, elastici e plastici sulla base della risposta all'azione di forze applicate.

5.1 Corpo rigido

Un **corpo rigido** è un corpo esteso che sotto l'azione di forze applicate non subisce deformazione; un **corpo elastico** sotto l'azione di forze applicate può subire una deformazione ma ritorna nella sua forma originale quando cessa la sollecitazione dovuta alla forza applicata; un **corpo plastico** può subire una deformazione permanente a seguito dell'azione di forze applicate.

5.2 Momento di una forza

Si definisce **momento di una forza** $\vec{F}$ il seguente prodotto vettoriale:

$$\boxed{\overrightarrow{M} = \vec{r} \wedge \overrightarrow{F}} \tag{5.1}$$

dove il vettore $\vec{r}$ indica la distanza dal polo O al punto di applicazione della forza. Il momento è una grandezza vettoriale con modulo:

$$\boxed{M = r \cdot F \cdot sen\,\vartheta} \tag{5.2}$$

dove ϑ è l'angolo fra i vettori $\vec{F}$ ed $\vec{r}$. La quantità $r \cdot sen\,\vartheta$ esprime la distanza del polo O dalla retta indicante la retta di applicazione della forza e prende il nome di **braccio**.

La direzione del vettore $\vec{M}$ è perpendicolare al piano individuato dai vettori $\vec{r}$ ed $\vec{F}$ (ovvero la direzione è quella dell'asse di rotazione) ed il verso è legato alla rotazione indotta. Per una rotazione in senso orario, il verso del vettore momento è entrante, mentre per una rotazione in senso antiorario è uscente (Figg. 5.1 e 5.2).

Il momento di una singola forza dipende dalla posizione del polo.

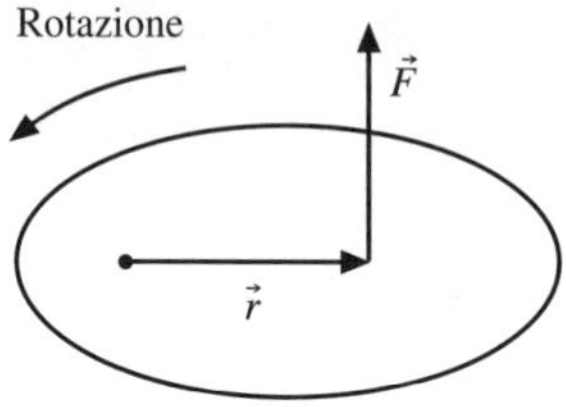

Figura 5.1 Rotazione antioraria: momento con verso uscente.

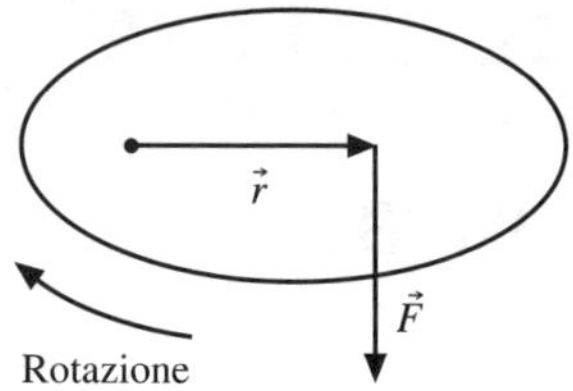

Figura 5.2 Rotazione oraria: momento con verso entrante.

In Figura 5.3 il momento di $\vec{F}$ rispetto ad O è in modulo maggiore del momento di $\vec{F}$ rispetto ad O′. Tutti i tre momenti di $\vec{F}$ (ripetto ad O, O′ e O−) sono diretti perpendicolarmente al foglio ma il verso del momento rispetto ad O− è entrante mentre il verso dei momenti rispetto ad O e O′ sono uscenti.

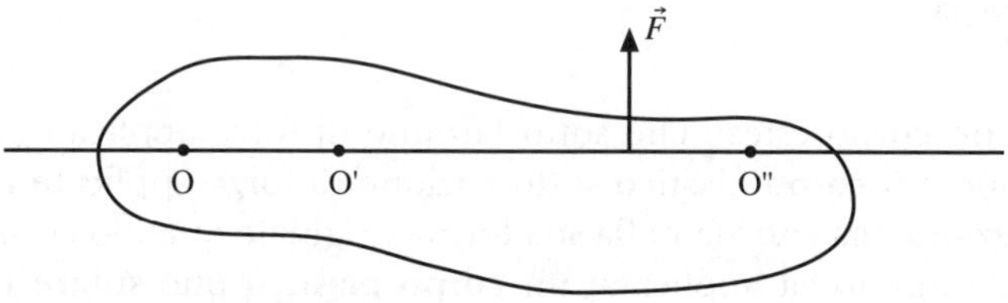

Figura 5.3 Il momento di una singola forza dipende dalla posizione del polo.

5.3 Coppia di forze

Due forze uguali ed opposte che agiscono con differenti rette di azione costituiscono una **coppia di forze** (Fig. 5.4).

Per una coppia di forze la risultante delle forze è nulla $\vec{F}_{tot} = 0$ ma la risultante dei momenti non è nulla e provoca una rotazione.

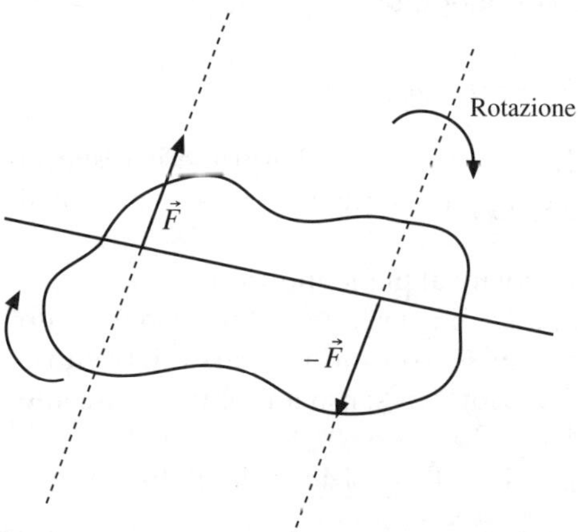

Figura 5.4 Corpo rigido soggetto ad una coppia di forze.

È importante osservare che il momento di una forza dipende dalla posizione del polo ma il momento risultante per una coppia di forze assume lo stesso valore qualunque sia la posizione del polo rispetto al quale si calcola il momento.

5.4 Baricentro

Si definisce **baricentro** o centro di gravità il punto di applicazione della forza peso. Un corpo esteso può essere visto come costituito da porzioni ognuna delle quali è soggetta alla forza peso. La forza peso totale è applicata nel baricentro, come se in quel punto fosse concentrata tutta la massa del corpo.

Se il corpo è omogeneo e possiede una simmetria, il centro di gravità coincide con il centro geometrico (Fig. 5.5).

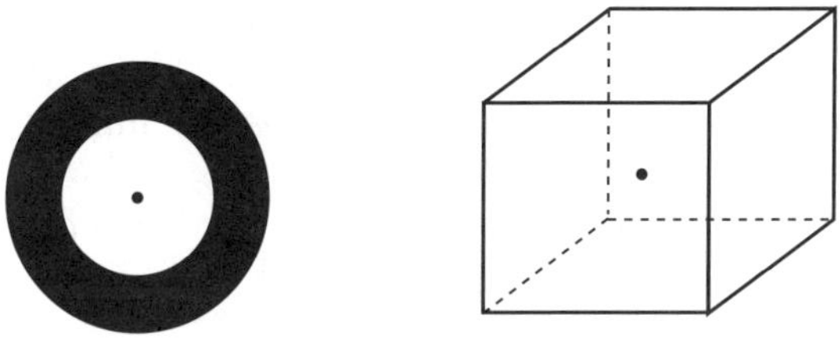

Figura 5.5 Per un corpo simmetrico e omogeneo il baricentro si trova nel centro geometrico[1].

Per un corpo rigido la posizione del baricentro non dipende dalla orientazione che può assumere il corpo. Quindi un corpo rigido sospeso ad un suo qualsiasi punto A si orienta con il baricentro sulla linea verticale che passa per A. La posizione del baricentro può quindi essere trovata, appendendo il corpo in punti diversi (B e C), come intersezione fra le linee verticali (Fig. 5.6)

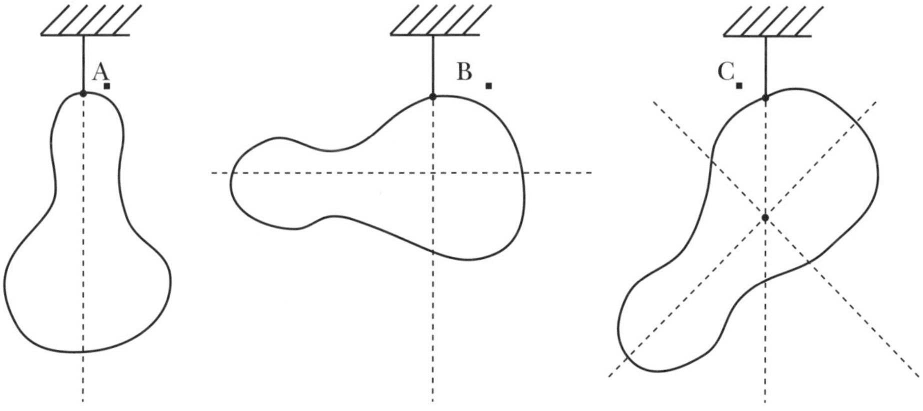

Figura 5.6 Metodo per trovare il baricentro di un corpo rigido.

[1] Il baricentro non è necessariamente un punto che appartiene al corpo, come esempio nel caso di un anello.

5.5 Condizioni di equilibrio

Condizione necessaria e sufficiente ad assicurare che un punto materiale mantenga il suo stato di quiete è che la risultante delle forze applicate sia nulla. Questa condizione nel caso di un corpo rigido può garantire solo l'**equilibrio traslazionale** (ovvero il corpo non subisce una variazione di velocità) ma non assicura che il corpo sia anche in **equilibrio rotazionale** (ovvero che il corpo non possa ruotare)[2].
L'equilibrio dei corpi rigidi richiede le due condizioni:

1) La risultante di tutte le forze applicate deve essere nulla:

$$\boxed{\vec{F}_1 + \vec{F}_2 + \ldots \vec{F}_n = \sum_{i=1}^{n} \vec{F}_i = \vec{F}_{tot} = 0} \tag{5.3}$$

2) La risultante dei momenti di tutte le forze applicate deve essere nulla:

$$\boxed{\vec{M}_1 + \vec{M}_2 + \ldots \vec{M}_n = \sum_{i=1}^{n} \vec{M}_i = \vec{M}_{tot} = 0} \tag{5.4}$$

5.6 Tipi di equilibrio

Si distinguono tre forme di equilibrio: stabile, instabile, indifferente (Fig. 5.7).

Un corpo si dice in **equilibrio stabile** quando a seguito di un piccolo spostamento dalla sua posizione di equilibrio si origina una forza, non bilanciata, che

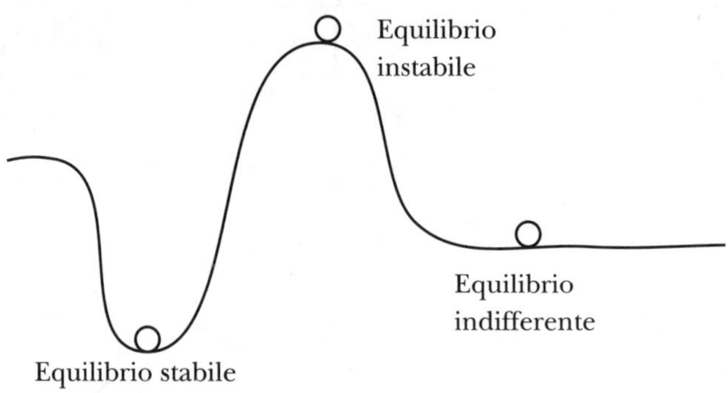

Figura 5.7 Le tre forme di equilibrio.

(2) Infatti si può notare che per una coppia di forze (§5.3), la risultante delle forze è nulla, quindi un corpo soggetto ad un coppia di forze non trasla, ma può subire una rotazione.

tende a far tornare il corpo in posizione di equilibrio. Al contrario, per un corpo in **equilibrio instabile**, a seguito di un piccolo spostamento dalla sua posizione di equilibrio si origina una forza, non bilanciata, che tende ad allontanare il corpo dalla posizione di equilibrio. Nell'**equilibrio indifferente** nessuna forza si origina a seguito di piccoli spostamenti.

5.7 Leve e guadagno meccanico

La **leva** è una macchina semplice costituita da un corpo rigido (asta rigida) che può ruotare attorno ad un asse di rotazione perpendicolare passante per il **fulcro** (punto di appoggio della leva).

La leva è soggetta a due forze dette potenza (o forza motrice) e resistenza applicate perpendicolarmente all'asta, ed è in equilibrio quando il momento della potenza rispetto al fulcro è uguale ed opposto al momento della resistenza rispetto al fulcro, ovvero:

$$\boxed{F_P \cdot b_P = F_R \cdot b_R} \tag{5.5}$$

dove F_P, F_R sono rispettivamente la potenza e la resistenza e b_P e b_R i bracci relativi.

Si definisce **guadagno meccanico** G il rapporto tra le intensità delle forze:

$$\boxed{G = \frac{F_R}{F_P}} \tag{5.6}$$

Dalla relazione 5.5 si ricava:

$$G = \frac{b_P}{b_R} \tag{5.7}$$

Una leva si dice vantaggiosa quando $G > 1$, ovvero quando il braccio della potenza è maggiore del braccio della resistenza. Viceversa la leva è svantaggiosa se $G < 1$.

Sulla base delle posizioni relative delle due forze si definiscono tre generi di leve:

1) leva di primo genere (es. tenaglia).
   Il fulcro si trova tra la potenza e la resistenza. Tale leva è vantaggiosa se il fulcro si trova più vicino al punto di applicazione di F_R (ovvero $b_R < b_P$).

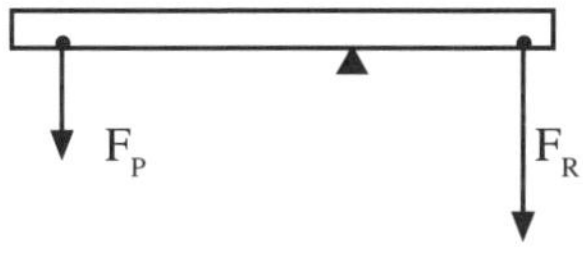

Figura 5.8 Leva di primo genere.

2) leva di secondo genere (es. schiaccianoci).
La resistenza si trova tra il fulcro e la potenza. È sempre vantaggiosa.

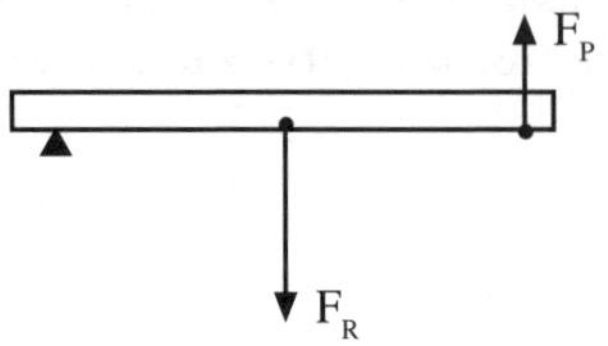

Figura 5.9 Leva di secondo genere.

3) leva di terzo genere (es. pinzette)
La potenza si trova tra il fulcro e la resistenza. È sempre svantaggiosa.

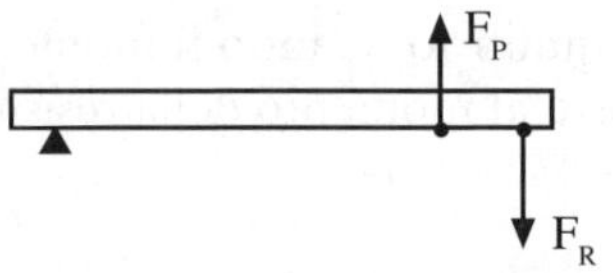

Figura 5.10 Leva di terzo genere.

Capitolo 6
Meccanica dei fluidi

6.1 Stati di aggregazione della materia

I più comuni stati di aggregazione in cui si può presentare la materia sono: **solido, liquido** e **aeriforme**. Le forze intermolecolari sono deboli nei liquidi rispetto alle forze che si riscontrano nei solidi e ancor più deboli sono negli aeriformi. Le molecole nei solidi sono vincolate le une alle altre, vibrano attorno alla posizione che occupano nella struttura cristallina ma non possono muoversi attraverso il solido. Le molecole nei liquidi sono caratterizzate da una elevata mobilità, possono scorrere le une sulle altre (cosa che consente al liquido di cambiare forma) ma risentono pur sempre dei legami con le molecole vicine (cosa che rende il liquido poco comprimibile).

Le molecole negli aeriformi risentono molto poco della presenza le une delle altre, sono distanti tra loro e libere di muoversi. A seguito della mobilità delle molecole, sia i liquidi che gli aeriformi hanno la caratteristica di poter fluire, da cui il nome di **fluido**.

Da un punto di vista macroscopico si dice che i solidi hanno volume e forma propria[1]; i liquidi hanno volume proprio ma assumono la forma del contenitore, gli aeriformi non hanno né forma né volume proprio.

6.2 Densità

La **densità** ρ di una sostanza è definita come rapporto tra la massa m di un elemento[2] di quella sostanza ed il suo volume V:

$$\boxed{\rho = \frac{m}{V}} \qquad (6.1)$$

(1) Il termine "solido" implica anche la presenza di struttura cristallina. Alcune sostanze o miscele presentano caratteristiche meccaniche simili ai solidi (ad esempio il vetro, la gomma, l'asfalto) ma non presentano una struttura cristallina e possono essere considerate come liquidi che presentano una viscosità molto elevata. Si usa dire che tali sostanza presentano una struttura amorfa. Altre sostanze hanno inoltre caratteristiche intermedie, come i "cristalli liquidi".

(2) Per un solido, un elemento di quella sostanza è ad esempio un corpo costituito da quella sostanza. Per un fluido, la cui densità è uniforme in tutto il volume, un elemento di quella sostanza è il fluido contenuto in una qualsiasi superficie chiusa che si trova all'interno del fluido.

L'unità di misura della densità nel Sistema Internazionale è il *chilogrammo/metro*^{3}. Le sue dimensioni sono: $[\rho]=[M\cdot L^{-3}]$.

In generale la densità dipende da fattori ambientali quali temperatura e pressione, ma per liquidi e solidi questa dipendenza è poco sensibile anche per ampie variazioni di temperatura e pressione. A 20°C e alla pressione atmosferica la densità dell'acqua (3) vale 1000 kg/m^3 = 1 g/cm^3 = 1kg/*l* e la densità dell'aria vale 1,21 kg/m^3.

Si definisce **densità relativa** di una sostanza il rapporto tra la densità della sostanza e la densità dell'acqua. Ad esempio, l'alluminio ha densità $\rho_{Al}=2700\frac{kg}{m^3}$ e densità relativa $\rho_r=\frac{\rho_{Al}}{\rho_{H_2O}}==\frac{2700\frac{kg}{m^3}}{1000\frac{kg}{m^3}}=2,7$. La densità relativa è una quantità adimensionale.

6.3 Peso specifico

Il **peso specifico** p_s di un corpo di massa m e volume V è definito come rapporto tra peso del corpo e suo volume:

$$\boxed{p_s=\frac{m}{V}\cdot g=\rho\cdot g} \tag{6.2}$$

essendo ρ la densità del corpo e g l'accelerazione di gravità. L'unità di misura del peso specifico nel Sistema Internazionale è il *newton/metro*^{3}. Le sue dimensioni sono: $[p_S]=[M\cdot L^{-2}\cdot T^{-2}]$.

Si definisce **peso specifico relativo** di una sostanza il rapporto tra il peso di un corpo di quella sostanza e il peso di un uguale volume di acqua distillata.

6.4 Pressione

La **pressione** P di una forza $\vec{F}$ che agisce su una superficie di area S è definita come il rapporto tra la componente della forza F_n normale (perpendicolare) alla superficie e l'area della superficie stessa:

$$\boxed{P=\frac{F_n}{S}} \tag{6.3}$$

La pressione è una grandezza scalare.

(3) L'unità di misura del volume nel Sistema Internazionale è il *metro*^{3}. Vale l'equivalenza: 1 m^3 = 10^3 dm^3 = 10^3 *l*.

L'unità di misura della pressione nel Sistema Internazionale è il $pascal = \frac{newton}{metro^2}$ (simbolo Pa) e le sue dimensioni sono: $[P] = [M \cdot L^{-1} \cdot T^{-2}]$.

L'unità di misura nel sistema c.g.s. è la $baria = \frac{dine}{centimetro^2}$ (1 baria = 0,1 Pa)[4].

In pratica vengono usate anche altre unità di misura della pressione quali il bar, il torr (o mmHg) e l'atmosfera. I fattori di conversione sono riportati in Tabella 6.1 (es. 1 torr = 133 Pa).

Tabella 6.1 Unità di misura usate per la pressione e relativi fattori di conversione

Pa	atm	bar	torr (mmHg)	cm H_2O
1	$9,87 \cdot 10^{-6}$	10^{-5}	$7,50 \cdot 10^{-3}$	0,0102
$1,013 \cdot 10^5$	**1**	1,013	760	1034
10^5	0,987	**1**	750	1020
133	$1,32 \cdot 10^{-3}$	$1,33 \cdot 10^{-3}$	**1**	1,360
98	$9,67 \cdot 10^{-4}$	$9,8 \cdot 10^{-4}$	0,735	**1**

L'atmosfera (atm) è pari alla pressione media dovuta alla atmosfera terrestre a livello del mare, alla temperatura di 0°C, e corrisponde alla pressione esercitata da una colonna di mercurio (simbolo Hg) alta 760 mm. Il torr rappresenta la pressione esercitata da una colonna di 1 mm di mercurio (1 atm = 760 mmHg = $1,013 \cdot 10^5$ Pa).

6.5 Pressione nei fluidi

La pressione esiste in tutti i punti del fluido come forza per unità di superficie che le molecole del fluido esercitano perpendicolarmente sulle pareti del contenitore ma anche su superfici che sono all'interno del fluido stesso. La **pressione all'interno del fluido** è isotropa, cioè la pressione in un certo punto non dipende dall'orientazione della superficie.

La pressione nei fluidi è dovuta a **forze di superficie** (forze che si esercitano sulla superficie del fluido, come ad esempio attraverso la compressione di un pistone di un cilindro in cui è contenuto il fluido) e a **forze di volume** (forze che si esercitano all'interno del fluido, come ad esempio la forza peso).

Per un fluido in quiete variazioni di pressione dovute a forze di superfici si trasmettono inalterate a tutti i punti del fluido mentre la pressione dovuta alla forza peso del liquido cresce con la profondità. Per un liquido in quiete valgono le leggi di Pascal e Stevino.

(4) Il termine baria è la traduzione del termine inglese 'barye' e viene spesso scritto come barie.

6.6 Legge di Pascal

La **legge di Pascal** afferma che *in un fluido in quiete, ove non si consideri la forza di gravità, la pressione si trasmette inalterata a tutti i punti del fluido.*

6.7 Legge di Stevino

La **legge di Stevino** afferma che *in un fluido in quiete in un campo gravitazionale la pressione P_h che agisce ad una profondità h all'interno di un fluido è pari a:*

$$\boxed{P_h = P_0 + \rho \cdot g \cdot h} \tag{6.4}$$

dove P_0 è la pressione che agisce sulla superficie libera del fluido, ρ è la densità del fluido e g è l'accelerazione di gravità.

La **pressione idrostatica** data da $P = P_h - P_0 = \rho \cdot g \cdot h$ è la stessa in tutti i punti di un fluido che si trovano alla stessa profondità h, indipendentemente dalla forma del contenitore e cresce linearmente con la profondità. La pressione idrostatica esercitata dalla colonna di 1 mm di mercurio (1 torr) è:

$$\Delta P = \rho \cdot g \cdot h = 13{,}6 \cdot 10^3 \frac{kg}{m^3} \cdot 9{,}8 \cdot \frac{m}{s^2} \cdot 10^{-3} m = 133 Pa$$

La pressione idrostatica esercitata dalla colonna di 1 cm di acqua è:

$$\Delta P = \rho \cdot g \cdot h = 10^3 \frac{kg}{m^3} \cdot 9{,}8 \cdot \frac{m}{s^2} \cdot 10^{-2} m = 98 Pa$$

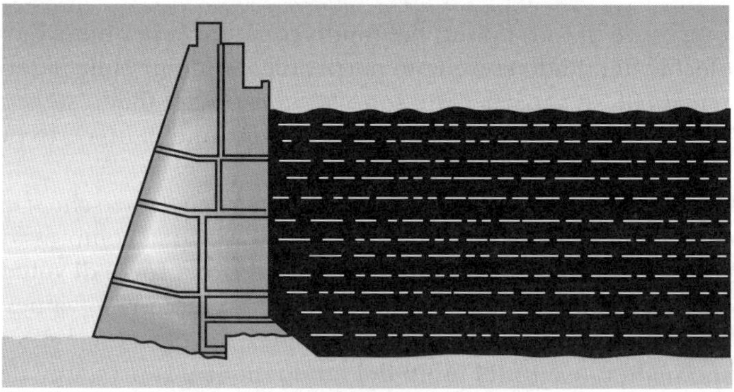

Figura 6.1 La pressione idrostatica cresce proporzionalmente alla profondità: per questo motivo lo spessore della diga cresce dall'alto verso il basso.

6.8 Principio di Archimede

Il **principio di Archimede** afferma che un *corpo immerso in un fluido riceve una spinta dal basso verso l'alto di intensità pari al peso del fluido spostato.* La forza di Archimede ha modulo F_A pari a:

$$\boxed{F_A = \rho_F \cdot g \cdot V_C} \tag{6.5}$$

dove ρ_F è la densità del fluido, V_C è il volume del corpo immerso e g è l'accelerazione di gravità.

Essendo il corpo soggetto anche alla forza peso $F_P = \rho_C \cdot g \cdot V_C$, dove ρ_C è la densità del corpo, è possibile avere il galleggiamento solo quando la densità del corpo è inferiore alla densità del fluido nel quale è immerso e la condizione di galleggiamento corrisponde a:

$$\boxed{\rho_C \cdot g \cdot V_C = \rho_F \cdot g \cdot V_F} \tag{6.6}$$

dove V_F indica il volume del fluido spostato, quindi pari alla parte immersa del corpo.

Se le densità del corpo e del fluido sono uguali si ha una condizione di equilibrio, mentre se la densità del corpo è maggiore di quella del fluido il corpo affonda.

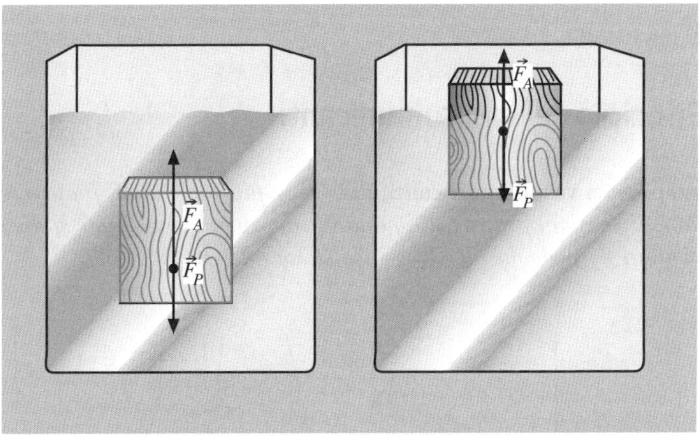

(a) (b)

Figura 6.2 Per un blocco di legno che è stato inizialmente posto sul fondo, la forza di Archimede agente sul blocco è maggiore del peso del blocco stesso **(a)**. Il blocco risale in superficie e si raggiunge la situazione di equilibrio quando il peso dell'acqua spostata (peso del volume d'acqua pari al volume di corpo immerso) è pari al peso del blocco **(b)**.

Il punto di applicazione della spinta di Archimede F_A è il baricentro del fluido spostato detto centro di spinta o centro di galleggiamento, mentre il punto di applicazione della forza peso del corpo F_P è il baricentro del corpo. Questi due punti di applicazione coincidono solo quando il corpo ha densità uniforme ed è totalmente immerso nel fluido.

Per un corpo che galleggia, le due forze possono trovarsi applicate sulla stessa linea verticale (Fig. 6.3a) ed in tal caso si dice che il corpo galleggia in equilibrio (equilibrio stabile se F_P applicata al di sotto di F_A) oppure possono dar luogo ad una coppia di forze e creare un momento non nullo che provoca una rotazione (Fig. 6.3b).

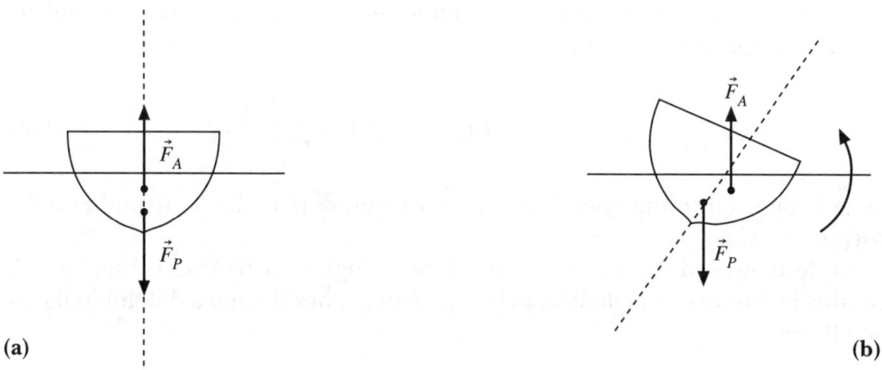

Figura 6.3 Galleggiamento di un corpo.

6.9 Principio dei vasi comunicanti

Per il **principio dei vasi comunicanti**, *dati due o più contenitori, fra loro comunicanti, di forma e dimensioni diverse, il liquido versato in un contenitore si distribuisce in tutti i contenitori in modo da raggiungere la stessa altezza* (Fig. 6.4).

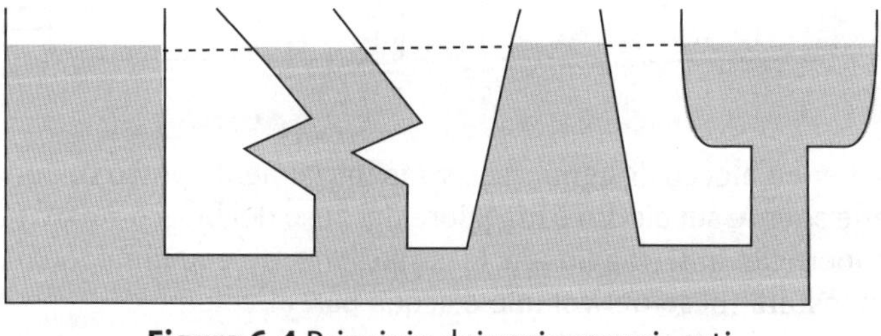

Figura 6.4 Principio dei vasi comunicanti.

6.10 Fluidi in movimento

Per poter fare una trattazione matematica semplificata del moto dei fluidi è necessario riferirsi a **fluidi ideali in moto stazionario**.

Un fluido si definisce ideale se sussistono entrambe le seguenti condizioni:

1. il fluido è incomprimibile (ovvero in tutto il fluido la densità è costante, sia nello spazio che nel tempo);
2. il fluido è privo di viscosità (ovvero gli effetti di attriti interni possono essere trascurati).

Il fluido è in moto stazionario quando la velocità delle particelle di un fluido, che si trovano a passare in un certo punto, è la stessa di quella delle particelle che, in quello stesso punto, sono passate in precedenza o passeranno in seguito. La velocità può variare da un punto ad un altro punto all'interno del fluido ma per un dato punto la velocità è costante nel tempo.

6.11 Equazione di continuità

Per un fluido ideale in moto stazionario che scorre in un condotto, vale l'**equazione di continuità**:

$$Q = S \cdot \mathrm{v} = \mathrm{cost} \qquad (6.7)$$

dove Q è la portata del condotto, S è la sezione trasversale del condotto e v la velocità del fluido in corrispondenza di tale sezione.

Se la sezione del condotto non è costante anche la velocità del fluido non sarà costante, in particolare sezione e velocità sono inversamente proporzionali.

La **portata** esprime il volume di fluido che attraversa la sezione in un'unità di tempo. L'unità di misura nel Sistema Internazionale della portata è $\frac{metri^3}{secondo}$ e le sue dimensioni sono:

$$[Q] = [L^3 \cdot T^{-1}]$$

L'equazione di continuità esprime che la massa di un fluido contenuta tra due sezioni del condotto, ove non esistono immissioni o fuoriuscite di fluido, rimane costante, ovvero esprime il **principio di conservazione della massa** per un fluido in moto.

6.12 Teorema di Torricelli

Il **teorema di Torricelli** afferma che *se un liquido non viscoso esce da un foro praticato in un recipiente ad una profondità* h *dalla superficie libera del liquido (Fig. 6.5), la velocità di efflusso* v *è uguale a:*

$$\boxed{v = \sqrt{2 \cdot g \cdot h}} \qquad (6.8)$$

dove g è l'accelerazione di gravità.

Tale velocità è uguale a quella di un corpo che cade da una altezza h per effetto della sua forza peso.

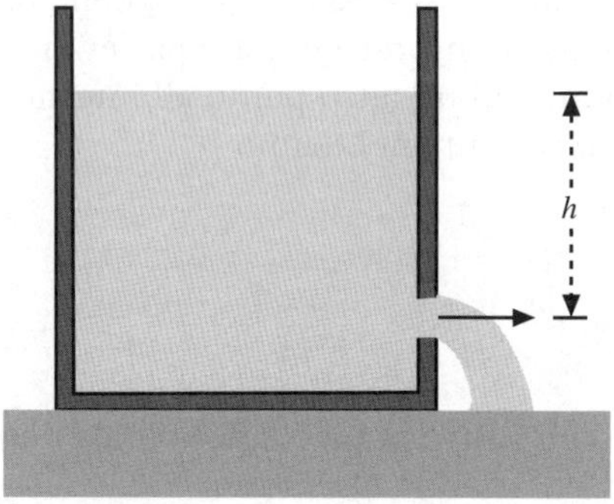

Figura 6.5 Teorema di Torricelli.

6.13 Teorema di Bernoulli

Il **teorema di Bernoulli** esprime il **principio di conservazione dell'energia** per un fluido ideale in moto stazionario.

Considerati due punti qualsiasi 1 e 2 di un generico condotto non orizzontale a sezione variabile $S_1 \neq S_2$ (Fig. 6.6), in cui scorre un fluido ideale in moto stazionario, il teorema di Bernoulli afferma che:

$$\boxed{P_1 + \rho \cdot g \cdot h_1 + \frac{1}{2}\rho \cdot v_1^2 = P_2 + \rho \cdot g \cdot h_2 + \frac{1}{2}\rho \cdot v_2^2} \qquad (6.9)$$

dove:

P_1 e P_2 sono le pressioni del fluido nei punti 1 e 2
h_1 e h_2 sono le altezze dei punti 1 e 2 rispetto ad un riferimento orizzontale
v_1 e v_2 la velocità del fluido nei punti 1 e 2
ρ è la densità dl fluido e g è l'accelerazione di gravità

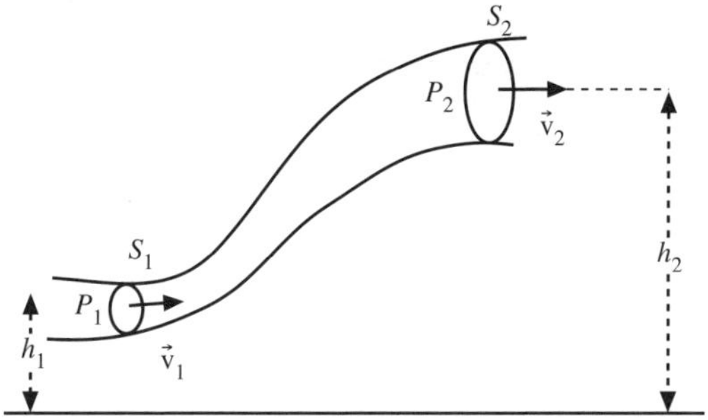

Figura 6.6 Teorema di Bernoulli: condotto non orizzontale con sezione variabile.

In generale, essendo i punti 1 e 2 scelti in moto arbitrario, si può scrivere:

$$\boxed{P + \rho \cdot g \cdot h + \frac{1}{2}\rho \cdot v^2 = \text{cost}} \tag{6.10}$$

I tre termini dell'equazione (6.10) hanno le dimensioni di una energia per unità di volume (energia cinetica per unità di volume, energia potenziale per unità di volume e lavoro delle forze di pressione per unità di volume). Dividendo i tre termini dell'equazione (6.10) per il fattore $\rho \cdot g$ si ottiene:

$$\boxed{\frac{P}{\rho \cdot g} + h + \frac{v^2}{2g} = \text{cost}} \tag{6.11}$$

Questi tre termini, che hanno le dimensioni di una lunghezza, sono noti anche rispettivamente come altezza piezometrica, altezza geometrica e altezza cinetica.

Esistono casi particolari di applicazione del teorema di Bernoulli:

Esempio

CONDOTTO ORIZZONTALE CON SEZIONE COSTANTE

Se la sezione è costante $S_1 = S_2$ (Fig. 6.7), per l'equazione di continuità anche la velocità del fluido è costante in ogni punto ($v_1 = v_2$). Inoltre, visto che il con-

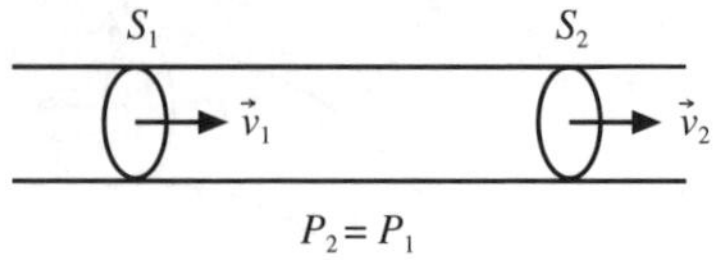

Figura 6.7 Teorema di Bernoulli: condotto orizzontale con sezione costante.

dotto è orizzontale, l'altezza dal livello di riferimento è ovunque costante ($h_1 = h_2$). Ne consegue che *la pressione è costante lungo tutto il condotto.*

$$\boxed{P_1 = P_2 = \text{cost}} \tag{6.12}$$

Esempio

CONDOTTO ORIZZONTALE A SEZIONE VARIABILE

In questo caso la velocità del fluido non è più costante ($v_1 \neq v_2$), mentre continua ad esserlo l'altezza dal livello di riferimento ($h_1 = h_2$). L'equazione di Bernoulli (6.9) si semplifica alla seguente espressione:

$$\boxed{P_1 + \frac{1}{2}\rho \cdot v_1^2 = P_2 + \frac{1}{2}\rho \cdot v_2^2} \tag{6.13}$$

Se ad esempio il condotto si restringe ($S_2 < S_1$) (Fig. 6.8), la velocità aumenta ($v_2 > v_1$) quindi nella (6.13) si ha $\frac{1}{2}\rho \cdot v_2^2 > \frac{1}{2}\rho \cdot v_1^2$ da cui $P_2 < P_1$. Ovvero la pressione diminuisce dove il condotto si restringe. Questa osservazione è nota come **principio di Venturi**.

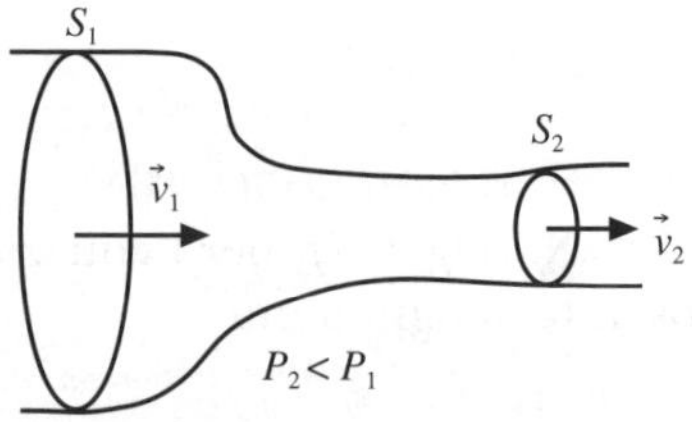

Figura 6.8 Principio di Venturi: condotto orizzontale con sezione variabile.

Esempio

CONDOTTO NON ORIZZONTALE A SEZIONE COSTANTE

In questo ultimo caso la velocità del flusso è costante lungo il condotto ($v_2 = v_1$), mentre cambia l'altezza dal livello di riferimento ($h_1 \neq h_2$, Fig. 6.9). L'equazione diventa:

$$\boxed{P_1 + \rho \cdot g \cdot h_1 = P_2 + \rho \cdot g \cdot h_2 = \text{cost}} \qquad (6.14)$$

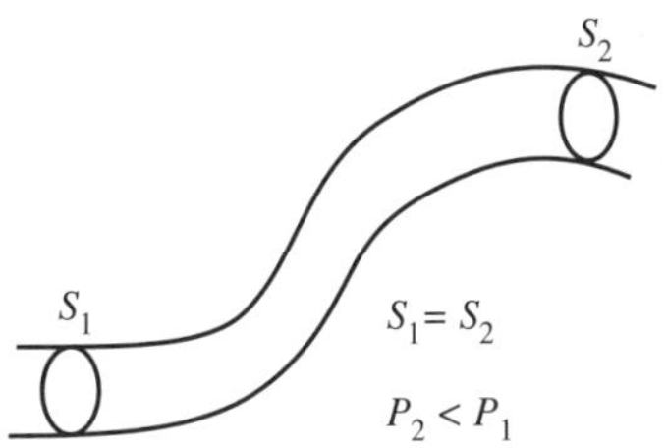

Figura 6.9 Teorema di Bernoulli: condotto non orizzontale con sezione costante.

6.14 Fluido reale

In un **fluido reale**, vi sono forze di attrito interno che si esercitano tra le molecole del fluido (forze di coesione) e tra il fluido e le pareti del recipiente (forze di adesione). Tali forze sono chiamate **forze viscose**. La viscosità di un fluido dipende dalla sua temperatura.

Una conseguenza delle forze viscose per un fluido in moto è la perdita di energia dovuta agli attriti interni. Considerando ad esempio un condotto orizzontale a sezione costante ($S_2 = S_1$) in cui scorre un fluido reale, si avrà una perdita di energia per unità di volume. Quindi la pressione diminuisce al progredire del fluido nel condotto ($P_2 < P_1$). Si può meglio osservare il fenomeno della **caduta di pressione** considerando un recipiente cilindrico collegato ad un tubo avente delle colonne verticali (Fig. 6.10) che consentono di individuare la pressione in varie posizioni del condotto: la risalita del fluido nelle diverse colonne varia in funzione della distanza.

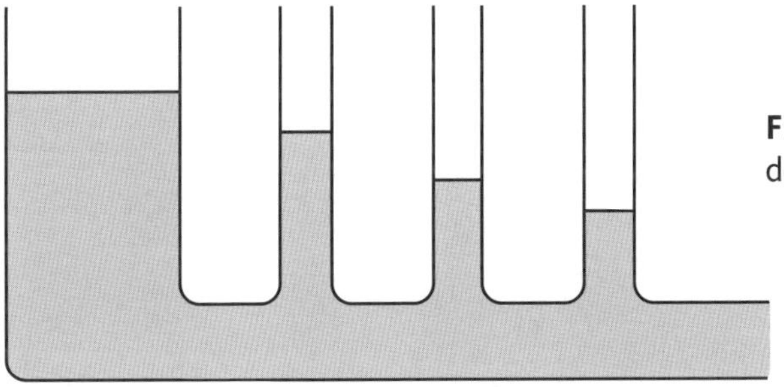

Figura 6.10 Fenomeno della caduta di pressione.

6.15 Fenomeni di superficie

In un liquido in quiete le molecole che si trovano vicino alla superficie sono solo parzialmente circondate da altre molecole del liquido, a differenza di quanto avviene per le molecole che si trovano all'interno del liquido (Fig. 6.11). Una molecola posta all'interno del liquido subisce quindi forze, di intensità pressoché uguale in tutte le direzioni, il che significa che la forza complessiva che agisce su di essa è nulla. Al contrario, una molecola posta sulla superficie risentirà di forze che tendono a mantenerla entro il liquido. Tutte le molecole della superficie libera formeranno pertanto un sottile strato che fa pensare ad una pellicola mantenuta in tensione.

Il **coefficiente di tensione superficiale** si può vedere come una forza per unità di lunghezza e si misura in $\frac{newton}{metro}$.

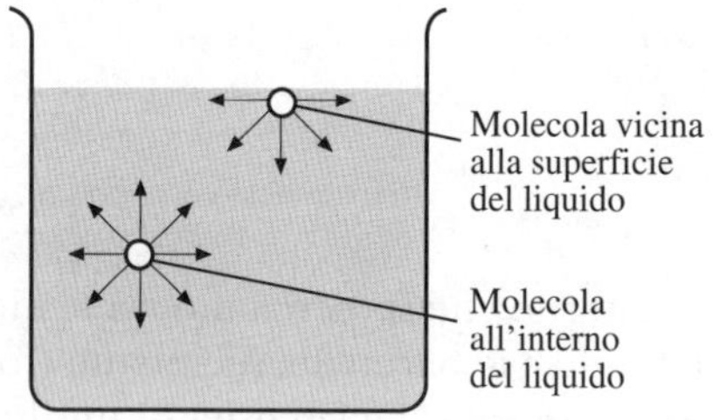

Figura 6.11 Forze di interazione tra le molecole di un liquido: la tensione superficiale.

Capitolo 7
Termologia e Termodinamica

La **termologia** studia i fenomeni termici e la **termodinamica** si interessa di scambi di energia fra un sistema e l'ambiente circostante oltre che di trasformazioni di energia da una forma ad un'altra. La termodinamica si occupa dei sistemi complessi trattandoli da un punto di vista macroscopico. Un sistema è costituito da un gran numero di particelle, si pensi che il numero di molecole contenute in una mole di sostanza è dato dal numero di Avogadro $N_A = 6{,}022 \cdot 10^{23} \frac{(molecole)}{mol}$. Lo stato di un sistema può essere descritto da grandezze macroscopiche, ad esempio lo stato di un sistema costituito da una certa quantità di gas è definito dai valori assunti dalle variabili termodinamiche: **pressione, volume** e **temperatura**.

7.1 La temperatura

La temperatura è un indice dello stato termico di un corpo o di una quantità di sostanza ed è legata all'agitazione termica delle molecole costituenti il corpo. Noi possiamo avere la sensazione che un corpo è più caldo o più freddo di un altro attraverso il senso del tatto, ma una misura della temperatura richiede l'utilizzo di una strumentazione adeguata: il **termometro**. In termini operativi la misura della temperatura è di tipo indiretto, in quanto si procede alla misura di una grandezza fisica che varia al variare della temperatura sfruttando diversi fenomeni termici. Alcuni esempi di effetti termici utilizzati sono: la variazione della resistenza elettrica, la dilatazione di solidi e liquidi, la variazione di volume di un gas a pressione costante, la variazione di pressione di un gas a volume costante.

7.2 Principio zero

Il **principio zero** afferma che *se due corpi si trovano in equilibrio termico con un terzo corpo, allora essi sono in equilibrio termico tra di loro.* Grazie a questo principio è possibile definire una scala di temperatura e quindi costruire un termometro.

7.3 Termometro a mercurio

Il tipo più comune di termometro è costituito da una piccola quantità di mercurio contenuta in un bulbo di vetro collegato ad un tubo capillare anch'esso di vetro. Quando il termometro è posto a contatto con un corpo più caldo, il mercurio, che subisce una dilatazione maggiore di quella del vetro, sale nel tubo capillare.

La calibrazione del termometro avviene segnando le altezze del mercurio in corrispondenza di due riferimenti di temperatura scelti e, quindi, suddividendo l'intervallo fra le due altezze in un certo numero di parti uguali. La scelta delle temperature di riferimento individua la scala termometrica Celsius o Fahrenheit.

7.4 Scala Celsius (°C)

Nella **scala Celsius** si attribuisce il valore di 0°C alla temperatura di fusione dell'acqua e il valore di 100°C alla temperatura di ebollizione dell'acqua. Entrambi i valori sono riferiti alla pressione atmosferica.

7.5 Scala Fahrenheit (°F)

Nella **scala Fahrenheit** si attribuisce il valore di 0°F alla temperatura più bassa raggiungibile con una ben definita miscela di ghiaccio, acqua e sale e il valore di circa 100°F alla temperatura media del corpo umano.

Le relazioni che intercorrono tra la temperatura misurata secondo la scala Celsius (t) e quella misurata secondo la scala Fahrenheit (t_F) sono:

$$\boxed{t_F = 32 + \frac{9}{5}t} \tag{7.1}$$

$$\boxed{t = \frac{5}{9} \cdot (t_F - 32)} \tag{7.2}$$

7.6 Scala Kelvin

La temperatura è una grandezza fondamentale nel Sistema Internazionale e la sua unità di misura è il kelvin (K) che è definito sulla base della scala assoluta delle temperatura (detta anche **scala Kelvin**).

Dalla teoria cinetica dei gas (§ 7.14) emerge che la **temperatura assoluta** è legata all'energia cinetica media delle molecole. Lo zero in kelvin, detto **zero assoluto**, corrisponde a –273,15°C (spesso arrotondato negli esercizi a –273°C) e rappresenta la temperatura assoluta minima al di sotto della quale il volume di un gas ideale sarebbe negativo, cosa che non avrebbe senso da un punto di vista fisico (vedi anche la prima legge di Gay-Lussac, §7.10). Le temperature espresse in kelvin sono sempre positive (Fig. 7.1) e le relazioni che intercorrono tra la temperatura misurata secondo la scala Celsius (t) e quella misurata secondo la scala Kelvin (T) sono le seguenti:

$$\boxed{t = T - 273{,}15} \tag{7.3}$$

$$\boxed{T = t + 273{,}15} \tag{7.4}$$

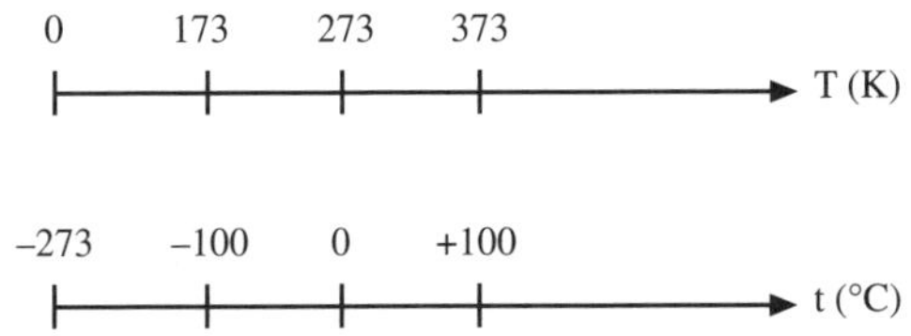

Figura 7.1 Relazione tra scala Kelvin e scala Celsius.

È bene notare che l'unità di temperatura assoluta coincide con quella Celsius, ovvero le variazioni di temperatura in gradi centigradi e in kelvin hanno lo stesso valore. Ad esempio, passando da 20°C a 50°C si ha una variazione di 30°C, che espressa in kelvin equivale a 30K:

$$\Delta t\,(°C) = 50°C - 20°C = 30°C$$
$$\Delta T\,(K) = 303K - 293K = 30K$$

7.7 Dilatazione termica di solidi e liquidi

Il fenomeno termico per cui un corpo solido o una quantità di liquido (per la dilatazione dei gas vedi prima legge di Gay-Lussac) aumentano le proprie dimensioni all'aumentare della temperatura prende il nome di **dilatazione termica**.

7.8 Dilatazione lineare

Una sbarretta metallica di lunghezza l, che viene riscaldata, subisce un salto termico ΔT e si allunga di una quantità Δl. Tale allungamento è proporzionale alla variazione di temperatura secondo la relazione:

$$\boxed{\Delta l = \alpha \cdot l \cdot \Delta T} \tag{7.5}$$

α prende il nome di **coefficiente di dilatazione lineare**; si misura in K^{-1} nel Sistema Internazionale oppure può essere misurato in $°C^{-1}$, e varia a seconda della sostanza.

7.9 Dilatazione cubica

Se si considera un volume V, sottoposto ad un salto termico ΔT, il volume aumenterà di una quantità ΔV pari a:

$$\boxed{\Delta V = \beta \cdot V \cdot \Delta T} \tag{7.6}$$

β prende il nome di **coefficiente di dilatazione cubica**, si misura in K^{-1} nel Sistema Internazionale oppure si può misurare in $°C^{-1}$, e varia a seconda della sostanza. Si può ricavare che $\beta = 3\alpha$.

Ad esempio per l'alluminio a 20°C $\alpha = 25 \cdot 10^{-6}\ K^{-1}$ ($25 \cdot 10^{-6}\ °C^{-1}$) e $\beta = 75 \cdot 10^{-6}\ K^{-1}$ ($75 \cdot 10^{-6}\ °C^{-1}$). Alla pressione atmosferica l'acqua presenta un coefficiente di dilatazione cubica negativo per l'intervallo di temperatura fra 0°C e 4°C. Alla temperatura di 4°C l'acqua ha la sua massima densità. Quindi, quando la temperatura dell'acqua aumenta da 0°C a 4°C, l'acqua si contrae invece di dilatarsi. Al di sopra di 4°C l'acqua si dilata all'aumentare della temperatura.

7.10 Leggi dei gas perfetti

7.10.1 Prima legge di Gay-Lussac

La **prima legge di Gay-Lussac** (o **legge per la trasformazione isobara**, P = cost, o legge di Charles), afferma *che un gas, mantenuto a pressione costante si dilata all'aumentare della temperatura, e che il volume V varia al variare della temperatura t (°C) secondo la legge*:

$$V = V_0\ (1 + \beta \cdot t) \tag{7.7}$$

dove V_0 è il volume del gas alla temperatura di 0°C e per tutti i gas in condizione di pressioni non elevate si ha che: $\beta = \frac{1}{273,15}\ °C^{-1}$

Essendo $t = T - 273,15$, la (7.7) è espressa come:

$$\boxed{V = V_0 \cdot \beta \cdot T} \tag{7.8}$$

Tale legge indica che la temperatura assoluta è direttamente proporzionale al volume di un gas a pressione costante.

In un piano cartesiano avente come asse delle ascisse il volume *V* e come asse delle ordinate la pressione *P*, una trasformazione isobara è rappresentata da un segmento di retta orizzontale (Fig. 7.2).

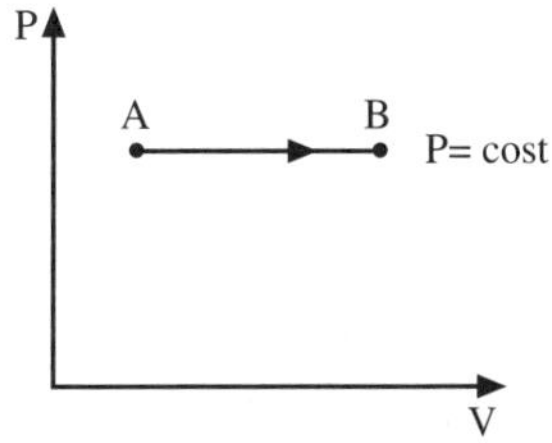

Figura 7.2 Rappresentazione nel piano P-V di una trasformazione isobara da uno stato termodinamico A ad uno stato termodinamico B.

In Figura 7.3 è rappresentata la relazione (7.7): al crescere della temperatura il volume cresce linearmente e al decrescere della temperatura il volume decresce sempre linearmente. Se si estrapola la retta fino ad incontrare l'asse delle ascisse si trova che, alla temperatura di –273,15°C (zero assoluto), il volume sarebbe nullo.

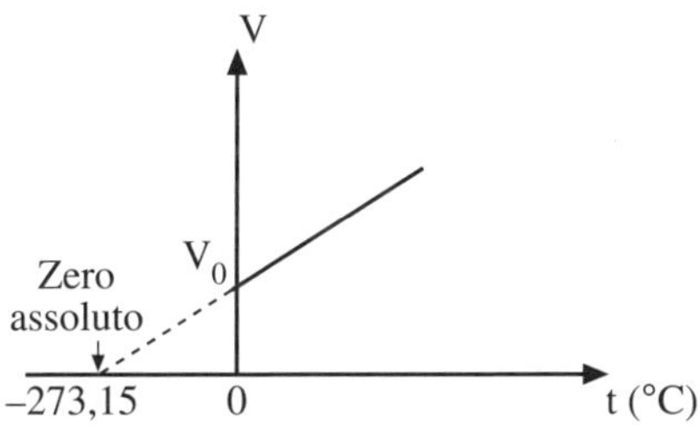

Figura 7.3 Un gas mantenuto a pressione costante si dilata all'aumentare della temperatura.

7.10.2 Seconda legge di Gay-Lussac

La **seconda legge di Gay-Lussac** (o **legge per la trasformazione isocora**, $V =$ cost), afferma che *un gas, mantenuto a volume costante, varia la sua pressione P al variare della temperatura t (°C) secondo la legge:*

$$P = P_0 \cdot (1 + \beta \cdot t) \qquad (7.9)$$

dove P_0 è la pressione del gas alla temperatura di 0°C e $\beta = \frac{1}{273,15} °C^{-1}$.

Essendo $t = T - 273,15$, la (7.9) è espressa come:

$$\boxed{P = P_0 \cdot \beta \cdot T} \tag{7.10}$$

Tale legge indica che la temperatura assoluta è direttamente proporzionale alla pressione di un gas a volume costante. Su questa legge si basa il principio di funzionamento dei termometri a gas.

In un piano cartesiano avente come asse delle ascisse il volume V e come asse delle ordinate la pressione P, una trasformazione isocora è rappresentata da un segmento di retta verticale (Fig. 7.4).

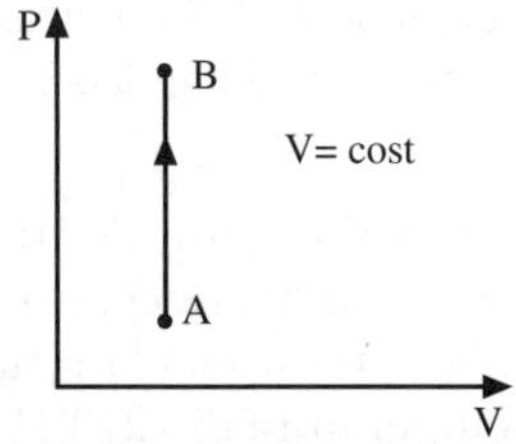

Figura. 7.4 Rappresentazione nel piano P-V di una trasformazione isocora da uno stato termodinamico A ad uno stato termodinamico B.

7.10.3 Legge di Boyle

La **legge di Boyle** (o **legge per la trasformazione isoterma**, T = cost) afferma che *un gas, mantenuto a temperatura costante, ha una pressione P che è inversamente proporzionale al suo volume V:*

$$P \cdot V = \text{costante} \tag{7.11}$$

In un piano cartesiano avente come asse delle ascisse il volume V e come asse delle ordinate la pressione P, una trasformazione isoterma è rappresentata da un tratto di ramo di iperbole equilatera (Fig. 7.5).

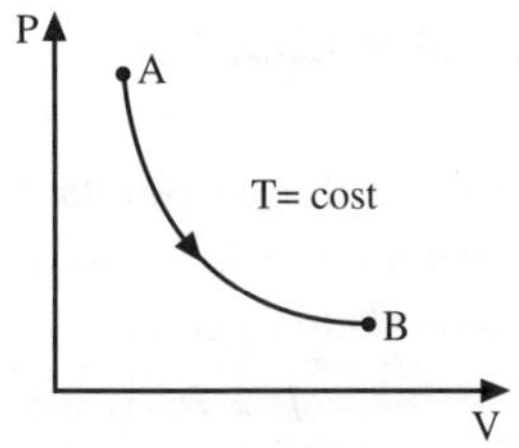

Figura 7.5 Rappresentazione nel piano P-V di una trasformazione isoterma da uno stato termodinamico A ad uno stato termodinamico B.

7.11 Equazione di stato dei gas perfetti

Le tre **leggi dei gas perfetti** possono essere espresse attraverso un'unica relazione, detta **equazione di stato dei gas perfetti** (o *legge dei gas perfetti*), che mostra la proporzionalità tra il prodotto PV di pressione e volume e la temperatura assoluta T:

$$\boxed{P \cdot V = n \cdot R \cdot T} \qquad (7.12)$$

dove n esprime la quantità di gas per mezzo del numero di moli (§7.12) ed R è la **costante universale dei gas**. Tale costante assume lo stesso valore per tutti i gas[1]:

$$R = 8{,}31 \frac{J}{mol \cdot K}\left(\frac{joule}{mole \cdot kelvin}\right)$$

Lo studio sui comportamenti dei gas, importante per la comprensione dei fenomeni termici, viene affrontato per un **gas perfetto** (o ideale). A temperature piuttosto elevate e a pressioni basse il comportamento di un **gas reale** differisce di poco da quello di un gas perfetto. Per definizione un gas perfetto è un gas per cui il rapporto $\frac{P \cdot V}{n \cdot T}$ è costante per qualsiasi valore di pressione, ovvero è un gas per cui vale la legge (7.12). Questa legge, valida rigorosamente solo per i gas perfetti, è utile anche nel caso di gas reali purché siano sufficientemente rarefatti (negli altri casi vedasi §7.15).

Si definisce gas in condizioni normali un gas che si trova alla pressione di 1 atm e alla temperatura di 0°C. Se si considera 1 mole di gas perfetto in condizioni normali, il volume corrispondente è di 22,4 litri.

7.12 Mole

Una **mole** (simbolo *mol*) è una quantità di sostanza chimica che contiene tante unità elementari (atomi, molecole, formule, elettroni, etc.) quanti sono gli atomi presenti in 0,012 kg del nuclide isotopo del carbonio $^{12}_{6}C$.

(1) Può essere anche conveniente utilizzare il valore di R espresso in altre unità di misura, $R = 0{,}0082 \frac{atm \cdot l}{mol \cdot K}\left(\frac{atmosfera \cdot litro}{mole \cdot kelvin}\right)$ dove $1\, atm \cdot l = 1{,}013 \cdot 10^5\, Pa \cdot 10^{-3} m^3 = 1{,}013 \cdot 10^2\, J$.

Il termine mole va perciò sempre accompagnato dal nome delle unità elementari cui si riferisce. Si faccia attenzione quindi che la mole di atomi ha la caratteristica di contenere lo stesso numero di atomi per qualsiasi elemento, così come la mole di molecole ha la caratteristica di contenere lo stesso numero di molecole per qualsiasi elemento o composto. Oggi si sa che tale numero vale $6{,}02 \cdot 10^{23}$ mol^{-1} ed è detto numero di Avogadro (N).

7.13 Legge di Dalton

La **legge di Dalton** indica che per una miscela di gas perfetti, la pressione parziale di un singolo componente della miscela è quella che lo stesso componente avrebbe se occupasse lo stesso volume da solo. La pressione parziale di un singolo componente è proporzionale alla sua concentrazione molare $\left(\frac{P_1}{P} = \frac{n_1}{n}; \frac{P_2}{P} = \frac{n_2}{n}\right)$.

L'equazione di stato dei gas perfetti $P \cdot V = n \cdot R \cdot T$ vale anche nel caso di una miscela di gas perfetti di volume V ove n è la somma del numero di moli dei singoli componenti ($n = n_1 + n_2 + n_3 + \ldots + n_i$) e P la somma delle pressioni parziali dei singoli componenti ($P = P_1 + P_2 + P_3 + \ldots + P_i$). Ad esempio, alla pressione di 1 atm, per una mole di miscela costituita per 80% di N_2 e 20% di O_2 si hanno pressioni parziali di $P_{N_2} = 0{,}80$ atm, $P_{O_2} = 0{,}20$ atm.

7.14 Cenni di teoria cinetica dei gas

Le leggi dei gas perfetti possono essere dedotte partendo da un modello teorico che tiene conto di aspetti microscopici e che si basa sulle seguenti ipotesi:

1) Il volume proprio delle molecole è trascurabile rispetto al volume occupato dal gas.
2) Le forze che agiscono a distanza sono trascurabili, ossia due molecole separate ad una certa distanza non interagiscono tra di loro.
3) Gli urti tra le molecole e gli urti delle molecole contro le pareti del recipiente sono urti elastici.
4) Vale il principio del caos molecolare, ossia le direzioni di movimento delle varie molecole sono isotrope nello spazio, non ci sono cioè direzioni privilegiate.

Secondo questo **modello molecolare del gas perfetto**, noto come **teoria cinetica dei gas**, si ricava che l'energia cinetica media delle molecole $\overline{K}_{cin}$ è proporzionale alla temperatura assoluta T del gas secondo la relazione:

$$\boxed{\overline{K}_{cin} = \frac{3}{2} K_B \cdot T} \tag{7.14}$$

dove K_B è la **costante di Boltzmann**, definita come il rapporto tra la costante universale dei gas e il numero di Avogadro:

$$K_B = \frac{R}{N_A} = 1{,}38 \cdot 10^{-23} \frac{joule}{kelvin}$$

La relazione (7.14) consente una interpretazione in termini molecolari della grandezza macroscopica temperatura assoluta come energia cinetica media delle molecole di un gas perfetto. In questo senso ad un incremento di temperatura corrisponde una maggiore energia cinetica delle molecole, ovvero una maggiore agitazione termica delle molecole.

In generale si definisce **energia interna** di un sistema termodinamico la somma di energia cinetica e potenziale. Per un gas perfetto monoatomico l'energia interna U è costituita dalla sola energia cinetica traslazionale, quindi è data dal prodotto tra l'energia cinetica media $\overline{K}_{cin}$ delle molecole e il numero di molecole N:

$$\boxed{U = \overline{K}_{cin} \cdot N = \frac{3}{2} K_B \cdot T \cdot N} \tag{7.15}$$

Se il gas non è monoatomico l'energia interna è ancora proporzionale alla temperatura, ma cambia il valore della costante di proporzionalità. Per un gas biatomico, ad esempio, l'energia cinetica media delle molecole risulta essere pari a:

$$\boxed{\overline{K}_{cin} = \frac{5}{2} K_B \cdot T} \tag{7.16}$$

e l'energia interna

$$\boxed{U = \overline{K}_{cin} \cdot N = \frac{5}{2} K_B \cdot T \cdot N} \tag{7.17}$$

7.15 Gas reali

L'equazione di stato dei gas (7.12) è soddisfatta solo per gas le cui condizioni si avvicinano a quelle ipotizzate nel modello per i gas perfetti, cioè gas molto rarefatti. Nel caso di gas compressi, la (7.12) è sostituita dall'**equazione di van der Waals**:

$$\left(P+\frac{a\cdot n^2}{V^2}\right)\cdot(V-n\cdot b)=n\cdot R\cdot T \tag{7.18}$$

dove i parametri a e b dipendono dalla natura del gas e si possono misurare sperimentalmente. Il termine $n \cdot b$ deriva dal fatto che le molecole di un gas reale, non essendo puntiformi, occupano un volume proprio (detto covolume). Il termine $\frac{a\cdot n^2}{V^2}$ tiene conto di un effetto riduzione della pressione sulle pareti, dovuto all'esistenza di interazioni fra le molecole di un gas reale.

7.16 Il calore

Se si pongono a contatto due corpi aventi temperature diverse, dopo un certo tempo i due corpi raggiungono una situazione di equilibrio termico con conseguente riscaldamento del corpo che si trova inizialmente a temperatura minore a spese dell'energia termica del corpo che si trova inizialmente a temperatura maggiore. Se si procede a sfregare un corpo, esso si riscalda per attrito, ovvero a spese del lavoro meccanico.

In fisica il **calore** è definito come forma di energia di trasferimento, ovvero energia che si trasferisce da un corpo ad un altro, oppure tra un sistema ed il suo ambiente, per effetto della differenza di temperatura.[2] La temperatura di un corpo è indice dell'energia termica di quel corpo ed è possibile accrescere la temperatura cedendo calore a quel corpo oppure compiendo lavoro su di esso.

Storicamente era ipotizzata la presenza di un fluido, detto "calorico", che poteva fluire da un corpo più caldo ad uno più freddo quando questi venivano posti a contatto. Solo nel XIX secolo, ad opera di James Joule, si ebbe la prova sperimentale dell'equivalenza tra calore ed energia.

L'unità di misura del calore nel Sistema Internazionale è il *joule*, anche se spesso si fa ancora uso della **caloria**: una caloria (1 cal), detta anche piccola caloria, è la quantità di calore che bisogna fornire ad un grammo di acqua per elevare la sua temperatura da 14,5°C a 15,5°C. Per ottenere lo stesso effetto con un

(2) Il calore ha un significato dinamico e non si parla mai di calore "posseduto" da un corpo ma solo di trasferimenti (cessioni e assorbimenti) di calore.

chilogrammo di acqua occorre una chilocaloria, detta anche grande caloria: 1 Cal = 1000 cal =1 kcal.

L'esperienza di Joule ha permesso di determinare l'**equivalente meccanico della caloria** da cui: 1 cal = 4,186 J.

7.17 Capacità termica, calore specifico e capacità termica molare

La **capacità termica** *C* di un corpo è definita come rapporto tra la quantità di calore *Q* che bisogna fornire per elevare la temperatura del corpo di una quantità ΔT, e ΔT stesso:

$$\boxed{C = \frac{Q}{\Delta T}} \tag{7.19}$$

Nel Sistema Internazionale l'unità di misura della capacità termica è: $\frac{J}{K}$

Il **calore specifico** *c* di una sostanza è definito come il rapporto tra la capacità termica *C* del corpo e la sua massa *m*:

$$\boxed{c = \frac{C}{m} = \frac{Q}{m \cdot \Delta T}} \tag{7.20}$$

Il calore specifico è dunque una grandezza tipica di una sostanza che dipende dalla temperatura e non dalla massa considerata.

Nel Sistema Internazionale l'unità di misura del calore specifico è: $\frac{J}{kg \cdot K}$

Ad esempio il calore specifico dell'acqua a temperatura ambiente e pressione atmosferica è

$$c = 4186 \frac{J}{kg \cdot K} = 1 \frac{kcal}{kg \cdot K} = 1 \frac{cal}{g \cdot K}$$

La **capacità termica molare** è definita come la capacità termica per mole di sostanza:

$$\boxed{c_m = \frac{C}{n} = \frac{Q}{n \cdot \Delta T}} \tag{7.21}$$

dove *n* indica il numero di moli. Per i solidi si trova sperimentalmente che la capacità termica molare per la maggior parte delle sostanze è uguale a circa $6 \frac{cal}{mol \cdot K} = 24{,}9 \frac{J}{mol \cdot K}$ (**legge di Dulong e Petit**).

Nel Sistema Internazionale l'unità di misura della capacità termica molare è: $\frac{J}{mol \cdot K}$.

7.18 Calorimetro delle mescolanze

Il **calorimetro delle mescolanze** permette di misurare il calore specifico di un corpo, sulla base del confronto con il calore specifico dell'acqua (Fig. 7.6). Esso è costituito da un recipiente isolato dal punto di vista termico, contenente l'acqua alla temperatura t_1, un termometro che consente di misurare la temperatura dell'acqua e un agitatore.

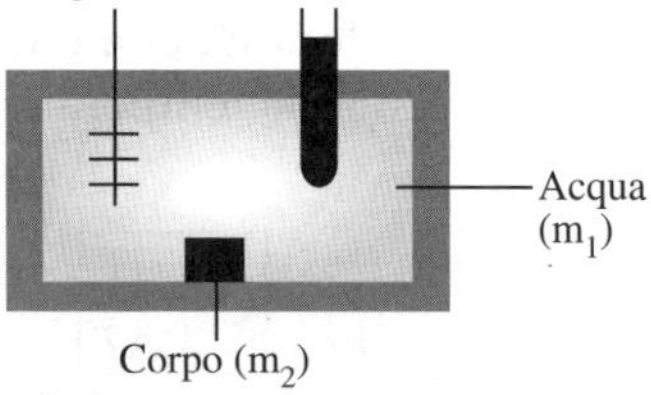

Figura 7.6 Calorimetro delle mescolanze.

Se viene inserito nell'acqua un corpo avente temperatura iniziale $t_2 > t_1$, dopo un certo tempo l'acqua e il corpo avranno raggiunto una stessa temperatura di equilibrio t_e.

Essendo il sistema isolato termicamente, la quantità di calore assorbita Q_1 dall'acqua è uguale alla quantità di calore Q_2 ceduta dal corpo ($Q_1 = Q_2$):

$$c_1 \cdot m_1 \cdot (t_e - t_1) = c_2 \cdot m_2 \cdot (t_2 - t_e) \quad (7.22)$$

dove c_1 e c_2 sono rispettivamente i calori specifici dell'acqua e del corpo e con m_1 e m_2 la massa dell'acqua e del corpo.

Dalla (7.22) si ricava:

$$\boxed{c_2 = c_1 \cdot \frac{m_1}{m_2} \cdot \frac{t_e - t_1}{t_2 - t_e}} \quad (7.23)$$

Il calore specifico del corpo c_2 si ricava conoscendo le masse e le temperature iniziali, e misurando la temperatura di equilibrio. Viceversa, conoscendo i calori specifici e le temperature iniziali dell'acqua e del corpo, si risale alla temperatura di equilibrio mediante la seguente espressione (ricavata dalla 7.22):

$$\boxed{t_e = \frac{c_1 \cdot m_1 \cdot t_1 + c_2 \cdot m_2 \cdot t_2}{c_1 \cdot m_1 + c_2 \cdot m_2}} \quad (7.24)$$

7.19 Il trasporto di calore

L'energia termica, o calore, si propaga secondo tre meccanismi: conduzione, convezione ed irraggiamento. Nella **conduzione** l'energia termica si propaga attraverso un mezzo materiale, ma senza trasporto di materia. Ad esempio, se si riscalda un'estremità di una sbarretta metallica, gli atomi che si trovano in questa estremità vibrano con energia maggiore di quelli che si trovano nell'estremità più fredda, e questa energia si propagherà lungo l'intera sbarretta. Un altro esempio di propagazione del calore per conduzione si ha ponendo a contatto due corpi a diversa temperatura. Il calore fluisce per conduzione dal corpo a temperatura maggiore verso il corpo a temperatura minore. Si può vedere sperimentalmente che la quantità di calore ΔQ che attraversa un corpo (Fig. 7.7) nell'intervallo di tempo Δt è direttamente proporzionale all'area A della sezione del corpo (maggiore è l'area A, maggiore è l'area disponibile per il passaggio di calore) e alla differenza di temperatura ΔT [3]. La quantità ΔQ è invece inversamente proporzionale alla distanza l:

$$\boxed{\frac{\Delta Q}{\Delta t} = k \cdot A \cdot \frac{\Delta T}{l}} \tag{7.25}$$

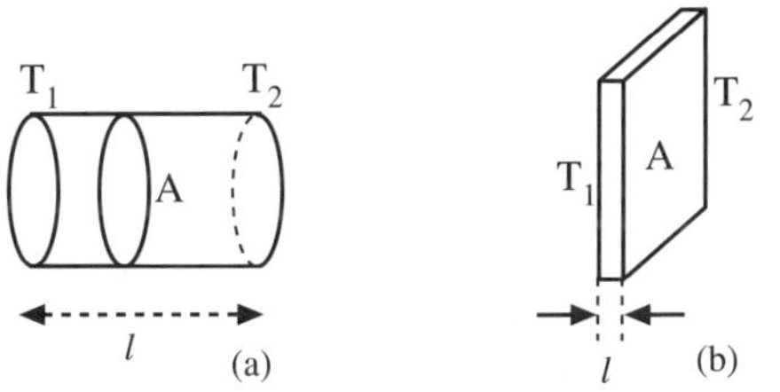

Figura 7.7 Trasporto di calore per conduzione prodotto dalla differenza di temperatura $T_2 - T_1$ (a) attraverso un corpo, (b) attraverso una parete.

Il coefficiente k è detto **coefficiente di conducibilità termica** e assume valori che dipendono dalla sostanza. La conducibilità termica è trascurabile per i liquidi e i gas e per alcuni solidi (ad esempio la lana di vetro è un isolante termico), mentre i metalli sono buoni conduttori di calore.

Nella **convezione**, la propagazione del calore avviene per trasporto di materia indotto da variazioni locali di densità che si manifestano a seguito di variazioni locali di temperatura. Se si riscalda il liquido contenuto in un recipiente (Fig. 7.8) che è posto su un riscaldatore, la parte del liquido che inizialmente aumenta la sua temperatura è quella inferiore, adiacente alla fonte di calore. Questo fluido caldo ha una densità minore di quello freddo e tende a salire, mentre il suo posto viene mano a mano occupato dal fluido freddo che scende. La convezione è importante nei fluidi e il calore si propaga dal basso verso l'alto fintanto che non si è raggiunto l'equilibrio termico tra le molecole.

L'**irraggiamento** è un meccanismo di trasporto del calore che può avvenire anche nel vuoto. Tutti i corpi emettono onde elettromagnetiche che traspor-

(3) Non vi è propagazione per conduzione se non in presenza di un salto termico.

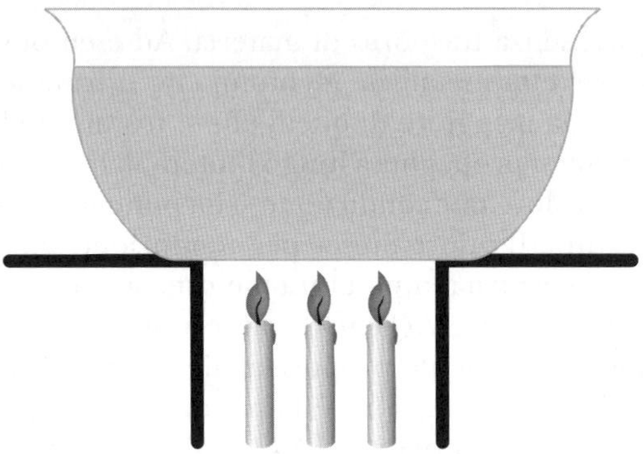

Figura 7.8 Trasporto di calore per convezione.

tano una energia in dipendenza dalla temperatura dei corpi emettitori. Quando un corpo viene raggiunto da tali radiazioni assorbe, tutta o in parte, l'energia che è trasportata e questo fatto provoca una variazione della temperatura del corpo. L'energia solare che viaggia nello spazio prima di raggiunge la Terra, si propaga per irraggiamento.

7.20 Passaggi di stato

Quando una sostanza assorbe calore a pressione costante, è possibile che si induca un incremento di temperatura oppure un **cambiamento di fase**. La maggior parte delle sostanze possono esistere nei tre stati di aggregazione (o fasi) solido, liquido e aeriforme (§ 6.1). Il cambiamento di fase consiste nel passaggio di una sostanza da uno stato di aggregazione ad un altro. I cambiamenti di fase sono caratterizzati dalla formazione e dalla rottura di legami chimici. La quantità di calore per unità di massa necessaria a formare o rompere i legami chimici per quel determinato cambiamento di fase è detta **calore latente**. Durante un cambiamento di fase la temperatura resta invariata. La temperatura alla quale si ha il cambiamento di fase per quella sostanza dipende dalla pressione.

7.20.1 La fusione

La **fusione** è il processo di passaggio dallo stato solido allo stato liquido. L'insieme della pressione e della temperatura a cui avviene il processo di fusione è detto **punto di fusione**. Per fondere la massa di 1 kg di una certa sostanza, che si trova alla temperatura di fusione, è necessario fornire ad essa una quantità di calore definita, detta **calore latente di fusione**. Il calore latente di fusione varia da sostanza a sostanza; per l'acqua è pari a 79,7 cal/g (alla temperatura di 0°C e alla pressione di 1 atm).

7.20.2 La solidificazione

La **solidificazione** è il processo inverso della fusione, ossia il passaggio dallo stato liquido a quello solido. L'insieme della pressione e della temperatura a cui avviene il processo di solidificazione è detto **punto di solidificazione**. *Il punto di solidificazione coincide sempre con il punto di fusione.*

Per solidificare la massa di 1 kg di una certa sostanza che si trova alla temperatura di solidificazione, è necessario sottrarre ad essa una quantità di calore definita, detta **calore latente di solidificazione**.

7.20.3 Evaporazione

L'**evaporazione** è un processo spontaneo che avviene alla superficie di un liquido. Le molecole più prossime alla superficie possono avere energia cinetica sufficiente per superare le forze di interazione molecolari che le mantengono all'interno del liquido e possono quindi passare allo stato aeriforme. Nel processo di evaporazione il liquido si raffredda. Se le molecole evaporate non vengono rimosse, possono venire ricatturate dal liquido a seguito di urti sulla superficie del liquido e danno luogo al processo di condensazione. Quando il numero di molecole che passano dallo stato liquido a quello di vapore è uguale al numero di molecole che dallo stato di vapore tornano allo stato liquido, si raggiunge un equilibrio dinamico tra liquido e vapore. Ad una data temperatura, la pressione alla quale un liquido è in equilibrio con il proprio vapore è detta **pressione di vapore** (o **tensione di vapore**). La fase gassosa in questa condizione è detta **vapore saturo**.

Per l'acqua alla temperatura di 100°C la tensione di vapore coincide con la pressione atmosferica. Il valore della tensione di vapore cresce al crescere della temperatura. L'insieme della pressione e della temperatura a cui avviene il processo di evaporazione è detto **punto di vaporizzazione**.

7.20.4 Ebollizione

A differenza dell'evaporazione, il processo di **ebollizione** è un fenomeno provocato e non spontaneo. Riscaldando un liquido si iniziano ad osservare piccole bolle di vapore all'interno del liquido per la presenza di gas disciolto nel liquido. All'aumentare della temperatura del liquido, aumentano le dimensioni delle bolle che, essendo meno dense del liquido, salgono in superficie. Queste bolle passano allo stato di vapore. L'ebollizione è un fenomeno legato alla pressione di vapore. La temperatura a cui la pressione di vapore di una sostanza è pari alla pressione atmosferica è detta **temperatura di ebollizione**. A pressione costante, durante tutta l'ebollizione la temperatura resta costante.

Per trasformare in vapore la massa di 1 kg di una certa sostanza che si trova alla temperatura di ebollizione, è necessario fornire ad essa una quantità di calore definita, che viene detta **calore latente di vaporizzazione** (ad esempio per l'acqua, alla pressione atmosferica, il calore latente di vaporizzazione a 100°C è di 539 kcal/kg).

7.20.5 La liquefazione dei gas

La liquefazione dei gas (o **condensazione**) è il processo inverso alla vaporizzazione, ossia il passaggio dallo stato aeriforme a quello liquido. A tal proposito è bene distinguere tra vapore e gas. Il vapore, mantenuto a temperatura costante, può passare allo stato liquido per compressione. Infatti, a seguito di compressione a temperatura costante la pressione aumenta e, raggiunto il valore della pressione pari alla tensione di vapore, inizia il passaggio di stato (liquefazione o condensazione) (Fig. 7.9). La pressione resta costante per tutto il processo di condensazione. Quando il vapore si è liquefatto totalmente, la pressione riprende a salire molto rapidamente (i liquidi sono infatti pressoché incomprimibili).

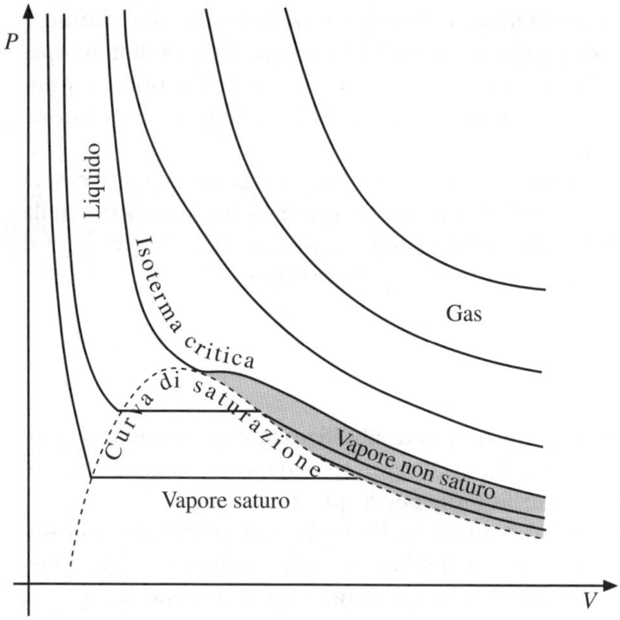

Figura 7.9 Le fasi liquida ed aeriforme: i gas sono aeriformi che si trovano ad una temperatura superiore all'isoterma critica e per i quali non si può indurre liquefazione per compressione. Al contrario il vapore, anch'esso aeriforme, può passare in fase liquida mediante compressione.

Se si considerano trasformazioni isoterme a temperatura crescente, si può osservare dall'andamento della curva che descrive tali trasformazioni in un piano P-V, che il passaggio è facilitato.

Alla **temperatura critica** (isoterma critica) il passaggio di stato avviene istantaneamente. Al di sopra della temperatura critica non si può indurre liquefazione per compressione. I gas sono dunque aeriformi che si trovano ad una temperatura maggiore di quella critica, mentre il vapore è un aeriforme avente temperatura inferiore alla temperatura critica.

7.20.6 La sublimazione e il brinamento

La **sublimazione** è il passaggio diretto dallo stato solido a quello di vapore. Il processo inverso prende il nome di **brinamento**.

7.21 Scambi di energia tra un sistema termodinamico e l'ambiente esterno

Un sistema termodinamico può scambiare energia con l'ambiente esterno sotto forma di lavoro e/o calore. Dato un sistema costituito da un gas in un recipiente chiuso da un pistone, è possibile compiere lavoro dall'esterno sul sistema, abbassare il pistone e quindi comprimere il gas. Il medesimo effetto può però essere ottenuto ponendo il recipiente nell'acqua fredda: il gas si raffredda, diminuisce il proprio volume e, di conseguenza, il pistone scende.

Un sistema termodinamico che viene preso in considerazione è detto **sistema aperto** se vi è scambio di energia e di materia con l'ambiente. Un sistema è detto **sistema chiuso** se vi è scambio di energia e non di materia. Un sistema è detto **sistema isolato** se non vi è scambio né di materia né di energia.

7.22 Primo principio della termodinamica

Il **primo principio della termodinamica** esprime una generalizzazione del principio di conservazione dell'energia, tenendo conto anche della energia termica. Il primo principio afferma che la somma di calore Q e lavoro L scambiati da un sistema con l'ambiente è pari alla variazione ΔU dell'energia interna:

$$\boxed{\Delta U = Q - L} \qquad (7.26)$$

dove il segno meno tiene conto della convenzione scelta sui segni delle grandezze calore e lavoro. Il calore è assunto positivo se assorbito dal sistema e negativo se ceduto dal sistema. Il lavoro è assunto positivo se è compiuto dal sistema (esempio: espansione del gas) e negativo se è compiuto sul sistema (esempio: compressione del gas).

Il calore e il lavoro non sono funzioni di stato: essi cioè non dipendono solo dagli stati iniziale e finale del sistema ma anche dalla particolare trasformazione seguita. L'energia interna è una **funzione di stato** in quanto dipende solo dagli stati iniziale e finale del sistema. Per un gas perfetto l'energia interna è solo funzione della temperatura assoluta. Dal primo principio della termodinamica segue che:

- in un sistema isolato $Q = 0$, $L = 0$ e quindi si ha $\Delta U = 0$;
- in una trasformazione ciclica, in cui lo stato iniziale e quello finale coincidono, $\Delta U = 0$ e quindi si ha $Q = L$.

7.23 Lavoro in una trasformazione isobara

Si consideri il gas racchiuso in un recipiente coperto da un pistone mobile di area A. Se il gas si espande a pressione costante P, il pistone sale di un tratto Δx e il gas compie un lavoro:

$$L = F \cdot \Delta x = P \cdot A \cdot \Delta x \tag{7.27}$$

ovvero

$$\boxed{L = P \cdot \Delta V} \tag{7.28}$$

dove ΔV è la variazione di volume del gas $\Delta V = A \cdot \Delta x$

Per la convenzione introdotta, il lavoro compiuto dall'ambiente esterno sul gas risulta pari alla stessa quantità cambiata di segno: $L = -P \cdot \Delta V$.

7.24 Trasformazioni non isobare

Se la trasformazione non avviene a pressione costante, il lavoro compiuto può essere calcolato come somma di lavori compiuti in spostamenti infinitesimi del pistone, ovvero per variazioni infinitesime del volume.

In generale nel piano P-V il lavoro per una trasformazione che porta il gas da un volume V_1 ad un volume V_2 è rappresentata dall'area tratteggiata sotto la curva (Fig. 7.10).

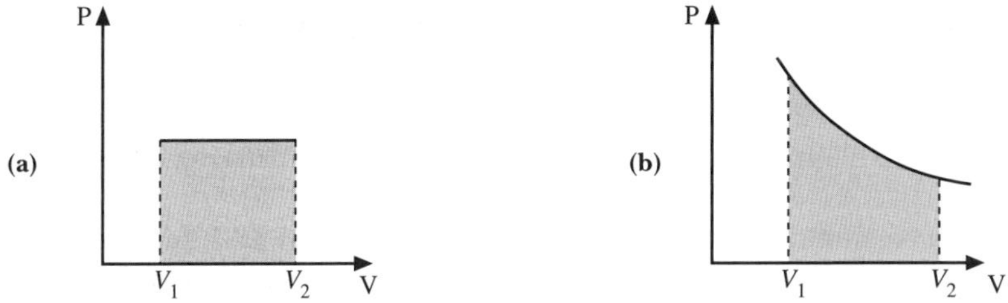

Figura 7.10 Rappresentazione nel piano P-V del lavoro per una trasformazione isobara (**a**) ed una isoterma (**b**).

7.24.1 Trasformazione isocora

Nella **trasformazione isocora** (volume costante) il lavoro è nullo ($L = 0$). Quindi, per il primo principio, in una trasformazione isocora la variazione di energia interna è pari al calore scambiato ($\Delta U = Q$).

7.24.2 Trasformazione isoterma

In una **trasformazione isoterma** (temperatura costante) di un gas perfetto, il lavoro L compiuto dal sistema è pari al calore Q assorbito dal sistema ($Q = L$) in quanto l'energia interna, che per un gas perfetto è solo funzione della temperatura, rimane costante ($\Delta U = 0$).

7.24.3 Trasformazione adiabatica

Una **trasformazione adiabatica** è una trasformazione in cui non vi è scambio di calore: $Q=0$. Per il primo principio della termodinamica si ha che il lavoro compiuto da un gas in una trasformazione adiabatica è pari alla diminuzione di energia interna ($\Delta U = -L$). Quindi un gas che si espande senza assorbire calore, spende la sua energia interna e quindi si raffredda. Si può dimostrare che in un piano P-V una trasformazione adiabatica è rappresentata da una curva (Fig. 7.11) con pendenza maggiore rispetto ad una iperbole equilatera che rappresenta l'isoterma.

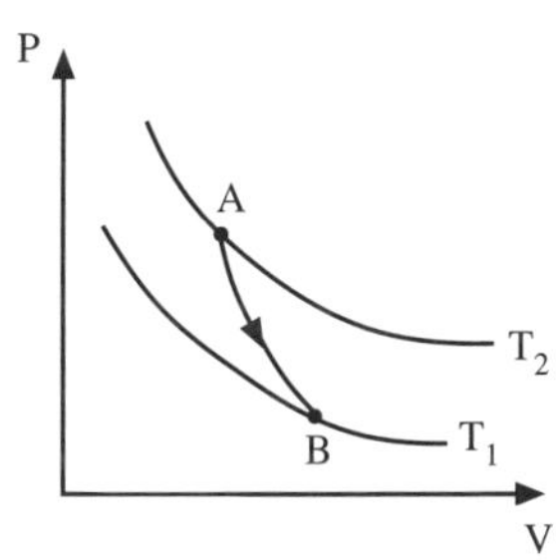

Figura 7.11 Rappresentazione nel piano P-V di una trasformazione adiabatica da uno stato termodinamico A ad uno stato termodinamico B.

7.25 Trasformazioni reversibili e irreversibili

Si distinguono due classi di trasformazioni, in dipendenza dal modo in cui la trasformazione avviene. Una trasformazione è detta **trasformazione reversibile** se:

- è una successione di stati di quasi equilibrio (ovvero una successione di variazioni molto piccole, seguite da intervalli di tempo che consentano di raggiungere stati di equilibrio), in modo tale da poter garantire che le variabili termodinamiche (*P*, *V*, *T*) siano rappresentative dell'intero sistema;
- la trasformazione è percorribile in senso inverso passando per gli stessi stati intermedi mediante una piccola variazione delle condizioni esterne.

Una **trasformazione irreversibile**, contrariamente a quanto il nome possa far pensare, non indica una trasformazione che non permette un ritorno alle condizioni iniziali, ma è una trasformazione che non inverte il suo senso a seguito di piccole variazioni delle condizioni esterne.

Bisogna notare che tutti i processi spontanei e reali sono di natura irreversibile, mentre le trasformazioni reversibili sono tipiche dei processi ideali e possono essere approssimate con trasformazioni che vengono eseguite con molta lentezza.

7.26 Macchine termiche e rendimento

Una **macchina termica** è una macchina capace di trasformare calore in lavoro. Una macchina termica ideale è rappresentata dal ciclo di Carnot.

Per poter operare, tutte le macchine compiono un ciclo, cioè il sistema ritorna ripetutamente al suo stato iniziale.

La macchina termica più semplice è costituita da un gas ideale racchiuso in un cilindro con pistone mobile. Il gas dapprima si espande assorbendo calore Q_2 da una sorgente a temperatura elevata T_2, per poi comprimersi cedendo calore Q_1 ad una sorgente a temperatura T_1 ($T_1 < T_2$). La variazione di energia interna è nulla ($\Delta U = 0$) perché si tratta di un ciclo, quindi il lavoro compiuto è pari al calore scambiato:

$$L = Q_2 + Q_1 \tag{7.29}$$

(tenendo però presente che per la convenzione dei segni sul calore Q_1 è negativo).

Il **rendimento di una macchina termica** è definito dal rapporto fra il lavoro prodotto e il calore assorbito:

$$\boxed{\eta = \frac{L}{Q_2} = \frac{Q_2 + Q_1}{Q_2} = 1 + \frac{Q_1}{Q_2}} \tag{7.30}$$

7.27 Ciclo di Carnot

Il **ciclo di Carnot** rappresenta una macchina termica ideale in cui un gas perfetto compie una trasformazione ciclica costituita da due trasformazioni reversibili isotermiche (A → B e C → D) e da due trasformazioni adiabatiche (B → C e D → A).

Gli scambi di calore avvengono nelle trasformazioni isotermiche, durante l'espansione isoterma A → B il gas assorbe una quantità di calore Q_2 dalla sorgente T_2 e durante la compressione isoterma C → D il gas cede una quantità di calore Q_1 alla sorgente a temperatura T_1. Nella trasformazione adiabatica B → C il gas si espande ma a spese della sua energia interna quindi si raffredda; durante la trasformazione adiabatica D → A il gas si comprime e quindi si riscalda (Fig. 7.12).

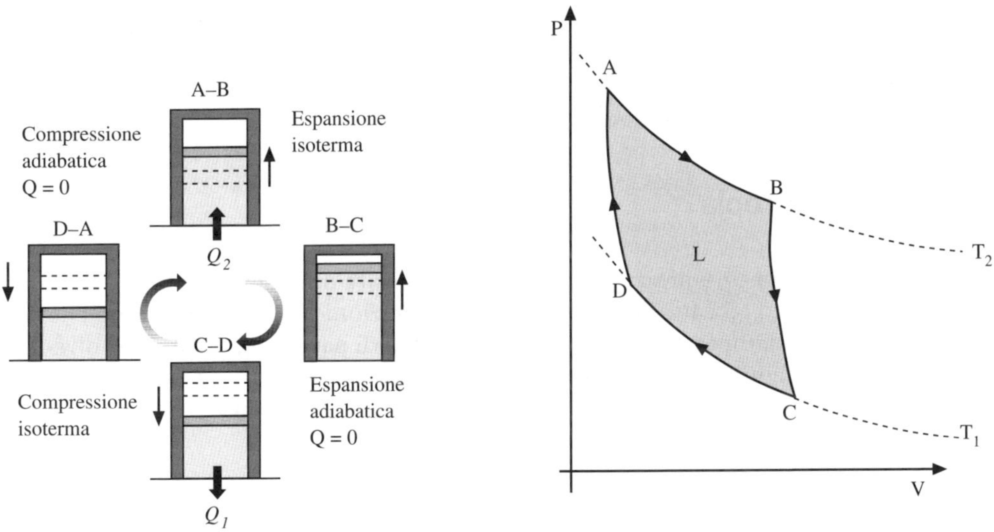

Figura 7.12 Il ciclo di Carnot e la sua rappresentazione in un diagramma P-V.

Il lavoro complessivo prodotto nel ciclo è rappresentato dall'area racchiusa nel cammino ABCDA del diagramma P-V. Si può dimostrare che il rendimento massimo si ha per una macchina termica ideale a ciclo reversibile di Carnot e che il rendimento dipende dal rapporto fra le temperature T_1 e T_2, ovvero da $\left(\frac{T_1}{T_2}\right)$:

$$\boxed{\eta = \frac{L}{Q_2} = 1 + \frac{Q_1}{Q_2} = 1 - \frac{T_1}{T_2}} \qquad (7.31)$$

Il rendimento è sempre < 1(4) anche per la macchina ideale. Ad esempio una macchina ideale che opera tra le due temperature di 100°C = 373 K e 0°C = 273K ha rendimento pari a: $\eta = 1 - \frac{273}{373} = = 0{,}268$ (circa 27%).

Il rendimento di una macchina reale che si avvale di trasformazioni irreversibili è minore del rendimento di una macchina ideale:

$$\boxed{\eta_{irr} < 1 - \frac{T_1}{T_2}} \tag{7.32}$$

7.28 Ciclo frigorifero

Il ciclo frigorifero è il ciclo di Carnot compiuto in verso opposto: l'ambiente fornisce energia meccanica (lavoro) al sistema, il quale compie il ciclo e cede calore ad una sorgente a temperatura più alta dopo averlo assorbito da una sorgente a temperatura più bassa.

7.29 Entropia

L'**entropia** è una grandezza che fornisce una misura del disordine di uno stato termodinamico ed è funzione di stato. Considerazioni statistiche mostrano che un sistema isolato, costituito da un gran numero di particelle, tende ad evolvere verso configurazioni di crescente disordine.

Per una trasformazione isotermica la variazione di entropia è:

$$\boxed{\Delta S = \frac{\Delta Q}{T}} \tag{7.33}$$

ossia pari al rapporto tra calore scambiato dal sistema e la sua temperatura.

L'unità di misura dell'entropia nel Sistema Internazionale è $\frac{J}{K}\left(\frac{joule}{kelvin}\right)$.

Quando il calore è assorbito dal sistema la variazione di entropia è positiva, quindi l'entropia cresce; quando invece il calore è ceduto dal sistema all'ambiente la variazione di entropia è negativa, quindi l'entropia del sistema diminuisce. Per una trasformazione adiabatica la variazione di entropia del sistema è nulla in quanto $\Delta Q = 0$.

(4) Si può esprimere anche dicendo che il rendimento di una macchina termica è sempre < 100%.

Si può calcolare che in un sistema isolato la variazione di entropia per una qualsiasi trasformazione reversibile è nulla, mentre è positiva se la trasformazione è irreversibile.

Usando il termine "Universo" per quel sistema isolato che è l'insieme del sistema considerato e del suo ambiente, si può affermare che l'entropia non diminuisce mai: $\Delta S \geq 0$ (vale il segno di maggiore per le trasformazioni irreversibili e il segno uguale per le trasformazioni reversibili). L'entropia dell'Universo è costante per le trasformazioni ideali che sono reversibili e aumenta per le trasformazioni reali, spontanee che sono irreversibili.

7.30 Secondo principio della termodinamica

Il primo principio della termodinamica, come conservazione dell'energia, non pone limitazioni sulla possibilità di trasformare il lavoro in calore o il calore in lavoro, mentre il **secondo principio della termodinamica**, indicando il senso secondo cui evolvono i processi spontanei, consente di fare una distinzione fra le forme di energia: lavoro e calore.

Il secondo principio è esprimibile secondo diversi enunciati, i più noti fra questi sono i seguenti:

- **Enunciato di Lord Kelvin:** è impossibile realizzare una trasformazione ciclica il cui unico risultato sia la trasformazione in lavoro del calore sottratto ad una sola sorgente termica.
- **Enunciato di Clausius:** è impossibile realizzare una trasformazione il cui unico risultato sia il trasferimento di calore da un corpo freddo ad un corpo caldo.

Si può dimostrare che i due enunciati sono equivalenti, nel senso che se fosse possibile costruire una macchina che violi l'enunciato di Lord Kelvin, allora sarebbe possibile anche avere il passaggio spontaneo di calore da un corpo freddo ad un corpo caldo, violando l'enunciato di Clausius (e viceversa).

È possibile esprimere il secondo principio anche in termini più generali, attraverso la grandezza entropia, enunciando che il risultato di una qualsiasi trasformazione spontanea è un aumento dell'entropia dell'Universo ($\Delta S > 0$), ovvero che le trasformazioni evolvono spontaneamente verso uno stato di maggiore disordine. In questo modo il secondo principio consente di evidenziare che, in un processo spontaneo, l'energia si degrada passando da una forma più ordinata, come può essere l'energia meccanica, ad una forma meno ordinata come l'energia termica. Fornire lavoro rispetto a fornire calore equivale a fornire energia in una forma più utilizzabile. Infatti, il lavoro può essere trasformato completamente in calore (ad esempio per attrito) mentre il calore, estratto da un'unica sorgente, può essere solo in parte trasformato in lavoro con una macchina termica. In un ciclo termico parte del calore assorbito è ceduto a temperatura minore ed è quindi meno utilizzabile per compiere lavoro.

Capitolo 8
Elettricità

8.1 Elettrizzazione

Materiali come l'ambra o il vetro, quando vengono sfregati con un panno di lana, acquistano la proprietà di attirare corpi leggeri (come pezzetti di carta). Questo fenomeno è noto come **elettrizzazione**.

8.2 Carica elettrica

Lo stato di elettrizzazione di un corpo è attribuito alla **carica elettrica**. La carica elettrica può essere di due tipi: positiva e negativa. Cariche dello stesso segno si respingono, mentre cariche di segno opposto si attraggono. L'unità di misura della carica elettrica nel Sistema Internazionale è il *coulomb* (simbolo C). Per convenzione la carica elettrica è vista come una grandezza derivata dall'intensità di **corrente elettrica**. Le sue dimensioni pertanto sono: $[Q] = [i \cdot T]$ avendo indicato con i le dimensioni della grandezza **intensità di corrente elettrica**.

Tutte le cariche elettriche si presentano come multipli interi della carica elementare $e = 1{,}6 \cdot 10^{-19}$ C associata all'elettrone ($-e$) e al protone ($+e$).

8.3 Principio di conservazione della carica elettrica

L'elettrizzazione non è il risultato della creazione di carica, ma soltanto del trasferimento della carica da un corpo ad un altro. I due corpi strofinati si caricano: quello che cede elettroni si carica positivamente, mentre quello che li acquista si carica negativamente. Questo si traduce nel **principio di conservazione della carica**: durante qualsiasi fenomeno, la carica totale posseduta da un sistema isolato è costante.

8.4 Conduttori, isolanti e semiconduttori

L'elettrizzazione prodotta in un corpo (ad esempio per strofinio, producendo cessione o acquisto di elettroni), si può comunicare ad un altro corpo per contatto. Le sostanze in cui l'elettrizzazione rimane confinata sono chiamate **isolanti** (o **dielettrici**); le sostanze, invece, in cui l'elettrizzazione non resta localizzata sono detti **conduttori.** Nei conduttori le cariche elettriche sono libere di muoversi: nel caso di conduttori metallici le cariche libere di muoversi sono gli elettroni; in un liquido e in un gas possono invece partecipare alla conduzione sia gli ioni positivi che gli ioni negativi. Negli isolanti, al contrario, le cariche elettriche sono piuttosto vincolate e poco libere di muoversi. I **semiconduttori** sono materiali che si comportano come isolanti a temperature molto basse, mentre a temperatura ambiente conducono cariche di segno positivo o negativo.

8.5 Induzione elettrostatica

L'**induzione elettrostatica** è il fenomeno che avviene quando si avvicina un corpo elettrizzato ad un conduttore scarico. Se, per esempio, il corpo è elettrizzato positivamente, gli elettroni del conduttore risentono dell'attrazione della carica elettrica positiva e, liberi di muoversi, si spostano verso il corpo carico. Fintanto che il corpo elettrizzato, carico positivamente, ed il conduttore non vengono posti a contatto, il conduttore rimane neutro ma al suo interno si è indotta una ridistribuzione delle cariche, ovvero un addensamento di cariche negative verso il corpo carico positivamente ed un addensamento di cariche positive verso la parte opposta (Fig. 8.1).

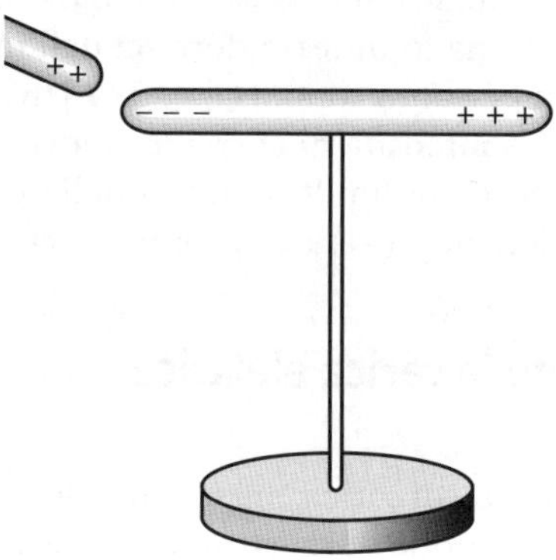

Figura 8.1 Fenomeno dell'induzione elettrostatica.

8.6 Legge di Coulomb

Secondo la **legge di Coulomb** la forza $\vec{F}$ di interazione tra due cariche elettriche Q_1 e Q_2 poste a distanza r (Fig. 8.2) ha *modulo* pari a:

$$\boxed{F = k \cdot \frac{Q_1 \cdot Q_2}{r^2} = \frac{1}{4\pi\varepsilon_0} \cdot \frac{Q_1 \cdot Q_2}{r^2}} \tag{8.1}$$

dove k dipende dalla natura del mezzo in cui le cariche sono immerse. Quando le due cariche sono nel vuoto, $k = \frac{1}{4\pi\varepsilon_0} = 8{,}99 \cdot 10^9 \frac{N \cdot m^2}{C^2}$ dove ε_0 è la **costante dielettrica** del vuoto (o permittività del vuoto): $\varepsilon_0 = 8{,}86 \cdot 10^{-12} \frac{C^2}{N \cdot m^2}$. Le sue dimensioni sono: $[\varepsilon_0] = [L^{-3} \cdot M^{-1} \cdot T^4 \cdot i^2]$

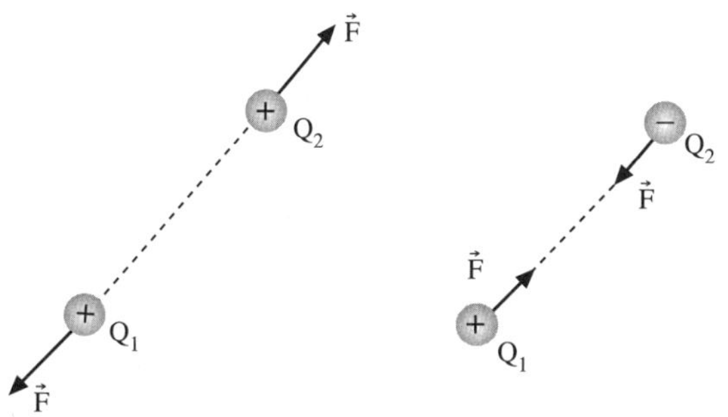

Figura 8.2 Forza di interazione tra cariche elettriche.

La *direzione* della forza $\vec{F}$ è lungo la congiungente Q_1 e Q_2 ed il suo *verso* dipende dal segno delle cariche elettriche: la forza è attrattiva se Q_1 e Q_2 hanno segno opposto ed è repulsiva se le due cariche hanno lo stesso segno.

Quando le due cariche elettriche Q_1 e Q_2 sono poste in un mezzo, e non nel vuoto, k vale:

$$\boxed{k = \frac{1}{4\pi\varepsilon} = \frac{1}{4\pi\varepsilon_0\varepsilon_r}} \qquad (8.2)$$

dove ε, costante dielettrica del mezzo, è: $\varepsilon = \varepsilon_0 \cdot \varepsilon_r$, essendo ε_r la costante dielettrica relativa del mezzo rispetto al vuoto. Per qualsiasi mezzo vale $\varepsilon_r \geq 1$.

La costante dielettrica del mezzo ε ha le stesse dimensioni di ε_0 , mentre ε_r è adimensionale.

8.7 Campo elettrico

Una carica elettrica posta in un punto dello spazio crea nello spazio circostante un **campo elettrico**. Per mettere in evidenza tale campo è necessario utilizzare una **carica esploratrice** q, avente per convenzione segno positivo. Il vettore campo elettrico è definito come il rapporto tra la forza elettrostatica a cui è soggetta la carica esploratrice q nel punto in cui è posizionata e la carica stessa:

$$\vec{E} = \frac{\vec{F}}{q} \tag{8.3}$$

La direzione ed il verso di $\vec{E}$ coincidono con la direzione ed il verso di $\vec{F}$.

L'unità di misura del campo elettrico nel Sistema Internazionale è $\frac{newton}{coulomb}\left(\frac{N}{C}\right)$ oppure $\frac{volt}{metro}\left(\frac{V}{m}\right)$ (§ 8.13, sul lavoro compiuto dalle forze del campo elettrico) e le sue dimensioni:

$$[E] = [M \cdot L \cdot T^{-3} \cdot i^{-1}] \; .$$

8.8 Campo elettrico generato da una carica puntiforme

L'**intensità del campo elettrico generato da una carica elettrica puntiforme** Q si ricava a partire dalla definizione di campo elettrico e dalla legge di Coulomb, come:

$$E = \frac{F}{q} = k \cdot \frac{Q \cdot q}{r^2} \cdot \frac{1}{q} = k \cdot \frac{Q}{r^2} \tag{8.4}$$

Il campo elettrico in un punto dello spazio non dipende quindi dalla carica esploratrice q, ma solo dalla carica generatrice Q, dalla distanza del punto dalla carica Q, e dal mezzo (tramite il fattore k).

8.9 Linee di forza del campo elettrico

Il campo elettrico può venire rappresentato graficamente mediante **linee di forza**, ossia linee continue che in ogni punto sono tangenti al vettore campo elettrico $\vec{E}$. Le linee di forza del campo elettrico sono convenzionalmente uscenti dalle cariche elettriche positive ed entranti nelle cariche elettriche negative (Fig. 8.3). Le linee di forza del campo elettrico non possono intersecarsi poiché nell'eventuale punto di intersezione $\vec{E}$ avrebbe due diverse direzioni contemporaneamente.

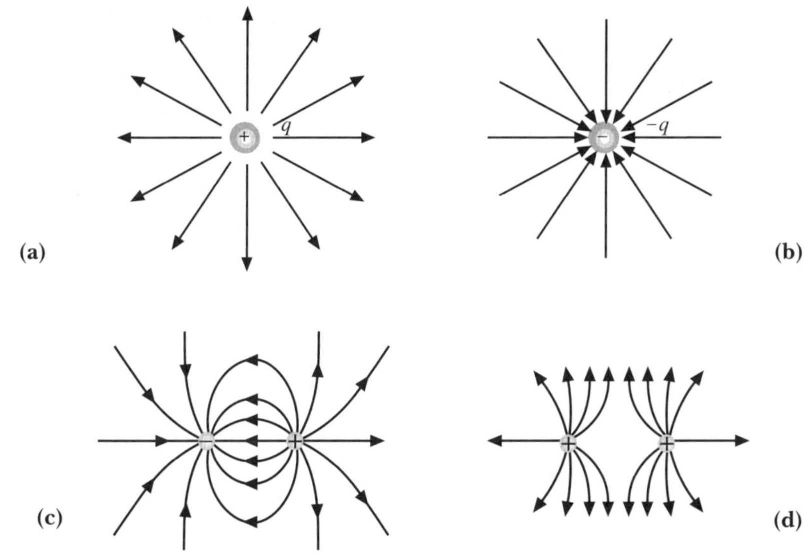

Figura 8.3 Linee di forza di un campo elettrico generato da una carica puntiforme. **(a)** Carica positiva; **(b)** Carica negativa. Linee di forza del campo elettrico generato da due cariche puntiformi di uguale intensità. **(c)** Segno opposto; **(d)** Stesso segno.

8.10 Carattere conservativo del campo elettrostatico

Il campo elettrico generato da cariche in quiete non varia nel tempo e si dice **campo elettrostatico**. Il campo elettrostatico è un **campo conservativo** (§ 4.4), ovvero il lavoro compiuto dalle forze del campo per portare una carica elettrica da una posizione iniziale ad una posizione finale non dipende dal percorso seguito ma solamente dalle posizioni iniziale e finale. Solo campi di forza conservativi consentono di definire l'energia potenziale come funzione della posizione nel campo (§ 4.5).

8.11 Energia potenziale elettrica

L'**energia potenziale elettrica** E_P di una carica elettrica q all'interno di un campo elettrico è una funzione della posizione della carica, tale che la differenza tra il suo valore nella posizione iniziale A e quello nella posizione finale B è uguale al lavoro compiuto dalle forza del campo per spostare la carica da A a B:

$$\boxed{E_{P_A} - E_{P_B} = L_{A \to B}} \qquad (8.5)$$

ovvero $L_{A \to B} = -\Delta E_P$ dove ΔE_P è la differenza tra l'energia potenziale nella posizione B e l'energia potenziale nella posizione A. L'unità di misura dell'energia potenziale elettrica è la stessa del lavoro (come per l'energia potenziale gravitazionale §4.5). Nel Sistema Internazionale è il *joule*, dimensione: $[E_P] = [M \cdot L^2 \cdot T^{-2}]$.

All'energia potenziale è convenzionalmente attribuito il valore zero per una distanza infinita dalla carica Q che crea il campo: $E_{P_\infty} = 0$.

L'energia potenziale elettrica associata ad una carica esploratrice q posta a distanza r dalla carica generatrice Q è data da:

$$\boxed{E_P = k \cdot \frac{Q \cdot q}{r}} \qquad (8.6)$$

8.12 Potenziale elettrico

Il **potenziale elettrico** in un punto M del campo elettrico è definito come il rapporto tra l'energia potenziale elettrica di una carica elettrica in M e la carica stessa:

$$\boxed{V_M = \frac{E_{P_M}}{q}} \qquad (8.7)$$

Nel caso di un campo elettrico generato da una carica Q, il potenziale elettrico in un punto a distanza r dalla carica generatrice Q è dato da:

$$\boxed{V_M = \frac{E_{P_M}}{q} = k \cdot \frac{Q}{r}} \qquad (8.8)$$

Il potenziale elettrico in un punto dello spazio non dipende quindi dalla carica q che si trova in quel punto, ma solo dalla carica generatrice Q, dalla posizione del punto nello spazio e dalla costante dielettrica del mezzo (tramite il fattore k).

L'unità di misura del potenziale elettrico è il $volt = \frac{joule}{coulomb}$ $\left(1V = 1\frac{J}{C}\right)$ e le sue dimensioni sono: $[V] = [M \cdot L^2 \cdot T^{-3} \cdot i^{-1}]$

8.13 Differenza di potenziale elettrico e lavoro delle forze elettriche

Dato un campo elettrico e due punti nello spazio A e B, se V_A e V_B sono i valori del potenziale elettrico rispettivamente in A e in B, la **differenza di potenziale** (d.d.p.) tra A e B (o differenza di tensione tra A e B) $\Delta V = V_B - V_A$ è il lavoro, cambiato di segno, compiuto dal campo elettrico per portare una carica elettrica unitaria e positiva q dal punto A al punto B. Infatti usando le definizioni di potenziale e di energia potenziale si ha:

$$V_B - V_A = \frac{E_{P_B}}{q} - \frac{E_{P_A}}{q} = -\frac{L_{A\to B}}{q} \quad (8.9)$$

da cui:

$$\boxed{\Delta V = V_B - V_A = -\frac{L_{A\to B}}{q}} \quad (8.10)$$

Vi è una relazione fra campo elettrico e differenza di potenziale, sulla base della relazione fra lavoro e differenza di potenziale ($L = -q \cdot \Delta V$). Ad esempio nel caso semplificato (forza e spostamento nella stessa direzione e verso) in cui il lavoro è $L = F \cdot \Delta s = q \cdot E \cdot \Delta s$ dove Δs è lo spostamento della carica q nel campo uniforme $\vec{E}$, si ottiene $-q\Delta V = q\,E\Delta s$ da cui:

$$\boxed{E = -\frac{\Delta V}{\Delta s}} \quad (8.11)$$

Per l'unità di misura di E nel Sistema Internazionale, secondo la relazione 8.11, può essere utilizzato il $\frac{volt}{metro}$ oltre al $\frac{newton}{coulomb}$ (vedi §8.7). Vale che $1\,\frac{N}{C} = 1\,\frac{V}{m}$.

8.14 L'elettronvolt

L'**elettronvolt** (eV) è una unità di misura dell'energia che viene spesso usata per descrivere fenomeni su scala atomica. Un elettronvolt corrisponde all'energia potenziale di una carica elementare ($1{,}6 \cdot 10^{-19}$ C) sottoposta ad una differenza di potenziale di 1 volt.

$$1\ \text{eV} = 1{,}6 \cdot 10^{-19}\ \text{C} \cdot 1\text{V} = 1{,}6 \cdot 10^{-19}\ \text{J}$$

8.15 Superfici equipotenziali

Le **superfici equipotenziali** di un campo elettrico sono le superfici i cui punti si trovano tutti allo stesso potenziale. Il lavoro compiuto dalle forze del campo elettrico per spostare una carica elettrica q tra due punti qualsiasi (relazione 8.9) di una superficie equipotenziale è nullo in quanto $\Delta V = 0$.

Le superfici equipotenziali sono sempre ortogonali alle linee del campo elettrico. Nel caso di campo elettrico generato da una carica puntiforme, le superfici equipotenziali sono costituite da superfici sferiche centrate sulla carica (Fig. 8.4).

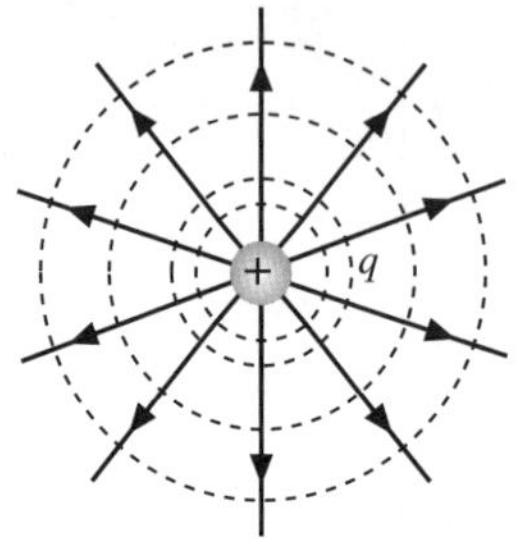

Figura 8.4 Superfici equipotenziali di un campo elettrico generato da una carica puntiforme.

8.16 Flusso del vettore campo elettrico

Per un campo elettrico $\vec{E}$ uniforme e una superficie piana perpendicolare al campo elettrico di area A, si definisce **flusso del vettore campo elettrico** attraverso la superficie il prodotto del modulo di $\vec{E}$ per l'area A:

$$\boxed{\Phi(\vec{E}) = E \cdot A} \tag{8.12}$$

Nel caso in cui la superficie non sia perpendicolare ad $\vec{E}$ (Figura 8.5) il flusso del vettore campo elettrico si calcola come:

$$\boxed{\Phi(\vec{E}) = E \cdot A \cdot \cos\vartheta} \tag{8.13}$$

dove ϑ è l'angolo fra il vettore $\vec{E}$ e la perpendicolare alla superficie. Per $\vartheta = 0$ il campo elettrico $\vec{E}$ è perpendicolare alla superficie, mentre per $\vartheta = 90°$ il campo elettrico $\vec{E}$ è parallelo alla superficie ed in questo caso il flusso è nullo.

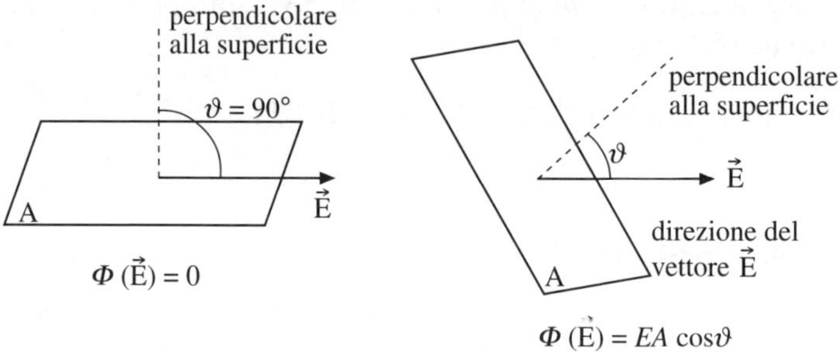

Figura 8.5 Flusso del vettore campo elettrico attraverso la superficie di area A nel caso in cui questa non sia perpendicolare ad $\vec{E}$.

8.17 Teorema di Gauss

Il **teorema di Gauss** afferma che, nel vuoto, il flusso del campo elettrostatico attraverso una qualunque superficie chiusa S è dato dal rapporto tra la somma algebrica Q delle cariche contenute all'interno della superficie e la costante dielettrica del vuoto ε_0:

$$\Phi(\vec{E}) = \frac{Q}{\varepsilon_0} \tag{8.14}$$

Se all'interno della superficie chiusa S non vi sono cariche elettriche, il flusso sarà nullo.

Dal teorema di Gauss si possono ricavare importanti proprietà valide per i conduttori:

1. Il campo elettrico all'interno di un conduttore carico è nullo.
2. Tutti i punti di un conduttore, che si trova in equilibrio elettrostatico, hanno lo stesso valore del potenziale elettrico. Tale valore è detto quindi potenziale del conduttore.
3. In un conduttore la carica elettrica si distribuisce sulla superficie .
4. Nei conduttori non sferici, la carica elettrica si concentra maggiormente nelle regioni dove la curvatura è maggiore (ad esempio in prossimità di una zona appuntita di un conduttore carico si può produrre un campo elettrico molto intenso).

8.18 Capacità elettrica

Se ad un conduttore si fornisce una carica Q, questo si porta ad un potenziale V che è tanto più elevato quanto più è grande la carica fornita. La capacità di un conduttore di accumulare cariche dipende solo dalle caratteristiche geometriche del conduttore e dalle caratteristiche fisiche del mezzo in cui si trova.

La **capacità elettrica di un conduttore** è definita come rapporto tra la carica elettrica del conduttore ed il potenziale a cui esso si trova:

$$C = \frac{Q}{V} \tag{8.15}$$

L'unità di misura della capacità elettrica nel Sistema Internazionale è il $farad = \dfrac{coulomb}{volt}$, le sue dimensioni sono: $[C] = [M^{-1} \cdot L^{-2} \cdot T^{4} \cdot i^{2}]$.

8.19 Il condensatore e la capacità del condensatore

Un **condensatore** è un sistema costituito da due conduttori affacciati e isolati fra loro, detti **armature del condensatore**. In condizione di induzione elettrostatica completa, se Q è la carica accumulata su un conduttore, sul secondo conduttore si avrà una carica pari a $-Q$.

Si definisce **capacità elettrica del condensatore** il rapporto tra il valore assoluto della carica accumulata Q sulle armature e la differenza di potenziale ΔV fra i due conduttori:

$$C = \frac{Q}{\Delta V} \qquad (8.16)$$

Tale relazione ci mostra che la differenza di potenziale fra i due conduttori è proporzionale alla carica Q posseduta da ciascuno di essi. La capacità di un condensatore dipende solo dalle caratteristiche geometriche del condensatore stesso e dalla costante dielettrica ε del mezzo interposto tra i due conduttori ($\varepsilon = \varepsilon_0 \cdot \varepsilon_r$, §8.6).

Un tipico esempio di condensatore è rappresentato dal **condensatore a facce piane e parallele** (Fig. 8.6). Esso è costituito da due superfici conduttrici piane di area S disposte parallelamente tra loro ad una distanza d. Si può dimostrare che per un condensatore a facce piane e parallele la capacità elettrica C è data da:

$$C = \varepsilon \cdot \frac{S}{d} \qquad (8.17)$$

Nel caso in cui le armature di un condensatore a facce piane e parallele possono essere considerate molto grandi rispetto alla loro distanza, il campo elettrico all'esterno delle armatura è nullo mentre il campo elettrico nella regione tra le armature è uniforme. Il vettore campo elettrico fra le due armature è diretto ortogonalmente alle armature e il suo verso va dall'armatura carica positivamente a quella carica negativamente. Il suo modulo vale:

$$E = \frac{\Delta V}{d} \qquad (8.18)$$

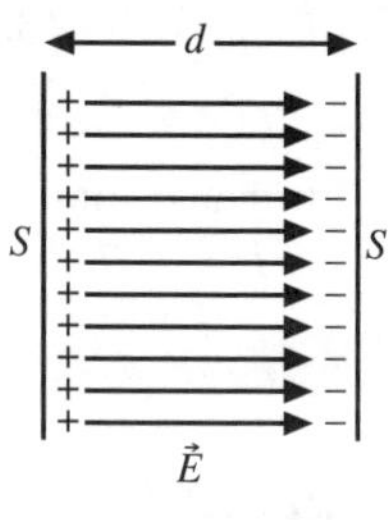

Figura 8.6 Condensatore a facce piane e parallele.

8.20 Collegamento in serie tra condensatori

In un **collegamento in serie tra due condensatori** di capacità elettrica C_1 e C_2 (Fig. 8.7), le armature di ciascun condensatore sono caricate con la medesima quantità di carica elettrica q.

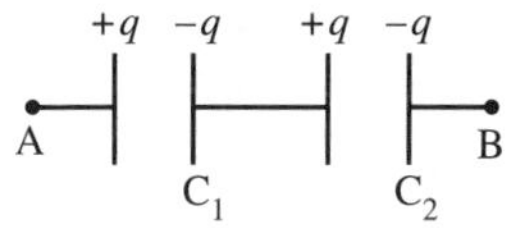

Figura 8.7 Condensatori collegati in serie.

La differenza di potenziale ΔV fra A e B si ripartisce tra ciascun condensatore secondo la relazione:

$$\boxed{\Delta V = \Delta V_1 + \Delta V_2} \quad (8.19)$$

con $\Delta V_1 = \frac{q}{C_1}$ e $\Delta V_2 = \frac{q}{C_2}$. Pertanto:

$$\Delta V = \frac{q}{C_1} + \frac{q}{C_2} = q \cdot \left(\frac{1}{C_1} + \frac{1}{C_2} \right) \quad (8.20)$$

Considerando che per la **capacità equivalente** C_{eq} per due condensatori collegati in serie vale $\Delta V = \frac{q}{C_{eq}}$, si ha:

$$\boxed{\frac{1}{C_{eq}} = \frac{1}{C_1} + \frac{1}{C_2}} \quad (8.21)$$

La capacità equivalente di più condensatori in serie è tale che il suo inverso è la somma degli inversi delle singole capacità. Notare che la capacità equivalente per condensatori in serie è minore di ciascuna delle capacità dei singoli condensatori (es. $C_1 = 1\ \mu F$, $C_2 = 2\ \mu F$, $C_{eq} = 0{,}66\ \mu F$).

8.21 Collegamento in parallelo tra condensatori

In un **collegamento in parallelo tra due condensatori** di capacità elettrica C_1 e C_2 (Fig. 8.8), tra le armature di ciascun condensatore vi è la stessa differenza di potenziale $\Delta V = V_B - V_A$ mentre la carica elettrica totale è data dalla somma delle cariche su ciascun condensatore:

$$\boxed{q = q_1 + q_2} \quad (8.22)$$

La capacità equivalente è:

$$C_{eq} = \frac{q}{\Delta V} = \frac{q_1 + q_2}{\Delta V} \quad (8.23)$$

ovvero:

$$C_{eq} = C_1 + C_2 \quad (8.24)$$

La capacità equivalente di più condensatori in parallelo è la somma di ciascuna delle capacità dei singoli condensatori in parallelo (es. $C_1 = 1\ \mu F$, $C_2 = 2\ \mu F$, $C_{eq} = 3\ \mu F$).

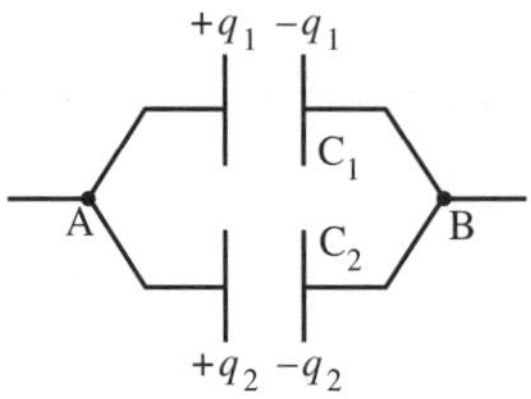

Figura 8.8 Condensatori collegati in parallelo.

8.22 Lavoro per caricare un condensatore ed energia accumulata in un condensatore

Il lavoro compiuto per portare una singola carica q da un'armatura all'altra del condensatore, che già si trovano alla differenza di potenziale ΔV, è pari a:

$$\boxed{L = q \cdot \Delta V} \tag{8.25}$$

Questo lavoro è l'opposto del lavoro eseguito dalle forze elettriche che vale $L = -q \cdot \Delta V$ (vedi §8.13).

Il lavoro L totale che bisogna compiere per caricare le armature di un condensatore, inizialmente scarico, con una carica elettrica Q è dato da:

$$\boxed{L = \frac{1}{2} Q\,\Delta V = \frac{1}{2} \cdot \frac{Q^2}{C} = \frac{1}{2} \cdot C \cdot \Delta V^2} \tag{8.26}$$

dove ΔV è la differenza di potenziale tra le armature e C è la capacità elettrica del condensatore. Questo lavoro resta immagazzinato nel condensatore sotto forma di energia elettrostatica accumulata.

8.23 Corrente elettrica

Applicare una differenza di potenziale agli estremi di un conduttore produce un campo elettrico lungo il conduttore che genera un flusso di cariche (Fig. 8.9).

In un conduttore metallico gli elettroni sono le uniche cariche elettriche libere di muoversi per effetto del campo elettrico e gli elettroni si muovono dalla regione a potenziale elettrico minore verso quella con potenziale elettri-

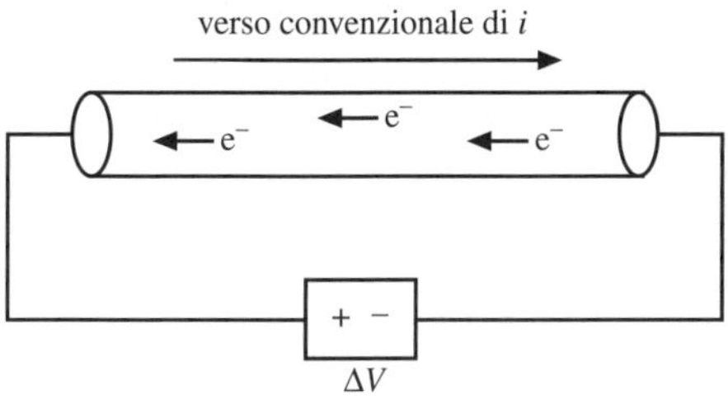

Figura 8.9 Verso della corrente elettrica in un conduttore.

co maggiore. Questo movimento ordinato di elettroni costituisce una **corrente elettrica**. Per convenzione *il verso della corrente elettrica è scelto opposto rispetto al verso degli elettroni in movimento, quindi dalla zona a potenziale maggiore alla zona a potenziale minore.*

Si definisce **intensità di corrente elettrica** i, che fluisce in un conduttore. il rapporto tra la quantità di carica elettrica ΔQ che attraversa una generica sezione di un conduttore nell'intervallo di tempo Δt e l'intervallo stesso:

$$\boxed{i = \frac{\Delta Q}{\Delta t}} \tag{8.27}$$

Se la quantità di carica che attraversa la sezione del conduttore non è costante nel tempo, l'intensità di corrente istantanea è definita come:

$$\boxed{i = \lim_{\Delta t \to 0} \frac{\Delta Q}{\Delta t} = \frac{dQ}{dt}} \tag{8.28}$$

L'intensità di corrente elettrica è una grandezza fondamentale e quindi la sua dimensione fisica è $[i]$.

L'unità di misura della intensità di corrente nel Sistema Internazionale è l'*ampere* (simbolo A). L'unità di misura della carica è legata all'unità di misura dell'intensità di corrente dalla relazione: 1 C = 1 A · 1 s.

8.24 Legge di Ohm

La legge di Ohm è spesso distinta in prima e seconda legge di Ohm.

Un conduttore metallico filiforme, ai cui estremi è applicata una differenza di potenziale costante, è percorso da una corrente continua. La **prima legge di Ohm** afferma che l'intensità di corrente elettrica i in un conduttore metallico, purché non intervengano variazioni nelle condizioni fisiche del conduttore, è direttamente proporzionale alla differenza di potenziale ΔV presente ai capi del conduttore stesso:

$$\boxed{\Delta V = i \cdot R} \tag{8.29}$$

La costante di proporzionalità R prende il nome di **resistenza elettrica**. La resistenza elettrica ha un valore che dipende dalle condizioni fisiche del conduttore, dalla sostanza costituente il conduttore e dalle sue caratteristiche geometriche.

L'unità di misura della resistenza elettrica nel Sistema Internazionale è l'$ohm = \frac{volt}{ampere}\left(1\Omega = 1\frac{V}{A}\right)$ e le sue dimensioni: $[R] = [M \cdot L^2 \cdot T^{-3} \cdot i^{-2}]$.

Si usa dire che la corrente fluisce in regime ohmico per indicare la condizione in cui vale la prima legge di Ohm.

La **seconda legge di Ohm** esprime che in un filo conduttore metallico la resistenza elettrica R è direttamente proporzionale alla lunghezza l del filo ed inversamente proporzionale alla sua sezione S:

$$\boxed{R = \rho \cdot \frac{l}{S}} \tag{8.30}$$

La costante di proporzionalità ρ prende il nome di **resistività elettrica** e dipende dal materiale e dalla temperatura a cui si trova.

L'unità di misura della resistività elettrica ρ nel Sistema Internazionale è *ohm · metro* e le sue dimensioni: $[\rho] = [M \cdot L^3 \cdot T^{-3} \cdot i^{-2}]$.

L'inverso della resistività elettrica prende il nome di **conducibilità elettrica**:

$$\boxed{\sigma = \frac{1}{\rho}} \tag{8.31}$$

I conduttori sono caratterizzati da valori elevati di conducibilità elettrica quindi da una bassa resistività (ad esempio la resistività dell'argento ad una temperatura di 20°C è pari a $\rho = 1{,}5 \cdot 10^{-8}\ \Omega \cdot m$). Nei conduttori la resistività aumenta all'aumentare della temperatura.

I dielettrici (o isolanti) sono caratterizzati da bassi valori di conducibilità e quindi elevati valori di resistività (ad esempio la resistività del vetro ad una temperatura di 20°C è pari a $\rho = 10^{11}\ \Omega \cdot m$).

Nei semiconduttori la resistività diminuisce all'aumentare della temperatura.

8.25 Effetto Joule

L'**effetto Joule** è l'effetto di riscaldamento di un conduttore metallico a seguito del passaggio di corrente elettrica. Gli elettroni in moto attraverso un conduttore perdono energia nelle collisioni con gli altri elettroni. L'energia persa dagli elettroni è acquistata dal conduttore sotto forma di calore. L'energia termica sviluppata è pari al lavoro elettrico $L = q \cdot \Delta V$

La potenza dissipata per effetto Joule è pari a:

$$\boxed{P = \frac{L}{\Delta t} = \frac{q \cdot \Delta V}{\Delta t} = \Delta V \cdot i = \frac{\Delta V^2}{R} = R \cdot i^2} \qquad (8.32)$$

L'unità di misura della potenza è il $watt = \dfrac{joule}{secondo} \left(1W = 1\dfrac{J}{s} \right)$.

8.26 Generatore elettrico, pila, batteria

In un conduttore metallico ai cui estremi è applicata una differenza di potenziale fluisce una corrente elettrica, ma affinché la corrente continui a fluire è necessario che sia mantenuta questa differenza di potenziale, ovvero è necessario che sia creata e mantenuta una forza elettromotrice di elettroni.

Il **generatore elettrico** è un dispositivo in grado di creare e mantenere una separazione di cariche positive e negative, ovvero di mantenere una differenza di potenziale tra due elettrodi metallici, ed è per questo detto anche generatore di **forza elettromotrice** (f.e.m.). Pile e batterie sono esempi di generatori di f.e.m.

La forza elettromotrice è la differenza di potenziale ai capi del generatore a circuito aperto ed è definita come rapporto tra l'energia erogata dal generatore e la carica posta in movimento. La forza elettromotrice, nonostante il termine "forza", non ha le dimensioni fisiche di una forza. L'unità di misura della f.e.m. è la stessa del potenziale elettrico: volt.

La **resistenza interna** è la resistenza che la corrente incontra passando all'interno del generatore stesso, e si misura in ohm.

8.27 Circuito elettrico

In generale un **circuito elettrico** è l'insieme di elementi passivi (resistenze e condensatori) e di generatori elettrici. Questi elementi sono uniti tra loro in modo tale che partendo da un punto qualsiasi e seguendo conduttori diversi, si può ritornare al punto di partenza.

Si definisce **maglia** di un circuito ogni percorso chiuso all'interno di un circuito elettrico. Un **nodo** è un punto del circuito elettrico in cui confluiscono due o più conduttori del circuito. Un ramo di un circuito elettrico è un qualunque conduttore che collega due nodi.

I seguenti simboli sono usati nei circuiti per indicare i diversi componenti:

- generatore di corrente continua:

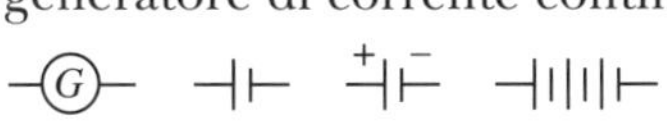

- generatore di corrente alternata:

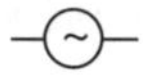

- amperometro

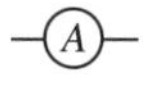

- voltmetro

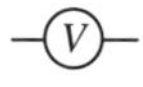

- resistenza

- condensatore

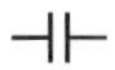

8.28 Amperometro (o galvanometro)

L'**amperometro** (o **galvanometro**) è uno strumento in grado di misurare la corrente elettrica che circola in un circuito elettrico. Esso deve essere inserito mediante un collegamento in serie al circuito di cui si vuole misurare l'intensità di corrente.

8.29 Voltmetro

Il **voltmetro** è uno strumento in grado di misurare la differenza di potenziale tra due punti qualsiasi di un circuito elettrico. Esso deve essere inserito mediante un collegamento in parallelo al circuito di cui si vuole misurare la d.d.p. Infatti, se fosse inserito in serie, la sua resistenza interna determinerebbe una caduta di potenziale ($\Delta V = i \cdot R$) alterando le condizioni del circuito.

8.30 Collegamento in serie tra resistenze

In un **collegamento in serie tra due resistenze,** R_1 e R_2, (Fig. 8.10) ciascuna resistenza è attraversata dalla stessa corrente i mentre la differenza di potenziale ΔV tra gli estremi A e B è data dalla somma delle differenze di potenziale ΔV_1 e ΔV_2 ai capi di ciascuna resistenza:

$$\boxed{\Delta V = \Delta V_1 + \Delta V_2} \tag{8.33}$$

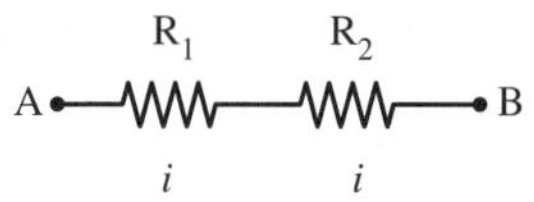

Figura 8.10 Resistenze collegate in serie.

La **resistenza equivalente** per due resistenze in serie è:

$$R_{eq} = \frac{\Delta V}{i} = \frac{\Delta V_1 + \Delta V_2}{i} \tag{8.34}$$

ovvero:

$$R_{eq} = R_1 + R_2 \tag{8.35}$$

La resistenza equivalente di più resistenze in serie è la somma delle singole resistenze (es. $R_1 = 2\ \Omega$, $R_2 = 3\ \Omega$, $R_{eq} = 5\ \Omega$).

8.31 Collegamento in parallelo tra resistenze

In un **collegamento in parallelo tra due resistenze,** R_1 e R_2 (Fig. 8.11) la differenza di potenziale ai capi di ciascuna resistenza è identica $\Delta V = V_B - V_A$, mentre la corrente i che entra nel sistema è la somma delle correnti nelle singole resistenze:

$$i = i_1 + i_2 \tag{8.36}$$

con $i_1 = \frac{\Delta V}{R_1}$ e $i_2 = \frac{\Delta V}{R_2}$.

Pertanto:

$$i = \frac{\Delta V}{R_1} + \frac{\Delta V}{R_2} = \Delta V \cdot \left(\frac{1}{R_1} + \frac{1}{R_2} \right) \tag{8.37}$$

Considerando che per la resistenza equivalente R_{eq} vale $i = \frac{\Delta V}{R_{eq}}$, si ha che la resistenza equivalente di due resistenze in parallelo è:

$$\boxed{\frac{1}{R_{eq}} = \frac{1}{R_1} + \frac{1}{R_2}} \tag{8.38}$$

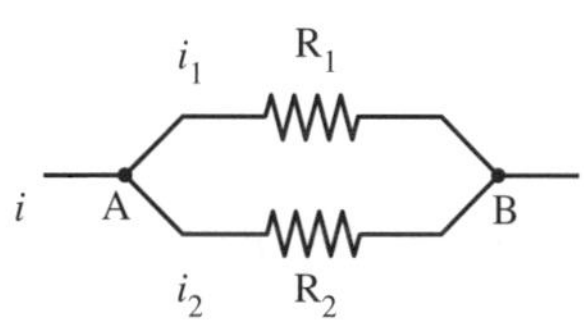

Figura 8.11 Resistenze collegate in parallelo.

La resistenza equivalente di più resistenze in parallelo è tale che il suo inverso è la somma degli inversi delle singole resistenze. Notare che la resistenza equivalente per resistenze in parallelo è minore di ciascuna delle resistenze in parallelo $\left(\text{es. } R_1 = 2\ \Omega,\ R_2 = 3\ \Omega,\ \frac{1}{R_{eq}} = \frac{1}{2} + \frac{1}{3} = 0{,}833\ \Omega^{-1},\ R_{eq} = 1{,}2\ \Omega\right)$.

8.32 Leggi di Kirchhoff

La **prima legge di Kirchhoff** afferma che in ogni nodo (Fig. 8.12) di un circuito elettrico, la somma delle correnti entranti è uguale alla somma delle correnti uscenti. Equivalentemente, attribuendo segno opposto alla corrente nei due versi, si può dire che la somma algebrica delle correnti che confluiscono in un nodo è nulla. Tale legge è una diretta conseguenza del principio di conservazione della carica.

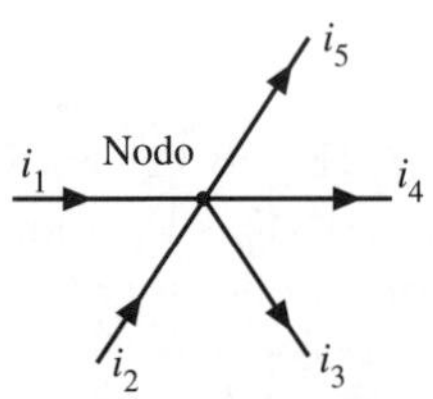

$i_1 + i_2 - i_3 - i_4 - i_5 = 0$

Figura 8.12 Prima legge di Kirchhoff.

La **seconda legge di Kirchhoff** afferma che in ogni maglia (Fig. 8.13) la somma algebrica delle variazioni di potenziale nelle resistenze è uguale a zero, oppure uguale alla d.d.p. del generatore se è presente un generatore in quella maglia. Tale legge è una conseguenza del principio di conservazione dell'energia.

8.33 Corrente elettrica nei liquidi

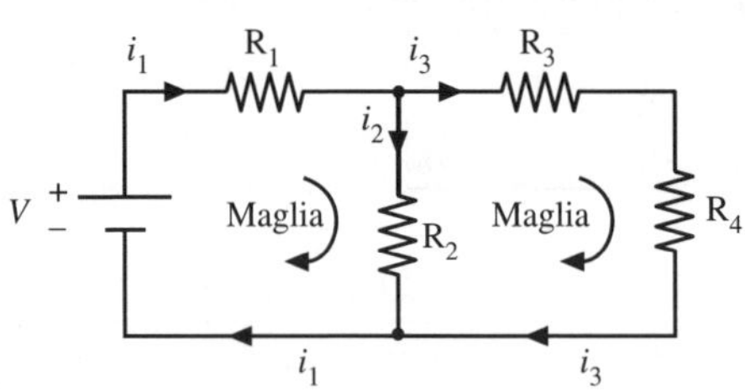

$i_1 R_1 + i_2 R_2 = V$

$i_3 R_3 + i_3 R_4 - i_2 R_2 = 0$

Figura 8.13 Seconda legge di Kirchhoff.

I responsabili della **corrente elettrica nei liquidi** sono gli **anioni** (ioni negativi) e i **cationi** (ioni positivi).

I liquidi non sono conduttori ohmici: non valgono pertanto le leggi di Ohm.

8.34 Corrente elettrica nei gas

I responsabili della **corrente elettrica in un gas** sono sia gli ioni positivi che gli ioni negativi. Affinché in un gas avvenga passaggio di corrente elettrica, il gas deve essere ionizzato.

I gas non sono conduttori ohmici: non valgono pertanto le leggi di Ohm.

Capitolo 9
Magnetismo

9.1 Magnete

Alcune sostanze naturali, come ad esempio un materiale ferroso detto magnetite, hanno la proprietà di attirare pezzetti di ferro e per questo vengono dette sostanze magnetiche naturali. Se si avvicinano fra loro due o più magneti, si possono osservare effetti di tipo attrattivo o repulsivo. Ogni **magnete** possiede due polarità dette Nord e Sud, ed i poli con lo stesso nome si respingono, mentre quelli di diverso nome si attraggono, così come avviene per le cariche elettriche in considerazione del segno della carica.

Bisogna notare che se una barretta magnetica viene spezzata in due parti, ognuna di queste parti è un magnete che presenta in sé i due **poli magnetici** (Figura 9.1). Al contrario di quanto avviene con le cariche elettriche, i poli magnetici non possono essere isolati. *Non esistono i mono-poli magnetici isolati.* La magnetizzazione è dovuta all'orientamento dei dipoli magnetici degli elettroni che orbitano attorno ai nuclei degli atomi. Nei materiali ferromagnetici si definiscono piccoli volumi, detti domini, che si comportano come piccoli magneti e all'interno dei quali i dipoli si presentano allineati. Se il materiale

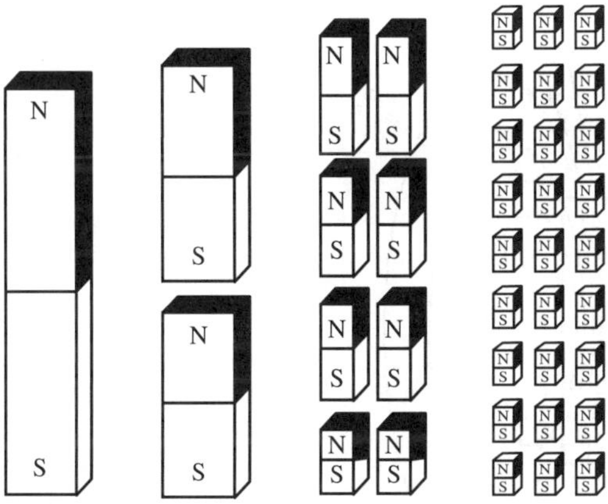

Figura 9.1 I poli magnetici non possono essere isolati.

ferroso non è magnetizzato i domini sono orientati in modo casuale e quindi si annullano l'un l'altro, mentre in un magnete i domini sono allineati e quindi si sommano e creano un campo magnetico. Se il ferro non magnetizzato si trova in vicinanza di un magnete i suoi domini tendono ad orientarsi con il campo magnetico prodotto dal magnete. In questo modo il ferro si magnetizza e rimane magnetizzato anche quando viene rimosso il campo magnetico esterno. In base al diverso comportamento rispetto alle azioni magnetiche si distinguono le sostanze diamagnetiche, paramagnetiche e ferromagnetiche (vedi Paragrafo 9.7).

9.2 Campo magnetico

Si dice che un magnete produce intorno a sé un **campo magnetico** che interagisce con i campi magnetici prodotti da altri magneti. Ad esempio, l'ago di una bussola (sottile magnete sospeso al suo baricentro in modo che possa ruotare sul piano orizzontale) si orienta nella direzione Nord-Sud geografica e l'estremo che punta verso il polo Nord geografico della Terra è detto polo Nord del magnete. Il magnetismo della Terra però può essere trascurabile in presenza di magneti posti nelle vicinanze dell'ago magnetico.

Se si pone un ago magnetico, libero di ruotare attorno al suo baricentro, in un punto di un campo magnetico, si osserva che esso si orienta in una direzione ben precisa. Si può quindi definire come direzione e verso del campo magnetico, nel punto considerato, quelli della retta orientata che va dal polo Sud al polo Nord dell'ago magnetico. L'ago magnetico può così essere usato per la costruzione delle linee di forza del campo magnetico (Fig. 9.2). *A differenza delle linee di forza del campo elettrico* (vedi §8.9), *quelle del campo magnetico sono sempre linee chiuse. Questo comporta che il campo magnetico non è mai conservativo.*

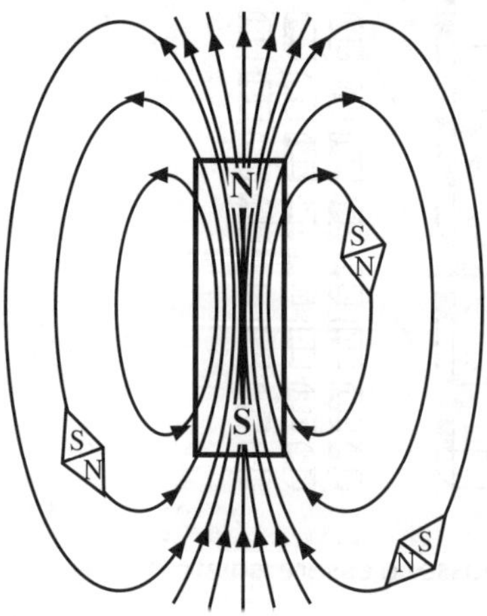

Figura 9.2 Le linee di forza di un campo magnetico sono sempre linee chiuse.

9.3 Campi magnetici generati da correnti elettriche

Non sono soltanto i magneti a generare un campo magnetico, *anche le correnti elettriche sono generatrici di campi magnetici.* Un filo percorso da corrente produce su un ago magnetico lo stesso effetto di un magnete. Il campo magnetico è descritto attraverso il vettore $\vec{B}$, detto **vettore induzione magnetica**. $\vec{B}$ è orientato nella direzione in cui si dispone un ago magnetico che è inserito nel campo e diretto dal polo Sud al polo Nord dell'ago.

L'unità di misura del vettore induzione magnetica nel Sistema Internazionale è il *tesla* (simbolo T):

$$tesla = \frac{newton}{ampere \cdot metro} = \frac{weber}{metro^2}$$

Avendo definito *weber* = *volt secondo* (simbolo Wb).

Le sue dimensioni sono: $[B] = \left[M \cdot i^{-1} \cdot T^{-2}\right]$.

Le proprietà del campo magnetico prodotto da una corrente elettrica (modulo, direzione e verso del vettore induzione magnetica) dipendono dall'intensità di corrente che circola nel circuito e dalla geometria del circuito stesso. Di seguito sono discussi tre casi semplici in cui è possibile ricavare le proprietà del campo magnetico generato da correnti elettriche.

Esempio

Un filo rettilineo percorso da corrente genera un campo magnetico le cui linee di forza sono delle circonferenze concentriche al filo (Fig. 9.3). Il vettore induzione magnetica $\vec{B}$ è tangente a queste circonferenze ed il suo verso dipende dal verso in cui circola la corrente elettrica [(1)].

Il modulo di $\vec{B}$ nel vuoto è dato dalla **legge di Biot e Savart**:

$$\boxed{B = \frac{\mu_0}{2\pi} \cdot \frac{i}{r}} \qquad (9.1)$$

dove i è l'intensità di corrente che circola nel filo ed r è la distanza dal filo stesso. μ_0 è la **permeabilità magnetica** del vuoto. Il valore di μ_0 è pari a $4\pi \cdot 10^{-7}$ e le sue unità di misura sono: $\frac{newton}{ampere^2}$. Le sue dimensioni: $[\mu_0] = \left[M \cdot L \cdot T^{-2} \cdot i^{-2}\right]$.

(1) Per ricordarsi il verso del campo magnetico generato da un filo rettilineo percorso da corrente, disporre il pollice della mano destra secondo il verso della corrente. Il verso di chiusura della mano rappresenta il verso del campo magnetico.

Se il filo non è posto nel vuoto ma immerso in un mezzo, l'espressione del modulo del vettore induzione magnetica diventa:

$$\boxed{B = \frac{\mu}{2\pi} \cdot \frac{i}{r}} \qquad (9.2)$$

dove μ è la permeabilità magnetica del mezzo, che può essere scritta come: $\mu = \mu_0 \cdot \mu_r$, essendo μ_r la permeabilità magnetica relativa del mezzo rispetto al vuoto.

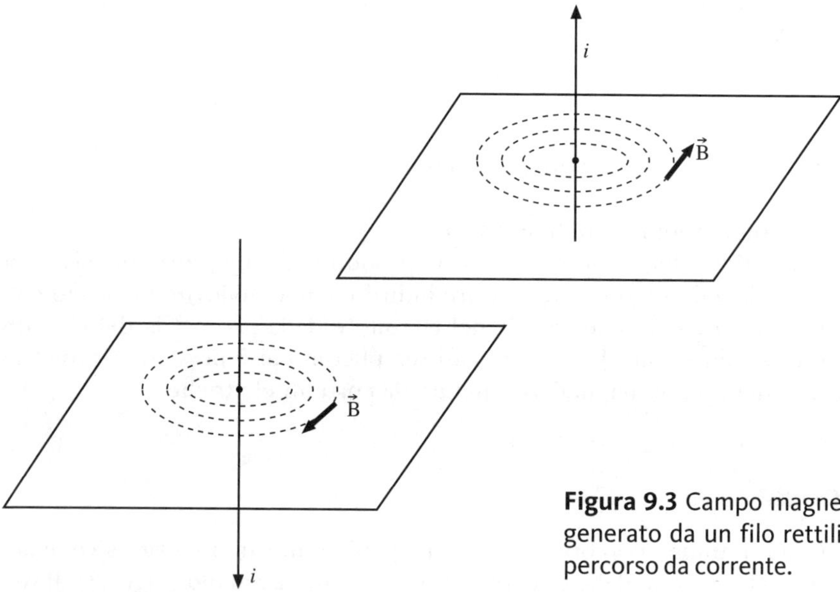

Figura 9.3 Campo magnetico generato da un filo rettilineo percorso da corrente.

Esempio

Una spira circolare di raggio R percorsa da una corrente continua i genera un campo magnetico (Fig. 9.4), il cui vettore induzione magnetica $\vec{B}$ sull'asse della spira è ortogonale alla spira stessa ed il suo verso dipende dal verso in cui circola la corrente elettrica (2).
Il modulo di $\vec{B}$ nel centro della spira è pari a:

$$\boxed{B = \frac{\mu_0 \cdot i}{2R}} \qquad (9.3)$$

(2) Per ricordarsi il verso del campo magnetico generato da una spira circolare percorsa da corrente, procedere in maniera simmetrica a quanto visto per il campo magnetico generato da un filo rettilineo percorso da corrente: chiudendo la mano destra secondo il verso della corrente della spira, il pollice risulta orientato come il campo magnetico generato dalla spira stessa.

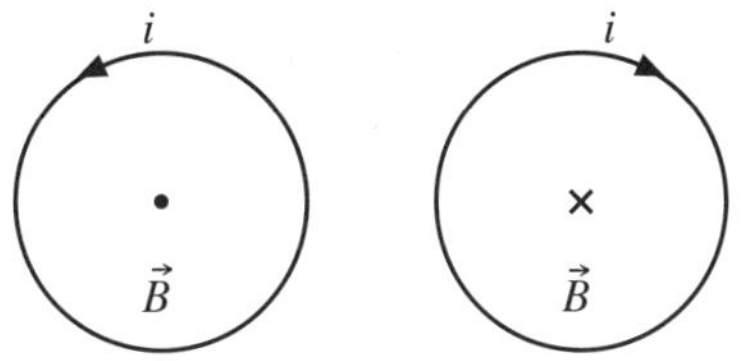

•: vettore uscente rispetto al piano del foglio
×: vettore entrante rispetto al piano del foglio

Figura 9.4 Campo magnetico generato da una spira circolare percorsa da corrente: il verso del campo magnetico dipende dal verso di percorrenza della corrente.

Esempio

Un solenoide di lunghezza L, costituito da un insieme di n spire percorse da una corrente continua i, *genera al suo interno un campo magnetico uniforme* (Fig. 9.5). Il modulo di $\vec{B}$ all'interno del solenoide è pari a:

$$\boxed{B = \frac{\mu_0 \cdot n \cdot i}{L}} \tag{9.4}$$

All'esterno del solenoide il campo magnetico è trascurabile.

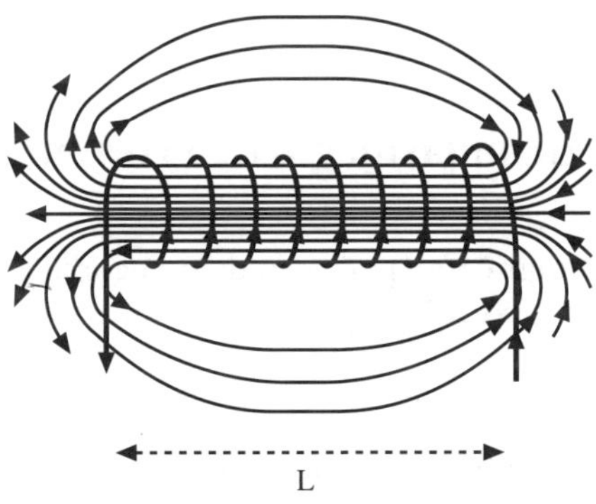

Figura 9.5 Campo magnetico generato da un solenoide percorso da corrente.

9.4 Forza di Lorentz

La **forza di Lorentz** è la forza a cui è soggetta una carica elettrica q in moto in un campo magnetico. Detta $\vec{v}$ la velocità della carica e $\vec{B}$ il vettore induzione magnetica, la forza di Lorentz è data dalla relazione:

$$\boxed{\vec{F} = q \cdot \vec{v} \wedge \vec{B}} \tag{9.5}$$

dove $\wedge$ indica il prodotto vettoriale.

Il vettore $\vec{F}$ è quindi diretto perpendicolarmente al piano individuato dai due vettori $\vec{v}$ e $\vec{B}$. La forza di Lorentz è nulla se la carica elettrica si muove lungo la direzione del campo magnetico, è invece massima se la carica si muove perpendicolarmente a $\vec{B}$.

Essendo $\vec{F}$ perpendicolare a $\vec{v}$ e quindi anche allo spostamento, il lavoro compiuto dalla forza di Lorentz è sempre nullo.

In Figura 9.6 è rappresentata la forza di Lorentz agente sulla carica q che si muove in un campo $\vec{B}$ perpendicolare al piano del foglio e con verso entrante nel foglio.

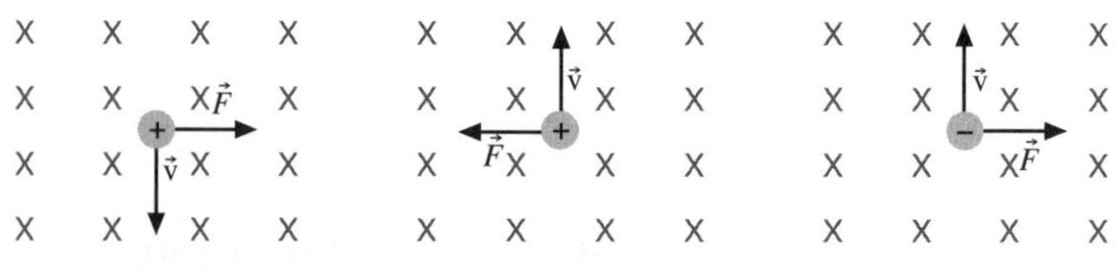

Figura 9.6 Carica elettrica in moto in un campo magnetico: la forza di Lorentz $\vec{F}$ per una carica positiva (**a, b**) o negativa (**c**) che si muove con una velocità $\vec{v}$ in un campo magnetico che ha direzione perpendicolare al foglio e verso entrante.

9.5 Interazione campo magnetico-corrente elettrica

Un filo rettilineo di lunghezza l percorso da una corrente elettrica i ed immerso in un campo magnetico $\vec{B}$ è soggetto ad una forza pari a:

$$\boxed{\vec{F} = i\vec{l} \wedge \vec{B}} \quad (9.6)$$

avendo indicato con $i\vec{l}$ il vettore di lunghezza l orientato secondo il verso di percorrenza della corrente elettrica nel filo.

9.6 Interazione tra fili percorsi da corrente

Si considerino due fili rettilinei e paralleli di lunghezza l, posti ad una distanza d e percorsi dalle correnti i_1 e i_2. Tra essi si esercita una forza: attrattiva se le correnti sono di verso concorde, repulsiva se le correnti sono di verso discorde. L'intensità della forza è data da:

$$F = \frac{\mu_0}{2\pi} \cdot \frac{i_1 i_2}{d} \cdot l \qquad (9.7)$$

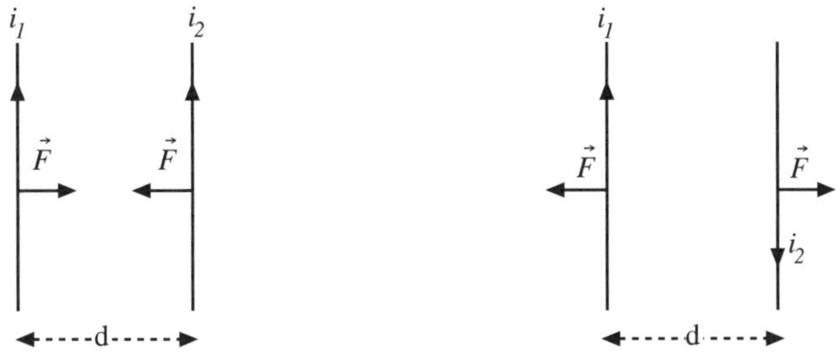

Figura 9.7 Forza di interazione tra fili percorsi da corrente.

La relazione della **forza tra due fili percorsi da corrente** consente di definire l'ampere che è l'unità di misura nel Sistema Internazionale della grandezza fondamentale intensità di corrente. Un ampere è l'intensità di corrente che, percorrendo due conduttori paralleli filiformi, di lunghezza infinita, posti alla distanza di 1 metro l'uno dall'altro, nel vuoto, produce fra di essi una forza di $2 \cdot 10^{-7}$ newton per ogni metro di lunghezza (ovvero dalla 9.7 sostituendo i valori indicati si ha:
$F = \frac{4\pi \cdot 10^{-7}}{2\pi} \frac{N}{A^2} \cdot \frac{1A \cdot 1A}{1m} \cdot 1m = 2 \cdot 10^{-7} N$).

9.7 Proprietà magnetiche della materia

Il campo magnetico in presenza di un mezzo varia in maniera differente a seconda delle proprietà magnetiche del mezzo. Si possono classificare le sostanze in tre diverse categorie:

- **sostanze diamagnetiche:** sono le sostanze che provocano una lieve diminuzione del campo magnetico. Hanno μ_r costante e poco inferiore a 1 e gli atomi che compongono tali sostanze non possiedono un campo magnetico proprio;
- **sostanze paramagnetiche:** sono le sostanze che provocano un lieve aumento del campo magnetico. Hanno μ_r poco maggiore di 1 e gli atomi che compongono tali sostanze possiedono un campo magnetico proprio;
- **sostanze ferromagnetiche:** sono le sostanze che provocano un forte aumento del campo magnetico. Hanno μ_r molto maggiore di 1.

9.8 Elettromagnetismo

Elettricità e magnetismo sono fenomeni distinti l'uno dall'altro solo in caso di regimi stazionari, ossia quando tutte le grandezze elettriche e magnetiche non variano nel tempo. In caso di fenomeni variabili nel tempo, campo elettrico e magnetico non possono essere più studiati separatamente e si parla quindi di **elettromagnetismo** (vedi anche §10.12). Le leggi che governano l'elettromagnetismo sono le quattro **equazioni di Maxwell**.

Un fenomeno che mostra il legame tra campo elettrico e magnetico è l'**induzione elettromagnetica**: se varia il flusso del vettore induzione magnetica concatenato ad una spira chiusa, si ha induzione di corrente elettrica nel circuito. La forza elettromotrice indotta, responsabile della corrente, è data dalla **legge di Faraday-Neumann-Lenz**:

$$\boxed{f.e.m._{indotta} = -\frac{\Delta\Phi\left(\vec{B}\right)}{\Delta t}} \tag{9.8}$$

dove $\Phi\left(\vec{B}\right)$, il flusso del vettore $\vec{B}$ attraverso la superficie A della spira, è dato dal prodotto scalare:

$$\Phi\left(\vec{B}\right) = B \cdot A \cdot cos\,\vartheta \tag{9.9}$$

con ϑ angolo tra la direzione di $\vec{B}$ e la direzione perpendicolare alla superficie della spira.

Il segno meno nella relazione 9.8 sta ad indicare che la corrente indotta che si genera nel circuito tende a compensare la variazione di flusso di campo magnetico che l'ha generata.

Una variazione nel tempo del campo elettrico $\vec{E}$ produce un campo magnetico $\vec{B}$ anch'esso variabile nel tempo e viceversa.

9.9 Generatore di corrente alternata

La legge di Faraday-Neumann-Lenz fornisce le basi per il funzionamento dei generatori di corrente alternata (o alternatori). Una spira di area A, immersa in un campo magnetico, ad esempio fra le espansioni polari di una calamita (Fig. 9.8), ruota con velocità angolare $\omega = \frac{\vartheta}{t}$. Durante la rotazione il flusso del vettore $\vec{B}$ varia nel tempo ($\Phi\left(\vec{B}\right) = B \cdot A \cdot cos\,\omega t$).

Si può ricavare che la forza elettromotrice indotta varia nel tempo con andamento sinusoidale ($fem_{indotta} = \omega BA \cdot sen\,\omega t = fem_{max} \cdot sen\,\omega t$) e che anche la corrente elettrica oscilla con andamento sinusoidale: **corrente alternata**.

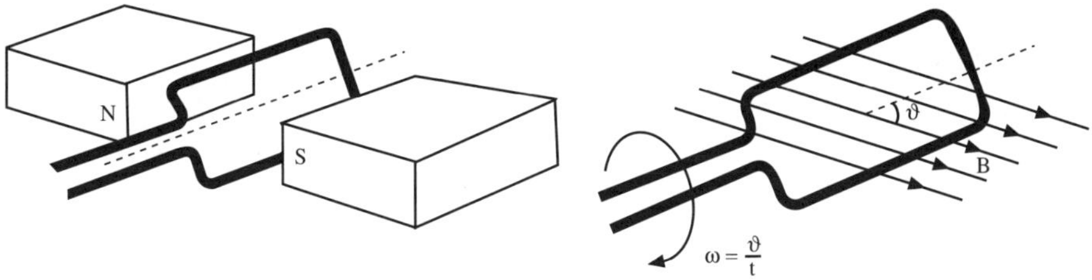

Figura 9.8 Principio di funzionamento di un generatore di corrente alternata.

Capitolo 10
Le onde

10.1 Definizione e classificazione

Un'**onda** è una perturbazione che si propaga nello spazio, trasportando energia e quantità di moto, ma senza trasporto di materia.

Le onde si possono classificare in:

- **onde longitudinali:** onde in cui la vibrazione avviene lungo la direzione di propagazione dell'onda. Le onde sonore e le onde in una molla, che viene compressa e allungata, sono esempi di onde longitudinali;
- **onde trasversali:** onde in cui la vibrazione avviene perpendicolarmente alla direzione di propagazione. Esempio di onde trasversali sono le onde elettromagnetiche (e quindi anche la luce) e l'onda che si propaga lungo una corda tesa che è posta in oscillazione.

Inoltre, sulla base dell'origine della perturbazione le onde si distinguono in:

- **onde meccaniche:** necessitano di un mezzo nel quale propagarsi e sono prodotte perturbando un punto del mezzo. Il **suono** è un esempio di onda meccanica longitudinale;
- **onde elettromagnetiche:** sono prodotte da campi elettrici e magnetici variabili nel tempo, non necessitano di un mezzo nel quale propagarsi e dunque si propagano anche nel vuoto. La luce è un esempio di onda elettromagnetica trasversale.

10.2 Grandezze caratteristiche di un'onda

Le onde con perturbazione periodica, **onde periodiche**, sono caratterizzate dalle seguenti grandezze:

- **periodo** (T): è il tempo necessario a compiere un'oscillazione completa. L'unità di misura del periodo, nel Sistema Internazionale è il *secondo*;
- **lunghezza d'onda** (λ): è la distanza tra due punti che vibrano in fase, due fronti d'onda successivi; tale distanza coincide con lo spazio percorso dall'oscillazione in un periodo. L'unità di misura della lunghezza d'onda nel Sistema Internazionale è il *metro;*

- **frequenza** (f): è l'inverso del periodo e rappresenta il numero di oscillazioni complete in un secondo. L'unità di misura della frequenza nel Sistema Internazionale è l'*hertz* $= \dfrac{1}{secondo}$ (simbolo Hz). Le sue dimensioni quindi sono: $[T^{-1}]$;
- **velocità** (v): è la velocità con la quale si propaga l'energia trasportata dall'onda. L'unità di misura della velocità nel Sistema Internazionale è $\dfrac{metro}{secondo}$;
- **ampiezza** (A): ampiezza della perturbazione, per le onde meccaniche è il massimo spostamento dalla posizione di equilibrio e si misura in metri.

Esistono relazioni che legano tra loro alcune di queste grandezze:

$$\boxed{f = \frac{1}{T}} \tag{10.1}$$

$$\boxed{f = \frac{v}{\lambda}} \tag{10.2}$$

$$\boxed{\lambda = v \cdot T} \tag{10.3}$$

Le grandezze periodo e frequenza sono caratteristiche dell'onda, dipendono dalla sorgente della perturbazione, mentre lunghezza d'onda, velocità di propagazione e ampiezza della perturbazione dipendono anche dal mezzo in cui l'onda si propaga.

Le onde periodiche più studiate sono quelle sinusoidali con grafici simili a quelli delle funzioni trigonometriche seno e coseno. Un esempio è l'**onda armonica** che si ha quando l'estremo di una corda si muove di moto armonico semplice (vedi anche §3.7.3), moto la cui legge oraria è:

$$y = A \cdot sen(\omega t + \varphi) \tag{10.4}$$

10.3 La funzione d'onda

La **funzione d'onda** è una funzione matematica che esprime, in ogni istante, lo spostamento di un punto investito dall'onda rispetto alla sua condizione di equilibrio. È quindi una funzione in due variabili: la distanza x del punto dalla sorgente dell'onda e il tempo trascorso t dall'istante in cui l'onda ha iniziato a propagarsi (Figura 10.1). Nel caso di onda armonica che si propaga, la funzione assume la seguente forma:

$$\boxed{y(x,t) = A \cdot sen\,(kx - \omega t - \varphi)} \qquad (10.5)$$

dove:

- il parametro ω è detto **pulsazione**. Esso è legato alla frequenza f dalla relazione $\omega = 2\pi \cdot f$
- il parametro k è detto **numero d'onda**. Esso è legato alla lunghezza d'onda λ dalla relazione

$$\boxed{k = \frac{2\pi}{\lambda}} \qquad (10.6)$$

- il termine $kx - \omega t - \phi$, che è l'argomento della funzione seno, è detto **fase dell'onda**. Due onde sono dette in fase quando hanno la stessa fase oppure quando la differenza tra le loro fasi è un multiplo intero di 2π (4π, 6π, 8π ...). Due onde sono dette in opposizione di fase quando la differenza fra le loro fasi è π (o un numero dispari di π, ovvero 3π, 5π, 7π ...);
- il parametro ϕ è detto fase iniziale dell'onda.

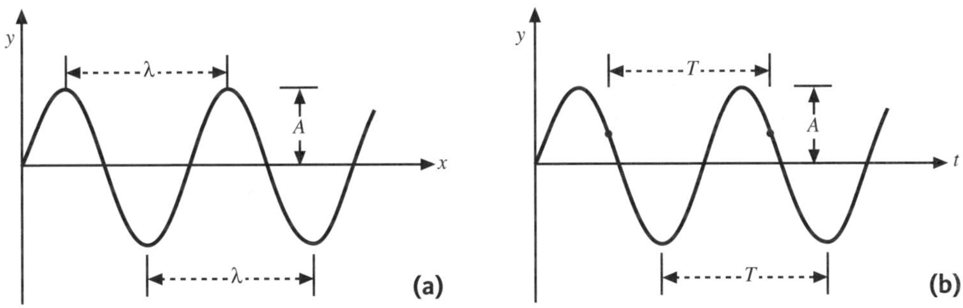

Figura 10.1 Grafico di un'onda armonica in funzione della distanza x (**a**) e del tempo t (**b**).

10.4 Fronti d'onda

Il **fronte d'onda** è il luogo dei punti che sono raggiunti dall'onda nello stesso istante, ovvero che si trovano a vibrare in fase. Il fronte d'onda è in ogni punto perpendicolare alla direzione di propagazione dell'onda. Per esempio, nel caso di un sassolino lasciato cadere in un lago, le onde che si propagano sulla superficie individuano fronti d'onda circolari concentrici. I fronti d'onda per una perturbazione che si propaga in tre dimensioni a partire da una sorgente puntiforme sono sfere concentriche.

10.5 Interferenza e principio di sovrapposizione

Il fenomeno dell'interferenza si ha quando un punto viene investito da due onde che si propagano contemporaneamente nella stessa regione dello spazio. Il principio di sovrapposizione afferma che il punto subisce uno spostamento pari alla somma vettoriale degli spostamenti dovuti alle due singole onde.

La forma dell'onda risultante dipende molto dalla relazione esistente fra le fasi delle onde che si sovrappongono. Se ad esempio si considera l'interferenza tra due onde armoniche aventi la stessa ampiezza, la stessa frequenza, la stessa lunghezza d'onda, e che differiscono solo per una costante di fase, ovvero caratterizzate dalle funzioni:

$$y_1(x,t) = A \cdot sen\ (kx - \omega t) \tag{10.7}$$

$$y_2(x,t) = A \cdot sen(kx - \omega t - \varphi) \tag{10.8}$$

il principio di sovrapposizione e regole di trigonometria portano a concludere che l'onda risultante è ancora un'onda armonica avente la stessa frequenza delle due onde interferenti e ampiezza che dipende dalla differenza di fase.

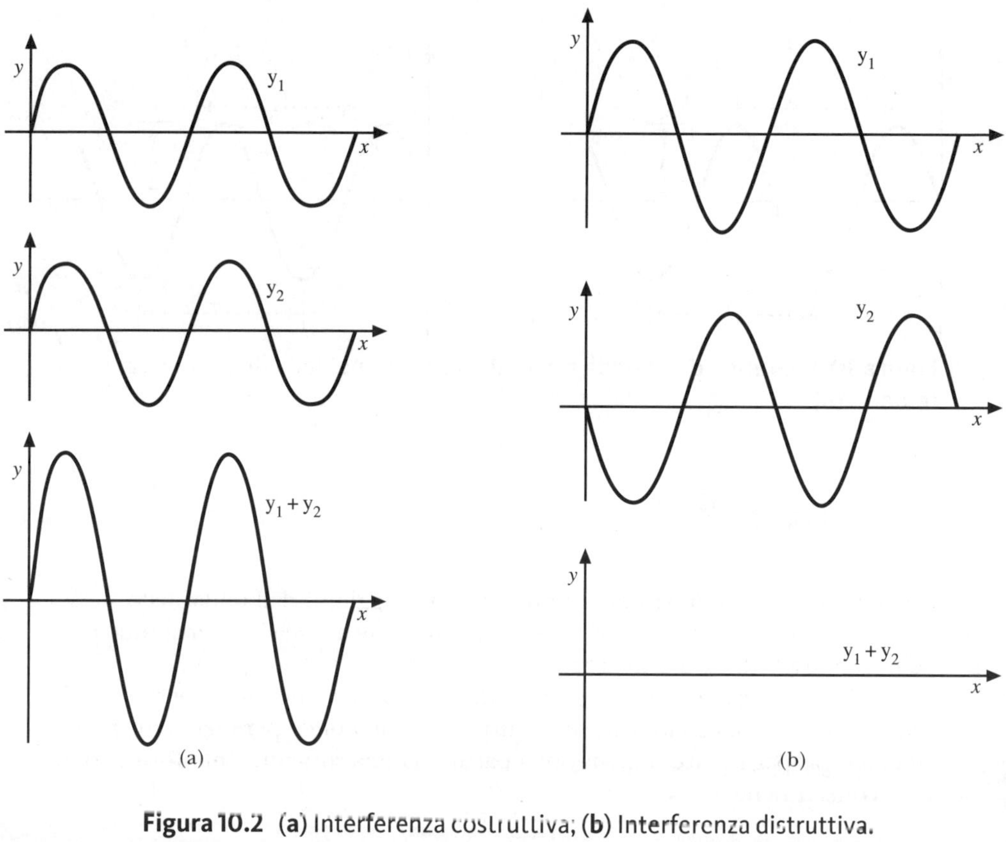

Figura 10.2 (**a**) Interferenza costruttiva; (**b**) Interferenza distruttiva.

Si ha **interferenza costruttiva** quando le onde, che si propagano in un mezzo con la stessa lunghezza d'onda, sono in fase. L'ampiezza dell'onda risultante è pari alla somma delle ampiezze delle due onde interferenti (Fig. 10.2a).

Si ha **interferenza distruttiva** quando le onde, che si propagano in un mezzo con la stessa lunghezza d'onda, sono in opposizione di fase. L'ampiezza dell'onda risultante è data dalla differenza fra le ampiezze. Se le due onde hanno anche la stessa ampiezza, l'ampiezza dell'onda risultante è quindi nulla (Fig. 10.2b).

10.6 Onde stazionarie

Le onde stazionarie sono onde che hanno origine dall'interferenza di due onde di uguale ampiezza e frequenza che si propagano in verso opposto. Esse sono caratterizzate dalla presenza di punti fissi detti **nodi**, dove l'ampiezza dell'onda è sempre nulla, e dalla presenza di **ventri**, dove l'ampiezza è massima (Fig. 10.3).

Nelle onde stazionarie l'energia non viene trasferita da un punto all'altro ma rimane localizzata: ciascun punto vibra con una energia propria che dipende dalla sua posizione.

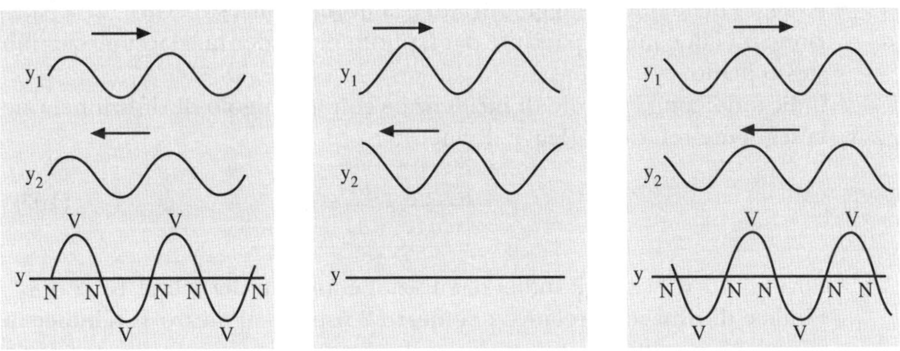

(a) $t = 0$ (b) $t = T/4$ (c) $t = T/2$

Figura 10.3 Configurazioni a vari istanti di un'onda stazionaria prodotta dall'interferenza di due onde di uguale ampiezza che si propagano in versi opposti. (N = nodi; V = ventri).

10.7 Intensità dell'onda

Un'onda trasporta energia, come risulta evidente considerando l'energia trasportata dalla luce del Sole o dalle onde del mare o dalle onde sonore. Si definisce **intensità di un'onda** la quantità di energia che, nell'unità di tempo e per unità di superficie, l'onda trasporta attraverso una superficie ortogonale alla direzione di propagazione dell'onda stessa. L'intensità di un'onda si misura in $\frac{watt}{metro^2}\left(\frac{W}{m^2}\right)$. L'intensità è proporzionale al quadrato della frequenza e al quadrato dell'ampiezza.

10.8 Riflessione e rifrazione

Quando un'onda incide su una superficie di separazione tra due mezzi aventi densità diversa, il raggio viene in parte riflesso nello stesso mezzo di provenienza dell'onda incidente ed in parte rifratto nell'altro mezzo (Fig. 10.4). Nel caso di onde luminose valgono le seguenti leggi:

- **leggi della riflessione:**
  - il raggio incidente, il raggio riflesso e la normale alla superficie di incidenza, passante per il punto di incidenza, giacciono su uno stesso piano;
  - l'angolo di incidenza i è uguale all'angolo di riflessione r_1.

- **leggi della rifrazione:**
  - il raggio incidente, il raggio rifratto e la normale alla superficie di separazione fra i due mezzi, passante per il punto di incidenza, giacciono su uno stesso piano;
  - indicando con i l'angolo di incidenza e con r_2 l'angolo di rifrazione, vale la seguente relazione (legge di Snell):

$$\boxed{\frac{sen\, i}{sen\, r_2}=\frac{n_2}{n_1}=n_{1,2}} \qquad (10.9)$$

dove n_1 ed n_2 sono gli indici di rifrazione assoluti dei mezzi 1 e 2 e $n_{1,2}$ l'indice di rifrazione relativo del mezzo 2 rispetto al mezzo 1. L'**indice di rifrazione** assoluto di un mezzo è il rapporto fra la velocità dell'onda luminosa c nel vuoto e la sua velocità nel mezzo:

$$\boxed{n=\frac{c}{v}} \qquad (10.10)$$

Essendo $v \leq c$ l'indice di rifrazione n per qualsiasi mezzo è $n \geq 1$. L'indice di rifrazione n dipende dalla frequenza dell'onda.

Indicando con v_1 e v_2 le velocità dell'onda nei mezzi 1 e 2, si ha che:

$$\boxed{n_{1,2}=\frac{n_2}{n_1}=\frac{v_1}{v_2}} \qquad (10.11)$$

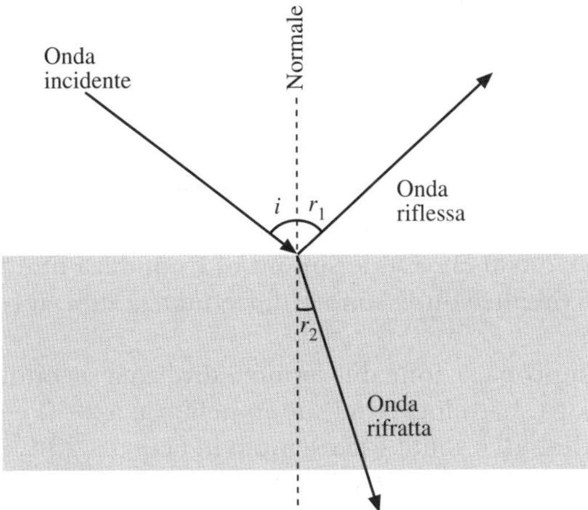

Figura 10.4 Quando un'onda luminosa incide sulla superficie di separazione di due mezzi viene in parte riflessa ed in parte rifratta.

10.9 Diffrazione

La **diffrazione** è quel fenomeno che avviene quando un fronte d'onda viene delimitato da un ostacolo. Nel caso di onde luminose il fenomeno è evidente quando l'onda incontra una fenditura le cui dimensioni sono confrontabili con quelle della lunghezza d'onda. Al di là della fenditura si ha una zona luminosa centrale che è contornata da zone scure e zone chiare di intensità decrescente. Questo fatto è spiegabile con il **principio di Huygens** secondo cui i punti raggiunti dal fronte d'onda sono sorgenti puntiformi di onde sferiche secondarie. Queste onde secondarie che si propagano al di là della fenditura, interagendo tra loro, producono una successione di massimi e minimi, che viene detta figura di diffrazione.

10.10 Effetto Doppler

La frequenza di un'onda che è percepita da un osservatore dipende dal moto relativo tra l'osservatore stesso e la sorgente dell'onda (ad esempio, quando un'automobile con sirena si allontana, la frequenza del suono percepita diminuisce). Questo effetto prende il nome di **effetto Doppler** e si verifica in tutti i tipi di onde. Quando la sorgente che emette l'onda a frequenza f_s e l'osservatore che percepisce l'onda si allontanano l'uno dall'altra, la frequenza percepita dall'osservatore è minore di quella che sarebbe percepita per sorgente ed osservatori fissi; invece quando sorgente ed osservatore si avvicinano l'uno all'altra, la frequenza percepita è maggiore.

In generale, si distingue fra il caso in cui l'osservatore sia in moto rispetto ad una sorgente fissa, dal caso in cui la sorgente sia in moto rispetto ad un osservatore fisso.

10.11 Il suono

Le onde sonore sono onde meccaniche longitudinali che si propagano nei mezzi comprimibili o elastici. Le particelle del mezzo subiscono spostamenti avanti e indietro rispetto alle posizioni di equilibrio creando variazioni di densità e di pressione, quindi zone di rarefazione seguite da zone di addensamento.

L'orecchio umano è in grado di rilevare onde sonore di frequenza compresa tra i 20 Hz e i 20000 Hz. Onde sonore di frequenza inferiore a 20 Hz sono dette **infrasuoni**, mentre onde sonore di frequenza superiore a 20000 Hz sono dette **ultrasuoni**.

La velocità di propagazione del suono è diversa a seconda del mezzo in cui il suono si propaga. La velocità del suono nell'aria a 20°C è pari a 344 m/s ed è maggiore per liquidi e solidi (ad esempio in acqua a 20°C la velocità del suono è 1482 m/s e nell'acciaio 5940 m/s).

Un suono è caratterizzato da:

- **altezza:** è rappresentata dalla frequenza. Per frequenze elevate un suono è detto acuto, mentre è detto grave per frequenze basse;
- **timbro:** è legato alla forma dell'onda. Suoni della stessa altezza possono quindi avere timbri diversi, poiché caratterizzati da una diversa forma dell'onda;
- **intensità:** è l'energia trasportata dall'onda per unità di tempo e per unità di superficie. La risposta dell'orecchio umano alle diverse intensità è espressa dal **livello sonoro** o **livello di intensità del suono**, una grandezza adimensionale la cui unità di misura è il *bel* (B). Comunemente si usa il sottomultiplo *decibel* (dB). La minima intensità percepibile dall'uomo è detta **soglia dell'udibile** $I_0 = 10^{-12}$ W/m^2 e corrisponde ad un livello di intensità pari a 0 dB. La massima intesità tollerabile dall'uomo è detta **soglia di dolore** I = 1 W/m^2 e corrisponde ad un livello di intensità di 120 dB. Moltiplicare l'intensità di un fattore 10 equivale ad addizionare al livello sonoro 10 dB.

10.12 Onde elettromagnetiche

Secondo le leggi dell'elettromagnetismo una carica elettrica che oscilla genera un campo elettrico $\vec{E}$ che oscilla e a questo è associato un campo magnetico $\vec{B}$ anch'esso oscillante. I due campi si propagano mantenendo direzioni di oscillazione perpendicolari l'uno all'altro e perpendicolari alla direzione di propagazione (Fig. 10.5). Le onde elettromagnetiche sono quindi prodotte dall'oscillazione di vettori campo. Sono onde elettromagnetiche ad esempio le onde radio, la luce e i raggi X.

La velocità di propagazione delle onde elettromagnetiche nel vuoto è $c = 3 \cdot 10^8$ m/s. In un mezzo materiale le onde elettromagnetiche si propagano con una velocità v che dipende dalla frequenza.

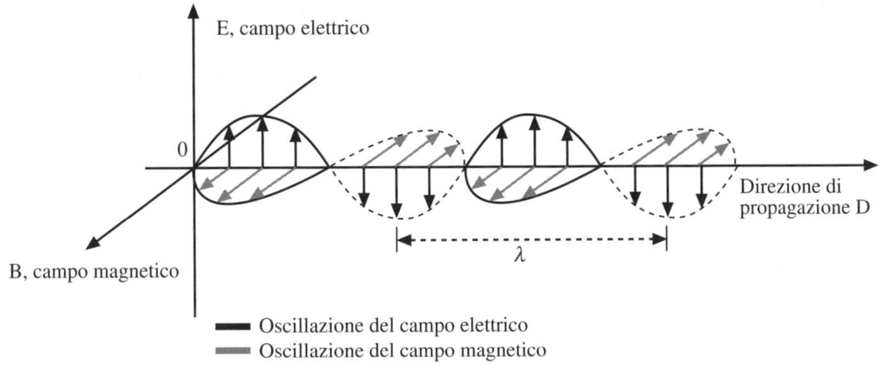

Figura 10.5 Onda elettromagnetica che si propaga lungo la direzione D.

10.13 Spettro delle onde elettromagnetiche

La classificazione delle onde elettromagnetiche secondo la loro frequenza o lunghezza d'onda è nota come **spettro delle onde elettromagnetiche** (Fig. 10.6).

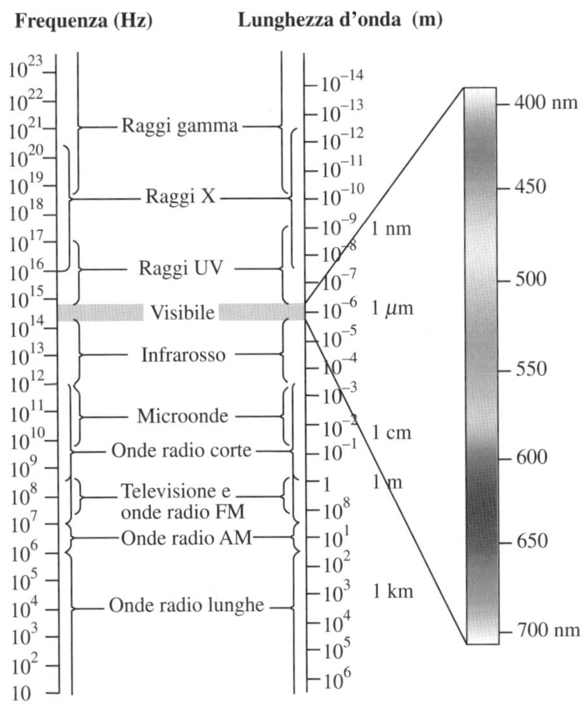

Figura 10.6 Spettro delle onde elettromagnetiche.

La regione del visibile è costituita da varie componenti, di diverse lunghezze d'onda. La luce bianca, come quella che è prodotta da una comune lampadina a incandescenza, è costituita dalle varie componenti monocromatiche del visibile.

10.14 Dispersione

Nel fenomeno della **dispersione**, un fascio di luce bianca che attraversa un prisma di vetro viene scisso nelle sue varie componenti (Fig. 10.7). L'indice di rifrazione varia con la frequenza dell'onda (§10.8), quindi componenti cromatiche diverse subiscono deviazioni diverse a seguito della doppia rifrazione attraverso le facce del prisma.

Il fenomeno della dispersione è responsabile della formazione dell'arcobaleno, in quanto, i raggi solari che passano attraverso le gocce d'acqua sospese nell'atmosfera vengono dispersi nelle varie componenti monocromatiche.

10.15 Natura ondulatoria e corpuscolare delle onde elettromagnetiche

Le onde elettromagnetiche hanno una doppia natura: ondulatoria e corpuscolare. In alcuni casi il comportamento è di tipo ondulatorio, ad esempio nei fenomeni di interferenza e diffrazione, mentre in altri casi, quando si ha un'interazione con la materia a cui viene trasferita l'energia dell'onda, il comportamento è di tipo corpuscolare. L'energia trasportata dalle onde elettromagnetiche è concentrata in pacchetti detti quanti o fotoni. L'energia E dei fotoni è direttamente proporzionale alla frequenza f secondo la relazione:

$$\boxed{E = h \cdot f} \qquad (10.12)$$

dove h è la costante di Planck, il cui valore è: $h = 6{,}63 \cdot 10^{-34}\ J \cdot s$.

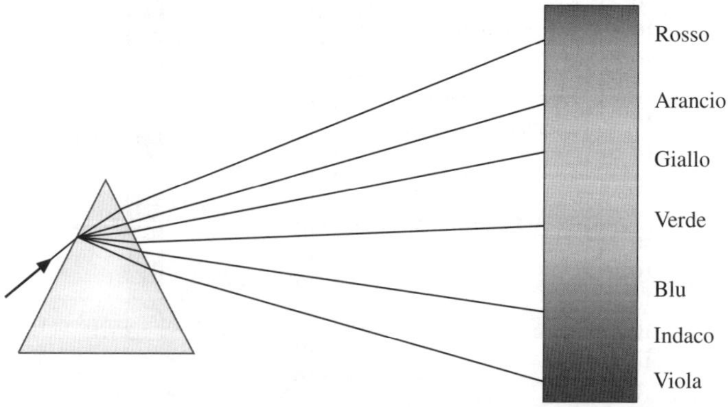

Figura 10.7 Dispersione della luce bianca che attraversa un prisma di vetro.

Capitolo 11
Cenni di ottica, specchi e lenti

11.1 Specchi sferici

Per **specchio sferico** si intende una qualsiasi superficie sferica riflettente. Si consideri in particolare una calotta sferica: il centro e il raggio della sfera a cui la calotta appartiene vengono detti rispettivamente **centro di curvatura** e **raggio di curvatura.** Si definisce inoltre **asse ottico** dello specchio la retta perpendicolare alla calotta, condotta dal centro della sfera alla base della calotta. Il punto in cui l'asse ottico incontra la calotta prende il nome di **vertice** (Figura 11.1).

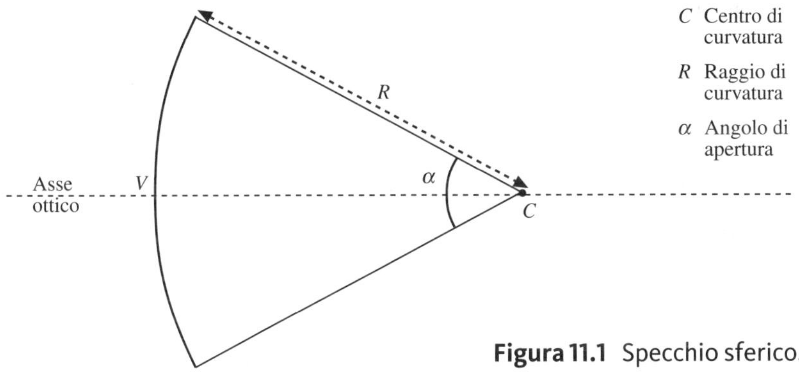

Figura 11.1 Specchio sferico.

Gi specchi sferici si possono classificare in specchi sferici concavi e convessi. In uno **specchio concavo** i raggi luminosi paralleli all'asse ottico dopo la riflessione convergono in un punto dell'asse ottico posto davanti allo specchio che prende il nome di **punto focale** (o **fuoco**). Viceversa, in uno **specchio convesso** i raggi, dopo la riflessione, divergono come se provenissero da un punto dell'asse ottico posto dietro allo specchio, anch'esso detto fuoco. Pertanto lo specchio concavo è detto anche *convergente* mentre lo specchio convesso è detto anche *divergente* (Figg. 11.2 e 11.3).

La **distanza focale di uno specchio** è la distanza tra il fuoco e il vertice. Detta f[(1)] tale distanza ed R il raggio di curvatura dello specchio vale la relazione:

(1) Notare che la distanza focale è indicata con la lettera f come è indicata la grandezza frequenza, ma le due grandezze non sono correlate.

$$\boxed{f = \pm \frac{R}{2}} \tag{11.1}$$

dove per convenzione vale il segno + se lo specchio è convergente e il segno – se lo specchio è divergente.

L'immagine fornita da uno specchio sferico è detta **immagine reale** se i raggi riflessi convergono in un punto posto davanti allo specchio. Viceversa se i raggi divergono, come se provenissero da un punto posto dietro allo specchio, l'immagine è detta **immagine virtuale**.

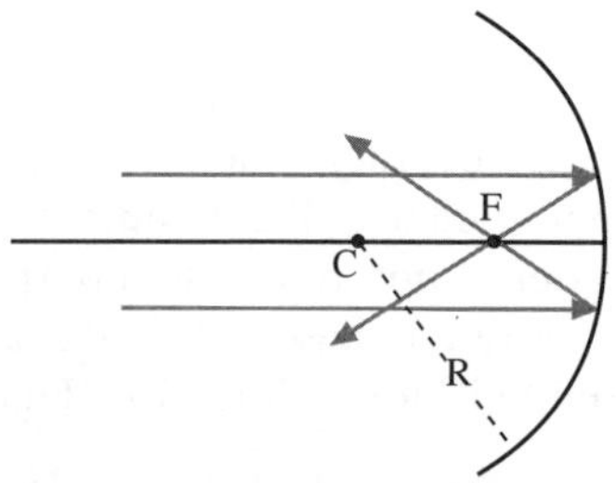

Figura 11.2 Specchio concavo. F è il fuoco dello specchio, C il centro di curvatura ed R il raggio di curvatura.

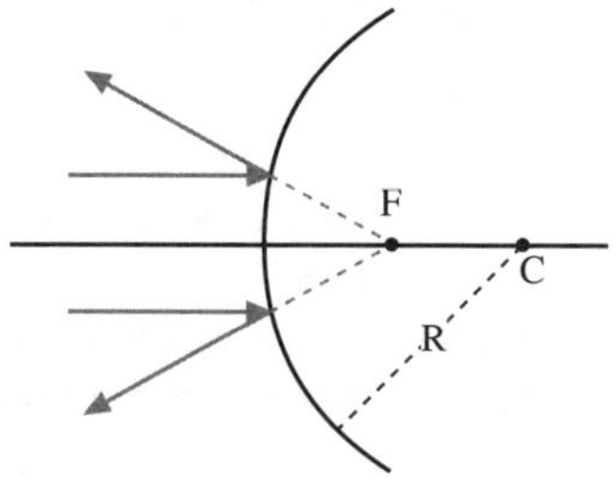

Figura 11.3 Specchio convesso. F è il fuoco dello specchio, C il centro di curvatura ed R il raggio di curvatura.

11.2 Costruzione e caratteristiche di un'immagine fornita da uno specchio sferico

Si consideri uno specchio concavo (Figura 11.4). L'immagine di un segmento AB, perpendicolare all'asse ottico ed avente l'estremo B posto su tale asse, è un segmento A′B′, anch'esso perpendicolare all'asse ottico e il cui estremo B′ è posto su tale asse. Per determinare tale immagine è quindi sufficiente trovare A′ facendo intersecare due raggi qualsiasi provenienti da A e riflessi dallo specchio. Per semplicità, i due raggi scelti sono:
1) il raggio parallelo all'asse ottico che viene riflesso nel fuoco;
2) il raggio passante per il fuoco che viene riflesso parallelamente all'asse ottico.

Detta p la distanza tra l'oggetto (nel caso specifico il segmento AB) e lo specchio e q la distanza tra l'immagine (ossia il segmento A′B′) e lo specchio, vale la seguente relazione, nota come **formula dei punti coniugati**:

$$\boxed{\frac{1}{p} + \frac{1}{q} = \frac{2}{R} = \frac{1}{f}} \tag{11.2}$$

dove R è il raggio di curvatura e f la distanza focale secondo la relazione 11.1.

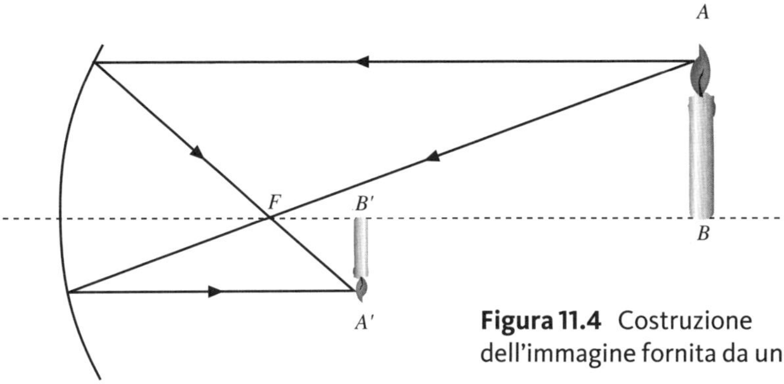

Figura 11.4 Costruzione dell'immagine fornita da uno specchio.

Per convenzione si assume che q sia positivo o negativo a seconda che l'immagine sia rispettivamente reale o virtuale. Quindi, se $p > f$, cioè l'oggetto si trova ad una distanza maggiore della distanza focale, l'immagine è reale (dalla stessa parte dell'oggetto) e q è assunto positivo; se $p < f$, l'immagine è virtuale e q è assunto negativo.

Detta l la lunghezza del segmento AB ed l' la lunghezza dell'immagine A′B′, si definisce **ingrandimento lineare** m il rapporto:

$$m = \frac{l'}{l} \tag{11.3}$$

Tale rapporto è per convenzione positivo o negativo a seconda che l'immagine sia rispettivamente diritta o capovolta. Considerazioni geometriche permettono di ricavare che il rapporto fra la lunghezza l' dell'immagine e la lunghezza l dell'oggetto è pari al rapporto fra la distanza q dell'immagine e la distanza p dell'oggetto (Fig. 11.5). Tenendo conto delle convenzioni sui segni,

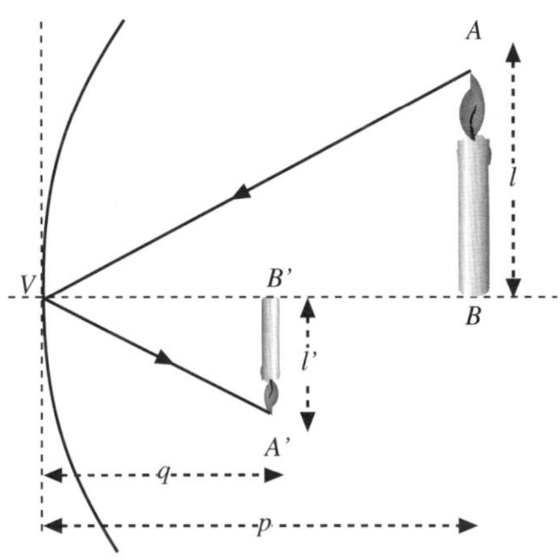

Figura 11.5 Dimensioni dell'oggetto e dell'immagine.

l'ingrandimento lineare è definito come:

$$m = \frac{l'}{l} = -\frac{q}{p} \tag{11.4}$$

Inoltre, se $|m| > 1$, l'immagine è più grande dell'oggetto; se $|m| < 1$, l'immagine risulta più piccola dell'oggetto.

11.3 Specchi piani

Uno **specchio piano** si può considerare come il caso limite di uno specchio sferico, il cui centro di curvatura e il fuoco siano posti ad una distanza infinita. Specchi piani sono i comuni specchi che si trovano nelle nostre abitazioni. Per uno specchio piano, vale che l'ingrandimento lineare è sempre pari ad uno. Più in generale, le proprietà di uno specchio piano (note tra l'altro per l'esperienza comune) sono le seguenti: l'immagine è virtuale, è sempre diritta e grande quanto l'oggetto, ed è disposta simmetricamente rispetto al piano dello specchio.

11.4 Diottro

Un **diottro** è un sistema ottico costituito da due mezzi trasparenti e omogenei aventi indici di rifrazione differenti. I diottri più semplici sono il *diottro piano* e il *diottro sferico*, che prendono il nome dalla geometria della superficie che separa i due mezzi.

Un tipico esempio di diottro piano è rappresentato dalla superficie di un liquido trasparente, come l'acqua, in quiete. Nel passaggio di un raggio luminoso dal primo mezzo (aria) al secondo mezzo (acqua) i tipici fenomeni fisici che si hanno sono la riflessione e la rifrazione, già introdotti nel capitolo delle onde (§9.8).

11.5 Lenti sferiche

Una lente sferica può essere pensata come un doppio diottro sferico: un raggio di luce che l'attraversa subisce due rifrazioni successive. Esistono due principali tipologie di lenti: le lenti convergenti e le lenti divergenti. Una **lente convergente** (Figura 11.6) è caratterizzata dall'essere più sottile ai bordi che al centro e ha la proprietà di far convergere un fascio di raggi paralleli che incide su di essa. Al contrario, una **lente divergente** (Figura 11.7) è più sottile al centro rispetto ai bordi e ha la proprietà di far divergere un fascio di raggi paralleli che incide su di essa.

Una lente, così come uno specchio, possiede un asse ottico e una distanza focale. Essa ha però due vertici, V_1 e V_2, e due raggi di curvatura, R_1 e R_2, riferiti alle sue due superfici (Figura 11.8). Se la lente è sottile, V_1 e V_2 si possono

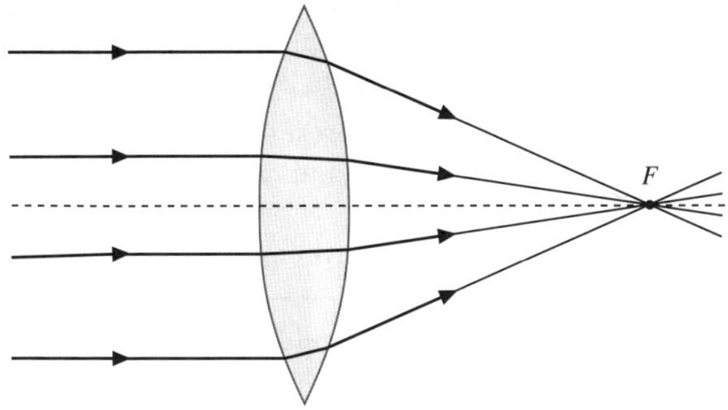

Figura 11.6 Lente convergente.

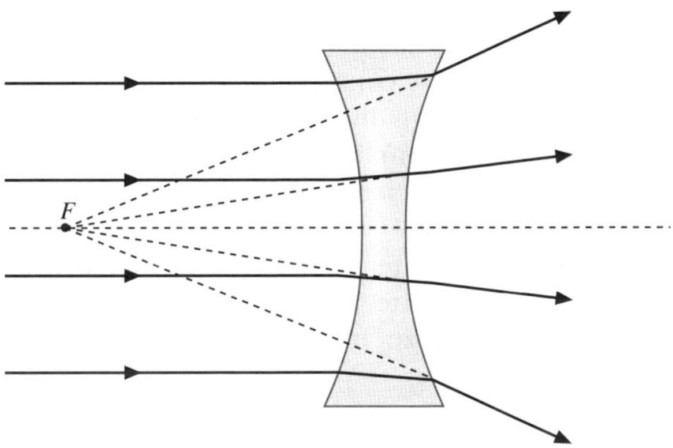

Figura 11.7 Lente divergente.

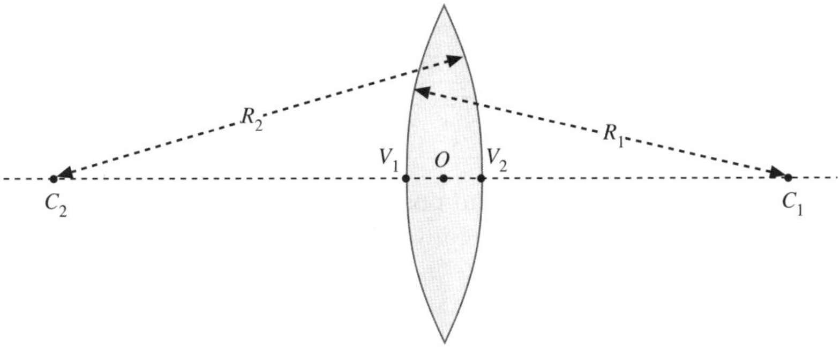

Figura 11.8 Caratteristiche geometriche di una lente.

considerare coincidenti e vengono identificati con il centro O della lente, detto **centro ottico**. La distanza tra il fuoco e il centro ottico è detta **distanza focale della lente**. Essa è per convenzione positiva se la lente è convergente e negativa se la lente è divergente. Bisogna tener presente che esistono due punti detti fuoco della lente, F e F', posti negli spazi ai due lati della lente, come si può vedere nelle Figure 11.9-11.14.

Il **potere diottrico della lente**, φ, è l'inverso della distanza focale f:

$$\boxed{\varphi = \frac{1}{f}} \tag{11.5}$$

Il potere diottrico è quindi tanto maggiore quanto il fuoco è più vicino alla lente. Quando la distanza focale è espressa in metri, l'unità di misura del potere diottrico è la **diottria** (dimensione $[L^{-1}]$). Una lente la cui distanza focale è pari a +10 cm è una lente convergente con un potere diottrico di 10 diottrie; una lente caratterizzata da un potere diottrico di 20 diottrie è una lente convergente con una distanza focale di + 5 cm; una lente divergente con distanza focale – 5 cm ha un potere diottrico di – 20 diottrie.

Il potere diottrico di una lente convergente è espresso da un numero positivo di diottrie, quello di una lente divergente da un numero negativo di diottrie. Se si considera un sistema a più lenti, caratterizzato cioè da più lenti poste a contatto fra loro, il potere diottrico risultante è pari alla *somma algebrica* dei poteri diottrici delle singole lenti.

Il potere diottrico di una lente è funzione dei raggi di curvatura delle due calotte, che delimitano la lente, e degli indici di rifrazione del materiale costituente la lente e del mezzo in cui essa è immersa. In particolare, detti:

- R_1 il raggio di curvatura della faccia della lente più vicina all'oggetto,
- R_2 il raggio di curvatura della faccia della lente più lontana dall'oggetto,
- n_1 l'indice di rifrazione del mezzo,
- n_2 l'indice di rifrazione della sostanza di cui è fatta la lente,

il potere diottrico della lente risulta:

$$\boxed{\varphi = \left(\frac{n_2}{n_1} - 1\right) \cdot \left(\frac{1}{R_1} - \frac{1}{R_2}\right)} \tag{11.6}$$

dove per convenzione R_1 e R_2 sono positivi o negativi a seconda che la corrispondente faccia risulti concava o convessa rispetto all'oggetto.

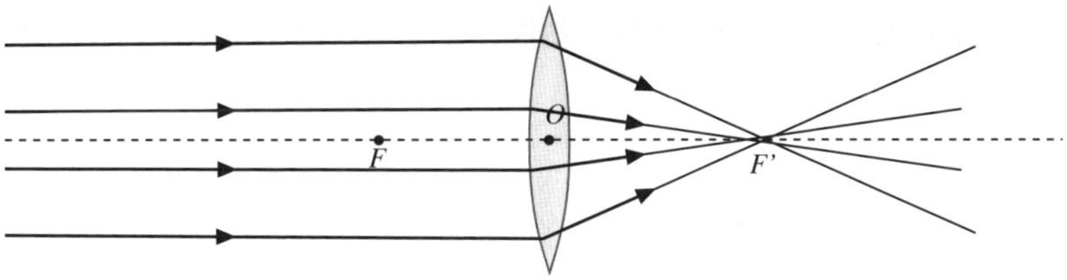

Figura 11.9 Per p → ∞: l'immagine è reale (si trova oltre la lente), è puntiforme e si forma nel punto F '.

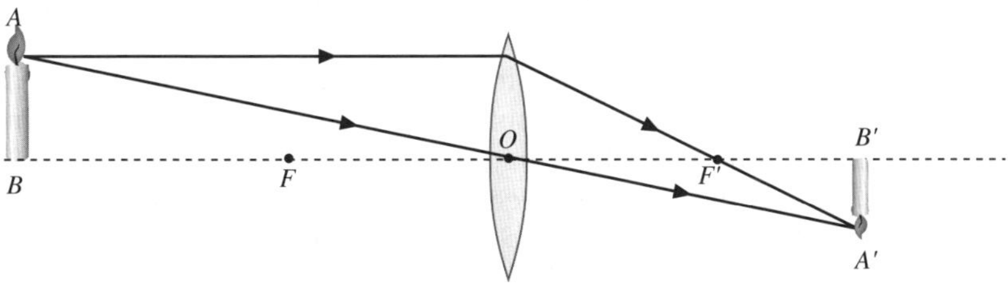

Figura 11.10 Per p > 2f: l'immagine è reale, f < q < 2f, l'immagine è più piccola rispetto all'oggetto ed è capovolta.

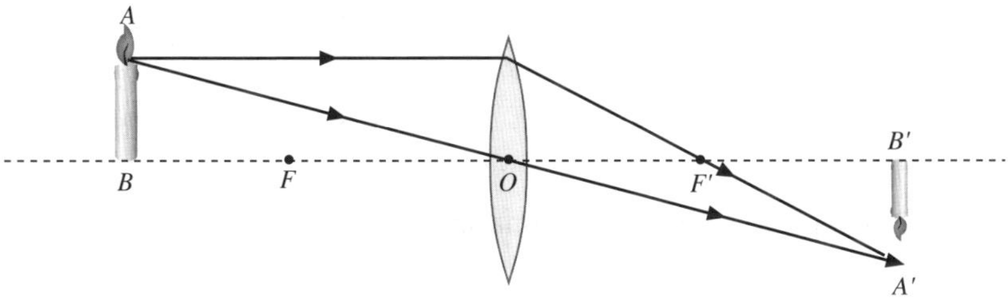

Figura 11.11 Per p = 2f: l'immagine è reale, q = 2f, l'immagine ha le stesse dimensioni dell'oggetto ed è capovolta.

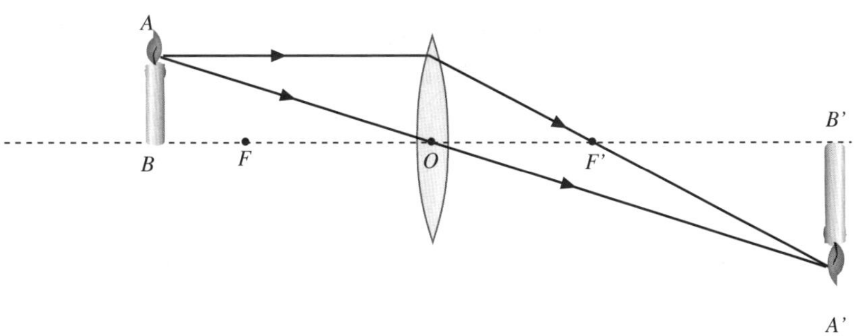

Figura 11.12 Per f < p < 2f: l'immagine è reale, q > 2f, l'immagine è più grande rispetto all'oggetto ed è capovolta.

11.6 Costruzione e caratteristiche di un'immagine fornita da una lente

La costruzione geometrica di un'immagine fornita da una lente convergente si può ottenere considerando l'intersezione tra due qualsiasi raggi rifratti, analogamente a quanto visto per gli specchi. Tra i vari raggi è conveniente scegliere un raggio passane per il centro ottico O che non subisce deviazioni ed un possibile raggio parallelo all'asse ottico che viene rifratto nel fuoco. Casi tipici di costruzione di immagine sono mostrati nelle Figure 11.9-11.14, dove p indica la distanza oggetto-lente, q indica la distanza immagine-lente ed f è la distanza focale.

In analogia al caso dello specchio l'ingrandimento di una lente è dato dalla relazione 11.4. Per convenzione si assume che q sia positivo se l'immagine si forma dalla parte opposta della lente, rispetto all'oggetto, ovvero per una immagine reale e si assume che q sia negativo se l'immagine è virtuale. Inoltre, come nel caso dello specchio, se $|m| > 1$ l'immagine è più grande dell'oggetto, mentre se $|m| < 1$ l'immagine risulta più piccola dell'oggetto.

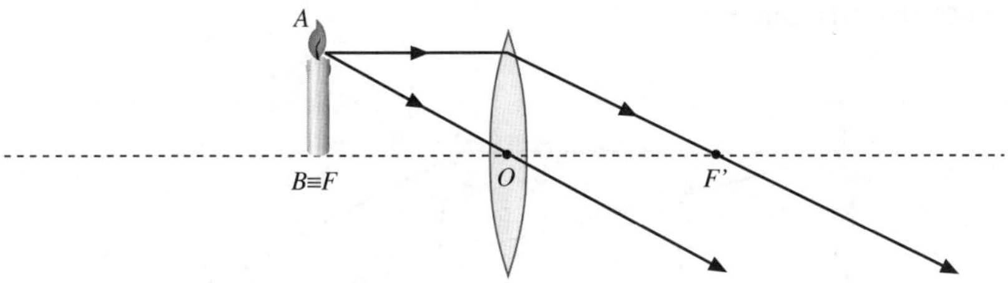

Figura 11.13 Per p = f: l'immagine si forma all'infinito.

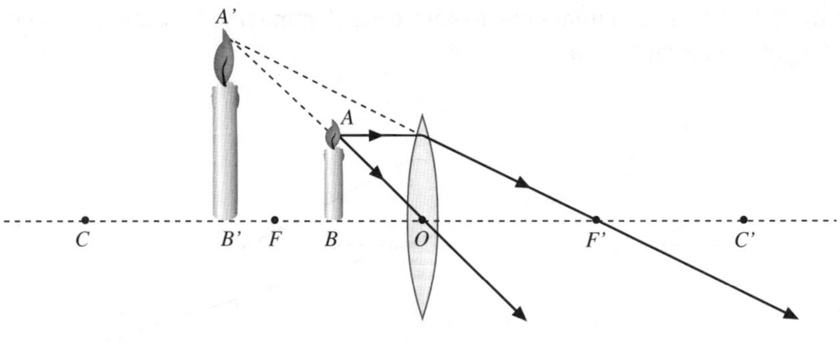

Figura 11.14 Per p < f: l'immagine è virtuale, è più grande rispetto all'oggetto ed è diritta.

Considerazioni analoghe permettono la costruzione dell'immagine fornita da una lente divergente.

Capitolo 12
Cenni di fisica nucleare

12.1 Nucleo atomico

Un atomo è composto da un **nucleo** e da **elettroni** che orbitano intorno a tale nucleo. Il nucleo è costituito da due diversi tipi di particelle: protoni e neutroni. Un **protone** ha una massa di $1{,}67 \cdot 10^{-27}$ kg che è circa 1800 volte maggiore di quella di un elettrone ed una carica positiva uguale in valore assoluto a quella degli elettroni ($1{,}6 \cdot 10^{-19}$C) ma di segno opposto. Un **neutrone** è una particella neutra avente massa molto simile a quella del protone. Protoni e neutroni, detti anche **nucleoni**, sono a loro volta composti da particelle subnucleari. Le dimensioni atomiche sono dell'ordine di 10^{-8} cm e le dimensioni nucleari sono dell'ordine di 10^{-13} cm.

La forza di interazione tra il nucleo atomico e gli elettroni dell'atomo è di tipo coulombiano, ossia una forza di natura elettrica e si tratta di una forza attrattiva fra la carica negativa degli elettroni e quella positiva del nucleo. La forza di interazione tra i nucleoni all'interno di un nucleo, che deve vincere la forza elettrica repulsiva fra protoni, è invece una **interazione forte**. Si tratta di una forza molto intensa a corto raggio d'azione, che agisce per distanze nell'ordine delle dimensioni nucleari come forza attrattiva fra nucleoni, siano essi protoni o neutroni.

Il numero di protoni di un nucleo prende il nome di **numero atomico** e si indica con Z. Il numero di nucleoni (ossia la somma dei protoni e dei neutroni) prende il nome di **numero di massa** e si indica con A.

Un nucleo si può indicare con la notazione (A, Z), oppure con ${}^{A}_{Z}X$, dove X è il simbolo dell'elemento chimico.

Per nuclei leggeri, aventi cioè un numero di massa fino a poche decine di unità, il numero di protoni è uguale al numero di neutroni. Al crescere della massa del nucleo, la stabilità del nucleo è raggiunta solo con un numero di neutroni maggiore rispetto al numero di protoni. Ad esempio il ferro (avente numero atomico Z = 26) ha come isotopo più abbondante in natura il ${}^{56}_{26}Fe$, che possiede un numero di 30 neutroni ed ha quindi numero di massa A = 56.

12.2 Isotopi, isobari e isotoni

Gli **isotopi** sono nuclei caratterizzati dall'avere lo stesso numero atomico Z ma un diverso numero di massa A (ossia diverso numero di neutroni). Ad esempio $^{1}_{1}H$, $^{2}_{1}H$ (deuterio) e $^{3}_{1}H$ (trizio) sono tre isotopi dell'idrogeno.

Gli **isobari** sono nuclei caratterizzati dall'avere lo stesso numero di massa A (ossia stesso numero di nucleoni). Avendo diversi valori di Z gli isobari sono nuclei di diversi elementi. Esempi di isobari sono: $^{3}_{1}H$, $^{3}_{2}He$; $^{14}_{6}C$, $^{14}_{7}N$; $^{15}_{7}N$, $^{15}_{8}O$.

Gli **isotoni** sono nuclei caratterizzati dall'avere lo stesso numero di neutroni. Esempi di isotoni sono: $^{3}_{1}H$, $^{4}_{2}He$; $^{14}_{6}C$, $^{15}_{7}N$, $^{16}_{8}O$.

12.3 Trasformazioni nucleari

In natura esistono nuclei instabili che, al fine di raggiungere una maggiore stabilità, sono soggetti a trasformazioni nucleari spontanee, come emissione di radiazioni. In una **trasformazione nucleare**, detta anche disintegrazione o decadimento radiattivo, un nucleo può emettere una o più particelle e/o radiazione elettromagnetica. Le specie nucleari o nuclidi che presentano questo fenomeno, siano esse naturali o prodotte artificialmente per mezzo di reazioni nucleari, sono dette specie nucleari radioattive, o **radionuclidi**, o **radioisotopi**. Storicamente i primi esperimenti con sostanze radioattive naturali risalgono alla fine del XIX secolo. Bequerel osservò che l'uranio emette una radiazione che può impressionare una lastra fotografica e i coniugi Curie identificarono due sostanze radioattive presenti nei minerali di uranio (polonio e radio). Successivamente, grazie a Rutherford, si distinsero i tre tipi principali di trasformazioni e decadimenti nucleari.

- **Decadimento alfa:** il nucleo instabile emette una **particella alfa** (α), che è composta da due protoni e due neutroni, quindi una particella carica positivamente. Tale trasformazione può quindi essere rappresentata come: $(A, Z) \rightarrow (A-4, Z-2)$, dove (A, Z) è il nucleo padre e $(A-4, Z-2)$ è il nucleo figlio. La stessa trasformazione può anche essere indicata come: $^{A}_{Z}X \rightarrow {}^{A-4}_{Z-2}Y + \alpha$ dove X e Y sono i simboli rispettivamente dell'elemento chimico padre e figlio.
  Esempio di decadimento alfa: $^{226}_{88}Ra \rightarrow {}^{222}_{86}Rn + \alpha$
- **Decadimento beta:** è un processo in cui si ha la trasformazione di un neutrone del nucleo in un protone, o viceversa la trasformazione di un protone in un neutrone. Nel primo caso si ha il decadimento beta meno (β^-) con emissione di un elettrone e di una particella di massa molto piccola (minore di un decimillesimo della massa dell'elettrone) e senza carica detta **neutrino**. Nel secondo caso si ha il decadimento beta più (β^+) con emissione di un **positrone** e di un neutrino. Il positrone è una particella con caratteristiche identiche all'elettrone, ma di carica positiva.

I decadimenti β^- e β^+ seguono rispettivamente gli schemi:

$${}^{A}_{Z}X \rightarrow {}^{A}_{Z+1}Y + \beta^- + neutrino \quad \text{(esempio: } {}^{14}_{6}C \rightarrow {}^{14}_{7}N + \beta^- + neutrino\text{)}$$

$${}^{A}_{Z}X \rightarrow {}^{A}_{Z-1}Y + \beta^+ + neutrino \quad \text{(esempio: } {}^{22}_{11}Na \rightarrow {}^{22}_{10}Ne + \beta^+ + neutrino\text{)}$$

- **Decadimento gamma:** è un processo di diseccitazione del nucleo, con emissione di fotoni di alta energia, detti raggi gamma (γ), che spesso accompagna il decadimento alfa e beta. In questo processo di trasformazione nucleare il nucleo mantiene inalterato sia il numero atomico che il numero di massa: $(A, Z) \rightarrow (A, Z)$. I fotoni gamma sono onde elettromagnetiche (§ 10.13).

12.4 Legge del decadimento radioattivo e radioattività

Il decadimento radioattivo segue una legge di tipo esponenziale dove il numero di nuclei radioattivi diminuisce nel tempo. Se N_0 è il numero di nuclei radioattivi che sono presenti inizialmente, il numero di nuclei radioattivi (che devono ancora decadere) diminuisce nel tempo secondo la relazione (Figura 12.1)

$$N(t) = N_0 \cdot e^{-\lambda t} \tag{12.1}$$

dove e è il numero di Nepero (e = 2,718...) e λ, detta **costante di decadimento,**[1] ha valori che dipendono dal radionuclide considerato ed è correlata con

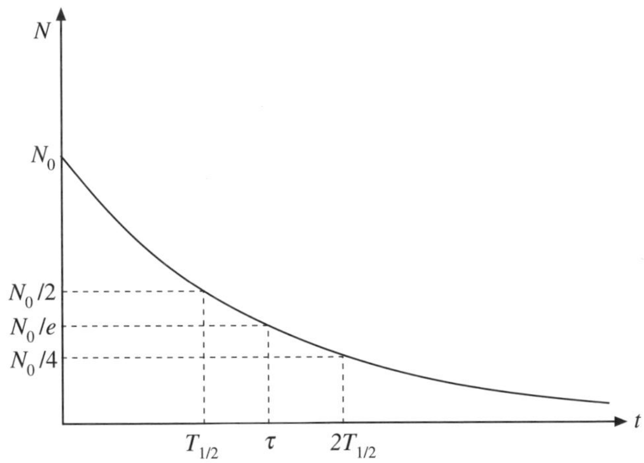

Figura 12.1 Numero di nuclei radioattivi in funzione del tempo. N_0 è il numero di nuclei presenti inizialmente, $T_{1/2}$ è il tempo di dimezzamento e τ la vita media.

(1) Notare che la costante di decadimento è indicata con λ che è la stessa lettera usata per indicare la lunghezza d'onda (§ 10.2), ma le due grandezze non sono correlate.

la **vita media** τ e il **periodo di dimezzamento** (o **tempo di dimezzamento**) $T_{1/2}$ secondo le relazioni:

$$\boxed{\lambda = \frac{1}{\tau} = \frac{0,693}{T_{1/2}}} \qquad (12.2)$$

La vita media τ rappresenta il tempo necessario perché il numero di nuclei che sono ancora radioattivi si riduca alla frazione $1/e$ del numero iniziale, ovvero che sia $N = \frac{N_0}{e}$ (N circa uguale al 36% di N_0). Il tempo di dimezzamento, $T_{1/2}$, è il tempo necessario perché il numero di nuclei che sono ancora radioattivi si riduca alla frazione $^1/_2$ del numero iniziale, ovvero $N = \frac{N_0}{2}$ (N uguale al 50% di N_0). Si può osservare che un tempo pari al doppio del tempo di dimezzamento riduce il numero di nuclei radioattivi alla frazione $\frac{1}{2^2}$ del numero iniziale; in generale in un tempo pari a un numero n di volte il tempo di dimezzamento il numero di nuclei radioattivi si riduce ad un fattore $1/2^n$.

Il tempo di dimezzamento, detto anche emivita, è caratteristico di ciascun radionuclide e può assumere valori dal microsecondo (10^{-6}s) ai milioni di milioni di anni (10^{12} anni).

Il numero di nuclei radioattivi che sono presenti in un certo istante in una sostanza, o preparato radioattivo (sorgente radioattiva), indicano l'attività per quella sostanza. L'**attività** A di un radioisotopo (o radioattività) è definita come il numero di disintegrazioni che avvengono nell'unità di tempo:

$$\boxed{A = \frac{\Delta N}{\Delta t} = \lambda \cdot N} \qquad (12.3)$$

La radioattività è proporzionale al numero N di nuclei radioattivi(2). L'unità di misura dell'attività nel Sistema Internazionale è il *bequerel* (simbolo Bq) che equivale ad una disintegrazione al secondo. Spesso si utilizza ancora una vecchia unità di misura, il *curie* (simbolo Ci) con 1 Ci = $3,7 \cdot 10^{10}$ Bq.

(2) Si noti che l'attività A ha un andamento esponenziale decrescente nel tempo, esattamente come il numero di nuclei radioattivi N (relazione 12.1) in quanto A è proporzionale ad N. Si ha quindi che $A = A_0 \cdot e^{-\lambda t}$ dove $A_0 = \lambda N_0$.

12.5 Radiazioni ionizzanti

Le particelle alfa, beta e le radiazioni gamma emesse nei processi di decadimento vengono definite **radiazioni ionizzanti**. La loro energia è infatti sufficientemente elevata da provocare fenomeni di ionizzazione all'interno di un materiale attraversato da tali radiazioni.

Il cammino percorso dalla radiazione all'interno di un materiale dipende dal tipo di radiazione, dalla sua energia e dal materiale stesso. In generale comunque il percorso delle particelle alfa è molto inferiore rispetto a quello delle particelle beta, le quali a loro volta percorrono una distanza più breve all'interno di un mezzo rispetto ai fotoni gamma. Qualitativamente, un foglio di carta è sufficiente per arrestare le particelle alfa, mentre la radiazione gamma è in grado di attraversare anche diversi centimetri di piombo.

12.6 Fissione e fusione nucleare

La **fissione nucleare** è un processo che consiste nella rottura di un nucleo pesante in due frammenti, detti **prodotti di fissione**, a seguito del bombardamento del nucleo con neutroni (Figura 12.2). La fissione provoca l'emissione contemporanea di due o tre neutroni che possono a loro volta provocare processi di fissioni su altri nuclei innescando una reazione a catena. Il processo di fissione nucleare è un processo esoenergetico, ossia comporta la liberazione di una certa quantità di energia. Tale energia può essere liberata in maniera controllata, come avviene nei reattori nucleari, oppure istantaneamente ed in modo incontrollato, come avviene a seguito dell'esplosione di una bomba nucleare.

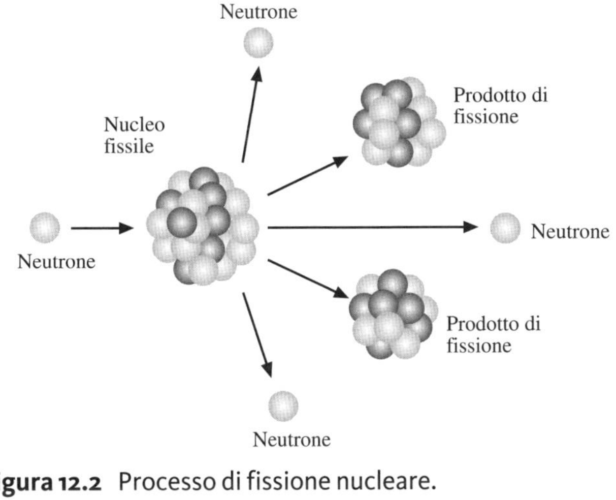

Figura 12.2 Processo di fissione nucleare.

Esempi di nuclei fissili, ossia per i quali i processi di fissione nucleare sono particolarmente favoriti, sono $^{235}_{92}U$ e $^{238}_{94}Pu$.

La **fusione nucleare** è un processo nel quale si combinano insieme due o più nuclei leggeri (ossia di piccolo numero di massa), ottenendo un nucleo più stabile con un numero di massa maggiore. Analogamente alla fissione, il processo di fusione nucleare è un processo esoenergetico, ossia comporta la liberazione di una certa quantità di energia.

Reazioni spontanee di fusione nucleare avvengono in particolari condizioni di temperatura e pressione, come quelle che caratterizzano le stelle. Nel Sole avvengono processi di fusione che consistono nella reazione tra due nuclei di idrogeno per formare un nucleo di elio, con la conseguente liberazione di energia.

I continui sviluppi scientifici e tecnologici hanno recentemente permesso di ricreare in laboratorio le condizioni adatte affinché avvengano i processi di fusione nucleare, con l'intento di sfruttare tali processi come fonte energetica alternativa al petrolio e alla fissione nucleare.

Parte Quarta

Esempi di Unità di Apprendimento

SOMMARIO

Premessa
La consapevolezza progettuale del docente

Per impostare correttamente le unità di apprendimento si deve tenere conto di alcuni fattori di riferimento essenziali: la progettazione è corretta, infatti, solo se il docente collega organicamente ogni passaggio dell'unità di apprendimento riferendolo consapevolmente a precise cornici normative, psicopedagogiche e metodologico-didattiche. Il diritto allo studio e all'apprendimento ha recentemente innovato profondamente, sia in Italia sia in Europa, l'ambito dell'apprendimento permanente, ridisegnando contesti e finalità dell'istruzione e della formazione professionale in vista della parametrabilità europea delle competenze per la loro certificazione. Al centro dell'azione didattica e formativo-pedagogica dei sistemi formativi e di istruzione vi è una nuova definizione di competenza: la *Raccomandazione* del Consiglio dell'UE del 22 maggio 2018 con le otto competenze chiave per l'apprendimento permanente ridefinisce forme e modalità di progettazione formativa, di ricerca metodologica e valutativa, di mediazione didattica delle competenze e della loro certificazione; dei sei allegati tecnici alla *Raccomandazione europea* del 22 maggio 2017, uno espone il quadro EQF e gli altri riguardano il nuovo glossario di riferimento per definire conoscenze, abilità e competenze e i concetti basilari dell'assicurazione di qualità esposta anche nella *Raccomandazione* del 18 giugno 2009 contenente il quadro European Quality Assessment Framework cui si riferiscono tutti i segmenti della riformata scuola secondaria superiore italiana nei DPR n. 87, 88 e 89 del 15 marzo 2010. Questo complesso di significati normativo-pedagogici è stato intuito, anticipato e, infine, recepito in diversi essenziali passaggi del diritto scolastico italiano, che costituiscono il tessuto connettivo di ogni attività docente, gli orientamenti teorici e le indicazioni imprescindibili per l'azione metodologico-didattica e la ricerca valutativa. Nel DM n. 139 del 22 agosto 2007, *Regolamento del nuovo obbligo scolastico*, esteso a dieci anni dalla legge n. 296 del 27 dicembre 2006 e dal DLGS n. 76 del 15 aprile 2005, i due allegati tecnici esprimono gli assi culturali e le competenze di cittadinanza, perno del nuovo primo biennio di tutta la secondaria superiore, in chiaro riferimento ai documenti europei e nucleo delle *Indicazioni nazionali del curricolo del primo ciclo* (DM 31 luglio 2007) confluite nelle *Indicazioni per il curricolo della scuola d'infanzia e del primo ciclo di istruzione* (DM 16 novembre 2012). La legge n. 53 del 28 marzo 2003 pone al centro della riforma del primo e del secondo ciclo il diritto-dovere all'istruzione e alla formazione

elevato a dodici anni (poi regolamentato dal DLGS n. 76 del 15 aprile 2005), l'apprendimento permanente ovvero per competenze chiave, il controllo di sistema, con INVALSI, degli standard di qualità del servizio (in continuità con la legge n. 59 del 15 marzo 1997), degli apprendimenti e degli esiti scolastici e sociali di inserimento professionale e di passaggio al sistema postsecondario di IFTS (Istruzione e formazione tecnica superiore) e al terziario (Università), la modularità dei segmenti del sistema secondario e la possibilità di passaggi e riorientamenti all'interno dei due sistemi di istruzione (di competenza statale) e di istruzione e formazione professionale (di competenza regionale), e infine l'apprendistato di alta formazione. Tutti questi elementi fanno leva sulla parametrabilità e certificabilità delle competenze, sulla condivisione europea di linguaggi e criteri comuni di trasmissione del docibile, per l'attivazione di competenze stabili, flessibili e implementabili, logiche, intuitive, creative, di controllo dei processi e dei prodotti, trasformative, dei contesti di vita e di lavoro.
I piani personalizzati, il sapere, saper fare, e l'agire della legge n. 53 del 28 marzo 2003 e il PECUP (Profilo educativo culturale e professionale dello studente al termine del primo ciclo) degli allegati tecnici al DLGS n. 59 del 19 febbraio 2004 sul riordino del primo ciclo, il portfolio delle competenze, le *Indicazioni nazionali per il curricolo del primo ciclo* del 31 luglio 2007 confluite nelle attuali *Indicazioni per il curricolo* del 16 novembre 2012, sono caratterizzati nitidamente dai concetti di capacità, abilità e competenza, già presenti alla cultura pedagogica italiana da alcuni decenni (si pensi alla legge n. 425 del 10 dicembre 1997 di riforma del nuovo esame di Stato e al suo regolamento DPR n. 323 del 23 luglio 1998 che li recepisce ampiamente); le tre articolazioni della secondaria superiore, licei, istituti tecnici e istituti professionali (DPR n. 87, 88 e 89 del 15 marzo 2010) indicano, nei loro regolamenti, ma soprattutto nei rispettivi PECUP e nelle successive indicazioni programmatiche per la conduzione del curricolo (DM n. 211 del 7 ottobre 2010 per i licei e le direttive n. 57 del 15 luglio 2010 e n. 65 del 28 luglio 2010 per tecnici e professionali), le conoscenze, le abilità e le competenze quali moduli formativi essenziali, da declinarsi in ambito cognitivo, socioaffettivo, relazionale e di cittadinanza; questo il frutto, almeno per l'ultimo decennio nelle *Raccomandazioni europee* e di quanto progettato per le politica della formazione dal Processo di Lisbona a Europa 2020.

L'unità di apprendimento è dunque un terminale operativo-applicativo, un prodotto consapevole della progettazione pedagogico-formativa del docente, nella sua dimensione individuale e collegiale, in cui la necessaria astrattezza e la generalità delle indicazioni programmatiche curricolari nazionali, si fa concreta prassi educativa di quell'istituto, di quel gruppo-classe, per quell'allievo. Nell'unità di apprendimento si deve scorgere la sintesi consapevole, operata dal docente, del livello teleologico delle finalità di ogni progetto educativo, con le precise opzioni epistemiche di fondo, frutto sia delle sue competenze psicopedagogiche, metodologico-didattiche e valutative sia, infine, di quelle squisitamente tecnico-disciplinari. L'unità di apprendimento è la risultante, motivata e giustificata in ogni sua parte delle seguenti cornici di riferimento:

- Le categorie centrali della ricerca in psicologia dell'apprendimento di ambito cognitivista e costruttivista per ciò che attiene all'aspetto induttivo-trasmissivo ed eduttivo-produttivo del processo di apprendimento con autori di riferimento imprescindibili come Sternberg, Ausubel, McClelland, Krathwhol, Bandura, Lepper, White, Pellerey, Castoldi, Cattaneo e dei loro maestri Piaget, Bruner, Gagné, Bloom, Carrol, De Landsheere, Vertecchi, Domenici, De Bartolomeis, Bertagna; si deve tenere conto che gli sviluppi più maturi del cognitivismo fondano il naturale *need for competence*, di autopercezione della propria efficacia, dall'infanzia all'adolescenza, su aspetti di modellamento, di sapiente conduzione di rinforzi, su processi autoregolativi e selettivi di *feedback*, che ricomprendono continuamente aspetti emotivo-esperienziali dell'apprendimento, di diretta progettazione e attuazione da parte dell'allievo di processi, anche semplici, e di prodotti dei quali responsabilmente deve rendere conto in fase di verifica-valutazione: un'esperienza laboratoriale, uno stage, la redazione di testi multimediali, applicazioni di metodologia di ricerca statistica. Il processo di insegnamento non può non tenere conto che la stabilizzazione e lo sviluppo delle competenze si concretizzano se vengono assecondate le attitudini naturali all'imparare; nella concreta attività cognitiva, anche per le discipline con forti connotati di astrattezza e di formalizzazione, non è mai assente l'elemento motivazionale, il vissuto esperienziale, che lega l'appreso alle conoscenze pregresse, trasformandole in strutture cognitive stabili e al contempo aperte a nuove implementazioni.
- Se le istanze cognitive e quelle emotivo-esperienziali sono continuamente in relazione nei processi di apprendimento, è altrettanto forte la relazione tra l'attività cognitiva nel suo complesso e i nuclei epistemici delle discipline. L'insegnamento costruito intorno ai nuclei epistemici è patrimonio acquisito della didattica modulare, introdotta programmaticamente nel curricolo dai *Programmi Brocca* e ampiamente teorizzata in Italia per la attivazione, secondo il linguaggio attuale, di *skill*, cioè di abilità fluide e stabili, e di *competence* come comprovata "capacità di utilizzare conoscenze, abilità e capacità personali, sociali e/o metodologiche" (come già affermava la *Raccomandazione europea* del 23 aprile 2008). Ciò che il docente deve congiungere, correlare, mediare nella propria progettazione didattica sono i nuclei tematici di ogni disciplina, trasformandola da ambito tematico ad ambito docibile, aderente al procedere congetturale e sequenziale delle costruzioni logiche del discente, facilitandole, stimolandole, attraendole alla materia mediante organizzatori espositivi e logici. La metodologia trasmissiva deve ricercare e delucidare costantemente il nesso tra nucleo epistemico delle discipline e il progressivo costruirsi, nel discente, di sistemi di correlazione di dati, di criteri di ordinamento categoriale, d'ipotesi di ricerca, di processi di validazione e controllo. Le abilità e le competenze da raggiungere saranno allora ricono-

sciute e stabilizzate dal ragazzo, perché affini ai criteri euristici della materia di studio e significative possibilità di ricerca, quale possibilità concreta di costruzione del proprio percorso di apprendimento. Le competenze vanno qui intese come attitudini personali stabili alla decodifica del reale e dei saperi che lo tematizzano, in chiave di ricerca e sperimentazione di *problem posing/solving* in entrambi i suoi caratteristici versanti: il momento ipotetico-induttivo e quello sintetico-deduttivo. In questo senso ogni separazione tra sapere teorico e applicazione pratica risulta artificiosa, ormai impraticabile e infruttuosa. Le teorie neocognitiviste e di innovazione del patrimonio già acquisito e consolidato del *mastery learning* (apprendimento per padronanza, competenza), innovano quel patrimonio ormai acquisito, puntano alla attivazione degli aspetti metacognitivi del discente, cioè di controllo e di gestione delle proprie risorse e attitudini, di conoscenza e autovalutazione del proprio percorso d'apprendimento, di analisi di ritorno riflessivo e *feedback* correttivo degli esiti del proprio percorso, in relazione alle indicazioni metodologiche del docente e alla percezione della propria efficacia, di esercizio consapevole del discente di appropriazione dei saperi, non come un insieme di nozioni, ma come un corpo organico e, al contempo, flessibile di categorie, un sistema di conoscenze aperto a ulteriori implementazioni mediante il quale testare e valutare la propria incidenza nei contesti sia teorici che pratico-operativi.

> Lo studio di materie complesse quali la filosofia e le scienze umane si avvantaggia enormemente dalle teorie dell'apprendimento significativo di matrice neocognitivista. L'apprendimento a spirale di Bruner e del *mastery learning* è ancora imprescindibile per la necessità di presentare la disciplina nel suo costruirsi intorno a strutture portanti che si implicano secondo una logica esplicitabile, in gradi di complessità crescente. Il compito del docente è quello di operare un transfert continuo, nella trasmissione del docibile, tra la struttura portante della disciplina e le modalità logiche con cui i saperi vengono assimilati e accomodati continuamente dal discente intorno a idee-guida, a possibilità di aggregazione dei contenuti, a ordini, schemi, modelli plausibili di ricerca, a schemi euristici, aperti alla congetturalità, alla ricerca di compiutezza e "chiusura" cognitiva, a cui il discente arriva quando ha la padronanza della disciplina, quando si sente, ed è valutato, competente rispetto a quella. Oggi tutto questo si avvale di tecniche espositive e induttivo-trasmissive e di metodologie didattiche che hanno raffinato l'apprendimento a spirale, curvandolo verso l'attivazione della motivazione epistemica del discente, del suo intimo ed empatico partecipare ai significati proposti, nell'acquisire quei significati se e in quanto rendono conto di un'esperienza da lui vissuta e di una disciplina che ha una struttura plausibile, prevedibile, di una predittività attraente per la propria visione del mondo, a partire da alcuni dati di approccio, gli organizzatori di approccio, per arrivare a possederne l'impianto mediante organizzatori logici; queste le teorie del neocognitivismo di Ausbel, sull'apprendimento significativo, costruttivista, per impalcature/*scaffolding* alla cornice italiana ed europea di riferimento nella

quale il docente realizza, attualizzandola nel processo formativo, la libertà di insegnamento.

> Si espongono i livelli teorici sopra esposti:

1. Consapevolezza e competenza psicopedagogica e metodologica-didattica del docente:
   - conoscere e padroneggiare le teorie del cognitivismo e del *mastery learning* italiano e anglosassone dagli anni Cinquanta ad oggi negli autori e correnti su indicati;
   - conoscere e padroneggiare neocognitivismo e costruttivismo, apprendimento significativo, teorie motivazionali centrate sulla motivazione epistemica del discente e il suo orientamento produttivo; teorie metacognitive per il controllo del proprio processo di apprendimento da parte del discente e per l'autocorrezione e autovalutazione.
2. Consapevolezza e competenza normativo-pedagogica del docente:
   - conoscere e padroneggiare le recenti normative italiane ed europee di riforma del primo e secondo ciclo;
   - conoscere il concetto attuale di conoscenza, abilità, competenza come ultimo prodotto storico di un complesso di teorie metodologico-didattiche e di interventi normativi del diritto scolastico europeo e italiano profondamente incisivi sulle prassi di istruzione formale, non formale e informale.
3. Consapevolezza disciplinare e applicazione metodologico-didattica nella selezione, progettazione e attuazione di unità di apprendimento disciplinari e multidisciplinari:
   - comporre un'unità di apprendimento come una consapevole opzione epistemica risultante dalla riflessione dei punti precedenti esplicitando risultati attesi in termini di conoscenze, abilità e competenze (ai nuclei epistemologici salienti delle discipline posti come "impalcature" per l'aggregazione di conoscenze che costituiscono l'opzione epistemica di fondo che giustifica e motiva quella unità di apprendimento; alle fasi essenziali di approccio dell'organizzatore espositivo volto alla sollecitazione della motivazione epistemica del discente e dell'organizzatore logico e comparativo, volto alla produzione di competenze stabili di comprensione, applicazione, analisi, sintesi, produzione, controllo);
   - prevedere *check* di controllo attraverso verifiche *in itinere* formative per approntare strumenti correttivi;
   - prevedere tipologie di prove diversificate per testate le variegate attitudini cognitive dei discenti e valorizzarle appieno.

Quanto su esposto va inteso come architettura di ogni unità di apprendimento il cui primo momento è la predisposizione del nucleo epistemico focus dell'unità intorno all'organizzatore di approccio, che lega il docibile alle attitudini motivazionali e applicative, esperienziali, empiriche e non ancora compiutamente sperimentali di osservazione del discente; il secondo consiste nella predisposizione di uno o più organizzatori logico-epistemologici che legano il docibile alla parte strutturale, essenziale dei nuclei epistemici in riferimento alle attitudini cognitive, intuitive, logiche, predittive e deduttive di analisi e sintesi del discente; è la fase in cui quanto di empirico e intuitivo posto a premessa, diviene ipotesi sperimentale di ricerca correttamente impostata e completa delucidazione teorica; il terzo (eventualmente assimilabile al secondo) di predisposizione di uno o più organizzatori logico-epistemologici che mostrino i futuri sviluppi della disciplina come deducibili da quanto realizzato nelle fasi precedenti, come una loro logica e consequenziale conclusione.

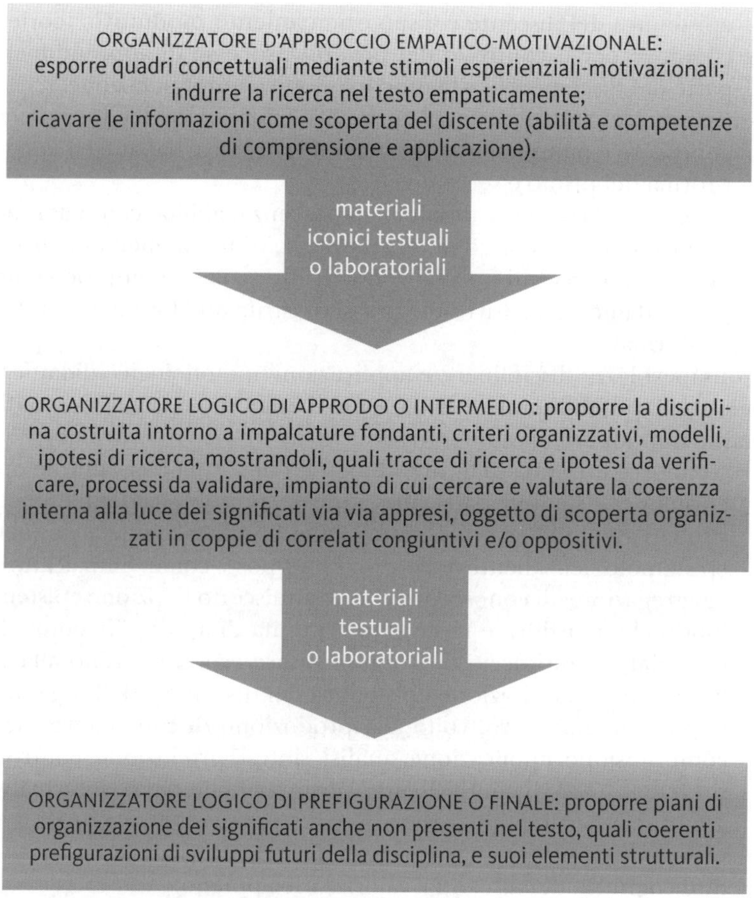

È appena il caso di dire che non si tratta di passare "dal semplice al complesso" o "dal concreto all'astratto", ma di destrutturare la materia e ricostruirla intorno a organizzatori trasformandola da nucleo epistemico in nucleo docibile.

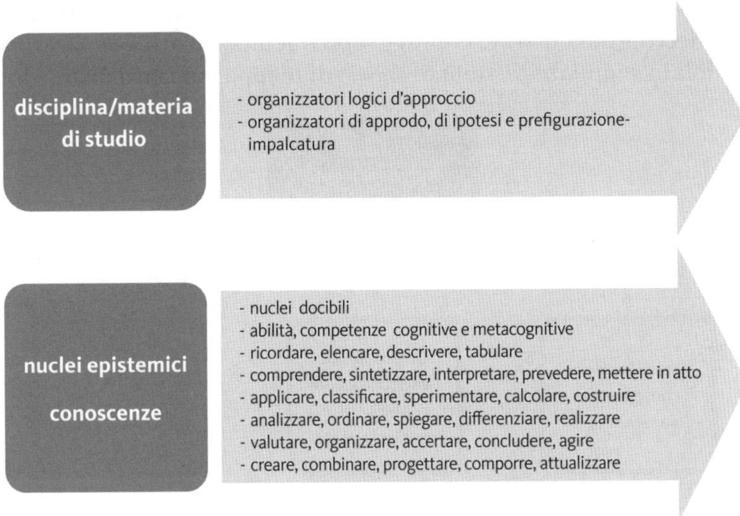

Le competenze sono di diverso livello in relazione al livello degli organizzatori logici; si dà un sintetico esempio necessariamente astratto dai possibili contenuti che saranno invece evidenziati negli esempi di unità di apprendimento.

Competenze attese:

- Fase di presentazione dell'organizzatore di approccio:
  - riconoscere, identificare, descrivere, elencare e definire i termini del testo/materiale laboratoriale;
  - distinguere, identificare, riconoscere e porre in correlazione i termini del testo/materiale legati all'emozione, al sentimento della libera ricerca fine a se stessa;
  - riorganizzare i concetti afferenti all'attività razionale di indagine riferiti nel testo a quelli afferenti alla sfera emotiva e del sentimento e spiegare la loro coesistenza anche nel vissuto quotidiano attraverso la composizione di un testo, una tabella che trasformi l'organizzatore espositivo d'approccio in tracce di indagine e in domande specifiche pertinenti ai nuclei epistemici della disciplina e dell'argomento che si intende trattare;
  - distinguere, identificare e differenziare gli elementi causali e quelli finalistici in modo da individuare gli elementi di posizione del problema da quelli di sua risoluzione.
- Fase di presentazione degli organizzatori logici di approdo intermedio e di prefigurazione degli ulteriori sviluppi della disciplina:
  - analizzare, sintetizzare e produrre concetti, schemi, categorie, modelli, astrazioni, criteri, pertinenze, ipotesi e processi di verifica-validazione, piani d'azione e procedure organizzative;
  - identificare le relazioni e le pertinenze tra il testo attuale e il testo precedente attraverso l'analisi dei termini comuni: identificare prodotti, conseguenze, derivazioni, conclusioni, classificazioni;

- identificare, riconoscere, analizzare i termini secondo una o più coppie di concetti-guida o criteri di raggruppamento, isolarli e separarli trascrivendoli in sequenze distinte di *frames* di mappa concettuale.

- utilizzare i *frame* come organizzatori logici degli altri termini del testo delle lezioni di delucidazione, organizzando tutti i termini incontrati nel testo alle correlazioni scoperte al punto precedente implementando il *frame* e aggiungendo progressivamente altre coppie di organizzatori correlati ai precedenti o per affinità e analogia o per opposizione;
- analizzare e dedurre dai *frames* sviluppi e generalizzazioni introducendo progressivamente ulteriori criteri organizzativi sempre articolati in sequenze; proporre, anche in lezioni frontali, contenuti di approfondimento e ulteriori ricerche libere di approfondimento, sotto la guida di tracce di ricerca proposte dal docente che rappresentino le autentiche risposte scientifiche della disciplina al problema posto alla base dell'unità di apprendimento;
- pianificare, laddove possibile, una ricerca sul campo, scegliendo il metodo di indagine più consono al tema, e al contesto di analisi e all'ambiente di apprendimento: questionario di Likert sugli atteggiamenti, intervista, somministrazione di test, osservazione, *role playing*, simulazione;
- pianificare, produrre, derivare ed elaborare sviluppi e conseguenze del procedimento ad altri termini chiave nuovi introdotti dal docente o liberamente reperiti dai discenti quali categorie fondanti della disciplina, impalcature di sostegno e sintesi consuntive dei concetti analizzati, selezionando tra i concetti prodotti delle analisi quelli che possano fungere anche come anticipazione-prefigurazione dei significati centrali della disciplina;
- analizzare e valutare la coerenza interna e la coerenza esterna rispetto a modelli di validazione proposti dal docente: mappe, relazioni brevi ed esposizione di procedure di ricerca sul campo, approfondimenti teorici;
- produrre testi, relazioni, argomentazioni ricognitive e finali, anche in forma multimediale, a consuntivo del percorso che delucidino tutte le fasi e riproducano analiticamente, in forma comunicativa ed espositiva consona al tema scelto, tutto il processo di ricerca.

Unità di Apprendimento 1
Temperatura, calore e cambiamenti di stato

Quest'unità di apprendimento, pensata per gli studenti delle classi prime della scuola secondaria di primo grado, è finalizzata alla conoscenza di base dei fenomeni fisici legati al calore e alle sue manifestazioni. Ha, inoltre, lo scopo di portare gli alunni ad acquisire un'adeguata terminologia scientifica e tecnica. È possibile un lavoro in interdisciplina con il docente di tecnologia.

Presentazione del progetto

Questa unità è una delle prime che trattano le scienze fisiche, per cui, oltre a concetti primitivi uniti a concetti completamente nuovi, si incontreranno e si introdurranno inevitabilmente numerosi termini scientifici e tecnici per la prima volta, per cui bisognerà porre attenzione alle limitate conoscenze pregresse degli alunni, anche attraverso l'eventuale somministrazione di una prova che verifichi i prerequisiti. Si tratta di un'unità abbastanza semplice che si presta a numerosi approcci sperimentali, più elaborati quando si avesse a disposizione un fornito laboratorio, ma anche ad esperimenti di semplice realizzazione, con materiali poveri e facilmente reperibili e realizzabili. I prerequisiti necessari per una facile comprensione dei concetti espressi in questa unità sono pochi, affrontati nell'unità di apprendimento che in genere la precede: la misura delle grandezze, i concetti di volume, massa, peso, densità e peso specifico, gli stati fisici della materia e i loro cambiamenti. Nella progettazione di quest'unità di apprendimento il docente dovrà considerare gli argomenti trattati dal docente di tecnologia, per evitare ripetizioni ma soprattutto per una più agevole sinergia nella trattazione delle due discipline da parte dei due insegnanti (di scienze e di tecnologia). Buona parte delle fasi in cui verrà suddivisa l'unità potranno svolgersi in laboratorio per alternare la trattazione frontale con la sperimentazione, meglio se potendo disporre di una lavagna interattiva con la quale mostrare schemi, immagini, diagrammi e animazioni. Prima di cominciare la trattazione, il docente troverà utile dedicare almeno trenta minuti alla discussione guidata che accerti le eventuali conoscenze pregresse che riguardino i concetti che ci si appresta a illustrare.
In questa unità gli alunni verranno introdotti al concetto di energia termica e di temperatura, alla dilatazione termica e ai suoi effetti, alle varie modalità di

propagazione del calore, al rapporto tra il calore e la temperatura, e infine, al rapporto tra calore e cambiamenti di stato fisico. In questo modo il docente potrà spiegare i fenomeni affrontati nell'unità precedente e spiegare, per esempio, i principi fisici che stanno alla base dei passaggi da uno stato di aggregazione a un altro. Gli argomenti verranno trattati cercando di seguire, come al solito, l'ordine di esposizione del libro di testo adottato. Gli esperimenti dovranno essere progettati sulla base del materiale disponibile, cercando di sopperire all'eventuale mancanza attraverso la ricerca e visione di filmati e brevi documentari, anche disponibili in rete.

> **Contenuti affrontati nel corso dell'unità**:
- la temperatura: che cos'è e come si misura;
- scale termometriche (centigrada e Fahrenheit, scala assoluta o Kelvin);
- il calore e l'agitazione delle particelle;
- unità di misura dell'energia termica;
- la dilatazione termica dei materiali;
- la propagazione e trasmissione del calore: conduzione, convezione e irraggiamento;
- la relazione tra calore e temperatura;
- la relazione tra calore e passaggi di stato.

> **Docenti coinvolti**: docente di scienze e docente di tecnologia.

> **Finalità**: tra le finalità di questa unità di apprendimento c'è soprattutto quella di fornire le conoscenze di base fondamentali per la comprensione dei fenomeni fisici legati al calore e alle sue manifestazioni, alla relazione tra il comportamento della materia a livello atomico (la vibrazione delle particelle) e gli effetti macroscopici quali l'aumento della temperatura di un corpo riscaldato, la variazione del suo volume, la sua trasformazione da uno stato fisico all'altro, consentendo un collegamento spontaneo e significativo con gli effetti visibili e sperimentabili nella vita quotidiana. In questo senso il docente dovrà guidare l'apprendimento e il ragionamento degli alunni consentendo il raggiungimento degli obiettivi intermedi e di quelli a lungo termine (quelli che solitamente vengono elencati tra le finalità in senso stretto).

> **Risultati di apprendimento**:
- saper descrivere il calore e la sua natura;
- conoscere la differenza tra calore e temperatura;
- conoscere le scale termometriche e descriverne le caratteristiche e le differenze;
- descrivere gli effetti del calore sulla materia, con particolare riferimento all'aumento della temperatura di un corpo al passare del tempo, al passaggio da uno stato fisico all'altro, alla dilatazione termica di solidi, liquidi e gas;
- saper descrivere le modalità di trasmissione del calore, anche in relazione allo stato di aggregazione dei corpi;

- saper illustrare in modo esauriente il rapporto tra calore fornito a un sistema e il passaggio da uno stato fisico all'altro con riferimento alle modalità con cui il calore riduce le forze di coesione tra particelle.

> **Competenze acquisite a fine unità**: al termine dell'unità di apprendimento lo studente deve essere in grado di collegare la vibrazione delle particelle di un corpo al suo calore, il calore alla temperatura, e descrivere e collegare argomenti quali i passaggi di stato e la dilatazione termica al concetto di calore e di temperatura, con trasferimento diretto e ragionato ai concetti affrontati in tecnologia. Deve inoltre saper proporre, e nel caso eseguire, semplici esperimenti sulla propagazione del calore, sulla dilatazione termica e sui passaggi di stato, o almeno saperli descrivere.

> **Metodi e strategie da adottare**: l'unità di apprendimento è una di quelle che, nel corso del primo anno della scuola secondaria di primo gradi, maggiormente trae vantaggio dall'approccio sperimentale. Non sarebbe sbagliato dedicare addirittura il 50% del tempo all'esposizione dei concetti quali la propagazione del calore e la dilatazione dei corpi attraverso la sperimentazione, o in alternativa (o a integrazione) attraverso la visione di animazioni, filmati e documentari disponibili sulla rete o su altri supporti multimediali.
La parte di ogni fase destinata alla trattazione frontale dovrà essere il più chiara possibile, evitando l'appesantimento dei concetti con eccessiva concentrazione di termini tecnici e descrizioni troppo astratte, rischiando di rendere in tal modo ostico e incomprensibile, o comunque poco assimilabile, un argomento di per sé semplice e interessante. Anche nella trattazione frontale il docente deve collegare il più possibile e il più frequentemente possibile i concetti alla vita quotidiana, con esempi pratici e facilmente descrivibili.
Data la giovane età degli alunni, l'approccio visivo deve essere privilegiato. La sperimentazione, laddove prevista (e comunque sempre suggeribile) deve seguire sempre la trattazione di un determinato argomento, e precedere l'argomento successivo.
Tra gli esperimenti possibili, a discrezione del docente e progettati comunque sulla base dei materiali e delle strutture laboratoriali disponibili, si suggeriscono in particolare:
- la realizzazione di un termometro a partire da un semplice tubo ripieno di mercurio o di alcol colorato, con costruzione di una scala Celsius e a partire dal ghiaccio fondente e dall'ebollizione dell'acqua, da far gestire a uno studente o a un gruppo di due o tre studenti;
- la sperimentazione della dilatazione termica dei corpi attraverso l'anello di Gravesande;
- l'osservazione della diversa velocità di diffusione di un liquido colorato (ad esempio nell'inchiostro) in acqua, alle diverse temperature;
- la sperimentazione della dilatazione termica dei gas con un palloncino legato al collo di una bottiglia, al variare della temperatura;
- la visualizzazione dei moti convettivi in una pentola d'acqua riscaldata da un fornello e contenente palline di polistirolo;

- altri esperimenti che evidenzino la soggettività della percezione del calore da parte del corpo, e la differenza tra calore e temperatura.

Tra le animazioni, è bene privilegiare quelle che mostrano il comportamento della materia a livello particellare all'aumentare della temperatura, in quanto si tratta di fenomeni non altrimenti sperimentabili e osservabili. A conclusione di ogni fase in cui verrà suddivisa l'unità di apprendimento si proporrà e favorirà la discussione di classe. Si proporranno inoltre ricerche di ulteriori informazioni sulla rete, da svolgere nel laboratorio di informatica (anche con la collaborazione del docente di tecnologia) o a casa, con la realizzazione di un elaborato finale da parte del singolo alunno o di piccoli gruppi di studenti.

> **Strumenti**:
- *in classe*: presentazioni multimediali elaborate o rielaborate dal docente e proiettate con la lavagna interattiva multimediale o altro mezzo; immagini, filmati e animazioni organizzate e/o raccolte dal docente o reperite e selezionate sulla rete; libro di testo adottato con lettura in classe e commento e approfondimento del docente;
- *in laboratorio*: sperimentazioni sul calore e i suoi effetti sulla materia, con liquidi di diversa natura riscaldati su Bunsen ed esame delle variazioni di temperatura, passaggi di stato, misura della dilatazione termica lineare e di volume, strumenti per esperimenti sulla propagazione del calore e la conducibilità termica.

> **Tempi di realizzazione**: l'unità di apprendimento prevede un monte di 8-10 ore, comprendendo in questo tempo sia le lezioni frontali e multimediali in classe, sia le attività di laboratorio, con la possibilità di decidere *in itinere* una modifica sino al 20% in più o in meno. La lezione frontale non dovrebbe superare il 30% del tempo complessivo (2-3 ore al massimo distribuite nel corso di tutto il lavoro previsto dall'unità).

> **Modalità di verifica**: verifiche orali, singole o di gruppo, in forma di interrogazione o di discussione guidata; verifiche scritte con test di varia tipologia, privilegiando i test a risposta multipla e quelli a risposta sintetica (con un predeterminato numero di righe in cui scrivere le risposte); esame degli elaborati scritti e grafici eventualmente prodotti dagli alunni, e loro discussione.

> **Valutazione**: la valutazione dei risultati conseguiti dipenderà dalla natura delle verifiche esaminate. In generale essa verrà suddivisa in due momenti differenti:
- valutazione dell'acquisizione dei contenuti didattici, sia per quanto riguarda le conoscenze che per quanto riguarda le competenze;
- valutazione dei materiali prodotti, degli elaborati scritti e/o grafici, delle relazioni basate sulle esperienze di laboratorio, la raccolta e l'organizzazione delle informazione reperite sulla rete dagli stessi alunni e la loro selezione.

Fasi di realizzazione

La presente unità di apprendimento è scandita, nella sua realizzazione, da fasi. Ogni fase (eccetto l'ultima) prevede tre diversi momenti che si ripetono ogni volta in un ordine preciso e sequenziale:

- trattazione frontale, di durata mai superiore a 30-40 minuti. Nel corso di questo momento il docente espone l'argomento, anche attraverso una presentazione con LIM o altri strumenti multimediali disponibili in classe;
- esperienza di laboratorio, con esperimenti gestiti dal docente o realizzati, in modo guidato, dagli studenti (40% del tempo complessivo);
- discussione collettiva e lavoro di gruppo, anche attraverso la predisposizione di elaborati.

Nel caso il tempo a disposizione sia una sola ora, sarà il docente a scegliere, sulla base della situazione, se destinarla a una lezione frontale o assistita dalla LIM, oppure all'attività di laboratorio o alla discussione di gruppo.

Fase 1.
tempo: 120'

A introduzione dell'unità, il docente presenta l'argomento che verrà affrontato nelle fasi successive, descrivendo in modo frontale, ma soprattutto con l'ausilio di una presentazione tramite LIM, le modalità del lavoro che aspetta gli studenti.
Nel corso della prima fase verrà introdotto il concetto di calore, collegandolo alla vibrazione delle particelle che costituiscono un corpo. Si introdurrà anche il concetto di temperatura e della sua misura. È determinante dare importanza ai concetti primitivi già posseduti dagli alunni per quanto riguarda l'idea e la percezione del calore e delle sue variazioni, favorendo i commenti, gli interventi e le osservazioni degli alunni stessi. Il lavoro sarà arricchito dalla visione di immagini e animazioni che aiutino a mettere in relazione l'agitazione molecolare e il calore. Si farà frequente riferimento ad esempi pratici soprattutto collegati alla vita quotidiana. Nel secondo momento della fase si sperimenteranno i concetti appresi durante la lezione frontale, in particolare la relazione tra calore fornito a un corpo e l'aumento della sua temperatura.

Fase 2.
tempo: 180' -240'

Nella seconda fase il docente descriverà le scale termometriche, con particolare riferimento alla scala centigrada che sarà oggetto di un esperimento apposito. Si illustreranno anche, con l'aiuto di animazioni e immagini, la dilatazione termica dei materiali solidi, liquidi e gassosi e la propagazione del calore nelle sue varie modalità. L'attività di laboratorio che segue il momento della lezione frontale in classe riproporrà i concetti esposti in chiave sperimentale, in particolare si mostrerà la variazione del volume di un corpo all'aumentare della sua temperatura, e la propagazione del calore attraverso la conduzione, la convezione e l'irraggiamento, per i quali si progetteranno esperimenti specifici. Gli alunni dovranno essere coinvolti direttamente nella preparazione e nella gestione degli esperimenti. Si proporranno ricerche ed approfondimenti dal libro di testo o dalla rete, con predisposizione e realizzazione di elaborati individuali o di gruppo.

Fase 3.

tempo: 120'

Durante la terza fase si concluderà l'unità di apprendimento. Il docente completerà l'illustrazione dei rapporti tra calore e temperatura, e tra calore e passaggi di stato. Quindi il docente favorirà la discussione in classe. Tutte le opinioni dovranno essere incoraggiate e si inviteranno alla partecipazione anche gli studenti più passivi.

Fase 4.

tempo: 60'

Nell'ultima fase dell'unità si raccolgono tutti i materiali prodotti dagli studenti o da eventuali gruppi, e si provvede alla verifica dei risultati: verifica orale, nelle sue varie modalità; somministrazione di test scritti e loro valutazione.

Individualizzazione degli interventi e DSA

L'unità di apprendimento non affronta argomenti di particolare difficoltà, e bisogna considerare che, trattandosi di una classe prima, gli alunni partono presumibilmente dallo stesso livello per quanto riguarda le potenzialità di apprendimento e le conoscenze di base. In ogni caso è sempre opportuno che l'insegnante preveda dei percorsi semplificati, per eventuali alunni che dovessero manifestare problemi nell'apprendere i concetti esposti nell'unità.
Per individualizzare gli interventi sarà opportuno prestare attenzione agli interventi e alla partecipazione degli alunni alle discussioni collettive che costituiscono il momento più adatto per l'individuazione di ritardi e problemi di natura cognitiva. Una volta individuati, in questo o in altri modi, gli alunni che dovessero averne bisogno, si provvederà a fornire loro materiali semplificati o strutturati in modo più semplice.
Nel caso di disturbi specifici dell'apprendimento (DSA) certificati si provvederà a fornire agli alunni interessati ulteriori materiali e di questi problemi bisognerà tener conto nello svolgimento delle verifiche, che soprattutto se scritte dovranno essere differenziate e nel caso semplificate, e nella fase di valutazione delle verifiche stesse e degli elaborati. Nel caso di alunni diversamente abili, si dovranno progettare gli interventi didattici di concerto con il docente di sostegno, se presente.
Nello specifico di questa unità, si dovrebbe fare un uso maggiore di immagini, e animazioni, per esempio documentari che mostrino la natura del calore, la sua propagazione dai corpi più caldi a quelli meno caldi con frecce di diverso

colore. Soprattutto nelle attività di laboratorio si potranno personalizzare gli interventi, ricorrendo anche all'aiuto degli alunni più bravi che potranno seguire nel lavoro in laboratorio o al computer gli alunni più svantaggiati.

Eventuali espansioni dell'unità di apprendimento

A seconda del tempo disponibile e sulla base dell'esame della risposta fornita dalla classe nel corso delle prime fasi, si potranno progettare *in itinere* ulteriori esperimenti o, in alternativa, la produzione di elaborati in classe o attraverso il computer collegato alla rete. Meglio non appesantire l'unità con un aumento della trattazione frontale, anche nel caso di una maggiore disponibilità di tempo.

Approfondimenti e punti essenziali dell'unità

Quest'unità è molto importante perché spiega che cos'è il calore, come si misura, come agisce sulla materia, e in questo modo vengono spiegati i passaggi di stato fisico dei corpi. Molto importante il collegamento con la vita quotidiana. Parlando della propagazione del calore si può mettere in evidenza la tecnica dell'isolamento termico come modalità di risparmio energetico. Molto utile proporre applicazioni, soprattutto spettacolari, quali l'uso dell'aria calda per il volo degli aerostati, e tutte le manifestazioni dell'energia termica, anche in riferimento alla temperatura corporea (e alla produzione del calore da parte degli organismi animali).

Unità di Apprendimento 2
Il suono e i fenomeni acustici

Quest'unità di apprendimento, pensata per gli studenti delle classi seconde della scuola secondaria di primo grado, è finalizzata all'acquisizione da parte degli alunni dei concetti fondamentali sulla natura e sul comportamento delle onde sonore, i fenomeni acustici e loro spiegazione, il collegamento alla tecnologia e alle discipline musicali. È possibile un lavoro in interdisciplina con il docente di tecnologia e di educazione musicale.

Presentazione del progetto

L'unità che introduce allo studio delle onde acustiche e dei fenomeni ad esse associati viene svolta nel corso del secondo anno, che di solito viene spesso monopolizzato dagli argomenti riguardanti il corpo umano e i suoi apparati. Di questo bisogna innanzi tutto tenere conto quando si considera il momento dell'anno in cui affrontare questa unità e il tempo che si può destinarle senza che l'interesse venga catturato dalla biologia umana. La cosa migliore sarebbe affrontarla all'inizio dell'anno scolastico, immediatamente dopo aver trattato il movimento e le forze o, in alternativa, alla fine dell'anno dopo aver trattato gli ultimi argomenti di biologia. Si tratta di un argomento di difficoltà media, ma la cui comprensione è agevolata dalla facile applicazione alla vita di tutti i giorni. I concetti che vi vengono esposti si prestano inoltre alla proposta di esempi ed esperimenti di semplice realizzazione.
Si consideri che i ragazzi nel secondo anno possiedono capacità di apprendimento sensibilmente superiori all'anno precedente, per cui anche i concetti possono e devono essere più evoluti nella loro completezza e nel livello di approfondimento. Le onde acustiche, in quanto onde di tipo meccanico, abbisognano di una minore propedeuticità rispetto a quelle elettromagnetiche (come la luce), dove bisogna introdurre preliminarmente concetti quali l'energia e l'elettromagnetismo. D'altra parte, è anche il momento in cui si deve introdurre il concetto generale di onda, con le sue caratteristiche (lunghezza, frequenza, ampiezza ecc.), che servirà per trattare sia le onde acustiche che quelle elettromagnetiche, cui si farà riferimento per spiegare la differenza tra onde longitudinali (suono) e trasversali (onde elettromagnetiche).
Alcuni concetti introdotti in questa unità sono comuni ad altre discipline, soprattutto alla tecnologia, per cui potrebbe essere utile concordare con il relativo docente eventuali sovrapposizioni, per prevederle oppure per evitarle.

Sarebbe anche utile programmare una lezione concordata con il docente di educazione musicale, per quanto riguarda i fenomeni acustici di applicazione musicale, e soprattutto ampiezza, frequenza e timbro di un'onda.
In quest'unità sarà molto utile il laboratorio di scienze, se disponibile. Molto utili anche strumenti quali una campana pneumatica con pompa a stantuffo, due diapason con cassa acustica, altri strumenti musicali a fiato, a corda o a percussione, per mostrare le differenze tra i timbri. In alternativa, il docente dovrà prevedere filmati, animazioni e documentari da mostrare e commentare in classe che mostrino i fenomeni acustici. Altri materiali "poveri", quali oggetti in grado di vibrare (come una semplice riga di plastica) potranno essere reperiti facilmente e utilizzati nel corso della trattazione frontale.

> **Contenuti affrontati nel corso dell'unità**: i contenuti di questa unità devono essere progettati tenendo conto della disponibilità di tempo, di strumenti per le esperienze pratiche, e del livello di apprendimento degli alunni. In generale, i contenuti fondamentali sono i seguenti:
  - caratteristiche generali di un'onda;
  - onde longitudinali e onde trasversali;
  - origine e natura delle onde acustiche;
  - trasmissione e velocità di propagazione del suono nei mezzi di diversa densità;
  - materiali conduttori del suono e isolanti acustici;
  - frequenza e altezza del suono;
  - ampiezza e intensità del suono;
  - timbro e armoniche;
  - fenomeni acustici;
  - eco e rimbombo, risonanza;
  - effetto doppler;
  - infrasuoni e ultrasuoni e loro applicazioni pratiche;
  - ulteriori approfondimenti.

> **Docenti coinvolti**: docente di scienze naturali; docente di tecnologia; docente di educazione musicale.

> **Finalità**: tra le finalità di questa unità di apprendimento c'è soprattutto l'acquisizione da parte degli alunni dei concetti fondamentali sulla natura e sul comportamento delle onde sonore, i fenomeni acustici e loro spiegazione, il collegamento alla tecnologia e alle discipline musicali. Importante sarà soprattutto saper individuare similitudini e differenze tra onde acustiche e onde elettromagnetiche, osservare i fenomeni acustici che avvengono attorno a noi a darne una spiegazione ragionata in termini di riflessione, rifrazione e risonanza. L'approccio sperimentale consentirà un collegamento agile e spontaneo tra i concetti teorici e la loro applicazione pratica, anche attraverso esperimenti molto semplici ("il telefono a filo", la scomparsa del suono nel vuoto attraverso la campana pneumatica ecc.).

> **Risultati di apprendimento**:
  - saper illustrare la natura e l'origine delle onde acustiche;
  - descrivere i fenomeni acustici e collegarli a quanto sperimentabile nella vita quotidiana;
  - illustrare e spiegare i fenomeni acustici come la riflessione, l'eco, il rimbombo, l'interferenza e la risonanza, facendo esempi pratici;
  - spiegare come si trasmette il suono nei vari mezzi solidi, liquidi e aeriformi;
  - saper collegare i concetti di ampiezza, frequenza e timbro alla musica e agli strumenti musicali, anche attraverso esempi.

> **Competenze acquisite a fine unità**: al termine di questa unità didattica lo studente deve saper illustrare e spiegare il suono e i fenomeni acustici, collegando questi concetti alla tecnologia e alla musica. Deve saper proporre esperimenti semplici che illustrino la riflessione e la rifrazione del suono, la dimostrazione delle differenti velocità nei mezzi di varia densità, l'impossibilità della trasmissione nel vuoto. Deve saper illustrare le differenze tra un'onda materiale e longitudinale come il suono e le onde trasversali come la luce (non dimenticando che tale argomento verrà sviluppato solo nell'anno scolastico successivo).

> **Metodi e strategie da adottare**: l'unità di apprendimento sul suono e i suoi fenomeni si presta all'approccio sperimentale, anche con materiali semplici. È un'unità che in genere, se il docente non si dilunga oltre il necessario nella lezione frontale, riesce a coinvolgere facilmente gli alunni, anche per la ricaduta immediata nel quotidiano. La prima parte dedicata alla natura delle onde in generale può avvantaggiarsi di animazioni e immagini proiettate con la lavagna interattiva multimediale. Dopo la prima parte introduttiva e generale si passa alla natura delle onde acustiche.
Meglio non approfondire eccessivamente i concetti e soprattutto meglio cercare di fare ricorso a poche formule e nel contempo rinunciare ai concetti più astratti, che possono essere esposti, nel caso, al termine dell'unità di apprendimento. L'ideale è costruire una presentazione multimediale che possa accompagnare il lavoro nelle varie fasi in cui verrà suddivisa l'unità. La presentazione, che verrà proiettata con la LIM, oltre alle definizioni, riporterà schemi e immagini che mostreranno la natura ondulatoria del suono, la sua caratteristica longitudinalità (si farà l'esempio della molla), la schematizzazione dei fenomeni quali la riflessione (eco e rimbombo), la rifrazione, la risonanza e l'effetto doppler. Questo ricorrendo a numerose immagini e video e riducendo al massimo la trattazione frontale, che comunque introdurrà ciascuna fase.
Grande importanza dovrà essere rivolta alla parte sperimentale. Qui la discrezionalità dell'insegnante, legata anche alla disponibilità di strumenti e materiali, consentirà la progettazione degli esperimenti, tra i quali, in particolare, non dovrebbero mancare i seguenti:

- esperimento dell'assenza di propagazione del suono nel vuoto, con la campana pneumatica e una sveglia;
- l'esperimento con i due diapason (e cassa acustica) affiancati per la sperimentazione del fenomeno della risonanza;
- esperimenti di vario genere con i diversi strumenti musicali, a corda, a fiato e a percussione.

Altri esperimenti si potranno eseguire utilizzando materiali presenti in aula o l'aula stessa:
- esperimenti sull'eco, il rimbombo;
- esperimenti sulla rifrazione e sulla risonanza.

Anche l'esperimento dei due bicchierini di carta uniti da uno spago nonostante l'apparente banalità raggiunge comunque il suo scopo.
Altri esperimenti potranno essere condotti con gli strumenti musicali disponibili nella scuola e con la collaborazione del docente di educazione musicale.

> **Strumenti**:
- *in classe*: presentazioni multimediali elaborate dal docente e proiettate con la LIM; immagini, filmati e animazioni raccolte, selezionate e organizzate dal docente o reperite su internet (esempio molte animazioni e filmati presenti sul sito Youtube, anche se non in lingua italiana); libro di testo in adozione con lettura in classe e commento del docente;
- *in laboratorio*: ricerca guidata di filmati e approfondimenti al computer, con connessione alla rete e possibilità di accedere a banche di dati, filmati e immagini; osservazioni ed esperienze di laboratorio, soprattutto con l'uso della campana pneumatica, di diapason, di strumenti musicali di varia tipologia.

> **Tempi di realizzazione**: l'unità di apprendimento prevede un monte di circa 8 ore, comprendendo in questo tempo sia le lezioni frontali e multimediali in classe, sia le attività di laboratorio, con la possibilità di decidere *in itinere* una modifica sino al 30% in più o in meno. In genere, questa unità viene svolta nel giro di 2-3 settimane, in mancanza di impedimenti.

> **Modalità di verifica**: verifiche orali individuali o di gruppo, in forma di interrogazione o discussione mediata dall'insegnante; verifiche scritte con varie tipologie di test, preferendo la tipologia a risposta multipla e a risposta sintetica; esame e discussione degli elaborati scritti e grafici eventualmente prodotti dagli alunni che illustrino e descrivano i fenomeni e gli esperimenti ad essi associati.

> **Modalità e criteri di valutazione**: la valutazione dei risultati conseguiti dagli alunni per quest'unità di apprendimento sarà organizzata in relazione alla natura delle verifiche esaminate. In generale verrà suddivisa in due momenti differenti:
- valutazione del possesso e dell'assimilazione dei contenuti didattici e dei linguaggi specifici, sia per quanto riguarda le conoscenze che per quanto riguarda le competenze;

- valutazione dei materiali prodotti, degli elaborati scritti e/o grafici, delle relazioni basate sulle esperienze di laboratorio, la raccolta e l'organizzazione delle informazione presenti sulla rete.

Fasi di realizzazione

La presente unità di apprendimento è scandita, nella sua realizzazione, da fasi. Ogni fase (eccetto l'ultima) prevede tre diversi momenti che si ripetono ogni volta in un ordine preciso e sequenziale:

> esposizione (in massimo un'ora) in modo frontale, o attraverso una presentazione con LIM o altri metodi, dell'argomento (che cos'è un'onda, che cos'è il suono, qual è la sua natura, quali gli effetti sulla materia e i fenomeni ad esso associati);
> esperienza di laboratorio e lavoro al computer;
> discussione collettiva e lavoro di gruppo, anche attraverso la predisposizione di elaborati.

Nel caso il tempo a disposizione sia una sola ora, sarà il docente a scegliere, sulla base della situazione, se destinarla a una lezione frontale o assistita dalla LIM, oppure all'attività di laboratorio o alla discussione di gruppo.

Fase 1.
tempo: 120'

A introduzione dell'unità, il docente presenta l'argomento che verrà affrontato nelle fasi successive, descrivendo in modo frontale, ma soprattutto con l'ausilio di una presentazione tramite LIM, le modalità del lavoro che aspetta gli studenti.
Dopo questa introduzione verranno affrontate prima di tutto le caratteristiche fondamentali di un'onda: si introdurrà il concetto di lunghezza d'onda, di periodo, di frequenza e di ampiezza. Si descriveranno le onde materiali e longitudinali, come il suono, e quelle trasversali ed elettromagnetiche, come la luce visibile. Si passerà quindi al suono, alla sua natura e alla sua origine, propagazione e comportamento nel trasmettersi attraverso un mezzo nei tre stati di aggregazione. Come sempre, sarà importante dare una certa importanza alle conoscenze già possedute dagli alunni, per quanto riguarda il suono e il suo comportamento, favorendo i commenti, gli interventi e le osservazioni degli alunni e confrontando le loro esperienze personali. Il momento della lezione frontale, ridotto al minimo indispensabile, sarà accompagnato e completato dalla visione di immagini e animazioni che renderà più agevole la comprensione dei concetti presentati. Si dovrà descrivere il suono in termini di compressione ed espansione di un mezzo (come l'aria o l'acqua) spiegando per quale motivo le onde acustiche non si trasmettono nel vuoto (al contrario della luce). Si spiegherà come la velocità di propagazione del suono dipenda dalla densità del mezzo in cui si trasmette. Il docente si aiuterà con esempi

descritti o illustrati attraverso la LIM. Alla fine si introdurranno i materiali fonoassorbenti e gli isolanti acustici. Nel secondo momento di lavoro si osserveranno in laboratorio i fenomeni descritti precedentemente attraverso esperimenti con i materiali e gli strumenti descritti in precedenza, anche attraverso la formazione di gruppi che prendano appunti sullo svolgimento degli esperimenti e sulle loro impressioni. I vari gruppi si alterneranno e si scambieranno, al termine, i materiali prodotti.

Fase 2.
tempo: 120'

Nella seconda fase il docente spiegherà, in una trattazione frontale, assistita o meno da strumenti multimediali, le differenze tra un suono e l'altro, anche in relazione alla loro origine. Si introdurranno i concetti di frequenza e di ampiezza (già anticipati nel trattare le onde in generale), associandoli rispettivamente all'altezza e all'intensità (o volume) di un suono. Si introdurranno inoltre i concetti di vibrazione fondamentale e di armoniche, associandole al timbro di un suono e collegando questi concetti al funzionamento degli strumenti musicali. L'attività di laboratorio che segue la lezione frontale in classe proporrà esperimenti in grado di mostrare la differenza tra frequenza (e altezza) di un suono e ampiezza (e volume), anche e soprattutto attraverso l'uso di diapason, e di strumenti musicali che verranno utilizzati dagli alunni. Si inviteranno gli alunni a partecipare attivamente sia manipolando strumenti e materiali sia raccogliendo le loro osservazioni in appunti, in modo da renderli partecipi e attivi.

Fase 3.
tempo: 120'

In questa fase il docente descriverà i fenomeni acustici quali la riflessione, distinguendo tra eco e rimbombo, la rifrazione, la risonanza, l'interferenza e l'effetto doppler. Nell'attività di laboratorio si svolgono esperimenti ed esperienze che rendano in modo concreto i concetti illustrati dall'insegnante. Anche in questo caso, tempo permettendo, si proporranno degli elaborati scritti, anche solo appunti organizzati. Questi elaborati potranno essere sia di natura individuale che di gruppo.

Fase 4.
tempo: 120'

In questa fase il docente parlerà della gamma delle onde acustiche sulla base della loro lunghezza d'onda (o della frequenza). Mostrerà un diagramma con le frequenze minime e massime percepibili dall'orecchio umano e da quello di alcuni animali, introducendo il concetto di infrasuoni e di ultrasuoni, e delle loro applicazioni pratiche. A seconda del tempo disponibile, si potranno approfondire argomenti quali il muro del suono, il funzionamento del sonar, dell'ecoscandaglio e dell'ecografo. Quindi il docente favorirà la discussione in classe. Tutte le opinioni, indipendentemente dalla loro significatività, dovranno essere incoraggiate e si inviteranno alla partecipazione anche gli studenti più passivi.

Fase 5.
tempo: 60'

Nell'ultima fase dell'unità si raccoglieranno tutti i materiali prodotti dagli studenti o da eventuali gruppi, e si provvederà alla verifica dei risultati: verifica orale, nelle sue varie modalità; somministrazione di test scritti e loro valutazione.

Individualizzazione degli interventi e DSA

L'unità di apprendimento sul suono e i suoi fenomeni affronta argomenti di media difficoltà, con l'introduzione di un certo numero di termini tecnici e scientifici che gli alunni sentiranno per la prima volta e con i quali dovranno familiarizzare. Sarà opportuno che l'insegnante preveda dei percorsi semplificati, per quegli alunni che dovessero manifestare problemi nell'apprendere i concetti esposti. Per individualizzare questi interventi bisognerà prestare attenzione alle modalità di partecipazione degli alunni alle discussioni collettive, che consentono il rilevamento di ritardi e problemi. Si provvederà a fornire agli studenti individuati quali destinatari degli interventi di individualizzazione materiali semplificati o strutturati in modo semplice.
Nel caso di disturbi specifici dell'apprendimento certificati (DSA) si provvederà a fornire agli alunni interessati ulteriori materiali (per esempio, mappe concettuali contenenti i concetti di onda, vibrazione, lunghezza d'onda, ampiezza ecc., oppure dei fenomeni acustici) e di questi problemi bisognerà inoltre tener conto nello svolgimento delle verifiche (quelle scritte dovranno essere differenziate e nel caso abbreviate) e nella fase di valutazione delle verifiche stesse e degli elaborati. Nel caso di alunni diversamente abili, si dovranno progettare gli interventi didattici di concerto con il docente di sostegno, se presente, o con gli altri docenti coinvolti nell'unità di apprendimento (come il docente di educazione musicale).
In quest'unità, per esempio, si potrebbe fare un uso maggiore di immagini e animazioni, con documentari che mostrino il suono quale deformazione elastica di un mezzo come l'aria, o come l'acqua, e la sua propagazione. Soprattutto nelle attività di laboratorio si potranno personalizzare gli interventi, ricorrendo anche all'aiuto degli alunni più bravi che potranno seguire nel lavoro in laboratorio o al computer gli alunni più svantaggiati.

Eventuali espansioni dell'unità di apprendimento

L'unità di apprendimento può prevedere, sulla base del tempo e delle possibilità pratiche, lo svolgimento di attività all'aperto, nel cortile della scuola se attrezzata a verde, per la sperimentazione degli effetti del suono ed esperimenti che abbisognino di spazi maggiori di quello del laboratorio o dell'aula.

Approfondimenti e punti essenziali dell'unità.

In quest'unità lo studente impara che cos'è il suono e come si comporta. Il docente da parte sua valuterà se esistono gli spazi, o i tempi, per un approccio di più ampio respiro in cui parlare più in dettaglio dei fenomeni acustici. Per esempio si potrà approfondire l'aspetto applicativo dedicando un certo spazio all'esame del funzionamento di strumenti quali il sonar, o l'ecografo, l'esame ecodoppler e altri strumenti di diagnostica medica che si basino sulla propagazione delle onde acustiche, al funzionamento degli organi di ecolocalizzazione degli animali (come i pipistrelli), e ad approfondire altri aspetti dell'argomento che oltre a fornire ulteriori informazioni, possono stimolare l'interesse e la curiosità dello studente.

Autore

Emiliano Barbuto, dirigente scolastico, già docente di Matematica e Fisica nella scuola secondaria di secondo grado, ha partecipato a esperimenti di fisica nucleare presso il CERN di Ginevra e i Laboratori del Gran Sasso.
È autore di numerose pubblicazioni di carattere didattico e divulgativo sulla matematica.
Esperto di software applicativi, ha scritto testi di alfabetizzazione informatica.